HISTÓRIA DO SÉCULO XX

MÁRIO CURTIS GIORDANI

HISTÓRIA
DO SÉCULO XX

DIRETOR EDITORIAL:
Marcelo C. Araújo

EDITOR:
Avelino Grassi

COORDENAÇÃO EDITORIAL:
Ana Lúcia de Castro Leite

REVISÃO:
Lessandra Muniz de Carvalho
Paola Goussain Macahiba

DIAGRAMAÇÃO:
Juliano de Sousa Cervelin

CAPA:
Vinicio Frezza

© Editora Idéias & Letras, 2012.

Editora Idéias & Letras
Rua Pe. Claro Monteiro, 342 – Centro
12570-000 Aparecida-SP
Tel. (12) 3104-2000 – Fax (12) 3104-2036
Televendas: 0800 16 00 04
vendas@ideiaseletras.com.br
www.ideiaseletras.com.br

Dados Internacionais de Catalogação na Publicação (CIP)
(Câmara Brasileira do Livro, SP, Brasil)

História do Século XX / Mário Curtis Giordani. – Aparecida, SP: Idéias & Letras, 2012.

Bibliografia.
ISBN 978-85-7698-119-0

1. Século 20 - História I. Título.

11-09562   CDD-909.82

Índices para catálogo sistemático:

1. Século 20: História 909.82

DEDICATÓRIA

A meus netos, com muito carinho:
Breno, Marina, Natália, João, Pedro, Maria Gabriela, Gabriel, Júlia, Luiza.

O Autor

SUMÁRIO

Apresentação – 13

PARTE I – HISTÓRIA POLÍTICA DOS CONTINENTES

Introdução: Visão geral do início do século – 19

1. Europa – 25
    França – 26
    Grã-Bretanha – 58
    Alemanha – 80
    Áustria – 117
    Hungria – 125
    Tchecolosváquia – 131
    Itália – 139
    Portugal – 158
    Espanha – 169
    Irlanda – 188
    Bélgica – 191
    Luxemburgo – 195
    Holanda – 196
    Suíça – 198
    Dinamarca – 202
    Suécia – 204
    Noruega – 208
    Finlândia – 211

Estônia – 215
Lituânia – 217
Letônia – 219
Polônia – 221
Grécia – 230
Albânia – 235
Romênia – 237
Bulgária – 241
Iugoslávia – 245
Rússia – 252
2. América – 311
    América do Norte – 311
        Canadá – 311
        Estados Unidos – 317
    América Latina – 355
        México – 355
        Guatemala – 370
        Honduras – 374
        Nicarágua – 377
        El Salvador – 379
        Costa Rica – 382
        Panamá – 384
    Antilhas Independentes – 386
        Cuba – 386
        Haiti – 391
        República Dominicana – 393
        Jamaica – 395
    América Meridional – 396
        Venezuela – 396
        Colômbia – 403
        Equador – 409
        Peru – 414
        Bolívia – 421
        Chile – 429
        Argentina – 438

Uruguai – 456
Paraguai – 462
Brasil – 469
3. Ásia – 491
Turquia – 491
Arábia Saudita – 498
Síria – 501
Iraque – 505
Líbano – 508
Jordânia – 511
Palestina e Israel – 514
Oman – 520
Kuwait – 521
Iêmen do Norte – 522
Iêmen do Sul – 523
Iran – 524
Afeganistão – 529
Índia – 531
Paquistão – 539
Bangladesh – 542
Sri Lanka – 544
Birmânia (Mianmar) – 546
Tailândia (Sião) – 549
Cambodja – 553
Laos – 555
Vietnam – 557
Indonésia – 561
Malásia e Singapura – 564
Filipinas – 567
Taiwan – 569
Coreia – 571
Mongólia – 573
China – 575
Japão – 593

4. Oceania – 601
    Austrália – 601
    Nova Zelândia – 605
5. África – 607
    África do Norte – 611
        Marrocos – 611
        Argélia – 614
        Tunísia – 618
        Líbia – 620
        Egito – 622
        Nasser – 624
    África Negra – 626
        Etiópia – 627
        Libéria – 630
    África Negra – Independência – 632
    África Ocidental Britânica – 637
        Ghana – 637
        Nigéria – 639
        Serra Leoa – 642
        Gambia – 644
    Territórios Franceses – 645
        Senegal – 648
        Alto Volta – 651
        Guiné Francesa – 652
        Togo – 654
        Camerun – 655
        República Centro-Africana – 656
        Congo-Brazzaville – 657
        Gabão – 659
        Chad – 660
        Djibuti – 661
        Comores – 662
    Colônias Belgas – 663
        Ruanda e Burundi – 667

      África Oriental Britânica – 669
           Tanganyika – 669
           Kenya – 671
           Uganda – 674
      África Central Britânica – 677
           Malawi – 677
           Zâmbia – 679
           Rhodésia do Sul – 681
      Possessões Portuguesas – 684
           Guiné-Bissau – 686
           Cabo Verde – 687
           São Tomé e Príncipe – 688
           Moçambique – 689
           Angola – 691
      União Sul-Africana – 694
           Somália – 697
           Sudão – 699
           Madagascar – 701

PARTE II – OS GRANDES CONFLITOS MUNDIAIS

Introdução – 705

1. A Primeira Guerra Mundial – 707
2. Período Entreguerras – 731
3. A Segunda Guerra Mundial – 733

PARTE III – ASPECTOS DA CIVILIZAÇÃO

Introdução – 767

1. Acontecimentos que abalaram a vida cotidiana – 769
2. Estruturas políticas e estruturas sociais – 787
      Estruturas políticas – 788

        Europa – 788
        América – 806
        Ásia – 818
        África – 828
   Estruturas sociais – 833
        Europa – 833
        América – 838
        Ásia – 846
        África – 851

3. Ciência e Tecnologia – 855
   Ciência e Tecnologia na primeira metade do século XX – 857
   A Segunda Guerra Mundial e o progresso científico-tecnológico – 862
   O progresso científico-tecnológico após a Segunda Guerra – 864

4. Literatura, Filosofia e Direito – 869
   Literatura – 869
   Filosofia – 890
   Direito – 900

5. As Artes – 907

6. Economia e Finanças – 923

7. Religião – 939

BIBLIOGRAFIA – 991

APRESENTAÇÃO

A redação da História do século XX encontra, entre outras, duas dificuldades: a superabundância do material de trabalho e a contemporaneidade entre os acontecimentos a serem expostos e o próprio historiador. Quanto à primeira, o "historiador precisa descobrir por si mesmo um princípio de seleção e de condensação, que lhe permita reduzi-la a proporções em que possa ser estudada".[1] No que tange à segunda, impõe-se ao historiador um afastamento, certa perspectiva que lhe permitam uma isenção e um equilíbrio na exposição e interpretação dos eventos. É nesse ponto que o estudioso da história "pode ter uma contribuição especialmente valiosa a fazer para o estudo da história contemporânea. As principais distorções desta provêm das limitações de nacionalidade. Todos os historiadores nacionais são, do ponto de vista da histórias mundial, propensos ao paroquialismo. Simplesmente porque o nacionalismo permanece sendo uma das maiores forças do mundo moderno, é quase impossível ao historiador contemporâneo escapar ao seu inibitivo paroquialismo. Mas pode-se esperar que quanto mais ele luta para considerar todas as histórias nacionais de um ponto de vista supranacional e internacional, tanto mais será capaz de libertar-se de tais distorções".[2] O importante é, pois, uma explanação objetiva dos acontecimentos sublinhando-se-lhes, quanto possível, a concatenação bem como suas causas e consequências.

Deve-se observar que no decurso do século XX as relações entre os continentes estreitam-se, entrelaçam-se. Com efeito estamos em "um mundo no

---

[1] Thomson, *Pequena História do Mundo Contemporâneo*, p. 17.
[2] Idem, Ibidem, p. 18.

qual qualquer acontecimento de importância, em qualquer parte, repercute realmente, dentro de um período relativamente curto, em todas as outras partes do mundo, e esse período de tempo tende a ser cada vez mais curto. Uma revolução na Rússia torna-se uma preocupação imediata e permanente para o resto do mundo, uma depressão econômica nos Estados Unidos afeta o padrão de vida e abala os sistemas políticos da maior parte das nações da Europa; uma guerra, surgida inicialmente entre grupos de nações europeias, tende a generalizar-se até engolfar quase todos os outros povos do globo".[3] Vemos pois que acontecimentos ocorridos em regiões afastadas entre si por milhares de quilômetros possuem ampla ressonância e provocam não raro recíprocas reações. Está em gestação uma globalização que atinge e ameaça a diversidade cultural imperante entre as mais distantes nações.

O estudioso da História do século XX deve ter presente a profunda influência dos acontecimentos do século XIX. A corrente histórica não conhece barreiras cronológicas nem solução de continuidade. Assim é que o espírito do século XIX, "filho tanto da Revolução Francesa como da Revolução Industrial" (Liberalismo, Nacionalismo, Socialismo etc.), está presente no limiar do século XX e vai inspirar ou produzir profundas alterações e crises na ordem político-social dos continentes. Lembremos, de passagem, que o novo século se inicia em plena segunda revolução industrial e acentuemos, mais uma vez, que o nacionalismo constitui, então, uma força poderosa: "em 1900 a nação-Estado havia alcançado seu apogeu".[4] Estas breves considerações levam-nos a uma observação que não representa surpresa para historiador atento: o século XX matematicamente teve início a 1º de janeiro de 1901, mas o que poderíamos apontar, com maior precisão, como o início do novo século, seria a nova "mentalidade", o novo "espírito" que inspira a realidade dinâmica com que a humanidade se depara no panorama mundial emergente da guerra das trincheiras (1914-1918). "A era que viu a maior parte do mundo dominada pelas potências europeias, muitas delas governadas contudo por uma aristocracia latifundiária própria do *ancien regime*, chegou a seu verdadeiro término com a Primeira Guerra Mundial ou Guerra Europeia.

---

[3] Idem, Ibidem, p. 17.
[4] Howard, "El amanecer del Siglo", *Historia Oxford del Siglo XX*, p. 35.

O padrão surgido da Segunda Guerra Mundial, com os Estados Unidos e a União Soviética competindo pela hegemonia mundial, desintegrou-se todavia subitamente em 1989. Os anos posteriores a esta data deveriam ver-se, melhor, como um prelúdio do século XXI, no qual não só as nações como também as organizações internacionais, especialmente as Nações Unidas, trataram de definir uma era de pós-guerra fria".[5]

Na presente obra tentaremos apresentar, em duas partes, uma síntese da História do século XX abrangendo os principais estados de todos os continentes, tendo em vista o que já sublinhamos acima: o entrelaçamento intercontinental devido principalmente aos meios de comunicação e de transporte que ligam entre si as mais diversas nações espalhadas pelo globo terrestre.

Na primeira parte o fio condutor de nossa exposição serão os acontecimentos de maior projeção ocorridos nos países de maior evidência em cada continente. Foi estudada separadamente a história política dos principais países de cada continente, dando-se ênfase à atuação de personagens que, bem ou mal, desempenharam papel decisivo nos acontecimentos que compõem a História do Século XX. Esta exposição terá por fim proporcionar ao leitor uma visão de conjunto especialmente da vida política dos povos através do século em tela. Trata-se, convém enfatizar, de uma síntese, de uma condensação sumária que proporcione ao leitor um panorama dos eventos mais importantes que entretecerem a História do século XX. Na segunda parte procuraremos sintetizar os dois grandes conflitos que abalaram o século XX produzindo sinistros quadros de sofrimento e morte em países cujo nível de civilização possibilitava uma solução pacífica, humana, justa e equilibrada das rivalidades e contendas. Nos capítulos da terceira parte, o leitor encontrará um apanhado dos diferentes aspectos da civilização através dos cem anos em que a Humanidade sofreu as mais incisivas, incomparáveis e vertiginosas transformações no campo técnico-científico, nos hábitos cotidianos, nas próprias concepções filosóficas, morais e religiosas com reflexos profundos na vida política e social das nações.

---

[5] Howard e Roger Louis, Prólogo da *Historia Oxford del Siglo XX*, p. 20.

Parte I

HISTÓRIA POLÍTICA DOS CONTINENTES

INTRODUÇÃO
Visão geral do início do século

Antes de examinarmos brevemente os acontecimentos políticos dos mais importantes países nos diversos continentes, convém apresentar um sucinto quadro da situação do mundo no dealbar do século XX. Começaremos citando os estados europeus, pois a Europa, nos inícios do século, ainda domina, sob os vários pontos de vista que serão estudados mais adiante, o planeta. Segundo Crouzet "fora da Europa, exceto os Estados Unidos, o Japão e em certa medida os *Dominions,* o monopólio dos países industriais credores é total. Além dos países coloniais, regidos e explorados diretamente, a Ásia, a América do Sul e a África acham-se sujeitas a um regime semicolonial".[1]

Um rápido olhar no mapa europeu mostra-nos: o Reino Unido da Grã-Bretanha e da Irlanda com seu soberbo império; a França também com seu império colonial, embora bem inferior ao da Grã-Bretanha. Ao lado dessas duas potências em que impera uma democracia liberal, encontramos, entre os grandes, o Império Austro-Húngaro, o Império Alemão (com uma numerosa marinha mercante), a Itália e o Império Russo. Neste predomina a autocracia multissecular dos czares; nos dois outros Impérios e no reino da Itália encontramos "regimes autoritários mais ou menos temperados por uma constituição e alguma aparência de parlamentarismo de fachada (Itália, Austria-Hungria, Alemanha) em que o chefe de Estado, rei ou imperador, exerce sempre o conjunto de poderes, diretamente ou por meio de ministros que não prestam contas senão a ele".[2] Na península ibérica a Espanha, sob

---
[1] Crouzet, *História Geral,* vol. 15, p. 37.
[2] Langlois, *Histoire du XX Siècle,* p. 11.

a Casa de Bourbon, enfrenta, entre outras, as reivindicações regionalistas de bascos e catalães; Portugal assiste no início do século à queda da Monarquia e à implantação da República. Para completar estas breves observações sobre alguns estados europeus recordemos ainda: a Suíça vive numa atmosfera de paz e de ordem, a Holanda entra no século XX com uma forte base econômica em virtude da "posse de um extenso e rico império colonial".[3] O pequeno reino belga passa por um notável desenvolvimento econômico graças a abundantes minas de carvão e à cessão do Congo (1908), então propriedade do rei Leopoldo II († 1909).

Os reinos escandinavos devem ser lembrados: Dinamarca, no começo do século, enfrenta o problema do separatismo da Islândia, que aspirava à independência. Suécia e Nomega entram no século XX unidos sob um mesmo soberano, até que, em 1905, o vínculo de união se rompe pacificamente. O agitado leste europeu (por exemplo, a península Balcânica) não pode ser omitido: encontram-se aí nações que lutaram bravamente pela indepedência: Sérvia, Montenegro, Grécia, Romênia, Bulgária.

Voltemos nosso olhar, agora, para o continente americano. O Canadá, no início do século, enfrenta dois problemas: 1) uma população pouco numerosa em face da imensidão territorial do "Domínio"; 2) a diferenciação étnica entre os colonizadores com projeção linguística e religiosa na vida político-social. Sobre os Estados Unidos, no começo do século XX, o que chama a atenção, desde logo, é a prodigiosa ascensão a partir de uma projeção limitada em termos de política internacional, até chegar, já no primeiro quartel do novo século, a respeitada potência mundial. Cabe aqui reproduzir estas notáveis observações sobre como os norte-americanos encaravam então a Europa e a opinião recíproca dos europeus sobre os Estados Unidos: "Para os norte-americanos, Europa era um continente decrépito, dividido em absurdos e minúsculos estados sempre prontos a lutar para modificar uns quilômetros de suas fonteiras. E era pensamento geral nos Estados Unidos a abstenção de qualquer intervenção naquela ridícula Europa e a preocupação em desenvolver-se sem contar com ela. Do ponto de vista europeu os Estados Unidos constituíam um país jovem, carente de cultura básica, formado

---

[3] Marin Correa, *Historia Universal del Siglo XX*, p. 25.

por gentes de aluvião, sempre disposto à violência, incapaz de assimilar a velha cultura ocidental, salvo na medida em que a recebesse gota a gota da antiga Europa através de seus mais ilustres emigrantes. Reconhecia-se sua potência econômica porém ninguém acreditava que pudesse traduzir-se em uma hegemonia política".[4] A elevação surpreendente e rápida dos Estados Unidos a potência mundial encontra sua explicação, em grande parte, no rápido crescimento demográfico e na exploração intensiva e racional de seus impressionantes recursos naturais.[5] Na América espanhola encontramos, em alguns países, uma crescente industrialização, a exploração de produtos básicos como o açúcar, o petróleo, o cobre e o estanho, um progresso educacional e uma emergente classe média. "Um grupo de 'homens fortes' ou ditadores dirigem a vida de alguns países com diferenças segundo as regiões e com resultados também diferentes conforme as bases sociais e econômicas dos Estados."[6]

Um desses "homens fortes" mais característicos, sob cujo regime autoritário o México ingressou no século XX, foi Porfírio Dias. O Brasil entra no novo século sob o governo de Campos Sales, que estabelece a chamada política dos governadores com o predomínio dos grandes estados da federação. Sob o sucessor de Campos Sales, Rodrigues Alves, temos uma brilhante fase da diplomacia brasileira. A valorização do café e a estabilização da moeda ensejaram divergências e debates sobre as diretrizes da economia.

Nos inícios do século XX percebe-se na Ásia um despertar nacional em face do imperialismo europeu. Vejamos brevemente os países independentes. O Japão, desde a segunda metade do século XIX, soubera aproveitar-se dos benefícios oferecidos pelo Ocidente principalmente no campo tecnológico. Assim é que surpreende o mundo quando, derrotando a Rússia, revela-se a grande potência do Extremo Oriente. A China, politicamente desintegrada, é alvo das ambições do Japão, da Rússia e das potências colonizadoras européias. Deve-se registrar que na China o século se inicia sob o signo da revolução dos *boxers* contra a penetração da cultura ocidental. O Sião consegue

---

[4] Idem, ibidem, p. 26.
[5] Idem, ibidem, p. 28.
[6] Morales Padrón, *Historia de América VII*, p. 575.

manter sua independência equilibrando-se entre as pretensões rivais anglo-francesas com relação à península da Indochina. A Turquia, um império em liquidação, dominava o Oriente Próximo, mas enfrentava ondas separatistas. Russos e britânicos disputavam a Pérsia e o Afeganistão. "O resto da Ásia estava repartido entre Inglaterra, França, Holanda, Portugal e Estados Unidos, que haviam chegado a tempo de assentar seu domínio nas ilhas Filipinas arrebatadas à Espanha em 1898. Seis estados no total, num continente que hoje conta com trinta e oito. Os primeiros anos do século XX vão dar-nos a chave desta formidável evolução".[7] A Índia, no início do século XX, "constituía o florão da coroa britânica até o extremo de justificar a coroação da rainha da Grã-Bretanha como imperatriz da Índia a 1º de janeiro de 1877".[8] Resistência passiva e atitudes radicais alimentam um processo nacionalista que se acelera com o desenrolar da Primeira Guerra Mundial.

Nas três últimas décadas do século XIX a maior parte do continente africano encontrava-se sob o domínio de alguns países europeus. Em 1900 encontramos três países africanos independentes: Abissínia, Libéria e Marrocos. A Abissínia derrotara os italianos na batalha de Adua (1896); A Libéria, criada por uma sociedade ameriacana para permitir o regresso dos negros à África, dependia economicamente dos Estados Unidos, Marrocos despertava a cobiça da Alemanha, da França, da Inglaterra e da Espanha. Thomson apresenta-nos uma síntese da situação dos países do continente africano em 1914 depois de sublinhar que se chegava, então, ao final de uma fase da História mundial, isto é, a fase da expansão colonial das potências europeias. "Essa fase chegou ao seu final quando repartiram a África, acontecimento marcado pela criação da União Sul-Africana como um domínio da Comunidade Britânica em 1910. Durante a corrida para a África, a Grã-Bretanha tinha vivido em rivalidade com a maior parte de seus vizinhos da Europa Ocidental, mas, por volta de 1914, as rivalidades coloniais dessa espécie estavam em recesso. Desde 1904, ela tinha chegado a acordo com sua principal rival colonial, a França, concordando com a hegemonia francesa sobre o Marrocos, em troca do reconhecimento francês da hegemonia britânica

---

[7] Marin Correa, obra citada, p. 36.
[8] Idem, ibidem.

sobre o Egito e o Sudão Anglo-Egípicio. As colônias francesas e britânicas na África situavam-se lado a lado e estavam agora firmemente delimitadas".[9] A França estendia seu poderio sobre a Tunísia, a Argélia, com controle no Marrocos, e sobre a África Ocidental Francesa e a África Equatorial Francesa. A África Ocidental Britânica abrangia Gâmbia, Serra Leoa, Costa do Ouro e Nigéria. Portugal, além de pequena área costeira na Guiné, possuía Angola e Moçambique. "A Espanha dominava parte do Marrocos e o Rio do Ouro, na África Ocidental, bem como as Ilhas Canárias. A Bélgica tinha a vasta área interna do Congo, que havia anexado em 1907. A Alemanha tinha os Camarões, o Togo e a África Ocidental do Sul. A Itália havia ganho a Líbia recentemente (1912) da Turquia. Dessa maneira, todo o litoral mediterrâneo e ocidental da África, com suas terras interiores, estava dividido entre as nações marítimas da Europa Ocidental.[10]

Na Oceania, ao lado das ilhas dominadas pelos Estados Unidos (Havaí), pela Holanda (compartilha com a Grã-Bretanha a o cupação da Nova Guiné) e pela Alemanha (Marianas, Carolinas e Palaos adquiridas da Espanha), devemos mencionar a Austrália e a Nova Zelândia que participam da comunidade Britânica.

---

[9] Thomson, *Pequena História do Mundo Contemporâneo*, p. 22.
[10] Idem, ibidem, p. 22.

Capítulo I
EUROPA

Ao iniciarmos esta exposição histórica com os países europeus, impõem-se duas observações importantes: a preeminência da civilização de certas nações da Europa Ocidental e a profunda influência do século XIX na formação política, social e econômica dessas mesmas nações. Quanto à primeira observação convém repetir as considerações de Crouzet: "A hegemonia que a Europa exerce em 1913, sobre o resto do mundo, não se baseia apenas na força militar, em suas frotas de guerra e em sua rede de bases navais, na superioridade de seus armamentos e no número de seus exércitos, mas numa superioridade material e técnica que a converteu na 'fábrica' do mundo, num poderio financeiro que a transformou no banco do globo, numa supremacia intelectual, universalmente reconhecida".[1] Em face dos acontecimentos até o final da Segunda Guerra Mundial, "pelo menos para os ocidentais, a Europa todavia parecia controlar o destino do mundo".[2]

Quanto à segunda observação, advertimos o leitor de que para uma perfeita compreensão da evolução histórica do século XX é imprescindível um conhecimento básico dos mais importantes acontecimentos e dos principais aspectos da civilização europeia do século XIX.

---

[1] Crouzet, *História Geral*, vol. 15, p. 31.
[2] Observação contida no Prólogo da *Historia Oxford del Siglo XX*, assinado por Michael Howard e William Roger Louis.

FRANÇA

A III República
Política interna até 1914

O novo século encontra a França em plena III República abalada, por graves crises, dentre as quais vamos lembrar a Questão Dreyfus (*Affaire Dreyfus*). O capitão Alfredo Dreyfus, de origem israelita, fora injustamente acusado de traição, condenado ao desterro perpétuo (1894) e levado para a Ilha do Diabo na Guiana Francesa. Surgiram, entretanto, defensores do oficial, os quais pleiteavam uma revisão do processo condenatório. Entre esses defensores figurou o famoso romancista Zola, cuja carta *(J'Accuse)* ao presidente da República, publicada no jornal *Aurore*, de Clemenceau, teve grande repercussão (1898). Houve a revisão e Dreyfus foi plenamente reabilitado em 1906. "O 'affaire Dreyfus' assinala uma mudança na história da Terceira República. Até então os republicanos moderados, chamados agora *progressistas*, tinham tido a preponderância e exercido quase constantemente o poder. Doravante *a preponderância passou para os partidos de esquerda.*"[1]

Em 1894 fora assassinado o presidente da República, Sadi Carnot, por um anarquista. O primeiro presidente da República Francesa no século XX foi Emílio Loubet (1899-1906), que teve como presidente do Conselho (1899-1902) Waldeck-Rousseau em plena crise do *affaire Dreyfus,* apoiado numa coligação que compreendia progressistas dissidentes, radicais, radicais-

---

[1] Malet, *Histoire Contemporaine*, p. 360.

socialistas e socialistas moderados. Em 1901 Waldeck-Rousseau fez votar uma lei que submetia as congregações religiosas a uma autorização concedida via legislativa cabendo ao governo a faculdade de dissolvê-las por decreto. O ministério presidido (1902-1905) por Combes radicalizou a política antirreligiosa na aplicação dessa lei. Estamos aqui no apogeu do anticlericalismo: em 1904 uma lei proibia às congregações o ensino. No mesmo ano eram rompidas as relações diplomáticas com o Vaticano. Em 1905 Rouvier, sucessor de Combes, fez votar a lei de separação entre a Igreja e o Estado com o apoio decidido do deputado socialista Aristide Brian.

A Loubet sucedeu na presidência da República Armand Falliéres (1906-1913), que contou com a atuação de Clemenceau como Presidente do Conselho (1906-1909). Em 1905 houvera uma ruptura no bloco das esquerdas: os socialistas integraram um partido revolucionário marxista, a Seção Francesa da Internacional Operária (SFIO). De 1906 a 1910 desencadeia-se uma série de greves suscitadas pelo sindicalismo revolucionário. Clemenceau, que combatia violentamente a agitação dos operários, dos funcionários, dos vinheiros, lançou-os na oposição. Em 1913 foi eleito Presidente da República o radical moderado Raymond Poincaré (1913-1920), patriota ardente que enfrentaria os difíceis anos da Primeira Guerra Mundial.

A seguir faremos uma síntese sobre a expansão colonial francesa até a Primeira Guerra Mundial e sobre a política internacional francesa a mesma época.

Expansão colonial

Cabem aqui inicialmente duas importantes observações: 1) A expansão colonial que se processa já no século XIX reveste um caráter de nacionalismo econômico que leva as potências europeias a ocuparem os espaços vagos e acessíveis na Oceania, na Ásia e principalmente na África, onde havia extensões territoriais pouco povoadas e de culturas primitivas. Colocar excedentes de população, encontrar matéria-prima abundante e criar uma rede de mercados para suas exportações, eis a motivação inspiradora da expansão colonial. Compreende-se, logo, que esta expansão tenha passado a representar um fator essencial nas relações internacionais gerando competitividade e graves crises entre os concorrentes. 2) A segunda observação visa, mais uma vez, a alertar o leitor para a inserção da História do século XX na corrente histórica que emana do século XIX. Assim é que, para melhor compreensão do que se vai resumir mais adiante com relação à expansão colonial sob a III República, no século XX, convém registrar algumas datas e acontecimentos do século anterior. Um nome deve ser aqui lembrado: Jules Ferry, que em seus dois ministérios (1880-1881, 1883-1885) deu um impulso decisivo à expansão colonial defendendo-a com argumentos de ordem econômica, de ordem cultural, de ordem política e patriótica. Ele via na colonização um lado humanitário e civilizador em relação aos povos primitivos... É interessante notar que essa política de expansão colonial era combatida pela direita monarquista e pela fração radical do partido republicano. Alegava-se que o colonialismo era inspirado por Bismarck, desejoso de afastar a França dos problemas políticos do continente europeu. No século XIX, os principais acontecimentos da História da expansão colonial sob a III República, entre 1871 e 1900, foram: protetorado francês sobre a Tunísia (1881) e sobre o Anam (1883); a guerra do Tonkim (1883-1885); a fundação da colônia do Congo (879-1885); a conquista do Dahomey (1893), de Madagascar (1895), do Tchad (1900-1901).[2]

A Argélia fora conquistada sob o Segundo Império. "Mas a Argélia não é senão a parte central do que os árabes chamam *Mahgreb* ou 'País do Poente', a grande região natural formada pelas montanhas e pelos planaltos do Atlas, entre o Mediterrâneo e o Saara".[3] A presença da França na Argélia e os diversos métodos de colonização aí aplicados mereceriam um estudo especializado e aprofundado. Lembremos apenas que a III República esforçou-se no sentido de efetuar uma fusão entre as diferentes camadas populacionais da Argélia. Compreende-se a dificuldade e até a impossibilidade de se realizar este programa: "Mas com os muçulmanos ela encontrou-se na presença de uma sociedade que tinha sua religião, sua língua, suas tradições julgadas superiores às nossas, que vive sua existência própria, da qual se orgulha e na qual a vida não somente religiosa mas civil é regida por um livro sagrado, o Corão".[4] São

---

[2] Idem, ibidem, p. 389.
[3] Idem, ibidem.
[4] Esquer, *Histoire de l'Algérie*, p. 88.

compreensíveis, portanto, as hesitações da política indígena no tangente à tentativa de assimilar a população muçulmana. Note-se que a administração francesa, em matéria religiosa, foi liberal: "Após algumas tentativas não oficiais de proselitismo, deu-se conta de que querer converter os muçulmanos era uma ilusão".[5]

Alguns anos antes da guerra de 1914, ao lado dos chamados "velhos turbantes", descendentes das antigas famílias em que a França recrutava pessoal político-administrativo, surgem os "jovens argelinos", formados em escolas francesas: advogados, médicos, comerciantes. Esses intelectuais reconhecem o que devem à França, mas insistem na fidelidade ao Islamismo, embora pleiteiem a igualdade de direitos com os franceses conservando seu estatuto pessoal. Apoiam sua pretensão "em uma consulta de juristas franceses que, em 1911, concluem que, em legislação, esta pretensão é aceitável".[6] Em 1919 a legislação prevê reformas favoráveis aos argelinos justificadas, "no espírito do legislador, pela lealdade dos indígenas durante a guerra".[7] Os movimentos nacionalistas manifestados no mundo islâmico passam a influenciar os reformistas argelinos. Voltaremos, mais adiante, à Argélia.

Situada a leste da Argélia, a Tunísia, em estratégica posição entre a bacia ocidental e a bacia oriental do Mediterrâneo, atraiu a atenção dos franceses, que, desde 1881, passaram a ocupar o país governado então por um *bey* vassalo da Turquia. A influência francesa encontrou na Tunísia uma numerosa colônia italiana, o que não impediu a criação de um regime de protetorado; era mantido o governo e a administração indígena, mas sob o controle francês representado junto ao *bey* pelo residente geral. No início do século XX, uma agitação nacionalista levou a França a instituir conselhos locais compostos de notáveis indígenas eleitos e um Grande Conselho.

Assegurado o protetorado sobre a Tunísia, os franceses preocupam-se com a conquista do Sahara argelino, o que facilitaria a ligação com as colônias do Senegal e do Sudão. Em 1901 os oásis do Touat, no extremo sul do Sahara argelino, são ocupados e sujeitos a uma administração militar.

---

[5] Idem, ibidem, p. 89.
[6] Idem, ibidem, p. 93.
[7] Idem, ibidem.

O Marrocos, protegido geograficamente pelos altos maciços do Atlas e do Rif e situado num ponto estratégico em que, pelo estreito do Gibraltar, o Mediterrâneo se une ao Atlântico, atraía a atenção e a cobiça das potências europeias. Apesar do isolamento em que se mantinha, o Marrocos não podia evitar as tentativas de penetração econômica e política de empreendimentos estrangeiros. A França, para garantir a fronteira com a Argélia e antecipar-se à intromissão de uma potência concorrente (o Marrocos era rico em recursos naturais), procurou interferir no império marroquino (governado por um soberano ao mesmo tempo chefe político e chefe religioso) quer por negociações pacíficas quer por operações militares. "Foram necessários dez anos de esforços, de lutas e de conflitos diplomáticos (1902-1912) para atingir a meta desejada: o protetorado da França sobre o Marrocos".[8] Papel de relevo na atuação francesa no Marrocos coube à impressionante figura de militar e de administrador que foi o Marechal Lyautey como residente-geral (1912-1916 e 1917-1928).[9]

A expansão colonial francesa na África negra processa-se, em grande parte, através do século XIX. "De 1855 a 1901 a França construiu um vasto império nas regiões do Niger, do Sahara, do Congo e do lago Tchad. "À medida que a dominação francesa se estendia ao interior da África, novas colônias eram criadas e organizadas. Reuniram-se em dois grupos, tendo cada um seu governador geral, a África Ocidental Francesa (1904), a África Equatorial Francesa (1910)".[10] Lembremos ainda que quase no final do século XIX, em 1896, Madagascar foi declarada colônia francesa. Na pacificação e organização da grande ilha destacou-se (1896-1905) o notável general Gallieni.

A expansão colonial na Ásia (Conchinchina e Cambodja, ocupados já sob o Segundo Império; Anam, Tonquim e Laos, sob a III República), como veremos mais adiante, envolveria inevitavelmente a França em graves problemas internacionais como a rivalidade e competição com outras potências europeias e o despertar do que poderíamos considerar o nacionalismo entre

---

[8] Malet, obra citada, p. 398.
[9] Idem, ibidem. O leitor encontrará um notável estudo sobre a atuação de Lyautey no Marrocos em "La France au Maroc", de autoria de Jacques Chastenet, na Revista *História* n. 184, p. 405 e ss., e na Revista *História* n. 96, "Le centenaire de Lyautey" pelo Marechal Juin.
[10] Malet, obra citada, p. 406.

diferentes povos asiáticos. Assim, por exemplo, a competição acentuada entre potências por concessões e esferas de influência na China "fomentaram uma onda de algo parecido com nacionalismo na China, levando à rebelião dos *boxers* em Pequim, em 1900.[11]

Política externa até 1914

A demissão de Bismarck pelo novo Kaiser, Guilherme II, em 1890 não só assinala o fim da era bismarckiama, durante a qual foi indiscutível a preponderância alemã na Europa, mas também implica profundas consequências na evolução da política internacional do continente. Guilherme II busca a aliança da Áustria, afastando-se assim da Rússia. Enfatize-se que o pan-eslavismo russo entrava em choque com a Áustria, que se opunha aos anseios de independência de seus súditos eslavos. O czar, apesar de sua repugnância pela regime republicano francês, aproxima-se da França, que, "rica em capitais, aceita dar aprovação aos empréstimos russos, enquanto a Alemanha fecha à Rússia a Bolsa de Frankfurt".[12]

Compreende-se assim o surgimento de uma aliança franco-russa (1893-1894) visando tanto a Alemanha como a Áustria. Entretanto a Inglaterra, temerosa das tendências hegemônicas da Alemanha tanto no campo militar como nas transações comerciais, aproximou-se da França. Esta aproximação foi facilitada pela ascensão ao trono inglês, em 1901, de Eduardo VII (que apreciava a França e receava seu sobrinho Guilherme II) e pela atuação do ministro francês Delcassé, que dirigiu a política exterior da França de 1898 a 1905.[13]

Nasceu assim em 1904 a *Entente Cordiale*. "Os traços essenciais eram o reconhecimento, pelos ingleses, dos direitos especiais da França no Marro-

---

[11] Thomson, obra citada, p. 26.
[12] Berstein, *Histoire de L'Europe*, p. 34.
[13] O leitor encontrará um delicioso estudo sobre a personalidade e atuação de Delcassé em "Comment est née L'Entente Cordiale", por André Maurois, Revista *História* n. 79, junho de 1953. Ver também, do mesmo autor, *"Signature* de l'Entente Cordiale", Revista História n. 89, abril de 1904, p. 421.

cos; pelos franceses dos direitos especiais da Inglaterra no Egito. O acordo era acompanhado de uma convenção secreta que fixava os limites da zona de influência francesa no Marrocos, em caso de *entente* com a Espanha. Os dois governos se prometiam um ao outro seu apoio *diplomático* para a execução desta convenção".[14]

De 1904 a 1914 a Europa vai atravessar um período de paz precária: as grandes potências reforçam suas forças armadas, e as crises tornam-se frequentes em virtude de problemas nacionais e competições econômicas. Em 1907, os múltiplos contenciosos existentes entre a Rússia e o Reino Unido são solucionados, o que propicia uma Tríplice Entente entre a França, a Inglaterra e a Rússia em contraposição à Tríplice Aliança entre a Alemanha, a Áustria e a Itália. "Sem dúvida, o estatuto dos dois sistemas não é idêntico: o Reino Unido guardou-se de ligar-se por um tratado formal com a França e a Rússia".[15] Os dois blocos, contudo, opõem-se um ao outro, e a solidez da Tríplice Aliança periclita, pois a Itália, já no início do século, esboçara uma reaproximação com a França.

Enumeraremos, a seguir, as principais crises que assinalam a política internacional europeia na fase que antecede a Primeira Guerra Mundial. Lembremos que o enfraquecimento da Rússia em virtude da derrota frente ao Japão na guerra de 1904-1905 estimulou a intensificação da participação germânica na política mundial (*Weltpolitik*).

– 1905: Temos nesta data o chamado "incidente de Tanger", provocado pelo *Kaiser* Guilherme II, que, numa visita teatral ao Marrocos, contesta a interferência francesa.

– 1906: A França, aceita a Conferência de Algeciras, "triunfo diplomático da França, que com ela viu aberto o caminho para seu imperialismo no Marrocos".[16]

– 1907: Forma-se a já citada Tríplice Entente.

---

[14] Maurois, *Signature*, p. 423. Ver nota anterior.
[15] Berstein, *Histoire de L'Europe*, p. 35.
[16] Marin Correa, *Historia Universal del Siglo XX*, p. 22.

– **1908:** Estamos aqui em plena crise balcânica, que será estudada mais adiante. Registre-se a anexação da Bósnia-Herzegovina pela Áustria-Hungria, fato este que apareceu como uma vitória dos Impérios Centrais sobre a Tríplice Entente.

– **1911:** Uma expedição militar francesa a Fez provocou, por parte da Alemanha, o envio de um navio de guerra a Agadir. Chegou-se então a um acordo: a França fazia concessões territoriais no Congo e a Alemanha aceitava o protetorado sobre o Marrocos oficialmente reconhecido pela convenção de Fez.

A ocupação da Tripolitânia pela Itália (1911), a guerra ítalo-turca (1911-1912), as crises balcânicas (1912-1913) e o atentado de Serajevo (1914), causa imediata da Primeira Guerra Mundial, serão focalizados mais adiante.

A guerra de 1914-1918

As causas, o desenvolvimento e as consequências da Primeira Guerra Mundial serão estudadas em capítulo especial. Limitar-nos-emos, aqui, a apresentar uma síntese da situação da França logo após o conflito.

"Não obstante a vitória, a França estava arruinada. A parte do país economicamente mais desenvolvida saíra da guerra devastada. Credora do mundo em 1910, a França tornara-se devedora. Espantosas haviam sido sobretudo as perdas em vidas humanas: 1.400.000 homens oficialmente mortos. Assinale-se, além disso, a massa dos grandes feridos, dos mutilados civis e militares. O desaparecimento de tantas criaturas jovens e dinâmicas enfraqueceu a capacidade de produção do país, agravou o envelhecimento e o despovoamento.

A França depauperada oscilaria entre a renúncia e uma política de prestígio justificada pelas aparências, mas fora de proporção com as forças reais. O poderio e o prestígio da França e da Europa no mundo entraram em declínio. O mundo aprendia a viver sem a Europa, enquanto, por outro lado, os nacionalistas despertavam nas colônias."[17]

---

[17] Deschamps, *História da França*, p. 1442.

A França de 1919 a 1939

Política interna

O fim da Primeira Guerra Mundial encontra a França, apesar da vitória, mergulhada em grave crise econômica, política e social, que se desenvolve num ambiente profundamente traumatizado pela lembrança constante dos horrores das batalhas, pelas destruições de numerosas propriedades privadas e de fábricas, pela ausência dos entes queridos desaparecidos, pela presença dos mutilados, das viúvas, dos órfãos. Existia, além disso, em grande parte da população, o temor provocado pela ameaça bolchevista que pairava não só nos horizontes internacionais (revoluções comunistas na Alemanha e na Hungria), mas se tornava presente e se difundia rapidamente através do operariado que constituía um partido comunista: SFIC (Seção Francesa da Internacional Comunista). Acrescente-se a tudo isso a delicada posição do Estado frente à Igreja Católica. A representação diplomática junto à Santa Sé seria restabelecida em 1921 graças à atuação dos partidos moderados e, de modo especial, dos deputados da Alsácia-Lorena, que por não fazer parte da França em 1905 mantivera a vigência da Concordata de 1802 e desejava conservá-la mesmo após o retorno à França.[18]

A agitação comunista (fenômeno que se generalizava na Europa), o espírito de patriotismo e o método eleitoral do escrutínio por lista no pleito de 1919 favoreceram a vitória de partidários da direita agrupados no chamado *Bloco Nacional*. Deve-se registrar que em 1920 expira o mandato do presidente da República, Poincaré. Clemenceau, nomeado presidente do Conselho em 1917, desempenhara notável atividade no cenário da guerra, tendo sido considerado o "Pai da Vitória". Os políticos, entretanto, estavam cansados com a maneira autoritária e independente (daí o apelido de Tigre) do ministro e, apesar de seu imenso prestígio popular, foi-lhe negada a Presidência da República: o sucessor de Poincaré (1913-1920) seria "O inofensivo Paul Deschanel, que de-

---
[18] Malet, obra citada, p. 811.

verá demitir-se alguns meses mais tarde por distúrbios mentais".[19] Clemenceau retirou-se, então, da vida política. Tenha-se sempre em vista, ao estudar a História Política da França no período em tela, a multiplicidade de partidos e grupos representados no Parlamento. "Divergiam de tal modo *programas* e *opiniões* que partido nenhum podia constituir maioria absoluta certa no Parlamento e os governos, conformando-se às regras do regime, só podiam conservar-se na administração mediante coligações ou blocos, cuja duração dependia apenas da obtenção das medidas visadas em comum. Recobrando cada um a sua liberdade, só cabia ao governo demitir-se".[20]

Examinemos, a seguir, brevemente, as principais fases da política interna da França, de 1919 a 1939.

Bloco Nacional (1919-1924)

Durante a guerra houve a coligação dos partidos formando, em defesa da pátria ameaçada externamente, a *União Sagrada*. O *Bloco Nacional* era a ala direita desta União. "As eleições de 1919 deram a maioria mais maciça que as assembleias francesas haviam conhecido aos representantes do Bloco Nacional, mas eles representavam menos um programa que uma coligação de interesses, às vezes contraditórios, muitas vezes reacionários e, mais ainda, voltados à defesa parlamentar da União dos Interesses Econômicos".[21] Millerand apontava os ideais do Bloco: "manutenção da União Sagrada, aplicação

---

[19] Berstein, obra citada, p. 71. No regime parlamentarista há o Presidente da República e o Presidente do Conselho (ver capítulo sobre Estrutura Política). Poincaré, por exemplo, Presidente da República de 1913 a 1920, foi também Presidente do Conselho em 1912, de 1922 a 1924 e de 1926 a 1929. Para comodidade do leitor, segue a relação dos Presidentes da República a partir de 1913 até 1940: Raymond Poincaré, 1913-1920; Paul Deschanel, 1920; Étienne-Alexandre Millerand, 1920-1924; Gaston Doumergue, 1924-1931; Paul Daumer, 1931-1932; Albert Lebrun, 1932-1940.
[20] Delgado de Carvalho, *Súmulas de História*, p. 155.
[21] Vidalenc, *La crise de L'Europe*, p. 727.

estrita do Tratado, defesa da propriedade. A União dos Interesses Econômicos – isto é, o grande patrocinador – traz seu apoio".[22]

O ano de 1920 caracteriza-se por crises de caráter social, financeiro e político. Operários influenciados pela propaganda comunista desencadeiam greves. A Alemanha atrasa o pagamento das dívidas de guerra e o franco sofre uma depreciação. "Poincaré, porta-estandarte do nacionalismo, é a esperança dos credores franceses, mas sua política alemã, a ocupação do Ruhr sob um fraco pretexto, incompatibiliza-nos com a Inglaterra."[23]

O *Cartel das Esquerdas* (*Cartel des gauches*) vence os moderados em 1924. Destaca-se então, como líder, Eduardo Herriot, universitário de vasta cultura. Estamos aqui diante de uma aliança de socialistas e de radicais (Herriot é um radical) que não concordam em tudo, mas se opõem à política de força praticada pela equipe que deixa o governo.[24] A desvalorização do franco e a inflação acarretaram a queda do Cartel. Poincaré retornou à chefia do governo por três anos (1926-1929), tomando medidas drásticas para salvar o franco. É a fase da União Nacional. Poincaré foi chamado o "Salvador do franco." "Com o equilíbrio financeiro, a modernização do aparelhamento industrial, os cortes nas despesas e a redução das dívidas, voltou aos poucos a prosperidade e cresceram as *reservas ouro* do Banco de França."[25] Em 1928 o franco estava estabilizado. Em 1929, Poincaré, adoentado, deixava definitivamente a vida pública. Segue-se, então, uma fase de instabilidade ministerial. Note-se, entretanto, que a França conseguiu subtrair-se por certo tempo à crise econômica nascida (1929) nos Estados Unidos. "A razão desse fato estava na equilibrada vida econômica da nação francesa. A população dividia-se quase igualmente entre as atividades urbanas e rurais. Os negócios faziam-se sobretudo por pequenas empresas e milhões de pessoas eram independentes de qualquer patrão. Sem embargo, a França não podia resistir indefinidamente ao choque. Quando ele por fim chegou, em 1932, seguiu-se um período de caos político. Os gabinetes sucediam-se uns aos outros com

---

[22] Bouju, *La Troisiène Republique*, p. 89.
[23] Idem, ibidem, p. 91.
[24] Berstein, obra citada, p. 78.
[25] Delgado de Carvalho, obra citada, p. 156.

assustadora rapidez, e comunistas e fascistas faziam motins nas ruas."[26] Havia intelectuais que culpavam a República Parlamentar e pregavam a volta aos valores do Antigo Regime.

Desde 1930 a opinião pública era abalada por uma série de escândalos financeiros: "trapaceiros de grande envergadura compravam a cumplicidade nos ambientes da polícia, da justiça e do parlamento. Tinha-se a impressão de que havia na administração e no governo qualquer coisa de podre".[27] O caso Stavisky (1933-34) foi revelador. Este aventureiro originário da Europa Central e diretor do crédito municipal de Bayonne dera um golpe de milhões, contando com numerosos protetores, entre os quais figuravam parlamentares radicais e o prefeito da polícia.[28]

Em fevereiro de 1934 explodem violentas manifestações que têm como consequência a demissão do presidente do Conselho, Daladier. Forma-se então um novo governo presidido pelo antigo presidente da República, Gastão Doumergue, que pretende efetuar uma reforma de Estado visando o fortalecimento do Executivo, mas é acusado de *fascista* pela esquerda. Em novembro de 1934 Doumergue demite-se. Seguem-se ministérios fracos (Flandin, Laval).

Desde 1933, a crise econômico-financeira favorecia a propaganda comunista. Por outro lado as manifestações das ligas de direita estimulavam os comunistas, que tinham diante de si a ascensão de Hitler na Alemanha, devida, em grande parte, à hostilidade irredutível existente entre comunistas e social-democratas. Em outubro de 1934, Thorez apresenta a fórmula de uma "Frente popular do trabalho, da liberdade e da paz". Em maio de 1935 é assinado o pacto franco-soviético, nas proximidades das eleições de 1936 os partidos de esquerda unem-se na Frente Popular e obtêm uma esmagadora vitória: "pela primeira vez constituiu-se na França um ministério sob direção socialista, composto de radicais e de socialistas sob a presidência de León Blum (4 de junho de 1936).[29]

Registre-se que o novo ministério encontrava-se "sob a fiscalização duplamente vigilante dos radicais vexados por não terem ocupado senão postos

---

[26] Burns, *História da Civilização Ocidental*, p. 904.
[27] Malet, obra citada, p. 814.
[28] Sobre o escândalo Stavisky, ver minúcias em Boujou, obra citada, p. 111-112.
[29] Malet, obra citada, p. 846.

de segundo plano e dos comunistas mantidos fora do ministério..."[30] Compreendem-se assim as enormes dificuldades encontradas pelo Ministério de Blum, a começar pelos operários, "a quem a chegada de um presidente do Conselho socialista inspirava esperanças desmesuradas".[31] Numerosas greves, ocupação de usinas e de locais de trabalho levaram o governo aos *Accords Matignon* (Matignon era a residência do presidente do Conselho), entre sindicatos dos operários e patrões (junho de 1936), com aumento de salários.

Entre os opositores da Frente Popular figurava decisivamente a classe média, alarmada com a inquietação operária e com as dificuldades econômicas por que passavam os pequenos empresários. O governo Blum cai em junho de 1937. Os governos sucessivos têm à frente os radicais que se afastam do programa da Frente Popular. A França encontra-se política e socialmente dividida: a esquerda combate os adversários taxando-os de fascistas e a direita, temendo o Comunismo, rejeita uma união nacional com esquerdistas. Em abril de 1938, retoma o poder o radical Daladier, cujo ministro das finanças seria Paul Reynaud. Daladier enfrenta com êxito uma greve geral desencadeada pela CGT. "O ministério, sustentado por uma parte da direita, afirma sua vontade de restaurar, em todos os domínios, as forças do país. A "última experiência do Liberalismo" tentada por Reynaud é inicialmente um sucesso: os lucros garantidos pelas declarações anticomunistas de Daladier, o ouro torna a entrar na França e o crédito do Estado se restabelece enquanto se reabilita a produção. O gabinete ensaia *in extremis* reforçar a segurança interna e externa do Estado. Quer-se promover confiança no exército. Esboça-se mesmo uma política com o Código da Família".[32]

Socialistas e, sobretudo, comunistas formavam a oposição a Daladier. Deve-se registrar que o pacto germano-soviético restaura na França "uma provisória unanimidade: à direita, Hitler cessa de figurar como baluarte antibolchevista, como à esquerda, em que se estigmatiza a "traição" da URSS, resigna-se à guerra que o pacto prefacia".[33] Registre-se que Daladier conseguira o consentimento do legislativo para governar mediante decretos-leis.

---

[30] Vidalence, *La crise de L'Europe*, p. 777.
[31] Malet, obra citada, p. 816.
[32] Bouju, obra citada, p. 121.
[33] Idem, ibidem, p. 122.

Política colonial

Parece-nos oportuno reproduzir as observações de Deschamps a propósito do mundo colonial francês a partir da Primeira Guerra Mundial: "Durante a Guerra as unidades coloniais participaram dos sofrimentos e do heroísmo comuns. Um sentimentalismo fácil exaltava a "França de ultramar", a missão civilizadora da Metrópole, a fidelidade afetuosa dos povos coloniais. O centenário da Argélia francesa (1930), a Exposição Colonial (1931), a apoteose do Marechal Lyautey constituíram as brilhantes manifestações desse estado de espírito. A evolução dos povos coloniais passou quase despercebida na Metrópole."[34]

Na realidade a guerra de 1914-1918 havia difundido as ideias wilsonianas sobre o direito dos povos de disporem sobre si mesmos. Com esse espírito de independência o emir Khaled, neto de Abd-el-Kader, fez campanha em prol da libertação da Argélia.[35] Os reformistas argelinos sofrem a influência dos movimento nacionalistas que se manifestam nos países islâmicos. Entre os nacionalistas argelinos deve-se lembrar o *sheik* Abdel-Hamid Ben Badis, que pretendia despertar o povo argelino de sua imobilidade e sonhava com uma Argélia livre unindo-se ao Marrocos e à Tunísia para reconstituir o império árabe-berbere.[36] Ben Badis proclama em 1931: "O Islam é minha religião, o árabe é minha língua, a Argélia é minha pátria."

No Marrocos, Liautey, de 1912 a 1925, executava uma hábil política de associação fundada na confiança mútua e conseguira, assim, uma renovação administrativa e econômica.[37] A rebelião de Abd-el-Krim no Rif contra os espanhóis anunciava dias difíceis para o Marrocos francês.[38] O rebelde, na luta contra os espanhóis, conseguira apoderar-se de grande quantidade de armas e munições e ameaçava agora o Marrocos francês. Contando em suas hostes milhares de guerreiros berberes, intitulando-se Emir e proclamando a

---

[34] Deschamps, obra citada, p. 1449.
[35] Esquer, *Histoire de L'Algérie*, p. 95. O leitor encontrará nesta obra um relato sobre a atuação (no século XIX) de Abd-el Kader.
[36] Esquer, obra citada, p. 95 ss.
[37] Idem, ibidem, p. 96.
[38] Ver interessante estudo sobre Abd-el-Krim (Mohammed-bem-Abd-ef-Krim-el-Khettabi) de autoria de Jean D'Esme em Revista *História* n. 114, p. 502ss.

independência do Riff, Abd-el-Krim pretendia expulsar o sultão do Marrocos francês e fundar uma dinastia. Em abril de 1925 processa-se a invasão. Sublinhe-se que a os comunistas forneceram armas e técnicos às tribos do Riff. Lyautey pede reforços e, posteriormente, é substituído por Pétain, que conta com numeroso auxílio em homens e material de guerra.

Os espanhóis, por sua vez, retomam a ofensiva. A sorte de Abd-el-Krim está lançada; rende-se (maio de 1926) e é levado à ilha da Réunion, onde permanecerá mais de vinte anos.[39] Aristides Briand, pela França, e o general Primo de Rivera, pela Espanha, assinam um acordo sobre os limites respectivos na região do Riff. Os "mandatos" da França na Síria e no Líbano, bem como a situação francesa na África Negra, na Indochina e na ilha de Madagascar serão objeto de breves observações mais adiante.

Política externa até 1939

O estudo, ainda que superficial, da política externa da França a partir do final da Primeira Guerra Mundial até o início da Segunda, deve, desde logo, chamar a atenção para a influência marcante da lembrança do conflito, presente em toda a parte, quer materialmente nas ruínas e nos monumentos evocativos, quer psicologicamente na recordação saudosa dos combatentes mortos e desaparecidos. Compreende-se que se cultivasse então um profundo anseio pela paz e um temor incontido por qualquer ameaça de novo conflito. Esse estado de espírito da população traduz-se em alguns aspectos da política externa por uma atitude de pacifismo. Lembremos, mais uma vez, um fator de inquietação interna, mas com repercussão na política externa: a ativa propaganda comunista não somente na França, mas no império colonial francês (Marrocos, Indochina), onde estimula os movimentos nacionalistas indígenas.

É interessante notar que a França, logo após o término do conflito mundial, estranha "a atitude dos antigos aliados britânicos e americanos, aos quais censura como traição sua recusa em apoiar as teses francesas a propósito da

---

[39] D'Esme, obra citada, p. 507.

'fronteira militar' sobre o Reno, a não ratificação do tratado das garantias e, enfim, a ideia que se fazem do papel da Alemanha na nova Europa."[40] É que os anglo-saxões revelavam-se favoráveis a uma reconstrução econômica da Alemanha, o que evitaria o avanço do comunismo e contrabalançaria a influência francesa no continente. Os dirigentes da política externa francesa, por sua vez, buscavam apoio e alianças no próprio continente. Assim é que, não julgando suficiente a atuação da Liga das Nações, concluíram, entre 1919 e 1927, pactos com a Bélgica, a Polônia e os membros da Pequena Entente (Tchecoslováquia, Iugoslávia e Romênia). "Os governos de todos esses países eram encorajados a manter grandes exércitos, tomar dinheiro emprestado à França e trazer debaixo de rigorosa vigilância as atividades da Alemanha e de seus antigos satélites."[41]

Em janeiro de 1923, apesar dos protestos ingleses, o vale do Ruhr é ocupado por tropas franco-belgas por ordem de Poincaré, sob o pretexto do não pagamento (havia, na realidade, um atraso) de reparações por parte de alemães. Presidente do Conselho de 1922 a 1924, Poincaré, isolado no plano diplomático, vê-se obrigado a aceitar a negociação sobre a diminuição das reparações e sobre a evacuação do Ruhr, centro vital da indústria alemã, mas perde as eleições de 1924. Note-se que a Alemanha possuía um trunfo: ameaça de aproximar-se da Rússia dos soviéticos. Eduardo Herriot, o britânico Ramsay MacDonald e o tcheco Eduardo Benes apresentaram em 1924, por ocasião da assembleia geral da S.D.N. (Sociedade das Nações), um projeto segundo o qual os conflitos internacionais seriam regulados pela arbitragem. O assim chamado Protocolo de Genebra não prosperou em face da oposição britânica influenciada pelos americanos. Note-se que, na Inglaterra, os conservadores voltavam ao poder em novembro de 1924.

Em 1925, os ministros Aristide Briand, da França, e Gustavo Stresemann, da Alemanha, efetuaram as Conferências de Locarno. Sublinhe-se que Briand foi ministro dos Negócios Exteriores de 1925 a 1932 e lutou para consolidar a paz, consciente do enfraquecimento demográfico e econômico da França. "A Alemanha assumia o compromisso de nunca tentar revisar

---

[40] Berstein, obra citada, p. 71.
[41] Burns, obra citada, p. 913.

um tratado pela força das armas e de solucionar por meios pacíficos todas as disputas futuras com a França, a Bélgica, a Tchecoslováquia e a Polônia. Os Acordos de Locarno foram aclamados por toda a parte como os arautos de uma nova era."[42]

Os anos de 1927-1928 assinalam na Europa o apogeu do que se poderia chamar "segurança coletiva". É interessante anotar aqui a presença dos Estados Unidos: o secretário de Estado americano, Kellog, elabora em agosto de 1928 o Pacto Briand-Kellog ou Pacto de Paris. "Por este ato, as quinze potências signatárias, entre as quais a França e a Alemanha, condenam solenemente o recurso à guerra e se empenham em procurar, por meios essencialmente pacíficos, a solução de eventuais diferenças."[43] O Pacto de Paris "foi pouco mais que um gesto louvável" e, em virtude de reservas apresentadas por certas potências (entre as quais os Estados Unidos e a Inglaterra), ele foi reduzido "a uma série de generalidades sem significação."[44] Em julho de 1930 franceses, belgas e britânicos retiravam suas últimas tropas da Rhenânia, o que parecia prenunciar uma tranquila paz para o continente europeu. A "guerra fria" entre a França e a Alemanha parecia terminar.

Havia muito pairava no ar a ideia de uma federação dos Estados europeus. Briand torna-se, em 1927, o presidente de honra da União Pan-europeia e em 1930 lança a ideia de uma federação europeia no quadro da S.D.N., mas o *memorandum* sobre a união europeia e o projeto de organização nele compreendido foram rejeitados pela maioria dos destinatários. Em 1932 Briand morreu e "nesta data a Europa já mudou a história."[45]

A ascensão de Hitler vai influir poderosamente na política externa francesa. Louis Barthou, ministro do Exterior em 1934, planeja um vasto sistema de assistência mútua entre países do Leste Europeu, incluindo a URSS e a Alemanha. A recusa da Alemanha leva Barthou a favorecer a entrada da

---

[42] Idem, ibidem, p. 915.
[43] Berstein, obra citada, p. 85. A proposta de Briand fora retomada e ampliada por Kellog. Segundo Delgado de Carvalho (obra citada, p. 199), o pacto foi assinado por 60 nações.
[44] Burns, obra citada, p. 917.
[45] Bernstein, obra citada, p. 97.

URSS na S.D.N. (setembro de 1934). O ministro francês procura fortalecer as relações com os países da Pequena Entente, mas é assassinado quando acolhia o rei Alexandre da Iugoslávia em Marselha (outubro de 1934).

Pierre Laval (1883-1945) assume pela primeira vez a presidência do Conselho, de junho de 1935 a janeiro de 1936. Laval (sucessor de Barthou nas relações exteriores e anticomunista) negociara com a Rússia e em maio de 1935 fora assinado um pacto de assistência mútua. Em junho de 1935 um acordo naval anglo-germânico abala a confiança da França na Grã-Bretanha e reforça a posição de Laval no sentido de entrar em entendimento com a Alemanha. Mas, em março de 1936, Hitler envia tropas à Renânia, que fora desmilitarizada pelo Tratado de Versalhes. "Alegam como pretexto que a recém-negociada aliança franco-soviética havia destruído a validez dos tratados de Locarno. Apesar das fortes razões jurídicas contra ele, a Inglaterra e a França não fizeram virtualmente nada para impedi-lo de realizar seu intento. Os franceses protestaram vigorosamente, mas os ingleses recusaram-se a sair de sua calma. E sem o auxílio britânico a França nada podia fazer, pois estava quase paralisada no interior pelas greves e pela guerra de classes."[46] Em 1936, o presidente do Conselho, Leon Blum, que deseja, principalmente, a manutenção da paz, propõe um acordo, aceito por vários países, de não intervenção na guerra civil da Espanha. Note-se que Blum simpatizava com o regime republicano espanhol.

Ministro da defesa nacional desde 1936, Daladier sente o perigo da ameaça alemã hitlerista e dá prioridade absoluta ao rearmamento. Voltaremos a Daladier no capítulo referente aos grandes conflitos do século XX. Lembremos, por ora, quatro acontecimentos: em setembro de 1938, Daladier, Chamberlain, Hitler e Mussolini se encontram em Munich; Daladier, em 1939, visita Córsega e a África do Norte para reafirmar o domínio francês frente às reivindicações italianas. Em agosto de 1939, para surpresa geral, conclui-se o pacto de não agressão germano-soviético, que tem por efeito restaurar uma unanimidade provisória na França. Em setembro de 1939, Grã-

---

[46] Burns, obra citada, p. 926.

Bretanha e França declaram guerra à Alemanha. Daladier é substituído em 1940 por Paul Reynaud.

A Segunda Guerra Mundial

As causas, o desenvolvimento e as consequências da Segunda Guerra Mundial serão estudadas no capítulo sobre os grandes conflitos do século XX. Faremos, aqui, apenas uma breve observação sobre a situação da França no início (1939) do grande conflito.

Em 1939 a França, apesar da diminuição dos movimentos grevistas, da reanimação da produção industrial e das colheitas favoráveis, encontra-se ainda profundamente afetada pelos efeitos da crise econômica. Compreende-se assim que o país, materialmente, não estava pronto para as atividades bélicas. A falta de investimentos tornara obsoleta a maquinaria com uma consequente diminuição da qualidade e quantidade da produção, especialmente no campo da indústria bélica agora absolutamente indispensável para enfrentar a ameaça germânica. Psicologicamente, a França também não se encontrava preparada para a guerra. "A declaração de guerra, em setembro de 1939, não provoca na França movimento algum de união sagrada. Apegados a seu país, os franceses não dão ao termo 'pátria' o mesmo significado: para a direita, trata-se antes de tudo do solo nacional, da terra natal, de um passado histórico, de um conjunto de tradições, que exclui os imigrados de data recente ou todos os que não podem reivindicar esse passado comum; para a esquerda, é a França dos grandes princípios, das ideias generosas, da Revolução, dos direitos do homem."[47] Direitistas, socialistas, antissemitistas etc. debatem-se num ambiente ainda traumatizado pela lembrança e pelas consequências da Primeira Guerra Mundial. "Dividida, profundamente pacifista, a França não está moralmente pronta para fazer a guerra."[48]

---

[47] Milza, *Histoire du XX siècle*, tome 1, p. 295.
[48] Idem, ibidem, p. 296.

Fim da III República (1940) e Regime de Vichy

Em maio de 1940, Paul Reynaud sucede a Daladier como Primeiro-ministro. Em face do fulminante avanço dos alemães, o governo deixa Paris, segue para Touraine e, em seguida, para Bordeaux. A Itália declara guerra à França, a resistência se desintegra, "o inimigo cerca as tropas da linha Maginot em retirada, e milhões de civis fugitivos erram sobre as estradas".[49]

Em maio, Paul Reynaud chamara o Marechal Pétain, que se encontrava na Espanha como embaixador desde 1939. O presidente da República Albert Lebrun, a conselho de Paul Reynaud demissionário, convida o Marechal para formar o novo Ministério.[50] Phillipe Pétain (1856-1951), *Marechal de France,* em novembro de 1918, tinha uma longa folha de serviços prestados ao país; tornara-se famoso como militar sobretudo pela defesa de Verdun em 1916. Em face da caótica situação em que se encontra sua pátria, Pétain é favorável ao armistício: "solicitou a mediação da Espanha para firmar um armistício com a Alemanha e do Vaticano para fazer o mesmo com a Itália".[51] O armistício foi assinado a 22 de junho com a Alemanha em Rethondes e a 24 com a Itália, em Roma.

Quando o armistício ficou estabelecido, o governo ainda se encontrava em Bordeaux, em zona de ocupação. Impunha-se a escolha de outra cidade para sede governamental. Clermond-Ferrard, Nice, Toulouse, Lyon foram cogitadas. Vichy foi aceita entre outras razões porque dispunha de excelente estrutura hoteleira.

Transferidos os cargos públicos para Vichy, surgiu o problema de legalizar os plenos poderes que o Marechal iria assumir. Bouju tece, a propósito,

---

[49] Bouju, obra citada, p. 124.
[50] Sobre a atuação de Albert Lebrun vale notar: "Ce qui peut surprendre, s'est la façon avec laquelle le président de la Republique, Albert Lebrun, a quitté la scène: il s'est éclipsé sans résistance après s'être fait véritablement insulté par Laval. D'ailleurs, à la Liberation, il ira voir le général de Gaulle pour lui signifier qu'il est toujours le président de la Republique. Celui-ci rétorquera um peu sèchement qu'il aurait dû se montrer um gardien plus ferme dês institutions". Ver estudo, "Entretien avc Michele Cointet", sobre Vichy na Revista *História* n. 555, março de 1993.
[51] Marin Correa, obra citada, p. 296.

as seguintes interessantes considerações: "Havia muitos anos, mas principalmente desde os inícios do ministério Daladier, as Câmaras, ao autorizarem as práticas dos decretos-leis e dos plenos poderes, tinham implicitamente reconhecido a necessidade desse reforço do Executivo, outrora reclamado por Doumergue: a entrada em guerra realizada sem o entendimento do Parlamento, fora o sinal mais nítido".[52]

Pierre Laval, vice-presidente do Conselho, obtém de Lebrun a convocação das duas Câmaras em Vichy. Reunidos em Assembleia Nacional, Senado e Câmara procedem a uma revisão constitucional. A 10 de junho, com 569 votos a favor, 80 votos contra e 17 abstenções, a Assembleia dava "todos os poderes ao governo da República, sob a assinatura e a autoridade do Marechal Pétain, presidente do Conselho, a fim de promulgar por um ou mais atos a nova Constituição do Estado francês..."[53]

O novo regime, o Estado Francês, sob a chefia do Marechal, tem o reconhecimento internacional: 32 países (inclusive a URSS e o Estados Unidos) mantêm relações oficiais com Vichy. "O Estado Francês tem seu centro no Hôtel du Parc em Vichy, onde residem Pétain e os principais ministros, e repousa, antes de tudo, sobre a extraordinária popularidade do Marechal." Pétain, em um de seus primeiros discursos, manifesta seu sentimento de patriotismo francês e a consciência de que assumia um lugar de sacrifício: "Faço dom de minha pessoa à França para atenuar seu infortúnio". O Marechal tinha então oitenta e quatro anos. A França estava dividida em duas partes. "A metade norte, a mais rica do país, foi ocupada, assim como duas faixas de território ao longo da fronteira suíça e ao longo do oceano até a fronteira espanhola."[54] As colônias francesas ficavam sob o controle do governo de Vichy.

Em outubro de 1940, o Marechal encontra-se com Hitler na gare de Montoire. A entrevista "termina em um bem vago acordo de princípio, desprovido de toda precisão concreta".[55]

---

[52] Bouju, obra citada, p. 124.
[53] Idem, ibidem. Ver também Milza, obra citada, T. 1, p. 439.
[54] Deschamps, obra citada, p. 1445.
[55] Milza, obra citada, T. 1, p. 452. O leitor encontrará num minucioso estudo sobre o encontro de Montoire, em Revista *História*, n. 167, p. 414, uma descrição por uma

Pierre Laval, que alguns consideram "personagem-chave de Vichy", era "muito impopular e se abrigava atrás de Pétain para governar".⁵⁶ Laval foi afastado do poder por Pétain em dezembro de 1940, tendo sido substituído durante breve tempo por Pierre-Étienne Flandin e, logo a seguir, pelo almirante Darlan. Em abril de 1942, sob pressão dos alemães, Laval volta ao poder desenvolvendo uma política de colaboração. Em novembro de 1942 os americanos desembarcam na África do Norte, os alemães invadem o sul, e a frota francesa, ancorada em Toulon, afunda-se para não cair em mãos do inimigo.

Com o avanço dos exércitos aliados, após o desembarque na Normandia (ver capítulo sobre os conflitos), Pétain foi forçado a abandonar a França e conduzido à Alemanha, sob protesto solene contra este ato de força (*J'élève une fois encore, contre cet acte de force que rien ne justifie, la protestation la plus solennelle*).⁵⁷ Pétain, em abril de 1945, consegue chegar à fronteira suíça pretendendo regressar à França. De volta a seu país, o Marechal, aos noventa

---

testemunha ocular: H. du Moulin de Labarthète. No mesmo exemplar de *História*, um artigo de Robert Aron sobre "o que se falou em Montoire", baseado em declarações de Schmidt, ministro plenipotenciário alemão e intérprete da entrevista de Pétain com Hitler. "Le grand coup préparé par Hitler avait echoué sur la prudence et la reserve des Français. Pétain avait fait nettement grise mine par son laconisme, son mutisme. Aucun progrès n'avait été réalisé non plus avec Laval. Je n'ai compris qu'après la guerre l'attitude que le maréchal Pétain avait eue à Montoire en apprenant que, le jour même de cette entrevue fameuse, le professeur Rougier discutait en son nom avec Churchill, apportant à celui-ei l'assurance que la France n'entreprendrait jamais, rien d'incompatible avec l'honneur contre son ancienne aliée". Nos encontros com dirigentes estrangeiros Hitler se fazia acompanhar de um intérprete dos Negócios Exteriores, o ministro plenipotenciário Paulo SchmidT. Ver o texto completo e surpreendente desta testemunha ocular no estudo publicado na Revista *História* n. 61, dezembro de 1951, sob o título "Montoire". Schmidt sublinha a tenaz defesa de Pétain com relação aos franceses e, de modo especial, a respeito dos dois milhões de prisioneiros franceses. Interessante a observação do intérprete alemão: "Je suis enclin a conclure que le marechal Pétain fut lê vainqueur diplomatique de Montoire" (p. 422). Ver Prince Xavier de Bourbon em Revista *História* n. 168, p. 546.

⁵⁶ Cointet, "Vichy, capital des années sombrer", em Revista *História* n. 555, março de 1993, p. 57 e 61.

⁵⁷ Um notável estudo sobre a ida forçada do Marechal Pétain para a Alemanha, sua estada em Sigmaringen e seu regresso à França como prisioneiro, em Revista *História* n. 101, abril de 1955, p. 384. Autor: Robert Aron.

anos, é aprisionado, processado e condenado à morte, porém com *sursis*.[58] Philppe Pétain faleceu em 1951.

O governo de Vichy suscita ainda hoje debates, tem seus adversários e seus defensores. Entre as muitas acusações dos primeiros figuram as leis antissemitas promulgadas a 30 de outubro de 1940 sem que os alemães, ao que parece, as tivessem exigido e o STO (Serviço de Trabalho Obrigatório) em fevereiro de 1943. Sublinhe-se que Vichy abrigava pessoas integrando as mais diferentes correntes ideológicas (antidemocratas, antissemitas, anticomunistas) e também buscando satisfações de seus interesses pessoais, o que explica, embora não justifique, o impatriótico colaboracionismo.

Quanto à pessoa do Marechal, vamos reproduzir, sem comentários, a opinião de um intelectual contemporâneo dos acontecimentos e perspicaz observador: "Estou convencido de que a massa dos franceses não considerou o Marechal Pétain um traidor, de que muitos se apegaram a sua imagem, à glória do passado, a um grande homem que, segundo eles, se sacrificava, digamos, para poupar aos franceses ainda mais sofrimentos. Respeitavam aquele ancião que ficava a seu lado na hora da desgraça. Houve franceses que detestaram Pétain. Os resistentes o detestaram. Mas houve, por assim dizer, uma França profunda ou silenciosa que foi ao mesmo tempo gaullista e petainista. Era o que eu dizia e escrevia. Por que negar a realidade? Os franceses não são 40 ou 50 milhões de heróis. Vocês não imaginam, hoje, o que foi o desmantelamento deste país. Os franceses se sentiam infelizes. De Gaulle era um desconhecido e estava longe. Pétain era a glória de véspera. Estava ali, e eles precisavam dele e aceitaram, em certa medida, o mito do Marechal Pétain protegendo os franceses, da mesma forma que bom número de franceses posteriormente aceitariam o mito do General De Gaulle representando a legitimidade francesa a partir de junho de 1940, num momento em que estava quase sozinho na Inglaterra".[59]

---

[58] Ver um relato de quem viveu os momentos do processo de Pétain em Revista *História* n. 104, p. 83. Jacques Isorni, "Lê Procés du Maréchal Pétain". Note-se que a condenação do Marechal se deu apenas por um (1) voto: 14 x 13. Ver também Revista *Historama*, n. 18, sobre a atuação de Pètain e a possível revisão do processo que o condenou.

[59] Aron, *O espectador engajado*, p. 114.

Não é missão do Históriador ocupar-se dos futuríveis. Aqui, entretanto, é difícil evitar a indagação do que teria acontecido à França, em pleno caos e incapaz de sustentar a guerra, se tivesse sido escolhido para governá-la outra pessoa que não o velho Marechal? Haveria alguém que, perante o tribunal da História, pudesse repetir a emocionante declaração de Pétain perante o tribunal que o condenou: "J'ai défendu la France comme j'ai défendu Verdun"?[60]

A IV República

A certeza da vitória em 1945 traz em seu bojo uma série de incertezas para os franceses. Materialmente as perdas são consideráveis. As ruínas causadas pelos bombardeios, pela tática de terra arrasada, pela sabotagem testemunham em toda a parte, nas cidades e na zona rural, os efeitos devastadores da impiedosa guerra. As perdas humanas, irreversíveis, envolviam os corações em sentimentos de tristeza profunda e saudade permanente. O próprio fato da vitória não era suficiente para levantar o ânimo de todos os franceses. Para muitos a guerra terminara, mas a vitória era mais dos aliados que dos franceses. Um sentimento, sem dúvida, distante das emoções provocadas pela vitória de 1918. Vejamos nas próximas linhas como a França começou a superar esse estado de desânimo com a instalação da IV República e uma vontade profunda de reconstruir a nação.

Refugiado em Londres, o general de Gaulle havia criado o movimento *França livre* para reunir os franceses que pretendiam continuar a guerra; na França havia vários movimentos clandestinos dispersos pelo país e que visavam lutar contra a ocupação alemã: são lembrados pelo nome genérico de Resistência. Entre esses grupos havia comunistas, mas note-se que o partido

---

[60] Isorni, "Le procès du Maréchal Pètain", Revista *História* n. 104, p. 89. Ver também um interessante artigo sobre o processo do Marechal na Revista *Historama*, agosto de 1985, p. 53 e ss., da autoria de Jacques-Francis Rolland. O autor adverte que no processo foi omitido o estudo de uma massa de documentos que poderiam servir à acusação e à defesa, "ies auraient justifé, ne serait-ce que pour l'Histoire, um autre procès, même posthume". O autor encerra seu artigo com esta surpreendente observação: "On peut remarquer que la France se releva plus vitc et mieux de sa defaite de 1940 que de sa grande victoire de 1918. Les américains et de Gaulle y sont pour beaucoup. Mais, Tout bien pesé, après examen sérieux d' un dossier dont la discussion nécessiterait um volume, Pétain n'aurait-il pás droit à une petite part de ce mérite?".

comunista, em virtude de consumado o inesperado pacto germano-soviético (agosto de 1939), pretendia ser neutro em face do conflito.

Na primavera de 1942, *Resistência* e *França livre* lutam contra a ocupação. Em 1943 Jean Moulin (1899-1943), que pagaria com a vida sua atividade patriótica, preside o Conselho Nacional de Resistência (CNR), que reconhece De Gaulle como chefe de Resistência. Em junho de 1943 em Argel é formado um *Comité Français de Libération Nationale* presidido pelos generais de Gaulle e Giraud. De Gaulle, na primavera de 1944, transforma essa entidade em Governo Provisório da República Francesa (GPRF). CNR e GPRF pretendem assumir o governo da França. Em 25 de agosto de 1944 a divisão Leclerc das forças francesas livres entra em Paris e a 26 do mesmo mês o General de Gaulle encontra-se, nos Champs-Élysées, no meio de uma multidão entusiasmada. Os americanos, entretanto, não simpatizam com De Gaulle e pretendem colocar a França sob uma administração militar dirigida por um general americano que manteria os funcionários de Vichy sob seu controle. Diante do reconhecimento de De Gaulle por parte da população, os americanos reconhecem o GPRF. Sob a influência dos comunistas a Resistência (CNR) tenta sabotar a autoridade de De Gaulle, que, entretanto, não recua: percorre o interior, impõe obediência aos chefes da Resistência, integra as unidades militares deste movimento no exército regular, dissolve as milícias patrióticas enfrentando a violenta reação comunista, que entretanto se submete em face das ordens de Maurice Thorez, secretário-geral, que voltara da Rússia em novembro de 1944.[61] Reconhecido como chefe do governo legal da França libertada, De Gaulle organiza um *referendum* (outubro de 1945) através do qual os eleitores (as mulheres votam pela primeira vez) decidem o fim da III República. Uma Assembleia constituinte é eleita. Note-se que as forças políticas dominantes na III República, radicais e moderados, são superadas, e três grandes partidos nascidos da Resistência dominam: o partido comunista, o partido socialista e o Movimento Republicano Popular. De Gaulle desejava que o presidente da República desempenhasse

---

[61] Milza, obra citada, T. 1, p. 461.

um papel essencial no governo com o que não concordam socialistas e comunistas.

Em janeiro de 1946, De Gaulle se demite do cargo. Os três grandes partidos procuram entender-se para assumirem o governo; é o *tripartidarismo*, que, em outubro de 1946, adota, *por referendum*, uma nova Constituição. Em 16 de janeiro de 1947 a Assembleia Nacional e o Conselho da República escolhem para presidente da República o socialista Vincent Auriol, cuja prerrogativa essencial era designar o presidente do Conselho.

A estabilidade das instituições da IV República é ameaçada pela atitude do partido comunista, que, na política interna, organiza greves e manifestações de extrema violência e, na política externa, apoia o comunista indochinês Hô Chi Minh, adversário dos franceses, bem como a política soviética na guerra fria que se inicia. "O partido comunista é rejeitado num *ghetto* político de que não mais sairá sob a IV República. Para uma grande parte da opinião pública, ele é, doravante, o 'partido do estrangeiro', excluído do jogo político francês."[62] Contribui também para a instabilidade política outro fator importante: a organização, em torno do general De Gaulle, de um poderoso movimento político, o *Rassemblement du peuple français* (RPF), que pretenda modificar as instituições. Surge então a chamada Terceira Força, união política de socialistas, radicais, MRP e outros, que vai atuar de novembro de 1947 a março de 1952.

Entre a saída dos comunistas do poder e o advento da V República, isto é, num período de dez anos, os partidos políticos revelam-se incapazes de evitar as frequentes crises ministeriais. Além dos problemas da política interna, agravam-se os acontecimentos internacionais (que serão expostos brevemente mais adiante) e a crise da Argélia, onde as tendências direitistas gozavam de prestígio junto à população europeia que, de acordo com certo número de oficiais, torcia por um poder forte capaz de resistir aos insurretos argelinos inspirados no FLN (*Front de Libération Nationale*). "Em maio de 1958 a situação chegou a tal extremo que foi declarado o estado de guerra e o presidente da República, René Cotty, chamou o general De Gaulle para formar o governo. A Assembleia Nacional concedeu-lhe plenos poderes e

---

[62] Idem, ibidem, T. 2, p. 67.

De Gaulle fez aprovar uma Constituição de tipo presidencialista que previa, além disso, a formação de uma comunidade francesa no qual poderiam entrar todos os países que haviam sido colônias."[63] A nova Constituição fora redigida por um grupo de juristas, discutida por um comitê ministerial e, finalmente, submetida a um comitê consultivo constitucional formado por parlamentares sob a presidência de Paul Reynaud. A 28 de setembro de 1958 o povo adota, por *referendum*, a Constituição por grande maioria de votos, excetuados os comunistas e uma parte dos demais esquerdistas. Estava fundada a V República.

Em dezembro de 1958 elege-se o novo presidente da República de acordo com a nova Constituição. De Gaulle é eleito por grande maioria. Michel Debré, principal redator da Constituição, é nomeado Primeiro-ministro.

Em outubro de 1962 a maioria dos eleitores aceita a eleição do chefe de Estado por sufrágio universal e em 1965 as primeiras eleições presidenciais com sufrágio universal mantêm na presidência da República o Gal. De Gaulle. Começa então uma série de crises que terminarão em 1969 com a demissão do general.

Antes de prosseguirmos com a enumeração dos sucessores de De Gaulle vamos lembrar brevemente alguns dos principais episódios da política interna e externa a partir do governo provisório instalado em 1944.

Na política interna, logo após a libertação, entre os acontecimentos mais importantes figura a criação de cortes especiais para julgar os casos de colaboração com o inimigo. Os principais responsáveis pelo governo de Vichy, entre os quais Pétain e Laval, são submetidos a uma Alta Corte de Justiça. Laval e milhares de outros acusados foram executados.

Ainda na política interna, podemos anotar a nacionalização dos bancos, das minas de carvão, das fontes de energia e das companhias de seguro.

Deve-se notar que durante os onze anos do governo do general De Gaulle (1958-1969), a França conhece uma notável estabilidade política até a crise de 1968, o que facilita, então, o desenvolvimento da indústria, o aumento da produção agrícola e uma balança comercial equilibrada.[64] A autoridade

---
[63] Marin, obra citada, p. 385.
[64] Milza, obra citada, T. 2 p. 345.

de De Gaulle, contestada já nas eleições de 1967, sofreu um rude golpe com a crise de maio de 68, em que se envolvem manifestações estudantis e greve geral. Estamos aqui em face de uma contestação por parte da juventude intelectual, que, entretanto, se constitui de elementos heterogêneos (anarquistas, maoístas, trotskistas, marxistas etc.) e apresenta um leque de reivindicações sociais, administrativas, religiosas, políticas. A fase propriamente social do movimento explode com a greve geral. A incapacidade do poder de agir sobre os acontecimentos, o silêncio prolongado do general De Gaulle produzem a sensação de que a sucessão está aberta. "Diante dessa impressão de vazio político, as soluções divergentes se apresentam."[65] Em abril de 1969 De Gaulle deixaria definitivamente o governo, recolhendo-se ao silêncio até sua morte em novembro de 1970.

Quanto ao império colonial francês, é necessário lembrar que a Constituição de 1958 proporcionara às colônias a escolha entre a independência e a associação com a França, ingressando numa Comunidade como estados autônomos com algumas restrições. Praticamente todas as colônias da África Negra e de Madagascar optam, em 1958, pela Comunidade. Em 1960, porém, De Gaulle aceita a revisão do texto constitucional, e as antigas colônias francesas da África Negra e Madagascar tornam-se independentes e ingressam na ONU.[66]

A Indochina será focalizada mais adiante no capítulo reservado à Ásia. Registremos, por ora, a derrota militar francesa em Dien-Bien Phu (maio de 1954) e os acordos de Genebra (julho de 1954) que põem fim à Indochina francesa.

A guerra da Argélia constitui um grave problema para o governo da V República. Em 1959 De Gaulle reconhece o direito da Argélia à autodeterminação. Há uma evolução na posição do general presidente que provoca uma tensão entre o governo, o exército e os europeus residentes na Argélia. Em 1962 os acordos de Évian reconhecem a independência da Argélia.

Um estudo, ainda que superficial, da política externa francesa nos períodos aqui focalizados deve levar em consideração dois importantes

---

[65] Idem, ibidem, p. 354.
[66] Idem, ibidem, p. 346.

fatores que nela tiveram influência preponderante: de um lado, a ameaça comunista (ameaça externa pela potência militar da União Soviética e ameaça interna pela presença ativa do partido comunista) e, de outro lado, o profundo nacionalismo que inspira a atuação do general De Gaulle, desejoso de restaurar a grandeza da França. O *gaullismo* caracteriza-se então por uma política externa, quanto possível independente, que não deixa de refletir um visível antiamericanismo. Com relação à Europa, De Gaulle preconiza uma "Europa das pátrias", "na qual cada nação conservaria sua identidade, mas cujos governos se entenderiam para executar uma política comum garantindo a independência do continente e formando um terceiro bloco face aos dois "Grandes".[67]

Somente a título de exemplo, lembremos alguns dos acontecimentos marcantes da política externa:

– Pacto bilateral com a União Soviética em dezembro de 1944.

– A adesão ao Plano Marshall (1947) afasta os comunistas do governo.

– Em 1947, o tratado de Dunkerque une a Grã-Bretanha e a França. Em 1948 estas duas potências incluem na aliança defensiva a Bélgica, os Países Baixos e Luxemburgo.

– Em 1949 é assinado o Tratado do Atlântico Norte. Este tratado, por parte dos Estados Unidos, representa uma revolução na política externa americana.

– Em 1956, a França, a Grã-Bretanha e Israel enviam uma expedição ao canal de Suez, que entretanto resulta numa vitória do nasserismo (ver, mais adiante, capítulo sobre África).

– Em 1960 explode, em Reggane no Sahara, a primeira bomba atômica francesa.

– Em 1963, a França retira sua frota do comando integrado da OTAN, "prelúdio da retirada de todas as forças da organização militar da aliança em 1966".[68]

---

[67] Idem, ibidem, p. 347.
[68] Idem, ibidem, p. 346.

Concluamos sobre a política exterior francesa: "Em resumo, a V República francesa pretendeu fazer uma política internacional própria, um pouco afastada de sua situação atual no mundo e muito perturbadora das boas relações entre os países que constituem o bloco do mundo ocidental".[69]

A França após De Gaulle (1969-2000)

– *Georges Pompidou* (1969-1974) fora Primeiro-ministro de 1962 a 1968, gozava da confiança de De Gaulle e, na campanha eleitoral, definiu-se como neogaullista dedicado a uma "abertura na continuidade". Embora não pretenda seguir o estilo de seu predecessor, Pompidou "entende mostrar que permanece fiel aos traços maiores de sua política".[70]

Dois primeiros ministros colaboram com o presidente da República: Jacques Chaban-Delmas (1969-1972) e Pierre Mesmer (1972-1974). O primeiro, gaullista histórico, tenta uma abertura para a esquerda política e sindical, pretendendo estabelecer uma "nova sociedade", mas vai além das intenções de Pompidou, que decide imprimir sua própria marca no governo. Assim é que sobe ao poder Mesmer, gaullista rigoroso, que não busca a popularidade e atua de acordo com o presidente da República no sentido de uma política mais conservadora. Em outubro de 1973, o mundo é surpreendido com a guerra do Yom Kippur e com a subsequente crise do petróleo. Graves movimentos sociais abalam o país, mas, da parte do governo, há uma quase paralisia, o que se explica pelos rumores sobre o estado de saúde do presidente da República, que acaba falecendo em abril de 1974. A morte de Pompidou encerra uma época. Coube-lhe o mérito de haver enraizado a V República na vida política francesa, normalizando as instituições até então "consideradas como coisa do General De Gaulle".[71]

– *Valery Giscard d'Estaing* (1974-1981), eleito em maio de 1974, derrota François Miterrand que, desde 1971, se tornara secretário do par-

---

[69] Marin, obra citada, p. 387.
[70] Milza, obra citada T. 2, p. 358.
[71] Idem, ibidem, p. 364.

tido socialista. Até 1976, o primeiro-ministro é Jacques Chirac, que faz reformas sociais. Em 1976 assume o cargo Raymond Barre, professor de economia. A vida política sob Giscard d'Estaing vai ser marcada pela luta aberta entre gaullistas e giscardianos. Barre desenvolve uma política neoliberal: as empresas que só sobrevivem às custas de subvenção pública são abandonadas à sua sorte. A paralisação de certas atividades vai ser fatal para o governo no próximo pleito eleitoral, em que François Mitterrand é eleito com o apoio de todos os candidatos esquerdistas. A vitória da esquerda se completa com as eleições legislativas de 1981.

– *François Mitterrand* (1981-1995) governa a França a partir de 1981, tendo sido reeleito por mais sete anos em 1988. Afastada do governo, havia um quarto de século, a esquerda procura marcar sua presença com uma série de reformas, enfrentando em primeiro lugar a crise econômica. Assim, por exemplo, o ministro do trabalho, Jean Auroux, faz com que o Parlamento vote uma série de leis favoráveis aos trabalhadores e sindicatos. O ministro da educação, Alain Savary, consegue a votação de uma lei que modifica substancialmente o sistema educacional superior. A sociedade francesa torna-se um gigantesco canteiro em que todas as estruturas parecem postas em dúvida.[72] As reformas, a princípio bem acolhidas por um público desejoso de mudança, acabam por despertar fortes oposições e descontentamentos. Assim é que, de 1983 a 1984, deparamo-nos com um fracasso na gestão da economia com sérios reflexos sociais e políticos. Um novo primeiro-ministro, Laurent Fabius, assinala uma nova etapa no governo. A preocupação com a modernização do país leva a um retorno ao Liberalismo, o que provoca o afastamento e a oposição dos comunistas.

No segundo mandato (1988) de Mitterrand, o cenário da política mundial está sofrendo profundas mudanças com a queda e desmoralização dos regimes e dogmas comunistas. Não está mais em questão a ruptura com o Capitalismo: pende-se agora para a economia de mercado com tinturas de preocupações sociais. Sob o segundo mandato presidencial de Mitterrand, pela primeira vez na história da França, uma mulher assume o cargo de primeiro-ministro.

---

[72] Sobre Mitterrand, ver o autor supracitado, T. 3, p. 205 ss.

– *Jacques Chirac* (1995 a 2007), que fora primeiro-ministro em 1986, é eleito Presidente da República em maio de 1995, governando a França até 2007.

GRÃ-BRETANHA

Na transição do século XIX para o século XX a Grã-Bretanha se encontra no final do longo reinado da rainha Vitória. Este fecundo reinado de sessenta e quatro anos (junho de 1837 a janeiro de 1901) foi "talvez o mais feliz da história da Inglaterra, aquele no curso do qual o país aceitara sem guerra civil, sem sofrimentos graves, uma revolução muito mais profunda que a de 1688, ao mesmo tempo que o reino se tornava não somente de nome, mas de fato, um Império".[1] Entretanto, observa Crokaert, "antes que desaparecesse, já se podia descobrir os sinais de decrepitude e de desagregação que iriam incitar os ingleses a modificarem, uma vez mais, suas concepções e orientar sua política colonial num novo sentido".[2]

Nas seguintes linhas vamos estudar sucintamente, sob os dois sucessores imediatos de Vitória, seu filho Eduardo VII (1901-1910) e seu neto, Jorge V (1910-1936), alguns dos mais importantes acontecimentos na política interna, na política relativa ao império colonial e na política externa.

Política interna

Em 1900 Robert Cecil, marquês de Salisbury, conservador, chefiava o governo à frente de uma importante base parlamentar que incluía, além dos conservadores, um grupo de dissidentes liberais. Estamos aqui

---

[1] Maurois, *História da Inglaterra*, p. 423.
[2] Crokaert, *Histoire du Commonwealth*, p. 79.

em face da coligação unionista que, salvo uma pequena interrupção de 1892 a 1895, permaneceu no poder durante cerca de vinte anos (1886-1906). As eleições de janeiro de 1906 deram o poder novamente aos liberais, especialmente aos liberais avançados conhecidos como radicais. Entre as personalidades mais marcantes do novo gabinete figurava Lloyd George.

Na política interna, sob a coligação unionista, lembremos a questão da Irlanda, a questão operária, a criação do partido trabalhista e o problema da tarifa aduaneira. Advirta-se o leitor de que um estudo aprofundado destes itens supõe o conhecimento dos respectivos antecedentes situados cronologicamente no século XIX.

Na Irlanda a maior parte da população, constituída de católicos, desejava autonomia política (*Home Rule*) enquanto a minoria protestante concentrada no nordeste do país pleiteava permanecer unida (unionismo) à Grã-Bretanha. Na Câmara Alta, os Lordes opunham o veto ao *Home Rule*. A agitação operária em busca de direitos sociais manifestava-se através das *Trade Unions*. Convém lembrar aqui os "socialistas" fabianos ("*Fabian Society*"), elite eficiente cuja designação inspirava-se na contemporização empregada pelo romano Fábio contra os cartagineses, que opuseram ao liberalismo uma política de ação progressivamente socialista. Os movimentos operários preparam o caminho para o *Labour Party* através do *Independent Labour Party* (ILP) de Keir Hardie (1893). "E da junta, formada para, nas eleições de 1900, dar representação parlamentar ao trabalho, surgiu o Partido Trabalhista (*Labour Party*), amálgama complexo de organizações políticas, sindicatos e cooperativas."[3] Em 1901 o Partido Trabalhista contava com apenas dois deputados, em 1906 o número elevou-se para cinquenta.[4] Em 1908 o Partido Trabalhista aderiu à Internacional socialista. Maurois observa, a propósito da evolução do Partido Trabalhista: "Os dois grandes partidos tradicionais pareciam

---

[3] Rebillon, *História da Grã-Bretanha*, p. 1484.
[4] Maurois, obra citada, p. 431.

então eternos, e teria sido julgado muito afoito quem houvesse predito, em 1892, que um partido do trabalho tomaria um dia o poder".[5]

A prosperidade da indústria e do comércio era atribuída, em grande parte, ao livre comércio. Quando porém começou a intensificar-se a concorrência dos Estados Unidos e da Alemanha desenvolveu-se, principalmente entre os industriais – de modo especial entre os metalúrgicos –, a convicção de que era necessário renunciar à prática do livre comércio e instituir a política do protecionismo. José Chamberlain (1836-1914) fez-se campeão desta política e, para defendê-la, criou a liga para a reforma da tarifa aduaneira. As ideias de Chamberlain encontraram viva oposição entre políticos, economistas, comerciantes, industriais e operários. Assim é que o país ficou fiel ao livre comércio.[6]

Nos primeiros anos do século XX o partido conservador perdera boa parte de sua popularidade, o que resultou na volta ao poder, através das eleições de 1906, de uma nova maioria formada, como já registramos acima, por liberais avançados ou radicais.

Os seguintes anos de governo liberal, até 1914, caracterizaram-se por uma profunda mudança na estrutura social e na estrutura política da Inglaterra. Assim, por exemplo, no campo social foram tomadas medidas favoráveis aos trabalhadores como redução, em alguns casos, da jornada de trabalho, proteção contra acidentes, seguro contra desemprego e doença. No campo político deve-se assinalar, como passo importante na evolução da democracia, a limitação dos poderes da Câmara dos Lordes.

As reformas sociais e o aumento de gastos militares provocados pela "paz armada" (a rivalidade anglo-germânica) exigiam novos recursos. O orçamento apresentado por Lloyd George, então chanceler do Tesouro, isto é, Ministro das Finanças, atingia as grandes rendas e a grande propriedade imobiliária e foi rejeitado pela Câmara dos Lordes. O governo apelou então para as eleições (1910). "Mas as eleições de janeiro de 1910 deram-lhe apenas pequena maioria, que o colocava na depen-

---

[5] Idem, ibidem, p. 413.
[6] Malet, obra citada, p. 476 e 477.

dência dos irlandeses e dos trabalhistas, 83 e 49 representantes respectivamente. Estes dois últimos grupos exigiram que se tomassem imediatamente medidas contra a Câmara dos Lordes, obstáculo ao *Home Rule* e às reformas democráticas."[7] Os Lordes tiveram então que aceitar o *Parliament Act* (1911), "que lhes tirava todo o poder financeiro e limitava, além disso, seu direito de veto a três sessões consecutivas".[8] Registre-se que, por morte de seu pai, Eduardo VII (1910), Jorge V assumira o trono. O novo rei teve influência decisiva na votação da Câmara dos Lordes, limitando os próprios poderes, pois ameaçara com a entrada de uma maioria de pares liberais. O *Parliament Act* constitui um decisivo marco na história constitucional da Inglaterra: todo o poder concentrava-se agora na Câmara dos Comuns eleita pelo povo: era o poder legislativo por excelência.

O ministério radical, depois das eleições de 1910, necessitava do apoio irlandês para governar. Assim é que, em 1912, foi concedido o *Home Rule*: a Irlanda recebia ampla autonomia embora continuasse ligada à Inglaterra. A nova lei encontrou apaixonada resistência dos protestantes do Ulster organizada por Edward Carson e apoiada pelos conservadores ingleses. O Ulster não aceitava um governo católico irlandês. Pairava a ameaça de uma guerra civil. Na primavera de 1914 o *Home Rule* foi definitivamente votado, "A lei ia entrar em execução. Faltava só o assentimento da Coroa. Faziam-se grandes esforços para induzir Jorge V a recusá-lo e a exigir uma dissolução. A 21 de julho o rei em pessoa abria uma conferência de representantes do governo, da oposição, da Irlanda e do Ulster. A 24, não vislumbrando esperança de acordo, essa conferência dispersou-se. No mesmo dia a Áustria enviava seu ultimato à Sérvia".[9]

---

[7] Rebillon, obra citada, p. 1485.
[8] Idem, ibidem.
[9] Maurois, obra citada, p. 431.

Império Colonial

No início do século XX o império colonial britânico é imenso e impressionante: "estendia-se sobre uma superfície de trinta milhões de quilômetros quadrados com uma população de 434 milhões de habitantes".[10] No estudo de cada continente abordaremos, quando for o caso, a posição dos países em face da expansão imperialista e colonial britânica. Por ora, recordaremos brevemente a atuação da Inglaterra em face dos Boers. Estes colonos de origem holandesa haviam fundado no interior da África Austral as repúblicas de Orange e do Transvaal. O Imperialismo inglês decidiu o fim dessas repúblicas. Na guerra do Transvaal (1899-1902), apesar da organizada e encarniçada resistência, os Boers foram derrotados (paz de Pretória em maio de 1902). Sublinhe-se que a paz vitoriosa foi moderada: "as duas repúblicas foram anexadas, mas a Inglaterra concedeu aos lavradores vencidos uma generosa indenização que os habilitou a reconstruírem suas propriedades e a reporem em bom estado os seus campos".[11] As colônias do Cabo, do Natal, o Orange e o Transvaal iriam constituir em 1910 a União Sul Africana.

Política externa

Um estudo, ainda que sumário, da política externa britânica nos anos que precedem a Primeira Guerra Mundial deve levar em conta que, no final do século XIX e logo no início do século XX, dois acontecimentos iriam servir de advertência para as potências europeias: a vitória (1898) dos Estados Unidos sobre a Espanha e a vitória (1905) do Japão sobre a Rússia. "Em uma perspectiva mundial, a Europa parecia encolher-se. Os analistas levavam décadas sugerindo que os Estados históricos da Europa podiam ver--se superados, no novo século, por um novo 'clube das potências mundiais', ao qual só poderiam pertencer os Estados de dimensão continental, como Estados Unidos, Rússia e as nações europeias capazes de estabelecer e explo-

---

[10] Malet, obra citada, p. 433.
[11] Maurois, obra citada, p. 423.

rar impérios de alcance mundial. Este temor, ou esperança, explica muito do que sucedeu no meio século de conflitos europeus que ia seguir".[12] Em 1900 a Grã-Bretanha era o único estado europeu que podia vangloriar-se de um império mundial mantido principalmente pelo predomínio inconteste dos mares.

No continente europeu a Alemanha procurava completar seu impressionante poder militar, constituído por um bem-armado e bem-disciplinado exército, com a construção de uma poderosa frota de guerra, o que explica a preocupação da Grã-Bretanha com relação a estabelecer ententes com a França e a Rússia.[13]

Um rápido olhar na política externa da Grã-Bretanha, a partir de 1900 até 1914, revela-nos as seguintes tomadas de posição:

– Em 1902 e 1904, aliança com o Japão.

– Em 1903, tratado Hay-Pauncefoote. "Desde então esboça-se entre Londres e Washington uma entente, que perigos corridos em comum deveriam, após duas guerras mundiais, tornar indissolúvel."[14]

– Em 1904 a Grã-Bretanha regula com a França a maior parte de suas divergências. "Graças ao rei Eduardo VII, foi a Entente Cordiale que proporcionou à Inglaterra uma cabeça de ponte sobre o continente europeu e um soldado intrépido tão interessado com ela a interditar à Alemanha o uso dos Países Baixos, a conquista do corredor belga".[15] Em 1906, a Inglaterra está ao lado da França na conferência de Algeciras.

– Em 1907 forma-se a já citada Tríplice Entente, que se opõe à Tríplice Aliança. "Esta bipolarização do velho continente, prolongada pelas rivalidades imperialistas nascidas da expansão econômica do fim do século XIX, resulta em graves tensões internacionais."[16]

Deve-se notar que, às vésperas do conflito de 1914, a política internacional da Grã-Bretanha parecia hesitante em face da atitude a to-

---

[12] Howard, *Historia Oxford del Siglo XX*, p. 175.
[13] Idem, ibidem.
[14] Crokaert, obra citada.
[15] Idem, ibidem, p. 83.
[16] Milza, obra citada, T. 1, p. 65.

mar: ignorava-se até o último momento se ela escolheria a guerra ou a neutralidade. Essas hesitações evidentemente encorajaram "as potências centrais em sua política de intimidação".[17] Talvez uma atitude mais resoluta tivesse levado a Alemanha a recuar.[18]

A Primeira Guerra Mundial

Como já observamos acima, o primeiro grande conflito mundial será estudado no capítulo próprio. Por ora limitar-nos-emos às seguintes considerações: as consequências da Primeira Guerra Mundial para a Grã-Bretanha.

"Ao final dessa terrível guerra, o Império, de todos os vencedores, era o que se adjudicara mais magnífico butim: a maior parte das colônias alemãs, conquistadas, é verdade, em sua maioria, por contingentes britânicos; uma situação preponderante na maioria dos países árabes desligados do antigo Império turco: Egito, Palestina, Iraque, Transjordânia, Iêmen, Arábia Saudita e até a Síria. Quer se trate de mandatos coloniais ou protetorados, o Império anexa uma série de extensos territórios. Jamais o Império havia sido tão vasto; jamais império algum no mundo havia atingido tais proporções: 1919 marca, na realidade, o apogeu da expansão britânica no mundo.

Mas esta esplêndida aparência dissimulava uma realidade: apesar de seus sucessos, a Grã-Bretanha saíra muito esgotada desta luta mortal. Suas perdas em homens, menos pesadas que as da França, foram, não obstante, suficientemente cruéis para se traduzirem em uma irreparável perda de vitalidade."[19]

---

[17] Idem, ibidem, p. 72.
[18] Idem, ibidem.
[19] Crokaert, obra citada, p. 87.

A Grã-Bretanha de 1919 a 1939
Política interna

Na política interna o primeiro fato a ser anotado é a gravíssima crise da economia britânica a partir de 1929. Deve-se registrar aqui a queda das exportações em virtude do fechamento de muitos dos antigos mercados. Note-se que diminuíra a procura do carvão inglês, que sofreu a concorrência do carvão extraído das minas alemãs pelos franceses. Compreende-se a existência, então, de uma imensa multidão de desempregados, o que iria provocar reformas sociais. Dois acontecimentos devem ser lembrados aqui: 1) a moeda, que fora mantida ao par do ouro até 1931, foi desvalorizada neste ano; 2) um ano após a adoção do Estatuto de Westminster (ver mais adiante) foram celebrados os acordos de Otava (1932). Esses acordos aduaneiros adotaram "fórmulas protecionistas que tendiam a fazer do Império um vasto e único mercado e da 'zona *sterling*' uma entidade financeira utilizando a mesma moeda".[20] O livre câmbio tradicional da Inglaterra vitoriana chegava ao fim e iria permitir à indústria nacional resistir à prática do *dumping* dos alemães.[21] No campo social note-se que "o acesso das grandes massas ao sufrágio universal teve como resultado, na Inglaterra, mais do que em outros lugares, uma insensível eliminação das elites tradicionais..."[22] Já em 1918, em plena guerra, foi votado o *Representation of the People Act*, que deu o direito de voto a todos os homens e às mulheres com restrição relativa à idade. Em 1928 outra disposição "emancipou as mulheres na mesma idade que os homens".[23]

Vejamos aqui, agora, brevemente, a sucessão dos partidos políticos no governo. Registre-se, antes de mais nada, que o pós-guerra "assinalou o esboroamento do partido liberal em benefício dos partidos conservador e trabalhista".[24]

---

[20] Idem, ibidem, p. 97-98.
[21] Vidalenc, *La crise de l'Europe*, p. 756.
[22] Crokaert, obra citada, p. 91.
[23] Maurois, obra citada, p. 437.
[24] Rebillon, obra citada, p. 1484.

Depois do governo de coalizão formado sob a chefia de Lloyd George durante a guerra, os conservadores levam este à renúncia (1922). Segue o governo conservador com Bonar Law, que, em 1923, é substituído por Stanley Baldwin.

"O partido conservador ocupou então sozinho o poder até as eleições de novembro de 1922 e, depois, desde as de dezembro de 1923 até as de maio de 1929; por fim predominou no governo de coligação formado em agosto de 1931. Os trabalhistas, tendo vencido em 1922 e 1929, assumiram o poder por duas vezes, mas sempre necessitando do apoio dos liberais: daí a fragilidade de seu gabinete."[25] Em 1923 e em 1929 o líder trabalhista MacDonald chefia o governo como Primeiro-ministro. Em 1931 forma-se o chamado Governo Nacional, integrado por representantes dos três partidos, mas com ampla predominância dos conservadores. "Uma nova política se instaurou na Grã-Bretanha com o abandono do livre-câmbio e o estabelecimento de medidas protecionistas, que prestaram certo alento ao decadente capitalismo inglês."[26] É interessante notar que o governo foi, então, de 1931 a 1935, chefiado por MacDonald, que servia à política o partido conservador. Baldwin substituiu MacDonald nos dois anos subsequentes. Note-se esta importante observação: "A política adotada por esses homens foi relativamente conservadora, mas mesmo assim representava um desvio considerável dos caminhos usuais".[27]

Cabem aqui breves informações sobre a sucessão no trono inglês durante o período em foco. Em janeiro de 1936, faleceu Jorge V, tendo subido ao trono seu filho mais velho Eduardo VIII, que, entretanto, renunciou em virtude de seu relacionamento com "uma americana divorciada de um primeiro casamento e separada de um segundo marido".[28] Ascende ao trono então o irmão de Eduardo VIII, Jorge VI, que reinaria até 1952. Depois da consagração do novo soberano, Baldwin abandonou o cargo de Primeiro-ministro e foi substituído por Neville Chamberlain, que dirigiu o governo com um gabinete integrado exclusivamente por elementos conservadores. Maurois

---

[25] Idem, ibidem, p. 1486.
[26] Marin, obra citada, p. 173.
[27] Burns, obra citada, p. 901.
[28] Vidalenc, obra citada, p. 773.

assim caracteriza o novo chefe do governo: "Chegava a Primeiro-ministro aos sessenta e nove anos, conhecia pouco o continente europeu, desconfiava dos que falavam deste com sutileza excessiva e, confiado em sua experiência de homem de negócios, julgava possível resolver todas as questões discutindo em volta de uma mesa, até mesmo com os ditadores".[29]

Império Colonial

Já vimos, acima, a esplêndida aparência do Império Britânico logo após a Primeira Guerra Mundial. Sobre a posição da Inglaterra em face da Índia e do Egito, remetemos o leitor para os capítulos referentes respectivamente à Ásia e à África. No estudo da política imperial da Grã-Bretanha em relação às unidades integrantes do vasto Império, devem ser mencionadas duas importantes tomadas de posição: uma, de caráter político, consubstanciada no Estatuto de Westminster (1931); outra, de caráter econômico, concretizada nos já mencionados acordos de Otava (1932). Sobre o Estatuto de Westminster, Peter Lyon anota: "O Estatuto de Westminster, ao ab-rogar a Lei de Validez das Leis Coloniais de 1865 e colocar em pé de igualdade os domínios e a Grã-Bretanha, pôs automaticamente fim à superioridade do Parlamento de Westminster sobre os Parlamentos dos domínios e, portanto, representou uma importante transição de Império à *Commonwealth*".[30] Ainda Lyon considera as medidas protecionistas dos acordos de Otava como uma desesperada intenção da Grã-Bretanha e dos domínios de levantar barreiras econômicas em vista da tormenta da grande crise econômica. Estas medidas protecionistas constituem um reconhecimento de debilidade numa época de restrição sem precedentes do comércio mundial.[31]

Concluamos sobre o Império Colonial: apesar da mencionada esplêndida aparência do Império britânico logo após a Primeira Guerra Mundial, forças centrípetas atuam no sentido de desintegração e de independência. É

---

[29] Maurois, obra citada, p. 445.
[30] Lyon, "La vieja Commonwealth: Los quatro primeiros condominios", em *Historia Oxford del Siglo XX*, p. 464.
[31] Idem, ibidem.

o que verificaremos mais adiante no estudo das consequências da Segunda Guerra Mundial.

Já vimos, brevemente, que a política interna da Grã-Bretanha nos anos que seguiram a Primeira Grande Guerra está dominada por problemas econômicos. Estes problemas estão presentes também na política externa, mas deve-se observar que no relacionamento internacional os ingleses vão ter de se posicionar em face das divisões ideológicas que abalam o Ocidente. É interessante aqui reproduzir Howard a propósito da posição da Grã-Bretanha diante da Guerra Civil espanhola: "As potências do Eixo apoiaram os rebeldes e a União Soviética apoiou o governo espanhol. Grã-Bretanha e França, através da Sociedade das Nações, trataram de isolar a crise e seu fracasso neste ponto desacreditou ainda mais o sistema de cooperação nacional".[32]

Maurois tece as seguintes considerações em torno das diretrizes seguidas pelos britânicos no período em foco: "A política externa da Grã-Bretanha desde a guerra tem sido conforme às tradições do país. Como fez durante quatro séculos, a Inglaterra esforçou-se por manter na Europa o equilíbrio dos poderes. Da mesma forma que em 1815 apoiara a França contra os aliados, ela temeu, em 1919, haver enfraquecido demasiadamente a Alemanha, e, muitaa vezes, nas conferências internacionais, bateu-se por esta. À França, que pedia que a Liga das Nações fosse colocada em condições de defender as suas decisões, no caso de necessidade, pela força, opuseram os sucessivos ministros ingleses a ideia da coação moral. Entretanto, uma propaganda fervorosa feita em todo o país pela União pró Liga das Nações e apoiada pelas Igrejas, criava pouco a pouco uma 'mística de Genebra'".[33]

Em sua sucessão cronológica lembremos, entre outros, os seguintes acontecimentos da política externa britânica no período entre-guerras:

– 1917: Nesta data, ainda em plena guerra mundial, uma reforma "deu às diversas coletividades hindus os meios de se administrarem localmente por si mesmas. Foi uma tentativa feliz de educar politicamente as massas indígenas, de formar seus quadros, de experimentar instituições complexas

---

[32] Howard, obra citada, p. 187.
[33] Maurois, obra citada, p. 441.

e imperfeitamente adaptadas ainda às necessidades locais".[34] Temos aqui um reflexo do apoio prestado pela Índia na política internacional do Império, mais precisamente a participação no Conflito Mundial em curso.

– 1918: Neste ano, a revolução social que se processa na Grã-Bretanha culmina, como já vimos, no reconhecimento de voto a toda população masculina e a boa parte da população feminina. Exteriormente a principal preocupação do governo "era a inquietude em suas possessões imperiais, inquietude que na Irlanda se aplacou só em parte quando, em 1922, reconheceu-a como Estado livre, exceto a província do Ulster de população, na maioria, protestante".[35]

– 1919: Em abril deste ano os Aliados da Grande Guerra puseram-se de acordo com relação ao pacto da Sociedade das Nações.

– 1921: Entre 1919 e 1921, há uma guerrilha na Irlanda entre os nacionalistas do IRA (*Irish Republican Army*), de um lado, e as forças britânicas e os Unionistas (protestantes favoráveis à manutenção da União com a Grã-Bretanha), de outro. Em 1920 o governo britânico tenta dividir a ilha com dois parlamentos autônomos, um em Belfast, outro em Dublin. Esta solução foi rejeitada pelos nacionalistas irlandeses. Em 1921 chegou-se a um acordo: formava-se o Estado livre da Irlanda no seio do *Commonwealth*, porém separado do Ulster, que continuaria vinculado ao governo britânico.

– 1923: Já mencionamos a posição da Inglaterra em face da Alemanha vencida: "os britânicos viam as melhores esperanças de paz e de recuperação econômica na conciliação com a Alemanha. Afastaram-se, portanto, de seus antigos aliados quando, em 1923, os franceses alegaram uma falta de pagamento das reparações para ocuparem as margens do Reno e estabelecerem uma república independente da Renânia".[36]

– 1925: Os acordos de Locarno sobre as fronteiras ocidentais da Alemanha têm a garantia da Grã-Bretanha.

– 1932: A vitória de De Valera nas eleições legislativas propicia-lhe romper os laços com o Reino Unido.

---

[34] Crokaert, obra citada, p. 97.
[35] Idem, ibidem, p. 184.
[36] Idem, ibidem.

– 1935: Diante do ataque à Abissínia pelos italianos, a Grã-Bretanha propôs na Sociedade das Nações a aplicação de sanções. Em abril, franceses, ingleses e italianos reafirmam a fidelidade a Locarno e concordam em preservar a independência da Áustria. Os fatos provam a ineficácia dessas decisões, pois, "recusando-se a Grã-Bretanha a engajar-se com precisão, a frente que parecia constituir-se contra a Alemanha permanecerá na ordem das ilusões".[37] Em junho a Grã-Bretanha assina um acordo naval com a Alemanha: julgava-se conseguir a reintrodução do Reich num sistema de segurança coletiva, mas, na realidade, incentivava-se o rearmamento.[38]

– 1936: As tropas inglesas abandonam o Egito reservando-se, contudo, o controle do Canal de Suez. No mesmo ano explode a guerra civil espanhola e a posição inglesa será de não intervenção.

– Do verão de 1936 à primavera de 1939 quatro Estados perdem sua independência: Etiópia, Áustria, Tchecoslováquia e Albânia. A política externa da Grã-Bretanha é a de não intervenção. Em Londres triunfa o apaziguamento com a atuação do Primeiro-ministro, desde 1937, Neville Chamberlain. Lord Halifax, chefe do Foreign Office, visita Hitler em seu refúgio de Berchtesgaden.[39] Em março de 1939, com a ocupação da Tchecoslováquia, produziu-se na Grã-Bretanha "uma mudança de estado de ânimo, pois se aceitava como inevitável a guerra. Seus colegas forçaram Chamberlain no sentido de que desse garantias militares à próxima vítima de Hitler, a Polônia. Em 1º de setembro a Alemanha invadia a Polônia, e a 3 de setembro a Grã-Bretanha e a França declaram guerra à Alemanha.

---

[37] Milza, obra citada, T. 1, p. 356.
[38] Idem, ibidem, p. 354
[39] Idem, ibidem, p. 363.

A Segunda Guerra Mundial

A Segunda Guerra Mundial, suas causas e consequências, como já registramos, serão estudadas no capítulo sobre os grandes conflitos do século XX. Limitemo-nos agora a uma breve observação relativa à posição da Grã-Bretanha no cenário internacional após o conflito: "Exausta pela guerra e incapaz de manter seu império, havia chegado já a reconhecer que sua influência futura dependia de manter uma estreita relação com os Estados Unidos e de impulsioná-los a proteger a segurança europeia. Depois da Primeira Guerra Mundial, os norte-americanos se haviam encerrado novamente em seu isolamento. Franceses e britânicos estavam agora decididos a que, desta vez, os Estados Unidos aceitassem suas responsabilidades internacionais".[40]

A Grã-Bretanha a partir de 1945

Estudando a reconstrução da Europa após a Segunda Guertra Mundial, Deighton anota: "'Que é a Europa agora? – perguntou um dia Winston Churchill – É um montão de ruínas, um ossário, um viveiro de pestes e de ódios.' Ao terminar a guerra, a Europa se encontrava em uma situação desesperadora".[41] Ainda o mesmo autor enfatiza que, terminada a guerra, surgiu na Grã-Bretanha o "excepcionalismo": "Durante a contenda haviam-se conservado as instituições britânicas, embora no curso das hostilidades se tenham suspendido muitos direitos democráticos. O Parlamento, a Monarquia e o sistema legal mantinham-se, em 1945, como modelos de flexibilidade e de eficácia num páis que não havia sido invadido e que havia lutado do começo ao fim na frente europeia".[42]

---

[40] Freedman, "El enfrentamiento de las superpotências", *Historia Oxford del Siglo XX*, p. 249.
[41] Deighton, "La reconstrucción de Europa", em *Historia Oxford del Siglo XX*, p. 305.
[42] Idem, ibidem, p. 318.

Política interna

A Segunda Guerra Mundial estimulara internamente a execução de reformas sociais: em plena guerra havia sido formulado por Sir William Beveridge um programa nesse sentido abrangendo amparo à velhice, proteção à saúde, facilitação de aquisição de remédios, desenvolvimento de uma política urbanística com amplos poderes às comunidades locais etc.

As eleições realizadas em julho de 1945 iriam, para surpresa de muitos, afastar do governo a excepcional figura de Winston Churchill, que chefiara com indomável persistência e energia a resistência contra a ameaça nazista. Assumiu o poder, então, o partido trabalhista tendo como Primeiro-ministro Clement Attlee auxiliado por políticos que já haviam ocupado cargos no governo de coligação durante a guerra.

O governo trabalhista promoveu um intenso programa de nacionalização do Banco da Inglaterra, de empresas e serviços, bem como tomou profundas medidas de assistência social. "O trabalhismo aplicou um programa radical de mudanças sociais e econômicas, inclusive um serviço de saúde e um sistema de seguridade social nacionais e nacionalizou muitos setores-chave da economia. Durante trinta anos, nem os próprios trabalhistas nem os conservadores discutiram os princípios subjacentes dessas mudanças. Só no começo dos anos oitenta planejou-se a questão de desmontar o Estado do bem-estar e de privatizar as indústrias nacionalizadas."[43] A Inglaterra passou por aguda crise econômica com crescente desequilíbrio da balança de pagamento. O aumento do imposto progressivo sobre a renda afetou principalmente a aristocracia plutocrática.[44] Contudo, o Partido Trabalhista perdeu votos nas eleições de 1950. É interessante sublinhar que entre o próprio proletariado havia descontentes com a deficiência ou redução de alguns benefícios sociais, por exemplo, no campo da saúde. Dissolvido o Parlamento em 1951 e convocadas novas eleições, os conservadores voltam ao poder com Winston Churchill na presidência do governo e Anthony Eden com as Relações Exteriores. Depois de permanecer por quatro anos em Downing

---

[43] Idem, ibidem.
[44] Marin, obra citada, p. 379.

Street, Churchill cede (abril de 1955) lugar para Eden. Registre-se que em 1952 falecera Jorge VI tendo como sucessora sua filha Isabel II.

De 1951 a 1964, portanto por treze anos, os conservadores mantêm o poder sob a direção sucessiva de Churchill (1951-1955), Eden (1955-1957), Mac Millan (1957-1963) e Douglas-Home (1963-1964). A política econômica dos conservadores não rejeitou a herança trabalhista, a não ser no campo siderúrgico e dos transportes, nos quais houve desnacionalização. Note-se, contudo, que se procurou manter o equilíbrio na balança dos pagamentos bem como a paridade da libra. Quanto ao campo social as reformas trabalhistas são mantidas. Os conservadores procuram administrá-las melhor e controlar os custos dos serviços prestados. "Os britânicos, anota um jornalista americano, conservam o Estado-Providência que lhes deram os trabalhistas, mas eles preferem vê-lo administrado pelos conservadores."[45] O nível de vida eleva-se e "a Inglaterra conservadora parece em marcha para a sociedade da abundância (*affluent society*)".[46] MacMillan julgara poder afirmar que os britânicos "jamais tinham vivido tão bem".[47] O aumento do consumo por parte da população e as reformas sociais inclusive a atuação do Estado-Providência davam uma aparência de nivelamento sócio-econômico, mas atrás dessa aparência continuava, na realidade, a existência de uma desigualdade; as separações tradicionais fundadas sobre o nascimento, a educação e uma determinada postura social continuam acentuadas. Estamos aqui diante daquilo que, a partir de 1954-1955, se designa sob a denominação de *Establishment*, isto é, "o conjunto de meios dirigentes que presidem continuadamente os destinos do país (a Coroa, a alta aristocracia, a City, 'Oxbridge', a igreja anglicana, os altos funcionários...)".[48]

Entre as ameaças que, então, pairavam sobre a aparente prosperidade, figuravam: crise financeira, conflitos sociais, transformações na maneira de viver, conflitos no Ulster etc. Uma parte da juventude agita-se em busca de novos ideais, pondo em questão os valores e as regras morais do conformis-

---

[45] Milza, obra citada, T. 2, p. 285.
[46] Idem, ibidem.
[47] Idem, ibidem, p. 289.
[48] Idem, ibidem, p. 289.

mo vitoriano. O aparecimento e o sucesso dos *Beatles*, o fenômeno *hippie* a reação dos *skinheads* abalam os hábitos tradicionais da sociedade britânica.

Os trabalhistas vencem as eleições de 1964 e devem enfrentar um grande déficit na balança de pagamentos. Harold Wilson, novo líder trabalhista, toma medidas enérgicas que, entretanto, desagradam aos sindicatos. Perturbações na Irlanda do Norte em 1968 contribuem para o enfraquecimento do governo. Deve-se registrar que o governo de Wilson participa da revolução dos costumes por meio de diversas medidas legislativas, como a lei sobre o aborto de 1967, a nova lei sobre o divórcio em 1968, a abolição da pena de morte em 1969. "Por muito tempo considerado como símbolo do tradicionalismo, o Reino Unido torna-se o modelo invejado de uma grande parte da juventude internacional. Mas esta 'sociedade de tolerância' (*Permissive society*) provoca também no país uma reação dos mantenedores da 'lei e da ordem', inquietos pelo avanço da delinquência e da criminalidade, bem como pelo afluxo de imigrantes de cor vindos do *Commonwealth*..."[49]

Em 1970 encontramos os conservadores no poder sob a liderança de Edward Heath, que se vê forçado, em virtude da situação econômica, a integrar-se no Mercado Comum. Observe-se, entretanto, que, graças às reservas petrolíferas do Mar do Norte, o Reino Unido desfrutará de independência energética. Heath entra em choque com o sindicalismo, enfrenta numerosas greves e acaba por dissolver a Câmara dos Comuns. "Os sindicatos aparecem então como verdadeiro contrapoder político..."[50]

Cabe aqui lembrar que a política interna da Grã-Bretanha, através dos anos setenta, enfrenta uma onda de nacionalismo céltico não só na Irlanda do Norte como também no País de Gales e até na Escócia.

Em 1974 os trabalhistas retornam ao poder e desenvolvem uma política de contrato social com os sindicatos, envolvendo salários, preços e legislação do trabalho. Em 1976, Wilson se demite e é substituído por Callaghan, que se mantém no poder até 1979, quando a Câmara é dissolvida e, em novas eleições, assumem o governo os conservadores sob a liderança de Margaret Thatcher. Estamos aqui diante de uma personalidade forte, decidida, que

---

[49] Idem, ibidem.
[50] Idem, ibidem.

passa a ser conhecida como "Dama de Ferro". A orientação da política econômica vai ser radical: o dirigismo trabalhista é substituído por um extremo neoliberalismo.

A mudança, entretanto, não se processa facilmente. No início de seu governo Thatcher enfrenta diminuição do produto nacional, desemprego, distúrbios raciais em Brixton, recrudescimento da crise irlandesa etc. É interessante notar que em 1981 trabalhistas moderados e alguns conservadores que se opõem ao thatcherismo chegam a fundar um partido social-democrático.[51] Deighton anota, sobre a atuação da dama de ferro: "Grã-Bretanha, embora possuísse seu próprio petróleo no Mar do Norte, viu-se muito atingida, e o governo conservador de Thatcher (1979-1990) encabeçou uma mudança fundamental nas prioridades econômicas governamentais, com uma política encaminhada para reduzir a influência dos sindicatos, aumentar as privatizações e rebaixar os fundos para as medidas de bem-estar".[52] Skidelsky enfatiza a repercussão da política de privatização da Primeira-ministra: "A privatização das indústrias estatais, iniciada por Margareth Thatcher na Grã-Bretanha em começos dos anos oitenta, estendeu-se por todo o mundo e culminou com a restauração do Capitalismo na Rússia e na Europa Central".[53]

Margareth Thatcher, com seu neoliberalismo, obtém alguns êxitos marcantes, como a queda da inflação entre 1982 e 1987 e o aumento da produção industrial. A "Dama de Ferro", entretanto, encontra oposições. Em 1988 aparece uma nova formação centrista, o Partido dos Democratas Sociais e Liberais (SLD), que nada mais é do que a fusão da maioria do Partido Social-democrático acima mencionado com o antigo Partido Liberal. A esta oposição ao thatcherismo deve-se acrescentar uma surda e interna oposição dentro do próprio Partido Conservador. Em novembro de 1990 a "Dama de Ferro" pede demissão após onze anos de governo. Para sucessor de Margareth Thatcher, os conservadores escolhem John Major, que "se esforça para tirar

---

[51] Idem, ibidem, T. 3 p. 163.
[52] Deighton, "La reconstrución de Europa", em *Historia Oxford del Siglo XX*, p. 311.
[53] Skidelsky, "El crecimiento de una economia mundial", em *Historia Oxford del Siglo XX*, p. 114.

o Reino Unido do novo marasma em que se debate o país desde o início dos anos 90".[54]

Em 1996, a Inglaterra sofre o embargo europeu ao comércio da carne bovina em virtude da epidemia conhecida como "vaca louca". Problemas entre membros da família real, dissidências na Igreja Anglicana (ordenação de mulheres), desmantelamento da legislação social provocado pelas reformas efetuadas por Margareth Thatcher, agravamento da cisão social entre pobres e ricos, eis um quadro crítico que abala o governo conservador e contribui para explicar a ascensão dos neotrabalhistas através das eleições de 1997. O Partido Trabalhista sofrera uma renovação a partir de 1994 e agora subia ao poder liderado pelo neorealismo de Tony Blair.[55]

Império Colonial

Para quem consultasse um mapa-múndi logo após o término da Segunda Guerra Mundial, o Império Britânico aparecia, ainda, em suas proporções geopolíticas e estratégicas, como uma poderosa e respeitável potência mundial. Na realidade, apesar de vitorioso na guerra, o Império estava já sujeito internamente a uma progressiva desagregação e externamente a pressões provenientes da União Soviética e da difusão de ideias de liberdade e democracia. "O clima de opinião, no final da guerra, era idealista, encorajando as ideias universalistas de libertação da pobreza e do medo e de completa igualdade racial e nacional. As potências coloniais estavam demasiado enfraquecidas pelo esforço de guerra e pelas preocupações domésticas do pós-guerra para resistirem com vigor às crescentes exigências dos povos coloniais no sentido da independência e do governo autônomo."[56] Note-se que a Segunda Guerra Mundial revelara a crítica situação dos grandes Estados europeus: a ocasião para a independência revelara-se oportuna e tentadora. Acrescente-se aqui a difusão das declarações de Roosevelt ainda durante o conflito, proclamando o direito de todos os povos de escolherem a forma de governo sob a qual desejavam viver.

---

[54] Milza, obra citada, T. 3, p. 165.
[55] Idem, ibidem, p. 166.
[56] Thompson, obra citada, p. 181.

No estudo dos demais continentes focalizaremos brevemente a situação dos principais integrantes do Império Britânico. Limitemo-nos aqui às seguintes observações: "a partir de 1946 começara o processo de descolonização que, de modo mais ou menos rápido, com maior ou menor resistência por parte das potências dominantes, conduziu o mundo à fabulosa situação atual. Um exemplo bastará para notar-se a formidável mudança: antes de 1946, só havia na África três países independentes; em 1972, salvo as colônias portuguesas, em difícil transe, e alguns melancólicos restos de outros países, a África era totalmente independente".[57]

A postura da Grã-Bretanha em face de seu vasto Império apresentava um duplo aspecto: para alguns aceitou-se a independência, para outros agiu-se no sentido de integrá-los no *Commonwealth*.

Política externa

O estudo, ainda que breve e superficial, da política externa da Grã-Bretanha a partir do término da Segunda Guerra Mundial, deve ter em vista três fatos importantes. Em primeiro lugar, o enfraquecimento do poderio britânico com a desintegração da transformação de seu imponente império colonial; em segundo lugar, a aproximação anglo-americana consolidada já por dois atos: um tratado de comércio em 1939 e a carta Atlântica, assinada em agosto de 1941; em terceiro lugar, a Guerra Fria (ver item sobre a Rússia). Citaremos, a seguir, em sua sucessão cronológica, alguns dos mais importantes acontecimentos da política externa da Grã-Bretanha no período em tela.

– 1945: Neste ano é criada a Organização das Nações Unidas (ONU), cuja carta é elaborada durante a Conferência de S. Francisco. A Grã-Bretanha integra o Conselho de Segurança ao lado dos Estados Unidos, URSS, China nacionalista e França.

– 1946: Em um solene discurso proferido na Universidade de Zurich, Winston Churchill relança a ideia da Europa unida, já cogitada na década de vinte.

---

[57] Marin, obra citada, p. 348.

– 1947: O Reino Unido participa dos benefícios do Plano Marshall, proposto pelo secretário de Estado, general Marshall, em junho de 1947. Neste ano Mountbatten preside a Independência da Índia.

– 1948: O Reino Unido, a França e o Benelux assinam o pacto de Bruxelas de conteúdo econômico, cultural e militar. Neste mesmo ano termina o mandato britânico de 1922 sobre a Palestina, e o Estado de Israel é proclamado por Bem Gurion.

– 1949: Em maio de 1949, nasce em Londres o Conselho da Europa, integrado por dez países. Esse órgão, entretanto, não desempenhou o papel esperado e "diante principalmente das reticências britânicas não passou do estágio da tribuna interparlamentar europeia...".[58] Em abril de 1949, é assinado o Tratado do Atlântico Norte (OTAN) pelos representantes de doze países (entre os quais a Grã-Bretanha) motivados pelo avanço comunista na Europa (criação do Kominform, greves comunistas na França e na Itália, o golpe de Praga e o bloqueio de Berlim).

– 1950: A Grã-Bretanha, como integrante da ONU, participa da Guerra da Coreia.

– 1951: Neste ano estoura a crise com o Irã, em virtude da nacionalização da Anglo-Iranian Oil Company pelo Primeiro-ministro Mossadegh. A Inglaterra rompe as relações com o Iran.

– 1954: Dá-se a intervenção da Inglaterra, após a derrota francesa na Indochina, no aparecimento dos Estados do Laos, do Vietnam e do Cambodja (ver capítulo sobre a Ásia). Em 1954 a Inglaterra abandona a zona do canal de Suez, que fora ocupada militarmente a partir da Segunda Guerra Mundial.

– 1955: Em outubro a Alemanha é admitida na Aliança Atlântica (acordos de Paris). Note-se que os soviéticos criaram o Pacto de Varsóvia. Era a Guerra Fria.

– 1956: A decisão do ditador egípcio Nasser de nacionalizar o canal de Suez (julho de 1956) atingia tanto os interesses da França como os da Inglaterra. Dá-se então a intervenção militar malconduzida e sustada pelas advertências dos Estados Unidos e da URSS e pela reprovação por parte da ONU. "A crise do canal de Suez, que durou de julho a novembro de 1956 e

---

[58] Milza, obra citada, T. 2, p. 54.

que desembocou em uns dias de guerra em princípios de novembro, sacudiu o que era entretanto um Commonwealth muito dirigido pelo Reino Unido. Os Primeiros-ministros da Austrália e Nova Zelândia tomaram firme partido pelo britânico sir Anthony Eden e arrastaram consigo os membros de seus gabinetes, apesar dos receios apenas expressos de alguns e das correntes de reações contrárias entre seu eleitorado. O Canadá, graças sobretudo à hábil diplomacia de Lester Pearson, ajudou a tirar a Grã-Bretanha do atoleiro em que se havia metido e, ao inventar uma Força de Emergência da ONU (UNEF), foi o pioneiro da pacificação como *leitmotiv* da política internacionalista de seu país."[59] O fracasso da intervenção no canal de Suez provocou a queda do ministério Eden.

– 1957: Neste ano foi fundada em Roma a CEE (Comunidade Econômica Europeia). "Grã-Bretanha rechaçou imprudentemente a oportunidade de ser um membro fundador, enquanto os Estados Unidos respaldaram constantemente o desejo de integração da Europa Ocidental."[60]

– 1959: A Grã-Bretanha cria uma associação similar ao Mercado Comum Europeu, a EFTA (Associação Europeia de Livre Comércio) com fracos resultados. Deve-se registrar que "De Gaulle rechaçou (em 1963 com Harold Macmillan no governo britânico e em 1967 com Harold Wilson como Primeiro-ministro) a adesão britânica à CEE."[61] A Grã-Bretanha só seria admitida em 1973 sob o governo Heath.

Sob o governo Thatcher manifesta-se uma crescente hostilidade à elaboração de uma política europeia no quadro do Mercado Comum.[62]

– 1982: Na política externa do governo de Thatcher, entre outros fatos, devem ser lembrados: a vitoriosa Guerra das Malvinas em 1982 (ver parte sobre a América), o firme posicionamento contra a ameaça comunista e, finalmente, o desmoronamento do regime comunista na União Soviética e nas democracias populares do leste europeu.

---

[59] Lyon, "La vieja Commonwealth", em *Historia Oxford del Siglo XX*, p. 469.
[60] Deighton, "La reconstrucción de Europa", em *Historia Oxford del Siglo XX*, p. 313.
[61] Idem, ibidem, p. 319.
[62] Milza, obra citada, T. 3, p. 164.

ALEMANHA

Guilherme II (1888-1918)

Em março de 1888 falecia Guilherme I, sob cujo reinado fora criado, em janeiro de 1871, na Galeria dos Espelhos em Versalhes, o Império Alemão. O sucessor de Guilherme I, seu filho Frederico III (que desposara uma filha da rainha Vitória), faleceu pouco depois e foi então substituído por seu filho Guilherme II (junho de 1888). O novo imperador não simpatizava com Bismarck, que havia servido, durante quase todo o reinado, ao avô do novo soberano e que, contrariado com a orientação de Guilherme II, viu-se obrigado a demitir-se em março de 1890.[1] Para uma melhor compreensão da situação da Alemanha no cenário histórico do final do século XIX e dos anos subsequentes até o tratado de Versalhes, é indispensável ter presente a prolongada atuação do notável chanceler com seus êxitos e suas falhas. Entre estas deve-se sublinhar que faltou a Bismarck "a compreensão para o fato de que as forças econômicas e as ideias sociais do fim do século pudessem também determinar as linhas políticas gerais".[2]

Guilherme II, jovem, orgulhoso de sua estirpe Hohenzollern, queria assumir o poder com independência de seus chanceleres, entre os quais apenas Bülow (1900-1909) ousou, de certa forma, enfrentá-lo. Impulsivo, autoritário, ciente da superioridade do Império Alemão, lançou seu país numa polí-

---

[1] Bismarck jamais perdoou Guilherme II pela perda do poder. Retirou-se para Friedrichsruh, próximo a Hamburgo, onde faleceu aos oitenta e três anos em 1898. Em sua sepultura lê-se a inscrição: "Um fiel servidor alemão do imperador Guilherme I".
[2] Tenbrock, *História da Alemanha*, p. 225.

tica mundial (*Weltpolitik*) visando assegurar à Alemanha, que se tornara uma grande potência industrial, posições favoráveis a uma expansão econômica dominante. A produção industrial intensa exigia um amplo e diversificado mercado externo para o qual fluíssem as exportações. A par do progresso econômico a Alemanha constituía também uma potência militar preponderante na Europa. Lembremos a bipolarização já mencionada que equilibrava a vida internacional do continente: *Tríplice Aliança* e *Tríplice Entente*.

Vejamos, a seguir, alguns aspectos da política interna, da política colonial e da política externa sob o reinado de Guilherme II.

Política interna

O intenso crescimento da população acompanhado do mencionado progresso industrial provocou uma constante emigração da população rural para as zonas urbanas e teve como consequência o desenvolvimento do proletariado. Compreende-se, assim, a promulgação de uma legislação social bem como o progresso das ideias socialistas, entre cujos líderes contavam-se Fernando Augusto Bebel (1840-1913) e Carlos Liebknecht (1871-1919).

O partido conservador sofreu a influência dos agricultores, especialmente dos que habitavam o leste alemão: opunham-se à renúncia da política de proteção aduaneira que protegia a agricultura, criando-se assim a Liga dos Agricultores (*Bund der Landwirte*). Deve-se registrar que o progresso socialista nas eleições de 1903 preocupou a burguesia industrial, os latifundiários da Alemanha Oriental, os militares formados no espírito prussiano tradicional e levou Guilherme II a dissolver o Parlamento.

Outro aspecto marcante da política interna é a formação de correntes imperialistas e nacionalistas fomentadas especialmente pela burguesia. Assim é que encontramos então a Liga Pangermânica (*Der Alldeutsche Verband*), a Associação Colonial Alemã (*Der Deutsche Kolonialverein*) e a Associação da Frota Alemã (*Der Deutsche Flottenverein*). "É certo que o número de membros dessas associações não era precisamente elevado porém, apesar disso, e especialmente a Liga Pangermânica, lograram difundir com êxito suas ideias através de folhetos e conferências de seus membros. Seus objetivos políticos eram a integração de todos os alemães europeus no Império Alemão, uma potente política colonial e de emigração, e a proteção do Império ao germanismo em todo o mundo."[3]

No campo religiosos, deve-se registrar: "a derrogação das leis religiosas promulgadas por Bismarck e conhecidas com o nome de *Kulturkampf*, também obra pessoal do Kaiser, abriu caminho para o ensino confessional católico, com evidente desagrado dos cristãos separados".[4] Aos jesuítas (expulsos durante o *Kulturkampf*) foi permitido exercer atividades docentes como particulares.

A ampliação das forças armadas foi uma preocupação dominante de Guilherme II. Na preparação do exército para eventuais conflitos destacaram-se os generais Von Schlieffen e seu sucessor Von Moltke. O criador da marinha de guerra alemã foi o almirante Von Tirpitz, secretário de Estado da Marinha de 1897 a 1916. A construção de unidades navais aumentou, ano após ano, a partir de 1898. Em 1914 a frota alemã era, depois da frota inglesa, a segunda em importância.[5] Compreende-se que o potencial militar da Alemanha em 1914 fosse impressionante e ameaçador.

Para encerrar estas breves linhas sobre a política interna, lembremos respectivamente a questão polonesa e a questão da Alsácia-Lorena. O governo alemão tentou germanizar as populações dessas regiões anexadas. Quanto aos poloneses, chegou-se a proibir o ensino do catecismo no idioma pátrio e tentou-se distribuir terras a colonos alemães. A germanização das antigas províncias francesas da Alsácia e Lorena incorporadas após a guerra de 1870 foi também tentada embora com menos virulência.[6]

Sobre o Império Colonial Alemão deve-se acentuar que teve uma vida breve: "Nasceu em 1884 e se extinguiu em 1919".[7] Note-se que a Bismarck não interessava a posse de colônias : os primeiros estabelecimentos alemães no litoral africano ou em ilhas do Pacífico foram obras da iniciativa privada. Em face da propaganda das sociedades colonizadoras, Bismarck cedeu e

---

[3] Tenbrock, *História de Alemanha*, p. 239.
[4] Marin, obra citada, p. 8.
[5] Tenbrock, obra citada, p. 240.
[6] Marin, obra citada, p. 9.
[7] Wm. Roger Louis, "Los imperios coloniales europeus", em *Historia Oxford del Siglo XX*, p. 161.

estatizou os empreendimentos particulares. Entre as possessões coloniais alemãs na maior parte situadas na África citemos, a título de exemplo: a África Oriental Alemã, a África do sudoeste, o Camerum, a Togolândia e, no Pacífico, entre outras, a Nova Guiné alemã. Só algumas regiões da África Oriental e do sudoeste atraíram colonos. Na realidade os emigrantes alemães davam preferência à Europa Oriental e à América. Sobre a atuação alemã em face de algumas revoltas nas colônias, WM Roger Louis observa: "os alemães não foram nem mais nem menos bárbaros que os franceses na Argélia, os britânicos no Kenya ou os belgas no Congo antes de 1908".[8] Ainda o mesmo autor adverte: "Uma falácia comum sustentava que as colônias eram vitais para a prosperidade econômica alemã; porém, longe de ser uma fonte de ingressos, as colônias alemãs, antes de 1914, exceto Togolândia (produtora de cacau e caucho) e as Samoas, necessitaram sempre de subsídios".[9]

A política externa alemã no período que antecede o primeiro grande conflito mundial está marcada por uma paz precária, por uma intensa atividade armamentista e por incessantes crises internacionais. A expansão demográfica, sua riqueza industrial e sua capacidade bélica tornam a Alemanha uma potência que não se conforma com a ameaça de um cerco da Tríplice Entente já mencionada. Como já vimos, há pretensões, embora tardias e, em consequência da guerra de 1914, fracassadas, a um Império Colonial de ultramar. Dentro da já também mencionada Tríplice Aliança, "a Alemanha deveria conservar sua liberdade de negociação em qualquer sentido, para poder inclinar-se no momento oportuno para o lado mais favorável aos interesses alemães. Porém, com isso, a política exterior alemã adquiriu a característica da instabilidade (é a chamada política de zigue-zague)".[10]

Nas seguintes linhas citaremos, em sua sucessão cronológica, exemplos dentre os principais acontecimentos dessa política, começando com o ano da queda de Bismarck.

– 1890: A Alemanha elimina certas tensões coloniais com a Inglaterra mediante o Tratado de Zanzibar. Note-se que a Alemanha esperava fazer des-

---

[8] Idem, ibidem.
[9] Idem, ibidem.
[10] Tenbrock, obra citada, p. 242.

te tratado um ponto de partida para negociações de aliança, tanto mais que a Inglaterra assegurara que "enfrentaria qualquer intento russo de conseguir livre passagem pelos Dardanelos. Porém a Inglaterra confiava em poder continuar ainda a política do 'esplêndido isolamento'. Quando se viu obrigada a reconhecer a impossibilidade de manter-se à margem em consequência da guerra dos *boers*, iniciou uma aproximação ao Império, apesar do apoio moral que Guilherme II prestava aos *boers*".[11]

– 1895: A partir deste ano, a política inglesa no sentido de integrar ao Império Inglês regiões do Oriente Próximo perturba a Alemanha, interessada na Turquia por razões de ordem econômica. Assim é que em 1898 Guilherme II assegura, em viagem através do Oriente Próximo, sua proteção aos maometanos e, em 1899, começa a construção de uma estrada de ferro com apoio de capital privado alemão. "O caminho de Berlim a Istambul e Bagdad atravessava os Balkans e tropeçava na esfera de interesses da Inglaterra no Próximo Oriente."[12]

– 1905: Um ano após a conclusão da Entente Cordiale (a *Triple Entente* acolheria a Rússia) entre a Grã-Bretanha e a França, Büllow, chanceler do Império desde 1900, leva o Kaiser a desafiar a França ao desembarcar em Tanger reconhecendo o sultão como soberano independente. Enfatize-se que o conteúdo das palavras do soberano alemão, "deformado pela imprensa, provoca uma viva tensão entre os dois países".[13]

Registre-se que, em julho de 1905, Guilherme II convence o czar, abatido com o desastre de Tsushima (ver capítulo referente à Rússia) a assinar um tratado secreto de aliança em Björkoe, no Báltico, sem maiores consequências.

– 1906: A reunião das Grandes Potências em Algeciras para regular o problema de Marrocos resultou para a Alemanha numa "decisiva derrota em política exterior".[14]

– 1907: É interessante lembrar aqui a Segunda Conferência de La Haya, visando o desarmamento, sem maiores resultados. Já em 1899 reunira-se a Primeira Conferência, com a mesma finalidade, mas a Alemanha não esta-

---

[11] Idem, ibidem, p. 243.
[12] Idem, ibidem, p. 244.
[13] Milza, obra citada, T. 1, p. 66.
[14] Tenbrock, obra citada, p. 245.

va de acordo com o desarmamento, alegando uma situação no centro da Europa.¹⁵ Em 1907 a Europa se encontra dividida em dois grupos rivais: Tríplice Entente e Tríplice Aliança. Estamos aqui diante da já mencionada bipolarização.

– 1908: Neste ano a revolução dos jovens turcos enfraquece politicamente o Estado turco e a Áustria aproveita, então, a contingência para efetuar a anexação da Bósnia e da Herzegovina. A Alemanha apoiou a Áustria, o que agravou suas relações com a Turquia. O episódio todo aparecia como uma grande vitória dos Impérios Centrais contra a Tríplice Entente.

– 1909: Um novo incidente no Marrocos em 1908 resultou num acordo franco-germânico em fevereiro de 1909.

– 1910: Na entrevista de Potsdam com Nicolau II, o Kaiser tenta separar a Rússia da França.

– 1911: Neste ano a França ocupou Fez, capital do Marrocos. O chanceler Hollveg, que substituíra Büllow, levou o Kaiser a intervir enviando um navio de guerra a Agadir. "A canhoeira alemã *Panther* apresentou-se no porto da cidade, porém a Alemanha cedeu ante um discurso ameaçador do chanceler inglês do tesouro, Lloyd George. Após longas negociações abandonou finalmente Marrocos em mãos da França, em troca de uma faixa do Congo francês.¹⁶

Como resultado da guerra balcânica de 1912-1913, os Balcans caíram cada vez mais em mãos eslavas. Só a Áustria-Hungria continuava ocupando territórios eslavos. O jovem nacionalismo sérvio seria o maior inimigo da monarquia danubiana.

A 28 de junho de 1914 o arquiduque Francisco Fernando e sua esposa eram assassinados em Serajevo. A Áustria aproveitou a oportunidade para acertar as contas com a Sérvia e teve o apoio irrestrito da Alemanha. Acreditava-se, então, na possibilidade da localização do conflito.

---

¹⁵ Idem, ibidem.
¹⁶ Idem, ibidem, p. 246.

A Guerra de 1914 a 1918

Limitar-nos-emos aqui a breves observações sobre alguns aspectos das consequências imediatas deste conflito para a Alemanha. Como já sublinhamos, o estudo mais aprofundado da Primeira Guerra Mundial será objeto do capítulo sobre os Grandes Conflitos.

Uma das consequências da derrota alemã foi a abdicação de Guilherme II e a instituição da nova forma estatal republicana. É interessante sublinhar que os alemães não haviam pleiteado essa nova forma governamental. "A muitos parecia-lhes resultado da derrota militar e a muitos outros um aleivoso complô das potências vencedoras. Inclusive os partidos que se enfrentavam de forma crítica com o Império, pelos mais diversos motivos, estavam longe de serem defensores a fundo da República como forma estatal."[17] Na realidade, os partidos de centro-esquerda desejavam instituir uma monarquia parlamentar em que os ministros fossem responsáveis perante o *Reichstag* e não perante o imperador. O radicalismo revolucionário na Alemanha era uma minoria e não dispunha de força para impor a abdicação. O presidente Wilson impunha a condição da abdicação, e os conselheiros de Guilherme II, considerando perdida a monarquia, sugeriram uma fuga para a Holanda. Tenbrock anota: "A monarquia deixou de existir porque seu último representante, Guilherme II, revelou-se demasiadamente débil para lutar por ela".[18]

O pós-guerra republicano é caracterizado inicialmente por perturbações econômicas e políticas incluindo assassinatos e movimentos separatistas. Vale aqui recordar que, um dia antes da assinatura do armistício (11 de novembro de 1918), o chefe temporário do governo, Friedrich Ebert, e o chefe do estado maior do exército, general Wilhelm Groener, firmam um acordo segundo o qual não haveria qualquer mudança na organização interna do exército ou nas prerrogativas do corpo de oficiais. O governo prometia um vigoroso combate ao bolchevismo.

---

[17] Idem, ibidem, p. 257.
[18] Idem, ibidem, p. 256. O leitor encontrará na revista francesa *História* n. 146, p. 54, um interessante relato da abdicação e fuga de Guilherme II, que faleceria na Holanda em 1941 aos 83 anos de idade.

Uma das consequências mais sérias e perturbadoras para o Nacionalismo alemão foi a redução territorial de seu país. "A Alemanha perdeu cerca de 13% de seu território antes da guerra, a maior parte no leste, onde a nação polonesa foi reconstituída pela primeira vez desde 1815. Uma faixa de terra separando a Prússia Oriental do resto da Alemanha proporcionava à Polônia uma saída para o mar. Os esforços da Alemanha para recuperar o controle desse 'corredor polonês' e a cidade livre de Dantzig (hoje Gdansk) ofereceriam a causa imediata para a deflagração da Segunda Guerra Mundial."[19]

A Alemanha de 1919 a 1939

A República de Weimar

Em novembro de 1918 a Alemanha encontrava-se diante do caos político. À imitação do que aconteceria na Rússia formavam-se conselhos de operários e de soldados. Em 8 de novembro foi proclamada a República em Munich e, logo depois, em Berlim. O Conselho dos Comissários do povo era presidido pelo socialista Friedrich Ebert (1871-1925). A posição do exército foi, sem dúvida, um fator importante na repressão à subversão esquerdista que ameaçava a nova república em organização. Ao lado do exército, que ficara fiel à liderança do Marechal Hindenburg, deve-se acrescentar que contribuíram para a manutenção da ordem constitucional estabelecida: a existência de uma forte burguesia; um corpo de funcionários organizado e amante da disciplina hierárquica; finalmente, o próprio temperamento germânico refratário à desordem e à anarquia.

A esquerda socialista apresentava-se profundamente dividida: havia os que pugnavam pela adoção do estilo soviético e os que rejeitavam este modelo.[20] Situa-se na extrema esquerda o grupo conhecido como *Spartacus* e que desencadeou movimentos subversivos especialmente na Renânia, na Alema-

---

[19] Stackelberg, *A Alemanha de Hitler*, p. 102.
[20] Idem, ibidem, p. 97-98.

nha do Norte e na Baviera. O grupo *Spartacus* havia sido fundado em 1916 pela minoria do Partido Social-Democrata de que faziam parte a revolucionária e teórica do socialismo Rosa de Luxemburgo (1870-1919), polonesa naturalizada alemã, e Karl Liebknecht (1871-1919), ambos assassinados por ocasião da insurreição de Berlim reprimida pelos sociais-democratas majoritários e seus *Freikorps*. O governo apelou para forças do exército no sentido de combaterem os revoltosos. Atuam ao lado das unidades militares as unidades do *Freikorps*, uma força militar de voluntários criada por sugestão do Alto Comando sob a liderança de oficiais do exército. "Unidades do *Freikorps* tiveram um papel de destaque na repressão da revolta spartacista em janeiro. Também participaram do esmagamento dos renovados levantes em Berlim, em março de 1919. Ajudaram ainda na derrubada de governos de esquerda em numerosas cidades alemãs e na Renânia, Saxônia e Baviera, na primavera de 1919. No processo, desencadearam uma campanha de "terror branco" contra a esquerda."[21]

Sobre a atuação dos partidos na fase de elaboração da República de Weimar vamos repetir Tenbrock: "A responsabilidade capital correspondeu inicialmente aos sociais democratas cujo dirigente, naquelas circunstâncias, Friedrich Ebert, contava com a confiança dos trabalhadores. Conseguiu enraizar neles a ideia da democracia, elevando assim uma firme muralha contra a infiltração comunista. O Partido Social Democrata Alemão (SPD) foi apoiado pelo Centro Católico e pelo Partido Liberal dos Democratas em muitos de seus objetivos políticos. O Partido Democrata veio a suceder ao Partido Progressista, integrado fundamentalmente pela burguesia, e que havia mantido um enfrentamento crítico igual ante Bismarck e ante Guilherme II".[22]

Em janeiro de 1919 celebraram-se eleições em que votaram homens e mulheres de mais de vinte anos para a Assembleia Nacional que se reuniria em Weimar, pequena cidade da Turíngia distante dos tumultos de Berlim. "Alguns adeptos da democracia também esperavam que a escolha de Weimar, onde haviam vivido os maiores escritores alemães, Goethe e Schiller,

---

[21] Idem, ibidem, p. 99.
[22] Tenbrock, obra citada, p. 257.

vinculasse a nova república à tradição humanista da Alemanha."²³ Note-se, contudo, que Berlim era a capital do país e continuou a sê-la durante toda a era Weimar. O secretário de Estado, professor Hugo Preuss, recebeu a incumbência de elaborar o anteprojeto constitucional. No capítulo sobre a estrutura política voltaremos à Constituição de Weimar. Por ora, sublinhemos apenas que "com seu espírito liberal e social podia colocar-se dignamente junto às Constituições das grandes democracias ocidentais".²⁴ Tenbrock observa, entretanto, que "uma Constituição não configura por si só a vida de um povo e de uma nação. A democracia alemã teve de ver, no mesmo momento de seu nascimento, que os alemães se achavam longe de possuírem pensamentos, sentimentos e ações de caráter democrático. O povo alemão havia olvidado a distinção entre o que tem ou não valor político".²⁵

Enfatize-se que Friedrich Ebert foi o primeiro presidente do *Reich*: fora designado pela maioria republicana "antes de consagrar seus trabalhos à redação de uma Constituição que entrou em vigor aos 14 de setembro de 1919".²⁶

A 10 de janeiro de 1920 entrou definitivamente em vigor o Tratado de Versalhes, aceito, sob os mais veementes protestos, pela Assembleia Nacional Alemã em 22 de junho de 1919 e firmado na Sala dos Espelhos do Palácio de Versalhes, em 28 de junho. Enfatize-se que este documento, conhecido como o *Diktat de Versalhes*, "não correspondia, nem pelo espírito nem pela letra, aos quatorze pontos de Wilson que subministraram a base para a decisão alemã de dar fim à guerra".²⁷ O próprio Congresso americano recusou ratificá-lo e os Estados Unidos concluíram em 1921 seu próprio Tratado de Paz com a Alemanha.

De 1919 a 1924, a vida política interna da República de Weimar caracteriza-se por perturbações econômicas e políticas. "O governo (com frequentes mudanças de gabinetes e coalizões de partidos) descobriu-se assediado por levantes revolucionários da esquerda, tentativas revolucionárias de *putsch* e uma campanha de assassinatos da direita, movimentos separatistas na

---

²³ Stackelberg, obra citada, p. 100. Ver também Tenbrock, obra citada, p. 257.
²⁴ Tenbrock, obra citada, p. 258.
²⁵ Idem, ibidem.
²⁶ Milza, obra citada, T. 1, p. 183.
²⁷ Tenbrock, obra citada, p. 261.

Baviera e Renânia e os esforços das potências vitoriosas, especialmente da França, para exigir o pagamento das reparações nos termos estipulados pelo Tratado de Versalhes."[28]

Em 1920 há um levante contra o governo, o chamado *putsch* Kapp--Lüttwitz, porque o líder do movimento foi o funcionário do serviço público prussiano Wolfgang Kapp (1858-1922), apoiado pelo general Walther von Lüttwitz (1859-1942), que comandava as unidades do *Freikorps* em Berlim e nos arredores. O propósito imediato do levante era "revogar a ordem do governo para desmobilizar determinadas unidades do *Freikorps*, de acordo com dispositivos do Tratado de Versalhes. Seu propósito mais amplo era derrubar os 'criminosos de novembro' e restaurar um regime autoritário".[29] O governo do Reich teve de abandonar Berlim e refugiar-se em Stuttgart, onde o comandante local de *Reichswehr* (organizações de defesa do *Reich*) era leal ao governo. Por falta de apoio (houve cerrada oposição do corpo de funcionários e dos trabalhadores, e uma greve geral bloqueou a tentativa dos golpistas de governarem), o golpe fracassou. Grupos comunistas aproveitam o *putsch* Kapp-Lüttwitz como pretexto e tentam mobilizar os trabalhadores da região do Ruhr contra o governo, mas são dominados pela intervenção do *Reichswehr*.

O problema do pagamento de reparações de guerra à França causava indignação e revolta em várias camadas da população. É interessante notar que a economia alemã, especialmente a indústria pesada, levava, entre 1920 e 1923, uma crescente vantagem sobre a francesa. Pode-se, portanto, afirmar que provavelmente a frequente inadimplência alemã e os pedidos de adiamento fossem motivados antes pela relutância em pagar pela incapacidade econômico-financeira. Na realidade não existia vontade política para efetuar o pagamento das reparações.[30] A impaciência dos franceses intensifica-se quando, em abril de 1922, a Alemanha aproxima-se da União Soviética pelo Tratado de Rapallo: as duas nações concordam em promover relações econômicas. Compreende-se, assim, que, em janeiro de 1923, tropas francesas e

---

[28] Stackelbrerg, obra citada, p. 93-94.
[29] Idem, ibidem, p. 104.
[30] Idem, ibidem, p. 107.

belgas ocupassem o Ruhr mesmo sem o apoio dos britânicos, que não concordavam com a indústria alemã posta sob o controle francês.

A reação do governo alemão foi conclamar o povo a uma resistência passiva em relação aos invasores. "Os empregados do governo, inclusive os ferroviários, foram instruídos a parar de trabalhar. Para financiar essa operação e forçar os franceses a se retirarem, o governo alemão recorreu à impressão de dinheiro extra, uma política que levou ao mais traumático episódio de inflação na Europa do século XX. Em agosto de 1923, o valor do marco alemão em relação ao dólar baixou para cinco milhões por um. Em novembro, o dólar estava cotado a mais de quatro trilhões de marcos."[31] A economia arruinara-se, e o governo corria sério risco em face de movimentos das mais diferentes matizes: separatistas, comunistas, direitistas. Em setembro de 1923, o novo chanceler alemão, Gustav Stresemann, suspendeu a resistência passiva, o que levou a direita radical a intensificar sua oposição ao sistema de "Weimar e Versalhes". Entre os opositores estava Gustav von Kahr, monarquista e chefe do governo da Baviera, e entre os muitos conspiradores da direita figurava um antigo cabo do exército, ferido e condecorado na guerra: Adolf Hitler (1889-1945).

Nascido em Braunau (Áustria), na fronteira com a Alemanha, vivia em Munich sem profissão fixa, na qualidade de "artista livre", e ingressou como voluntário num regimento bávaro tendo lutado na frente ocidental. Tenbrock assim resume o aparecimento de Hitler no cenário político: "Até sua participação na Primeira Guerra Mundial sua vida nada apresenta de particular, a não ser que se considere extraordinário e digno de atenção o fato de que um homem jovem e cheio de saúde perambulasse sem ofício nem benefício pelos asilos para homens e pelos albergues noturnos de Viena. Mais tarde, quando obteve certo renome político, ele mesmo assegurou que, antes de intentar sem êxito ingressar numa escola superior de Viena, tinha desejado preparar-se para a carreira de Arquitetura. Mas foi-lhe negado o ingresso na Academia Vienense de Artes Plásticas porque carecia de preparação exigida para tais estudos. Assim viu-se obrigado a trabalhar como artista livre.

---

[31] Idem, ibidem, p. 108.

Ocupou-se então intensamente de questões políticas e ampliou sua educação geral pelo autodidatismo, com amplas leituras.

Depois da guerra regressou a Munich e ali entrou no círculo dos numerosos grupos nacionalistas que somente estavam de acordo na atitude contrária ao 'Estado de Weimar'. Ingressou como membro número 7 no 'Partido Alemão dos Trabalhadores' e logo se converteu em orador político famoso nas cervejarias e tabernas suburbanas. O partido transformou seu nome em Partido Nacional Socialista Alemão dos Trabalhadores (*Nationalsocialistische Deutsche Arbeiterpartei* – NSDAP). Seu programa estava composto de uma mescla de ideias nacionalistas e socialistas. Sublinhava-se muito especialmente o antissemitismo. Proclama-se como meta da política exterior a libertação de Versalhes e o estabelecimento de um Grande Império Alemão (*Grossdeutsches Reich*)."[32]

A 8 de novembro de 1923, Hitler interrompe uma concentração nacionalista promovida por Kahr em Munich e proclama a instituição de um novo governo nacional. Inspirava-se na Marcha sobre Roma de Mussolini, mas, por falta de preparação adequada e por oposição da polícia local, o intento de realizar a Marcha sobre Berlim foi abortado. Hitler e Ludendorff, que seria o supremo comandante do exército no novo governo, foram levados a julgamento. "No julgamento, os juízes permitiram que Hitler usasse o tribunal como um palanque para divulgar sua causa. Ele se apresentou como patriota altruísta que tentava apenas livrar seu país das garras dos marxistas e traidores. Por seu ato de alta traição, Hitler recebeu a pena mínima de cinco anos e só permaneceu preso por oito meses. Seu companheiro de conspiração, Ludendorff, seguro no nimbo de heróis de guerra, foi absolvido de todas as acusações. Hitler aproveitou seu tempo na confortável cela da fortaleza de Landsberg para ditar seu livro *Mein Kampf* (Minha Luta) para o secretário particular, Rudolf Hess (1894-1983), que mais tarde se tornaria o vice-líder do Partido Nazista."[33]

A situação econômico-financeira iria, entretanto, apresentar uma surpreendente melhora. Devem ser mencionados aqui o plano Dawes (1924-1928)

---

[32] Tenbrock, obra citada, p. 283.
[33] Stackelberg, obra citada, p. 111.

e o Dr. Hjalmar Schacht (1877-1970). O plano Dawes, assim chamado em virtude do banqueiro americano (Charles Dawes) que liderou a comissão de especialistas, "instituiu a base para o crescimento econômico e a prosperidade na Alemanha no final da década de 1920".[34] O pagamento das reparações foi então estendido por um período de várias décadas e um empréstimo americano estava previsto para que os alemães pudessem retornar ao padrão-ouro.[35]

Em outubro de 1924, o Ministro das Finanças, Hans Luther, e o "mago das finanças", Dr. Schacht, decidem criar uma nova moeda, o Rentenmark, emitida por um novo banco, o Rentenbank. A nova moeda inspirou confiança ao público.[36] A estabilidade estava, assim, ao menos temporariamente, restaurada. Desde a entrada em vigor do Plano Dawes, em 1924, haviam sido injetadas na Alemanha grandes somas de dinheiro sob a forma de aquisição de títulos mobiliários e empréstimos para a indústria, o que explica o fato surpreendente de o padrão de vida na Alemanha, em 1928, se encontrar no nível anterior à guerra.

Na política externa da República de Weimar, lembremos em primeiro lugar o Tratado de Rapallo com a União Soviética em 1922, quando era Ministro do Exterior do Reich Rathenau, assassinado posteriormente em Berlim. Note-se que a celebração do Tratado repercutiu negativamente entre as potências ocidentais, pois a Alemanha foi o primeiro Estado Ocidental a reconhecer o governo soviético.[37]

Papel importante na política externa de Weimar coube a Gustav Stresemann (1878-1929), que "seria apoiado com a maior eficácia pelo socialista francês Aristides Briand em seus esforços por uma liquidação dos problemas pendentes entre Alemanha e França".[38] Stresemann tinha grande experiência

---

[34] Idem, ibidem, p. 112.
[35] Idem, ibidem.
[36] Milza, obra citada, T. 1, p. 188.
[37] É interessante notar que encontros secretos entre o comando do exército alemão e o Estado Maior russo levaram a permissão aos integrantes do Reichswehr de se exercitarem na Rússia com armas proibidas na Alemanha. Tenbrock, obra citada, p. 264, sublinha o patriotismo de Rathenau e atribui seu assassinato ao fato de ser judeu.
[38] Tenbrock, obra citada, p. 265.

política (em 1907 já era deputado pelo Partido Nacional Liberal) e senso da realidade. "Ele sabe que a Alemanha não pode ganhar a 'guerra fria' que a opõe à França. Assim é que a negociação com o Ocidente parece-lhe a única saída para poder, num primeiro tempo, evitar a explosão do Reich, num segundo tempo, estabilizar a situação econômica e política do país, enfim, apoiado na pressão anglo-saxônica sobre a França, obter a revisão do Tratado de Versalhes."[39]

Entre os principais atos de Stresemann, lembremos:

– determinou a suspensão da resistência passiva (1923);
– adotou o plano Dawes (1924);
– recuperou a igualdade política da Alemanha vencida, através do Tratado de Locarno (1925) e do ingresso na Sociedade das Nações (1926);
– assinou com a União Soviética o Tratado de Berlim (1926), continuando o relacionamento estabelecido no Tratado de Rapallo (1922).

Note-se que Stresemann era líder do Partido do Povo, confiava na ressurreição da Alemanha, apoiava o rearmamento clandestino e considerava Locarno um armistício.

Em 1925 havia morrido Friedrich Ebert, o primeiro presidente do Reich, e foi, então, eleito para a presidência o velho Marechal Hindenburg, monarquista declarado, candidato do Partido do Povo e dos nacionalistas, apoiado também por militantes da direita como Hitler.

Hindenburg teve na política externa, como já vimos acima, a colaboração de Stresemann até a morte deste em 1929. Neste ano o espantoso ressurgimento da economia alemã recebe um golpe fatal com a crise gerada pela brusca queda das cotações na Bolsa de Nova York em outubro de 1929. Essa queda eliminou a fonte de crédito existente a partir da vigência do plano Dawes. No capítulo sobre Economia e Finanças voltaremos à Grande Depressão, considerada uma das mais graves crises na história do capitalismo industrial. Interessa-nos aqui apenas sublinhar que a Depressão acelerou a queda da República de Weimar possibilitando e facilitando a ascensão do nazismo.

---

[39] Milza, obra citada, T. 1, p. 218.

Em março de 1930 o Marechal Hindenburg convida para chanceler o Dr. Heinrich Brüning, oficial da reserva da Primeira Guerra Mundial e líder conservador do Partido do Centro. "O principal objetivo de Brüning não era a defesa da democracia de Weimar, mas sim a restauração da Alemanha como potência dominante na Europa."[40] Para resolver a crise financeira usou métodos deflacionários com o objetivo de demonstrar ao mundo que a Alemanha não se encontrava em condições de suportar as reparações impostas pelo plano Young, elaborado pelo norte-americano Owen Young e por banqueiros e industriais alemães. Como a Dieta do Reich tivesse rechaçado uma série de projetos de leis apresentados por Brüning, este persuadia Hindenburg a promulgar o novo orçamento por decreto, nos termos do arT. 48 da Constituição de Weimar. "À medida que o governo recorria cada vez mais aos poderes de emergência, nos meses subsequentes, o processo parlamentar na Alemanha tornou-se virtualmente extinto. De 1930 a 1932, apenas cinco projetos de leis foram aprovados por votação majoritária do Reichstag, enquanto no mesmo período o governo promulgava sessenta decretos de emergência."[41]

Em 1932, Hindenburg concluíra seu mandato presidencial, e Brüning, que pretendera uma emenda constitucional tornando o velho Marechal presidente perpétuo, teve de recorrer à toda força de sua persuasão para conseguir a candidatura do presidente à reeleição. Com efeito Hindenburg foi reeleito vencendo dois concorrentes: Hitler, da oposição direitista, e Thälmann, da oposição comunista.

Em maio de 1932 Brüning foi substituído por Franz von Papen (1879-1969), novo homem de confiança de Hindenburg. Sob o governo de von Papen, celebrou-se (junho de 1932) a conferência de Lausanne preparada por Brüning, a qual teve "como resultado o fim das reparações e, com ele, um êxito em política exterior para von Papen, que, contudo, não fortaleceu sua posição na Alemanha".[42]

Em setembro de 1932, Von Papen conseguiu dissolver a Dieta, mas não conseguiu maioria capaz de apoiar seu governo pelo Parlamento. "Hindenburg rejeitou o pedido de von Papen para poderes de emergência para

---

[40] Stackelberg, obra citada, p. 122.
[41] Idem, ibidem, p. 123.
[42] Tenbrock, obra citada, p. 280.

suspender a vigência da constituição e estabelecer uma ditadura ostensiva. Hindenburg também relutava em confiar o pleno poder a Hitler."[43] Note-se que este insistia em assumir o cargo de chanceler.

Von Papen demitiu-se do governo e foi substituído em 2 de dezembro de 1932 por seu ministro da guerra, o general Kurt von Schleicher (1882-1934), que tentou ganhar o Presidente do Reich para um golpe de Estado com ajuda do exército, banindo os partidos nazista e comunista. A 28 de janeiro de 1933, Schleicher era demitido do cargo de chanceler, e dois dias depois o velho Marechal, persuadido por Papen e seu círculo de que Hitler poderia ser seguramente recrutado para a causa conservadora, superou suas apreensões anteriores sobre o "cabo boêmio" e designou o líder nazista para chanceler.[44]

Com o poder na mão, Hitler prepara cuidadosamente a eliminação de seus adversários e sua ditadura pessoal. "A partir de 30 de janeiro de 1933 a polícia regular foi reforçada por membros da SA com a qualificação de 'polícias auxiliares'. Sua principal missão consistia em aprisionar arbitrariamente os inimigos políticos e os judeus. Como o número de pessoas detidas aumentava sem cessar, as prisões logo tornaram-se insuficientes. Por indicação de Göring organizaram-se os primeiros campos de concentração."[45] SA (*Sturmabteilungen*: seções de assalto) era uma milícia armada cujo chefe, o ex-capitão Ernst Röhm, era odiado por Heinrich Himmler, chefe das SS (*Schutzstaffel*: Pelotão de Proteção), que em sua origem era guarda pessoal de Hitler formada por membros da SA.

Um episódio que teve repercussão internacional foi o incêndio do Reichstag em Berlim no decurso da noite de 27 para 28 de fevereiro de 1933. "O responsável direto foi um jovem ex-comunista holandês, Marianus van der Lubbe, que pode ter agido por conta própria. Há algumas indicações, no entanto, de que o incendiário recebeu apoio nazista. Sem qualquer dúvida os nazistas foram os principais beneficiários do ataque."[46] Sob o pretexto de que o incêndio revestia

---

[43] Stackelberg, obra citada, p. 139.
[44] Idem, ibidem, p. 140. Sobre a ascensão de Hitler ao poder, ver interessante estudo do embaixador d'Ormesson em Revista *História* n. 302, p. 141 ss.
[45] Tenbrock, obra citada, p. 288-289.
[46] Stackelberg obra citada, p. 146. O leitor encontrará um relato minucioso sobre o incêndio do Reichstag, da autoria de François-Poncet, embaixador da França em Berlim e testemunha ocular do episódio e de suas consequências, na Revista francesa *História*, n. 98, p. 33: "Qui a incindié le Reichstag?"

o caráter de atuação comunista, Hitler promulgou o Decreto para a Proteção do Povo e do Estado (28 de fevereiro de 1933), que se tornou uma base legal para o estado policial nazista, provocando uma onda de prisões. Em março foi criado o campo de concentração de Dachau, nas proximidades de Munich, "para alojar e 'reeducar' os presos políticos e outros elementos 'antissociais'".[47]

Em 21 de março de 1933 reúne-se o Reichstag e Hitler pronuncia um discurso extraordinariamente moderado, mas "poucos dias depois desta décima sessão do Reichstag, Hitler mostrou à Alemanha e ao mundo inteiro o que, na realidade, significavam suas palavras".[48] Processa-se então uma sequência de violações da Constituição. Assim, por exemplo, os governos estaduais foram privados de sua autoridade e substituídos por governadores (*Reichstaathalter*) designados por Hindenburg, mas recomendados por Hitler. Os parlamentos estaduais foram abolidos e todo o poder se transferiu para o Ministério do Interior do Reich. Pessoas de influência no estado e na sociedade, especialmente judeus, democratas sociais e ex-comunistas, são sumariamente afastados de seus postos.

Estamos aqui diante de um processo de sincronização, coordenação e subordinação designado como *Gleichschaltung* (mudar na mesma direção, linha ou corrente) cujo objetivo expresso era o de produzir uma comunidade nacional baseada na afinidade cultural e racial buscando o objetivo comum de reconstrução nacional.[49]

A noite de 30 de junho de 1934 ficou conhecida como "a noite das facas longas". Hitler, em Munich, lança os SS de Himmler contra Ernst Röhn, que é aprisionado e, no dia seguinte, executado. Enquanto o Führer fazia fuzilar em massa em Munich os chefes da SA, Göring e Goebbels aproveitaram a oportunidade para o assassinato de numerosas personalidades que poderiam tornar-se adversárias do regime. "Vítimas notáveis da fúria sanguinária dos chefes do partido foram o general von Schleicher, Gregor Strasser, vários colaboradores de Von Papen, numerosas personalidades eminentes do Movimento de Ação Católica."[50] Strasser fora antigo rival de Hitler no partido; o assassinato de Röhm fortaleceu o poder de Himmler. Os nazistas masca-

---

[47] Stackelberg, obra citada, p. 146.
[48] Tenbrock, obra citada, p. 287.
[49] Stackelberg, obra citada, p. 149-150.
[50] Tenbrock, obra citada, p. 289.

raram toda a sequência de violência e mortes como se fosse uma repressão contra traidores e amotinados. "Carl Schmitt, eminente professor de direito alemão, providenciou a justificativa legal para o expurgo, num ensaio intitulado 'O Führer como guardião da Justiça'."[51]

A 2 de agosto de 1934 falecia o velho Marechal Hindenburg, e Hitler, que cultivara a boa vontade dos líderes do exército, não encontrou oposição ao decreto que fundiu em seu proveito os cargos de presidente do Reich e de chanceler.

Hitler herdou o título de supremo comandante do *Reichswehr*, que passaria posteriormente a chamar-se *Wehrmacht*. "Os oficiais de carreira consideravam Hitler com gratidão e admiração por seu sucesso na restauração do exército. Foram eles que criaram a nova exigência de que todos os membros das forças armadas prestassem um juramento pessoal de lealdade ao Führer. Um juramento de lealdade similar passou a ser exigido de todos os ocupantes de cargos públicos a partir de 20 de agosto."[52] Grande parte da população apoiava o novo governante porque via nele uma garantia do renascimento nacional. Vale notar que a consolidação do poder fora acompanhada de uma acentuada melhora da situação econômica da Alemanha. "Uma grande fonte da popularidade de Hitler, além de sua defesa dos interesses alemães contra os aliados, foi a melhora da economia alemã. Os nazistas beneficiaram-se, até certo ponto, das tendências cíclicas da economia mundial, que mais uma vez reabriram os mercados de exportação para os produtos alemães.

A Grande Depressão chegou a seu ponto mais baixo em 1932."[53] Deve-se lembrar aqui que, a partir de 1936, a intensificação do rearmamento alemão provoca um notável aumento de emprego, chegando-se ao ponto de haver escassez de mão de obra na indústria pesada por volta de 1939. Faremos, a seguir, um breve relato dos principais aspectos da política interna e da política externa do III Reich até o início da Segunda Guerra Mundial. Convém inicialmente chamar a atenção do leitor para a *Weltanschauung*

---

[51] Stackelberg, obra citada, p. 164.
[52] Idem, ibidem, p. 165. Sobre a ascensão de Hitler ao poder e os métodos usados para o domínio totalitário na Alemanha, ver estudo do embaixador François-Poncet em Revista *História* n. 69, p. 110 e ss.
[53] Idem, ibidem, p. 169.

(Concepção do Mundo) nacional-socialista que impregna toda a atividade governamental do III Reich e que se encontra formulada por Hitler em sua famosa obra *Mein Kampf* (Minha Luta) e por outros doutrinadores do nazismo, que pregam uma política racial virulentamente antissemita.[54] A mobilização ideológica se processa através de uma intensa propaganda confiada à direção do Dr. Goebbels, que procura controlar a imprensa, o rádio e o cinema para evitar qualquer possibilidade de oposição. Até as bibliotecas são examinadas e milhares de livros são queimados em praça pública. A Gestapo e a SS (*Schutzstaffeln*: brigadas de proteção) sob as ordens de Himmler desencadeiam a repressão dirigida de modo especial contra comunistas e socialistas. Veremos, logo a seguir, a atuação contra os judeus. As oposições do regime devem ser eliminadas por processos que envolvem torturas, assassinatos, "suicídios" e campos de concentração. Em 1936 a oposição situa-se no exército (submetido a depurações), na Igreja Católica e na Igreja Protestante (com exceção de um grupo minoritário pró-nazista: os "cristãos alemães").[55]

Tenbrock assim descreve a situação da comunidade judaica na Alemanha antes da perseguição nazista: "À medida que se ia estabelecendo a completa igualdade com as alemãs em matéria social, econômica e profissional, havia progredido a tendência para integrar-se por completo ao povo alemão. As conversões a qualquer das confissões cristãs não eram coisa rara e já não se consideravam excepcionais os matrimônios entre judeus e não judeus. Durante a Primeira Guerra Mundial a proporção de judeus vítimas da guerra coincidia com sua porcentagem em relação à população. Muitos veteranos judeus haviam saído do Exército com numerosas e importantes condecorações. Depois da guerra, os judeus alemães contribuíram para a vida intelectual com importante contingente de personalidades notáveis, internacionalmente reconhecidas: homens de ciência como Einstein, artistas como Max Reinhardt, músicos como Bruno Walter e Schönberg, escritores com Kafka e filósofos como Martin Buber. Apesar dos discursos e panfletos antissemitas

---

[54] Sobre a expressão III Reich note-se: Primeiro Império: Sacro Império Romano da Nação Germânica (Idade Média); Segundo Império: criado por Bismarck (Kaiser-reich) e extinto após a Primeira Guerra Mundial; Terceiro Império (III Reich) surge sob a liderança de Hitler – Ver Norbert Elias, *Os Alemães*, p. 21.
[55] Milza, obra citada, vol. I, p. 323.

anteriores e posteriores à Primeira Guerra Mundial e apesar também do movimento sionista que penetrava muito lentamente em amplos meios judeus, a tendência à assimilação se havia consolidado continuamente na maioria das famílias judias alemãs".[56]

Estudando a perseguição dos judeus na Alemanha nazista, Norbert Elias anota: "Em retrospecto, a decisão tomada pela liderança nazista em 1939 para suprimir todos os judeus em seu poder pode parecer que foi previsível. De fato, na década de 1930, quando os nacional-socialistas chegaram ao poder, ainda era inteiramente inconcebível para a maioria das pessoas na Europa e na América que os alemães pudessem matar a sangue frio milhões de homens, mulheres e crianças. A decisão da elite nacional-socialista no poder foi mantida sob o mais rigoroso sigilo. Para sua implementação, a responsabilidade foi confiada ao Departamento de Assuntos Judaicos".[57] Ainda o mesmo autor: "A solução final do problema judaico tinha sido sempre um dos objetivos dominantes de Hitler. Homens como Himmler, Eichmann e seus subordinados, agora incumbidos de pôr em execução, podiam contar com a simpatia e o apoio do Führer. No contexto do Estado nazista, isso fortaleceu a posição e o prestígio deles".[58] Sobre os meios empregados no impiedoso extermínio dos judeus, Norbert Elias escreve: "Assim, além dos métodos militares mais antigos de fuzilamento e várias outras formas de violência física direta, os mais altos funcionários nos setores responsáveis da Gestapo desenvolveram um novo método menos embaraçoso e confuso de matar, o qual, adequadamente organizado, requeria apenas um mínimo de força direta e que tornava possível, girando uma válvula, matar simultaneamente centenas de pessoas e permitia aos próprios funcionários orientar e supervisar todo o procedimento a certa distância. Essa foi a matança em câmara de gás".[59]

Depois de obterem plenos poderes legislativos em 1933 (Lei de Exceção, de março), segue-se uma série de medidas antijudaicas. Vejamos, a seguir, as principais: A Lei do Serviço Público de 7 de abril de 1933 afastou dos órgãos do governo todas as pessoas que não tivessem descendência ariana. No curso

---

[56] Tenbrock, obra citada, p. 290.
[57] Norbert Elias, *Os Alemães*, p. 272.
[58] Idem, ibidem, p. 273.
[59] Idem, ibidem, p. 274.

da *Gleichschaltung*, em 1933-1934, os judeus foram excluídos do trabalho na educação, indústria de diversões, artes, jornalismos e mercado financeiro. Médicos, dentistas foram afastados do Sistema Nacional de Saúde. O racismo atingiu também os clubes atléticos e o serviço na *Werhmacht*.[60] Em 1935 são aprovadas as Leis de Nuremberg. Os judeus foram reduzidos à situação de súditos estrangeiros (Lei da Cidadania do Reich) e proibiu-se o casamento e relações sexuais entre judeus e alemães étnicos. Essas leis legalizaram um sistema de segregação racial. Deve-se registrar que as medidas punitivas alcançavam até mesmo os alemães que tivessem muitos amigos judeus. Em 1936 suspendeu-se a ajuda de custo familiar para famílias judias com mais de um filho e no mesmo ano professores judeus foram proibidos de dar aula em caráter particular a alunos não judeus. Em 1937 os judeus foram impedidos de se formarem nas universidades alemãs. Em 1938 houve uma nova onda de legislação antissemita visando forçar os judeus a deixarem a Alemanha. Os judeus que não tivessem um prenome tipicamente judeu deviam acrescentar ao mesmo "Sara" ou "Israel". Um cartão especial de identificação tornou-se obrigatório.

O assassinato de um terceiro-secretário da Embaixada alemã em Paris por um jovem judeu serviu de pretexto para uma ação terrorista na Alemanha contra todos os judeus: foi a terrível *Kristallnacht* (Noite de Cristal), durante a qual (de 9 para 10 de novembro de 1938) incendiou-se quase todas as sinagogas da Alemanha, profanou-se os cemitérios judeus e torturou-se homens, mulheres e crianças.[61] Na esteira do programa da *Kristallnacht* foram postas em execução várias medidas para isolarem os judeus em todos os setores da vida pública. É curioso notar que os nazistas favoreciam os sionistas "porque partilhavam sua pressuposição básica de que os judeus constituíam um grupo nacional e étnico separado. As autoridades alemãs

---

[60] Stackelberg, obra citada, p. 204. O autor dá o significado literal de Gleichschaltung: mudar na mesma direção, linha ou corrente (p. 149); na prática, Gleichschaltung significava a eliminação da sociedade alemã de toda a diversidade e dissidência. Judeus e marxistas tornaram-se os alvos especiais e as vítimas primárias da Gleichschaltung (p. 150).

[61] Tenbrock, obra citada, p. 291. Registre-se que a designação de Noite de Cristal provém dos cacos de vidro que se espalharam na frente das casas, lojas e sinagogas depredadas.

permitiam as atividades sionistas na comunidade judaica, na esperança de que os judeus fossem persuadidos a emigrar para a Palestina, em vez de seguirem para um dos países vizinhos da Europa".[62] No início da guerra, em setembro de 1939, cerca de metade da população judaica na Alemanha e Áustria já emigrara, muitos para países vizinhos onde tombariam novamente sob o poder dos nazistas. "Já em 1941, quando os exércitos alemães avançavam para o Leste, as SS e outras unidades militares estavam matando sistematicamente todos os judeus nas cidades e aldeias ocupadas que pudessem capturar."[63]

No que diz respeito à posição nazista em face das duas grandes entidades religiosas predominantes na Alemanha, a Igreja Católica e a Igreja Luterana, deve-se observar que inicialmente "os líderes nazistas foram obrigados a agir com moderação, para não antagonizarem os seguidores das duas principais denominações cristãs na Alemanha".[64] Eminentes nazistas costumavam invocar o nome de Deus e a providência divina em seus discursos. "Apesar de todas as proclamações de importância da religião, o renascimento espiritual pregado pelos nacional-socialistas tinha pouco a ver com as Igrejas Católica e Luterana. A ênfase nazista sobre nação, raça, mito e ritual nórdico, além das críticas ao indevido humanitarismo cristão, com sua defesa dos fracos e dos pobres, inevitavelmente criaria atritos com as Igrejas."[65] Sobre a posição da Igreja Católica em face do nacional-socialismo no poder, remetemos o leitor para o capítulo sobre as religiões no item referente à Igreja Católica e aos pontificados de Pio XI e Pio XII. A Igreja Evangélica da Alemanha "demonstrou ser mais dócil à interferência e manipulação do governo".[66] Com efeito, a ideologia nacionalista encontrou aceitação por muitos integrantes da Igreja que fora um braço virtual do estado monárquico da Prússia. Muitos teólogos protestantes haviam criticado o secularismo da República de Weimar e apoiariam a restauração monárquica ou outra espécie de governo

---

[62] Stackelberg, obra citada, p. 215.
[63] Norbert Elias, obra citada, p. 273.
[64] Stackelberg, obra citada, p. 193.
[65] Idem, ibidem.
[66] Idem, ibidem, p. 195.

autoritário.⁶⁷ Acrescente-se que "o antissemitismo e o autoritarismo podiam ser traçados até os últimos e virulentos textos de Lutero, que foram republicados e divulgados pelos nazistas".⁶⁸ Os nacionalistas da Igreja Evangélica, conhecidos como cristãos alemães conseguiram eleger um ex-capelão castrense, Ludwig Müller, "o plenipotenciário de Hitler para assuntos da Igreja Evangélica, para o novo posto de Bispo do Reich. Os esforços dos nazistas para controlar a Igreja Evangélica pareciam ter dado certo".⁶⁹ Desde logo, porém, formou-se um forte movimento de oposição às tentativas dos cristãos alemães de imporem princípios racistas à Igreja Luterana. Entre os opositores figuravam nomes notáveis como Karl Barth e o pároco de Berlim-Dahlem, Martin Niemöller, ex-comandante de submarino na Primeira Guerra Mundial, detido em 1937 e internado num campo de concentração até o final da Segunda Guerra Mundial.

Hitler assumiu o poder num período em que a crise econômica já estava em decréscimo tanto na Alemanha como nos demais países industrializados. Deve-se observar aqui que sob Hitler encontramos uma forma de capitalismo em que o Estado é atuante no controle da produção, do consumo e da distribuição de rendas. "As políticas econômicas nazistas baseavam-se numa longa tradição alemã de desenvolvimento econômico orientado pelo Estado cujas raízes podem ser traçadas até a era absolutista e o império bismarckiano."⁷⁰ Investimentos públicos redundaram em ampla possibilidade de trabalho para milhares de operários. Entre esses investimentos vamos lembrar, somente a título de exemplo, a construção de uma rede de estradas modernas que, na realidade, revestiam um sentido estratégico. Conjuntos habitacionais, restauração de prédios públicos, projetos de mineração e melhora do sistema ferroviário, constituem outros aspectos da intensa atividade do governo nazista no campo econômico. Tenbrock lembra, contudo, o lado negativo dessa atividade: "O programa de criação do trabalho obrigou a economia alemã a importar matérias-primas e produtos agrícolas em grande quantidade. Frente a essas importações, não se logrou uma quota suficiente de exportação. As reservas de divisa

---

[67] Idem, ibidem.
[68] Idem, ibidem.
[69] Idem, ibidem.
[70] Idem, ibidem, p. 169.

iam desaparecendo. Para evitar pôr em perigo o valor interno do mercado, o regime desenvolveu uma economia planificada, mediante a qual a Alemanha devia ficar na situação mais autônoma possível em face do estrangeiro. Tal economia dirigida correspondia ademais às concepções de Hitler...".[71]

Dois nomes, a título de exemplo, devem ser lembrados na direção da economia alemã: Hjalmar Schacht (1877-1970) e Hermann Göring. A política de Schacht já influíra na estabilização do marco após a hiperinflação de 1923. De 1935 a 1937 Schacht tornou-se o ministro da Economia de Hitler, tendo negociado acordos comerciais favoráveis com muitos países europeus, aumentando as exportações e fazendo com que países vizinhos se tornassem mais dependentes do mercado alemão. Como, entretanto, Hjalmar Schacht mantivesse uma atitude conservadora diante dos gastos do governo, entrou em conflito com a liderança nazista. Ao discordar do Plano de Quatro Anos, que visava tornar a Alemanha autossuficiente em matérias-primas e produtos industriais, Schacht renunciou ao cargo em 1937, cabendo então a implementação do Plano a Hermann Göring, "que dirigia os preparativos econômicos para a guerra".[72] Concluamos estas linhas sobre a economia da Alemanha nazista com as seguintes interessantes e talvez surpreendentes observações: "Em 1939 a Alemanha tornou-se a segunda potência industrial do mundo, com progressos particularmente espetaculares realizados no domínio da energia (186 milhões de toneladas de carvão, seja, grosso modo, a produção de 1913) de matérias-primas, de bens de equipamento e de produção. Sua agricultura permite-lhe prover as necessidades do país em cereais, em manteiga e em açúcar. A abertura comercial na Europa danubiana e balcânica (notadamente na Romênia) reforça sua influência econômica – e política – nessas regiões às custas das democracias ocidentais".[73]

A política exterior do governo de Hitler tinha por finalidade: revogar o Tratado de Versalhes, eliminar os efeitos da derrota alemã de 1918, criar um grande *Reich* com todos os povos que falassem alemão, conquistar um espaço vital (*Lebnsraum*) a leste da Europa estabelecendo-se assim uma nova ordem

---

[71] Tenbrock, obra citada, p. 293.
[72] Stackelberg, obra citada, p. 172.
[73] Milza, obra citada, vol. I, p. 325.

no continente europeu dominada pela "raça germânica". Deve-se observar que a ascensão de Hitler ao poder e o crescente aumento de sua influência no cenário político foi auxiliado pela política de apaziguamento adotada por líderes britânicos e franceses na década de 1930 e resultante não de uma covardia ou passividade frente às ameaças, mas de uma convicção de que se devia prevenir uma nova e sangrenta tragédia. Imperava também a convicção de que as divergências entre as nações deveriam ser solucionadas não pela força, mas pela negociação. A política de apaziguamento era reforçada pela desilusão com o Tratado de Versalhes. Divulgava-se a opinião de que a culpa pela Grande Guerra não podia ser atribuída somente aos alemães. Alguns líderes britânicos chegaram a encarar Versalhes como um instrumento das ambições francesas. "Mais importante ainda, Versalhes passou a ser encarado como a causa primária da ascensão nazista."[74] Vejamos, em breve enumeração e em sua sequência cronológica, alguns dos principais acontecimentos da política externa de Hitler que apontam inexoravelmente para o desencadeamento da Segunda Guerra Mundial.

1932: Neste ano reúne-se a Conferência de Genebra tendo em vista o desarmamento. Hitler exige igualdade de direitos em matéria de armamento.

1933: "A 14 de outubro de 1933, com a aprovação de Hindenburg e total apoio da liderança do *Reichswehr*, absolutamente empenhado no rearmamento, a Alemanha retirou-se da Conferência do Desarmamento e da Liga das Nações."[75] Acrescente-se que Hitler proclamou as intenções pacíficas da Alemanha e prometeu um desarmamento total se as outras nações fizessem o mesmo.

1935: Um plebiscito realizado em janeiro resulta numa esmagadora maioria a favor da reincorporação do Sarre (que fora posto sob controle francês) ao Reich alemão. Em março Hitler restabeleceu o serviço militar obrigatório na Alemanha e a França então vai assinar com a URSS um pacto de assistência mútua. Em junho um acordo naval anglo-alemão favoreceu a ampliação da esquadra alemã.

---

[74] Stackelberg, obra citada, p. 220.
[75] Stackelberg, obra citada, p. 224.

1936: Em março, alegando que o acordo franco-soviético era dirigido contra a Alemanha e que a França violara os acordos de Locarno, Hitler reocupou militarmente a Renânia, que o Tratado de Versalhes havia declarado desmilitarizada. Em outubro Mussolini conclui com Hitler a aliança que seria conhecida como eixo Roma-Berlim. Em novembro Hitler assina com o Japão um pacto antiKomintern. Deve-se registrar o apoio de Hitler a Mussolini na invasão da Etiópia e a Franco na Guerra Civil Espanhola. Aviões alemães ajudaram no transporte de tropas de Franco do Marrocos para o continente.

1937: Hitler denunciava o art. 231 do Tratado de Versalhes e exigia o retorno à Alemanha de suas antigas colônias.

1938: Em março processa-se a anexação (*Anschluss*) da Áustria. A Áustria cessou de existir como estado soberano e não foi mais que a "Marca do Leste" da grande Alemanha. A minoria alemã da Tchecoslováquia exigiu, com apoio de Hitler, um governo próprio. Em 12 de setembro de 1938, Hitler exigiu a autodeterminação para todos os alemães. Praga proclamou a lei marcial, a França convocou os reservistas e a Grã-Bretanha concentrou sua frota. Em tão tensa situação o *premier* inglês Neville Chamberlain esforçou-se para salvar a paz mediante negociações com Hitler. "Quando estas ameaçavam fracassar em face das desmedidas reivindicações do Führer, interveio Roosevelt, presidente dos Estados Unidos, e rogou a Mussolini que interviesse também diante do Führer, para evitar a guerra. Hitler, que na realidade desejava uma ação militar contra Tchecoslováquia, não pôde fugir à pressão tão generalizada, e chegou-se assim à chamada Jornada de Munich (29 de setembro de 1938)."[76]

Chamberlain, ainda tentando preservar a paz, consegue, por intermédio de Mussolini, uma conferência a quatro: Inglaterra, França, Alemanha e Itália. Chamberlain, Daladier e Mussolini encontram-se com Hitler (29 de setembro de 1938). Stackelberg assim resume o resultado da conferência, referindo-se à posição de Chamberlain e de Daladier: "Concordaram com todas as exigências de Hitler. A única concessão de Hitler foi a de prolongar para 10 de outubro o prazo para consumar a ocupação da Sudetolândia. O governo tcheco, que não foi representado em Munique, não tinha opção além de aceitar essas condições draconianas. Com a perda de território, os

---

[76] Tenbrock, obra citada, p. 299.

tchecos perderam também as fortificações de fronteira, importantes recursos econômicos e mais de um milhão de habitantes de origem tcheca ou eslava. Também passaram a enfrentar reivindicações territoriais da Hungria e da Polônia, além de movimentos de independência que em poucas semanas levariam à autonomia virtual da Eslováquia e da província rutena de Cárpatos-Ucrânia. Os prometidos plebiscitos na Sudetolândia nunca foram realizados. O estado tcheco foi reduzido a uma posição de virtual satélite, muito antes de as tropas alemãs entrarem em Praga, a 15 de março de 1939."[77] Com a ocupação de Praga, Hitler punha por terra os fundamentos do acordo de Munich. "Repetidas vezes havia declarado solenemente que estava longe de suas intenções integrar ao Reich povos estrangeiros. A anexação da Boêmia e da Morávia não só suprimia todo o crédito a suas palavras perante o mundo inteiro como também arrebatou toda justificativa moral à política até então seguida."[78]

1939: Em 23 de agosto, para assombro de governos e povos de muitos estados (inclusive para estupefação dos partidos comunistas) foi assinado o pacto de não agressão germano-soviético. Ao inimigo tão apaixonadamente atacado Hitler ofereceu, em acordos secretos, a metade da Polônia, os Estados Bálticos e a Bessarábia. A 1º de setembro Hitler ordenou à Wehrmacht a invasão da Polônia.

---

[77] Stackelberg, obra citada, p. 242. O leitor encontrará dois relatos emocionantes sobre a Conferência de Munique de autoria de testemunhas oculares. "Jai assisté à la conférence de Munich", de autoria do embaixador francês André François-Poncet, em Revista *História*, n. 142, p. 239 e ss., e "Temoignages pour l'Histoire", de autoria do próprio Edouard Daladier, em Revista *História* n. 202, p. 383 ss. François-Poncet, que escreveu vinte anos depois da conferência, assim vê o acordo de Munich: "L'accord de Munich est la suíte logique de la politique pratiquée par l'Angleterre et la France, mais principalment inspirée par l'Angleterre, depuis les premières infractions de Hitler aux traités, depuis ses premières menaces à la paix". Daladier, que escreveu vinte e cinco anos depois da conferência e que foi um dos personagens principais da mesma, assim focalizou Munich: "Les accords de Munich ont fait échec à la guerre. Ils ont limité dans une certaine mesure L' expansion du germanisme. Mais de durs sacrifices étaient imposés à la Tchécoslovaquie et j'en éprouvais une grande amertume. La France y perdait un allié fidèle".
[78] Tenbrock, obra citada, p. 302.

A Segunda Guerra Mundial

Como já observamos em outros itens, o segundo grande conflito mundial do século XX será estudado em capítulo à parte. Faremos, a seguir, um apanhado sobre as consequências da guerra para a Alemanha e sobre a divisão da Alemanha entre as potências vencedoras. Prosseguiremos, então, com a História política da Alemanha, especialmente da República Federal, até a unificação das duas Alemanhas. Tenbrock sintetiza as consequências da guerra para a Alemanha: "Alemanha teve de pagar, como preço da guerra de Hitler, a perda de mais de três milhões de soldados, mais de dois milhões de mutilados de guerra, mais de meio milhão de vítimas de aviação e cerca de quatro milhões de mortos e desaparecidos entre os dezesseis de refugiados que foram expulsos de seus lares na Alemanha Oriental, nos Sudetos e outras regiões.

Precisamente a expulsão de seus países nativos mostra a terrível decomposição moral a que se havia deixado arrastar a Europa. Em sua milenar história, Europa experimentou numerosas mudanças de fronteiras. Porém jamais se havia negado, ao final de uma guerra, aos habitantes de um território o direito de permanecer em seu país nativo. O que Hitler havia feito com os judeus e os eslavos veio recair agora sobre os alemães.

"Hitler havia prometido à Europa aniquilar o bolchevismo. Sua guerra abriu a Europa ao bolchevismo até o Elba."[79]

Cessado o conflito, a indecisão pairava sobre a população: a Alemanha parecia não mais existir em termos de Direito Internacional: seria apenas referência geográfica. Impunham-se providências urgentes para o restabelecimento da ordem jurídica e legal. Processa-se então a conferência de Potsdam (de 17 de julho a 2 de agosto de 1945), com a presença dos três grandes (o presidente Truman, o Primeiro-ministro Attlee e o ditador Stalin). "Em um acordo concluído a 2 de agosto de 1945 comprometeram-se a desarmar a Alemanha, extirpar o nacional-socialismo e o militarismo e construir uma Alemanha descentralizada sobre bases democráticas."[80] Os russos obtiveram a administração da cidade de Königsberg na Prússia Oriental bem como o território circunjacente. Os territórios alemães situados a leste da linha

---

[79] Idem, ibidem, p. 316.
[80] Idem, ibidem, p. 319.

Oder-Neisse forma anexados pela URSS e pela Polônia. Compreende-se que essas anexações provocasse o êxodo de milhões de refugiados.

As potências vencedoras não conseguiram fazer funcionar um regime governamental que incluísse a participação dos vencedores. "Mas, rapidamente, o funcionamento do regime quadripartido (um Conselho de controle reunindo os comandantes em chefe das zonas de ocupação) encontra-se paralisado pelas divergências dos aliados. Os anglo-americanos que desejam a recuperação econômica da Alemanha e seu renascimento político em um quadro federal, fusionam suas zonas em 1º de janeiro de 1947. A França, mais reticente, só se resolve em 3 de junho de 1948 (acordos de Londres) em face da pressão soviética na Europa Central e Oriental. Algumas semanas mais tarde, uma importante reforma monetária nas zonas ocidentais (criação do *Deutschemark*) seguida do bloqueio de Berlim Ocidental pelos soviéticos, de 23 de junho de 1948 a 12 de maio de 1949, acelera a divisão da Alemanha em duas."[81] Sublinhe-se que o bloqueio de Berlim "foi uma tentativa desesperada e malograda dos soviéticos de impedir a formação de um estado alemão ocidental separado (ou, falhando isso, forçar as potências ocidentais a deixarem Berlim de lado, sob a alegação de que a cidade só fora dividida em quatro setores porque devia servir como a capital de um estado alemão unificado)".[82] Os americanos resistiram ao bloqueio com a ponte aérea e com a mobilização da opinião pública mundial.

Antes de iniciarmos o estudo da História da República Federal da Alemanha, convém lembrar aqui o Tribunal Militar Internacional de Nuremberg composto por juízes norte-americanos, soviéticos, britânicos, e franceses. Os julgamentos estenderam-se de outubro de 1945 a novembro de 1946. A acusação tinha por objeto crimes contra a paz, crimes de guerra e crimes contra a humanidade. Os defensores indicados eram alemães: e não discutiram o direito de se julgarem crimes de guerra (cometidos, por exemplo, pela SS em Lídice, na Tchecoslováquia), mas rechaçaram as demais acusações "com o fundamento de que se apoiavam em um direito retroati-

---

[81] Milza, obra citada, T. 2, p. 49.
[82] Stackelberg, obra citada, p. 336. O leitor encontrará na Revista *História* n. 149, p. 374, uma notável exposição ("J'ai vecu le blocus de Berlin") do Gal. Lucius Clay, governador militar americano na Alemanha.

vo, criado especialmente para a ocasião".[83] Entre as críticas lançadas contra o Tribunal de Nuremberg figurou a referente à participação da União Soviética, "que se havia convertido, por sua parte, em culpável de crimes semelhantes com a anexação da Polônia em 1939 e a guerra da Finlândia".[84] Um dos aspectos mais importantes do Tribunal de Nuremberg foi a documentação apresentada sobre os horrores dos crimes nazistas. "Para muitos alemães as terríveis revelações sobre o sistema de extermínio foram tão chocantes quanto para o resto do mundo. As atrocidades mostradas nos julgamentos ajudaram a desacreditar os nazistas, garantindo assim que não haveria repetição dos perigosos mitos e fantasias que alimentaram o radicalismo de extrema direita depois da Primeira Guerra Mundial."[85] Doze acusados foram condenados à morte pela forca, sete a penas privativas da liberdade e três foram absolvidos.

A República Federal da Alemanha

A partir de 1946 os aliados vitoriosos na guerra entram em desacordo com relação à situação político-econômica da Alemanha. Enquanto a URSS pretende transformá-la em um país exclusivamente agrícola, destruindo sistematicamente as fábricas situadas na zona soviética e se apressa em implantar o regime comunista, americanos e britânicos apressam-se em conquistar os alemães como aliados contra a ameaça russa. Abrandamento da desnazificação, Plano Marshall (que será brevemente estudado no capítulo sobre Economia e Finanças) e República Federal da Alemanha constituem temas que mereciam uma profunda abordagem para a melhor compreensão do que se convencionou chamar Guerra Fria. Esta expressão aparece nos Estados Unidos no início de 1947 e é divulgada pelo jornalista Walter Lippman e usada então para caracterizar as conflitantes relações entre a URSS e as potências ocidentais.[86]

---

[83] Tenbrock, obra citada, p. 320.
[84] Idem, ibidem, p. 321.
[85] Stackelberg, obra citada, p. 327.
[86] Os autores divergem quanto aos limites cronológicos da "Guerra Fria". Para alguns ela tem início logo após a Segunda Guerra Mundial, atinge uma fase aguda entre

"Em 1947 com a Guerra Fria em pleno andamento, os Estados Unidos e a Inglaterra se empenharam em um grande esforço para recuperar a economia em suas zonas. Essa iniciativa acabou resultando na criação de um estado alemão ocidental separado."[87]

A partir de 1946 a vida política ia renascendo aos poucos por meio de eleições locais realizadas nas zonas dominadas pelas potências ocidentais. A atividade política caracteriza-se então por uma bipolarização: de um lado o Partido Cristão-Democrata (CDU), à frente do qual se encontra Konrad Adenauer, e de outro lado os remanescentes do antigo Partido Social-Democrata (SPD), à frente do qual estava Kurt Schumacher. Em setembro de 1948 os delegados dos dez *Länder* (Estados) reúnem-se em Bonn e votam a lei fundamental da República Federal Alemã, que entra em vigor a 25 de maio de 1949. Instituía-se um Estado Federal reunindo dez *Länder* cada qual com seu governo próprio. O poder legislativo compunha-se de duas assembleias: *Bundesrat*, integrada por delegados dos governos dos *Länder*, e *Bundestag*, eleita por sufrágio universal. Esta assembleia elegeu como chanceler Federal (chefe do poder executivo) Konrad Adenauer. O primeiro presidente Federal foi o Professor Theodor Heuss.[88]

Na política interna de Adenauer deve-se registrar o extraordinário soerguimento da Alemanha Ocidental graças sobretudo a uma hábil atuação econômica fundada num liberalismo ordenado e organizado. Papel importante desempenhou aqui o ministro da Economia Ludwig Erhard. Entre os fatores que contribuíram para o "milagre" econômico alemão, podemos lembrar: um bom potencial industrial não atingido pelos bombardeios; uma ajuda americana motivada pela guerra fria; ausência de despesas militares; demanda mundial de produtos industriais; abertura de mercados europeus; mão de obra qualificada. Quanto a esta última vale registrar o fim da desnazificação com o aproveitamento da competência técnica e profissional de ex-nazistas. "Uma série de anistias e

---

1947 e 1953 e prossegue sob uma forma atenuada até o meio da década de 60 (ver mais detalhes em Milza, obra citada, T. 2 p. 155).
[87] Stackelberg, obra citada, p. 335.
[88] O leitor encontrará na Revista *História* n. 154, p. 289, um interessante estudo sobre a personalidade de Konrad Adenauer: "Portrait d'Adenauer par Robert D'Harcourt".

emendas às leis de desnazificação, na zona dos Estados Unidos, em 1946 e 1947, reduziu de maneira considerável o número de infratores incriminados. Mais crucial para o fim da desnazificação, no entanto, foi o impacto da incipiente Guerra Fria. Sob pressão de membros do Congresso dos Estados Unidos, convencidos de que a desnazificação prejudicava a recuperação da Alemanha Ocidental, o governo militar americano, em 1948, simplesmente reclassificou 90% dos grandes e pequenos infratoras para a categoria de 'seguidores'."[89]

A política exterior de Adenauer tinha um alvo: recuperar para seu país a soberania completa. Com essa finalidade e, no contexto internacional da Guerra Fria, o hábil chanceler conseguiu integrar econômica, diplomática e militarmente a RFA no bloco ocidental aderindo às diversas organizações atlânticas e europeias.[90] Um dos alvos mais importantes da política exterior de Adenauer foi a reconciliação com a França. Em janeiro de 1957 o Sarre era reintegrado a Alemanha, e em 1962 o Gal. De Gaulle fazia uma visita oficial à República Federal. Em 1963 realiza-se o Tratado Franco-Alemão.

A Adenauer sucede L. Ehrard em 1963. De 1966 a 1969 forma-se uma coalizão entre democratas-cristãos e socialistas sob a direção de Kurt Kiesinger. Em 1969 sobe ao poder o SPD (sociais-democratas). Willy Brandt, antigo prefeito socialista de Berlim Ocidental vai exercer o cargo de chanceler até 1974. Internamente o novo chanceler enfrenta uma agitação universitária e uma vaga de terrorismo urbano. Com livre trânsito na Europa Oriental, Brandt negociou com Praga, Varsóvia, Budapeste e Belgrado. Em Moscou tratou com sucessores de Stalin: Brezhnev, Kosigin e Podgorny e em 1972 normalizou as relações com a RDA. Já em 1970 reconhecera a linha fronteiriça Oder-Neisse. Em 1971 Brandt foi escolhido para o Prêmio Nobel da Paz. Em 1973 os dois estados alemães ingressaram na ONU.

Em 1974, a descoberta de um agente alemão oriental entre os principais assessores de Brandt levou-o a renunciar ao cargo de chanceler.

---

[89] Stackelberger, obra citada, p. 332.
[90] Milza, obra citada, T. 2, p. 292.

De 1974 a 1982, a chancelaria cabe ao social-democrata Helmut Schmidt. Estamos aqui diante de um governo mais centrista. É interessante lembrar aqui a atuação de movimentos ecológicos e pacifistas. Os ecológicos acabam numa formação de caráter político, os "Verdes", que concentram os movimentos contestatórios dos alemães ocidentais manifestando-se principalmente contra o emprego de armas nucleares. Na política externa Helmut Schmidt terá que levar em consideração as vitórias eleitorais de anticomunistas ferrenhos como Margaret Thatcher na Inglaterra em 1979 e Ronald Reagan nos Estados Unidos em 1980. Em 1982 ascende à chancelaria alemã o cristão-democrata Helmut Kohl sinalizando "o triunfo do neoconservantismo na República Federal".[91] A RFA desempenha então um papel importante no seio da OTAN. Em 1989 recebe as visitas de George Bush e Mikhail Gorbachev, o que atesta a importância da diplomacia da Alemanha Ocidental.

A queda do Muro de Berlim e a desintegração da República Democrática Alemã apontam o caminho para a reunificação alemã. Com o sinal verde das potências vitoriosas na Segunda Guerra Mundial (particularmente da URSS de Gorbachev) desencadeia-se o processo de unificação em fevereiro de 1990. A partir de 2 de julho realiza-se a união econômica e monetária das duas Alemanhas, o que, na realidade, significa uma verdadeira absorção da RDA pela poderosa RFA. Em dezembro de 1990 as primeiras eleições legislativas da Alemanha reunificada constituem uma verdadeira vitória para a coalizão dirigida por Helmut Kohl, o artesão de reunificação.[92]

Após o clima eufórico que reinou nos primeiros tempos da reunificação, surgiram vários problemas decorrentes da situação de inferioridade econômica da antiga Alemanha Oriental. Nas eleições de 1998, os social-democratas retornam ao poder aliados aos ecologistas. Helmut Kohl é substituído pelo "antigo marxista" convertido à economia social de mercado, o novo chanceler Gerhard Schröder."[93]

---

91 Stackelberger, obra citada, p. 355.
92 Milza, obra citada, T. 3, p. 173.
93 Idem, ibidem, p. 176.

A República Democrática Alemã

Em 1945, terminado o conflito mundial, a maior parte da Europa Central e Oriental encontra-se sob o controle do exército soviético. A zona Oriental da Alemanha ocupada pelos soviéticos passa inicialmente por uma intensa desnazificação. As instalações industriais são desmanteladas, destruídas ou transferidas. A situação agrava-se por duas ondas maciças numerosas de migração: uma para o Ocidente, outra, em busca da zona soviética, proveniente das regiões em que haviam sido estabelecidas novas fronteiras com a Polônia. Compreende-se assim o caos que se estabelecia entre a população. O baixo nível da economia alarmou os dirigentes comunistas que, compreendendo os erros cometidos, procuraram reconstruir a indústria germânica sob o controle absoluto do Estado. Deve-se registrar que a indústria de transformação da Europa Oriental dependia do fornecimento de matéria-prima proveniente da zona Ocidental. Quanto à administração governamental, tudo é dirigido pelos comunistas. Veteranos militantes do partido, que antes da guerra haviam-se asilado em Moscou, assumiam agora o comando. Predominava o Partido Socialista Unificado (SED), comunista, de Walter Ulbricht.

Enquanto durava o já mencionado bloqueio de Berlim, preparava-se na zona soviética a constituição da chamada República Democrática Alemã, que foi oficialmente fundada em 7 de outubro de 1949. Note-se que a doutrina antifascista era invocada para legitimar a RDA. Wilhelm Pieck (1876-1960) foi nomeado Presidente da República e Otto Grotewohl (1894-1964) chefe do governo que se estabeleceu em Pankow. Um dos primeiros atos do novo governo foi reconhecer a linha Oder-Neisse como "fronteira da paz".[94] Com a morte de Pieck o cargo de presidente foi substituído pelo de presidente do Conselho de Estado, "que se atribuiu Walter Ulbricht, fiel stalinista que reuniu em suas mãos toda sorte de poderes, embora teoricamente subsistisse um governo dirigido a partir de 1964 por Willi Stoph".[95]

Ulbricht resolve instalar imediatamente o socialismo na RDA: suprime o artesanato, combate o pequeno comércio e coletiviza a agricultura. "Essas

---
[94] Marin, obra citada, p. 368.
[95] Idem, ibidem, p. 370.

medidas provocam logo a fuga de numerosos alemães do Leste para Berlim Ocidental, e a partida dos camponeses principalmente é acompanhada de uma grava crise de abastecimento. O descontentamento se faz sentir mesmo nas usinas. Solicitados a prestarem uma ajuda urgente, os dirigentes soviéticos respondem por uma negativa e aconselham Ulbricht a moderar a socialização e a fazer concessões à população. Negligenciando esses conselhos, Ulbricht decide, ao contrário, reforçar os constrangimentos que pesam sobre os operários aumentando as normas de trabalho."[96]

O operariado de Berlim e, a seguir, de outras cidades revolta-se. A população ataca os edifícios do governo e arranca as bandeiras vermelhas. Segue-se, então, a reação soviética: duas divisões blindadas restabelecem a ordem a preço de uma sangrenta repressão.

As igrejas são violentamente perseguidas (1950-1953). Com relação à República Federal Alemã, Ulbricht a considera um estado fascista, com a Iugoslávia rompe relações diplomáticas e integra o Pacto de Varsóvia. Para impedir a migração de alemães do Leste para o Ocidente, Ulbricht mandou levantar o muro de Berlim (13 de agosto de 1961) e estabeleceu no mesmo uma severa vigilância. O nome oficial do muro era *Schutzwall*, isto é, muralha protetora.

Recusando a abertura para o Ocidente inaugurada pela Ostpolitic, Ulbricht viu-se constrangido a demitir-se (maio de 1971) tendo sido substituído por Erich Honecker, "embora continuasse no cargo, um pouco simbólico, de chefe do Estado".[97]

Honecker reforça os laços com a URSS, estabelece relações com a RFA e em 1973 ambos os estados alemães ingressam na ONU. Internamente Honecker não admitia qualquer forma de oposição, mas a situação internacional, com a Perestroika de Gorbachev, começava a sofrer mudanças irreversíveis. O conservadorismo totalitário de Honecker tornava-se cada vez menos aceitável pela população que assistia a um êxodo maciço para fora da Alemanha comunista. A vinda de Gorbachev a Berlim foi a gota-d'água que faltava para abalar definitivamente o regime imposto por Honecker, que

---

[96] Milza, obra citada, T. 2, p. 412.
[97] Marin, obra citada, p. 370.

acabou afastado do poder e substituído por Egon Krenz. Este tenta manter-se fazendo concessões até então impensáveis como reformas profundas e realizações de eleições livre. "Mas, muito rapidamente, os acontecimentos se precipitam e vão tornar vãos os planos dos dirigentes. A 10 de novembro a autorização dada aos alemães do Leste para viajarem ao estrangeiro vai romper o dique que mantinha aparentemente o sistema político da RDA. O muro de Berlim, doravante inútil, é simbolicamente desmantelado e em alguns meses o comunismo desmorona anunciando o desaparecimento da RDA e a reunificação alemã."[98]

---

[98] Milza, obra citada, T. 3 p. 270.

ÁUSTRIA

Impossível compreender a História da Áustria no início do século XX sem que se tenham em vista alguns fatos marcantes da evolução político-social do Império dos Habsburgos no século XIX. Convém lembrar que o Império Austríaco abrangia uma numerosa população heterogênea: havia diversidade em matéria de religião, de raça, de língua, de tradições. Reunidos por circunstâncias históricas, germanos, eslavos, magiares e latinos não tinham evidentemente aspirações políticas comuns: em alguns setores produziam-se intensas agitações de caráter separatista. Note-se que entre os grupos mencionados destacavam-se os eslavos, não só por serem muito numerosos e dispersos em várias regiões do Império, mas também por estarem culturalmente divididos: tchecos, eslovacos, croatas, sérvios, poloneses. Graças à atuação política perseverante dos Habsburgos a monarquia austríaca aristocrática e absolutista, centralizada em Viena, dava ênfase à cultura germânica: o alemão era a língua do governo, do exército e das univesidades.[1] Observe-se, contudo, que a Hungria formava um reino distinto com seu governo, sua dieta e seus funcionários recrutados na nobreza magiar. O imperador da Áustria era ao mesmo tempo rei da Hungria e representado por um lugar-tenente.

Deve-se chamar a atenção para a longa duração do reinado do imperador Francisco José (1830-1916), que governou o Império de 1848 a 1916, portanto, por sessenta e oito anos. Estamos aqui diante de um dos mais prolongados reinados da História, marcado por revoluções, conflitos, agitações nacionalistas e, com relação à pessoa do soberano, mortes trágicas de

---

[1] Malet, *Histoire contenporaine*, p. 88.

familiares, como a de seu irmão Maximiliano, no México, em 1867, a de seu único filho Rodolfo (1889), a de sua esposa Elisabeth da Baviera em 1898 e a de seu sobrinho e herdeiro designado, o arquiduque Francisco Ferdinando em 1914. O sucessor de Francisco José foi Carlos I (1916-1918), último imperador da Áustria.[2]

No início do século XX a Monarquia Austro-Húngara, como a designação indica, revestiu o caráter dualista. Este regime, "fundado no compromisso de 1867, durou cinquenta anos, até o afastamento da Monarquia de Habsburgo (1867-1918)."[3] Observe-se que o dualismo consagrava as pretensões germânicas e húngaras à hegemonia sobre as demais nacionalidades que, como já vimos, integravam o antigo Império Austríaco. "Tchecos, eslovacos e sérvios sentiam-se cidadãos de categoria inferior, sendo atraídos cada vez com mais vigor pelo movimento pan-eslavo. Desta realidade brotaram os momentos de perigo decisivo para a Monarquia."[4]

Vejamos, a seguir, brevemente em sua sucessão cronológica os principais acontecimentos que constituem a História política da Áustria no século XX.

Na política interna, no início do século XX, a Monarquia austro-húngara enfrentou intensas manifestações nacionalistas que se externaram por atentados e revoltas. Entre os maiores opositores figuravam os sérvios e os croatas: os primeiros pleiteavam a união com a Sérvia, os segundos pretendiam a formação do reino da Grande-Croácia, em pé de igualdade com a Áustria e a Hungria.[5] Na política externa a Monarquia austro-húngara procura expandir-se territorialmente a Leste; estamos aqui diante da Marcha para Leste (*Drang nach Osten*), encorajada, aliás, pela Alemanha: a anexação da Bósnia-Herzegovina em 1908 (facilitada pela debilidade política do Estado Turco) e a constituição de uma Albânia submetida à influência de Viena em 1913. Essa política externa teve graves consequências: aumentou o

---

[2] Sobre a personalidade do imperador Francisso José e seus familiares, ver revista francesa *História* n. 120, p. 496; n. 169, p. 667; n. 89, p. 407; n. 202, p. 346. Neste último há um estudo sobre Carlos I, o último imperador Habsburgo. Ver também, sobre o mesmo assunto, *História* n. 149, p. 327.
[3] Malet, obra citada, p. 282. Este compromisso é uma consequência da derrota da Áustria pela Prússia na batalha de Sadowa (1866).
[4] Tenbrock, obra citada, p. 209.
[5] Malet, obra citada, p. 288.

número da população eslava (que desejava emancipar-se do domínio austro-húngaro), despertou forte reação por parte do pequeno reino da Sérvia, que se sentia ameaçado, dificultou os planos balcânicos da Rússia e, finalmente, agravou as relações entre a Turquia e a Alemanha.

A já mencionada debilidade turca (demonstrada, por exemplo, na guerra ítalo-turca em 1911) levou os Estados balcânicos a expulsarem, quase por completo, os turcos da Europa em uma guerra comum. Uma coligação balcânica que unia os adversários da Turquia (Grécia, Sérvia, Bulgária, Montenegro) atacou em outubro de 1912 obtendo expressivas vitórias. Em meados de 1913, depois de um breve conflito entre gregos e sérvios, de um lado, e búlgaros, de outro, uma paz precária fora restabelecida nos Bálcans. Tenbrock assim conclui sobre a guerra balcânica: "O resultado da guerra balcânica de 1912-1913 foi, sem dúvida, que os Balcans caíram cada vez mais em mãos eslavas. Só a Áustria-Hungria continuava ocupando territórios eslavos. O jovem nacionalismo sérvio via seu maior inimigo na Monarquia Danubiana. Atrás da Sérvia levantava-se ameaçadora a sombra da Rússia".[6] Dentro desse quadro de desconfianças e ameaças belicosas acontece o atentado de Serajevo (28 de junho de 1914), capital da Bósnia, com a morte do arquiduque Francisco Fernando, herdeiro do trono austríaco, e de sua esposa. Foi o estopim da Primeira Guerra Mundial.

A derrota na Primeira Guerra Mundial acarretou a desintegração do Império Austro-Húngaro e o fim do reinado da dinastia dos Habsburgos. Carlos I, o último imperador, tentava secretamente, em vão, fazer uma paz separada em 1917, tentativa esta considerada por Guilherme II uma traição.[7] Aceito o armistício em 1918, em Viena, se preparava a República; em 12 de novembro de 1918, cem tiros de canhão anunciavam aos vienenses o nascimento da República Austríaca. Carlos I e a imperatriz Zita haviam-se retirado para o castelo Eckarsten, a 20 km de Viena. Em março de 1919 a família imperial foi forçada a abandonar a Áustria e refugiar-se na Suíça.

---

[6] Tenbrock, obra citada, p. 246.
[7] O leitor encontrará um breve estudo sobre o último reinado dos Habsburgos na Áustria em *História*, n. 149, p. 327: "La fin des Habsbourg", de autoria de André Castelot.

Note-se que a república austríaca fora proclamada como parte integrante da República Alemã, o que não foi aceito pelos aliados vencedores.

Os tratados de Saint-Germain-en-Laye (10 de setembro de 1919) e de Trianon (4 de junho de 1919) desmembraram o Império Austro-Húngaro em proveito da Polônia, da Romênia, da Itália e de dois novos estados, a Tchecoslováquia e a Iugoslávia. A Áustria e a Hungria tiveram, portanto, as respectivas superfícies reduzidas e sem acesso ao mar. Os países resultantes da desintegração do Império Austro-Húngaro criaram barreiras aduaneiras que dificultavam a circulação de mercadorias existente antes do Primeiro Conflito Mundial e que constituía fator importante na vida econômica do domínio dos Habsburgos. Compreendem-se assim, no pós-guerra, os esforços da república austríaca no sentido de efetuar uma união aduaneira com a república alemã. Em março de 1931 fez-se um tratado que previa essa união; porém, contrariando a aprovação dos Estados Unidos e da Inglaterra, a França, a Itália e a Tchecoslováquia se opuseram a ela com a máxima energia, tendo a França recorrido ao tribunal Internacional de Haya.

Em maio de 1932, Engelberto Dollfuss (1892-1934) foi designado chanceler; Françoit-Poncet caracteriza-o como "pequeno de estatura, mas grande de coração", e apresenta-o como pertinaz resistente às pretensões dos nazistas austríacos e alemães.[8] Stackelberg assim descreve a situação política da Áustria na época do chanceler: "Embora a maioria dos austríacos fosse favorável à união com a Alemanha em princípio, apenas uma minoria estava disposta a se tornar parte de um estado alemão nacional-socialista. Opunham-se aos nazistas não apenas os social-democratas austríacos, que antes haviam apoiado o *Anschluss* com uma Alemanha democrática, mas também o Partido Social Cristão, de base católica, sob o chanceler Engelbert Dollfuss".[9] Este instituiu um regime autoritário em que foram proibidos os partidos dos social-democratas e dos nacional-socialistas. Em julho de 1934 os nazistas austríacos efetuaram um ataque à chancelaria onde se encontrava Dollfuss, que foi mortalmente ferido por Otto Planeta, um dos rebeldes

---

[8] Sobre Dollfuss e os nazistas ver: "Hitler fait assassiner le chancelier Dolfuss" de autoria de Louis Rambaud em *História* n. 92, p. 84 ss.; "De l'assassinat de Dollfuss a la mort de Hindenburg", de André François-Poncet, *História* n. 153, p. 141 e ss.
[9] Stackelberg, obra citada, p. 227.

invasores. O presidente da República, Miklas, designa então o monarquista Kurt von Schuschnigg (1847-1977), Ministro de Justiça de Dollfuss, como sucessor do chanceler assassinado.

"Frustrado por essa primeira tentativa de tomar o poder na Áustria, Hitler foi obrigado a adotar um jogo de espera. Não queria permitir que a questão da Áustria prejudicasse as boas relações com a Itália fascista, de cujo apoio precisava para reforçar suas reivindicações contra as democracias ocidentais. Na sua primeira reunião depois disso em Veneza, em junho de 1934, Hitler assegurou a Mussolini que a Áustria não seria anexada. Foi só depois que Mussolini se envolveu na Etiópia, ao final de 1935, que as perspectivas para o Anschluss tornaram a aumentar."[10] Na realidade a anexação da Áustria era uma velha aspiração de Hitler. Na Inglaterra, a substituição de Anthony Eden (1897-1977) como Ministro do Exterior e oponente do apaziguamento, por Lord Halifax em fevereiro de 1938, favorecia os planos de Hitler sobre o *Anschluss*. A 12 de fevereiro o chanceler Schuschnigg foi convocado para um encontro com Hitler em Berchtesgaden.[11] "Na esperança de obter o reconhecimento alemão para a independência austríaca, Schuschnigg concordou com a exigência de Hitler para uma representação nazista maior no governo austríaco. Também anistiou centenas de presos nazistas na Áustria, legalizou o partido e a 16 de fevereiro designou Arthur Seyss-Inquart (1892-1946) para ministro do Interior, com um controle total da polícia e segurança interna."[12] Seyss-Inquart seria mais tarde condenado à morte pelo Tribunal de Nuremberg. O acordo de Berchtesgaden entrou em vigor a 15 de fevereiro de 1938. Schuschnigg, a 9 de março, num desafio aos nazistas, aos quais não pretendia fazer mais concessões, anunciou um plebiscito popular sobre uma proposição que proclamava "uma Áustria alemã e livre, uma Áustria independente e social, uma Áustria cristã e unida". Hitler

---

[10] Idem, ibidem, p. 228.
[11] Idem, ibidem, p. 238. Sobre o *Anschluss* da Áustria o leitor encontrará as seguintes exposições: "L'agonie de Vienne", de autoria do próprio chanceler Schuschnigg na Revista *História* n. 136, p. 671 e ss.; "L'Anschluss, premièrere ètape des changements du monde moderne", de autoria do embaixador da França André François-Poncet na Revista *História* n. 136, p. 219 ss.; "Hitler anexe L'Autriche", de autoria de Walter Görlitz et Herbert A. Quint na revista *História* n. 136, p. 222 e ss.
[12] Stackelberg, obra citada, p. 238.

decide então interferir: a pedido de Seyss-Inquart as tropas alemãs cruzam a fronteira austríaca a 12 de março. A 15 de março Hitler fez uma entrada triunfal em Viena e proclamou a formação do Grande Reich alemão. Em 10 de abril um plebiscito efetuado na Áustria e na Alemanha aprovou esmagadoramente o *Anschluss*. Schuschnigg foi aprisionado.

A opinião internacional, com exceção da União Soviética, do governo republicano espanhol no exílio, da China, do México e do Chile, não reagiu contra o *Anschluss*. A Áustria, entretanto, iria pagar caro pelo domínio nazista, pois por trás das proclamações ideológicas clamando pela união de todos os "irmãos de raça" escondiam-se interesses materiais que se traduziram por espoliações dos bens pertencentes a judeus austríacos em grande parte deportados ou assassinados. As reservas em ouro do Banco Nacional e obras de arte de valor incalculável foram levadas para a Alemanha. Deve-se registrar que houve resistência ininterrupta, mas sujeita a graves represálias, por parte de grupos socialistas, comunistas e sindicalistas. Nos meios católicos desenvolveu-se também uma forte manifestação antinazista. Por ocasião da festa do Rosário, milhares de jovens católicos reuniram-se diante da catedral de Santo Estêvão clamando "Nosso Führer é Cristo!" e "Áustria, Áustria!".

A reação foi violenta: no dia seguinte o palácio episcopal foi saqueado, os sacerdotes expulsos e numerosos dirigentes católicos foram encaminhados para os campos de Dachau e Mauthausen. Por ocasião da já mencionada Noite de Cristal desencadeou-se terrível perseguição aos judeus. Em Viena milhares foram aprisionados e torturados, lojas foram pilhadas e sinagogas incendiadas. Durante a guerra a Áustria foi tratada como país ocupado: os postos de chefia estavam nas mãos de alemães, provenientes do Reich. Compreende-se, assim, que no decurso do conflito a Áustria tenha sofrido devastadores bombardeios por parte dos aliados.

Em abril de 1945 o exército soviético dominava Viena e em maio a bandeira austríaca era hasteada em todo o território. As regiões ocidentais foram ocupadas por tropas americanas, britânicas e francesas.

Três partidos colaboram na fundação da Segunda República da Áustria: o Partido Populista (ÖVP), o Partido Socialista (SPÖ) e o Partido Comunista (KPÖ). Esses três partidos constituíram um governo provisório sob a direção do socialista Karl Renner (1870-1950), que já fora chanceler em

1919. O primeiro ato do novo governo republicano foi a declaração de independência da Áustria, rejeitando como nulo o *Anschluss*.

A 20 de outubro de 1945 o novo governo foi reconhecido pelas quatro potências que ocupavam o território austríaco. Registre-se que nessa época a população austríaca sofria uma grave crise econômica, faltando alimento e carvão. Eleições em novembro de 1945 revelam uma tendência nitidamente anticomunista: o Partido Comunista teve uma representação reduzida enquanto populistas e socialistas obtém a maioria absoluta no Parlamento. Cabe aqui uma observação interessante: o anticomunismo hitlerista funcionara na Áustria ocupada pelos aliados e fora incentivado por excessos cometidos por soldados soviéticos.

O socialista Renner foi escolhido como Presidente da República, exercendo o cargo de 1945 a 1950. O engenheiro populista Leopoldo Figl assumiu o cargo de chanceler, ocupando-o até 1953, quando foi substituído por Julius Raab, igualmente populista.

Sublinhe-se que a Áustria, a partir de 1947, recebeu substancial auxílio americano através do Plano Marshall. A ameaça comunista e a consequente Guerra Fria facilitaram a recuperação da cidadania por parte de antigos nazistas favorecidos por duas leis de anistia (1948 e 1953). Nas eleições de 1949 um partido neonazista consegue colocar representantes no Parlamento.

A 15 de maio de 1955 foi assinado o Tratado de Estado austríaco, que concedia à Áustria sua total soberania, fixava as fronteiras, determinava as obrigações em matéria militar e política bem como vetava a propaganda pangermanista e as organizações neonazistas. Em outubro de 1955 foi votada uma lei constitucional relativa à neutralidade permanente da Áustria. Em dezembro de 1955, a Áustria era admitida na ONU. De 1966 a 1970 o governo encontra-se nas mãos dos populistas. De 1970 a 1983 é a vez dos socialistas: desde 1945, pela primeira vez, obtêm o cargo de chanceler.[13] As eleições de outubro de 1971, pela primeira vez na História da República, dão a maioria no Parlamento ao partido socialista. A vitória do SPÖ foi

---

[13] Note-se que os presidentes da II República eleitos por sufrágio universal foram socialistas ou candidatos socialistas: Renner (1945-1951); Körner (1951-1957); Schärf (1957-1965); Jonas (1965-1974); Kirschscheläger a partir de 1974.

devida, em parte, à personalidade do Dr. Bruno Kreisky (1911-1990), cuja orientação política foi a de "modernizar" a Áustria através de várias reformas. O chanceler enfrentou dificuldades por parte de nacionalistas germânicos quando pretendeu atender a interesses linguísticos de minorias étnicas, especialmente na Caríntia.

Os socialistas governam até 1983. Neste período a Áustria desenvolve relações com os países comunistas. De 1972 a 1981 Kurt Waldheim exerceu o cargo de secretário-geral da ONU. A partir de 1983 os socialistas governam com os "liberais" (Freiheitliche Partei Österreichs, FPÖ, partido fundado em 1949). Em 1986 Kurt Waldheim é eleito presidente da República. O FPÖ passa a ser controlado pelo líder direitista Jörg Haider, e o chanceler socialista Franz Vranitzky afasta o partido do governo. Em 1987 a coalizão que inclui socialistas e populistas encontra-se sob a direção de Vranitzky. Com a queda do Muro de Berlim (1989) e a dissolução de URSS (1991) a proclamada neutralidade austríaca perde o sentido e a importância. Em 1994 um plebiscito aprova a adesão da Áustria à União europeia (UE).

HUNGRIA

A 27 de outubro de 1918 o conde Andrassy pediu ao presidente Wilson a conclusão de um armistício separado. A 30 de outubro um Conselho Nacional presidido pelo conde Miguel Karolyi e integrado por radicais e socialistas assume o poder, ordena às tropas a deposição das armas e proclama a República a 16 de novembro, "três dias depois da recusa do rei Carlos de assumir a direção dos assuntos de Estado".[1] Karolyi, presidindo um ministério semi-burguês e semi-socialista, era partidário de profundas reformas sociais, mas encontra oposição tanto da parte dos ministros burgueses como da parte de Bela Kun (1886-1937), um antigo e obscuro jornalista que aderira ao comunismo. À difícil situação interna acrescente-se a ameaça de tchecos, sérvios e romenos nas fronteiras.[2] O Conselho Supremo dos aliados expede uma ordem no sentido de que se permitisse ao exército romeno penetrar profundamente o território húngaro. A 21 de março de 1919 Karolyi renuncia ao governo. Bela Kun, que se encontrava preso em virtude de suas atividades subversivas, abandona triunfalmente a prisão e instala a ditadura do proletariado, com um conselho executivo cujos membros assumiram o título de comissários do povo.[3] "O país ficou então submetido, du-

---

[1] Honti, *História da Hungria*, p. 1502.
[2] Milza, obra citada, vol. I, p. 97.
[3] O leitor encontrará um breve, mas substancioso, estudo sobre Bela Kun na revista *História* n. 123: "Bela Kun Bourreau de la Hongrie" de autoria de Jérôme e Jean Tharaud da Academia Francesa. Bela Kun estivera prisioneiro na Sibéria, aprendera russo e fora doutrinado no comunismo por Radek, enviado de Lenine para conquistar prisioneiros capazes de propagarem as ideias bolchevistas. Após o armistício Bela Kun volta a Budapeste sob um falso nome com apreciável soma de rublos para iniciar a agitação. Ver *História* n. 123, p. 123.

rante 133 dias, a regime de terror que o reduzia à miséria; finalmente ameaçados pelo avanço do exército romeno, os comissários do povo, deixando a Hungria, refugiaram-se em Viena."[4] Na capital austríaca Bela Kun recebeu auxílio de correligionários, atravessou a Alemanha com um nome falso e finalmente chegou a Moscou. Teria sido executado na Ucrânia em 1937.

O terror vermelho provoca na Hungria uma contrarrevolução e instala-se uma ditadura militar (agosto de 1919). Ministro da Guerra e Chefe do Estado Maior do governo contrarrevolucionário, Nicolau Horthy, antigo comandante e chefe da marinha austro-húngara, é eleito regente do reino da Hungria em março de 1920 e fica à frente do poder até outubro de 1944.

O Tratado de Trianon (junho de 1919) sancionou o desmembramento da Hungria reduzindo consideravelmente seu território e sua população. Um grande número de húngaros passou a integrar a população de países estrangeiros. "Campanha de incessantes protestos teve início na Hungria contra esse tratado que desempenhou importante papel na política exterior húngara no período de entre-guerras."[5] Deve-se registrar que Carlos (Carlos I da Áustria e Carlos IV da Hungria) fez em 1921 duas tentativas de voltar ao trono húngaro, mas encontrou a oposição dos adversários internos dos Habsburgos, de outros países e do próprio regente Horthy.[6]

O regime do governo de Horthy era formalmente parlamentar, mas, na realidade, estava dominado por um partido majoritário que se dizia nacional-cristão. Este partido dominante era "a expressão política das duas frações da classe dirigente magiar – grandes proprietários hostis à reforma agrária e pequena nobreza..."[7] Deve-se lembrar aqui a atuação (1921-1931) do conde Estevão (István) Bethlen, que fez cessar a agitação; consolidou a ordem interna, restabeleceu as finanças negociando empréstimo estrangeiro sob os auspícios da Sociedade das Nações, mas, por outro lado, impediu a realização de vasta reforma agrária, muito desejada pelos trabalhadores agrícolas sem terras.

---

[4] Honti, obra citada, p. 1502.
[5] Idem, ibidem.
[6] Sobre as tentativas de Carlos Habsburgo e sobre a atitude do Almirante Horthy ver "Le dernier Empereur des Habsbourg", por Paul Morand, e "La fin des Habsbourg", por André Castelot respectivamente na revista *História* n. 202 e n. 149.
[7] Milza, obra citada, T. 1, p. 202.

Em matéria de política externa, a partir de 1920-1921, constitui-se a *Petite Entente* (Tchecoslováquia, Iugoslávia e Romênia), voltada "essencialmente contra o revisionista húngaro Horthy".[8]

Em 1931 Bethlen renuncia a favor de Gyula Gömbös, antigo Ministro da Defesa, que cultivava tendências fascistas, militaristas e antissemitas. "A partir do Governo Goemboes cresceu a influência alemã na Hungria. Sob pressão, foram feitas concessões econômicas à Alemanha, promulgadas leis contra os judeus, e a Hungria recuperou, por meio de duas sentenças arbitrais de Ciano e Ribbentrop (2 de novembro de 1938, 30 de agosto de 1940), 12.000 quilômetros quadrados com 1 milhão de habitantes da Eslováquia e dois terços da Transilvânia (45.000 km² e 2.370.000 habitantes)."[9]

Iniciada a Segunda Guerra Mundial, o governo húngaro procurou manter uma situação não beligerante, recusando-se a permitir a passagem de tropas alemãs para atacarem a Polônia. Quando porém as tropas alemãs, na primavera de 1941, cruzam a fronteira húngara para atacarem a Iugoslávia, Paulo (Pal) Teleki, presidente do Conselho (1939-1941), que fizera um tratado de amizade com Belgrado, suicidou-se.

Logo após a invasão da Rússia pela Alemanha, a Hungria declarou guerra à Rússia enviando uma pouco numerosa força expedicionária. Em dezembro de 1941, entretanto, a Grã-Bretanha declarou guerra à Hungria, e o país estava, então, envolvido plenamente no conflito, tendo a Alemanha exigido a contribuição de um avantajado contingente militar.

Em 1943 foi designado Presidente do Conselho Miklos Kállay, que acreditava na vitória dos aliados e entrou em entendimento secreto com eles. Hitler, entretanto, insatisfeito com a atuação de Kallay, convocou (março de 1944) Horthy e deu-lhe um ultimato: cooperação completa com os alemães ou ocupação da Hungria por tropas alemãs, eslovacas, croatas e romenas. Apesar de Horthy ter aceito cooperar, Hitler promoveu a ocupação militar da Hungria, seguida da deportação de milhares de judeus. Horthy conseguiu impedir a deportação da população judia de Budapeste e procurou fazer um armistício em separado com os russos,

---

[8] Idem, ibidem, p. 220
[9] Honti, obra citada, p. 1503.

mas foi forçado a demitir-se. As tropas alemãs ocuparam Buda e Horthy foi levado prisioneiro com sua família para a Alemanha, onde foi libertado pelos americanos.[10] O substituto de Horthy, Szalasi, era chefe dos "cruz flechada", movimento nazista húngaro que implantou um clima de terror.

A Hungria foi transformada em campo de batalha com um longo cerco de Budapeste. A ocupação soviética inicia um novo capítulo na História magiar: a república popular da Hungria. Vejamos brevemente alguns nomes e alguns episódios mais importantes.

Em 20 de janeiro de 1945, o governo cujo ministro-presidente era o general Bela Miklos assinou em Moscou um armistício pelo qual a Hungria obrigava-se a evacuar territórios ocupados, a pagar reparações, a reduzir suas forças armadas. O tratado definitivo de paz seria assinado mais tarde em Paris (fevereiro de 1947). A Hungria ia-se colocando cada vez mais sob o controle soviético.

Após as eleições de novembro de 1945 Zoltan Tildy forma uma coalizão de partidos e em fevereiro de 1946 é proclamada a República. Tildy tornou-se o Presidente e Ferenc Nagy (1896-1958) presidente do Conselho. Em 1947 Nagy é obrigado pelos comunistas a demitir-se durante uma estada na Suíça. Em julho de 1948, Tildy é afastado da Presidência e substituído pelo socialista Arpad Szakasits logo a seguir aprisionado. Após as eleições simuladas de maio de 1944, a ditadura comunista aparece sem máscaras. O Ministro do Interior, Laszlo, acusado de Titoísmo, é enforcado. O país sofre profundas transformações nos moldes soviéticos, chocando-se com a resistência firme da Igreja Católica, cujo cardeal primaz arcebispo José Mindszenty é condenado (fevereiro de 1949) à prisão perpétua.

Em agosto de 1952, o chefe comunista Matyas Rákosi (1892-1971), secretário-geral do Partido Único (o partido socialista dos trabalhadores húngaros) torna-se presidente do Conselho de Ministros. Rákosi impõe o culto da personalidade seguindo o exemplo de Stalin, de quem ele se diz "o melhor discípulo". A morte de Stalin (março de 1953) repercutiria profundamente nos rumos do comunismo internacional. Na Rússia surge uma

---

[10] Horthy exilou-se (1949) em Portugal onde faleceu, em Estoril, em 1957; seus restos mortais foram transportados para sua terra natal em 1993.

liderança coletiva, e Rákosi resigna-se ao cargo de *premier*, tendo como sucessor Imre Nagy (1896-1958). Este procura executar uma série de reformas. Consegue elevar o nível de vida, anuncia a retomada de relações econômicas com o Ocidente e promete restabelecer a liberdade religiosa. Os comunistas fiéis a linha stalinista sabotam os planos reformistas de Nagy. Rákosi volta ao poder e exclui Nagy do Partido (abril de 1955), mas os ideais de liberalização continuam vivos e são encorajados pela denúncia dos crimes cometidos por Stalin e pelo progresso das reformas polonesas. Rákosi deixa o cargo (julho de 1956) e é substituído por Ernö Gerö (1898-1980), mas a opinião pública exige a volta de Nagy. O estado de rebeldia intensifica-se e propaga-se: escritores manifestam-se, estudantes universitários reagem e em 23 de outubro reúne-se uma multidão de 300.000 pessoas. Gerö pronuncia um discurso considerado uma provocação. O governo então apela para os blindados soviéticos e Nagy é nomeado presidente do Conselho. Presume-se que, em face de sua imensa popularidade, Nagy controle a situação. "Mas ele não possui a seu favor nem a chance, nem a habilidade de Gomulka. É rapidamente ultrapassado pelos manifestantes; sua autoridade, não sendo tão grande, deixa reconstituírem-se os partidos hostis ao Socialismo e tem a fraqueza de conceder-lhes o que não podia ser tolerado pelos russos, a denunciação do pacto de Varsóvia e a neutralidade da Hungria."[11]

Os russos não tardam em intervir. "Enquanto os carros soviéticos esmagam o levante de Budapeste, Nagy se refugia na embaixada iugoslava. Abandona-a mais tarde com a promessa de permanecer livre, mas é agarrado, aprisionado na Romênia, onde um tribunal soviético condena-o à morte em junho de 1958."[12] O cardeal Mindszenty retoma o governo de sua diocese, mas diante da violenta repressão comunista vê-se obrigado a pedir asilo à embaixada americana em Budapeste, e aí permaneceu até 1971. Uma repressão impiedosa atinge os inurretos: execuções (cerca de cem), aprisionamentos, milhares de emigrantes em busca de refúgio. Janos Kadar (1912-1989), personagem de caráter duvidoso, mas considerado fácil de ser manobrado pelo Kremlin, foi designado pelos soviéticos para controlar a situação húngara e

---

[11] Milza, obra citada, T. 2, p. 414.
[12] Idem, ibidem.

proclama um governo revolucionário de operários e camponeses. No poder Kadar prudentemente permite uma relativa liberalização política, afasta seus opositores e possibilita o aparecimento de uma nova geração de dirigentes. Em maio de 1988, Kadar, já em plena decadência física, é substituído à frente do partido por Károly Grosz (1930-1996): curioso é anotar que Kadar morreu em Budapeste, em 6 de julho de 1989, no mesmo dia em que a Corte Suprema reabilitava Nagy.

Com a derrocada geral do Comunismo, o regime governamental da Hungria vai transformar-se: "assiste-se à geração espontânea de inumeráveis grupos, associações e formações políticas e culturais de toda a natureza, às quais o parlamento reconheceu uma existência legal suprimindo, em janeiro de 1989, todos os obstáculos que entravavam a liberdade de associação e de manifestação".[13] Note-se que o governo húngaro formado por comunistas reformistas e presidido por Miklos Németh facilitara a transição pacífica. É interessante registrar que a situação propiciou a manifestação de saudosistas do passado: modifica-se a bandeira nacional tendo-se em vista a antiga coroa de Sto. Estêvão, e o arquiduque Otão de Habsburgo assiste, em abril de 1989, na presença do chefe do governo, a uma cerimônia oficial em honra da imperatriz Zita recentemente falecida.[14] Em 20 da agosto de 1989 realizou-se em Budapeste uma concorrida procissão com as relíquias do santo patrono da Hungria. A Hungria deixava de ser uma República popular para tornar-se simplesmente a República da Hungria e o Partido Comunista transformou-se no Partido Socialista Húngaro. Já a partir de abril de 1989 os soviéticos haviam começado a retirar suas tropas e caía por terra a cortina de ferro que separava a Hungria da Áustria. Em março de 1999 a Hungria aderia à OTAN.

---

[13] Berstein, *Histoire de l'Europe*, p. 378.
[14] Idem, ibidem. Sobre Otão de Habsburgo e sobre a imperatriz Zita, ver revista *História* n. 149, p. 327, e n. 202, p. 346.

TCHECOSLOVÁQUIA

Em novembro de 1918 a Assembleia Nacional de Praga elegeu como primeiro presidente da República um tchecoslovaco notável, intelectual e atuante político, Professor Thomas G. Masaryk (1850-1937), tendo como Ministro das Relações Exteriores o jovem Eduardo Benes (1884-1948). Podemos avaliar a importância de Masaryk para a vida política da nova República quando verificamos que ele foi sucessivamente reeleito Presidente em maio de 1920, em maio de 1927 e em maio de 1934, tendo renunciado em 1935. Teve ainda a satisfação de ser substituído por seu dedicado e fiel companheiro e também professor Eduardo Benes, que exerceu o cargo até 1938 e, posteriormente, de 1940 a 1948.

A nova República, nascida da desintegração do Império Austro-Húngaro, surgia como um estado moderno dotado de uma importante malha industrial, contando com um bem-equipado exército e mantendo um bom relacionamento internacional. A heterogeneidade étnica da população constituía, entretanto, uma grave ameaça à integridade político-social do país. "Com efeito, se a parte ocidental da Tchecoslováquia, a Boêmia – de longe a mais rica e mais populosa –, pertence incontestavelmente à Europa Ocidental por suas estruturas econômicas e sociais, o leste do país, a Eslováquia, é economicamente menos desenvolvida e lembra, antes, os países predominantemente agrários do leste europeu."[1] Tchecos, eslovacos, ucranianos, húngaros, alemães (sudetos) defendiam seus interesses e seu patrimônio cultural. Na Eslováquia havia um forte e tradicional movimento autonomista.

---
[1] Berstein, obra citada, p. 153.

Como Ministro do Exterior, Benes desempenhou uma notável atividade especialmente na Sociedade das Nações. Note-se que a nova República gozava do apoio da França e, através da Pequena Entente (1920-1921), associara-se à Iugoslávia e à Romênia visando impedir a restauração dos Habsburgos. Deve-se registrar também que na década de 1930, e especialmente sob a presidência de Benes, a Tchecoslováquia representa na Europa um exemplo de democracia parlamentar e constitui refúgio para os democratas perseguidos em outros países.

A partir de 1933 o problema das nacionalidades foi-se agravando. Assim, por exemplo, os eslovacos recusavam fundir-se com os tchecos formando uma nação comum. Os alemães da Boêmia (sudetos), que já haviam (1918) tentado formar províncias autônomas, agitam-se agora sob a liderança do nacional-socialista Konrad Henlein, que recebe um apoio mais ou menos discreto de Hitler. Este, em 12 de setembro de 1938, discursando em Nuremberg declara-se abertamente a favor dos alemães da Tchecoslováquia, considerados sob opressão. Henlein, encorajado pela declaração do Führer exige a anexação das províncias sudetas ao Reich. A Tchecoslováquia, ameaçada, apela aos aliados, que tergiversam e cedem na conferência de Munich (ver capítulo sobre os Grandes Conflitos), quando Hitler, Mussolini, Daladier e Chamberlain se reúnem, estando ausentes os representantes da Tchecoslováquia e da URSS. Segue-se a "anexação pela Alemanha da região dos sudetos, de Reichenberg (Librec), Gablonz (Jablonec), Aussig (Usti), Eger (Cheb), Tropau (Opava) e Znaim".[2] A região cedida aos alemães incluía uma ativa zona industrial rica em minérios e de capital importância estratégica. Acrescente-se que a Tchecoslováquia teve de abandonar à Polônia a bacia carbonífera de Teschen (Ciezyn) e à Hungria uma faixa de território habitado, em sua maioria, por húngaros.

Em 5 de outubro Benes renunciou ao cargo de Presidente e partiu para o exterior, tendo como sucessor Emílio Hacha, presidente da Suprema Corte Administrativa, eleito em 30 de novembro de 1938. Hacha teve de enfrentar logo o movimento autonomista dos eslovacos sob a liderança de Mons. José Tiso. A 14 de março de 1939 era proclamada a independência da república

---

[2] Honti, *História da Tchecoslováquia*, p. 1733.

eslovaca pela dieta de Bratislava e com o apoio de Hitler. "Se a Eslováquia era partidária de política exterior subordinada à Alemanha, tinha de fazer concessões a este país, notadamente adotando medidas de discriminação radical, por outro lado sofreu menos pressão do ponto de vista econômico e escapou às perseguições de que foram vítimas os outros países ocupados pelos alemães; os eslovacos desfrutavam de certa autonomia interna que lhes dava a impressão de haverem realizado progressos no sentido da independência nacional."[3]

Hitler não ficara satisfeito com a anexações realizadas, pois pretendia dominar totalmente a Tchecoslováquia, que, apesar das mutilações sofridas, constituía ainda um bastião da democracia no coração da Europa.[4] No mesmo dia da independência da Eslováquia o velho presidente Hacha chegava a Berlim para um encontro com o Führer.[5] Hacha, que, em virtude de problemas cardíacos, viajara de trem, evitando o transporte aéreo, e seu Ministro do Exterior, Chvalkovsky, foram obrigados a assinarem a declaração de que, para manter a calma, a ordem e a paz na Tchecoslováquia, o Presidente entregava o destino do país e do povo tcheco nas mãos do Führer do Reich alemão.[6] Na manhã de 15 de março de 1939 as tropas alemãs ocuparam sem resistência a Boêmia e a Morávia, que passaram a constituir um protetorado alemão.

O acordo de Munich fora desrespeitado. No dia 22 de março a Lituânia era forçada a ceder aos alemães o porto de Memel, que, em 1914, fizera parte da Prússia. A Eslováquia independente sob a proteção do Reich permitia que seu território fosse ocupado militarmente. Observe-se, entretanto, que no exterior refugiados tchecos e eslovacos preparavam-se para um futura resturação do estado tchecoslovaco. Em Londres, Benes e João Masaryk, filho do antigo Presidente, constituíram um governo provisório. Em 1941 o Dr. Be-

---

[3] Idem, ibidem.
[4] Berstein, obra citada, p. 156.
[5] O leitor encontrará na revista *História* n. 208, p. 402 e ss., um minucioso relato do encontro de Hacha com Hitler: "La mort dramatique de la Tchécoslovaquie" de autoria de William Shirer. Segundo Shirer, Hacha "demanda à être reçu par le führer. Hitler y consentit aimablemenT. Cette demarche lui fournissait l'occasion de mettre en scène l'une des actions les plus cyniques de toute sa carrière".
[6] Ver a íntegra dessa declaração no estudo mencionado na nota anterior.

nes era reconhecido como chefe do Estado tchecoslovaco pela Grã-Bretanha e pela URSS.

A opressão nazista na Boêmia-Morávia se fez sentir sobre os intelectuais que procuravam resistir aos invasores. Entre os opressores figuravam Karl Hermann Frank, líder dos sudetos, e Konstantin Neurath, designado *Reichsprotektor*. O último foi substituído por Reinhard Heydrich, que se notabilizou por sua crueldade: numerosos tchecos foram então condenados à morte ou enviados para campos de concentração. Em maio de 1942 Heydrich foi assassinado pela resistência tcheca, o que provocou uma tremenda reação. Suspeitando de que alguns habitantes da comuna de Lídice haviam apoiado os assassinos, os alemães mataram ou encarceraram em campos de concentração os indefesos habitantes e arrasaram a aldeia, cujo nome se tornou símbolo da crueldade nazista.

A derrota dos alemães em Stalingrado (fevereiro de 1943) deu novo alento aos refugiados da Tchecoslováquia. Benes, que confiara no Ocidente e amargurara os efeitos do acordo de Munich, cultivava agora a ilusão de que poderia contar com a aliança russa e em dezembro de 1943 assinou em Moscou um tratado de aliança. Quando, em maio de 1945, as tropas soviéticas ocuparam Praga, foi constituído um governo provisório à frente do qual se encontrava Benes, que havia regressado de Londres. A seu lado, no governo figurava o social-democrata Zdenck Fierlinger, "personagem sombrio e totalmente dedicado à Rússia".[7] Sob a orientação da URSS inicia-se a instauração do regime comunista: nacionalizações de estabelecimentos da indústria e do comércio, desapropriação de terras, instalação de conselhos de operários com amplos poderes. Três milhões de pessoas de raça germânica da região dos sudetos são espoliados de seus bens e expulsos para a Alemanha. As eleições de maio de 1946 dão maioria aos comunistas, salvo na Eslováquia, onde entretanto Mons. José Tiso é condenado à morte e executado.

Em julho, Benes, confirmado como Presidente da República, tem como Presidente do Conselho Clemente Gottwald, secretário-geral do Partido Comunista tcheco. Além da presidência do Conselho, os co-

---

[7] Chastenet, "Le communisme s'installe en Tchécoslovaquie". Este interessante estudo encontra-se na Revista *História*, n. 176, p. 70 e ss.

munistas detinham os ministérios do Interior e da Informação. Acrescente-se que o ministério da Guerra coube ao General Svoboda, cujas simpatias pró-russas eram conhecidas.[8]

Os comunistas apoderavam-se do governo. "Fizeram-no metodicamente, mas sem precipitações, pois, nesse momento, a Rússia via na Tchecoslováquia, que a Conferência de Yalta havia colocado em sua esfera de influência, uma passarela possível entre ela e a Europa Ocidental e a preparação para uma via de penetração. No final de 1946 julgou sua autoridade solidamente estabelecida, podendo evacuar militarmente o país."[9] Em face do predomínio do Partido Comunista, o Partido Socialista Nacional, tão poderoso antes da guerra, refletia agora o envelhecimento de seu chefe, Dr. Benes, e seu lugar-tenente Ian Masaryk, Ministro das Relações Exteriores e filho do antigo Presidente da República, era um angustioso a quem faltava completamente a autoridade que tivera seu pai."[10]

As medidas abusivas tomadas pelo Ministro do Interior, o comunista Nosek, provocaram uma severa proibição por parte do Conselho de ministros no sentido de que dito ministro não mais pudesse fazer alteração no pessoal da polícia. Moscou então envia (fevereiro de 1948) a Praga seu antigo embaixador na Tchecoslováquia e agora vice-ministro soviético das Relações Exteriores, Zorine, que inspira fortes manifestações contra o Conselho de Ministros. Benes, envelhecido, não apresenta a antiga capacidade de lutar por seus ideais: aceita a demissão dos ministros e investe, sob a presidência de Gottwald, um novo governo em que os comunistas são a maioria. A 9 de março Masaryk, que continuara como Ministro do Exterior, suicida-se. Uma nova constituição é votada e aprovada em 9 de maio. Benes recusa assiná-la, deixa o governo em 7 de junho e falece pouco depois, tendo sido substituído por Gottwald. A presidência do Conselho passa para o militante sindicalista Antonin Zapotocky. No final da primavera de 1948, a Tchecoslováquia tornara-se uma "democracia popular".[11] As relações com a Igreja Católica tornam-se tensas: o arcebispo de Praga, José Beran, é confinado no palácio e

---

[8] Idem, ibidem, p. 71.
[9] Idem, ibidem.
[10] Idem, ibidem, p. 72.
[11] Berstein, obra citada, p. 242.

posteriormente encarcerado. Após a morte de Gottwald, em março de 1953, Zapotocky torna-se Presidente da República.

Quando Zapotocky faleceu, em novembro de 1957, sucedeu-lhe Antonia Novotny, que, entretanto, continuou com o cargo de Secretário do Partido Comunista. Deve-se enfatizar aqui que Novotny situava-se entre os que combatiam "as vias nacionais para o socialismo" e condenara a "democracia duvidosa" que se pretendera instalar na Hungria. Novotny com Ullbricht, da Alemanha soviética, reclamavam de Gomulka, na Polônia, contra as ideias errôneas difundidas entre a população e prejudiciais ao Partido Comunista.

Em julho de 1960 foi promulgada uma nova constituição para agora chamada República Socialista Tchecoslovaca.

Após a destituição de Krouchtchev, intensificam-se as forças centrífugas nos países que formam o bloco comunista da Europa Oriental dominados pela URSS. Na Tchecoslováquia Novotny, que fora um fiel stalinista, passara, a partir de 1963, a praticar uma política de semiliberalização, embora mantivesse intactas as prerrogativas do Partido Comunista.[12] Novotny viu-se diante de correntes intelectuais (estimuladas, sem dúvida, pelo intercâmbio turístico e econômico com o Ocidente) que se refletiram dentro do partido e que ele não conseguia reprimir. Havia grupos liberais reunidos em torno de Alexandre Dubcek (1921-1992), secretário do Partido Comunista eslovaco, que adquiriram prestígio e criaram uma situação em que o antigo stalinista teve de ceder seu posto de Primeiro Secretário a Dubcek em janeiro de 1968. "A queda de Novotny, que permanecerá presidente da República até março, libera bruscamente forças até então contidas, a começar pelos nacionalismos tcheco e eslovaco. Dubcek, que é um comunista sincero, mas que desejaria, como muitos de seus companheiros, conciliar socialismo e liberdade, procura canalizar o movimento sem deixar-se arrastar para a ladeira que conduziu Imre Nagy à ruptura e à derrota na Hungria em 1956."[13]

No final de março de 1968 estamos em plena "Primavera de Praga". Novotny se vê forçado a deixar a Presidência da República em proveito do

---

[12] Idem, ibidem, p. 316.
[13] Idem, ibidem, p. 317.

general Svoboda, "um sobrevivente da geração dos Benes e Masaryk, posteriormente excluído do comitê central e, em breve, do Partido".[14]

Prega-se então abertamente o pluralismo, a reforma política da informação, o direito do cidadão tchecoslovaco de viajar para o estrangeiro, a reabilitação e a indenização das vítimas de arbitrariedades etc. Cabe aqui uma observação curiosa: esse movimento reivindicatório não se processa fora do Partido Comunista e contra o mesmo, mas, ao contrário, desenvolve-se no próprio interior do Partido! Compreende-se que a atmosfera da Primavera de Praga se difunda e contagie, o que, naturalmente, desperta preocupações e reações por parte de dirigentes comunistas conservadores da Polônia, Alemanha Oriental e Bulgária.

Moscou alarma-se: Dubcek teria ido longe demais. A 21 de agosto de 1968 o exército vermelho e seus auxiliares do Pacto de Varsóvia invadem a Tchecoslováquia e ocupam Praga sem encontrar resistência. Dubcek e seus seguidores são detidos. O Partido, entretanto, solidariza-se com a população: o comitê central declara-se do lado de Dubcek. "Brejnev deve então negociar. Svoboda, Dubcek e Smrkovsky vão a Moscou buscar um acordo "que será efetivamente assinado em 26 de agosto."[15] A equipe de Dubcek continuaria no poder, mas deveria pôr um freio no processo de liberalização. As tropas soviéticas estacionariam na Tchecoslováquia temporariamente. Em abril de 1969 é eliminada a equipe de Dubcek, que é substituído como primeiro secretário do Partido thecoslovaco por Gustavo Husak (1913-1991). Fazem-se depurações e rebaixamentos. O famoso campeão olímpico Emil Zatopek, coronel do exército, será reduzido a simples varredor. "Desde o final de 1969 a ordem brejnévica reina sem restrição sobre a sociedade thecoslovaca."[16] Intelectuais que se opõem à política de repressão e religiosos (há um despertar do sentimento religioso) são impiedosamente perseguidos. Em 1988 Gustavo Husak tem como sucessor Milos Jakes, "responsável pelo maior expurgo que jamais sofreu um partido comunista no poder na Europa. Os tchecos veem nele o responsável pelo recuo econômico de um país outrora entre as

---

[14] Idem, ibidem, p. 318.
[15] Idem, ibidem, p. 319.
[16] Idem, ibidem, p. 321.

nações industriais do continente".[17] As bruscas mudanças políticas ocorridas na União Soviética e os consequentes movimentos de liberalização dos regimes comunistas iriam fatalmente ter ampla repercussão. Assim, por exemplo, a abertura pela Hungria de sua fronteira com a Áustria "transformou Praga numa etapa incontornável na rota da liberdade e implicou imediatamente a Tchescoslováquia no processo de liberalização."[18]

Em janeiro de 1989 ocorreu em Praga uma manifestação comemorativa em homenagem ao estudante Jean Palach, que, vinte anos atrás, se imolara para protestar contra a invasão de seu país. Processa-se então uma repressão brutal e o dramaturgo Vaclav Havel (1936) é aprisionado.

A partir de 1989 intensifica-se a pressão a favor da democratização do regime. "A partir do outono de 1989, a retomada das manifestações vai produzir-se, desta vez, no contexto do grande abalo da ordem comunista na Europa. Sob o impulso de Vaclav Havel, os movimentos de oposição constituem um Fórum Cívico que propõe às autoridades uma negociação sobre a democratização."[19]

A pressão popular aumenta: milhões de pessoas manifestam-se nas principais cidades. Um novo governo com minoria comunista é constituído sob a direção de Mario Calfa. Husak demite-se do cargo de presidente da República e é substituído (dezembro de 1989) por Vaclan Havel, que seria reeleito em 1990. Alexandre Dubcek, aclamado pela multidão, fora eleito presidente do Parlamento (dezembro de 1989). A chamada Revolução de veludo (assim designada pela forma pacífica como foi executada) triunfara. O Fórum Cívico, organização nascida após as manifestações estudantis nas ruas de Praga, em 17 de novembro de 1989, seguida de outras em diversas cidades, obtém a maioria absoluta no Parlamento federal nas eleições de junho de 1990. O Estado passa então a chamar-se República federal tcheca e eslovaca.

No verão de 1992 Havel renuncia à presidência por ser contrário à divisão do país em duas Repúblicas: Tcheca e Eslovaca. Em janeiro de 1993 Havel torna-se presidente da nova República tcheca, mandato renovado em 1997.

---

[17] Milza, obra citada, T. 3, p. 271.
[18] Berstein, obra citada, p. 381.
[19] Milza, obra citada, T. 3, p. 271-272.

ITÁLIA

No final do século XIX a Itália encontra-se em grave situação política (externamente: derrota de Adua em 1896; internamente: Crispi perde o poder), financeira (despesas exageradas, falência de bancos) e social (revolta na Sicília, greves no Norte). No primeiro ano do século XX o país é abalado com o assassinato do rei Humberto I, em Monza, por um anarquista. Sobe ao trono, então, Vítor Manuel III (1869-1947), que vai reinar até sua abdicação em 1946. Examinaremos, a seguir e brevemente, alguns dos principais acontecimentos da política interna e externa da Itália até a Primeira Guerra Mundial. Lembremos que a figura dominante desta época é o liberal Giovanni Giolitti (1842-1928), que domina o cenário político de 1901 a 1914.

Política interna

Cabe aqui uma observação preliminar: a Itália, no início do século, contava com uma numerosa população, fato esse que se refletia na situação econômica do país e explica a intensificação das correntes emigratórias. Para evitar perda demasiada da população o governo procurou incentivar o desenvolvimento agrícola no sul e a industrialização no norte. Um dos traços característicos da política interna italiana no período imediatamente anterior à guerra de 1914 foi a preocupação com o desenvolvimento econômico. "Foi de 1900 a 1911 que se criou a maioria das cooperativas agrícolas, que se fundou a maioria das empresas industriais (sociedades por ações, vias férreas e companhias de navegação, abertura do túnel de

Simplon, 1906)."[1] A par da evolução econômica, processaram-se reformas sociais como, por exemplo, a regulamentação do trabalhador e a caixa nacional de previdência para velhos e inválidos (1898). Ainda com referência à política interna merece ser lembrada a reforma eleitoral efetuada por Giolitti: "concedia o voto a todos os homens maiores de 21 anos que soubessem ler e escrever e aos analfabetos que tivessem realizado o serviço militar ou fossem maiores de 30 anos".[2]

Política Externa

Na política externa registre-se uma aproximação da França com o fim de resolver problemas mediterrâneos. Em 1903 Vítor Manuel vai a Paris e esta visita é retribuída em 1904 pelo Presidente Loubet.[3] "No caso de Tânger e na Conferência de Algeciras os ministros italianos acompanharam os diplomatas franceses."[4]

Em face da já mencionada derrota de Adua (1896), a Itália abandonara toda pretensão relativa à Etiópia, mas não abria mão de expandir seu poderio através do Mediterrâneo. Em outubro de 1911 os italianos ocupam Tripoli e em abril de 1912 as hostilidades estendem-se às ilhas de Rodes e do Dodecaneso. Os Estreitos foram atacados (julho de 1912), e a Turquia, sob a pressão dos Impérios Centrais, resolveu pôr fim ao conflito: cedeu a Tripolitânia e a Cirenaica à Itália, que deteria também o direito de ocupar Rhodes e as ilhas do Dodecaneso.[5] Nas vésperas da Primeira Guerra Mundial a Tríplice Aliança, embora renovada em 1912, agonizava. Em 1913 a Itália recusara participar do golpe de força preparado pelos austríacos contra os sérvios e, quando se iniciou o grande conflito, declarou-se neutra.

A diplomacia italiana procurava obter vantagens das partes beligerantes. Assim é que, da Áustria, exigiam-se: "a cessão imediata de Trento e do

---

[1] Villat, *História da Itália*, p. 1572.
[2] Marin, obra citada, p. 17.
[3] Villat, obra citada.
[4] Idem, ibidem, p. 1573.
[5] A Tripolitânia é chamada Líbia (Malet, obra citada, p. 544) pela Itália.

Tirol italiano, a linha do Izonso, algumas ilhas da Dalmácia, a renúncia da Áustria à Albânia, a independência de Trieste."⁶ A Alemanha tentou obter da Áustria algumas concessões, "mas esta as ofereceu um pouco tardiamente e a serem efetivadas após o fim da guerra."⁷ Compreende-se que o fracasso das negociações com a Corte de Viena favorecesse o entendimento com os governos aliados: em abril de 1915 firmou-se o Tratado de Londres através do qual se prometia, no caso de vitória aliada, a cessão para a Itália dos reclamados territórios de Tirol, de Trento, de Trieste com a Istria e suas ilhas, da Dalmácia, da Valona e de outras vantagens territoriais. Assim é que a Itália denunciou a Tríplice Aliança e declarou guerra à Áustria-Hungria em maio de 1915.

A Primeira Guerra Mundial

Remetemos o leitor para o capítulo sobre os Grandes Conflitos do século XX. Limitar-nos-emos aqui a registrar duas das principais consequências do Conflito para a Itália. Mencione-se em primeiro lugar a considerável perda de vidas humanas e um número ainda maior de feridos. As províncias do Norte sofrem com os estragos provocados pelas operações militares e com a escassez de mão de obra especializada. Quanto às aspirações italianas com referência às aquisições territoriais, foram, em parte, atendidas. "Trieste e Trento tinham 'retornado' à Itália; os patriotas, entretanto, esperavam mais: *Fiume* e a *Dalmácia*, com as quais a Itália ficaria livre de qualquer ameaça marítima a leste e o Adriático constituiria um lago italiano. As recusas dos aliados exasperaram o nacionalismo peninsular, que procurava nesses objetivos exteriores derivativo para o mal-estar interno (os ex-combatentes não encontravam justiça social e nos campos, onde era grande a miséria, grassava a especulação)."⁸

---

⁶ Villat, obra citada, p. 1574.
⁷ Idem, ibidem.
⁸ Idem, ibidem.

A Itália de 1919 a 1939

Crise econômico-financeira, empobrecimento da classe média, decepção e ressentimento em virtude do desrespeito às promessas contidas no já mencionado Tratado de Londres de 1915 criam um ambiente favorável aos partidos políticos contestatários e aos nacionalistas. Por exemplo, o poeta e ex-combatente Gabriele D'Annunzio (1863-1938), que em setembro de 1919, à frente de entusiasmados voluntários italianos (*arditi*), ocupa Fiume, sem o aval do governo italiano.[9]

A carestia da vida no campo e na cidade gerava uma série de agitações com aspectos de verdadeiras revoltas que culminaram com a ocupação de fábricas e de terras não cultivadas (1919-1920). Neste quadro social conturbado a vida política se manifesta principalmente através de três grandes tendências partidárias: as *facções governistas* (que abrangem moderados, liberais e radicais), o *Partido Popular Italiano* (tendência democrata-cristã moderada mas com participantes esquerdistas) e o *Partido Socialista Italiano* (PSI), principal força política do país, dividida entretanto em correntes entre as quais uma, favorável à III Internacional, formaria em 1921 o Partido Comunista liderado por Antonio Gramsci e Amadeu Bordiga.

Neste cenário de crises políticas (refletidas, por exemplo, na instabilidade ministerial), de tensões sociais (em agosto de 1920 há um amplo movimento de greves com ocupação das fábricas na Itália do Norte) e de protestos nacionalistas (como já vimos, em face do não cumprimento das promessas aliadas) surge Benito Mussolini (1883-1945), e desenvolve-se o Fascismo. Três fatores, relacionados com o que já sublinhamos acima, devem ser enfatizados como importantes incentivos ao crescimento do Fascismo: a crise econômica, a ameaça da revolução bolchevista e as aspirações nacionais frustradas.

Natural de Dovia di Predappio (Forli-Romagna), Mussolini exercera o magistério quando moço, emigrara para a Suíça a fim de evitar o serviço mi-

---

[9] Embora D'Annunzio tenha evacuado a cidade, seu objetivo foi de certa forma alcançado quando, em novembro de 1920, o tratado de Rapallo transforma Fiume em cidade livre.

litar, voltara à Itália e estabelecera-se em Trento, onde editou um semanário socialista (1909). Dirige mais tarde o periódico socialista *Avanti*. Iniciada a Primeira Guerra Mundial, Mussolini declara-se neutro, mas quando a Itália entra no conflito luta como voluntário de 1915-1917. Em março de 1919, em Milão, constitui o primeiro "feixe de combate". "O termo 'fascismo' foi usado pela primeira vez no início de 1919 pelo ex-socialista Benito Mussolini, que deixara o Partido Socialista Italiano em protesto contra sua política antiguerra, na Primeira Guerra Mundial. O nome derivava do latim *fasces*, o feixe de varas e um machado que simbolizava a unidade e o poder do Império Romano. Mussolini transformou seu Partido Fascista Nacional numa organização nacionalista militante que atacava a 'fraqueza' da democracia liberal. Seu alvo principal, no entanto, era o movimento socialista internacional, revigorado e radicalizado pela revolução bolchevista na Rússia, no final de 1917."[10] Deve-se enfatizar que foi exatamente essa decidida posição antimarxista que atraiu o apoio ao fascismo de conservadores tradicionais e até mesmo de alguns liberais. Mussolini explora com habilidade a situação política, social e econômica da Itália e atrai com sua oratória e seus escritos (ele se aplica com diligência à atividade de jornalista) uma multidão de descontentes do mais variado colorido ideológico: socialistas, anarquistas, ex-combatentes voluntários de guerra, jovens românticos, sindicalistas. O fascismo em formação conta também com os *arditi* (antigos combatentes das tropas de assalto).

Em maio de 1921 Mussolini obtém uma significativa vitória eleitoral. Constitui-se a seguir o partido fascista. Em outubro de 1922 reúne-se em Nápoles um Congresso Fascista e é organizada a famosa Marcha sobre Roma. O velho liberal Giolitti imaginou que o Fascismo poderia ser absolvido e neutralizado; o rei Vítor Emanuel III pensava na preservação do trono e curvou-se ante a exigência fascista cedendo-lhe a chefia do Ministério (29 de outubro de 1922). Mussolini age com prudência e organiza um Gabinete em que só quatro membros eram fascistas. "Este cuidado aparente de legalidade assegura-lhe a adesão de numerosas personalidades: militares, políticos mo-

---

[10] Stackelberg, obra citada, p. 25.

derados, intelectuais como Benedetto Croce etc."[11] Em novembro de 1922 a Câmara e o Senado dão plenos poderes a Mussolini, que exerce, então, por um ano, uma verdadeira ditadura legal. Estabelece-se o Grande Conselho Fascista, institui-se um Guarda Fascista que substitui a Real e militarizam-se os "camisas negras". As Equipes paramilitares (a *squadra fascista*) praticam atentados. As eleições de 1924 dão a maioria de votos aos fascistas. Neste mesmo ano segue para o exílio Don Luigi Sturzo (1871-1959), fundador do Partido Popular Italiano (PPI), e o deputado socialista Giacomo Matteotti é sequestrado e assassinado. "Apesar de uma teatral declaração ante a Câmara do chefe fascista, 'se há alguém nesta casa que tem direito, mais que qualquer outro, de estar entristecido e amargurado, este sou eu', o certo é que os indutores do crime ficaram impunes."[12]

Um rápido olhar sobre a política interna do regime fascista chama a atenção para os seguintes acontecimentos: interferência na educação da juventude (manuais do Estado, liga fascista de ensino, jovens fascistas); vigilância nas universidades; imprensa dirigida etc. No campo socioeconômico Marin observa que "Mussolini abandonava o 'matiz' socializante do partido para pôr-se totalmente ao lado do capitalismo":[13] dissolveu sindicatos e cooperativas, incentivou a iniciativa privada, suprimiu conselhos de operários nas fábricas. O sindicalismo foi integrado no Estado (regulamentação jurídica dos contratos coletivos de trabalho em 1926 e carta do trabalho, abril 1927). "A ideia corporativa pretende ser a ideia motriz do fascismo (discurso de Mussolini no Conselho das Corporações a 14 de novembro de 1933) e a lei definitiva é de 5 de fevereiro de 1934, criando vinte e duas corporações, cada uma das quais 'órgão da administração do Estado.'"[14]

Entre as obras públicas realizadas sob o governo fascista, podem ser relacionadas a título de exemplo: luta contra o deflorestamento, saneamento de terras pantanosas e insalubres, melhoria e construção de vias de transporte.

---

[11] Milza, obra citada, T. 1, p. 199.
[12] Marin, obra citada, p. 179.
[13] Idem, ibidem.
[14] Villat, obra citada, p. 1576.

Em política demográfica registre-se o incentivo à natalidade (Mussolini sonha com uma população de 60 milhões de habitantes), a prevenção da mortalidade e o posicionamento contra a emigração.

A estabilização da lira (1927) e, mais tarde (em virtude da guerra com a Abissínia e as sanções contra a Itália), o controle sobre os bancos são aspectos da política financeira.

Um acontecimento que teria profundas consequências na vida interna da Itália e teve repercussão internacional foram os acordos de Latrão (11 de fevereiro de 1929) entre a Igreja e o Estado italiano, com os quais se resolvia a Questão Romana (ver capítulo sobre as Religiões, item referente ao Pontificado de Pio XI).

Antes de resumirmos os principais acontecimentos da política externa, convém lembrar algumas datas importantes no relacionamento entre Mussolini e Hitler antes do início da Segunda Guerra Mundial.[15]

1934: Em junho Hitler e Mussolini encontram-se em Veneza. Em julho, o assassinato de Dollfuss, amigo e protegido de Mussolini, estremece as relações entre os dois ditadores.

1937: Mussolini (setembro) é recebido solenemente em Berlim.

1938: Hitler (maio) é recebido com grande pompa pela rei e pelo Duce. Em setembro Hitler e Mussolini se encontram em Munich. Deve-se observar que Mussolini "impôs habilmente sua mediação durante as negociações, obrigando Hitler a abandonar o plano preparado por Ribbentrop para tornar a guerra inevitável (29 de setembro de 1938)".[16]

---

[15] Ver a esse respeito o interessante estudo de André François-Poncet, membro da Academia Francesa e Embaixador: "Hitler et Mussolini", na revista *História* n. 105, p. 121 e ss. A título de curiosidade transcrevemos as seguintes judiciosas observações de François-Poncet sobre Nazismo e Fascismo: "Certes, le nazisme doit beaucoup au fascisme. Il en procède. Il en est une imitation, une transposition sur le mode allemand et prussien. Il lui a emprunté ses institutions caracteristiques, ses milices, ses chamises brunes, le salut romain, l'organisation de la jèunesse, son Dopolavoro, et jusqà ce titre de 'Führer' que n'est que la traduction de 'Duce'" (122). Ver no mesmo estudo uma comparação entre a personalidade de Hitler e a de Mussolini.

[16] Villat, obra citada, p. 1577.

Vejamos, agora, alguns dos principais acontecimentos de política externa italiana sob o governo fascista. A orientação desta política visa um alvo: colocar a Itália no nível das grandes potências. Compreende-se assim a expansão e modernização do exército e da marinha.

Em 1923 Mussolini dá uma amostra de suas pretensões expansionistas: como o governo grego houvesse repelido a reclamação italiana em face do assassinato, em território grego, do general Tellini, supervisor por encargo da Sociedade das Nações, das fronteiras albanesas, os italianos bombardeiam Corfu e desembarcam um corpo extraordinário. A crise terminou com a intervenção da Sociedade das Nações e mediante uma indenização pecuniária.

Em 1924, Mussolini reforça o domínio sobre o Adriático mediante um tratado (Tratado de Roma) com a Iugoslávia, segundo o qual a cidade de Fiume pertenceria à Itália e o restante dos territórios permaneceria sob a soberania iugoslava.

O governo fascista estendeu sua influência na Albânia quando (1925) foi eleito presidente da pequena república Ahmed Zogu (1895-1928), posteriormente (1927) proclamado rei sob o nome de Zog I. Em 1926, em um discurso pronunciado em Tripoli, Mussolini "anunciava uma política de expansão imperialista no Mediterrâneo".[17] Entre os alvos dessa expansão figuravam a Córsega e a Tunísia.

Inconformados com a derrota de Adua em 1896 e desejosos de criar um império africano, os fascistas planejaram a conquista da Etiópia, que figurava entre os últimos países independentes da África. Em dezembro de 1934 incidentes entre italianos e abissímios, em Ual-ual, na fronteira da Etiópia e da Eritreia, serviram de pretexto para que Mussolini determinasse a intervenção militar. Deve-se registrar que a Inglaterra considerava o imperialismo fascista uma ameaça ao Sudão anglo-egípcio e à rota para as Índias. Sua possante esquadra concentrada no Mediterrâneo entretanto não intimidou Mussolini, que contava com a neutralidade da França, cujo Ministro das Relações Exteriores, Pierre Laval, deixa ao Duce as mãos livres na Etiópia, "onde a França poucos interesses tinha a defender".[18]

---

[17] Marin, obra citada, p. 180.
[18] Milza, obra citada, T. 1, p. 357.

Com cerca de 100.000 homens concentrados na fronteira da Etiópia, processou-se a invasão a 3 de outubro de 1935 sob o comando do general Pietro Badoglio, que, com a fuga do negus (Haile Selassie), entrou em Adis Abeba em 5 de maio de 1936. A 9 de maio deste ano Mussolini proclamava Vítor Manuel III imperador da Abissínia.

Por proposta da Inglaterra à SDN, a Itália ficou sujeita a sanções econômicas (outubro de 1935) que, entretanto, não impediram a guerra e que terminaram em julho de 1936. Registre-se que as sanções tiveram como consequência unir os italianos no apoio ao regime fascista. "O *affaire* etíope acaba por lançar o descrédito sobre a SDN e põe fim, definitivamente, ao *front* de Stresa."[19]

A atitude hostil da Inglaterra e, logo depois, após a queda de Laval, a oposição francesa intensificam os laços entre Mussolini e o nacional-socialismo alemão.

A guerra civil espanhola uniu a Alemanha e a Itália em favor dos nacionalistas chefiados pelo general Franco. "A ajuda italiana ao general Franco foi simultaneamente ideológica, operação antifrancesa e pretexto para exaltar o valor do soldado italiano."[20] Mussolini enviou à Espanha milhares de soldados, metralhadoras e canhões. Hitler enviou, em menor número, combatentes da legião "Kondor", aviões e material pesado. A guerra civil espanhola serviu para um teste da eficácia do armamento das ditaduras.

Em 1937 Mussolini aderiu ao pacto *antikomintern*, tratado militar assinado em Berlim pela Alemanha e pelo Japão (novembro de 1936) com o objetivo de enfrentar a internacional comunista (*komintern*). Quanto ao eixo Roma-Berlim, transforma-se em maio de 1939 no pacto militar e político conhecido como Pacto de Aço. Já mencionamos a posição de Mussolini no encontro de Munich em 1938. O imperialismo fascista manifestara-se em 7 de abril de 1939, Sexta-feira Santa, com a conquista da Albânia e a substituição do rei Ahmed Zogu I por Victor Manuel III. No início da Segunda

---

[19] Idem, ibidem. Sobre Stresa, notar: "Dès avril 1935, Français, Anglais et Italiens se rencontrent à Stresa. Mussolini pour l'Italie, Mac Donald pour l' Angleterre et Laval pour la France, réaffirmant leur fidelité au traité de Locarno..." (Idem, ibidem, p. 356).
[20] Villat, obra citada, p. 1577.

Guerra Mundial, a Itália proclama a não beligerância. "Os nove meses da não beligerância pareceram longos ao Duce, que sonhava com êxitos semelhantes aos de Hitler. A entrada na Guerra foi decidida a 26 de abril de 1940. "É um suicídio, comentou Badoglio, chefe de estado-maior e consciente da falta de preparo do exército."[21]

A Segunda Guerra Mundial

Como já anotamos em itens precedentes, a Segunda Guerra Mundial (inclusive a participação italiana) será estudada em capítulo próprio ("Os grandes conflitos mundiais"). No presente item, limitar-nos-emos a enumerar alguns dos principais episódios que se relacionam com a queda do Fascismo e a queda da Monarquia. Com os desembarques aliados e os sinais evidentes de que a Alemanha caminha para a derrota, a situação na Itália reveste um aspecto caótico em que imperam as guerras civis (1943-1944): a guerra "dos aliados 'libertadores' contra os alemães 'invasores' (mas na realidade eram 'invasores' uns e outros, embora com intenções e métodos diversíssimos)". A guerra "do Reino do Sul contra a República social do Norte; a dos antifascistas contra os fascistas, que dividiu as famílias e as consciências; a dos antifascistas entre si pela tentativa comunista de assumir com exclusividade a luta contra o fascismo, afastando, em nome dela, todos os demais".[22]

Desde março de 1943 cogita-se, na Itália, uma paz em separado. A situação agrava-se quando os aliados (julho de 1943) desembarcam nas ilhas de Pantelaria e Lampedusa a na própria Sicília.

Em 24 de julho Mussolini reúne o Grande Conselho Fascista, que, sob a orientação de Dino Grandi, aprova, por maioria, uma proposta no sentido de que se devolvessem ao rei todos os poderes. Ciano, genro de Mussolini, apoia Grandi.[23]

---

[21] Idem, ibidem.
[22] Montanelli, *Storia d'Italia*, vol. XLVI, p. 6.
[23] O leitor encontrará uma minuciosa descrição da queda de Mussolini na revista *História* n. 80, p. 7 e ss., de autoria do próprio Mussolini: "Ma chute". Ver também na mesma revista n. 173 "Le grand conseil renverse Mussolini", de autoria de Georges Roux.

Convocado pelo rei à Villa Savoia, o Duce é demitido e substituído pelo Marechal Pietro Badoglio. Sob o pretexto de protegê-lo, Mussolini é levado prisioneiro a diversos locais e finalmente internado no alto do Gran Sasso, a 2.172 metros de altitude, "a prisão mais alta do mundo", segundo as próprias palavras do prisioneiro.[24] Por ordem de Hitler o Duce foi libertado em 12 de setembro por uma equipe de paraquedistas alemães sob o comando do capitão Otto Skorzeny.[25] Após a libertação, Mussolini esteve na Alemanha, onde decidiu fundar a *Repubblica Sociale Italiana*. O novo partido fascista passava a chamar-se *Partito fascista repubblicano*. Em 27 de setembro convoca-se em Rocca delle Caminate o primeiro Conselho de ministros da nova República, e em outubro Mussolini, sempre vigiado pelos alemães, instala-se na *villa* Feltrinelli a Gargnano sul Garda, alguns quilômetros ao norte de Salò.

Em novembro de 1943 um decreto instituiu um tribunal especial que começou a funcionar em 8 de janeiro de 1944 numa sala de Castel vecchio, em Verona. Os réus eram os que se haviam oposto a Mussolini na reunião do Grande Conselho Fascista em julho: eram considerados traidores. "Seis somente dos dezenove acusados estavam presentes ao processo. Os outros – entre os quais o inspirador, Grandi, que havia tomado o avião para a Espanha pouco depois do aprisionamento de Mussolini – tinham conseguido dirigir-se ao estrangeiro ou ocultar-se na Itália. Restavam Emilio de Bono, Tullio Cianetti, Giovanni Marinelli, Luciano Gottardi, Carlo Pareschi e Ciano."[26] Com exceção de Cianetti, condenado a trinta anos de prisão, todos os demais foram condenados à morte e executados a 11 de janeiro de 1944.

A *Repubblica Sociale Italiana* não sobreviveria aos ataques dos *partigiani* e ao avanço aliado. Em 25 de abril de 1945 Mussolini encontra-se no arcebispado de Milão com os representantes do CLN (Comitato di Liberazione Nazionale) que pedem a rendição incondicional dos fascistas. Mussolini parte de Milão para Como e é aprisionado pelos *partigiani* em Musso (Como) a 27 de abril. No dia seguinte o Duce e sua amante Claretta Petacci são fuzi-

---

[24] Roux "Le grand...", p. 488 (ver nota anterior).
[25] O leitor encontrará um minucioso relato da libertação de Mussolini, de autoria do próprio coronel Skorzeny em sua autobiografia, em dois volumes, e na revista *História* n. 82, p. 263: "Comment j'ai délivré Mussolini".
[26] Hibbert, "Mussoline a-t-il laisser fusiller Ciano". Revista *História* n. 206, p. 48-49.

lados em Giulino di Mezzegra. Os corpos foram transportados para Milão e expostos, em "macabra e repugnante cena", no piazzale Loreto.[27]

Vejamos agora, brevemente, os principais acontecimentos do reino da Itália ainda sob Vítor Manuel III. Em setembro de 1943 o soberano, acompanhado de Badoglio e de outros generais, abandonam Roma e estabelecem-se em Brindisi, onde entram em contato com os aliados com o fim de pôr fim às hostilidades. Note-se que a 3 de setembro, em Cassibile (Siracusa), já fora assinado um armistício entre o governo italiano e os aliados. O "longo armistício" firmou-se em 29 de setembro, e Badoglio receberia uma carta de Eisenhower em que a Itália era considerada "cooperator" das nações aliadas, "o que tornava anacrônicas e não mais válidas algumas cláusulas do armistício".[28] Sob a pressão aliada o governo Badoglio declara guerra à Alemanha (13 de outubro de 1943). "Enquanto em Brindisi se discutia sobre a oportunidade de declarar guerra à Alemanha, a Alemanha estava fazendo a guerra ao exército italiano."[29] Voltaremos a essa guerra no capítulo sobre a Segunda Guerra Mundial.

Em Ravello, na península de Sorrente, Vítor Manuel III, com setenta e quatro anos de idade e quarenta e três de reinado, assina (5 de junho de 1944) o decreto que designa Umberto de Savoia Lugar-Tenente do Reino que, então, instala-se no Quirinal. No dia 4 de junho os americanos haviam entrado em Roma.

Badoglio apresentou sua demissão ao Lugar-Tenente, tendo sido substituído por Ivanoe Bonomi (1873-1951), chefe do Comitê de Libertação Nacional (CLN) formado por seis partidos, entre os quais figuravam os democrata-cristãos, os socialistas e os comunistas. Os ministros fizeram sua primeira reunião em Salerno e, pouco depois, instalaram-se em Roma. Gradualmente, à medida que avançavam, as tropas aliadas às províncias libertadas

---

[27] A expressão entre aspas é de Montanelli, em cuja *Storia d'Italia*, volumes XLVI (p. 7) e XLVII (a partir da p. 320), o leitor encontrará um minucioso relato sobre o trágico fim de Mussolini e de Claretta Petacci. Ver também na Revista *História* n. 100 e 101 um estudo sobre o fim de Mussolini, de autoria de Paolo Monelli, e na mesma revista n. 201, p. 226, um estudo do mesmo autor sobre Claretta Petacci.
[28] Montanelli, obra citada, vol. XLVI, p. 27.
[29] Idem, ibidem, p. 32.

integravam-se na nova administração. É interessante notar que em agosto de 1944 Churchill visitou à Itália.

Em 12 de junho demitia-se o governo Bonomi e em 17 constituía-se o governo do liberal-socialista Ferrucio Parri (1890-1981), do Partido da Ação.

Estamos aqui diante do primeiro governo italiano pós-liberação.[30] Entre os gravíssimos problemas a enfrentar figuravam os relativos à economia e à delimitação das fronteiras. Quanto à economia, lembremos a título de exemplo, a necessidade de reformar e incentivar o tecido industrial do norte da Itália que não sofrera danos arrasadores. Quanto às fronteiras, recorde-se, também a título de exemplo, que "para Trieste era unívoco o ponto de vista soviético-iugoslavo".[31] Convém sublinhar que a rivalidade entre anglo-americanos e soviéticos era um trunfo a favor do ministro do Exterior, De Gasperi, que foi a Londres, onde, de 10 de setembro a 2 de outubro, realizou-se a conferência dos Ministros do Exterior dos "grandes", para defender os interesses da Itália.

Ainda a propósito da política externa convém registrar que a 14 de julho de 1945 a Itália declarou guerra ao Japão, fato esse que, embora fosse objeto de encarniçada discussão no Conselho dos ministros, era pouco mais que folclore no plano internacional.[32]

Em novembro demitiu-se o Governo Parri e a 10 de dezembro Alcides De Gasperi (1881-1954) assumia o governo perante Umberto di Savoia. "Afirmava-se no vértice do país um político fora dos esquemas. Não um pré-fascista, não um típico expoente do antifascismo combativo e exilado, não, por fim, um expoente das novas gerações, carregadas de *humus* fascista e de intransigência antifascista: mas um católico trentino 'emprestado à Itália' que mergulhava suas raízes em um totalmente outro contexto histórico político e em outra cultura. Aos sessenta e dois anos, De Gasperi era para a Itália um homem novo."[33] "Era calmo, paciente, refratário à retórica e à ostentação.

---

[30] Idem, ibidem, vol. XLVII, p. 352.
[31] Idem, ibidem, vol. XLVII, p. 364.
[32] Idem, ibidem, p. 359.
[33] Idem, ibidem, p. 374.

Não era um homem de ideologia, era um homem de ideais, que são coisas bastante diversas."[34]

O Fim da Monarquia

Vejamos agora, brevemente, como se operou, na Itália, a transição da Monarquia para a República. A 18 de março de 1946, Umberto di Savoia assinou os decretos referentes às eleições de 2 de junho. Haveria eleições para a Assembleia Constituinte e o *referendum* institucional. Deve-se notar que a fórmula do *referendum*, considerada mais favorável para a Monarquia, fora aprovada por "D. Gasperi por uma razão evidente: livrava a Democracia cristã da obrigação de pronunciar-se, como partido, sobre o problema institucional e em consequência de atuar na Assembleia Constituinte. Manifestada a decisão do povo, tratava-se somente de seguir-lhe a vontade".[35]

A 9 de maio Humberto parte para Nápoles, e neste mesmo dia, às 15h15, o rei Vítor Manuel assina o ato de abdicação na *villa* Maria Pia, perante o notário napolitano Angrisani.[36] Após a abdicação o ex-soberano com sua esposa partia, exilado, para Alexandria.

A Itália é então sacudida pela campanha eleitoral: "As paredes de Roma, tanto dos novos edifícios como dos velhos palácios da idade média, estão literalmente cobertos de cartazes multicolores. Cartazes colossais, vermelhos, verdes, brancos, amarelos, grenás, proclamam que 'A república gera a ditadura', convidam a 'votar pela monarquia', apregoam 'Viva o Rei' ou 'Abaixo o Rei', e uns ao lado dos outros sobre quilômetros de muros; faixas de papel prometem, em nome do Partido Comunista, sob a foice e o martelo, em nome da democracia cristã, que adotou como emblema um escudo

---

[34] Idem, ibidem, p. 380. O leitor encontrará aqui (p. 375 e ss.) um interessante estudo sobe a personalidade de Alcides de Gasperi.
[35] Idem, ibidem, p. 384.
[36] O leitor encontrará uma exposição minuciosa sobre o fim da Monarquia italiana em: Willy Sperco, Comment est née la Republique italienne, revista *História* n. 114, p. 419 e ss. Fernand Haywara, "Comment Mourut la Monarchie italienne", Revista *História* n. 115, p. 613 ss. Yves Roger, "Ily a vingt ans Victor Emmanuel abandonnait le pouvoir", revista *História* n. 209, p. 475 e ss.).

cruzado com a palavra *Libertas* em vermelho, no meio: pão, trabalho, paz e liberdade".[37] Diariamente, através do rádio, oradores se sucedem em defesa de seus partidos. A 2 de junho os italianos vão às urnas. Os republicanos venceram por 54% dos votos. "Como é natural, haviam votado em favor da República os comunistas (19% dos votos) e os socialistas (20,7%). Porém, para atingir os 54% dos votos republicanos, forçoso é reconhecer que uma parte da Democracia Cristã (35,2% dos votos) votou também no sentido republicano."[38] A 13 de junho Umberto de Savoia, o rei de maio, parte para o exílio em Portugal.

A República

Como presidente provisório (1946-1948) da nascente República foi escolhido o liberal independente Enrico de Nicola. Começa a desenvolver suas atividades no sentido da elaboração da Constituição republicana, a Assembleia Constituinte eleita no mesmo dia (2 de junho de 1946) do *referendum* que pôs fim à Monarquia. Três partidos dominam o plenário da Magna Assembleia: a Democracia Cristã, o PSI (Partido Socialista Italiano) e o PCI (Partido Comunista Italiano). Vale registrar aqui a cisão ocorrida no Partido Socialista, durante os debates constitucionais, em dois grupos distintos: um, dirigido por Pietro Nanni (1891-1980), filocomunista; outro, sob a direção de Giuseppe Saragat (1898-1988), de caráter moderado. A 22 de dezembro de 1947 a Assembleia Constituinte concluía sua missão: votava a lei Fundamental da República Italiana, que passava a ser parlamentar bicameral com um presidente eleito por sete anos e um presidente do Conselho responsável perante os parlamentares. A Constituição entrou em vigor a 1º de janeiro de 1948, três dias depois do falecimento do ex-soberano Vítor Manuel III no Cairo.

O primeiro presidente efetivo (1948-1955) da nova República foi Luigi Einaudi (1874-1961). Entre os sucessores de Einaudi, lembremos, a título de exemplo: Giovanni Gronchi (1955), Antonio Segni (1962), Giuseppe

---

[37] Marin, obra citada, p. 374.
[38] Idem, ibidem, p. 373.

Saragat (1964) etc. O vulto, entretanto, que se destacou chefiando sucessivamente diversos governos desde o final da Monarquia até os primeiros anos da segunda metade do século XX, foi o já mencionado democrata-cristão Alcides De Gasperi (1881-1954). Fortalecido com o êxito da Democracia Cristã nas eleições de 1948 (48,5%) ele aceita a ajuda financeira americana e a construção europeia, "duas escolhas que vão facilitar a reconstrução econômica do país nos anos 1950".[39] Após De Gasperi sucede-se uma série de presidentes de Conselho, entre os quais podemos lembrar, a título de exemplo, Giuseppe Pella, Amintore Fanfani, Mario Scelba, Adone Zoli, Segni, Tambroni. "Em 1965, quando governava Aldo Moro, os partidos socialistas se unificaram sob a presidência de Pietro Nenni, o que produziu a política chamada 'abertura para a esquerda', pela qual os socialistas entraram no Gabinete. Esta política continuou desde as eleições celebradas em 1968, com governos centro-esquerda presididos pelo próprio Aldo Moro; porém mudou em 1972 quando, como consequência das eleições celebradas em maio deste ano, decidiu-se a formação de um governo estritamente centrista sob a presidência de Giulio Andreotti."[40] Em 1981 temos na chefia do governo Giovanni-Spadolini e de 1985 a 1987 Bettino Craxi. Na década de noventa a Forza Italia, partido neoliberal, a Aliança Nacional e a Liga Norte, regionalista e xenófoba, levam o magnata Silvio Berlusconi ao poder, substituído, pouco depois, por Romano Prodi, Massimo D'Alema e Giuliano Amato. Berlusconi voltaria ao poder já no início do novo século.

Depois desta rápida visão de conjunto dos sucessivos governos da Itália Republicana, visão esta que mostra uma alarmante instabilidade ministerial (30 governos de 1946 a 1974) que, entretanto, é controlada pelas indispensáveis alianças partidárias: (a democracia cristã conta ora com liberais e monarquistas, ora com sociais-democratas e republicanos) e por uma estabilidade eleitoral. Vamos enumerar, a título de exemplo, alguns dos mais importantes acontecimentos que assinalam a evolução da política interna.

Comecemos com a economia. Estamos aqui, de certa maneira, diante de um "milagre" que se faz notar, nas décadas de 50 e de 60, sobretudo no

---
[39] Milza, obra citada, T. II, p. 48.
[40] Marin, obra citada, p. 374.

terreno industrial. Convém lembrar, desde logo, que fatores externos, como o auxílio americano (Plano Marshall), a integração europeia no quadro da CECA (Comunidade Europeia do Carvão e do Aço, criada em 1952) e, posteriormente, no Mercado Comum europeu, contribuíram para esse soerguimento. Enfatize-se, entretanto, a atuação decisiva do Estado italiano que controlou boa parte da atividade econômica ao lado do dinamismo demonstrado por homens de negócio com Mattei (na indústria petrolífera), Agnelli (na indústria automobilística), Pirelli (na indústria de pneus), Olivetti (em material de escritório). "O produto nacional bruto da Itália triplica em vinte anos. Mas o 'milagre' é essencialmente industrial."[41]

Entre as dificuldades enfrentadas pelos diferentes governos, figuram: o êxodo rural, as greves operárias de 1969 a 1972, as agitações estudantis nas universidades, a violência praticada pelas Brigadas Vermelhas (assassinato de Aldo Moro em 1978) e pela Máfia enriquecida pelo tráfico de drogas. Para combater a corrupção os juízes milaneses desencadeiam a operação das "Mãos limpas" (*mani pulite*).

Após as dificuldades sofridas na década de 70, repete-se um notável progresso econômico entre 1986 e 1990 assinalado por forte desenvolvimento industrial.

Encerremos este breve estudo sobre a República Italiana enumerando alguns episódios da política externa. Tenha-se em consideração aqui a difícil situação política italiana em face dos aliados vencedores da Guerra, entre os quais figura a ameaçadora União Soviética, que vai dominar durante dezenas de anos a política interna e externa dos países da Europa Oriental ("Cortina de Ferro") e tentar influenciar, sempre que possível, a política interna e externa dos demais países da Europa Ocidental através dos partidos comunistas.

Na Itália o Partido Comunista é forte e atuante, mas está sujeito à repercussão das alterações que a União Soviética vai sofrendo após a morte de Stalin. Entre os mais importantes personagens do Partido Comunista italiano não podem ser omitidos Palmiro Togliatti (1893-1964), que, depois de 1956, sonhou com uma via italiana para o socialismo; Antonio Gramsci (1891-1937), influente intelectual marxista; Enrico Berlinguer (1922-1984),

---

[41] Milza, obra citada, T. II, p. 295.

que condena a invasão russa do Afeganistão em 1979. Deve-se sublinhar que a guerra fria entre a União Soviética e o Ocidente vai influir decisiva e favoravelmente na política internacional iniciada por Alcides De Gasperi, que "foi decisivamente europeia e ocidental".[42]

1947: Em fevereiro celebrou-se o tratado de Paris, que impôs a Itália pesadas perdas territoriais, financeiras e militares. A Itália devia entregar Tende, Brigue e Mont-Cenis à França, perdia todas as colônias e cedia Trieste a uma comissão internacional. Havia de pagar uma elevada indenização de guerra à União Soviética.[43] Compreende-se que o Tratado de Paris (a imposição dos vencedores) tenha provocado forte reação na península.

1949: À entrada da Itália no plano Marshall segue-se sua inclusão na NATO (OTAN: Organização do Tratado Atlântico Norte) em abril de 1949 e no Conselho da Europa em maio do mesmo ano. Vale notar que a ONU, da qual a Itália ainda não fazia parte, concedeu a esta o fideicomisso sobre a Somália por um prazo de dez anos (dezembro de 1949).[44]

1951: A Itália fazia parte da CECA (Comunidade Europeia de Carvão e Aço) e em setembro do mesmo ano "conseguia o governo italiano que os aliados ocidentais revisassem as cláusulas restritivas do rearmamento italiano consignadas no Tratado de Paris".[45]

1954: Em 1954, a Itália aceita a partilha da zona de Trieste com a Iugoslávia e, em dezembro, é admitida na ONU.

1960: Em 1960 termina o fideicomisso da Itália sobre a Somália. "Porem o desenvolvimento econômico alcançado pela integração da Itália no Mercado Comum e pela ajuda norte-americana fizeram esquecer logo o abandono dos ideais colonizadores da Itália na África."[46]

Já acentuamos a importância da Guerra Fria na evolução da política internacional. A diplomacia italiana soube aproveitar habilmente a situação

---

[42] Marin, obra citada, p. 375.
[43] Idem, ibidem.
[44] Idem, ibidem.
[45] Idem, ibidem.
[46] Idem, ibidem.

não deixando de entrar em contato com os países da área socialista, especialmente quando Saragat, um socialista moderado, assumiu a presidência da República e quando se iniciou a colaboração centro-esquerda. Desse relacionamento resultaram tratados bilaterais de caráter cultural e comerical gerando um ambiente de franco entendimento com os países do Leste Europeu.[47] Para terminar, lembremos, sempre a título de exemplo, os tratados de Roma (março de 1957) cujos signatários eram os fundadores da CECA. Foram então instituídas a CEE (Comunidade Econômica Europeia) e a EURATOM (Comunidade Europeia de Energia Atômica). Mais tarde, em fevereiro de 1992 seria assinado o Tratado de Maastricht pelos doze membros das comunidades europeias, prevendo a união econômica e monetária (UEM) com a criação de uma moeda única antes de 1999.

---

[47] Idem, ibidem, p. 377.

PORTUGAL

No início do século XX os domínios ultramarinos impressionam ainda por sua extensão e constituem um marco eloquente da epopeia lusitana que assinalou uma época gloriosa em que naus e caravelas singravam mares nunca dantes navegados. Um rápido olhar sobre o mapa-múndi revela-nos a presença portuguesa no Arquipélago de Cabo Verde, na Guiné, em São Tomé e Príncipe, em Angola, em Moçambique, na Índia, em Macau, em Timor. Deve-se assinalar que, ao iniciar o último quartel do século XIX, "esboçava-se na opinião pública portuguesa um movimento de curiosidade, de interesse até pelos problemas que a nossa África diziam respeito e denunciava-se a preocupação de a resguardar contra a cobiça estranha".[1] Com efeito, as possessões portuguesas vinham despertando o apetite das potências europeias. Assim, por exemplo, "agentes britânicos disfarçados em missionários protestantes, em exploradores científicos, em simples comerciantes, tratam de estender o ascendente de Albion a toda a África portuguesa." (Ameal, *História de Portugal*, p. 615). Compreende-se, portanto, que Portugal enviasse expedições científicas com a finalidade de explorar o interior africano e reafirmar sua posse e domínio. Não cabe aqui enumerar os destemidos desbravadores que, no século XIX, integraram essas numerosas expedições. Lembremos apenas os nomes de Azevedo Coutinho e Serpa Pinto, cuja atuação em face da rebelião dos Macololos (1889), que arvoravam a bandeira inglesa, desperta a reação britânica: um *ultimatum* é enviado (janeiro de 1890) ao governo português, no qual ordenava que enviassem "imediatamente instruções tele-

---

[1] Mattoso, *História de Portugal*, vol. II, p. 305-306.

gráficas ao governador de Moçambique para que se retirassem todas as forças portuguesas existentes no Chire ou nos países dos Macololos e Mashona".[2]

O governo português, impotente para responder com a força, submeteu-se "embora lavrasse o seu protesto, que levou ao conhecimento de todas as potências signatarias da Conferência de Berlim".[3] Ameal comenta a propósito do ultimato: "A afronta do ultimato bitânico tem, na nossa política imperial, repercussão decisiva. Compreende-se de súbito quanto é necessário proceder à ocupação sistemática dos territórios que nos pertencem – onde existem largas manchas em que mal se exerce efetivo domínio".[4] Ainda o mesmo autor: "Começa então difícil e valorosa empresa, feita de mil sacrifícios, dedicações e heroísmos. Levanta-se uma geração de homens extraordinários, animados de plena consciência do que a Pátria lhes pede nessa hora, dispostos a suportar as maiores canseiras e a desafiar os maiores riscos para manter a Portugal as suas províncias ultramarinas".[5]

Carlos I[6] (1889-1908) inicia seu reinado em plena crise do ultimato. "O furor antibritânico sacode a nação. Manifestações, tumultos, discursos inflamados – gritam à 'velha aliada' o magoado furor popular".[7] O rei devolve à Rainha Vitória a condecoração da Ordem do Banho, e o duque de Palmela, que prestara serviços à marinha britânica como oficial, faz o mesmo quanto à medalha da campanha do Báltico. Os adversários da Monarquia, entretanto, aproveitam o acontecimento para desencadearem uma campanha contra o monarca: agitam a opinião pública, promovem comícios, iniciam a publicação de novos jornais, lançam-se contra os colaboradores da Monarquia. "Guerra Junqueira, num panfleto criminoso, *Finis Patriae*, sugere o assassinato do Rei."[8]

---

[2] Idem, ibidem, p. 313.
[3] Idem, ibidem, p. 314. A conferência de Berlim realizou-se em novembro de 1884.
[4] Ameal, *História de Portugal*, p. 616.
[5] Idem, ibidem.
[6] Carlos é neto de D. Maria II, filha do imperador do Brasil, Pedro I. Alguns *Históriadores* consideram os soberanos, a partir inclusive de D. Maria II, como pertencentes à Segunda Dinastia de Bragança. Ver um quadro genealógico dos Reis de Portugal em Ameal, obra citada.
[7] Ameal, obra citada, p. 627.
[8] Mattoso, obra citada, p. 311-317.

No Porto cria-se um foco revolucionário: a 31 de janeiro de 1891 soldados comandados por sargentos e acompanhados apenas por três oficiais arvoram a bandeira revolucionária. A República é proclamada no edifício da Câmara Municipal. Os rebeldes republicanos porém não resistem à pronta reação das forças do governo. A revolta "em todo o país desperta condenação e repulsa. Mesmo entre os republicanos, muitos se apressam a repudiar qualquer solidariedade com ela."[9]

Num rápido estudo do reinado de Carlos I, devemos chamar a atenção para três aspectos dos principais acontecimentos: 1) a preocupação em ocupar ou defender as colônias africanas; 2) a preocupação em estimular e ampliar o pretígio da monarquia portuguesa na Europa; 3) na política interna, o recrudescimento da propaganda republicana, que culmina com o regicídio.

Quanto à política colonial, vale repetir Ameal: "Para saber o que faz pela nossa causa em África, ouça-se a nítida afirmação do general João de Almeida, um dos heróis do ultramar: "Todos os homens da ocupação se sentiram mais ou menos amparados pelo Rei, estimulados, dirigidos – e ele era bem o coordenador duma ação africana diplomática na Europa".[10] Assim é que, sob o reinado de D. Carlos I, realizaram-se sucessivas operações militares com honrosas vitórias das armas portuguesas. Ao lado desta atuação militar desenvolve-se também um novo sistema de administração colonial constituído por delegados do poder executivo conhecidos como comissários régios e dotados de amplas atribuições.[11]

No campo diplomático o soberano português, dotado de rara inteligência e vasta cultura, procura tornar Portugal conhecido e respeitado nas capitais europeias. "A sua viagem é um triunfo, quer em Paris, quer em Berlim, quer em Londres. Pelo ascendente excepcional que irradia, pela inteligência e pela majestade que o singularizam – adquire um prestígio que é, nessa hora dúbia, prestígio de Portugal."[12]

---

[9] Ameal, obra citada, p. 630.
[10] Idem, ibidem, p. 672.
[11] Sobre as operações militares, ver Mattoso, obra citada, p. 320 e ss.; sobre os comissários régios, ver ibidem, p. 335.
[12] Ameal, obra citada, p. 632.

Que a ação diplomática do monarca não fora em vão atestam as visitas das altas personalidades à corte portuguesa: "E as visitas dos chefes dos maiores Estados europeus e de outras altas personalidades manifestam os admiráveis efeitos da campanha de prestígio travada – e ganha – por D. Carlos, anos antes. É o Rei de Espanha, Afonso XIII, que vem em dezembro de 1903 a Lisboa. Em janeiro de 1905, os Duques de Connaught e as Princesas Margarida e Vitória Patrícia; em março a Rainha Alexandra de Inglaterra, as Princesas Maud e Vitória, o Príncipe Carlos da Dinamarca; dias depois, o Imperador da Alemanha, Guilherme II; em outubro, o Presidente francês Loubet".[13]

Na política interna, tinham sido promulgadas importantes medidas de caráter social, econômico e educativo. Desenvolveram-se as redes de ferrovias, estradas e telégrafo. Cuidara-se do aperfeiçoamento de professores no Exterior e criara-se uma série de dispensários para assistência a tuberculosos. As lutas partidárias porém ameaçavam os empreendimentos governamentais. Os republicanos atacam violentamente a monarquia: "Guerra Junqueiro continuava, tonitruante, a atirar alexandrinos sonoros contra 'o Bragança'. Tudo lhe serve. De tudo laçam mão para atingir o Rei e para tolher a marcha do governo..."[14]

Joãos Franco, que se caracteriza pela capacidade, austeridade e caráter impoluto, pede demissão, que não é aceita pelo soberano. Este chega à conclusão de que é imperioso tomar medidas drásticas e declara a Franco "que já que não se pode governar com o parlamento, como se tentou até a última, é preciso governar sem ele".[15]

João Franco aceita, organiza novo ministério e no dia 8 de maio assinaram-se os primeiros decretos ditatoriais. Seguiram-se novas medidas de grande alcance social e político que porém provocaram forte reação por parte de partidos dinásticos e do partido republicano. "Conspiravam monárquicos e republicanos, por vezes unidos no mesmo ódio. Provocavam-se motins e manifestações de desagrado. Faziam-se comícios nos quais oradores fogosos

---

[13] Idem, ibidem, p. 636.
[14] Idem, ibidem, p. 637.
[15] Idem, ibidem, p. 638.

acenavam às massas com miríficas promessas de felicidade futura. Nos jornais descia-se aos insultos baixos, às grosserias descorteses para com o Rei e a Família Real, às insinuações malévolas, aos incentivos à revolta e à chacina. Fabricavam-se bombas, agitavam-se as lojas, organizavam-se sociedades secretas."[16]

Em 28 de janeiro de 1908 deve ser iniciada uma rebelião, mas a conspiração é descoberta e há prisões. Falhada a revolução, parte-se para o crime: no dia 1º de fevereiro, quando a Família Real desembarca no Terreiro do Paço, vinda de Vila Viçosa, são assassinados D. Carlos e o Príncipe herdeiro de D. Luiz Filipe.[17]

D. Manuel II (1908-1910), o segundo filho de D. Carlos, sucede-lhe no trono, aclamado no dia 6 de maio de 1908. João Franco foi obrigado a exilar-se. A situação políticas agravava-se. O Partido Republicano fortalecia-se e os partidos dinásticos, alheios aos perigos que ameaçavam a Monarquia, continuavam desentendendo-se em busca do poder. A 4 de outubro de 1910 explode a revolução que triunfa facilmente: a 5 de outubro proclama-se a República nos Paços de Conselho de Lisboa. D. Manuel II seguiu para o exílio.

República

A 19 de junho de 1911 reunia-se a Assembleia Nacional Constituinte, e a 18 de agosto o Presidente da Assembleia declarava aprovada a nova Constituição que seria assinada, no dia 21, por todos os constituintes. Estabelecia-se um sistema parlamentarista e elegia-se para a Presidência da República o Dr. Manuel Arriaga.

Deve-se observar que a República foi proclamada em todas as províncias praticamente sem reação, e, em vários lugares, com entusiasmo. Lisboa delirava. Proclamava-se a entrada em um período de "paz laboriosa" e a estabilização do regime de liberdade. "Este período de paz laboriosa, esta

---

[16] Mattoso, obra citada, p. 343.
[17] O leitor encontrará um minucioso e emocionante relato do assassinato dos reis de Portugal na revista *História* n. 135, p. 191. A autora é Mme. Saint-René Taillandier, cujo marido representava, então, a França em Lisboa.

estabilização do regime de liberdade eram, na prática, assim interpretados: assalto aos conventos e casas religiosas, onde se assassinaram homens eminentes como o lazarista Pe. Barros Gomes, se destroem coleções científicas, se queimam livros e memórias, inutilizam laboratórios, se prendem e enxovalham sacerdotes; expulsão dos jesuítas e encerramento, em Portugal e domínios, de todos os conventos, mosteiros, colégios, hospícios e quaisquer casas religiosas de todas as ordens regulares..."[18] (350) Ateísmo e anticlericalismo caracterizam pois os inícios da nova República. Acrescente-se a incompatibilidade acentuada entre os partidos que a criaram. O desentendimento político gera graves perturbações: "ressurgiam os mesmos ódios, as mesmas questões, a mesma falta de entendimento, enquanto o país aguarda a era de paz que lhe haviam prometido".[19]

Na Primeira Guerra Mundial a atitude do governo português é de uma neutralidade meramente formal: "praticava todos os atos de beligerância manifesta".[20] Em fevereiro de 1916, Portugal, sob a influência inglesa, apossa-se dos navios alemães ancorados no Tejo. A 9 de março o ministro da Alemanha em Lisboa entrega ao governo português a declaração de Guerra da Alemanha a Portugal. Em fevereiro de 1917 partem para a França os primeiros contingentes portugueses. Em junho já se encontram na França cerca de 55.000 portugueses. Portugal luta também na África Oriental e Ocidental com tropas germânicas unidas a elementos indígenas.[21] Na França, a 9 de abril de 1918, a ofensiva alemã inflige em La Lys pesadas perdas às tropas portuguesas: numerosos mortos e prisioneiros.

Registre-se que em dezembro de 1917 triunfara em Portugal um movimento chefiado pelo Major Sidônio Pais, antigo professor da Universidade de Coimbra, que instalou uma ditadura militar. "Sidônio Pais é por toda a parte aclamado com delírio. O seu governo procura exercer uma honesta administração. No campo político limam-se as arestas da Constituição Democrática, restabelecem-se as liberdades religiosas, reatam-se as relações de

---

[18] Mattoso, obra citada, p. 357.
[19] Idem, ibidem, p. 359.
[20] Pimenta, *Elementos de História de Portugal*, p. 558.
[21] Mattoso, obra citada, p. 360.

Portugal com a Santa Sé e a Inglaterra eleva a sua representação em Lisboa 'à categoria de embaixada'."[22]

Em setembro de 1918 os expedicionários portugueses retomam a marcha da ofensiva e "à data o armistício (11 de novembro) colaboram eficazmente com as brigadas inglesas no norte da França e da Bélgica".[23]

O governo Sidônio Pais enfrentava forte oposição, que se traduziu em atentados ao Presidente que foi assassinado em dezembro de 1918. A desordem voltava a imperar no país.

Quanto às consequências da Primeira Guerra Mundial para Portugal note-se: "A Grande Guerra que nos custou enormes sacrifícios em homens e dinheiro, valeu-nos a conservação das nossas colônias, cuja partilha fora decidida entre a Alemanha e a Inglaterra oito dias antes de rebentar o conflito sangrento".[24]

Na primeira metade da década de 1920 a República Portuguesa é abalada por graves crises. "Durante todo este longo período destaca-se, a apoiar a desordem das ruas (greves, assaltos, revoluções, ataques a polícia e à força armada), a desordem do Parlamento, onde se dão constantes motins entre os deputados, com intervenção, por vezes, das galerias; enxovalhos pessoais: disputas entre os representantes dos diversos partidos, que chegam a agredir-se; discursos palavrosos que nada representam e que chegam a manter-se durante horas consecutivas à espera que cheguem novos adeptos, que possam, na ocasião das votações, impedir a queda dos governos; ausência de medidas sérias, de caráter social ou construtivo; inutilidade absoluta do trabalho realizado, por falta de competência técnica dos deputados, eleitos pela importância que representam nos partidos e não pelo que possam valer sob o ponto de vista intelectual."[25] Sublinhe-se nesse período, sobretudo, a crise financeira e econômica. No campo financeiro havia uma apavorante absorção de todas as receitas sem que se conseguisse preencher o déficit devorador, por exemplo, das emissões de notas do Banco de Portugal e das disponibilidades da Nação pelos depósitos da Caixa Econômica Portuguesa. No campo eco-

---

[22] Beirão, *História Breve de Portugal*, p. 142.
[23] Mattoso, obra citada, p. 360.
[24] Idem, ibidem, p. 361.
[25] Idem, ibidem, p. 365.

nômico, "o Estado não fomentava, devorava a riqueza da Nação, consumindo ou deixando consumir o capital coletivo que vinha do passado e as somas enormes que sacava sobre o futuro".[26]

A Revolução de 1926

A calamitosa situação exposta acima preparava o ambiente para um reforma radical: "Todos os verdadeiros portugueses, todos os que não eram políticos de profissão e da política não faziam o seu modo de vida, sentiam a necessidade de pôr termo a este estado de coisas, que se agravava dia a dia e punha em sério risco a própria existência da nacionalidade".[27] Compreende-se assim a Revolução Nacional que se inicia em Braga (maio de 1926) sob a chefia do General Gomes da Costa, herói das Campanhas africanas e comandante do Corpo Expedicionário Português na França. O estado de saúde de Gomes da Costa, que assumia sozinho o poder em 17 de junho, impede-o de prosseguir no governo, e ele é substituído pelo General Antônio Oscar de Fragoso Carmona (julho de 1926). "A sua subida ao poder não é já um ensaio, uma experiência passageira, mas um ato de consolidação do movimento."[28]

Cabe aqui uma interessante observação. Durante o breve governo de Gomes da Costa, foi indicado para Ministro das Finanças um professor de Coimbra, um "certo Salazar". Indagado se conhecia o novo ministro, o General teria respondido "Não, eu não o conheço, como de resto, ninguém o conhecia, exceção feita de seus alunos, de seus colegas e das ruas íntimas e discretas de Coimbra, corredores da Universidade onde se perdem os passos..."[29]

Salazar ficaria apenas poucos dias no ministério, pois haviam lhe recusado os amplos poderes de que necessitava para enfrentar a crise.

---

[26] Idem, ibidem, p. 367.
[27] Idem, ibidem, p. 368.
[28] Ameal, obra citada, p. 672.
[29] Antonio Ferro, "Salazar et la revolution du Portugal". O leitor encontrará este interessante estudo na Revista *História* n. 115, p. 598 e ss.

A 25 de março de 1928 Carmona, que já chefiava o governo desde julho de 1926, foi eleito Presidente da República, e a 27 de abril do mesmo ano, assume o Ministéro das Finanças o Dr. Antônio de Oliveira Salazar (1889-1970), professor de Direito da Universidade de Coimbra.[30] "Por uma série de reformas orçamentais, tributárias, pautais e de crédito, estavam, dentro de algum tempo, saneadas as finanças do Estado Português, que começou gozando uma situação desafogada e mesmo próspera sob este ponto de vista. Foi extinto o déficit orçamental."[31] Estabelece-se uma ditadura financeira, um saneamento financeiro que resulta na extinção progressiva da dívida flutuante, na estabilização da moeda, no aumento da reserva de ouro do Banco de Portugal e na tendência para o equilíbrio entre exportação e importação.

A 5 de julho de 1932, Salazar assume a Presidência do Conselho e conserva o cargo até 1968, data em que se afasta do poder por motivos de saúde. Em 1958 é eleito Presidente da República o Almirante Alexandre Tomás.

Vejamos, a título de exemplo, alguns aspectos da atuação de Salazar através do longo período em que deteve o poder.

Sob o ponto de vista político, temos a organização do Estado Novo Corporativo pela Constituição de 1933. Portugal é uma República unitária e corporativa baseada na igualdade dos cidadãos perante a lei. O regime é consolidado pela censura e pela PIDE (Polícia Internacional de Defesa do Estado). Estaríamos aqui diante de "um Estado autoritário, mas não totalitário, afirmando seu respeito aos princípios cristãos, à família e ao indivíduo."[32]

No que tange ao Império Colonial português foi publicado o Ato Colonial em julho de 1930 e modificado sucessivamente em 1935 e 1938. Este diploma continha "disposições referentes a garantias gerais, regime dos indígenas, sistema político e administrativo e garantias econômicas e financeiras".[33]

No que se refere à economia devem ser registradas inúmeras realizações como, por exemplo, melhoria dos portos, ampliação dos meios de comunicação, reparação e expansão da malha ferroviária, reflorestamento etc.

---

[30] Sobre a personalidade de Salazar, ver "Visite a Salazar", de autoria de Christine Garnier, na Revista *História* n. 137, p. 434.
[31] Mattoso, obra citada, p. 373.
[32] Milza, obra citada, vol. I, p. 203.
[33] Mattoso, obra citada, p. 384.

Quanto ao social, valorizou-se o trabalho nacional através de uma série de medidas como, por exemplo, a criação da Magistratura do Trabalho, a instituição do salário mínimo, o estabelecimento de serviços de assistência médica e dentária etc. Registre-se a importância das corporações consideradas a organização unitária das forças de produção cujos interesses cabe-lhes representar integralmente. As greves foram proibidas.

No estudo da política internacional portuguesa durante o Estado Novo deve-se levar em consideração que tanto antes como durante e depois da Segunda Guerra pairava sempre sobre a Europa a ameaça comunista. Explica-se assim a posição do salazarismo em face da guerra civil espanhola (1936-1939) e diante do segundo grande conflito mundial (neutralidade inicial e posterior adesão aos Aliados). Mattoso assim sintetiza alguns aspectos da política internacional durante o Estado Novo: "faz ouvir sua voz autorizada na Sociedade das Nações e na questão da guerra civil de Espanha; regulariza a dívida de guerra à Inglaterra. Celebra a convenção de Pretória com a União Sul-Africana; estabelece convenções coloniais com a Bélgica; regula o aproveitamento do troço internacional do rio Douro com a nação vizinha; promove o alargamento das relações comerciais celebrando acordos e convenções com vários países, especialmente os tratados de comércio com o Brasil e com a França; e faz o notável Tratado de Amizade e Não agressão com a nova Espanha, que une no mesmo desejo de paz e de engrandecimento as duas nações peninsulares".[34]

Após a Segunda Guerra Mundial, Portugal continuou seu relacionamento com os Estados Unidos, firmando em 1951 um tratado sobre aproveitamento de bases militares.

A onda de descolonização que se desenvolveu principalmente na Ásia e na África levaria Portugal à perda das possessões na Índia (1961): Goa, Damão e Diu, "sem possibilidade de reação a não ser a puramente verbal, por parte da antiga metrópole".[35] Na África desencadeou-se também uma guerra de libertação com milhares de vítimas.

Em 1968, em virtude de grave enfermidade, Salazar afastou-se do governo, tendo sido substituído pelo Professor de direito Marcelo Caetano

---

[34] Idem, ibidem, p. 382.
[35] Marin, obra citada, p. 396.

(1906-1980). A guerra nas colônias consome então uma apreciável soma do orçamento nacional gerando inquietação social. Em 1973, enquanto o governo português ainda pretende manter seu domínio nas chamadas províncias de Ultramar (Angola, Moçambique e Guiné-Bissau) um grupo de militares resolve pôr fim à luta. Assim é que, em abril de 1974, um golpe de estado fomentado pelo MFA (Movimento das Forças Armadas) põe fim ao regime ditatorial. O novo presidente da República é, então, o general Spínola, cujo conservadorismo, entretanto, desagrada aos partidos de esquerda que se haviam organizado: o Partido Socialista de Mário Soares e o Partido Comunista de Álvaro Cunhal. Spínola vê-se obrigado a renunciar ao poder em setembro de 1974, mas tenta, em vão, reverter a situação em março de 1975.

A chamada Revolução dos Cravos ingressa então numa fase de radicalismo com a nacionalização dos principais meios de produção e dos bancos. O país mergulha num período de insegurança e instabilidade político-social. Em novembro de 1975 ocorre a tentativa fracassada de um golpe de Estado de caráter esquerdista. Em abril de 1976 o país ganha uma nova constituição e Mário Soares é escolhido Primeiro-ministro. A partir de 1983 processa-se uma tranquila alternativa de centro-esquerdistas e centro-direitistas. Em 1986 Mário Soares é eleito Presidente da República e em 1991 consegue reeleger-se. Note-se que a economia é alentada com a entrada do país no Mercado Comum em janeiro de 1986. "Mário Soares coabita sem maiores problemas com governos de centro-direita dirigidos pelo líder do partido social-democrata Cavaco Silva, vencedor das eleições legislativas de 1987 e 1991".[36] Nas eleições legislativas de 1995 e 1999, o partido socialista obtém a maioria. Em 1996 ascende à presidência Jorge Sampaio.

---

[36] Milza, obra citada, T. III, p. 181.

ESPANHA

A Espanha entra no século XX sob a regência de Maria Cristina de Habsburgo. Afonso VII (1874-1885) falecera em novembro de 1885, e seu filho Afonso XIII (1886-1941), nascido em maio de 1886, só assumiria o trono em 1902, aos dezesseis anos.

Na política externa dos primeiros anos do novo século pesam sombrias as consequências da guerra hispano-americana: em 1898 a Espanha perdia Cuba, Puerto Rico, Guam e Filipinas. Esta derrota "cristalizou a oposição ao regime, formulada pelos intelectuais".[1]

Vejamos, a seguir, alguns dos principais acontecimentos da História da Espanha até a Primeira Guerra Mundial.

Na política externa devem ser lembradas as diversas negociações com a França a propóstio de Marrocos.[2]

1902: A França propõe à Espanha o projeto de um pacto pelo qual seria dividido entre as duas nações o protetorado sobre o Marrocos.

1904: Há um novo acordo com a França.

1906: Na Conferência de Algeciras são adotados acordos gerais sobre o país africano.

1912: Reconhecia-se à Espanha uma zona de protetorado. Tanger permanecia internacionalizada, e um califa, representante do sultão, exerceria

---

[1] Vilar, *Histoire de l'Espagne*, p. 69.
[2] Marin, obra citada, p. 228.

uma autoridade nominal em Tetuan. A Espanha estaria representada por um Alto Comissário.

Deve-se observar que em 1909 o exército espanhol entrara em luta com algumas tribos marroquinas, tendo havido um sangrento encontro em Barranco del Lobo (27 de julho de 1909). A mobilização e envio à África de reservistas provocou manifestações contrárias especialmente em Barcelona, procurando-se evitar o embarque dos militares e provocando-se incêndios em prédios religiosos. Foi a chamada "Semana Trágica". Em novembro de 1910 firma-se um Tratado com o sultão Maley Hafid, reconhecendo-se à Espanha o direito de intervir na administração dos territórios do sultão fronteiriços a Melilla, Ceuta e Alhucemas. Em 1913, depois do Tratado de 1912, as tropas espanholas entram em Tetuan, capital da zona espanhola de protetorado. Aproximava-se, então, o início do primeiro grande conflito mundial.

Na política interna dos primeiro anos do século XX anteriores ao conflito, podemos assinalar, entre outros, os seguintes episódios:

No âmbito político propriamente dito o governo espanhol caracteriza-se pela brevidade dos governos que iam suceder-se a partir da data da maioridade de Afonso XIII (1902). "Alguns duraram somente três dias como o de Moret em 1906 e tão breves eram esses períodos de Administração que se chegou a chamar extenso o governo Maura, constituído a 25 de janeiro de 1907 e que durou vinte e dois meses."[3] Vale registrar que Antônio Maura Montaner entrara na vida política já em 1878. Presidia o governo por ocasião do encontro de Barranco del Lobo. Foi um notável político e presidiu o Conselho quatro vezes entre 1903 e 1921. No campo social, no período ora em estudo, registre-se que em extensas regiões da Espanha (Andalucia, Extremadara, Castilla la Nueva) vivia um numeroso proletariado agrícola sem maiores esperanças de melhorar, para muitos, um baixo nível de qualidade de vida. Nas grandes cidades (Barcelona, Madrid, Bilbao, Valencia e Zaragoza), um proletariado urbano, não muito numeroso, começava a organizar-se em centrais sindicais e assim procurar melhorar as condições de trabalho.

---

[3] Idem, ibidem, p. 227.

Os anarquistas aproveitam a ocasião para insinuar-se nos meios operários e praticar atos terroristas. Estavam presentes na já mencionada Semana Trágica.

O problema dos nacionalismos regionais cria dificuldades ao governo central. Assim, por exemplo, o surto nacionalista basco e o regionalismo catalão. Com relação ao primeiro, lembre-se a figura de Sabino Arana Goiri (1865-1903), que se preocupou com a depuração do idioma basco e "rompeu a tradicional aliança de vascos e carlistas propagando a formação de quatro Estados independentes: Vizcaya, Guipúzcoa, Álava e Navarra..."[4] Quanto ao catalanismo, note-se: "O regionalismo catalão surgiu pela separação dos territórios americanos, foi impulsionado pela onda de nacionalismo que sacudiu a Europa como consequência do Romantismo e, se a princípio teve um caráter poético de jogos Florais, chegou um momento em que adquiriu um aspecto econômico. Ocorreu isto na perda das últimas colônias na América – quando o capitalismo catalão encontrou-se diante de graves problemas derivados da limitação de sua exportação tradicional para Cuba, Porto Rico e Filipinas".[5]

Primeira Guerra Mundial

A Espanha conseguiu manter-se oficialmente neutra durante a Primeira Guerra, e neste período sucederam-se vários ministérios. Note-se, entretanto, que a neutralidade oficial não correspondia a uma tomada de posição unânime da população. Na realidade, havia os aliadófilos e os germanófilos. Entre os primeiros figuravam os liberais e os republicanos; entre os segundos alinhavavam-se os conservadores. É curioso lembrar que na família real, à rainha-mãe, Maria Cristina, austríaca, atribuía-se predileção pelos impérios centrais, enquanto a rainha-consorte, Victoria Eugenia, inglesa, considerava-se como favorável aos aliados. Quanto a Afonso XIII, julgavam-no pressionado pelas

---

[4] Idem, ibidem, p. 236.
[5] Idem, ibidem, p. 233.

duas ilustres damas, mas "o certo é que sua atuação foi neutra e que procurou favorecer a ambos os lados na ajuda às vítimas e na troca de prisioneiros".[6]

Durante a Primeira Guerra Mundial a Espanha obteve lucros extraordinários: "graças a seus minerais, a seus carvões, sua indústria trabalhou com pleno rendimento".[7] Os beligerantes adquiriam também cereais, tecidos a gado. Note-se, contudo, que a prosperidade nos negócios favoreceu uma minoria especuladora que enriqueceu com a alta dos preços. A maior parte da população, porém, ficou à margem da prosperidade, o que levou a uma grave crise socioeconômica. Surgem conflitos sociais que se cristalizam na greve geral de 1917. Há um ambiente de insegurança e de revolta à alta do custo de vida, aos enriquecimentos escandalosos; ao choque entre aliadófilos e germanófilos acrescenta-se a notícia explosiva da revolução russa. A situação adquiria tal gravidade que o próprio rei em 1918 esteve a ponto de afastar-se da Espanha. Foi então organizado um governo de União Nacional. O armistício, enfatize-se, agravou a crise: "Mas o armistício estancou as encomendas e os ganhos: as indústrias são paralisadas, os operários, que trabalham dez a doze horas por dia com salários bem-elevados, tombam na inatividade. Subitamente a jornada de trabalho perde sua finalidade e a família seu pão".[8] A agitação social intensificava-se e os terroristas de Barcelona passavam à ação.[9] "Vítimas dos anarquistas foram o ex-governador de Barcelona, Maestre Laborde; o conde de Salavatierra e sua cunhada, em Valencia; o cardeal arcebispo de Zaragoza, Soldevilla, nesta cidade; e o próprio presidente do Conselho de Ministros, Eduardo Dato, assassinado em Madrid, no dia 8 de março de 1921."[10] As greves de caráter revolucionário se sucedem: telégrafos (1918), gerais (1919 e 1920), Correios (1922). No ano de 1923 realiza-se o maior número de atentados, atingindo a cifra excepcional de 830.[11]

A situação política, abalada pela constante agitação interna, defrontar-se-ia com um problema de extrema gravidade que viria reforçar as posições

---

[6] Idem, ibidem, p. 236.
[7] Vallotton, "La dictadure", na revista *História* n. 160.
[8] Idem, ibidem.
[9] Idem, ibidem.
[10] Marin, obra citada, p. 231.
[11] Todos esses dados são extraídos de Marin, obra citada, p. 231.

extremistas: o desastre de Annual (1921). Como já se registrou acima, em 1913 as tropas espanholas haviam entrado em Tetuan. Durante a Primeira Guerra Mundial houve um pacto com o chefe mouro Raisuni. Entretanto, um novo chefe mouro que havia sido educado na Espanha, Abd-el-Krim (ver capítulo sobre a França) subleva-se. O general espanhol Silvestre ataca sem autorização os rebelados e é morto com todo o seu estado-maior em Annual. Houve cerca de 14.000 mortos ou prisioneiros.[12] De 1921 a 1923 prossegue a luta no Marrocos. O general Dámaso Berenguer pede, sem cessar, reforços e créditos. Estamos aqui em face de uma das causas imediatas da ditadura de Primo de Rivera.[13]

Ditadura de Primo de Rivera (1923-1930)

A 13 de setembro de 1923, o general Miguel Primo de Rivera y Orbaneja, marquês de Estella (1870-1930), que gozava de grande popularidade entre seus companheiros e era capitão-general da Catalunha, publicou um manifesto em que retratava a crítica situação em que se encontrava a Espanha (Resumanos a situação: assassinatos de prelados, de antigos governadores, de agentes de autoridade, de patrões; indisciplina social etc.), pedia o concurso de todos os bons cidadãos e prometia um "pronto e radical remédio".

Afonso XIII, que estava em S. Sebastián, dirige-se apressadamente para Madrid e recebe de Primo de Rivera um telegrama de lealdade assegurando pôr fim imediatamente às perturbações revolucionárias. Em face do bom acolhimento da proclamação pelos generais, pelo exército, pela imprensa, por chefes políticos de primeiro plano e de partidos opostos ao rei, excedendo seus poderes estritamente constitucionais, demite o ministério e entrega o poder ao general. O povo, em sua maioria, estava cansado de desordens e de anarquia.[14] Primo de Rivera suspende a Constituição de 1876 e forma um

---

[12] Vilar, obra citada, p. 83.
[13] Valloton, "La Dictadure de Primo de Rivera". Temos aqui um minucioso e interessante estudo de uma fase difícil da História da Espanha no século XX. Revista *História* n. 160, p. 347 e ss.
[14] Idem, ibidem.

Diretório Militar. Em 1925 seria constituído um governo civil. A ditadura, que pretendia ser provisória, transitória, iria, na realidade, durar sete anos. Vejamos, brevemente, algumas de suas realizações.

Com relação ao Marrocos, anote-se: "O maior acerto da Ditadura foi evidentemente o trabalho empreendido para acabar com o problema marroquino, que tantas inquietações havia promovido; era, aliás, o que melhor encaixava com o caráter militar do Ditador".[15]

Em Marrocos as operações militares haviam formado a chamada "linha Primo de Rivera", que cobria Tetuan e Larache e garantia a comunicação com Ceuta. Acordos com os franceses (Lyautey e Pétain) levam à rendição de Abd-el-Krim. "A derrota de Annual está vingada; a maior parte das tropas pode retornar à Espanha, e o enorme orçamento de guerra é reduzido sensivelmente; a nação regozija-se com razão."[16]

Internamente a ditadura conseguira restabelecer a ordem: "o pistoleirismo" não mais existe, os criminosos são punidos. O Diretório empreende grandes trabalhos públicos, melhora consideravelmente as estradas, embeleceno e saneia as cidades, cria centrais elétricas, abre cinco mil escolas.[17]

Menos feliz foi a atitude do Diretório em face das províncias bascas, o que incentivou o sentimento separatista. Primo de Rivera entrou em choque também com intelectuais. Assim, por exemplo, o desterro de Miguel Unamuno provocou as primeiras manifestações desses elementos.

Com relação aos militares houve também descontentamento quando o ditador dissolveu o *Cuerpo de Artilleria*, em fevereiro de 1929. "Esboça-se assim uma oposição que vai dos extremistas aos realistas, dos anarquistas aos quadros da artilharia, dos desempregados aos financistas internacionais."[18]

À rede de intrigas que se formam em torno de Primo de Rivero somam-se os desgastes econômico-financeiros causados pela crise de outubro de 1929 em Nova York. A 26 de janeiro de 1930, é enviada pelo ditador uma nota circular aos capitães-generais solicitando seu apoio para que continuasse no poder. A resposta não foi satisfatória e Primo de Rivera apresentou então seu pedido

---

[15] Marin, obra citada, p. 241.
[16] Valloton, obra citada, p. 350.
[17] Idem, ibidem.
[18] Idem, ibidem, p. 351.

de demissão (28 de janeiro de 1930), logo aceito por Afonso XIII. O general deposto parte para Paris, onde, gravemente enfermo, falece pouco depois.

Queda da Monarquia

Afonso XIII nomeia o general Damaso Berenguer, chefe da casa militar, que assume uma semiditadura que não impede a propaganda republicana e, através da permitida liberdade de imprensa, uma série de ataques à atuação de Primo de Rivera. Reorganizam-se os partidos políticos e os sindicatos. Recomeçam as greves. Os antimonarquistas celebram o Pacto de S. Sebastião (agosto de 1930) comprometendo-se a derrubar a monarquia e procurando a aliança da massa sindical mediante algumas concessões a suas reivindicações. Em novembro de 1930 o país enfrenta uma grande agitação social. Nas eleições de 12 de abirl de 1931 as candidaturas republicano-socialistas triunfam em todas as capitais de província, exceto Cádiz: a opinião pública dos principais cidades revelava-se hostil ao regime monárquico: as bandeiras republicanas flutuavam nas capitais. Em Madrid o general Sanjurjo, chefe da Guarda Civil, não garante mais o regime, e Afonso XIII decide abandonar o país em 14 de abril.[19]

A Segunda República (1931-1936)

Proclamada a República aos 14 de abril de 1931, escolheu-se como presidente do Governo provisório o antigo político da monarquia Niceto Alcalá-Zamora y Torres.

Em maio de 1931 foram eleitos os constituintes, em sua maioria republicanos e socialistas. Aprovada a nova Constituição (que tivera como modelo a Constituição de Weimar) em 9 de dezembro de 1931, procedeu-se

---

[19] O leitor encontrará um minucioso e emocionante relato da queda da Monarquia na Espanha e da vida de Afonso XIII no exílio, na Revista *História* n. 173, de Henry Vallotton, ministro da Suíça, "Alphonse XIII part pour l'Exil".

à eleição do presidente da República. Por ampla maioria foi desiganado o próprio Alcalá-Zamora. Como chefe do novo governo foi escolhido o antimilitarista e anticlerical Manuel Azaña.

A breve (1931-1936) História da Segunda República espanhola está marcada por uma série de problemas que perturbariam no campo político, econômico, social, religioso e cultural a vida do país e que culminariam com a sangrenta Guerra Civil (1936-1939). Sob o ponto de vista político, lembremos, a título de exemplo, a conspiração dos generais (em 1932 o general Sanjurjo subleva a guarnição de Sevilha) e os diferentes grupos direitistas (monarquistas, tradicionalistas etc.) que se unem contra a constituição e contra o laicismo. O Comunismo conta oficial e inicialmente poucos adeptos, mas seu oposicionismo radical vai atrair os jovens anarquistas ávidos de doutrina e os jovens socialistas ávidos de ação.[20] Lembremos, sempre a título de exemplo, dois nomes de jovens que aparecem no cenário político como opositores do governo: Gil Robles, que chefia a CEDA (Confederação Espanhola de Direitas autônomas) e Jose Antonio Primo de Rivera, filho do Ditador, criador da Falange.

Ainda uma observação sobre a atuação dos políticos na Segunda República. Esta aparecera sob a égide de intelectuais deslumbrados com a facilidade com que haviam substituído a Monarquia pela República. Na realidade o triunfo republicano tivera o apoio das massas operárias socialistas e anarquistas com que, agora, os intelectuais e a burguesia se defrontavam. Renascia a CNT (Confederação Nacional do Trabalho) dirigida por um ativo grupo denominado FAI (Federação Anarquista Ibérica), que se opunha ao Capitalismo e pretendia o controle das indústrias.[21]

No campo econômico-social deve ser mencionada a oposição dos poderosos latifundiários de determinadas regiões como a Andalusia, a Estremadura, Mancha, Salamanca, Toledo onde se efetuaram desapropriações. Era a reforma agrária aplicada por um Instituto de Reforma Agrária, por comitês provinciais e comunidades locais.

---

[20] Vilar, obra citada, p. 95.
[21] Marin, obra citada, p. 246.

O movimento operário havia encarado o advento da República com esperanças. Com efeito, foi votada uma legislação social e praticada uma política de altos salários. A crise mundial de 1931-1933 dificultaria as conquistas sociais. Houve agitações sociais. A FAI assumiu a direção do sindicalismo e em 1933 tentou relacionar uma greve geral com a agitação agrária. Agitações e greves perturbam a paz social e prenunciaram reações violentas. Em dezembro de 1933 um *putsch* comunista libertário abala Aragão e a Extremadura.

No terreno cultural a República vai enfrentar dois problemas distintos: os regionalismos e a educação. O problema dos regionalismos (problema cultural e político) na Catalunha e no país basco foi resolvido mediante a elaboração de estatutos. O "estatuto daria à região governo, parlamento, justiça, orçamento, cultura".[22] Em matéria de educação o modelo para as Universidades e para os Institutos secundários era a Instituição livre. "Mas a escola primária foi mais difícil de instituir. Para torná-la uma escola leiga à maneira francesa, seriam necessárias 27.000 escolas novas; os créditos só permitiam cerca de 7 ou 8 mil. Faltavam professores. Enfim, disputar às congregações religiosas seus 600.000 alunos criava, além de difíceis problemas práticos, a mais delicada das questões psicológicas: a da religião."[23]

Ao ateísmo, anticlericalismo e laicismo de boa parte dos republicanos correspondeu uma reação por parte da Igreja Católica. Havia republicanos católicos liberais que aceitariam uma separação entre Estado e Igreja "deixando a Igreja livre sem nada tirar de sua força adquirida." Mas outros republicanos viam nesta força um perigo. Aplicaram aos jesuítas, às associações, ao ensino religioso leis especiais lembrando a legislação francesa.[24] O choque com a Igreja foi violento. Azaña declarou que a Espanha havia cessado de ser católica. A extrema-esquerda anarquista reforçava o anticlericalismo. Em maio de 1931 o ódio anticristão explodiu em lamentáveis atos de vandalismo: incêndios de conventos, cemitérios secularizados, crucifixos arrancados das escolas, prelados perseguidos. O cardeal Segura, arcebispo de Toledo, foi expulso da Espanha.

---

[22] Vilar, obra citada, p. 90.
[23] Idem, ibidem, p. 89.
[24] Idem, ibidem.

Em 1934 duas sublevações subvertem a ordem pública. Na Catalunha, em outubro, proclama-se o "Estado catalão na República Federal", mas a rebelião é facilmente dominada. Nas Astúrias o movimento é mais amplo e adquire a característica de verdadeira revolução. Anarquistas, socialistas e comunistas unem-se na revolta. Oviedo foi tomada, houve bombardeio aéreo. Por nove dias a cidade e a região viveram sob uma organização revolucionária. Depois de quinze dias os revoltosos se dispersam em face da repressão pelo exército e pela guarda civil.[25] A revolta nas Astúrias constitui uma causa importante da conspiração militar que se desenvolve contra o esquerdismo dominante.

Em maio de 1935 Gil Robles e mais quatro ministros da CEDA participam do poder. Robles ocupa o ministério da Guerra e designa para sub-secretário o General Francisco Franco, de quarenta e dois anos.

No ano de 1935 há um marasmo econômico e uma correspondente violenta reação social: salários diminuídos, operários desempregados, paralisação da reforma agrária. Nessa ocasião processa-se uma adesão em massa de camponeses à Frente Popular. Note-se que a Internacional Comunista (*Komintern*) estimulava a formação dessas frentes que deveriam abrigar todas as forças esquerdistas inclusive o partido Comunista. A Espanha foi o primeiro campo de experiência da Frente Popular.[26]

As eleições de 16 de fevereiro de 1936 deram vitória à Frente Popular. Em 7 de abril Alcalá-Zamora foi destituído do cargo de presidente da República e substituído (10 de maio) por Manuel Azaña. A Espanha estava então dividida em duas vertentes políticas: a Frente Popular (que reunia as esquerdas e beneficiava o Partido Comunista) e todos os elementos da direita (monarquistas, militares, proprietários, capitalistas, católicos) classificados, numa generalização absurda, como "fascistas". Compreende-se que pairava no ar um ambiente de revolta contra o esquerdismo. Militares mantinham contatos em face da possibilidade de um levante orientado no sentido da direita, pois estavam convencidos de que o governo da Frente Popular constituía uma ameaça comunista. Entre esses generais figurava Francisco Franco,

---

[25] Idem, ibidem, p. 99.
[26] Marin, obra citada, p. 254.

que havia sido transferido para as Canárias por Azaña quando este, líder da Frente Popular, tornou-se presidente do Conselho.

Em junho José Antônio Primo de Rivera era preso em Alicante, e em 13 de julho Calvo Sotelo (1893-1936), chefe da oposição monarquista, era assassinado. O levante militar e a guerra civil ensanguentariam a Espanha de 1936 a 1939.

A Guerra Civil

O levante militar que se transformaria na prolongada guerra civil tinha à frente três generais de grande prestígio: José Sanjurjo Sacanell, Emílio Mola Vidal e Francisco Franco Bahamonde. O primeiro havia se sublevado em Sevilha (agosto de 1932) e estava exilado em Portugal. Faleceu num acidente de avião quando voltava à Espanha, aderindo ao levante (julho de 1936).

Em 19 de abril de 1936, o general Mola, cujos sentimentos republicanos eram conhecidos, aceita tomar a frente da conspiração que se desenvolve em Pamplona. "Sua adesão cria unidade entre um movimento popular, monarquista e religioso e as forças armadas."[27]

Em 23 de junho de 1936, Franco, de seu posto de comandante militar das Ilhas Canárias, envia uma longa carta de advertência ao Ministro da Guerra, Casares Quiroga, que era também chefe do Governo. Não houve resposta à advertência. A 13 de julho chega a notícia do assassinato de Calvo Sotelo, e a 15 do mesmo mês Franco telegrafa sua adesão a Mola. A 18 de julho o general encontra-se no Marrocos, onde o General Yagüe havia sublevado a guarnição. Os contingentes marroquinos, apesar da oposição da esquadra que dominava o Estreito, conseguem ser transportados por ar e pelo mar para a Espanha. Logo no início da Guerra Civil os militares se apoderaram de Sevilha, Valladolid, Zaragoza, Burgos, La Coruña, Pamplona e outras localidades. As três principais capitais, Madrid, Barcelona e

---

[27] Créac'h, "Comment Franco prit le pouvoir", revista *História* n. 176, p. 43 ss. Deve-se observar que inicialmente o movimento revolucionário era mais antigovernamental que propriamente antirrepublicano.

Valência, bem como outras cidades, permaneciam em poder do governo. Episódio notável dos primeiros tempos da Guerra Civil foi a resistência aos comunistas do coronel José Duarte Moscardo (1878-1956) no Alcázar de Toledo, onde estavam concentrados centenas de militares ao lado de um grande número de mulheres, idosos e crianças. Pelo telefone o chefe das milícias vermelhas ameaça Moscardo com o fuzilamento de seu filho. O comandante de Alcázar não se intimida e não cede; seu filho, Luís Moscardo, é então crivado de balas e, aos vinte anos, morre gritando "Viva a Espanha!"[28] A 26 de setembro as colunas do então coronel Varela chegam às portas de Toledo e no dia seguinte Moscardo recebe o libertador no recinto da cidadela. Alguns dias mais tarde o próprio general Franco vem ao encontro dos defensores do Alcázar.

Um problema crucial para os revolucionários foi a falta de comando único, que, após debates entre os principais chefes militares, coube afinal ao general Francisco Franco Bahamonde, designado chefe do Estado espanhol. "A instituição do Estado encarnava-se na sua pessoa. Único senhor da autoridade suprema, ele podia, em caso de vitória, continuar de bom grado a acumular os dois poderes de chefe de Estado e de chefe do governo, e perpetuar na paz uma situação nascida da guerra e enquanto durasse."[29]

Por sua vez o fracasso do governo de José Giral Pereira diante dos revoltosos (nacionales) fez com que o presidente Azaña nomeasse chefe do governo Francisco Largo Caballero, "o Lenin espanhol". "Este governo, chamado da Victoria, teve de enfrentar a derrota de Toledo, três semanas depois de sua constituição."[30] Deve-se registrar que no governo de Largo Caballero tornava-se cada vez mais evidente uma linha de predomínio comunista "que aspirava à direção total da guerra e à exclusão de todo elemento que não participasse de seu ideal".[31]

---

[28] O leitor encontra um minucioso e emocionante relato da resistência do Alcázar de Toledo na revista *História* n. 161, p. 480 ss. "Les cadets de l' Alcazar", de autoria de Jacques Mayran.
[29] Créac'h, obra citada, p. 50.
[30] Marin, obra citada, p. 265.
[31] Idem, ibidem, p. 267.

Antes de resumirmos alguns dos principais episódios da Guerra Civil, convém fazer breves anotações sobre a intervenção estrangeira no conflito. "No dia 19 de julho, quer dizer, no dia seguinte à deflagração da guerra na península, o Primeiro-ministro da República, Giral, solicitava telegraficamente ajuda do chefe de governo francês, Léon Blum, socialista, triunfante desde 5 de junho da coligação francesa conhecida com o mesmo nome da espanhola: Frente Popular. No dia seguinte o General Franco iniciava gestões para conseguir ajuda da Itália, onde governava Mussolini. No dia 21 a União Soviética entrava no pleito mostrando-se favorável ao *Komintern* conceder apoio ao governo republicano. No dia 22, representantes nacionalistas tentavam em Berlim a possibilidade de aquisição de aviões."[32]

À entrega, pelo governo italiano, de onze aviões Savoia aos revoltosos, seguiu-se o envio de 52 aviões Junker pelo governo alemão. A ajuda à Espanha republicana se fez pelo alistamento de voluntários que formariam as chamadas Brigadas Internacionais. Note-se que o governo da República remetia o ouro do Banco da Espanha para a União soviética como pagamento de material bélico a ser enviado. "Levando em conta as dificuldades de avaliação do número de estrangeiros participantes da Guerra Civil, calculou-se que, do lado nacionalista, chegou a haver na Espanha 50.000 italianos, 16.000 alemães, 20.000 portugueses e pequenas quantidades de irlandeses e de outros países. Da parte governamental torna-se mais difícil calcular o número de 'voluntários' das Brigadas Internacionais. Foi dito que alcançaram um total de 45.000, dos quais o maior contingente foi o francês (uns dez mil), a que se seguiram alemães, italianos antifascistas, austríacos, ingleses, norte-americanos, iugoslavos, húngaros, escandinavos e de muitos outros países".[33]

Vejamos, a seguir, brevemente alguns episódios marcantes da Guerra Civil em sua sucessão cronológica.

1936: Além dos episódios já registrados (transporte de tropas da África para a Espanha, resistência heroica de Moscardo no Alcázar de Toledo etc.) deve-se anotar que as primeiras operações militares desenvolveram-se em re-

---

[32] Marin, obra citada, p. 260.
[33] Idem, ibidem, p. 262-263.

giões diferentes e afastadas geograficamente entre si. Vilar explica como se fez a junção Sul-Norte: "A 14 de agosto, a coluna marroquina de Yagüe estava em Badajoz, onde o combate acabou num massacre: a junção Sul-Norte estava assegurada. Durante esse tempo, Mola, ao Norte, havia atacado Irun, cuja tomada, a 15 de setembro, isolou a zona basco-asturiana. Faltando um instrumento de choque, os republicanos tinham perdido sua primeira chance, que teria sido manter o adversário desagregado".[34]

Ainda no ano de 1936 situa-se a tentativa de ocupar Madrid, o que na prática poderia equivaler à vitória final da revolução. "No final de outubro Madrid estava cercada por três lados; a 6 de novembro o governo abandona-a; a 7 os Mouros estão nas pontes do Manzanares; a 9 ocorre o assalto geral. Surpresa: este assalto fracassa. De toda parte haviam afluído reforços. As 'brigadas internacionais' trouxeram para a defesa a experiência de combatente de 14. O front estabiliza-se."[35] Outras tentativas também fracassaram. Madrid só seria ocupada no final da guerra civil.

Em 1937 lembremos a batalha de Malaga (fevereiro) e a ofensiva contra a zona basco-asturiana (março). Em abril os aviões alemães da legião Condor arrasam Guernica, o que provoca profunda emoção no exterior. Um famoso quadro de Picasso registra o triste episódio. Em meio ao fragor da luta convém registrar dois acontecimentos políticos: a unificação das forças políticas da Espanha nacionalista para evitar lutas internas e as rivalidades irreconciliáveis entre anarquistas e comunistas, sendo que estes se encontravam divididos em trotskistas e stalinistas. Em maio Largo Caballero demitiu Azaña e designou como chefe de governo o professor da Faculdade de Medicina de Madrid Juan Negrin (1889-1956). Fazia parte do gabinete Indalecio Prieto (1883-1962), um socialista moderado.

Em junho perece o general Mola num acidente de aviação, e em outubro as Astúrias tombam em poder dos nacionalistas.[36] "O governo não detém mais que o terço do território, mas com a metade da população. As dificuldades

---

[34] Vilar, obra citada, p. 104.
[35] Idem, ibidem.
[36] "Para los gubernamentales, los sublevados eran 'facciosos' o 'fascistas', cuando no se utilizaban otros epítetos más insultantes. Para los nacionales, sus enemigos fueron calificados de 'rojos'" (Marin, obra citada, p. 259).

econômicas vão aumentar embora a guerra seja ainda possível."[37] Em outubro de 1937 o governo republicano se instalara em Barcelona. No final de 1937 inicia-se a ofensiva republicana contra Teruel, que vai ser conquistada.

Em fevereiro de 1938 Teruel seria reconquistada, e em abril os nacionalistas chegavam ao Mediterrâneo cortando em duas partes a zona ocupada pelos republicanos. A marcha nacionalista sobre Valencia é sustada pela ofensiva (julho de 1938) do exército governista sobre o Ebro, a qual atinge o máximo de alcance em fins de outubro. Desencadeara-se então a contra-ofensiva nacionalista. "Em 18 dias – de 1º a 18 de novembro – as forças do General Franco recuperaram o território perdido na margem direita do Ebro e neste último dia podia dizer-se que a batalha deste nome havia terminado. A batalha do Ebro foi a prova mais sangrenta de toda a guerra civil. As perdas oscilaram, segundo as fontes, ao redor de 80.000 homens."[38] Em dezembro de 1938 inicia-se o ataque nacionalista à Catalunha, e em 26 de janeiro de 1939 Barcelona é tomada. "O governador Negrin volta a Valência. Só os comunistas o apoiam no sentido de continuar o combate. Contra eles, em Madrid, uma junta se forma para negociar uma rendição. Mas vencer a oposição comunista custa muitos dias de combate. Franco pode fazer com que ocupem Madrid em 28 de março. É o fim da guerra."[39]

São interessantes, aqui, as considerações de Georges-Roux: "Por mais ilegítima que tenha sido a rebelião, seu sucesso foi suficiente para legitimá-la. Ninguém fala mais em "insurretos". Parece mesmo, agora, que os "rebeldes" sejam os que se encarniçam em resistir. É a sua vez de tornarem-se incendiários. Assim vão as coisas deste mundo. O fato cria o direito. O êxito é um galardão. A vitória vale uma consagração."[40] Compreeende-se assim que se ampliasse o prestígio de Franco. Com efeito, após o desaparecimento de Sanjurgo (acidente de avião), Calvo Sotelo (assassinado), José Antonio (assassinado) e Mola (acidente de avião), Franco concentrou em sua personalidade

---

[37] Vilar, obra citada, p. 107.
[38] Marin, obra citada, p. 275.
[39] Vilar, obra citada, p. 107. Sobre a queda de Madrid, o leitor encontrará um relato minucioso em "La guerre d'Espagne (Il-j-a vingt-cinq ans..s'achevait)", de autoria de Georges-Roux, revista *História* n. 208, março de 1964, p. 332 e ss.
[40] Georges-Roux, obra citada, p. 336 (ver nota anterior).

os ideais e o apoio de diversas tendências: a Igreja (milhares de religiosos perseguidos ou assassinados, dezenas de igrejas e conventos incendiados), os proprietários (cujos bens estavam na mira dos comunistas), os tradicionalistas (que exaltavam o passado glorioso da nação), os militares (que desejavam impôr a paz ordeira e cultivavam ideais patrióticos).

A vitória dos revolucionários levaria os governos estrangeiros a um reconhecimento *de fato* do governo de Franco, reconhecimento esse que em breve se transformaria em reconhecimento *de jure*. Em face da decisão do Parlamento francês de reconhecer o novo governo espanhol, o governo viu-se na contingência de escolher o representante da França junto a Franco e, com apoio de Daladier, foi designado o Marechal Pétain. "A um soldado envia-se um soldado, a um general vitorioso, um general vitorioso."[41]

A Espanha sob o governo de Franco (1939-1975)

O ano da vitória da revolução foi também o ano do início da Segunda Guerra Mundial, que viria agravar ainda mais a difícil situação em que se encontrava a Espanha. Entre os problemas cruciais que o governo de Franco tinha pela frente figuravam: restabelecer a vida financeiro-econômica; inserir no contexto social milhares de combatentes que deixavam as armas; aplacar ódio e rivalidades resultantes dos anos de luta encarniçada; organizar um regime político estável e sólido que correspondesse aos anseios da população pela paz político-social. Compreende-se assim a posição de neutralidade proclamada em 4 de setembro de 1939 e a declaração de não beligerância de 12 de junho de 1940. Em 23 de outubro de 1940 na entrevista com Hitler (Hendaya) o *caudillo* resistiu às pretensões do ditador alemão e reafirmou assim a neutralidade espanhola, ratificada na entrevista com Mussolini em Bordighera (fevereiro de 1941).[42] Note-se, contudo, que o governo franquista autorizou a partida de alguns contingentes de voluntários para combate-

---

[41] Idem, ibidem, p. 337.
[42] O leitor encontrará um relato sobre a posição de Franco frente a Hitler em "Pourquoi Hitler n'a pás débarqué en Angleterre, ni pris Gibraltar", de autoria de Raymond Cartier, revista *História* n. 88, p. 263 ss.

rem o comunismo na frente russa (julho de 1941). Em fevereiro de 1942 uma entrevista Franco-Salazar em Sevilha reafirmava a neutralidade ibérica tanto frente aos alemães como aos anglo-saxões.

No final da Segunda Guerra Mundial a Espanha sofre um isolamento. Em Potsdam fora-lhe negada a entrada no Organismo Internacional recém-criado (ver mais adiante capítulo sobre a Estrutura política). Em nome da liberal democracia (na França e na Itália havia partidos comunistas fortes) procurava-se enfraquecer o regime do general Franco. Em fevereiro de 1946 a França fechava sua fronteira com a Espanha. O movimento internacional culminou a 12 de dezembro de 1946 com uma solene declaração da Organização das Nações Unidas que recomendava a ruptura das relações diplomáticas com a Espanha.[43] A Guerra Fria, entretanto, contribuiria para alterar a situação internacional. Já em fevereiro de 1948 a França abria suas fronteiras com a Espanha. Aos Estados Unidos interessava de modo especial a instalação de bases na Espanha.[44] Em 1955 a Espanha ingressava na ONU.

Cabem aqui breves notícias sobre a evolução econômica espanhola a partir da Segunda Guerra Mundial. Durante o conflito a exportação de wolfrâmio, disputada pelos beligerantes em virtude de sua importância para a indústria bélica, representou uma notável contribuição para a estrutura econômica, pois o preço do cobiçado metal atingiu um nível elevado. Logo após a guerra, a Espanha recebe auxílio financeiro americano seguido, em 1953, de importantes acordos militares.[45] Em 1959 adere à OECE (Organização Europeia de Cooperação Econômica). A partir do final dos anos cinquenta há pois um impulso na economia que resulta, de 1960 a 1970, numa taxa de expansão elevadíssima. "Na origem deste desenvolvimento, uma ajuda estrangeira (sobretudo americana), os fundos enviados por trabalhadores emigrados e as rendas consideráveis extraídas do turismo." [46]

Na evolução política espanhola, durante as dezenas de anos do governo de Franco, podemos lembrar, a título de exemplo:

---

[43] Marin, obra citada, p. 390.
[44] Walter, *Poderosos e Humildes*, p. 166. O leitor encontrará um interessante estudo do papel desempenhado por Franco visto por um general americano.
[45] Milza, obra citada, vol. II, p. 297.
[46] Idem, ibidem.

A 17 de julho de 1945 temos o *Fuero de los Españoles*, "espécie de carta constitucional que assegurava a manutenção das liberdades fundamentais com exceções determinadas pela unidade espiritual, nacional e social de Espanha".[47]

Em 1947 um referendum aprova a Lei de sucessão na chefia do Estado: o regime espanhol era definido como Reino e dispunha-se da sucessão em caso de incapacidade do General Franco para o exercício das funções.

Em 1951 há uma reforma ministerial "oferecendo um remoçado aspecto de caráter liberalizador".[48] Até 1956 predominam preocupações políticas na composição do governo, mas de 1956 a 1960 prevalecem as preocupações de ordem econômica e os ministérios tiveram o sinal da tecnocracia e a consignação do apoliticismo."[49] Registre-se que a crescente afluência de turistas contribui eficazmente para o saneamento das finanças. Em 1966 um referendum aprova a Lei orgânica do Estado, e em 1969 uma lei apresentada a Cortes pelo general Franco designava Juan Carlos de Borbón y Borbón (neto de Afonso XIII) príncipe sucessor em caso de vacância da chefia do Estado. A vacância ocorreria em 20 de novembro de 1975 com a morte do "Caudillo", que governara a Espanha durante quase quarenta anos.[50]

---

[47] Marin, obra citada, p. 391.
[48] Idem, ibidem.
[49] Idem, ibidem.
[50] Sobre o generalíssimo Franco, que dirigiu a Espanha durante quase quarenta anos, vamos reproduzir as impressões deixadas por um emissário do Presidente Nixon: "Recebeu-me junto com o Ministro das Relações Exteriores. Achava-se em trajes civis e de pé: Entreguei-lhe a carta de Nixon; sua mão tremia ligeiramente quando a segurou. Disse-lhe que o presidente arcava com pesadas responsabilidades no mundo, preocupando-se muito em relação à situação do Mediterrâneo Ocidental nos anos por vir. Franco retrucou que o interesse real do presidente Nixon residia no que aconteceria à Espanha após sua morte. Eu respondi simplesmente: 'Sim, general. É isso mesmo'. Indicou-me uma cadeira na qual me sentei: Sentou-se também. Então, declarou-me que a sucessão seria pacífica. O príncipe tornar-se-ia rei porque não havia outra alternativa. A Espanha percorreria um longo caminho rumo à democracia que defendíamos, juntamente com os ingleses e os franceses. Não seria completa porque a Espanha era diferente dos EUA, da França e da Inglaterra. Tinha absoluta confiança de que o príncipe seria capaz de conduzir a transição depois de sua morte. Muita gente duvidava de que as instituições criadas por ele funcionassem. Estavam enganados. Funcionariam. O Gal. Franco levantou-se, indicando que a audiência estava encerrada. Pediu-me informar ao presidente Nixon quanto às preocupações com a ordem e a estabilidade da Espanha, que seriam mantidas pelas medidas tomadas

Juan Carlos leva a Espanha para a democracia sem grandes dificuldades. Inicia-se a liberalização do regime modificando-se a estrutura política. Em 1977 há eleições de que participam livremente os partidos de oposição, inclusive o Partido Comunista. No campo social admitem-se as liberdades sindicais e o direito de greve. A nova Constituição de 1978 garante o regime democrático. A UCD (União do Centro Democrático), fundada em 1977 por Adolfo Suarez, domina a vida política. Em 1981 o coronel Tejero tenta um golpe de Estado fracassado. Há movimentos de reivindicações regionais na Catalunha e no País Basco Os bascos da ETA (Euzkadi Ta Azkatasuna) desenvolvem impiedosos atentados terroristas.

Em 1981 o PSOE (Partido Socialista Operário Espanhol) sobe ao poder com Felipe Gonzalez. Em 1985 a Espanha adere à CEE (Comunidade Econômica Europeia), ingressando efetivamente na mesma em janeiro de 1986. No final dos anos 80 a Espanha apresenta uma alta taxa de crescimento. "Maugrado os importantes conflitos sociais e a persistência do terrorismo basco da ETA, os socialistas ganham novamente as eleições legislativas de 1986 e 1989, permitindo assim a Felipe Gonzalez celebrar seus dez anos de poder em 1992 com duas grandes manifestações: os Jogos Olímpicos de Barcelona e a Exposição Universal de Sevilha. A preponderância socialista termina em maio de 1996. José Maria Aznar pratica uma exitosa política de liberalismo econômico, o que assegura ao Partido Popular (que abrange a direita espanhola) uma ampla vitória nas eleições legislativas de março de 2000.[51]

---

por ele no devido tempo. Diga ao presidente Nixon para ter confiança no bom senso do povo espanhol. Não haveria uma segunda guerra civil. Podíamos todos aguardar o futuro com confiança na Espanha. Ele acreditava em Deus e no povo espanhol. Ao sair, apertou-me: as mãos e, quase sussurrando, disse-me: 'meu real monumento não será aquela cruz lá no alto em Guadarrama. Meu real monumento será aquele não encontrado ao assumir o governo da Espanha: a classe média espanhola'" (Vernon Walters, *Poderosos e Humildes*, p. 170-171).

[51] Milza, obra citada, T. III, p. 183

IRLANDA

Na História da Inglaterra há uma "questão irlandesa" que envolve problemas sociais, raciais, políticos e religiosos. "Após três séculos de perturbações, a integração da Irlanda à Grã-Bretanha em 1800 (é a criação do Reino Unido) não pôs fim ao regime colonial da ilha que, no século XIX, permanecia colocada em seu papel de anexo agrícola e de reservatório de mão de obra para a Grã-Bretanha industrial."[1] No início do século XX a questão irlandesa perturba a vida política do Reino Unido: a esmagadora maioria católica da ilha deseja a autonomia política (*Home Rule*), e a minoria protestante concentrada no nordeste do país quer permanecer unida (Unionista) à Grã-Bretanha. O movimento *Sinn Fein* prega a independência total da Irlanda contra a posição dos unionistas.

O *Home Rule* (ver capítulo sobre a Inglaterra) foi votado em 1912 pela Câmara dos Comuns, mas encontrou forte resistência por parte dos conservadores ingleses e dos protestantes do Ulster, e sua aplicação ficou suspensa em virtude do início da Primeira Guerra Mundial.

"Em 1918 os nacionalistas intransigentes, que já haviam organizado uma sublevação em plena guerra, proclamaram a República e a inteira independência da Irlanda."[2] Nas eleições de 1918 o *Sinn Fein* conseguira 73 das 105 cadeiras irlandesas. Note-se que grande parte dos eleitos encontra-se na prisão. "Recusando a sede em Londres, os deputados nacionalistas irlandeses constituíram-se em Paralamento revolucionário (*Dail*) em Dublin, nome-

---

[1] Idem, ibidem, T. I, p. 180.
[2] Malet, obra citada, p. 820.

ando Eamon de Valera (prisioneiro em Lincoln) presidente da República da Irlanda."³ Seguiu-se, então, de 1919 a 1921, uma verdadeira guerra em que de um lado estavam os nacionalistas do IRA (*Irish Republican Army*) e de outro as forças inglesas e os unionistas. "Finalmente o tratado de 7 de dezembro de 1921, ratificado a 7 de janeiro de 1922 pelo Dail Eirean, fiou o destino da Irlanda. Seis dos nove condados do Ulster continuaram separados do Estado livre. A independência deste só era limitada pelo reconhecimento da soberania do Rei da Inglaterra e por algumas estipulações financeiras e navais."⁴ A região do Ulster recebeu um estatuto especial: teria seu Parlamento em Belfast e continuaria a enviar ao Parlamento inglês de Westminster certo número de deputados; o restante da Irlanda, com o nome de Estado livre da Irlanda, formando "um Domínio no interior do Império britânico e, como em todos os domínios, o rei foi aí representado por um governador".⁵ Embora boa parte da população irlandesa tivesse aceito a nova situação, o mesmo não aconteceu com os nacionalistas agrupados em torno de Valera (1882-1975).

Recomeçou então, em 1922, a luta armada contra o governo do Estado livre. Após um ano de guerra civil, os adversários (republicanos) do Tratado de 1921 depuseram as armas, mas continuaram a lutar no plano político. Em 1926 de Valera fundou um novo partido, o Fianna Fial. Graças à vitória nas eleições legislativas de 1932, de Valera pôde romper os últimos laços com o Reino Unido. Em 1937 o Estado irlandês passou a chamar-se Eiré.⁶ "Após difíceis negociações, a Inglaterra acabou por aceitar em parte suas exigências: chamou da Irlanda o governador geral que aí representava o rei, bem como as últimas tropas que mantinha aí, mas recusou permitir que o Eiré anexasse o Ulster."⁷ Durante a Segunda Guerra Mundial o Eiré manteve neutralidade. Após o conflito a Irlanda desfruta de notável prosperidade graças à chegada de numerosos turistas. Em 1949, a Irlanda rompia definitivamente seus laços com a Grã-Bretanha proclamando-se a República.

---

³ Milza, obra citada, T. I, p. 180.
⁴ Rebillon e Meslin, *História da Grã-Bretanha*, p. 1485.
⁵ Malet, obra citada, p. 820.
⁶ Idem, ibidem, p. 821. Eiré ou Erinn é o nome primitivo da Irlanda.
⁷ Idem, ibidem, p. 821.

Apesar de não haver participado da Segunda Guerra Mundial, a Irlanda conseguiu beneficiar-se com o Plano Marshall e fazer parte da OECE (Organização Europeia de Cooperação Econômica), que tinha por finalidade aplicar o Plano. Em 1955 a Irlanda passou a integrar a ONU.

"Símbolo desta política e desta unidade é o velho nacionalista Eamon de Valera, nascido em 1882, organizador e chefe de Sinn Fein (Nós sozinhos), lutador, desde 1905, pela completa emancipação do país. Depois de haver sido várias vezes chefe de governo, de Valera foi eleito presidente da República da Irlanda em 1959 e reeleito para o mesmo cargo em 1966."[8] Os seis condados do Ulster recusaram-se a romper com o Reino Unido em 1921 e gozaram de uma relativa autonomia interna até 1972 (com um parlamento em Belfast – o *Stormont* – e conservando uma representação parlamentar em Westminster).

A maioria protestante "unionista" praticou então uma clamorosa discriminação contra a importante minoria católica da Irlanda do Norte: "um engenhoso sistema eleitoral favorecia de maneira vergonhosa os protestantes".[9]

Discriminação política, econômica e social exercida contra os católicos criaram um ambiente de intolerância incompatível com a mentalidade moderna de respeito às convicções religiosas das populações. Compreende-se que tal deplorável situação criasse forte reação de reivindicação de direitos cívicos e de justiça social.[10] "Mas nem os trabalhistas nem os conservadores querem descontentar a maioria protestante. A ausência de reformas sérias, a repressão e a intervenção cada vez maior das forças britânicas (até 18.000 soldados) levam numerosos católicos aos braços do IRA e põem em primeiro plano a questão da reunificação da Irlanda."[11]

---

[8] Marin, obra citada, p. 397.
[9] Milza, obra citada, T. II, p. 290.
[10] Idem, ibidem.
[11] Idem, ibidem.

BÉLGICA

A Bélgica entra no novo século sob o longo reinado de Leopoldo II (1865-1909), que, em 1885, com autorização das Câmaras belgas, acrescentava a seu título de rei dos belgas o de soberano do Estado Independente do Congo. Observe-se que Leopoldo II, considerando o Congo sua propriedade pessoal, fizera testamento em 1890 legando o vasto território africano à Bélgica por ocasião de sua morte, que ocorreu em 1909.[1] O rei belga despendera boa parte de sua fortuna pessoal na empresa do Congo.

Internamente, a Bélgica, no início do século, apresenta um bom quadro econômico representado pela intensificação de industrialização do país graças sobretudo à exploração de abundantes minas de carvão. A anexação do Congo facilitou a expansão do capitalismo belga. Ainda, quanto à política interna, convém lembrar a divisão da população em valões e flamengos, divisão esta superada pelo normal desenvolvimento das instituições democráticas.[2] Em termos de direitos sociais é curioso notar que, graças aos esforços dos políticos belgas, católicos e socialistas, a Bélgica foi "um dos primeiros países em que se adotaram os mais elementares benefícios sociais".[3]

A anexação do Congo tornara a Bélgica uma importante potência colonial, fato este que inevitavelmente despertou a rivalidade e a cobiça de outras nações, também desejosas de expandir seus domínios e explorar as riquezas disponíveis no vasto e indefeso continente africano. Nos primeiros anos do reinado de Leopoldo I, a Bélgica, sob o ponto de vista econômico, apresenta

---

[1] Van der Essen, *História da Bélgica*, p. 1260.
[2] Marin, obra citada, p. 25.
[3] Idem, ibidem.

uma tríplice prosperidade, a saber, no setor agrícola, no campo industrial e nas relações externas.

Nuvens negras, entretanto, ameaçavam seriamente essa prosperidade: o agravamento da situação internacional na Europa e o início da Primeira Guerra Mundial encontrava que a Bélgica militarmente despreparada. É verdade que se esperava que fosse respeitada a neutralidade belga, já proclamada nos tratados de 1839 pelas cinco grandes potências: Grã-Bretanha, França, Prússia, Rússia e Áustria. Desencadeado o primeiro Grande Conflito Mundial, a Bélgica recebeu um ultimato no sentido de que as tropas germânicas cruzassem o território belga. Repelido o ultimato, a Bélgica passou a ser tratada como adversária e foi invadida no início de agosto de 1914. Nesse momento trágico da vida nacional avulta a personalidade do rei Alberto I.[4]

"A bela resistência de Liège, o esforço heroico no Yser (outubro de 1914) fechando ao exército alemão o caminho de Dunquerque e Calais, a colaboração fiel e leal das tropas belgas com os exércitos aliados durante a 'guerra de posição' e a ofensiva final de 1918, fizeram com que Alberto entrasse, ainda vivo, na História."[5]

À Primeira Guerra Mundial segue-se um período difícil: perturbações políticas e sociais, escândalos financeiros, rivalidades linguísticas, a crise de 1929. Alberto I preocupou-se com a situação dos cientistas belgas criando o Fundo Nacional de Pesquisa Científica. A morte acidental de Alberto I, quando escalava os rochedos de Marche-les-Dames em fevereiro de 1934, "provocou dolorosa emoção no mundo inteiro".[6]

Leopoldo III (1934-1951), filho de Alberto I, segue a orientação do pai, "interessando-se ativamente pelas medidas de defesa do território, de manutenção da paz social e de apoio às atividades científicas".[7]

Face às ameaças de um novo conflito mundial a Bélgica adotou a política de neutralidade, o que, entretanto, não impediu a invasão alemã a 10 de maio de 1940. O governo solicitou então o auxílio da França e da Inglaterra.

---

[4] Sobre a personalidade do rei Alberto I, ver interessante estudo na revista *História* n. 87, p. 187, de autoria de Comte Carton de Wiart, ministre d'Etat de Belgique.
[5] Van der Essen, obra citada, p. 1261.
[6] Idem, ibidem, p. 1262.
[7] Idem, ibidem.

Após desesperada resistência às margens do Lys, o soberano belga rendeu-se a 28 de maio, recusando-se a abandonar o país e encerrando-se voluntariamente no castelo de Laeken. Em Londres organizou-se então o governo da Bélgica livre. Durante os anos da ocupação alemã houve grupo de resistência e consequente repressão alemã traduzida em aprisionamentos e deportações. Em junho de 1944 Leopoldo III havia sido levado para a Alemanha, o que explica por que, quando os aliados chegaram à Bélgica em setembro do mesmo ano, foi escolhido como regente o príncipe Carlos, irmão do soberano. Em maio de 1945 Leopoldo III foi libertado pelo exército americano na Áustria e passou, posteriormente, a residir na Suíça. Em fevereiro de 1950 o retorno do rei foi aprovado em um referendum. Leopoldo volta a Bruxelas e, em face da oposição socialista, transfere os poderes reais para seu filho, o príncipe Balduino; posteriormente, em julho de 1951, o rei abdicaria definitivamente em favor de seu filho, que então ascendeu ao trono com o nome de Balduíno I.

Deve-se registrar que, no período acima focalizado, a Bélgica, além do confronto dos partidos políticos (comunistas, socialistas, liberais, sociais-cristãos), passou por um período de prosperidade econômica favorecido pela utilização do porto de Antuérpia pelos americanos, pelas exportações de urânio do Congo e pela admissão como beneficiária do plano Marshall (1948).[8]

Sob o reinado de Balduíno (1951-1993) lembremos, entre outros, os seguintes acontecimentos:

Em 1960, Balduíno I encontra-se presente na cerimônia de proclamação da independência da República democrática do Congo (ver países africanos). Em dezembro do mesmo ano o soberano contrai matrimônio com Fabíola de Mora y Aragón, da nobreza espanhola.[9] Em 1967, com a retirada da França do comando integrado da OTAN (Organização do Tratado do Atlântico Norte), a sede da organização transfere-se para a Bélgica. Bruxelas vai adquirindo projeção internacional.

---

[8] Idem, ibidem.
[9] Ver em *História* n. 174, p. 664 e ss., um estudo sobre Fabiola de Belgique de autoria de Charles d'Ydewalle.

A política interna belga é abalada, nos últimos decênios do século XX, por sucessivas crises. Assim, por exemplo, o conflito entre flamengos e valões leva à realização de revisões constitucionais que resultam, em 1993, numa federalização do Estado. Entre os partidos que lutam pelo poder figuram os sociais-cristãos, sociais-democratas, liberais, socialistas e até ecologistas. Note-se que em 1993 a Balduíno I sucedeu seu irmão Alberto II.

No campo internacional deve ser registrada a união formada entre a Bélgica, a Holanda e Luxemburgo, conhecida como Benelux. Esta união foi reforçada em 1958 com um pacto econômico, em 1960 com um pacto sobre as fronteiras e em 1964 com a instituição de tribunais de justiça comuns.[10]

---

[10] Marin, obra citada, p. 401.

LUXEMBURGO

O pequeno grão-ducado de Luxemburgo foi governado de 1919 a 1964 pela grã-duquesa Carlota, que foi substituída pelo grão-duque João, o qual ocupou o trono até o ano 2000 e abdicou então em favor de seu filho Henrique.

Durante o primeiro conflito mundial houve a ocupação germânica que acarretaria posteriormente a ruptura econômica com a Alemanha e uma consequente união econômica e monetária com a Bélgica (1922).

Apesar de tradicionalmente neutro em face dos desentendimentos entre os poderosos vizinhos, o pequeno Estado, em pleno início da Guerra Fria, aderiu à OTAN. Já mencionamos a integração de Luxemburgo no Benelux. Deve-se lembrar também a participação de Luxemburgo na CECA (Comunidade Europeia de Carvão e Aço) e na CEE (Comunidade Econômica Europeia, instituída pelo Tratado de Roma).

Se olharmos a política interna do grão-ducado, verificaremos que, a partir de 1945, há uma quase permanente direção do país pelo partido cristão-social, ora com apoio dos liberais, ora com o respaldo dos socialistas.

Para concluir, vale registrar a projeção internacional de Luxemburgo não só pela instalação aí de importantes empresas industriais estrangeiras como também de relevantes instituições europeias, como a Corte de Justiça e o Banco Europeu de Investimento.[1]

---

[1] Nossa fonte principal de informações sobre Luxemburgo foi *Le dictionnaire du 20 siècle historique et géopolitique*.

HOLANDA

A Holanda, Reino dos Países Baixos, entra no século XX sob o reinado de Guilhermina (1890-1948) numa situação econômica favorecida por um rico império colonial com que se relaciona comercialmente através de uma respeitável frota mercante. Ao lado de outros países europeus, a Holanda conseguiu manter a neutralidade diante da Primeira Guerra Mundial. Na política interna lembremos a existência de partidos confessionais (católicos e protestantes) "unidos por comum aversão ao ensino leigo nas escolas públicas".[1] O direito de voto, que no início do século era limitado, foi estendido, numa progressiva democratização, a homens e mulheres. Na economia nota-se uma evolução comercial e industrial. Na política colonial procura-se respeitar a população indígena em seus costumes tradicionais.

Apesar da preocupação em manter-se neutra diante do choque entre as grandes potências, a Holanda foi invadida pelas tropas alemãs em maio de 1940. Após uma resistência de poucos dias e o arrazador bombardeio de Rotterdã, o exército holandês foi forçado a capitular. A família real e o governo refugiaram-se na Inglaterra, e durante o conflito a rainha Guilhermina, através do rádio, encoraja o povo holandês no sentido de resistir ao invasor. Registre-se que a ocupação alemã foi prolongada (até maio de 1945) e cruel (deportação e extermínio maciço de judeus). O administrador nazista, Seyss--Inquart seria mais tarde condenado pelo tribunal de Nuremberg e executado. As tropas japonesas invadiram o território das Índias Orientais Holandesas. Quando o Japão capitulou, em agosto de 1945, "os holandeses negocia-

---

[1] Gosses e de Gorter, *História dos Países Baixos*, p. 1645.

ram com os nacionalistas indonésios a conclusão de acordo conferindo a seu país estatuto de autonomia".[2]

Em setembro de 1948, após um reinado de mais de meio século, a rainha Guilhermina abdicou em favor de sua filha Juliana (1948-1980), que, por sua vez, foi substituída (1980) pela princesa Beatrix. Fracassou a tentativa holandesa de formar com a Indonésia uma União Neerlandesa à semelhança do Commonwealth, vendo-se a Holanda obrigada a "abandonar sua tradicional política colonial e voltar-se para uma economia europeia, estreitamente unida ao Benelux, primeiro, e, mais tarde, ao Mercado Comum".[3] Note-se que a Holanda beneficiou-se também do Plano Marshall. Em plena Guerra Fria o governo holandês abandonou a antiga política de neutralidade e ingressou na NATO.

Na década de 60 e no início dos anos 70 a Holanda goza de notável progresso econômico que se reflete numa sensível melhora do nível de vida. Já nos anos 80 surgem problemas político-sociais. Os Países Baixos, entretanto, vão ocupar a presidência da Comunidade Europeia quando se preparava a União Econômica e Monetária (UEM), simbolizada pelo Tratado de MaastrichT. Este tratado foi assinado em fevereiro de 1992 e previa a União Econômica e Monetária (UEM) com a criação de uma moeda única.

---

[2] Idem, ibidem.
[3] Marin, obra citada, p. 402.

SUÍÇA

A Suíça ingressa no século XX com a marca da neutralidade já afirmada pelo Congresso de Viena em 1815 e sob a égide da Constituição de 1874, que introduziu um referendum legislativo. Pode-se afirmar que os primeiros anos do século encontram a Suíça em pleno desenvolvimento graças ao equilíbrio de suas instituições políticas, ao progresso da economia (lembremos a indústria de precisão) e ao fato de constituir um importante centro de comunicação para o continente europeu.

No período que antecede a Primeira Grande Guerra, podemos enumerar, a título de exemplo, os seguintes acontecimentos relacionados com a evolução econômica, social e política da Suíça. Em 1906 e 1913 temos respectivamente a construção dos túneis do Simplón e do Lötschberger; em 1907 estabelece-se o seguro obrigatório de acidentes; em 1912, está vigente o Código Civil (note-se que o Código Penal só entraria em vigor em 1942).

No campo político acentue-se a importância do já citado referendum: temos aqui o exercício de uma democracia direta que estabelece um equilíbrio entre a autonomia dos cantões e o poder do governo confederal. No campo econômico-social deve-se observar o surgimento de uma classe operária numerosa vinculada ao desenvolvimento industrial (tecido, metalurgia, química, eletricidade etc.) e suscitando a criação de um partido socialista que, entretanto, só obteria cadeira no Conselho Federal em 1943 enquanto o partido agrário já o precedera nesse Conselho desde 1929. Enfatize-se que, na Suíça, a revolução industrial, que fez do país agrícola um país industrializado, ocorreu tardiamente.[1]

---

[1] Reymond e Junod, *História da Suíça*, p. 1721-1722.

A tradicional neutralidade suíça revestiu-se de importância durante a guerra de 1914-1918, embora deva ser registrado que a simpatia do povo se dividia em a favor dos Impérios Centrais, nos cantões germânicos, e em prol dos Aliados nos demais cantões. No decurso do conflito a situação de neutralidade face aos beligerantes pendeu para os aliados que controlavam todas as exportações provenientes do além-mar.[2] A guerra teve um reflexo na política interna da Confederação: as necessidades impostas pela defesa nacional e pelas dificuldades econômicas reforçaram o poder central em detrimento dos cantões. Acrescente-se aqui a atuação positiva da Suíça diante das vítimas da guerra: "Poupada pela guerra, a Suíça exerceu uma ação caritativa em relação a dezenas de milhares de gravemente feridos e de prisioneiros internados em seu território".[3]

O final da guerra está marcado na Suíça por movimentos de caráter social. Os extremistas do Partido Socialista inspirados por Lenine, que até abril de 1917 se encontrava na Suíça, promovem agitações. Em 1918 as tropas federais intervêm contra a greve geral. A epidemia de gripe dizima as fileiras militares.

O tratado de Versailles confirmou a neutralidade suíça. Apesar do estatuto de neutralidade, a Suíça conseguiu ingressar na Sociedade das Nações (SDN) graças à atuação de José Motta, o chefe da diplomacia helvética: "a neutralidade militar foi considerada justificada pelos interesses da paz geral e por consequência compatível com o pacto; a Suíça comprometia-se, em compensação, a participar das sanções econômicas".[4]

No período entre-guerras a economia suíça sofre um abalo: a indústria têxtil enfrenta a concorrência do Extremo-Oriente; a indústria de exportação enfrenta as crises de 1921 e de 1930-1936, especialmente no campo da relojoaria. Em 1936 o franco-suíço é desvalorizado. Processa-se então uma intervenção mais marcante das autoridades centrais na vida econômica: o poder da Confederação aumenta em detrimento do poder dos cantões.[5]

---

[2] Gilliard, *Histoire de la Suisse*, p. 115.
[3] Idem, ibidem.
[4] Gilliard, obra citada, p. 116.
[5] Idem, ibidem, p. 118.

Durante a Guerra da Etiópia, a Suíça recusou participar das sanções econômicas contra a Itália, limitando-se a proibir a exportação de armas para os dois beligerantes e a equilibrar exatamente suas importações e suas exportações com a Itália. "As críticas que essa política suscitou, a impossibilidade real de distinguir validamente as sanções econômicas das sanções militares, o enfraquecimento gradual da SDN da qual, entre os vizinhos da Suíça, só a França fazia parte, levaram Motta a proclamar em 1938 o abandono da neutralidade diferencial, base da política suíça desde 1920, e o retorno à neutralidade integral."[6] Registre que José Motta dirigiu o Departamento político até sua morte em 1940.

Durante a Segunda Guerra Mundial a Suíça procura manter-se neutra de acordo com a vontade unânime da população, que deseja a união nacional, aliás concretizada pela já mencionada entrada do Socialismo no Conselho Federal em 1943. Note-se que essa união nacional já fora acentuada quando da elevação em 1938 do *romanche* como quarta língua nacional da Confederação Helvética.[7] Vale notar que a neutralidade suíça, assegurada em terra por um pequeno mas bem-equipado e treinado exército, foi violada apenas no espaço aéreo.

No plano econômico a Suíça enfrentou dificuldades especialmente quando, após a derrota francesa de 1940 e a ocupação da Itália pelos alemães, teve de entabular negociações com o Reich. Houve, em certa ocasião, falta de trigo, o que levou os suíços a aumentarem sua produção agrícola.

Um aspecto da História da Suíça durante a Segunda Guerra Mundial deve ser lembrado: a atuação humanitária da Confederação que abrigou não só refugiados militares, mas também civis entre os quais menores de idade.

O pós-guerra encontra a Suíça em prosperidade: sua indústria, que não sofria os efeitos devastadores dos bombardeios, expandia-se notavelmente não só no campo da relojoaria como nos setores de máquinas, de química e de produtos farmacêuticos. É interessante notar que na década de 60 a Suíça acolhe milhares de trabalhadores estrangeiros, o que vai acarretar sérios problemas econômicos e sociais provocando até mesmo um clima de xenofobia.

---

[6] Idem, ibidem, p. 119.
[7] Sobre o *romanche* ver Meillet, *Lês Langues du Monde*, p. 50.

A Confederação intervém na vida econômica em virtude da introdução na constituição de *novos artigos econômicos*. Há progressos também no campo social como o seguro por invalidez e o seguro-velhice.

No que tange ao voto, convém lembrar que somente em 1971 a participação feminina foi aprovada em escala federal. Em 1959 o corpo eleitoral se manifestara contra o voto feminino, que, entretanto, foi introduzido em algumas regiões apenas em assuntos cantonais.[8]

O desenvolvimento da indústria acarretou uma mistura confessional e linguística da população especialmente nas cidades em pleno surto demográfico. "No domínio confessional os católicos pedem com moderação a abrogação dos 'artigos de exceção' (interdição da atividade dos jesuítas e da fundação de novos conventos) figurantes na Constituição."[9]

Na política externa do pós-guerra a atuação da Confederação tem sido prudente. A Suíça não integrou a ONU, que não aceitava o estatuto de neutralidade integral. Esta neutralidade, entretanto, não impediu a participação helvética em organizações internacionais de caráter técnico ou humanitário como, por exemplo, a UNESCO etc. A confederação faz parte também de instituições puramente econômicas que não afetam a neutralidade. Ainda em matéria internacional convém lembrar que a Suíça participou do controle do armistício na Coreia e assumiu em certas ocasiões a representação de interesses de países em crise de relações diplomáticas com outros. A política internacional da Confederação helvética pode ser definida com as palavras de Max Petitpierre, chefe do Departamento político de 1944 a 1961: neutralidade e solidariedade.[10]

---

[8] Gilliard, obra citada, p. 124.
[9] Idem, ibidem, p. 123.
[10] Idem, ibidem p. 126.

DINAMARCA

A Dinamarca entra no século XX sob o longo reinado de Cristiano IX (1863-1906) com dois problemas: a luta política entre direita e esquerda e o separatismo islandês. A esquerda amputada de seus elementos mais moderados e reorganizada (esquerda reformista, 1895) chega ao poder em 1901. Note-se, contudo, que não há unidade entre os esquerdistas: muitos de seus membros são antissocialistas, e em 1903 destaca-se o Partido Radical.

Na Islândia era forte o movimento em prol da independência. Em 1904, os islandeses obtêm certa autonomia. Em 25 de novembro de 1905, o príncipe Carlos, neto do rei Cristiano, foi proclamado rei da Noruega sob o nome de Haakon VII.

Sob o reinado de Frederico VIII (1906-1912) as eleições atestam uma forte inclinação para a esquerda, destacando-se, então, o líder radical Zahle. Procura-se limitar as prerrogativas reais. Em 1908 foi concedido o voto às mulheres nas eleições municipais.

O reinado de Cristiano X (1912-1947) vai enfrentar uma época de dois grandes conflitos mundiais e suas profundas consequências. Sob Cristiano X instituiu-se na Dinamarca o voto universal abrangendo homens e mulheres. Concedia-se o direito de votar e ser votado aos homens e mulheres maiores de vinte e cinco anos, para o *Folketing* (Câmara de Deputados), e de trinta e cinco para o *Landsting* (Senado), eleito por voto indireto.[1]

Quanto à questão islandesa registre-se: em 1918, o ato de União estabeleceu dois Estados sob um mesmo soberano, o rei da Dinamarca. Em 1933 entra em vigor na Dinamarca o novo código penal que suprime a pena de morte.

---

[1] Maury, *História dos países escandinavos*, p. 1630.

Na Primeira Guerra Mundial a Dinamarca, com os demais países escandinavos, consegue manter a neutralidade, mas perde uma quinta parte de sua frota mercante "porém foi recompensada com a anexação do Schleswig setentrional".[2]

Na Segunda Guerra Mundial a Dinamarca foi invadida pelos alemães em abril de 1940. O rei Cristiano X refugia-se na Inglaterra. O governo dinamarquês procura fazer uma política de adaptação visando evitar o pior. Em 1941 rompe relações com Moscou, dissolve o Partido Comunista e assina o Pacto Antikomintern. Os invasores, entretanto, imiscuem-se cada vez mais nos problemas internos do país. Em 1943 os nazistas dinamarqueses são derrotados nas eleições. Manifesta-se então uma resistência ativa, o que leva as autoridades de ocupação a medidas excepcionais, agrava-se a repressão que atinge especialmente os judeus dinamarqueses. A derrota alemã e a capitulação em maio de 1945 liberam a Dinamarca. Cristiano X volta ao trono dinamarquês e falece em 1947.

Frederico IX reina de 1947 a 1972 quando falece e é substituído por sua filha Margarida II. Sob o reinado de Frederico IX, a Dinamarca adere em 1949 ao pacto do Atlântico Norte e em 1959 é membro da AELE (Associação Europeia de Livre-Câmbio). Em 1992 os dinamarqueses recusam, por referendum, a ratificação do tratado de Maastricht.

Em 1948 as ilhas Feroe e, em 1953, a Groenlândia obtiveram um regime de autonomia dentro do Estado dinamarquês.[3] Quanto à Islândia, a independência foi aprovada por um referendum em 1944 e foi aceita uma constituição republicana. Em 1949 a Islândia adere ao Pacto do Atlântico Norte e em 1951 cede aos Estados Unidos a base militar de Keflavik.

---

[2] Marin, obra citada, p. 206. Ver também Jeannin, *Histoire des pays scandinaves*, p. 106.
[3] Marin, obra citada, p. 397.

SUÉCIA

No início do século XX reina na Suécia Oscar II (1872-1907) e o primeiro fato político a se registrar é a organização do Partido Liberal em 1901. "Em seu programa figura o sufrágio universal vivamente reclamado também pelos sociais-democratas. Até mesmo na direita alguns julgam uma reforma inevitável, como corolário do serviço militar obrigatório."[1] Só mais tarde é que um governo da direita faz uma reforma eleitoral restrita: "direito de voto bem amplo, mas não universal, representação proporcional considerada como uma garantia conservadora (1907-1909)".[2] Em 1905 rompe-se o vínculo com a Noruega (ver mais adiante).

No início do reinado de Gustavo V (1907-1950), duas tendências da opinião pública estão em choque. De um lado pretende-se reduzir as despesas militares em proveito da política social; de outro, há um movimento de caráter nacionalista que pretende um imediato reforço da defesa do país. A agitação nacionalista culmina com a marcha dos camponeses (fevereiro de 1914). O rei Gustavo V declara-se perante uma multidão de 30.000 manifestantes, em desacordo com o ministério de Staaf, que pretende reduzir as despesas militares. Staaf renuncia e o rei forma um governo não parlamentar centrado nas forças direitistas. "Este sucesso das forças da tradição não pode ser compreendido senão em função da situação internacional."[3] Estava prestes a explodir a Primeira Guerra Mundial. Registre-se um série de medidas

---

[1] Jeannin, obra citada, p. 101.
[2] Idem, ibidem.
[3] Idem, ibidem.

de caráter político-social entre 1909 e 1921, como a extensão do direito de sufrágio a todos os trabalhadores e, com a eligibilidade, às mulheres.[4]

A Suécia manteve-se neutra com relação ao conflito de 1914 e cooperou com os demais países escandinavos no sentido de preservarem a neutralidade. Assim é que, por iniciativa de Gustavo V, realizaram-se em Malmoe reuniões dos três reis respectivamente em 1914 e 1917.[5] Enfatize-se que a Suécia e os demais países escandinavos enfrentavam graves problemas durante a guerra: crises na produção agrícola, industrial e nas atividades comerciais. O controle da economia de guerra é evidentemente impopular. Note-se o agravamento da situação em virtude da guerra submarina alemã. "Na Suécia, onde a penúria de víveres e de matérias-primas torna-se mais sensível, a ruptura da união nacional faz cair Hammarskjöld (março de 1917). Liberais e sociais-democratas unidos na campanha pela democratização das instituições ganham as eleições o governo que eles formam melhora as relações com os aliados."[6]

Note-se que em 1918 os reflexos da Revolução Russa passam a influenciar parte da classe trabalhadora sueca. Na política externa registre-se o ingresso da Suécia na Sociedade das Nações em 1920. No pós-guerra os países escandinavos atravessam e superam crises econômicas. Assim, por exemplo, na Suécia ao lado da estagnação da exportação de madeira e da diminuição da produção siderúrgica, nota-se um acentuado progresso nas construções mecânicas e na exportação de minério de ferro. Desde 1922 a coroa sueca recupera a paridade com o dólar: "a Suécia ganhou sua independência financeira, pagou suas dívidas externas públicas e privadas".[7] Cabem aqui breves observações sobre a política interna sueca, que tem como característica a hegemonia do Partido social-democrata, fundado em 1889. Personagem notável dessa atividade política foi Karl Hjalmar Branting (1860-1925), que se tornou chefe do governo no início de 1920 até 1923, quando sobe ao poder um governo conservador. Em 1924, entretanto, Hjalmar volta ao poder. Registre-se que os sociais-democratas permanecem no poder, sem interrupção,

---

[4] Maury, obra citada, p. 1657.
[5] Idem, ibidem, p. 1658.
[6] Jeannin, obra citada, p. 105.
[7] Idem, ibidem, p. 109.

de 1932 a 1976, e dão à Suécia a mais avançada legislação social da Europa. Em 1931 uma depressão se generaliza nos países escandinavos e repercute na moeda: Londres abandona o estalão-ouro e é seguida neste sentido pelos países nórdicos. Há então uma paralisia geral no trabalho. Na Suécia, contudo, as exportações aumentam, o que repercute favoravelmente entre operários e camponeses "cujas organizações sindicais e profissionais assumem na vida pública um lugar de primeiro plano. O nível da vida popular se classifica entre os mais elevados do mundo".[8]

A situação internacional começa a agravar-se principalmente a partir de 1933. A Sociedade das Nações não funciona a contento, e em 1938 a conferência de Oslo afirma o princípio de neutralidade comum aos países nórdicos. Desde 1936 a Suécia preocupa-se em reforçar suas defesas. Apesar da neutralidade escandinava, Hitler ataca a Dinamarca e a Noruega. A Suécia, poupada pela agressão, encontra-se todavia sob a pressão nazista: em junho de 1940 o governo de Estocolmo vê-se obrigado a permitir o trânsito de militares e de material bélico através de seu território entre a Noruega e a Alemanha. A partir de abril de 1941 o governo sueco é constrangido a admitir o trânsito entre a Alemanha e a Finlândia. A população, em sua maioria, aceita a contragosto a situação que, pelo menos, mantém o país fora da luta armada. "A Suécia, aliás, de acordo com os dois campos, pode conservar ligações marítimas com o Ocidente. Ela recusa finalmente qualquer engajamento político com a Alemanha."[9]

Em 1943 é visível o enfraquecimento da Alemanha e a Suécia pode então denunciar o acordo do trânsito e fazer restrições às exportações que cessam totalmente em novembro de 1944.

Findo o conflito, a Suécia está em condições de abrir créditos a outros países, inclusive à URSS. Registre-se que os Estados escandinavos (inclusive a Islândia) aderem à OECE e beneficiam-se do plano Marshall em 1947. Em 1946 a Suécia ingressa na ONU. Observe-se que a Suécia não pretende abandonar sua neutralidade. "Permanece na OECE, faz parte, desde 1949, do Conselho da Europa, mas recusando participar nos debates sobre as ques-

---

[8] Idem, ibidem, p. 115.
[9] Idem, ibidem p. 121

tões militares. Situada ideologicamente no Ocidente, conserva sua liberdade de ação e o demonstra quando se oferece a ocasião em seus votos na ONU ou ao reconhecer bem cedo a China nova."[10]

Em 1950, após longo reinado, Gustavo V morreu aos 92 anos de idade. De 1953 a 1961, o sueco Dag Hammarskjöld (1905-1961) exerce o cargo de secretário-geral da ONU.

A Suécia é membro fundador da AELE (Associação Europeia de Livre--Câmbio), mas em virtude da neutralidade evita a CEE (Comunidade Econômica Europeia). Após o término da URSS a Suécia torna-se membro da União Europeia em 1995.

---

[10] Idem, ibidem pág 125.

NORUEGA

No início do século a Suécia e a Noruega estavam unidas politicamente sob o reinado de Oscar II (1872-1907). "A História da união sueco-norueguesa (1814-1905) consistiu em longo processo que se agravou no decurso do século XIX, fértil em conflitos jurídicos e políticos bem como em violentas polêmicas."[1]

No final do século XIX as tensões entre Suécia e Noruega se acentuam e prenunciam a ruptura. Na Noruega a esquerda reagrupada e fortalecida estabelece em 1897 um sufrágio quase universal (excluem-se os domésticos e indigentes). A esquerda é o grande partido nacional e popular que domina o *Storting* (Assembleia Legislativa). Este, em 1905, declara dissolvida a união, causando surpresa total na Suécia. "Resistindo à tentação da força, Riksdag e o governo unem-se para estabelecerem condições formais: um plebiscito na Noruega (realiza-se um em agosto e dá unanimidade à independência), depois, algumas condições acessórias (especialmente o estabelecimento de uma zona sem fortificações na fronteira) reguladas em setembro por negociações difíceis. Após um segundo plebiscito que rejeita a república por uma maioria de 89%, o príncipe Carlos da Dinamarca, candidato insinuado por Eduardo VII, seu sogro, torna-se em novembro, sob o nome de Haakon VII (1872-1957), o primeiro rei da Noruega restaurada na plenitude de sua independência. Esta liquidação da União, com apoio decisivo da Inglaterra, deixa na Suécia amargos ressentimentos..."[2]

---

[1] Maury, obra citada, p. 1653.
[2] Jeannin, obra citada, p. 103.

Haakon VII (1905-1957): estamos aqui em face de um longo reinado através do qual a Noruega e o mundo passaram por profundas mudanças. Vejamos, a seguir, alguns dos principais acontecimentos desse reinado.

A vida econômica recebeu um impulso com a independência, tendo-se desenvolvido o comércio marítimo, as atividades pesqueiras e a exploração da madeira extraída das reservas florestais.

Na área política deve ser mencionado o sufrágio para as mulheres, instituído em 1913 (o sufrágio universal masculino já existia desde 1898). "Noruega foi um dos primeiros países do mundo em que a mulher pôde ostentar uma representação popular."[3] Em 1914, como os demais países escandinavos, a Noruega proclama sua neutralidade, o que, entretanto, não impediu a perda da metade de sua marinha mercante provocada pela campanha submarina alemã. Esta perda seria, em parte, compensada em 1920 com o reconhecimento da soberania norueguesa sobre Spitzberg.

Após o término da Primeira Guerra Mundial processam-se várias reformas constitucionais. De 1927 a 1928 há uma crise que envolve 100.000 pessoas sem trabalho. Em 1935 a marinha mercante está em pleno desenvolvimento situando-se entre as primeiras do mundo.

No período entre-guerras desenvolve-se um partido trabalhista que envolve operários e soldados, mas que é suplantado pela atuação do socialismo moderado. Em 1935 predomina novamente o Partido Trabalhista, "já curado de extremismos".[4]

Apesar de proclamar sua neutralidade, a Noruega é agredida pelos alemães em abril de 1940. O rei e o governo abandonam Oslo, que é atacada simultaneamente em vários portos do Atlântico. O exército norueguês resiste em diversos locais. O auxílio franco-britânico não consegue manter Narvik e a luta cessa: Haakon VII e seus ministros, com a frota, refugiam-se na Inglaterra (junho de 1940).

Diante de uma oposição ativa (em que figura a Universidade de Oslo) os alemães instalam um governo pró-nazista dirigido por Vidkun Quisling (1887-1945), que seria mais tarde executado.

---

[3] Marin, obra citada, p. 26.
[4] Marin, obra citada, p. 206.

Em maio de 1945, com a capitulação alemã, a Noruega era libertada sem luta.

A fronteira comum com a URSS leva a Noruega a cooperar com o Ocidente. Assim é que, abandonando a neutralidade, adere, em 1949, ao Pacto do Atlântico Norte. Mas, para não provocar Moscou, recusa, em tempo de paz, o estabelecimento de bases militares estrangeiras em seu território.

Em política interna registre-se que o trabalhismo domina a cena política até os anos 60.

No campo econômico a Noruega passa a beneficiar-se da exploração petrolífera no Mar do Norte a partir dos anos 70. Em 1993 a Noruega passa a fazer parte do EEE (Espaço Econômico Europeu).

FINLÂNDIA

No início do século XX a Finlândia é um grão-ducado autônomo dependente da Rússia, em princípio, em questões de política externa. Sob o reinado de Nicolau II (1894-1917) inicia-se um processo de russificação tendente a aniquilar a autonomia do grão-ducado: "O russo torna-se uma das línguas oficiais. Os funcionários são destituídos, os patriotas aprisionados em massa, a imprensa é submetida a uma censura rigorosa, o exército é licenciado".[1] O general russo Bobrikoff, designado para executar a russificação, foi assassinado em junho de 1904 por um jovem patriota. A situação criada na Rússia pelos desastres na Guerra contra o Japão (1904-1905) levou o czar Nicolau II a promulgar uma nova lei constitucional favorável à Finlândia. A Finlândia disporá, doravante, de um parlamento de 200 deputados eleitos por sufrágio universal. "Pela primeira vez na Europa as mulheres são elegíveis para o Parlamento e têm direito de votar."[2]

Não tardou, entretanto, uma nova manifestação do pan-eslavismo defendido pela Rússia: o antigo chefe de chancelaria de Bobrikoff assume as funções de governador geral e a câmara vai sendo dissolvida. As instituições finlandesas oferecem resistência à russificação e segue-se, então, violenta repressão inclusive com deportações para a Sibéria. "Em 1908, Petersburgo exigiu que as leis votadas pela dieta finlandesa fossem ratificadas pela Duma."[3]

---

[1] Desneiges, "Voici l'Histoire de la Finlande", excelente síntese da História da Finlândia na Revista *História* n. 192, p. 652.
[2] Idem, ibidem.
[3] Mousset, História da Finlândia, p. 1385.

A Revolução Russa vai estimular o movimento de libertação. Durante a repressão czarista formara-se o exército branco do general Mannerheim. A 6 de dezembro de 1917 é proclamada a independência da Finlândia e os bolchevistas tentam tomar o poder, mas são dominados pelas forças conjugadas de Mannerheim (o exército branco) auxiliadas pelos alemães. "Após o malogro do projeto de estabelecimento da monarquia, o parlamento votou a 12 de junho de 1919 a constituição democrática, e a 25 de novembro de 1922 a reforma agrária (Lei Kallio) que criou 130.000 novas propriedades. A Constituição reconheceu o finês e o sueco como idiomas nacionais."[4] Em 1920 a Finlândia ingressa na Sociedade das Nações. Em outubro de 1920 conclui-se a paz com a URSS. "A história da Finlândia entre duas guerras se confunde com a de sua expansão rápida nos setores econômico, social e cultural. A querela das línguas, por um momento bastante viva, em torno da 'fenização' total da Universidade de Helsinki, havia terminado por perder sua agudeza e encontrar uma solução na aplicação exigente do bilinguismo. As agitações políticas, sequelas da luta entre brancos e vermelhos, estavam também apaziguadas, e, nas vésperas da Segunda Guerra Mundial, nada permitia pressentir as circunstâncias trágicas em que a Finlândia iria, ainda uma vez, jogar com sua existência."[5] Lembremos que em 1930 as eleições deram aos partidos anticomunistas uma maioria que possibilitou a votação de novas leis, e em 1931 foi eleito presidente um conservador, Svinhufvud, apoiado pelo movimento camponês anticomunista.

Nas vésperas da Segunda Guerra os soviéticos exigiram a cessão de bases estratégicas no Golfo da Finlândia e que serviam de proteção a Leningrado. Em outubro de 1939 os russos aumentaram suas exigências: recuo da fronteira no istmo da Carélia, cessão da península de Hanko situada na costa meridional da Finlândia e assinatura de um pacto de não agressão.

Em face da recusa, em 30 de novembro de 1939, as tropas russas invadiram o país e a aviação russa bombardeou Helsinki. Coube ao Marechal Mannerheim comandar a defesa do território. "As lembranças desta guerra de inverno, os reveses do exército vermelho, o heroísmo dos finlandeses,

---

[4] Idem, ibidem, p. 1386.
[5] Desneiges, obra citada, p. 653.

as enormes perdas russas estão em todas as memórias. Contudo, apesar de sua resistência que espantou o mundo, os finlandeses compreenderam, em março de 1940, que era nescessário assinar a paz antes que fossem esmagados pelo mimero e enquanto o exército não estivesse vencido".[6]

Esta paz, a paz de Moscou, amputava da Finlândia parte do seu território (cerca de 10%) e de seus recursos agrícolas e industriais (cerca de 11%). Os habitantes dessas regiões amputadas abandonaram seus lares e foram buscar refúgio em outro lado das novas fronteiras.[7]

No verão de 1940 a Finlândia permitiu à Alemanha o trânsito para o abastecimento das tropas que ocupavam a Noruega. Na ocasião a presença alemã era melhor acolhida, tendo-se em vista a ameaça constante da União Soviética. A ruptura do pacto germano-soviético criou um sério problema para a Finlândia, cujo presidente, Ryti, fez reiteradas afirmações de neutralidade. Hitler porém forçou a luta contra a Rússia, e Helsinski foi novamente bombardeada pela aviação russa.

Em 1944, em face do projeto finlandês de fazer paz em separado com a Rússia, von Ribbentrop ameaçou a Finlândia com a cessação imediata de abastecimento. Diante do avanço russo, o presidente Ryti aceita não fazer a paz em separado e uma divisão alemã vem em auxílio dos finlandeses.

Em agosto de 1944 o marechal Mannerhein substituiu (1944-1946) Ryti, demissionário da presidência da República, e notificou Hitler de que não se julgava comprometido com o pacto Ribbentrop. Segue-se então o armistício com Moscou (setembro de 1944) com pesadas condições para a Finlândia: indenização de 300 milhões de dólares, retorno às fronteiras de 1940 etc.

Os finlandeses entraram, então, em choque com as tropas alemãs que, em número de 200.000 homens, ocupavam principalmente a Lapônia. "Não sem repugnância os finlandeses tiveram que voltar-se contra seus antigos aliados. Começava uma nova guerra que duraria até abril de 1945 no decurso da qual os alemães destruíram totalmente a Lapônia."[8]

---

[6] Idem, ibidem, p. 654.
[7] Idem, ibidem.
[8] Idem, ibidem p. 655

A Finlândia desenvolve, então, uma política no sentido de conciliar sua independência com o relacionamento soviético. Ryti foi condenado a 10 anos de prisão e Mannerheim, demissionário, cede a presidência a Paasikivi. Paasikivi (1946-1956) e seu sucessor, Kekkonen (1956-1982), praticam uma política de neutralidade mantendo cooperação (principalmente econômica) com a URSS, que, entretanto, se abstém de impôr o regime comunista à Finlândia, que nunca se incorporou às democracias populares. Note-se que em 1952, oito anos após a guerra, a Finlândia acabava de pagar a última anuidade da enorme dívida de guerra. As cidades destruídas haviam sido reconstruídas, a indústria fora reequipada e o orçamento reequilibrado. A desintegração da União Soviética soou como um sinal de plena liberdade para o povo finlandês. A Finlândia aderiu à União europeia em 1995 e quatro anos mais tarde integra o conjunto de países que estabelecem o *euro*.

ESTÔNIA

No início do século a Estônia faz parte do Império Russo. A população se dividia em estonianos (aparentados aos fineses), na sua maioria camponeses, e descendentes de alemães que formaram a nobreza (barões bálticos). A revolução Russa em março de 1917 possibilita a formação de um governo provisório. Em fevereiro de 1918 foi proclamada a república democrática independente reconhecida *de fato* pelas potências da Entente no decurso dos meses seguintes. A derrota alemã em novembro de 1918 levou os bolchevistas a uma tentativa de reconquistar o território estoniano. "O general Laidoner organizou a resistência, com o socorro da Finlândia e o apoio da frota inglesa. No dia 4 de janeiro de 1919 Talin foi libertada: a Assembleia reuniu-se a 23 de abril seguinte e votou a declaração de independência. As negociações de paz, iniciadas a 5 de dezembro de 1919, terminaram a 2 de fevereiro seguinte com o Tratado de Dorpat (Tartu), pelo qual a Rússia renunciou a qualquer soberania sobre a Estônia."[1] Em 1921 a Estônia torna-se membro da Sociedade das Nações. A Constituição adotada em 1920 assegurava os direitos das minorias. Deve-se registrar também que uma profunda reforma libertou o proletariado rural do regime latifundiário. Em 1932 e 1933 acentua-se a tendência direitista no sentido de reforçar o poder executivo. Em 1934 entra em vigor uma nova Constituição. A ascensão do nacional-socialismo alemão repercute nos países bálticos e a Estônia passa a ter um regime governamental autoritário sob a chefia de Constantino Päts, líder do partido agrário.

---

[1] Mousset, *História da Estônia*, p. 1381.

Com o pacto germano-soviético de 1939 a Estônia tomba sob a influência russa. Em 17 de junho de 1940, as tropas russas invadem o país que é incorporado à URSS na condição de República Socialista Soviética. O presidente Päts e seus ministros são deportados. A minoria de língua alemã é transferida para a Alemanha. Os que resistem à ocupação soviética são impiedosamente levados para a Sibéria em 1941. Neste mesmo ano os alemães invadem a Estônia, expulsam os russos e transformam o país em distrito do Comissariado Geral para os Países do Leste (Ostland) sob a direção do *gauleiter* Lohse. Em face do enfraquecimento da Alemanha, a União Soviética restaura em junho de 1944, na Estônia, a RSS (República Socialista Soviética) com uma consequente deportação de parte da população estoniana. Em 1947 a Organização Internacional dos refugiados tinha ainda a seu encargo 20.000 refugiados estonianos.[2] A ocupação soviética foi seguida da introdução na Estônia de numerosos contingentes de russos, ucranianos e bielo-russos, a ponto de, num recenseamento efetuado em 1989, a população estoniana estar reduzida a 61%. Note-se que os Estados ocidentais não reconheceram a anexação da Estônia e as organizações nacionais dos países bálticos apresentaram, desde 1946, nas assembleias gerais da ONU, queixas contra o imperialismo soviético.

No final da década de 80 os países bálticos clamam pelo restabelecimento da independência. Em 1991 a Letônia declara-se independente tendo diante de si o problema dos estrangeiros (russos etc.) que, desde 1940, haviam imigrado. A União Europeia iniciou, em 1998, negociações tendo em vista a adesão da Estônia.

---

[2] Idem, ibidem, p. 1383.

LITUÂNIA

A Lituânia, no início do século XX, integra o Império Russo. Durante a Primeira Guerra Mundial, em 1915, os alemães ocupam a Lituânia, mas em *Vilnius* instaura-se uma junta sob a direção de Basanavicius e Smetona. Em setembro de 1917 a Assembleia Nacional sediada em Vilnius designa um Conselho de vinte membros, a Tariba, que proclama solenemente a independência do país a 16 de fevereiro de 1918. A Alemanha reconhece, sob condições, o Estado Lituano. A vitória dos aliados liberta a Lituânia da tutela alemã e em novembro de 1918 constitui-se o governo sob a chefia de Voldemaras. Entretanto as tropas bolchevistas ocupam Vilnius. Em janeiro de 1920, em face da intervenção da Missão Interaliada, a maior parte da Lituânia é liberada.[1] Em julho a paz era assinada com a Rússia, que reconhecia assim a separação da Lituânia. Neste mesmo ano os poloneses, que já haviam tentado ocupar Vilnius, capital histórica da Lituânia, retomam esta cidade, que é anexada à Polônia em 1922. Note-se que em setembro de 1921 a Lituânia é admitida na SDN. Os lituanos estabelecem sua capital provisória em Kaunas e em 1923 ocupam a cidade de Mernel (em lituano *Klaipeda*), outrora cidade alemã e saída natural da Lituânia para o Báltico, que se encontrava sob a administração da SDN desde 1919.

Em 1926 os socialistas triunfam nas eleições: "As forças militares e os conservadores deram um golpe de estado e colocaram Voldemaras à frente de um regime também ditatorial que perdurou até 1939".[2]

---

[1] Mousset, *História da Lituânia*, p. 1619.
[2] Marin, obra citada, p. 197.

Em 1939 o Reich, aproveitando-se da situação internacional, reanexa Memel. Sob a influência alemã em virtude do pacto germano-soviético, a Lituânia passa logo em seguida para a esfera do interesse soviético tendo sido ocupada em 1940 e incorporada à URSS como República Socialista Soviética com a capital em Vilnius. Os resistentes ao domínio russo são deputados para a Sibéria.

Em 1941 os nazistas ocupam a Lituânia e promovem terrível perseguição aos judeus. Com o enfraquecimento da Alemanha nazista (1944) e a consequente derrota (1945) os soviéticos recuperam a Lituânia e promovem deportação em massa dos oponentes.

A desintegração da URSS levaria o movimento nacionalista formado em 1988 sob a liderança da Vytautas Landsbergis (1932-) a proclamar a independência da Lituânia em 1990. Em 1997 a Lituânia faz um acordo com a Rússia sobre delimitação das fronteiras.

LETÔNIA

Como os demais países bálticos, a Letônia no início do século XX está incorporada ao Império Russo. A delicada situação da Rússia em 1905 faz surgir na Letônia a esperança de conseguir a independência. "Mas o governo czarista, auxiliado pela nobreza local, reprimiu esse movimento com implacável rigor."[1]

A Primeira Guerra Mundial desperta novamente o sonho emancipacionista dos letões, mas o país é ocupado pelos alemães de 1915 a 1918. Em 1918, um grupo de letões presidido por Ulmanis convoca a Assembleia Nacional que proclama a república independente (novembro de 1918), mas no início de 1919 as forças bolchevistas invadem o país e tomam Riga com o apoio de letões hostis aos "barões bálticos". Outra parte da população, entretanto, apoia o governo que se transfere para Liepaja (Libau). "Esse governo conseguiu deter o avanço bolchevista, mas teve de enfrentar, a 16 de abril de 1919, a revolta dos alemães bálticos."[2] Após um ano de luta interna e externa, os letões concluem a paz com a Alemanha (julho de 1920) e com a União Soviética (agosto de 1920). Em setembro de 1921, a Letônia ingressa na Sociedade das Nações e em fevereiro de 1922 é votada uma Constituição democrática. Uma reforma agrária extinguia os privilégios dos barões bálticos. Em maio de 1934 um golpe de Estado suprime a Dieta e os partidos políticos, estabelecendo-se um governo autoritário presidido por Ulmanis,

---

[1] Idem, *História da Letônia*, p. 1613.
[2] Idem, ibidem, p. 1614.

que se orienta por uma "política igualmente hostil ao fascismo de importação estrangeira e ao socialismo."[3]

No crítico ano de 1939 a Letônia assina um pacto de não agressão com a Alemanha (junho) e um pacto de assistência imposto pela União Soviética (outubro). Segundo este pacto os russos passavam a dispor de algumas bases em território letão. Em junho de 1940 as tropas soviéticas ocuparam a Letônia transformando-a em República Socialista Soviética. O presidente Ulmanis e muitos outros políticos e intelectuais foram deportados. Em junho de 1941 a Alemanha expulsa os russos, mas estes retornam em 1944-1945, restabelecem a RSS e procedem a novas deportações. Note-se que em 1947 havia 78.000 letões expatriados.

A desintegração da União Soviética vai incentivar os anseios de independência, conseguida em 1991.

---

[3] Idem, ibidem.

POLÔNIA

Impossível compreender perfeitamente a História da Polônia nos inícios do século XX até, inclusive, a Primeira Guerra Mundial (que envolveu potências inimigas seculares da Polônia e que facilitaria a ressurreição polonesa) sem advertir o leitor de que deve ter presentes as partilhas da Polônia respectivamente em 1772, 1793, 1795, 1807 e 1815.[1] Encontraremos aí a explicação pelas expressões Polônia russa, Polônia prussiana, Polônia austríaca, grão-ducado de Varsóvia e Polônia do Congresso. Essas partilhas e violações dos mais elementares direitos da nação polonesa a uma vida independente em um território próprio e como tal reconhecido internacionalmente, resultaram em insurreições patrióticas como a de 1830-1831 e a de 1863-1864. A causa polonesa despertava entusiasmo e solidariedade no continente europeu que respirava a atmosfera do romantismo. Vale mencionar que entre os intelectuais defensores da Polônia livre figurou o próprio Karl Marx, que escreveu em 1848 sobre a criação de um Estado polonês: "Trata-se, evidentemente, não de criar um simulacro de Estado que não teria senão uma independência teórica, mas uma Polônia apta para viver, reconstruída sobre bases sólidas. É necessário que esta Polônia seja restabelecida ao menos em suas fronteiras anteriores a 1772; é necessário que tenha não só as bacias de seus grandes rios, mas também suas desembocaduras e, ao menos, sobre o

---

[1] O leitor encontrará um minucioso estudo sobre as partilhas da Polônia em Edouard Herriot, "Les partages de la Pologne", Revista *História* n. 124, p. 279 ss. e 485. Esta citação de Marx encontra-se no interessante estudo de Edouard Henrriot, "Destins de la Pologne", publicado na Revista *História* n. 123, p. 141 ss. O mesmo autor comenta (p. 149): Ao atacar em 1939 a Polônia, os soviéticos renegaram ao mesmo tempo as ideias de Karl Marx e as origens da Internacional.

Báltico, uma grande faixa costeira".² Os soviéticos quando, de acordo com Hitler, atacaram a Polônia, não se preocuparam com o pensamento de Marx, que assim se expressava sobre a partilha da Polônia: "A partilha da Polônia situa-se entre os fatos essencialmente reacionários."³

Entre os personagens mais marcantes da história da Polônia nas primeiras décadas do século XX figura José Pilsudski. "Nascido em uma família em que se cultivaram o patriotismo e as tradições da Polônia, Pilsudski, desde cedo, aprendeu a manifestar hostilidade ao domínio russo. Quando estudante de medicina foi encarcerado (1887) na fortaleza Pedro e Paulo de Petersburgo, acusado de estar comprometido, com Lenine e um irmão deste, num atentado contra Alexandre III. O irmão de Lenine foi enforcado, Pilsudski e Lenine foram enviados à Sibéria, onde o polonês permaneceu durante cinco anos.

Seguem-se duas dezenas de anos em que Pilsudski atua de diversas maneiras (jornalista, impressor, orador etc.) contra o domínio czarista. Aprisionado em Varsóvia e internado num asilo de alienados em Petersburgo (fez-se passar por louco para evitar a Sibéria), Pilsudski consegue fugir, passa uma temporada em Londres, onde se encontra a sede do movimento socialista polonês no estrangeiro, retorna à Galícia e prossegue em sua militância contra o domínio russo. O conflito russo-japonês enfraquece o império dos czares e Pilsudski tenta até obter o apoio de Tóquio para a causa polonesa. Por fim o incansável lutador pela independência da Polônia chega à conclusão de que "os poloneses recuperariam a liberdade se, por ocasião das guerras europeias previstas por ele, possuíssem verdadeiro exército suscetível de desempenhar um papel nos conflitos internacionais."⁴ Desde então Pilsudksi esforça-se por afastar seus companheiros de ações individuais e terroristas procurando prepará-los com uma metódica instrução militar. Na Galícia Pilsudski estabelece um serviço militar para a juventude polonesa fundando

---

² Esta citação de Marx encontra-se no interessante estudo de Edouard Herriot, "Destins de La Pologne", publicado na Revista *História* n. 123, p. 141 ss. O mesmo autor comenta (p. 149): Ao atacar em 1939 a Polônia, os soviéticos renegaram ao mesmo tempo as ideias de Karl Marx e as origens da Internacional.
³ Idem, ibidem.
⁴ Noel, Pilsudski, "Héros de la Pologne", Revista *História* n. 162, p. 595.

a "Associação dos Caçadores".⁵ Os poloneses que se encontram no exterior (Paris, Genebra, Zurich, Bruxelas, Liège) são também convocados para a preparação militar. Quando explode a Primeira Guerra Mundial, Pilsudski, que considera a Rússia o inimigo número um da Polônia, e contando com a autorização austríaca, cruza a fronteira a apodera-se de Kielce, mas deve recuar ante o poderio russo. "Pela primeira vez, desde 1863, tropas polonesas tinham combatido. Os engajamentos se multiplicam. A história das legiões polonesas que iriam constituir-se e, mais especialmente, da famosa 'Primeira Brigada', a falange diretamente comandada por Pilsudski, reveste o caráter de epopeia e concebe-se o incomparável prestígio adquirido pelo homem que, o primeiro, às vésperas da grande subversão europeia, acreditou ser possível pôr em linha um exército polonês."⁶

A 5 de agosto as tropas dos Impérios Centrais ocupam Varsóvia. "Quando os alemães ocuparam todo o território da Polônia, as potências centrais promoveram, em novembro de 1916, a criação do Reino Polonês. Fizeram-no para se garantirem as forças do exército polonês, mas o procedimento dos alemães na região ocupada, sua persistente política de opressão, em Poznan, e a prevista quebra de promessas, frustraram os planos de um exército polonês para combater ao lado dos alemães. Pilsudski recusou dissolver suas formações e consagrou toda sua energia em organizar sociedades militares secretas." ⁷ Os legionários recalcitrantes são internados em campos de concentração e o próprio Pilsudski é detido e encarcerado em Magdeburgo com o chefe de seu estado maior, o general Sosnkowski (22 de julho de 1917). A revolução alemã liberta os dois prisioneiros que chegam a Varsóvia em 10 de novembro de 1918. Em 31 de outubro os poloneses haviam ocupado Cracóvia e em 7 de novembro formado um governo provisório em Lublin. O exército alemão é desarmado e é criado um Estado Polonês Independente. Em Varsóvia reúne-se o Parlamento recém-eleito e investe Pilsudski nas funções de Chefe de Estado. Enquanto a Polônia se encontrava sob a ocupação austro-alemã, dois poloneses defendiam a independência de sua pátria:

---

⁵ Gorka, *O país de glória e sangue*, p. 85.
⁶ Noel, obra citada, p. 595.
⁷ Gorka, obra citada p. 87.

Dmowski e Paderewski. O primeiro atuava na França e na Grã-Bretanha, o segundo agia nos Estados Unidos; e graças à sua influência, o presidente Wilson na sua mensagem de paz (janeiro de 1917) fazia menção à Polônia unida, independente e autônoma.

Em 28 de junho de 1919 Dmowski e Paderewski assinaram o tratado de Versalhes. "O tratado de Versalhes criou Estado polonês inteiramente independente, compreendendo a Pequena Polônia, a Masóvia, a Cujávia, a Grande Polônia, menor trecho deixado à Alemanha, e a Pomerânia polonesa um pouco diminuída: Dantzig e seu território na foz do Vistula tornava-se cidade livre ligada ao Estado polonês. Plebiscitos decidiriam a sorte da Alta Silésia e dos territórios mazurios, do Sul da Prússia. As fronteiras orientais não podiam ser definidas, pois a guerra ainda prosseguia entre a Polônia e os Sovietes."[8]

Os bolchevistas (note-se que em 30 de março de 1917 o governo provisório russo chamava os poloneses para uma vida nova na liberdade) em junho de 1920 iniciaram uma grande ofensiva, mas em agosto são derrotados por Pilsudski na batalha de Varsóvia. "O governo soviético viu-se forçado a assinar um armistício seguido da paz preliminar de Riga, em outubro de 1920, e o final Tratado de Riga assinado em 18 de março de 1921."[9]

A Constituição que entrou em vigor em 17 de março de 1921 concedia amplos poderes ao Parlamento e deixava o Presidente mais ou menos no papel de figura decorativa.[10] Pilsudski não concordou e retirou-se da vida política dedicando-se a escrever livros e artigos. Este afastamento durou de 1922 a 1926 quando, em face das lutas políticas e da instabilidade governamental, decidiu intervir: "Aos 13 de maio de 1926 assume novamente o poder após uma luta sangrenta de muitos dias na capital e após haver agrupado em torno de seus fiéis, chamados por muito tempo 'grupo dos coronéis', os mais variados elementos políticos, de socialistas a conservadores".[11]

Estamos aqui diante de uma ditadura *sui generis* que vai durar até a morte de Pisudski em 12 de maio de 1935. O marechal recusa a Presidência da

---

[8] David e Meslin, *História da Polônia*, p. 1676.
[9] Gorka, obra citada, p. 93.
[10] Idem, ibidem, p. 94.
[11] Noel, obra citada, p. 596.

República e a Presidência do Conselho: mas detém o comando do exército e o ministério da guerra, intervindo espontaneamente ou quando solicitado: designa os ministros, escolhe o presidente da República e o presidente do Conselho. A palavra de Pilsudski é uma ordem. "Seu prestígio é incomparável. Para a imensa maioria dos poloneses ele é o restaurador da independência nacional e sua encarnação. A derrota dos bolchevistas valeu-lhe a auréola da vitória."[12]

Pouco antes de falecer, Pilsudski viu aprovada a nova Constituição votada em abril de 1935 e que fortalecia o poder executivo atribuindo ao Presidente poderes excepcionais como, por exemplo, indicar e demitir o Primeiro-ministro e dissolver o Parlamento. A morte do Marechal em 12 de maio de 1935 abalou profundamente os poloneses. Os restos mortais de Pilsudski foram sepultados em Cracóvia na cripta real ao lado de túmulos de heróis da História polonesa como Batory, Sobieski e Kosciuszko.

Após a morte de Pilsudski continuou, na Polônia, um regime autoritário conhecido como "dos coronéis", no qual se destacou a figura do coronel José Beck, que executou uma política germanófila. Estamos aqui diante de uma "ditadura sem ditador", que, na política externa, procura entender-se com Hitler. Na realidade a Polônia, entre dois vizinhos poderosos e alvo constante de invasões e de partilhas, procurava um *modus vivendi* que assegurasse a paz interna e externa, condição indispensável para o fortalecimento e o progresso da nação. As relações com a Rússia eram satisfatórias e em 25 de julho de 1932 fora concluído um pacto de não agressão entre a Polônia e os *soviets*. Obtidas essas garantias a leste, Pilsudski tratou de estabelecer uma segurança a oeste, firmando em 1934 um pacto de não agressão com Hitler. Pilsudski teve confiança nele, desligou-se da aliança francesa, das garantias da SDN; os anos de política germanófila dirigida pelo Coronel Beck levaram ao desastre.[13]

Quando, em outubro de 1938, Hitler forçou a Tchecoslováquia a ceder-lhe certos territórios, os "coronéis" aproveitaram a oportunidade apoderando-se de dois pequenos distritos de Cieszyn "devolvidos pelos tchecos, mas a

---

[12] Idem, ibidem, p. 597.
[13] David e Meslin, *História da Polônia*, p. 1677.

maioria da opinião pública polonesa criticou essa medida, compreendendo que uma ameaça alemã pairava no ar. Em janeiro de 1939, Ribbentrop assegurara a Beck que a Alemanha não procurava qualquer solução violenta. A situação agravou-se quando Hitler anexou a Boêmia sob forma de 'Protetorado' em março de 1939 e denominou a Eslováquia 'independente'".[14] Acrescente-se que a Alemanha não aceitava, em relação à Polônia, a perda de Dantzig, declarada cidade livre, e a existência do corredor polonês que separava a Prússia Oriental do resto do país. A situação era mais delicada ainda no "Korridor", o Pomorze: quase um milhão de alemães suportavam de má vontade a autoridade dos poloneses, contudo bastante liberal. Danzig, onde a maioria absoluta da população era germânica, sofria a concorrência de Gdydnia, o novo porto construído pela Polônia sobre os pântanos e que se tornava o maior porto do Báltico. A confiança demasiada nas palavras de Ribbentrop ou a confiança exagerada nas próprias forças ou no apoio da Grã-Bretanha levaram o governo polonês a rechaçar "pedidos alemães de incorporação de Dantzig e de abertura de uma 'passagem' através do famoso 'corredor' polaco, para ligar a Prússia Oriental com o resto do Reich. E, apesar da garantia dos países ocidentais, a Polônia fracassou em seu projeto de levar adiante uma política própria encontrando-se como estava no próprio centro das ambições russas e germânicas. A 1º de setembro, a invasão da Polônia pelas 'panzerdivisionen' abria finalmente os olhos ao desditoso povo polonês".[15]

A 1º de setembro, sem prévia declaração de guerra, Hitler desencadeava a guerra-relâmpago (*Blitzkrieg*) sobre a Polônia. Apesar da luta heroica (a Varsóvia, destruída pelo arrasador bombardeio da aviação alemã, resistiu até o dia 27 de setembro) a Polônia foi dominada e dividida com a União Soviética, que, pondo em prática um acordo secreto Molotov-Ribbentrop, apoderara-se de Brest-Litowsk, Byalistock, Vilna, Grodno e Lvov. A 28 de setembro consumava-se uma nova partilha da Polônia: a União Soviética

---

[14] Gorka, obra citada, p. 97.
[15] Marin, obra citada, p. 197.

voltava a alcançar as fronteiras de 1914, exceto a Varsóvia, que ficava em mãos dos alemães.[16]

Em outubro de 1939 Hitler instituiu para a Polônia ocupada o Governo Geral. Em agosto de 1940 o território polonês era integrado no Grande *Reich* alemão, que, em 1941, seria acrescido dos territórios apreendidos da Rússia. A ocupação alemã foi impiedosa: "Toda economia ficou submetida aos interesses do Reich: as culturas necessárias à Alemanha foram desenvolvidas e a indústria alemã empregou sem restrições a mão de obra do país. Mais de dois milhões de poloneses foram deportados para usinas alemãs".[17] Entre as principais vítimas do terror nazista na Polônia figuram as comunidades judaicas. Milhões de judeus foram humilhados e assassinados em campos de concentração (Auschwitz, Majdanek, Sobibor, Treblinka.)

Deve-se registrar que os poloneses tentaram, na clandestinidade, reagir contra a ocupação. Em abril de 1943 explodia a revolta do *ghetto* de Varsóvia: durante três semanas jovens combatentes judeus perderam a vida em luta contra as poderosas SS. Em agosto de 1944 inicia-se a batalha de Varsóvia. Os poloneses revoltados (milhares de soldados do exército polonês clandestino auxiliados pela população) não contaram com o auxílio de Moscou, cuja rádio estimulara os habitantes de Varsóvia à luta. "Apenas a insurreição tomou corpo, as tropas soviéticas recuaram, por ordem de Moscou, dez quilômetros, rompendo o contato com os alemães em derrota."[18] Foram vãos os apelos aliados em favor dos poloneses que acabaram vencidos pelos alemães. Durante sessenta e três dias o general Bôr Komorowski e seus homens defenderam Varsóvia casa por casa. Finalmente, abandonada pelos aliados, Varsóvia capitulou com duzentos mil mortos e milhares de deportados.[19]

---

[16] Idem, ibidem, p. 293. Sob o domínio soviético ocorreu, na primavera de 1940, a execução em massa de milhares de oficiais poloneses em Katyn. O crime fora atribuído pelos comunistas aos alemães, mas foi devidamente esclarecido pela Cruz Vermelha. Ver Courtois, *Le livre Noir du communisme*.
[17] David e Meslin, obra citada, p. 1678.
[18] Clostermann, *Tempête sur Varsovie*, p. 150. Estamos aqui em face de um emocionante relato da batalha de Varsóvia (agosto de 1944) em que se sublinha a traição de Moscou, que rejeita o apelo de aliados (Roosevelt, Churchil) no sentido de prestar auxílio aos poloneses de Varsóvia (Revista *História* n. 111, p. 149 ss.).
[19] Idem, ibidem, p. 151.

No final da Segunda Guerra Mundial havia dois governos poloneses: o Comitê de Lublin criado sob a direção de Moscou e o governo de Londres presidido por Mikolajczyk, chefe liberal do Partido Democrata Campesino.[20] Em junho de 1945 constituía-se um gabinete de coalizão que fracassou quando, em 1946, foi constituído em Moscou um partido unificado de trabalhadores poloneses.

Em 1947, os comunistas estão suficientemente fortes para iniciarem uma perseguição aos chefes da oposição nacionalista e o próprio Mikolajczyk vê-se constrangido a fugir.

Em Moscou a orientação é alinhar os partidos comunistas pelo PCUS (Partido Comunista da União Soviética), o que acarreta depuração nos diferentes partidos comunistas. Na Polônia (setembro de 1948) é afastado e aprisionado o secretário-geral do Partido, Wladislaw Gomulka, acusado de "titismo" (Stalin não tolera a indocilidade de Tito na Iugoslávia). O totalitarismo comunista vai encontrar na Polônia a inflexível oposição da Igreja Católica: Estêvão Wyszynski, cardeal arcebispo de Varsóvia, primaz da Polônia, é aprisionado.

O stalinismo visa diretamente a identidade nacional das democracias populares: devem perder sua identidade nacional e tornar-se meros satélites da União Soviética. Compreende-se que, num país de acendrado patriotismo e marcantes tradições de luta pela independência, com vigorosa influência da Igreja Católica, o stalinismo acabaria por enfraquecer-se. Com a morte de Stalin em 1953 processa-se, embora superficialmente, a destalinização.

Nas democracias populares há uma oposição entre os stalinistas e os partidários de uma liberalização. Greves, protestos contra o autoritarismo e contra as perseguições religiosas, a atitude de intelectuais revisionistas que denunciam a ditadura do Partido sobre o povo, trazem Gomulka, de novo, ao poder em 1956, onde permanecerá até 1970. Gomulka era um líder comunista nacional e dele se esperava que conseguisse uma "via polonesa para o socialismo". A presença de Kruchtchev parecia facilitar reformas aceitáveis pelos soviéticos. Impunha-se, entretanto, muita prudência, evitando-se tudo que pudesse provocar a intervenção militar da URSS. Gomulka chega assim

---

[20] Marin, obra citada, p. 360.

a tratar com habilidade o problema das tropas soviéticas na Polônia, obtendo vantagens econômicas, financeiras e até certa margem de autonomia.[21]

Embora a política internacional de Gomulka estivesse dentro da orientação e supervisão de Moscou, foi possível firmar acordos com os Estados Unidos. Eduardo Gierek (1970-1980) é o sucessor de Gomulka. Durante seu governo ocorre a repressão do movimento operário em 1976, surge o Comitê de Defesa dos Trabalhadores (KOR) e organiza-se (1980) o Sindicato Independente *Solidarnosc* (Solidariedade), liderado por um trabalhador carismático, Lech Walesa, Prêmio Nobel da Paz em 1983, e apoiado pela Igreja Católica. Os elementos da linha dura do Partido Comunista polonês tentam um golpe de força: em 13 de dezembro de 1981 o general Jaruzelski proclama o "estado de guerra" na Polônia e prende os dirigentes do Solidariedade. Note-se que o sentimento nacional avivara-se com a inesperada elevação do Cardeal Arcebispo de Cracóvia, Karol Wojtyla, ao trono de São Pedro, em 1978. De 1981 a 1988 a Polônia esteve submetida a um estado de sítio. A oposição entretanto continuou contra o comunismo, que começava a enfraquecer-se, e o general Jaruzelski viu-se obrigado a admitir um processo de liberalização (1988) que resultou na legalização do *Solidarnösc*. Pela primeira vez, sobe ao poder, num país ainda comunista, um presidente não comunista: Tadeusz Mazowiecki (1989). Em dezembro de 1990 Lech Walesa era eleito presidente. Em 1999 a Polônia já era membro da OTAN (Organização do Tratado do Atlântico Norte).

---

[21] Milza, obra citada, T. II, p. 414.

GRÉCIA

No início do século, a Grécia é uma monarquia sob Jorge I (1863-1913), que em 1864 promulgara uma nova constituição. A política externa do primeiro reinado do século é agitada, e para bem compreendê-la é necessário ter presente a decadência acentuada do Império Otomano. À revolução dos jovens turcos em 1908 (ver item sobre a Turquia) segue-se na Grécia um movimento militar (1909), e "em 9 de agosto de 1910, Venizelos, que já se destacara na chefia da insurreição de Creta, tornou-se em Atenas Presidente do Conselho".[1] Estamos aqui diante de um personagem – Eleutherios Venizelos (1864-1936) – que aparece frequentemente no cenário político da História da Grécia até pouco antes da Segunda Guerra Mundial. Por insistência de Venizelos, em agosto de 1910 fora eleita uma Assembleia Constituinte para revisar a Constituição. Entretanto, feito Primeiro-ministro em outubro, dissolveu a Assembleia e convocou uma nova eleição obtendo apreciável maioria. A Constituição revisada foi promulgada em 1911. Em março de 1912 uma nova eleição dá ampla maioria a Venizelos.

Aproveitando-se da derrota turca na guerra ítalo-turca (1911-1912), forma-se uma coligação balcânica de búlgaros, sérvios e gregos contra o Império Otomano (1912). Os gregos entram em Salônica. Em 1913 sérvios, gregos e romenos entram em guerra contra a Bulgária: pelo tratado de Bucarest (agosto de 1913) era atribuída à Sérvia e à Grécia a maior parte da Macedônia.[2]

---

[1] Lhéritier e Brière, *História da Grécia*, p. 1491.
[2] Malet, obra citada, p. 664.

Em março de 1913 foi assassinado em Salônica o rei Jorge I, que se notabilizara pelo espírito de moderação. A Jorge I sucedeu seu filho mais velho Constantino, "que tomou o nome de Constantino XII para bem demonstrar que a Grécia aspirava a suceder ao Império Bizantino".[3]

As relações entre a Grécia e a Turquia continuavam tensas e levariam a um inevitável conflito quando explodiu a Primeira Guerra Mundial.

Constantino preferiu manter a neutralidade entre as nações em litígio, mantendo, entretanto, simpatia em relação aos impérios centrais. Venizelos, entretanto, manifestou-se em favor da Entente: a Grécia entraria na guerra se a Turquia o fizesse contra os aliados. Em novembro de 1914 a Turquia declara guerra à Entente.

As forças aliadas desembarcam em Salônica a convite de Venizelos, mas o rei continuou mantendo a neutralidade e dissolveu a câmara favorável a Venizelos, que vai organizar em Salônica um governo insurrecional.

Em dezembro de 1916 as tropas aliadas desembarcam no Pireu. "O exército grego foi obrigado a retirar-se para o Peloponeso, região que passou a ser bloqueada. Constantino viu-se forçado a partir, e Venizelos chegou com os soldados da Entente (junho de 1917)."[4] O afastamento de Constantino levou ao trono seu filho Alexandre, que reinaria até sua morte acidental em outubro de 1920.

Sob o reinado de Alexandre, os gregos participaram da ofensiva Balcânica em setembro de 1918. Tropas gregas foram também enviadas contra os bolchevistas no sul da Rússia, e contra os turcos na Ásia Menor.[5] Em agosto de 1920, Venizelos assina o tratado de Sévres, volta a Atenas em setembro e dissolve a Câmara; em outubro ocorre o já mencionado falecimento de Alexandre. Constantino então retorna (dezembro de 1920) ao trono da Grécia, com o apoio dos monarquistas vencedores nas eleições de novembro.

Explode, então, a guerra greco-turca, os gregos imprudentemente lançam uma ofensiva na Ásia Menor, mas são derrotados pelas tropas de Mustafa Kemal (1922). Os turcos restabelecem a fronteira da Trácia. Sob o golpe

---

[3] Lhéritier, obra citada, p. 1491.
[4] Idem, ibidem.
[5] Idem, ibidem, p. 1492.

desse desastre, o que restava do exército grego revoltou-se juntamente com a esquadra (24 de setembro de 1922). O rei Constantino abdicou em favor de seu filho Jorge II. Os considerados responsáveis pela derrota foram perseguidos e até mesmo fuzilados. A paz foi concluída em Lausanne aos 24 de julho de 1923.

As consequências da derrota (como, por exemplo, a afluência de milhares de migrantes e os problemas agrários) levaram à insurreição de caráter republicano. O rei Jorge II foi convidado a deixar o país, o que fez em dezembro de 1923. Em abril de 1924 foi proclamada a República. Segue-se uma ditadura militar do general Pangalos de janeiro a agosto de 1926. Um novo governo de coalizão faz com que seja votada a Constituição (27 de julho de 1927) que confirma o regime republicano.

As eleições de agosto de 1928 dão o poder novamente a Venizelos, "que nele se manteve quase ininterruptamente até 9 de março de 1933".[6] Entre os principais acontecimentos deste governo, convém lembrar, na política externa, a melhora de relações com os vizinhos balcânicos da Grécia. Assim é que Venizelos concluiu pactos com a Romênia (1928), com a Iugoslávia (1929), com a Hungria, com a Áustria (1930) e com a própria Turquia (1930). "O pacto greco-turco, reforçado e aumentado em 30 de outubro de 1930 e em 14 de setembro de 1933, chegando mesmo a estabelecer 'entente cordiale' entre os dois países, tornou-se um dos eixos da nova política grega."[7] Em 1934 foi assinado em Atenas o pacto balcânico que unia a Turquia, a Romênia, a Grécia e a Iugoslávia.

Na política interna Venizelos procurou melhorar a situação econômica apesar de crise mundial. As circunstâncias econômicas e sociopolíticas levaram Venizelos a governar como verdadeiro ditador "com o que se colocou em aberta contradição com seus próprios princípios pelos quais tanto havia lutado."[8]

As eleições de 1933 foram favoráveis ao gabinete Tsaldaris. Em março de 1935 é abortado um movimento rebelde venizelista. Segue-se, em ou-

---

[6] Idem, ibidem.
[7] Idem, ibidem.
[8] Marin, obra citada, p. 201. Venizelos acabaria exilado por participar de uma rebelião em Creta (onde ele nasceu), tendo falecido em 1936.

tubro, a derrubada do ministério Tsaldaris pelo general Kondylis, que leva a Assembleia nacional a votar a abolição da república e torna-se primeiro-ministro e regente. Um plebiscito de 3 de novembro revela apoio da maioria esmagadora ao regime monárquico, e o rei Jorge II volta solenemente a Atenas e conta com o apoio firme do Primeiro-ministro Metaxas, que evita o predomínio da anarquia. Em outubro de 1940, os italianos invadem a Grécia. "Após brilhantes vitórias sobre as tropas italianas (1940-1941), os gregos, batidos pelos alemães, tiveram que recuar progressivamente; o rei refugiou-se no Cairo, enquanto as tropas ítalo-germânicas conquistavam toda península, organizando-se movimento de resistência ao invasor."[9]

Em outubro de 1944, Atenas foi libertada, e o governo de união nacional presidido por Papandréu ordenou a desmobilização dos guerrilheiros. Elementos comunistas tentavam integrar o país no espaço socialista que a URSS passava a dominar após o conflito.

As eleições de 1946 deram forte apoio aos monarquistas, e um plebiscito (setembro de 1946) possibilitou a volta do rei Jorge II. Em 1947 o senado americano aprova o projeto de Truman que ajudaria a Grécia. Jorge II faleceu em abril e foi substituído por seu irmão Paulo I.

A luta contra os comunistas foi vencida pelo exército regular comandado pelo Marechal Alexis Papagos. As eleições levaram este militar ao poder em 1952. "O novo governo preocupou-se em cicatrizar as feridas da guerra civil, sempre com a ajuda norte-americana que alcançou a Grécia através do Plano Marshall e de sua incorporação na Nato."[10]

Com a morte de Papagos (1955), passa a chefiar o Ministério o conservador Konstantinos Karamanlis, que teve de enfrentar a crise de Chipre, ocupada pela Inglaterra, mas onde dois grupos distintos da população (turco-cipriotas e greco-cipriotas) aspiravam à independência. Os greco-cipriotas naturalmente desejavam a união com a Grécia, em oposição aos turco-cipriotas. Desde 1954 desenvolvia-se um movimento guerrilheiro, a ENOSIS sob a direção do coronel grego Grievas, que visava a simples união com a Grécia. Em 1959 houve um acordo em Londres: mantinham-se as

---

[9] Lhéritier, obra citada, p. 1493.
[10] Marin, obra citada, p. 402.

bases militares inglesas e a independência do país se fazia sobre a base da paridade de direitos dos dois grupos étnicos. A presidência da república seria grega, o vice-presidente seria turco. De 1963 a 1964 ressurgiu a dissidência entre gregos e turcos, e a ONU teve de intervir para assegurar a paz.

Em 1964, com a morte do rei Paulo I subiu ao trono seu filho Constantino II. A vida política instabiliza-se fora do controle do soberano, que é deposto por um golpe militar (1967). Estamos aqui em face do chamado "regime dos coronéis" dirigido por Giorgios Papadopoulos (1919-1999), que proclama a república. O "regime" encontra dificuldades nos problemas concernentes à evolução político-social. A invasão de Chipre pelo exército turco acarreta a queda do "regime dos coronéis" em julho de 1974 possibilitando o regresso de líder da direita clássica, Konstantinos Karamanlis. Há então um desenvolvimento da economia, e em janeiro de 1981 a Grécia torna-se membro do Mercado Comum. De 1981 a 1989 os socialistas (PASOK – Partido Socialista Pan-helênico) estão no poder, mas pedem as eleições de 1989 e 1990, assumindo o governo a Nova Democracia. Vítima de sua política de rigor, a direita é amplamente derrotada nas eleições de 1993, que possibilita o retorno do socialista Andreas Papandreu, líder histórico do PASOK, que falece em 1996.

Da última década do século XX vamos lembrar dois acontecimentos da política exterior da Grécia: (1) o apoio do partido comunista grego à tentativa de golpe de Estado em Moscou (1991); (2) a queda dos regimes comunistas balcânicos e a desintegração da Iugoslávia a partir de 1990 produz na Grécia o temor pela influência turca nas populações muçulmanas (Albânia, Kosovo, Bósnia) e leva à aproximação da Sérvia, país cristão e ortodoxo.

ALBÂNIA

No início do século XX, a Albânia é alvo de competição entre austríacos e italianos. Em 1913 a Conferência de Londres, reunida para tratar dos problemas territoriais suscitados pelas guerras balcânicas, estabelece as fronteiras da Albânia independente. Durante a Primeira Guerra Mundial, o pequeno estado sofre o domínio do Império Austro-húngaro, mas em dezembro de 1918 uma assembleia reunida em Duraço escolhe um governo provisório sob a chefia de Turhan Paxá.

Em 1920 outra assembleia, a de Luchnia, proclama a independência do país com suas fronteiras etnográficas e naturais.[1] Sucedem-se governos fracos até que assume a presidência o muçulmano chefe de clã Amed Zogu (1895-1961) e faz de Tirana a capital do Estado. Em 1928 Amed foi proclamado rei sob o nome de Zogu I por um Assembleia Constituinte que votou uma Constituição declarando a Albânia reino parlamentar, democrático e hereditário. A crescente influência italiana na Albânia levou à anexação da Albânia pelo governo fascista. Tirana foi ocupada em abril de 1939 e uma Assembleia Constituinte ofereceu a coroa da Albânia, sob a forma de união pessoal, a Vítor Manuel III.[2] Sob pressão italiana a Albânia declarou guerra à Inglaterra e à França (junho de 1940), à Grécia (outubro de 1940) e à União Soviética (junho de 1941). Os denominados *partisans*, comunistas albaneses sustentados pelos *partisans* iugoslavos, libertam a Albânia, e assume o poder Enver Hoxha, considerado "herói nacional". Hoxha estreita os

---

[1] Mousset, *Albânia*, p. 1200.
[2] Idem, ibidem.

laços com a União Soviética e estabelece relações com as demais repúblicas do Leste. Note-se que há uma crise (1948) com a Iugoslávia quando Tito rompe com Moscou.

Stalin transformou os portos da Albânia em bases navais soviéticas. Após a morte de Stalin, a Albânia não aderiu à desestalinização. Hoxha reforçou seu poder como secretário do Partido Comunista e designou Haxhi Lleshi (1953) como presidente da República e Mehmet Shehu como presidente do governo.

Em face das tensões entre a Rússia e a Chinca de Mao-Tse-Tung, Hoxha rompe as relações diplomáticas e comerciais com a União Soviética (1961). A Albânia se encaminhava para um crescente isolamento da evolução da política internacional.

O partido comunista (denominado Partido do Trabalho da Albânia) governou a Albânia de 1945 a 1992 sob a chefia de Hoxha e, posteriormente, de Ramiz Alia.

A desintegração da União Soviética facilitou a instauração do pluripartidarismo e o partido democrático de Sali Berisha derrota os socialistas (ex-comunistas). A Albânia sofre então uma grave crise econômica que é atenuada em parte pelo envio de divisas por parte dos emigrados. A crise econômico-financeira com repercussões político-sociais abala as instituições e leva à demissão do presidente Berisha. Após as eleições de 1997 os socialistas dirigem o país, mas encontram resistência na parte norte, onde prevalece o prestígio de Berisha e se situa a base de operações do UCK (Exército de libertação do Kosovo).

ROMÊNIA

No início do século XX a pequena Romênia, formada em 1859 pela união dos principados autônomos da Valáquia e da Moldávia, é um reino governado por Carlos I de Hohenzollern-Sigmaringen (1866-1914). A constituição vigente sofreu a influência da constituição belga e da Declaração dos direitos do homem de 1789.

Na segunda guerra balcânica a Romênia luta contra os búlgaros e obtém, na Paz de Bucareste (1913), a Dobrudja meridional. Em 1914 o Conselho da Coroa rejeita a entrada da Romênia na guerra ao lado dos Impérios Centrais. Com a morte de Carlos I, assume o trono seu sobrinho Fernando (1914-1927) e a Romênia toma o partido da Tríplice Entente. Finda a guerra, a desintegração do Império Austro-húngaro e do Império Russo possibilita a integração dos romenos da Bessarábia, da Transilvânia e da Bucovina na pátria romena. Note-se, contudo, que a ampliação do território criou problemas relativos a minorias raciais não devidamente assimiladas. O exército romeno enfrenta na Transilvânia as tropas comunistas de Bela Kun.

Deve-se lembre aqui a atuação do ministro liberal Bratianu (1864-1927), que, na política interna, procurou fortalecer a classe média e projetou uma reforma agrária contra os latifundiários. Em 1923 foi votada a Constituição "em virtude da qual o poder legislativo passou a ser exercido em conjunto pelo rei e pela representação nacional".[1] No período entre-guerras a política externa da Romênia caracteriza-se, até 1940, pela aliança com a França e a Grã-Bretanha.

---

[1] Idem, *História da Romênia*, p. 1681.

Em 1927 com a morte de Fernando, o trono coube a seu neto Miguel, que, entretanto, contava apenas cinco anos de idade. Explica-se esta sucessão porque o herdeiro do trono, o príncipe Carol, havia renunciado em janeiro de 1926 por motivos pessoais que suscitavam oposição do Ministro Bratianu. Sob Miguel institui-se um Conselho de três regentes. Com a morte de Bratianu desaparece a oposição ao príncipe Carol, que reassume o poder em 1930, formando um gabinete de coalisão nacional para enfrentar as consequências da crise econômica desencadeada em 1929 e que afetou as exportações romenas. Os regimes autoritários que se a estabeleciam na Europa inspiraram a formação, na Romênia, do partido chamado *Guarda de Ferro* dirigido por Cornélio Zelea Codreanu, "que imitava o antissemitismo nazi e copiava inclusive os sinais exteriores dos movimento análogos da Alemanha e da Itália."[2] A tentativa de dissolver a Guarda de Ferro acarreta o assassinato do ministro liberal Duca. O sucessor de Duca, Tatarescu, também liberal, governou quatro anos sem conseguir estabilizar a situação."[3] Em 1938, em face do impulso tomado pelo partido de Codreanu, foi nomeado (1938) chefe do govenro o patriarca ortodoxo Miron Cristea com a missão de estabelecer um governo autoritário sem a intervenção da Guarda de Ferro. O rei Carol II dissolveu os partidos políticos e instaurou a Ditadura Real com um partido único e um sistema corporativista. O patriarca falece em 1939, e seu substituto, Calinescu, é assassinado no mesmo ano.

Na política externa da Romênia, na década de trinta há negociações internacionais visando manter relações amistosas com vários países. Assim, por exemplo, foi assinado em Atenas (fevereiro de 1934) o pacto da Entente Balcânica, que deveria pôr fim às rivalidades existentes entre as nações da região.

A Romênia fica isolada após os acordos de Munich. Entre junho e setembro de 1946, em virtude do pacto germano-soviético, a Rússia ocupa a Bessarábia e a Bucovina do Norte. Segue-se a perda de parte da Transilvânia para a Hungria e da Dobrudja do Sul para a Bulgária. Carol II vê-se então obrigado a abdicar, em favor de seu filho Miguel (1940-1947), e a exilar-se.

---

[2] Marin, obra citada, p. 200.
[3] Idem, ibidem.

Abre-se assim o caminho para a ocupação alemã. O general Antonescu faz-se proclamar *conducator* (*duce*) e conta com o apoio da Guarda de Ferro. Antonescu leva a Romênia a aderir ao Eixo (novembro de 1940) e à guerra contra a URSS para recuperar os territórios perdidos. Os judeus e ciganos são perseguidos. A Grã-Bretanha (dezembro de 1941) e os Estados Unidos (janeiro de 1942) declaram guerra à Romênia. Em abril de 1944 Bucareste foi bombardeada. Um golpe de estado (agosto de 1944) restaura o poder do soberano e leva Antonescu à prisão. A Romênia volta-se contra a Alemanha e em setembro de 1944 celebra um armistício com a Rússia obtendo a restituição da Transilvânia, mas pagando uma enorme soma à União Soviética, a título de reparação.

Os comunistas ascendem ao poder e obrigam o rei a abdicar, proclamando a República Popular Romena em 30 de dezembro de 1947. Uma assembleia constituinte (1948) vota a Constituição de Democracia Popular inspirada na constituição da União Soviética. A Romênia estreita, então, os laços com as demais Repúblicas populares. "Uma série de depurações eliminou do cenário político os homens do antigo regime bem como, em maio, junho de 1952, líderes marxistas acusados de 'desvio'..."[4]

A partir de junho de 1952, Groza, que fora chefe de partido da extrema-esquerda e que obrigara o rei Miguel a abdicar, é substituído por Gheorghiu-Dej (1901-1965), secretário-geral do Partido Comunista. Estamos aqui diante de um governo que se impõe pela força e pelo terror. A Romênia é então explorada economicamente pela URSS. Gheorghiu-Dej é substituído por Nicolae Ceausescu (1918-1989), que, em 1974, acumula o cargo de secretário do partido comunista com o de presidente da República. Ceausescu pratica uma política de autonomia em face da URSS iniciando relações comerciais com a Alemanha Federal e com os Estados Unidos e intensifica o nacionalismo, o que lhe confere o apoio popular. Em 1968 recusa participar da invasão da Tchecoslováquia ao lado das tropas do pacto de Varsóvia. Em 1971 há um endurecimento do regime e ao lado de Ceausescu aparece, como segundo personagem do estado, sua esposa Elena Ceausescu. O casal é alvo de um verdadeiro culto da personalidade. As reformas preconizadas

---

[4] Mousset, *História da Romênia*, p. 1684.

por Gorbachev são rejeitadas pelo ditador romeno que, entretanto, é deposto por um golpe de Estado (dezembro de 1989). O casal fugiu apressadamente de Bucareste, mas, aprisionado pelos revoltosos, foi executado em 25 de dezembro após um julgamento simulado. Constitui-se então um governo (Frente de salvação nacional – FSN), Ion Iliescu assume (1990) a presidência e declara-se partidário de uma "terceira via" que leva a uma crise econômica e social. Em 1996 Iliescu é substituído por Emil Constantinescu eleito por uma coligação liberal, democrata-cristã e social-democrata.

BULGÁRIA

No início do século XX a Bulgária é um principado hereditário, tributário da Turquia, sob a chefia do príncipe Fernando de Saxônia Coburgo-Gota autoproclamado czar em 1908 quando a Bulgária declarou a independência. Na política interna observa-se a predominância de pequenos proprietários de terra e um iniciante desenvolvimento industrial. Na política externa devem ser registradas as guerras balcânicas. A Bulgária faz parte da coligação da primeira guerra balcânica (1912), e o exército búlgaro apodera-se de Kirk-Kilisse, obtém a vitória de Lulé-Burgas e chega à fortaleza de Tchatáldia situada a 30 quilômetros de Constantinopla. Os turcos assinam um armistício. Reiniciadas as hostilidades, o Império Otomano vê-se obrigado a abandonar territórios aos vencedores. A partilha desses territórios, entretanto, leva a Bulgária a uma guerra contra seus próprios aliados (1913) que resulta no tratado de Bucarest (1913), que reduziu as conquistas territoriais da Bulgária: perdeu a maior parte da Macedônia para a Sérvia e a Grécia; perdeu Dobrudja meridional para a Romênia.

Na Primeira Guerra Mundial, o czar e Radoslavov, chefe do governo, colocaram-se (setembro de 1915) ao lado da Alemanha e da Áustria. Em outubro declarou-se a guerra à Sérvia.

A derrota dos Impérios Centrais levou a Bulgária ao armistísticio assinado em setembro de 1918, em Salônica. O regime foi abalado por uma revolta que, embora tivesse sido reprimida, resultou na renúncia e abdicação de Fernando em favor de seu filho Bóris III (outubro de 1918). Estabelece-se então um governo de salavação nacional presidido pelo líder agrário Alexandre Stamboliski, que conduzira revolta contra o regime e que mais tarde (1923) seria assassinado. Stamboliski assinou em novembro de 1919 o

Tratado Neuilley pelo qual a Bulgária perdia o litoral egeu em benefício da Grécia e outra regiões em favor da Iugoslávia. Em junho de 1923 um golpe militar estabelece um governo de "conciliação democrática sob a chefia de Alexandar Tsankov, que enfrenta os agrários e comunistas. Após um atentado terrorista, na quinta-feira santa, na igreja Sveta Nedelia em Sofia, com a morte de dezenas de pessoas, os comunistas entram na clandestinidade ou emigram para a URSS.

A política interna é então agitada pela Organização Revolucionária Interior Macedônica (ORIM). Observe-se que esta designação já fora usada por uma organização fundada em 1893 para lutar contra o domínio otomano.

Em maio de 1934 a liga militar deflagra um golpe militar. Segue-se a instalação, pelo rei, de um governo sob a influência de um grupo extrapolítico (Zveno: traço de união) presidido por Kimon Gueorguiev. A ORIM é dissolvida, a União Soviética é reconhecida e procura-se uma reconciliação búlgaro-iugoslava.

Em 1935 um novo golpe militar substitui o gabinete Gueorguiev por um ministério presidido pelo general Zlatev. Este, por sua vez, foi também substituído por um governo mais moderado à frente do qual se encontrava Tochev. "O rei Boris II, cuja moderação e bom senso tinham sido postos à prova através de tantas mudanças, assumiu, enfim, a direção política do país em 1935 e desde esta data até o começo da Segunda Guerra Mundial pode-se dizer que governou pessoalmente, sempre através de pessoas de sua confiança."[1]

Deflagrada a Segunda Guerra Mundial, o governo búlgaro presidido por Bogdan Filov proclamava a neutralidade, embora apoiasse a política do Eixo. Esta "beligerância passiva" possibilitou a obtenção, por parte da Romênia, da Dobrúdja Meridional.

A Bulgária dependia economicamente da Alemanha, o que explica que, após uma entrevista de Bóris com Hitler (novembro de 1940), o país tenha aderido ao pacto tripartido (março de 1941), isto é, o tratado militar assinado em setembro de 1940 entre a Alemanha, Itália e Japão. "A Bulgária entra na guerra contra a Inglaterra e os Estados Unidos, mas procura manter

---

[1] Marin, obra citada, p. 200.

relações pacíficas com a União Soviética e opõe-se à deportação de judeus no país. Em agosto de 1943, morre o rei Bóris e sucede-lhe seu filho Simeão com a assistência de um Conselho de regência. Em agosto de 1944 o gabinete Bagrianov pede armistício à Grã-Bretanha e aos Estados Unidos. Em setembro as tropas soviéticas penetram na Bulgária, que, então, declara guerra à Alemanha. Sobe ao poder a Frente da Pátria, que, a princípio, representava a coligação de partidos antifascistas, mas que passou ao controle exclusivo dos comunistas.

Em setembro de 1946, um plebiscito instituiu a República, e a família real teve de partir para o exílio.

De 1945 a 1949 a Bulgária é sovietizada sob a liderança de Georges Dimitrov modelando-se o regime pelo das "democracias populares". O governo não admite opositores mesmo comunistas. Assim é que é executado o líder agrário, Nicolau Petkov, e o próprio ex-vice presidente do Conselho, o comunista Traicho Kostov, que pretendera o ingresso da Bulgária no Plano Marshall. Dimitrov faleceu em Moscou em 1949 e processou-se então uma rigorosa depuração do partido comunista entre 1951 e 1954. "O novo regime transformou radicalmente a estrutura econômica do país, nacionalizando as minas, a indústria, os bancos, o comércio exterior etc., multiplicando as fazendas cooperativas, reorganizando o sistema fiscal, a legislação do trabalho e planificando a produção."[2]

Quanto à política externa, deve-se registrar que a Bulgária manteve boas relações com os demais países do regime comunista, notando-se, contudo, a ruptura com a Iugoslávia quando esta entrou em choque com o *Kominform* (órgão de ligação entre as direções dos partidos comunistas europeus criados como resposta ao Plano Marshall).

Dimitrov foi substituído por Vassil Kolarov, que faleceu logo a seguir. Assume o poder, então, o representante da Bulgária no Kominform, Vulko Chervenkov (1950-1956), que estabelece um regime stalinista. Todor Jivkov fortalece sua influência no Partido entre 1956 e 1962 e permanece no poder até 1989. Note-se que em 1988 ele afasta do poder os dirigentes comunis-

---

[2] Mousset, *História da Bulgária*, p. 1268.

tas que preconizavam a imitação das reformas que então se processavam na União Soviética.

Em dezembro de 1984 efetuou-se uma bulgarização forçada de 800.000 turcos búlgaros, o que favoreceu a formação de uma oposição (1988-1989) cuja principal figura foi o filósofo Jeliou Jelev, que seria presidente entre 1990 e 1996.

Em novembro de 1989 uma revolução palaciana põe fim ao regime de Jivkov. Este pede demissão do secretariado geral do Partido Comunista e é substituído por Petar Mladenov, que exercia o cargo de Ministro do Exterior. Em janeiro de 1990 o Parlamento acaba com o papel dirigente do partido comunista búlgaro e Mladenov abandona o cargo de secretário-geral para tornar-se Chefe de Estado. "O Parlamento escolheu o número dois do partido, Andrei Lukanov, para tornar-se Primeiro-ministro, e o governo que ele forma é exclusivamente constituído de membros do partido. Contudo, sinal dos tempos, o partido muda de nome para tomar o de Partido Socialista búlgaro."[3] O comunista Lukanov, sob a pressão pública, é obrigado a deixar o poder em dezembro de 1990 e é substituído por Dimitri Popov, "sem etiqueta política".[4]

---

[3] Milza, obra citada, T. 3, p. 271.
[4] Idem, ibidem.

IUGOSLÁVIA

No início do século XIX os sérvios lutam contra o jugo otomano liderados por Karageorges. Um antigo oficial deste lider, Miloch Obrenovitch, reinicia a campanha contra os turcos e consegue ser reconhecido como representante do sultão num principado vassalo, porém autônomo.[1]

Sob Milano (1868-1889), da família Obrenovitch, a Sérvia é proclamada reino independente. Milano abdica em favor de seu filho Alexandre, que contrai matrimônio com a dama de honor Draga Maschin. Em 1903 o casal é brutalmente assassinado em Belgrado, extinguindo-se a dinastia dos Obrenovitchs.[2] Assume o trono, então, um neto de Kara Georges, Pedro Karageorgevitch. Durante as guerras balcânicas (1912-1913), o território sérvio foi substancialmente ampliado.

O assassinato do arquiduque herdeiro do trono austríaco deflagra a Primeira Guerra Mundial: Viena declara guerra à Sérvia. No decurso do conflito, acentua-se o objetivo de reunir sérvios, croatas e eslovenos num único reino. O exército sérvio notabiliza-se na ofensiva aliada do outono de 1918 e entra em Belgrado a 6 de novembro.[3] "A 1º de dezembro de 1918, uma delegação de todos os países iugoslavos solicitou ao príncipe regente, Alexandre, filho do rei Pedro, a união sob a dinastia dos Karageorgevitchs. Essa união dos sérvios, croatas e eslovenos foi solenemente proclamada no dia seguinte. A 21 de dezembro o primeiro governo do novo estado foi

---

[1] Mousset, *História da Iugoslávia*, p. 1579.
[2] Ver um minucioso relato do assassinato em "La Tuerie de Belgrade", Maurice Duplay, Revista *História* n. 199, p. 770 e ss.
[3] Mousset, *História da Iugoslávia*, p. 1579.

constituído sob a presidência de Stoyan Prolitch; era integrado pelos líderes dos antigos partidos dos territórios libertados." Note-se que em 1929 o novo reino passaria a chamar-se reino da Iugoslávia (Eslávia do Sul). A união dos povos eslavos num único estado apresentaria graves dificuldades em razão das profundas disparidades existentes no terreno étnico, econômico, social e religioso.

Nos anos subsequentes ao término da Primeira Guerra Mundial, a Sérvia enfrenta sérios problemas com relação à fixação das fronteiras com a Áustria, com a Hungria, com a Itália, com a Albânia, com a Bulgária e com a Romênia.

Em janeiro de 1929 o rei Alexandre, que sucedera a seu pai em 1921, aboliu a constituição e assumiu pessoalmente o governo. Procura-se então a unificação nacional acima das particularidades dos clãs e das confissões religiosas. O nome do estado, como já vimos, passa de Reino dos Sérvios, Croatas e Eslovenos para Reino da Iugoslávia (dezembro de 1929). Em 1932 suprimem-se todos os partidos políticos e estabelece-se o Partido Nacional.[4]

Em 9 de outubro de 1934 o rei Alexandre, em visita à França, foi assassinado em Marselha assim que desembarcara. Foi também vítima do mesmo atentado o ministro francês do Exterior, Barthou. O autor do crime era um terrorista macedônio da Organização revolucionária interior macedônica (VMRO) a serviço de nacionalistas croatas emigrados. Constitui-se então um Conselho de Três regentes entre os quais figurava o Príncipe Paulo Karageorgevitch. "O novo governo formado a 21 de dezembro de 1934 sob a presidência de Yevtich, obteve notável maioria nas eleições de 3 de maio de 1935. Demissionário logo depois, esse governo foi substituído (24 de junho) por um gabinete presidido por Stoyadinovitch, que procurou a solução do litígio sérvio-croata no reagrupamento espontâneo dos partidos."[5] Em setembro de 1935 Stoyadinovitch formara um novo partido, o Iugoslava Radical União (JRZ), que incluía sérvios radicais, eslovenos e bósnios muçulmanos. Acentue-se a aproximação da Iugoslávia com a Itália: Ciano e Stoyadinovitch cultivavam relações amigáveis. Este último portava-se como se fosse o *Führer* da Iugoslávia, mas, na realidade, o príncipe Paulo ainda mantinha as rédeas

---

[4] Marin, obra citada, p. 199.
[5] Mousset, *História da Iugoslávia*, p. 1581.

do poder, e em 1939 substituiu Stoyadinovitch por Tsvetkovitch. A invasão da Albânia pela Itália prejudicou o bom relacionamento existente, provocando desconfiança por parte do governo iugoslavo.

O príncipe Paulo empenhava-se em manter a neutralidade da Iugoslávia em face do segundo Conflito Mundial, mas, sob a pressão de Hitler, Tsvetkovitch e seu ministro do Exterior, Marcovitch, foram a Viena e aderiram ao pacto tripartido (março de 1941). "Logo que esse compromisso foi conhecido em Belgrado, produziu-se um golpe de Estado: o rei Pedro II assumiu pessoalmente o poder e constituiu gabinete de União Nacional presidido pelo general Simovitch..."[6]

Os compromissos assumidos em Viena foram revogados, mas, a 6 de abril, a Alemanha e a Itália declararam guerra à Iugoslávia. O exército iugoslavo não pôde impedir a invasão germânica que se processou a partir respectivamente da Hungria, da Bulgária e da Romênia. O rei Pedro e seus ministros abandonaram o país que foi ocupado e divididdo entre os vencedores, o que, entretanto, não impediu a organização de uma resistência em que se destacou, na Sérvia, Draga Mihailovitch, que iniciou a luta de guerrilhas contando com o apoio de contingentes do antigo exército. Desenvolve-se também a resistência oposta pelos comunistas liderados por Josip Broz, um croata conhecido como Tito, que em junho de 1941 organizou a luta dos *partisans* e entrou em conflito com Mihailovitch. Deve-se registrar que os *partisans* de Tito mantiveram ligações com o comando britânico do Mediterrâneo. Ingleses e americanos tentavam reconciliar Tito com o governo iugoslavo no Exílio e o rei Pedro.

Josip Broz (1892-1980), nascido de pai croata e de mãe eslovena em Zagorje, ao norte de Zagreb, fora sargento do exército austro-húngaro, tendo combatido na Primeira Guerra Mundial até cair prisioneiro dos russos em 1915. A permanência na Rússia possibilitou-lhe o contato com a revolução comunista. De volta à Iugoslávia ingressa no partido comunista. Aprisionado pela polícia real, passa seis anos na prisão, onde estuda o marxismo com seu companheiro de cela, o filósofo Mosa Pijade (1890-1957), evitando envolver-se nas controvérsias entre trotskistas e stalinistas. Deixa a prisão e adota

---

[6] Idem, ibidem.

uma série de pseudônimos, entre os quais o de Tito. Em 1937 o Komintern nomeia-o secretário-geral. A invasão da Iugoslávia pelas potências do Eixo possibilita-lhe organizar a resistência com seus *partisans* que, em setembro de 1943, com a capitulação da Itália, apoderam-se das armas do exército italiano e do território então ocupado.

No fim de setembro de 1944 o exército russo chega à fronteira da Iugoslávia e entra em contato com as unidades de *partisans*. A 20 de outubro Belgrado é libertada. Constitui-se um governo provisório de Frente Nacional sob a presidência de Tito, que, em abril de 1945, assina um tratado de ajuda mútua com a União Soviética. Eleições em novembro de 1945 dão vitória à Frente Nacional. Instaura-se a república e a deposição dos Karageorgevitchs. A 15 de janeiro de 1946 vota-se a nova Constituição, que institui a República Socialista Federativa com seis Repúblicas Populares: Sérvia, Croácia, Eslovênia, Montenegro, Macedônia e Bósnia-Herzegovina. A Sérvia conta com duas províncias autônomas: Voivodine e Kosovo.

Tito procurou, desde logo, depurar o país de seus adversários políticos, entre os quais figurava Draga Mihailovitch, que, como vimos, chefiara guerrilhas contra os alemães.

Entre os principais acontecimentos dos primeiros anos do governo de Tito vamos lembrar:

1. A lei agrária e o plano quinquenal de reconstrução. Visava-se a recuperação do país que, em virtude da guerra e da ocupação, sofrera grande número de perdas em vidas humanas, destruições residenciais e equipamentos industriais. Não houve coletivização de terras, mas nacionalizaram-se os bancos e a indústria.

2. Na política externa há um estreitamento de laços com as repúblicas populares de estrutura marxista mediante uma série de tratados respectivamente com a Polônia, Tchecoslováquia, Hungria, Romênia, Bulgária e Albânia. Como veremos, logo a seguir, o rompimento com o Kominform levaria o governo de Tito a buscar assistência financeira junto a países capitalistas.

3. O ateísmo marxista levou inevitavelmente a um conflito entre o Estado Comunista e a Igreja. O clero católico foi perseguido e, em Zagreb, o arcebispo Stepinac foi condenado a trabalhos forçados (outubro de 1946), o

que suscitou protestos do papa Pio XII. Stepinac seria libertado sob vigilância em dezembro de 1951.

O acontecimento marcante da vida política iugoslava sob Tito foi o rompimento deste com Moscou. Vejamos brevemente como este rompimento se processou. Antes de tudo convém lembrar que Tito conseguira libertar seu país sem o auxílio do exército da União Soviética. Contara até com a ajuda britânica para recuperar grande parte da Iugoslávia. Em 1945, Tito conseguira habilmente a evacuação das tropas soviéticas e não estava disposto a sujeitar-se de modo absoluto à orientação fixada pelo Kremlin. "Os dirigentes iugoslavos agrupados em torno de Tito pretendem conservar sua independência e criar o socialismo sem o apoio da URSS; recusam a subordinação do estado iugoslavo, de sua polícia, de seu exército, de sua política externa, e opõem-se à pretensão dos soviéticos de fiscalizar os outros Partidos Comunistas."[7] Note-se que Stalin pretendera fundar na Iugoslávia sociedades mistas de produção, o que possibilitaria à URSS a exploração em proveito próprio dos recursos em matéria bruta do país prejudicando profundamente seu desenvolvimento industrial.[8]

Em fevereiro de 1948 Tito foi convocado a Moscou e foi censurado por sua atitude independente. Em junho de 1948 o Kominform (ver item sobre a Rússia) condena os dirigentes iugoslavos e conclama "as forças sadias do PC iugoslavo a imporem uma nova linha política à direção."[9] O PC iugoslavo, entretanto, rejeita unanimemente as acusações do Kominform. Os soviéticos tentam, então, desacreditar Tito: em agosto de 1949 o Kremlim, em nota oficial, declara-o inimigo da União Soviética. Seguindo a atitude hostil de Moscou, os governos das repúblicas populares rompem suas relações econômicas com a Iugoslávia, o que leva Tito a ampliar as relações comerciais com o Ocidente. Em agosto de 1951 foi concedida ajuda anglo-franco-americana ao governo de Belgrado. Sublinhe-se, entretanto, que as relações com o Ocidente capitalista não afastaram Tito da ideologia marxista. Na realidade, para

---

[7] Milza, obra citada, vol. 2, p. 106.
[8] Idem, ibidem.
[9] Idem, ibidem, p. 107.

total desconforto do stalinismo, desenvolve-se na Iugoslávia uma forma de socialismo que reclama os mesmos princípios defendidos pela União Soviética, mas com independência desta. "Tito põe, assim, em causa a direção única do mundo socialista pela URSS, e abre caminho para a ideia de um socialismo nacional."[10] Os ideais socialistas de Tito transparecem na política externa quando, manifestando independência diante do Ocidente, vota em diversas oportunidades, na ONU, com a União Soviética.

A Iugoslávia socialista de Tito tem uma originalidade que, entre outras, apresenta duas peculiaridades: o caráter endógeno do comunismo iugoslavo (que não sentia a pressão exercida em outras regiões pela presença do exército soviético) e a política de não alinhamento que, no exterior, aumenta o prestígio da Iugoslávia entre os países do Terceiro Mundo.

Em 1952, o Partido Comunista iugoslavo passa a designar-se "Liga dos comunistas da Iugoslávia". Em 1953 o mundo comunista sofre um abalo com a morte de Stalin: Krushev e Bulganin visitam Belgrado em 1955 "dispostos a olvidarem a traição de Tito".[11] Em 1963 o Marechal Tito era proclamado presidente vitalício.

Tito personificava, enquanto viveu, a unidade iugoslava. Note-se, entretanto, que de 1967 a 1971 foram concedidas várias prerrogativas às repúblicas e às províncias autônomas e que a Constituição de 1974 contínha elementos de caráter confederativo. Com a morte de Tito em maio de 1980 a Iugoslávia ia passar por uma série de crises econômicas e políticas. O país passou a ser dirigido por uma presidência partilhada entre os representantes das cinco repúblicas e das duas regiões autônomas. Compreende-se a dificuldade em manter a unidade iugoslava assegurada pelo prestígio e pelos poderes ditatoriais de Tito, quando, na falta deste, acentuam-se e explodem as diferenças culturais: assim, por exemplo, croatas e eslovenos são católicos, usam o alfabeto latino; os sérvios ortodoxos conservam a escrita cirílica; na Bósnia Herzegovina encontra-se grande parte da população adepta do Islamismo.

---

[10] Idem, ibidem, p. 108.
[11] Marin, obra citada, p. 367.

Em 1988-1989 os dirigentes de Belgrado impõem a centralização política da Sérvia, suprimem as autonomias provinciais do Kosovo e da Voivodine e obtêm a adesão da república de Montenegro à sua causa. Abalavam-se assim as relações de força entre as diferentes unidades federais instituída pela Constituição de 1974.

Quando, em janeiro de 1990, as delegações eslovenas e croatas abandonam o partido por ocasião do congresso da Liga dos comunistas da Iugoslávia, a desintegração do país entrava num caminho sem retorno. Em 1991 o desmembramento tem início quando a delegação eslovena deixa a presidência conjunta. Deve-se mencionar aqui o papel desempenhado por Slobodan Milosevic, que é, sucessivamente, chefe da Liga dos Comunistas da cidade de Belgrado (1984) e presidente da Liga dos Comunistas da Sérvia (1986). É interessante notar que Milosevic, em virtude da desintegração do comunismo internacional, teve a habilidade política de converter ideologicamente o comunismo iugoslavo em nacionalismo. Com a bandeira nacionalista procura reunificar a Sérvia mesmo à custa dos interesses de Kosovo e Voïvodine. Em dezembro de 1989 é eleito presidente da Sérvia ainda dentro do antigo sistema, em dezembro de 1990 é eleito já em pleno pluralismo político e em dezembro de 1992 é mais uma vez reeleito.

Os eslovenos proclamam sua independência, seguidos logo, no mesmo sentido, pela Croácia, pela Macedônia e pela Bósnia. Os sérvios residentes na Croácia e na Bósnia declaram sua autonomia e recebem armamento de Milosevic. Na Bósnia, a população muçulmana é vítima de uma depuração étnica por parte de sérvios e croatas.

De 1994 a 1995, a intransigência sérvia dificulta a mediação de outras nações. Em agosto de 1995 ocorre a intervenção militar da OTAN contra os sérvios. Pelo acordo de Dayton assinado por Milosevic em dezembro de 1995, a Bósnia é dividida em uma Federação croata-muçulmana e uma República sérvia teoricamente federadas.

Em julho de 1997, Milosevic é eleito, por sufrágio indireto, presidente da Iugoslávia e, no ano seguinte, assume a responsabilidade pela intervenção militar sérvia no Kosovo, recusando o plano de paz proposto pelas grandes potências. Acusado de crimes contra a humanidade pelo Tribunal Penal Internacional, perde a eleição presidencial de setembro de 2000 e é extraditado para La Haye em 2001 pelo governo da Sérvia.

RÚSSIA

A Rússia sob Nicolau II

Nicolau II (1894-1917) ocupa o trono russo no início do século XX. Sucedera a seu pai, Alexandre III, falecido aos quarenta e nove anos. Embora tivesse tido uma excelente educação, Nicolau II não estava preparado para exercer plenamente os poderes que a autocracia lhe proporcionava. Em sua personalidade acentuavam-se os contrastes: temperamento gentil, amante da vida familiar, mas inseguro e tímido em face das prementes decisões que o cargo lhe impunha. Nicolau II contraiu matrimônio com a princesa alemã Alice de Hesse, neta da rainha Vitória e conhecida na História como imperatriz Alexandra Feodorovna. O novo czar não fora devidamente informado nem por seu pai, nem pelo orientador de sua educação, o filósofo Pobedonostsev, sobre os candentes problemas da política interna e externa do vasto Império de todas as Rússias. Nicolau II, no início de seu reinado, estava impregnado do ideal de unidade nacional traduzido em três termos: autocracia, ortodoxia e russificação a todo transe.

Quando, em janeiro de 1895, delegados da nobreza, das cidades e dos zemstvos (conselhos de administração local eleitos pelos representantes da propriedade) vieram felicitar o novo czar, este declarou que, a exemplo de seu pai, pretendia manter a autocracia e qualificou de sonhos insensatos as ideias de elaboração de uma constituição.[1]

---

[1] Pascal, *Histoire de la Russie*, p. 118.

Um rápido olhar sobre a Rússia nos primeiros anos do século XX revela-nos uma sociedade bloqueada, um poder político em desagregação e, surpreendentemente, uma economia em plena expansão no setor industrial.

A sociedade civil apresentava uma relativa debilidade, que refletia ainda a mentalidade dos poderosos senhores forçados, sob Alexandre II (1855-1881), a aceitar a abolição da servidão.

A industrialização e a construção de vias férreas propiciaram o desenvolvimento de uma burguesia que se concentrava principalmente em Moscou. Surgiu também uma população proletária menos passiva que a população rural (a Rússia continuava um país essencialmente agrícola) apesar de constituir esta cerca de 85% dos habitantes.

O poder político emanava do czar. "Na prática, a vontade imperial exerciam-na ministros e governadores locais nomeados dentro de uma pequena comunidade de varões, em sua maioria russos ortodoxos da aristocracia: não havia nem Parlamento nem eleições nacionais. O último czar, Nicolau II (1894-1917), era um incompetente carregado de boas intenções, politicamente cego e possuído de uma perigosa nostalgia – reforçada por sua esposa Alexandra – por laços místicos entre o trono e o povo."[2] Registre-se que até 1905 era grande a influência dos grão-duques, irmãos de Alexandre III, sobre o novo czar.

Já sublinhamos o desenvolvimento econômico da Rússia. Iniciada sob Alexandre II (a abolição de servidão forneceu mão de obra abundante para a indústria), a expansão da economia prosseguiu sob Nicolau II. Deve ser mencionado aqui o Ministro de Finanças, Witte, que, já sob Alexandre III, conseguira restabelecer o equilíbrio do orçamento, encorajara a colonização da Sibéria e criara um Ministério da Agricultura. Witte atua (1894-1903) sob Nicolau II, modernizando a economia através de uma série de medidas entre as quais, por exemplo, o investimento de capitais estrangeiros na mineração e na metalurgia. Note-se também a estabilização da moeda em virtude de uma ampla reserva de ouro. Merece ser lembrada a notável expansão da

---

[2] Stites, "El Imperio ruso y la Union Sovietica 1900-1945", *Historia Oxford del siglo XX*, p. 195-196. Note-se que o último czar Romanov foi o Grão-Duque Mihail Alexandrovich (Michel II), irmão de Nicolau II, escolhido a 17 de março de 1917, tendo abdicado em seguida.

malha ferroviária, principalmente a Transiberiana concluída em 1899 e que contribuiu poderosamente para acelerar a ocupação das imensidões asiáticas. O progresso da indústria e do comércio foi acompanhado e estimulado pela criação de escolas profissionais.

Witte interessou-se também pela situação da agricultura, autorizando o Banco do Estado a financiar cooperativas de crédito. Registre-se que, de acordo com a mentalidade autocrática, Witte não aprovava a atuação dos zemstvos, nos quais via "o germe fatal de um regime constitucional".[3]

Na política externa dos dez primeiros anos do reinado de Nicolau V nota-se a preocupação do czar em seguir a política pacífica de seu pai com relação aos países europeus. Lembremos, a título de exemplo, a aliança francesa (que desgostava o Kaiser Guilherme II) e um acordo (1897) com o Império Austro-Húngaro para manter o *status quo* nos Balkans.[4] O czar pessoalmente não pensava senão na paz, tendo proposto ao mundo uma conferência sobre limitação de armamentos. "Ela se reunia em la Haya, maio de 1899, e, malgrado as reticências dos vinte e seis estados participantes, resultou na interdição de certos projéteis, na extensão à guerra naval da Convenção de Genebra e sobretudo na criação de uma corte permanente de arbitragem internacional."[5]

Com relação à Ásia, a Rússia mantinha abertas ambições estimuladas aliás pelo próprio Kaiser Guilherme II. A insurreição dos Boxers (ver capítulo sobre a Ásia) forneceu à Rússia uma ocasião propícia para expandir seu poderio: a Mandchúria foi ocupada sob o pretexto de assegurar a integridade das vias férreas, e as tropas aí permaneceram apesar dos protestos chineses. O Japão sente-se ameaçado e rompe bruscamente as conversações com a Rússia, e, na noite de 8 para 9 de fevereiro de 1904, sem declaração de guerra, ataca a frota russa fundeada na enseada de Porto Artur.

Antes de prosseguirmos sobre este conflito, cabe aqui chamar a atenção, brevemente e a título de exemplo, para alguns aspectos da crise social, po-

---

[3] Pascal, obra citada, p. 119.
[4] Idem, ibidem, p. 120-121.
[5] Pascal, obra citada, p. 121.

lítica e nacional que se desenvolviam, havia muito, no vasto império russo, apesar do já mencionado progresso econômico.

Sob o ponto de vista social, lembremos a numerosa população rural (cerca de 85%) vivendo em constantes tensões que envolvem, ao lado de práticas arcaicas na agricultura, carência de terras, más colheitas, problemas de alimentação e frequentes revoltas.

A industrialização atinge apenas determinados setores: Petersburgo, Moscou, Ucrânia, Ural, gerando uma população operária (cerca de três milhões) que "conhece condições de vida e de trabalho penosas que a levam a reivindicar melhoras multiplicando as greves e a tornam receptiva à propaganda revolucionária".[6]

Convém lembrar ainda o crescimento da classe burguesa em virtude do desenvolvimento econômico. Politicamente a burguesia urbana possui tendências liberais e aspira à instituição de um regime vigente no Ocidente no qual ela teria um papel a desempenhar.[7]

Esta burguesia urbana sentia-se frustrada com o fato de Nicolau II, após a resolução de 1905, tendo outorgado as liberdades de consciência, de reunião, de manifestação, de associação e permitido a eleição de uma câmara legislativa, ter voltado ao regime autocrata. É interessante notar aqui a existência de uma burguesia rural formada pelas reformas do ministro Stolypine entre 1906 e 1910 e que constitui um apoio à autoridade do czar.[8]

A oposição política ao czarismo sob Nicolau II revestia diferentes aspectos que se desdobravam, havia décadas, do niilismo às múltiplas facetas do socialismo. "Os *nihilistas* eram intelectuais que queriam reconstituir tudo de novo: também na mocidade culta desenvolveu-se o socialismo místico importado do Ocidente e feito principalmente de grande piedade pelo povo. Depois, os revolucionários definiram doutrina e métodos; em 1876 a sociedade Terra e Liberdade reformou-se, adotando um programa radical de liberdade política e de socialismo. Os socialistas democratas preferiram amotinar o povo propondo-

---

[6] Milza, obra citada, vol. I, p. 87.
[7] Idem, ibidem, p. 87.
[8] Trotsky considera essa reforma como "a maior oportunidade para a formação, na classe camponesa, de uma categoria de granjeiros capitalistas. *A História da Revolução Russa*, vol. I, p. 58 e ss.

-lhe a palavra de ordem inteligível de partilha radical das terras. Os socialistas revolucionários decidiram-se por atitudes extremas..."[9]

Em 1883, Plekhanov fundou a "Libertação do Trabalho", de caráter marxista. Em 1890 introduziu-se nos zemstvos o princípio de classe: os camponeses não elegeriam senão candidatos entre os quais os governadores escolheriam os delegados; os nobres teriam três quintos dos votos; as deliberações poderiam ser suspensas pelos governadores, não só por ilegalidade, mas também por inoportunidade. Compreende-se que essas medidas provocassem descontentamento e revolta.

Em 1903, em Londres, num congresso social-democrata, Lenine separa-se de Plekhanov. Com o primeiro estão os bolcheviques (majoritários); com o segundo, os mencheviques (minoritários).

A crise nacionalista se desenvolve nas regiões habitadas por povos de diferentes nacionalidades, mas sujeitos não só ao domínio político da Rússia como também a uma russificação forçada; assim, por exemplo, a partir de 1900 procura-se russificar a Finlândia: fusão do exército finlandês com o exército russo, dificuldades impostas à liberdade de reunião e cerceamento da liberdade de imprensa. Na Polônia a russificação desperta uma reação geral da população. No Cáucaso confiscam-se os bens da Igreja Armênia. Em 1903 os judeus são perseguidos como instigadores da revolução.[10]

Este quadro incompleto da crise social, política e nacional que sacode o imenso império dos czares explica o que vai ocorrer logo após a guerra russo-japonesa, cuja exposição, iniciada anteriormente, vamos, agora, retomar brevemente.

Já vimos o ataque de surpresa dos japoneses à frota russa fundeada em Porto Artur. As belonaves comandadas pelo almirante Togo bloqueiam Porto Artur e conseguem derrotar, em batalha naval, o almirante russo Makaroff, enviado pelo czar como comandante das forças navais do Pacífico. Makaroff, que pereceu na batalha, foi substituído pelo Almirante Witheff, também vencido por Togo em combate naval. Enquanto a frota japonesa bloqueia os russos pelo mar, o exército desembarca no continente, interrompe a via férrea que une Mukden a Porto Artur impedindo que o general Stoessel, que

---

[9] David e Meslin, *História da Rússia*, p. 1704.
[10] Pascal, obra citada, p. 114.

comanda os defensores desta fortaleza, receba reforços. Após meses de heroica defesa, enfrentando a falta de alimentos e doenças, Stoessel rende-se a 2 de janeiro de 1905. Dois meses mais tarde trava-se a sangrenta batalha de Mukden, e os russos são derrotados com enormes perdas. Em maio a frota russa que partira do Báltico é aniquilada no estreito de Tsu-Schima (Tsushima).

Impôs-se a paz em Portsmouth sob a égide do Presidente Teodoro RoosevelT. Em 5 de setembro de 1905 era assinado o Tratado de Portsmouth: a Rússia evacuava a Mandchúria e fazia outras concessões ao Japão, inclusive o reconhecimento do protetorado japonês sobre a Coreia.[11]

A guerra russo-japonesa era impopular e as derrotas russas (os exércitos russos combatiam a cerca de 7.000 quilômetros de suas bases e dependiam de uma única via férrea ainda mal-equipada) estimularam a inquietação e a revolta. É interessante notar que os insatisfeitos com a autocracia chegavam a desejar a derrota russa como uma oportunidade para a mudança do regime.

Em novembro de 1904, em Petersburgo, um Congresso de zemstvos formulava uma série de exigências entre as quais um regime representativo e a liberdade de consciência, de expressão e de reunião. Desencadeiam-se greves e os operários falam em liberdade, igualdade, anistia e jornada de trabalho de oito horas. Nesse sentido um pedido de milhares de assinaturas deve ser lavado ao czar. A 22 de janeiro, domingo, vinte dias após a capitulação de Porto Artur, uma grande multidão, na sua maioria sem propósitos hostis, tendo à frente o pope (padre) Georges Gapone, dirigiu-se ao Palácio de Inverno a fim de entregar ao czar a petição mencionada. As colunas avançavam de diversos bairros. Os grupos mais importantes contavam-se aos milhares, provinham das usinas Poutiloff sob a conduta de Gapone em seu traje sacerdotal e tendo em uma mão uma cruz e na outra a petição. Outro padre, o padre Sérgio e diáconos levavam ícones e um retrato do czar. Note-se que para muitos integrantes da multidão o czar (que, na ocasião, encontrava-se fora da cidade) representava ainda um personagem respeitado e até estimado: era o paizinho (*batiuschka*).

---

[11] Ver a interessante exposição na revista *História* n. 89, p. 437. "1904... La guerre russo-japonaise commence", de autoria de Jacques Mayran.

Batalhões de infantaria e cossacos enfrentaram a multidão indefesa produzindo um número considerável de vítimas inocentes. Foi o domingo sangrento.[12]

Os acontecimentos desfavoráveis no Extremo Oriente continuam repercutindo mal na opinião pública. As greves persistem, sucedem-se as revoltas de camponeses em todas as províncias. Há perturbações nas cidades da Polônia, em Riga e em Tiflis. Em fevereiro é assassinado em Moscou o grão-duque Sérgio. Em julho de 1905 o encouraçado Potemkine se revolta diante de Odessa. O principal líder da revolta, Matuschenko, cuja verdadeira origem se ignora, seria, em 1907, aprisionado e condenado à morte quando voltara clandestinamente à Rússia. Lenine assim julgou a revolta do Potemkine: "A passagem do Potemkine para o lado da insurreição foi o primeiro passo para a transformação da revolução em uma força internacional, para sua confrontação com os Estados Europeus".[13]

A paz assinada com o Japão incentivou o descontentamento e a revolta. A imprensa reage contra a censura, nas universidades repercutem os apelos à insurreição; no congresso geral dos zemstvos, poloneses, baltos, caucasianos e até siberianos reclamam a autonomia nacional; no final de outubro explode a greve das vias férreas seguida da dos telégrafos e, depois, da greve geral. Juízes, médicos, engenheiros, funcionários, toda a burguesia participa dela, subvenciona-a; possui seus representantes no *Soviet* dos deputados operários de Petersburgo.[14] Witte obtém então, do czar, o manifesto de outubro (30 de outubro de 1905), através do qual são concedidas as liberdades fundamentais e convocada uma assembleia eleita, a *Duma* do Império. Caberia à Duma votar as leis e controlar sua execução. Tudo indicava que os liberais haviam obtido a realização de seus ideais com o fim da autocracia. Na realidade a autocracia representava para o czar um

---

[12] Um estudo sobre o domingo sangrento e o papel do aventureiro pope Gapone encontra-se na revista *História* n. 114, p. 473: G. Imann-Gigandet, "L'imposture du pope Gapone".
[13] O leitor encontrará na revista *História* n. 105, p. 153 e ss., uma minuciosa exposição sobre "La Revolte du Potemkine", de autoria de G. Imann-GigandeT. Encontra-se aí o texto de Lenine.
[14] Pascal, obra citada, p. 125.

princípio religioso inviolável, e as leis fundamentais de abril de 1906 ainda se referiam ao soberano como "autocrata".[15]

Neste ano de 1906 convém anotar um acontecimento importante pelas funestas consequências que acarretariam à família imperial russa: fora-lhe recomendado Grigori Efimovitch (1872-1916), conhecido como Rasputin, monge devasso, ambicioso, mas que se fazia passar como um santo homem impregnado de misticismo. Rasputin conquistou a confiança da imperatriz, que tendia para um misticismo doentio. Quando, durante a guerra mundial, Nicolau II partiu para o front, o monge se tornou a eminência parda do governo.[16]

Os partidários da autocracia inconformados com as liberdades concedidas, massacram judeus e revolucionários. Os camponeses invadem terras. A inquietação e insegurança permanecem. Os partidos políticos dividem-se com relação à monarquia: os socialistas querem a República; os constitucionais-democratas (K-D = cadetes) preferem uma monarquia parlamentar; os "outubristas" defendem o manifesto. Witte, presidente do Conselho, enfrenta sublevações em terra e no mar (Cronstadt e Sebastopol) e uma greve geral proclamada em Moscou.[17]

Realizadas as eleições, os *cadetes* conseguem a maioria, e o czar responsabiliza Witte, que se retira do governo. Instalada a primeira Duma, os *cadetes* adotam uma estratégia de confronto: pretendem instituir a monarquia parlamentar: "em sessões tumultuadas exigem o fim da câmara alta, o direito de nomear ministros, a anistia para os prisioneiros políticos, inclusive os que haviam sido condenados por crimes de terrorismo".[18]

Após haver tentado um acordo com os *cadetes* moderados, o czar chamou ao poder o governador da província de Saratov, o fiel monarquista Piotr Stolypin, e dissolveu a assembleia. Estamos aqui diante de um notável homem público. Procurou, desde logo, enfrentar o terrorismo através de cortes marciais que faziam justiça sumária. "Diferentemente de seus antecessores

---

[15] Pipes, *História concisa da Revolução Russa*, p. 58.
[16] Ver um minucioso estudo sobre as origens e o caráter de Rasputin, na revista *História* n. 70, p. 214, de autoria do embaixador francês junto a Nicolau II: Maurice Paléologue, "D'où venait Raspoutine"?
[17] Pascal, obra citada, p. 125.
[18] Pipes, obra citada, p. 59.

Stolypin não se contentava apenas em suprimir o terrorismo, julgado por ele como sintoma de um mal mais profundo. Para atingir nas raízes e baseado no artigo 87, sem esperar pela convocação da Segunda Duma, ele editou uma série de atos legislativos referentes ao campesinato. Para começar, suspendeu todas as restrições legais que impediam sua liberdade de movimento e aboliu outros resquícios da servidão."[19]

Em fevereiro de 1907 a Segunda Duma iniciava seus trabalhos. Os partidos radicais controlavam 46% do plenário. Procurava-se ampliar o movimento revolucionário atingindo as massas.

No início de junho de 1907 o governo dissolveu a Duma e, com base do arT. 87, decretou uma nova legislação eleitoral. Registre-se que as leis fundamentais proibiam a aplicação desse artigo para modificar o processo das eleições. Incrementava-se o número de deputados provenientes das classes proprietárias à custa das bancadas de camponeses, trabalhadores e minorias étnicas. "A nova legislatura era expressão da grande Rússia, mais conservadora e mais homogênea, do ponto de vista étnico."[20]

Convocada em novembro de 1907, a Terceira Duma "foi a única a cumprir o mandato de cinco anos".[21] A nobreza fundiária domina a Câmara e Stolypin é seu mais digno representante, bem como da burocracia devotada ao país.[22] Os outubristas tinham um líder, Aleksandr Guchkow, que combinava patriotismo, crença na autoridade firme e respeito à lei.[23] O regime constitucional está em funcionamento, e "de 1907 a 1914 a Rússia vai conhecer, em todas as ordens, progresso e prosperidade".[24] "Com o declínio da violência e a retomada do desenvolvimento industrial, a Rússia parecia marchar para a completa recuperação dos estragos causados pela revolução. Sem dúvida, esse foi o apogeu da carreira de Stolypin."[25]

A atuação de Stolypin, especialmente as reformas introduzidas, contrariava interesses poderosos, e ele acabou assassinado, em setembro de 1911,

---

[19] Idem, ibidem, p. 61.
[20] Idem, ibidem, p. 63.
[21] Idem, ibidem, p. 63.
[22] Pascal, obra citada, p. 127.
[23] Pipes, obra citada, p. 63.
[24] Parcal, obra citada, p. 128.
[25] Pipes, obra citada, p. 63.

na cidade de Kiev, por um jovem de família abastada que trabalhava para a polícia e, ao mesmo tempo, se envolvia com os círculos terroristas. "Nem Nicolau II nem a czarina deram mostras de desolação em virtude da morte do ministro, a quem consideravam dispensável agora que o regime estava novamente firme, sobre a sela."[26]

Três anos transcorreriam entre a morte de Stolypin e o início da Primeira Conflagração Mundial. Este período está "repleto de tendências contraditórias, algumas das quais apontavam para a estabilidade, enquanto outras prenunciavam o colapso".[27] Entre as primeiras, podemos lembrar: a prosperidade econômica, a restauração da ordem, a sobrevivência da monarquia; entre as segundas figuravam uma inquietude, um senso generalizado de tragédia, uma prevalência e uma intensidade de ódio ideológico, étnico e social: "os radicais abominavam o sistema estabelecido. Os camponeses detestavam seus vizinhos que haviam deixado a comuna. O ódio separava ucranianos e judeus, islâmicos e armênios, nômades casaques e russos, invasores das regiões que habitavam. Sob ataques da esquerda, o exército e a polícia eram as duas únicas forças que se opunham a essas paixões".[28] Note-se que em dezembro de 1912 há eleições e reaparecem os partidos extremistas. Os intelectuais se julgavam então capazes de dirigir o país substituindo a nobreza e a burocracia.

Convém lembrar aqui a atuação do governo russo na política externa. Em 1912 a Rússia havia reorganizado seu exército, pretendia desempenhar o papel de protetora dos povos eslavos e se opunha a um possível ataque da Áustria contra a Sérvia. O assassinato de Francisco Fernando precipita os acontecimentos.

A 1º de agosto a Alemanha, a 7 a Áustria declaram a guerra. "A Rússia nela se engaja sem interesse material, sem nada reivindicar para si, somente para defender um pequeno país eslavo."[29] O estudo da Primeira Guerra Mundial será objeto de capítulo especial. O conflito prolongado e tremen-

---

[26] Idem, ibidem, p. 65.
[27] Idem, ibidem, p. 66.
[28] Idem, ibidem.
[29] Pascal, obra citada, p. 131.

damente desgastante desintegrou a frágil estrutura político-social do império dos Romanov.

A 19 de junho de 1915 Nicolau II ordena que a Duma se reúna por um período de seis semanas. Destaca-se nessa ocasião um orador agressivo, o jovem advogado Alexandre Kerenski, "que utilizava suas imunidades para aglutinar forças e derrubar o czarismo".[30] Legisladores liberais e conservadores de acordo com os mais altos funcionários nomeados pelo czar reivindicavam, em plena guerra, "algo próximo a um governo parlamentarista".[31]

Nicolau II reagiu à atuação da Duma fechando-a.

Em 6 de setembro de 1915 o czar assume pessoalmente o comando supremo das forças armadas e se fixa em Mohilev, pequena cidade da Rússia branca onde se achava instalado o Quartel General Russo. Ao ausentar-se da capital, Nicolau II, segundo um antigo costume moscovita, passou o poder para a czarina. O Império era considerado uma espécie de propriedade familiar que seria oportunamente transferida para o herdeiro do trono. "A czarina exercia, sob as indicações de Rasputin, uma nefasta influência sobre as decisões pessoais, políticas e também militares do czar."[32] É interessante notar que Rasputin fazia pressão no sentido de obter-se uma paz em separado. "Conhecia o povo melhor que os grandes e influentes senhores, que ele odiava. Tão pouco estava a serviço alemão, como suspeitavam seus assassinos. O assassinato de Rasputin, levado a cabo de uma forma muito macabra (dezembro de 1916), não mudou a situação. Um militar comentou: "Somente um camponês pôde chegar até o czar, e os senhores o mataram."[33]

"Frustrados na tentativa de alterar a situação política pela eliminação de Rasputin, os conservadores começaram a cogitar o afastamento do monarca, como única forma de salvar a monarquia. Vários complôs se urdiram, um deles visando raptar Nicolau e forçá-lo a abdicar em favor do filho menor, que

---

[30] Pipes, obra citada, p. 76.
[31] Idem, ibidem.
[32] Scheibert, "El império Ruso, de Pedro el grande a la revolucion de febrero", p. 253. Trata-se do quarto capítulo do volume sobre a Rússia da *Historia Universal del siglo XXI*.
[33] Idem, ibidem, p. 254. Ver um minucioso relato do assassinato de Rasputin em "Nous avons tué Raspoutine" de autoria de Vladimir Pourichkévitch, deputado monarquista. Revista *História* n. 85, p. 647 e ss.

só contava doze anos, e nomear regente o grão-duque Nikolai Nikolaevich. O general Mikhail Alekseev, verdadeiro comandante em chefe das forças armadas russas, estava envolvido nessa conspiração: mas nada foi além dos planos."[34]

A Revolução de Fevereiro de 1917

A economia russa ressente-se fortemente com os transtornos causados pela guerra. As forças combatentes começam a sentir a falta de armas, de munições, de víveres, de uniformes. No início de 1917, conta-se em mais de um milhão o número de desertores.

A indústria mal pode oferecer bens de consumo. Os camponeses necessitados desses produtos industrializados recusam-se a fornecer o grão indispensável à população citadina. Pelos fins de 1916 e inícios de 1917 aumentam os movimentos grevistas. Ampliam-se as revoltas.

De 8 de março de 1917 a 12 do mesmo mês (23-27 de fevereiro, pelo calendário russo), Petrogrado (como passou a denominar-se a capital, subsistindo-se a designação de São Petersburgo porque esta soava alemão) assiste à explosão da desordem provocada pela fome e pela miséria. Há um vazio de poder. A autoridade do czar não existe mais. "Para suprir o vazio político assim criado, dois poderes se formam simultaneamente: um, proveniente da Duma e que assume mais tarde o nome de governo provisório, é constituído por burgueses e nobres liberais sob a presidência do príncipe Lvov com um único socialita, Alexandre Kerensky; o outro, nascido do movimento popular, o *Soviet* (Comitê, conselho), de Petrogrado, é formado de delegados dos trabalhadores e dos soldados. A 15 de março, para tentar salvar a dinastia, o czar abdica em favor de seu irmão, o grão-duque Miguel. Este renuncia ao trono no dia 16: é o fim da dinastia dos Romanov. Sublinhe-se: cedendo aos chefes militares e líderes parlamentares, o czar renunciou por sentimento patriótico e não por imposição de camponeses e trabalhadores.[35]

---

[34] Pipes, obra citada, p. 84.
[35] Milza, obra citada, vol. I, p. 89. O leitor encontrará dois emocionantes relatos sobre a abdicação de Nicolau II em J. Jacoby: "Ilya 40 ans le regime Tsariste s' effondrait" (Revista *História* n. 124, p. 207 e ss.); "Gran-duc Alexandre de Russie, Abdication de

O dia 27 de fevereiro (pelo calendário russo) foi, segundo Trotsky, o dia decisivo da revolução:[36] "No dia 27 o povo libertou, sem luta, os presos políticos de diversos cárceres da capital, entre os quais se incluíam os grupos patrióticos do comitê das indústrias de guerra, detidos no dia 26 de janeiro, assim como os membros do Comitê Bolchevique de Petrogrado, encarcerados por Khabalov, 40 horas antes. Os caminhos políticos se bifurcam logo à saída do cárcere: os mencheviques, patriotas, dirigem-se à Duma, onde são distribuídos os papéis e os postos; os bolcheviques vão para os bairros, ao encontro dos operários e soldados, a fim de com eles terminarem a conquista da capital. Não se pode dar tempo para o inimigo recuperar o fôlego. Uma revolução, mais do que qualquer outro empreendimento, exige ser conduzida até o fim".[37]

Trotsky chama a atenção para o fato de que se encontravam ausentes, então, os revolucionários mais autorizados, líderes dos partidos de esquerda. Encontravam-se no estrangeiro e, em parte, presos ou deportados. "Lenine vivia emigrado, com Zinoviev. Kamenov estava no desterro, assim como os práticos dirigentes então pouco conhecidos Sverdlov, Rykov, Stalin."[38]

Antes de prosseguirmos com as consequências da Revolução de Fevereiro convém registrar uma breve informação sobre o destino da família imperial russa. "Nicolau seguiu para Tsarkoie Selo (residência imperial, perto de Petrogrado), onde ele e sua família foram postos sob prisão domiciliar. Durante os próximos cinco meses suas vidas transcorreram em calma; o czar tirava neve com a pá, lia para a família e fazia caminhadas. O governo, querendo-o fora do caminho, negociou seu asilo com a Inglaterra. Os britânicos concordaram, mas temerosos das objeções do Partido trabalhista

---

Nicolas II" (Revista *História* n. 69, p. 173 e ss.). Sobre o calendário russo, anotar o atraso de 13 dias em relação ao calendário gregoriano: "Jusqu'en mars 1918, la Russie connut le calendrier julien, en retard de treize jours sur le calendrier grégorien occidental. Les révolutions de février 1917 et d'octobre 1917 eurent lieu en mars et en novembre et leus anniversaires sont ainsi commémores en URSS" (Victor Alexandrov, "Le fabuleux Trésos des Tsars" – Revista *História* n. 204, p. 620).

[36] Trotsky, *A História da Revolução Russa*, vol. I, p. 114.
[37] Idem, ibidem, p. 124. Khabalov era o general comandante da região de Petrogrado investido de poderes quase ditatoriais.
[38] Idem, ibidem, p. 137.

acabaram recuando. Esse outro ato de deslealdade deprimiu profundamente o ex-czar."[39]

A presença dos Romanov em Petrogrado criava problemas para o Soviete e o governo provisório. Kerenski decidiu então enviá-lo para Tobolsk, na Sibéria, na região de onde viera Rasputin. De Tobolsk a família imperial foi levada para Iekaterinburg, nos Urais, e aí massacrada (julho de 1918).[40]

A Rússia de fevereiro a outubro de 1917

Com a queda do czarismo a Rússia passa a uma dualidade governamental: de um lado temos o Governo Provisório, em que predominam os constitucionais-democratas (KD, cadetes), corrente partidária moderada, liberal e reformista (segundo Trotsky, unia os proprietários liberais e os intelectuais esquerdistas) e que tem como alvo a instituição de um regime parlamentar como os que se encontram no Ocidente europeu; de outro lado, temos o Soviet de Petrogrado em que se debatiam três tendências revolucionárias: os socialistas revolucionários (SR – com prestígio junto aos camponeses, pregam a supressão da grande propriedade, a partilha da terra) e duas correntes da social-democracia: os mencheviques e os bolcheviques. Embora marxistas, estas duas correntes separavam-se quanto à concepção revolucionária. "Os primeiros, considerando que a revolução socialista não é possível, como disse Marx, senão num país altamente industrializado, estimam que é necessário inicialmente passar por uma fase burguesa de industrialização da Rússia, durante a qual o partido socialista deveria ajudar a burguesia, antes de abatê-la em nome da luta de classes." Sob a direção de Vladimir Illitch Ulianov,

---

[39] Pipes, obra citada, p. 97. O primeiro-ministro britânico Lloyd George teria aconselhado o rei Jorge a não aceitar os Romanov a fim de ganhar popularidade entre os esquerdistas ingleses.
[40] Sobre o massacre da família imperial russo, ver: Edvard Radzinsky, "O último Czar", Nicolas Sokoloff, "Des documents hallucinantes sur le massacre de la famille impériale russe" (revista *História* n. 140 p. 3 e ss. Yakov Yurovsky foi o comandante do esquadrão executor. Sobre a responsabilidade de Lenin quanto à bárbara execução ver Radzinsky, obra citada páginas 404, 408, 424, 425 ss. e 435, e Adam B. Ullam, Os bolcheviques, p. 489.

chamado Lenine, exilado na Suíça, os bolcheviques julgam, ao contrário, que não é necessário aguardar a consolidação da democracia burguesa, mas desencadear a revolução socialista nesse país que constitui o elo mais fraco da cadeia do capitalismo."[41]

Mencionamos acima a dualidade governamental. Na realidade, segundo alguns, havia ausência de poder. É verdade que o governo provisório tomava uma série de medidas de caráter liberal ou social como, por exemplo, liberdade de opinião, de reunião, de imprensa, direitos sindicais, número de horas de trabalho. A partilha de terras e o estabelecimento da paz, exigências proclamadas pela massa popular, o governo provisório transferia para a futura Assembleia Constituinte, que também deveria pronunciar-se sobre o regime governamental a ser adotado.

O Soviet de Petrogrado, onde a maioria era constituída de SR e de mencheviques, era considerado pela população da capital como o poder legítimo. Trotsky anota: "Que o poder, desde as primeiras horas, pertenceu ao Soviet é incontestável, e quem menos podia ter ilusões a este respeito eram os membros da Duma. Shidlovsky, deputado outubrista, um dos líderes do Bloco Progressista, escreve em suas memórias: 'O Soviet apoderou-se de todas as repartições de Correios e Telégrafos, de todas as estações ferroviárias de Petrogrado, de todas as impressoras, de modo que, sem permissão, seria impossível expedir um telegrama ou sair de Petrogrado ou mesmo imprimir qualquer manifesto.' Esta característica inequívoca de relação das forças só tem necessidade de ser esclarecida num único ponto de vista: a "ocupação" dos Correios e Telégrafos, das estações ferroviárias, das impressoras etc., pelo Soviet, siginifica, somente, que os operários e empregados dessas empresas não queriam se subordinar a nenhuma autoridade, exceto ao Soviet".[42]

Piper assim resume a cúpula da estrutura política na Rússia após a queda dos Romanov: "Na teoria, o Comitê Provisório da Duma – logo rebatizado governo Provisório – assumiu total responsabilidade pelos destinos da nação, enquanto o Ispolkom funcionava como uma espécie de suprema corte da consciência revolucionária. Na realidade, desde o início o Ispolkom assumiu

---

[41] Milza, obra citada, vol. I, p. 90.
[42] Trotsky, obra citada, vol. I, p. 152. Sobre os Cadetes, ver p. 169.

funções legislativas e executivas."⁴³ Note-se que Ispolkom era o comitê executivo do Soviet de Petrogrado.

Convém observar que, na organização do governo provisório, havia alguns nomes de relevância, como o príncipe Lvov, chefe do Gabinete; Kerensky, Ministro da Justiça; Miliukov, Ministro do Exterior.

Lvov era um ativista cívico que havia encabeçado a União das Zemstva, "o que lhe conferia certa aura de representatividade social."⁴⁴

Miliukov, douto historiador, fundador do partido Cadete, integrava a corrente moderada, liberal, mas reformadora. Kerenski, socialista revolucionário, era um orador radical, ambicioso, que conseguiu ser vice-presidente do Soviet, membro do Ispolkom: "a única pessoa a ter participação no Soviet e no governo provisório".⁴⁵ Quando se desencadeou a revolução de fevereiro, Lenine (Vladimir Ilich Ulianov) encontrava-se na Suíça e em Zurique tomou conhecimento do fato, uma semana depois dos acontecimentos.⁴⁶ Concluiu então que a fase revolucionária da burguesia estava ultrapassada, pois o Soviet, e não o governo provisório, detinha as rédeas do poder. "Parece-lhe ter chegado o momento de fazer triunfar sua concepção de revolução. Esta etapa necessária para o comunismo é a da ditadura do proletariado. Não se pode evitá-la *pois* não há outras classes nem outros meios que possam quebrar a resistência dos capitalistas exploradores. (Lênin, O Estado e a revolução,

---

⁴³ Pipes, obra citada, p. 90.
⁴⁴ Idem, ibidem, p. 91. Notar: Zemstva eram comissões locais de autogestão eleitas pelos senhores da terra e por camponeses residentes na área. (idem, ibidem, p. 49) Scheibert (autor do capítulo IV, sobre a História da Rússia, da *Historia Universal del siglo XXI*, p. 256) assim se manifesta sobre o gabinete do governo provisório: "Aunque el Gabinete en cierta medida heterogêneo, bajo la dirección del eminente príncipe Lvov, que durante la guerra havia destacado por su trabajo em los Zemstva, se componia de hombres notables, como consecuencia del derecho de voto restringido de la Duma; sin embargo no respondia a la situación social existente". Pipes (obra citada, p. 91) considera Lvov "inócuo e indolente" e reproduz a opinião do secretário de gabinete, Vladimir Nabokov: Lvov: "personificava a passividade".
⁴⁵ Pipes, obra citada, p. 92. "Ispolkom: comitê executivo". Sobre o Comitê-executivo ver Trotsky, obra citada, vol. I, capítulo XII. No mesmo capítulo, à p. 203, ver considerações de Trotsky sobre Kerensky, "Homem que não possuía qualquer passado partidário".
⁴⁶ Pipes, obra citada, p. 117.

1917)"[47] Lenine preocupa-se em deixar a Suíça e regressar à Rússia para pôr em execução seus ideais revolucionários. Trotsky assim sintetiza a situação: "Lenine exasperava-se, na jaula de Zurique, à procura de uma saída. Em uma centena de planos arquitetados sucessivamente, houve até o de viajar com o passaporte de um surdo-mudo escandinavo. Concomitantemente, Lenine não deixava fugir nenhuma ocasião de se fazer ouvir, mesmo da Suíça. Já no dia 6 de março, ele telegrafa a Petrogrado, via Estocolmo: 'Nossa tática: desconfiar inteiramente; nenhum apoio novo governo; suspeitemos particularmente Kerensky; armamento do proletariado garantia única...'"[48] Lenine encontrava-se num dilema: ou permanecer na Suíça, ou passar através da Alemanha. Optou pela segunda opção: viajar pela Alemanha em direção à Suécia, e daí através da Finlândia até Petrogrado.

Ao governo alemão interessava criar o caos na Rússia. Apostavam na atuação dos extremistas que destruiria a estabilidade do Estado russo e concluiria a paz em separado.

Trotsky assim comenta o trânsito pela Alemanha: "Lenine exigiu para o trânsito um direito absoluto de extraterritorialidade: nenhum controle do contingente de viajantes, dos passaportes e das bagagens; ninguém teria o direito de entrar no vagão durante o percurso (daí a lenda do vagão 'selado'). Por seu lado, o grupo de emigrados empenhava-se em reclamar que se libertasse na Rússia um número correspondente de prisioneiros civis alemães e austro-húngaros."[49] Lenine chegou a Petrogrado a 3 de abril de 1917 e foi recebido solenemente na estação Finlândia, ao som da Marselhesa. Trotsky reproduz as significativas palavras de Lenine em resposta à saudação proferida em nome do Soviete de Petrogrado e de toda a Revolução: "Queridos camaradas, soldados, marinheiros e operários, sinto-me feliz por saudar em vós a Revolução Russa vitoriosa, por saudar-vos como a vanguarda do exército proletário mundial... Não está longe o momento em que, ao apelo de nosso camarada Karl Liebknecht, os povos voltarão suas armas contra os capitalis-

---

[47] Milza, obra citada, vol. I, p. 91.
[48] Trotsky, obra citada, vol. I, p. 253.
[49] Idem, ibidem, p. 254.

tas exploradores... A Revolução Russa, por vós realizada, iniciou uma nova época. Viva a revolução socialistas mundial."⁵⁰

As ideias de Lenine foram resumidas por ele nas chamadas *Teses de Abril* e publicadas em nome dele. É curioso notar que "os organismos centrais do partido acolheram-nas com hostilidade..."⁵¹ Lenine recusava a continuação da guerra, pregava a luta contra o governo provisório, exigia a entrega total do poder aos sovietes, proclamava o confisco das terras dos grandes domínios e a nacionalização dos bancos e das usinas.

Antes de continuarmos com a breve exposição sobre a atuação de Lenine convém recordar a evolução processada no governo provisório.

Em março-abril de 1917 o Soviete preconiza a paz sem anexações e sem indenizações. A esta posição se opõe o ministro Miliukov, que deseja prosseguir o conflito. Cai então o Primeiro Governo Provisório, formando-se um segundo governo de coalisão (mencheviques e SR) sob a presidência do príncipe Lvov. Uma nova sublevação popular acarreta a formação de um novo governo provisório de maioria socialista e sob a presidência de Kerensky, que fora, antes, ministro da guerra (junho de 1917). "Mas o povo, cansado de espera, volta-se para os bolcheviques que, mantidos voluntariamente à margem do poder, são poupados do descrédito que atinge os partidos governamentais."⁵²

Em julho os bolcheviques promovem uma insurreição que desencadeia, por parte de Kerensky, uma violenta repressão. Lenine escondeu-se em Petrogrado e logo em seguida fugiu em direção à Finlândia. Com a demissão de Lvov, Kerensky passa a Primeiro-ministro, com plenos poderes, e oferece o comando das forças armadas ao general Kornilov, filho de um cossaco siberiano. "Fizera rápida carreira no exército devido a sua coragem pessoal e habilidade em estimular as tropas."⁵³ A missão de Kornilov, depois da insurreição de julho, era restabelecer a disciplina das tropas e deter a contra-ofen-

---

⁵⁰ Idem, ibidem, p. 255-256. A pregação da revolução socialista mundial iria servir de justificação para os movimentos que impuseram governos autoritários e anticomunistas na Europa posterior à guerra de 1914-1918.
⁵¹ Idem, ibidem, p. 259.
⁵² Sobre as alterações no governo provisório, seguimos aqui Milza, vol. I, p. 90-91.
⁵³ Pipes, obra citada, p. 130.

siva alemã. "Os políticos liberais e conservadores começaram a ver Kornilov como salvador da pátria. Em 14 de agosto, quando ele passou por cima das objeções de Kerensky e foi a Moscou participar de uma reunião do gabinete, receberam-no com aplausos calorosos. A par da afronta pessoal, Kerensky considerou o fato como um divisor de águas.

A uma testemunha, ele confidenciou: "Depois da conferência de Moscou, compreendi que o próximo ensaio golpista viria da direita, e não da esquerda."[54] Na realidade, segundo Boris Savinkov, substituto de Kerensky, Kornilov amava a liberdade, mas considerava a Rússia em primeiro lugar enquanto Kerensky priorizava a liberdade, e a revolução, vindo a Rússia em seguida.[55] Alguns autores mencionam um "complô" Kornilov. Ao que tudo indica, o general, injustamente acusado de rebelde, conclamou o povo russo a apoiá-lo para a salvação do país; prometeu rechaçar os alemães e convocar uma Assembleia Constituinte. Estaríamos aqui em face de uma reação patriótica provocada por uma acusação injusta. Pipes comenta: "O 'complô' Kornilov existiu afinal? É quase absolutamente certo que não.

As evidências disponíveis sinalizam um 'complô Kerensky', visando à desmoralização do general em comando, cabeça de uma contrarrevolução imaginária, ainda que verossímil, cuja supressão elevaria o Primeiro-ministro a níveis de popularidade inigualáveis. Nenhum elemento característico de um autêntico golpe de Estado jamais veio à luz: lista de conspiradores, mapas e sinais codificados, programas. Nem Kerensky e muito menos os bolcheviques foram capazes de identificar uma única pessoa que confessasse ou de quem fosse provado estar em coluio com Kornilov. Absurdo pensar-se numa conspiração de uma única pessoa. Nomeada em outubro, a comissão que investigou o caso Kornilov concluiu, em junho do ano seguinte, isto é, já sob o governo bolchevique, que as acusações de traição e motim levantadas contra o comandante-chefe não tinham fundamento, e acusaram Kerenski de covardia, por não admitir um grave erro."[56]

---

[54] Idem, ibidem, p. 132.
[55] Idem, ibidem, p. 131.
[56] Idem, ibidem, p. 135. Richard Stittes no capítulo X da *Historia Oxford del Siglo XX*, intitulado "El imperio russo y la Unión Soviética", escreve sobre a atuação de Kornilov: "Un movimiento contrarrevolucionario patriotico de conservadores y de

Compreende-se que a atitude de Kerenski em face de Kornilov acabou por beneficiar os bolcheviques, que tinham diante de si constantemente o fantasma da contrarrevolução. Kerenski recorrera aos partidos soviéticos e os bolcheviques aparecem então como os melhores defensores da revolução. "Aproveitaram a liberdade de ação de que dispunham, mobilizaram os operários e os soldados e criaram uma milícia operária armada."[57] Em setembro obtém a maioria dos Sovietes de Petrogrado (Trotsky torna-se presidente dos mesmos), de Moscou e de outras cidades importantes.[58] A maneira como Kerenski tratara o general Kornilov afastou-o dos círculos liberais e conservadores bem como dos militares. Compreende-se, assim, que, em outubro, quando necessitou da força para salvar-se dos bolcheviques, não encontrasse a ajuda dos militares.

---

liberales moderados se formó en torno al comandante en jefe, general Kornilov, con la esperanza de que pudiera restaurar la disciplina en el ejército y el orden en la sociedad. Aunque Kornilov no planeó un golpe, un poco meditado movimiento de tropas en dirección a Petrogrado se interpretó como tal y Kerensky pídio ajuda a obreros y a socialistas, incluyendo a los bolcheviques. Kornilov quedó descalificado y el consiguiente temor a una contrarrevolución aumentó el radicalismo de las massas y desplazó su apoyo a socialistas moderados hacia los bolcheviques, que eram más militantes y más receptivos a sus estados de ánimo". Kerenski (1881-1970), que vivia nos Estados Unidos dando conferência nas universidades, escrevendo artigos para a imprensa americana e prestando colaboração ao Instituto Hoover, prestou as seguintes declarações reproduzidas no Jornal do Brasil de 8/11/67: "Durante toda a minha vida, fui sempre um homem da ordem, que tinha a noção do Estado. A extrema esquerda afirma haver-me assassinado moralmente, enquanto a direita fez de mim o responsável pela catástrofe e o introdutor do caos. O Governo provisório, de que fui chefe, dotado de plenos poderes de execução, entre agosto e novembro de 1917, estava a ponto de restabelecer a disciplina no Exército. Lenine, convencido da conivência com o Estado-Maior alemão, tinha sido obrigado a empreender a fuga, e os bolcheviques estavam em minoria nos sovietes de operários e soldados. A Rússia, ao preço de sacrifícios imensos, havia obrigado os alemães a retirarem divisões da frente ocidental. Foi nesse momento – diz Kerensky –, quando tudo podia ser ganho para a Rússia democrática, que o General Kornilov tentou, em agosto, seu golpe de estado contrarrevolucionário. Ele tinha – eu o sabia, à época, mas só tive confirmação pormenorizada mais tarde – o apoio secreto dos ingleses e dos franceses, sem contar o dos grandes banqueiros e homens de negócio russos. Os aliados estavam cegos pelo desejo de manter a Rússia na guerra. Por isso apoiaram Kornilov e seus generais. A situação se transformou num triângulo: Russia e meu Governo, Ludendorff e Lênine, Kornilov e a reação de direta apoiada pelos aliados".
[57] Lorenz, Richard, "La unión Sovietica (1917-1941)", capítulo da obra sobre a Russia (*Historia Universal del Siglo XXI*, p. 262).
[58] Milza, obra citada, vol. I, p. 92.

Da Finlândia Lenine envia cartas ao Comitê Central do Partido, concitando-o à tomada de poder. Registre-se que no Comitê havia resistência aos planos de Lenine: seus membros opunham-se a uma insurreição imediata. Explica-se a pressa de Lenine pelo temor de ser ultrapassado pela convocação da Assembleia Constituinte na qual predominaria o SR (Socialistas Revolucionários).

O instrumento da ação revolucionária foi o Comitê Militar Revolucionário (*Milrevkom*) criado pelo Soviete de Petrogrado. Numa reunião clandestina do Comitê Central, realizada na noite de 10-11 de outubro, decidiu-se que o golpe seria desfechado no dia 25 de outubro, véspera da convocação do Congresso dos Soviets. Entre os membros do Comitê Central, dois, Zinoviev e Kamenev, opuseram-se ao golpe, atitude que Lenine nunca perdoou.

Na noite de 24 para 25 de outubro (calendário russo), bolcheviques ocuparam os pontos estratégicos da cidade como se estivessem fazendo simples rondas. "Ao abrigo da escuridão o Milrevkom tomou conta das pontes, de estações ferroviárias, estabelecimentos bancários e repartições postais, telefonicas e telegráficas. Não houve sequer troca de tiros no quartel-general do estado-maior. Segundo uma testemunha, os bolcheviques "entraram e sentaram, enquanto aqueles que tinham estado sentados levantaram e saíram."[59]

Kerenski, isolado com seus ministros no Palácio de Inverno, tentou obter, sem êxito, o socorro militar. Disfarçado em oficial sérvio conseguiu fugir num automóvel com bandeira norte-americana, tendo partido para o fronT.

No fim do dia o Congresso pan-russo dos soviets, em que os bolcheviques detinham a maioria, aprova a Revolução de Outubro e depõe o governo provisório. Os bolcheviques haviam conquistado o poder na Rússia.[60]

---

[59] Pipes, obra citada, p. 144.
[60] Milza, obra citada, vol. I, p. 92.

Lenine no poder (outubro de 1917 a janeiro de 1924)

Nas linhas seguintes vamos apontar alguns dos mais marcantes episódios da História da Rússia sob o governo de Lenine. O monopólio do poder pelos bolcheviques, em outubro de 1917, convém sublinhar, não teve o apoio incondicional de importantes membros desse partido. É verdade que Trotsky e outros aplaudiram o acontecimento, mas alguns notáveis bolchevistas como Grigori Zinoviev (expulso do partido em 1934, vítima da depuração de Stalin), Lev Kamenev (expulso do Partido e vítima da depuração efetuada por Stalin em 1936) e intelectuais como Máximo Gorki (romancista e dramaturgo) inquietavam-se com a instituição de um partido único impondo a ditadura do proletariado.

Vitoriosa a revolução, o congresso pan-russo dos sovietes aprova a instituição de um novo governo: elege-se um Conselho de Comissários do Povo composto unicamente por bolchevistas, presidido por Lenin e no qual se encontram Trotsky (Comissário do Povo para Assuntos Exteriores) e Stalin (Comissário do Povo para as Nacionalidades). A tomada de poder é logo marcada por dois decretos famosos: um, sobre a paz, que propõe iniciar conservações com os governos dos povos em guerra estabelecendo-se a paz sem anexações e indenizações; o outro abolia a grande propriedade agrária sem qualquer indenização. Seguem-se outros decretos, respectivamente sobre a igualdade e soberania dos povos da Rússia, sobre a igualdade dos cidadãos, sobre o casamento civil, sobre a separação da Igreja e do Estado etc. Compreende-se que essas decisões provocassem fortes reações, e Kerensky chega a lançar uma ofensiva contra a capital, mas é contido por Trotski com a guarda vermelha e os marinheiros de Kronstadt.

Os socialistas revolucionários e os mencheviques pretendiam participar do governo e contavam com a convocação de uma assembleia constituinte eleita por sufrágio universal. Realizada a eleição, verificou-se que a votação do SR dava-lhes ampla vantagem sobre os bolcheviques. Em janeiro a Assembleia reuniu-se no palácio de Tauride e Sverdlov (1885-1909), presidente do Comitê Executivo Central de toda a Rússia, apresentou uma comunicação redigida por Lenine sobre a política que os bolcheviques pensavam seguir. Posta em votação, as pretensões bolchevistas foram rejeitadas. No dia seguinte era assinado o decreto de dissolução da Assembleia acusada de dar cobertura à contrarrevolução burguesa. Fracassara a última tentativa de instituir-se um governo liberal-democrata na Rússia.

Dissolvida a Assembleia, o problema mais urgente que se apresentava ao governo bolchevista era fazer a paz. Lenine prometera "fazer cessar a guerra e concluir a paz imediatamente."[61] No início de dezembro de 1917 tinham sido iniciadas as negociações de paz entre russos e alemães na cidade de Brest-Litovsk. Suspensas as hostilidades, "os bolcheviques desencadearam vigorosa campanha de propaganda direcionada às tropas estacionadas em toda a frente oriental, estimulando-se a confraternização entre soldados e incitando os ex-inimigos contra seu próprio governo."[62]

Os militares alemães perceberam que os bolchevistas pretendiam ganhar tempo na esperança de revolução mundial. Quando os entendimentos foram retomados em 27 de dezembro (9 de janeiro), os alemães apresentaram bases de acordo consideradas inaceitáveis. Trotski defendia a estranha tese de que não deveria haver "nem paz nem guerra", julgando que se os alemães avançassem revelariam ao mundo a brutalidade do imperialismo. "Lênin, apoiado por Kamenev, Zinoviev e Stalin, declarou que isso não passava de utopia."[63] O avanço das tropas alemãs e austríacas forçou finalmente a assinatura (3 de março de 1918) do Tratado de Brest-Litovsk, cujos termos foram extremamente opressivos: "os bolcheviques tiveram de abrir mão da Polônia, Ucrânia, Finlândia, Lituânia, incluindo a região da Letônia, Estônia e Transcaucásica."[64] A rendição da Alemanha aos aliados em 11 de novembro de 1918 acarretaria, dois dias depois, a denúncia de Tratado de Brest-Litovsk pelos bolcheviques.

A partir de 8 de março de 1918 o nome oficial do Partido Bolchevique foi alterado por insistência de Lenine, a quem não agradava o rótulo de social-democrata: o nome histórico do Partido Social Democrático dos Trabalhadores Russos foi substituído pelo de Partido Comunista.[65]

---

[61] O leitor encontrará na revista *História* n. 136, p. 241 e ss., um minucioso e interessantíssimo estudo sobre a famosa paz de Brest-Litowsk elaborado por Gerard Walter: "Lenine impose la Paix de Brest-Litowsk". O autor focaliza com precisão a personagem de Trotsky, suas curiosas ideias sobre a atuação dos alemães e sua oposição a Lenine.
[62] Pipes, obra citada, p. 168.
[63] Idem, ibidem, p. 170.
[64] Idem, ibidem, p. 173.
[65] Ulam, *Os Bolcheviques*, p. 465. Houve variações desta designação: Partido Communista Russo, Partido Comunista de toda União, Partido Comunista da União Soviética.

A ratificação do Tratado de Brest-Litovks fora feita em Moscou, que se tornara a capital da Rússia a 10 de março de 1918. A decisão fora tomada já a 9 de janeiro de 1918 em face das ameaças alemãs, segundo alguns, ou, mais provavelmente, diante da insegurança reinante em Petrogrado em virtude de soldados desmobilizados e de milhares de desempregados. As dificuldades de abastecimento provocavam fome e revolta. Fato é que o deslocamento do governo leninista para Moscou ocorreu sob sigilo. As luzes do trem que conduziu Vladimir Ilyich só foram acesas depois que a estação ficara para trás.[66]

A 7 de dezembro de 1917 seria organizada a polícia política, isto é, a Comissão Extraordinária de Combate à Contrarrevolução e à Sabotagem: a Cheka.[67] O primeiro chefe da Cheka foi Felix Edmundovich Dzerzhinsky, proveniente de uma família da pequena nobreza polonesa. No exercício da chefia, Dzerzhinsky foi responsável pela execução de milhares de pessoas. Lenine insistia sobre a necessidade de que os expeculadores e contrarrevolucionários fossem fuzilados em flagrante.[68] A burguesia, como classe, era o objeto de exterminação pela Cheka.[69] Em 1921 a Cheka contará 283.000 agentes, enquanto que a polícia política do czar não ultrapassara o número de 15.000 membros.[70] Em junho de 1918 Dzerjinski presidiu a primeira

---

[66] Ulam, obra citada, p. 473.
[67] Em 1922 a Cheka "transformou-se na nominalmente mais branda Administração Política do Estado, mas sob suas iniciais GPU (ou OGPU) ela adquiriu uma fama ainda mais sinistra do que sua predecessora. E a "Legalidade socialista" não foi mais bem servida pela NKVD e a MGB. Estamos agora na era da sigla KGB. Ulam, obra citada, p. 481.
[68] Ulam, obra citada p. 481.
[69] Langlois, *Histoire du XX siècle*, p. 69.
[70] Idem, ibidem. Vale reproduzir aqui a comparação entre o regime czarista e o regime bolchevista de repressão, segundo Courtois "Les Crimes du Communisme" (em *Le livre noir du communisme*, p. 23): "On pourrait d'abord évoquer la tradition russe de l'oppression Les bolcheviks combattaient le regime terroriste du tsar qui, pourtant, fait bien pâle figure face aux horreurs du bolchevisme du pouvoir. Le tsar déférait les prisonniers politiques devant une vraie justice; la défense pouvait s'y exprimer autant, sinon plus, que l'accusation et prendre à témoin une opinion publique nationale inexistante en regime communiste, etc surtout l'opinion publique internationale. Les prisonniers et les condamnés bénéficiaient d'une réglementation dans les prisons et le régime de la relégation ou même de la déportation était relativement léger. Les deportés pouvaient partir avec leur famille, lire et écrire ce que bon leur semblait, chasser, pêcher, se rencontrer à loisir avec leurs compagnons d' 'infortune': Lénine et Staline avaient pu en faire l'expérience personnelle. Même

conferência pan-russa das Chekas, que se declarou acima do Sovietes e até mesmo do Partido, considerando-se o órgão supremo do poder administrativo da Rússia soviética.[71]

Os bolcheviques detêm o poder em 1918, mas estão longe de dominar todo o território russo, pois, além da crise interna entre o partido dominante e outras correntes políticas, devem enfrentar o sério problema das nacionalidades, uma guerra contra antigos aliados da Rússia, uma guerra contra os chamados exércitos brancos e contra revolucionários afastadas do poder pelos próprios bolchevistas. Examinemos brevemente cada um desses aspectos da crise que abala e põe em perigo a vigência do poder bolchevista à frente do qual se encontra o próprio Lenine: "em poucos meses, sua autoridade no seio das massas se tornaria tão grande que um regime bolchevique sem sua presença seria inimaginável."[72]

De posse do poder, os bolcheviques afastam o partido KD (cadetes) e os SR (socialistas revolucionários), excluem os mencheviques dos Sovietes, mas defrontam-se com os SR de esquerda. Quanto a estes últimos, deve-se registrar que até fevereiro de 1919 gozaram de certa tolerância. Destacou-se nesta corrente socialista a figura de Maria Spiridonova, que, por haver condenado o terror praticado pela Cheka, acabou aprisionada. Tendo obtido a liberdade, "passou o resto da vida entrando e saindo do cárcere até ser executada no ano de 1941, em Orel, quando os alemães estavam prestes a capturar a cidade."[73] O inconformismo dos socialistas revolucionários da esquerda (que chegaram a construir uma força militar própria) manifestou-se no atentado contra Lenine em agosto de 1918

---

les Souvenirs de la Maison des morts, de Dostoievski, qui frappèrent tant l'opinion lors de leur publication, semblent bien anodins face aux horreurs du communisme".

Cabe aqui uma observação importante. O II Congresso dos sovietes realizado em 26 de outubro (8 de novembro) de 1917 suprimiu a pena capital, decisão esta que provocou a forte reação de Lenine, que, segundo Trotsky, assim se manifestou: "É um erro, uma fraqueza inadmissível, uma ilusão pacifista". Ver, a propósito, Courtois, obra citada, p. 81: "Lénine et Dzerjinski n'eurent de cesse de rétablir légalement la peine de mort, tout em sachant pertinemment qu'elle pouvait être apliqué, sans aucun 'juridism tatillon' par des organes extralégaux comme lês Tchekas".

[71] Courtois, obra citada, p. 80.
[72] Ulan, obra citada, p. 433.
[73] Pipes, obra citada, p. 184.

praticado por Fanny Kaplan. Tratava-se de uma antiga terrorista condenada durante o antigo regime a trabalhos forçados e libertada com a Revolução de Fevereiro. Atirava em Lenine porque ele "liquidara com a Revolução e se continuasse vivo iria destruir a fé no socialismo." As autoridades não conseguiram relacionar o atentado com qualquer facção, esquerdista ou direitista, dos socialistas revolucionários. Fanny, considerada doente mental, foi fuzilada sem julgamento.[74] O atentado de Fanny serviu de pretexto para uma ação terrorífica que assolou o país: só a Cheka de Moscou fuzilou então seiscentas pessoas. Era uma onda de execuções sumárias.

Operários e camponeses não escaparam do furor assassínio da Cheka. Em maio e junho de 1918, numerosas manifestações operárias sofreram repressões sangrentas em diversas cidades. "A parte cada vez mais ativa tomada pelas Chekas locais na repressão é atestada pela frequência crescente no meio operário de palavras de ordem e slogans contra a nova Okhranka (polícia política czarista) a serviço da 'comissarocracia'."[75]

Durante o verão de 1918, explodiram dezenas de revoltas nas regiões mais ou menos controladas pelos bolcheviques. Comunidades camponesas opunham-se à requisições, às brutalidades e às conscrições para o Exército Vermelho. "Os camponeses encolerizados dirigiam-se em massa à cidade mais próxima, cercavam o soviete, tentando às vezes pôr-lhe fogo. Geralmente os incidentes degeneravam: a tropa, as milícias encarregadas da ordem e, na maioria das vezes, os destacamentos da Cheka não hesitavam em atirar nos manifestantes."[76] Para os dirigentes bolchevistas essas manifestações, cada vez mais numerosas, formavam uma vasta conspiração contrarrevolucionária de *kulaks*. Note-se: este termo é vago, não apresentava significado preciso. Lenin considerava esses camponeses insatisfeitos como *kulaks*, burgueses rurais, e pregava seu extermínio: guerra impiedosa contra os *kulaks*! Morte a eles!" [77]

---

[74] Ulan, obra citada, p. 493.
[75] Courtois, obra citada, p. 80.
[76] Idem, ibidem, p. 83.
[77] Pipes, obra citada, p. 207.

Os dirigentes dos partidos de oposição ainda em liberdade encontravam-se na mira de Lenine e de Dzerjinski. Ambos, em agosto de 1918, assinaram uma ordem de prisão dos principais dirigentes do Partido Menchevique, cuja imprensa já havia sido reduzida ao silêncio e cujos representantes, como já vimos, tinham sido afastados dos sovietes.

Um sério desafio ao governo bolchevique foi o problema das nacionalidades. Finlandeses, povos bálticos, ucranianos, poloneses levantavam a bandeira da independência. Já vimos (item sobre a Polônia) que Pilsudski derrotou o exército soviético na batalha decisiva de Varsóvia (agosto de 1920).

Cabe aqui uma breve menção às tropas de tchecos e de eslovacos, em número aproximado de 60.00 homens, que haviam servido no exército da Áustria e que tinham sido aprisionados pelos russos. Após a paz de Brest-Litovsk os contingentes de prisioneiros da Legião Tchecoslovaca conseguiram autorização para deixarem a Rússia e começaram a ser embarcados para o Leste. Em Vladivostok partiriam por via marítima para a França. Os bolcheviques, de acordo com Tomás Masaryk, que se encontrava em Paris (ver item sobre a Tchecoslováquia), permitiram que os tchecoslovacos partissem armados, pois até então haviam manifestado simpatia pelos revolucionários russos, inclusive os bolcheviques.

Em virtude de um incidente na cidade de Cheliabinski, a leste dos Urais, Trotsky, recém-nomeado Comissário da Guerra e desejoso de mostrar autoridade, interrompeu a evacuação dos tchecoslovacos e ordenou que depusessem as armas e se juntassem ao Exército Vermelho ou a batalhões de trabalho. A Legião tchecoslovaca não aceitou a imposição de Trotsky, tomou várias cidades ao longo da ferrovia transiberiana e libertou vários territórios que passaram a ser governados por socialistas revolucionários (SR). Estes se consideravam integrantes do único governo da Rússia. Ulam anota que os tchecos "puseram suas armas a serviço de vários movimentos antibolcheviques, fortificando rebeliões na região do Volga e na Sibéria. Desse modo, essa força estrangeira, contando com menos de 40 mil soldados dispersos sobre vastas áreas, desencadeou o período mais intenso da guerra civil."[78]

---

[78] Ulam, obra citada, p. 495, nota 64.

No verão de 1918 dá-se a intervenção estrangeira na Rússia. Qual o motivo dessa intervenção? "Os antigos aliados da Rússia acusam-na de trair seus compromissos por haver aceito uma paz separada com a Alemanha e em razão de sua recusa em reconhecer as dívidas contraídas sob o czarismo. Repartem o país em zonas de influência: ingleses no Mar Branco, no Cáucaso, na Ásia Central; franceses no Mar Negro, na Polônia, na Crimeia, na Ucrânia; japoneses na Sibéria oriental. Corpos expedicionários desembarcam em Arkhangelsk, Murmansk, Odessa, Vladivostok."[79]

Entre os adversários do bolchevismo figuraram os chamados exércitos "brancos". "Os bolcheviques sempre classificaram seus oponentes de 'brancos' ou 'guardas brancos', relacionando-os aos contrarrevolucionários da Revolução Francesa – o branco era a cor dos Bourbons."[80] Convém lembrar que, embora a maioria dos oficiais "brancos" tivessem simpatias pela monarquia, na realidade os exércitos brancos estavam comprometidos com a reconvocação da Assembleia Constituinte e com o cumprimento das leis promulgadas pelo governo provisório. Entre os comandantes de exércitos brancos lembremos: o general Denikine, Kornilov (morto em combate) e Wrangel; na Sibéria, o almirante Koltchak; nos países bálticos, o general Yudenitch.

"A guerra civil russa teve pouca semelhança com as campanhas da Primeira Guerra Mundial. As tropas estavam em movimento constan-

---

[79] Milza obra citada, vol. 1, p. 95. Pipes (obra citada, p. 186) assim registra a invasão de estrangeiros: "Em 1º de agosto, quando o Kremlim já estava dominado por um estado de espírito bastante melancólico, chegou a notícia do desembarque, próximo a Arcangel, de uma força naval britânica composta por 8.500 homens, mais da metade americanos. Embora relutante, o presidente Wilson os enviara, cedendo à pressão da Inglaterra, para ajudar na evacuação da Legião Tcheca, pela rota do norte, mais curta. O general britânico F. C. Poole, comandante da força, recebera ordem de resistir "à influência e penetração" alemã, prestar ajuda aos russos desejosos de lutar ao lado dos aliados e unir-se à Legião Tcheca. Tropas americanas também desembarcaram em Murmansk. Nenhuma dessas forças deveria interferir nas questões internas da Rússia para reativar a frente oriental, os especialistas da Entente calculavam ser necessários cerca de trinta mil soldados. Moscou ignorava esses fatos e interpretou os desembarques como a vanguarda de uma intervenção maciça dos aliados, em consequência, pedindo a cabeça, o Kremlim jogou-se nos braços dos alemães".
[80] Pipes, obra citada, p. 232.

te, principalmente ao longo das linhas ferroviárias, deixando amplos espaços desocupados. Os exércitos surgim repentinamente, assim como rapidamente se desfaziam e desapareciam. As unidades, avançando com impulso aparentemente irresistível, transformavam-se numa turba, diante da resistência. As linhas de batalha não estavam submetidas a controle muito rigoroso, sendo comum que divisões de várias centenas de homens defendessem uma extensão de 200 km; tal fluidez tornou quase impossível representar o progresso da guerra em termos gráficos, ainda mais porque na retaguarda dos contingentes principais operavam grupos independentes de 'verdes' – guerrilheiros camponeses – e 'negros' – anarquistas –, hostis tanto em relação aos Vermelhos quanto aos Brancos."[81]

Guerra Civil e Comunismo de Guerra são os títulos que se aplicam a esses tempos tumultuados e a esses acontecimentos que abalam a formação da Rússia bolchevista. Comunismo de guerra designa especialmente o conjunto de medidas rigorosíssimas que o novo regime toma para enfrentar a situação. O auge do comunismo de guerra situa-se no inverno de 1920-21. Já mencionamos a criação da Cheka, que difunde o terror político estudado acima. O terror econômico é motivado pela carestia e leva a confiscos de bens, requisição de cereais e nacionalização de empresas. Contra os adversários estrangeiros e contra os exércitos "brancos", a medida mais importante foi a criação do Exército Vermelho por Trotsky em 1918, nos moldes da estrutura e disciplina do antigo exército imperial e com a ajuda de oficiais profissionais. Neste exército havia, entretanto, uma novidade: instituíram-se comissários políticos, bolchevistas de confiança, que fiscalizavam o procedimento e a fidelidade dos oficiais.[82] Eis uma síntese da atuação do Exército Vermelho: " Trotski constituiu dezesseis exércitos revolucionários. Vorochilov e Stalin bateram os cossacos brancos na cidade de Tsaritsin, que trocou de nome denominando-se Stalingrado. Kornilov foi rechaçado para os Urais. A Ucrânia foi ocupada pelo exército vermelho depois da derrota alemã. Koltchak foi vencido na Sibéria, capturado e foi fuzilado. Somente Yudenitch

---

[81] Idem, ibidem, p. 233.
[82] Idem, ibidem, p. 181.

pareceu por um momento conseguir seu objetivo ao aproximar-se perigosamente de Petrogrado, porém também acabou derrotado. Denikin, por sua parte, alcançou alguns êxitos iniciais; entretanto, a 17 de outubro de 1919 era espetacularmente vencido na famosa carga de cavalaria de Budienny, um oficial czarista que se havia incorporado ao exército vermelho."[83] Já mencionamos a derrota do Exército Vermelho por Pilsudski na batalha de Varsóvia em 1920. Note-se que o general "branco" Wrangel, antigo oficial da guarda imperial, em abril de 1920 tentou, apoiado por cossacos, uma ofensiva em direção ao Donetz contra os soviéticos, mas, derrotado, acabou retirando-se para o Ocidente.

Quais as verdadeiras razões do fracasso desses movimentos antibolcheviques "brancos"? Depois de observar que "corrupção, arruaças e todo o tipo de excessos eram quase uma norma entre os escalões inferiores, tanto da hierarquia bolchevique quanto entre os 'brancos', Ulam sintetiza: As verdadeiras razões do fracasso dos movimentos antibolcheviques são muito mais compreensíveis. Estas repousam no mesmo complexo de causas que levaram à derrubada do regime democrático de antes de outubro na Rússia. Em cada setor dos Brancos foi interpretada uma variação da tragédia da Rússia no seu todo, entre fevereiro e outubro de 1917. O regime militarista operando em sentido oposto ao das autoridades civis, os conservadores vindo a odiar os moderados, e estes últimos incapazes de coexistirem com a esquerda antibolchevique".[84]

Em meados de 1920, na província de Tambov, a 350 km de Moscou, eclodiu uma rebelião de camponeses liderada por Aleksandr Antonov, que reuniu entre vinte mil a cinquenta mil combatentes. A causa da rebelião foi a redução drástica das reservas de pão pelo comunismo de guerra em virtude das entregas compulsórias de cereal. Em janeiro de 1921 boa parte dos habitantes da província passava fome. Note-se que antes da Revolução Tambov era uma próspera província, chegando a produzir um milhão de toneladas de cereal por ano. Os rebeldes foram considerados "bandidos" por Moscou e medidas drásticas foram tomadas, inclusive a tomada e execução de reféns,

---

[83] Marin, obra citada, p. 137-138.
[84] Ulam, obra citada, p. 502.

a deportação em massa e campos de concentração. Em março de 1921 o fim do confisco forçado contribuiu para o término da rebelião.[85]

Em fevereiro de 1921 rebelaram-se os marinheiros de dois couraçados da base de Kronstadt situada ao largo de Petrogrado. A 1º de março reúnem-se mais de quinze mil pessoas, um quarto da população civil e militar da base naval. A pretensão dos rebelados resumia-se na frase "Sovietes sem comunismo!" Note-se que os revoltosos de Kronstadt contavam com a revolta de operários de Petrogrado. Estes, desprovidos de armamento, foram dominados pelos destacamentos da Tcheka de Petrogrado. A 8 de março iniciaram-se as operações militares contra KronstadT. "Dez dias mais tarde Kronstadt tombava ao preço de milhares de mortos de parte a parte. A repressão da insurreição foi impiedosa. Muitas centenas de prisioneiros insurretos foram passados pelas armas nos dias que se seguiram à derrota. Os arquivos recentemente publicados contam, só em relação aos meses de abril-junho de 1921, 2.103 condenados à morte e 6.459 condenações a penas de prisão ou campo. Exatamente antes da tomada de Kronstadt cerca de oito mil pessoas haviam conseguido fugir através das extensões geladas do golfo, até a Finlândia, onde foram internadas em campos de trânsito em Terijoki, Vyborg e Ino. Enganados por uma promessa de anistia, numerosos deles reentraram na Rússia em 1922, onde foram logo aprisionados e enviados aos campos das ilhas Solovki e a Kholmogory, um dos mais sinistros campos de concentração, próximo de Arkhangelsk."[86]

Em face da precária situação econômico-financeira da Europa logo após o término do Primeiro Conflito Mundial, Lenine crê na influência do exemplo russo no sentido de suscitar e estimular movimentos de caráter marxista. Com esta finalidade e visando reagrupar os revolucionários numa organização comum, Lenine reúne em Moscou uma conferência internacional (março de 1919) da qual resulta a constituição da III Internacional, chamada Internacional Comunista ou Komintern, com sede na capital bolchevista. "O Komintern era, na realidade, um departamento do Comitê Central bolchevique com uma

---

[85] Esses dados foram colhidos em Pipes, obra citada, p. 327 ss.
[86] Courtois, obra citada, p. 129.

dupla missão: promover a revolução no exterior e neutralizar os esforços "capitalistas" para deslanchar uma cruzada contra a Rússia Soviética."[87]

Compreende-se assim a reação na Europa contra as tentativas revolucionárias de caráter marxista que estimularam a ascensão de governos autoritários nacionalistas. É interessante reproduzir aqui a observação de Pipes (obra citada, p. 149): "O conceito de totalitarismo só se tornou claro quando os métodos dos comunistas passaram a ser usados por fascistas e nazistas." "Wilson e os Estados da Entente decidem estabelecer em torno da Rússia um 'cordão sanitário' de Estados que isolará a Europa do contágio revolucionário (Finlândia, países bálticos, Polônia, Romênia ampliada)."[88]

No início da década de 20 a Rússia apresenta um aspecto desolador em matéria econômico-financeira e social em que se entrelaçam a fome, o desemprego e a inquietação na zona rural, onde reina o descontentamento entre camponeses. Os métodos do comunismo de guerra devem ceder ante a adoção de uma nova política econômica. Estamos aqui diante da NEP, que representa certo retorno à economia de mercado imposto pelas circunstâncias e assim justificado por Lenine: "Não somos suficientemente civilizados para passar diretamente ao socialismo."[89]

Sublinhe-se que o período da NEP é também um período de liberalização dos costumes, envolvendo a emancipação das mulheres, com o direito de divórcio atribuído a ambos os cônjuges. Quanto à atividade literária e artística, permite-se a criatividade, mas "o poder se reserva julgar as obras em função de sua 'utilidade social'".[90]

Compreende-se assim a existência de uma cultura dominante que glorifica o poder e sua ideologia.

Ao lado da "burguesia", a Igreja Ortodoxa, que desempenhou relevante papel na História da Rússia, figurava entre os alvos preferidos das perseguições ordenadas por Lenine, para quem "quanto mais representantes da burguesia reacionária e do clero conseguimos executar, melhor." D. A. Volkogonov, historiador russo que teve acesso irrestrito aos arquivos de Lenin,

---

[87] Pipes, obra citada, p. 278.
[88] Milza, obra citada, vol. I, p. 97.
[89] Idem, ibidem, p. 207.
[90] Idem, ibidem, p. 209.

leu uma de suas ordens, exigindo informações diárias sobre quantos padres tinham sido executados. Os "julgamentos" começaram quase imediatamente, constituindo-se em verdadeiros espetáculos, muito mais parecidos com o teatro "de agitação" do que com procedimentos judiciários: cuidadosamente escolhido o elenco de personagens, o resultado era preestabelecido pelas autoridades. Em abril de 1922, 54 padres e leigos foram submetidos a tais procedimentos em Moscou; em junho, o mesmo ocorreu em Petrogrado. Um jornalista inglês apurou que a campanha de 1922 resultou na morte de 28 bispos e 1.215 padres. "Evidência recentemente divulgada indica que mais de oito mil pessoas foram executadas ao longo daquele ano."[91]

Deve-se lembrar aqui o massacre de judeus praticado na Rússia não só pelos comunistas como também por integrantes dos exércitos brancos. A única figura proeminente a condenar os *pogroms* de forma clara e inequívoca foi o chefe da Igreja Ortodoxa, o patriarca Tikhon.[92]

Em dezembro de 1922 é criada a União das Repúblicas Socialistas Soviéticas (URSS). A 31 de janeiro de 1924 foi aprovada uma constituição preparada pelo Comitê Executivo dos Sovietes, o qual estabelecia o caráter federativo da União Soviética, que incluía então seis repúblicas – Rússia, Ucrânia, Transcaucásia, Rússia Branca ou Bielorússia, Uzbequistão e Turkmenistão, além de regiões, repúblicas e territórios autônomos. Registre-se que em política externa, guerra, marinha, comércio exterior e vias de comunicação "todo o poder ficava centralizado no Conselho de Comissários de Moscou."[93] Note-se que desde fevereiro de 1922 a Cheka havia sido substituída pela GPU. Os crimes não políticos passaram para a jurisdição do Comissariado de Justiça, mas à GPU cabia o combate aos delitos econômicos e ao "banditismo": podia condenar à morte indivíduos suspeitos mediante simples ordem administrativa.

A NEP facilitou o restabelecimento de relações internacionais com os países capitalistas. Em 1921 foram assinados acordos comerciais com a Grã-Bretanha e a Alemanha. Deve-se lembrar especialmente o tratado de Ra-

---

[91] Pipes, obra citada, p. 320.
[92] Ver Pipes, obra citada, p. 257.
[93] Marin, obra citada, p. 141.

pallo entre a Alemanha e a União Soviética, que possibilitou a renovação das relações diplomáticas entre ambos os países. Em 1924 a Grã-Bretanha, a Itália e a França reconheciam a URSS, seguidas de outros países da Europa, da América e da Ásia. Note-se, contudo, que os Estados Unidos ignoraram diplomaticamente a URSS até 1933, embora mantivessem relações econômicas e técnicas.[94]

O agravamento do estado de saúde de Lenine foi suscitando o problema de sua sucessão. Dois candidatos apareciam como prováveis sucessores: Stalin e Trotsky. O primeiro ocupava o posto de secretário-geral do partido desde 1922, o segundo era o prestigiado criador do Exército Vermelho. Ambos eram excelentes organizadores, mas Trotsky inegavelmente superava Stalin como intelectual. Entre os dois pretendentes à sucessão de Lenine, sublinhe-se, havia profundas divergências não só quanto à organização e papel do partido como também quanto à própria concepção de revolução socialista e aos problemas econômicos daí resultantes.

Lenine, que viveu seus oito últimos meses uma existência de ruína humana, faleceu a 21 de janeiro de 1924.[95] Pipes assinala um aspecto marcante da personalidade de Lenine: a ausência de escrúpulo moral. "Possuía um forte traço de crueldade e condenou milhares de pessoas à morte, sem remorso, embora também sem prazer. O escritor Máximo Gorki, que o conhecia bem, disse que os seres humanos não lhe despertavam 'quase nenhum interesse (...) ele pensava apenas em partidos, massas, estados.'" Depois de 1917, diante dos pedidos de clemência encaminhados por Gorki em benefício desse ou daquele condenado, ele revelaria uma perplexidade verdadeira, sem entender como o amigo podia vir incomodá-lo com trivialidades. Usualmente o outro lado da crueldade é a covardia. Isso era bem evidente em Robespierre. No caso de Lenine, sempre que havia risco físico, ele se eclipsava, não hesitando em abandonar suas tropas. "Na cabeça do estado, fez uso dos poderes ilimitados de que dispunha, para exorcizar seus medos, ordenando execuções maciças de inimigos reais ou existentes apenas em sua imaginação."[96]

---

[94] Milza, obra citada, vol I, p. 213.
[95] Sobre o estado de saúde de Lenine em seus últimos anos de vida consultar: Gerard Walter, "Lenine Intime", Revista *História* n. 187, p. 749 ss.
[96] Pipes, obra citada, p. 108-109.

Stalin vence seu competidor e com o apoio de Zinoviev e Kamenev sucede a Lenine, passando a atacar Trotsky, acusado de "revisionista anti-bolchevista". Zinoviev e Kamenev acabariam por romper com Stalin e aproximar-se de Trotsky. Este foi excluído do partido em 1927 e exilado, tendo sido assassinado no México em 1940 por um agente stalinista.[97]

Ditadura de Stalin (1924-1953)

Stalin (Joseph Vissarionovitch Djugachvilli) conservou de 1922 a 1953 o título de Secretário-geral do Comitê Central do Partido Comunista. Este cargo possibilitava o controle dos demais secretários comunistas, facilitando o acesso de seus partidários a cargos, o que favorecia a conquista absoluta do poder e o afastamento dos principais concorrentes políticos, entre os quais figuravam Trotsky e Bukharine. Note-se que Stalin e Trotsky defendiam teses opostas quanto à difusão do comunismo. Para o primeiro impunha-se uma revolução exclusivamente nacional como ponto de partida para a revolução mundial. O êxito desta dependeria do êxito comunista na Rússia. Para Trotsky a revolução só triunfaria na Rússia se fosse apoiada por movimen-

---

[97] Sobre Trotsky e seu assassinato no México em 1940 o leitor encontrará interessantes exposições em Jean Jacoby, "La Mystérieuse fin de Trotzky" (revista *História* n. 120, p. 431 e ss.), e Alain Decaux, "Trotsky assassiné" (revista *História* n. 385, p. 30 e ss.). Pipes (obra citada, p. 353) dá-nos a seguinte apreciação sobre o afastamento de Trotsky: "A história registra inúmeros casos de perdedores, moralmente superiores, que ganharam a simpatia da posteridade. Mas é difícil experimentar simpatia por Trotsky. Incontestavelmente ele era mais culto que Stalin e seus acólitos, intelectualmente mais sedutor, pessoalmente mais corajoso e mais honrado. Tal como Lenin, entretanto, suas virtudes só se manifestavam nas fileiras do partido. Em relação aos oponentes, que se empenhavam em ampliar a margem de democracia, seus padrões éticos eram completamente diferentes, muito assemelhados aos que predominam nos círculos do crime organizado. Não há dúvida de que ele mesmo ajudou a forjar as armas que o destruíram – discordante minoritário, tornou-se estranho, inimigo sem direito a tratamento justo. Sua sorte foi idêntica àquela que com seu total consentimento coube aos cadetes, aos SR, aos mencheviques, aos ex-oficiais czaristas, que se recusaram a lutar no Exército Vermenho, à oposição dos trabalhadores, aos marinheiros de Kronstadt, aos camponeses de Tambov e ao clero. Ele acordou para os perigos do totalitarismo apenas quando se sentiu pessoalmente ameaçado; sua súbita conversão à democracia foi mera autodefesa, não uma defesa de princípios".

tos análogos em todo o mundo. Em 1929 integravam o Politburo (autoridade central), além de Stalin: Molotov, Varochilov, Kalinin, Kuibichev e Rudzutak, todos partidários de Stalin. Iniciava-se então o governo pessoal deste com uma mudança na orientação da Revolução Russa. A aplicação do marxismo-leninismo dependia agora da interpretação que lhe dava a mente stalinista. A NEP é considerada como não mais correspondente às necessidades do país: impõe-se agora uma planificação geral da economia abrangendo a industrialização e a coletivização do campo. Para atingir seus objetivos, Stalin usou os chamados planos quinquenais. O início da guerra em 1941 interrompe a execução do terceiro plano. Examinemos sumariamente cada um desses três planos quinquenais. Observe-se que estamos aqui diante de uma economia planificada que se traduz em três palavras: planificação, coletivização, industrialização.

O primeiro plano quinquenal visa a dois objetivos: dar à economia estruturas socialistas (supressão do setor privado) e desenvolver a produção econômica de base (a indústria pesada). O aumento da produtividade agrícola era indispensável para a efetivação da industrialização almejada. Procurou-se, então, desenvolver a agricultura através da coletivização obrigatória e da exterminação dos *kulaks* (camponeses proeminentes), a "burguesia rural". Note-se que não é fácil caracterizar rigorosamente um *kulak*: "raramente usado pelos próprios camponeses, o termo não tinha nenhum significado preciso, designando genericamente os mais arrojados, os 'empreendedores'".[98] A "deskulakização" implicava confisco de bens, exclusão das granjas coletivas, execuções e deportações. "Vários milhões de *kulaks* ou de camponeses remediados (os limites entre os dois grupos eram pouco nítidos) são assim deportados para os campos de trabalho e estima-se em três ou quatro milhões o número dos mortos."[99]

A industrialização constitui a alvo principal do primeiro plano quinquenal e foi favorecida pelo êxodo rural, que aumentou a população urbana e consequentemente o número de operários, embora nem todos apresentas-

---

[98] Pipes, obra citada, p. 206.
[99] Milza, obra citada, vol. I, p. 341. Sobre as vítimas da coletivização e da "kulakisação" ver também Courtois, obra citada, p. 164 e ss. de acordo com "Archives aujourd'hui accessibles: six millions morts de faim".

sem qualificação profissional. Deu-se ênfase, então, à criação de escolas profissionais: o país necessitava de engenheiros e de técnicos. Como exemplos do progresso industrial da URSS resultante do primeiro plano quinquenal, lembremos a fabricação de máquinas agrícolas em Rostov, de automóveis em Moscou e Gorki. Cidades são fundadas e regiões da Sibéria serão industrializadas, "de sorte que o centro de gravidade econômica da URSS se desloca para o leste."[100]

No segundo plano quinquenal (1933-1937) procura-se corrigir as falhas ocorridas na execução do primeiro, dando-se atenção à melhor qualidade dos produtos. A agricultura recebe maior atenção com a formação de técnicos e a fabricação de maior número de máquinas agrícolas.

A indústria pesada tem prioridade, mas a seu lado desenvolvem-se as indústrias de transformação e de bens de consumo. Em 1937 a URSS torna-se a terceira potência industrial do mundo. Deve-se mencionar também a expansão da rede ferroviária e de canais de navegação como, por exemplo, o que liga o Mar Báltico ao Mar Branco. O crescimento da potência militar nazista leva Stalin a investir na indústria do rearmamento.

O terceiro plano quinquenal (1938-1941) tem como objetivo ultrapassar as potências capitalistas, mas a ameaça de guerra intensifica o rearmamento. A URSS havia alcançado elevada produção industrial quando explodiu a guerra com a Alemanha nazista em 1941.

Cabem aqui algumas observações sobre o stalinismo, isto é, a impiedosa ditadura pessoal de Stalin exercida na URSS especialmente no período conhecido como o Grande Terror. "Durante decênios a tragédia do Grande Terror foi passada em silêncio. No Ocidente não se reteve do período senão os três espetaculares processos públicos de Moscou, de agosto de 1936, de janeiro de 1937 e de março de 1938, no decurso dos quais os mais prestigiosos companheiros de Lenine (Zinoviev, Kamenev, Krestinski, Rykov, Piatakov, Radek, Bukharine e outros) confessaram os piores crimes: ter organizado 'centros de terroristas' de obediência 'trotsko-zinovieviste' ou 'trotsko-direitista' tendo por finalidade subverter o governo soviético, assassinar seus dirigentes, restaurar o capitalismo, executar atos de sabotagem, minar o poder

---

[100] Milza, obra citada, vol. I, p. 342.

militar da URSS, desmembrar a União Soviética e dela destacar, em proveito de Estados estrangeiros, a Ucrânia, a Bielo-Rússia, a Geórgia, a Armênia, o Extremo Oriente Soviético (...). Formidável acontecimento-espetáculo, os processos de Moscou foram também um acontecimento-tela que desviou a atenção dos observadores estrangeiros convidados ao espetáculo, de tudo o que se passava atrás e ao lado: a repressão maciça de todas as categorias sociais. Para esses observadores, que já tinham passado em silêncio a deskulakização, a fome, o desenvolvimento do sistema de campos, os anos 1936-1938 não foram senão o último ato da luta política que havia oposto, durante mais de dez anos, Stalin a seus principais rivais, o fim do enfrentamento entre a 'burocracia stalinista termidoriana' e a 'velha guarda leninista' permanecida fiel a seus compromissos revolucionários."[101]

Só bem mais tarde, a partir principalmente da Relação secreta de Kruchtchev com o XX Congresso do PUCS, a 25 de fevereiro de 1956, começa a levantar-se o véu sobre as atrocidades cometidas nos anos 1936-1938. Dispõe-se hoje de uma série de documentos que confirmam o caráter centralizado de assassinatos em massa ordenados e ratificados por Stalin e pelo Bureau político. Note-se que a época do Grande Terror é conhecida também como Iejovschina (tempo de Iejov). É que de setembro de 1936 a novembro de 1938 Nicolau Iejov dirigia a NKVD (Comissariado de Assuntos Interiores), sucessora da GPU (Administração Política do Estado). Durante a Iejovschina, "a repressão adquiriu uma amplitude sem precedentes, atingindo todas as camadas da população soviética, dos dirigentes do Bureau político aos simples cidadãos detidos na rua a fim de que fossem preenchidas as quotas 'de elementos contrarrevolucionários a reprimir'".[102] Registre-se que Stalin dirigia e controlava minuciosamente a atividade de Iejov. Em novembro de 1938, Iejov seria substituído por Beria.[103]

Qual o número de vítimas da ditadura de Stalin? "Pode-se avaliar em dois milhões o número de vítimas fisicamente liquidadas, cifra à qual é ne-

---

[101] Courtois, obra citada, p. 206.
[102] Idem, ibidem.
[103] Idem, ibidem, p. 213.

cessário acrescentar 5 a 8 milhões de detidos em campos (geridos pelo Goulag, ramo da NKVD), onde a taxa de mortalidade atingiu 10% ao ano."[104]

Stalin governava sem opositores e sob a cobertura de uma propaganda que o apresentava como objeto de um verdadeiro culto. A Constituição adotada em 1936 garantia uma série de liberdades fundamentais, mas em nenhum texto se faziam claras as garantias do exercício dos direitos previstos. Imperava a ditadura do partido encarnada em Stalin.

Vejamos, agora, brevemente alguns aspectos da política exterior da URSS sob a ditadura stalinista, indo até o início da Segunda Guerra Mundial. Com a escolha de Máximo Litvinov para dirigir a política externa da URSS, produziu-se uma nova orientação na diplomacia soviética. O idealismo sonhador dos soviéticos havia levado à crença numa revolução comunista mundial. A realidade, entretanto, era diferente: o comunismo despertava fortes reações em toda parte e facilitava assim a ascensão da direita ao poder. Em face dessa realidade, a URSS procurou então restabelecer relações normais com outros países do Ocidente europeu, com a Turquia e com os Estados Unidos. Compreende-se assim a assinatura, em 1935, de um pacto de assistência mútua franco-soviética após negociações entre Litvinov e Laval. Deve-se registrar que em 1934 a URSS ingressava na Sociedade das Nações, situação esta que propiciou oportunidades de Litvinov fazer propaganda soviética.

A situação internacional agravou-se substancialmente nos anos de 1938 e 1939. Stalin aproveitou-se dessa instabilidade para atuar, acima de tudo, visando os interesses da URSS, o que explica a efetivação do acordo político entre a Rússia comunista e a Alemanha nazista em agosto de 1939. Esse pacto Molotov-Ribbentrop, que previa não agressão e a partilha da Polônia, provocou a repulsa de muitos comunistas idealistas pelo mundo afora.[105]

No Extremo Oriente, a política externa de Stalin revestiu-se de prudência: reconheceu a criação do Manchukuo independente, mas, na realidade, sob a proteção japonesa. Em compensação, entretanto, a Rússia criava a Mongólia Exterior.

---

[104] Milza, obra citada, vol. I, p. 347.
[105] Sobre o pacto nazi-soviético ver revista francesa *História* n. 156, p. 340 e ss.

A entrada da URSS na Segunda Guerra Mundial em virtude do ataque desfechado por Hitler em 22 de junho de 1941 será estudada no capítulo sobre os grandes conflitos do século XX.

A situação da URSS no término da Segunda Guerra Mundial era deplorável: as perdas humanas foram avaliadas entre 20 e 25 milhões de mortos, aos quais se deve acrescentar um enorme quantidade de feridos, mutilados e doentes. As perdas de cidades foram também consideráveis: centenas de cidades e milhares de vilarejos haviam sido destruídos, havendo um êxodo rural no sentido das cidades. Deve-se, contudo, fazer uma observação importante: o Ural, a Ásia Central, a Sibéria Ocidental e o Extremo Oriente, a partir de 1941, haviam sido beneficiados com uma implantação industrial e correspondente infraestrutura abrangendo estradas, vias férreas, rede de comunicação etc.

Stalin enfrentou a situação econômico-social do pós-guerra com mais dois planos quinquenais, respectivamente o quarto (de 1946 a 1950) e o quinto (a partir de 1951, mas não sobreviveu muito tempo à morte de Stalin, em 1953). A indústria pesada e a rede ferroviária continuam objetivos prioritários de Stalin, mas o quinto plano quinquenal visa também outros setores importantes como, por exemplo, o desenvolvimento da agricultura, o avanço da tecnologia e a reconstrução das regiões devastadas pelos alemães. Em 1949 a URSS fabrica a primeira bomba atômica.

O quinto plano quinquenal tem a mesma implicação do primeiro: predomina a preocupação de tornar a URSS uma grande potência sobre o cuidado com o bem-estar da população. Kruchtchev caracterizou mais tarde o quinto plano quinquenal como "o pior de todos e de uma concepção lamentável".[106]

Durante o conflito com a Alemanha, Stalin praticara uma política de liberalização, concedendo, por exemplo, à Igreja Ortodoxa uma relativa autonomia, estimulando os sentimentos nacionais e concedendo certa emancipação aos camponeses que haviam negligenciado a produção coletiva em benefício do que obtinham em suas cotas individuais. Terminado o conflito, entretanto, a ditadura stalinista se fez sentir com todo rigor. As persegui-

---

[106] Milza, obra citada, vol. II, p. 90.

ções efetuaram-se sobre as minorias, especialmente as nacionais, intelectuais e religiosas. Nações inteiras que integravam a URSS (como, por exemplo, os alemães do Volga e os tchechenos) tiveram seus membros arrancados à força de seus lares e deportados. Deportações parciais efetivaram-se nos estados bálticos (Lituânia, Letônia, Estônia). "O enquadramento político das nacionalidades é operado pelos partidos locais expurgados. A Geórgia em 1952 é particularmente atingida por esses expurgos, dirigidos pelo ministro da Polícia, Beria."[107]

Os intelectuais cujas ideias pudessem ser consideradas nocivas ao espírito comunista concebido pelo "realismo socialista" de Stalin passaram a ser objeto de perseguição a partir do ano de 1946.[108] Notabilizou-se nessa ditadura intelectual André Jdanov (1896-1948). A Jdanovtchina promoveu expurgos, denunciações, reduzindo os intelectuais ao silêncio. Entre as vítimas do stalinismo figuraram centenas de intelectuais judeus acusados de nutrirem simpatia por Israel ou pelos Estados Unidos.[109]

A população dos campos de concentração, por volta de 1953, contava entre cinco a doze milhões de pessoas. O escritor Alexandre Soljenitsin, preso em 1945 e internado até 1953, descreve a situação em *O Arquipélago Gulag* (1973). Causa espanto registrar que a repressão stalinista atinge até mesmo os militares que haviam combatido heroicamente contra a invasão alemã. Temendo a influência dos países em que tiveram que permanecer, muitos prisioneiros de guerra ao voltarem dos campos alemães foram enviados para campos de concentração na Sibéria. O próprio Jukov, vencedor de Berlim, foi retirado de circulação e caiu em esquecimento.

Vejamos, agora, alguns aspectos da política externa da URSS sob a ditadura de Stalin, desde o final da Segunda Guerra até a morte do ditador.

---

[107] Milza, obra citada, vol II, p. 91.
[108] Note-se que a construção marxista-leninista do Estado Soviético fora substituída por um sistema governamental de concepção diferente: o stalinismo. Stalin despreza o partido que, para Lenine, era o próprio coração do sistema (ver Milza, obra citada, vol. II, p. 94 e ss.).
[109] O culto à personalidade chega então aos limites da extravagância. "Este endiosamiento, fuente de ironias en los paises de civilización occidental, y al que no habian llegado Hitler ni Mussolini, se mantuvo sin descenso apreciable desde 1945 hasta la muerte del dictador ruso en 1953". (Marin, obra citada, p. 352).

O leitor deverá ter em vista o que já se escreveu com referência à política externa de outros países relacionados com a URSS.

O mundo, após a vitória sobre a Alemanha, passa a viver a Guerra Fria entre a União Soviética e o Mundo Ocidental. Em Moscou predominava "um temor de ataque, sempre possível, do capitalismo mundial contra aquela nova forma de sociedade que o comunismo havia criado na Rússia e havia 'exportado' para outros países depois da Segunda Guerra Mundial."[110]

Um rápido olhar sobre a política externa revela-nos, entre outros, os seguintes acontecimentos:

Criação do Kominform (1947). O bureau de informação dos partidos comunistas substituiu a antiga Komintern (Internacional Comunista) e tinha por finalidade reforçar o controle soviético sobre os partidos comunistas da Europa Oriental, da França e da Itália, quando os Estados Unidos, através da doutrina Truman e do plano Marshall, contrapunha-se à expansão comunista na Europa. A sede do Kominform era Belgrado.

Criação do Comecon (1949), o Conselho de mútua assistência econômica, com o objetivo de fazer uma planificação econômica em favor dos Estados do mundo socialista, a fim de que estes não necessitassem recorrer ao mundo capitalista. Estamos aqui em face de uma resposta da URSS ao plano Marshall.

Em 1948 a Iugoslávia rompe com Moscou (ver item sobre a Iugoslávia). "A União Soviética compensou a falta do país europeu com o estreitamento de suas relações com a Coreia do Norte (1949) e, sobretudo, com a China, onde, neste mesmo ano, havia triunfado o regime comunista após a vitória de Mao-Tsé-Tung sobre Chiang-Kai-Shek. Em 1950 firmava-se um pacto de amizade, aliança e ajuda recíproca de trinta anos de duração entre a União Soviética e a China comunista."[111]

De 1948 a 1953 a política externa de Stalin está envolvida pela intensificação da Guerra Fria (ver item referente à História dos Estados Unidos, capítulo sobre a América) com a crise de Berlim e a crise suscitada pela Guerra da Coreia.

---

[110] Marin, obra citada, p. 353.
[111] Idem, ibidem, p. 354.

A 5 de março de 1953 morria Iossif Vissarionovitch Djugatchvili (1879-1953), conhecido como Stalin. Encerrava-se então uma das mais cruéis e ferozes ditaduras da História da Humanidade, mas a forte personalidade do ditador deixaria sua marca ainda por muitos anos na evolução dos acontecimentos políticos, não só da URSS como de vários outros países do mundo. "Para os principais colaboradores de Stalin – Malenkov, Molotov, Vorochilov, Mikoïan, Kaganovitch, Kruchtchev, Bulganine, Beria – o problema político surgido pela sucessão de Stalin era particularmente complexo. Deviam, ao mesmo tempo, assegurar a continuidade do sistema, repartir entre si a preeminência – mesmo atenuada – de um só e o exercício da colegialidade atendendo às ambições de cada um e às relações de forças, e introduzir certo número de mudanças sobre a necessidade das quais existia um amplo consenso."[112]

Os novos dirigentes da Rússia formam um governo colegiado concentrado no Presidium do Comitê Central (nova denominação dada ao Politburo). Malenkov inicialmente dirige o secretariado do Comitê Central e preside o Conselho de Ministros; posteriormente renuncia ao secretariado do Comitê Central, ocupado então por Kruchtchev, mas permanece presidente do Conselho. Quatro vice-presidentes atuam com Malenkov: Beria, o poderoso homem da segurança; Molotov, o Ministro das Relações Exteriores; Bulganine, chefe político do exército; Kaganovitch, chefe do setor econômico. Em junho de 1953 Malenkov enfrentou graves distúrbios em Berlim e em outras cidades da Alemanha Oriental, tendo havido violenta intervenção dos tanques russos. No mesmo mês, Beria, acusado de conspiração no sentido de restabelecer os excessos da política stalinista, foi demitido, aprisionado e, em dezembro, executado com mais outros membros da polícia de Stalin. A polícia política é constituída em organismo autônomo, a KGB (Comitê de Segurança do Estado).

Em 1955, Malenkov demite-se do cargo de presidente do Conselho e sai de cena, sendo substituído por Bulganine. Kruchtchev continua no cargo de Secretário do Partido: era a pessoa mais poderosa da URSS.

---

[112] Courtois, obra citada, p. 277.

Vejamos brevemente alguns aspectos respectivamente da política interna e externa da URSS nesses primeiros anos da era pós-stalinista. Internamente a morte de Stalin acarreta uma suavização dos processos ditatoriais. Decreta-se uma anistia parcial para prisioneiros idosos, doentes, mulheres com filhos etc. A situação dos camponeses, que haviam sido maltratados por Stalin, é melhorada, por exemplo, com o aumento do preço de produção e o perdão das dívidas. Favorece-se a produção de bens de consumo.

Na política externa devem ser lembrados:

O pacto de Varsóvia é criado (1955), em oposição à NATO.

Em maio de 1955 a URSS firmava o Tratado de Estado com a Áustria (ver item respectivo), e neste mesmo ano Bulganine e Kruchtchev visitavam Belgrado procurando diminuir a tensão provocada pela atitude independente de Tito.

Uma atenuação da Guerra Fria manifestou-se também em 1955, quando se reuniram em Genebra representantes das quatro grandes potências em nível de chefes de governo: Bulganine e Kruchtchev pela Rússia, Anthony Éden pela Inglaterra, Edgar Faure pela França e Eisenhower pelos Estados Unidos.

Em fevereiro de 1956, reuniu-se em Moscou o XX Congresso do Partido Comunista da União Soviética, o primeiro depois da morte de Stalin, contando 1600 delegados. Entre as surpreendentes manifestações de Kruchtchev (coexistência pacífica, pluralidade de vias para o socialismo etc.), figurou a condenação do stalinismo. Em seu discurso secreto, numa sessão a portas fechadas no Congresso, Kruchtchev "lançou um devastador ataque contra os métodos de Stalin para aterrorizar e assassinar membros do partido governante (embora nada dissesse sobre a repressão dos não comunistas). O chefe que até então havia sido tratado como uma figura divina ficou a descoberto como um cruel déspota. Muitos comunistas sinceros, embora crédulos, fáceis de iludir, na União Soviética e ainda mais fora dela, ficaram abatidos pela informação que Kruchtchev revelou. Fora alguns detalhes, a maior parte do que se divulgou não era novo para os observadores ocidentais objetivos, porém para os comunistas russos e ocidentais tinha sido fácil considerá-la como embustes que procediam de fontes de informação "burguesas". Nada havia-os preparado para o impacto psicológico que representava inteirar-se pelo próprio chefe do Partido Comunista soviético de que Stalin havia sido pessoalmente responsável pela morte de muitos de seus heróis revolucionários.[113] Em 1961, no XXII Congresso do Partido Comunista, Kruchtchev relança a destalinização. O corpo do ditador seria retirado do Mausoléu de Lenine.

Note-se que a destalinização estava circunscrita à denúncia dos crimes do ditador e revelou-se superficial, pois fez nascer a esperança de uma maior liberdade; mas esta esperança transformou-se em decepção. Aos dirigentes soviéticos interessava sobretudo manter em suas mãos o pleno poder. A destalinização não durou além da perda do poder por Kruchtchev em 1964. Deve ser lembrado que em 1957 os russos se vangloriavam do lançamento do primeiro satélite artificial: o Sputnik.

Em março de 1958, Bulganine teve de ceder a Presidência do Conselho a Kruchtchev. Este, assim, passou a acumular os dois cargos mais importantes do poder na URSS. Vejamos alguns dos principais acontecimentos desse período.

Política interna

A destalinização não significava liberdade de expressão. Os intelectuais não podiam questionar o regime e, se o fizessem, seriam acusados de conivência com o Ocidente e marginalizados. Boris Pasternak, autor da famosa obra *Doutor Jivago*, foi alvo de perseguições e viu-se obrigado a recusar o Prêmio Nobel que lhe foi concedido em 1958.

A destalinização não significou o fim da coletivização e planificação da economia: procurou-se, contudo, modernizá-la através de um plano septenal (1959-1965) que não produziu os resultados esperados, por exemplo, na agricultura: em 1963, constata-se que a produção diminui e impõe-se a necessidade de importar milhões de toneladas de trigo.

---

[113] Brown, "La Unión Soviética y después", p. 286, capítulo 13 da *Historia Oxford del Siglo XX*. Ver Courtois, obra citada, p. 282; consultar também "As fitas da Glasnot", com a introdução de Strobe Talbolt, p. 66 e ss.

Em 1961 reúne-se o XXII Congresso, e Kruchtchev introduz reformas que provocam reações dos comunistas que se viam ameaçadas de perda de privilégios como, por exemplo, a segurança no emprego (ameaçada pela rotação periódica dos quadros), a possibilidade de acesso ao ensino superior aos menos afortunados (o que implicaria a perda para os filhos de dirigentes comunistas).

Kruchtchev ameaçava a casta dos privilegiados, isto é, a Nomenclatura que monopolizava a administração e o exercício do poder.

Política externa

A orientação da política externa de Kruchtchev acolhe teoricamente dois princípios: a coexistência pacífica e a pluralidade das vias de acesso ao socialismo. Na realidade a destalinização estava destruindo o dogma da infalibilidade da atuação do partido comunista sob a ditadura stalinista. Vejamos, a seguir, alguns dos mais importantes episódios da política externa a partir de 1958.

Em novembro de 1958 temos a crise de Berlim com a tentativa, por parte de Kruchtchev, de forçar (em vão) a retirada das tropas dos países ocidentais. Em 1959 Kruchtchev vai aos Estados Unidos e conferencia com Eisenhower em Camp David. O bom relacionamento produzido por esse encontro é perturbado no ano seguinte pela derrubada do avião espião americano U2 em território soviético.

Em junho de 1961, Kruchtchev encontra-se em Viena com o novo presidente americano, John F. Kennedy. Em agosto do mesmo ano inicia-se a construção do Muro de Berlim e em setembro a Rússia reinicia os testes nucleares. Note-se o voo do astronauta soviético Iuri Gagarine em 1961.

Em 1962 temos a grave crise cubana (ver capítulo sobre América): em setembro de 1962 o governo soviético anuncia que todo ataque contra Cuba provocaria um conflito mundial. Em outubro do mesmo ano aviões americanos U2 revelam a existência em território cubano de rampas de lançamento de engenhos balísticos capazes de transportar cargas nucleares que atingiriam o território americano. A enérgica mas habilidosa atuação de Kenndy, que promete não invadir Cuba, leva Kruchtchev a retirar os mísseis de Cuba (ver capítulo sobre a América, item Estados Unidos).

Em outubro de 1964 o poder pessoal de Kruchtchev estava desgastado e ele foi destituído. O pretexto alegado para a destituição foi a idade avançada e o agravamento de seu estado de saúde, mas, na realidade, os colegas do Presidium não perdoavam a Kruchtchev o fato de haver lutado contra os privilégios da Nomenclatura.[114]

Brejnev

Kruchtchev foi substituído por um colegiado cujos membros integravam o Presidium do Comitê Central que em 1966 retomaria a designação de *Politburo*.[115] Destaca-se então uma "troika" de dirigentes: Brejnev, Kossyguine e Podgorny, que ocupam respectivamente os cargos de Primeiro Secretário (em 1966, Secretário-geral), chefe do Governo, chefe de Estado. O que une a nova equipe dirigente é a oposição a determinadas reformas de Kruchtchev como, por exemplo, as medidas descentralizadoras. Procura-se então reconstituir o partido segundo o modelo antigo e faz-se com que voltem a seus postos aqueles que haviam sido afastados. A oposição à orientação de Kruchtchev com relação à destalinização leva a sublinharem-se os méritos do ditador na edificação do socialismo. A História da URSS e do Partido sofre uma nova revisão.

Em 1968 explode a crise tchecoslovaca, já estudada brevemente. Proclama-se então a doutrina Brejnev, segundo a qual os países socialistas detêm apenas uma soberania limitada pela prioridade do internacionalismo imposto pela tutela soviética. Note-se que até 1970, Brejnev, cuja autoridade na colegialidade vinha-se fortalecendo cada vez mais, inclusive com um verdadeiro culto à personalidade, participara com Kossyguine a responsabilidade pela política exterior. Desde então Kossyguine é afastado da cena internacional, e Brejnev assume sozinho tendo apenas Podgorny como auxiliar para as

---

[114] Milza, obra citada, vol. 2, p. 409.
[115] Idem, ibidem, p. 410.

relações com o Terceiro Mundo. Em 1976 Podgorny é também afastado da política externa, e no ano seguinte Brejnev passa a ser ao mesmo tempo chefe do Partido e chefe do Estado. Aparentemente, contudo, valia o princípio da colegialidade sublinhado pelo Partido cujos integrantes depositavam confiança naquele que era considerado não um chefe, mas o primeiro dos pares.

Da política interna sob Brejnev vamos lembrar estes aspectos: intolerância à liberdade de expressão, dificuldades no campo econômico e fortalecimento do exército russo. Com relação à intolerância lembremos a perseguição a intelectuais como Soljenitsyne, autor do *Arquipélago Gulag* (1973), e o físico Sakharov, que criara em 1970 um comitê para a Defesa dos Direitos do Homem. O primeiro foi impedido de receber o Prêmio Nobel de Literatura concedido em 1970, o segundo foi exilado em Gorki (1980). Os judeus desejosos de abandonar a União Soviética estavam sujeitos a constrangimentos e perseguições.

Quanto às dificuldades econômicas, lembremos a necessidade de importar trigo dos Estados Unidos em 1979-1980. Uma parte importante do orçamento foi reservada à atualização do exército considerado anteriormente uma das bases da estabilidade do regime e exteriormente a afirmação do poderio soviético.

Da política externa sob Brejnev, lembremos o difícil relacionamento com a China, a ampliação da influência comunista na África e no Oriente Próximo, o apoio à Síria e à Palestina contra Israel. Em 1979 a URSS intervém militarmente no Afeganistão.

Os últimos anos de Brejnev no poder são marcados pelo agravamento de seu estado de saúde, o que produz duas consequências: acentua o imobilismo político que, interiormente, caracteriza esse período governamental e disperta o problema preocupante da sucessão no poder supremo da URSS.

Brejnev faleceu em novembro de 1982 e foi substituído por Iuri Andropov designado pelo Comitê Central como Secretário-geral do partido. Andropov fora embaixador na Hungria e desempenhara um papel importante no esmagamento da revolução húngara pelas tropas soviéticas em 1956. Em 1967 encontramo-lo dirigindo a KGB, e desde 1973 é membro do Politburo. A saúde gravemente comprometida e a própria resistência do aparelho burocrático impediram Andropov de pôr em execução uma política de reformas. Em fevereiro de 1984 falecia o sucessor de Brejnev, e o Comitê

Central do partido apontava como substituto, um antigo rival de Andropov: Constantino Tchernenko. Note-se, entretanto, que os partidários de Andropov contam com a presença de Mikhail Gorbachev, um antigo protegido do dirigente falecido e até considerado como um possível sucessor.

Tchernenko, mais idoso que Andropov e com a saúde também comprometida, faleceu (março de 1985), treze meses após sua ascensão ao poder. Chegava a vez de Mikhail Gorbachev, que contava apenas cinquenta e quatro anos e, designado secretário do Partido, seria o líder soviético mais jovem desde a nomeação de Stalin para o mesmo cargo.

Mikhail Gorbachev

Com a ascensão de Gorbachev ao poder, estamos diante de um "acontecimento decisivo para a História da Rússia e da Europa".[116] Membro ativo do *Konsomol* (organização da juventude comunista) e formado em Direito pela Universidade de Moscou (1955), o novo líder soviético "começara a ser conhecido no Ocidente através das viagens que fizera à Itália, Grã-Bretanha e Canadá em princípios dos anos oitenta. À evidente mudança de imagem trazida com sua juventude e dinamismo acrescenta-se logo a vontade, expressa em multidão de gestos e declarações, de pôr em dia a política soviética, tanto exterior como interior, em face da paralisia sofrida nos últimos tempos."[117] A orientação que presidiria a atuação política de Gorbachev está sintetizada em duas palavras que se tornaram conhecidas em todo mundo: *glasnost* e *perestroika*. Muito se tem escrito sobre o sentido dessas expressões e o alcance desses ideais na evolução dos acontecimentos históricos da antiga URSS. *Glasnost* é abertura, transparência; *Perestroika* é reestruturação, reorganização. Note-se que Gorbachev falou também em *demokratizatsiya*, democratização, da sociedade soviética; "embora as mudanças políticas propiciadas durante

---

[116] Brown, "La Union soviética y después", capítulo 13 da *Historia Oxford del siglo XX*, p. 293.
[117] Fuentes, *Historia Universal del siglo XX*, p. 339.

os três primeiros anos no cargo de secretário-geral pudessem descrever-se antes como liberalização que como democratização."[118]

A *glasnost* acarretou uma notável liberalização: "Suprimiu-se um tabu atrás do outro à medida que tomava impulso a evolução política do país. A crítica a Stalin precedeu a crítica a Lenin e, no final do decênio, já se podia atacar em letra impressa não só o fundamento do próprio Estado soviético como também os atuais dirigentes do Partido Comunista e até os próprios fundamentos do sistema econômico e político soviético. Publicaram-se em edições de grande tiragem obras antes proibidas e que tiveram um efeito profundo na opinião pública, como o *Arquipélago Gulag*, de Alexandre Solzhenitsin..."[119] A *glasnost* apresentava assim uma dimensão fundamental: "era o acesso à verdadeira realidade da União Soviética, mistificada durante anos por uma imagem propagandística."[120]

A *perestroika* abrangia uma série de reformas que, na visão de Gorbacev, deveriam reconciliar socialismo e democracia. "Este vastíssimo programa deve transformar toda a vida da URSS, pois diz respeito ao mesmo tempo aos cidadãos, ao Estado, ao partido, à vida econômica(...). Gorbachev apresenta-o ao mesmo tempo como uma verdadeira revolução e (com grande habilidade) como o prolongamento natural do pensamento do fundador da União Soviética, de quem ele se afirma verdadeiro herdeiro, reprovando a seus predecessores por não haverem seguido a linha diretriz de Lenin..."[121]

Gorbachev não pretendia, portanto, romper com o Estado soviético: "Ele e a ala reformista da direção do Partido Comunista tentavam substituir um Estado unitário, que havia pretendido falsamente ser um sistema federal, por uma autêntica federação."[122] Depois destas brevíssimas considerações em torno da *glasnost* e da *perestroika*, passemos a enumerar alguns dos principais acontecimentos respectivamente da política interna e externa sob o governo de Gorbachev.

---

[118] Brown, obra citada, p. 294.
[119] Idem, ibidem.
[120] Fuentes, obra citada, p. 339.
[121] Milza, obra citada, vol. III, p. 254.
[122] Brown, obra citada, p. 295.

Política interna

O primeiro e fundamental acontecimento do governo de Gorbachev, na política interna, é, como já vimos, a liberalização. Esta liberalização implicava um ataque frontal ao autoritarismo e aos privilégios de boa parte da velha *nomenclatura* comunista, para a qual Gorbachev passa a ser, antes, um problema que uma solução. A unidade eficaz, apesar de artificial, do antigo sistema soviético, sentia-se ameaçada pela substituição do unipartidarismo ditatorial por um pluralismo político. Gorbachev encontrava opositores no Partido, na burocracia estatal, entre os militares e na KGB. Interessante observar que a abertura política iria favorecer a ascensão de Boris Yeltsin, "cuja rápida transformação de chefe comunista local em tribuno democrático do povo foi possível graças ao espaço para a ação política independente aberta pelas reformas de Gorbachev."[123] Entre os acontecimentos da política interna, lembremos, a título de exemplo:

Em 1983 fora realizado um estudo da situação social e econômica por sociólogos e engenheiros que elaboraram o chamado *Informe Novosibirsk*. Esta pesquisa teve influência na política interna de Gorbachev, que também incumbiu grupos de cientistas e especialistas no sentido de realizarem um estudo semelhante. O resultado das pesquisas levava a um diagnóstico pessimista da economia soviética.

Em 1986, o acidente da central nuclear de Chernobil "confirmava as impressões mais pessimistas sobre a mescla de incompetência, corrupção e manipulação informativa em que se havia fundado o mito do progresso soviético."[124]

Em 1987, os problemas econômicos da URSS revelam-se graves. Note-se que as iniciativas reformistas concentravam-se, então, especialmente no âmbito político.

Em 1988, realizava-se a XIX Conferência do Partido Comunista Soviético, durante a qual "Gorbachev assumiu a responsabilidade do gesto decisivo de converter o sistema soviético em algo de essência totalmente diferente..."[125]

---

[123] Idem, ibidem.
[124] Fuentes, obra citada, p. 340.
[125] Brown, obra citada, p. 294.

Gorbachev aceitara a rejeição do modelo soviético pelas democracias populares da Europa (ver mais adiante), mas recusava-se a admitir a declaração de independência ou de soberania das repúblicas soviéticas, que ele chamava, as vezes, de "império interior", para distingui-las do "império exterior" (as democracias populares da Europa Oriental). A exigência de completa independência fazia-se sentir fortemente nas repúblicas bálticas, na Ucrânia, na Geórgia, na Armênia. É interessante sublinhar que Boris Yeltsin, eleito presidente da Rússia em junho de 1991, era o maior defensor da independência das leis russas em face das leis da União Soviética.

Em janeiro de 1991, o exército soviético interviera nos países bálticos, em Vilna, primeiramente, e em Riga, tendo havido mortos e feridos.

Em março de 1991, realiza-se um *referendum* sobre a manutenção da União Soviética. "A consulta, entretanto, só pode efetivar-se entre nove repúblicas sobre quinze, pois as três repúblicas bálticas (Estônia, Lituana, Letônia) desde logo se haviam proclamado independentes e três outras repúblicas, a Geórgia, a Armênia e a Moldávia, anunciam sua intenção de fazer o mesmo."[126] A maioria das soviéticas consultadas (76%) respondeu positivamente ao *referendum*. "Mas esta resposta positiva corresponde muito mais ao desejo de renovação e de soberania do que ao apego à própria União."[127]

A essa altura dos acontecimentos, o prestígio de Boris Yeltsin, eleito pelo sufrágio universal (o que lhe dava uma vantagem sobre Gorbachev, presidente da União que não fora escolhido da mesma forma), aumentara. Com efeito, ampliara seus poderes na Rússia "privando ao mesmo tempo Gorbachev de todo meio de ação real no interior, quando, entretanto, na cena internacional, o Presidente da URSS ocupa sempre o primeiro plano ao representar seu país na cúpula dos países industrializados reunidos em Londres em julho de 1991, por exemplo."[128]

A 20 de agosto de 1991, deveria ser assinado em Moscou o novo tratado da União que encerrava sete décadas de governos centralizados: a URSS seria substituída por uma confederação menos rígida, a união de Estados

---

[126] Milza, obra citada, vol. III, p. 260.
[127] Idem, ibidem.
[128] Idem, ibidem, p. 261.

Soberanos. Os partidários da chamada linha dura, entre os quais figurava principalmente Kryuchkov, chefe da KGB, que se sentiam ameaçados em seus antigos poderes e privilégios, formaram um Comitê estatal para o estado de emergência que assumiu o poder isolando Gorbachev prisioneiro em sua residência na Crimeia, onde passava as férias.

A reação popular liderada por Yeltsin desconcerta os golpistas, que não tinham levado em conta as transformações ocorridas durante os anos da *glasnost* e da *perestroika*: o povo sentira o gosto da liberdade e não se sujeitaria mais às decisões isoladas de um grupo de comunistas senhores do poder. Fracassado o golpe, Gorbachev retorna a Moscou, onde se encontra diante de um Boris Yeltsin que não escondia, na dualidade do poder instalada em Moscou (Yeltsin, presidente da Rússia; Gorbachev, presidente da União Soviética), ser ele o mais forte. O Partido Comunista está em pleno descrédito depois da fracassada revolta, e Gorbachev pede demissão do cargo de Secretário-geral do Partido Comunista da União Soviética, depois de haver convidado o Comitê Central a dissolver-se. Segue-se a proibição do PC no exército e nos órgãos do Estado. A 29 de agosto de 1991, o Soviet Supremo suspende as atividades do PC em toda a União.[129] Em outubro de 1991, a KGB é reorganizada, tendo sido dividida em três órgão autônomos. "O epílogo que encerra a história do comunismo na Rússia é a decisão, tomada em 6 de novembro de 1991, em seguida à iniciativa da mesma ordem nas outras Repúblicas, de dissolver o Partido Comunista na Rússia."[130]

Gorbachev tenta ainda reunir um bom número de repúblicas em uma nova federação. "O poder central só exerceria funções que lhe fossem delegadas pelos Estados-membros soberanos, e essas funções reduzir-se-iam de fato à diplomacia e aos problemas militares."[131] Para Yeltsin, que, à frente da República da Rússia, reivindica a herança dos poderes da URSS, a União concebida por Gorbachev é irrealizável. Em Minsk, capital da Bielorrússia, Yeltsin reúne os presidentes dessa república e da Ucrânia e, "constatando que a URSS não tem mais existência real, decidem criar uma Comunidade

---

[129] Idem, ibidem, p. 263.
[130] Idem, ibidem, p. 264.
[131] Idem, ibidem.

dos Estados Independentes (CEI)."¹³² Cônscio de que não mais dispunha de poderes, Gorbachev anuncia sua demissão pela televisão a 25 de dezembro de 1991. "No momento em que morre assim a URSS, ao mesmo tempo que o comunismo que ela encarnava, o império comunista staliniano edificado na Europa do Leste já cessara de existir havia muitos meses, e seus últimos vestígios estão em vias de desaparecer."¹³³

Política externa

A primeira observação a fazer sobre a política externa de Gorbachev é que com os princípios liberalizantes de suas reformas havia chamado a atenção e conquistado as simpatias dos ocidentais, criando assim um "clima propício ao diálogo e à negociação com vistas ao objetivo final exposto pelo líder soviético em 1988 ante a Assembleia Geral das Nações Unidas: a 'desideologização das relações internacionais', quer dizer, a desativação do antagonismo ideológico subjacente na Guerra Fria e, em última instância, a superação do conflito Leste/Oeste."¹³⁴ Gorbachev estava corajosamente pondo fim à Guerra Fria e despertando a atenção dos principais dirigentes ocidentais, tais como os presidentes norte-americanos Ronald Reagan e George Bush e os estadistas europeus François Mitterrand, Helmuth Kohl, Felipe Gonzalez e a notável Primeira-ministra inglesa Margareth Thatcher. Duas atitudes de Gorbachev credenciavam a simpatia de que gozava no Ocidente: sua orientação no sentido de "emancipar a economia soviética de sua asfixiante subordinação ao complexo militar-industrial"¹³⁵ e a mudança de posição em face das transformações ocorridas nos países do antigo bloco soviético.

Vejamos, em sua sequência cronológica e a título de exemplo, alguns dos mais marcantes acontecimentos da política externa do que poderíamos chamar a Era Gorbachev.

---

[132] Idem, ibidem, p. 265.
[133] Idem, ibidem.
[134] Fuentes, obra citada, p. 342.
[135] Idem, ibidem.

1985: Em novembro deste ano, Gorbachev encontra-se com Ronald Reagan em Genebra. "Genebra assinalou um passo crucial na longa jornada de Gorbachev, de uma fazenda coletiva num recanto obscuro da União Soviética para o centro do palco mundial."[136] Um dos resultados mais importantes do encontro de Genebra foi que os temores soviéticos de um primeiro ataque nuclear pelos Estados Unidos foram dissipados. Gorbachev aceitou a garantia de Reagan.

1986: Realiza-se o encontro Reagan-Gorbachev em Reykjavik, "concluído com uma significativa aproximação de posições, sobretudo, na velha questão dos euromísseis."[137]

1988: Em outubro de 1988 faz-se um acordo entre a União Soviética e a China sobre o traçado da fronteira oriental. Neste mesmo ano Gorbachev discursa na Assembleia das Nações Unidas.

1989: As tropas soviéticas abandonam o Afeganistão.

1990: É concedido a Gorbachev o Prêmio Nobel da Paz por sua contribuição para o término da Guerra Fria.

Concluamos sobre Gorbachev. Incomparavelmente superior, em sua cosmovisão, a seus antecessores no poder supremo da URSS, Gorbachev tem seu lugar definitivo assegurado no final da História do século XX em virtude de sua atuação tanto no que chamava império interior como no que considerava império exterior. Com relação ao primeiro, registre-se que "se absteve de recorrer ao que, em 1990-1991, era o único meio possível de manter unida toda a União Soviética, ou seja, uma repressão dura e constante. Pelo contrário, tratou de negociar, embora já algo tarde, um novo tratado da União que mantivesse unida voluntariamente toda ou a maior parte da URSS. Fracassou, porém não essencialmente por causa de erros cometidos pelos dirigentes soviéticos a partir de 1985, mas pelo legado de todo o período soviético e até da História da Rússia imperial."[138]

---

[136] Dobbs, *A queda do império soviético*, p. 185.
[137] Fuentes, obra citada, p. 343.
[138] Brown, obra citada, p. 298.

No que tange ao império exterior, note-se: Quando os países da Europa Oriental "puseram à prova o novo pensamento de Gorbachev, que proclamava que cada país tinha o direito de escolher seu próprio sistema político e econômico, as ações soviéticas não o desmentiram... melhor dito, a inação soviética, pois não houve nenhuma intenção de intervenção militar quando, um atrás do outro, os países do antigo bloco soviético se converteram em independentes e não comunistas durante os anos de 1989-1990. A mudança que aos dirigentes soviéticos deve ter parecido mais difícil de absorver (e que causou dissensões nos círculos dirigentes) foi a reunificação da Alemanha como membro da OTAN, fato que finalmente Gorbachev aceitou."[139]

Encerremos esta apreciação sobre a atuação de Gorbachev na conquista pelo povo russo de liberdades e direitos reprimidos, havia muito, pela ditadura comunista: "Gorbachev foi quem deu os passos-chave para desmantelar o sistema comunista. A liberdade de palavra, de publicação e de culto, as eleições livres, um legislativo que podia criticar o executivo, e que o fez, organizações políticas independentes (incluindo a formação de grupos de pressão, amplos movimentos políticos e embrionários partidos políticos) haviam surgido sob a proteção de Gorbachev e, em sua maioria, como resultado de seu apoio decisivo. Isto significava que a Rússia, nos finais dos anos oitenta, havia adquirido muitos dos traços próprios de uma sociedade civil e do pluralismo político."[140]

A Rússia sob Boris Yeltsin (1991-1999)

Um traço característico do governo de Yeltsin é a acirrada luta entre o Presidente e o Parlamento. Em maio de 1990, Yeltsin havia sido eleito presidente do Soviet Supremo (Parlamento da Rússia). Em junho de 1991 é escolhido Presidente da Federação da Rússia por mais de 57% dos sufrágios. Como já vimos, Yeltsin se opõe ao projeto de União de Gorbachev. A partir de 1992, ano em que é Primeiro-ministro Yegor Gaidar, favorável à econo-

---

[139] Idem, ibidem.
[140] Idem, ibidem, p. 297.

mia de mercado, há profundas reformas econômicas que não atenderam às necessidades de boa parte da população. Não era fácil fazer a transição da economia de estilo soviético com seus planos quinquenais etc. para uma economia de mercado vigente nos países ocidentais. "A separação entre ricos e pobres ampliou-se tragicamente, a inflação varreu muitas economias, a segurança no emprego se viu ameaçada e floresceu o crime organizado."[141]

A hostilidade contra a atuação de Yeltsin avolumou-se e levou a um enfrentamento do Presidente com o Soviet Supremo em 1993. Yeltsin decidiu-se pela dissolução do órgão legislativo, mas os parlamentares resistiram na Casa Branca, imóvel do Parlamento. Foi necessário apelar para o exército, que tomou de assalto (outubro) a sede da resistência, tendo havido numerosos mortos. Foi então proposto um *referendum* (dezembro de 1993) referente a uma nova Constituição que reforçava os poderes presidenciais e que foi aceita por 58% dos votantes.[142] Note-se que a maioria a favor do *referendum* não se revelou nas eleições para o Parlamento onde aparecem fortalecidos respectivamente o partido ultra-nacionalista de Vladimir Zhirinovski e o Partido Comunista. Registre-se a existência de duas câmaras: a Câmara Baixa (a Duma do Estado) e a Câmara Alta (o Conselho da Federação). "Enquanto o Presidente obteve o direito de dissolver a Câmara Baixa (Duma) no caso em que ela se opusesse durante três meses ao governo; esta, entretanto, mais dificilmente poderia obter a destituição do Presidente, o que exige os dois terços dos votos da Duma e da Câmara Alta, o Conselho da Federação."[143]

Cabe aqui uma observação importante sobre o avanço do Partido Comunista na época em foco. Este avanço foi dificultado por uma situação totalmente nova na Rússia: a multiplicação da acessibilidade dos meios de comunicação e informação. "Enquanto que antes de Gorbachev até as fotocopiadoras se mantinham sob tríplice chave e o regime possuía o monopólio da informação, a situação mudou espetacularmente no final dos anos oitenta e em especial nos anos noventa. Em meados do último decênio do século, o correio eletrônico, os aparelhos de fax e a televisão por satélite haviam deco-

---

[141] Idem, ibidem, p. 299.
[142] Milza, obra citada, vol. III, p. 287.
[143] Idem, ibidem, p. 287-288.

lado na Rússia. À volta à sociedade fechada opunha-se o desejo da nova elite de negócios de gozar, pelo menos, das mesmas vantagens que seus homólogos ocidentais, e também o desejo dos governos pós-soviéticos de integrar a Rússia mais plenamente na economia mundial. De um modo geral, deve recordar-se que é mais difícil retirarem-se liberdades uma vez concedidas que negar as que nunca se haviam gozado."[144]

A situação na Chechênia levou Yeltsin a iniciar uma guerra impopular contra um povo que já criara dificuldades aos russos sob Stalin e que proclamava a sua independência. Em janeiro de 1995 as tropas russas se apoderam do palácio presidenial de Grozny, a capital destruída pelos bombardeios. A luta na Chechênia enfraquece a posição de Yeltsin. Em 1996, num segundo turno, ele vence as eleições aliado ao general nacionalista Alexandre Lebed. "Os russos, que não pretendiam o retorno ao comunismo, votaram no candidato 'democrata' que lhes era uma garantia. Sua eleição foi devida, com efeito, aos jovens enquanto pessoas idosas e os rurais deram preferencialmente seus votos ao candidato comunista."[145] Durante 1996, Yeltsin teve a saúde seriamente abalada, mas em 1997 "voltava a mostrar-se ativo embora mais dependente que no passado de seus subordinados."[146] Em agosto de 1999 Yeltsin designa como Primeiro-Ministro o jurista de 47 anos Vladimir Putin, que fora membro da KGB durante quinze anos. Em 31 de dezembro Yeltsin pede inesperadamente sua demissão e designa Putin presidente interino até março, quando se realiza a eleição presidencial e o mesmo Putin é eleito Presidente da Rússia, logo no primeiro turno.

---

[144] Brown, obra citada, p. 301.
[145] Milza, obra citada, vol. III, p. 289.
[146] Brown, obra citada, p. 303.

Capítulo II
AMÉRICA

América do Norte

CANADÁ

Em 1867 "O ato da América Britânica do Norte (The British North America Act) criou a Federação ou 'Potência' (Domínio) do Canadá. Inicialmente a federação não abrangia todas as colônias, mas foi-se ampliando em etapas progressivas. A nova União foi chamada Canadá. Pensou-se na designação de "Reino do Canadá", que, entretanto, foi recusada pelo governo britânico. Aceitou-se então a designação de Domínio, o que significa a existência de um "regime especial que lhe proporciona uma ampla autonomia interna, reservada à Grã-Bretanha a autoridade sobre as relações exteriores e a corte suprema de justiça".[1] Dois fatores que vão

---

[1] Langlois, *Histoire du XXe siècle*, p. 18.

influir na evolução histórica do Canadá devem ser lembrados: a débil base demográfica (que vai estimular a imigração) e a diversidade étnica (anglo-saxões e franceses) e cultural (idiomas e religiões diferentes). Na virada do século a imensidão do território pedia a ocupação e incentivava a imigração especialmente para ocupação das terras do Oeste cujo acesso seria facilitado pela construção da ferrovia transcontinental. "Como nos Estados Unidos, surgiu no Canadá uma espécie de doutrina do 'destino manifesto' tendente a unir por terra o Atlântico com o Pacífico, desejo expresso claramente no lema do escudo: *A mari usque ad mare*".[2]

Durante quase trinta anos dominara o Partido Conservador, mas, a partir de 1896, o Partido Liberal assume o poder por longo tempo. Deve ser lembrada aqui a figura do franco-canadense Wilfrid Laurier, que exerceu o cargo de Primeiro-ministro de 1896 a 1911. Na política interna processa-se um notável desenvolvimento econômico do Canadá, que se torna um grande produtor e exportador de matéria-prima. Quebec conhece então um verdadeiro surto econômico: o desenvolvimento da grande indústria graças à abundância de recursos hidrelétricos e de metais não ferrosos. Registre-se ainda o aumento da população graças às correntes imigratórias provenientes respectivamente dos Estados Unidos e da Europa, ampliando-se o cultivo da terra e aumentando o nível de produção. Ainda na política interna, sob o governo de Laurier, deve-se registrar a preocupação do ministro em manter equilibradas as relações entre anglófonos e francófonos e entre protestantes e católicos.

A política externa, em que estavam envolvidas as relações com a Grã-Bretanha e com os Estados Unidos, levou Laurier a uma derrota eleitoral em 1911: "Severamente criticado pelos 'nacionalistas' franco-canadenses por sua participação na guerra anglo-boer na África do Sul, em seguida pelos imperialistas anglo-canadenses por sua recusa a toda ideia de federação imperial e por seu projeto de livre-câmbio limitado com os Estados Unidos, Laurier é afastado do poder em 1911".[3] Na realidade Laurier aspirava a uma postura autônoma do Canadá.

Com Robert Laird Borden (1854-1937) os conservadores assumem o

---

[2] Morales Padrón, *Historia de América*, p. 498.
[3] Langlois, obra citada, p. 18-19.

poder (1911-1920). A declaração de guerra da Grã-Bretanha à Alemanha (4 de agosto de 1914) repercutiu em todo o Império Britânico. O Parlamento canadense votou um crédito de 50 milhões de dólares para a formação de um exército que integraria as forças britânicas. O Canadá enviou à luta cerca de 500.000 homens, dos quais 60.000 não voltaram.[4] O serviço militar obrigatório acírra a rivalidade entre os "dois povos fundadores" do Canadá: anglófonos e francófonos. Estes recusavam alistar-se e dar a vida pelos interesses do Império Britânico. "O Primeiro-ministro convoca então uma eleição geral, reagrupa em torno de seu próprio Partido Conservador muitos liberais anglófonos favoráveis à conscrição, forma um 'governo de união' e alcança uma vitória decisiva mau grado o Quebec que vota em bloco contra ele".[5] Desde a confederação, pela primeira vez um governo majoritário instalou-se em Ottawa sem Quebec. Nenhum franco-canadense fazia parte do gabinete de ministros.[6]

A entrada na guerra refletiu-se na economia especialmente no aumento da produção agrícola e na valorização das minas de metais não ferrosos. Note-se que uma lei das medidas de guerra atribuiu ao governo poderes ditatoriais.

Em dezembro de 1917 um deputado da Assembleia legislativa de Quebec propõe a ruptura do pacto federativo de 1867. A proposição não foi votada, mas em Quebec explode a violência: durante quatro dias movimentos de revolta provocam fusilarias por parte de soldados anglófonos. "A calma volta em breve, mas o Partido Conservador é praticamente riscado da carta eleitoral do Quebec por mais de 60 anos."[7]

Convém sublinhar que a participação do Canadá na guerra provocou uma importante mudança das relações com a Grã-Bretanha. Em 1918 a Conferência Imperial decidiu que os domínios participariam integralmente nas deliberações sobre a paz e assinariam em seu próprio nome os eventuais tratados. O Canadá assinou o Tratado de Versalhes e ingressou na Liga das Nações. Deve-se notar que após a guerra o Canadá passaria a sofrer a forte influência de seu poderoso vizinho que absorvia a maior parte do excedente da produção.

Dois partidos disputavam o poder: a Partido Liberal dirigido por William

---

[4] Idem, ibidem, p. 49.
[5] Idem, ibidem.
[6] Idem, ibidem.
[7] Idem, ibidem.

Lyon Mackenzie King (1874-1950) e o Conservador, cujo líder era Arthur Meighen. Em 1921 triunfam os liberais, que com Mackenzie governam o país por quase dez anos. Em 1929 o Canadá passa a sofrer os efeitos da crise econômica nos Estados Unidos, e em 1930 sobem ao poder os conservadores com Richard Bedford Bennett (1870-1947), que governa até 1935. Os preços internacionais baixam e afetam as exportações canadenses (trigo, metais não ferrosos etc.). A crise na exportação do trigo acarreta uma série de problemas com as atividades conexas como, por exemplo, os transportes ferroviários. Internamente se agrava a situação, com a redução da demanda, o aumento das falências e do desemprego. As medidas protecionistas acabam por prejudicar a economia canadense dependente do comércio externo. Estimula-se o consumo interno e obras públicas visando-se dar trabalho aos desocupados. Para reativar o comércio externo fazem-se tratados com a Grã-Bretanha e outros países da comunidade com o fim de colocar os excedentes dos produtos agrícolas.

Em 1931, na Conferência de Westminster, o Canadá converteu-se em país soberano, sob o regime monárquico, sendo seu soberano o mesmo da Grã-Bretanha. O monarca era representado no Domínio por um governador--geral. O Canadá ficaria ligado à *Commonwealth* pela fidelidade comum à coroa.

Richard Bedford Bennett, Primeiro-ministro e conservador (1930-1935), tenta lançar seu *New Deal* (regime de seguro-desemprego, salário-mínimo, semana de trabalho de 48 horas etc.), mas perde as eleições, e o Partido Liberal volta ao poder com Mackenzie King, que permanece no governo até 1948. Após uma pesquisa sobre as relações entre o governo federal e os governos provinciais procura-se um reequilíbrio do federalismo canadense no sentido de uma centralização aumentada.[8]

A 9 de setembro de 1939 o Canadá, acompanhando a Grã-Bretanha, declarou guerra à Alemanha. Com base na lei das medidas de guerra organiza--se no país um amplo dispositivo de preparação para o ingresso no grande conflito mundial no qual o Canadá vai interferir com numeroso contingente humano e com importante contribuição econômica. A produção de gêneros alimentícios e de armamenos ativa a economia. Note-se que se intensifica a intervenção do Estado federal: criação de numerosas empresas públicas,

---

[8] Idem, ibidem, p. 111.

mobilização e orientação da mão de obra, racionamento no consumo de certos produtos (açúcar, gasolina) etc. Quanto ao contingente humano que participou do conflito, deve-se registrar que a maioria dos 600.000 canadenses que foram à luta foi constituída de voluntários.

A Segunda Guerra Mundial produziu uma aproximação mais estreita com os Estados Unidos em virtude da defesa conjunta do continente americano.

Quebec merece aqui algumas linhas. Maurice Duplessis, Primeiro-ministro do Quebec, apresenta-se como campeão dos direitos dos franco-canadenses. Derrotado nas eleições, é substituído por Adelard Godbout, que concede (1940) às mulheres o direito de voto, torna a escola pública obrigatória até os 14 anos (1942), adota um código de trabalho e "nacionaliza parcialmente a eletricidade, projeto caro aos nacionalistas, criando a Hidro-Quebec (1944)".[9] Em 1944 os eleitores, embora por fraca maioria, dariam novamente o poder a Duplessis.

Os liberais conservam o poder com o sucessor de Mackenzie King, Luís Saint-Laurent (1882-1973), que assume o poder até 1957 e tenta estabelecer o Estado providência, mas a centralização encontra resistência em Quebec. Na política externa, o Canadá tenta prestigiar, na ONU, as potências médias. O Canadá participa da Guerra da Coreia, mas se torna, depois, o campeão das missões de paz.[10]

Os longos anos de governo contínuo desgastaram os líderes liberais e em 1957 os conservadores triunfaram nas eleições dirigidos por John G. Diefenbaker. "O governo conservador manteve-se seis anos no poder e seu acontecimento mais importante foi o desejo de manter-se na neutralidade frente a seu colossal vizinho, o que provocou uma acre disputa em 1963 a propósito do armamento atômico. Esta questão foi aproveitada pelos liberais que triunfaram nas eleições de abril de 1963 com seu chefe Lester B. Pearson (em 1897), que, ao renovar sua vitória em 1965, manteve-se no poder até 1968, ano em que lhe sucedeu Pierre Eliot Trudeau, também liberal."[11]

---

[9] Idem, ibidem, p. 200.
[10] Cordellier, *Le dictionnaire historique*, p. 114 (texto assinado por P. A. L., ver p. 8 e ss.).
[11] Marin, *Historia Universal del siglo XX*, p. 501.

Estamos aqui diante de um professor universitário, franco-canadense por seu pai e anglo-canadense por sua mãe, que prometia vagamente aos eleitores uma "sociedade justa". Foi considerado um administrador frio, pragmático e até arrogante. Procura conter o nacionalismo de Quebec, negando-lhe qualquer estatuto particular, tendo que ser uma província como as demais. Reafirma assim a igualdade das províncias. Nas instituições federais reforça o bilinguismo e reconhece o multiculturalismo. O nacionalismo dos franco-canadenses de Quebec manifestara-se em protestos por ocasião da visita da rainha Isabel II em 1964 e da temerária atitude de De Gaulle em Montreal, quando provocou um incidente diplomático ao proclamar: "Vive le Quebec libre". Sob Trudeau os atentados se multiplicam. Em outubro de 1970 é sequestrado um diplomata britânico e um ministro do governo quebecquense. Trudeau envia forças do exército canadense para as ruas de Montreal e invoca a lei das medidas de guerra suspendendo as liberdades civis e aprisionando 500 pessoas que jamais foram acusadas de coisa alguma.

Trudeau (1919-2000), nomeado Primeiro-ministro, prometera uma reavaliação da política externa: negociar o reconhecimento da República popular da China, acentuar o papel do Canadá na Otan, interessar-se mais pelos problemas relativos ao Oceano Pacífico, incrementar as relações com a Hispano-América.[12] Estas relações envolviam o debate sobre a entrada ou não do Canadá na OEA (Organização dos Estados Americanos).

Brian Mulroney, Primeiro-ministro conservador (1984-1993), põe em questão a herança de Trudeau e procura reconhecer o caráter distinto do Quebec. Em 1989 entra em vigor o acordo de livre-câmbio com os Estados Unidos (ALE) estendido ao México (ALENA). Em 1994 Mulroney favorece as privatizações.

Jean Chrétien, Primeiro-ministro liberal, prossegue, a partir de 1993, a política econômica dos conservadores. As rivalidades entre anglófonos e francófonos continuam, o que, entretanto, não impede que o Canadá, no final do século XX, tenha se tornado uma potência industrial e financeira membro do G7 (grupo dos sete países mais industrializados).

---

[12] Morales Padrón, *Historia de América*, p. 510.

ESTADOS UNIDOS

Neste item procuraremos fazer uma síntese da História dos Estados Unidos através do século XX observando a sucessão cronológica dos presidentes da República americana, alguns dos quais tiveram um desempenho em seu cargo com profundas repercussões nas relações internacionais. Antes, porém, de iniciarmos a exposição dos acontecimentos do século XX convém lembrar brevemente, a título de exemplo, alguns aspectos da História norte-americana, nos últimos anos do século XIX, que se refletem no limiar do século XX. O que chama desde logo nossa atenção é o espantoso e acelerado progresso econômico dos Estados Unidos, que se manifesta, por exemplo, através da exploração de seus imensos recursos naturais, do surto vertiginoso de sua indústria, de sua impressionante rede de transporte ferroviário e de seu crescimento demográfico intensificado pela imigração. Algumas cidades americanas alcançam, então, um marcante desenvolvimento, crescendo espantosamente o número de seus habitantes.

No campo da educação registra-se, no final do século XIX, um considerável aumento do número de alunos nas escolas primárias públicas. Universidades particulares são amparadas por ricos e generosos doadores. Bibliotecas públicas são instaladas em toda parte.

Um aspecto interessante da evolução social americana, no período em foco, é a importância da presença feminina: a mulher americana, no final do século, é muito mais independente que a inglesa e a francesa.

Em matéria religiosa os Estados Unidos continuam a ser um país protestante, mas deve-se observar que a imigração reforça consideravelmente o número de católicos constituídos, em grande parte, por irlandeses, franceses, italianos, alemães, poloneses e seus descendentes.

A situação dos negros na sociedade americana revela-se delicada: dificultam-lhe a participação na vida política, restringem-lhes os direitos civis, marginalizam-nos em locais de frequência pública como teatros, escolas, transportes etc. A sociedade secreta Ku Klux Klan fundada em 1866 aterroriza a população negra.

Na política externa lembremos que os Estados Unidos firmam-se como potência mundial na guerra com a Espanha em 1898, que resultou no tratado assinado em Paris. A Espanha desistiu de Cuba e Porto Rico e aceitou a ocupação de Manilha até que se decidisse a questão das Filipinas. O interessante da guerra com a Espanha não esteve no aspecto bélico ou heroico da contenda, mas no político. A partir de então o exército e a marinha situam-se em primeiro plano da vida nacional e também, desde este momento, faz-se vital a posse de um canal pelo istmo centro-americano. A influência ou interesse no Oriente, com os transpolins do Havaí (1898), Guam e Filipinas, acentuou-se. As Filipinas, com as Guam, constituem a parte principal da conquista. Com exceção de alguns motivos altruístas, as ilhas eram desejadas como uma base para a expansão comercial no Oriente.[1] É interessante notar aqui a existência da Liga Anti-imperialista que combatia a entrada do país numa carreira de conquistas. Um dos principais porta-vozes da Liga era William Jennings Bryan, que competiria com Mac Kinley nas eleições presidenciais de 1900.

William Mac Kinley (1897-1901)

Estamos aqui diante do último presidente do século XIX: foi reeleito para o quatriênio seguinte, mas sucumbiu assassinado por um anarquista em setembro de 1901, alguns meses depois de sua posse. Deve-se registrar que o opositor de Mac Kinley em 1900 fora Bryan, democrata e anti-imperialista: "a vitória esmagadora de Mac Kinley foi interpretada como um mandato conferido ao imperialismo".[2] Com a morte de Mac Kinley assumiu o poder seu vice-presidente Theodoro Roosevelt (1901-1909), reeleito em 1904.

---

[1] Idem, ibidem, p. 517.
[2] Miller, *Nova História dos Estados Unidos*, p. 303.

Theodoro Roosevelt (1901-1909)

Era considerado até advento de seu parente distante, Franklin D. Roosevelt, "o presidente republicano mais famoso desde Lincoln".[3] Seu prestígio pode ser avaliado pelo fato de haver sido reeleito em 1904 por grande maioria em face de Alton B. Parker, candidato democrata. Em 1908 sua popularidade influiu decisivamente na eleição de seu candidato. W.H. Taft. Enumeraremos, a seguir, algumas realizações mais importantes respectivamente da política interna e da política externa da presidência de Theodoro Roosevelt, lembrando que a interna foi caracterizada como do *square deal* (jogo franco) e a externa como do *big stick* (grande porrete).[4]

Na política interna lembremos:

1. Quando Roosevelt assumiu o governo, a população sentia com temor o aumento do desenvolvimento dos Trusts. Embora o presidente não acreditasse que as grandes proporções de uma sociedade fossem em si condenáveis, pois podiam contribuir consideravelmente para o progresso do país, procurou "estabelecer uma jurisprudência segundo a qual a liberdade de que usufruíam os Trusts tivesse por limite o interesse da coletividade".[5]

2. A saúde pública mereceu cuidado especial do presidente: "graças a essas leis o povo americano é até hoje aquele cuja alimentação é mais fiscalizada".[6]

3. O esbanjamento das riquezas naturais. "Desde o começo do século XX as árvores abatidas nas florestas eram três vezes mais numerosas do que as árvores novas. O desaparecimento das zonas de mata alterava o regime das chuvas, suprimia a proteção contra o vento e tornava-se a causa de uma erosão desastrosa para imensas extenções territoriais".[7] Roosevelt anexou muitas florestas ao patrimônio nacional: estabeleceu cinco Parques Nacionais, criou reservas de caça e refúgios para pássaros selvagens proibindo neles a caça.

---

[3] Brogan, "Estados Unidos 1900-1945". *Historia Oxford del Siglo XX*, p. 223.
[4] Maurois, *História dos Estados Unidos*, p. 454.
[5] Préclin, *Histoire des États-Unis*, p. 203.
[6] Maurois, obra citada, p. 451.
[7] Idem, ibidem.

Deve-se registrar que embora Roosevelt fosse um reformador autoritário, sabia fazer concessões e procurava o apoio do partido. É curioso anotar que ele foi acusado de socialista pelos industriais e de capitalista pelos operários.[8]

A política externa de Roosevelt caracteriza-se por uma "feliz mescla de firmeza e de moderação". Seguia aqui o adágio: "Falai mansamente, mas andai com um grosso cacete, pois desse modo ireis até longe".[9] É interessante chamar a atenção para a nova concepção exposta por Theodore Roosevelt a propósito da Doutrina de Monroe (Corolário Roosevelt): "no hemisfério ocidental, a adesão dos Estados Unidos à doutrina Monroe pode compeli-los, em casos flagrantes de omissão ou de imperícia, a exercer, mesmo a contragosto, o poder da polícia internacional". Essa declaração formulada em dezembro de 1904 já fora antecipadamente aplicada quando o ditador Castro da Venezuela recusara pagar suas dividas à Alemanha: esta ameaçou pagar a si mesma por meio de ocupação. "Isso sabendo, Roosevelt discretamente fez saber, ao imperador Guilherme II, que se ele não aceitasse um arbitramento, a esquadra americana se oporia pela força à ocupação da Venezuela."[10] Guilherme II aceitou então submeter a questão ao tribunal de Haia. "Roosevelt elogiou-o publicamente pela sua grandeza d'alma, sem fazer a mínima referência ao cacete e a seus efeitos".[11]

Em 1904, quando a República Dominicana esteve à beira da falência, as tropas americanas arrogaram-se o direito de ocupar (1905) a ilha, estabelecendo um quase protetorado e controle das alfândegas.[12]

Em 1905, "Servindo na qualidade de mediador, após a Guerra Russo-japonesa de 1905, Roosevelt alimentara a esperança de cimentar nossas boas relações com os japoneses, os quais, a exemplo dos americanos, tinham surgido na cena política universal havia pouco tempo. O Japão muito ganhou com a guerra; mas Roosevelt forçou esse país a renunciar a uma imensa indenização financeira da Rússia, para a qual se voltava o povo japonês como fonte de alívio de seus impostos. Muitos japoneses sentiram ter motivos para deplorar

---

[8] Idem, ibidem, p. 450.
[9] Idem, ibidem, p. 452.
[10] Idem, ibidem.
[11] Idem, ibidem.
[12] Préclin, obra citada, p. 202.

a intromissão americana".[13] Em 1906 Roosevelt recebeu o prêmio Nobel da Paz em virtude de sua atuação para resolver o conflito Russo-japonês. Convém acentuar que a justificativa para envolver-se no distante conflito foi a segurança da ocupação americana das Filipinas. Emergia então um sistema político de âmbito mundial.

Em 1906 dois delegados americanos estão presentes na conferência internacional de Algeciras, na Espanha, sobre a questão entre a França e a Alemanha a propósito de Marrocos. "Roosevelt, que tinha forte inclinação pela França, gabou-se com mais fanfarronada do que respeito à verdade de ter abatido a proa ao Kaiser com muita decisão."[14]

A ocupação das Filipinas e do Havaí, o surpreendente avanço industrial do Japão, que aparece como grande potência mundial na guerra com a Rússia, o grande desenvolvimento das cidades do litoral do Pacífico exigiam uma comunicação eficiente e rápida entre este oceano e o Atlântico. A solução seria a abertura do Canal do Panamá, "um dos monumentos da presidência de Roosevelt".[15]

Em 1888 uma companhia francesa dirigida por Ferdinand Lesseps, o criador do Canal de Suez, tentara abrir um canal no istmo do Panamá. O empreendimento malogrou por motivos técnicos, políticos e financeiros. Nos Estados Unidos discutiam-se dois projetos para a abertura do canal: segundo uns, a abertura deveria ser feita na Nicarágua; outros optavam pela abertura através do Panamá, de mais fácil realização. A esta última, entretanto, opunham-se dois obstáculos: a companhia francesa exigia cem milhões de dólares, mas a companhia americana oferecia apenas quarenta; o Panamá era parte da República da Colômbia, e esta apresentava também suas exigências. Em 1903 a companhia francesa aceitou os quarenta milhões. Faltava satisfazer as exigências da Colômbia. "Philipe Bunau-Varilla, engenheiro francês que havia trabalhado com Lesseps, foi a Nova York propor um meio simples de acabar com as crescentes exigências da Colômbia. Se uma revolução estalasse no Panamá e o Estado panamense se declarasse independente e concedesse

---

[13] Miller, obra citada, p. 305.
[14] Burns, *História da Civilização Ocidental*, p. 789.
[15] Maurois, obra citada, p. 452.

aos Estados Unidos o território necessário à construção do canal, deixaria de existir qualquer problema. O governo dos Estados Unidos reconheceu que essa solução teria efeito admirável, mas por intermédio do secretário John Hay declarou que não tomaria parte em negociações tão pouco ortodoxas. "Assim como a mulher de César, nossa política, aos olhos do mundo, deve ficar isenta de qualquer suspeita". No entanto informaram secretamente aos conspiradores de que, no caso de uma revolução, a esquadra americana bloquearia a costa, o que impediria o desembarque de forças colombianas. A ausência de combatentes garantiria a inocuidade da luta. Em novembro de 1903 os panamenses se sublevaram; verificou-se a revolução sem vítimas; surgiu um novo país; a esquadra americana protegeu-o; e Bunau-Varilla foi nomeado embaixador do Panamá nos Estados Unidos e arrendou a zona do canal ao governo de Washington".[16] "Aceitei o canal que Bunau-Varilla me trazia numa salva de prata", disse mais tarde Rossevelt.[17] "A Colômbia foi ultrajada pela arbitrariedade americana. Roosevelt declarou que essa nação 'tinha direito precisamente ao mesmo grau de simpatia dispensado a outros bandidos ineficientes'. Após a morte de Roosevelt, ocorrida em 1919, os Estados Unidos pagaram à Colômbia uma indenização de 25 milhões de dólares".[18] O canal só seria inaugurado em 1914 sob a presidência de Woodrow Wilson. Theodoro Roosevelt, após deixar a presidência, percorreu as selvas africanas (1909-1910) e florestas brasileiras (1913).[19]

William Howard Taft (1909-1913)

Republicano, foi eleito graças à amizade e apoio de Theodore Roosevelt. "Depois da posse de seu sucessor, Roosevelt empreendeu uma longa viagem para não embaraçar Taft, a quem julgava poder

---

[16] Maurois, obra citada, p. 452.
[17] Idem, ibidem, p. 454.
[18] Miller, obra citada, p. 304.
[19] Sobre a expedição Rondon-Roosevelt recomendamos a notável obra de Esther Viveiros *Rondon conta sua vida*.

confiar a sua obra e a sua equipe."²⁰ Na ausência do ex-presidente houve desentendimentos entre Taft e os homens recomendados por Roosevelt: "Todos os republicanos liberais se tinham levantado contra Taft exprobando-lhe sua fraqueza contra os Trusts, sua 'diplomacia do dólar', exprobando-lhe, enfim, o ser Taft e não o ser Roosevelt." ²¹ Compreende-se assim o rompimento Taft-Roosevelt que se faria sentir na seguinte sucessão presidencial. Entre os principais acontecimentos da política interna do governo Taft, lembremos, a título de exemplo:

1. Continuação da construção do canal do Panamá.
2. Emendas à Constituição referentes respectivamente ao imposto de renda progressivo e à eleição dos senadores através do voto direto.
3. Luta contra os Trusts.

Na política externa de Taft, lembremos:

1. A *diplomacia do dólar* é a denominação dada às atividades "no sentido de obrigar outras nações a aceitarem investimentos americanos e, em seguida, empregar a marinha e os fuzileiros navais para protegerem o capital dos Estados Unidos. Os resultados colhidos com essa política foram uma imensa má vontade para com este país...".²²

2. O Senado rejeitou dois tradados de protetorado impostos respectivamente à Nicarágua e a Honduras (1911).²³

Woodrow Wilson (1913-1921)

Na disputa pela sucessão de Taft os democratas aproveitaram-se da dissidência dominante entre os republicanos (rompimento Taft-Roosevelt). O próprio Roosevelt, que aceitara ser novamente candidato seria derrotado. "A convenção Republicana, dominada pela 'Máquina Eleitoral', escolheu Taft, mas Roosevelt rompeu em dissidência e criou um novo partido chamado progressista, que o público denominou de Partido

---

[20] Maurois, obra citada, p. 455.
[21] Idem, ibidem.
[22] Miller, obra citada, p. 306.
[23] Préclin, obra citada, p. 205.

do Bull Moose, isto é, do alce (o partido republicano tinha como totem o elefante e o partido democrata o burro). Como era natural, o partido progressista designou Roosevelt para seu candidato". [24] Taft e Roosevelt haviam obtido aproximadamente partes iguais dos votos republicanos: o eleito foi então Wilson, que teve o apoio de Bryan.

Estamos aqui diante de um intelectual, um professor universitário que presidiria os Estados Unidos por dois quadriênios: de 1913 a 1921. "Que ia fazer aquele professor na Casa Branca? Perguntavam-se os políticos inquietos. A resposta era simples: ia ensinar. Wilson manteve sempre a atitude mental do homen acostumado a falar *ex-cathedra*. Se tinha de resolver uma questão importante, estudava os fatos relativos a ela como se preparasse um curso, ouvia atentamente as opiniões, tomava sua resolução, formulava-a em ideias gerais, e resistia em seguida a toda contradição. Exigia de seus colaboradores uma completa obediência e uma submissão de todos os instantes. Muitas vezes não hesitou em romper antigas amizades pela circunstância de nelas não encontrar mais a fidelidade intelectual que exigia. Quando os princípios se achavam em jogo, ele preferia sacrificar sua vida e o mundo a ter de recuar um passo."[25]

Política interna

Entre os mais importantes atos da política interna vamos lembrar: a tarifa Underwood, a Reforma Bancária, o combate aos trustes e aos monopólios. Wilson pretendia alterar as obrigações tarifárias. Líderes parlamentares como Underwood, de Alabama, Kitchin, da Carolina do Norte, e outros tinham pronto um projeto. Aprovada a chamada Tarifa Underwood, foi revogada a política tarifária que permanecera quase inabalável durante cinquenta anos. "Os impostos foram reduzidos em 958 artigos, elevados em 26 e mantidos em 307. As reduções atingiram matérias-primas importantes como algodão

---

[24] Maurois, obra citada, p. 456.
[25] Idem, ibidem, p. 459-460.

e artigos lainíferos, ferro e aço, sendo que lã, açúcar, minério de ferro, trilhos de aço, instrumentos agrícolas, couros, sapatos, cimento, carvão, madeira e polpa de madeira, bem como diversos produtos agrícolas, ficaram isentos de impostos. A fim de enfrentar a redução da receita prevista, o projeto estabelecia um imposto gradativo sobre rendimentos superiores a três mil dólares, variando de um a seis por cento".[26] A lei da Reserva Federal de dezembro de 1913 determinou a criação de um novo sistema bancário nacional dividindo o país em doze distritos cada um com um Banco de Reserva, proporcionavam-se crédito mais abundante e mais fácil aos agricultores.[27] Aprovadas as leis de tarifa e de reforma bancária, Wilson pediu ao congresso uma legislação sobre trustes e monopólios. Além da legislação tarifária, bancária e dos trustes houve na primeira administração de Wilson uma série de leis de caráter reformista e social. "Os democratas provaram que o progresso e a capacidade administrativa não eram monopólios dos republicanos e que o movimento progressista, que os populistas haviam começado e Roosevelt tornou popular, transcendia as fileiras partidárias."[28]

Ainda na política interna, lembremos a Lei Seca e a Emenda n. 19, que concedeu direito de voto às mulheres.

Política externa

Wilson era professor de História e de Ciências Sociais, americano e cidadão do Universo, defensor de princípios (afastar a guerra e fazer reinar a justiça), mas "por vezes seus atos", observa Maurois, não se mostraram inteiramente de acordo com seus princípios.[29] Assim, por exemplo, "na América Latina, por mais liberais que fossem suas tendências, ele não pôde aplicá-las a não ser na medida que não comprometessem os interesses maiores americanos".[30] Examinemos, a seguir, alguns atos da política externa de Wilson, lembrando

---

[26] Morison-Commager, *História dos Estados Unidos da América*, T. III, p. 16.
[27] Idem, ibidem, p. 19.
[28] Idem, ibidem, p. 22.
[29] Maurois, obra citada, p. 462.
[30] Préclin, obra citada, p. 208.

que a participação americana na Primeira Guerra Mundial será estudada especialmente no capítulo dedicado aos grandes conflitos do século XX. O protetorado estabelecido e continuado na República Dominicana por razões financeiras foi estendido ao Haiti (3 de julho de 1916), e, mediante pagamento, a Nicarágua cedeu o direito de cavar um canal e de alugar, por 99 anos, duas ilhas e uma base naval na baía Fonseca.[31]

No México (ver respectivo item), F. Madero foi assassinado por V. Huerta, cujo governo foi reconhecido por nações europeias interessadas em proteger seus investimentos no país. "Recusando ser o joguete dos interesses dos magnatas americanos do petróleo e do banco, Wilson não reconheceu o novo governo: não assegurava a ordem e saía-se mal de suas obrigações internacionais. Wilson embargou o comércio de armas, fez bloquear os portos mexicanos (1914), ocupar Vera Cruz. Huerta teve de fugir".[32] Sob o governo de Carranza, que substituíra Huerta, houve a rebeldia do general Francisco "Pancho" Villa. Dominado aparentemente o revoltoso, Carranza foi reconhecido pelos Estados Unidos. "Mas Villa irrompeu novamente, invadiu território americano e matou cidadãos estadunidenses. Na presunção de que Carranza não conseguia dominar o próprio país, Wilson enviou uma expedição punitiva além das fronteiras sob o comando do general John J. Pershing. Temeroso de que a grande potência do norte estivesse procurando a secessão do México setentrional, Carranza reagiu, mobilizando suas tropas. Um encontro de fronteiras em breve ampliou-se, transformando-se em hostilidades de maior vulto. A paz foi restabelecida em 1917, antes que uma verdadeira guerra irrompesse. Wilson salvara o México da ditadura de Huerta e seus sequazes; mas o método empregado fora o pior possível para o estabelecimento de um governo constitucional. O governo de Carranza foi garantido; mas os mexicanos não perdoaram aos Estados Unidos a invasão de seu território".[33]

---

[31] Idem, ibidem.
[32] Idem, ibidem.
[33] Miller, obra citada, p. 307.

A Primeira Guerra Mundial

Maurois, ao estudar a posição de neutralidade dos Estados Unidos no início do conflito, anota: "Durante um século dois princípios preponderaram na política externa dos Estados Unidos: não se envolverem nas questões europeias e não permitirem que os europeus se envolvessem em questões americanas". [34] Em agosto de 1914 poucos americanos acreditavam que seu país poderia tomar partido entre os países conflitantes ou até tomar parte no próprio conflito. Wilson proclamava, então, a neutralidade e desejava que seus concidadãos o acompanhassem. "Ele afirmava que os Estados Unidos deviam dar o exemplo de uma nação forte que se recusa a recorrer à força, que a guerra desmoraliza sempre os que a empreendem e, além disso, que seu programa de reformas internas, a que se aferrava ardentemente, só poderia ser executado na paz."[35] Na prática, entretanto, a neutralidade era difícil. A opinião pública evoluía no sentido de apoio à França e à Inglaterra, que se haviam tornado fregueses importantes da indústria americana. Em 1915 o torpedeamento do paquete Lusitania com mil e duzentas vítimas, despertou indignação em todo o país. A guerra no mar tornava-se cada vez mais violenta e desumana. "As perdas americanas em navios, cargas, tripulações e passageiros aumentavam cada vez mais, principalmente por causa dos submarinos alemães."[36] A 3 de fevereiro de 1917, Wilson rompe relações diplomáticas com a Alemanha. Em 2 de abril pede autorização ao Congresso para a declaração de guerra que é aprovada a 4 de abril pela Câmara e a 6 pelo Senado. Sobre a participação americana no conflito, conforme já registramos, o leitor deverá consultar o capítulo adequado no qual serão expostos os pontos de vista de Wilson. O Tratado de Versalhes incluiu boa parte do programa do presidente americano quanto à revisão do mapa da Europa. "A rejeição da Liga das Nações e de todo o Tratado de Versalhes, em 1920, pelo Senado americano, o qual assumiu atitude retaliadora, literalmente fulminou o messiânico presidente e todas as razões de sua aventura na voragem política

---

[34] Maurois, obra citada, p. 465.
[35] Idem, ibidem, p. 466.
[36] Miller, obra citada, p. 309.

e militar da Europa. A esmagadora vitória de uma figura inexpressiva como a do republica Warren G. Harding, nas eleições presidenciais de 1920, revelou estar o país cansado de envolver-se em questões estrangeiras".[37]

Warren Harding (1921-1923)

Estamos aqui em face de "um homem totalmente comum, sem pretensões intelectuais ou sociais, bonachão e conservador, disposto a deixar as coisas correrem sozinhas, e certo de que nos Estados Unidos tudo ia bem".[38] "Nada tinha que o recomendasse para a presidência a não ser a sua insignificância."[39] Harding confiou nos amigos de Ohio que levou para a Casa Branca, "e durante três anos a 'quadrilha de Ohio' fez quase tudo quanto quis na política nacional".[40] Sucederam-se inúmeros atos de corrupção que escandalizaram a população. Assim, por exemplo, Harry Daugherty, premiado com o cargo de Procurador Geral, encarava seu cargo como uma oportunidade para recompensar seus amigos, mas acabou demitido por mau procedimento referente à venda ilegal de licenças de bebidas e indultos. Uma comissão do Senado julgou-o culpado, mas no julgamento criminal escapou da condenação.[41] "Harding parece ter sido pessoalmente inocente de participação ou de lucro nessa orgia de corrupção, mas não poderia desconhecer inteiramente os fatos nem as suas consequências, quando surgiram as inevitáveis denúncias. Desmoralizado por essas traições, sua saúde fraquejou; sua viagem ao Alasca foi inútil para revigorá-lo, e faleceu a 2 de agosto de 1923."[42] Foi substituído pelo vice-presidente, Coolidge, que se elegeria para o quatriênio seguinte (1924-1928). Na política externa, Harding assinou tratados de paz, em separado, com a Alemanha e com a Áustria (1921).

---

[37] Idem, ibidem, p. 312.
[38] Morison-Commager, obra citada, p. 88.
[39] Maurois, obra citada, p. 488.
[40] Morison-Commager, obra citada, p. 89.
[41] Idem, ibidem, p. 89.
[42] Idem, ibidem. A data do falecimento de Harding encontra-se em Morison-Commager, vol. III, p. 89. Ver data diferente em Maurois, obra citada, p. 498.

Calvin Coolidge (1923-1929)

Coolidge ficou conhecido por sua frugalidade. Maurois comenta: "Por natureza, por educação e principalmente por não ter nada a dizer, fora sempre muito calado".[43] Note-se, contudo, que Coolidge foi um presidente popular: "sob seus auspícios a política de tarifas altas, redução de impostos e apoio do governo à indústria foi levada ao extremo e foi atingido o alto padrão de prosperidade".[44] Eis um quadro da situação interna do país sob o governo de Coolidge: "Quanto ao país, mostrava-se tão próspero que a diminuição dos impostos se tornava uma preocupação predominante do Tesouro. Donde vinha todo esse dinheiro? Torrentes de créditos. Os Estados Unidos abriam créditos à Alemanha; a Alemanha os utilizava para o pagamento de reparações à França e à Inglaterra, e a França e a Inglaterra para pagarem dívidas de guerra à América. Deste modo o dinheiro voltava ao ponto de partida. Os Estados Unidos recebiam aquilo que eles próprios haviam lançado no começo do circuito. Em 1928 os empréstimos aos corretores de câmbios elevaram-se a quatro bilhões de dólares, o que inquietou os veteranos do mercado, que prediziam uma catástrofe. Mas os entusiastas protestavam: as leis da economia clássica já não eram aplicáveis à produção em série. A humanidade penetrava numa era nova. A prosperidade e a alta não cessariam nunca mais!?".[45]

Dois episódios de repercussão mundial ocorreram sob o governo Coolidge: Lindbergh atravessou o Atlântico Norte de avião, e Byrd explorou a Antártida.

Na política externa lembremos o Pacto Briand-Kellog assinado por Coolidge em 1928 com os representantes de sessenta nações: a guerra era posta fora da lei a não ser em caso de legítima defesa. Ainda na política externa deve-se registrar que Coolige manteve boas relações com os países da América do Sul. Em Havana, por ocasião do Congresso Pan-americano, o presidente dos Estados Unidos reafirmou o respeito pela igualdade

---

[43] Maurois, obra citada, p. 490.
[44] Morison-Commager, obra citada, p. 91.
[45] Maurois, obra citada, p. 492.

das nações. Os antigos conflitos com o México foram apaziguados pelo embaixador americano escolhido por Coolidge.

Herbert Clark Hoover (1929-1932)

Coolidge tinha grande probabilidade de ser reeleito nas eleições de 1928, mas, para surpresa geral, ele publicou um breve comunicado dizendo que não pretendia candidatar-se (*I do not choose to run for President in 1928*). A convenção republicana indicou então como candidato o secretário de comércio, Herbert Hoover, "que havia dado boas mostras de si nesse cargo, bem como nos outros que ocupara durante a guerra de 1917".[46] A convenção democrática escolhera como candidato Alfred E. Smith, que fizera brilhante carreira como governador de Nova York e conquistara "lisonjeiras opiniões de liberais e trabalhadores sociais, sem perder seu toque comum nem sua transcendente habilidade de angariador de votos urbanos".[47] Al Smith teve votação vitoriosa nos grandes centros urbanos, mas perdeu para Hoover no total de votos e especialmente no colégio eleitoral. Al Smith era católico, o que desagradava a bom número de protestantes: "O tipo de protestantes que pertenciam à Ku Klux Klan temiam que, se Al fosse eleito, o Papa se mudasse de Roma para Washington".[48] O novo presidente iria enfrentar uma crise econômica assustadora. "A orgia de especulações que assinalaram o fim da presidência de Coolige deveria necessariamente originar uma crise econômica de primeira grandeza. Ao contrário do que pensavam os otimistas, nenhuma era nova se rasgara para os negócios humanos; as mesmas causas continuavam a produzir os mesmos efeitos, e o excesso da alta preparava o excesso da baixa. A crise iniciada em outubro de 1929 foi mais grave e mais longa que todas as que a precederam".[49]

Hoover, engenheiro talentoso, viu-se incapaz de mobilizar eficazmente os recursos para o combate à tremenda crise da depressão da qual era inocente.

---

[46] Idem, ibidem, p. 493.
[47] Morison-Commager, obra citada, p. 92.
[48] Idem, ibidem.
[49] Maurois, obra citada, p. 493.

No capítulo sobre Finanças e Economia voltaremos a esta crise que abalou os Estados Unidos e repercutiu no mundo. A carreira política de Hoover ficou irremediavelmente prejudicada: nas eleições presidenciais de 1932 foi vencido pelo democrata Franklin Delano Roosevelt.

Franklin Delano Roosevelt (1933-1945)

"Parente distante do famoso T.R., casado com a sobrinha do antigo presidente, Franklin D. Roosevelt tinha mais do que a magia do nome para recomendá-lo. Nascido para a riqueza e as posições, educado na Groton School, na Harvard University e na Columbia Law School, seu interesse pelos negócios públicos destinava-o à carreira política e seu dinheiro capacitava-o a desprezar a advocacia privada e a entrar na arena política."[50] Não cabe aqui sintetizar toda a vida política de Franklin D. Roosveltt, ameaçada quando, em 1921, aos trinta e nove anos e após uma mocidade de atleta, teve a saúde abalada por um severo caso de paralisia infantil, tendo lutado durante sete anos para recuperar-se. Em 1928 foi eleito governador de Nova York com o apoio de Smith de cuja amizade desfrutava. É interessante que, na época, o rádio começou a desempenhar um papel importante nas campanhas eleitorais. Quando candidato à presidência, Roosevelt "em parte para provar seu vigor físico, em parte para capitalizar seu magnetismo pessoal, preferiu empreender uma antiquada *tournée* oratória que o levou a quase todos os Estados da União". Roosevelt seria reeleito em 1936 e 1940, fato único na História dos Estados Unidos, e governaria o país até sua morte inesperada em abril de 1945.

Por ocasião da posse de Roosevelt a depressão alcançara o mais baixo nível e adquirira um aspecto dramático. Basta recordar aqui a crise bancária: "em março de 1933 dois terços dos bancos do país tinham sido fechados por determinação oficial e o choque desse desastre financeiro estava sendo sentido pela economia americana".[51] Para enfrentar a crítica

---

[50] Morison-Commager, obra citada, p. 141.
[51] Idem, ibidem, p. 142 e 144.

situação Roosevelt prometeu um "novo trato", o *New Deal*. Burns observa que "poucos historiadores poderão negar que o *New Deal* tenha sido um dos acontecimentos mais importantes na história das nações modernas. Como os seus resultados contribuíram mais para preservar do que para destruir o capitalismo dificilmente se poderá chamá-lo uma revolução".[52] Alguns autores falam em dois *New Deals*, outros mencionam "um terceiro *New Deal* mais keynesiano".[53] No capítulo sobre economia e finanças voltaremos novamente à Depressão e ao *New Deal*. Limitar-nos-emos, aqui, à síntese elaborada por Brogan, a qual chama, desde logo, a atenção para os ideais que então norteavam os democratas: ajuda, recuperação e reforma. "Não pode negar-se seu êxito em levar remédios ou ajuda a milhões de desesperados; mediante uma rede de programas de emergência, a ajuda federal chegou aos desempregados, aos jovens, aos granjeiros, aos banqueiros, aos empresários industriais, aos governos dos estados, a todos os grupos e organismos da vida norte-americana que a crise havia levado ao desespero. A recompensa foi uma série de esmagadoras vitórias dos democratas nas eleições de 1934-1936. A recuperação, em troca, tornou-se muito mais problemática; o produto nacional bruto desceu de 103.800.000.000 de dólares em 1929 a 55.800.000.000 em 1933 e, a partir deste ano, subiu muito lentamente e sofreu um grave contratempo (a crise de Roosevelt) em 1937-1938, sem chegar a sobrepassar a cifra de 1929 até 1941. O desemprego seguiu uma curva similar e em 1942 não havia baixado, contudo, até o nível de 1929 (1.550.000). Não se resolveu o problema da confiança; o país não confiava no mundo dos negócios e este não possuía confiança no *New Deal*. O termo 'reforma' é tendencioso; não há dúvida de que o *New Deal* deu nova força a grupos da sociedade norte-americana anteriormente menosprezados – como os sindicatos e os índios norte-americanos –, fez entrarem plenamente na política católicos e judeus, submeteu as Bolsas a normas estabelecidas pelo governo, tornou ilegal o trabalho infantil e aumentou algo a participação

---

[52] Burns, *História da Civilização Ocidental*, p. 910.
[53] Ver respectivamente Burns, obra citada, p. 909, e Milza, *Histoire du XXe siècle*, vol. 3, p. 256.

dos negros no governo. Porém nem todos os cidadãos aprovavam essas mudanças e houve os que achavam que não iam bastante longe; por exemplo, Roosevelt nunca conseguiu que o congresso votasse uma lei contra os linchamentos. Poderia dizer-se, se a expressão não estivesse consagrada na linguagem corrente dos norte-americanos às lutas pelos direitos civis, que a realização fundamental do *New Deal* radicava na reconstrução da sociedade e do governo norte-americanos".[54] Grandes obras públicas que criaram emprego e modernizaram o país marcam o governo de Roosevelt durante os anos trinta. Brogan sublinha que, visto em seu conjunto, o alcance da reestruturação do governo foi assombroso. "Roosevelt reanimou os sindicatos e com a lei de Segurança Social de 1935 fundou o Estado do bem-estar norte-americano. Com menos publicidade começou a reconstruir a Marinha e a aviação militares. Em 1939 os anos de penúria ficavam já muito para trás, Alemanha e Japão não se deram conta de que Norte-América havia recobrado sua potência".[55] Morales Padrón sublinha que a "transformação mais transcendental introduzida pelo *New Deal* registrou-se na conservação e regulamentação do trabalho e na utilização das riquezas naturais".[56]

Política externa

Na Primeira Guerra Mundial os Estados Unidos haviam participado da vitória e da elaboração da paz, mas haviam também rejeitado toda a responsabilidades na manutenção desta paz. "Desiludidos com a guerra, cínicos com relação aos tratados, encarando criticamente as manobras políticas das potências continentais, indiferentes ao destino das novas nações que ajudaram a criar e que se voltavam para eles em busca de inspiração, tomaram o caminho do isolacionismo".[57] Estamos aqui em face de um estado de espírito

---

[54] Estas considerações sobre *New Deal* são de Brogan, autor do capítulo "Estados Unidos 1900-1945" na *Historia Oxford do século XX*.
[55] Idem, ibidem, p. 225.
[56] Morales Padrón, *Historia de América VII*, p. 548.
[57] Morison-Commager, obra citada, p. 192.

caracterizado por uma concentração da opinião pública em problemas internos e em medidas suscetíveis de combater a depressão; problemas da sociedade americana, a possibilidade e a capacidade para resolvê-los afastavam boa parte da população americana da política internacional europeia em que negras nuvens se acumulavam prenunciando o catastrófico segundo conflito mundial. Note-se que o termo "isolacionismo" "datava de tempo bem recente quando havia sido aplicado, a título de crítica, aos adversários do internacionalismo do presidente Wilson".[58] O isolamento prosperou durante a década de vinte e no começo da década de trinta como posição oficial americana carregada de perigo: "pois nessa política de isolamento os Estados Unidos não se achavam sós: outras nações democráticas seguiam o exemplo americano e contribuíram, de uma ou outra maneira, para a desintegração da segurança coletiva".[59] Compreende-se, assim, a posição difícil em que se encontrava o presidente Roosevelt, pois os elementos conservadores do país eram isolacionistas por tradição e os liberais o eram por despeito. A maior parte dos americanos tinha a ilusão de poderem permanecer à margem de nova guerra, "e seus políticos procuravam afastar todas as causas possíveis de participação americana".[60] Deve-se sublinhar que este isolacionismo não era apenas diplomático e político, mas também econômico (barreiras tarifárias, noção de autossuficiência econômica) e moral (os Estados Unidos eram moralmente superiores às nações do Velho Mundo).[61] Nas linhas seguintes vamos enumerar brevemente alguns dos principais atos do governo americano com relação à delicada política dos países europeus. Resumiremos, depois, a posição americana diante da América latina. Por fim registraremos alguns dos acontecimentos que envolveram os Estados Unidos na Guerra. Como já observamos várias vezes, os grandes conflitos mundiais do século XX serão estudados em capítulo especial.

1. Roosevelt foi o presidente americano que mais se interessou pelo fortalecimento da Marinha Americana e assim salvaguardou os interesses do país tanto no Atlântico como no Pacífico.

---

[58] Beard, *Histoire des États-Unis*, p. 344.
[59] Morison-Conmmager, obra citada, p. 193.
[60] Maurois, obra citada, p. 496.
[61] Morison-Commager, obra citada, p. 193.

2. Dentro do espírito isolacionista três leis de neutralidade foram votadas entre 1935 e 1937. Os americanos estavam proibidos de viajarem em paquetes de beligerantes (para evitar o episódio do afundamento do Lusitânia); vetou-se o armamento de navios mercantes americanos e a exportação de armas e munições de guerra.

3. O ataque à Polônia chocou a opinião pública americana. "Os americanos, sem dúvida não eram neutros em pensamento. A esmagadora maioria deles desejava ardentemente a derrota de Hitler e de seus satélites. Mas também desejavam, com o mesmo ardor, a manutenção da paz. Estavam ansiosos para que a Inglaterra e a França vencessem, mas pouco dispostos a assisti-los na vitória, se tal assistência envolvesse qualquer risco ou custasse qualquer dinheiro".[62]

4. Iniciada a guerra, o Congresso, a rogo do presidente, "revogou o embargo sobre as armas, com a condição de que os países que as comprassem fizessem os pagamentos a vista e efetuassem o transporte com os seus próprios meios (*cash and carry*)".[63]

5. Depois de Dunquerque o Congresso votou verbas imensas para o armamento espicaçado pelo aguilhão presidencial.[64] Num discurso em Charlotesville, Virgínia, Roosevelt "advertiu solenemente a nação contra a ilusão de que poderia tornar-se uma ilha solitária num mundo dominado pela filosofia da força".[65]

6. Em setembro de 1940 Roosevelt anunciou a cessão à Grã-Bretanha de cinquenta velhos *destroiers* americanos. No mesmo mês uma lei determinou o registro de todos os homens entre as idades de 21 e 35 anos e a inclusão de oitocentos mil recrutas nas forças armadas.

7. No início de 1941 Roosevelt obteve do Congresso a aprovação do Lend-Lease Bill, "que lhe permitia emprestar ou arrendar independentemente de pagamento, aos ingleses, o material de guerra que lhes era indispensável".[66]

8. Às 7h55 da manhã de domingo, 7 de dezembro de 1941, aviões japoneses atacaram a frota do Pacífico em Pearl Harbor. "Para milhões de

---

[62] Idem, ibidem, p. 209.
[63] Maurois, obra citada, p. 496.
[64] Morison-Commager, obra citada, p. 210.
[65] Idem, ibidem.
[66] Maurois, obra citada, p. 497.

americanos sentados ao redor de suas mesas para o jantar domingueiro, seus rádios sintonizados em algum programa mundial, as notícias chegaram como algo fantástico e inacreditável à medida que os detalhes do desastre se tornavam conhecidos, hora a hora, a incredulidade se transformava em cólera e numa implacável determinação de vingar o que o Presidente Roosevelt corretamente denominara de um ataque não provocado e covarde". No dia seguinte o Congresso declarou o estado de guerra com o Japão; três dias depois a Alemanha e a Itália declaravam guerra aos Estados Unidos.[67]

Durante a presidência de Franklin Delano Roosevelt, o famoso corolário à Doutrina Monroe de Theodore Roosevelt, que convertia os Estados Unidos numa espécie de polícia da América e cobrador de dívidas a súditos americanos, foi substituído pela política de boa vizinhança. Nesta política Roosevelt teve a colaboração do secretário Hull para construir a solidariedade hemisférica. Em 1935 os estados Unidos haviam concluído com seis nações latino-americanas um tratado de não agressão e de conciliação. Em 1936 o Presidente americano compareceu à conferência Pan-americana de Buenos Aires, "a qual dispôs acerca da consulta mútua sobre todos os assuntos que afetassem a paz do hemisfério".[68] Em 1938 celebrou-se a oitava conferência Pan-americana em Lima, na qual se afirmou a absoluta adesão aos princípios de direito internacional, de igual soberania dos Estados e de liberdade individual. Celebraram-se acordos comerciais recíprocos e houve intercâmbio de facilidades culturais e educacionais. Compreende-se assim que vários países latino-americanos tenham cerrado fileiras em torno da política internacional do presidente Roosevelt. Deve-se lembrar que se fortaleceram também os laços entre Estados Unidos e Canadá, que Roosevelt, em agosto de 1938, prometeu defender em caso de ameaça externa.

Voltaremos à atuação de Roosevelt durante a guerra após a entrada dos Estados Unidos, no já mencionado capítulo sobre os conflitos mundiais. Franklin Delano Roosevelt faleceu repentinamente a 12 de abril de 1945, vítima de uma hemorragia cerebral, em Warm Springs na Geórgia. Em Teerã, nos fins de 1943, ele presumivelmente sofrera um ligeiro ataque, o que

---

[67] Morison-Commager, obra citada, p. 210.
[68] Idem, ibidem, p. 203.

constituiu o segredo militar mais bem guardado, depois da bomba atômica. Em sua campanha contra Thomas E. Dewey, candidato dos republicanos nas eleições de 1944, Roosevelt pareceu aos olhos da maioria das pessoas como "o Velho Campeão", o "Dr. New Deal" se aposentara, mas "O Dr. Ganha-Guerras" assumira o antigo posto familiar. Pouca gente sabia quanto necessitava ele de um médico e que quase nada poderia ser feito em seu benefício. Desde o assassínio de Lincoln, a mudança de um presidente não comovera tanto o povo americano. Para muitos, de ambos os partidos e de todas as classes, era como se houvesse desmoronado um pilar dos alicerces da terra. Homens e mulheres choravam sem pejo pelas ruas. A mais assombrada de todas as pessoas seria, talvez, o modesto sucessor de Roosevelt, Harry Truman, que, até mesmo como vice-presidente, fora mantido na ignorância do tal segredo de guerra mais ciosamente guardado, a iminente fabricação da bomba atômica".[69]

Harry S. Truman (1945-1953)

Eleito vice-presidente com Roosevelt, Truman assumiu a presidência sem que, na realidade, estivesse preparado para o exercício do espinhoso cargo.[70] Observe-se, contudo, que, na realidade, se a modéstia de Truman passava por mediocridade quando ele era vice-presidente, "ele mostra, uma vez instalado na magistratura suprema, muita determinação".[71] Notemos, de passagem, que a reeleição em 1948 comprovou a capacidade de Truman e a aprovação de sua atuação pela opinião pública. Tentemos, brevemente, sintetizar alguns aspectos respectivamente da política interna e da política externa do governo Truman.

---

[69] Miller, obra citada, p. 371. O leitor encontrará um impressionante relato da vida íntima de Franklin Delano Roosevelt, inclusive sobre seu decadente estado de saúde, na Revista *História* n. 70, setembro de 1952, p. 181 e ss. "Roosevelt intime" de autoria de Pierre e Renée Gosset.

[70] O leitor encontrará na Revista *História* n. 72, novembro 1952, um simples e impressionante relato do próprio Truman sobre os primeiros meses de sua presidência, inclusive como tomou conhecimento da morte de Roosevelt e como, numa simples cerimônia, prestou juramento sobre uma Bíblia encontrada na biblioteca da Casa Branca.

[71] Berstein, *Histoire du XXe siècle*, T. 2, p. 35.

Política interna

O novo presidente mantém, na política interna, certo continuísmo inspirado no *New Deal*, que vai ser continuado agora como um *Fair Deal*. Em setembro de 1945 envia uma mensagem ao Congresso com nítido caráter social a favor de categorias pouco favorecidas da sociedade. "É uma posição corajosa na hora em que os republicanos desejavam um retorno completo e rápido ao liberalismo econômico, desejo partilhado pela ala conservadora do Partido Democrata que entende anular tudo o que lembra o *New Deal*".[72] A renovação do Congresso, entre duas eleições para presidente, resulta na maioria republicana hostil às renovações sociais (como, por exemplo, o direito dos negros) pretendidas por Truman. Os anos de 1946-1947 não são favoráveis à política interna do presidente que, entretanto, numa das maiores surpresas eleitorais dos Estados Unidos, foi reeleito em 1948. Em janeiro de 1949 Truman envia uma mensagem ao congresso cognominada então *Fair Deal* e que deve continuar as obras sociais empreendidas pelo *New Deal*. O Congresso opôs-se à revogação da Lei Taft-Hartley (junho 1947), que limitava severamente a liberdade de ação dos sindicatos, não aceitou os direitos cívicos dos negros, recusou a criação de hospitais e o seguro-doença obrigatório. Truman, através de decretos aboliu a segregação na administração federal e no exército.[73] A partir de 1950 a política interna americana é marcada pela forte campanha anticomunista em que sobressai a atuação do senador Joseph Mac-Carthy. Ocorre então o processo do casal Rosenberg acusado de espionagem em proveito da URSS e executado em 1953. A expansão comunista pelo mundo despertava apreensões em boa parte da população americana e facilitava exageros e injustiças.

Política externa

Um traço característico da política externa norte-americana sob Truman foi a contenção da expansão comunista no mundo e, de maneira especial, na Europa.

---

[72] Idem, ibidem.
[73] Idem, ibidem, p. 36.

"Enquanto Stalin submetia a seu controle os Estados da Europa Oriental, o governo de Truman não necessitava convencer-se de que, se não participasse ativamente na política europeia, seria cúmplice da imposição de um novo totalitarismo. Por isso, o primeiro objetivo da política externa norte-americana foi a contenção" vejamos.[74], a seguir, alguns dos principais acontecimentos dessa época.

1. Truman, ao lado de Stalin, participa da conferência de Potsdam (17 de julho a 2 de agosto de 1945).

2. Assume a decisão do lançamento das bombas atômicas em Hiroshima e Nagasaki (6 e 8 de agosto de 1945). Eis como um militar americano explica esta decisão: "Informado de que a invasão do Japão custaria um milhão de vidas de cidadãos norte-americanos e causaria cinco milhões de baixas entre os japoneses, tomou a corajosa decisão de empregar a arma nuclear. Sequer tinha conhecimento do programa nuclear ou de sua existência quando se tornou presidente".[75]

3. Os interesses divergentes dos Estados Unidos e da URSS e a difícil reconstrução da Europa levam Truman a assumir a luta contra o comunismo.

4. "Quando, em março de 1947, o governo norte-americano encarregou-se, substituindo a Grã-Bretanha, de opor-se ao comunismo na Grécia e na Turquia, o presidente Truman descreveu sua política como um apoio aos povos livres que resistem a verem-se subjugados por minorias armadas ou pressões externas."[76]

Estamos aqui diante da doutrina Truman contida em pedido ao Congresso de ajuda apreciável para bloquear o avanço comunista (março de 1947). A doutrina Truman tem por base a rejeição do isolacionismo e a prática da contenção da expansão comunista no mundo.

5. O plano Marshall (aplicável também à Alemanha) é anunciado pelo secretário de Estado George Marshall em Harvard aos 5 de junho de 1947 e visa combater o comunismo no plano econômico e responder com firmeza às intimidações. Stalin viu no plano para revitalizar a Alemanha um instrumento antissoviético que minaria seu domínio da Europa Oriental.

---

[74] Freedman, "El enfrentamiento de las superpotencias", *Historia Oxford del Siglo XX*, p. 252.
[75] Walters, *Poderosos e Humildes*, p. 35.
[76] Idem, Ibidem.

"Rechaçou o Plano Marshall e lançou tal campanha contra ele em toda a Europa, que os não comunistas viram-se obrigados a reconhecerem que havia chegado o momento de tomar partido e aceitar a polarização do continente".[77]

6. De junho de 1948 a setembro de 1949, Berlim ocidental sobreviveu ao cerco soviético graças à ponte aérea.

7. Vários tratados militares são concluídos, entre os quais a Otan (organização do tratado do Atlântico Norte) em 1949.

8. Em agosto de 1949 a União Soviética explodiu sua primeira bomba atômica, o que levou os Estados Unidos a revisarem sua capacidade militar convencional. Neste mesmo ano o comunismo dominava a China.

9. Em 1950 a comunista Coreia do Norte invadiu a Coreia do Sul: era a Guerra da Coreia (1950-1953), que os americanos conduziram sob a bandeira da ONU e na qual se destacou o notável general Mac Arthur. "O presidente Truman estava determinado a manter a guerra na Coreia, e limitada. O general Mac-Arthur, por outro lado, julgava que devíamos impor uma esmagadora derrota aos norte-coreanos ou enfrentaríamos tais espécies de guerras limitadas no futuro, como aconteceu. De certa forma, ambos estavam corretos. Contudo, Mac Arthur não reconhecia o fato preponderante de que Truman era o Presidente dos Estados Unidos. Quando Truman exonerou Mac Arthur, muitos criticaram sua decisão, mas ninguém questionou seu direito de assim proceder".[78]

10. Em 1951 firmou-se com o Japão um pacto de Segurança que fortalecia a posição americana na Ásia Oriental.

Em 1953 os republicanos voltam ao poder nos Estados Unidos com a eleição de Eisenhower. Vamos concluir este apanhado sobre a presidência de Truman com as palavras de quem teve acesso ao diário e aos arquivos do mesmo: "O diário e os arquivos do presidente revelam um homem sincero, de vistas largas, de propósitos firmes, fiel em suas amizades e cheio de serenidade no que concerne ao futuro".[79]

---

[77] Ver nota anterior.
[78] Walters, obra citada, p. 41.
[79] William, Hillman em Revista *Historia* n. 72, p. 396.

Dwight David Eisenhower (1953-1961)

Depois de vinte anos, desde a histórica vitória de Roosevelt em 1932, os republicanos voltavam ao poder com o general Eisenhower (1890-1969), que gozaria de extraordinária popularidade durante o exercício de seu cargo em dois mandatos, pois para muitos americanos "representava uma âncora de estabilidade e prosperidade em um mundo tempestuoso".[80] A eleição de Eisenhower sofreu a influência de sua brilhante carreira militar, de seu desejo de acabar com a guerra da Coreia e indicou claramente a tendência de uma direita conservadora.

Política interna

Eis, a título de exemplo, alguns acontecimentos da política interna do governo de Eisenhwer:

1. Em 1954 o Supremo Tribunal decidira em favor da integração racial nas escolas. Na abertura do ano escolar 1957-58 o governador de Arkansas impediu o ingresso de negros nas escolas de LittleRock. Eisenhower teve, então, que enviar tropas federais para proteger os negros e fazer cumprir o disposto pelo Supremo Tribunal. O problema de segregação racial continuaria, entretanto, a existir. A luta contra esta segregação constituiria um aspecto fundamental do legado da presidência de Eisenhower. Note-se que em 1957 o senado aprova o acesso do negro ao voto.

2. A vitória da maioria democrática nas eleições parlamentares de 1954 contribui para a contenção dos excessos do Maccarthysmo.

3. Um liberalismo comercial aceito por Eisenhower reduziu as tarifas aduaneiras, mas provocou um aumento do custo de vida.

4. Os anos cinquenta teriam marcado o apogeu do *American way of life* "antes que os movimentos juvenis e contestatórios dos sessenta pusessem em crise este modelo de vida".[81]

---

[80] Patterson, "Estados Unidos desde 1945", *Historia Oxford del siglo XX*, p. 265.
[81] Fuentes, *Historia Universal del siglo XX*, p. 262.

Política externa

A morte de Stalin e a seguinte desestalinização contribuiriam para uma distensão na política internacional. Em julho de 1953 interrompe-se a guerra da Coreia com o armistício de Pan Mun Jom. Deve-se recordar aqui a atuação vigilante contra o comunismo exercida pelo secretário de Estado John Foster Dulles falecido em 1959. Em 1954 o secretário "advertiu Moscou de que novos avanços soviéticos expunham-no a "represálias maciças", e para dar credibilidade a suas palavras tratou de estabelecer uma série de alianças, seguindo o modelo da Otan na periferia do que já se conhecia como o "bloco sino-soviético". Winston Churchill fez observar que, como resultado de um medo comparticipado da guerra nuclear, a paz podia chegar a ser o "robusto filho do terror".[82] A política externa norte-americana caracteriza-se por uma permanente vigilância que se estende de modo especial ao Oriente Médio, ao Sudeste asiático e até mesmo à América Central. No Oriente Médio lembremos a atuação da Cia (1953) na derrubada de Mosaddeq, que presidia o governo do Iran, ameaçava os privilégios das companhias petrolíferas americanas e acenava amistosamente para a URSS. Deposto Mosaddeq, constitui--se um governo favorável aos Estados Unidos presidido pelo sha Reza Pahlavi. No sudeste asiático elabora-se a teoria do dominó: os Estados Unidos marcam sua presença na Indochina com a ajuda econômica ao Vietnã do Sul entre 1954 e 1959 enquanto a França é derrotada em Dien Bien Phu (1954). Na América Central a Cia fomenta (1954) uma revolta militar contra o governo de Jacó Arbenz (Guatemala), cuja política agrária fora prejudicial à United Fruit Company.

Para concluir, lembremos, em sua sucessão cronológica, outros acontecimentos da política externa sob Eisenhower:

1953. A Espanha é introduzida no campo da defesa Ocidental.

1954. Organização do Tratado do sudeste Asiático (Otase).

1956. Crise do Egito.

---

[82] Freedman, "El enfrentansiento de las superpotencias", *Historia Oxford del Siglo XX*, p. 254 (ver nota 87).

1957. O congresso autoriza o presidente Eisenhower a oferecer assistência militar a qualquer nação envolvida com a agressão comunista e que pedir auxílio. Neste ano a Rússia lança, em outubro, seu primeiro satélite artificial: o Sputniki.

1959. Em setembro encontro com Kruschev em Camp David.

1960. Crise motivada pelo avião U2 abatido pelos russos em seu território.

1961. Um dos últimos atos do governo de Eisenhower, em política externa, foi a ruptura de relações diplomáticas com a Cuba de Fidel Castro.

John Fitzgerald Kennedy (1961-1963)

Nas eleições de 1960 os democratas venceram o republicano Nixon, elegendo Kennedy por pequena margem de votos. O eleito era diplomado por Harvard e tomara parte na guerra integrando a marinha. De ascendência irlandesa, Kennedy foi o primeiro presidente católico dos Estados Unidos. "O apoio econômico de sua família e a colaboração de um nutrido e qualificado grupo de assessores deram uma enorme consistência à sua campanha. Uma imagem pessoal atraente, de grande eficácia na era da televisão, e um discurso moderno e ambicioso, embora sumamente vago em muitos aspectos, completavam as principais bases eleitorais de Kennedy".[83]

Política interna

Assumindo a presidência, Kennedy pretende renovar a vida pública norte-americana com um programa que recebe a designação de Nova Fronteira. Seus ideais sintonizavam com as aspirações de muitos americanos: igualdade racial, enfrentamento do comunismo, ganhar a corrida espacial da Rússia, lutar contra a pobreza. O programa de Kennedy, entretanto, encontrava resistência e oposição por parte daqueles que permaneciam

---

[83] Fuentes, obra citada, p. 265.

imbuídos do espírito de conservação da sociedade da abundância e rejeitavam a Nova Fronteira. Na realidade o presidente não dispôs de tempo suficiente para por em prática todos os seus projetos. Observe-se que a política integracionista de Kennedy encontrava resistência especialmente nos Estados do Sul.

Política externa

Na política externa Kennedy vai enfrentar os progressos da URSS na conquista espacial. "Kennedy decidiu aumentar os efetivos militares e reforçar todos os sistemas tanto defensivos como ofensivos: interveio no Vietnam com o envio dos primeiros voluntários, uns dez mil "consultores; do mesmo modo no problema do Congo suscitado no primeiro ano de seu período presidencial".[84] O mais grave acontecimento da política externa do governo de Kennedy foi a crise dos mísseis em Cuba. Deve-se registrar que em abril de 1961, sob a pressão dos exilados cubanos nos Estados Unidos e influenciado pela CIA, Kennedy havia concordado com uma operação militar realizada por cubanos anticastristas e que fracassou no desembarque na Baía dos Porcos. "O estrepitoso fracasso do desembarque na Baía dos Porcos teve consequências nefastas para Kennedy, que ficou profundamente marcado por essa experiência. Se, por um lado, reforçou e radicalizou a revolução cubana, reafirmada em seu caráter antinorte-americano, de outro lado, as restrições que a administração Kennedy havia feito à operação serviram para que o exílio cubano e a extrema direita norte-americana acusassem o presidente pelo desastre da Baía dos Porcos e do afiançamento do regime castrista. O fracasso da política de meias tintas naquele episódio teve seu reflexo na atitude intransigente que Kennedy adotou na crise dos mísseis".[85] Em 11 de setembro de 1962 o governo soviético adverte que todo ataque contra Cuba provocaria um conflito mundial. A 3 de outubro o Congresso ameaça o emprego de força para impedir uma ação subversiva no hemisfério ocidental. Aos 14 de

---

[84] Marin, *Historia Universal del siglo XX*, p. 511.
[85] Fuentes, obra citada, p. 270.

outubro de 1962 aviões U2 descobrem sobre o território cubano rampas de lançamento em vias de instalação que estavam aptas para a utilização de engenhos balísticos capazes de transportar cargas nucleares podendo atingir parte do território americano.

Em 22 de outubro Kennedy comunica à nação uma série de medidas, que inclui aceleração de preparativos militares e interdição, assegurada pela marinha americana, aos soviéticos de desembarcarem material de guerra em Cuba. O presidente conta com amplo apoio da população. "Após vários dias de muita tensão, Krutchev resignou-se salvando algo de seu prestígio ao obter de Washington a promessa de que não invadiria Cuba e de que retiraria da Turquia os mísseis norte-americanos (cuja retirada já estava programada de toda maneira)."[86] Para evitar possíveis ameaças nucleares, foi então criada a linha vermelha telefônica (teletipo) entre Washington e Moscou (junho de 1963). Era o começo da distensão e da coexistência pacífica. A solução da crise dos mísseis constituiu um sucesso pessoal para Kennedy, "que se tornou em alguns dias o herói da era nuclear".[87] Em junho de 1963 Kennedy encontra-se em Berlim ocidental e declara: "eu sou um berlinense" *(Ich bin ein Berliner)*.

A 22 de novembro de 1963 Kennedy tombou mortalmente ferido em Dallas num atentado sobre cujos autores até hoje se discute.

Lyndon B. Johnson 1963-1969

Política interna

Vice-presidente de Kennedy, Johnson assumiu a presidência sob pressões especialmente do movimento pelos direitos civis. "Teve a sorte de que a economia fosse mais próspera que nunca anteriormente, pois os anos sessenta constituíram o período de crescimento econômico mais amplo da história do país, o que estimulava as já consideráveis expectativas e fez com

---

[86] Freedman, obra citada, p. 259.
[87] Milza, *Histoire du XX siècle*, Tomo 2, p. 248.

que fosse possível levar à pratica vários programas sociais. Além disso, deu a impressão de que ele e seus conselheiros liberais, cercados por uma economia saudável, sabiam o que estavam fazendo".[88] Johnson era um hábil dirigente formado no poder legislativo, o que certamente contribuiu para obter do Congresso importantes leis. Aprovou-se uma "guerra à pobreza": ajuda federal à educação primária e secundária, auxílio médico pra os idosos (*Medicare*) e para os pobres (*Medicaid*). Reformou-se a lei sobre imigração pondo-se fim ao sistema baseado em classificação racial. Abolia-se também a discriminação e segregação na vida pública. Em 1965 estabelecia-se a imposição federal do direito de voto, o que acabou com a discriminação racial na vida política do sul. Note-se que algumas reformas encontraram opositores e dificuldades. Assim, por exemplo, os programas de ação comunitária fomentaram o antagonismo entre os pobres, que queriam dirigi-los, e os dirigentes municipais que se opunham a tais desafios a sua autoridade. Fundos para o sistema escolar foram desviados pelos administradores. A participação na guerra do Vietnam intensificada por Johnson prejudicou a atuação dos reformadores. Segundo Patterson, Johnson "prometera mais do que podia dar em questões internas".[89]

Política externa

A Guerra do Vietnã marca profundamente a política externa de Johnson. Alguns autores veem numa "arrogância de poder" gerada pelo êxito obtido na crise dos mísseis uma das razões pelas quais os Estados Unidos se envolveram no prolongado conflito com o Vietnã sem que tivessem calculado devidamente os riscos de uma intervenção militar naquelas latitudes. Voltaremos à guerra do Vietnã no capítulo sobre a Ásia. Limitar-nos-emos aqui a breves observações. Em agosto de 1964 o congresso dos Estados Unidos autorizou o presidente Lyndon Johnson a empregar a força armada no Vietnã em face de um ataque a um vaso de guerra americano no

---

[88] Patterson, "Estados Unidos desde 1945", *Historia Oxford de siglo XX*, p. 277-278.
[89] Idem, ibidem, p. 267.

golfo de Tonkin. A presença militar no sudeste asiático foi aumentando em proporções não previstas inicialmente. Apesar dos numerosíssimos ataques aéreos que lançaram toneladas de bombas, inclusive com o uso de napalm e artefatos destinados à destruição da frondosa vegetação que ocultava a guerrilha vietcong, o fracasso na guerra começou a tornar-se patente no ano de 1968. Em fins de janeiro iniciou-se a ofensiva do Tet de 1969. "Para entender a humilhante derrota da maior potência mundial diante da guerrilha vietnamita, impõe-se levar em conta vários fatores. O primeiro deles radica, precisamente nas grandes limitações dos exércitos regulares para fazer frente a um exército guerrilheiro com amplo apoio popular, moral de vitória e excelente adaptação ao terreno."[90]

Em março de 1968 o Presidente Johnson, com baixo nível de popularidade, anunciava a suspensão dos bombardeios e sua renúncia à reeleição.

Richard Nixon (1969-1974)

Nixon fora vice-presidente de Eisenhower, mas, como já vimos, fora derrotado em 1960 por Kennedy para a presidência dos Estados Unidos. Em 1968 foi, entretanto, eleito pelos republicanos e sua vitória, com apoio da classe média, deveu-se em grande parte a sua promessa de por fim a guerra do Vietnã. Nixon seria reeleito em 1972.

Na política interna Nixon vai encontrar uma maioria democrática no congresso bem como deverá enfrentar problemas econômicos e financeiros com, inclusive, riscos inflacionários. Há também protestos contra a continuação da guerra. Para cultivar a popularidade e tendo em vista a reeleição, providenciou a retirada de milhares de soldados do sudeste asiático implantando a política de vietnamização do conflito, que visava preparar o exército vietnamita do sul para enfrentar sozinho o conflito. Na realidade a vietnamização estava fadada ao fracasso: sem a participação dos Estados Unidos o regime sul-vietnamita não resistiu.

Em julho de 1969, a Apollo 11 leva, pela primeira vez, o homem à lua.

---

[90] Fuentes, obra citada, p. 281.

Política externa

A guerra do Vietnã prosseguiu, e os Estados Unidos chegaram a tomar medidas drásticas, como a invasão do Cambodja em 1970 e o bombardeio de Hanói em 1972. Em 1973 foi firmado um acordo entre o Vietnã do Norte e os Estados Unidos, mas a guerra só terminaria definitivamente em 1975 com a tomada de Saigon pelo Vietcong.

Ainda na política externa devem ser registradas em 1972 as visitas de Nixon à China comunista e a Moscou. Na capital soviética é assinado, em maio de 1972, um tratado de limitação de mísseis. Em junho de 1973 Leonid Brejnev vai aos Estados Unidos e assina com Nixon vários acordos de cooperação econômica e técnica e inclusive um tratado de prevenção da guerra nuclear.[91]

Em 1972 funcionários do Partido Republicano foram detidos por haverem espionado o Partido Democrático, que reunia um comitê nacional preparatório para as futuras eleições presidenciais, no hotel Watergate em Washington. Descoberto o apoio de Nixon à atuação de seus correligionários, o presidente viu-se forçado a renunciar (agosto de 1974) ao cargo para evitar a destituição (*impeachment*).

Gerald R. Ford (1974-1977)

Assume e encontra no congresso uma maioria democrática que se opõe à grande parte das medidas presidenciais. Entre os principais acontecimentos do governo Ford, podemos lembrar:

1. Em novembro de 1974, num encontro Brejnev-Ford, trata-se de um novo acordo Salt. Salt (*Strategic Arms Limitation Talks*) era a designação dada às negociações para a limitação de armas nucleares de longo alcance. Note-se que Henry Kissinger, secretário de Estado do presidente Ford, muito influiu na política externa em relação ao bloco soviético. Esta política regia-se, então, mais por um realismo do que por princípios ideológicos ou pela preocupação de

---

[91] Milza, obra citada, T. 2, p. 252.

aniquilar o adversário. Kissinger "era um firme partidário da ideia de equilíbrio como elemento regulador das relações entre as grandes potências..."[92]

2. Em abril de 1975 o Congresso recusa a Ford um pedido urgente de auxílio ao governo de Saigon.

3. Em 1º de agosto de 1975 concluem-se os trabalhos da conferência de Helsinki iniciados em 1973 e que versaram sobre a segurança e cooperação na Europa, reduzindo a tensão entre Leste e Oeste.

4. Em 1976 celebrou-se o segundo centenário da independência americana.

5. Sobre o final da Guerra do Vietnã ver capítulo referente à Ásia.

Na política interna, Ford, como aliás Nixon, não consegue conter a inflação.

Nas eleições presidenciais de 1976, triunfou o democrata Jimmy Carter, relativamente por pequena diferença de Gerald Ford, o que "pode interpretar-se como uma reação do eleitorado ante o baixo perfil político de Carter e um primeiro aviso sobre as dificuldades que o esperavam em suas relações com a opinião pública americana".[93]

Jimmy Carter (1977-1981)

Carter, pessoa religiosa, correta, leva em consideração o ponto de vista moral em toda a atividade política. "A América, que acaba de sofrer derrotas econômicas e políticas e de ser afetada por escândalos, é sensível ao programa de Carter, que quer regenerar a política americana apoiando-se nos valores da América profunda e provincial, e elege o candidato democrata..."[94] Carter defende os direitos humanos, pronuncia-se contra o racismo (nomeia um negro, Andrew Young, como representante na ONU) e condena em outros países toda política que fortalece as ditaduras. Preocupado com o excesso de gastos, Carter propôs um plano de economia nacional reduzindo as importações e utilizando os recursos próprios. Os resultados insatisfatórios de todo esse programa e, ainda, os inquietantes acontecimentos relacionados com

---

[92] Fuentes, obra citada, p. 277.
[93] Idem, ibidem, p. 323.
[94] Milza, obra citada, T. 3, p. 132.

a política externa contribuíram para a queda de popularidade do presidente. É interessante notar que os russos chegaram a acusar Carter de valer-se da política de direitos humanos para desestabilizar o mundo socialista.

Os ocidentais estavam acusando os soviéticos de haverem tirado partido da Detente para obterem uma série de vantagens, inclusive transferência de tecnologia. A quantidade de armas nucleares aperfeiçoadas possuídas também pelos russos ao lado do prestígio internacional em baixa da imagem americana a partir da infeliz guerra do Vietnã, contribuem para desmerecer a imagem de Carter junto à opinião pública. Vejamos, a título de exemplo, alguns dos principais acontecimentos da política externa.

Política externa

1. Em 1978 Carter consegue o encontro, em Camp David, do Primeiro-ministro de Israel, Menahem Begin, com o presidente egípcio, Anwar el-Sadat. Este encontro deveria preparar o terreno para o processo de paz no Oriente Próximo. O tratado de paz é assinado em março de 1979.

2. Em janeiro de 1979 China e Estados Unidos estabelecem relações diplomáticas.

3. Em princípios de 1979 a queda do Xá do Iran, Reza Pahlavi, velho aliado dos Estados Unidos, leva ao poder os *ayatollahs* (chefes religiosos muçulmanos). A República islâmica procura erradicar vestígios da influência ocidental. Um grupo de jovens islâmicos ocupa a embaixada americana em Teerã e mantém sequestrados dezenas de funcionários durante quinze meses. Uma operação aerotransportada para livrar os prisioneiros fracassa e repercute negativamente nos Estados Unidos. Outras medidas, como a não ratificação dos acordos Salt II, o boicote dos jogos olímpicos de Moscou, o apoio ao rearmamento ocidental não são suficientes para a recuperação do prestígio de Carter. "A vitória eleitoral de Ronald Reagan, representante da ala direita do partido republicano e o descalabro sofrido por Carter, que ficou dez pontos abaixo de seu oponente, pareciam a consequência lógica de um ano catastrófico."[95]

---

[95] Fuentes, obra citada, p. 327.

Ronald Reagan (1981-1989)

Em 1980 o republicano Ronald Reagan vence o democrata Jimmy Carter, abatido, internamente, pela crise econômica e, externamente, pela crise dos reféns americanos de Teerã. "Reagan era, de certo modo, uma figura extraordinária. Profundamente conservador, atraiu os norte-americanos que desconfiavam do governo, afirmando que reduziria suas funções. Obteve também o apoio de muitos elementos da direita religiosa que havia adquirido nova vitalidade, o mesmo acontecendo com muitos decididos anticomunistas."[96] Observe-se que Reagan, ex-ator, tinha grande facilidade no relacionamento com o público aliada a um contagioso otimismo: gozava, portanto, de enorme popularidade.

Política interna

Na política interna enfrenta o déficit orçamentário, o desemprego e a inflação. Note-se uma recuperação econômica no final do primeiro mandato de Reagan. O crescimento acelera-se a partir de 1985, mas em 1987 há uma queda na Bolsa de Nova Iorque, crise esta, entretanto, superada rapidamente pelos mercados. Convém lembrar aqui que Reagan, à semelhança de Margareth Thatcher na Grã-Bretanha, orientava-se pela economia liberal proclamada por Milton Friedman.[97]

Política externa

Na política externa registre-se, desde logo, que Reagan, ao chegar à presidência, revela pouco interesse pela detente que, aliás, ele encara como uma via de mão única favorecendo a expansão comunista. Volta, então, o espírito da guerra fria, e o presidente americano não hesitou em chamar a URSS de Império do Mal. Entre os principais acontecimentos da política externa sob Reagan, anotemos, a título de exemplo:

---

[96] Patterson, obra citada, p. 281-282.
[97] Skidelsky, "El crecimiento de uma economia mundial", *Historia Oxford del siglo XX*, p. 112.

1. Na América Latina, para combater a ameaça comunista, Reagan não hesitou em apoiar governos ditatoriais (como, por exemplo, no Chile e na Guatemala) e em opor-se declaradamente ao governo sandinista da Nicarágua. Granada sofreu (1983) uma intervenção militar.

2. Em face da União Soviética, Reagan propôs, em março de 1983, um projeto militar e tecnológico, a Defesa Estratégica conhecida popularmente como a Guerra das Galáxias. Este projeto visava criar uma verdadeira couraça antimíssil capaz de proteger os Estados Unidos de um ataque nuclear soviético. Note-se que os aliados ocidentais ficariam fora da proteção proporcionada pela Defesa Estratégica e que a URSS viu-se condenada a sofrer um possível ataque nuclear americano sem que pudesse reagir em virtude de seu próprio arsenal nuclear ter-se tornado, então, obsoleto. A Guerra das Galáxias punha abaixo a perspectiva de uma mútua destruição das duas grandes potências. Havia ainda uma razão importante que motivava a perspectiva da Defesa Estratégica: a URSS não se encontrava em situação econômica passível de competir com a realização norte-americana. As transformações pelas quais passaria a URSS a partir de 1985 possibilitaram uma nova distensão e conduziram "ao final da Guerra Fria em meio do desmembramento do antigo bloco comunista".[98]

3. No segundo mandato de Reagan ocorre o episódio que ficou conhecido como *Irangate*: negociações com o Iran para armar a guerrilha anticomunista da Nicarágua. Concluamos sobre Ronald Reagan: um dos mais populares presidentes dos Estados Unidos.

George Bush (1989-1992)

Apresentado como fiel continuador de Reagan, o vice-presidente George Bush venceu as eleições de novembro de 1988. Na realidade Bush, que fora diretor da CIA e embaixador na ONU e em Pequim, era mais moderado que seu predecessor, mas, como Reagan, não revelava grande interesse pelos assuntos internos.[99]

Na política interna Bush enfrenta o déficit orçamentário e despesas oriundas da administração anterior. Note-se que foi necessário um

---

[98] Fuentes, obra citada, p. 338.
[99] Patterson, obra citada, p. 282.

entendimento com o Congresso constituído, na maioria, por democratas. A partir de 1991 caracteriza-se uma crise econômica: queda da produção nacional e consequente desemprego. O prestígio de Bush encontra-se, então, em queda. A opinião pública e os democratas criticam o déficit comercial dos Estados Unidos em relação ao Japão e exigem medidas que contrariam o liberalismo econômico preconizado pelos republicanos.[100]

Na política externa o governo Bush assiste a crise da URSS, o desmoronamento do Império Soviético e se beneficia da política conciliadora de Gorbatchev: os Estados Unidos passam a ser, inquestionavelmente, a única superpotência mundial. Em dezembro de 1989 Gorbatchev e Bush se reúnem em Malta e anunciam o fim da Guerra Fria. O porta-voz de Gorbatchev, Gennady Gerasimov a propósito da duração da guerra fria, declarou: "Durou de Yalta a Malta".[101] Em novembro de 1990 o final da Guerra Fria foi proclamado de modo mais formal na conferência de Paris: trinta e dois países, entre os quais os Estados Unidos e a URSS, firmavam a Carta de Paris. Estamos aqui diante da conferência sobre segurança e cooperação na Europa (CSCE), que contribuiu para organizar o fim do Pacto de Varsóvia. George Bush proclamou então: "Encerramos um capítulo da História. A Guerra Fria terminou".[102] Em 1991 Bush e Gorbatchev assinam o acordo START I sobre a redução de armamentos estratégicos. Em agosto de 1990 a invasão do Kuwait pelo exército iraquiano vai provocar a intervenção dos Estados Unidos: é a guerra do Golfo. Os Estados Unidos, à frente de coalizão internacional, obtêm uma rápida vitória, que "eleva o poderio americano no mundo a um fastígio que não havia alcançado havia muito tempo e a popularidade do Presidente Bush ao Zênite".[103] No início do verão de 1992, quando se inicia a campanha para as eleições presidenciais, a popularidade de Bush havia caído. A opinião pública acusava-o de haver-se consagrado preferencialmente à política internacional e deixado em segundo plano os problemas internos.[104]

---

[100] Milza, obra citada, T. 3, p. 141.
[101] Freedman, "El enfrentamiento de las superpotências", *Historia Oxford del siglo XX*, p. 249.
[102] Fuentes, obra citada, p. 353.
[103] Milza, obra citada, p. 141.
[104] Idem, ibidem, p. 143.

Bill Clinton (1993-2001)

Várias vezes eleito governador do Arkansas, Bill Clinton, que tinha como modelo o presidente Kennedy, foi eleito o 42º Presidente dos Estados Unidos. Um compromisso do novo presidente era tratar, antes de tudo, dos problemas internos do país. "De fato, os Estados Unidos esperam de seu presidente que restabeleça a vitalidade econômica do país, como se comprometeu a fazê-lo quando da campanha eleitoral reduzindo o endividamento do Estado, o déficit orçamentário e criando empregos para reabsorver um desemprego que atinge 7,3% da população ativa."[105] Estamos aqui diante de uma das campanhas eleitorais mais conservadoras dos democratas do pós-guerra.[106] Em 1994 as eleições destinadas a renovar a câmara dos Representantes e um terço do Senado dão a maioria aos republicanos na câmara (pela primeira vez em 40 anos) e no Senado (maioria perdida em 1986). Uma parte do eleitorado representando a classe média constata que Clinton não cumpria grande parte das promessas feitas. O presidente, entretanto, não desanima e procura o apoio da classe média, tendo sido reeleito em novembro de 1996. "Em 21 de janeiro inicia seu segundo mandato, lançando um apelo à coesão social e pedindo a seus compatriotas que superem a divisão racial que tem sido sempre o flagelo do país. Ele se apresenta doravante como o homem do consensus e da reconciliação nacional, afirmando que gostaria de passar à posteridade como presidente que preparou a América para o século XXI."[107] Na política externa os Estados Unidos, sob o governo de Clinton e no limiar do século XXI, aparecem como o primeiro país do mundo no campo econômico, tecnológico e científico. No final do século XX os norte-americanos dominam o mundo através do poder militar da Otan (cuja entrada de novos membros é severamente selecionada) e através do poder financeiro do G7, isto é, do grupo dos sete países mais ricos do mundo. Aos Estados Unidos, Japão, Alemanha, França, Reino Unido, Itália, Canadá junta-se em 1997, com estatuto inferior, a Rússia. Em junho de 1997, na reunião do G7 em Denver, Clinton apresenta o modelo econômico liberal americano como um exemplo a ser seguido.

---

[105] Idem, ibidem, p. 145.
[106] Patterson, obra citada, p. 267.
[107] Milza, obra citada, p. 151

AMÉRICA LATINA

MÉXICO

Porfírio Diaz (1877-1911)

No início do século XX, o México encontra-se sob o governo autoritário de Porfírio Diaz (1830-1916), que detém o poder de 1877 a 1911, com exceção do período entre 1881 e 1884, em que o governo coube ao general Manuel González. "Nos anos que se seguiram a 1884, o regime Diaz tornou-se a primeira ditadura efetiva e de longa duração a surgir no México desde a Independência."[1] Deve-se registrar que durante o porfiriato, Porfírio Diaz foi reeleito várias vezes, mas as repetidas reeleições eram meras formalidades. Registre-se que de 1884 a 1900 o México passou por um notável desenvolvimento econômico e que na mesma época predominou uma estabilidade política interna (*Pax Porfiriana*) abalada apenas por grupos indígenas de fronteira e comunidades camponesas dispersas. Porfírio rejeitara a formação de partidos políticos e procurara

---

[1] Bethell, *História da América Latina*, p. 57.

habilmente dividir os adversários jogando uns contra os outros: não hesitara em manter os dissidentes sob rígido controle praticando a política do *divide et impera*. É interessante sublinhar que o regime porfiriano sofreu fortemente a influência do positivismo de Augusto Comte, o que fez parte do prestígio que a cultura francesa gozava junto à elite mexicana. Foi para a França que Porfírio Diaz se retirou quando deposto em 1911. Vale registrar que com base nos princípios "científicos" do positivismo, intelectuais membros da classe alta tentaram fortalecer o porfirianismo fundando um partido liberal. Estamos aqui em face dos chamados "científicos". Deve-se registrar aqui a influência da Igreja Católica em questões sociais através da *Rerum Novarum* de Leão XIII. Diaz, cuja esposa, Carmen Romero Rubio, era uma católica devota, tolerou a presença da Igreja, cuja atuação se fez sentir até mesmo junto a camponeses que mais tarde se tornaram revolucionários agrários sem que manifestassem um espírito anticlerical.[2] Um rápido olhar sobre o governo de Porfírio através de mais de três décadas revela-nos, de um modo geral, três sucessivas orientações da política do porfiriato inclusive o interregno de González (1880-1884): "Primeiro, fez aos investidores e empresários norte-americanos e de outras nacionalidades concessões de todo o tipo em condições extremamente generosas. Segundo, tentou ao mesmo tempo tudo o que estava a seu alcance para renovar e depois estreitar os vínculos com a Europa a fim de contrabalançar a influência dos Estados Unidos. Terceiro, manteve a estabilidade política a qualquer preço. Até mais ou menos 1900, a aplicação dessas medidas fortaleceu o Estado mexicano. De 1900 a 1910, lançaram a base para uma das mais profundas convulsões sociais que ocorreram na América latina no século XX: a Revolução Mexicana".[3] Observe-se que de 1884 a 1900 o México experimentou um notável desenvolvimento econômico especialmente no terreno das exportações. No campo da indústria leve houve também, no mercado interno, um expressivo avanço.

A partir de 1900 o desenvolvimento industrial sofreu uma acentuada diminuição em seu ritmo. A depressão econômica que se faz sentir na primeira

---

[2] Idem, ibidem, p. 63.
[3] Idem, ibidem, p. 44-45.

década do século XX reflete-se no controle com que até então Porfírio tratara as classes alta, média e baixa. "A situação mudou profundamente na primeira década do século XX, quando o regime de Diaz se mostrou cada vez menos capaz de manter esse consenso da classe alta e da classe média. Além disso, quando o descontentamento das classes baixas aumentou e os Estados Unidos se mostraram insatisfeitos com o regime, a classe alta e a classe média se dividiram ainda mais. No momento em que esses três grupos e classes diferentes uniram suas forças, rebentou a Revolução Mexicana e o governo Diaz caiu".[4]

Francisco Madero (1911-1913)

Em junho de 1910 realizou-se eleição presidencial tendo havido forte reação por parte do Partido Antirreelecionista. Deve-se sublinhar que desde 1909 começaram a reorganizar-se partidos políticos entre os quais se destacava o Nacional Antirreelecionista. Declarada vencedora a chapa Diaz--Corral, Porfírio sentiu-se seguro no poder e tomou posse a 1º de dezembro de 1910. Francisco Madero, entretanto, adversário de Pofírio, assumira o cargo de presidente provisório convocando o povo à revolta (novembro de 1910): "Fazendo-me eco da vontade nacional, declaro ilegais as passadas eleições e, ficando por tal motivo a república sem governantes legítimos, assumo provisoriamente a presidência da república até que o povo designe conforme a lei seus governantes".[5]

Nas montanhas a oeste de Chihuahua irrompera uma revolta popular entre cujos chefes figurava o guerrilheiro Pancho Villa. Em fevereiro de 1911 Madero cruza a fronteira dos Estados Unidos e assume o comando dos guerrilheiro de Chihuahua. Eclodem revoltas em várias regiões. Em março o presidente Taft mobiliza vinte mil homens ao longo da fronteira com o México e envia navios de guerra aos postos mexicanos. Em 21 de maio foi assinado o tratado de Ciudad Juarez entre Madero e o governo federal. Diaz e Corral renunciam e são substituídos por um presidente

---

[4] Idem, ibidem, p. 87.
[5] Morales Padrón, *Historia de América*, T. VII, p. 450.

provisório, Francisco Leon de la Barra. Em 15 de outubro de 1911, Madero foi eleito presidente por esmagadora maioria de votos. Sob a presidência de Madero, o México desfrutou de prosperidade econômica, o que facilitou a organização de trabalhadores que causaram problemas ao governo. Saliente-se que Madero era idealista e democrático, o que, entretanto, não impediu revoltas e ameaças de deposição. Uma terceira tentativa militar conseguiu destituir Madero, tendo assumido a presidência o general Victoriano Huerta (fevereiro de 1913). Madero foi, logo a seguir, assassinado apesar de encontrar-se protegido por escolta militar.

Victoriano Huerta (1913-1914)

Huerta contou inicialmente com a aceitação de sua autoridade: "a exemplo do exército, do congresso e do supremo tribunal, todos os governadores, com exceção de alguns, aceitaram a autoridade de Huerta".[6] Em breve porém surgiram as reações contra o que se considerava "usurpação". Em setembro de 1913 Huerta consegue, contudo, consolidar seu poder, mas a dissolução do congresso possibilitou ao presidente Wilson interferir exigindo renúncia do presidente mexicano. O antiamericanismo de Huerta proporcionou-lhe o apoio das cidades centrais. Havia também uma receptividade popular em virtude da tolerância com manifestações públicas de caráter católico. Em abril de 1914 fuzileiros navais e marinheiros americanos desembarcaram em Vera Cruz. Huerta, entretanto, não renunciou e assumiu poderes ditatoriais em matéria de guerra. Houve então a mediação dos países do ABC (Argentina, Brasil e Chile). A 15 de julho de 1914 Huerta renuncia e é indicado presidente provisório seu ministro das relações exteriores, Francisco C. Carbajal. Huerta parte para o exílio. Pouco depois, Carbajal teria o mesmo destino.

---

[6] Bethell, obra citada, p. 122.

Venustiano Carranza (1915-1920)

Três chefes revolucionários disputam o poder: Emiliano Zapata, Venustiano Carranza e Pancho Villa. "Zapata e Villa atuavam por sua conta sem conexão alguma. Zapata movia-se no sul e estendia seu domínio até a capital. Villa atuava no norte, oferecendo a Carranza uma oposição mais rude e com mais força. As tropas de Carranza, sob o comando de Álvaro Obregón, derrotaram Villa em abril; em outubro os Estados Unidos reconheceram Carranza".[7] Em janeiro de 1916 Villa assaltou, como vingança, localidades americanas, o que provocou uma expedição punitiva do general americano Pershing. Zapata pereceu numa cilada em uma expedição de 1919.[8] Em 1916 Carranza reuniu em Querétaro um congresso que elaborou a nova constituição (fevereiro de 1917) incorporando-se uma série de leis reformistas já promulgadas. A 1º de maio, data em que entrou em vigor a constituição, surgiu formalmente o novo Estado mexicano. Carranza, até então no cargo de primeiro chefe, foi empossado como presidente com um mandato que duraria até 30 de novembro de 1920.[9] Internamente o novo presidente teve de dedicar-se à pacificação dos rebeldes zapatistas e villistas. Na política externa assinale-se a neutralidade do México em face do primeiro grande conflito mundial. Ao término de seu mandato, Carranza pretendeu imitar Porfírio Diaz, que indicara um candidato-ponte, Manuel González. Houve, porém, uma rebelião, e Carranza teve de fugir e foi assassinado traiçoeiramente. Com Carranza começa no México a estabilização da vida política com base nas novas estruturas sociais e econômicas proporcionadas pela revolução.

Foi então escolhido como presidente provisório Adolfo de la Huerta, um dos primeiros a rebelar-se contra Carranza.

---

[7] Morales Padrón, obra citada, p. 580.
[8] Idem, ibidem.
[9] Bethell, obra citada, p. 164.

Álvaro Obregón (1920-1924)

Assumiu o poder com o país quase pacificado: entre os assassinatos políticos ocorridos deve-se lembrar o de Pancho Villa (julho de 1923). Obregón é o "protótipo do general revolucionário: soube, melhor que ninguém, como fazer uso do exército, o que, entretanto, não evitou uma insurreição de seus camaradas de farda.[10] Entre os sustentáculos de seu governo, Obregón contava com a CROM (Confederação Regional Obreira Mexicana formada em maio de 1918) e com os *agraristas* (integrados pelas Ligas Agrárias e pelo Partido Nacional Agraristas). "O denominador comum desse sistema triangular – exército, sindicatos e agraristas – era o nacionalismo".[11] Entre os mais importantes colaboradores de Obregón figura José Vasconceles, notável intelectual que assumiu a direção da Universidade do México e, posteriormente, a do Ministério da Educação. Obregón enfrentou dificuldades com a Igreja: em 1923 expulsou o delegado apostólico monsenhor Filippi por ter benzido a pedra fundamental de um monumento a Cristo Rei. Na política externa a grande preocupação de Obregón foi o reconhecimento de seu governo pelos Estados Unidos, que não concordavam com a aplicação, às empresas de petróleo, dos preceitos da constituição segundo os quais o Estado era proprietário soberano dos minérios da superfície e do subsolo. O governo norte-americano exigiu também a indenização aos cidadãos americanos lesados em seus interesses pela revolução. Ao chegar o término de seu mandato, Obregón tentou escolher um sucessor--ponte, Plutarco Elias Calles.

Plutarco Elias Calles (1924-1928)

Lançado por Obregón, nunca conseguiu libertar-se deste patrocínio. Figura obscura, pobre professor primário, sua vida foi mudada pela eclosão

---

[10] Idem, ibidem, p. 197.
[11] Idem, ibidem.

da revolução. Três crises caracterizam o governo de Calles: com os Estados Unidos por causa do petróleo, com a Igreja (em novembro de 1927 foi fusilado o jesuíta Pe. Presbo. acusado falsamente de participar do atentado contra Obregón), com a crise eleitoral. Obregón foi assassinado em julho de 1928 logo após sua reeleição. A política anticlerical de Calles provocou a revolta de muitos católicos, os chamados *Cristeros*.

Emílio Portes Gil (1928-1930)

Calles (suspeito de haver instigado o crime contra Obregón) aproveitou as diferenças existentes entre os adversários e designou um presidente interino: Emílio Portes Gil. O novo presidente revelou-se mais independente do que se esperava em seu curto mandato. "Passou para a história por ter sido responsável por três posições positivas: a conclusão dos *arreglos* (acordos) de junho de 1929, que estabeleceram a paz religiosa; a concessão de autonomia à Universidade do México, também em 1929; e a retomada da distribuição de terra a que Calles era totalmente contrário".[12]

Pascual Ortiz Rubio (1930-1932)

Escolhido também por influência de Calles e tendo governado sob a vigilância do mesmo, o "chefe máximo", acabou por renunciar ao cargo.

Abelardo Rodriguez (1932-1934)

Pertencente ao grupo do "chefe máximo", foi então designado pelo Congresso para completar o período. Rodriguez emendou a constituição no sentido de impedir que alguém voltasse a ser presidente depois de já ter exercido o cargo. Quando o papa Pio XI publicou a encíclica *Acerba*

---

[12] Idem, ibidem, p. 209.

animi que condenava a perseguição à Igreja, o presidente mexicano expulsou o delegado apostólico Ruiz y Flores. O Partido Nacional Revolucionário elaborou um plano Sexenal para resolver a situação do camponês e do operário e proclamava o respeito à pequena propriedade, mas pedia a eliminação do latifúndio e uma melhor distribuição de terras. Foi designado como candidato à presidência o Gal. Lázaro Cárdenas companheiro de armas de Rodriguez.

Lázaro Cárdenas (1934-1940)

Um jovem general foi escolhido pelo Partido Nacional Revolucionário como candidato a presidente e eleito em oposição à candidatura de José Vasconcelos. Entre os principais acontecimentos do governo de Cárdenas, lembramos:

1. Inaugurou um novo sistema de governo: viajou por todo país ouvindo a população "e prometendo muitas coisas que em seguida não cumpriu".[13]

2. Afastou a influência de Calles, até então considerado pelo Partido Nacional Revolucionário o "chefe máximo da revolução"; repudiando qualquer intervenção de alguém fora do governo.

3. Formou a "Confederação de trabalhadores do México" buscando apoio de operários e camponeses. Fomentou o sindicalismo.

4. Havia ainda uma manifesta hostilidade à Igreja; assim, por exemplo, incluiu na constituição um artigo que impunha a educação socialista e excluía toda doutrina religiosa.

5. Promoveu uma reforma agrária de grande envergadura.

6. O ato de maior destaque do governo de Cardenas foi a nacionalização das vias férreas (1937) e do petróleo (1938).

7. Cardenas converteu o Partido Nacional Revolucionário em Partido da Revolução Mexicana com uma estrutura inspirada nos soviéticos e prestou ajuda aos republicanos espanhóis refugiados.

8. Knight assim conclui sobre a presidência de Cardenas: "Suas reformas, embora controvertidas e criadoras de divisões, assentaram as

---

[13] Morales Padrón, obra citada, p. 620.

bases do Estado Mexicano Moderno e serviram como exemplo para os reformadores nacionalistas de outros países do subcontinente".[14]

Manuel Ávila Camacho (1940-1946)

General "obeso, tranquilo e inexpressivo" foi eleito sucessor de Cardenas apoiado abertamente por este.[15] Camacho desenvolveu uma política que pretendia ser de conciliação e unidade nacional. Mais que uma reforma agrária distribuidora de terras, o presidente preocupou-se com estimular uma maior produção agrícola. Estimulou também a iniciativa privada visando a ampliação da atividade industrial. Opôs-se ao anticlericalismo, à xenofobia e à política agrária revolucionária. Na política externa destaque-se a entrada do México na Segunda Guerra Mundial ao lado dos Estados Unidos.

No final do mandato, propôs como sucessor um civil: Miguel Alemán.

Miguel Alemán (1946-1952)

Com Alemán "termina a influência dos generais para iniciar-se a dos homens de lei".[16] Malversação de fundos e inflação caracterizam o governo de Aleman, que favoreceu amigos e partidários beneficiados por concessões e monopólios.[17] A filosofia agrária da Revolução foi toda modificada. Entre as grandes realizações do governo de Alemán figura a construção da cidade universitária já projetada na administração anterior. Quanto ao relacionamento com a Igreja, note-se: "O governo reconheceu publicamente que o México continuava sendo católico pelo que se permitiu que a Igreja se reafirmasse, deixando-se de lado muitas medidas contra ela".[18]

---

[14] Knight, "América Latina", *Historia Oxford del siglo XX*, p. 447.
[15] Morales Padrón, p. 622.
[16] Marin, obra citada, p. 514.
[17] Morales Padrón, obra citada, p. 623.
[18] Idem, ibidem.

Na política externa registre-se que, com relação aos Estados Unidos, Alemán continuou a orientação seguida por seu antecessor.

Adolfo Ruiz Cortines (1952-1958)

Foi o eleito do partido oficial denominado agora Partido Revolucionário Institucional (PRI). Estamos, aqui, em face de uma das melhores administrações pós-revolucionárias. Lembremos, apenas a título de exemplo, os cuidados com os problemas da população rural, o controle dos preços dos produtos essenciais e, de modo especial, os cuidados com a urbanização da capital onde foi, então, inaugurada a Cidade Universitária.

Adolfo Lopez Mateos (1958-1964)

Foi escolhido pelo PRI como sucessor de Ruiz Cortines. "Houve mais liberdade para expressar-se o voto e o candidato oficial recebeu um apoio muito decidido da massa".[19] Estamos aqui diante de uma administração fecunda: embelecimento da capital, aceleração do processo de industrialização, melhoramento dos portos, ampliação da marinha mercante etc. Um problema social grave foi o êxodo rural provocado pela má aplicação da reforma agrária e o consequente aumento da população urbana inadaptada à vida da cidade. Na política internacional registrem-se as diversas viagens do presidente mexicano ao exterior e a condenação a Cuba por ocasião da crise dos mísseis.

Gustavo Diaz Ordás (1964-1970)

Não foi um presidente simpático à população. Em 1968, pouco antes da abertura dos jogos Olímpicos uma série de movimentos estudantis levou a um enfrentamento com as forças armadas do qual resultaram mais de duas centenas de mortos.

---

[19] Idem, ibidem, p. 625.

"O choque da praça das Três Culturas, o de Tlatelolco, teve repercussão internacional e deixou uma mancha negra no regime de Diaz Ordás, que, ao cessar em 1970, deixava a seu herdeiro como problemas: a injusta distribuição do poder, do saber e da riqueza, segundo acusação do Partido de Ação Nacional, o PAN."[20] Deve-se registrar que desde 1928 todos os presidentes haviam saído das fileiras do PRI.

Nas últimas décadas do século XX seguem-se, na presidência do México: Luís Echeverria Alvarez (1970-1976), "homem jovem, perseverante, laborioso, honesto e leal ao Partido da Revolução";[21] José Lopez Portillo (1976-1982), em cujo governo foram descobertas novas e substanciais reservas petrolíferas e realizou-se a triunfal visita do papa João Paulo II ao México; Miguel de la Madrid Hurtado (1982-1988), que enfrentou uma situação de crise financeira tendo que recorrer ao FMI (Fundo Monetário Internacional) e assistiu ao catastrófico tremor de terra que abalou a cidade do México em 1985; Carlos Salinas de Gortari (1988-1994), que adota um programa de privatização da economia visando associar o México aos Estados Unidos e ao Canadá num sistema de livre-comércio. Note-se que em 1991 o sistema de repartição de terras, adotado pela Revolução, é abandonado, o que provoca uma vaga de protestos no Chiapas, do sul do país, pobre, rural e indígena. Surge então o exército Zapatista de libertação nacional que é reprimido violentamente pelo presidente Salinas.

Ernesto Zedillo (1994-2000)

Tem de enfrentar a rebelião que conta com apoio nacional e internacional. Apesar da crise financeira, a economia avança: o México aproveita a abertura do mercado norte-americano e é admitido na OCDE (Organização de Cooperação e Desenvolvimento Econômico). A eleição de Vicente Fox em julho de 2000, candidato do PAN, assinala o término da hegemonia do PRI. Estamos aqui diante do último presidente eleito no século vinte e o primeiro presidente do México no século XXI.

---

[20] Idem, ibidem, p. 627
[21] Morales Padrón, obra citada, p. 628.

A Revolução Mexicana

Antes de encerrar esta síntese de alguns aspectos da História política do México através do século XX, convém prestar breves esclarecimentos sobre a mencionada Revolução Mexicana, que se desenvolve de 1910 a 1920. Sublinhe-se desde logo que, na realidade, estamos aqui em face de várias revoluções dentro da Revolução. "A linha de frente revolucionária era fluida e os grupos revolucionários muito heterogêneos, tinham objetivos bastante diferentes e até mesmo contraditórios."[22] Só a título de exemplo, lembremos que chefes revolucionários como Emiliano Zapata, Pancho Villa e Venustiano Carranza não estavam sempre de acordo. Compreendem-se assim as divergências entre historiadores ao classificarem a revolução como social ou como econômica ou como política. Na realidade, ao se iniciar, a Revolução Mexicana carecia de base ideológica. Em 1910 impunha-se em várias camadas da sociedade a ideia de uma reforma política. "A política do país precisava mudar rapidamente, porque sua instituição política central, o Presidente Porfírio Diaz, era mortal e tinha oitenta anos de idade. E a mudança teria de ser profunda, porque depois de trinta anos de forte desenvolvimento capitalista e de rude ditadura pessoal, política queria dizer negócio."[23] Os partidos políticos inativados pelo porfiriato começam a aparecer a partir de 1909 e entre esses partidos se destaca o Partido Antirreeleicionista. Um exame mesmo superficial da evolução dos acontecimentos que, apesar da falta de uniformidade revolucionária, receberam a designação de Revolução Mexicana, revela-nos três características desse movimento: política, social e econômica:

– Política: o que chama a atenção, desde logo, é a luta pelo poder. Na realidade as facções rivais revolucionárias não investem somente contra o porfiriato, mas brigam entre si por várias razões. Observe-se que "a burguesia só queria destruir um regime político que a molestava, sem que houvesse

---

[22] Bethell, obra citada, p. 193.
[23] Idem, ibidem, p. 108.

revolução social".²⁴ Pretendia-se apenas substituir o sistema centralista e ditatorial por outro democrático e federalista.²⁵

– Social: "Durante a Revolução, a sociedade mexicana viveu realmente crises extraordinárias e experimentou sérias mudanças. Os movimentos camponeses e os sindicatos de trabalhadores tornaram-se forças importantes".²⁶ As metas reformistas, nacionalistas e a favor do proletariado e do campesinato incorporaram-se à constituição de 1917.²⁷ Note-se aqui a influência da Encíclica *Rerum Novarum*.

– Econômica: "Entre as consequências de ordem econômica podemos lembrar a preocupação em acabar com o latifúndio e distribuir terras desocupadas a camponeses. Note-se, ainda, sobre as consequências econômicas: "Mas, pelas revisões que se fizeram, parece claro agora que, fundamentalmente, não houve continuidade no México, de 1910 a 1920. As crises não foram suficientemente profundas para romper a domínio capitalista da produção. As grandes questões foram questões de Estado. O desenvolvimento mais significativo foi a organização improvisada de novas forças burguesas capazes de lidar com os Estados Unidos, de enfrentar os camponeses e trabalhadores, de construir um novo regime e pô-lo em funcionamento.²⁸ Vamos encerrar estas considerações com as interessantes observações sobre o que aconteceu no México após o período revolucionário de 1910-1920: "Entre 1920-1930, após uma década de guerra civil (1910-1920) surgiu no México um novo Estado capitalista. Nesse contexto, o conflito entre as companhias de petróleo estrangeiras e a Igreja, bem como as negociações com as organizações trabalhistas, principalmente com a CROM (Confederaión Regional Obrera Mejîcana), foram mais importantes do que as insurreições militares tradicionais de 1923, 1927 e 1929 ou as crises eleitorais de 1928/1929. A inovação foi mais política que econômica e afetou principalmente as instituições e a administração. Não se pode separar a principal inovação política, a criação do Partido Nacional Revolucionário

---

²⁴ Morales Padrón, obra citada, p. 576.
²⁵ Idem, ibidem.
²⁶ Bethell, obra citada, p. 107-108.
²⁷ Knight, "América Latina", *Historia Oxford del siglo XX*, p. 440 (ver nota 13).
²⁸ Bethell, obra citada, p. 108. Ver, contudo, Knight, obra citada, p. 430-440.

(PNR) em 1929, da formação de um Estado Poderoso".[29] Convém chamar a atenção do leitor para o fato de que durante o maximato (1928-1934), isto é, durante o período em que Calles continuou a exercer o verdadeiro poder sem assumir a presidência (*jefe máximo*), houve um privilegiamento das questões sociais e econômicas.

Países centro-americanos

Apesar de numerosos projetos de unificação, encontramos, no início do século XX, uma América Central continental dividida, o que facilita a poderosa influência norte-americana tanto no campo econômico como no terreno político. "Para a compreensão da vida política centro-americana faz-se necessário contar com as companhias de frutas. São muitas as que estendem seus tentáculos através da América Central e Antilhas, porém, a United Fruit Company (UFCo) constituiu-se no protótipo por ser também a mais importante dentro do que se denominou The Banana Empire, o império da banana".[30] A United decidiu eleições presidenciais, estimulou revoluções, implantou a monocultura e, por tudo isso, foi chamada de "Estado sem Estado". Deve-se observar, quanto aos projetos fracassados de união, que tais projetos nunca obtiveram "o apoio das classes dominantes e sempre careceram de base popular ou econômica".[31] Vamos, a seguir, tentar

---

[29] Bethell, obra citada, p. 194.
[30] Morales Padrón, obra citada, p. 630.
[31] Bethell, obra citada, p. 264. Sobre as tentativas de União dos países da América Central convém lembrar a tentativa feita em 1920, assim narrada por Carlos Pereyra (*Breve Historia de América*, p. 597): "Por iniciativa de El Salvador se efectuó em San José de Costa Rica, el 4 de diciembre de 1920, uma conferencia que debia sentar las bases de la unión restaurada. Los delegados de las cinco Repúblicas parecian animados del mismo propósito y la opinion púbica seguia sus deliberaciones con fervor y esperanza. El gobierno de Nicaragua no podia, sin embargo, ser fiel a este propósito, ligado como estaba al de Washington. El 19 enero de 1921 se firmó el Pacto de Unión por los representantes de las otras cuatro Repúblicas; pero al hacerse la ratificacion, Costa Rica declaro que no podia hecerlo, por quedar separada del cuerpo de la unión, a la que era extraña Nicaragua. La Asemblea Nacional Constituente, que abrió sus sesiones en Tegucigalpa, sólo tenia representantes de Guatemala, El Salvador y Honduras. El 9 de septiembre se proclamó la Constitución de la Republica de Centroanérica

uma síntese da História de cinco países da América Central acrescentando breves observações sobre o Panamá. De um modo geral podemos chamar a atenção para três aspectos característicos da História da América Central Continental:

1) Mologro de todos os esforços dos governos no sentido de promoverem colonização rural com imigrantes europeus ou norte-americanos. Assim é que "a evolução da população centro-americana é explicada mais em termos de movimentos demográficos internos do que em termos de imigração".[32]

2) Deve-se acentuar a importância da cultura do café e da banana na evolução histórica da América Central. Já mencionamos a intervenção das companhias de frutas: chame-se a atenção aqui para a influência dessas culturas na migração interna. Assim, por exemplo, na Guatemala a cultura do café desenvolveu-se na costa do Pacífico e em seu interior imediato.[33]

3) As reformas liberais constituem um traço característico da vida política nos países da América Central. Note-se, entretanto, que essas reformas não apresentam um quadro homogêneo. Encontramos, na realidade, muitas diferenças quanto ao sentido e às consequências dessas reformas. Assim, por exemplo, "Costa Rica é o único país onde a comparação de algumas leis com a realidade mostra certa coerência em pontos relativos à liberdade, à igualdade e aos direitos dos cidadãos".[34] Cabe aqui uma observação interessante: "os lideres liberais da América Central tiveram em comum uma ideologia positivista".[35] Para eles "antes que a democracia se tornasse possível era preciso que as economias nacionais do Istmo progredissem com a ajuda de forte controle político e social".[36]

---

de vida tam efémera, que le 14 de enero de 1922 Guatemala quedó separada de ella. Honduras y El Salvador levantaron el acta de aquella defuncion. Les correspondia la triste tarea de comprobar la inexistencia de fuerzas integradoras".

[32] Idem, ibidem, p. 236.
[33] Idem, ibidem.
[34] Idem, ibidem, p. 261.
[35] Idem, ibidem.
[36] Idem, ibidem, p. 263.

GUATEMALA

A Guatemala entra no século XX sob a ditadura de Manuel Estrada Cabrera, que se mantém no poder de 1898 a 1920.¹ "A administração de Cabrera é particularmente importante. Estabeleceu regime singularíssimo, bem tipicamente latino-americano. Governou como 'caudillo' ambicioso, autoritário violento, voraz, cuja palavra era a lei, mas que falava sempre no respeito à constituição. Apesar disso tudo, a Guatemala cresceu, principalmente graças à imigração – sobretudo de alemães –, as indústrias floresceram, as cidades foram embelezadas".² Cabrera manteve-se no governo através de plebiscitos fraudulentos e, sob o ponto de vista econômico-social, procurou manter certo equilíbrio entre as tendências modernizadoras e a estrutura latifundiária herdada da época colonial. Em 1906 revolucionários guatemaltecos tentaram depor Cabrera com o apoio do governo salvadorenho, o que provocou uma guerra entre dois países envolvendo Honduras. O conflito terminou graças a intervenção do México, dos Estados Unidos e da Costa Rica (julho de 1906). Em 1920, após conflitos internos, Cabrera foi deposto. Desde 1920 até 1969 sucederam-se na Guatemala 16 chefes de Estado entre os quais Lázaro Chacón (1926), Baudilio Palma (1930), Manuel Orellana (que não foi reconhecido pelos Estados Unidos) e José Maria Reyna de Andrade (1931). Foi eleito então o general Jusé Ubico Castañeda, que se manteve no poder até 1944 apoiado num partido único e estreitamente ligado à embaixada ameriacana. "Costuma--se apresentar Ubico como um ditador probo, despótico e arbitráro progressista

---

[1] A época da ditadura de Estrada Cabrera e a realidade política centro-americana estão descritas no romance *El señor presidente,* de Miguel Angel Astúrias, prêmio Nobel.
[2] Tapajós, *História da América,* p. 287.

em obras materiais, atrasado no campo social".³ Na realidade mostrou-se favorável aos interesses dos Estados Unidos, "às vezes contra sua própria nação".⁴ Um movimento revolucionário forçou Ubico a entregar o poder a um triunvirato militar que logo foi substituído por uma junta militar que governou até março de 1945. Foi então convocado para o poder um exilado na Argentina, Juan José Arévalo (1945-1951). Procurando corresponder à confiança e às esperanças nele depositadas o novo dirigente empreendeu uma série de reformas: "Ditou uma nova constituição; promulgou um código de trabalho; aboliu o trabalho forçado; ampliou a educação; protegeu o movimento sindical; criou o Instituto de Segurança Social; fomentou a indústria; iniciou a reforma agrária; e quis neutralizar politicamente o exército..."⁵ Arévalo deu o direito de voto aos analfabetos e às mulheres. Como a United Fruit Company se negasse a cumprir ordens do Executivo a favor dos trabalhadores, criou-se uma frente de contestação ao imperialismo americano. O clima favorecia a propagação do comunismo através de uma série de instituições como, por exemplo, a juventude democrática etc. Arévalo, note-se, declarara-se anticomunista.

Juan Jacobo Arbenz (1951-1954)

Sucesor de Arévalo, promulgou uma Lei agrária (1952) introduzindo profundas reformas que encontraram resistência por parte dos proprietários das terras entre os quais se encontrava a United Fruit Company. "A conjuntura era ideal para ultranacionalistas e comunistas que agitaram as massas e estas acabaram ocupando terras sem autorização alguma".⁶ A United recorreu ao Departamento de Estado pedindo a intervenção a favor do seu patrimônio. Em Honduras o Coronel Castillo Armas, com apoio dos Estados Unidos, preparava uma força invasora. Segue-se a invasão da Guatemala e a deposição de Arbenz. A ascensão de Carlos Castillo Armas (1954-1957)

---

³ Morales Padrón, obra citada, p. 631.
⁴ Idem, ibidem.
⁵ Idem, ibidem, p. 633.
⁶ Idem, ibidem, p. 637.

ao poder assinala uma reação para a direita. "Com o apoio do exército derrotou os comunistas e a esquerda radical, impôs a ordem, suprimiu os sindicatos e os partidos políticos e, e em uma palavra, levou adiante uma contrarrevolução e implantou uma ditadura".[7] Castillo Armas foi assassinado inesperadamente em sua própria residência por um membro de sua guarda. Segue-se então um interregno na vida política, de julho de 1957 a março de 1958: os pretendentes assumem o poder e são depostos. Em março de 1958 alcança a presidência, com apoio dos proprietários de terra, o general Miguel Ydígoras Fuentes, que manteve uma tenaz oposição ao comunismo, tendo concedido abrigo a refugiados cubanos. Ydígoras procurou fazer reformas para contrabalançar a ameaça de retorno de Arévalo acusado de comunista. Deu-se então um golpe de Estado com o fim de preservar a nação e o exército da reforma social e de Arévalo. Ydígoras foi enviado à Nicarágua, e o ministro da Defesa, coronel Enrique Peralta Azurdia, assumiu o poder em março de 1962 tendo estabelecido uma ditadura: "substituiu os homens de Ydígoras por gente da extrema direita; declarou ilegais os partidos políticos e suprimiu os sindicatos. Era a resposta do exército ao descrédito dos partidos e dos políticos".[8] Em 1966 houve eleições presidenciais autorizadas pela junta militar de Peralta Azurdia tendo sido eleito Julio César Méndez Montenegro. Os quatro (1966-1970) anos do mandato de Méndez Montenegro caracterizam-se por assassinatos e guerrilhas. Em face do caos, da guerra civil, do assassinato de embaixadores, de políticos, de jornalistas, do sequestro de pessoas importantes como o arcebispo de Guatemala, "o presidente Méndez Montenegro teve de declarar, mais de uma vez, o estado de urgência, estado de prevenção ou suspensão de garantias constitucionais".[9] Em 1970 foi eleito Carlos Arana Osorio com o apoio do MNL (Movimiento Nacional de Liberación). Seguem-se governos militares até 1985. De 1986 a 1991 e de 1991 a 1993 temos respectivamente os governos de Vinício Cerezo Arévalo e Jorge Serrano Elias. O panorama político caracteriza-se por um verdadeira guerra civil em que as forças governamentais auxiliadas

---

[7] Idem, ibidem, p. 638.
[8] Idem, ibidem, p. 640.
[9] Idem, ibidem.

pelos Estados Unidos sofrem o ataque de uma guerrilha incapaz de dominar a situação, mas que provoca insegurança na população civil e faz milhares de vítimas. Em 1996 há um acordo entre o governo de Álvaro Arzú Irigoyen e a guerrilha da UNRG (União Nacional Revolucionária quatemalteca). Em 1998 a Guatemala apresentava um altíssimo índice de criminalidade.

HONDURAS

Nos primeiros anos do século XX há uma tentativa de reforma liberal, mas o que existe, na realidade, é um governo fraco e instável sujeito às pressões das companhias de banana. Sublinhe-se a constante intervenção dos Estados Unidos em favor de empresas como a United Fruit, que, por volta de 1910, possui 80% da superfície plantada.

Em 1906, como já vimos, Honduras está envolvida em uma guerra que termina graças principalmente à intervenção do México e dos Estados Unidos. Vejamos, a seguir, alguns dos principais personagens que tiveram em mãos o supremo poder através da conturbada História da república centro-americana. Manoel Bonilla foi posto na presidência de Honduras pelo homem forte da Nicarágua, José Santos Zelaya. Em 1902 foi ajustado um tratado de paz e arbitragem obrigatório entre Costa Rica, Nicarágua, Honduras e El Salvador, com um tribunal permanente, primeiro passo para a União da América Central.

Francisco Bertrand (1913-1920)

Sob seu governo foi (1918) declarada guerra à Alemanha seguindo os passos dos Estados Unidos.

Rafael Lapez Gutierrez

Ao terminar seu mandato (1924), não havendo maioria absoluta na designação do sucessor, proclama-se ditador. Estamos aqui em face de uma guerra civil e de uma intervenção dos marines em Tegucigalpa.

Vicente Tosta

É deposto por uma revolta chefiada por Miguel Paz Barahona.

Vicente Majia Colindres

Enfrenta (1931) uma revolução comunista.

Tibúrcio Carias Andino (1933-1949)

Manteve-se durante longo tempo no poder a custa de reeleições fraudulentas e de sangrentas repressões. Morales Padrón assim caracteriza os homens que governaram a América Central nessa época citando especificamente Ubico, Hernandez, Carias e Somoza: "Foram todos homens que detiveram o poder, mais do que seus antecessores, a força de castigos, exílios, espiões e censuras à imprensa. Controlaram por completo os poderes legislativo e judicial e mantiveram um continuísmo mediante transformações na constituição".[1] Em 1941 Honduras declarou guerra ao Japão, à Itália e à Alemanha.

João Manuel Galvez (1949-1954)

Sucedeu a Carias procurando restabelecer as garantias constitucionais. Em 1954 Galvez enfrentou uma impressionante greve de trabalhadores rurais. Em Honduras, sob a inspiração de Washington, tramou-se a revolução que depôs Arbenz, presidente da Guatemala.

---

[1] Idem, ibidem, p. 631.

Júlio Lozano Diaz (1954-1956)

Vice-presidente, assumiu o governo por não haver alcançado a maioria absoluta nenhum dos candidatos à presidência. Lozano dissolveu o Congresso substituindo-o por um Conselho consultivo, mas foi destituído por um golpe em outubro de 1956. Uma junta de três membros assumiu o governo.

Hector Caraccioli

Chefiou a junta que convocou uma assembleia constituinte em 1957.

Ramon Villeda Morales (1957-1963)

Líder liberal, foi eleito presidente para um período de seis anos, mas antes do término de seu mandato foi destituído por um levante militar dirigido pelo coronel Oswaldo Lopez Arellano. Este foi substituído em 1971 por Ernesto Ramon Cruz.[2]

Para concluir este estudo sumário sobre a vida política de Honduras, lembremos dois acontecimentos: o breve conflito entre Honduras e El Salvador em 1969 e a presença militar americana nos anos 80. Honduras se transforma então numa base militar na luta contra o sandinismo na Nicarágua e contra a guerrilha em El Salvador.

---

[2] Marin, obra citada, p. 515.

NICARÁGUA

Nicarágua, no início do século XX, encontra-se sob a ditadura do general José Santos Zelaya, que governou o país de 1894 a 1909. É considerado uma das grandes figuras da História da Nicarágua e foi um dos maiores líderes da América Central em sua época. Durante seu governo lembremos as seguintes realizações:[1] desenvolvimento da instrução pública, construção de vias férreas, incentivo à cultura cafeeira, navegação no lago Manágua, fundação de um exército nacional, consolidação do território nicaraguense com a incorporação definitiva do litoral atlântico. Em 1909 Zelaya afastou-se do poder e abandonou o país em virtude de uma revolução apoiada pelos Estados Unidos, que negaram reconhecimento ao sucessor José Madriz. Note-se que os Estados Unidos, estavam interessados, então, numa concessão para a construção de um canal interoceânico em território nicaraguense. Segue-se uma longa intervenção militar americana. Sucedem-se, então, na presidência da Nicarágua: Juan J. Estrada, logo substituído por Adolfo Díaz (1911-1917); Emiliano Chamorro Vargas (1917-1920); e seu tio Diego Manuel Chamorro, que faleceu antes do término do mandato. Em 1924 realizam-se eleições sob a influência norte-americana. "Um árbitro, também norte-americano, declarou que a vontade pública se havia manifestado livremente, sob o amparo e salvaguarda da imparcial marinha dos Estados Unidos. Segundo a decisão, era presidente D. Carlos Solórzano, republicano conservador, de reconhecida nulidade, e vice-presidente o doutor em Medicina Don B. Sacasa, liberal austero."[2] Chamorro Vargas, que fora derrotado na

---

[1] Tapajós, obra citada, p. 289.
[2] Pereyra, obra citada, p. 599.

eleição, revolta-se em 1925 e recebe de Solórzano a chefia do exército. Solórzano renunciou e Chamorro foi nomeado presidente. Sacasa, vice-presidente deposto, retira-se do país e recorre à intervenção de Washington no sentido de que fosse reconhecido presidente. O governo norte-americano tentou, em vão, um acordo entre Chamorro e Sacasa a bordo de um navio de guerra. Foi então escolhido como presidente Adolfo Diaz. Desta escolha participaram dezoito congressistas que haviam sido excluídos do congresso por Chamorro.

Em maio de 1926 explode a luta armada contra Diaz: Sacasa e Moncada obtêm êxitos, mas os Estados Unidos intervêm e conseguem a permanência de Diaz até o final de seu mandato quando (novembro de 1928) é eleito o general José Maria Moncada. Segue-se na presidência Sacasa, escolhido em novembro de 1932. Existe, entretanto, uma rebelião comandada por Augusto César Sandino. Em Manágua Sandino firma um armistício, mas acaba assassinado traiçoeiramente ao sair de um jantar que lhe oferecera o presidente Sacasa (fevereiro de 1934). Nessa mesma noite morreram dois de seus generais e seu irmão. "O responsável direto era Somoza, chefe da guarda Nacional, organismo dependente dos Estados Unidos."[3] Dois anos depois do assassinato de Sandino (que passou a ser considerado uma figura legendária), em maio de 1936, Sacasa abandona o poder e o congresso reuniu-se para escolher como novo presidente o doutor em medicina Brenes Jarquin. Em 1937, entretanto, assumiria o poder Anastásio Somoza (1896-1956). Estamos aqui diante da dinastia Somoza, que vai governar ditatorialmente a Nicarágua até 1979. Anastásio ("Tacho") é assassinado em 1956 e substituído por seu filho Luís até 1963. Após um breve intervalo, o poder se encontra (1967) nas mãos de Anastásio, irmão de Luis. Explorando boa parte dos recursos da Nicarágua e reprimindo implacavelmente toda oposição (em 1978 é assassinado o jornalista Pedro Joaquim Chamorro), a família Somoza vai encontrar a oposição da Frente sandinista de libertação nacional (FSLN), que, entretanto, reúne correntes de diversas ideologias. Embora vitorioso nas eleições de 1984, o sandinismo, em virtude da influência cubana e soviética, desperta a reação do governo norte-americano de Ronald Raegan, que financia a guerrilha antissandinista. Em 1990 os sandinistas perdem a eleição para Violeta Chamorro. Em 1997 assume o poder Arnoldo Alemán da coalizão conservadora Aliança Liberal (AL).

---

[3] Idem, ibidem, p. 601.

EL SALVADOR

Sobre a História de El Salvador no século XX parece-nos interessante a seguinte observação: "Foi o regime liberal mais estável de todos os países centro-americanos; de 1838-1931 não houve nenhuma luta civil. De 1913 a 1927, o país foi governado pela chamada dinastia dos Meléndez-Quiñónez, com três presidentes aparentados. Carlos Meléndez (1913-1918), Jorge Meléndez (1919-1923) e Alfonso Quiñónez Molina (1923-1927). Como no caso da Guatemala, se quisermos aplicar um rótulo apropriado ao regime liberal de El Salvador, apesar da constituição e de outros documentos liberais, podemos chamá-lo muito mais de ditadura oligárquica do que de república representativa".[1]

De 1927-1931 preside a República Pio Romero Bosque. Cabe aqui registrar que a crise econômica que abala o mundo "feria com menor violência El Salvador, que vendia seu café de qualidade excelente e de quantidade limitada para o mercado mundial. A preocupação dominante era o desajuste administrativo".[2]

Em março de 1931, depois de uma competição com cinco adversários, assume a presidência o engenheiro Francisco Araújo, mas em novembro do mesmo ano é deposto pelos militares que o substituem pelo vice-presidente general Maximiliano Hernández Martinez, que é reeleito várias vezes e só deixa o poder em 1º de janeiro de 1945. Sobre o governo de Hernández Martinez anota Pereyra: "Nenhum presidente encontrou maior número de

---

[1] Bethell, obra citada, p. 262.
[2] Pereyra, obra citada, p. 603.

obstáculos. O governo de Washington negava reconhecê-lo por considerá-lo emanado de uma quartelada. Na mesma atitude colocaram-se os governos centro-americanos".[3] Sob a presidência de Hernández a República de El Salvador é abalada por uma insurreição de inspiração comunista que resultou em milhares de mortos. Vencida a rebelião foi condenado e executado o principal chefe, o agitador internacional[4] Agustín Farabundo Martí. Em 1939 promulgava-se uma nova constituição. Entre os sucessores de Hernández lembramos: Coronel Osmin Aguirre (1944-1945) e o general Salvador Castañeda (1945-1948). Este último foi deposto por uma junta de militares, entre os quais figurou Oscar Osório (1950-1956), cujo partido "oficial" (PRUD: Partido Revolucionário de Unificação Democrática) controlava o legislativo e a maior parte das municipalidades. Oscar Osório interessou-se pelo ideal, já defendido por jovens oficiais desde 1948, de União Centro-americana. Assim é que em 1951 encontramos a ODECA (Organização dos Estados de Centro-américa) "subscrita na chamada Carta de El Salvador por este país, Costa Rica, Guatemala, Honduras e Nicarágua, cuja finalidade é a constituição de um mercado comum".[5] Em 1956 é eleito a candidato do PRUD o militar José Maria Lemos (1956-1960). Sob seu governo repercutem no país as consequências da revolução cubana. Um levante militar depõe Lemos e cria um novo partido oficial, o PCN (Partido de Conciliação Nacional). "O temor dos sentimentos procastristas desta junta retardou seu reconhecimento pelos Estados Unidos, porém, como não se estivesse seguro disto, no ano seguinte levou-se a cabo outro movimento militar que causou numerosas vítimas e que reuniu uma Assembleia Constituinte que reformou a lei fundamental do país com inspiração diretista". Em 1967 é eleito presidente o cel. Fidel Sanchez Hernández. Note-se que em 1969 El Salvador, apesar de uma vitória militar contra Honduras, passa por uma grave crise econômico-social provocada pelo repatriamento de milhares de trabalhadores salvadorenhos que residiam em território hondurenho. Em 1972 foi eleito presidente Armando Molina logo em seguida removido

---

[3] Pereyra, obra citada, p. 603.
[4] Idem, ibidem.
[5] Marin, obra citada, p. 515.

por um golpe de Estado e substituído pelo cel. Benjamin Mejía. Este golpe fracassaria em face da reação das forças governamentais. Em 1979 o general Carlos Humberto Romero (1977-1979) é deposto, fato este que provoca um confronto entre as forças armadas e grupos guerrilheiros reunidos sob a égide da Frente-Farabundo Marti de Libertação Nacional (FMLN). Os Estados Unidos, principalmente após eleição de Ronald Reagan, apoiam o combate à guerrilha. O confronto ocasiona milhares de vítimas entre as quais figura Mons. Oscar Romero e religiosos jesuítas ligados à Universidade Católica. O conflito termina por um acordo de paz em 1992.

COSTA RICA

Convém iniciar esta brevíssima síntese da história política da Costa Rica com a seguinte observação: "Todavia, na Costa Rica o Estado liberal, tanto social quanto politicamente, teve menos de farsa grotesca do que nos outros países da América Central. Já em 1889 os liberais sofreram uma derrota eleitoral e aceitaram-na. É verdade que em 1917 o processo constitucional foi interrompido pela ditadura de Frederico Tinoco Granados, mas por curtíssimo tempo. A participação política das massas populares (sobretudo camponeses) e a atitude de governos mais liberais e conservadores, menos repressivos e mais propensos às reformas sociais, deram mais estabilidade ao regime da Costa Rica".[1] Entre os presidentes que governaram a Costa Rica, vamos lembrar, a título de exemplo, os seguintes:

Alfredo Gonzáles Flores foi eleito presidente pelo Congresso porque através da eleição de 1913 nenhum candidato havia obtido a maioria. Quando os Estados Unidos e a Nicarágua concluíram o já mencionado Tratado Bryan-Chamorro, a Costa Rica considerou-se prejudicada com relação a seus direitos sobre o Rio San Juan e recorreu à corte de justiça da América Central, que decidiu no sentido de que Nicarágua havia violado os diretios da Costa Rica. Nem a Nicarágua havia violado os direitos da Costa Rica. Nem a Nicarágua e os Estados Unidos acataram a decisão da corte, o que contribuiu para o desprestígio desta. De 1917 a 1919 Costa Rica encontra-se sob a ditadura de Federico Tinoco, que declarou guerra à

---

[1] Bethell, obra citada, p. 262.

Alemanha. Os Estados Unidos manifestaram-se contra a ditadura de Tinoco, que, em face de numerosas revoltas e da ameaça de intervenção, renunciou em 1919. Foi então eleito presidente Julio Acosta com o reconhecimento dos Estados Unidos. Seguem-se os seguintes presidentes: Ricardo Jiménez Oreamuno (1924-1928), Cleto Gonzalez Viquez (1928-1932), Jiménez (1932-1936), León Cortés (1936-1940), Rafael Angel Calderón Guardia (1940-1944), Teodoro Picado Michalski (1944-1948). Deve-se registrar que, logo após o ataque japonês a Pearl Harbor, Costa Rica declarou guerra ao Japão e, pouco depois, à Alemanha e à Itália.

Em 1948 a vida política da Costa Rica passa por uma crise. Tenta-se impedir a posse do presidente eleito Otílio Ulate, que, entretanto, recebe o apoio de José Figueres, proprietário rural representante dos setores agro-exportadores. Em 1949 adota-se uma nova constituição: é a Segunda República. Figueres, nacionaliza o setor bancário, cria um imposto sobre o capital e decreta a abolição do exército. Pepe fundara o Partido de Libertação Nacional (PLN) em 1951, de tendência social-democrata. Em 1953 "Pepe" (José Figueres) é eleito legalmente presidente. O preço elevado do café proporciona a Figueres a consolidação de uma ordem governamental que promove a educação reduzindo o analfabetismo. Em 1955, auxiliada pela Organização dos Estados Americanos, a Costa Rica repele uma invasão promovida por exilados na Nicarágua. Em 1958 é eleito presidente Mario Echandi Jiménez como sucessor de Figueres. Dois partidos se alternam então, no poder: o PLN e o PUSC (Partido de Unidade Social-Cristã). Sob a presidência de Luis Alberto Monge, a Costa Rica recebe auxílio dos Estados Unidos, interessados em tê-la a seu lado contra os sandinistas da Nicarágua. Oscar Arias, do PLN, atua (1986-1990) no sentido de estabelecer uma paz negociada e é agraciado com o Prêmio Nobel da Paz em 1987. Os sucessores de Arias são sociais-democratas e conservadores.

PANAMÁ

No início do século XX o Panamá, que fazia parte da Colômbia, torna-se independente com apoio dos Estados Unidos, que têm em vista a construção do canal. Completando o que, citando Maurois, já escrevemos acima (ver item sobre Estados Unidos), lembremos os seguintes episódios: "Portanto, em 1902, foram entabuladas negociações com a Colômbia em torno da construção de um canal no Panamá pelos Estados Unidos e da inclusão da questão da soberania norte-americana na zona do canal. Todavia, em 1903, tendo em vista a intervenção militar dos Estados Unidos no Panamá sem o consentimento nem da Colômbia nem das autoridades locais (setembro de 1902), o congresso colombiano recusou-se a ratificar o tratado Hay-Herrán. Foi então que os norte-americanos, favorecendo um movimento panamenho liderado pelo Dr. Manuel Amador, decidiram apoiar a separação entre o Panamá e a Colômbia. O novo país foi reconhecido imediatamente pelos Estados Unidos e foi negociado rapidamente um tratado (1903) que autorizou a construção do canal e estabeleceu o controle norte-americano, por um século, de uma zona de 16 quilômetros de largura ao longo do canal. Este foi aberto em 1914...".[1]

A 3 de novembro de 1903 o Panamá proclamava sua independência em relação a Colômbia e no ano seguinte promulgava-se a primeira constituição.

---

[1] Idem, ibidem, p. 266. Morales Padrón, obra citada, p. 491, explica a atuação americana: "Quedaba por solventar el obstáculo de la Compañia Francesa, cuyo principal accionista era Felipe Bunau Varilla. Norteamérica entró en tratos con tal entidad, logrando la cesión de derechos, de las obras hechas y de los materiales empleados. Siguieron luego las negociaciones con Colombia, que cristalizaron en el tratado Herrán-Hay. Pero los ánimos colombianos cambiaron de parecer y el pacto no fue ratificado".

Foi eleito como primeiro presidente Manuel Amador Guerrero (1904-1908). A evolução política do mais recente estado hispano-americano foi instável. "As questões são determinadas aqui pela resistência de grande parte da população em aceitar a ocupação norte-americana da zona do canal, atrás da qual se esconde uma declarada intervenção do poderoso país na política interior da reduzida república". [2] Assim é que em 1959 e 1964 o sentimento nacionalista e antiamericano provoca violentas perturbações. Em 1968 o presidente Arnulfo Arias é deposto por um golpe de Estado. Em 1977 o cel. Omar Torrijos renegocia o estatuto do canal com os Estados Unidos, tendo assinado com o presidente Jimmy Carter (1977-1981) um tratado segundo o qual o Panamá recuperaria a soberania sobre a zona do canal a 1º de janeiro de 2000. O gal. Manuel Noriega, antigo agente dos serviços secretos americanos (CIA) é acusado de ligação com o tráfico de drogas por Washington e sofre a intervenção (1989) militar americana. É preso e julgado por um tribunal de Miami.

---

[2] Marin, obra citada, p. 516.

ANTILHAS INDEPENDENTES

Estudaremos aqui, brevemente, Cuba, Haiti, República Dominicana, Jamaica e Barbados. As três primeiras são países já independentes no início do século, as duas últimas só alcançaram essa situação após a Segunda Guerra Mundial.

CUBA

Cuba entra no século XX já independente da Espanha, mas política, militar e economicamente sob a tutela norte-americana. A constituição de Cuba sancionada em fevereiro de 1901 foi promulgada a 20 de maio de 1902. Deve-se lembrar aqui a Emenda Platt de 2 de maio de 1901 (o nome do autor americano, senador Hitchecock Platt) que atribuiu uma série de vantagens intervencionistas aos Estados Unidos. O primeiro presidente, eleito em 1902, foi Tomás Estrada Palma (1902-1906). O primeiro período presidencial de Estrada Palma, denominado República modelo, foi de franca reconstrução e de progresso. Estrada governou "com prudência e desinteresse".¹ É interessante anotar a posição de Estrada em face dos Estados Unidos: "uma dependência política que nos assegure as fecundas bênçãos da liberdade é cem vezes preferível para nossa amada Cuba a uma república soberana e independente desacreditada e arruinada pela ação perniciosa de periódicas guerras civis".² Em 1906 houve um levante de liberais, o que provocou "uma nova intervenção dos Estados Unidos, pacificadora e corruptora". O governador interino Charles E. Magoon é o símbolo da rapacidade em Cuba".³ Magoon convocou eleições em 1909. "Desde então, até Machado, governaram José Miguel Gómez, Mario Garcia Menocal e Alfredo Zayas. Estes anos foram testemunhas de controvérsias internas (miguelistas e zayistas), de revoltas (independência de cor ou levantes de negros), de interferências políticas norte-americanas, de máxima produção de açúcar (dança dos milhões) que permitiu a Cuba ser o açucareiro do mundo em 1920 e de crise final..."⁴ Em 1924 as eleições levaram ao poder o chefe dos liberais, General Gerardo Machado Morales, que encontrou o país em ruínas e desenvolveu grande atividade na realização do lema que adotara: Água, estradas e escola. Contrário, a princípio, à reeleição, mudou de opinião e a constituição foi reformada para autorgar a Machado mais seis anos de mandato. Houve porém forte reação traduzida em bombas, greves e assassinatos. Uma organização secreta ABC tramava contra o governo e expunha num manifesto sua ideologia. Em face de uma intervenção norte-americana (Roosevelt chegou a enviar o embaixador Sumner Welles como mediador), Machado teve de renunciar e refugiar-se nas Bahamas. O exército proclama presidente Carlos Manuel Céspedes Quesada, que governa por poucos dias. Segue-se o governo de uma pentarquia que elege presidente o Dr. Ramón Grau San Martin (1933), cujo mandato duraria quatro meses, pois foi destituido em janeiro de 1934 pelo cel. Fulgêncio Batista, que fora sargento taquígrafo. A presidência, com o beneplácito de Batista, que tem prestígio no exército, fica então com Carlos

---

[1] Pereyra, obra citada, p. 589. Ver também Morales Padrón, obra citada, p. 486.
[2] Morales Padrón, obra citada, p. 522. Note-se que Estrada participara da luta pela independência.
[3] Pereyra, obra citada, p. 590.
[4] Morales Padrón, obra citada, p. 589.

Mendieta, chefe do partido Nacionalista. É então revogada a Emenda PlatT. Em 1936 sobe ao poder Miguel Mariano Górnez, filho do segundo presidente de Cuba. Inicia o governo com o apoio de Batista, mas é destituído (1936) quando se desentende com o poderoso aliado. Mariano Gómez é substituído por seu vice, Frederico Laredo Bruque, que concluiu o mandato. "Era a hora de Fulgêncio Batista y Zaldívar. Durante dez anos havia dirigido o exército, realmente único poder executivo. As eleições de 1940 deram-lhe a presidência, para cujo exercício renunciou a sua hierarquia militar. Ele mesmo encarregou-se de acabar com a preponderância das forças armadas, ganhando popularidade e apoio. No desenvolvimento de sua política criou e construiu. Melhorou a situação econômico-social e a cultural, estabelecendo escolas regidas por sargentos do exército. Economicamente o gasto excessivo foi notável e o interesse nacional foi subordinado aos interesses dos novos ricos. Quando a oposição começava a soar, ocorreu o ataque japonês a Pearl Harbour, suspendendo todo movimento antigovernamental. Cuba uniu-se aos Estados Unidos na contenda. O exército e a marinha foram modificados e equipados com novos armamentos. Muitas outras medidas se tomaram em relação com a guerra. "Intensificaram-se os cultivos e declarou-se obrigatório o serviço militar."[5] Note-se que em 1940 uma nova constituição convertera a ilha em uma República democrática.

Findo o mandato de Batista, assumiram sucessivamente a presidência Grau San Martin (1944-1948) e Carlos Prio Socarrás (1948-1952) "porém nenhum destes levou a efeito a necessária mudança da estrutura social nem tentou livrar-se da intervenção norte-americana, que em 1939 detinha mais de 50% das propriedades agrícolas e da indústria do açúcar, básica no país".[6] Em 1952 o sindicalismo põe-se ao lado de Batista no golpe de Estado que destituía Prio Socarras. Estamos aqui diante de um governo ditatorial caracterizado por corrupção, torturas, vocação pelo continuísmo, injustiça social e submissão a um neocolonialismo. A situação em Cuba estava propícia a uma revolução. Dentre os núcleos de reação à ditadura de Batista, destacou-se o dirigido pelo jovem advogado Fidel Castro e

---

[5] Idem, ibidem, p. 656.
[6] Marin, obra citada, p. 516.

chamado Movimento 26 de julho, lembrando a data em que houvera um ataque fracassado ao quartel de Moncada em Santiago. Partindo de Sierra Maestra, onde se havia refugiado, Fidel Castro e sua hoste avançaram e ocuparam La Habana em janeiro de 1959. Batista abandonou o país. O novo presidente, Manuel Urrutia nomeia Fidel Castro chefe do governo (fevereiro). Em abril Fidel viaja para os Estados Unidos declarando-se não comunista.[7] Em julho Urrutia foi substituído por Osvaldo Dorticós. Deve-se registrar que o movimento 26 de julho "não era nem um partido nem uma ideologia. Era um grupo de jovens pequeno burgueses sem muita clareza ideológica, porém decididos a terminar com a ditadura de Batista e redimir o povo".[8] Grupos, os mais diversos e inspirados em ideais antagônicos, como desempregados, velhos políticos, burgueses, latifundiários tinham um denominador comum: extinção da ditadura de Batista. Em breve iria predominar no movimento revolucionário vitorioso a fase marxista-leninista: em dezembro de 1961 Fidel Castro fazia profissão de fé marxista-leninista. As relações políticas e econômicas são intensificadas com a Rússia e com os demais países da área socialista. Como se acentuassem as lesões aos interesses americanos, o presidente Eisenhower já em julho de 1960 suspendera a cota de açúcar que se adquiria em Cuba. Sob o governo de Kennedy ocorrem os já mencionados episódios da Baía dos Porcos e dos mísseis soviéticos. Em Cuba, onde fora proclamada a república Socialista por Fidel Castro em 1º de maio de 1961 e repudiada a constituição de 1940, pouco depois do desembarque dos emigrados cubanos na Baía dos Porcos (17 de abril de 1961), tribunais populares condenavam as opositores do regime e tramava-se a exportação da revolução para o exterior. Nesta última atividade destacou-se o médico argentino Ernesto Guevara, conhecido como Che Guevara, guerrilheiro companheiro de Fidel Castro. Che Guevara abandonou Cuba em 1965 com o fim de provocar movimentos revolucionários iguais ao de Cuba em outros países americanos. O projeto do médico guerrilheiro era "criar

---

[7] Idem, ibidem, p. 517.
[8] Morales Padrón, obra citada, p. 656.

um, dois, muitos Vietnãs".[9] Em 1966 encontramo-lo na Bolívia dirigindo guerrilheiros contra o governo de Barrientos, mas em 1967 foi morto pelas forças governamentais.

Em 1975 Havana envia, com o apoio de Moscou, mais de 50.000 homens em auxílio do MPLA (Movimento Popular de Libertação de Angola).

A desintegração da URSS em 1990 provoca uma séria crise em Cuba, obrigando Fidel Castro a promover reformas econômicas, mas o regime ditatorial continua no final do século XX.

---

[9] Fuentes, obra citada, p. 279.

HAITI

No início do século XX aventureiros políticos e militares se sucedem nesta antiga possessão francesa. Em fevereiro de 1915 o general haitiano Vilbrum Guillaume Sam entra vitorioso em Porto Príncipe, mas eleito presidente no mês seguinte enfrenta uma sangrenta rebelião e é assassinado. Ocorre então a intervenção norte-americana: navios de guerra chegam a Porto Príncipe, e o almirante Caperton decreta lei marcial. Os invasores exigiam controle da Fazenda, comando do exército e da polícia, direção dos meios de comunicação. Em agosto foi escolhido como presidente Sudre Dartiguenave (1915) com o apoio dos Estados Unidos. A Assembleia Nacional "fez o que ditou Caperton, e Dartiguenave firmou o que o mesmo almirante quis".[10] Findo o mandato de sete anos, Dartiguenave foi substituído (abril de 1922) por Joseph Louis Borno, que servira como Secretário de Relações Exteriores. A nova constituição limitava o período de exercício do mandato presidencial em quatro anos, mas em 1926 Borno foi reeleito pelo Conselho de Estado que ele mesmo havia nomeado. Tudo, naturalmente, sob a tutela norte-americana: o senador King, em Washington, designava os nomes dos que deveriam integrar o Conselho de Estado.[11] Em 1929 desencadeia-se uma insurreição que é dominada com violenta intervenção norte-americana. Seguem-se na presidência o

---

[10] Pereyra, obra citada, p. 607.
[11] Idem, ibidem. Sobre a constituição, Pereyra anota: "No queriendo dejar de parecerse en todo a los intervenidos, los interventores dotaron a Haiti de una Constitución, promulgada el 12 de junio de 1918, y la reformaron el 5 de octubre de 1927 sólo para violar sus disposiciones".

comerciante Eugene Roy e Stenio VincenT. Este era um nacionalista, mas conseguiu entrar em acordo com os americanos. "Em agosto de 1933 os norte-americanos abandonaram o país e as forças nacionais passaram a ser comandadas por oficiais haitianos. Manteve-se Stenio Vincent até 1941, ano em que sobe ao poder Elie Lescot, que, como o anterior, nutre veleidados de perpetuar-se e é afastado do poder em 1946 passando-o para as mãos de uma junta militar (coronel Lavaud, major Levelt e major Magloire)."[12] Segue-se na presidência Dumarsais Estimé, que, ao pretender estender seu mandato, acabou deposto (1950) e substituído pela mesma junta militar de 1946. A partir de 1951 a presidência foi ocupada por Paul Eugène Magloire até o final de 1956 quando também é afastado. Depois de outras tentativas de escolha de presidente uma nova junta militar assume o poder e promove uma eleição da qual sai vencedor (1957) François Duvalier, médico, sociólogo, etnólogo. "A crise política que havia sacudido o país durante mais de oito meses morrera, e nascia a ditadura do paternalista, místico, intelectual e megalómano François Duvalier, que em 1964 se proclamaria ditador perpétuo."[13] Estamos aqui diante de uma ditadura implacável que manda assassinar os oponentes reais ou imaginários, entra em choque com a Igreja Católica, marginaliza o exército e o substitui por uma milícia privada, os *Tonton-macoutes*. Duvalier ficou conhecido como o *Papa Doc*. Quando morreu em 1971, o *Papa Doc* foi substituído por seu filho de dezenove anos, Jean Claude Duvalier, cuja ditadura se extingue em 1986 sob o peso da corrupção. Sucedem-se regimes militares (em 1987 houve uma tentativa de efetuarem-se eleições livres) até que em 1990 é eleito presidente o padre "progressista" Jean-Bertrand Aristide, que, entretanto, é derrubado do poder sete meses mais tarde. Entre 1991 e 1994, sob a ditadura militar, milhares de pessoas são mortas. Milhares de haitianos fogem para os Estados Unidos, que enviam uma expedição militar para restabelecer Aristide no poder (1994).

---

[12] Morales Padrón, obra citada, p. 643.
[13] Idem, ibidem, p. 644.

REPÚBLICA DOMINICANA

No início do século XX a República Dominicana encontra-se sob o governo de Juan Isidro Jiménez. De 1902 a 1905 sucedem-se três presidências. O país enfrenta problemas de dívidas externas. É curioso anotar que em face da ameaça dos credores europeus entra em questão a postura do presidente Teodoro Roosevelt, também credor: não se podia permitir às potências europeias cobrar, pela força, seus créditos no hemisfério ocidental. Estamos aqui diante de um corolário da doutrina Monroe. "Este corolário era outro ato do *big stick*."[14]

Em 1916 os *marines* americanos desembarcam na ilha e ocupam várias localidades. "De 1916 a 1922 os dominicanos viveram submissos aos Estados Unidos, que aboliram as liberdades políticas e reprimiram pela força qualquer tentativa de rebelião."[15]

De 1922 a 1930 governa o general Horácio Vasquez, substituído por Rafael Estrella Ureña. Ainda em 1930 realizam-se eleições e é eleito o general Rafael Leônidas Trujillo. Inicia-se então a "era de Trujillo", que se mantém no poder durante trinta e um anos governando quer pessoalmente, quer por pessoas de sua confiança, entre as quais seu próprio irmão, o general Héctor Bienvenido Trujillo. Em 1961 Rafael Trujillo pereceu assassinado. Durante a longa ditadura, houve um progresso econômico e cultural. Entre as realizações de Trujillo podemos lembrar:[16] criação do Banco de Reservas, plano de alfabetização mediante escolas de emergência, delimitação da

---

[14] Idem, ibidem, p. 649.
[15] Idem, ibidem.
[16] Idem, ibidem, p. 650.

fronteira com o Haiti, construção de estradas e aeródromos, melhoras no setor agrícola e industrial, reforma constitucional no sentido de permitir o voto das mulheres etc. Note-se que sob Trujillo o nome da capital – São Domingos – passou a ser Ciudad Trujillo.

Joaquim Bolaguer, chefe de um partido moderado, exerce a presidência e promete eleições para 1962, mas é deposto. A um governo provisório sucede Juan Bosch, socialista, eleito em 1962, mas não dispõe de tempo para cumprir suas promessas (intervenção em certas empresas privadas, divórcio e matrimônio civil, conversão do exército em instituição apolítica etc.), pois as forças armadas deram por concluído o regime (acusado de pró-comunista) de Bosch e entregam o poder a uma Junta integrada por três civis. Em 1965 explode uma rebelião de caráter esquerdista visando o retorno de Bosch, mas provoca uma intervenção armada americana pretendendo evitar uma outra Cuba. Tendo havido reprovação da atitude americana, os Estados Unidos procuraram obter o apoio da OEA, que interviria com uma força interamericana de paz. As eleições de junho de 1966 elevaram à presidência Joaquin Balaguer, que fora ligado à política de Trujillo. Interessante é registrar que em 1970 Balagner conseguiu ser reeleito para o período de 1970-1974.

Em 1978 o partido revolucionário dominicano (PRD) vence o escrutínio e os Estados Unidos (presidente é Jimmy Carter 1977-1981) pressionam Balaguer a reconhecer o resultado do pleito. Em 1982 o presidente Antonio Guzman suicida-se e seu sucessor Salvador Jorge Blanco é derrotado em 1986 pelo já velho Balaguer, que goza de popularidade entre a população rural. Em 1994 Balaguer consegue ainda ser reeleito.

JAMAICA

Colônia inglesa durante séculos, a Jamaica, principalmente a partir de 1930, conhece movimentos nacionalistas. Os escrutínios de 1944 assinalam um ponto de partida em que se alternam o Partido Jamaicano de Trabalho (JLP) e o Partido Nacional do povo (PNP). Em agosto de 1962 a ilha antilhana obtém a independência no âmbito do Commonwealth. De 1972 a 1980 Michael Manley (1924-1997), do PNP, ocupa o cargo de Primeiro--ministro e defende posições socialistas, fato este que desperta a reação do governo norte-americano, sempre vigilante em relação ao progresso de correntes políticas esquerdistas. Nas eleições de 1980 vence o líder Edward Séaga, conservador, do JLP. Com o término da guerra fria Manley, agora transformado em social democrata moderado, bate Seaga, mas adoentado cede o posto a PJ Patterson".[1]

---

[1] Os dados sobre a Jamaica foram extraídos principalmente do *Le dictionnaire du 20 siècle*, p. 379-380.

AMÉRICA MERIDIONAL

VENEZUELA

A Venezuela entra no século XX sob a ditadura do general Cipriano Castro (1899-1908), que tomou o poder em 1899 "e exercê-lo-ia de sua maneira singular até 1908".[1] É interessante notar que Castro era um andino, natural do estado de Táchira, na fronteira com a Colômbia, e fora educado nesse país. Sublinhe-se que não só Castro era originário dos Andes, "mas também seu sucessor Gomez bem como os presidentes que lhes sucederam, antes de 1945...".[2] Note-se que o presidente general José Joaquim Crespo (1892-1897) fora um *llanero*, isto é, um fazendeiro das planícies de gado. Um dos aspectos mais importantes do governo de Castro é que nessa época está em pleno desenvolvimento no mundo a busca pela riqueza petrolífera. Já em 1878 fora fundada a Compañia de Petróleo del Táchira no estado natal de Castro e de Gómez. "A seus partidários Castro concedeu direitos a seis milhões de hectares de terras, instituindo o padrão pelo qual eram dadas concessões a venezuelanos individuais que depois as vendiam a companhias estrangeiras".[3]

---

[1] Bethell, obra citada, p. 280.
[2] Idem, ibidem, p. 281.
[3] Idem, ibidem, p. 281.

Em 1903 Castro sobrevive a uma Revolução Libertadora chefiada por um general-banqueiro. Em 1902/1903 a Venezuela sofre um bloqueio de forças navais da Alemanha, da Grã-Betanha e da Itália. "O bloqueio também produziu declarações de hostilidades da América Latina às expedições de cobranças de dívidas, declarações que foram importantes na formação de convicções regionais no direito internacional – a Doutrina Drago, do nome do ministro do Exterior da Argentina que a formulou – e o corolário Roosevelt à doutrina Monroe: 'o mau comportamento persistente' de um Estado latino-americano devia ser controlado por uma força de polícia dos Estados Unidos, do mesmo modo os Estados Unidos não podiam aceitar intervenções europeias nas Américas, e menos ainda incursões navais dos alemães no mar dos Caraíbas".[4]

Castro lucrou pessoalmente com o bloqueio: conseguiu reeleger-se por ampla maioria em 1905. Quando, entretanto, Castro necessitou ir à Europa por motivo de saúde, o vice-presidente general Gómez apoderou-se do Governo. "A presença naval norte-americana ao largo da costa durante a transição e Washington deram uma ajuda discreta a Gómez para impedir que Castro tentasse retornar ao país até sua morte em 1924...".[5]

José Vicente Gómez (1908-1935) fazendeiro e pecuaristandino designado para a presidência "reelegeu-se regularmente durante vinte e cinco anos até sua morte em 1935.[6] Deve-se observar que em alguns períodos Gómez cedeu a presidência a pessoas de sua confiança. As reeleições se processavam através de sucessivas reformas constitucionais. Estamos aqui em face de um governo em que, ao lado de progresso material, reina a mais impiedosa ditadura: carência de liberdade, oposição destruída, espionagem dominante semeando o medo entre a população. "Nem caudillos, nem partidos liberal e conservador atuaram neste período."[7] Havia entre intelectuais uma mentalidade positivista que combatia o liberalismo romântico defendendo "a teoria do gendarme necessário, fazendo do caudilhismo uma lei histórica".[8] Gómez administrou boa parte da economia

---

[4] Idem, ibidem, p. 282.
[5] Idem, ibidem.
[6] Marin, obra citada, p. 35.
[7] Morales Padrón, obra citada, p. 586.
[8] Idem, ibidem.

venezuelana com a mentalidade de um prudente *hacendado*. Chegou a ser caracterizado não como um camponês, mas como um "burguês rural".[9] Gómez fez das riquezas da nação uma propriedade particular: "o tesouro nacional não se distinguiu da caixa presidencial. Teve interesse em todas as riquezas que giravam em torno da conveniência familiar do presidente".[10] A indústria petrolífera encontra-se, então, em plena produção: a partir de 1917 a exportação de petróleo atinge um número expressivo. "Em 1926, o país já exportava quase quatro milhões de toneladas, fazendo do petróleo o principal produto de exportação. Em 1928 a produção subiu para quinze milhões de toneladas." A Venezuela convertera-se no maior exportador de petróleo do mundo.[11] Cabe aqui uma observação: a produção e exportação petrolífera acarretam um problema agrícola: sofre um retrocesso o comércio de produtos tradicionais como o café, o cacau, o açúcar e o algodão. Juan Vicente Gomes faleceu no final de 1935. "A desordem, os tumultos e as vinganças estiveram na ordem do dia. Perseguiram-se os sequazes de desaparecido ditador e suas propriedades foram saqueadas. Graças aos esforços do ministro da guerra, Eleazar Lopez Contreras, foi restabelecida a ordem."[12]

Eleazar Lopez Contreras (1935-1941)

Assumiu o poder restaurando as liberdades constitucionais. Em 1936 foi eleito presidente e logo em seguida promulgou uma nova constituição. Na política interna deve-se assinalar preocupação com as classes menos favorecidas e incentivo da imigração para as zonas rurais. Na política externa participou dos ideais de boa vizinhança do presidente Roosevelt.

Isaias Medina Angarita (1941-1945)

Na política interna favoreceu um sistema de liberdade política com o funcionamento dos partidos, mas não impediu as eleições fraudulentas e

---

[9] Bethell, obra citada, p. 283.
[10] Morales Padrón, obra citada, p. 585-586.
[11] Bethell, obra citada, p. 284.
[12] Morales Padrón, obra citada, p. 587.

o latifúndio. Na política externa colocou-se ao lado dos Estados Unidos. A Venezuela enriquece com a exportação de petróleo: "a exploração do petróleo cresceu e incrementou os recursos do Estado, os quais se destinaram a sustentar uma frondosa burocracia, a financiar custosas obras de ornamentação e outros gastos supérfluos".[13]

Rômulo Betancourt (1945-1948)

Economista, foi o sucessor de Medina Angarita deposto por um movimento militar. Em 1948 assume o poder o novelista Rômulo Gallegos, que, entretanto, não agradou aos militares, tendo sido afastado do poder. Uma junta militar presidida pelo coronel Carlos Delgado Chalbaud (1948-1950) detem o poder. Em 1952 o coronel Marcos Pérez Jimenez assume poderes ditatoriais.

Marcos Pérez Jimenez (1952-1958)

Governa sem os partidos políticos, obrigando a oposição a refugiar-se na clandestinidade. Houve, contudo, prosperidade econômica que possibilitou a realização de obras grandiosas.

Junta Governamental (1958)

O regime de Marcos Perez Jiménez foi derrubado em janeiro de 1958 por um movimento popular apoiado por jovens militares e precedido por uma greve geral e por ataques à polícia. Uma junta encabeçada pelo almirante Larrazábal governou durante um ano tendo, em seguida, convocado eleições que deram o poder a Rômulo Betancourt, fundador do partido Acción Democrática, que atuara na clandestinidade.

---

[13] Idem, ibidem, p. 674.

Rômulo Betancourt (1959-1964)

Forma um governo de coalizão com exceção dos comunistas. Houve grupos de oposição: os motivos estavam na tendência moderada do presidente em problemas como o regime castrista, a política norte-americana, o pacto com a burguesia plutocrática criou etc.[14] Deve-se mencionar que um movimento subversivo, o FALN (Fuerza Armada de Liberación Nacional), atuava mediante terror, ataques e sequestro e obrigou Betancourt a recorrer às Forças Armadas. Entre outras realizações de Betancourt lembremos, a título de exemplo, a Lei de reforma agrária (1960) e da criação da Corporação venezuelana do Petróleo. Em 1961 a Venezuela teve uma nova constituição.

Raul Leoni (1964-1969)

Da Ação Democrática, foi eleito em dezembro de 1963. Na política externa o governo de Leoni está diante de problemas político-sociais que abalam diversos países da América latina (Chile, Bolívia, Brasil) e da queda de Kruschev na Rússia. A Venezuela não aprovou a intervenção norte-americana em S. Domingos e em 1966 os presidentes da Venezuela e da Colômbia firmaram a Declaração de Bogotá, "na qual se proclamavam princípios sobre a integração econômica, a solidariedade política, o intercâmbio comercial, a unidade fronteiriça e a defesa dos princípios básicos".[15] Na política interna a atividade guerrilheira e as manifestações estudantis levaram à suspensão das garantias constitucionais. Nas eleições presidenciais defrontavam-se principalmente os partidos AD (Acción Democrática, esquerda democrática) e Copei (Comitê Pro Elecciones Independientes, chamado também Partido Social Cristiano Copei). Este último era de

---

[14] Idem, ibidem, p. 675.
[15] Idem, ibidem, p. 677.

orientação centro-direita. Nas eleições triunfou Rafael Caldera apoiado pelo Copei.

Rafael Caldera (1969-1974)

Enfrenta a oposição do Acción Democrática: o Copei havia obtido a presidência, mas perdera as eleições legislativas. "A impressão era de que a democracia não era possível no governo monopartidarista de Rafael Caldera. A tensão subiu dentre as forças armadas e entrou nos círculos econômicos..."[16] Para evitar o pior, Acción Democrática e Copei entraram em acordo. Estava, então, em questão a rotação de projetos de Lei cuja elaboração remontava à presidência de Betancourt e de Leoni: a abertura diplomática para o Leste, a reforma administrativa etc. Note-se que o principal problema da economia venezuelana é a exportação petrolífera.

Carlos Andrés Pérez (1974-1978)

Nacionaliza o petróleo evitando, contudo, romper com os Estados Unidos, principal importador e parceiro comercial. Obterá em 1988 um segundo mandato, mas é afastado do poder em 1993 acusado de malversação do dinheiro público.

Rafael Caldera

É reeleito em 1994 e concede anistia ao coronel Hugo Chavez envolvido em tentativas de golpe.

---

[16] Idem, ibidem.

Hugo Chavez

Aproveitando o movimento anticorrupção e a desunião reinante entre os partidos tradicionais, elege-se democraticamente presidente da República em dezembro de 1998.

COLÔMBIA

A Colômbia entra no século XX sob o signo da "Guerra dos Mil Dias", que chega ao fim em 1902. "Quando a luta intestina finalizou, Colômbia havia perdido mais de um mil homens, seu comércio estava arruinado, as comunicações se tornavam difíceis, a produção era nula, o papel moeda nada valia e o Istmo (Panamá) havia-se perdido. A insegurança dominava por toda a parte e nos campos as quadrilhas de bandoleiros ameaçavam."[1]

José Manuel Marroquín

Exerce sua segunda presidência de 1900 a 1904. Além dos problemas internos consequentes à Guerra intestina, Marroquín enfrenta a perda do Panamá, o rompimento de relações com a Venezuela e certo avanço do Peru na bacia amazônica.

Rafael Reyes (1904-1909)

Tentou diversas invasões políticas entre as quais a mais importante foi a representação das minorias, "mesmo que tenha sido uma representação imposta nos moldes pessoais e autoritários de Reyes".[2] Internamente coube-lhe ainda

---

[1] Idem, ibidem, p. 445.
[2] Bethell, obra citada, p. 292-293.

sanear o crédito, organizar os serviços administrativos, construir vias férreas etc. Os tratados celebrados com os Estados Unidos e Panamá constituíram pretexto para uma manifestação contra Reyes que abandonou a presidência sem cumprir totalmente o mandato. Convocou-se uma assembleia constituinte que fez reformas constitucionais e designou Carlos Restrepo para a presidência.

Carlos E. Restrepo (1910-1914)

Celebrou o centenário da independência. Internamente podemos lembrar o surgimento na Colômbia de uma consciência proletária que formaria as "Casas Del Pueblo" e decretaria uma greve em Barrancabermeja. Sublinhe-se, na economia colombiana, a importância da exportação do café.

Na política externa deve-se registrar o Tratado de Bogotá (1914) com os Estados Unidos a propósito do Panamá e a consequente indenização de vinte e cinco milhões de dólares.

José Vicente Concha (1914-1918)

Eleito pela corrente conservadora do eleitorado. Apesar das dificuldades motivadas pelo conflito mundial, com o ano de 1914 abria-se para a Colômbia uma era de prosperidade que acabaria em 1930. Não houve lutas civis e o partido conservador manteve-se no poder. Na política externa registre-se o acerto de fronteiras com o Equador, "base dos que se pactuariam com o Peru e o Brasil". [3]

Marcos Fidel Suárez (1918-1921)

Foi combatido por liberais e conservadores. Teve como sucessor Jorge Holguin, que exerceu a presidência provisória até ser substituído pelo conservador general Pedro Nel Ospina.

---

[3] Morales Padrón, obra citada, p. 446.

Pedro Nel Ospina (1922-1926)

Desenvolveu internamente grande atividade: oleoduto do interior para o mar, construção de canais, vias férreas, portos, cuidados com a higiene e estado sanitário da população. Especialistas americanos foram convocados para reformas financeiras. Na política externa coube a Ospina fixar as fronteiras com o Panamá e a Venezuela.

Miguel Abadia Méndez (1926-1930)

Foi o último de uma série de conservadores, mas eleito em virtude da abstenção dos liberais. Na política interna produzem-se revoltas de caráter social entre as quais figura a dos trabalhadores da United Fruit Company. Na política externa registrem-se as fixações de fronteiras com o Brasil e o Peru.

Enrique Olaya Herrera (1930-1934)

Com a eleição de Olaya os liberais sobem ao poder até 1946 quando a primeira magistratura volta aos conservadores na pessoa de Mariano Ospina Pérez. Na política interna houve uma depressão econômica. Na política externa uma questão com o Peru foi resolvida pelo Pacto do Rio de Janeiro em 1934. A Olaya Herrera seguem-se os seguintes presidentes liberais: Alfonso López (1934-1938-1942-1945), Eduardo Santos (1938-1942), Alfonso Lopez (1942-1945) e Alberto Lleras (1945-1946). Sob o governo de Eduardo Santos inicia-se a Segunda Guerra Mundial, ocasionando uma cisão entre os liberais.

Mariano Ospina Pérez (1946-1950)

Estabelece novo regime conservador "proclamando a política de união nacional ou de igual participação no governo de ambos os partidos".⁴ Sob o governo de Ospina, por ocasião da Novena Conferencia Panamericana realizada em Bogotá (abril de 1948), foi assassinado o dirigente da ala radical do partido liberal, Jorge Eliecer Gaitán, fato esse que provocou enorme comoção social. Templos, colégios religiosos e comércio foram objeto de depredação e de saques, ocorrendo então centenas de mortes. O triste episódio ficou conhecido como Bogotazo.

Laureano Gómez (1950-1953)

Conservador, teve de enfrentar uma verdadeira guerra civil estimulada por liberais inconformados e por bandoleiros.⁵ Tendo Gómez deixado o governo por motivos de saúde, houve (1953) um golpe de Estado promovido pelo Coroel Rojas Pinilla, conservador, que foi eleito presidente constitucional em 1954.

Gustavo Rojas Pinilla (1954-1957)

Não evitou graves falhas em seu governo: cerceamento da liberdade individual, venalidade, má administração, desaquecimento da economia. Em maio de 1957 Rojas foi forçado a deixar o governo e a abandonar o país. Deve-se registrar que conservadores e liberais firmaram, na Espanha, os chamados Pactos de Stiges e Benidorm, "pelos quais ambos os partidos se alternariam no poder durante dezesseis anos, até 1974, formando uma Frente Nacional".⁶

---

⁴ Idem, ibidem, p. 679.
⁵ Idem, ibidem.
⁶ Idem, ibidem, p. 680.

Alberto Lleras Camargo (1958-1962)

Chefe do partido liberal, enfrentou a guerrilha difundida nos meios rurais.

Guilherme Leon Valencia (1962-1966)

Conservador, encontrou o movimento revolucionário fortalecido especialmente com a adesão de Camilo Torres, sacerdote que pretendeu a secularização porque "não queria faltar à disciplina nem trair sua consciência..."[7] Sacerdote frustrado, Camilo morreu em combate (1966).

Carlos Lleras Restrepo (1966-1970)

Liberal, encontra uma oposição no partido Alianza Nacional Popular orientado pelo antigo ditador Rojas Pinilla. Uma oposição irregular continuava a atividade guerrilheira. Em junho de 1968 Lleras pretendeu renunciar, mas o Senado não aceitou a renúncia e admitiu o plano de reformas proposto pelo presidente.[8]

Misael Pastrana Borrero

Assume o poder em 1970. Encerremos esta breve exposição com as seguintes observações sobre a Colômbia nas últimas dezenas do século XX: "a partir dos anos 1960, uma guerra larvada vê afrontarem-se as diversas organizações rebeldes, como o M-19 (movimento do 19 de abril aparecido nos anos 1970), mais urbano e intelectual, que depôs as armas

---

[7] Idem, ibidem, p. 681.
[8] Marin, obra citada, p. 522.

e foi legalizado como movimento político em 1990, as FARC (Força Armadas Revolucionárias da Colômbia, fundadas em 1966), comunistas e o ELN (Exército de Libertação Nacional, fundado em 1964) castrista, essencialmente camponeses, e o exército colombiano. O conflito, que deu lugar a muitas tréguas e planos de paz abortados, é complicado pela ação dos paramilitares e pelo tráfico de drogas...". [9]

---

[9] Texto reproduzido do *Le dictionnaire historique et geopolitique 20e siècle*, p. 140-141, e assinado por J. R. (Jorge Restrepo, p. 10).

EQUADOR

No início do século XX encontramos o Equador sob a presidência de Eloy Alfaro (1895-1901). Em 1901 assume o governo o general Leônidas Plaza Gutierres (1901-1905) e, de 1906 a 1911, governa Eloy Alfaro, que volta novamente ao poder supremo. Estamos aqui diante de governos radicalmente liberais. Para Alfaro o liberalismo era uma causa universal, mas manipulava as eleições e necessitava de um grande exército para manter-se no poder. Um jornal radical semioficial de Quito, *El Pichincha*, publicou o decálogo do programa do partido Radical: sete itens da lista constituíam ataques diretos à Igreja Católica:[1] Fechavam-se mosteiros, estabelecia-se a educação leiga obrigatória, atacavam-se as propriedades da Igreja, expulsavam-se os sacerdotes estrangeiros etc. A constituição de 1906 separava a Igreja do Estado, os jesuítas eram expulsos do país. Sobre o liberalismo de Alfaro e Plaza observe-se: "Porém esta ação não veio acompanhada de uma verdadeira reforma social. Manteve-se o sistema chamado *concertaje* nas relações agrárias com os indígenas, que envolvia uma verdadeira opressão, ao mesmo tempo em que se instalava um forte capitalismo cujo representante mais assinalado foi o banqueiro Francisco Urbina Jado. A luta entre esse liberalismo dogmático, professado só por uma minoria, e o estado social da massa do país, determinará a sucessiva história do Equador". [2]

---

[1] Bethell, obra citada, p. 310-311. Note-se a influência da Igreja Católica na História do Equador sob o governo de D. Gabriel Garcia Moreno brutalmente assassinado em 1873 e considerado por Carlos Pereyre (obra citada, p. 525) "un personaje de fisionomia inconfundible, um hombre excepcional".
[2] Marin, obra citada, p. 34.

Lizario Garcia (1905-1906)

Presidente pacífico, mas mais experiente em negócios que em política, enfrenta um levante de Alfaro, que, como já vimos, assume novamente o poder (1906-1911).

Emílio Estrada (1911)

Eleito presidente, acaba por desentender-se com o Alfarismo.

Carlos Freire Zaldumbide (1911-1912)

Assume a presidência, mas enfrentou graves distúrbios que acarretaram a morte de Alfaro. Seguem-se na presidência Leônidas Plaza Gutierres (1912-1916), pela segunda vez, Alfredo Baquerizo Moreno (1916-1920), José Luiz Tamayo (1920-1924) e Gonzalo Córdova (1924-1925). "Em julho de 1925 uma revolução sem sangue declarou vacantes os Poderes Públicos. Criou-se uma junta militar que em abril de 1926 entregou o poder ao Dr. Isidoro Ayora, presidente do Conselho de Governo, assistido por um triunvirato militar". [3] Ayora gozava de notável reputação como médico, como reitor da Universidade e como Ministro do Trabalho e Previdência Social, e uma Assembleia Nacional Constituinte elegera-o em março de 1929 para um período de cinco anos. Ayora, entretanto, não correspondeu às expectativas e foi deposto por uma quartelada em agosto de 1931. [4]

Alfredo Baquerizo Moreno (1931-1932), que já fora presidente em 1916-1920, volta ao poder em consequência de um movimento armado. Baquerizo é derrotado nas eleições por Neftali Bonifaz, que assume a presidência, dissolve o Congresso, mas não pode impedir novas eleições

---

[3] Pereyra, obra citada, p. 529.
[4] Idem, ibidem, p. 530.

(fora acusado de ser peruano e não equatoriano), na qual triunfa Juan de Dios Martínez Mera. "Este presidente liberal empregou todo o ano de 1933 em sufocar sublevações, fazer frente à greve geral, nomear ministros e escrever manifestos. Aos 30 de outubro deixou o poder e aos 16 de dezembro tomou posse seu grande adversário, o Dr. José Maria Velasco Ibarra deposto pelo exército em agosto de 1935. A quartelada fez encarregado do Poder Executivo o Dr. Antônio Pons e, depois, o engenheiro Federico Paz. Outro movimento deu o poder ao Ministro da Guerra Alberto Enriquez, general de tendências socialistas. Em 1938 foi eleito presidente o Dr. Aurélio Mosquera Narváez, cuja morte impediu que o afastassem da presidência. O Dr. Andrés S. Córdoba desempenhou transitoriamente a presidência, para a qual foi eleito de forma regular o Dr. Carlos Arroyo Del Rio". [5]

Carlos Alberto Arroyo del Rio (1940-1944)

Enfrentou conflitos internos: a "orgia política" continuava. [6] Na política externa fazem-se sentir os efeitos da Segunda Guerra Mundial: o Equador, cede, como base, as ilhas de Galápagos. Com o Peru houve problemas fronteiriços examinados na terceira conferência de Chanceleres, no Rio de Janeiro (1942). Um levante militar impediu que o presidente chegasse ao término de seu mandato.

José Maria Velasco Ibarra (1944-1947)

Já exercera a presidência em 1933, foi eleito presidente, mas perdeu o mandato em virtude de uma série de irregularidades em seu governo: revoltas, perseguições, corrupção, crise econômica. Seguem-se presidências interinas até o governo de Galo Plaza Lasso (1948-1952). Volta, então, ao poder Velasco Ibarra (1952-1956): "No panorama da América a terceira

---

[5] Idem, ibidem.
[6] Morales Padrón, obra citada, p. 684.

administração velasquista foi aceitável e em seu favor pode-se anotar o aumento de escolas e a realização de grande número de obras públicas". [7] Havia, contudo, gastos excessivos, corrupção e demagogia.

Camilo Ponce Emiquez (1956-1960)

Substituiu Velasco, mas este exerceria outro mandato (1960-1961) que, entretanto, duraria apenas um ano. "O velho mandatário, para entusiasmar seus partidários, havia esgrimido como bandeira a nulidade do Protocolo do Rio de Janeiro (1942) sobre os limites com o Peru. A demagogia, sua aproximação a Fidel Castro, seu neutralismo quase convertido em antinorte-americanismo, a extrema pobreza do país, manejado por uma oligarquia latifundiária, sua incapacidade para realizar as reformas prometidas etc. motivaram uma série de greves e perturbações que enfraqueceram a posição de Velasco Ibarra".[8] O vice-presidente Carlos Júlio Arosemena desentende-se com Velasco e preside a oposição apoiado pela maioria parlamentar. Contra o presidente posiciona-se também a Confederação de trabalhadores, e Velasco é forçado a deixar o poder e afastar-se do país.

Carlos Julio Arosemena Monroy (1961-1963)

Jovem advogado, neto de um ex-presidente e filho de outro ex-presidente, assume o poder. Apesar de pertencer a uma família de banqueiros, gozava de amplas simpatias nos círculos extremistas pró-soviéticos, especialmente por haver realizado uma viagem a Moscou e ser "homem dotado de ideais sociais e políticos progressistas". [9] A política pró-marxista de Arosemena e a infiltração comunista no governo inquietaram a opinião pública e, sobretudo, os militares. Pressionado pelas forças armadas o presidente rompeu relações

---

[7] Idem, ibidem, p. 685.
[8] Idem, ibidem.
[9] Idem, ibidem, p. 685.

com Tchecoslováquia, Polônia e Cuba, o que provocou o afastamento dos esquerdistas. Em julho de 1963 Arosemena foi deposto e uma junta militar assumiu o governo. Por vários decretos que foram editados, foi suspensa a constituição, adiaram-se as eleições e foi declarado ilegal o Partido Comunista. Com relação à política externa, a junta militar anunciou a adesão à Aliança para o Progresso, o que facilitou o reconhecimento por parte dos Estados Unidos. Em março de 1966 a junta renunciou ao poder sucedendo-se então, de março de 1966 a 1968, três presidetes: Yerovi Indaburu, Otto Arosemena Gómez e, mais uma vez, José Maria Velasco Ibarra (1968). Em novembro de 1966, Yerovi retira-se da vida pública, e a Assembleia Nacional Constituinte designa como presidente provisório da República Otto Arosemena Gómez, parente de outros antigos presidentes. Em maio de 1967 a Assembleia aprovava uma nova carta e em setembro de 1968 ascendia à presidência José Maria Velasco Ibarra (1968-1972), que iniciava seu quinto governo com uma de suas típicas manobras, o que acentuou sua sempre indicada versalidade e maquiavelismo político ao entrar em coalizão com o partido liberal radical, seu tradicional inimigo de trinta anos. Durou até 1971, quando novamente foi substituído no poder pelos militares.[10] Em 1972 subiu ao poder Guilhermo Rodríguez Lara, que governa até 1976. "Entre 1976 e 1979 um regime militar nacionalista e reformista preside o espetacular desenvolvimento da economia petroleira, estimulada pelo choque petroleiro de 1973 e, depois, pelo de 1979, reforça o papel dos Estados no desenvolvimento. Num contexto marcado pelo agravamento da crise econômica, o peso da dívida externa e o impacto do neoliberalismo e da globalização, o retorno à alternância democrática a contar de 1979 não permite frear a determinação das condições de vida da população nem de garantir a governabilidade do país. Após um levante nacional pacífico de 1990, o movimento indígena equatoriano desempenha um papel maior nas frequentes reações populares que acarretam, entre outras, a queda de dois governos em 1997 e 2000".[11]

---

[10] Idem, ibidem p. 693.
[11] Texto extraído do *Le dictionnaire du 20e siècle*, p. 236, assinado por J.P.M.C.

PERU

Ao iniciarmos o breve estudo da história política do Peru, convém lembrar primeiramente a figura de Nicolás de Piérola, presidente de 1895 a 1899. Pertencente a uma família católica, aristocrática, mas empobrecida, de Arequipa, Piérola fundou em 1889 o Partido Democrata essencialmente antimilitar, pró-clerical, antiliberal (mas não necessariamente anticapitalista), ostensivamente nacionalista e "foi apoiado no topo por um grupo poderoso de ricos fazendeiros do sul, pela hierarquia da Igreja e por elementos da antiga classe média que tinham grande orgulho de suas tradições hispânicas e católicas e procuravam mantê-las".[1] Piérola inaugurou a chamada "República Aristocrata" (1895-1919), "um período de estabilidade política e de progresso econômico sem paralelos na história moderna do país. A aurora dessa nova era, em grande parte burguesa, foi o resultado da recuperação econômica com base na exportação particularmente a partir do final da década de 1890, quando começou a produzir efeito o impacto do contrato Grace e a filosofia positivista da oligarquia civilista nascente".[2]

No início do século XX cinco partidos atuam na vida política do Peru: Constitucional, Democrata, Civil, União Cívica e União Nacional.

---

[1] Bethell, obra citada, p. 330.
[2] O contrato Grace originou-se de uma proposta de Michael Grace, um imigrante fundador de Grace and Company, uma casa de comércio florescente da costa ocidental. A proposta previa o cancelamento da dívida nacional em troca da concessão da rede ferroviária do país, que seria modernizada e ampliada, aos estrangeiros portadores de títulos peruanos, por um período de 75 anos.

Eduardo López de Romaña (1899-1903)

Fazendeiro, é considerado "Iniciador da etapa civilista que continuarão Manuel Candamo (1903-1904) e José Pardo (1904-1908). Seus governos prosseguem a obra de Piérola, desenvolvendo as vias de comunicação e dando impulso econômico ao país. Neste progresso ressalta-se o avanço educacional obtido mediante uma nova legislação e a criação de centros pedagógicos".[3] Na política externa Romaña teve de enfrentar problemas de fronteira com o Chile e o Equador. Sobre a ascensão de Candamo à presidência anote-se: "Em 1903 os civilistas romperam a aliança e conquistaram diretamente a presidência por intermédio de seu líder Manuel Candamo, um astuto estrategista. Então o poder econômico juntara-se formalmente ao poder político para formar o novo Estado oligárquico liberal que perduraria praticamente sem interrupção, se não sem contestação, até 1919".[4]

A José Pardo y Barreda (1904-1908) deve-se um notável impulso cultural e a primeira legislação social do país.

Augusto B. Leguia (1908-1912) era "*um self made man* que conseguira entrar para a oligarquia devido a seu talento, seu charme e seu sucesso nos negócios...".[5] No campo da economia continuou a obra de seus imediatos antecessores. No campo político revelou-se independente exercendo um modo próprio de governar, o que levou os principais civilistas a encará-lo como um dissidente. Em 1909 sobreviveu a uma tentativa de golpe. Em 1911 tentou manipular as eleições parlamentares provocando assim a oposição de muitos civilistas. Leguia acabou por organizar o Partido Civilista independente.

---

[3] Morales Padrón, obra citada, p. 434.
[4] Bethell, obra citada, p. 344.
[5] Idem, ibidem, p. 351.

Guilherme E. Billinghurst (1912-1914)

Notável diplomata e representante do Peru no Chile, foi eleito presidente pelo Congresso. Alegando a inconstitucionalidade da eleição, uma parte do movimento civilista convence o coronel Oscar Benavides, militar de prestígio, a depor Billinghurst. "Benavides, presidente provisório, sente os efeitos econômicos da guerra na Europa. Em 1915 convoca eleições que dão o mandato ao reitor da Universidade de São Marcos, José Pardo".[6]

José Pardo y Barrera (1915-1919)

Ocupa pela segunda vez a presidência. O governo de Pardo coincide com as crises econômicas decorrentes do conflito mundial. A economia peruana, dependente da exportação, sente as consequências da interrupção do comércio com os mercados europeus. Surgem problemas socioeconômicos com uma onda de greves trabalhistas. Pardo apresenta ao congresso projetos de leis trabalhistas que visam principalmente os trabalhadores das cidades, das grandes lavouras e das minas. "Pouco ou nada foi feito para os trabalhadores rurais sem poder político que mourejavam nas *haciendas da sierra*".[7] Deve-se recordar aqui dois elementos sociais que influiriam poderosamente no fim do governo civilista: o aparecimento de uma nova classe média e o desenvolvimento de uma mentalidade indigenista que influiu na rebelião das massas. O fim do mandato presidencial de Pardo estava acompanhado por um grave confronto de classes, especialmente em Lima.

Augusto B. Leguia (1919-1930)

Fora exilado durante o segundo mandato de Pardo, mas, ao perceber que o Peru se encontrava numa encruzilhada, retornou à pátria aparecendo

---

[6] Morales Padrón, obra citada, p. 587.
[7] Bethell, obra citada, p. 362.

então como o homem do momento, que prometia reformas e atacava os civilistas. Assim é que foi eleito para a presidência em 1919, conseguindo frustrar as tentativas civilistas de impedir sua posse. Estamos aqui diante de um governo que logo degenerou numa ditadura de onze anos conhecida na História como Oncenio. Em 1920 Leguia, que designou o novo regime "Pátria Nueva", reformou a constituição de 1860 e instaurou a ditadura iniciando duras perseguições a seus adversários.

Cabem aqui umas breves considerações a propósito do "neoleguismo": começou a formar-se por volta de 1919 em virtude das falhas do governo de Pardo. Note-se que a Primeira Guerra Mundial valorizara determinados produtos nacionais como o açúcar, o algodão e o petróleo, fazendo surgir uma fase capitalista em que tinha papel especial uma classe média emergente. Nestas circunstâncias desenvolve-se o movimento leguista, que *mutatis mutandis* teve características muito semelhantes aos movimentos que levaram ao poder Yrigoyen na Argentina e Alessandri no Chile.[8] Caciquismo provinciano desproporcionalmente representado nas Câmaras, fraude eleitoral, entrada de capital extrangeiro, principalmente norte-americano, são alguns traços marcantes do Oncenio. Eis uma interessante caracterização da personalidade de Leguia: A figura de Leguia ofereceu notáveis contrastes e surpresas: "Era um oligarca, porém, se fosse preciso, falava de socialismo; era grau 33 da maçonaria, porém entendia-se bem com o catolicismo; era um chovinista" fezoz, porém pactuou com o Chile (Peru ficou com Tacna e Chile com Arica) e a Colômbia (tratado Salomón-Lozano, que deu à Colômbia a zona entre o Caquetá e o Putumayo e entre este e o Amazonas); nada sabia do "outro Peru" (do indígena), porém falava de "nossos irmãos os índios".[9]

Luis Miguel Sánchez Cerro (1930-1931)

Tenente-coronel, subleva-se em Arequipa. Leguia foi deposto e encarcerado, tendo falecido pouco depois por falta de assistência médica.

---

[8] A propósito de Leguia seguimos, aqui, Morales Padrón, obra citada, p. 588.
[9] Idem, ibidem.

Sanches Cerro é caracterizado por Carlos Pereyra como "hombre de baja estofa, irreflexivo, inculto, violento, sucio, de palabra procaz..."[10] Sanches Cerro foi deposto por outra quartelada, também em Arequipa, dirigida por Gustavo Jiménes, que formou uma nova junta presidida pelo político David Samánez Ocampo. Convocaram-se eleições às quais concorreram Sánchez e Haya de la Torre. Este último formara, enquanto se encontrava no México, um movimento que recebeu o nome de APRA (Aliança Popular Revolucionária Americana), de caráter marxista e antinorte-americano.[11] Sánchez se apresentou por um novo partido diretista, a União Revolucionária. Sanchez venceu a eleição.[12] Os apristas não se conformaram com a derrota e promoveram distúrbios que foram severamente reprimidos. Sanchez Cerro seria assassinado em 1933 e o partido aprista declarado ilegal.

Oscar Benavides (1933-1939)

General que já exercera a presidência, foi eleito pelo Congresso "contra o preceito constitucional que o impedia. Esta ilegalidade foi salvadora. Benavides assumia o mando em uma situação de extrema dificuldade. Ninguém tinha seu prestígio para animar os peruanos em caso de guerra, ou dominar a paixão patriótica e pactuar uma transação prudente. Sua fama vinha precisamente de um brilhante feito de armas no rio Caquetá, contra forças colombianas".[13] O mandato de Sánchez Cerro terminaria em dezembro de 1936; Benavides concluira este mandato e, por manobras complicadas, na expressão de Pereyra, prorrogou o seu até dezembro de 1939. Deve-se registrar que sua administração

---

[10] Pereyra, obra citada, p. 488.
[11] Pereyra (obra citada, p. 489) anota sobre as origens da APRA: "son curiosos los antecedentes de la célebre APRA. Méjico dispensaba uma acogida espléndida a los agitadores de todos los países. Podian faltar fondos para las atenciones más precisas del servicio público pero los zánganos forasteros no carecian de lo superfluo. El futuro fundador del APRA acudió a la orgia mejicana..."
[12] Pereyra (obra citada, p. 490) anota: "Elegido Presidente Sánchez Cerro, que ya era teniente coronel, ascendió a coronel, fué pronto general y por modéstia no sehizo mariscal".
[13] Idem, ibidem.

foi benéfica no campo da assistência social e da proteção ao trabalho. Deve-se a Benavides o término da estrada central que pôs Lima em comunicação com regiões importantes para a penetração na selva amazônica.

A Benavides seguem-se as presidências de Manuel Prado (1939-1445), de José Luís Bustamante (1945-1948) e do general Manuel Apolinário Odría (1949-1956). Estes detentores do poder "sucedem-se em umas presidências nem normais, nem privadas de alterações domésticas e internacionais".[14] É importante registrar que o final da Segunda Guerra Mundial propiciou o desenvolvimento das instituições democráticas com a tolerância para diferentes ideologias. O Aprismo, que estivera longo tempo na clandestinidade, aproveitou a oportunidade recebendo apoio de operários, de camponeses e até de burgueses. José Luis Bustamante, diplomata e jurista, que se comprometera com a legalização do APRA, foi eleito e pretendeu realizar um governo de união, mas encontrou oposições. Desencadearam-se insurreições apristas e os militares dirigidos pelo general Manuel A. Odría estabeleceram uma ditadura (1948-1950) forçando Haya de la Torre a refugiar-se na embaixada da Colômbia. Em 1950 Odría, candidato único à presidência, foi eleito: "Odría fez seus, muitos dos planos de reforma social do APRA, em especial os relativos ao urbanismo. Porém o programa de Odría limitou-se sobretudo a Lima, o que não foi óbice para que a oligarquia, alarmada pelas medidas sociais do ditador, se apartasse dele. Odría reagiu violentamente contra os protestos do setor oligárquico...".[15] Nas eleições de 1956 Odría encontra-se politicamente enfraquecido em virtude de seus enfrentamentos com o setor direitista e sai vencedor o ex-presidente Manuel Prado (1956-1962), com o apoio do APRA que pretendia ser legalizado. Em 1962, por ocasião das eleições, o exército se posicionou contra os apristas e anulou as eleições alegando fraude. Manuel Prado é levado preso para um navio de guerra, o Congresso é dissolvido e uma junta militar de quatro membros assume o poder (1962-1963). "A junta, presidida pelo general Pérez Godoy, libertou os presos políticos, restabeleceu os direitos civis, prometeu eleições em 1963, intentou destruir o poder dos apristas nos sindicatos, emitiu um decreto provisório de reforma agrária e demonstrou

---

[14] Morales Padrón, obra citada, p. 693.
[15] Idem, ibidem, p. 694.

que não estava a serviço da oligarquia. Fiéis à sua promessa, ditaram uma lei eleitoral e criaram uma atmosfera de liberdade para que os partidos pudessem realizar suas campanhas".

Fernando Belaúnde Terry (1963-1968)

Arquiteto e político por tradição familiar (já fora candidato à suprema magistratura por duas vezes) foi eleito presidente e encontrou uma forte oposição formada surpreendentemente por dois partidos tradicionalmente adversários entre si, a União Nacional Odriista e o APRA, agora unidos contra o governo. Reforma agrária, obras públicas, agitação provocada por guerrilhas com a ocupação de propriedades agrícolas figuram entre os principais acontecimentos do governo de Belaúnde. Em outubro de 1968, as Forças Armadas dão um golpe e ascende à Presidência o general Juan Velasco Alvarado.

Juan Velasco Alvarado (1968-1975)

Inicia o chamado governo revolucionário: estatização do complexo petrolífero e reforma agrária radical pretendendo fazer dono de terra aquele que a trabalhar. "Aspira-se a uma transformação estrutural que permita o desenvolvimento cuja base seja a industrialização intensiva e planificada da economia do país".[16] Estamos aqui em face de um governo populista e reformista. Em 1975 há um golpe militar de caráter conservador que depõe Velasco. Em 1980, com eleição de F. Belaunde o país retorna à democracia. De 1985-1990 sobe ao poder o aprista Alan Garcia, sob cujo mandato ocorrem problemas econômicos, acusações de corrupção e ações terroristas de dois grupos armados: o movimento revolucionário Tupac Amaru (MRTA), de caráter guevarista, e o Sendero Luminoso, de caráter maoísta. Em 1990 Alberto Fujimori vence nas eleições presidenciais o conhecido escritor Mário Vargas Llosa.

---

[16] Idem, ibidem, p. 696 e 700.

BOLÍVIA

No início do século XX encontramos a Bolívia isolada do mar em virtude da guerra com o Chile (1879-1884), ocupada por uma pequena população predominantemente rural e com uma respeitável quantidade de índios. "O espanhol era falado somente por uma minoria, apesar de ser a única língua usada na vida econômica e política da República".[1]

José Manuel Pando (1899-1904)

Foi designado presidente da República pela Convencion Nacional, que decidira manter o sistema unitário e não o sistema federal. Na política externa coube a Pando resolver dois problemas territoriais respectivamente com o Chile e com o Brasil. Pelo tratado com o Chile, que não admitia devolver o território ocupado na Guerra do Pacífico, assinado em 1904, a Bolívia cedia as terras tomadas ao longo do litoral e desistia da construção de um porto no Pacífico. "Em troca, o Chile construiria uma estrada de ferro de Arica a La Paz, pagaria uma indenização formal de 300 mil libras esterlinas, garantiria empréstimos internos para a construção ferroviária e renunciaria aos acordos especiais de nação privilegiada no comércio com a Bolívia. Embora a questão do litoral do Pacífico tenha sido resolvida formalmente pelo tratado, na verdade continua sendo, até hoje, o principal problema das

---
[1] Bethell, obra citada, p. 382.

relações internacionais nos Andes".² Em 1903 foi efetuado o Tratado de Petrópolis com o Brasil: a Bolívia cedia o território do Acre em troca de avultada indenização.

Ismael Montes (1904-1909)

Foi eleito presidente com o apoio de Pando. Montes dedicou-se aos problemas internos do país: "renovação intelectual, modernização da imprensa, criação de instituição científicas e literárias, desenvolvimento da mineração, reforma monetária, organização do exército etc. ". ³

Heliodoro Villazón (1909-1913)

Foi escolhido como presidente por influência de Montes, que pretendia, assim, garantir sua própria reeleição em 1913. Villazón dedicou-se quase exclusivamente a problemas internos: reorganização das finanças e construção de vias férreas.⁴

Ismael Montes (1913-1917)

Enfrentou problemas econômicos e políticos. A crise do comércio internacional no período anterior à grande guerra refletiu-se na redução das exportações de minérios nos anos 1913-1914. A redução das receitas do governo sofreu a influência da crise agrícola provocada por condições atmosféricas adversas. Dentro de seu partido Montes começou a enfrentar oposição: o partido Liberal dividiu-se e surgiu então o Partido Republicano em 1914.

---

² Idem, ibidem, p. 395.
³ Morales Padrón, obra citada, p. 438.
⁴ Idem, ibidem.

José Gutiérrez Guerra (1917-1920)

Foi o último presidente liberal. O Partido Republicano progride com apoio de elementos da comunidade empresarial e em 1920 o exército intervém na política pondo fim ao governo do Partido Liberal. Estamos aqui diante de uma revolução incruenta que possibilita ao Partido Republicano levar ao poder Bautista Saavedra.

Bautista Saavedra (1921-1925)

Enfrentou uma grave crise econômico-financeira bem como uma crescente oposição. Note-se que o Partido Republicano dividira-se em dois ramos que se combatiam: um chefiado por Saavedra e outro por Daniel Salamanca. Este e seus partidários fundaram uma nova agremiação, o Partido Republicano Genuíno, e promoveram agitações contra o regime. Difunde-se então a propaganda do nacionalismo econômico. "Na Bolívia, a oposição à exploração dos recursos naturais por companhias estrangeiras começou virtualmente assim que foi feita a primeira concessão no ramo petrolífico. Com respeito à mineração não houve qualquer clamor público, e Guggenheim e outras companhias norte-americanas participaram ativamente da economia do país, mas o petróleo sempre constituiu uma questão especial, e o ataque à Standad Oil passou a fazer parte da retórica tanto da direita tradicional quanto dos nascentes movimentos bolivianos de esquerda".[5] Na política interna devem ser lembrados dois acontecimentos: um levante indígena no distrito do Lago Títicaca com centenas de mortes e a proposta da primeira legislação trabalhista e social moderna na história da Bolívia. No final de seu mandato Saavedra procura agradar a todas as facções, o que, entretanto, não contribuiu para que pudesse escolher seu sucessor nem para que pudesse prorrogar seu próprio mandato. Em 1925 Saavedra foi forçado a entregar o governo a Hernando Siles, seu adversário político que criou um agrupamento político próprio, o Partido Nacionalista.

---

[5] Bethell, obra citada, p. 401.

Hermando Siles (1926-1930)

Enfrentou *déficit* orçamentário e dificuldades para cumprir as obrigações internacionais. Note-se que o preço do estanho no mercado internacional começava a declinar. No final de 1928 ressurge uma disputa com o Paraguai relativa à fronteira do Chaco. Siles tentou continuar no cargo após o término de seu mandato e entregou o governo a uma junta militar que controlaria a reeleição. O exército, porém, rebelou-se, e a junta viu-se forçada a desaparecer de cena. Em 1931 foi eleito legalmente presidente, sob a influência do magnata do estanho, Patiño, o republicano Daniel Salamanca, que recebeu o poder do general Carlos Blanco Galindo.

Daniel Salamanca (1931-1934)

Encontra o país em plena crise econômico-financeira. Na política externa o governo de Salamanca, com relação ao Paraguai, passou a adotar uma atitude ofensiva: em julho de 1931, aproveitando-se de um incidente típico de fronteira, rompeu relações diplomáticas. Salamanca fortaleceu o Exército e desenvolveu um programa de exploração e colonização do Chaco. Um incidente de fronteira levou o governo boliviano a transformá--lo "numa guerra em escala total para surpresa até mesmo dos paraguaios".[6] Morales Padrón assim sintetiza sobre a guerra do Chaco iniciada em junho de 1932: "O alemão Hanskundt dirigia os bolivianos; o general José Félix Estigarribia comandava as forças paraguaias. O êxito da contenda foi-se inclinando para o Paraguai, que em 1933 ofereceu um armistício sem êxito. Agora quem comandava o exército boliviano era o general Enrique Peñaranda, porém os resultados foram igualmente negativos. Sem que houvesse vencedores nem vencidos, em 1935 logrou-se firmar a paz em Buenos Aires, que em 1938 ratificou-se definitivamente".[7] Observe-se que

---

[6] Idem, ibidem, p. 410.
[7] Morales Padrón, obra citada, p. 601. Sobre a influência do petróleo na Guerra do Chaco, lemos em Bethell, obra citada, p. 410-411: "A crença popular, porém, aceitou quase imediatamente como verdade que a Guerra do Chaco foi o resultado de um

finda a guerra do Chaco, a Bolívia procurou entender-se com outros países, visando obter saída para o mar. "Seu Oriente, zona petroleira, agrícola e pecuária, conectou-se com o Rio da Prata; e o Brasil deu-lhe facilidades em Santos, como o Chile em Arica".[8]

Os militares dão o tom na sucessão presidencial boliviana. Em novembro de 1934 Salamanca é deposto e aprisionado pelos milionários do Chaco que o acusavam de haver sido o promotor e instigador da guerra. Os combatentes do Chaco detêm também o presidente eleito Francisco Tamayo, e o vice-presidente Tejada Sorzano ocupa (1934-1935) a presidência enquanto o permitiu o coronel David Toro, que assume a presidência (1935-1937) praticando uma ditadura socializante. Toro foi deposto pelo coronel Germano Busch (1937-1938), que em 1939 assumiu poderes ditatoriais acabando por suicidar-se. Torna-se presidente interino o general Carlos Quintanilla (1939-1940), designado pelos militares. Segue-se uma série de presidentes: [9] quatorze anos, oito presidentes e muitas revoltas. Os nomes sucedem-se velozes: Enrique Peñaranda (1940-1943), Gualberto Villarroel (1943-1946), Nestor Guillén (1946), Monje Gutierrez (1946-1947), Enrique Hertzog (1947-1949), Mamerto Urriolagoitia (1945-1951). Em abril de 1951 eleições nacionais dão o poder a Victor Paz Estensoro e Hernan Siles Zuazo, respectivamente presidente e vice-presidente, ambos candidatos do MNR (Movimento Nacional Revolucionário), que inspirara a política de Villarroel. Deve-se notar que Urriolagoitia abre mão de seu cargo em favor dos militares dirigidos pelo general Hugo Ballivian, que assume a suprema magistratura. Em 1952, entretanto, "o povo, encabeçado pelo

---

conflito basilar em torno das terras de petróleo entre a Standard Oil of New Jersey, que apoiava os direitos bolivianos, e a Royal Dutch Shell, que estava entrincheirada no Paraguai. Não há dúvida de que, no final desse conflito longo e sangrento, quando as tropas paraguaias vitoriosas chegaram ao limite da região do Chaco e aproximadamente das escarpas andinas, o petróleo tornou-se uma importante questão em seus objetivos de guerra. No entanto, até o final de 1935, a guerra estava sendo travada a centenas de quilômetros dos campos petrolíferos mais próximos. Ademais, ficou evidente, após a "guerra, que a Standard Oil vendera ilegalmente petróleo boliviano à Argentina e, depois, ao Paraguai, ao mesmo tempo em que dizia que nada podia produzir para a Bolívia nesses mesmos campos".
[8] Morales Padrón, obra citada, p. 701.
[9] Idem, ibidem.

MNR fez cumprir o veredicto eleitoral, e Paz Estensoro assumiu a presidência constitucional da república".[10]

Victor Paz Estenssoro (1952-1956)

Dissolveu uma parte do exército mantendo apenas os chefes que juraram fidelidade ao MNR; camponeses e sindicatos de trabalhadores foram armados formando milícias civis; policiais e carabineiros receberam reforços. Note-se, contudo, que os sindicatos de trabalhadores mantiveram certa independência do governo. O governo visava a nacionalização das minas e a partilha das terras. A nacionalização fracassou em virtude da queda do preço do estanho e do aumento do número de trabalhadores. Em 1953 foi feita a reforma agrária com a repartição dos latifúndios sem que houvesse indenizações. Ainda na política interna deve-se lembrar o voto universal (inclusive das mulheres e dos analfabetos) e a exclusão dos partidos minoritários.

Hernán Siles (1956-1960)

Enfrentou a inflação produzida pela exportação do estanho a baixo preço. A alta do dólar provocou uma descapitalização, "salvando-se tão somente as empresas que tinham seu capital em dólares e as poucas pessoas que recebiam pagamento nesta moeda".[11] É interessante lembrar que foi elaborado um Código de Petróleo que, apesar de criticado, possibilitava a participação de empresas estrangeiras, o que aconteceu com a Shell e a Gulf.

---

[10] Idem, ibidem.
[11] Idem, ibidem, p. 704.

Victor Paz Estenssoro (1960-1964)

Exerceu pela segunda vez a presidência tendo como vice-presidente Juan Lechin Oquendo, que chefiara o MNRI (Movimento Nacional da Esquerda). Em 1964 Paz Estenssoro pleiteia uma terceira eleição tendo como vice-presidente o general René Barrientos. Com a abstenção dos partidos de oposição, Estenssoro é eleito, mas em novembro de 1964 é obrigado a exilar-se em face de uma sublevação militar encabeçada por Barrientos, que é designado presidente por uma junta militar. Em 1966 Barrientos é eleito, mas perece num acidente aéreo em abril de 1969 sendo substituído pelo vice-presidente Luis Adolfo Siles Salinas (1969). Durante o governo de Barrientos, como já vimos, foi morto o guerrilheiro Che Guevara. Deve-se sublinhar que Guevara, ao sair de Cuba, não gozava da simpatia do grupo castrista dirigente. Julgava ser necessário criar um, dois, três Vietnãs para dispersar as forças do imperialismo americano. "A campanha do 'Che' na Bolívia foi uma tragédia dado o isolamento do país e seu difícil abastecimento a partir do exterior, o inóspito da zona escolhida e a frieza e quase rejeição com que os bolivianos receberam as guerrilhas. O desconhecimento total da psicologia dos bolivianos foi uma das causas principais do fracasso bem como um mal-entendido com o Partido Comunista. As promessas aos camponeses, beneficiados muito recentemente com a reforma agrária, não tiveram repercussão. No momento tão pouco houve uma reação favorável nos centros urbanos".[12]

Siles Slinas (1969) entra em desacordo com seu próprio partido, o PSD (Partido Social Democrata), o que deixa o presidente "completamente só em um governo cuja única força parecia seu constitucionalismo e o desejo de que o país entrasse no leito da normalidade".[13] Um golpe militar encabeçado pelo general Alfredo Ovando Candia destituiu Siles Salinas (setembro de 1969).

---

[12] Idem, ibidem, p. 706. Por ocasião das guerrilhas foi preso e processado o jornalista francês Jules Régis Debray (maio de 1967).
[13] Idem, ibidem.

Alfredo Ovando Candia (1969-1970)

Governa sob a vigilância dos que o haviam apoiado (militares e ministros) e que expressaram seus ideais afirmando: "esta é uma revolução e queremos mudanças estruturais. Desejamos que as riquezas naturais voltem ao domínio do país para o benefício dos bolivianos".[14] Ovando, apesar de sua inclinação para a esquerda e sua atitude anti-imperialista, não encontrava apoio nem entre os universitários nem entre os trabalhadores. Os mineiros rendiam culto a Guevara e solicitavam liberdade para Debray. Ovando foi destituído em 1970 pelo general Juan José Torres (1970-1971), que inicialmente popularizou-se "ao prometer a formação de um governo de acentuado matiz esquerdista, porém sem cair nos postulados doutrinários do marxismo-leninismo".[15] Torres libertou Regis Debray e outros guerrilheiros, o que provocou a reação da jovem oficialidade, entre a qual se encontrava Hugo Banzer, que depôs Torres em agosto de 1971. Seguem-se então as ditaduras repressivas de Banzer (1971-1978) e de Luís Garcia Meza (1980-1981); este último é acusado de estar implicado no tráfico de droga.[16] Depois da falência da coalisão centro-esquerda de Siles Zuazo (1982-1985), temos novamente a presença do velho líder do MNR, Paz Estnssoro (1985-1989). No final do século (1997), volta ao poder o general Banzer.

---

[14] Idem, ibidem.
[15] Idem, ibidem.
[16] Ver *Le dictionnaire du 20e siècle*, p. 87, texto assinado por WOO (Olivari Ortega Walter, p. 10).

CHILE

No início do século XX, o Chile é uma República Parlamentar: "A vitória do Congresso em 1891 marcou importante divisão na história política e constitucional. Tendo-se rebelado para afirmar a predominância do poder legislativo sobre o executivo, os partidos que estavam representados no Congresso vitoriosos, mas heterogêneos, é que controlavam agora o Chile".[1] O presidente José Manuel Balmaceda (1886-1891), pouco antes de cometer suicídio, advertira em testamento político: "embora o Chile tenha agora um governo parlamentar (...) não haverá liberdade eleitoral, nem partidos claramente definidos, nem paz entre os grupos do Congresso...".[2] Deve-se notar que uma mudança importante ocorrerá com o novo regime: fora eliminada a interferência direta do governo nas eleições e os presidentes teriam que confiar em alianças e coligações dentre de um congresso multipartidário.[3] Em 1891 iniciam-se novos tempos: nota-se um desenvolvimento crescente das classes industrial e mineira que mudará a velha fisionomia da antiga oligarquia territorial.[4] A essa transformação social e econômica acrescente-se a transformação política: o cargo de presidente perde importância e poder, mas o poder atribuído ao parlamento torna-se fonte de constante choque entre os grupos que defendiam o poder executivo e os parlamentaristas. Estes também se desentendiam segundo as conveniências próprias. "O resultado era deplorável: a contínua queda de

---

[1] Bethell, obra citada, p. 438.
[2] Idem, ibidem.
[3] Idem, ibidem, p. 439.
[4] Morales Padrón, obra citada, p. 594.

gabinetes, chamada *ministerial rotation*, debilitava a ação governamental e os problemas da nação, em vez de serem resolvidos, somente tornavam-se piores".[5]

O Chile entra no século vinte sob a presidência de Federico Errázuriz Echaurren (1896-1901), que governa sob o controle dos partidos heterogêneos representados no Congresso. Conseguia, com habilidade, atrair os partidários liberais e manter, assim, a paz interna. No exterior houve problemas com a Argentina quanto à fronteira na zona austral e à posse da Puna de Atacama (1899). Recorreu-se, então, à arbitragem do rei da Inglaterra para a zona sul e à do ministro dos Estados Unidos para Atacama.[6] Motivos de saúde levaram Errázuriz a renunciar ao mandato em 1901, quando assumiu o poder Germán Riesco (1901-1906). Na política externa liquida-se a questão com a Argentina na zona sul e consegue-se a cessão de Antofogasta por parte da Bolívia em troca de elevada quantia em libras estelinas e um ferrocarril de 400 quilômetros entre Arica e La Paz, "que seria do Chile só durante quinze anos, por onde poderia entrar e sair a Bolívia (1904), à qual se reconhece amplo e livre trânsito pelo território e portos chilenos".[7] Na política interna registre-se a luta dos trabalhadores em minas para incorporar-se na vida política do país manifestando-se através de movimentos grevistas. Estamos aqui em face de um verdadeiro despertar de uma classe social.

Pedro Montt (1906-1910)

Teve por ideal devolver à presidência a antiga importância, mas enfrentou a resistência dos adeptos do parlamentarismo. Na política interna registra-se progresso nas obras de infraestrutura como, por exemplo, a construção de vias férreas. Em 1906 um forte terremoto causou graves danos à cidade de Valparaíso e em 1907-1908 uma crise econômica abalou o governo. Pedro Montt deixou o governo enfermo, tendo falecido (1910) na Europa, onde buscara recursos médicos.

---

[5] Villalobos, *A short History of Chile*, p. 167.
[6] Morales Padrón, obra citada, p. 596.
[7] Idem, ibidem.

Ramon Barros Luco (1910-1915)

Com 75 anos de idade, substitui Montt e enfrenta uma acentuada rotação ministerial: quinze ministérios nos cinco anos de seu mandato, quatro dos quais duraram menos de três semanas.[8] Registre-se que sob o governo de Barros Luco processa-se "a união da Argentina, Brasil e Chile (A.B.C) para intervir no conflito originado entre Estados Unidos e México (1914)".[9] Inicia-se, neste ano, a Primeira Guerra Mundial, que vai repercutir profundamente na economia chilena.

Juan Luis Sanfuentes (1915-1920)

Foi eleito presidente por pequena margem de votos tendo recebido o apoio de uma coligação instável de partidos heterogêneos. Na política interna Sanfuentes tem de enfrentar as consequências econômicas do conflito mundial. O proletariado manifesta seu descontentamento por meio de greves e distúrbios nos principais centros urbanos. Da parte do governo ocorreu violenta repressão. Entre os fatores da crise econômico--social após o término da guerra, podem ser lembrados: a substituição do capital alemão pelo capital inglês e a repercussão da revolução russa com a projeção internacional do marxismo-leninismo. Na política externa a posição chilena, embora favorável à Alemanha, foi inicial e oficialmente neutra. Deve-se registrar que o Chile estivera sob a ifluência alemã através de imigrantes germânicos e de militares que haviam organizado o exército nacional. Acrescentem-se a intensa propaganda alemã e o importante comercio externo com a Alemanha. Quando os Estados Unidos entraram no conflito, o Chile continuou neutro, mas as simpatias foram-se passando para os aliados.

---

[8] Bethell, obra citada, p. 452.
[9] Morales Padrón, obra citada, p. 597.

Arturo Alessandri Palma (1920-1925)

As eleições para o sucessor de Sanfuentes deram um resultado duvidoso, e o problema sucessório foi então resolvido por um tribural de honra que elegeu Alessandri. Estamos aqui em face de um político de notável inteligência e de fácil comunicação com as massas perante as quais se apresentava como redentor dos oprimidos. No programa de Alessandri figuravam reformas sociais e medidas econômicas destinadas a aliviar a profunda depressão que atingia o Chile. O Senado, entretanto, dificultava a aprovação dos projetos de lei. "No final de 1923 o conflito entre o presidente e o senado entrou em crise, as trocas ministeriais se fizeram mais frequentes e a atividade legislativa suspendeu-se quase totalmente. Surgiu então um movimento de opinião que o próprio presidente capitaneou, encaminhado a modificar a Constituição de modo que privasse o senado de suas faculdades para demitir ministérios. Em junho de 1924 o Congresso começou suas sessões e em setembro o desprestígio era total, pois não havia sido capaz de resolver nem despachar uma série de projetos de lei de tipo social.[10] Um desses projetos melhorava a situação econômica do exército, o congresso porém, em vez de aprová-lo, aprovou a lei que favorecia a renumeração de seus membros. Os militares dirigem-se ao presidente, que designa o general Altamirano chefe do governo, e este consegue a aprovação total das leis. Alessandri, então, afasta-se do poder e asila-se na embaixada dos Estados Unidos e logo em seguida parte para a Argentina. "O congresso foi fechado, os membros civis do ministério renunciaram e uma junta de governo, formada por Altamirano, Bennet e Neff, assumiu o poder, com a intenção confessa de devolvê-lo aos civis tão logo fosse possível".[11] O parlamentarismo e o próprio regime constitucional estavam afetados pelo golpe. As juntas militares governaram até que se resolveu convocar novamente Alessandri, que regressou e foi aclamado por uma multidão (março de 1925). "Dois foram seus grandes projetos: criação do Banco Central e redação da constituição de 1925, que separou a Igreja do Estado, estabeleceu a eleição presidencial por votação direta, ampliou

---

[10] Idem, ibidem, p. 598.
[11] Bethell, obra citada, p. 461.

as faculdades da Corte Suprema etc. O impulso reformista prosseguiu nas presidências seguintes".[12] O poder presidencial fortalecera-se.

Emiliano Figueroa Larraín (1925-1927)

Em outubro de 1925 Alessandri renunciou, e os partidos escolheram como sucessor Figueroa Larrain, um político idoso que, por um ano e meio, "lutou contra um congresso recalcitrante em que os partidos tinham voltado a seus velhos jogos políticos e, ainda, contra seu ministro da guerra Ibáñez".[13] O general Carlos Ibáñez acabou por substituir Figueroa.

Carlos Ibáñez (1927-1931)

Assumira a presidência provisoriamente até a realização de eleições. Efetuadas estas, Ibáñez foi eleito tendo apenas como adversário o candidato do Partido Comunista, que teve votação insignificante. Ibáñez, ferrenho anticomunista, "deu ao Chile quatro anos de um governo autocrático – alguns diriam repressivo –, eficiente, honesto e próspero. Escolhia seus ministros não por terem alguma relação com os partidos no Congresso, mas por serem indivíduos de competência técnica e capacidade administrativa".[14] Na política interna Ibáñez criou instituições de crédito tendo em vista o estímulo da agricultura e da indústria. Coube-lhe também iniciar um amplo programa de obras públicas. Note-se, contudo, que o bem-estar econômico produzido pelo governo de Ibáñez sofreria um golpe com a crise de Wall Street em 1929. Na política externa merece ser mencionada a solução definitiva da disputa de fronteira com o Peru pelos territórios de Tacna (devolvido ao Peru) e de Arica (conservado pelo Chile).

Ibáñez renuncia ao poder em julho de 1931. "A notícia foi recebida com cenas selvagens de regozijo e manifestações públicas. Como escreveu um

---

[12] Morales Padrón, obra citada, p. 599.
[13] Bethell, obra citada, p. 465.
[14] Idem, ibidem.

destacado diário de Santiago: O que derrubou a ditadura não foi a revolução, mas totalmente o contrário. Foi a força irresistível da opinião pública, que procurou pôr fim a uma situação revolucionária e promover o retorno a uma normalidade constitucional e legal".[15] Sucede-se então um período de revoltas. Pretende-se restabelecer o civilismo. "Nos dezoito meses depois da queda de Ibáñez, o Chile iria ter não menos que nove governos variando do conservador moderado ao socialista confesso, duas greves gerais, um motim na frota e vários golpes à medida que o país mergulhava cada vez mais na depressão econômica."[16] Entre os principais detentores do poder nessa época figuram Juan Esteban Montero (1931-1932) e Carlos D'Ávila (1932). Em 1932 Arturo Alessandri era novamente eleito presidente

Arturo Alessandri (1932-1938)

Tinha a missão de consolidar o regime constitucional e reabilitar a economia e as fianças públicas. "Num país atormentado logrou o mandatário impor a estabilidade ministerial e consolidar novamente o presidencialismo. A inflação, o desemprego, o baixo nível da economia etc. foram problemas que, com a multiplicação de forças e pugnas políticas, açoitaram o país."[17]

Pedro Aguirre Cerda (1938-1941)

Foi eleito por uma Frente Popular, coalisão de partidos de esquerda e de centro. Aguirre, primeiro presidente originado do Partido Radical, inicia reformas no domínio da educação, da saúde e da industrialização e pretende liberar a economia chilena sujeita às pressões estrangeiras. Um terrível terremoto (janeiro de 1939) e a Segunda Guerra Mundial com consequente bloqueio de mercados impediram a plena realização do programa governamental.

---

[15] Idem, ibidem, p. 470-471.
[16] Idem, ibidem, p. 471.
[17] Morales Padrón, obra citada, p. 708.

Juan Antonio Rios (1941-1946)

Da frente popular, assumiu o governo em plena conflagração mundial vendo-se obrigado a abandonar a neutralidade e romper relações com a Alemanha e a Itália. Internamente Rios estimulou a industrialização do país e preocupou-se com problemas de caráter social. Faleceu em 1946.

Gabriel Gonzáles Videla (1946-1952)

Da Frente Popular, internamente continuou a incentivar a industrialização e declarou ilegal o Partido Comunista. Na política externa deve-se registrar a fixação da soberania chilena na Antártica entre os meridianos 53º e 90º oeste de Greenwich.[18] Note-se que em 1949 foi dado o direito de votos às mulheres.

Carlos Ibáñez (1952-1958)

Triunfou nas eleições de 1952 e enfrentou uma greve geral em 1956 contra o bloqueio de salários, tendo sido decretado o estado de sítio. Em 1957 é fundado o Partido Democrata Cristão pelas correntes conservadoras inspiradas na doutrina social da Igreja.

Jorge Alessandri (1958-1964)

Foi constitucionalmente nomeado presidente pelo Congresso porque as eleições de 1958 não haviam atingido uma maioria necessária. Alessandri promoveu uma reforma agrária de alcance limitado e desenvolveu uma política de industrialização que, entretanto, não conseguiu superar a inflação e o desemprego.

---

[18] Idem, ibidem, p. 709.

Eduardo Frei Montalva (1964-1970)

Democrata cristão, é eleito presidente. Entre as mais importantes realizações de Frei, lembremos a Reforma Agrária e a "chilenización del cobre". A reforma agrária permitiu repartir mais de 1200 latifúndios, uns três milhões de hectares, entre 28.000 famílias, convertendo-as em proprietárias. É interessante notar que essa reforma foi criticada pelos grupos políticos, pelos latifundiários e pelos próprios camponeses. Estes consideravam-na insuficiente.[19] Quanto às minas em poder de estrangeiros, anote-se: "Partidário da associação com o capital estrangeiro, em cujas mãos estava a indústria mineira, Freire preferiu, em lugar da radical nacionlização, desenvolver a política que ele chamou de 'chilenização do cobre'".[20] A ordem pública, durante o governo de Freire, foi abalada por grupos guerrilheiros, distúrbios universitários e ondas de greves. Nas eleições de 1970 os esquerdistas coligaram-se na chamada Unidade Popular e apresentaram como único candidato o marxista Salvador Allende, que já havia aspirado à presidência por três vezes: em 1952, 1958, 1964.[21]

Salvador Allende (1970-1973)

"Nas eleições presidenciais de 1970 obteve triunfo o socialista Salvador Allende Gossens candidato de uma coalisão de esquerdas com o apoio da Democracia Cristã. Allende iniciou seu mandato com o reconhecimento da China e a nacionalização das minas de cobre."[22] Em sua primeira declaração política o novo presidente prometeu sanar os males do Chile "mediante a criação de 'uma república da classe trabalhadora' já que os problemas sociais e econômicos do país eram causados pelo 'sistema

---

[19] Idem, ibidem, p. 710.
[20] Idem, ibidem, p. 709.
[21] Sobre as ideias e a atuação de Eduardo Frei, ver *Frei, o Kerensky chileno*, de Fabio Vidigal Xavier da Silveira.
[22] Marin, obra citada, p. 711.

capitalista, que enfrenta as maiorias necessitadas com as minorias opulentas'".²³ Allende defendia uma "transição pacífica para o socialismo". Para compreender-se a reação ao governo de Allende e o golpe das Forças Armadas (setembro de 1973) com o suicídio do presidente marxista no La Moneda em face da inutilidade da resistência, é indispensável levar em consideração o contexto político e social internacional contemporâneo: a guerra fria e a ameaça soviética representada no Ocidente pelos atuantes partidos comunistas e traduzida nos países subjugados da Europa Oriental por repressões impiedosas e sangrentas como, por exemplo, ocorrera na Hungria e na Tchecoslováquia.

Augusto Pinochet (1973-1990)

Em 1973 uma junta governamental assumiu o comando e o general Augusto Pinochet torna-se o presidente da República instituindo-se uma ditadura por mais de dezesseis anos. Eleições livres em dezembro de 1989 elegem presidente o democrata cristão Patrício Aylrvin.

Patrício Aylwin (1990-1994)

Teve como principal missão preparar uma transição do regime e promover a harmonia entre todos os setores da sociedade.²⁴

Eduardo Frei Ruiz-Tagle (1994)

Preocupou-se com a educação, a saúde e o desenvolvimento da economia. Em 1998 o general Pinochet deixa o comando do exército e assume uma cadeira de senador. Em 2000 é eleito presidente o socialista Ricardo Lagos.

---

[23] Morales Padrón, obra citada, p. 527.
[24] Villalobor, obra citada, p. 198

ARGENTINA

O raiar do século XX encontra a Argentina moderna em plena formação. Nas duas últimas décadas do século XIX, com exceção de uma depressão no início dos anos noventa, percebe-se um notável crescimento econômico para o qual contribuem a mão de obra imigrante, o capital estrangeiro e mercados externos favoráveis aos produtos de exportação. Com efeito, na primeira década do século XX, a Argentina podia ser considerada, segundo Luna, o "país mais adiantado da América do Sul, que tinha uma inserção perfeitamente lógica e lucrativa nos círculos mundiais da inversão, da produção e do consumo, que tinha a rede ferroviária mais extensa da América Latina e uma das mais extensas do mundo, que tinha um sistema educacional admirável, que se distinguia de outras nações da América pela existência de uma grande classe média e que gozava de uma estabilidade política e institucional que não havia conhecido durante toda sua história".[1] Lembremos, de passagem, entre outros, dois acontecimentos do século XIX cujas consequências estão bem presentes nos alvores do século XX: a constituição e a capital da República. Em 1900 estava vigente, com algumas reformas, a constituição de 1853, "de tipo federal e presidencialista que concedia o mando supremo da nação a um presidente que permanecia seis anos em seu cargo".[2] Em 1880 o Congresso nacional votou a lei que declarava a cidade de Buenos Aires definitivamente a Capital do país.

---

[1] Luna, *Breve Historia de los Argentinos*, p. 137.
[2] Marin, obra citada, p. 30.

Julio Roca (1898-1904)

General, já exercera a presidência de 1880-1886. A Argentina goza de notável prosperidade econômica. "A balança favorável do comércio exterior, alimentado em seu ramo de exportação de carnes e cereais traduzia-se em uma vida fácil e atraente, ideal para os habitantes europeus desejosos de melhorar de nível."[3]

Manuel Quintana (1904-1906)

É o sucessor de Roca. Em 1905 o radicalismo político intenta um levante revolucionário que fracassa. Note-se aqui o crescimento da UCR (União Cívica Radical). Com a morte de Quintana assume o poder Figueroa Alcorta.

José Figueroa Alcorta (1906-1910)

"Com o apoio dos dissidentes do partido oficial e de alguns elementos da oposição, destruiu a coligação política (especialmente no interior) que fora a base da predominância política de Roca por vinte e cinco anos".[4] Essa atitude de Alcorta possibilitaria em 1910 a eleição de Roque Saénz Peña.

Roque Saénz Peña (1910-1914)

Propôs a lei eleitoral aprovada pelo parlamento em 1912. Esta lei estabelecia o sufrágio universal, secreto e obrigatório para os cidadãos do sexo masculino acima de 18 anos de idade. Compreende-se que a lei eleitoral

---

[3] Idem, ibidem.
[4] Bethell, obra citada, p. 535. Ver também Romero, *Breve Historia* contemporánea de la Argentina, p. 35.

tivesse contribuído para aumentar o poder da classe média "com prejuízo das classes conservadoras até então dominantes no país".⁵

Na política externa registre-se que Sáenz Peña assinou com o Brasil e o Chile o tratado do ABC, que visava principalmente defesa da paz no continente. Tendo falecido antes do término do mandato, Sáenz Peña foi substituído por Victorino de la Plaza.

Victorino de la Plaza (1914-1916)

"Era um político experimentado, mas que não tinha as qualidades necessárias para a tarefa árdua e complexa de unir o partido em 1916".⁶ As eleições processadas nesta data sofreram a influência da reforma eleitoral de 1912 e deram a vitória ao líder Hipólito Yrigoyen da União Cívica Radical. Inicia-se uma hegemonia radical.

Hipólito Yrigoyen (1916-1922)

Eleito em plena Primeira Guerra Mundial, reafirmou a neutralidade argentina. O conflito provocou na Argentina inflação e perturbações entre as classes operárias. Assim, por exemplo, em janeiro de 1919 houve em Buenos Aires uma greve geral. Havia oscilações na entrada de produtos importados e, portanto, nas receitas governamentais. Registre-se, contudo, que a dificuldade nas importações de certas mercadorias levou a fabricação local das mesmas, abrindo uma perspectiva para a indústria nacional.⁷ Eis uma síntese de alguns importantes aspectos do governo de Yrigoyen: "De modo que o governo de Yrigoyen manteve a neutralidade e a estrutura econômica, não agrediu a oligarquia latifundiária, acolheu as inquietudes da classe estudantil e conduziu quase de forma silenciosa uma revolução igualitária. Uma quantidade de

---

⁵ Marin, obra citada, p. 31.
⁶ Bethell, obra citada, p. 540.
⁷ Luna, obra citada, p. 164.

argentinos novos, filhos de imigrantes beneficiados pela lei de educação comum que lhes havia permitido ir ao colégio e à Universidade, integraram-se, sem serem discriminados, nos cargos públicos, tanto os eletivos como os administrativos".[8] Estamos aqui em face de um presidente e um radicalista que "constituíam uma força de alto conteúdo igualitário".[9]

Marcelo Torcuato de Alvear (1922-1928)

Foi eleito contra oposição dos conservadores e dos socialistas. A presidência de Alvear representou uma "retificação da política de Yrigoyen e uma orientação para novas formas do liberalismo conservador".[10] É interessante observar que ao "popular" Yrigoyen contrapunha-se o "oligárquico" Alvear. A divisão do radicalismo tornou-se inevitável e os grupos adversos passaram a formar partidos diferentes. A *União Cívica radical* dividiu-se agora em *antipersonalista* (a favor de Alvear) e *personalista* (a favor de Yrigoyen). Note-se que o governo de Alvear caracterizou-se por um fecundo trabalho administrativo e pela sanção de leis benéficas à sociedade.[11]

Hipólito Yrigoyen (1928-1930)

Foi reeleito e é interessante anotar que um aspecto decisivo da campanha pela reeleição foi o problema do monopólio estatal do petróleo. Deve-se enfatizar que muito antes da campanha yrigoyenista já existia uma tradição do envolvimento estatal com a indústria do petróleo baseada em sentimentos nacionalistas. A atuação governamental de Yrigoyen no exercício do segundo mandato enfrentou uma séria crise política e econômica. Inveterados oposicionistas de Yrigoyen uniram-se ao descontentamento popular

---

[8] Idem, ibidem.
[9] Idem, ibidem.
[10] Morales Padrón, obra citada, p. 594.
[11] Idem, ibidem.

favorecendo o golpe militar de setembro de 1930 liderado pelo general José Félix Uriburu, tendo na retaguarda o general Justo. O presidente deposto foi levado para a ilha de Martin Garcia, tendo falecido em 1933. "Pela primeira vez, desde 1862, rompia-se a ordem constitucional".[12]

José Felix Uriburu (1930-1932)

Assumiu o governo chefiando a Junta Provisional de Gobierno. Morales Padrón assim caracteriza o movimento de 1930: "assinala a expulsão da classe média do governo, o fim do predomino civil neste e o começo da preponderância militar".[13] Sobre Uriburu anota Luna: "Uriburu era um homem sincero, de boas intenções, porém muito limitado intelectualmente".[14] Uriburu pretendia uma nova etapa institucional do país: reforma da Constituição, revogação da Ley Saenz Peña, criação de uma espécie de câmara de Fascios ou corporações, em lugar do congresso.[15] Os ideais de Uriburu não encontraram respaldo na opinião pública e ele foi forçado a convocar eleições.

Agustín P. Justo (1932-1938)

Eleito para a presidência, "não tinha o menor carisma pessoal, mas sim astúcia política, e tinha sabido reunir apoios. Passava-se por radical antipersonalista, era militar de carreira, havia sido ministro da guerra de Alvear, porém era ainda engenheiro civil, o que foi enfatizado nos meses de campanha eleitoral..."[16] Na política interna deve-se assinalar uma grande quantidade de obras públicas, entre as quais merecem destaque as estradas pavimentadas. No terreno econômico Justo manteve estreita associação comercial com a Grã-Bretanha.

---

[12] Idem, ibidem.
[13] Idem, ibidem, p. 723.
[14] Luna, obra citada, p. 177.
[15] Idem, ibidem.
[16] Idem, ibidem, p. 188.

Na política externa registre-se a reunião em Buenos Aires (dezembro de 1936) da Conferência Interamericana, na qual foi definida a Política de Boa Vizinhança de Roosevelt.

Roberto Ortiz (1938-1942)

Foi eleito como candidato da Concordância pretendendo-se renovar a aliança entre conservadores e antipersonalistas. O novo presidente era um democrata sincero, "sentia que a reiteração da fraude eleitoral era danosa para o país e se propôs erradica-la".[17] A enfermidade, entretanto, levou-o a afastar-se do governo (1940), tendo sido substituído pelo vice-presidente Ramon Castilho.

Ramon Castilho (1942-1943)

"Conservador, acreditava, como Justo, que era uma loucura deixar-se ganhar as eleições pelos radicais e continuou com a política de manutenção da fraude."[18] Estava-se então em plena Segunda Guerra Mundial, e o presidente, que declarara inicialmente a neutralidade, tornou-se em seguida partidário do Eixo. Com o ataque a Pearl Harbor, Castilho decretou estado de sítio. Um levante militar no Campo de Mayo, sob a liderança do general Rawson, destituiu Castilho e implantou uma ditadura (4 de junho de 1943). Rawson não foi aceito: foi logo vetado por seus próprios companheiros. Luna comenta a propósito do levante de Campo de Mayo: "Existia, não só entre os militares, mas entre a opinião da época, uma ideia do que não se queria, porém não uma ideia bem clara do que se queria".[19] Foi então nomeado presidente o general Pedro Pablo Ramirez.

---

[17] Idem, ibidem, p. 191.
[18] Idem, ibidem.
[19] Idem, ibidem, p. 208.

Pedro Pablo Ramirez (1943-1944)

"Montou uma ditadura militar que não realizara as promessas do constitucionalismo, de rápidas eleições e cumprimento das obrigações internacionais."[20] Sob pressão dos Estados Unidos o governo teve de romper relações com a Alemanha e o Japão, o que levou o exército à substituição de Ramirez por seu ministro de guerra, o general Edelmiro J. Farrell.

Edelmiro J. Farrell (1944-1946)

Segundo Luna, era "homem de poucas luzes, porém mais conciliador e que opunha menos resistência".[21] Em março de 1945, no final da guerra na Europa, o governo argentino declarou guerra aos países vencidos visando o ingresso na ONU.[22] Destaca-se no governo de Farrel a figura de Juan Domingo Perón, um militar da classe média que fora professor de História Militar na escola Superior de Guerra, que viajara pela Europa tendo tido contato direto com governos ditatoriais da Alemanha, da Itália, da Espanha. Manifestou admiração pela "revolução nacional e moral de Vichy e pela tenacidade do professor Salazar.[23] Note-se que Perón havia integrado o G.O.U. (Grupo de Oficiales Unidos). Em novembro de 1943 Perón ocupara a Secretaria de Trabalho, o que lhe possibilitou a aproximação ao mundo proletário. Cabe aqui uma observação sobre um fator importante que facilitou a atuação de Perón e seu prestígio junto aos trabalhadores: grande parte de habitantes da zona rural havia migrado para os centros urbanos e não fazia ideia de sindicalização, noção esta que impregnava a mente dos operários comunistas, socialistas e anarquistas. Perón arregimentou os novos trabalhadores oriundos do interior, fez-lhes os estatutos, organizou-lhes as assembleias, providenciou-lhes os locais, facilitou-lhes o reconhecimento e "criou assim um movimento em que lealdades até então

---

[20] Morales Padrón, obra citada, p. 725.
[21] Luna, obra citada, p. 209.
[22] Idem, ibidem, p. 210.
[23] Sobre Domingo Perón e Evita ver minucioso estudo de Arthur Conte, "Le destin des Perón", na revista *História* n. 302, p. 72 e ss.

vacantes concentraram-se em sua figura".²⁴ Compreende-se que a atuação de Perón reunisse seus adversários numa frente comum: era acusado de "medidas econômicas inaceitáveis e de instigador da luta de classes. Perón tinha contra si a imprensa, o setor dos negócios, os velhos partidos e a Universidade".²⁵ Em outubro de 1945 a guarnição de Campo de Mayo pediu ao presidente Farrell que solicitasse a renúncia de Perón. Este renunciou sem resistência. "Houve uns dias de grande caos em que a oposição não acertava preencher o vazio de poder que se produziu. De outro lado, os amigos de Perón, trabalhavam subterraneamente para conseguir um pronunciamento da CGT e de alguns sindicatos." A 17 de outubro milhares de trabalhadores concentrados na Plaza de Mayo pediram a liberdade de Perón, que se encontrava confinado na ilha de Martin Garcia e posteriormente no Hospital Militar. "Este acontecimento, sustentado pelo exército (ou, ao menos, por sua passividade), deu lugar a um esquema político novo, que regeu durante os dez anos seguintes: o movimento sindical que respaldava um governo cujo apoio era sustentado pelas Forças Armadas. E o ingresso na vida política argentina das massas não vinculadas a nenhum partido tradicional, mas leais a um homem que lhes havia dado diversas conquistas. O 17 de outubro marcou o fim de uma velha política."²⁶

Perón

Em fevereiro de 1946, depois de uma acirrada campanha, Perón foi eleito presidente da República assumindo a presidência em junho. Estamos aqui diante do início de duas presidências sucessivas: a presidência constitucional da República Argentina, iniciada a 4 de junho de 1946 e concluída a 4 de junho de 1952; e a segunda presidência assumida também em 4 de junho em virtude da reeleição estabelecida pela reforma constitucional de 1949. Este segundo mandato não foi totalmente cumprido, pois Perón foi deposto em setembro de 1955.²⁷ Não cabe evidentemente, aqui, um estudo aprofundado

---

²⁴ Luna, obra citada, p. 211.
²⁵ Morales Padrón, obra citada, p. 725.
²⁶ Luna, obra citada, p. 213.
²⁷ Idem, ibidem, p. 219.

do que foi o Peronismo na época em foco. Registraremos apenas algumas observações, especialmente no que tange à primeira presidência. A presença marcante de Evita Perón não pode dispensar algumas linhas.

Em matéria de economia o sistema peronista, como sublinha Luna, foi, em um primeiro momento, nacionalista, estatista e autarquizante.[28] Deve-se observar que até então o Estado Nacional possuía uma posição relativamente secundária na economia do país. Enfatize-se aqui que a Argentina, no pós-guerra, encontrava-se numa situação econômica favorável.

Em matéria política o governo de Perón era evidentemente autoritário, populista e tendia à predominância de um Partido Único da Revolução Nacional que, finalmente, chamou-se Partido Peronista. Este partido, com a CGT, formava o movimento justicialista. Ainda em matéria política deve-se mencionar a constituição de 1949 que estabeleceu um novo esquema de poder e a possibilidade de que Perón fosse eleito em 1952 por mais seis anos.

Evita Perón teve marcante atuação na ascensão de Perón e na primeira presidência, cumprindo várias funções: estabeleceu contato do governo com o movimento operário, foi chefe do Partido Peronista Feminino, o que significava ser chefe nata de um eleitorado novo que se havia incorporado no cenário nacional e que tinha enorme importância numérica.[29] Ao lado de Perón, Evita era o ídolo dos descamisados. Faleceu, vítima de câncer, poucos dias depois que Perón assumiu a segunda presidência.

Na política externa Perón adotou a chamada terceira posição, "mais retórica que outra coisa".[30] Nas Nações Unidas, por exemplo, a delegação Argentina

---

[28] Idem, ibidem, p. 220.
[29] Idem, ibidem, p. 230. O leitor encontrará um interessantíssimo estudo sobre Evita Perón na revista *Historia* n. 166, p. 355 e ss., de autoria de Suzanne Blatin. O notável historiador argentino Felix Luna, na obra aqui já citada (p. 230), sintetiza sua opinião sobre Evita. "Personalmente respeto mucho a Evita, la respeto como una mujer muy auténtica. Pero no me gustaria que ese arquetipo se repitiera en la Argentina, porque significó un retroceso en todo sentido en la vida política del país. Agregó un elemento tremendo de fanatismo, una exigencia de adhesión, incondicional a Perón, que no Le hizo bien al sistema republicano aunque dentro del sistema peronista haya sido algo casi inevitable". O mesmo autor dedica uma página inteira a Evita, observando inicialmente: "Es injusto hablar de Evita en tan poco espacio. Su figura necesitaria um análisis más circunstanciado."
[30] Luna, obra citada, p. 233.

votou quase sempre com os Estados Unidos. A Argentina, porém, não aderiu ao FMI (Fundo Monetário Internacional) nem à Unesco, nem à FAO.

O Peronismo encontrava oposição nos partidos políticos tradicionais, nas classes altas da sociedade Argentina, em alguns centros empresariais e nas Forças armadas. Na segunda presidência Perón vai enfrentar necessidade imperiosa de reforma na política econômica. Para encerrar, lembremos que Perón cometeu "algo que, à luz da lógica política, é absolutamente incompreensível":[31] Atacou a Igreja dando um tom anticlerical a seus discursos e levando o Congresso a aprovar leis contrárias à orientação da Igreja como, por exemplo, no campo educacional e familiar. Em junho de 1955 houve um movimento antiperonista dirigido por oficiais da Marinha que dissolveram uma concentração da CGT, mas o exército manteve o ditador. A detenção de prelados provocou a excomunhão do governo. Em setembro de 1955 um levante militar liderado pelo general Eduardo Lonardi destituiu Perón, que abandona a Casa Rosada, refugiu-se numa canhoeira paraguaia, a Paraguay, onde permanece quinze dias e parte, depois, para o exílio.

Eduardo Lonardi (1955)

Apresentou-se em Buenos Aires como presidente provisório da nação aos 23 de setembro. Dentre as diversas correntes de opinião existentes no exército quando da queda de Perón, Lonardi representava não só a corrente moderada, mas também manifestava-se a favor da reintegração do operariado no sistema político. Apesar de ser considerado chefe da chamada Resolução libertadora, Lonardi proclamava que não havia nem vencedores nem vencidos. Contra essa opinião manifestara-se o Gal. Pedro Eugenio Aramburu, "rodeado de um poderoso grupo de maçons inimigos do grupo católico de Lonardi propugnava um rápido e radical expurgo de peronistas entre civis e militares".[32] Lonardi renunciou e foi substituído por Aramburu.

---

[31] Idem, ibidem, p. 250.
[32] Morales Padrón, obra citada, p. 730.

"O episódio pôs rapidamente de manifesto a complexidade da herança do peronismo."[33]

Pedro Eugenio Aramburu (1955-1958)

Assumiu plenamente a missão de desmontar o Peronismo: dissolveu-se o Partido Peronista, fez-se intervenção na CGT e nos sindicatos, proibiu-se qualquer propaganda favorável a Perón, revoga-se a constituição de 1949. Esta política foi respaldada pela Marinha, convertida em bastião do Antiperonismo, "mas suscitou dúvidas e divisões no exército onde muitos oficiais haviam acompanhado Perón quase até o último momento".[34] O movimento peronista, embora clandestino, estava vivo e escrito nas paredes. Greves e terrorismo marcam o ano de 1956.

Arturo Frondizi (1958-1962)

Foi eleito em 1958 com apoio do próprio Perón, que encontrava-se no exílio e era adversário de Frondizi. É que este prometera, em troca do apoio eleitoral, o futuro levantamento das proscrições. "Frondizi presidiu o governo entre maio de 1958 e março de 1962. Na nona versão de seu programa, que decepcionava seus seguidores de esquerda, Frondizi aspirava renovar os acordos, de raízes peronistas, entre os empresários e os trabalhadores; estes eram convocados a abandonarem sua atitude hostil e integrar-se e compartilhar, num futuro indeterminado, dos benefícios de um desenvolvimento impulsionado pelo capital estrangeiro".[35]

As Forças Armadas não concordavam com a revogação das proscrições nem com os votos peronistas dados a Frondizi e desconfiavam dos antecedentes esquerdistas deste. O triunfo dos peronistas em eleições para governadores levou a uma intervenção do exército, que exigiu a renuncia de Frondizi.

---

[33] Romero, *Breve Historia contemporánea*, obra citada, p. 133.
[34] Idem, ibidem, p. 136.
[35] Idem, ibidem, p. 140.

José Maria Guido (1962-1963)

Presidente do Senado, ocupou, então, a presidência da República. A instabilidade política reinante em 1962 reflete as divergências existentes nos diversos setores das Forças Armadas. Convocadas as eleições para 1963, foi eleito o Doutor Arturo Illia, que governaria entre outubro de 1963 e junho de 1966.

Arturo Illia (1963-1966)

"Sua presidência definiu-se pelo respeito das normas, pela decisão de não abusar dos poderes presidenciais e pela vontade de não exacerbar os conflitos e procurar que estes se esvaziassem naturalmente. As críticas centraram-se nesta modalidade, taxada de irrealista e ineficiente, revelando o escasso apreço que na sociedade argentina existia pelas formas institucionais e democráticas".[36] Illia criara a sensação de ser possível a reconciliação dos argentinos. Havia uma corrente favorável aos peronistas admitindo-se a volta de exilados e até do próprio Perón. Este último chegou a deixar a Espanha partindo para Buenos Aires, mas foi obrigado a regressar ao chegar ao Rio de Janeiro (dezembro de 1964). Em junho de 1966 um movimento militar depõe Illia. Uma junta presidida por representantes das Forças Armadas designou presidente o general Onganía.

Juan Carlos Ongania (1966-1970)

A primeira fase do governo de Onganía caracteriza-se por um choque autoritário. "Proclamou-se o começo de uma etapa revolucionária e à constituição acrescentou-se um Estatuto da Revolução Argentina pelo qual jurou o presidente Juan Carlos Onganía, presidente designado pela junta de comandantes, que se manteve no poder até junho de 1970. Dissolveu--se o Parlamento, o presidente conservou em suas mãos os dois poderes,

---

[36] Idem, ibidem, p. 148.

e também os partidos políticos, cujos bens foram confiscados e vendidos para confirmar a irreversibilidade da clausura da vida política".[37] Eis uma caracterização da personalidade de Onganía: "homem de mentalidade conservadora, furibundo anticomunista (bem-visto por Washington), liberal no econômico, pouco amigo das liberdades sindicais, defensor da estabilidade monetária e do lema 'lei e ordem'".[38] Note-se que sob o ponto de vista moral a figura de Onganía era inatacável, o que não impediu a explosão da crise socioeconômica. Devido às notas negativas da economia foi-se ampliando, aos poucos, o descontentamento na esfera social. Enfatize-se aqui o desenvolvimento de atividades guerrilheiros. Desde 1967, tanto no campo propriamente esquerdista como nos meios peronistas, foram surgindo diferentes grupos revolucionários como, por exemplo, Fuerzas Armadas Peronistas, Descamisados e sobretudo os chamados Montoneros. Por obra destes últimos ocorreu o sequestro do general Aramburu em maio de 1970 (assassinado em seguida). "Muitos suspeitaram, com algum fundamento, que certos círculos que rodeavam o presidente estavam de alguma maneira implicados. O certo é que o episódio eliminou as dúvidas dos militares: em princípios de junho de 1970 depuseram Onganía e designaram um presidente mandatário da Junta de Comandantes que se reservava a autoridade para intervir nas principais questões de Estado".[39] O escolhido foi o general Roberto Marcelo Levingston.

Roberto Marcelo Levingston (1970-1971)

Era agregado militar em Washington e representante da Argentina perante a Junta Interamericana de Defesa. Estamos aqui em face de um intelectual que, desde logo, revela ideias próprias quanto ao governo, acentuando que não compartilharia o poder executivo que ele deteria em sua plenitude. As ideias de Levingston divergian das do general Lanusse,

---

[37] Idem, ibidem, p. 170.
[38] Morales Padrón, obra citada, p. 735.
[39] Romero, obra citada, p. 185.

figura dominante na Junta. Em março de 1971 o novo presidente foi destituído e substituído por um triunvirato militar. Lanusse seria designado presidente.

Alejandro A. Lanusse (1971-1973)

"Anunciou o restabelecimento da atividade político-partidária e a próxima convocação de eleições gerais, subordinadas, contudo, a um grande acordo Nacional sobre cujas bases vinha negociando com os dirigentes da 'La Hora Del Pueblo'".[40] Registre-se que La Hora Del Pueblo era um documento assinado, em fins de 1970, por membros de antigos partidos entre os quais figurava um delegado pessoal de Perón e um veterano político radical. Em março de 1973 o país votou em massa elegendo o doutor Héctor José Campora presidente da República.

Héctor José Campora (1973)

Assume o poder em 25 de maio de 1973, mas renuncia, e Perón, que retornara ao país em 20 de junho do mesmo ano, é reeleito presidente em setembro de 1973, mas falece em julho de 1974.

Juan Domingo Perón (1973-1974)

Os que haviam apoiado a volta de Perón constituíam na realidade grupos heterogêneos. Havia tendências revolucionárias que não aceitavam o peronismo. Quanto aos Montoneros limitemo-nos às seguintes considerações de Romero: "Para os Montoneros, que haviam crescido identificando-se plenamente com Perón e o peronismo, o triunfo de março abria uma luta

---

[40] Idem, ibidem, p. 202.

decisiva pelo controle do poder e do discurso peronista, ambos indivisíveis, e concentraram todas as suas energias em dominar a ambos, expulsando os inimigos 'infiltrados e traidores', uma ampla categoria em que cabiam os políticos, as organizações sindicais, os empresários e os colaboradores diretos de Perón, ganhando para sua causa o próprio Perón, pressionado a ratificar a imagem que dele haviam construído e que ele próprio Perón havia animado".[41]

Maria Estela Martinez (1974-1976)

Conhecida como Isabel, viúva de Perón e vice-presidente, sucede ao marido (1974) sem que tivesse qualquer experiência política. A crise política e econômica levou à deposição de Isabel pelos militares em março de 1976. Uma junta de comandantes militares assumiu o poder e designou o general Jorge Rafael Videla, Presidente da Nação.

Jorge Rafael Videla (1976-1981)

A situação caótica em que se encontrava o país (crise econômica, crise de autoridade, guerrilhas, terror difundido pela tríplice A – accion anticomunista argentina) criava um ambiente favorável à aceitação de um golpe de Estado que prometia restabelecer a ordem e assegurar o monopólio estatal da força. Segue-se, então, uma operação integral de repressão. Os desaparecimentos de pessoas atingiram um grau elevado entre 1976 e 1978, "o triênio sombrio, e logo se reduziram a uma expressão mínima".[42] A comissão que investigou os desaparecimentos documentou nove mil casos admitindo a possível existência de muitos outros não denunciados. Entre aqueles que protestaram figuram "las Madres de Plaza de Mayo": "vitimas elas mesmas da repressão".[43]

---

[41] Idem, ibidem, p. 210.
[42] Idem, ibidem, p. 228.
[43] Idem, ibidem, p. 225.

No setor da economia lembremos o nome de José Alfredo Martínez de Hoz, que foi ministro da economia durante os cinco anos da presidência de Videla e que contou inicialmente com o apoio de organismos internacionais.

Note-se que entre os principais chefes militares não havia pleno acordo. Assim, por exemplo, Emilio Massera, comandante da Marinha de Guerra, discordava de Videla. Romero observa: "Em suma, poderia dizer-se que a política de ordem começou fracassando com as próprias Forças Armadas, pois a corporação militar comportou-se de maneira indisciplinada e facciosa e pouco fez para manter a ordem que ela própria pretendia impor à sociedade".[44]

Roberto Marcelo Viola (1981)

Em setembro de 1980, Videla conseguiu impor à junta de comandantes a designação de Viola para sucessor na presidência, devendo assumir em março de 1981. No final deste ano, Viola é afastado por motivo de saúde e é substituído pelo general Leopoldo Fortunato Galtieri.

Leopoldo Fortunato Galtieri (1981-1982)

Estivera, havia pouco, nos Estados Unidos e manifestou-se disposto a manter com os mesmos um bom relacionamento apoiando a política de Reagan na América Central. Na política interna entrega a administração da economia a Roberto Alemann, notável economista que conta com boa parte da equipe de Martinez de Hoz. A prioridade de Alemann resume-se em três palavras: desinflación, desregulación, desestatización. O agravamento da recessão provoca protestos de sindicatos, de empresários e manifestações de rua. Neste contexto de impopularidade resolveu-se a ocupação das ilhas Malvinas, contando-se com o apoio norte-americano e com a fraca reação da Grã-

---

[44] O leitor encontrará um minucioso relato da Guerra das Malvinas com um estudo sobre as razões remotas ou históricas, em *Conflito das Malvinas*, 2 volumes, de autoria do general Paulo de Queiroz Duarte – Biblioteca do Exército.

Bretanha em troca de concessões e compensações. Em nenhuma das hipóteses entrava a possibilidade de uma guerra. Em 2 de abril de 1982, as Forças Armadas desembarcaram e ocuparam as Malvinas. Os dirigentes políticos acompanharam os chefes militares para assistirem a posse do novo governador, general Menendez. A reação da Primeira-minstra Margarett Thatcher foi enérgica. Os Estados Unidos através do general Haigh, Secretário de Estado, propuseram uma retirada militar argentina e uma administração tripartida conjunta com o governo americano. A rendição Argentina processou-se a 14 de junho, e os generais exigiram a renúncia de Galtieri.[45]

Reinaldo Bignone

O general Bignone foi imposto pelo Exército como sucessor de Galtieri, em desacordo com a Marinha e a Aeronáutica, que se retiraram da junta militar posteriormente reconstituída. A proposta de eleições contribuiu para acalmar os setores políticos.

Raul Alfonsin (1983-1989)

Assumiu a presidência em dezembro de 1983. Alfonsin criticara os militares, assumira a defesa dos prisioneiros políticos, reclamara contra os desaparecimentos e evitara envolver-se na euforia das Malvinas. Ao tomar posse, Alfonin tinha diante de si problemas econômicos e políticos. Estes últimos eram imperiosos: devia-se eliminar o autoritarismo e tornar autêntica a representação dos cidadãos. Alfonsin deu ênfase à atividade cultural e educacional. Assim, por exemplo, puderam retornar à Universidade e ao sistema científico do Estado intelectuais e cientistas marginalizados a partir de 1966. Em maio de 1989, o Partido justicialista elegeu Carlos Menem presidente da República.

---

[45] Romero, obra citada, p. 269.

Carlos Saul Menem (1989-1999)

Estamos aqui na última década do século XX. "Tratava-se da primeira sucessão constitucional desde 1928, e da primeira vez, desde 1916, que um presidente deixava o poder ao candidato opositor: tudo falava da consolidação do regime democrático e republicano restabelecido em 1983. Porém sua transcendência ficou obscurecida por uma formidável crise: a hiperinflação, desatada em abril, prolongou-se até agosto, em julho a inflação foi de 20% e em dezembro todavia se mantinha em 40%. Enquanto todo o mundo convertia seus austrais em dólares, grupos de gente desesperada assaltaram tendas e supermercados, e a repressão deixou vários mortos".[46] Vejamos, somente a título de exemplo, alguns aspectos do decênio de Menem.

No campo da economia sacrificou boa parte da bagagem ideológica e discursiva do peronismo, mas foi fiel a um aspecto desta ideologia: o pragmatismo. Assim é que aceitou a economia popular de mercado, as privatizações, mas abjurou o estatismo e proclamou a abertura econômica. No ministério da economia atuou ativamente Domingo Cavallo. No campo político interno lembremos, dentro de um espírito de reconciliação, o indulto a militares condenados e, em 1994, a reforma constitucional que vai permitir a reeleição em maio de 1995. Na política externa Menem estabelece vínculos pessoais com George Bush, posteriormente, com Bill Clinton. Com a Inglaterra foram iniciadas negociações, deixando-se entre parênteses a questão da soberania sobre as Malvinas. Em outubro de 1999 era eleito presidente o radical Fernando de la Rua, candidato da Aliança para o trabalho, a justiça e a educação.

---

[46] Idem, ibidem, p. 269.

URUGUAI

Ao término do século XIX, o Uruguai encontra-se incorporado à economia mundial em virtude de suas exportações originadas do setor rural. Compreende-se que esta situação estava sujeita a variações de acordo com o nível dos preços internacionais. Quando esses preços oscilaram e baixaram, a economia sofreu as inevitáveis consequências com reflexos na estabilidade político-econômica do país. O assassinato do presidente Juan Idiarte Borda em 1897 levou ao poder Juan Lindolfo Cuestas, presidente do Senado que foi, em seguida, eleito presidente da República.

Juan Lindolfo Cuestas (1897-1903) dissolveu o congresso em 1898.

José Batlle y Ordóñez (1903-1907 foi eleito para seu primeiro mandato pela velha oligarquia colorada. Note-se que Batlle, depois do primeiro mandato, foi substituído por Cláudio Williman (1907-1911) e retornou à presidência exercendo o segundo mandato de 1911 a 1915. Nas linhas seguintes focalizaremos a atuação de Batlle em seus dois mandatos. Observe-se a existência de dois grupos políticos adversos no Uruguai: *blancos* e *colorados*. Entre os integrantes dos *blancos* estavam os que exigiam liberdade eleitoral e uma democracia política completa ao lado, entretanto, de fazendeiros do gado crioulo, com vocação caudilhesca em relação a seus peões; entre os *colorados* defendia-se o princípio de um governo unificado, mas que também "representava o novo Uruguai dos carneiros, do gado melhorado criado para o frigorífico e para o mercado inglês e do fazendeiro ao mesmo tempo empresário capitalista".[1] Batlle, no início de se primeiro mandato, enfrenta

---

[1] Bethell, obra citada, p. 620.

um conflito civil sangrento e destrutivo que dura nove meses e termina em 1904. A vitória militar dá-lhe condição de consolidar sua posição de líder do partido colorado.

O Uruguai, no início da era do batllismo, possui já uma peculiar fisionomia: "conta com um nutrido corpo de leis que istruturaram as bases da sociedade. Conta também o Uruguai, ao começar o século XX, com a mais alta geração artística e intelectual: Rodó, Vaz Ferreira, Carlos Reyles, Zorrilla de San Martin, Delmira Agustini... Conta também com um homem, Batlle, que é toda uma fronteira. Atrás dele fica o caótico século XIX, os empréstimos, o déficit, a ruína. Depois dele as reformas sociais, as transformações econômicas, a continuidade política, a soberania respeitada. Batlle fez com que o povo entrasse em cena e reformou o regime político. O partido colorado teve em Batlle sua reorganização, e o sistema colegiado teve-o como criador".[2]

O Executivo colegiado (nove membros representantes dos partidos, eleitos pelo povo) foi o sistema que "pretendeu conseguir politicamente fazer do Uruguai uma espécie de Suíça sul-americana".[3] Além da reforma política, Batlle notabilizou-se pela reforma social: pôs em movimento forças até então quase desconhecidas. É interessante notar que as fileiras do batllismo engrossaram-se com a imigração italiana, dela surgindo uma classe média "que governou com uma orientação democrática, popular e tendência ao estatismo".[4] Note-se que Batlle foi decisivamente um anticlerical, procurando limitar a influência da Igreja.

Cláudio Willian (1907-1911)

Governou entre os dois mandatos de Batlle, "construiu estradas de ferro, fez melhoramentos no porto de Montevideu, estabeleceu o divórcio, revogou a pena de morte, cuidou da instrução pública e recebeu do Brasil o direito ao condomínio da lagoa Mirim e do rio Jaguarão".[5]

---

[2] Morales Padrón, obra citada, p. 591.
[3] Idem, ibidem.
[4] Idem, ibidem.
[5] Tapajós, *Historia do Uruguay*, p. 1759. Ver, contudo, Bethell, obra citada, p. 622: "Leis sobre o divórcio em 1907 e 1913".

Feliciano A. Viera (1915-1919)

Foi sucessor de Batlle no segundo mandato presidencial. Viera anunciou que o programa de reforma social seria suspenso. "Oriundo do mesmo partido de Batlle, cujas ideias aceitara anteriormente com reservas, Viera, com sua atitude, abriu um fosso perigoso nas fileiras dos partidários de Batlle. As associações dos empresários comunicaram ao presidente sua satisfação com esse deslocamento para o conservadorismo".[6] Em 1917 foi votada pela Assembleia Nacional e aceita por um plebiscito a nova Constituição que entraria em vigor a 1º de março de 1919 quando o Dr. Baltasar Brum tomou posse do cargo de presidente.[7] A Constituição de 1919 estabelecia um poder executivo bicéfalo: o Presidente eleito por quatro anos e o Conselho Nacional de administração composto de nove membros eleitos por seis anos. A Viera seguem-se na presidência:[8]

Baltasar Brum (1919-1923), um batllista ortodoxo e o arquiteto do novo sistema de diplomacia interamericana"; José Serrato (1923-1927), "um engenheiro e empresário, e um *colorado*, mas sem vínculos muito estreitos com nenhum dos grupos principais; e Juan Campisteguy (1927-1931), um advogado e membro proeminente da força *riverista* dissidente". Note-se que *riveristas* era um importante grupo conservador resultante da divisão dos colorados em março de 1913.[9]

Gabriel Terra (1931-1938)

O sistema de governo bicéfalo revelara-se eficiente, mas só perdurou até a presidência de Terra, que deu um golpe de Estado dissolvendo as Câmaras e o colégio Nacional. Foram então convocadas Cortes Constituyentes que aprovaram uma nova constituição (1934),

---

[6] Bethell, obra citada, p. 624-625.
[7] Pereyra, obra citada, p. 461.
[8] Bethell, obra citada, p. 630.
[9] Idem, ibidem, p. 674.

através da qual se fortaleciam os poderes presidenciais. Terra foi então reeleito para um novo mandato, que exerceu até 1938.[10] Cabe aqui uma observação: "As eleições presidenciais de 1930 vencidas por Gabriel Terra revelaram até que ponto a coexistência de tendências conflitantes entre os batllistas dependera das qualidades do próprio Batlle".[11] Note-se que Batlle faleceu em 1929. Seguem-se na presidência: Alfredo Baldomir (1938-1943), durante cujo governo (graças ao conflito mundial), o Uruguai passa por uma fase de prosperidade econômica devida à exportação de carnes e cereais. Em 1942 o Uruguai rompe relações com o Eixo e alinha-se ao lado dos aliados: Juan José Amézaga (1943-1947) e Tomás Barreta (1947), falecido no poder e substituído pelo vice, Luís Batlle Berres, que governa até 1951. Sob a presidência de André Martinez Trueba (1951-1952), "brancos e colorados puseram-se de acordo e decidiram mudar a lei orgânica do país; um plebiscito realizado então (1951) permitiu a passagem do regime presidencialista para o de colegiado. A nova constituição foi aprovada em 1952, e o cargo de presidente da República foi substituído por um Conselho Nacional de governo formado por nove membros, seis dos quais pertenceriam ao partido majoritário. A presidência caberia a um dos quatros primeiros membros deste Conselho, e permaneceria só um ano no poder.[12] O sistema funcionou eficazmente, tendo cabido a presidência ao Partido Colorado até 1958. Sobe então o Partido Blanco, que continua majoritário até 1962. Entre os partidos menores atua então o Partido Comunista. Em 1966 ocorre uma nova mudança constitucional. "De acordo com o novo sistema, com o qual estiveram de acordo os dois partidos principais, o Uruguai voltava ao presidencialismo. O poder executivo era confiado a um presidente por cinco anos, com um vice-presidente, ambos eleitos diretamente pelo corpo eleitoral por simples maioria de votos".[13] Foi então eleito o general Oscar Gestido (1966) do Partido Colorado para a presidência,

---

[10] Marin, obra citada, p. 530.
[11] Bethell, obra citada, p. 630.
[12] Seguimos aqui Marin, obra citada, p. 531.
[13] Idem, ibidem, p. 532.

e Jorge Pacheco Areco para a vice-presidência. O Uruguai enfrenta uma crise econômica, social e política: a diminuição das exportações, uma série de greves, atuação do Partido Comunista, perturbações no campo estudantil, guerrilheiros extremistas conhecidos como Tupamaros.

Jorge Pacheco Areco (1967-1972)

Suspende as liberdades individuais, e os Tupamaros desencadeiam a luta armada. Note-se que em 1971 há uma unificação da esquerda.

João Maria Bordaberry (1972)

"É mantido no lugar após o golpe de estado de 27 de junho de 1973. Exercendo pela primeira vez o poder, os militares suspendem o parlamento e interditam partidos e sindicatos, mas sua Constituição é maciçamente rejeitada em 30 de novembro de 1980. A crise financeira de 1982 acelera a deterioração da economia transformada em "paraíso fiscal". Os militares negociam com os representantes dos partidos as condições de sua retirada da cena política pelo pacto do Club Naval de 3 de agosto 1984".[14] No final do século XX vale mencionar ainda os seguintes presidentes:

Julio Maria Sanguinetti (1985-1989)

Colorado e batllista, restabelece a democracia: há uma lei de anistia confirmada por um referendum em abril de 1989.

---

[14] Este texto é reproduzido do *Le Dictionnaire du 20e siècle*, p. 709. As informações prestadas a propósito da História do Uruguai no século XX estão assinadas por S.I. Sobre esta abreviatura, ver obra citada, p. 10: Jouineau Sophie (SJ).

Luis Alberto Lacalle Herrera: pertecente à ala liberal e conservadora do partido blanco, leva o Uruguai, em 1991, a aderir ao Mercosul.

Julio Maria Sanguinetti é reeleito em 1994. Em 1996 uma reforma constitucional modifica o sistema eleitoral.[15]

Jorge Batlle Ibañez, colorado, obtém a vitória nas eleições presidenciais de 1999 graças a uma aliança com os blancos.

---

[15] Ver *Le Dictionnaire du 20e siècle*, p. 709. Ver nota anterior.

PARAGUAI

No final do século XIX, quase a metade das terras paraguaias pertencia a um pequeno número de pessoas. "Os investidores argentinos, como as famílias Casado, Sastre e Pinasco, adquiriram enormes propriedades no Chaco e ao longo das margens setentrionais do rio Paraguai. Seus interesses concentraram-se na pecuária e na extração de madeira. Outras grandes extensões de terra foram transferidas para as mãos dos ingleses, franceses e norte-americanos".[1] Uma firma inglesa controlava grande parte do comércio de erva-mate, e uma companhia americana era o principal exportador de couro e de carne salgada. No setor político o final do século XIX caracteriza-se por lutas entre liberais e republicanos. De 1894 a 1898 o Paraguai atravessa uma época de estabilidade política e de progresso econômico sob a presidência do general Juan B. Egusquiza, que, tão logo assumira o governo, tentou formar um governo de conciliação com elementos moderados. No final do mandato de Egusquiza, o Paraguai dava mostras de que estava em plena recuperação. Note-se que nesta recuperação os imigrantes tiveram papel importante.

Emílio Aceval

Foi escolhido para a presidência. Era um civil moderado do Partido Colorado. Aceval foi deposto em 1903 por um golpe desfechado pelo coronel

---

[1] Bethell, obra citada, p. 639.

Juan Antonio Ezcurra. Este, entretanto, encontrou forte oposição armada e, em 1904, entregou o poder aos liberais.

Juan B. Gaona (1904-1905)

Homem de ordem e progresso caiu em 1905 por um golpe parlamentar que conduziu à presidência Cecílio Báez.

Cecílio Báez (1905-1906)

Intelectual e escritor líder dos radicais, era arrogante; "para ele, o liberalismo era uma força civilizatória importada da Europa, cuja missão era tirar o Paraguai da barbárie".[2] Em virtude do desacordo existente com a Bolívia quanto ao problema do Chaco, o Paraguai adquiriu material bélico na Europa prevenindo-se contra uma possível futura luta armada. O novo armamento, entretanto, seria usado (1908) numa revolução para derrubar o general Benigno Ferreira.

Benigno Ferreira (1906-1908)

Báez fora escolhido como presidente provisório, e Ferreira mantivera o comando das forças armadas, o que facilitou sua própria indicação pelos liberais para presidente, sendo eleito em 1906. "Ao general preocupava somente a política de seu partido, abandonando todos os demais aspectos da vida nacional."[3] Foi destituído pelo Coronel Albino Jara, comandante-chefe do exército. Foi instalado no governo, como presidente provisório, Emiliano González Navero.

---

[2] Idem, ibidem, p. 643.
[3] Morales Padrón, obra citada, p. 429.

Emíliano González Navero (1908-1910)

Cedeu o lugar a Manuel Gondra, eleito sem oposição pelos radicais.

Manuel Gondra (1910-1911)

Era um intelectual que, como Báez, deixara as letras pela política. [4] Pouco depois de haver tomado posse, Gondra teve de enfrentar o golpe desfechado por Jara, que assumiu o governo em janeiro de 1911.

Albino Jara (1911)

Manteve-se no poder até julho, quando foi afastado por um levante de que participaram colorados. O novo governo coube a Liberato M. Rojas.

Liberato M. Rojas (1911-1912)

Enfrenta uma revolução provocada por liberais radicais que adquiriram armamento na Europa. A revolta liberal triunfou em 1912 e proclamou presidente provisório Emiliano González Navero.

Emiliano González Navero (1912)

É substituído por Eduardo Schaerer, ousado caudilho que preparara cuidadosamente a invasão a partir da fronteira como a Argentina.

---

[4] Bethell, obra citada, p. 644.

Eduardo Schaerer (1912-1916)

Governou em uma época de restauração e relativa paz.[5] Entre as realizações do governo figuram: entrada de imigrantes, fundação de localidades e colonização de terras, estímulo ao comércio externo, modernização do porto de Assunção. Deve-se notar que a eclosão da Primeira Guerra Mundial contribuiu para o desenvolvimento da economia paraguaia em face da demanda de gêneros alimentícios. Vale notar que em 1915 Schaerer sufocou uma revolta e, quando chegou ao final de sua gestão em 1916, era "o primeiro presidente civil, desde o antigo regime, a completar seu mandato".[6]

Manuel Franco (1916-1919)

Foi eleito pelos radicais e revelou-se um administrador competente e popular. Fez duas importantes reformas políticas: voto secreto e registro civil dos eleitores. Franco morreu inesperadamente em 1919.

José P. Montero (1919-1920)

Era o vice-presidente e assumiu o governo completando o mandato de Franco. Coube a Montero organizar a Assistência Pública.

Manuel Gondra (1920-1921)

Foi eleito tendo por adversário Schaerer. O retorno à presidência era uma compensação por sua destituição pelo coronel Jara. "Seus longos anos de serviços prestados convertiam-no no 'grande ancião do Partido Liberal'".[7]

---

[5] Morales Padrón, *Historia geral de America*, p. 600.
[6] Bethell, obra citada, p. 647.
[7] Idem, ibidem, p. 649.

Gondra, contudo, foi obrigado a renunciar ao poder em face de uma revolta dos partidários de Schaerer, que o exército relutara em debelar.

Eurebio Ayala (1921-1923)

A renúncia de Gondra resultou num caos político. Na realidade Shaerer não pretendera depor o presidente e agora era acusado de fomentar a anarquia. Houve então uma conciliação entre as facções e foi indicado Eusébio Ayala como presidente provisório. Escritor e diplomata Ayala assumiu com a condição de que logo se realizariam as eleições, mas decidiu posteriormente que ficaria no cargo até o fim do mandato de Gondra. Esta decisão provocou uma revolta, e Eusébio Ayala acabou renunciando, tendo sido substituído por um antigo ministro de Gondra, Elígio Ayala.

Elígio Ayala (1923-1928)

"Que governou o país de 1923-1928, realizou no Paraguai uma das administrações mais progressistas. Em alguns aspectos, foi um típico gondrista da melhor espécie: absolutamente honesto e extremamente parcimonioso com o dinheiro público. Atacou com mão pesada a corrupção e o favoritismo e administrou as finanças do país com tanto cuidado que deixou o cargo com um superávit de orçamento".[8] Ayala, como Báez e Gondra, foi um intelectual austero e solitário.[9]

José P. Cuggiari (1928-1931)

Acentua-se a crise com relação ao Chaco. Desde 1879, Bolívia e Paraguai discutiam sobre este território sem chegarem a um acordo. "Diversos tratados

---

[8] Idem, ibidem, p. 650.
[9] Idem, ibidem.

foram subscritos com a colaboração de outros países americanos entre Bolívia e Paraguai, os quais não serviram senão para retardar o momento da guerra."[10] Em 1931, em face de manifestações contrárias, Cuggiari renunciou temporariamente. Antes da posse de Eusébio Ayala (1932), encontramos: E. González Navero (1931-1932) e novamente José P. Guggiari (1932).

Eusébio Ayala (1932-1936)

Toma posse, mas encontra uma forte corrente contrária em virtude de seu passado político: "tanto os schaereritas quanto os colorados lembravam dele como o presidente que tentou permanecer no poder usando seu veto para adiar as eleições".[11] A guerra do Chaco desenvolve-se ferozmente. Foi um dos conflitos mais sangrentos da história latino-americana e durou até junho de 1935. O êxito da luta inclinava-se para o Paraguai, que em 1933 ofereceu, sem êxito, um armistício. "Sem que houvesse vencedores nem vencidos, em 1935 logrou-se firmar a paz em Buenos Aires, a qual se ratificou definitivamente em 1938".[12] Entre as consequências da guerra sublinhe-se "a entronização do militarismo a partir de 1936, data em que os militares subscreveram o Acta Plebiscitaria, na qual declaravam que a soberania do povo residia nas forças armadas".[13]

Rafael Franco (1936-1937)

Depois da guerra do Chaco pensou-se reeleger Ayala, mas o exército expulsou-o, bem como o herói da guerra, marechal Estigarribia. O coronel Franco com seus projetos totalitários permaneceu pouco tempo no poder.

---

[10] Morales Padrón, obra citada, p. 600.
[11] Bethell, obra citada, p. 654.
[12] Morales Padrón, obra citada, p. 601. Segundo Bethell (obra citada, p. 655), "a Bolívia foi surpreendentemente derrotada, e o Paraguai ganhou o controle de quase todo o terreno em disputa".
[13] Morales Padrón, obra citada, p. 601.

Félix Paiva (1937-1939)

Restabeleceu-se a Constituição de 1870, e assume o poder, então, Félix Estigarribia, que morre num acidente de avião (1940).

Higino Morinigo (1940-1948)

Este general teve o apoio dos colorados. Em 1943 foi reeleito e manteve-se no poder até 1948 respaldado financeiramente pelos Estados Unidos. "Desde então o exército controla o governo, Juan Natalício Gonzáles (1948-1949), Raimundo Rolón (1949), Felipe Molas (1949-1950), Federico Chaves (1950-1954) e o general de divisão Alfredo Stroessner são os nomes destes chefes dos últimos anos em que o país havia caído dentro da órbita peronista".[14]

Alfredo Stroessner

"De todos os ditadores latino-americanos e da Europa do século XX, ele foi o que permaneceu mais tempo no poder. A. Stroessner apodera-se do Partido Colorado, neutraliza as organizações trabalhistas. Em 1962 domina uma efêmera guerrilha e movimentos de camponeses".[15] Deposto em 1989, sem violência, Stroessner refugia-se no Brasil. Juan Carlos Wasmosy assume o poder.

---

[14] Idem, ibiem, p. 747.
[15] *Le dictionnaire du 20e siècle*, p. 523. Texto sobre o Paraguai assinado por S. Mo. (Monclaire Stéphane, ver p. 9).

BRASIL

No início do século XX o Brasil, apesar de sua imensidão territorial, é um país de baixa densidade populacional. O processo de crescimento natural associado à imigração europeia contribuiria para um aumento da população. Quanto à imigração, deve-se observar que desempenhou papel importante na estratificação social no centro-sul do país.

Sob o ponto de vista econômico na época em foco, sublinhe-se a importância da expansão do comércio externo, cujos resultados se refletem em vários setores da sociedade como a vida dos imigrantes, as comunicações, os transportes, a urbanização, o desenvolvimento, ainda que modesto, da industrialização.

Sob o ponto de vista político, encontramos o país nos inícios da República, cuja proclamação fora precedida por uma propaganda livremente feita em plena época imperial. Note-se a presença de partidários do positivismo que chegavam a pregar a instauração de uma ditadura republicana. A Proclamação da República interrompera um dos mais prolongados governos (o reinado de D. Pedro II de 1840 a 1889) da História da América Latina, repleta de golpes de estado e consequentes efêmeras administrações.

Campos Sales (1898-1902)

Manuel Ferraz de Campos Sales foi um republicano "histórico". Coube-lhe inaugurar a chamada "política dos governadores": "o governo prestigiaria o reconhecimento dos deputados e senadores federais indicados pelos governantes dos Estados ou pelos partidos políticos neles dominante, e estes, em troca, o apoiariam em todos os assuntos relativos à política geral do país. Esse regime vigorou, com algumas exceções, até 1930, ocasionando o predomínio dos grandes Estados e a revolução desse ano".[1] Uma grave consequência da "política dos governadores" foi a imediata consolidação das oligarquias estaduais

Eleito presidente, Campos Sales viajou para a Europa, onde negociou com os credores do Brasil sobre o pagamento da dívida externa. Em Paris encontra os termos de formal proposta para o *funding loan*. "Depois de sua partida, chegou ao Rio de Janeiro o diretor do *London And River Plate Bank* com um projeto dos banqueiros de Londres sobre a moratória, da qual, justamente, o governo expirante de Prudente de Morais e o governo nascente de Campo Sales procuravam a forma." "Para o governo de Prudente de Morais, o *funding* evitava a bancarrota, para o de Campo Sales, representava o preparo preliminar do terreno à futura política de deflação."[2]

No campo financeiro, Campos Sales, que sempre se mostrara hostil à política inflacionária, contou com a atuação do médico Joaquim Murtinho. "Para resolvê-lo, eram medidas indispensáveis: a deflação, a impiedosa compressão das despesas, o aumento dos impostos, o abandono das obras públicas, o melancólico retorno aos campos, o afastamento do Estado de qualquer atividade industrial, que somente podia frutificar pela livre iniciativa do indivíduo".[3] A realização do plano financeiro monopolizou a orientação do governo Campo Sales. Deve-se registrar que a política deflacionária implicava graves sacrifícios de ordem interna. Sucederam-se falências, arruinaram-se velhos senhores de engenho do nordeste, os fazendeiros de café sentiram-se ameaçados, as esperanças de industrialização urbana desfaziam-se, o Fisco revelava-se insaciável perante o contribuinte. O tesouro, entretanto, nada devia e tinha saldo nas contas correntes dos bancos. Recomeçara para o país, salvo da falência, o afluxo dos capitais da Europa que, depois do primeiro conflito mundial, sofreriam a concorrência americana. Campos Sales e Joaquim Murtinho poderiam afirmar que tinham levado a cabo seu programa de governo. "O sucessor de Campos Sales, o

---

[1] Viana, *História do Brasil*, p. 158.
[2] Bello, *História da República*, p. 208 e 209.
[3] Idem, ibidem, p. 211.

prudente e lúcido Rodrigues Alves, poderia abrir, sobre as finanças remidas do tesouro, o período de construção material da República."[4]

Um acontecimento importante na política interna do governo Campos Sales foram os primeiros passos no sentido da elaboração do Código Civil "com a entrega ao Congresso do anteprojeto do jurisconsulto Clóvis Beviláqua".[5]

Na política externa devem ser lembrados: a visita do presidente da Argentina, Júlio Roca, retribuída por Campo Sales; a obtenção de um triunfo diplomático pelo barão do Rio Branco no arbitramento da questão do Amapá entre a França e o Brasil a cargo do Conselho Federal Suíço, presidido então por Walter Hauser.

Rodrigues Alves (1902-1906)

Francisco de Paula Rodrigues Alves foi escolhido facilmente, pois "seu nome surgia por si mesmo, pela confiança que inspirava aos políticos e pela situação que então ocupava: a chefia do governo de São Paulo".[6] O eleito "encarnava, realmente, na época um dos melhores tipos de dirigente político, discreto, sereno, liberal e sincero, mais atento à realidade das coisas do que às doutrinas, austero e respeitável sabendo sempre sobrepor os interesses públicos aos partidários ou particulares".[7] Antes de enumerarmos algumas das realizações do governo Rodrigues Alves tanto na política interna como na externa, convém chamar a atenção, somente a título de exemplo, para alguns dos principais colaboradores do notável presidente: os engenheiros Bicalho, Paulo de Frontin, Pereira Passos, o médico Oswaldo Cruz e o diplomata barão do Rio Branco.

Na política interna lembremos inicialmente a remodelação e o saneamento do Rio de Janeiro, que começaria a perder "a sua antiga fisiono-

---

[4] Idem, ibidem, p. 218.
[5] Idem, ibidem, p. 221.
[6] Idem, ibidem, p. 222.
[7] Idem, ibidem, p. 224.

mia de grande burgo provinciano, anti-higiênico e inestético".⁸ Frontin e Pereira Passos (prefeito do Distrito Federal) "abriam ruas, alargavam praças, indiferentes ao clamor dos interesses feridos e da demagogia parlamentar e jornalística".⁹ As obras do porto do Rio de Janeiro ficaram a cargo do engenheiro Bicalho: "marcariam o início da nova política de construção, impunham a abertura de uma grande avenida, cortando o centro da cidade".¹⁰

A febre amarela grassava no Rio de janeiro a partir do ano de 1849 provavelmente importada da África. Note-se que a explicação da transmissão da febre por meio de um gênero de mosquito já era aceita pelos norte-americanos e conhecida de diretores da saúde pública do Rio de Janeiro que já haviam alvitrado a extinção da febre amarela pela luta sistemática contra os mosquitos transmissores. Coube ao médico Oswaldo Cruz, que fizera proveitoso estágio no Instituto Pasteur, em Paris, dirigir o saneamento da cidade enfrentando as paixões populares fruto da ignorância e dos políticos demagogos. "Tenaz e serenamente, Oswaldo Cruz continua a luta sob técnica ainda mais perfeita do que a usada pelos norte-americanos". Recebeu aplausos de cientistas europeus e americanos. Em 1906 "a velha peste desaparecera virtualmente dos quadros da mortalidade do Rio de Janeiro".¹¹ Triunfando no combate à febre amarela e também à peste bubônica, Oswaldo Cruz iniciou a luta sistemática contra a varíola e encontrou feroz oposição à vacinação obrigatória. Houve até uma revolta de populares, e também de militares. Oficiais positivistas reuniram-se no clube militar para organizarem o levante. A firmeza e a energia de Rodrigues Alves acabaram com a revolta. Ainda na política interna, no campo financeiro, lembremos que Rodrigues Alves criou "o atual Banco do Brasil, dotando-o de uma carteira cambial e tornando-o o supremo regulador de nosso sistema financeiro...".¹² Na administração as realizações de Rodrigues Alves atingem a melhoria dos portos, o aumento da rede ferroviária, novas fortificações para o exército com linhas telegráficas estratégicas etc. Na política externa, Rodrigues Alves convidou o barão de

---

⁸ Idem, ibidem, p. 235.
⁹ Idem, ibidem, p. 229.
¹⁰ Idem, ibidem, p. 228.
¹¹ Idem, ibidem, p. 231.
¹² Magalhães, *Manual de História do Brasil*, p. 375.

Rio Branco para o ministério do Exterior. Graças ao notável diplomata foi resolvida com a Bolívia a questão do Acre, mediante o tratado de Petrópolis (novembro de 1903). Deve-se registrar que com o barão do Rio Branco inicia-se a mais brilhante fase da diplomacia brasileira, de 1902-1912, sob quatro presidentes da República.[13] Acontecimento de repercussão internacional, sob o governo de Rodrigues Alves, foi a escolha do primeiro cardeal brasileiro. D. Joaquim Arcoverde de Albuquerque Cavalcanti.

Afonso Pena (1906-1909)

Como seu imediato antecessor, provinha dos quadros políticos do Império, possuía sólida formação humanística recebida, sobretudo, no famoso colégio de Caraça. Entre os ministros escolhidos figuravam o barão do Rio Branco, na pasta do Exterior, e o general Hermes da Fonseca, na pasta da Guerra. Na política interna lembremos que suas preocupações dominantes eram de ordem econômica e que fez da estabilização das taxas cambiais sua grande meta de governo, tendo, para isso, criado a Caixa de Conversão, "que recebia ouro a uma taxa fixa e emitia certificados de ouro, utilizados como moeda corrente e reembolsáveis em metal e à vista".[14] Entre as principais realizações da política interna figuram: reorganização do exército e da marinha; aumento da rede ferroviária; incremento da imigração; e o progresso industrial do país revelado na Exposição Nacional em 1908.

Na política externa Rio Branco prosseguiu na execução de seus projetos diplomáticos: em 1907 assinavam-se tratados de limites com a Colômbia e com a Venezuela. O Brasil foi o único país latino-americano convidado à conferência de Paz de Haia (1907), e Rui Barbosa, o representante brasileiro nomeado por Afonso Pena por indicação de Rio Branco "conquistou para sua pátria e para si próprio imperecível glória".[15] Afonso Pena faleceu antes de terminar o mandato, em junho de 1909, assumindo a presidência o vice-presidente Nilo Peçanha.

---

[13] Calógeras, *Formação histórica*, p. 398-399.
[14] Idem, ibidem, p. 401.
[15] Magalhães, *Manual de História do Brasil*, p. 375.

Nilo Peçanha (1909-1910)

Era presidente do Estado do Rio de Janeiro, mas renunciara à presidência em novembro de 1906 quando eleito vice-presidente da República. "Nilo Peçanha era dotado de extraordinária habilidade política. Propagandista da República, falando pelo seu Estado, o Rio de Janeiro, a Presidência caíra em suas mãos, inesperadamente, quando tinha menos dois anos para governar e enfrentar a campanha sucessória mais violenta que sofrera o regime".[16] Na política interna são realizações do governo de Nilo Peçanha: criação em cada Estado de uma Escola de aprendizes artífices; o serviço de proteção aos índios; linhas de Tiro de Guerra; novos trechos de estrada de ferro. Na política externa assinou em 1909 um tratado de limites com o Peru e outro com o Uruguai. A este país o Brasil cedia a margem ocidental da lagoa Mirim e a oriental do rio Jaguarão.[17]

Visando a sucessão de Nilo Peçanha desencadeou-se a chamada "campanha civilista", durante a qual o país se dividiu eleitoralmente em duas correntes, uma a favor de Rui Barbosa, outra a favor do Marechal Hermes da Fonseca.

Hermes da Fonseca (1910-1914)

Sobrinho do Marechal Deodoro, adquirira grande prestígio entre seus companheiros de armas quando ministro da guerra: "Reformara os serviços de sua pasta, permitindo-lhes maior eficiência. Instituíra o serviço militar obrigatório e, desenvolvendo os exercícios e manobras periódicas, procurara dar às forças do Exército moderna técnica. No plano da defesa armada, a ação do ministro da guerra fora como uma forma de complemento da política exterior de Rio Branco; por este motivo, não esqueciam os precursores de sua candidatura à presidência da República de prendê-la ao êxito diplomático do Itamarati".[18]

---

[16] Silva, *História da República Brasileira*, vol. 2, p. 157.
[17] Idem, ibidem, p. 156.
[18] Bello, obra citada, p. 259.

Na política interna o Marechal Hermes teve de enfrentar alguns movimentos subversivos como, por exemplo, a chamada Revolta da Chibata, logo no início do governo, e a campanha do Contestado. O depoimento mais importante sobre a Revolta foi prestado por um dos principais chefes, o marinheiro João Cândido, que assumira o comando do couraçado Minas Gerais, no livro *A Revolta da Chibata*.[19] "O levante apresentava uma reivindicação humana, de grandeza dramática".[20] Exigia-se abolição do desumano uso da chibata. Na região denominada Contestado por ter sido reivindicada por Santa Catarina e pelo Paraná, houve um movimento de fanatismo religioso para cuja repressão foram enviadas tropas federais à região em 1914-1915. Ainda na política interna, deve ser registrada uma crise econômico-financeira. A receita diminuía e a crise da borracha (havia a competição da borracha asiática cultivada racionalmente em oposição à encontrada na floresta amazônica) abalava o edifício da propriedade do extremo norte.[21] Para concluir esta brevíssima apreciação do governo do Marechal Hermes, lembremos o falecimento então de três importantes personagens da vida pública brasileira: Rio Branco, Campo Sales e Quintino Bocaiúva.

Wenceslau Braz (1914-1918)

Fora vice-presidente no quatriênio anterior e assumira o governo quando já havia começado a Primeira Guerra Mundial. Na política interna assinalamos, entre outros, os seguintes acontecimentos: O conflito mundial perturba inicialmente o comércio internacional: o movimento de exportações e importações cai vertiginosamente. Posteriormente, entretanto, as potências aliadas recorrem ao mercado brasileiro em busca de matérias-primas e de gêneros alimentícios, fato este que ativa velhas indústrias e

---

[19] O leitor encontrará duas interessantes reportagens sobre João Cândido, o almirante negro, respectivamente no *Jornal do Brasil*, de 31 de outubro de 1999, e em *O Globo*, de 17 de agosto de 2003. Nesta última há um interessante depoimento de Dona Zeelândia, filha de João Cândido. Ver livro *A Revolta da Chibata* de Edmar Morel.
[20] Silva, obra citada, vol. 3, p. 117.
[21] Bello, obra citada, p. 288.

gera novas, reanimando a vida econômica. A gripe espanhola difunde-se no país assumindo proporções assustadoras nas grandes cidades. A 1º de janeiro de 1916 foi promulgado o Código Civil Brasileiro cuja elaboração, havia muitos anos, "se arrastava no Congresso, entre disputas de legistas e filólogos".[22] Já mencionamos o problema do Contestado. Quando Wenceslau chega à presidência a zona litigiosa encontra-se em pé de guerra. Há então a intervenção de forças federais sob o comando do general Setembrino de Carvalho. Finalmente há um acordo entre os governos de Santa Catarina e do Paraná (1916). Três personagens importantes falecem sob o governo de Wenceslau Braz: Pinheiro Machado (1915), Oswaldo Cruz (1917) e Olavo Bilac (1918). Note-se sobre Pinheiro Machado: "No governo do Marechal Hermes, o senador gaúcho fora a principal figura, em torno do qual gravitavam os próceres do país. Seu prestígio no Palácio do Catete fora tal que o povo dizia que ele mandava mais do que o próprio marechal".[23] Criara-se então uma atmosfera de animosidade contra o arrogante senador gaúcho cuja figura impressionava pela imponência, mas não despertava simpatia. Na realidade Pinheiro Machado desdenhava a popularidade. Foi apunhalado pelas costas no Hotel dos Estrangeiros, em 8 de setembro de 1915. O assassino, Manso Paiva, assumiu total responsabilidade e jamais mencionou a existência de qualquer mandante que arquitetara o crime.

Na política externa o governo brasileiro, em face do conflito mundial, mantivera neutralidade, mas viu-se forçado não só a romper relações com a Alemanha como a declarar-lhe guerra em virtude da campanha submarina alemã contra a marinha mercante de países neutros.

Rodrigues Alves e Delfim Moreira (1918-1919)

Rodrigues Alves fora, pela segunda vez, eleito Presidente da República, mas achava-se seriamente enfermo e não pode assumir a 15 de novembro de 1918, tendo sido substituído pelo vice-presidente,

---
[22] Idem, ibidem, p. 297.
[23] Silva, obra citada, vol. 4, p. 91.

Delfim Moreira, que, embora cerca de vinte anos mais moço que Rodrigues Alves, padecia de arteriosclerose precoce bastante avançada. Atua, então, como um verdadeiro Primeiro-ministro, Afrânio de Melo Franco, que coordena todas as atribuições presidenciais. Em janeiro de 1919 falece o presidente e, no mês seguinte, lançam-se as candidaturas de Rui Barbosa e Epitácio Pessoa. Este representava o Brasil na conferência de Versalhes. Em abril Epitácio Pessoa era eleito presidente da República.

Epitácio Pessoa (1919-1922)

Regressando ao Brasil, assume o poder em julho de 1919. Na política interna figuram entre as realizações mais importantes do governo: para preencher as pastas militares, designou dois ministros civis, respectivamente João Pandiá Calógeras (exército) e Raul Soares (marinha); promoveu o recenseamento da população brasileira, que ultrapassava então a casa dos trinta milhões de habitantes; iniciou obras contra a seca no nordeste (abertura de açudes e construção de estradas); revogou a lei que banira do Brasil a família imperial, tendo sido trasladados para o Brasil os restos mortais de D. Pedro II e da imperatriz Teresa Cristina; enfrentou movimentos militares (fechamento do clube militar e prisão de seu presidente, o Marechal Hermes; revolta do forte da Igrejinha em Copacabana; motim na Escola militar); comemorou o primeiro centenário da Independência com uma exposição internacional no aterro feito com a demolição do morro do Castelo. Na política externa lembremos a visita dos soberanos belgas (rei Alberto e rainha Elisabeth), do presidente de Portugal (Antonio José de Almeida) e do secretário de Estado norte-americano Elihu RooT.

Artur Bernardes (1922-1926)

Assumiu a presidência da República a 15 de novembro de 1922 enfrentando, desde logo, "além da efervescência política e da permanente ameaça revolucionária, grave crise econômica e financeira".[24] O país viveria sob "estado de sítio" durante o quatriênio do governo de Bernardes. Fortalecia-se, então, "o processo revolucionário que, no Brasil, refletia a crise do mundo moderno".[25] É interessante transcrever a opinião de Cológeras sobre o governo de Artur Bernardes: "Manda a justiça, se diga, à puridade, que Bernardes, a bem dizer, não pôde governar: sua magistratura foi uma luta contínua; a essa tarefa teve de dedicar todos os seus esforços, quer derivassem de fatores extrínsecos que não tivesse podido dominar. A realidade foi que tudo teve de sacrificar a esse conjunto de circunstâncias".[26] Na política interna lembremos, a título de exemplo, a revolução de 1923 no Rio Grande do Sul, visando impedir a posse ou a permanência de Borges de Madeiros no governo. Após uma série de combates durante o ano de 1923 é assinado o Pacto de Pedras Altas. Destaque-se a interferência do general Setembrino de Carvalho junto a Assis Brasil e ao próprio Borges de Medeiros, que, entretanto, continuaria no poder. Em julho de 1924 irrompeu na capital paulista uma revolta chefiada pelo general Isidoro Dias Lopes. O governo federal reagiu apoiado pela maioria do Congresso Nacional. Não podendo oferecer eficiente resistência, vinte e dois dias depois do levante, as forças sublevadas abandonavam a capital paulista retirando-se para a zona do oeste sobre o rio Paraná.[27] "Parte dos revolucionários de São Paulo, que haviam evacuado a capital, infletiram sobre Mato Grosso e Rio Grande do Sul, batendo-se com forças militares fiéis ao governo. Uma das colunas dos revolucionários, sob o comando de um jovem oficial que seria depois o chefe dos comunistas brasileiros, a coluna Prestes, realizava audaciosa marcha pelos sertões, de Mato Grosso ao extremo norte, criando por toda a parte uma situação de pânico, até internar-se em território estrangeiro".[28] Note-se a observação de Hélio Silva sobre os integrantes da coluna: "Os revolucionários não tinham um

---

[24] Bello, obra citada, p. 320.
[25] Silva, obra citada, vol. 6, p. 43.
[26] Cológeras, obra citada, p. 437.
[27] Idem, ibidem.
[28] Idem, ibidem.

credo político. Aquele fora um movimento de protesto. Queriam apenas chamar a atenção de todos os brasileiros para as injustiças políticas e para seus ideais de liberdade e de progresso".[29]

Ainda na política interna deve-se registrar que Bernardes, "quando se julgou suficientemente forte pelo apoio da maioria parlamentar e das máquinas dos governos estaduais, promoveu no Congresso Nacional a reforma da constituição de 1891, como já tentara, sem êxito, o presidente Epitácio Pessoa".[30] Na política externa "seguindo o exemplo de outras nações, o Brasil (tendo em vista o protocolo de Genebra e o pacto de Locarno, de 1924 e 1925) se retirou da Sociedade das Nações (em 14 de junho de 1926)".[31]

Washington Luís (1926-1930)

Foi eleito sem competidores. "O período que se inicia com a apresentação da candidatura de Washington Luís à Presidência da República e se encerra na posse do primeiro chefe de um governo revolucionário é rico de ensinamentos. Pode servir como a síntese da Velha República, com seus erros e deformações, abandonando as práticas democráticas em nome das quais foi banida a monarquia, insistindo em seus vícios, conduzindo o país à revolução".[32] Washington Luís, nascido no Estado do Rio de Janeiro, fizera carreira política em São Paulo: prefeito da capital, secretário de justiça, presidente do Estado. Beneficiado da impopularidade do antecessor, sua posse teve consagração popular (15 de novembro de 1926). A principal preocupação do novo presidente era o plano financeiro que seria prejudicado pela crise econômica internacional de 1929. A obra administrativa de Washington Luís foi sacrificada. Entre as metas figurava a construção de

---

[29] Silva, obra citada, vol. 6, p. 162. O leitor encontrará nesta obra uma minuciosa exposição sobre a chamada coluna Prestes. Há também uma série de interessantes reportagens sobre a coluna Prestes no *Zero Hora*, de Porto Alegre (31 de janeiro de 1994; 1, 2, 3, 4, 6 de fevereiro de 1994, exemplares consultados pelo autor).
[30] Bello, obra citada, p. 322.
[31] Magalhães, obra citada, p. 379.
[32] Silva, obra citada, vol. 7, p. 33.

estradas (governar é abrir estradas): Rio-São Paulo, Rio-Petrópolis e outras rodovias iniciadas ou melhoradas. Na política internacional anote-se a visita de Herbert Hoover, presidente dos Estados Unidos.

A sucessão presidencial levará à Revolução de 30: à candidatura oficialmente patrocinada de Júlio Prestes de Albuquerque, presidente de São Paulo, opunha-se a de Getúlio Vargas, presidente do Rio Grande do Sul, e, como vice, a de João Pessoa, presidente da Paraíba. Foi proclamado como vitoriosa a candidatura de Júlio Prestes. Aos opositores restava o dilema: adesão ao vencedor ou revolução. O assassinato de João Pessoa em julho de 1930 fora considerado um crime político e dera vida ao movimento revolucionário. Com data marcada várias vezes a revolução explodiu em Porto Alegre, a 3 de outubro de 1930, às 17h25. A 12 de outubro Getúlio Vargas assumiu o comando das tropas em marcha para capital da República. A 24 de outubro, sob a pressão de uma junta militar, Washington Luís é conduzido ao forte de Copacabana acompanhado pelo cardeal D. Sebastião Leme. No mesmo dia a junta governativa telegrafa a Getúlio Vargas em Ponta Porã, comunicando a deposição de Washington Luís. Vargas dirige-se ao Rio por São Paulo e em 3 de novembro de 1930 toma posse como chefe do governo provisório. "A revolução destruira a Velha República, reduzindo a ruínas seu arcabouço político."[33] Pela primeira vez ocorria a deposição de um presidente da República e com ela o início da transformação das estruturas político-sociais que haviam dominado um longo período da História pátria.

Getúlio Vargas (1930-1945)

Getúlio, formado politicamente sob a inspiração da atuação de Júlio de Castilhos e de Pinheiro Machado, inicia o governo provisório que se prolongará até 17 de julho de 1934, quando a assembleia constituinte o elegerá presidente da República. "O governo provisório, como todo governo revolucionário, inaugurou-se através de medidas punitivas e repressivas, na limpeza do terreno, afastando aqueles que haviam combati-

---

[33] Idem, ibidem, vol. 8, p. 79.

do ou persitiam em combater a nova situação."³⁴ Estabeleceu-se uma intensa centralização administrativa e foram nomeados interventores para governarem os estados. Há descontentamento entre as diferentes correntes políticas, e em 9 de julho de 1932 rompe a revolução em São Paulo conhecida como "constitucionalista", porque seu objetivo era dar uma constituição ao país. Vencida em setembro de 1932, a insurreição preparou o terreno para a reunião da Assembleia Constituinte. Organizou-se um Código Eleitoral e no alistamento entrou, pela primeira vez, o elemento feminino. A Assembleia Constituinte instala-se a 15 de novembro de 1933. Em 16 de julho de 1934 é promulgada a nova Constituição, e a assembleia elege a 17 de julho Getúlio Presidente da República.³⁵ Em novembro de 1935 um levante comunista ocorrido no Rio de Janeiro, em Pernambuco e no Rio Grande do Norte foi prontamente sufocado.³⁶ Em 1937 cogitava-se da eleição presidencial, tendo-se inscrito como candidatos Armando Sales de Oliveira, José Américo de Almeida e Plínio Salgado, quando a 10 de novembro Getúlio Vargas deu um golpe de Estado outorgando uma nova constituição. Instituiu-se o Estado Novo. Foi dissolvido o parlamento federal assim como os demais órgãos legislativos estaduais e municipais. O novo regime político perduraria até 29 de outubro de 1945. Na política interna, durante o governo de Vargas, registremos, a título de exemplo, as seguintes realizações:

1. Criação de novos ministérios (trabalho, educação e saúde, aeronáutica).

2. Leis trabalhistas e salário mínimo.

3. Criação de novas unidades políticas (territórios).

4. Incentivo à industrialização do país, tendo sido construída a usina siderúrgica de Volta Redonda.

---

³⁴ Idem, *Vargas*, p. 53.
³⁵ Idem, *História da República*, vol. 9, p. 99. Ver, contudo, o mesmo autor em *Vargas*, p. 57-58.
³⁶ O motim comunista irrompido na Praia Vermelha abalou a opinião pública "diante da traição do golpe que vitimava companheiros de armas e oficiais na calada da noite" (Serrano, obra citada, p. 470). Um estudo minucioso sobre a preparação desta intentona encontra-se na obra do jornalista William Waack: *Camaradas*.

Política externa

O torpedeamento de navios mercantes brasileiros provocou um grande choque na opinião pública brasileira. Em agosto de 1942 era decretado o estado de guerra. Em Janeiro de 1943 Getúlio Vargas encontra-se com o Presidente Roosevelt em Natal e no ano seguinte segue para a Europa a Força Expedicionária Brasileira (FEB) sob o comando do general Mascarenhas de Morais. Em 29 de outubro de 1945 Getúlio Vargas é deposto e assume provisoriamente a suprema magistratura o presidente do Supremo Tribunal Federal, ministro José Linhares.

José Linharas (29 de outubro de 1945 a 31 de janeiro de 1946)

A principal missão do presidente provisório foi a realização das eleições marcadas para o dia 2 de dezembro. Dois militares concorriam à Presidência: General Eurico Gaspar Dutra e Brigadeiro Eduardo Gomes. O pleito transcorreu pacificamente e com grande comparecimento, tendo sido vitoriosa a candidatura do general Dutra, que, aliás, teve o apoio de Getúlio.

Eurico Gaspar Dutra (1946-1951)

Assumiu a Presidência da República a 31 de janeiro de 1946. A Assembleia Nacional Constituinte inicia então seus trabalhos no sentido de elaborar uma nova constituição que seria promulgada a 18 de setembro de 1946. Observe-se que a tônica do governo Dutra seria a volta à normalidade constitucional: "seu governo pode ter como legenda um presidente que cumpria a Constituição".[37] Um traço característico do governo Dutra foi a convivência conseguida com o Congresso através

---

[37] Silva, *História da República Brasileira*, vol. 13, p. 88.

da celebração de um acordo partidário. Na política externa, a título de exemplo, lembremos:

1. A Conferência Interamericana para a manutenção da Paz e da Segurança do continente, sediada no Rio de Janeiro, presidida pelo Chanceler brasileiro Raul Soares e com a presença do presidente Harry Truman.

2. O início do governo de Dutra coincide com o começo da Guerra Fria, o que vai levar o Brasil ao alinhamento com os Estados Unidos.

3. O rompimento das relações com a União Soviética.

Política interna

Na política interna, sempre a título de exemplo, figuram:

1. A promulgação da nova Constituição.
2. O banimento do Partido Comunista.
3. A abertura da nova estrada Rio-São Paulo (via Dutra).
4. Ampliação do porto do Rio de Janeiro.
5. A utilização (polêmica) das reservas de divisas acumuladas pelo Brasil durante a Segunda Guerra Mundial.
6. A proibição de jogos de azar.
7. A incorporação da plataforma submarina ao território nacional.

Getúlio Vargas (1951-1954)

Candidato do PTB, foi eleito a 3 de outubro de 1950, tendo como adversários o Brigadeiro Eduardo Gomes (UDN) e Cristiano Machado (PSD). "Vargas retornava ao poder, desta vez nos braços do povo, escolhido em eleição direta, no pleito mais disputado até aquela data".[38] Dois compromissos figuraram nos planos do novo período presidencial: proteção ao trabalhador e nacionalismo econômico. Entre as mensagens de Getúlio

---
[38] Idem, ibidem, p. 138.

ao Congresso Nacional deve ser lembrada a de 8 de dezembro de 1951 propondo o programa do Petróleo Nacional e a criação da Petrobrás. O governo de Getúlio Vargas foi agitado por uma veemente oposição (na qual se destacava o jornalista Carlo Lacerda) por parte especialmente daqueles que temiam uma volta à ditadura. O atentado em que perdeu a vida o major Rubens Vaz desencadeou uma grave crise política, que culminou com o suicídio de Vargas em 24 de agosto de 1954. Apesar de haver sido ditador por muitos anos, Getúlio gozou sempre de enorme popularidade. Popular, nunca vulgar, Vargas marcou profundamente, com sua postura de estadista, uma página importante da História do Brasil no século XX. "Serenamente dou o primeiro passo no caminho da eternidade e saio da vida para entrar na História".[39]

Café Filho (1954-1955)

Assumiu o poder e instalou-se no Palácio Laranjeiras onde começou a exercer suas funções. O novo presidente encontrava-se sob duas pressões: o antigetulismo e a reação popular influída pelo mito getuliano. Um distúrbio circulatório afasta o chefe do executivo, cujo sucessor seria o presidente da câmara dos deputados, Carlos Luz. Este, entretanto, viu-se obrigado a refugiar-se no cruzador Tamandaré e acabou renunciando ao poder. Impedido "pela demonstração militar, Carlos Luz; novamente impedido, quando pretendeu reassumir a Presidência, Café Filho".[40] Impôs-se então a aceitação da situação de fato pelo presidente do senado, Nereu Ramos, que assumiu a sucessão presidencial, presidindo *ad referendum*. "Enquanto o Supremo Tribunal Federal não se considerava em condições de julgar as medidas jurídicas reclamadas pelo advogado de Café Filho, até que, tendo terminado o seu mandato, nada mais havia a julgar...".[41] A interinidade de Nereu Ramos foi tempestuosa.

---

[39] Sobre os textos da carta testamento deixada por Getúlio, ver Hélio Silva, *Vargas*, p. 171 e p. 179.
[40] Silva, *História da República*, vol. 15, p. 25.
[41] Idem, ibidem.

Juscelino Kubitschek (1956-1961)

Assumiu o poder a 31 de janeiro. O governo de Juscelino caracterizou-se por um intenso dinamismo no sentido de pôr em execução o Programa de Metas com o qual, se completado, "o Brasil teria avançado cinquenta anos nos cinco anos de seu governo", *segundo declarou o novo presidente*. Entre as principais realizações citemos, a título de exemplo, a fundação da nova capital, Brasília, inaugurada a 21 de abril de 1960. O Rio de Janeiro, ex--Distrito Federal, tornava-se um novo estado da União. A nova capital tornar-se-ia o ponto de partida para a construção de novas estradas. Entre os planos de Juscelino no setor rodoviário figurava a Belém-Brasília. Um marco decisivo da atividade industrial foi a instalação da indústria automobilística. Outros empreendimentos de relevância foram as usinas hidrelétricas (Furnas e Três Marias). Da luta eleitoral para a sucessão de Juscelino saíram vitoriosos Jânio Quadros e João Goulart, respectivamente para presidente e vice-presidente da República.

Jânio Quadros (1961)

Concorrendo com o Marechal Teixeira Lott, foi eleito por uma expressiva maioria de votos. Sublinhe-se que, como governador do Estado de São Paulo, Jânio alcançara notáveis resultados e, por isso, gerara grandes expectativas no eleitorado. Foi, pois, com surpresa e decepção que seus eleitores acolheram o pedido de renúncia formulado a 25 de agosto de 1961. O vice--presidente João Goulart encontrava-se no exterior. "Essa circunstância, a impossibilidade material de empossar imediatamente quem se encontrava nos antípodas, ensejou toda uma cadeia de acontecimentos, desde o veto dos ministros militares, a tentativa de *impeachment* pelo congresso, até a adoção da emenda parlamentarista".[42]

---

[42] Idem, ibidem, vol. 17, p. 152.

Ranieri Mazzilli (1961)

Presidente da Câmara dos Deputados, assume a presidência da República. Os acontecimentos sucedem-se dentro de um ambiente de nervosismo, inquietação e crise política. João Goulart inicia uma longa viagem de volta ao Brasil, mas os ministros militares opõem-se à posse do vice-presidente. Em Porto Alegre o governador Brizola através da Cadeia da Legalidade e apoiado pelo general Machado Lopes, comandante do III exército, manifesta-se a favor da posse de João Goulart, que desembarca em Porto Alegre a 1º de setembro. No dia seguinte era aprovada no Senado a emenda que instituía o regime parlamentarista no Brasil. A 3 de setembro o Congresso Nacional promulgava a emenda. A 5 de setembro João Goulart chega a Brasília e a 7 do mesmo mês toma posse como presidente da República.

João Goulart (1961-1964)

"Ao aceitar o parlamentarismo para ser presidente, aceitara presidir sem governar. Assim, desde a posse, aceleraram-se dois movimentos contraditórios: um que visava a restituir ao executivo e ao presidente maiores poderes, revogando a emenda parlamentar; outro, preocupado, ao contrário, em impedir que Jango dispusesse de maiores poderes.[43] Um plebiscito realizado em janeiro de 1963 rejeitou o parlamentarismo. Indisciplina, levantes nas Forças Armadas, comícios com tendências abertamente esquerdistas prepararam a opinião pública, especialmente da classe média avessa à infiltração e propaganda comunista, para aceitar o movimento revolucionário que eclodiu a 31 de março de 1964, já vitorioso no dia seguinte. O presidente João Goulart refugiou-se no Uruguai.

---

[43] Idem, ibidem, vol. 18, p. 89.

Castelo Branco (1964-1967)

A 3 de abril o senador Auro de Moura Andrade, presidindo a sessão do Congresso Nacional, declarou vaga a presidência da República e convidou a assumi-la, em caráter provisório, o presidente da câmara dos Deputados, Ranieri Mazilli, a quem caberia presidir a futura eleição para presidente.[44] Dentre os possíveis candidatos, foi homologado pelas Forças Armadas o nome do Marechal Castelo Branco, que foi eleito por votação indireta a 11 de abril, tendo assumido a presidência a 15 do mesmo mês. Um ato institucional (o AI-1) propiciara o expurgo, na área política e militar, dos considerados comprometidos com a situação deposta. Em julho de 1964 uma emenda constitucional prorrogava o mandato do presidente até o dia 15 de março de 1967. O resultado das eleições para governador em Minas e na Guanabara com a vitória das oposições semeou crises políticas: os partidos políticos foram extintos e surgiram a Arena (partidários do governo) e o MDB (oposicionistas).

Artur da Costa e Silva (1967-1969)

Sob pressões militares foi escolhida a candidatura do general Artur da Costa e Silva para suceder a Castelo Branco. Os meios políticos governistas acabaram adotando essa candidatura que se fortificava à proporção que as candidaturas civis se esvaziavam. Os políticos insatisfeitos se reagrupavam, tendo à frente o ex-governador Carlos Lacerda: era a Frente Ampla. A 15 de março de 1967, Artur da Costa e Silva toma posse na Presidência da República. A situação política agrava-se, e a recusa da Câmara em suspender imunidades de parlamentares acusados pelo Ministério Público leva o presidente Costa Silva a assinar (13 de dezemblo de 1968) o Ato Institucional n. 5 e seu Ato complementar n. 38. "Por eles o congresso é posto em recesso por período indeterminado, e fica assegurada ao presidente a possibilidade de sanções políticas independentemente de qualquer controle

---

[44] Idem, ibidem, vol. 20, p. 76.

judiciário".⁴⁵ Em agosto de 1969 o Presidente Costa e Silva é acometido de grave enfermidade que o afasta do governo. O vice-presidente, Pedro Aleixo, é impedido de assumir o poder, que passa a ser exercido temporariamente por uma junta constituída pelos ministros militares Aurélio de Lira Tavares (exército), Augusto Rademaker (marinha) e Márcio de Sousa (aeronáutica). Ocorre então o sequestro do embaixador norte-americano Burke Elbrick, cuja liberdade é trocada por prisioneiros políticos. Costa e Silva faleceria a 17 de dezembro de 1969. O alto comando militar escolhera o general Emílio Garrastazu Médici para presidente da República.

Emílio Garrastazes Médici (1969-1974)

Aclamado pela Arena, é eleito formalmente em 25 de outubro e toma posse a 30 do mesmo mês. Entre os acontecimentos do governo Médici deve-se registrar o terrorismo urbano surgido já em 1968. "A repressão violenta foi abatendo os principais líderes guerrilheiros: Carlos Marighela cai numa armadilha feita pela polícia de São Paulo e é fuzilado. O ex-capitão Lamarca foi abatido em 18 de dezembro de 1971, no norte do país. Em julho de 1970 já se anunciava que a guerrilha urbana estava praticamente dominada".⁴⁶ A imprensa e os espetáculos estavam sujeitos a severa censura. Deve-se notar que, ao lado dos que sinceramente lutaram contra a ditadura em favor da democratização, havia a atuação comunista que se valia das manifestações contra o governo e as incentivava. Para os comunistas o ideal seria a implantação da ditadura marxista como imperava na Rússia, em Cuba e nos países europeus ocupados por tropas soviéticas. Estava-se, então, em plena guerra fria.

Entre 68 e 74 acelera-se o crescimento do país, falando-se então em "milagre econômico". Observe-se que Medici organiza um ministério mitidamente técnico, em detrimento dos políticos. É interessante observar que o presidente Médici, em virtude de seu entusiasmo pelo futebol e da conquista da taça Jules Rimet em 1970, capitalizou as simpatias populares.

---

⁴⁵ Sobre a ditadura militar, seguimos Hélio Silva, volumes 18, 19 e 20.
⁴⁶ Hélio Silva, obra citada, vol. 20, p. 131.

Ernesto Geisel (1974-1979)

É eleito pelo Colégio Eleitoral instituído por uma Lei Complementar para escolher o presidente e o vice-presidente da República. O governo Geisel enfrenta a desaceleração da economia, a dívida externa alta e a crise do petróleo. Uma decisão importante é, em 1975, a fusão dos antigos estados do Rio de Janeiro (capital Niterói) e de Guanabara (capital Rio de Janeiro) operada com notável competência pelo Almirante Faria Lima.

O assassinato (1975) do jornalista Vladimir Herzog em São Paulo, numa cela, tem grande repercussão.

Em 1977 o governo publica o chamado pacote de abril, que, entre outras decisões, altera as regras eleitorais criando a figura do senador eleito indiretamente pelas assembleias legislativas estaduais e aumenta o mandato do presidente para seis anos.

Em 1978 Geisel enviou ao congresso a emenda constitucional que extingue o AI-5. O MDB obtém vantagens eleitorais, e em São Paulo reorganizam-se os sindicatos, destacando-se como líder Luiz Inácio Lula da Silva.

João Baptista de Oliveira Figueiredo (1979-1985)

É eleito pelo Colégio Eleitoral e situa-se na linha política de abertura. Neste sentido Figueiredo sanciona a lei que concede anistia aos condenados por crimes políticos, o que resulta na volta de exilados. Estabelece-se o pluripartidarismo surgindo novas agremiações políticas, entre as quais o partido dos trabalhadores (PT). A política de distensão gradual encontra opositores que, em 1981, promovem um atentado terrorista no centro de convenções do Riocentro. Desenvolve-se já em 1983 um movimento a favor de eleições diretas. A emenda constitucional que permitia a eleição direta é rejeitada em 1984, e em 1985 Tancredo Neves é eleito pelo Colégio Eleitoral, mas não consegue tomar posse em virtude de enfermidade que o leva à morte. Assume o governo o vice-presidente José Sarney, que modifica a legislação autoritária restabelecendo a eleição direta para a presidência da República. A inflação galopante não cede diante dos planos (Plano Cruzado) lançados pelo governo. De 1987 a 1988 reúne-se a Assembleia Nacional

Constituinte. A nova constituição é promulgada em outubro de 1988. A José Sarney sucede, na presidência, Fernando Collor de Melo, que tentou, em vão, estabilizar a economia através de um confisco monetário, inclusive de contas correntes e de cadernetas de poupança, e do congelamento de preços e salários. O Plano Collor não teve êxito. Collor sofre o processo de *impeachment* e renuncia ao cargo de Presidente (1992). Itamar Franco, vice-presidente, assumiu a Presidência e combateu a inflação através do Plano real sem que houvesse congelamento de preços ou de salários. Fernando Henrique Cardoso é eleito Presidente da República (1994) e é reeleito em 1998 graças a uma emenda constitucional aprovada em 1997.

Capítulo III
ÁSIA

TURQUIA

No início do século XX a Turquia encontra-se sob o longo reinado do sultão Abdul Hamid II (1876-1909). O outrora impressionante e vasto império otomano está em plena decadência e desintegração. Financeira e economicamente a Turquia situa-se sob a tutela das potências ocidentais. "Todo reinado de Abdul Hamid II foi um longo esforço para reprimir as revoltas na Macedônia, Albânia, Armênia, para opor uma às outras as diferentes nacionalidades e para agir com habilidade em relação às potências europeias, prometendo ou negando reformas e tolerando massacres. Do ponto de vista da Turquia, foi período de absolutismo, de regime de desconfiança, de censura e de delação generalizada. O governo propriamente dito (a Sublime Porta) passou para segundo plano, pois tudo era feito no Palácio (*Yildiz-Kiosque*)".[1] É interessante lembrar que o sultão preocupava-se especialmente em retomar o poder espiritual que lhe competia em virtude do califado, "poder que seus predecessores haviam mais ou menos deixado escapar".[2] Abdul-Hamid tentou salvar o despotismo otomano em desagregação mediante um pan-islamismo que, aceito e aplaudido até certo ponto por populações muçulmanas, incentivou fanatismo religioso contra os infiéis, especialmente os gregos e os armênios. Nos primeiros anos do século XX, Abdul-Hamid tem diante de si a feroz luta entre Macedonianos, tropas gregas irregulares e soldados albaneses do exército turco. Acontecimentos sangrentos na Trácia "forçam as potências a saírem de sua neutralidade: pelo acordo de *Mürzsteg* (outubro de 1903) uma gendarmeria europeia é imposta ao sultão na Macedônia, bem como dois agentes civis, um russo e um austríaco. Os resultados são medíocres: a administração otomana paralisa ao máximo a ação dos gendarmes e dos administradores".[3] Entra em ação, então, o comitê União e Progresso que reúne os adversários da política do sultão e não aceita a intervenção das potências ocidentais. Estamos aqui diante dos jovens Turcos. Em *Salonica* os oficiais do exército aderem ao comitê. No início de julho de 1908 o comitê lança uma proclamação pedindo a união de cristãos e muçulmanos para a formação de um governo fundado no respeito dos direitos de todos conforme a constituição de 1876 promulgada por Abdul-Hamid II, mas que permanecera letra morta.[4] "Abdul-Hamid, vendo que todos os seus apoios desapareciam sucessivamente, resigna-se a restabelecer a constituição de 1876. Esta revolução pacífica parece aceita por todos: traz a pacificação da Macedônia, um novo alento percorre o império, efetuam-se eleições, o Parlamento instala-se (17 de dezembro de 1908). Mas ao novo governo falta estabilidade e começa, desde o início de 1909, a seguir o caminho do absolutismo para tentar impor-se. Abdul-Hamid procura aproveitar a

---

[1] Deny, *História da Turquia*, p. 1746.
[2] Mantran, *Histoire de la Turquie*, p. 103. Sobre o califado, ver nossa *História do Mundo Árabe Medieval*, capítulo referente à estrutura político-administrativa.
[3] Mantran, obra citada, p. 105.
[4] Sobre a queda de Abd-ul-Hamid, o leitor encontrará uma minuciosa exposição na Revista *História* n. 149, p. 385 e ss. O autor, Henry de Courtois, foi testemunha ocular dos acontecimentos que resultaram na deposição do sultão.

situação e retomar o controle dos acontecimentos (13 de abril de 1909); sua atitude provoca então a reação das tropas de Salônica, que marcham sobre Constantinopla, penetram na cidade (24 de abril), depõem o sultão (27 de abril) e põem em seu lugar seu irmão Maomé V".[5] Abdul-Hamid partiu para o exílio em Salônica, onde permaneceu até sua morte, em 1918. "O império carcomido dos *Osmanlis* iria vegetar ainda, miseravelmente, durante uma vintena de anos com seus sultões constitucionais, fantasmas de soberanos. Os desastres acumularam-se. A guerra de 1912-1913, em que a Turquia se envolveu contra os povos balcânicos coligados, fez-lhe perder a Macedônia, a Trácia e a maior parte das ilhas do mar Egeu. Após a Grande Guerra, em que a Turquia assumiu o partido do Eixo, a Síria e a Mesopotâmia foram-lhe tomadas. A vassalagem do Egito foi definitivamente abolida em 1919. Nesta data Maomé V já estava morto e havia sido substituído por seu irmão Maomé VI. Este abdicou quando Mustafa Kemal, generalíssimo do exército turco, bateu os gregos desembarcados na Anatólia".[6] Chegamos, aqui, ao maior vulto da História da Turquia no século XX, Mustafa Kemal Paxá (1881-1938), que seria cognominado *Atatürk* (pai dos turcos).[7]

Após a Primeira Guerra Mundial a Grã-Bretanha e a França chamaram para si os mandatos sobre o Oriente Médio pelo tratado de São Remo, em abril de 1920, com a Sanção da Liga das Nações. Kirk anota que "o sistema de mandatos pouco mais era que uma ficção política criada para satisfazer ao Presidente Wilson e aos idealistas que tinham inaugurado a Liga das Nações". Ainda o mesmo autor: "a comissão permanente de mandatos da Liga podia, teoricamente, recomendar a retirada de um mandato a uma potência acusada de

---

[5] Mantran, obra citada, p. 105.
[6] Courtois, "Il y a 50 ans, Le sultan Abd-ul-Hamid était déposé". Ver nota 4.
[7] O leitor encontrará três interessantes estudos sobre Mustapha Kemal respectivamente na Revista *História* n. 83, p. 413 (Comte de Chambrun ambassadeur de France, "Souvenirs sur Mustapha Kemal"), n. 89, p. 443 (Édouard Herriot, "Quand la Turquie Moderne s'édifiait"), e n. 192, p. 658 (J Benoist-Méchin, "Il y a 40 ans: Mustapha Kemal prend le pouvoir").

violação de seus termos, mas essa autoridade jamais foi exercida".[8] Compreende-se que a postura política dominante das potências ocidentais incentivasse o nacionalismo turco e o nacionalismo árabe.

Em abril de 1920 Mustafa Kemal, general com brilhante carreira militar e notável prestígio político, é eleito presidente da Grande Assembleia Nacional da Turquia reunida em Ankara. Em Stambul o sultão assume uma atitude antikemalista. Note-se que em agosto de 1920 as potências ocidentais haviam imposto ao sultão o tratado de Sèvres: Constantinopla continuaria com o sultão, os estreitos seriam abertos à navegação, mesmo em tempo de guerra; o Kurdistão tornar-se-ia autônomo; a Armênia passaria a ser um Estado livre e independente; a Grécia receberia a Trácia, as ilhas de Imbros e de Tenedos, Esmirna e grande parte das províncias do Egeu; a Síria, a Mesopotâmia e a Arábia eram destacadas do Império otomano e na Anatólia eram reservadas zonas de influência à Inglaterra, à França e à Itália.[9] Deve-se notar que o tratado de Sèvres não foi ratificado por nenhum de seus signatários e, na realidade, seria substituído pelo tratado de Lausanne. Compreende-se a reação dos nacionalistas sob a liderança de Mustafa Kemal, que considera o tratado de Sèvres letra morta. A 5 de agosto de 1921 Mustafa é nomeado generalíssimo com poderes ditatoriais por três meses. Vencedor dos gregos, recebe da Grande Assembleia Nacional o título de Gazi (vitoriosos). Em face de uma série de vitórias turcas abre-se a perspectiva de uma conferência em Lausanne para fixar as cláusulas do tratado de paz. Para impedir que o governo turco do sultão fosse representado na conferência, Kemal fez votar, em novembro de 1922, a abolição do sultanato, mantendo, contudo, o califado. Maomé VI embarca, então, num navio britânico pedindo proteção. O califado é atribuído a Abdul Medjid, primo do sultão deposto. A conferência de Lausanne, aberta em novembro de 1922, leva à assinatura da paz em julho de 1923 representando uma vitória para a Turquia, que obtém,

---

[8] Kirk, *História do Oriente Médio*, p. 168, "o Médio Oriente Árabe esteve submetido ao domínio otomano desde os primeiros anos do século XVI (Síria 1516; Hedjaz e Yemen, 1517; Mesopotâmia 1555) até a Primeira Guerra Mundial. O Líbano, contudo, gozava de certa independência desde 1861" (Alem, *Le Moyen-Orient,* p. 7).
[9] Mantran, obra citada, p. 114.

entre outras vantagens, como fronteira na Trácia, o curso do Maritza. Os aliados evacuam Stambul, que é ocupada, então, pelas tropas turcas (outubro de 1923): a guerra da Independência havia terminado.

Em agosto de 1923 Mustafa Kemal fora eleito presidente de uma nova Assembleia, e em 29 de outubro é proclamada a república turca com Ghazi Mustafa Kemal presidente. Ismet Pacha (Ismet Ineunu), militar vencedor dos gregos em Ineunu (janeiro de 1921), é nomeado primeiro-ministro. Ankara é a capital da República. Em março de 1924 é abolido o califado, e são extintos os estabelecimentos de ensino religioso bem como os tribunais muçulmanos. Mustafá Kemal permanecerá no poder durante quinze anos e efetuará profundas reformas, procurando fazer da Turquia um Estado Moderno e independente das potências ocidentais. Vejamos, brevemente, alguns dos principais acontecimentos, respectivamente na política interna e na política externa. Na política interna lembremos, a título de exemplo, a Constituição da República votada em abril de 1924; abolição da poligamia; supressão dos conventos de dervixes; interdição do fez; adoção do calendário internacional; elaboração de códigos (civil, penal e comercial) inspirados nos códigos suíço, italiano e alemão; abolição do Islã como religião do Estado; introdução do alfabeto latino; direito de voto concedido às mulheres (1934) etc.

Na política externa a tônica é o pacifismo, procurando acordos não só com os vizinhos, mas também com as grandes potências. Em 1932 a Turquia ingressa na Sociedade das Nações. Mustafa Kémal Paxá faleceu em 10 de novembro de 1938, provocando profundas manifestações de tristeza por parte da população.

Ismet Ineunu (1884-1973), que fora primeiro-ministro de Kemal durante quatorze anos, sucedeu-lhe como presidente da República. Na política interna Ineunu, muçulmano convicto, deu mais liberdade ao Islamismo embora mantendo a separação entre Estado e Religião. Ainda na política interna deve-se registrar que Ineunu manteve até 1945 uma ditadura de partido único, o partido Republicano do Povo, que detinha o poder durante o governo de Ataturk. Em 1945 foi fundado o partido Democrata que elegeu presidente da República Djelal Bayar em 1950.

Na política externa Ineunu teve de enfrentar a difícil situação internacional que resultou na Segunda Guerra Mundial. A Turquia "decidiu ficar fora de um conflito em que ela nada tinha a ganhar".[10] Em 1943, entretanto, Ismet Ineunu teve uma entrevista no Cairo com Roosevelt e Churchill. Em agosto de 1944 são rompidas as relações diplomáticas e comerciais com a Alemanha e, em janeiro de 1945, com o Japão. Em fevereiro de 1945 a Turquia declara guerra à Alemanha e ao Japão, mas sem tomar parte efetiva no conflito. Esta declaração permitiu a participação da Turquia no plano Marshall. No final da guerra a Turquia se encontra nas Nações Unidas.

Djelal Bayar, presidente da República, teve Adnan Menderes (1899-1961) como chefe do governo. Na política interna anotemos o liberalismo econômico (apelo ao capital estrangeiro) e o favorecimento prestado aos camponeses que representavam a maioria do corpo eleitoral. Processa-se também uma grande tolerância em relação ao Islã "o que provoca movimentos de reação religiosa, às vezes violentos e fanáticos, no centro e no leste da Turquia".[11] Na política externa a Turquia adere à doutrina Truman, reconhece o Estado de Israel (1948) e é admitida no Pacto Atlântico (1951). Em 1955 a Turquia está envolvida com a questão de Chipre que resulta em perseguição das minorias gregas de Stambul e de Smirna. Em 1960 um golpe de Estado depõe o governo, Menderes e seus principais assessores são processados. Menderes é condenado à morte (1961). O poder encontra-se nas mãos de um comitê militar dirigido pelo general Kemal Gürsel, que submete a referendo uma nova constituição aprovada em julho de 1961. Em 1965 os antigos democratas reagrupados no Partido da Justiça dirigido por Süleyman Demirel assumem o poder e praticam uma política conservadora e nacionalista com apoio aos cipriotas turcos. A situação econômico-social agrava-se, e o exército exige (1971) a demissão do governo Demirel. Segue-se o governo de Bulent Edjévit com apoio do Partido de Salvação Nacional pró-religioso. "Em 1973 a morte de Ismet Ineunu marca o fim do Kemalismo".[12] Uma nova crise em Chipre provoca a intervenção de tropas turcas e a divisão da

---

[10] Mantran, obra citada, p. 120.
[11] Idem, ibidem, p. 121.
[12] Idem, ibidem, p. 122.

ilha pela força. "De 1974 a 1980 sucedem-se governos incapazes de assegurar a ordem no país, onde se desenvolve uma vaga de terrorismo e onde se manifestam movimentos de reação religiosa enquanto a situação econômica se degrada completamente, o que incita inúmeros turcos das regiões mais pobres a irem procurar trabalho na Europa ocidental, sobretudo na Alemanha".[13] Há uma intervenção do exército com a dissolução do parlamento e dos partidos e também com o controle do terrorismo. Registre-se que, a partir de 1980, as confrarias muçulmanas proibidas por Kemal readquirem importância na vida religiosa, política e cultural. Em 1983 sobe ao poder o Partido da Mãe Pátria (A.N.A.P.) de Turgut Euzal. A inflação continua forte, e prossegue o êxodo de turcos para o Ocidente (Alemanha, Países Baixos, Bélgica, França). Deve-se lembrar, no campo internacional, de que a Turquia entra na OTAN e, desde de 1963, é candidata à CEE (Comunidade Econômica Europeia). Ainda na política internacional vale acentuar que a Turquia está ao lado dos ocidentais frente ao Iraque. Por ocasião da Guerra do Golfo, o governo turco oferece bases para a operação de aviões aliados. Internamente figura o problema curdo entre os mais graves e de difícil solução. Merece menção, no campo econômico, a inauguração da barragem Atatürk (julho de 1992) sobre o Eufrates.

---

[13] Alem, *Le Moyen-Oriente*, p. 11.

ARÁBIA SAUDITA

No início do século reina em Meca o xerife Hussein, chefe da família ilustre dos Beni-Hachem (Hachemitas). Sir Henry Mac-Mahon, alto-comissário inglês no Egito, entra em contato (1915) com Hussein através do terceiro filho deste, Abdallah, visando uma aliança militar contra os turcos. Em contrapartida da revolta árabe, a Inglaterra fazia a promessa de confiar a Hussein "um grande reino Árabe". Na realidade os compromissos assumidos por Mac-Mahon eram ambíguos embora houvesse reservas claras quanto à pretensão de Hussein de reinar sobre todos os árabes quer fossem muçulmanos ou cristãos. Em locais como a região de Beirut e de Alepo, havia grande concentração de cristãos, sobre os quais a França poderia vir a exercer controle. Note-se que Hussein aceitou a aliança apesar das imprecisões de seus termos. Alem observa que Hussein aceitou as imprecisões dos compromissos "crendo sem dúvida nos europeus, com os quais ainda não tinha o hábito de tratar, mais honestos que os árabes".[1] Registre-se, Hussein ignorava que a Grã-Bretanha articularia um pacto secreto com a França, conhecido como Acordo Sykes-Picot: caso os aliados vencessem a guerra, as duas potências dividiriam entre si o território do Império Otomano.

Na revolta Árabe desempenha papel importante a notável figura do coronel Thomas Edward Lawrence (1888-1935), que Churchill considerou "um dos maiores seres humanos que viveram em nossa época".[2] O oficial inglês ficou conhecido como Lawrence da Arábia.[3]

---

[1] Alem, *Lê Moyen-Oriente*, p. 11.
[2] Don Belt, *Lawrence da Arábia*, p. 66
[3] Sobre a notável personalidade de Lawrence consultamos as seguintes fontes: *Os Sete Pilares da Sabedoria* (de autoria do próprio Lawrence); *Lawrence da Arábia, uma vida de herói*, por Don Belt; *Lawrence*, por Douglas Orgill; *Lawrence d'Arabie, bourreau de soi-même*, por Jean Béraud-Villars; Revista *História*, n. 207, p. 250; *La vie aventureuse du colonel Lawrence*, por J. Lucas-Breton; Revista *História* n. 127, p. 558.

Dentre os filhos de Hussein (Faisal, Abdallah, Ali e Zeid) destacou-se Faisal, que Lawrence considerou um líder militar árabe de inquestionável carisma.[4] Durante o período de 1916-1918, Lawrence serviu aos árabes na condição de assessor de Faisal, e aos britânicos como oficial de ligação do general Allenby junto às forças árabes.[5] A declaração Balfour, em novembro de 1917, a favor do lar judeu na Palestina e a divulgação dos termos do acordo Sykes-Picot, em outubro de 1918, representavam um duro golpe nas promessas feitas ao xerife Hussein. Note-se, contudo, que no início da década de vinte ele e sua família ainda mantinham uma situação vantajosa apesar da entrada dos franceses em Damasco e a consequente fuga do emir Faisal. Hussein continuava rei do Hedjaz e, em 1924, fez-se proclamar califa do Islam com a pretensão de reinar em todo o Oriente muçulmano. Quanto aos filhos de Hussein lembremos que Abdallah se instalara em Amman, Faisal reinava em Bagdad... Do fundo do deserto de Nedj um guerreiro beduíno representava uma fatal ameaça ao xerife Hussein: estamos aqui diante de Abdul Aziz Ibn Saud (Abd el-Aziz III ibn Abd al Rahman ibn Faiçal ibn Saud), que teve a seu lado, durante trinta anos, como conselheiro, o inglês Saint-John Philby, de certa forma, um adversário dos ideais de seu contemporâneo Lawrence.[6]

Ibn Saud recusara combater contra os turcos, ao lado dos ingleses. Em 1919 bateu o rei do Hedjaz, mas teve que ceder à ameaça inglesa. Quando Hussein se proclamou califa, Ibn Saud invadiu o Hedjaz. O xerife não pôde resistir aos bandos do irresistível beduíno que entraram em Meca. "Nem Faisal, nem Abdallah mostraram muita solicitude em sustentar o pai; o último até aproveitou-se da circunstância para aumentar seu domínio, anexar Maan e chegar até o Mar Vermelho, a Acaba. Somente Ali ficou fiel. Concentrado em Jeddah (Jidá), resistiu aí durante um ano inteiro aos assaltos de Saud. Seus amigos ingleses seduzidos pelo dinamismo do emir beduíno abandonaram-no, e ele finalmente teve que capitular.[7] Em 1926 Ibn Saud passou a usar o título de rei do Hedjaz; e Hussein foi internado em Chipre. Em 1927, "pelo tratado de Jidá, a Grã-Bretanha reconheceu-o como so-

---

[4] Don Belt, *Lawrence*, p. 58.
[5] Idem, ibidem, p. 62.
[6] O leitor encontrará na Revista *História* n. 184, p. 324 e ss., um interessante estudo sobre a decisiva atuação de Philby como conselheiro de Ibn-Séoud, de autoria de J. Benoist-Méchin. Sublinhe-se neste estudo a comparação feita entre Philby e Lawrence, ambos profundamente envolvidos com os problemas do Oriente Próximo.
[7] Alem, obra citada, p. 20.

berano e independente rei do Hedjaz, Nadj e suas dependências, o que mais tarde se fundiria tudo como reino da Arábia Saudita".[8] Em 1934 Ibn Saud enfeudou à Arábia Saudita, por um tratado de proteção, o Iêmen. Formou-se assim um vasto estado teocrático, cujos recursos essenciais eram a peregrinação à Meca e a produção de petróleo.[9] Ibn Saud, velho heduíno aferrado a princípios religiosos, encontra diante de si um mundo em evolução e a tendência de unificação do mundo Árabe. Mostra-se "hostil à união de uma Grande Síria sob o cetro hachemita: rivalidades pessoais, religiosas, políticas dificultam muito o seu governo. Opôs-se com êxito à restauração do califado em benefício do rei Faruk, mas uniu-se à Liga Árabe contra o sionismo, ainda que, em seguida, tenha tentado impedir a expansão territorial da Jordânia. Berço do Islã, a Arábia Saudita oferece o paradoxo único de um Estado teocrático penetrado pelas mais modernas técnicas da civilização ocidental".[10] Em 1945 Ibn Saud celebrou um acordo com o Presidente Roosevelt que colocava a Arábia Saudita na órbita econômica dos Estados Unidos ao mesmo tempo que passava a usufruir da proteção militar americana. Abd el-Aziz III Ibn Saud faleceu em 1953 deixando como sucessor seu filho mais velho, Saud (1902-1969). Com a morte de Abdul Aziz "desaparecia o herói de uma grande e, sem dúvida, última epopeia beduína. Um muito grande homem que, nascido no deserto, tendo vivido sempre segundo a tradição do deserto, havia manobrado com habilidade consumada no meio dos escolhos da política interna".[11] Sob o reinado de Saud a Arábia Saudita goza dos lucros crescentes da riquíssima exploração petrolífera. Em 1964 Saud é substituído por seu irmão Faysal, que se notabiliza como campeão do islamismo sunita e que é assassinado em 1975. Segue-se o reinado de Khaled, que enfrenta a reação chiita desencadeada pela volta de Khomeyni ao Iran. A Arábia apoia o Iraque na guerra contra o Iran (1980-1988): na segunda guerra do Golfo (Koweit invadido pelo Iraque), o reino sofre perturbações internas provocadas pela presença de milhares de soldados ocidentais. Em 1995 a doença do rei Fahd, no poder desde 1982, leva à regência o príncipe herdeiro Abadallah, que encontra por parte de familiares resistência ao pleno exercício do poder.[12]

---

[8] Kirk, obra citada, p. 206.
[9] Meslin, *Arábia Saudita*, p. 1228.
[10] Idem, ibidem.
[11] Alem, obra citada, p. 84.
[12] Fonte consultada: *Le dictionnaire du 20e siècle*, p. 43.

SÍRIA

Em outubro de 1918 encontram-se, em Damasco, Lawrence, o general inglês Allenby e o emir Faiçal, filho de Hussein. Lawrence funcionou como intérprete na conversa entre Allenby e Faiçal. O general inglês comunica ao emir Árabe que a Síria seria um protetorado inglês e que ele, Faiçal, representando seu pai, o rei Hussein, assumiria a administração da Síria (menos a Palestina e a província do Líbano), sob a orientação e proteção financeira da França. Faiçal replicou que nada sabia da França e que estava preparado para receber assistência inglesa e concordava com a decisão de que os árabes teriam toda a Síria, inclusive o Líbano, menos a Palestina.[1] "Depois de discutirem um pouco mais o problema, o chefe disse a Faiçal que ele, Sir Edmund Allenby, era comandante em chefe e que Faiçal era, no momento, tenente--general sob seu comando e que portanto deveria obedecer a suas ordens. Que deveria aceitar a situação até que a questão fosse definitivamente resolvida, no fim da guerra".[2] Em janeiro de 1919 Faiçal e Lawrence vão à

---

[1] Ver Orgill, *Lawrence*, p. 145. O autor baseia-se no relatório do general australiano Chauvel e observa que Lawrence, nos *Sete Pilares*, é evasivo a propósito da conversa entre Faiçal e Allenby. Ver *Sete Pilares*, p. 600: "Feisal, de olhos grandes, pálido e consumido; como uma adaga antiga; Allenby, gigantesco, vermelho, jovial, digno da pátria que lançara um cinturão de humor e força em torno do mundo".
[2] Orgill, ibidem, p. 147. Eis como Don Belt ("Lawrence da Arábia, uma vida de herói" – National Geographic – Brasil, setembro 2004, p. 63) focaliza o mesmo episódio: "E a sua causa nobre – a independência árabe – receberia também um duro golpe em outubro de 1918, quando foram divulgados os Termos do acordo Sykes-PicoT. Na época tanto Lawrence como muitas autoridades britânicas consideravam o acordo superado ou, pelo menos, a ser renegociado. Lawrence tinha a expectativa e havia convencido Faisal disso, de que o inesperado êxito da Revolta Árabe certamente acabaria anulando o acordo". Eis como Alem (obra citada, p. 14) comenta a Declaração Balfour e os

conferência da Paz em Paris "para reivindicarem uma completa independência Árabe".[3] Em abril de 1920, um mês após a realização de um congresso geral Sírio em que nacionalistas haviam proclamado a independência de um reino da Grande Síria (inclusive Líbano e Palestina) tendo Faiçal como rei, a conferência de S. Remo concedia à França o mandato sobre toda a Síria.[4] Faiçal não aceitou as decisões de S. Remo e contava com um exército organizado com o concurso de oficiais ingleses. O general francês Gouraud enviou a Faiçal um ultimato. Enquanto Faiçal tentava negociar, houve encontros armados entre suas tropas e os franceses. Estes ocuparam Damasco após o combate de Khan Meissalun. Faiçal retirou-se e após diversas atribulações, um ano mais tarde, chegava a Bagdad e era proclamado rei do Iraque em 21 de agosto de 1921 com o apoio da Inglaterra.

Os franceses encontraram na Síria uma profunda aversão ao Mandato, estimulada, ao norte, pela propaganda turca e em Damasco e ao sul pelos adeptos do xerife. Dentre as insurreições mais violentas contra os franceses deve-se lembrar a revolta dos Drusos em 1925 iniciada na fronteira da Transjordânia. "Damasco foi tomada pelos drusos e bombardeada pelos franceses. A luta terminou dificultosamente em julho de 1926 e a pacificação geral só se efetivou em 1927".[5] A política francesa na Síria "parecia indecisa, ziquezagueante, por vezes equivocada".[6] Em 1936 a tensão no Mediterrâneo e a posição inglesa no

---

acordos Sykes-Picot: "Non seulement la Déclaration Balfour était, comme les Accords Sykes-Picot en opposition avec les promesses faites au chérif Hussein, puisque, elle aussi, promettait une amputation de son domaine, mais chose beaucoup plus grave, elle contenait une contradiction interne; elle était le premier témoignage de cette hypocrisie, dont L'Angleterre n'a pas, l'occurpence, le monopole, qui fit tant de mal aux juifs comme aux Árabes, provoqua les sanglants evénements de 1947..."
[3] Alem, obra citada, p. 16. Don Belt (obra citada, p. 63) anota sobre a posição de Lawrence: "Lawrence, porém, vislumbrou uma forma de empregar sua crescente influência para um derradeiro esforço em favor da independência Árabe. Para tanto mobilizou-se para convencer ministros, testemunhar diante de comissões, escrever cartas ao influente jornal Times e ser um dos representantes da Grã-Bretanha – e dos Árabes – na Conferência de Paz realizada em Paris, em 1919. Em uma cerimônia no palácio de Buckinghan, chegou até mesmo a recusar as condecorações militares que estava prestes a receber do rei Jorge V, alegando o modo vergonhoso com que seus amigos árabes haviam sido tratados pela Grã-Bretanha".
[4] Kirk, obra citada, p. 207.
[5] Meslin, *Síria*, p. 1713.
[6] Idem, ibidem, p. 1714.

Egito criaram uma nova situação da França no Médio Oriente. O governo decidiu pôr fim aos mandatos e negociar com o Líbano e a Síria, mas não houve a ratificação parlamentar. Novas negociações em 1938 levaram a um acordo entre a França e a Síria que também não foi ratificado pelo Parlamento francês. "A Segunda Guerra Mundial complicou mais a situação. Nas mãos do governo de Vichy a Síria foi palco de intrigas alemãs, de desordens, greves, constituindo, pois, ameaça para a segurança da Grã-Bretanha. A 20 de março de 1941 rompeu a revolta geral dos árabes seguida, a 8 de junho, de rápida guerra entre as forças britânicas e francesas – livres contra as tropas do governo de Vichy. Realizou-se a ocupação militar franco-britânica".[7] A criação da Liga Árabe (a carta para a liga dos Estados Árabes foi assinada no Cairo, a 22 de março de 1945) estimulou o nacionalismo sírio contra a administração francesa. Os últimos soldados franceses deixaram o Oriente Próximo em 1946. O armistício Israel-Egito (fevereiro de 1949), a queda da monarquia egípcia (1953), o assassinato do rei Abdallah (1951) abalam o mundo árabe. Na Síria há uma sucessão de golpes de Estado que facilitam a penetração soviética no Médio Oriente.[8] Seguem-se vários levantes militares a partir de 1949.[9] Em março de 1949 o coronel de origem kurda, Husni Zaim, apoiado pelo partido Baas el Arabi (partido socialista da Ressurreição Árabe), depõe o Presidente Chukri Kuatli e institui um governo militar atribuindo-se os poderes legislativo e executivo até que se restabelecesse o regime democrático. Husni Zaim reage ao projeto do rei Abdallah da Transjordânia no sentido de criar a Grande Síria com a união da Síria à Jordânia e tendo apoio do sobrinho Abdul Illah, regente do Iraque. Para Husni Zaim os reis hachemitas não teriam jamais um trono na Síria. É interessante registrar a preocupação de Husni em manter boas relações com as potências ocidentais, especialmente com a França. Husni Zaim foi deposto e assassinado em agosto de 1949. O coronel Hinnavi assume o poder mas é destituído por Adib Chichakli. A Síria encontra-se então dividida entre partidários e contrários à União com o Iraque. Em julho de 1953 é aprovado o projeto de Constituição apresentado por Chichakli, que é eleito Presidente

---

[7] Idem, ibidem, ver também Alem, obra citada, p. 28 e 29.
[8] Alem, obra citada, p. 46.
[9] Meslin, obra citada, p. 1714.

da República. Em 1954 o presidente está diante de dois grupos políticos que se combatem: partidários do Iraque de um lado, socialistas adversários do Iraque, de outro lado. Em face de uma ameaça de rebelião, Chichakli renuncia, refugia-se em Beirut, onde pede asilo à Arábia Saudita. Assume a presidência Farès Khury, que se demite em fevereiro de 1955. Sobe ao poder o líder nacionalista Sabri Assali. Os sírios rejeitam o pacto de Bagdad (ver item sobre Irak). Em agosto de 1955 volta ao poder, por eleição, Chucri Kuatli, mas em 1957 ele estaria controlado por um triunvirato militar. "A partir desse momento a "satelização" da Síria prosseguiu segundo um processo acelerado. Centenas de técnicos soviéticos chegaram ao país. Deve-se notar que o campeão da aliança russa era Khaled Azem, derrotado, na eleição, por Chucri. Estava então em discussão um projeto de federação sírio-egípcio apoiado pelos socialistas. Em fevereiro de 1958 é criada a República Árabe Unida (RAU) e Gamal Abdel Nasser é designado como presidente. Em março promulga-se uma constituição provisória. Um golpe de Estado na Síria, em 1961, dissolveria a União dos dois países. Em 1963 o partido Baas assume o poder. Há então uma luta interna entre duas correntes: a velha guarda pan-arábica e a jovem guarda militar pró-síria. Após a derrota árabe de 1967 desenvolve-se uma oposição radicalizada entre ideólogos e pragmáticos. Entre estes destaca-se Hafez al-Assad, que se torna presidente em março de 1971. Até sua morte, em junho de 2000, Hafez exerce um poder autocrático e torna-se uma figura marcante na política internacional do Oriente Próximo, cuja tônica é uma atitude firme contra Israel com o apoio da URSS. Com o fim desta, Hafez procura romper o isolamento da Síria em face dos Aliados. Com relação a Israel, a Síria não abre mão da restituição de Golan; com relação ao Líbano mantém a presença do exército sírio, evitando qualquer possibilidade de aliança com Israel. Em 2000 al-Assad morre e é substituído por seu filho Bachar.

IRAQUE

Com a queda do Império Otomano a Mesopotâmia é ocupada militarmente pelo exército britânico. Em novembro de 1918 uma Declaração Anglo-francesa estatuía: "A França e a Grã-Bretanha concordam em incrementar e auxiliar o estabelecimento na Síria e no Iraque de governos e administrações indígenas, derivando a respectiva autoridade do livre exercício de iniciativa e escolha das populações indígenas".[1] Oficiais iraquianos que, na Síria, acompanhavam o emir Faiçal desde a libertação de Damasco em outubro de 1918, influíram na formação de um crescente nacionalismo árabe, conseguindo até mesmo uma reaproximação entre sunitas e xiitas. Turquia e Rússia incentivariam os nacionalistas. Numa conferência convocada no Cairo pelo secretário para as colônias, Winston Churchil, foi escolhido como rei do Iraque o emir Faiçal, fato este que incentivou nos nacionalistas a ideia de que o estabelecimento da monarquia significava o término do mandato. Faiçal chegou a Bagdad e foi proclamado rei do Iraque aos 21 de agosto de 1921. Note-se que Faiçal estava inclinado a consolidar-se com os nacionalistas, o que provocou a reação por parte do Alto Comissário britânico. Um tratado elaborado em 1930, e que entraria em vigor quando o Iraque fosse admitido na Liga das Nações, determinava que a Grã-Bretanha continuaria prestando assistência militar ao Iraque e que, quando o governo pretendesse contratar especialistas estrangeiros, daria preferência a súditos ingleses. "O tratado foi ratificado por uma confortável maioria no parlamento iraquiano, e a transferência progressiva da administração para as autoridades do Iraque

---

[1] Kirk, obra citada, p. 177.

foi acelerada, embora o Alto Comissário tivesse de restringir, frequentemente, uma tendência para desrespeitar os conselhos britânicos e cancelar os contratos com funcionários ingleses".[2] Em 1932 o Iraque, com o apoio da Grã-Bretanha, foi admitido na Sociedade das Nações, e em 1933 falecia Faiçal I, deixando como sucessor seu filho Ghazi, de vinte e um anos de idade. Ghazi enfrentou problemas internos. "Entre 1932 e 1936 os ministérios subiram e caíram na média de mais de cinco por ano".[3] Tendo Ghazi falecido em 1939, subiu ao Trono seu filho Faiçal II, que contava apenas quatro anos de idade, ficando a regência a cargo de Abdul Illah. Em 1941, em plena Segunda Guerra, há um golpe de estado considerado pelos britânicos como favorável aos alemães e que resulta num breve conflito anglo-iraquiano. A presença britânica é reforçada ao término da Segunda Guerra Mundial. Sublinhe-se então a presença de correntes ideológicas comunistas e nacionalistas (árabes e kurdos). Em maio de 1953 Faiçal II atingiu a maioridade e, embora desfrutando de certa popularidade, não conseguiu impor a tranquilidade no país sujeito a uma série de revoltas militares. Internamente, contudo, deve-se lembrar que a renda resultante da exploração petrolífera permitiu em 1955 a elaboração de um plano quinquenal. A oposição, contudo, fortalecia-se: "É que, de um lado, os grandes trabalhos empreendidos só produziriam frutos após vários anos; de outro lado a manutenção de estruturas feudais não permitia à massa beneficiar-se das melhoras efetuadas".[4]

Em 14 de julho de 1958 um grupo de oficiais invade o palácio real, assassina o rei e seus familiares. O primeiro-ministro Nuri-al-Said é linchado pela multidão. O general Abd al-Karim Kassem exerce um governo autoritário eliminando seus adversários e procurando aliados entre comunistas e curdos. Kassem se opõe aos Unionistas (favoráveis à RAU), que abrangem árabes de várias tendências. São adversários da União os comunistas, os curdos e os adeptos do Xiismo. Em fevereiro de 1963 um golpe de Estado de caráter baassista (o partido Baas caracteriza-se pela busca da unidade árabe) depõe e executa Kassem. Em novembro de 1963 o Marechal Abdel Salam

---

[2] Idem, ibidem, p. 221.
[3] Idem, ibidem, p. 225.
[4] Alem, obra citada, p. 74.

Aref leva o Iraque no sentido de um pan-arabismo, mas perece em 1966 num acidente de helicóptero. Em julho de 1968 há um novo golpe de Estado de caráter baassista, mas que leva ao poder o general Ahmed Hasan al-Bakr. Este acumula todos poderes e tem a seu lado um civil originário (como os principais autores do golpe de 68) de Takrit, Saddam Hussein, que, com seus familiares, passa a controlar as instituições. Em 1970 os lucros advindos da exploração petrolífera levam o governo iraquiano a um nacionalismo que pretende fazer do país a primeira potência militar e política da região. Internamente há severa repressão ao comunismo, ao xiismo e ao movimento curdo. Em 1980 Sadam Hussein leva seu país à guerra contra o Iran, onde os partidários do imame Khomeyni haviam assumido o poder em 1979. Após oito anos de luta, a primeira guerra do Golfo termina sem vencidos e vencedores. Em 1990 o Iraque invade o emirado do Kuwait integrando-o como província. A invasão do emirado provoca a chamada segunda guerra do Golfo, que liberta o Kuwait (1991). O Iraque tinha contra si as potências ocidentais e vários países Árabes. Em 1991 Sadam Hussein enfrenta um levante de xiitas e de curdos.

LÍBANO

Desde 1861 o Líbano gozava de uma semi-independência. Com efeito, após o massacre de cristãos pelos drusos em 1860 e a chegada de um corpo de exército francês que ocupou uma parte do país, o Líbano passou a ser governado por um cristão que dependia diretamente da Sublime Porta. Compreende-se que os franceses, quando do mandato de 1920, que homologava a criação separada respectivamente da Síria e do Líbano, pisassem um terreno conhecido neste último, onde contavam com a simpatia da população maronita. "Muito bem acolhido no Líbano, o General Gouraud, obedecendo às recomendações do mandato confiado à França, criou o Estado do Grande Líbano".[1] "A 23 de maio de 1926, recompensando a fidelidade do Líbano durante a revolta dos drusos, a França concedeu estatuto particular ao país, que se tornou república parlamentar, adotando a bandeira tricolor francesa com o cedro como símbolo nacional. Por analogia com as negociações franco-sírias em 1936, negociações franco-libanesas puseram em vigor tratado que deveria, em caso de conflito mundial, dar à França o direito de dispor livremente dos recursos libaneses".[2] O novo estatuto não foi jamais aplicado por não ter sido ratificado pelo Parlamento francês. Com a capitulação da França na Segunda Guerra, o Líbano ficou sob o governo de Vichy. Mais tarde, De Gaulle e os ingleses debateram a situação do Líbano e da Síria. Em novembro de 1941 foi anunciada oficialmente a independência do Líbano, a qual, na realidade, só se efetivou em 22 de novembro de 1943. "Já

---

[1] Meslin, *Historia do Líbano*, p. 1615.
[2] Idem, ibidem.

plenamente independente o Líbano participou em 1944 da conferência de São Francisco, que estabeleceu a Carta das Nações Unidas e se contou entre os primeiros membros fundadores da referida organização mundial. A 22 de março de 1943 encontrou-se entre os sete primeiros países fundadores da Liga dos Estados Árabes, cuja carta contém um protocolo especial em virtude do qual seus países membros se comprometem a defender a soberania e a independência do Líbano".[3] Em 1946 as últimas tropas francesas deixavam o Líbano.

Na política interna, entre 1949 e 1951, ocorrem agitações provocadas pela atuação do PPS (Partido Popular Sírio), que tinha por ideal restaurar a Síria em seus limites históricos incluindo Iraque, Palestina, Transjordânia, Líbano e Síria. Compreende-se que a realização desse ideal implicaria o desaparecimento político do Líbano e por isso encontrou forte oposição por parte de milícias maronitas, as Falanges, que defendiam ardorosamente a própria identidade libanesa. Na política externa, no decurso dos anos 1949 a 1953, lembremos as repercussões provocadas pela partilha da Palestina (houve manifestações violentas em Beirute e em Trípoli quando da votação na ONU) e pelas derrotas do Exército de libertação árabe. Segundo Alem "o Líbano não se sentia gravemente ameaçado por Israel".[4]

Somente a título de exemplo, lembremos alguns presidentes da República do Líbano: Bechara El Khuri, que enfrentou a oposição no Parlamento constituída principalmente pela Frente socialista nacional, em que figurava o advogado Camilo Chamun. Este último seria eleito presidente em setembro de 1952 e conseguiria que lhe concedessem plenos poderes por seis meses com vista a combater a corrupção. Fuad Chehab, general, foi presidente de 1958 a 1964. Em 1967 a questão palestina, no Líbano, agrava-se com a chegada de refugiados. O país é usado como base de operação das organizações de resistentes palestinos. A atuação da OLP (Organização de libertação da Palestina) provoca represálias israelenses. Note-se a divisão política da po-

---

[3] Texto extraído de estudo sobre o Líbano publicado na Revista da L.E.A, maio/outubro de 1976.
[4] Alem, obra citada, p. 75.

pulação em cristãos maronitas conservadores e "arabistas" solidários com as organizações palestinas.

A partir de 1975 o Líbano é abalado por verdadeira guerra civil em que combatem, de um lado, as forças conservadoras dominadas pelos maronitas e, de outro lado, as chamadas "progressistas" que integram o MNL (Movimento Nacional Libanês, dirigido pelo chefe druso Kamal Jumblatt –1917-1977). Em junho de 1976 a Síria intervem a pedido de Solimão Frangié (1910-1990), presidente de 1970 a 1976. Israel multiplica as intervenções no Líbano visando enfraquecer as resistências palestinas, especialmente a OLP (Organização de Libertação Palestina). Em junho de 1982 Israel sitia Beirute. Em maio de 1983 o tratado de paz aceito pelo presidente Amin Gemayel (1982-1988) desencadeia uma frente oposicionista. Em janeiro de 1985 Israel vê-se na contigência de retirar-se embora mantenha o combate à guerrilha do Hezbollah no sul do Líbano.

JORDÂNIA

O território a leste do Jordão passara a ser administrado, em 1918, pelo governo Árabe de Faiçal, em Damasco. A conferência de S. Remo (abril de 1920) atribuiu essa região à Grã-Bretanha como parte do mandato relativo à Palestina. O colapso do governo árabe em Damasco (julho de 1920) facilitou a instalação de Abdallah (1882-1951), irmão de Faiçal, na margem oriental do Jordão. Sem a oposição inglesa, avança para Amã, é acolhido pelos conselhos locais e chama a si a administração efetiva. No final da conferência do Cairo, "o Secretário britânico para as colônias, Churchill, concordou em reconhecer o emir como senhor de fato da Transjordânia, desde que ele abandonasse suas intenções agressivas contra os franceses e aceitasse a proteção e o auxílio financeiro da Grã-Bretanha, para o estabelecimento de uma administração moderna".[1] Note-se que Iraque e Transjordânia garantiam, para a Grã-Bretanha, a liberdade de comunicações entre Suez e o Golfo Pérsico. Quanto à importância do emirado da Transjordânia convém anotar: "Estado paradoxal, esse 'emirado de Transjordânia', pedaço de deserto entre outros desertos, com fronteiras flutuantes, indefensáveis e que se estendem por mais de 2000 quilômetros. O novo Estado só atingia o mar pelo porto de Acaba, cuja posse lhe era contestada pela Arábia saudita. Mas, criando o emirado, a Inglaterra subtraia importante território às reivindicações sionistas e, ao mesmo tempo, dava nova compensação ao filho de Hussein, seu infeliz aliado".[2] Em 1923 a Grã-Bretanha reconheceu a existência de um governo

---

[1] Kirk, obra citada, p. 204.
[2] Meslin, obra citada p. 1612.

independente na Transjordânia, sob a chefia do Emir Abdallah, desde que esse governo fosse constitucional.[3] Em 1946 a Transjordânia torna-se independente, permanecendo no país uma força militar britânica. Abdallah assume o título de rei. "Ao obter a independência Abdallah deu a seu Estado o título de 'O Reino Hashimita da Jordânia'. Desde a incorporação do restante da Palestina Árabe, em abril de 1950, o antigo nome da Transjordânia deixara de ser geograficamente apropriado ao reino ampliado".[4] Cabe aqui uma observação importante quanto à população do novo reino: "a Transjordânia era um Estado beduino e feudal, submetido às tradições do deserto, vivendo com seu exército sob um estrito controle britânico. A Jordânia tornava-se algo totalmente diferente: aos quatrocentos mil habitantes da Transjordânia vinham juntar-se quatrocentos mil palestinos da Cisjordânia aos quais se ajuntariam brevemente quatrocentos mil refugiados, também palestinos".[5] Sublinhe-se: palestinos e transjordânios representavam dois grupos de população cultural bem diversos. Em 20 de julho de 1951 Abdallah foi assassinado quando penetrava na mesquita El Aqsa, em Jerusalém. O assassino foi executado no mesmo local, mas há divergências quanto aos mandantes do crime.[6] Abdallah era ambicioso, assumia vários compromissos, possuía grande cultura e era dotado de forte personalidade.[7] O rei assassinado deixa dois filhos de diferentes personalidades e sentimentos: Talal e Nayef. O primeiro sofria de perturbações mentais, mas apesar disso fez-se coroar em Aman e reinou por pouco tempo. É interessante registrar que, durante esse curto reinado, Talal tomou duas iniciativas importantes: reconciliou-se com Ibn Saud, tendo-o visitado em Riad; promulgou uma constituição liberal que consagrou a responsabilidade do gabinete diante do Parlamento. Talal abdicou do poder, e, após uma breve regência da rainha Zeine, Hussein, filho de Talal, atingiu a maioridade (1953) e assumiu o governo. Durante o longo reinado de Hussein (1953-1999) devem ser lembrados os seguintes acontecimentos:

---

[3] Kirk, obra citada, p. 204.
[4] Idem, ibidem, nota 49.
[5] Alem, obra citada, p. 49.
[6] Ver diversas opiniões em Alem, obra citada, p. 51.
[7] Consultar Alem, obra citada, p. 52.

1. Denunciação (1957) do Tratado Anglo-jordaniano após a crise de Suez.

2. Em 1967, após a guerra dos seis dias, Israel ocupa a Cisjordânia. A Jordânia, reduzida à região leste do Jordão, acolhe milhares de refugiados palestinos.

3. Há forte tensão entre Hussein e a OLP (Organização para libertação da Palestina), que, em 1970-1971, é expulsa do país.

4. Após o acordo de Oslo entre Israel e a OLP (1993), a Jordânia faz um tratado de paz com Israel (1994). Em 1999, com a morte de Hussein, sobe ao trono seu filho Abdallah.

PALESTINA E ISRAEL

Palestina é "uma região que outrora se estendia da costa do Mediterrâneo ao leste além do rio Jordão".¹ Mais precisamente: "território do próximo Oriente, delimitado pelo mar Mediterrâneo ao Oeste, pela Jordânia ao Leste, pelo atual Líbano ao Norte, e pelo Sinai (Egito) ao Sul".² Durante vários séculos esse território permaneceu sob a tutela do Império Otomano, mas note-se que jamais constituiu uma entidade administrativa unificada dentro do quadros do mesmo império. No final do século XIX a população dessa vasta região era constituída essencialmente por árabes palestinos muçulmanos (na maioria) e cristãos. "Em 1880 a Palestina contava igualmente com uma comunidade de 20.000 judeus instalados desde longa data e que aumentou em virtude de vagas sucessivas de imigração, inicialmente russas e numericamente modestas".³

Sobre o desenvolvimento da comunidade judaica na Palestina, L'Huillier, presta-nos as seguintes interessantes informações: "O desenvolvimento da comunidade judaica, a partir das 82.000 almas de 1922, não cria imediatamente um problema político específico. Até 1927, então, a imigração, sem

---

¹ Szulc, "Quem são os palestinos?", p. 224, em *O mundo do Islã*.
² Ver *Le dictionnaire du 20e siècle*, p. 518.
³ Ver nota 45, p. 518, texto assinado por Bessarabski Nicolas. Segundo Tad Szulc em "Quem são os palestinos?" (*O mundo do Islã*, National Geographic, Brazil), os palestinos são atualmente seis milhões "dispersos pelo Oriente Médio, África do Norte, Europa e Américas. Quase dois milhões vivem sob o tormento do controle militar em Gaza e na Cisjordânia. Outros 750 mil árabes israelenses que moram em Israel consideram-se palestinos, mas tentam conciliar a cidadania israelense com a herança Árabe".

dúvida considerável, encontra certo contrapeso na emigração. Muitos árabes apreciam os recém-chegados: os homens de negócio como os trabalhadores, contam com um comércio mais ativo e salários superiores".[4] Note-se que razões de negócio provocam também, para a Palestina, uma corrente migratória árabe e que libaneses e transjordanianos acolhem sem restrição os migrantes judeus. Quando, entretanto, a comunidade judaica (*Yishuv*) cresceu (em 1929 contavam-se 190.000 pessoas) desenvolveu-se um sionismo político. "Os árabes percebem, então, aí um obstáculo permanente a seu próprio desenvolvimento político, um perigo para sua independência econômica, uma possibilidade de expansão e de ação hostis. Aceitariam ainda tratar os judeus como cidadãos de um Estado palestino, sancionar sua propriedade imobiliária, respeitar sua economia cultural e talvez seu *self-government* local, mas pensavam em parar a imigração e as transações imobiliárias".[5] Não se pretende aqui sintetizar a história do Sionismo. Depois das breves considerações formuladas por L'Huillier e expostas acima, vamos, sem pretender exaurir o assunto, lembrar em sucessão cronológica alguns acontecimentos que se situam na gênese do Estado de Israel.

1896 – Data da obra de Theodor Herzl (1860-1904), "O Estado dos judeus, ensaio de uma solução moderna da questão judaica". Temos aqui uma exposição do sionismo político. A partir de 1897 um "Congresso sionista" inspirado em Herzl proclamava o direito de Israel de ressuscitar como nação na terra de seus antepassados. Esta aspiração passou a ser defendida pelo Conselho mundial sionista. Lembre-se aqui a atuação de Chaim Weizmann.[6]

1917 – Neste ano Lord Lionel Walter Rotschild submete o plano do executivo sionista ao governo inglês. A resposta do governo inglês, conhecida como Declaração Balfour (novembro de 1917), encara favoravelmente o projeto de estabelecer em lar nacional, na Palestina, os judeus, sem prejuízo aos direitos civis e religiosos das comunidades não judias na Palestina.[7] Note-se que para os sionistas "Lar judeu" significava Estado judeu independente.

---

[4] L'Huillier, *Fondements historiques des problémes du Moyen-Orient*, p. 76.
[5] Idem, ibidem, p. 76 e 77.
[6] Alem, obra citada, p. 13.
[7] Idem, ibidem, p. 14.

1922 – Neste ano temos o *Livro Branco de Churchill*, "Enquanto afirmava que o lugar dos judeus na Palestina era de direito e não por tolerância", resguardava, por outra parte, os direitos da população árabe.[8]

1928 – A população judaica subira cerca de duas vezes e meia a registrada no final da Grande Guerra, e a colonização agrícola fizera acentuado progresso.

1936 – A comissão Peel sugeriu a partilha da Palestina, isto é, um pluralismo estatal: um estado judeu da Galileia, um estado árabe da Jordânia, um estatuto especial para os lugares santos, Haïfa e as cidades de povoamento misto. "Esta fórmula instigou as paixões em vez de acalmá-las".[9] Cabe aqui uma observação importante: a imigração judaica na Palestina havia aumentado consideravelmente de 1918 a 1939, o que provocou reação por parte dos Árabes. "Sob o impulso do Alto comitê Árabe para a Palestina, dirigido pelo Grande Mufti de Jerusalém, Hadj Amin al Husseini, desencadearam-se sangrentos distúrbios em 1928, 1929, 1933, 1936, 1937 em Jerusalém, em Jafa, em Haífa e em todo país. Diante dessa situação de fato, a Inglaterra, obrigada a reforçar, sem cessar, suas guarnições, deu uma interpretação cada vez mais restritiva à Declaração Balfour".[10]

O governo britânico convocou representantes das comunidades árabe e judaica bem como dos estados árabes vizinhos para uma conferência de Mesa Redonda em Londres no início de 1939. A conferência (fevereiro-março) fracassou e foi então publicado (maio de 1939) um novo livro branco propondo criar o Estado independente da Palestina, cujo governo seria partilhado pelas duas comunidades. L'Huillier comenta: "Os judeus, na maioria, aceitaram o projeto de 1936, que os árabes rejeitaram; os árabes parecem aceitar o projeto de 1939, intolerável para os judeus".[11] Com o término da Segunda Guerra Mundial a procura de Israel por parte das comunidades judaicas aumentou consideravelmente. Milhares de refugiados judeus, ainda sob o trauma das atrocidades cometidas nos campos de concentração, procuravam abrigo na Terra Prometida. "Temendo, porém, sobrecarga demo-

---

[8] Kirk, obra citada, p. 201.
[9] L'Huillier, obra citada, p. 77.
[10] Alem, obra citada, p. 35.
[11] Idem, ibidem.

gráfica e principalmente a revolta geral do Oriente Árabe, Londres opôs-se inteiramente a qualquer nova imigração. Com isso desencadeou logo revolta dos judeus".[12] Grupos terroristas praticaram atentados contra os ingleses. Os judeus haviam formado um exército, a *Haganah*. Entre as organizações clandestinas figuravam o IRGUN Zwei Leumi e o grupo Stern. Em julho de 1946 houve um atentado terrorista contra o *King David Hotel* de Jerusalém, sede do quartel general britânico, com dezenas de vítimas. Entre outros episódios dramáticos lembremos o naufrágio do *Struma* e a expedição do *Exodus*. Esta embarcação transportava, em maio de 1947, emigrantes, mas teve de retornar a Hamburgo com sua carga humana, por decisão das autoridades britânicas. Uma conferência realizada em Londres no início de 1947 elaborara o Plano Bevin, que não foi aceito nem por árabes nem por judeus. Os ingleses então recorrem à ONU. O primeiro-ministro inglês, Clement Atlee, submete-lhe o caso. A Assembleia Geral designa uma comissão de dez membros para estudar o problema. As recomendações desta comissão seriam estudadas por um comitê especial de cinquenta e sete membros (o comitê *ad hoc*). Este comitê votou pelo plano de partilha: seriam criados dois Estados independentes, um árabe e outro judeu, e uma zona internacional de Jerusalém colocada sob controle da ONU. "A decisão no sentido de partilha, tomada na Assembleia Geral de 29 de novembro de 1947 sob a presidência do Embaixador Oswaldo Aranha, descontentou os árabes que contestaram sua validade".[13] Em maio de 1948 as tropas inglesas abandonaram a Palestina. Alem comenta a retirada inglesa: "operação tecnicamente perfeita e perfeitamente cínica que deixava repentinamente os adversários face a face e o país em uma desordem completa".[14] A 14 de maio era proclamado o Estado de Israel por David Ben Gurion, e, logo em seguida, Chaim Weiszmann (1874-1952), veterano defensor da causa sionista, era nomeado presidente do novo Estado. Ben Gurion passa a ser o chefe do governo. Em setembro de

---

[12] Meslin, *História de Israel*, p. 1553.
[13] Idem, ibidem. Sobre o *Exodus* ver dramática exposição na Revista *História* n. 184, p. 305 e ss., "La veritable odyssée de l'Exodus. Sobre a partilha ver a "Questão Palestina e a responsabilidade internacional", publicada pela missão da Liga dos Estados Árabes no Brasil.
[14] Além, obra citada, p. 40.

1948 o conde Folke Bernadote, mediador da ONU, é assassinado em Jerusalém por terroristas judeus. Apenas criado, o Estado de Israel é atacado por seus vizinhos árabes: a primeira guerra árabe-israelense (1948-1949). Melhor equipado, o exército israelense vence as força árabes (egípcias, transjordânias, iraquianas, sirias e libanesas). Como consequência da vitória de Israel, setecentos mil palestinos são exilados. Houve massacres e confisco de bens. O armistício israelense-egípcio foi assinado em Rodes, em fevereiro de 1949. Líbano, Síria e Jordânia aceitaram o armistício. Iraque e Arábia, que não possuíam fronteira comum com Israel, abstiveram-se de tratar com os sionistas. Em maio de 1949 Israel era admitido na ONU. Em outubro de 1956 Israel encontra-se ao lado da coligação franco-britânica contra Nasser. É a crise de Suez. As tropas israelenses atacam o Egito e invadem o Sinai. Sob a pressão soviética e americana os israelenses retiram-se do Sinai. Em junho de 1967 explode a terceira guerra árabe-israellense. É a "guerra de seis dias". As forças da ONU retiram-se da região do canal a pedido de Nasser e Israel, então, ocupa o Sinai, uma parte da região de Golan, a "Cisjordânia e anexa a cidade de Jerusalém. Um milhão de palestinos encontram-se, então, sob a autoridade israelense. A vitória israelense proporcionou prestígio e popularidade ao chefe militar Moshe Dayan. "Depois da Guerra dos Seis Dias a situação no Oriente Médio evoluiu favoravelmente para os adversários de Israel. Houve antes de tudo, entre 1968 e 1970, uma estabilidade do poder na maioria dos Estados Árabes".[15] No Egito deve-se registrar o aperfeiçoamento técnico e moral do exército, o que explica o êxito militar no ataque de surpresa sírio-egípcio realizado contra os israelenses a 6 de outubro de 1973, festa judaica do Yom Kippur. Em 24 de outubro é decidido pelo Conselho de Segurança um cessar-fogo. Uma consequência econômica importante da Guerra do Kippur foi o aumento unilateral do petróleo produzido pelos países árabes. Em Israel um acontecimento político relevante é a ascensão ao poder de M. Begin, chefe do Likud, partido da direita nacionalista. Em novembro de 1977 A. al-Sadat visita Jerusalém, e em março de 1979 é assinado um Tratado de paz. Durante o governo de Begin ocorre agressão ao Líbano e o massacre de Sabra e Chatila. Durante a Guerra do Golfo de 1991, Israel é alvo dos mís-

---

[15] Milza, obra citada, vol. 3, p. 80.

seis iraquianos. Em Oslo realizam-se encontros secretos com a OLP (Organização de Libertação da Palestina, cuja presidência foi assumida em 1969 por Yasser Arafat) que resultam nos chamados acordos de Oslo. Em setembro de 1993 são publicadas as cartas trocadas entre Yasser Arafat e Ytzhak Rabin, revelando-se assim o recíproco reconhecimento respectivamente da OLP e do Estado de Israel. À convite do presidente americano Bill Clinton, "é assinada em Washington uma declaração pela qual a OLP reconhece a Israel o direito de viver em paz e em segurança e renuncia ao terrorismo, enquanto que Israel reconhece a organização presidida por Arafat como representante do povo palestino. "O aperto de mão 'histórico' entre o chefe da OLP e o primeiro-ministro israelense torna-se o símbolo de um próximo retorno à paz, que está, contudo, longe de ser conseguido."[16] Em 4 de novembro de 1995 Rabin é assassinado em Tel-Aviv por um extremista israelense.

---

[16] Idem, ibidem, p. 94.

OMAN

O sultanato de Oman está localizado na extremidade meridional da península arábica, posição estratégica que lhe permite controlar o estreito de Ormuz através do qual é exportado o petróleo do golfo. No início do século XX o sultanato encontra-se sob a proteção britânica, que visa a segurança do comércio com as Índias. O sultão Said ibn Taimur reina em Mascate, de 1932 a 1971. Com o apoio britânico Qabus Bin Said bin Taimur, filho de Said, assume o poder. Em 1976 o sultanato é aceito na ONU. Entre outros acontecimentos da História do Oman, no século XX, lembremos, a título de exemplo:

1. A revolta do imame Ghaleb, em 1955, apoiado pela Arábia Saudita.

2. Em 1963 a província ocidental do Dhofar entra em rebelião visando sua independência e contando com o apoio dos comunistas do Iêmen do Sul e do Egito de Nasser.[1]

Sob Qabus processa-se uma prudente modernização do sultanato.

---

[1] Consultamos sobre Oman, principalmente, o já citado *Le dictionnaire du 20e siècle*, p. 505.

KUWAIT

É um minúsculo território situado a noroeste do Golfo Pérsico. Embora não estivesse sob a direta administração otomana, o xeque do Kuwait reconhecia certa soberania do império turco. Em 1899, entretanto, o Xeque Mubarak Al-Sabah fez um tratado com a Grã-Bretanha colocando-se sob a proteção desta. Em 1961 o Kuwait, sob o governo do xeque Abdallah, tornou-se independente, tendo sido, então, alvo da cobiça do Iraque. Em 1961 o Kuwait foi admitido na Liga dos Estados Árabes e em 1963 tornou-se membro das Nações Unidas. Deve-se notar que a dinastia Al-Sabah foi fundada no século XVIII (1756), quando os colonos fixados na região decidiram designar um xeque para estabelecer a ordem, a segurança e tratar do relacionamento com o Império Otomano. Em 16 de novembro de 1962 o xeque Abdallah promulga uma constituição que consagra a autoridade dos Al-Sabah sobre o emirado. O xeque Sabah (1965-1977), sucessor de Abdallah, emprega boa parte das rendas petrolíferas na infraestrurura do país. Em 1976 o Sabah dissolve o parlamento. Seu sucessor, xeque Jaber, restaura a constituição, mas o novo parlamento será dissolvido em 1986. Em agosto de 1990 o exército iraquiano invade o Kuwait, tornando-o uma província do Iraque. Uma coligação internacional sob o comando americano (a tempestade do deserto) liberta o KuwaiT. O xeque Jaber é forçado a restabelecer a democracia.

IÊMEN DO NORTE

Situado no canto sudoeste da Península Arábica, o Iêmen do Norte subleva-se, no início do século XX, contra o domínio otomano e obtém a independêcia em 1918, no final da Primeira Guerra Mundial, caindo, contudo, sob a influência da Arábia na época em que Aziz Ibn Saud expande seu poder. O Iêmen do Norte fora governado durante muito tempo pelos imames, soberanos temporais e religiosos. Um desses imames, Yahya, concedeu, pelo tratado de Taëf (1934), três províncias iemenitas aos Sauditas. Yahya governava com absolutismo e encontrava resistência dos senhores feudais, entre os quais se destacava o emir Saif al Islam Abdallah, que, depois de uma visita aos Estados Unidos em 1947, incentivou uma conjuração contra o velho imame que foi assassinado em fevereiro de 1948.[1] Dois filhos de Yahya foram também assassinados, mas o filho mais velho, o príncipe herdeiro Seif al Islam Ahmed, conseguiu fugir dos inimigos e posteriormente, com guerreiros devotados à família de Yahaya, volta à capital, Sanaa, depõe e condena à morte Abdallah, que se fizera eleger imame. Seif al Islam Ahmed foi, então, proclamado imame.[2] Em 1955 Ahmed esteve sujeito a uma tentativa de deposição, mas foi salvo por seu filho Seif al Islam Badr. Este ascendeu mais tarde ao poder e enfrentou uma guerra civil chefiada pelo republicano coronel Abdallah Sallal. Em 1967 outro militar, Abd-el-Rahman al-Iriani, promoveu novo golpe de Estado.[3]

---

[1] Alem, obra citada, p. 85.
[2] Idem, ibidem.
[3] Marin, obra citada, p. 444.

IÊMEN DO SUL

A República do Iêmen do Sul abrangia, até 1967, a colônia britânica de Aden e os "protetorados" do sul da Península Arábica. Em 1967 o Iêmen do Sul liberta-se da proteção britânica imposta desde 1839. O novo Estado passa a ser conhecido como República popular do Iêmen do Sul. O regime proclamado é o socialismo principalmente de influência soviética, mas também voltado ocasionalmente para a China comunista. A nova República é governada pela Frente da Libertação Nacional, que lutara pela independência do país. Em 1969 o governo passa a ser exercido por um conselho de cinco membros presidido por Salem Rabie. De 1972 a 1990 as relações entre os dois Iêmens alternam-se em períodos de hostilidade e de calma, havendo também fracassadas tentativas de união. Em 1980 Ali Nasser Mohammed assume o poder e, através de acordos econômicos e culturais, normaliza as relações com o Iêmen do Norte, presidido, desde 1998, pelo coronel Ali Abdallah Saleh.

Em 1990 a República popular e democrática, abalada pela desintegração da União Soviética, consentiu em unir-se à República Árabe do Yêmen.

IRAN

No início do século, a Pérsia (o nome Iran só foi adotado oficialmente em 1935) continua sob a dinastia turca dos Kadjars, que se equilibram entre as pressões russas, de um lado, e as pressões britânicas de outro lado. A rivalidade entre as duas grandes potências com relação à influência no governo iraniano chegou ao máximo em 1907, quando foi firmado um tratado que repartia a Pérsia em duas zonas de influência. É interessante notar que durante o Primeiro Conflito Mundial "tropas de ambos os países ocuparam a meseta do Iran com o pretexto de impedir que a Pérsia tomasse partido em favor dos Impérios Centrais".[1]

O Xá Mozafer ed-Din (1896-1907), antes de morrer, prometeu uma constituição parlamentar, mas seu filho e sucessor, Mohamed Ali (1907-1909), após haver reunido o Parlamento, voltou ao absolutismo (1908), porém viu-se forçado a abdicar (1909).[2] Cabe aqui uma observação: a constituição persa adotada em 1906 ficou em vigor até a revolução islâmica, embora na realidade não tenha sido aplicada senão por uma vintena de anos (1911-1920 e 1941-1953).[3] No decurso da guerra de 1914, apesar de neutra, a Pérsia foi utilizada como campo de batalha tanto pelos anglo-russos como pelos turcos, aliados dos alemães. A revolução russa e a desintegração do império otomano deixaram o campo livre para a influência britânica, que estabelece um verdadeiro protetorado (1919). O país, embora não tendo sido beligerante, sofre as consequências do conflito mundial: a decadência

---
[1] Idem, ibidem, p. 43.
[2] Grousset e Brière, *História do Iran e do Afeganistão*, p. 1527.
[3] Ver *Le dictionnaire du 20e siècle*, p. 366.

e a miséria perturbam a vida social e política. Uma revolta desencadeada no Ghilan leva o governo a designar (fevereiro de 1921) o general Reza Khan para combater os rebeldes. Deve-se registrar aqui a incapacidade do *shah* (Ahmed Shah) de governar o país, cujas finanças se encontravam em desastrosa situação. Reza Khan compreendeu que o mal não se encontrava no Ghilan, "mas na casa imperial reinante, nos governos negligentemente pacíficos e corrompidos que se sucediam, na fraqueza dos homens. Mesmo que a insurreição fosse vencida, nada de essencial seria modificado. Era necessário atacar o mal em sua base e agir imediatamente".[4] Reza Khan decidiu então marchar sobre a capital, destituiu os membros do governo e iniciou reformas políticas, financeiras e econômicas. O último Xá (*shah*) da dinastia Kadjars abandonou a Pérsia dirigindo-se a Paris. Houve um interregno com um fraco regente que se afastou do poder, e Reza Khan, ditador, acabou fundando a dinastia palavia. Diante das câmaras reunidas e na presença do corpo diplomático, Reza Khan jurava fidelidade ao Iran, à constituição e no dia seguinte coroava-se.[5] O novo Xá estimulou o desenvolvimento econômico e incentivou reformas com tendências ocidentais, mas tendo o cuidado de respeitar os ideais religiosos mantidos pelo poderoso clero xiita. Na política interna, registremos, a título de exemplo:

1. Reforma agrária limitando os latifúndios.
2. Reformas nos costumes, propiciando às mulheres uma participação social mais ativa, inclusive o acesso aos estudos.
3. Criou tribunais seculares leigos e instituiu o serviço militar obrigatório com a aquisição de armamento moderno.

---

[4] Galli, "Le Shah Reza Pahlevi et la réssurrection de la Perse" (Revista *História*, n. 158, p. 108).
[5] A solene coroação de Reza Khan está descrita pelo ministro plenipotenciário italiano Carlo Galli (ver nota anterior). A data de 15 de dezembro de 1926 consta na supracitada relação do ministro plenipotenciáno italiano como o dia do juramento. No dia seguinte houve a coroação. Em Grousset e Brière (*História do Iran e do Afeganistão*, Delta Larousse, p. 1530) lemos: "A dinastia dos Cajares foi privada de seus direitos em outubro de 1924, o ditador foi proclamado imperador em 12 de dezembro e coroado a 25 de abril de 1925.
Le dictionnaire du 20e siècle, p. 367, anota "Il finit par revenser les Kadjars en 1925 et proclame la dynastie Pahlavi le 12 decembre".

4. Construiu estradas, ferrovias e importantes meios de irrigação.

5. Com relação à exploração petrolífera procurou tratar com a Anglo Iranian Oil Company visando melhor participação estatal.

6. Em 1935 decidiu que a Pérsia passasse a denominar-se Iran, isto é, país dos Arianos.[6]

Na política externa Reza Pahlavi procura libertar-se da tutela da Rússia e da Grã-Bretanha e manter boas relações com os países limítrofes. A atuação governamental do Xá sofreu forte abalo com a Segunda Guerra Mundial. Teheran proclamara sua neutralidade, mas após a invasão da Rússia pelos alemães (junho de 1941), britânicos e russos invadiram o Iran, que se recusara a expulsar numerosos conselheiros alemães que ali se encontravam. Reza Pahlavi viu-se na contingência de abdicar em favor de seu filho Mohammed Reza Pahlavi. Este, muito jovem e sem experiência política, autorizou a permanência de tropas estrangeiras no país. "Obrigada a declarar guerra à Alemanha, a Pérsia viu sua independência reconhecida na conferência de Teheran (dezembro de 1943), e obteve, em 1945, lugar na ONU".[7] Com o final da guerra houve um renascimento do nacionalismo iraniano, que se opunha à ingerência norte-americana bem como à atuação da Anglo-Iraniana Oil Company (AIOC), que se negava a uma nova repartição das receitas petrolíferas. O Partido Comunista – Tudeh – organizado com a proteção russa formou governos autônomos no Azerbaidjã e no Curdistão. Um atentado contra o Xá em 1949 resultou na dissolução do Tudeh seguida de uma reforma de caráter liberal da constituição. Para acelerar o desenvolvimento econômico o governo procurou a ajuda financeira dos Estados Unidos, o que levou à radicalização da oposição nacionalista contrária não só à ingerência americana como também à atuação Anglo-Iraniana. Em março de 1951 o Parlamento proclamou a nacionalização do petróleo. O Primeiro-ministro, intransigente nacionalista, Mohammed Mossadecq (1881-1967), ratificou a nacionalização sem a devida indenização. Desenvolve-se então uma dupla

---

[6] Sobre o vocábulo Iran ver nossa *História da Antiguidade Oriental*, capítulo sobre os persas (cap. 10, "O Irã"), p. 264.
[7] Grousset e Briére, obra citada, p. 1530.

oposição contra o intransigente nacionalista: a esquerda teme que a atitude revolucionária conquiste seus próprios adeptos; a direita, que tem o apoio do próprio Xá, da quase totalidade do exército e de elementos religiosos conservadores.[8] Em 1953 o Xá, com o exército, destituiu Mossadecq, que foi condenado a três anos de prisão. Este acontecimento assinala não só o exercício de um poder ditatorial por parte do Xá como também marca a preponderância da influência americana sobre a influência britânica. Mohammed Reza Pahlavi pratica uma política de ocidentalização que se estende pelas décadas de 1960 a 1970. Um acontecimento de repercussão mundial foi o repúdio por parte do Xá de sua esposa Soraya para contrair matrimônio com Farah Diba, que lhe daria um herdeiro na sucessão do trono. Em 1971 o Xá celebrou magníficas solenidades comemorando os 2.500 anos de existência do império persa. A alta do petróleo em 1973 acelera os projetos de industrialização do país, que se encontra sob plena influência dos Estados Unidos. Desenvolve-se, entretanto, um movimento nacionalista revolucionário com a predominância do clero xiita, cujos interesses eram lesados pelo soberano, sob a inspiração do ayatollah Khomeyni (1902-1989), que em 1978 exila-se na França. Após fortes manifestações hostis durante o ano de 1978, o Xá se vê forçado a abandonar o país em janeiro de 1979. No mês seguinte Ruhollah Khomeyni regressa a Teerã e é recebido triunfalmente por uma multidão de cerca de quatro milhões de pessoas. Note-se que o líder xiita monopolizou a oposição ao Xá, oposição esta que, na realidade, sob uma aparente unidade, constituía-se de diversas correntes ideológicas. Khomeyni encarna uma revolução islâmica e detém assim a autoridade suprema no Estado. Em setembro de 1980 desencadeia-se a invasão do Irã pelas tropas do Iraque, o que provoca uma forte onda patriótica que fortalece Khomeyni permitindo-lhe afastar os aliados políticos cujos ideais não lhe agradavam. Em 1983 os iraquianos são repelidos para fora das fronteiras, mas só em 1988 efetiva-se o cessar-fogo sob a égide da ONU. Compreende-se que a guerra tenha afetado social e economicamente o Irã. Em junho de 1889 morre Khomyni e deixa o país isolado na área internacional. Em 1997 é eleito para a presidência da República o reformador Muhammad Khatami.

---

[8] Marin, obra citada, p. 430.

Estamos aqui diante de um clérigo moderado, intelectual, e ex-ministro da Cultura, que defendeu na campanha uma abertura maior.[9] Desde a eleição de Khatami "o Irã vem passando por uma turbulenta transformação, uma espécie de segunda revolução para amenizar o sufocante regime teocrático".[10] Note-se, contudo, que o herdeiro ortodoxo de Khomeyni, escolhido por um conselho de líderes religiosos, é Khamenei, que, com seus aliados, controla o exército, a polícia, o judiciário e a guarda revolucionária. "Khamenei, também conta com apoio entre empresários e burocratas ligados ao regime, além dos veteranos e das viúvas de guerra que recebem pensão do governo".[11]

---

[9] Fen Montaigne, "O Irã após a revolução", p. 240, em *"O mundo do Islã"*, National Georaphic.
[10] Idem, ibidem.
[11] Idem, ibidem, p. 241.

AFEGANISTÃO

Em 1880 o Afeganistão torna-se um protetorado da Índia inglesa. "Essa situação persistiu até logo depois da Primeira Guerra Mundial".[1] Em 1919, sob o governo do Emir Amanulá, a Inglaterra reconhece a independência do Afeganistão. Amanulá, que assume o título de rei em 1923, inspirado no modelo kemalista turco, pretende modernizar o Afeganistão, mas encontra forte oposição conservadora por parte dos religiosos muçulmanos, que desempenham papel decisivo na revolta tribal de 1929. Amanulá vê-se forçado a renunciar. Revoltosos ocupam então a capital sob a chefia do fundamentalista Habibullah. O usurpador acaba expulso por Nadir Xá. Funda-se então uma nova dinastia, mas Nadir Xá, que promulgara uma constituição em 1931, é assassinado em 1933. O filho de Nadir, Moahmed Zair Xá, confia o governo a seu tio, Mohamed Hachim Cã, conservador e hostil à Rússia, que assume o título de primeiro-ministro. "Durante a Segunda Guerra Mundial, o Afeganistão manteve-se neutro e o monarca soube captar a amizade dos países vizinhos (União Soviética, China e Paquistão), assim como a ajuda econômica norte-americana e russa".[2] Note-se que Mohamed Hachim foi substituído, após a guerra, por seu irmão Mohamed Xá Cã Gazé. Este, "mais liberal, assinou com a URSS satisfatório acordo de fronteiras e conseguiu a admissão de seu país na ONU. O ensino tomou novo impulso, o desenvolvimento econômico foi favorecido por plano quinquenal, a irrigação e a construção de estradas empreendidas por firmas americanas".[3] Durante a

---

[1] Grousset e Brière, *Irã e Afeganistão*, p. 1529.
[2] Marin, obra citada, p. 430.
[3] Grousset e Brière, obra citada, ibidem.

Guerra Fria o Afeganistão procura obter vantagens financeiras indispensáveis a seu desenvolvimento, aproveitando-se da rivalidade Leste-Oeste. Em 1955 acordos de cooperação militar com a URSS facilitam a infiltração comunista no exército afegão. Na mesma época acentua-se a rivalidade entre a população urbana com bom nível de educação e a população rural. Deve-se notar que sob o reinado de Zaher (1933-1973), em 1966, encontramos a restrita prática de uma monarquia constitucional. Agitações promovidas por jovens estudantes que representam uma minoria organizada e estão impregnados de ideologias que vão do islamismo ao maoísmo configuram uma situação de instabilidade política. Em 1973 um golpe de Estado promovido por Ali Muhammad Daud (1909-1978) resulta num regime totalitário que se alia inicialmente aos comunistas. Posteriormente, na política externa, Daud aproxima-se do Irã e do Paquistão. Em abril de 1978 os comunistas tramam um golpe de Estado, e Daud é assassinado. Os novos senhores do poder revelam-se inexperientes em face das situações do país em que predomina uma grande parte da população tradicionalista e religiosa. Compreende-se que surjam revoltas na região rural. Os dirigentes comunistas apelam então para a URSS. Brejnev promove a intervenção militar (dezembro de 1979). Estamos aqui diante de um acontecimento com profunda repercussão internacional. As forças soviético-afegãs encontram decidida resistência, apoiada por parte dos países ocidentais, das monarquias do Golfo e do Paquistão. Em 1986 Gorbatchev ordena a retirada das tropas soviéticas, mas o regime estabelecido em Cabul só cai em 1992, iniciando-se, então, uma fase de guerra civil. Um visitante narra a explosão da guerra civil: "Por uma década a resistência paralisou as tropas soviéticas, que, em 1989, afinal deixaram o país. Agora, na primavera de 1992, os guerrilheiros estão apontando suas armas uns contra os outros".[4] Em 1994 aparece uma nova força política, o Talibã, que pretendem uma estrita aplicação da *charia* (legislação islâmica).

---

[4] Fen Montaigne, obra citada, p. 232.

ÍNDIA

A Índia entra no século XX ainda sob o final do reinado da rainha Vitória (1837-1901), que fora proclamada imperatriz das Índias a 1º de janeiro de 1877. A Índia era então a "joia" da coroa britânica, e, sublinhe-se, a proclamação imperial tinha o apoio de centenas de potentados indianos que forneciam no quadro de semicolonialismo e semiprotetorado uma elite cuja formação, nos moldes britânicos, constituía um apoio à soberania inglesa. Esta soberania imperial imprimia, sob certo aspecto, uma aparência de unidade a um vastíssimo e povoadíssimo território onde a realidade era uma enorme pluralidade política, racial e cultural. À conquista e conservação do subcontinente indiano pelos britânicos correspondia uma série de reformas na complexa maneira de ser da vida cotidiana na Índia. Manter a ordem entre muçulmanos e hindus, fazer estradas e ferrovias, desenvolver as atividades agrícolas inclusive com a construção de sistemas de irrigação, abrir escolas, propiciar aos indígenas acesso a postos da administração, possibilitar a representação dos habitantes em conselhos administrativos, etc, eis alguns exemplos da atuação dos britânicos na Índia, mas que, note-se, não chegava a justificar, perante os nacionalistas desejosos da independência, o imperialismo britânico que atingia a apogeu sob a vice-realeza de Lord Curzon (1899-1905). Em 1885 constitui-se o Congresso Nacional Panindio. Até o início do século o Congresso Nacional atuou com moderação. Pode-se falar em resistência passiva e até mesmo em lealismo. Havia, entretanto, uma minoria que, estimulada pela vitória japonesa sobre a Rússia em 1905, adotou uma atitude radical de oposição em que se destacou o jornalista Bal Gandadhar Tilak (1855-1920). O governo britânico, ao lado de medidas enérgicas, adotou também uma política de concessões, dando, por exemplo, aos indígenas uma maior participação na administração. Em 1911 o rei Jorge V visitava a Índia e transferia a capital de Calcutá para a cidade de Delhi. Note-se um fator que contribuía, até certo ponto, para a consolidação do poder britânico: o antagonismo entre brahmanistas e muçulmanos. "Os muçulmanos eram, em 1914, o mais firme apoio da autoridade britânica na Índia."[1] "Durante a Primeira Guerra Mundial, como a Índia tivesse colaborado lealmente com o Império Britânico, o governo imperial decidiu, por ocasião da paz, conceder-lhe um começo de autonomia, baseado na diarquia. O nacionalismo, entretanto, foi adquirindo formas cada vez mais ativas sob a direção de uma elite intelectual em que se destacavam o poeta bengali Rabindranath Tagore, o filósofo Shri Aurobindo Ghose a o antigo advogado Ghandi. Esse movimento, exigindo a entrega de todo o território às autoridades indianas, iniciou campanha de oposição ao domínio britânico."[2] Durante a Primeira Guerra Mundial houve um desenvolvimento industrial na Índia que favoreceu o fortalecimento de uma burguesia nacional atenta ao cumprimento das promessas britânicas. Surge então no cenário político a notável figura do advogado Mohandas Karamchand Gandhi (1869-1948), a quem o já citado poeta Rabindranath Tagore, laureado com o prêmio Nobel, "conferia o título que passou a usar para o resto da vida: Mahatma, a Grande Alma, vestida com os farrapos dos mendigos".[3] Filho de um primeiro-ministro de um pequeno principado pertencente a casta dos *vaiçyas*, casta dos comerciantes, Ghandi foi mandado para a Inglaterra a fim de estudar direito. De 1893 a 1914 dedica-se à defesa da comunidade índia explorada na África do Sul. "Foi lutando por seus irmãos da África do Sul que Ghandi elaborou as duas doutrinas que o iam tornar mundialmente celebre: a não violência e a desobediência. Curiosamente foi um texto dos Evangelhos que o levou a meditar sobre a não violência. Ficaria impressionado com o conselho de Cristo aos discípulos para estenderem a outra face aos agressores."[4] Note-se que quando Grandhi falava de independência referia-se à transformação não só política, mas também moral e social, beneficiando os que se encontravam no nível

---

[1] Malet, Isaac, *Histoire contemporaine*, p. 490.
[2] Grousset, *História da Índia*, p. 1512.
[3] Lapierre e Larry Collins, *Esta noite a liberdade*, p. 73.
[4] Idem, ibidem, p. 70.

mais baixo da sociedade índia.⁵ Quando Gandhi retorna definitivamente a sua terra natal, é recebido como herói em Bombaim (janeiro de 1915). Sua corajosa tomada de posição em favor dos camponeses e operários nos anos de 1917 e 1918 grangeia-lhe a confiança das massas. Convém aqui sublinhar mais uma vez que o ideal de Gandhi "é essencialmente uma busca moral de reforma das consciências, de vida simples e patriarcal mediante o retorno à terra e à velha civilização indiana, à fiação na roca e a tecelagem a mão...".⁶ Note-se: "O prestígio impar que lhe conferem a santidade pessoal, o ascetismo, os princípios de humildade e amor à pobreza velaram por muito tempo o que havia de retrógrado e utópico na sua pregação em favor do artesanato, cujo êxito manteria a Índia na estagnação econômica...".⁷ A popularidade de Gandhi fez dele o líder incontestável do movimento nacionalista até então incentivado e dirigido por uma burguesia indiana ocidentalizada. Em dezembro de 1919 o India Act dava uma pequena autonomia administrativa em nível dos conselhos provinciais, mas reservava ao vice-rei, que controlava o governo central, a decisão sobre as questões mais importantes. Os indianos esperavam muito mais do governo britânico em virtude da lealdade com que a Índia acompanhara a Grã-Bretanha durante a Primeira Guerra Mundial. Compreende-se assim a campanha (1920-1922) de não cooperação e de desobediência civil contra o India Act liderada por Gandhi. Este acabaria preso de 1922 a 1924. Sublinhe-se que a liderança de Gandhi não correspondia a uma atuação uniforme dentro do movimento nacionalista indiano: "Os moderados inquietam-se em face de certas explosões de violência de caráter revolucionário (revolta contra os proprietários de terras), os radicais julgam a tática de Gandhi ineficaz, os elementos modernos como Nehru criticam a hostilidade do Mahatma (a grande alma) em relação à civilização industrial, os muçulmanos inquietam-se com seu futuro num país de maioria hinduísta...".⁸

Em 1930 há uma nova desobediência civil (a Índia sofre as consequências da Grande Depressão de 1929) e repete-se a aprisionamento de Gandhi.

---

⁵ Brown, "Ásia Meridional", p. 380 (*Historia Oxford del Siglo XX*).
⁶ Crouzet, *História Geral das Civilizações*, vol. 17, p. 76.
⁷ Idem, ibidem.
⁸ Milza, obra citada, p. 303.

Um novo India Act foi promulgado em 1935 pelo governo britânico: "estabelecia um governo indígena salvo dois ministérios, o da Guerra e o dos Assuntos Externos. O vice-rei reservava-se poderes extraordinários em caso de emergência".[9] O India Act de 1935 não satisfaz às diversas correntes que se manifestam pela independência. "As divisões exasperam-se entre o partido do Congresso, preocupado em promover uma Índia unificada e a liga muçulmana de Jinnah Mohammed Ali, que deseja, de sua parte, a manutenção da tutela britânica, garantia da participação dos muçulmanos nos negócios. Durante a guerra, duas correntes enfrentam-se: a de Gandhi, favorável a uma colaboração com os japoneses em troca da outorga de uma independência imediata; a de Nehru, partidário da luta, a todo transe, contra os japoneses e do adiamento da questão indiana para após a guerra. Não deixa de ser verdade que em 1942, quando a situação militar ainda não pendia em favor dos aliados, todos consideram a presença inglesa como prejudicial à Índia tanto no presente como no futuro. Proclamada em agosto de 1942, a resolução *Quit India* (Deixai a Índia) exige a partida dos Ingleses".[10] Note-se que a industrialização do país teve grande desenvolvimento em virtude das exigências das atividades bélicas, o que contribui para o deslocamento de camponeses rumo à cidade.

O governo trabalhista que assumiu o poder na Grã-Bretanha no final do Segundo Grande Conflito Mundial teve de enfrentar o problema da independência da Índia. Entre os problemas fundamentais figurava a oposição que separava respectivamente o Partido do Congresso (hindu) e a Liga Muçulmana. Aquele era dirigido por Nehru, esta obedecia a Jinnah. Havia ainda o problema da insatisfação dos *maharajás*, pequenos soberanos que resistiam a serem absorvidos por qualquer das duas facções supracitadas e temiam, de modo especial, as tendências socializantes de Nehru. Em fevereiro de 1947 Clemente Attlee leu a histórica declaração sobre a independência da Índia perante a Câmara dos Comuns, em que se achava presente Winston Churchill. Este, pesar de toda a lucidez de que dera prova durante tantas crises mundiais, "ficava cego e surdo perante o drama das Índias. Desde 1910, lutara contra todos os esforços para levar este país à independência. Desprezava Gandhi e a maior parte dos polí-

---

[9] Marin, obra citada, p. 170.
[10] Milza, obra citada, vol. 2, p. 141.

ticos indianos, que classificava de "homens de palha".[11] Apesar da oposição de Churchill, a Câmara dos Comuns, por uma maioria esmagadora, votou o fim do reinado da Grã-Bretanha nas Índias com a data limite de junho de 1948.

Clemente Attlee escolhera Louis Mountbatten (Lord Mountbatten) "para cumprir a missão mais dolorosa de que podia encarregar-se um britânico, organizar a retirada da Inglaterra das Índias".[12] Almirante, de sangue real, Mountbatten tinha uma notável folha de serviço prestado a seu país como, por exemplo, o comando do destróier Kelly nos primeiros anos da Segunda Guerra e o comando supremo interaliado do sudeste asiático. Agora seria o último vice-rei das Índias. A 15 de agosto de 1947 Mountbatten preside a divisão da Índia e a criação dos Estados independentes da Índia e do Paquistão. A partição obedecia a motivos religiosos, mas como as religiões não estavam delimitadas territorialmente de modo preciso, foi inevitável o desencadeamento de ferozes manifestações de fanatismo. Milhões de pessoas migraram para regiões diferentes em busca de compreensão e paz. Gandhi desaprova a partilha da Índia e, depois de um encontro com Mountbatten, sentado numa plataforma de terra batida no meio da miserável colônia dos intocáveis de Delhi, pronunciou seu veredicto. "Entre a multidão que se apinhava em seu redor, muitos tinham vindo, não para orar, mas na esperança de ouvir do profeta da resistência um apelo à luta, uma declaração de guerra contra o plano de partilha. Mas nenhum discurso bélico saiu nessa noite da boca do homem que tantas vezes clamara que preferia a vivissecção de seu próprio corpo à do seu país.

É inútil responsabilizar o vice-rei pela partilha – declarou ele. Olhem para si próprios e para o interior de seus corações, e encontrarão a explicação do que se passou. Lord Mountbatten acabava de conseguir a vitória mais difícil da sua notável carreira. Quanto a Gandhi, muitos indianos nunca mais lhe perdoariam. Mais tarde, o frágil velho cujo coração havia de chorar eternamente a partilha da Índia, pagaria com seu sangue o preço de seu silêncio".[13] Mahatma foi assassinado em 30 de janeiro de 1948 por um hindu nacionalista fanático.

---

[11] Dominique La Pierre, obra citada, p. 82, ver nota 80.
[12] Idem, ibidem, p. 23.
[13] Idem, ibidem, p. 215.

Iawaharlal Nehru (1889-1964)

Mountbatten tinha obtido pleno êxito durante seus quatro meses na Índia: cumprira uma missão delicadíssima sob o ponto de vista político. Surpreendentemente Nehru pediu-lhe solenemente que se tornasse agora o primeiro titular do mais alto cargo que podia oferecer a Índia independente, o de governador-geral. Com a concordância do rei, de Attlee, de Churchil e do próprio Mahatma, o último vice-rei da Índia aceitou a oferta e exerceu o cargo até junho de 1948. Nehru estudara na Inglaterra, frequentara Cambridge e voltara à Índia (1912) formado advogado. Desenvolveu intensa atividade política, tendo sido, desde 1920, um dos líderes da ala esquerdista do Congresso, que ele presidiu em 1929, 1936 e 1946. A partir da independência exerceu o cargo de Primeiro-ministro até sua morte em 1964. Na política interna o problema inicial a ser resolvido foi a unificação da Índia por meio da ocupação de centenas de pequenos territórios governados por príncipes indianos (*maharajás*) ou por soberanos muçulmanos (*nízam*). Dois estados apresentavam situações especiais: Haiderabad e Cachemira. O primeiro, situado no centro da península, era povoado na maior parte por hindus, mas governado por um muçulmano. O nizam resistiu recorrendo ao Conselho de Segurança das Nações Unidas e ao Paquistão, o que não impediu a incorporação do território à União Índia em 1948. Na Cachemira a situação era mais complicada: o marajá, aproveitando-se da situação territorial, tendo fronteiras com o Paquistão e com a Índia, pretendia manter-se independente. Note-se que na população encontravam-se duas correntes que reivindicavam respectivamente a incorporação ao Paquistão ou à União Índia. Houve intervenção da ONU. Em janeiro de 1949 uma resolução da Comissão das Nações Unidas para a Índia e o Paquistão (CNUIP) preconizava a realização de um plebiscito. Como já se anotou acima, ocorreu em janeiro de 1948 o assassinato de Gandhi. Ainda no campo da política interna, lembremos que Nehru tinha diante de si uma multidão imensa, diversificada culturalmente por línguas, costumes e religiões. A produção agrícola era insuficiente e o país necessitava de uma indústria de base. Planos quinquenais foram adotados visando a superação da crise econômica. Deve-se lembrar a tendência de Nehru para a socialização incrementada no segundo plano quinquenal em 1956. Acentue-se também o aspecto protecionista da política econômica de Nehru.

Um acontecimento importante na política interna foi a elaboração de uma constituição democrática, liberal e federal, tendo sido eleito presidente da União Índia Rajendra Prasad (1884-1963), discípulo de Gandhi.

Na política externa existe um clima de desconfiança em relação aos Estados Unidos, "país imperialista". A orientação da União Índia é aqui de não aliamento. Estamos diante de um terceiro mundismo e de um nacionalismo asiático. A conferência da Bandung, de que participa a Índia e que reúne vinte e nove nações afro-asiáticos, representando mais que a metade da população mundial, mas bem inferior economicamente, "inaugura uma nova atitude coletiva dos países do terceiro mundo: o não alinhamento".[14] Note-se: "a expressão Terceiro Mundo expressava a ideia de entidades muito distintas daquelas dos mundos primeiro e segundo, capitalista e comunista".[15]

Em outubro de 1962 há um conflito entre a Índia e a China. Ambas as potências tinham em vista a situação do Tibet, que se revoltara em 1959. Registre-se a degradação do relacionamento com a China, que se aproxima do Paquistão. Este, por sua vez, era aliado dos Estados Unidos e membro da OTASE (Organização do Tratado da Ásia do Sudeste), fundado em 1954. A Índia aproxima-se, então, da União Soviética.

Nehru falece em 1964 e é substituído por Lal Bahadur Shastri (1904-1966), que continua na orientação política mantida por seu antecessor. Shastri falece inesperadamente em 1966, quando procurava com o Paquistão e a União Soviética uma solução diplomática para a situação da Cachemira. Índira Gandhi (1917-1984), filha do falecido Nehru, é a sucessora de Shastri. Indira estudara na Índia e na Europa (inclusive em um colégio de Oxford), o que contribuiu para sua ascensão ao poder. O governo de Nehru caracterizou-se pelo respeito a todas as comunidades das religiosas como base do nacionalismo indiano. Indira, porém, revela a tendência de jogar uma comunidade contra a outra. Assim, por exemplo, no Pendjab, para recuperar o poder local, prestou auxílio aos extremistas sikhs (membros de uma comunidade religiosa), por meio dos quais pretendia desestabilizar os partidos da

---

[14] Milza, obra citada, vol 2, p. 428.
[15] Freedman, "El Enfrentamiento de las superpotencias 1945-1990", p. 258, *Historia Oxford del siglo XX*.

oposição. De 1975-1977 Indira impõe um estado de exceção. Os excessos cometidos então (por exemplo, a política de controle de nascimento com as esterilizações forçadas) afastaram o apoio da opinião pública, e em 1977 Indira perde o poder retornando, contudo, em 1980 e permanecendo no governo até ser assassinada em 1984.

Da política externa no governo de Indira registremos o conflito com o Paquistão. Em 1948, a propósito da Cachemira, já tinha havido uma conflagração; em 1965 Islamabad passou novamente ao ataque aproveitando-se da derrota da Índia em 1962, em face da China. Em 1971 Nova Delhi e Moscou assinam um tratado de amizade e de cooperação militar a propósito da guerra da independência de Bangladesh. A Índia, apoiada pela União Soviética, entra em guerra contra o Paquistão, apoiado pela China e pelos Estados Unidos.

Indira Gandhi foi assassinada em 1984 por extremistas sikhs de sua própria escolta em represália a uma decisão da primeira-ministra que traumatizara os sikhs da Índia. Rajiv Gandhi (1944-1991), filho de Indira, é seu sucessor. Rajiv procura alternativamente conquistar a confiança de hindus e de muçulmanos. Em 1991 é assassinado por integrantes da nação Tamil do Siri Lanka. Percebe-se nesta época uma expansão do nacionalismo hindu, que é explorado pelo BJP, partido do povo indiano, que destrói em 1992 uma mesquita do século XVI em Ayodhya pretendendo a construção de um templo. A consequência deste ato foi o desencadeamento de violência com centenas de mortos principalmente muçulmanos. O governo indiano perde então a confiança dos muçulmanos e impossibilita o plano de reconciliar todas as crenças religiosas da sociedade índia.[16]

---

[16] Roger Louis, "Como acaba el siglo XX", p. 508-509. *Historia Oxford del siglo XX*.

PAQUISTÃO

Em janeiro de 1933 foi, pela primeira vez, formulado o projeto de criar na Índia um Estado muçulmano autônomo. O autor era Rahmat Ali, um universitário indiano muçulmano de quarenta anos que se encontrava em Cambridge e que considerava uma "mentira absurda" a ideia de que as Índias constituíam uma nação única.[1] O ideal de criar um Estado muçulmano foi adotado pelos chefes da Liga Muçulmana fundada em 1906 como apoio às aspirações políticas dos muçulmanos. Rahmat Ali propusera um nome para o novo Estado: Paquistão, isto é, "o país dos puros". O pai do Paquistão seria Mohammed Ali Jinnah, que, entretanto, havia declarado a Rahmat que "o seu Paquistão é um sonho irrealizável".[2] Quando, entretanto, o Partido do Congresso recusou-se a dividir o poder com a Liga Muçulmana após as eleições de 1937, Jinnah rompeu com o Partido e ingressou na Liga. "O antigo apostolo da unidade entre as duas comunidades tornou-se, a partir daí, o advogado invencível do Paquistão, esse projeto que ele tinha classificado, quatro anos antes, de "sonho irrealizável".[3] Para Jinnah a divisão da Índia era a única via possível. "Para satisfazer as exigências de Mohammed Ali Jinnah, dois dos conjuntos mais perfeitos das Índias, o Pendjab e Bengala, teriam

---

[1] Lapierre, "Esta noite a liberdade", p. 50.
[2] Idem ibidem, p. 137. O leitor encontrará em "Esta noite a liberdade" (p. 138) um breve, mas muito interessante, estudo sobre a personalidade de Jinnah: "Não havia nada de muçulmano em Mohammed Ali Jinnah além do nome e do fato de os parentes praticarem a religião de Maomé. Bebia álcool, comia carne de porco, esquecia-se de frequentar a mesquita às sextas-feiras. Alá e o Alcorão não tinham qualquer lugar em sua visão do mundo".
[3] Idem, ibidem, p. 138.

de ser cortados em dois. Essas províncias ficavam, além disso, distantes uma da outra mil e quinhentos quilômetros, condenando o futuro Paquistão ao absurdo geográfico de um Estado dividido em duas partes". [4]

Já vimos que Nehru convidou e Mountbatten aceitou ser o primeiro governador geral da Índia independente. Jinnah, porém, não havia feito o mesmo convite e declarara: "No Paquistão serei eu o governador-geral, e o primeiro-ministro fará o que eu lhe mandar". Mohammed Ali Jinnah governou o Paquistão até 11 de setembro de 1948, quando faleceu em Karachi, capital provisória. Convém lembrar que a partilha da Índia desencadeou, além de graves conflitos com milhares de mortos, a migração de milhões de pessoas.

O sucessor de Jinnah foi Liaquat Ali, também educado em universidades britânicas. Diga-se de passagem que enquanto a Índia possuía uma minoria importante de intelectuais formados no Ocidente, no Paquistão esses elementos eram raros. Os governantes do novo país vão enfrentar três grandes problemas: a já mencionada separação de duas partes do território, a situação de Cachemira e a precária estrutura político-social existentes. Em 1953 elabora-se uma constituição de caráter democrático que "ficou em pura teoria".[5] Em 1958 um antigo oficial do exército das Índias, o marechal Muhammad Ayyub Khan (1907-1974), apodera-se do governo, decreta o estado marcial pondo fim ao regime parlamentar. Uma nova constituição é elaborada e promulgada em 1962. Fica estabelecido que a legislação do Estado não pode ir de encontro à lei islâmica (Charia). Internamente, graças ao auxílio externo, o Paquistão passa por um desenvolvimento econômico. Na política exterior o governo de Ayyub procura a aliança das grandes potências, tanto dos Estados Unidos quanto da China. Em 1965 há um conflito com a Índia suspenso graças à mediação da ONU e da União Soviética, embora não seja definitivamente solucionada a questão da Cachemira. Em março de 1969 Ayyub vê-se forçado a deixar o poder para o chefe do exército, general Agha Muhammad Yahya Khan (1917-1980). Em 1971 é proclamada a soberania de Bangladesh, e Yahya Kan vê-se obrigado a deixar o poder para

---

[4] Idem, ibidem, p. 143.
[5] Marin, obra citada, p. 436.

Zulfikar Ali Bhutto, que está imbuído de nacionalismo, socialismo e islamismo e adota uma nova constituição em 1973. Na política externa procura alinhar-se com a União Soviética e com a China. Em 1977 há um golpe de Estado, e o general Zia ul-Haq (1924-1988), chefe do Estado Maior, assume o poder, prende e executa (1979) A. Butto. A invasão (1979) do Afeganistão pela União Soviética tem como consequência a busca de refúgio no Paquistão por multidões de afeganes. Em 1988 Zia ul-Hag perece num acidente de avião, e Benazir, filha de Z. A. Butto, acede ao cargo de primeiro-ministro, mas acusada de corrupção, nepotismo, é deposta em 1990. Deve-se registrar que, na política externa, após a retirada soviética do Afeganistão em 1989, o Paquistão reorienta sua posição em face da Ásia central, alinhando-se aos Estados Unidos.

BANGLADESH

Para a satisfação das exigências de Jinnah surgiu o Paquistão ocidental (Pendjab) e o Paquistão oriental (Bengala). "Essas províncias ficavam, além disso, distantes uma da outra mil e quinhentos quilômetros, condenando o futuro Paquistão ao absurdo geográfico de um Estado dividido em duas partes".[1] Sublinhe-se que as duas regiões, além da separação geográfica, revelam contrastes profundos sob o ponto de vista cultural e racial. Os muçulmanos de Pendjab e os de Bengala tinham apenas como denominador comum a religião. "De pequena estatura, vivos, de pele escura, os bengalis eram de origem asiática. Nas veias das pendjabis corria, pelo contrário, o sangue de trinta séculos de conquistas arianas, que lhes dava uma pele clara e as feições dos povos do Turquestão, das vastas estepes russas, da Pérsia, dos desertos da Arábia e até das ilhas da Grécia antiga. Nem a história, nem a língua, nem a cultura davam a essas duas comunidades tão fundamentalmente diferentes qualquer elo que lhes permitisse se comunicarem entre si".[2]

A política hegemônica do Paquistão ocidental incentivou em Bangladesh (Paquistão oriental) um movimento no sentido de adquirir maior autonomia. Essa aspiração manifestava-se sobretudo através da Liga Awami. A contestação bengali obtém uma maioria nas eleições de 1970, a qual, entretanto, não é reconhecida pelo Paquistão ocidental. Desencadeia-se, então, uma revolta dos bengalis, que, apoiados pela Índia, proclamam a

---

[1] Lapierre, "Esta noite a liberdade", p. 143.
[2] Idem, ibidem, p. 145. Note-se que a numerosa população de Bengala estava dividida em hindus e muçulmanos, mas as origens raciais, a língua e a cultura eram as mesmas (obra citada, p. 147).

independência do Bangladesh em 16 de dezembro de 1971. Mujibur Rahman (1920-1975), dirigente da Liga Awami, torna-se chefe do governo (1972) e presidente (1975), passando a exercer poderes semiditatoriais. Em 1975 há um golpe de Estado, e o presidente é executado. Desde então, até 1990, o país encontra-se sob o governo de militares. Em 1988 o Islam foi considerado como religião estatal. As primeiras eleições democráticas do país realizam-se em fevereiro de 1991 e dão a vitória ao Bangladesh Nationalist Party (BNP), dirigido por Khalida Zia, viúva de Zia ur-Raaman, que fora presidente em 1977 e acabou assassinado em 1981. Na política externa registre-se, no final do século, a deterioração das relações com a Índia e a aproximação com a China, que vê em Bangladesh uma abertura potencial para o Oceano Índico.[3]

---

[3] Grande parte das informações sobre Bangladesh foram colhidas no já citado *Le dictionnaire du 20e siècle*.

SRI LANKA

No início do século Sri Lanka (antiga Ceilão até 1972) encontra-se sob o poder britânico, a sombra do qual se criam importantes empresas com sede europeia, mas que atuam na ilha através de agências (*managing agencies*) instaladas em Colombo (capital) e na Índia. As imensas plantações exigem muita mão de obra, que passa a ser suprida por imigrantes tâmeis provenientes do sul da Índia. Entre esses tâmeis hinduístas e os cingaleses budistas, que constituem a grande maioria da população, surge uma insuperável oposição. Vejamos, a seguir, alguns dos principais acontecimentos da História do Sri Lanka através do século XX. Observe-se que, como aconteceu na Índia, os britânicos haviam contribuído na formação de uma elite intelectual que era em grande parte constituída por cingaleses budistas. Esta elite colaborou no sentido de uma prática eleitoral referente ao exercício de uma autonomia governamental interna limitada. Em 1931 encontramos um sistema representativo baseado no sufrágio universal. Durante o Segundo Conflito Mundial, o Ceilão constituiu um importante ponto estratégico na guerra do Pacífico, o que certamente preparou o caminho para a proclamação da independência em fevereiro de 1948. Temos então um estado cujo regime de governo inspira-se no parlamentarismo britânico. "Problemas principais de ordem interna foram: a tenaz oposição da minoria *tâmil*, que não deseja ser absorvida pela maioria cingalesa; o auge dos partidos comunistas (há dois, o ortodoxo e o trotskista); a dependência econômica que sofre por parte da Inglaterra e dos Estados Unidos a propósito das principais produções da ilha: o petróleo e a borracha.".[1] Vejamos, a seguir, alguns dos personagens que mais se destacam na vida política.[2]

Don Stephen Senanayake (1884-1952), primeiro-ministro, líder do UNP (Partido de Unidade Nacional) estimulou o desenvolvimento sob o ponto de vista econômico (agricultura) e cultural (educação).

Salomão Bandaranaike (1899-1959) torna-se primeiro-ministro com o apoio da comunidade budista cingalesa que obtém a substituição do inglês, como língua oficial, pelo cingalês. Bandaranaike foi assassinado em 1959 e teve como sucessora sua esposa, Sirimavo Bandaranaike.

Sirimavo Bandaranaike (1916-2000) prosseguiu a política do marido. A viúva de Bandaranaike revela-se uma administradora enérgica e competente. Note-se que em 1970 tem o apoio da esquerda socialista marxista. A política interna do Sri Lanka apresenta-se com nítido viés nacionalista e socialista. Na política externa a orientação é o não alinhamento. Em 1973 a crise do petróleo reflete-se na vida econômica, e em 1977 Sirimavo perde as eleições.

Junius Richard Jayawardene (1978-1989) eleito presidente promove (1978) a adoção de uma constituição presidencialista e procura amenizar a discriminação em relação aos tâmeis, cuja língua passa a ser oficial como o cingalês. Em 1983 explode uma terrível guerra civil com milhares de mortes. Em 1987 há uma intervenção das forças indianas, que se retirarão em 1989. Só em janeiro de 1995 há um acordo de cessar fogo. Note-se que em 1994 a família Bandaranaike volta ao poder.

---

[1] Marin, obra citada, p. 437.
[2] Fontes consultadas: Marin, obra citada, p. 437; *Le dictionnaire du 20e siècle*, p. 640 e 641; *Historia Oxford del Siglo XX*, p. 377, 378, 380, 382, 385.

BIRMÂNIA (MIANMAR)

No início do século XX a Birmânia estava sob o poder britânico e anexada ao império das Índias. A monarquia fora abolida e estabelecera-se um sistema federal que proporcionava às minorias uma limitada autonomia administrativa. Em 1937 é posta em vigor uma constituição que "separava a Birmânia da Índia, dava ao país um estatuto intermediário entre o de colônia da coroa e o de domínio; esse é o motivo pelo qual foi repudiado pelos nacionalistas".[1] Instala-se então um Parlamento com duas Câmaras. A luta pela independência manifesta-se durante a primeira metade do século XX através de movimentos como a associação dos jovens budistas (1906), a greve de estudantes em Rangoon (1920), a revolta do Dr. Saya San (1930-1932), o movimento Dohbama Asiayone (*Nós, a sociedade birmane*), a partir de 1930. Entre os principais líderes da luta pela independência figura Aung San (1915-1947). "Nas vésperas da Segunda Guerra Mundial o nacionalismo tinha adeptos entre os membros de uma associação de jovens intelectuais fundada em 1919, entre sociedades secretas da pequena burguesia citadina e entre monges budistas; o partido comunista, sem ligações com o povo, representava pequeno grupo de intelectuais".[2] Note-se que Aung San havia criado um bloco da liberdade e fora ao Japão tratar da luta armada contra os britânicos (1939). U. Saw, primeiro-ministro (1940-1941), pede em vão a Londres mais autonomia. Aung San com os "trinta camaradas" cria em Bangkok (dezembro de 1941) o núcleo do exército da independência birmanesa

---

[1] Brière, *História da Birmânia*, p. 1263.
[2] Idem, ibidem.

(BIA). Em janeiro de 1942 os japoneses invadem a Birmânia e em agosto de 1943 reconhecem a independência. Note-se, contudo, que os invasores inquietam-se com o nacionalismo birmanês. Estes nacionalistas fundam (1944) com socialistas e comunistas e com apoio de militares a Liga Antifascista para a Liberdade do Povo (AFPFL), cujo alvo era a independência total e um regime socialista. Em março de 1945 Aung San desencadeia a revolta contra a ocupação japonesa. Os britânicos procuram minimizar a influência da AFPFL. Em janeiro de 1947 um acordo entre Clement Attlee e Aung San faz da Birmânia um domínio. Em julho de 1947 Aung San é assassinado, e seu sucessor, Takin Nu, nacionalista moderado e budista fervoroso, assina com a Grã-Bretanha um tratado que reconhecia a Birmânia como Estado soberano fora do Commonwealth. Aos 4 de janeiro de 1948 é proclamada a independência. O novo estado passa a chamar-se Myanna-Nainggan-Daw (União Federal Birmanesa). O governo do estado independente encontra resistências por parte de comunistas, dos carenos (da região de Karen), tradicionais inimigos dos birmaneses. Estamos aqui diante de uma verdadeira e prolongada guerra civil (1948-1954) em que aparecem até soldados nacionalistas chineses fugidos de seu país em virtude da vitória dos comunistas. Após 1954 há certo apaziguamento, mas só em 1958 restabelece-se a paz com a ditadura estabelecida pelo general NE Win, de tendência anticomunista. Em fevereiro de 1960 processam-se as eleições legislativas que dão a vitória a UNU, que escapara do massacre de 1947 em que foi assassinado Aung Sun e seus ministros. Em 1958, pedira a intervenção do general Ne Win. Este, em 1962, diante da intensificação das violências, instala um governo autoritário e xenófobo. Em 1964 dissolve os partidos políticos e expulsa do país milhares de paquistaneses e indianos. Vale registrar que um birmanês, U Thant, foi secretário das Nações Unidas de 1961 a 1971. A constituição de 1974 confirma a existência de um partido único e orienta a estrutura estatal no sentido socialista. A assembleia nacional delega seus poderes ao conselho de Estado presidido pelo general NE Win, que também exerce o cargo de presidente do Partido do Programa Socialista birmanês e enfrenta contestações de estudantes (1974) e tentativas de golpe de jovens oficiais (1976). Em 1981 Ne Win deixa a direção do Conselho de Estado. Segue-se a presidência do general Saw Maung, que, com outros oficiais, institui um Comitê de Estado visando restaurar a lei e a ordem (SLORC). Surge, então, no cenário político,

Aung San Suu Kyi, filha de Aung San, e cofundadora da Liga Nacional para a Democracia (NLD). Uma junta governamental anuncia a organização de eleições legislativas multipartidárias que se realizam em maio de 1990. Sun Kyi ganha o Premio Nobel da Paz em 1991 "por sua luta não violenta em favor da democracia e dos direitos humanos. Sob prisão domiciliar, Aung San Suu Kyi continua sendo uma pessoa otimista, íntegra, de grande profundidade intelectual, uma luz em um obscuro Estado tirânico". [3]

---

[3] Roger Louis, "Como acaba el siglo XX", p. 509. *Historia Oxford del siglo XX.*

TAILÂNDIA (SIÃO)

No início do século XX a Tailândia (chamada Sião até 1939) é governada pelo rei Rama V, pertencente à dinastia Chacri, fundada em 1872. Esse país do sudeste asiático "gozava de independência e constituía um Estado-tampão entre os domínios imperiais da Grã-Bretanha e da França".[1]

Rama V (ChulalongKorn 1868-1910) foi o primeiro soberano tailandês a visitar a Europa e cercou-se de conselheiros técnicos europeus tento em vista a modernização de seu reino. Na política externa Rama V fez concessões ao colonialismo francês e britânico.

Rama VI (Vajiravudh), um das muitos filhos de Rama V, sucede ao pai e reina de 1910 a 1925. "Por ocasião da Primeira Guerra Mundial, o Sião colocou-se ao lado dos Aliados. A 22 de julho de 1917, proclamação real, declarou o estado de guerra com a Alemanha e a Áustria-Hungria; 3000 siameses foram combater na frente francesa. A 14 de fevereiro de 1925 era concluído entre a França e o Sião tratado de amizade, comércio e navegação".[2]

Rama VII (Prajadhipok) sucede a seu irmão. Durante seu reinado, em 1932, há um golpe de Estado promovido por militares, mas sem derramamento de sangue, visando a instituição de um regime constitucional. Civis e militares dividem o poder e enfrentam a contestação dos monarquistas. A instabilidade governamental é causada por uma série de revoluções palacianas, mas note-se que os militares não abrem mão do poder. Desenvolve-se então um nacionalismo antiocidental. Em 1935 Rama VII abdica e é substi-

---

[1] Leifer, "El Sureste Asiático", p. 359. *Historia Oxford del siglo XX.*
[2] Roncière, *Tailândia*, p. 1723.

tuído por seu sobrinho Ananda Mahidol (1925-1946). Destaca-se então Phibun Songkhram, oficial formado na França, que domina uma rebelião rural e assume o cargo de primeiro-ministro em 1938. A 24 de junho de 1939 o Sião passa a chamar-se Tailândia. Um nacionalismo exacerbado leva Phibun a repelir a influência tanto da China como do Ocidente e aliar-se ao Japão. "O chefe militar, Almirante Phibun Songkhram, imitou o modelo do Japão e praticou o irredentismo a custa do colonialismo francês. Após a queda da França em 1940, a Tailândia entrou na guerra a fim de recuperar territórios no oeste de Laos e no Cambodja; conseguiu-o por mediação japonesa, um presságio da futura agressão nipônica em dezembro de 1941".[3] Registre-se, contudo, a existência de resistência clandestina, que, em oposição à cooperação com o Japão, entrava em contato com os aliados. Compreende-se, assim, que a Tailândia, após a guerra, tenha podido negociar com os vencedores. "A Tailândia constituía-se uma exceção na região. Embora fosse um estado independente, havia-se contaminado politicamente, ao identificar-se com os objetivos agressivos do Japão. Não obstante, os Estados Unidos intentaram reabilitá-lo aos olhos do mundo. O governo norte-americano não aceitou a declaração de guerra de Bangkok, que, por outro lado, não lhe havia sido comunicada pela legação tailandesa em Washington. O desejo francês e britânico de um castigo foi interpretado como um resíduo da mentalidade colonial. Uma vez restabelecido um governo civil, não se tratou a Tailândia de modo muito distinto da maneira como trataram os demais países libertados da tirania japonesa, mas foi obrigada a devolver os territórios conquistados na guerra".[4] Em 1946 realizam-se eleições livres, e a esquerda obtém vantagens sobre os partidos centristas e conservadores. No mesmo ano ocorre a morte (suspeita) da jovem rei Amanda, que é sucedido por seu irmão Rama IX (Bhumibol Adulyadej), "que demonstrou uma flexibilidade especificamente asiática em suas relações com os políticos internos assim como no aspecto internacional. Tailândia, com efeito, alinhou-se imediatamente com os países ocidentais ao término da guerra".[5]

---

[3] Leifer, obra citada, p. 361.
[4] Idem, ibidem, p. 364.
[5] Marin, obra citada, p. 438.

Em 1947 os partidários de Phibun Songkhram derrubam o governo com o conhecimento do soberano. À testa do governo está um dirigente do partido democrata, Khuang Aphaiwong, que, entretanto, é deposto em 1948 por Phibun. O poder, na realidade, passa para as mãos do general Sarit Thanarat, que comanda o exército. Sarit é afastado do governo em 1957, mas instaura uma nova ditadura militar; elabora-se (1959) uma constituição que prevê a democratização do país, mas que confere todo poder ao chefe do partido chamado Revolucionário. Sarit falece em 1963, e o general Thanon Kittichakorn, chefe do Partido, será também chefe do governo. Em 1973 um levante de estudantes pôs fim a ditadura, e o rei confia o poder ao universitário Sanya Dharmasakti; em 1975 realizam-se as primeiras eleições livres desde 1946. No ano seguinte o almirante Sagnad assume o poder com o tácito consentimento do rei. Em 1980 a facção dos "jovens turcos" impõe como primeiro-ministro o general Prem Tinsulanond, que ficará no poder até 1988, apesar de duas tentativas de golpe. Sobe, então, ao poder, como primeiro-minstro, um civil, Chatichai Choonhavan, mas em 1991 o general Sunthorn Konsompong restabelece a lei marcial. Os militares escolhem, então, um civil para dirigir o país: Anand Panyarachun. Nas eleições de 1992, entretanto, os partidos afinados com os militares obtêm vantagens e é escolhido para primeiro-ministro o general Suchinda Krapayoom. Explodem então violentas manifestações com centenas de mortos. O rei intervém, e o general se demite, tendo sido chamado novamente para o governo Anand Panyarachun. Novas eleições realizadas em setembro de 1992 dão o poder ao líder do Partido Democrata, Chuan Leekpai.[6]

Vejamos, a seguir, alguns aspectos da política externa tailandesa através do século XX. Na época anterior à Segunda Guerra Mundial, a política externa é pautada por um forte sentimento nacionalista que rejeita o comunismo internacional. Combate-se a influência chinesa e ocidental, mas procura-se a aliança com o Japão. Derrotado este, a Tailândia volta-se para os ocidentais e, em face da expansão comunista na Ásia, estreita as relações com os Estados Unidos. Em fevereiro de 1955 cria-se, em Bangkok, a Or-

---

[6] Entre as fontes consultadas sobre a História da Tailândia figura principalmente o já citado *Le dictionnaire du 20e siècle*.

ganização do Tratado do Sudeste Asiático (SEATO). Tanom Kittichakorn facilita a atuação do exército americano empenhado na Guerra do Vietnam. Em 1967 a Tailândia, com outros países do sudeste Asiático, forma a Associação de Nações do Sudeste Asiático (ANSEA). Esta associação pretendia ser um marco da reconciliação regional. Seu objetivo declarado era a cooperação econômica e cultural, mas acima de tudo proclamava-se a segurança. Em fevereiro de 1976, em face da expansão comunista revolucionária na Indochina, houve uma reunião de chefes de Estado da ANSEA na Indonésia e estabeleceu-se em Jakarta um secretariado. Em 1995 o Vietnam torna-se membro da ANSEA.[7]

---

[7] Sobre a ANSEA, ver Leifer, obra citada, p. 370 e 371.

CAMBODJA

No início do século XX reina no Cambodja, protetorado da França, o soberano Norodon I (1859-1904). O protetorado dá segurança ao país contra os ataques dos vizinhos. Sisowath (1904-1927), irmão e sucessor de Norodon I, recupera, com ajuda da França, províncias ocidentais ocupadas pelo Sião. Monivong (1927-1941), filho e sucessor de Sisowath, continua o relacionamento com a França. Note-se, contudo, a existência de uma oposição interna manifestada por bonzos e jovens intelectuais. Os tratados franco-siameses (1907, 1925, 1937) são postos em dúvida pela Tailândia, após a derrota da França em junho de 1940. O Japão entrega à Tailândia (Sião) as províncias de Battambang e Siem Reap em março de 1941. Essas províncias, após a derrota do Japão em 1945, retornariam ao Caombodja. Deve-se registrar que, quando Monivong faleceu, o governo de Vichy designou como sucessor o principal Norodom Sihanuk. Este soberano, sob a influência da ocupação japonesa, proclama a soberania de seu país e denuncia os tratados franco-cambodjanos. Após o fim da guerra, entretanto, estabelece-se um *modus vivendi*: "Paris obtém o retorno dos territórios sob soberania tailandesa, salvo o local do templo de Preha Vihear, que por uma decisão da corte internacional de justiça de La Haye retornou ao Cambodja em 1962".[1] Após a guerra, desenvolve-se no país um movimento guerrilheiro nacionalista (ISSARAK) incentivado pela Tailândia e pelo Viet Minh (Liga para a Independência do Vietnam).[2] O Cambodja obtém autonomia a partir de 1949. Após uma campanha pela independência liderada por Sihanuk em 1952-1953, o Cambodja se converterá em

---

[1] Informação contida no citado *Dictionnaire du 20e siècle*, p. 110.
[2] Viet Minh é contração de Viet Nam Doc Lap Dong Minh. Ver Marin, obra citada, p. 446.

Estado independente. Em março de 1955 Sihanuk abdica para melhor dedicar-se à luta política, e seu pai, Norodom Suramarit, ascende ao trono. Note-se, contudo, que a Assembleia Nacional obrigou Sihanuk a aceitar o título de chefe de Estado. Suramarit falece em 1960. O Cambodja é surpreendido pela Guerra do Vietnam, e Sihanuk rompe (1963) as relações diplomáticas com o Vietnam do Sul, afasta-se dos Estados Unidos e mantém relações com Hanoi e o Vietcong (são assim chamados os opositores ao ditador Diem, na sua maioria marxista). Em março de 1970 Sihanuk é deposto pelo parlamento, refugia-se na China, alia-se à guerrilha dirigida pelos comunistas (Khmers Vermelhos) e constitui um governo no exílio. No Cambodja o homem forte é o general Lon Not, que tem o apoio americano. "Uma guerra civil devastou o país e teve como consequência a destruição parcial do famoso templo de Angkor Vat (1971)". [3] O conflito causa milhares de vítimas, especialmente quando Pol Pot, cambodjano chefe dos Khmers Vermelhos (grupo maoísta radical) que estava na China quando Sihanuk foi deposto, entra em Phnon Penh (abril de 1975) e proclama o Estado do Kampuchea democrático sob ditadura dos Khmers Vermelhos. Pol Pot foi o dirigente de um dos regimes revolucionários mais sangrentos da história. O Cambodja foi então reduzido a uma sociedade primitiva em que não se admitiam religião, educação e comércio. Trabalhos forçados e torturas dizimaram a população. Este regime cessa somente por ocasião da intervenção do exército vietnamita (dezembro de 1978), que expulsa os partidários de Pol PoT. Ploclama-se então a República Popular do Kampuchea (RPK), que é combatida pelos Khmers Vermelhos com apoio da China, da Tailândia e dos partidários de Norodom Sihanuk. Desta aliança político militar surge a formação de um governo de coalizão que representa a continuação do Kampuchea democrático reconhecido pela ONU. A RPK torna-se Estado do Cambodja e cessa (1989) a presença de tropas vietnamitas. Em 1990 há um acordo no sentido de constituir-se um Conselho Nacional supremo sob a presidência do príncipe Sihanuk. Em 1991 as Nações Unidas instalam uma autoridade provisória no Cambodja. Em 1993 realizam-se eleições livres, e se estabelece então um governo. Norodom reina com dois primeiros-ministros: o príncipe Ranariddh e Hun Sen. Em 1997 Hun Sen impõe-se à frente do poder Executivo. Em 1999 o Cambodja é aceito como integrante da ANSEA.

---

[3] Marin, obra citada, p. 450.

LAOS

Desde 1893 o Laos estava sob o protetorado da França. Durante a primeira metade do século XX, gozou de relativa tranquilidade perturbada apenas internamente por levantes da etnia Khas e de montanheses. Em 1945 o Laos sofre a presença de tropas japonesas (abril de 1945) e de tropas chinesas do general Tchiang Kai-Chek (outubro de 1945). Após a derrota japonesa, o príncipe Tiao Pethsarath, vice-rei e primeiro-ministro, se opõe à volta dos franceses. Estes, porém, reconquistam o Laos e repõe (1946) no trono o antigo rei Sisavang Vong. Os líderes do movimento Lao Issara (laosianos livres) refugiam-se na Tailândia. Em julho de 1949 o Laos torna-se um Estado associado à União Francesa. Um grupo comunista (Pathet Lao) dirigido pelo príncipe Suvana Vong desencadeara uma guerrilha com auxílio da China comunista e do Vietnam de Ho Chi Minh. Registre-se que ao lado do Pathet Lao havia outros grupos batalhando pelo poder. Dos acordos celebrados em Genebra (1954), surgiu o reconhecimento de vários Estados asiáticos independes, entre os quais o Laos, tendo o príncipe Suvana Fuma assumido o governo neste país. Note-se que duas províncias do Laos, fronteiriças com a China e com o Vietnam, permaneceram sob o controle das forças lausianas dominadas pelo Vietminh. "Imediatamente começaram as lutas entre o Pathet Lao e o governo Suvana Fuma. Em 1956 forma-se um governo de união nacional, e o Pathet Lao torna-se o Neo Lao Haksat (NLH, Frente Patriótica dos Laos). O rei Sisavong Vong falece em 1959 e tem por sucessor seu filho Savang Vathana. Segue-se um período de guerra civil, e em janeiro de 1960 o exército assume o poder, já em agosto do mesmo ano o homem forte é o capitão Kong Le, que confia o poder a Suvana Phuma. Note-se aqui a internacionalização da crise laosiana. Os insurretos dirigidos pelos comunistas têm o apoio da URSS, mas os Estados Unidos pedem a intervenção militar da OTASE (Organização do Tratado da Ásia do Sudeste). Em julho de 1962 há um acordo que prevê a retirada das tropas estrangeiras e a declaraçõ de neutralidade do país. O príncipe Suvana Phuma preside o governo. A guerra do Vietnam complica a situação do Laos. Com a queda de Saigon, e a tomada do poder pelos comunistas no Vietnam do Sul, o Pathet Lao toma o poder em dezembro de 1975, ocorrendo então a abdicação do rei e a proclamação da República Popular Democrática Lao, cujo primeiro presidente será o príncipe Suphanuvong.

VIETNAM

Conhecida como Indochina Francesa a possessão francesa no sudeste asiático abrangia Tonkim, Anam, Cochinchina, Laos e Cambodja. Os três primeiros citados integravam o Vietnam. "A política seguida na Indochina Francesa era, até 1939, uma política de assimilação, que visava a transformar o país num 'prolongamento' da França". Mas as duas sociedades – francesa e indígena – e as duas economias justapunham-se, sem a menor interpenetração.[1] A autoridade indígena estava representada, na parte oriental da Indochina, isto é, no Tonkin, no Anam e na Conchichina, pelo imperador Nguyen Vinh Thuy, que sucedera a seu pai, Khai Dinh, em 1925, e que reinava sob o nome de Bao Daí (1913-1997). Imperava na Indochina um sentimento de frustração e revolta contra o domínio estrangeiro. As vitórias japonesas de 1905, a revolução chinesa, a Primeira Guerra Mundial e a Revolução Russa contribuíram para avivar um espírito de rebeldia e as aspirações à independência. A partir de 1928 intensificam-se os movimentos de oposição. "As sociedades secretas reanimam-se, criam-se partidos nacionalistas clandestinos; o Phuc Viet (Restauração do Aname), o Hung Nam (Renovação do Aname) transformado em Viet Cach Menh Dang (Partido Revolucionário do Jovem Vietnam), o Tan Viet Cach Menh Dang (Partido Revolucionário do Vietnan Novo), em 1927, o Viet Nam Quoc Dan Dang (VNGDG – Partido Nacional do Vietnam), liderado por um jovem mestre, o Nguyen Thai Hoc, que calca seu programa no do Kuomintang, sua organização no Partido Comu-

---
[1] Crouzet, *História Geral das Civilizações*, vol. 17, p. 107.

nista e visa expulsar os franceses através da insurreição".[2] Nguyen Ai Quoc, que vivera na França e se tornara, em 1925, secretário de Borodin, chefe da missão soviética junto a Chang Kai-Chek, dirige o Partido Comunista. Em 1930 há o levante fracassado da guarnição de Yen Bay. Seguem-se outros movimentos subversivos e estimulados pelo Partido Comunista (1930-1931) e de intensas agitações de caráter político e social (1936-1938).

Voltemos agora à atuação de Bao-Daí, que estudara na França: durante a guerra procura agradar tanto aos japoneses como aos franceses e sonha com uma monarquia constitucional, mas encontra a oposição do governo-geral. Em 9 de março de 1945 os japoneses capturam as tropas francesas e estimulam Bao-Dai a proclamar a independência, o que o fraco soberano faz em 11 de março de 1945. Com a capitulação do Japão as tropas nacionalistas chinesas ocupam a parte setentrional da Indochina enquanto as forças anglo-americanas instalam-se na parte meridional. De Gaulle pretende então recuperar a influência francesa na Indochina. Em agosto de 1945 Ho Chi Minh (pseudônimo de Nguyen Ai Quoc) apodera-se de Hanoi. Bao Daí abdica e envia o grande selo imperial, emblema da legitimidade dinástica, a Ho Chi Minh.[3] A 2 de setembro de 1945 era proclamada a independência da República Democrática do Vietnam, que estava nas mãos de Ho Chi Minh e dos comunistas vietnamitas (Vietminh). O general de Gaulle envia então à Indochina o general Leclerc, que consegue negociar com Ho Chi Minh, temeroso da ameaça de ocupação chinesa no Tonkin. O líder vietnamita vai à França, mas não consegue obter a satisfação de suas pretensões. "A guerra tornou-se inevitável em fins de 1946 numa sequência de incidentes trágicos provocados ou agravados pela inépcia das autoridades francesas locais. Um bombardeamento brutal sobre Haiphong e, em represália, um massacre dos franceses de Hanói. Contra o Vietminh, sustentado eficazmente pela URSS e pela China comunista, o esforço militar francês, difícil de manter-se em virtude da distância, mal compreendido pela opinião, esgotou-se sem resultado, enquanto que os governos mais ou menos desaprovados pelos anglo-americanos não sabiam como sair com honra do vespeiro. Para solucionar a

---

[2] Idem, ibidem, p. 111.
[3] Bao Daí morreu exilado em Paris, no final do século (1997).

situação foi necessário o choque psicológico do desastre de Dien-Bien-Phu (maio de 1954), no qual uma importante posição francesa foi cercada e aniquilada pelo Viet-minh". [4] Os acordos de Genebra assinados em julho de 1954 pelo então presidente do Conselho, Mendés France, dividem o Vietnam em dois Estados: a norte do paralelo 17 fica a República Democrática do Vietnam; ao sul, estabelece-se um governo pró-americano dirigido por Ngo-Dinh-Diem que Washington impusera a Bao Daí. A Indochina Francesa chegara ao fim. A República Democrática do Vietnam (RDV) estava reduzida ao Vietnam do Norte e aí, de 1954 a 1960, predominou de maneira brutal e sangrenta o Partido Comunista, inspirado nas concepções stalinistas e maoístas do Estado. A república do Vietnam do Sul, proclamada em 1955, nacionalista e anticomunista, é dirigida até 1963 por Ngo Dinh Diem, que tem o apoio de Washington. O assassinato de Diem (1963) leva ao poder Nguyen Van Thieu assessorado por militares e tecnocratas. Entre os opositores do regime figura o Vietcong, partidário da união com o Vietnam do Norte. A partir de 1965 há uma intensa intervenção norte-americana que luta pelo controle das cidades e do interior. Em 1968 ocorre a ofensiva do Tet contra os sul-vietnamitas e as bases americanas. O festival do Tet assinala o ano lunar vietnamita. "Embora tenha sido um fracasso militar, a ofensiva do Tet foi decisiva devido ao impacto que teve na opinião pública norte-americana cada vez mais contrária ao enorme custo que importava em termos de soldados mortos ou feridos. Segundo um acordo de paz firmado em Paris, o governo de Saigon era mantido, embora não tenha durado muito tempo, pois uma ofensiva militar comunista levada a cabo em março de 1975, nas terras altas do centro do país, pôs em fuga o exército do Vietnam do Sul e as forças do Norte apoderaram-se de Saigon a 30 de abril. Em 2 de julho de 1976 ocorreu a reunificação formal com a proclamação da Repúbli-

---

[4] Sauvigny, *Histoire de France*, p. 453. Sobre os dramáticos e emocionantes episódios vividos pelos soldados franceses em Dien-Bien-Phu, ver na Revista *História*, n. 102 e n. 103: Jean Renald "Lês derniers jours de Die-Bien-Phu"; Lucien Bornert "L'évasion d'um officier" de Dien-Bien-Phu.

ca Socialista do Vietnam".[5] Um rápido olhar na História vietnamita após a unificação permite-nos anotar os seguintes acontecimentos:[6]

1. O governo comunista tem diante de si uma população que deve ser integrada em um novo sistema político-social. Há resistência na zona rural de camponeses que, aliás, haviam apoiado a luta pela unificação e da população do extinto Vietnam meridional. Há um êxodo de mais de um milhão de pessoas entre 1975 e 1989.

2. Na política externa registre-se a invasão do Cambodja em dezembro de 1978 contra o regime de Pol PoT. Em fevereiro de 1979 a fronteira setentrional do Vietnam é atacada por forças chinesas. A partir de 1986 escasseiam-se os recursos soviéticos até cessarem completamente em 1992. Em 1989 o exército vietnamita evacua o Cambodja.

3. A situação político-econômica do mundo vai refletir-se no Vietnam comunista: processa-se então uma liberalização do mercado com uma crescente abertura aos capitais estrangeiros.

4. Em 1991 normalizam-se as relações com a China e, em 1994-1495, com os Estados Unidos. Em 1995 o Vietnam adere à ANSEA (Associação das Nações do Sudeste Asiático).

---

[5] Leifer, obra citada, p. 369.
[6] Nossa fonte principal aqui é o já citado *Le dictionnaire du 20e siècle*, p. 716.

INDONÉSIA

Indonésia é a designação dada a um imenso arquipélago do sudeste asiático. No início do século XX encontramos aí a presença holandesa. "Nas Índias Orientais, o vasto arquipélago indonésio com treze mil ilhas – que se estendiam, de Leste a Oeste, sobre cerca de seis mil quilômetros –, os holandeses desenvolveram uma economia colonial que produzia tabaco, chá, café, açúcar, estanho, carvão, borracha e petróleo. Nem no século XIX nem sob o calor da Primeira Guerra Mundial os holandeses estenderam seu império. Sua superfície era a mesma em 1939 e em 1815".[1] Na primeira metade do século XX desenvolvem-se movimentos nacionalistas estimulados por acontecimentos de grande repercussão internacional, como a vitória japonesa sobre a Rússia em 1905, a revolução soviética de 1917 e a revolução chinesa (1924-1927). Note-se que o movimento nacional na Indonésia "caracteriza-se ao mesmo tempo por sua antiguidade (os primeiros agrupamentos datam de antes de 1914) e por sua diversidade: comunistas, marxistas, trotskizantes, nacionalistas radicais, nacionalistas moderados, partidos muçulmanos, grupos de intelectuais 'ocidentalistas'".[2] Entre os movimentos nacionalistas lembremos, a título de exemplo, o formado pelo doutor Ahmed Sukarno (n.1901) em 1927 com a colaboração de Mohammed Hatta (n. 1902). Sukarno, doutorado pela Escola Politécnica de Bandung, sintetizava seus ideais em cinco pontos: fé em Alá, humanitarismo, nacionalismo, democracia e justiça social.[3] Sukarno foi aprisionado de 1929 a 1932 e novamente em

---

[1] Roger Louis, "Los impérios coloniales", p. 164, *Historia Oxford del Siglo XX*.
[2] Chesneaux, "A Ásia Oriental nos séculos XIX e XX", p. 76.
[3] Marin, obra citada, p. 452.

1933 até a chegada dos japoneses. A ocupação da Holanda pelos alemães, na Segunda Guerra Mundial, e a ocupação do arquipélago pelos japoneses favoreceram o surto nacionalista. Registre-se que Sukarno e Hatta colaboraram com os japoneses desde 1943. Organizou-se então um exército nacional sob a orientação do Partido Nacionalista Indonésio. Cessada a ocupação nipônica Sukarno e Hatta proclamam a independência em agosto de 1945. Os holandeses porém não reconhecem o novo Estado e lutam durante quatro anos para manterem o império colonial. "Por parte da Holanda, pretendia-se o francionamento do país para continuar seu domínio; a aspiração de Sukarno era a formação de uma república centralizada".[4] É interessante sublinhar que de 1945 a 1949, sob pressão britânica, americana e australiana, há negociações entre holandeses e indonésios, porém com resultados provisórios. Em novembro de 1946 os holandeses reconhecem o regime de Java e Sumatra e aceitam a constituição dos Estados Unidos da Indonésia associados aos Países Baixos. Em março de 1947 os acordos de Linggadjati devem permitir à antiga metrópole conservar os elos estreitos com seu "império".[5] Em julho de 1947 as tropas holandesas invadem Java e Sumatra, e sob a égide da ONU há um acordo (janeiro de 1948) logo em seguida rompido pelos holandeses: Sukarno e Hatta são aprisionados. Os Estados Unidos e a ONU forçam os Países Baixos a negociarem os acordos da Távola Redonda (La Haye): está fundada a federação dos Estados Unidos da Indonésia (novembro de 1949). Uma União holando-indonesiana é criada em pé de igualdade, mas será denunciada pelos indonésios em agosto de 1954. "Nesta data, não mais subsiste elo algum entre os Países Baixos e sua antiga colônia".[6] Sukarno reclama o domínio da Nova Guiné Ocidental (Irian), ainda sob o poder da Holanda.

Em abril de 1955 reúne-se em Bandung a conferência afro-asiática com a presença de Neru e de Chu-en-lai. Sukarno, em seu discurso, classificou-a

---

[4] Idem, ibidem, p. 453.
[5] Milza, obra citada, vol. 2, p. 146. Notar, entretanto, a informação contida no citado *Le Dictionnaire du 20e siècle*, p. 358: "La lutte pour l'indépendence va durer quatre ans de difficiles négociations (accords de Linggajati (Cheribon), novembre 1946, et du Renville, janvier 1948) alternent avec les "operations de police "néerlandaises"(jullet 1947, décembre 1948) qui réduisent la république à une portion de Java et de Sumatra...".
[6] Milza, obra citada, p. 146.

como a primeira das conferências intercontinentais das raças de cor na história da humanidade. Nenhuma potência branca fora convidada, era uma reunião do Terceiro Mundo.[7] A conferencia, presidida por Sukarno, dividiu-se em três comissões: política, cooperação cultural e cooperação econômica. A conferência condenou o colonialismo e inaugurou uma nova atitude coletiva dos países do terceiro mundo: o não alinhamento. Sukarno governou até 1965 com o apoio do PKI (Partido Comunista Indonésio): é a chamada democracia dirigida. O nacionalismo e o anti-imperialismo levam Sukarno a lutar pela recuperação do Irian, a confrontar-se com o Reino Unido e com os Estados Unidos, a aproximar-se da China comunista. Na política interna deteriora-se a economia. O exército, entretanto, discorda do espírito de radicalização que inspira o governo de Sukarno. Em 1965, com o general Suharto à frente, os militares assumem a direção do governo forçando Sukarno a transferir os poderes. Suharto afasta o PKI (1966) e torna-se presidente interino da república. Sukarno é destituído de todos os títulos e honras (em 1963 fora-lhe outorgado o título de presidente vitalício). Em março de 1968 Suharto faz-se nomear presidente da República e inicia um governo voltado internamente para o desenvolvimento da economia (importância do petróleo) e para a estabilidade política; externamente procura o auxílio ocidental e a vinda de investimentos japoneses. Note-se a influência das Forças Armadas, que se opõem à atuação comunista e ao integrismo islâmico. Note-se também que Suharto conseguira o reingresso da Indonésia na ONU. Com Suharto no poder estamos diante de uma aparente democracia em que se realizam eleições de cinco em cinco anos. Observe-se, entretanto, que ao lado do autoritarismo grassa a corrupção, que se traduz, para alguns integrantes do poder, na aquisição de colossais fortunas. Explica-se assim um crescente descontentamento na população, acentuado em 1997 pela crise financeira asiática que leva Suharto a recorrer ao FMI. Em maio de 1998 vê-se obrigado a demitir-se, deixando o governo sob a proteção do chefe das Forças Armadas e de seu sucessor, Bacharuddin Jusuf Habibie.

---

[7] Marin, obra citada, p. 454.

MALÁSIA E SINGAPURA

A Malásia é uma dessas colônias tropicais típicas "cujo notável surto econômico era essencialmente obra de empresas europeias".[1] É interessante notar que "a estrutura tributária aí diferia radicalmente da dos outros países asiáticos: as principais receitas dos governantes provinham de taxas sobre o petróleo, o fumo, do imposto sobre a renda; não havia 'superpovoamento' pois muitas terras remanesciam ainda incultas".[2] Observe-se a existência de sultões que viviam satisfeitos em tranquila indolência, "pois o governo britânico os enriquecera e lhes proporcionara segurança".[3] Em 1895 os sultões respectivamente de Perak, Selangor, Sembilan, Negeri e Pahang aceitam a constituição dos Estados Malaios Federados (FMS), tendo cada unidade seu soberano e seu residente britânico. Havia, entretanto, Estados não federados, como Perlis, Kedah, Kelantan e Trengganu.

Deve-se sublinhar que o domínio britânico criara na Malásia apreciável riqueza mediante a introdução de novas culturas, "mas instaurara também uma economia particularmente dependente e frágil e justapusera, sem integrá-las, populações demasiado diversas e sem qualquer interesse comum".[4] A ocupação japonesa em 1941 colocou a Malásia, com a Sumatra, sob a autoridade do comando japonês então sediado em Singapura. O domínio japonês "provocou o despertar da consciência nacional e o surto do movimento nacionalista. O desmoronamento do domínio britânico numa campanha de

---

[1] Crouzet, obra citada, p. 103.
[2] Idem, ibidem, p. 104.
[3] Idem, ibidem.
[4] Crouzet, obra citada, p. 104.

menos de seis semanas impressionou vivamente a opinião, e a queda de Singapura, 'o maior desastre da história militar da Grã-Bretanha', teve enorme repercussão; em parte alguma, aliás, o elemento indígena participou ativamente da defesa, salvo uns tantos elementos chineses; sua passividade revela a fragilidade da colonização britânica".[5] Enfatize-se que, embora a ocupação nipônica tenha contribuído para incentivar a hostilidade contra os ocidentais, não conseguiu a colaboração ativa da população que não aceitava a dureza do domínio estrangeiro explorador dos recursos e da mão de obra do país. Surgiu então um exército popular antinipônico que iria auxiliar ativamente a recuperação da Malásia pelos britânicos. O regresso destes em 1945 foi seguido por concessões no sentido de unificação do território esfacelado em dezenas de sultanatos.[6] Era a União Malaia. Concedeu-se então a cidadania pan-malaia com liberalidade "de forma que chineses e hindus puderam auferir amplamente seus benefícios".[7] Tal situação, entretanto, provocou viva reação por parte da população malaia. O governo britânico viu-se, então, forçado a modificar sua orientação e surgiu assim Federação Malaia, que substituiu a União. Na Federação os sultões recuperaram sua antiga situação. Em junho de 1948 explode uma insurreição comunista que retarda a marcha do país para a independência. A transferência de soberania efetuou-se em 31 de agosto de 1957, e Tunku Abdul Rahman foi o primeiro chefe de governo, após um acordo entre as elites malaia e chinesa. Singapura adquiriu o autogoverno em junho de 1959.[8] Tunku Abul Rahman (1903-1990) consegue uma aliança eleitoral que envolve a Organização Nacional Unida dos Malaios (UMNO), a Associação Malaio-Chinesa (MCA) e o Congresso Malaio-Índio (MIC). Deve-se sublinhar que esta aliança foi duradoura: designada Frente Nacional (Barisan nasional) em 1974, monopolizou o poder central a partir da independência. Estamos aqui diante de uma monarquia em que a conferência de nove sultões designa em seu seio um soberano supremo por

---

[5] Idem, ibidem.
[6] Idem, ibidem, p. 105.
[7] Idem, ibidem.
[8] Leifer, "O Sudeste asiático", p. 363 (*Historia Oxford del Siglo XX*). Advirta-se o leitor de que os autores nesta síntese sobre a Malásia apresentam divergências (Crouzet, Leifer, Marin, *Le Dictionnaire du 20e siècle*).

cinco anos. É uma federação com a evidente supremacia dos malaios.[9] Em 1963 surge um novo Estado, a Grande malásia, sob o nome de Malaysia. Em 1969 o país é abalado por revoltas de caráter racial. Entre os principais governantes das últimas dezenas do século XX, lembremos: Tun Abdul Razak (1970-1976) procurou diminuir a dependência do país em face do estrangeiro; Tun Hussein Onn (1922-1990) prossegue a política do antecessor; Dr. Mahathir sucede a Onn em 1981. Na política externa registre-se a atuação da Malásia na Associação das Nações do Sudeste Asiático (ANSEA).

Quanto à Singapura, convém lembrar os seguintes acontecimentos:

No início do século Singapura prospera graças a sua situação privilegiada para as marinhas mercantes através do sudeste asiático. Compreende-se também o valor estratégico de Singapura no que tange a marinha de guerra britânica: na véspera da Segunda Guerra Mundial é base naval relevante para o Império Britânico, e sua perda para os japoneses constitui um grave revés para o prestígio britânico no sudeste asiático. Após a vitória aliada pesa sobre Singapura a constante ameaça comunista. Um advogado diplomado em Cambrige destaca-se no processo de descolonização e autonomia interna, Lee Kuan Yew, pertencente ao Partido da Ação do Povo (PAP). Em 1965 Singapura separa-se da Federação Malaia, e Lee proclama sua independência dentro da Comunidade Britânica de Nações. O primeiro-ministro Goh Chok Tong é, desde 1990, o sucessor de Lee Kuan Yew no governo da próspera cidade-estado.

---

[9] Ver *Le Dictionnaire du 20e siècle*, p. 434.

FILIPINAS

No final do século XIX os Estados Unidos, pelo tratado de Paris (1898), substituem a Espanha nas Filipinas, mas enfrentam uma insurreição nacionalista que chega até a proclamação de uma efêmera república. Desde logo Washington procura normalizar a situação por meio de profundas reformas no campo político, administrativo, educacional e econômico. Foram criadas instituições representativas: uma Assembleia Nacional eleita foi organizada. "A lei Jones (1916) atribuiu maior autonomia ao arquipélago: duas câmaras, eleitas por sufrágio universal, e um governador-geral americano. Em 1935 as Filipinas tornaram-se um *Commonwealth* autônomo que permaneceu ligado aos Estados Unidos no plano financeiro, diplomático e militar. Pode-se, porém, sustentar, a justo título, que essa primeira 'descolonização' refletiu sobretudo as preocupações dos meios dos negócios americanos, prejudicados pela concorrência dos produtos filipinos desde a crise mundial (a Metrópole desembaraça-se das Filipinas em vez de libertá-las").[1] Em setembro de 1935, M. Quezon é eleito presidente do *Commonwealth* e S. Osmena vice-presidente. A Segunda Guerra Mundial repercute nas Filipinas com a invasão japonesa. Em janeiro de 1942 as forças nipônicas ocupam Manilla. M. Quezon refugia-se nos Estados Unidos, onde forma um governo no exílio. Em março de 1942 Mac Arthur promete retornar vitorioso às Filipinas. É interessante registrar que Tóquio concedeu a independência às Filipinas em outubro de 1943, e o Dr. José Laurel foi eleito Presidente da República. Observe-se, contudo, a existência de um movimento que resiste à ocupação

---

[1] Chesneaux, *A Ásia oriental nos séculos XIX e XX*, p. 79

nipônica e respectivos colaboradores. Mais tarde esses resistentes se unem a outros rebeldes, inclusive comunistas, fazendo uma frente comum contra a oligarquia dos grandes proprietários e a favor de um melhor acesso dos camponeses à terra. Em julho de 1946 as Filipinas se tornam independentes, e seu primeiro presidente foi Manuel Roxas, que não terminou o mandato por haver falecido em 1948. Em março de 1947 um tratado de defesa com os Estados Unidos permitia a Washington usar bases militares permanentes no território filipino. O sucessor de Roxas foi Elpídio Quirino. Sob os governos de Roxas e de Quirino processaram-se atos de violência por parte dos Huks, nacionalistas de tendência filocomunista atuando especialmente na ilha Luzón. Ramon Magsaysay (1954-1957), terceiro presidente, tornou medidas sociais e econômicas, tendo obtida a rendição do líder huk. A Magsaysay, falecido num acidente de avião, sucedeu Carlos Garcia (1958-1962). Seguem-se na presidência Diosdado Macapagal (1962-1966), que fez votar a primeira reforma agrária no país (1963). Segue-se a ditadura de Fernando Marcos (1965-1986), que, reeleito em 1969, procura manter-se no poder para lutar contra a ameaça comunista e criar uma nova sociedade. Marcos enfrenta interiormente uma guerrilha maoísta e uma dissidência muçulmana. Na política externa Marcos apoia os Estados Unidos na guerra do Vietnam. Em 1983 é assassinado no aeroporto de Manilha o senador Benigno Aquino, principal adversário de Marcos, que regressava do exílio nos Estados Unidos. Com a crise econômica agravada, Marcos é derrotado na eleição presidencial de 1986 por Corazon Aquino, viúva do senador assassinado. Corazon fica no poder até 1992. Marcos e sua família são exilados no Hawaí. Em 1992 assume a presidência o Gal. Fidel Ramos, vice de Corazon.

TAIWAN

Em 1943, na Conferência do Cairo realizada entre Roosevelt e Churchill, foi resolvido que a ilha de Formosa (Taiwan) seria entregue ao generalíssimo Chiang-kai-shek, chefe do governo nacionalista chinês (Kuomintang). Este, em face da vitória comunista na China continental (ver item sobre a China), viu-se forçado a ocupar Taiwan (1949) com grande número de partidários. "Nomeado presidente da República, o general Chiang-Kai-shek, em 1954, foi reeleito em 1966 por um prazo de seis anos; porém sua atuação tanto na ordem interior como no exterior é determinada pela pressão estadunidense, à qual interessa a conservação daquele bastião nas proximidades da China Popular...".[1] Os americanos contaram com o apoio do generalíssimo na guerra da Coreia. Após a morte de Chiang-Kai-shek em 1975, seu filho Chiang-Ching-Kuo é presidente até 1988. Segue a longa presidência (1988-2000) de Lee Teng-hui. Registre-se o progresso econômico da ilha que se tornou uma potência comercial. Na política externa Taiwan (China nacionalista) figura como membro da ONU, inclusive como um dos cinco permanentes do Conselho de Segurança. "Sua presença na ONU impossibilitou à China Popular seu ingresso na assembleia internacional, onde em 1965 foi rechaçada a moção apresentada para que fosse substituída a China de Formosa pela Popular".[2] Em julho de 1971 Kissinger fez uma viagem secreta a Pequim, seguida, meses depois, de uma visita de Nixon. Com a re-

---

[1] Marin, obra citada, p. 423.
[2] Idem, ibidem.

tirada do veto americano, a China popular ingressa na ONU em substituição de Taiwan.

As relações entre a China continental e Taiwan, considerada "a ilha rebelde", não conseguiram resolver o impasse motivado sobretudo pela desigualdade de regimes políticos: a China autoritária e Taiwan democrática. O retorno de Hong Kong (1997) e de Macao (1999) à China é apresentado como exemplo e estímulo para o retorno de Taiwan à mãe pátria, que também não esconde pressões e ameaças a favor da reunificação.

COREIA

No início do século XX, o Japão, fortalecido pela vitória sobre a Rússia (1905), estabelece seu "protetorado" na Coreia, que, poucos anos depois, é simplesmente anexada (1910). Um governador-geral japonês assume o poder proibindo aos coreanos quaisquer tentativas de reação. Em 1919, entretanto, uma proclamação de independência é assinada por um grupo de intelectuais, o que provoca imediatamente uma severa e impiedosa repressão com prisões e milhares de mortos. No exterior, entretanto, organiza-se um governo provisório dirigido por Syngman Rhee e sediado na concessão francesa de Shanghai. Após uma breve atenuação das medidas repressivas, os japoneses intensificam a opressão contra a população coreana, chegando até mesmo a niponizar os nomes de família e impor os rituais do xintoísmo. Durante a Segunda Guerra Mundial, os coreanos são obrigados a contribuírem para o esforço de guerra japonês mediante trabalho forçado e outras imposições. Com a rendição japonesa, a Coreia é ocupada, ao norte, por forças soviéticas e, ao sul, por forças norte-americanas. A União Soviética e os Estados Unidos não chegam a um acordo quanto à reunificação da península coreana, e em 1947 a ONU recomenda a formação de um estado coreano independente com as devidas eleições. Estas se realizam no sul (maio de 1948), uma Assembleia é eleita e adotada uma Constituição. Estamos aqui diante da República da Coreia (*Taehan minguk*), presidida por Syngman Rhee (1875-1965). Em setembro de 1948 o governo estabelecido em Seul representa o país na Assembleia Geral da ONU. Ao norte da península, porém, institui-se uma República popular (*Choson inmin konghwaguk*), que posteriormente passa a designar-se República Popular Democrática da Coreia (RPDC) sob a presidência de Kim il-sung. Em junho de 1950 as tropas da Coreia do Norte cruzam o paralelo 38 invadindo a República do sul e iniciando um grave conflito que vai incentivar ainda mais o ambiente mundial da Guerra Fria.[1] Note-se que a vitória de Mao Zedong (em outubro de 1949 fora proclamada a República Popular da China), as ambições do comunismo russo no Extremo Oriente e a declaração (janeiro de 1950) do secretário de Estado americano, Dean Acheson, segundo a qual "a Coreia do Sul e Formosa" se encontravam fora do "perímetro defensivo dos Estados Unidos no Pacífico", criaram, sem dúvida, um ambiente propício para a invasão dos norte-coreanos. O ataque provoca a reação dos Estados Unidos. Truman envia um corpo expedicionário sob o pavilhão das Nações Unidas. Registre-se que o Conselho de Segurança, ausente o delegado soviético, condenara a agressão norte-coreana.[2] Na Coreia a situação agrava-se com a intervenção dos "voluntários" de Mao ao sul do rio Yalu, fronteira da China Popular. O notável general Mac Arthur pede permissão para bombardear as bases chinesas em seu próprio território e entra em choque com o ponto de vista de Truman, que o demite e nomeia em seu lugar o Gal. Ridgway. Em 1951 a frente da guerra se estabiliza nas proximidades do paralelo 38. Só em julho de 1953, após a morte de Stalin, faz-se o armistício de Pam Mun Tom. A Guerra da Coreia na Ásia influiu no desenvolvimento dos nacionalismos e, nos Estados Unidos, incentivou o anticomunismo.

Vejamos brevemente a situação das duas Coreias após o armistício de uma guerra sem vencedores. Na Coreia do Sul Syngman Rhee foi reeleito presidente em 1952 e, novamente, em 1956 exercendo poderes ditatoriais para manter-se no governo até 1960, quando teve como sucessor o Gal. Park Chung-hee, que assume o poder em maio de 1961 após um golpe militar. Park foi reeleito em 1967 e em 1971, mas em 1979 foi assassinado pelo chefe de serviços secretos. Sobe ao poder Choi kyu-hah, que é deposto pelos militares em 1980. Segue-se a presidência do general Chum Doo-hwan (1980-1988) caracterizada por repressões políticas. Na Coreia do Norte continua o governo ditatorial comunista de Kim il Sung até sua morte em 1994. Seu filho Kin Jong-il fora já designado sucessor do pai. De 13 a 15 de junho de 2000 há um encontro histórico em Pyongyang entre Kim Dae-jung, presidente da Coreia do Sul, eleito em 1997, e Kim Jong-il. Acentuam-se então as ideias de reunificação.

---

[1] Até aqui nossa principal fonte de consulta foi o citado *Le dictionnaire du 20e siècle*.
[2] Milza, obra citada, vol. 2, p. 161.

MONGÓLIA

A História da Mongólia apresenta uma característica interessante: encontramos aí, segundo Chesneaux, "um exemplo de evolução direta para o socialismo moderno, a partir de um "feudalismo" pastoral que saltou o estágio da economia capitalista".[1] No início do século XX a Mongólia se encontra sob o domínio chinês.[2] A queda da dinastia propiciou aos mongóis proclamar sua independência de Pequim. Vejamos, a seguir, algumas datas importantes da História da Mongólia no século XX.

– 1911: A Mongólia se aproveitará da revolução republicana de 1911 para ficar independente de Pequim, com aprovação da Rússia.

– 1915: Um acordo sino-russo declara a Mongólia sob soberania chinesa, mas mantendo autonomia interna. Durante a revolução russa, entretanto, a China ocupa militarmente a Mongólia.

– 1921: O exército russo ocupa Urga (futura Ulan-Bator) e proclama a independência do país.

– 1924: Estamos aqui em face da República Popular da Mongólia dirigida pelo Partido Revolucionário do Povo Mongol (PRPM), partido único. Destaca-se nessa ditadura o mal. Choybalsan (1936-1952), o Staline Mongol.

– 1945: Num plebiscito o povo manifesta-se pela independência. A chamada Mongólia interior fica sob controle chinês. Até o fim dos anos

---

[1] Chesneaux, obra citada, p. 209.
[2] Sobre o poderio mongólico e seu imenso império, ver nossa *História da Ásia*, capítulo IV.

oitenta a Mongólia, formalmente independente, permanece estreitamente ligada à URSS. Com o desaparecimento desta, a Mongólia passa a ser uma democracia parlamentar. [3]

---

[3] Fonte consultada: Le dictionnaire du 20e siècle p. 461-462

CHINA

Na aurora do século XX a China, sob o governo da imperatriz regente Tseu Hi (1835-1908), sofre as consequências de dois acontecimentos que têm como denominador comum a xenofobia: a revolta dos Boxers (favoráveis à dinastia manchu) e o movimento republicano (que engloba vários grupos revolucionários adversários da dinastia reinante). A revolta dos Boxers foi esmagada pela intervenção ocidental, mas os republicanos derrubam o Império e proclama a República em 1911 com Sun Yat-sen presidente. Antes de prosseguirmos com a História da China republicana vamos examinar brevemente os derradeiros anos do Império. A imperatriz Tseu Hi, viúva do imperador I-Chu (Hsienfeng, 1851-1861), dera a este um único filho. Durante a infância deste, a imperatriz ampliou pouco a pouco seus poderes. Seu filho, proclamado imperador aos cinco anos, faleceu aos dezenove, e ela conseguiu então a proclamação de seu sobrinho de três anos e, assim, continuar como regente. "O jovem Tsai-T'ien (1871-1908), cujo período de governo transcorreu sob a divisa Kuang-hsü e conta-se a partir de 1875, embora tenha sido declarado de maioridade em 1887, só dois anos depois adquiriu influência sobre os assuntos do governo".[1] A imperatriz, ambiciosa e sequiosa de poder, inteligentemente opunha-se às reformas preconizadas por intelectuais. Quanto ao imperador, "sua educação estritamente confuciana impedia-o de protestar contra sua tia e mãe adotiva".[2] Em 1898 Kang Yu Wei, um letrado de Cantão e influente membro do movimento reformista,

---

[1] Franke, *El império chino*, p. 320.
[2] Idem, ibidem, p. 321.

apontava o exemplo do Japão e pregava uma série de reformas. O intelectual conseguiu convencer o imperador a promover as reformas. Iniciou-se, então, a chamada Reforma dos Cem dias, "que durou exatamente cento e três dias, desde 11 de junho até 21 de setembro de 1898".[3] Foi elaborado um programa que, "sem tocar nas instituições políticas, devia transformar a administração e a mentalidade chinesas, suprimir os abusos, valorizar o país e permitir-lhe, a exemplo do Japão, libertar-se da tutela da Europa".[4] A imperatriz Tseu Hi, tendo a seu lado os conservadores e a nobreza manchu temerosos de perderem seus privilégios, fez oposição às pretendidas reformas. Em setembro um golpe de Estado leva ao isolamento o imperador, e perseguem-se os reformadores, muitos dos quais são executados. A reação da imperatriz contra as reformas favoreceu as sociedades secretas, entre as quais destacaram-se os Boxers, caracterizados pelo fanatismo religiosos orientado contra o cristianismo. Saques, devastações, agressões e ódio ao estrangeiro provocam intervenção internacional: Inglaterra, França, Rússia, Estados Unidos, Itália, Alemanha e o Japão mobilizam um corpo expedicionário que ocupa Pequim em agosto de 1900. Tseu-Hi e a corte refugiam-se na província de Shensi e só regressam à capital em janeiro de 1902. Pelo protocolo internacional dos Boxers (1901), a China aceitou pesadas condições, entre as quais indenização, proibição de importar armas, proibição de praticar atos contra estrangeiros. Estava então selado o destino da dinastia manchu. Pressionada pelos acontecimentos externos (vitória do Japão na guerra com a Rússia, influência japonesa e russa na Mandchúria) e internos (derrota dos Boxers, humilhação do protocolo de Pequim, movimentos revolucionários republicanos), Tseu-Hi admite uma série de reformas e chega a anunciar um governo constitucional. Yuan Che-Kai (1859-1916), que reorganizara o exército chinês da China do Norte e contribuira para a derrota dos reformistas de 1898 revelando seus planos à imperatriz, foi chamado para integrar o ministério. Em novembro de 1908 o imperador Kuang-Siu faleceu, ao que parece, envenenado. Tseu-Hi declara que o falecido havia designado como sucessor uma criança de três anos, Pu-Yi. Como regente ficaria o príncipe Tchuen, pai da criança

---

[3] Idem, ibidem, p. 322.
[4] Malet-Isaac, obra citada, p. 628.

e sobrinho da imperatriz. Esta, entretanto, faleceu logo depois, talvez envenenada. O jovem imperador foi proclamado em janeiro de 1909 e recebeu o nome de Suan Tung.[5] O novo governo, encabeçado pelo pai do imperador-criança, "realizou desesperadas tentativas para recuperar, ao menos, o controle do exército e destituiu, por esta razão, Yuan Che-kai. "Porém já era tarde, as velhas forças não estavam em condições de realizarem uma regeneração eficaz do país depois das duras provas que havia sofrido, pois havia-se rompido definitivamente o consenso entre manchus e chineses".[6] Em 1911 o governo decidiu sustar a linha ferroviária Pequim-Hanku e todas as demais que se encontravam em construção. Contra essa decisão há grande resistência nas províncias e uma revolta militar em outubro de 1911, em Wuchang (Hubei) desencadeia um amplo movimento de autonomia que se alastra pelas províncias. Diante dessa situação o governo chama novamente Yuan Chekai (Yuan Shikai, Che-Kai) para reprimir a revolta. Após a obtenção de alguns êxitos iniciais, Yuan entrou em negociação com os rebeldes. Deve-se notar que as tropas insurretas haviam ocupado Nanking em dezembro de 1911 e que formara-se um governo, tendo Sun yat-sen (1866-1925) sido eleito presidente provisório da República por representantes de várias províncias. Sun Yat-sen (Sun Wen, Sun-Ih-sem) nascera em uma família de camponeses pobres dos arredores de Cantão e passara grande parte de sua vida no estrangeiro. Estudara medicina em Hong-Kong e clinicara em Macau. Segundo Gernet "a ideologia republicana de Sun Wen era bastante sumária: os seus três temas fundamentais (o Sanminz huyi) dão especial relevo ao nacionalismo, à democracia liberal e à justiça social".[7] No dia 1º de janeiro de 1912 Sun Wen começa o exercício de suas funções presidenciais. Entretanto Che-Kai convence a corte de que é necessário ceder aos acontecimentos, e a 12 de fevereiro de 1912 "produziu-se um acontecimento memorável e único em seu gênero na história dos povos: o imperador da China, Suen-Tung, instituiu, ele mesmo, e proclamou a República por meio de um

---

[5] Desheemaeker, "Le dernier empereur de Chine", Revista *História*, n. 170, p. 93. Quanto ao nome adotado, há divergências na grafia. Na obra *El império chino*, p. 326, encontramos P'u-i (divisa de governo, Hsüant'ung 1909-1911).
[6] Franke, obra citada, p. 326.
[7] Gernet, *O Mundo Chinês*, vol. 2, p. 162.

edito imperial...".[8] Segundo o edito o poder soberano era dado a Yuan Che-Kai para que formasse um governo provisório com os republicanos a fim de dar ao povo e ao império tranquilidade.[9] A 14 de fevereiro Yuan substitui Sun Wen à frente da República e transfere-se o governo para Pequim. Enfatize-se que Sun Wen (Sun Yat-sen) aceitara a situação convencido de que evitaria assim uma guerra civil. Na realidade instituía-se uma ditadura. Sun Wen refugia-se no Japão, o Parlamento é dissolvido (janeiro de 1914). Uma constituição é promulgada conferindo a Yuan todos os poderes. Este, então, restabelecendo a monarquia em janeiro de 1916, faz-se coroar imperador. Surgem porém reações hostis em certas províncias, e Yuan Che Kai morre misteriosamente em junho de 1916. Na política externa de Yuan registre-se que o mesmo fez importantes concessões ao Japão na Mandchúria, na Mongólia e no Shandong. À ditadura de Yuan Che Kai, segue-se uma desintegração política e territorial. É o período dos governadores militares independentes, os chamados senhores da guerra. O xadrex político modifica-se, então, "ao sabor das alianças dos comandantes militares e das influências externas".[10] Os exércitos particulares "tinham tropas modernamente equipadas (as nações ocidentais conseguiram escoar para a China uma parte de seus *stocks* inutilizados no fim da Primeira Guerra Mundial) e dispunham de boas facilidades de transporte (caminhos de ferro e navios a vapor), mas eram comandadas por bandos de piratas. Vivendo nos campos, em constantes deslocações, entregavam-se à pilhagem e a todas as formas de exigências. As armas políticas dos comandantes militares são, para o exterior, a astúcia, o suborno e as mudanças imprevistas de atitude; e, no interior, a corrupção e o terror. Durante todo o período dos *Warlords*, a situação interna da China não deixou de piorar".[11] Em 1919 encontramos na China dois governos: um, sediado em Pequim, no norte; outro, com sede em Cantão, no sul. Só o primeiro

---

[8] O leitor encontrará em Desheemaeker (Revista *História* n.170, p. 95) um minucioso estudo sobre o último imperador da China e seu destino após sua deposição. Encontra-se aí também a tradução francesa do famoso edito. Note-se que a coexistência do imperador com o governo republicano durou dezesseis anos (Revista *História*, n. 170, p. 95).
[9] Ver nota anterior.
[10] Gernet, obra citada, p. 166.
[11] Idem, ibidem.

era reconhecido oficialmente pelas grandes potências. Sublinhe-se o desenvolvimento de uma economia moderna no campo das indústrias de transformação, do comércio exterior, de investimentos estrangeiros e da incipiente organização de um capitalismo chinês. Compreendem-se as consequências dessas transformações econômicas na evolução da sociedade. Uma burguesia financeira, industrial e comercial, embora em pequeno número, começa a fazer sentir sua voz.[12] Surge também uma *intelligentsia* composta de universitários, de juristas, de médicos, de engenheiros, de jornalistas, "muitas vezes formada no estrangeiro e atraída pelas ideias ocidentais e que "aspira a uma transformação profunda do país, contrariamente aos antigos letrados (mandarins) sustentáculos da tradição confuciana".[13]

As decisões da Conferência de Paz que transferiam para o Japão os antigos direitos e possessões da Alemanha no Xantung provoca forte reação envolvendo, a 4 de maio de 1919, estudantes, intelectuais e boa parte da burguesia e operários. A pressão popular fez com que o governo chinês recusasse assinar o Tratado de Versalhes. "Mas o 4 de maio é, mais amplamente, um movimento de renovação política, social e cultural, que conduziu os jovens intelectuais chineses a ideias novas (anarquismo e socialismo sob todas as suas variedades), para formas populares de expressão literária, para a crítica do confucionismo e dos costumes antigos. Foi por este caminho que o marxismo se introduziu na China, a que se uniram figuras ilustres do '4 de maio' como os universitários Chen Duxiu e Li Dazhao. Estabeleceram-se logo contatos simultâneos entre eles e a internacional comunista. Pequenos grupos comunistas organizaram-se em 1920. Em julho de 1921, constituíram o Partido Comunista chinês".[14] Deve-se notar que os comunistas encontraram forte oposição dos "senhores da guerra", que, aliás, se ligam às potências beneficiarias dos "tratados desiguais". Essas potências reservam ao regime dos senhores da guerra vantagens políticas e financeiras decorrentes do reconhecimento diplomático. Observe-se a ausência aqui das massas rurais: o elemento dinâmico das transformações encontra-se nos centros urbanos e

---

[12] Milza, obra citada, tomo I, p. 227.
[13] Idem, ibidem.
[14] Chesneaux, obra citada, p. 65.

industriais, que fornecem os integrantes de dois grupos políticos: o Kuomintang (guomindang), Partido dos Nacionalistas, formado desde 1911, posto fora da lei pela ditadura de Yuan Shikai; o Partido Comunista chinês, fundado em Shangai (julho de 1921), entre cujos integrantes figurava um obscuro representante da província de Hunan: Mao Tse-Tung (Mao Zedong).

Sun Yat-sen é eleito em maio de 1921 presidente da república estabelecida em Cantão e procura estabelecer um regime de acordo com seus ideais, mas não encontra apoio e abandona o cargo, pois dependia da tutela japonesa e dos ocidentais. Volta-se então para a URSS, a potência que havia renunciado aos "Tratados desiguais". Há então uma aproximação entre os comunistas (que ainda são em número limitado), orientados pelo Komintern (internacional comunista), e o Kuomintang. Os comunistas têm em vista apressar a revolução. "Esta Frente unida consolida o regime de Cantão: à morte de Sun Ya-Tsen em 1925, a China do Sul tornou-se um Estado sólido enquanto a China do Norte permanece dominada pelos "senhores da guerra"". [15] A aliança Kuomintang-comunismo não vai durar. Os elementos moderados do Kuomintang inquietam-se com os movimentos populares que se desenvolvem em 1925-1926: revoltas operárias contra as concessões internacionais de Xangai, Cantão e Hong-Kong; revoltas de camponeses contra proprietários territoriais. A ruptura torna-se inevitável, e nela tem papel relevante Chiang Kai-Shek (Jiang Jieshi), jovem cunhado de Sun Yat-Sem.[16] Chiang Kai-Shek (1887-1975) estudara na Academia militar de Tóquio e, depois que se tornara partidário de Sun Yat-Sen, fora enviado a Moscou e fizera um estágio no Exército Vermelho. Na Rússia encontrou Trotzki e os responsáveis pelo Komintern. De volta a Cantão dirige a Academia Militar de Whampoa, onde tem contato com conselheiros russos e comunistas chineses, entre os quais se encontrava Chu Enlai.

"Na primavera de 1927, Chiang Kai-Shek rompe bruscamente com seus aliados comunistas e sindicalistas. Um governo central do Kuomintang instalou-se em Nanquim, enquanto os 'senhores da guerra' são eliminados

---

[15] Milza, obra citada, p. 229.
[16] Gernet, obra citada, p. 167. Segundo Marin (obra citada, p. 408), Chiang Kai-Skek era casado com Mei-ling, cunhada de Sun Yat-Sem.

ou se aliam. Os comunistas são lançados na luta clandestina. Houve um momento em que, de abril a julho de 1927, tentaram sustentar em Wuhan um governo estabelecido pela esquerda do Kuomintang, mas esta não tardou em fazer a paz com Chiang Kai-Shek."[17] Estamos aqui na década de Nanquim (1927-1937). Chiang Kai-Shek revela-se logo como um poderoso cabo de guerra apoiado por um partido único, por uma boa situação financeira e pelas nações estrangeiras que têm interesses na China. Internamente o regime de Nanquim, ao mesmo tempo modernista e conservador, conta com o aplauso e a sustentação por parte dos intelectuais ocidentalizados, dos proprietários territoriais preocupados com a reforma agrária comunista, da burguesia constituída de homens de negócio. No campo internacional o regime de Nanquim reflete o aparecimento de estruturas governamentais autoritárias: fascismo, nazismo, militarismo japonês.

Vejamos, agora, brevemente a evolução do movimento comunista, caracterizada por uma importante decisão devida especialmente mais a alguns dirigentes, como Mao Tse-Tung, que propriamente ao conjunto do partido comunista: "doravante, pensa-se mais no campesinato e menos no proletariado industrial; nos campos economicamente atrasados e não nas cidades transformadas pela economia moderna. A luta agora é de longa duração, não de insurreições capazes de triunfar bruscamente. O objetivo é uma guerra 'revolucionaria' em que as forças políticas e sociais só poderão triunfar se dispuserem de seu próprio exército, em lugar de esperar, como em 1924-1927, pelo sucesso da luta política de massa. Só se conquista o poder em 'bases revolucionárias' geograficamente restritas, ao menos durante longo período, em vez de pretender o sucesso da Revolução no país inteiro".[18] Na base da ortodoxia comunista prevalecia a fé absoluta na vocação revolucionária do proletariado e uma desconfiança profunda com relação ao campesinato. Compreende-se assim a seguinte interessante observação: "o Partido Comunista nunca teria triunfado se se tivesse mantido fiel às normas impostas

---

[17] Chesneaux, obra citada, p. 66.
[18] Idem, ibidem, p. 67.

pelos seus conselheiros soviéticos e as diretrizes longínquas de Moscou, perfeitamente ignorante das realidades chinesas".[19]

A partir de 1927 entre os principais dirigentes comunistas figuram os chefes das uniões camponesas e dos sovietes rurais; eram pessoas do interior que desconheciam outros países. Mao Tse-Tung (Mao Zedong), por exemplo, nascera em uma família de camponeses. Uma exceção era Chu En-Lai, que estudara no Japão, na França e na Alemanha. Em 1931 o Exército Vermelho, formado em 1927 por Mao Tse-Tung e Chu De, proclama nos distritos montanhosas do sul do Yangzi, em particular no Jiangxi, a República dos Sovietes chineses.[20] As forças camponesas de Mao Tse-Tung e de Chu De resistem ao cerco da tropas nacionalistas. Em 1932 os japoneses ocupam a Mandchúria (ver mais adiante), e a República Soviética Chinesa presidida por Mao Tse-Tung declara simbolicamente guerra aos invasores. Tchang Kai-Shek não reage, a não ser levando o caso à Sociedade das Nações, que se contenta com protestos verbais e com a criação de uma comissão de investigação.[21] Na realidade, para Tchang Kai-Shek, o objetivo mais importante era acabar com a ameaça comunista. Assim é que no fim de 1933, assistido por conselheiros militares alemães, desencadeia um grande ataque às bases comunistas do sudeste da China. O exército vermelho realiza então a famosa "Longa Marcha" (outubro de 1934 a 1935) num percurso de dez mil quilômetros através de rios e montanhas, passando fome, sede e frio e chegando ao Planalto de Loess do Shenxi, na grande curva do rio Amarelo.[22] Mao Tse-Tung instala em Yanan a capital da Nova República Soviética Chinesa.

A invasão da Mandchúria pelo Japão será brevemente estudada no próximo item dedicado ao império nipônico. "Pela ameaça que faria pesar sobre os destinos do regime de Jiang Jieshi (Tchang Kai-Shek) e pelos efeitos que iria ter na vida política chinesa, a invasão da Mandchúria pelas tropas japonesas merece ser considerada como o acontecimento mais importante deste período da história da China".[23] Quando os japoneses invadem o Suiyuan,

---

[19] Gernet, obra citada, p. 173.
[20] Chesneaux, obra citada, p. 67.
[21] Milza, obra citada, vol. 1, p. 375.
[22] Chesneaux, obra citada, p. 67.
[23] Gernet, obra citada, p. 173.

Tchang Kai-Shek, que se preparava para uma campanha contra os comunistas, se vê forçado a fazer uma frente comum contra o Japão. Assim é que no início de 1937 há uma aproximação entre nacionalistas e comunistas, e a luta contra o invasor nipônico só vai terminar com a Segunda Guerra Mundial (1937-1945). Durante esses anos de conflito, a China permanece dividida em três regiões distintas: os vastos territórios sob o controle japonês, a "China Livre" sob a autoridade de Tchang Kai-Shek e as bases de guerrilhas comunistas. Teoricamente Tchang Kai-Shek dirige a luta contra os invasores japoneses, mas, note-se, continua considerando os comunistas uma ameaça à China. Quando os americanos entram na guerra (dezembro de 1941). Tchang Kai-Shek recebe reforçado apoio dos Estados Unidos e estímulo para que se entenda com os comunistas na luta comum antinipônica. Foi, entretanto, em vão, pois o chefe nacionalista continuava na convicção de que o grande perigo residia no exército comunista de Mao Tse-tung e Chu-en-lai. É interessante registrar aqui a ambígua posição da União Soviética: "De um lado declarava-se oficialmente que o governo da União só reconhecia Tchang-Kai-Shek como chefe de 'todos' os chineses, de outro lado, armava as tropas de Mao...".[24] Em 1943 a China de Tchang Kai-chek foi reconhecida como grande potência na conferência do Cairo. "Sua derrota face à última grande ofensiva japonesa na primavera de 1944 e a degradação do regime do Kuomintang não a impediram de ser admitida em São Francisco como um dos 'Cinco Grandes' do Conselho de Segurança da ONU em 1945".[25] A partir deste ano acentua-se a decomposição política e econômica do governo nacionalista enquanto que os comunistas adquirem prestígio junto ao campesinato e arruínam os proprietários rurais, "principal sustentáculo social do Kuomintang".[26] Os Estados Unidos pressionam no sentido de Tchang Kai-Shek fazer um acordo com os comunistas, o que acontece em outubro de 1945 entre Mao Tse-Tung e Tchang Kai-Shek. Ambas as partes, entretanto descumpriam os compromissos. O governo americano enviou então o Gal. Marshall, que conseguiu a assinatura de um cessar fogo em janeiro de 1946.

---

[24] Marin, obra citada, p. 414.
[25] Milza, obra citada, vol. 2, p. 115.
[26] Chesneaux, obra citada, p. 111.

Quando a União Soviética desocupa, em abril de 1946, a Mandchúria, nacionalistas e comunistas pretendem ocupar a região. Reinicia-se a guerra civil: os nacionalistas apoderam-se das grandes cidades e os comunistas se infiltram na zona rural. Apesar do auxílio financeiro e militar americano, a situação dos nacionalistas se agrava. A partir de 1948 os comunistas passam das guerrilhas às grandes batalhas. Em janeiro de 1949 o exército nacionalista é derrotado na batalha de Huai-hai. Segue-se a tomada das grandes cidades: Pequim (janeiro de 1949), Nanquin (abril), Xangai (Maio), Cantão (outubro). O governo do Kuomintang refugia-se então em Formosa sob a proteção da sétima frota americana. Em 1º de outubro de 1949, Mao Tse-Tung proclamava, em Pequim, a República Popular da China. A Nova República foi reconhecida pela União Soviética com seu bloco de nações comunistas, e por vários países como, por exemplo, a Índia, a Grã-Bretanha, Israel e Suécia.

A principal preocupação dos dirigentes da nova República foi a reconstrução do país, procurando-se o apoio das quatro classes revolucionárias: capitalistas nacionais (que não haviam colaborado com os japoneses), a pequena burguesia, os operários e os camponeses. Vejamos, a seguir, alguns exemplos de como se processou o enérgico controle do comunismo sobre o país através dos anos cinquenta. Em 1950 a lei sobre o matrimônio proibiu a poligamia, o casamento forçado, a venda de meninas e proclamou a igualdade entre os cônjuges. Ainda em 1950 produz-se a reforma agrária, que opera uma gigantesca redistribuição de terras. A atuação de agentes do Kuomintang, as sociedades secretas, a burocratização, a corrupção, o desperdício do dinheiro público, a evasão fiscal são severamente combatidos. Enfatize-se que o Estado comunista age impiedosamente, não hesitando na eliminação brutal dos acusados. As vítimas atingem a casa dos milhões, e qualquer resistência é sufocada pelo terror. O Partido Comunista empreendia um enérgico programa de doutrinação e de recrutamento. Deve-se lembrar a presença de multidão de técnicos soviéticos que contribuíram especialmente no desenvolvimento da energia elétrica e na ampliação do sistema ferroviário. A URSS propiciou ao governo chinês créditos e empréstimos visando a reconstrução do país nos moldes comunistas.

De 1953 a 1957, à imitação da URSS, os comunistas chineses adotam o primeiro plano quinquenal tendo-se em vista, com absoluta prioridade, a indústria pesada. Enfatize-se que as empresas industriais e comerciais são quase totalmente estatizadas. A partir de 1955 acelera-se a coletivização da agricultura, de um modo geral, aceita com diminuta oposição na zona rural, mas note-se que há um retrocesso na produção agrícola a partir de 1956.

Na política externa da década de cinquenta deve ser lembrada a Guerra da Coreia. Quando o contra-ataque das Nações Unidas, através da Coreia do Norte, dirigiu-se em direção ao rio Yalu, na fronteira com a China, esta enviou um exército composto de supostos "voluntários" em auxílio dos comunistas coreanos. Os chineses sofreram numerosas baixas entre as quais o próprio filho de Mao Tse-Tung. O patrulhamento do estreito de Taiwan pela frota americana despertou forte reação na China comunista. "Uma onda de ira e de paranoia apoderou-se do país. Detiveram os estrangeiros e, muitas vezes, antes de libertá-los torturaram-nos de maneira espantosa para que fizessem abjetas 'confissões'. Suspeitava-se da totalidade da elite profissional da época anterior ao comunismo...".[27] Até mesmo depois de firmado o armistício na Coreia (1953), os comunistas chineses continuaram em busca de suspeitos considerados "direitistas", o que implicaria graves consequências para essas pessoas e seus familiares. Ainda com respeito à política externa, deve-se registrar a invasão do Tibet, que, desde a queda da última dinastia chinesa até a tomada do poder pelos comunistas, havia gozado de uma independência de fato. Em 1950 o exército chinês invade o Tibet, que é anexado em 1957. O dalai-lama parte para o exílio depois do fracasso de uma rebelião em 1959, e o país é submetido a uma brutal comunicação que atinge o auge durante a Revolução Cultural e causa milhares de mortes.

Em 1956 o Partido Comunista Chinês direta ou indiretamente (através de órgãos por sua vez controlados) dirige o rumo dos acontecimentos no campo político, social, cultural econômico e financeiro. As grandes decisões são tomadas no comitê central e na secretaria política do partido. É interessante registrar que em 1956 foi desencadeada uma campanha destinada a incentivar a liberdade de expressão dos intelectuais no sentido de que se pronunciassem abertamente contra os abusos da burocracia ou do partido. Estamos aqui diante da nova orientação que, segundo Mao Zedong, faria florescerem cem flores. "No entanto, quando a crítica, que ele antecipava

---

[27] Spence, "China", p. 351 (*Historia Oxorfd del Siglo XX*).

cortês, converteu-se em uma avalanche de queixas e ataques contra a ideologia do Partido, contra os dirigentes e até mesmo contra o próprio marxismo, Mao reagiu vigorosamente: afastou milhares de seus postos e enviou-os a remotas zonas rurais, onde "reformar-se-iam mediante o trabalho duro". [28] Enfatiza-se que o Movimento das Cem Flores coincidiu com as acusações de Khrutchev ao falecido Stalin. Na China muitos tomaram as denúncias como uma crítica indireta a Mao Tse-Tung e ao Partido Comunista Chinês provocando uma ruptura aberta "quando os soviéticos criticaram duramente o caráter 'aventureiro' e 'utópico' do seguinte empreendimento de Mao, o Grande Salto para frente de 1958 e 1959, com o qual ele pretendia, mediante um maior nível de organização coletiva e de participação das massas na produção industrial e agrícola, apressar o avanço chinês para uma sociedade verdadeiramente comunista".[29] O confronto sino-soviético implicou a retirada dos técnicos soviéticos e o cancelamento da ajuda à China. Por sua vez os chineses que se encontravam no exército ou nas universidades soviéticas tiveram de retornar à China. O "Grande Salto", após uma euforia passageira, revelou-se um grande fracasso com a morte de milhões de pessoas.[30] Entre as causas dessa catástrofe figuram calamidades naturais (secas, inundações etc.), erros técnicos (arroteamentos malplanejados), falhas humanas (incompetência e má utilização da mão de obra) e afastamento dos técnicos soviéticos melhor preparados. No decurso dos anos 1960 e 1961 a carestia assume tais proporções que a China se vê na contingência de importar cereais dos países ocidentais, particularmente do Canadá. A partir, entretanto, de 1962 a economia chinesa passa por uma recuperação graças à atuação de Chu En Lai, e, em 1963-1964, o nível de vida volta ao que era em 1957. Apesar da partida dos soviéticos, os técnicos chineses até registram espetaculares sucessos, como a exploração do petróleo de Daqing e a explosão, em outubro de 1964, de uma primeira bomba A.

Um acontecimento de profunda repercussão internacional e que contribuiu para o isolamento da China foi a chamada Revolução Cultural. O

---

[28] Idem, ibidem.
[29] Idem, ibidem.
[30] Idem, ibidem.

movimento do Grande Salto para frente e o período das Cem Flores haviam despertado oposições latentes contra Mao. Os opositores distribuíam-se em diversas correntes, entre as quais figuravam economistas hostis ao grande salto e militares favoráveis a uma modernização do armamento. Entre os que combatiam a ideia de Mao favorável a uma via chinesa apoiada sobre as massas, destacavam-se três importantes personagens: Liu Shao-chi, homem forte no partido; Deng Xiaoping, secretário-geral do PCC; e Peng Te-huai, ministro da guerra. Deve-se registrar aqui que em 1959 Liu Shao-chi substituíra Mao na presidência da China, embora este continuasse sendo o político mais poderoso do país e presidente do partido. A Revolução Cultural inicia-se em novembro de 1965 e atinge o auge entre 1966 e 1970. "Impulsionado pela Esquerda Ideológica do Exército de Libertação Popular, a mando do Ministro da Defesa, Lin Biao, e estimulado por Jian Qing, a esposa de Mao, assim como por vários radicais de Xangai, o movimento exaltava todos os aspectos do pensamento de Mao, que descreviam como a mais elevada inspiração do país; os jovens da Guarda Vermelha empreenderam uma campanha contra todas as instituições do país (governamentais, econômicas, educacionais e sociais) que mostrassem a mínima feição "direitista". [31] A coleção de citações de Mao sob o título *O Livro vermelho* passou a ser um manual usado não só pelos fanatizados jovens chineses, mas também por revolucionários de todo o mundo. Diga-se de passagem que estudantes da famosa revolta de maio de 1968 em Paris usaram a imagem de Mao. O fanatismo dos jovens chineses perseguiu milhares de pessoas, fechou universidades, destruiu tesouros artísticos milenares e humilhou professores obrigados até a usarem gorros com frases como "Eu sou um monstro".[32] A ordem vai ser restabelecida com o apoio da tríplice união de guardas vermelhos (moderados), de quadros de pessoas favoráveis ao movimento e do exército. Mao exclui Liu Shaoqi do partido e do título de presidente da República.[33] Entre as vítimas da Revolução Cultural figura Deng Xiaoping, que fora, por muitos

---

[31] Idem, ibidem, p. 352.
[32] Um balanço oficial estabelecido em 1979 fala de 8 a 10 milhões de mortos e de 200 milhões de perseguidos. (Ver Langlois, *Histoire du XXe siècle*, 2e édition, p. 262.)
[33] Milza, obra citada, vol. 2, p. 463. Liu Shaoqi morre na prisão em 1969; sua morte só foi revelada em 1974. Ele foi oficialmente reabilitado em 1980.

anos, secretário-geral do partido, e que, agora, perdia o poder, mas voltaria poderoso mais tarde. O restabelecimento da ordem é seguido de uma reconstrução do Partido Comunista chinês já no Congresso realizado em 1969, no qual aparece com destaque a figura de Lin Biao presumível sucessor de Mao embora entre ambos houvesse profundas divergências. Em 1971 Lin Biao teria planejado um golpe de Estado, mas, forçado a fugir para a URSS, pereceu num acidente de avião na Mongólia (setembro de 1971). O desaparecimento de Lin Biao acarreta um recuo na atuação dos militares.

A política externa da China comunista a partir do armistício da Guerra da Coreia deve ser lembrada. A atuação diplomática chinesa se faz presente na conferência de Genebra (que, em 1954, pôs término à guerra da Indochina) e, de modo muito especial, na conferência de Bandung (1955). Apesar de uma viagem de Mao Tse-Tung a Moscou em 1957, a divergência entre China e URSS se acentua. Em 1962 há uma curta guerra com a Índia seguida de uma reaproximação com o Paquistão, aliado dos Estados Unidos e membro da OTASE (Organização do Tratado da Ásia do Sudeste). De 1963 a 1964 Chu-En-lai percorre países da África em plena descolonização e obtém o reconhecimento oficial da China por esses novos estados africanos que passam a integrar a ONU. Observe-se que o desencadeamento da Revolução Cultural com seus brutais excessos prejudicou a China em sua atuação na política internacional. Em 1967 a China explode a primeira bomba H, e em 1969 há um grave incidente na fronteira com a Rússia ao longo do rio Ussuri. Graças à atuação da diplomacia a China estabelece relações com países do Ocidente e finalmente, em outubro de 1971, ingressa na ONU substituindo Taiwan, multiplicando-se então o relacionamento com países que até então só reconheciam oficialmente o governo da ilha. Uma viagem do secretário de Estado Henry Kissinger a Pequim abre caminho para a ida da presidente Nixon à China em fevereiro de 1972. "Ao mundo bipolar dos anos 1950 e 1960 a China opõe doravante sua 'teoria dos três mundos' formulada por Den Xiaoping na tribuna da ONU em abril de 1974: os Estados Unidos e a URSS constituindo o primeiro mundo, as 'zonas intermediárias' (Europa,

Japão, Canadá) o segundo, a Ásia, a África e a América Latina formando o terceiro mundo".[34]

Chu-em-lai faleceu em janeiro de 1976, e Mao Tse-Tung em setembro do mesmo ano. Os radicais maoístas do "grupo de Xangai" tentam levar ao poder a viúva de Mao, Jian Qing, que, entretanto, é detida com três radicais da Revolução Cultural conhecidos como o Bando dos Quatro. Deng Xiaoping é reabilitado e, vencendo seu adversário Hua Guofeng, que fora nomeado Primeiro-ministro e Presidente de PCC, a partir de dezembro de 1978 torna-se o homem forte da China e mantém as rédeas do poder no PCC até sua morte em fevereiro de 1997. Estamos aqui diante do modernizador da China através de profundas reformas econômicas que atingem a agricultura, a indústria, a defesa nacional, as ciências e as técnicas. Note-se desde logo que, como veremos adiante, não estava incluída a livre expressão intelectual característica de um processo de democratização. Vejamos, a título de exemplo, as reformas no campo econômico: "Até 1984-1985 acentuou-se sobretudo na descoletivização do campo levando ao desaparecimento das comunas populares. O retorno à exploração famíliar e à comercialização dos produtos agrícolas provoca um aumento espetacular da produção e do ganho por parte dos camponeses entre 1979 e 1985. Esta liberalização do campo estende-se a outras atividades econômicas (artesanato, comércio, transportes, pequenas indústrias rurais) enquanto no setor urbano e industrial as reformas permanecem muito limitadas: maior autonomia de decisão dada a algumas empresas do Estado, criação no sul do país de cinco 'zonas econômicas especiais' (ZES), zonas francas permitindo experimentar os modos de gestão ocidentais".[35] Deve-se registrar que, em outubro de 1984, o Partido Comunista decidiu ampliar a política de modernização de modo a abranger o conjunto da economia chinesa reduzindo-se a planificação e liberalizando-se progressivamente os preços na agricultura e na indústria. Vejamos brevemente algumas das consequências dessas reformas. Na sociedade rural é interessante observar que o desaparecimento das comunas populares, o retorno à exploração familiar e a melhora do gênero de vida acentuaram disparidades

---

[34] Idem, ibidem, p. 468
[35] Idem, ibidem, vol. 3, p. 317.

regionais e sociais e levaram até mesmo ao renascimento de práticas e crenças tradicionais.[36] Com a reforma agrícola surgiram novos ricos e novos pobres, e estes, desamparados, migraram para as grandes cidades. Nas cidades as reformas provocaram na sociedade chinesa urbana tradicional uma modernização inspirada pelo capitalismo e pelo ocidentalismo. Em face da relativa abundância de bens de consumo a vida do cidadão chinês altera-se. Convém acrescentar também um lado negativo: aumento da delinquência.

As reformas econômicas levaram a China a uma abertura mais ampla em relação ao mundo exterior e, de modo especial, ao Ocidente. Vejamos alguns exemplos:

1978 – Acordo comercial com a CEE (Comunidade Econômica Europeia), tratado de Paz e amizade com o Japão, relações diplomáticas oficiais com os Estados Unidos.

1979 – No sudeste asiático a tensão sino-soviética provocou um breve conflito entre a China e o Vietnam pró-soviético. Em 1984 a China retomaria o diálogo com a União Soviética.

1987 – Acordo com o Reino Unido a propósito do futuro de Hong Kong, que será restituída à China em julho de 1997, mas mantendo certa autonomia.

1989 – A China sofre uma reprovação internacional em virtude dos massacres de Tian Anmen (ver mais adiante) em junho de 1989. O esfacelamento do bloco comunista do leste europeu faz da República Popular da China um dos últimos Estados comunistas do planeta. Acentua-se então um isolamento diplomático, e em 1995-1996 intensifica-se um nacionalismo expansionista em relação a Taiwan, sempre considerada por Pequim como uma província rebelde.

Ao contrário da reforma econômica, a reforma política do início da era Deng Xiaoping foi bastante limitada. Um jovem contestatário, Wei Jinsheng, que havia ousado reclamar a partir de dezembro de 1978 uma "quinta modernização", isto é, a democracia, foi condenado a 15 anos de prisão por traição e atividade contrarrevolucionária.[37] Em 1979 parece que se tolera

---

[36] Idem, ibidem, p. 318.
[37] Idem, ibidem, p. 322.

uma certa liberdade de expressão, mas, em breve, os que dela querem aproveitar-se são chamados à ordem e os principais defensores do movimento democrático são reduzidos ao silêncio. A literatura ocidental é considerada nociva. Em 1986 Deng Xiaoping tem em vista, a longo prazo, um programa de reforma das estruturas políticas, o que desperta vivas discussões entre os membros do PCC, divididos, aliás, em conservadores e reformistas. É interessante notar a existência de manifestações estudantis a favor de mais liberdade e democracia em Xangai e Pequim. A vinda de Mikhail Gorbatchev a Pequim em maio de 1989 "amplia a contestação que se estende a outras categorias sociais e a outras cidades chinesas. Durante várias semanas centenas de milhares de manifestantes reclamando liberdade e democracia desafiam um poder político dividido entre partidários do diálogo, como o secretário-geral do PCC Zhao Ziyang, ou da repressão, como Deng Xiaoping e Li Peng (primeiro-ministro desde novembro de 1987)". [38] Uma imponente manifestação a favor das liberdades democrática realizou-se na praça Tian Anmen. Na noite de 3 para 4 de junho de 1989, por ordem de Deng Xiaoping, amparado no parecer da maioria dos velhos dirigentes comunistas, unidades de veteranos do Exército de Libertação Popular, apoiados por tanques e veículos blindados, irromperam na praça e mataram impiedosamente à bala ou sob o peso dos tanques grande número de manifestantes. É interessante reproduzir aqui a observação de Spence: "Nunca se saberá o número de vítimas, pois o governo ordenou aos hospitais que não aceitassem nem tratassem os gravemente feridos, não elaborou uma lista oficial de mortos e proibiu as famílias que chorassem em público os filhos que haviam perdido. Apesar da ira dos habitantes de Pequim e da profunda indignação que este assalto provocou no mundo inteiro, o Partido não errou ao prever a reação internacional, pois nenhum governo estrangeiro, por mais enérgica que fosse sua posição pública sobre os direitos humanos, impôs à China sanções de peso. Assim, o Partido pôde reprimir tranquila e rapidamente os protestos de solidariedade que surgiram em outras cidades importantes". [39]

---

[38] Idem, ibidem, p. 323.
[39] Spence, obra citada, p. 355.

Deng Xiaoping dedica-se, então, de modo especial, ao crescimento econômico da China. Negociada pelos britânicos em 1987 e levada a cabo em 1997, a união da China com Hong Kong representa um importante passo para a expansão da economia chinesa. Spence anota que a população "dedicou toda sua energia a ganhar dinheiro". [40] Armas, automóveis, estradas, grandes empresas construtoras, hotéis de luxo, construções de edifícios de apartamento etc. levavam a China, através de abertura capitalista, mas sob a vigilância ditatorial comunista, a ser uma das maiores economias do mundo. Deng Xiaoping falece em fevereiro de 1997 deixando a China numa economia de mercado controlada, contudo, severamente pela ideologia política marxista.

---

[40] Idem, ibidem.

JAPÃO

Sobre a história do Japão a partir do início do século XX parece-nos oportuno repetir as observações de Akira Iriye: "A história do mundo entrou em uma nova fase ao começar o século, quando o Japão emergiu como uma nova potência, a primeira entre uma série de nações não ocidentais que, no transcurso do século, foram fazendo sua aparição e desafiaram com firmeza, cada uma por sua conta ou coletivamente, a posição hegemônica das potências europeias na política, na economia e nas culturas globais".[1] A emergência espetacular do Japão no início do século só pode ser devidamente compreendida se levarmos em consideração a abertura do país em face das pretensões norte-americanas e das potências europeias e a influência do Ocidente em importantes e decisivos aspectos da evolução cultural nipônica. Convém lembrar que as primeiras concessões feitas a estrangeiros (em 1854 o shogun concedera aos Estados Unidos o direito de comércio em dois portos) despertaram descontentamento e revolta na opinião pública favorecendo assim os adversários do shogunato e a revolução de 1868, que inaugura na história do Japão a chamada era de Meiji, isto é, a era das luzes e que aceitava a colaboração com os países mais evoluídos.[2] O jovem imperador, Mutsu Hito (1852-1912) concentra todos os poderes em suas mãos e transfere a capital de Kioto para Yedo, chamada agora Tóquio, a capital do Leste. Pertence à história do século XIX o estudo das profundas transformações operadas na era Meiji. Limitemo-nos aqui a chamar a atenção, somente

---

[1] Iriye, "Ásia oriental y la presencia creciente del Japon", 1900-1945, p. 228 (*Historia Oxford del Siglo XX*).
[2] Sobre o shogunato, ver nossa *História da Ásia*, capítulo sobre o Japão, p. 300 e ss.

a título de exemplo, para fatores internos e externos que influíram nessas transformações. Internamente lembremos "os quadros fornecidos pelos nobres que querem instituir a nova ordem, os homens de dinheiro, desejosos de transformar a economia e, por fim, o espírito de sacrifício das massas.[3] Externamente enfatize-se: "tomam-se elementos à França ou à Alemanha, países famosos, um, por sua centralização, outro, pelas qualidades de seu corpo de funcionários; da Inglaterra ou da América provém a maioria dos técnicos e do equipamento".[4] No início do século XX o Japão ocidentalizado e modernizado ostenta suas tendências imperialistas. Cabe aqui uma interessante observação sobre o imperialismo japonês: "diferia do europeu ou norte-americano pelo fato de que seus objetivos imediatos eram terras vizinhas, habitadas por pessoas muito parecidas, étnica e culturalmente aos japoneses. De fato os chineses e os coreanos consideravam-se superiores aos japoneses, pois lhe haviam transmitido grande parte de sua civilização, incluindo os caracteres da escrita e as religiões tradicionais".[5] As conquistas do imperialismo japonês abrangem:[6] anexação de Formosa em 1895 após uma guerra-relâmpago contra a China; anexação do sul da ilha Sakhalina após uma guerra vitoriosa contra a Rússia em 1905 que assegura igualmente uma vasta zona de influência na Mandchúria; anexação da Coreia em 1910. Em 1912 faleceu o imperador Mutsuhito, o criador do Japão Moderno, tendo-lhe sucedido Yoshihito (1912-1926), sob cujo reinado "continuou a evolução 'ocidentalista' do país nipônico, sempre, contudo, superficial, sem que afetasse a parte essencial da alma japonesa".[7] Quando, em 1914, explode a Primeira Guerra Mundial, o Japão posiciona-se como aliado da Grã-Bretanha, contra a Alemanha e vai ocupar as possessões alemãs no Extremo Oriente, especialmente na China. O governo de Pequim, enfraquecido por problemas internos, deve fazer concessões ao imperialismo nipônico. Em 1919 o tratado de Versalhes transfere ao Japão os direitos da Alemanha no Shandong em vez de concedê-

---

[3] Crouzet, obra citada, vol. 14, p. 226.
[4] Idem, ibidem.
[5] Iriye, obra citada, p. 230.
[6] Milza, obra citada, vol. 1, p. 224.
[7] Marin, obra citada, p. 37.

los à China, considerada, então, ainda um país semicolonial.⁸ De 1920 a 1931 o Japão está sujeito a dificuldades econômicas provocadas principalmente pela insuficiente produção agrícola e pelo fraco mercado interno. O país depende então do estrangeiro nos campos de combustível (petróleo) e de matéria-prima (minério de ferro). Em 1921 Yoshihito, doente, deixou o exercício do poder para seu filho Hirohito. Este exerceu a regência até 1926, quando faleceu seu pai, tornando-se então sucessor definitivo. Em 1931 o exército japonês sediado em Kuangtong invadiu e ocupou a Manchúria. Os militares fundaram o Estado do Manchúko, à testa do qual colocaram o ex-imperador chinês Pu-Yi, que foi designado regente e, posteriormente, em março de 1934, tornou-se imperador sob o nome da Kang Téh. Quando as tropas soviéticas entraram na Manchúria, com a derrota do Japão na Segunda Guerra Mundial, o último imperador chinês foi feito prisioneiro.⁹

Na política interna do Japão predomina uma militarização que se reflete externamente na aproximação da Itália e da Alemanha. Em 1933 o Japão pede demissão da Sociedade das Nações e, em 1937, explode o conflito sino-japonês. As vitórias alemãs, no início da Segunda Guerra, levam os militares japoneses a pressionar o governo no sentido de concluir um tratado de aliança militar entre Alemanha, Itália e Japão. É importante sublinhar que o fenômeno totalitário japonês possuía características próprias. Assim, por exemplo, "enquanto é induvidoso que tanto na Itália como na Alemanha existiu uma aprovação popular aos movimentos totalitários, no Japão os elementos desta orientação constituíram sempre uma minoria, aceita mansamente pelo submisso povo".¹⁰ Desde a época do Meiji existiam já no país umas associações "patrióticas" que portavam, em germe, ideias totalitaristas, defendiam a manutenção do sintoísmo como base religiosa do país e propugnavam pela divinização do imperador. Havia grupos de ação incumbidos de realizar atentados contra plutocratas e políticos acusados de corromper

---

⁸ Milza, obra citada, vol. 1, p. 224.
⁹ Ver relato minucioso sobre Pu-Yi, Revista *História*, n. 170, p. 92: "Le dernier empereur de Chine" por Jacques Descheemaeker.
¹⁰ Marin, obra citada, p. 425.

a pureza das tradições nipônicas. Pregavam o afastamento total das ideias ocidentais consideradas nocivas aos destinos do Japão.[11]

Em face da crescente ameaça do totalitarismo japonês em regiões em que havia interesses de outras nações, surgiu a colisão ABCD envolvendo a América (Estados Unidos), Grã-Bretanha, China e Índias Orientais holandesas (Dutch East Indies).[12] "O Japão estava só, exceto por sua relação com a Alemanha. E esta fazia mais sólida a aliança entre Estados Unidos, Grã-Bretanha e União Soviética (já que esta foi invadida pela Alemanha em junho de 1941). Foi o sentimento desesperado de que todos os caminhos de expansão estavam encerrados e que a guerra com a China se encontrava em ponto morto o que levou os militares japoneses a arriscarem-se a uma guerra contra a coalizão ABCD. Como puderam acreditar que tinham alguma probabilidade de êxito, quando não o haviam conseguido contra um país sozinho, a China, é algo que não se pode explicar sob o ponto de vista de lógica racional nem de cálculos políticos. Como bom exemplo de confusão dos desejos com a realidade e da fanática convicção da superioridade do espírito japonês frente aos recursos materiais do Ocidente, os dirigentes de Tóquio, incluindo o imperador, decidiram atacar as possessões norte-americanas, britânicas e holandesas aos 8 de dezembro de 1941 (7 de dezembro a leste do meridiano de troca da data). Este ataque uniu em uma única guerra a dos asiáticos e a dos europeus. Só a União Soviética, entre as potências, não participou da guerra da Ásia, pois nem Tóquio, nem Moscou queriam violar abertamente o tratado de neutralidade. Porém, mesmo assim, tanto os japoneses como seus adversários previam que, cedo ou tarde, a União Soviética entraria na guerra. E quando o Japão se rendeu em agosto de 1995, mais de cinquenta países haviam-lhe declarado guerra".[13] Estudaremos, mais adiante (capítulo sobre os conflitos mundiais) a atuação japonesa na Segunda Guerra. Vejamos, a seguir, os principais acontecimentos posteriores ao conflito.

A 15 de agosto de 1945 os japoneses ouvem no rádio a voz do imperador Hirohito pedindo a aceitação do inaceitável, a capitulação. A ocupação

---

[11] Idem, ibidem.
[12] Iriye, obra citada, p. 242.
[13] Idem, ibidem, p. 242-243

do Japão cabe exclusivamente aos americanos, que instituem o SCAP (*Supreme Commander for the Allied Powers*) sob a inteira direção do general Mac Arthur, que exerceria amplos poderes sobre o país até abril de 1951. Grande perda de vidas, milhões de inválidos ou feridos, cidades inteiras reduzidas a escombros, multidão de trabalhadores estrangeiros, milhões de japoneses, civis e militares, expulsos de territórios ocupados militarmente e agora perdidos, contribuem para a formação de um ambiente desolador acentuado pelo estupor e pela apatia produzidos por uma, durante muito tempo, impensável e inadmissível derrota. Compreende-se o surgimento de uma forte reação contra o militarismo e o ultranacionalismo, que alimentara sonhos utópicos de grandeza. Em janeiro de 1946 um rescrito imperial condena "as ficções segundo as quais o imperador é um deus visível, o povo japonês uma raça superior às outras raças e por esta razão destinada a governar o mundo". O novo código civil confirma a emancipação da mulher e a educação é reformada em moldes americanos. Uma nova constituição, inspirada em grande parte na estrutura política britânica, entra em vigor em 1947. Note-se que a dignidade imperial é mantida, mas o Tenno (título dado ao imperador) é, como o rei britânico, um monarca constitucional num regime parlamentarista. É o símbolo do Estdo e da unidade do povo. Convém lembrar que o SCAP restabelecera as liberdades públicas facilitando, assim, o aparecimento de partidos políticos entre os quais o Partido Comunista, que estivera proibido de 1924 a 1945 e que agora aparecia, mas com diminuta votação apesar de vigorosa propaganda. Dois acontecimentos vão levar os Estados Unidos a incentivar o renascimento econômico do Japão: o elevado custo da ajuda econômico-financeiro prestada até então pelos americanos e a ameaça comunista que se delineia no sudeste asiático (1948). Contrariando o novo artigo da constituição imposta pelos ocupantes, estes mesmos encorajam os japoneses a ampliar suas forças de polícia, que, em breve (julho de 1950), vão-se tornar o núcleo de um pequeno exército. Em setembro de 1951 o tratado de S. Francisco assinado por 48 países (não incluídas a URSS, a China comunista e a Índia) permite ao Japão usufruir oficialmente de sua independência política. Aos Estados Unidos era assegurada a permanência de tropas e de bases no arquipélago.

Mão de obra abundante e qualificada aliada à contribuição técnica e financeira dos Estados Unidos proporciona uma notável evolução da economia japonesa. A guerra da Coreia permite, por parte do Japão, atender às necessidades das tropas americanas. De 1950 a 1960 o Japão experimenta um notável crescimento econômico. Estamos aqui em face de um "milagre econômico" explicável, entre outras causas, pela ajuda financeira e técnica dos Estados Unidos, pela ausência de grandes despesas militares, por uma reserva de mão de obra, pela mentalidade especial da população em que ainda existe uma consciência elevada da nacionalidade etc. É interessante observar que a industrialização e a urbanização através desses anos de franca prosperidade econômica tiveram consequências profundas em vários aspectos tradicionais da sociedade japonesa. Quanto à vida política deve-se registrar a predominância de uma corrente conservadora. A população encontra-se, então, mais interessada na expansão econômica que nos debates políticos. Explica-se, assim, certo ambiente de calma política e social durante os longos ministérios de Ikeda (1960-1964) e de Sato (1964-1972). Registre-se, contudo, a existência de crises universitárias: em junho de 1968 estudantes ocupam a universidade de Tóquio.

Na política externa o Japão tem em vista o relacionamento com os países da chamada "esfera Ásia-Pacífico" segundo a fórmula lançada em 1966 pelo ministro dos negócios exteriores, Miki. Estamos aqui diante de "uma espécie de replica pacifista e econômica à "esfera de coprosperidade asiática" que os militares nipônicos queriam construir pelas armas antes de 1945".[14] Assim é que a política externa do Japão caracteriza-se por intensa atividade diplomática e comercial com os países em desenvolvimento do sudeste asiático e com as ricas nações banhadas pelo Oceano Pacífico, como a Austrália, a Nova Zelândia e o Canadá. Vejamos, a seguir, a título de exemplo, alguns dos acontecimentos dessa política externa. Em outubro de 1956 normalizam-se as relações com a URSS apesar do litígio a respeito das ilhas Kurilas. Dois meses depois o Japão é admitido na ONU. Com relação à guerra do Vietnam registre-se que a intervenção americana não conta com a aprovação da população japonesa. De Okinava decolavam os aviões bombardeiros americanos. A partir de 1966 intensificam-se as relações comerciais do Japão com a China comunista. As relações diplomáticas entre os dois países são restabe-

---

[14] Milza, obra citada, vol. 2, p. 397.

lecidas em setembro de 1972, o que foi facilitado em virtude da aproximação sino-americana nos anos 1971-1972. As relações entre o Japão e as Coreias merecem ser brevemente lembradas. No que tange à Coreia do Norte essas relações eram virtualmente inexistentes, com a exceção de grande número de coreanos repatriados do Japão e que haviam sido "importados durante a guerra para levarem a cabo trabalhos forçados".[15] No que tange à Coreia do Sul houve uma aproximação que culminou com o tratado de normalização firmado em 1965. O restabelecimento das relações diplomáticas foi acompanhado pelo oferecimento, por parte do Japão, de um avultado crédito e um empréstimo em dólares que, na realidade, equivaliam a uma indenização pelos danos outrora causados pela ocupação japonesa.[16]

De 1973 a 1975 a economia japonesa vai sentir as consequências da crise petrolífera, e o governo é então forçado a aplicar um plano de urgência (1973) que se estende à iluminação pública e à circulação de automóveis. A reação nipônica se faz no sentido de usar fontes de energia como a nuclear e a solar. A partir de 1975 há uma recuperação econômica. Sublinhe-se o êxito das exportações japonesas entre 1975 e 1982. Note-se também a atuação do Japão no estrangeiro por meio de investimentos rendáveis. De 1986 a 1991 a economia japonesa encontra-se em pleno florescimento, e a bolsa de Tóquio vai-se tornar um dos principais barômetros da especulação internacional. O desenvolvimento econômico acarreta a elevação do nível de vida e reforça as tendências conservadoras da sociedade japonesa. Assim, por exemplo, o *shintô* é restaurado quase como uma religião de Estado.[17] O aumento dos salários nas grandes empresas faz da sociedade japonesa "uma grande classe média muito conformista, na qual o paternalismo na empresa e o clientelismo em política permanecem ainda valores seguros".[18] A vida política no Japão, na época em tela, é dominada por uma grande formação conservadora dos liberais-democratas (PLD) entre 1948 e 1993 e que, após breve eclipse, volta ao

---

[15] Iriye, obra citada, p. 333.
[16] Idem, ibidem.
[17] Milza, obra citada, vol. 3, p. 308. Sobre o xintoísmo ver nossa *História da Ásia*, capítulo referente ao Japão, p. 329.
[18] Milza, obra citada, vol. 3, p. 309.

poder em 1996. Explica-se essa supremacia pela influência da clientela rural e pelos "enormes meios financeiros de seus candidatos a cada eleição".[19]

A política externa do Japão reflete durante muito tempo sua fraqueza militar, a dependência dos Estados Unidos e a dependência petrolífera. A diplomacia japonesa procura manter um equilíbrio nas relações com a URSS, com os Estados Unidos e com a China comunista. Com esta última é assinado em agosto de 1978 um tratado de paz e de amizade. No sudeste asiático registre-se a normalização das relações com a Indochina comunista após a queda de Saigon em 1975. No cenário da política internacional, quando desmorona o bloco soviético, o Japão aparece num plano que não condiz com sua potência econômica e fica preso às decisões das potências ocidentais. Note-se, contudo, que em junho de 1992 um dispositivo legal autoriza o envio de militares japoneses ao estrangeiro. Soldados japoneses são enviados pela ONU ao Cambodja. Em abril de 1996 uma revisão do tratado de segurança americano-japonês torna o Japão um aliado e não mais um protegido dos Estados Unidos.

---

[19] Idem, ibidem, p. 309-311.

Capítulo IV
OCEANIA

Da imensidão da Oceania, vamos focalizar brevemente alguns acontecimentos relativos à História da Austrália e da Nova Zelândia através do século em estudo.

AUSTRÁLIA

No início do século XX, mais precisamente em janeiro de 1901, "a Commonwealth da Austrália" converteu-se em domínio. O mesmo sucedeu com a Nova Zelândia em 1907. Lyon observa a propósito do sentido do termo "domínio": "O que na primeira década do século XX, e depois significava exatamente ser um domínio, era algo menos claro e era menos rígido do que costuma supor-se". Ainda o mesmo autor: "Até a primeira Guerra Mundial, havia, entre as elites governantes destes domínios, muitas pessoas que continuavam considerando a Grã-Bretanha seu "lar", ou, ao menos, assim o manifestavam, apesar das vociferantes minorias que se opunham ao que consideravam como uma forma de dependência e imaturidade política. As classes governamentais e os sistemas políticos e administrativos desses domínios estavam compostos sobretudo de brancos. Cada um constituía uma sociedade nacional embrionária, portadora e personificação do britânico, porém com variações locais diferenciadas".[20] A partir de 1901, o governo e o Parlamento federal instalam-se em Melbourne e, posteriormente (1927), em Camberra. A vida política é dominada, então, pela alternância, de um lado pelo Labor Party (já fundado em 1891) e de outro lado por uma coalisão envolvendo o partido unionista, em seguida o Partido Liberal e o Partido Agrário (futuro Partido Nacional). O baixo índice demográfico da Austrália estimula uma política imigratória. Convém notar, entretanto, que "os australianos permanecem certamente britânicos que defendem ciumentamente a "Austrália branca" contra a imigração amarela e que, além do mais, provaram sua lealdade por ocasião da primeira Guerra Mundial. Trata-se, porém, de britânicos que não tem os mesmos interesses que a Grã-Bretanha".[21] Uma lei de 1901 proibia a imigração não europeia. Era, repita-se, a Austrália branca, excluindo até mesmo os aborígines. Em 1902, concedia-se o direito de voto às mulheres brancas.

A política externa da Austrália, anterior à Primeira Guerra Mundial, vincula-se à do Reino Unido. Registra-se a participação de australianos na guerra dos Boers (1899-1902) na África do Sul. Em 1906, a Austrália recebia da Grã-Bretanha a administração colonial da parte meridional da Nova Guiné. Sobre a participação da Austrália na Primeira Guerra Mundial, Lyon anota: "também para essa guerra, a Austrália recrutou 420.000 voluntários de uma população total de uns 5.000.000, dos quais 330.000 serviram no Estrangeiro e pouco menos de 60.000 morreram".[22] A Austrália esteve oficialmente presente na Conferência da Paz como parte da delegação do Império Britânico. Coube à Austrália a parte norte da Nova Guiné que pertencera à Alemanha, o restante do território ficou sob administração australiana a título de mandato da Sociedade das Nações (S.D.N). Do período entreguerras vamos lembrar três acontecimentos importantes:

---

[20] Lyon, "La vieja Commonwealh: los cuatro primeros domínios", p. 459 (*Historia Oxford del siglo XX*).
[21] Villat, *História da Austrália*, p. 1240.
[22] Lyon, obra citada, p. 462.

1. Fortalecimento do Commonwealth à custa dos Estados, mas com resistência a essa centralização especialmente por parte dos Estados Agrícolas.

2. A grande Depressão econômica de 1930 atingiu a Austrália e serviu para mostrar o quanto o país dependia da economia externa.

3. Visando atenuar as consequências da crise econômica (acentuado número de desempregados), a Austrália mantém relações comerciais com o Japão, concedendo tarifas especiais para a lã sem atentar para o acentuado desenvolvimento do imperialismo japonês e deixando mesmo de decretar o serviço militar obrigatório.

A prontidão com que a Austrália entrou no Segundo Conflito Mundial demonstrou que sua indubitável independência não havia desfeito os estreitos laços que mantinha com a Grã-Bretanha.[1] Quando explodiu o imperialismo japonês atacando Singapura, Nova Guiné, as ilhas Salomão e constituindo séria ameaça à Austrália, o primeiro-ministro John Curtin, integrante do Partido Trabalhista, recorreu aos Estados Unidos. O general Douglas MacArthur instala então seu quartel geneal em Melbourne. O serviço militar torna-se obrigatório e as tropas americano-australianas retomam as posições ocupadas pelos japoneses no Pacifico. Após a guerra, a Austrália conclui uma aliança defensiva com os Estados Unidos e com a Nova Zelândia (ANZUS) e ingressa na Organização do Tratado da Ásia do Sudeste (OTASE), elaborado em 1955. Note-se que, em 1956, o primeiro-ministro australiano apoia a Grã-Bretanha na crise do canal de Suez.

Após a Segunda Guerra Mundial, a Austrália atravessa uma fase de prosperidade econômica com um elevado nível de vida da população. Acentua-se a crescente influência cultural e comercial americana na vida cada vez mais urbanizada dos australianos. Sob o governo do ministro ultraconservador Sir Robert Menzies (1894-1978), reeleito de 1949 a 1966, e impressionada com o avanço comunista, a Austrália envia tropas para a guerra da Coreia (1950-1953) e do Vietnã (1965-1973). Em 1956, Melbourne é sede dos jogos olímpicos. Em 1972 os trabalhistas assumem o poder sob a liderança de Gough Whitlam, ultrarreformador. Na política externa ocorre o restabelecimento diplomático com a China comunista. Na política interna, instaura-se

---

[1] Idem, ibidem, p. 466.

um sistema de proteção social universal. "Em 1974, o governo australiano de Whitlam abandonou a política de uma 'Austrália branca' e, a partir de então, os governos do país adotaram uma política de imigração ostensivamente liberal e não racista", embora na prática o grau de abertura dependa da situação econômica e, sobretudo, do mercado de trabalho do momento."[2] A imigração asiática é autorizada e dá-se atenção à integração dos aborígines.

Em 1974, a economia australiana sofre um abalo: crise do petróleo, inflação e desemprego. Segue-se, a partir de 1979, um longo período de ausência de chuva. É interessante notar que a crise vai ser atenuada pelas relações com o Japão, transformado então em importante parceiro econômico. Em 1975, está no poder Malcolm Fraser, um conservador moderado. Em 1983, os trabalhistas retornam ao poder em Canberra. Principalmente pela iniciativa da Austrália, organiza-se em 1989 a Cooperação Econômica na Ásia-Pacífico (APEC). Bob Hawke (três vezes reeleito) e Paul Keating (que vence as eleições de 1993) defendem uma nova ideologia trabalhista. Keating revela tendência para o regime republicano. Em 1996, os conservadores voltam ao poder sob a direção de John Howard, monarquista convicto. Em 2000, Sydney acolhe os jogos olímpicos.

---

[2] Idem, ibidem, p. 470

NOVA ZELÂNDIA

"No final do século XIX, Nova Zelândia constituía um laboratório social, um pioneiro das medidas de bem-estar social...".¹ Deve-se lembrar aqui Richard Seddon, "cujo ministério demonstrou (1890-1903) prodigiosa atividade no setor da legislação social e fez da Nova Zelândia o 'paraíso dos operários'". ² Em 1907, a Nova Zelândia converte-se em domínio. "A evolução interna processou-se em sentido cada vez mais democrático: elegibilidade das mulheres para as duas Câmaras (1914), direito de voto para os europeus estrangeiros (1919) etc." ³ "A Segunda Guerra dos Boers foi a primeira em que voluntários de ultramar do Império Britânico lutaram junto às tropas do Reino Unido". ⁴ Entre esses voluntários, figuravam 8.000 neozelandeses. Na Primeira Guerra Mundial, os neozelandeses também combateram do lado dos britânicos. "Nova Zelândia foi a primeira a aplicar o serviço militar obrigatório, e quase um de cada três homens entre vinte e quarenta anos morreu ou ficou ferido, o que representou uma tremenda perda de possíveis dirigentes nos anos do após-guerra". ⁵ A Nova Zelândia esteve presente na conferência da Paz como parte da delegação do Império Britânico.

Do período entreguerras, lembremos que a Nova Zelândia foi afetada pela Grande Depressão que repercutiu na redução do preço da lã, na retirada do financiamento internacional para importantes obras públicas e no impressionante aumento de desempregados. "Não obstante ainda, em meados dos anos trinta, em plena grande crise, a Nova Zelândia mordenizava-se em

---

¹ Lyon, obra citada, p. 472.
² Villat, História da Nova Zelândia, p. 1632.
³ Idem, ibidem.
⁴ Lyon, obra citada, p. 462.
⁵ Idem, ibidem.

muitos e importantes aspectos que afetaram o estilo de vida de seus habitantes. Por exemplo, em 1935 havia 7,6 neozelandeses para cada veículo, uma cifra próxima à norte-americana de 4,8, e dispunha-se de telefones, rádios e eletricidade tanto no campo como nas cidades".[6] Na Segunda Guerra Mundial, a Nova Zelândia postou-se prontamente ao lado da Grã-Bretanha. Australianos e neozelandeses foram enviados ao Egito para treinamento, visando o conflito na Europa. "Em pouco tempo, encontraram-se lutando, devido aos avanços do inimigo, e logo entraram em ação na Grécia, em Creta, na África setentrional e na Itália".[7] Contra o avanço japonês, as forças australianas e neolandezas lutaram ao lado das tropas britânicas e americanas. No cenário bélico do Pacífico, dominado pelos Estados Unidos, destacou-se a figura do General Mac Arthur. No após-guerra, forças australianas e neozelandesas lutam na guerra da Coreia. Austrália e Nova Zelândia apoiam os Estados Unidos na guerra do Vietnã; de fato, "este último conflito dividiu gravemente a opinião pública de ambos os países".[8]

Lembremos que na crise de Suez (1956) os primeiros ministros da Austrália e da Nova Zelândia "tomaram firme partido pelo britânico sir Anthony Éden e arrastaram consigo os membros de seu gabinete, apesar dos receios, apenas expressos, de alguns e das correntes de reações contrárias entre seu eleitorado".[9]

Em 1995, Auckland é sede de uma conferência de cúpula "importante pelo retorno da África do Sul à comunidade, com Nelson Madela como presidente".[10]

---

[6] Idem, ibidem, p. 465.
[7] Idem, ibidem, p. 466.
[8] Idem, ibidem, p. 469.
[9] Idem, ibidem.
[10] Idem, ibidem, p. 475.

Capítulo V
ÁFRICA

Tentaremos, no presente capítulo, apresentar uma síntese histórica da África no século XX. Observe-se, desde logo, que não estamos aqui diante de uma exposição fácil. Iniciando o capítulo sobre a história da África Negra, Terence Ranger adverte: "Seria impossível relatar de modo completo e acertado a história da África Negra no século XX. A África é muito mais extensa que a Europa; muito mais variados seus ecossistema (compreende desde o deserto ao bosque tropical); antes da era colonial, se dividia em dúzias de centros de poder e, depois dela, em mais de cinquenta territórios. Em si, a época colonial dava uma falsa impressão de simplicidade. Podia se falar da África portuguesa, francesa, alemã e britânica, da "administração indireta" britânica, diferente da "administração direta" francesa, ou do militarismo alemão e da assimilação portuguesa. Estas generalizações, entretanto, apenas ocultavam uma enorme variedade".[1] É interessante reproduzir aqui as seguintes observações sobre o continente africano: "A África não é apenas um lugar, mas sim 1 milhão de lugares. Sua história é antiga como as rochas do período Pré-Cambriano, suas paisagens mais diversas do que as de qualquer outro continente. Hoje, o continente abrange 47 países (sem contar Madagascar e outras ilhas), centenas de entidades tribais e étnicas, e uma população de 900 milhões de seres humanos".[2]

---

[1] Ranger, "El África negra", p. 413 (*Historia Oxford del siglo XX*).
[2] Quammen, David em estudo sobre a África, publicado em edição especial do National Geographic-Brasil, setembro de 2005, p. 44 e ss.: "O início de um novo tempo".

Na introdução da presente obra, já mencionamos o final da fase de expansão colonial das potências europeias na África. É interessante notar que, nos anos imediatamente anteriores ao Primeiro Conflito Mundial, "todas as colônias da África situadas no sul do Sahara e no norte do Zambeze começaram a tomar a forma clássica que haviam de conservar até a véspera da independência".[3] Nesta época, os governos coloniais eram os autênticos donos de seus territórios, "o período de resistência das comunidades tribais tradicionais havia acabado e a oposição do nacionalismo emancipados ainda não havia surgido".[4] Curioso é que as guarnições militares consistiam quase exclusivamente em tropas africanas comandadas por oficiais europeus.

No período entre a Primeira e a Segunda Guerra Mundial, os governos coloniais sofreram uma notável mudança na concepção de governo dos territórios africanos. "Em parte, deveu-se à Primeira Guerra Mundial. Tendo vivido quatro anos de luta sem quartel, as potências coloniais tinham menos confiança arrogante na inata superioridade do Mundo Ocidental e, em particular, na intocável soberania de suas unidades nacionais. Nas metrópoles, começou a sentir-se que o colonialismo necessitava de um objeto e de uma filosofia justificatória. Esta necessidade se fez urgente quando da decisão dos vencedores de desintegrar o império colonial alemão. Na África, as antigas colônias alemãs do Togo e do Camerun foram divididas entre França e Inglaterra; a África Sul-Ocidental incorporou-se à União Sul-Africana. E a África Oriental Alemã foi repartida entre Inglaterra e Bélgica. Os aliados, porém, embora tivessem sido os que ultimaram os detalhes do tratado, não se precipitaram em anexar estes territórios. Em face da recém-criada Sociedade das Nações, aceitaram a obrigação de governá-los como um "sacrossanto legado da civilização" até o momento em que fossem capazes de autogovernarem-se nas árduas condições do mundo moderno".[5] O autor citado vê nesse compromisso "uma grande dose de hipocrisia", mas observa que, entre aqueles que o subscreveram, "havia homens de grande integridade e influência que se sentiam sinceramente implicados na tarefa de criar um novo tipo de

---

[3] Oliver, *Breve história África*, p. 231.
[4] Idem, ibidem.
[5] Idem, ibidem, p. 235-236.

colonialismo que havia de formar a terceira e quarta geração dos dirigentes coloniais".⁶ Ainda com referência ao período entreguerras, cabem duas observações. Primeiramente, deve-se mencionar o *Dual Mandate in British Tropical África,* elaborado pelo administrador inglês da África, Lord Lugard, e *La Mise en Valeur des Colonies Françaises,* de autoria do ministro francês de Colônias, Albert Sarraut. Lugard e Sarraut representam uma nova mentalidade em relação às colônias: soara a hora de aproveitar-se da capacidade produtiva e dos mercados potenciais da África. "Tanto do ponto de vista europeu como do ponto de vista africano, havia chegado o período de desenvolvimento econômico".⁷ Outra observação interessante sobre o relacionamento das potências europeias colonizadoras com a população das colônias diz respeito à diferença de concepções quanto ao *status* dessas populações. França, Bélgica, Portugal e Itália, "todas elas em teoria, mantinham a doutrina da assimilação".⁸ "Em teoria, ensinava-se aos senegaleses a considerarem-se a si mesmos como franceses, aos congoleses como belgas, aos angolanos como portugueses e aos somalis como italianos. Em teoria também, os africanos dos territórios franceses e portugueses, sempre que suas condições econômicas e culturais os justificassem, podiam passar do *status* de súditos ao de cidadãos sujeitos à lei metropolitana e não à consuetudinária, com representação no governo metropolitano como um direito mais importante que a representação nas assembleias locais da colônia. Em nenhum desses países do continente houve, no período entreguerras, proposta alguma séria para que as colônias africanas, em um momento dado, se tornassem independentes da metrópole".⁹ Haveria, então, uma França maior, uma Bélgica maior etc. Em contraste, no período entre guerras, a Inglaterra não pensava em termos de uma Inglaterra maior: "Não se pensou que os africanos deveriam converter-se em britânicos. Pelo contrário, falou-se em permitir-lhes desenvolverem-se segundo seus próprios esquemas, embora carecendo-se de uma ideia clara, de quais seriam esses esquemas, tender-se-á a aceitar os modelos britânicos".¹⁰

---

⁶ Idem, ibidem, p. 236.
⁷ Idem, ibidem.
⁸ Idem, ibidem, p. 238.
⁹ Idem, ibidem p. 238.
¹⁰ Idem, ibidem, p. 239.

Para concluir estas breves e incompletas considerações sobre o período entre-guerras, convém lembrar que se formou então uma nova geração de africanos, entre os quais figuravam futuros atuantes na independência e no governo das nações africanas. "Durante esta segunda fase do período colonial, o aparecimento destes novos africanos foi o feito mais importante da História da África".[11]

Nas páginas seguintes, faremos uma breve exposição, certamente incompleta, da História da África no século XX, observando, por uma questão de clareza, uma divisão em três partes distintas. Na primeira, estudaremos, seguindo a carta geográfica de oeste para leste, os países situados ao norte da África (em que atua o nacionalismo árabe), com inclusão da Etiópia. Na segunda parte, focalizaremos, de modo sucinto, alguns acontecimentos da África Continental Negra, dando ênfase ao acontecimento fundamental: a independência.[12]

Na terceira, resumiremos algumas noções da História de Madagascar.

---

[11] Idem, ibidem, p. 242.
[12] Ver Kizerbo, *Historia del África Negra*, vol. 2.

ÁFRICA DO NORTE

MARROCOS

Já mencionamos (capítulo referente à Europa) o protetorado francês sobre o Marrocos no início do século. Em abril de 1904, um tratado entre a França e a Inglaterra atribuía à França a missão de "velar pela tranquilidade do país e de prestar-lhe sua assistência econômica, financeira e militar".[13]

Em face das pretensões alemãs, realizou-se a Conferência Internacional de Algeciras (janeiro-abril de 1906) que tomou diversas resoluções referentes à pacificação do Marrocos. "Os atos diplomáticos fixando a sorte do Marrocos são os seguintes: a 30 de março de 1912, tratado estabelecendo o protetorado francês; a 27 de novembro, tratado franco-espanhol regulando a situação da zona espanhola; em 1913, enfim, o estatuto internacional do *hinterland* de Tanger é precisado".[14]

Já mencionamos (capítulo sobre a Europa) a atuação do Marechal Lyautey (1912-1925) no Marrocos e a rebelião do Rif, vencida pelo Marechal Pétain (1926). Em 1934, funda-se o primeiro partido político nacional, o comitê de ação marroquina. O protetorado francês, entretanto, continua

---

[13] Wiet, *Le Puissances musulmanes*, p. 1271.
[14] Idem, ibidem.

com a submissão das autoridades locais. Com o advento da Segunda Guerra Mundial, a parte francesa permanece subordinada ao governo de Vichy e a Espanha ocupa Tanger para manter sua neutralidade. O desembarque aliado na África vai ter repercussão na situação do Marrocos que se inclina para integrar-se na França Livre. Por ocasião da estada dos chefes aliados em Casablanca (1943), Roosevelt, em encontro reservado, exprime ao sultão sua aprovação à luta anticolonial. Em janeiro de 1944, o nacionalismo se manifesta a favor da independência através do partido Istiqlal (Independência). Os nacionalistas têm o apoio da autoridade indígena marroquina, o sultão Ben Yussef, que, entretanto, se choca com a oposição francesa. Uma revolta proclama sultão Mohammed Ben-Arafa que é reconhecido pelos franceses. Ben Yussef é deportado para Madagascar. A situação internacional (a derrota francesa na Indochina) favorece o nacionalismo marroquino. Em 1955, Ben Yussef viajava de Madagascar a Paris para tratar com o governo francês da independência de seu país, enquanto Ben-Arafa era deposto. A França, contudo, tentou regatear a independência, empregando a fórmula "dependência com interdependência", porém Ben Yussef manteve-se forte em sua posição e o reino de Marrocos surgiu para a vida independente aos 28 de março de 1956. A Espanha, como a França, reconheceu o novo Estado livre".[15] O novo chefe do governo (Mohammed V) passou a denominar-se rei (1957) e "lançou-se a uma política de reivindicações, solicitando a anexação das possessões espanholas de Ifni e Sahara (que foram atacadas em 1958), assim como de Ceuta e Melilla. Igualmente protestou ao formar-se o novo Estado de Mauritânia, considerando que aquele território fazia parte de seu Estado".[16] Mohammed V faleceu em 1961 e seu sucessor foi seu filho Hassan II, que teria um longo reinado até 1999.[17] Estamos aqui diante de um personagem de duas faces por ter recebido ao mesmo tempo uma educação

---

[15] Marin, *História Universal*, vol. 6, p. 473. Note-se, contudo, "Lê Maroc obtient son independance de la France, le 3 mars 1956 et de l'Espagne, le 7 avril 1956" (*Le dictionnaire du 20 siècle*, p. 443). Em *L' Histoire*, n. 288, p. 67, lemos: "Lê 2 mars 1956, la France signe l'independance du Maroc sous la direction du sultan Mohammed V qui est proclamé roi en août 1957".

[16] Marin, obra citada, p. 473.

[17] Sobre Hanan II ver minucioso estudo em *L' Histoire*, n. 288, p. 64 e ss. "Hassan II, un sultan au XX siècle", por Pierre Vermeren

islâmica e uma educação francesa. Da política interior desse longo reinado, podemos lembrar: as tentativas de revolta contra o trono (por exemplo, a oposição do líder socialista Ben Barka) severamente reprimidas. A arbitrariedade governamental se fez sentir principalmente entre 1975 e 1990, quando toda oposição é severamente punida, estabelecendo-se um regime de medo que afasta qualquer veleidade de contestação. Registre-se que Hassan II deu a Marrocos, em 1962, sua primeira constituição "de aparência democrática (sufrágio universal direto, parlamentarismo, responsabilidade do governo diante do parlamento...), mas negando em seus fundamentos a separação dos poderes".[1]

Na política externa, Hassan II apresenta-se como o homem da paz no Oriente Próximo. Embora tenha enviado tropas na guerra de 1973 contra Israel, não hesita em dialogar e encontrar-se com Shimon Peres em 1986. Na guerra do Golfo em 1990-1991, Hassan II está do lado dos Estados Unidos. Nos últimos anos de seu governo, o rei marroquino, necessitado do apoio político e financeiro do Ocidente, adota uma postura governamental mais liberal. Em 1998, chega a nomear para o governo um antigo inimigo da monarquia: Ab Derrahamane Yussufi. Segundo a Associação Marroquina dos Direitos Humanos, o número de vítimas (mortos, desaparecidos, prisioneiros políticos) do regime de Hassan II andaria por 60.000.[2] Hassan II teve como sucessor seu filho Mohammed VI, entronizado em 30 de julho de 1999.

---

[1] Vermeren, obra citada, p. 70.
[2] Idem, ibidem, p. 65.

ARGÉLIA

A história da ocupação da Argélia pelos franceses inicia-se em 1830 e prolonga-se pelos séculos XIX e XX. Um dos aspectos mais interessantes do estudo da História da Argélia através do século XIX é o problema dos diversos e heterogêneos grupos de população que habitam o país. Não cabe, nesta síntese, desenvolver este tema. Lembremos apenas a tentativa do governo francês: "A III República esforçou-se para fazer a fusão das diversas populações da Argélia. Naturalizou em bloco os israelitas em 1871. Conseguiu fazer os europeus cidadãos franceses (1889). Mas, com os muçulmanos, encontrou-se em presença de uma sociedade que tinha sua religião, sua língua, suas tradições que considera superiores às nossas, que vive sua existência própria da qual se orgulha, cuja vida, enfim, não somente religiosa, mas civil, é regida por um livro sagrado, o Corão".[1] A população argelina, com exceções locais, foi leal à França durante o primeiro conflito mundial, mas observe-se que este conflito "havia difundido as ideias wilsonianas sobre o direito dos povos de disporem de si mesmos".[2] Aos poucos, os movimentos nacionalistas que se manifestam entre os muçulmanos passam a influenciar a população islâmica argelina. Em 1926, surge uma organização, a Estrela Norte-Africana, dirigida por Messali Hadj. Na década de 30, destaca-se o sheik Abdelhamid Ben Badis, que pretende despertar o povo argelino "sepultado em sua imobilidade".[3] Em 1931, ele proclamava: "O Islam é minha re-

---

[1] Esquer, *Histoire de l'Algérie*, p. 88.
[2] Idem, ibidem, p. 94.
[3] Idem, ibidem, p. 95. Sobre a Estrela Norte-Africana, note-se a observação de Esquer, p. 95: "Ben Badis entend se tenir à l'écart de tout parti politique français et se declare

ligião, o Árabe é minha língua, a Argélia é minha pátria". Ben Badis, falecido em 1940, via longe: a Argélia livre deveria futuramente unir-se ao Marrocos e à Tunísia livres, reconstituindo-se assim "o império Árabe-Berbere de Abd el Mumen". A África do Norte agregar-se-ia "ao império árabe que se constitui no Cairo e na Meca, formando assim uma das províncias do Califado que deve reinar sobre a Terra".[4] A criação da C.F.L.N. (*Comité Français de la Liberation Nationale*), em junho de 1943, em plena guerra, presidido alternativamente por Giraud e de Gaulle, desempenhou um papel importante na evolução da política mulçumana da França na Argélia. Nota-se essa evolução na mudança de posição do líder Ferbat Abbas que em 1936 julga não existir a pátria Argélia, mas em 1943 publicava um manifesto do povo argelino em favor da autonomia e em 1946 falava na pátria argelina. "Esta evolução havia sido precipitada pelos acontecimentos. A derrota da França havia causado a impressão de fraqueza aos olhos dos indígenas. Ao contrário, eles ficaram impressionados em novembro de 42 pelo poder dos Estados Unidos, berço da Carta do Atlântico. A hora pareceu favorável para obter da França enfraquecida, se necessário com o apoio dos aliados, que aceitasse as reivindicações nacionalistas. O abandono que ela iria consentir de seu mandato sobre a Síria e o Líbano deveria encorajar essas esperanças".[5] Em 1947, o estatuto político votado pela Assembleia Nacional perpetua a desigualdade na Argélia: nove milhões de mulçumanos elegeriam o mesmo número de deputados que o milhão de europeus. Compreende-se a péssima repercussão nas três correntes nacionalistas argelinas: tradicionalistas (enfraquecida com a morte de Ben Badis), reformistas (burgueses e intelectuais muçulmanos liderados por Ferhat Abbas e Ahmed Francis), revolucionários (guiados por Messali Hadj). Ao descontentamento de ordem política, devem-se acrescentar os problemas econômicos e sociais: enquanto os europeus detêm os meios modernos de produção tanto nas atividades agrícolas como nas industriais, grande parte

---

contre l'extremisme de l'etoile nord africaine, créé en France avec les indigènes algèriens de la région parisienne et qui deviendra lê Parti Populaire algérien (P.P.A) de Messali Hadj, em collusion avec le parti communiste e chacun cherchant à se servir de l' autre jusque à leur rupture em 1936".
[4] Idem, ibidem, p. 97.
[5] Idem, ibidem, p. 109.

da população muçulmana (na Argélia há uma explosão demográfica) situa-se num baixo nível de vida. A tudo isso se acrescente um ato de repercussão internacional: a conferência de Genebra levou à independência do Vietnã em julho de 1954, "primeira independência arrancada à força da França e que suscita nos meios nacionalistas uma vontade de imitação do Vietminh...".

Em agosto de 1955, o FLN (*Front de Libération Nationale*) provoca um levante muçulmano com uma centena de mortos em Constantina. Cria-se um abismo intransponível entre muçulmanos e europeus. Estes consideram a atuação do FLN como sinônimo de massacre e exigem das autoridades uma energética repressão. A Argélia está dividida entre os defensores da Argélia independente e os defensores da Argélia Francesa. Os primeiros, nacionalistas, têm o apoio de Tunis, de Marrocos, do Egito e, de um modo geral, da Liga Árabe. Um governo argelino foi organizado no exílio com a participação de Ben Bella e de Ferhat Abbas. Em outubro de 1956, por iniciativa de militares franceses, o avião que conduzia Ben Bella e outros dirigentes do FLN foi desviado de sua rota e conduzido à França. Compreende-se então o agravamento da situação na Argélia, cuja repressão é confiada ao general Massu. Assim começa em janeiro de 1957 a batalha da Argélia que vai durar nove meses.[1] A situação na Argélia provoca uma série crise política na França. "A guerra da Argélia conduziu ao suicídio a IV República".[2] Apesar da volta ao poder do general de Gaulle, o FLN "não cessa de afirmar sua determinação de não discutir senão a independência".[3] Os revoltosos recusam a proposta de uma rendição honrosa. Em setembro de 1959, de Gaulle reconhece à Argélia o direito à autodeterminação. Em 1962 finalmente, através dos acordos d'Évian, é reconhecida a independência da Argélia. Nascia a República Democrática da Argélia.[4]

Obtida a independência da Argélia, os nacionalistas divididos entre si passam a combater-se. Entre março e setembro de 1962, desenvolve-se uma grave crise que culmina com o esfacelamento do FLN. Sobe ao poder Ahmed Ben Bella. A crise política está acompanhada da crise social, com um

---

[1] Milza, *Histoire du XX siècle*, tome 2, p. 325.
[2] Idem, ibidem p. 331.
[3] Idem, ibidem, p. 331.
[4] Idem, ibidem, p. 336.

nivelamento sem precedentes que envolve refugiados, prisioneiros, intelectuais, francófonos, arabófonos etc. Em setembro de 1963, a Assembleia nacional presidida pelo veterano nacionalista Ferhat Abbas vota uma constituição do tipo democrata-presidencialista.[5] Ben Bella enfrenta, de 1962 a 1965, infiltração comunista, insurreições (em setembro de 1963: frente das forças socialistas; em 1964: revolta do Cel Mohammed Chaabani), problemas econômicos (terras abandonadas pelos colonos franceses) etc.

Em junho de 1965, um golpe de Estado leva ao governo Huari Bumedian, vice-presidente do governo e ministro da defesa, que permanece no poder até 1978. Estamos aqui em face do "socialismo argelino" que executa nacionalizações, controla as empresas petrolíferas, faz reforma agrária e burocratiza o Estado. Bumedian morre em 1978 e seu sucessor Bendjedid Chadli, representante medíocre do exército, tenta corrigir as falhas do sistema político-econômico vigente. Sob o governo de Mulud Hamruche, (1989-1991) há uma experiência de pluralismo político e adota-se uma nova constituição (fevereiro de 1989).

---

[5] Marin, obra citada, p. 476

TUNÍSIA

Em 1881 era instaurado o protetorado francês na Tunísia, o que provocou forte reação por parte da Itália. Na realidade, mais que um protetorado (em que o bey turco oficialmente aparecia como detentor do poder), havia um domínio total da França. Na primeira década do século XX já se desenvolve um ideal nacionalista alimentado por intelectuais formados em Universidades francesas. Assim é que aparece o movimento dos *jovens tunisianos* que reclama reformas. Burgueses das cidades e habitantes da zona rural convergem num ideal nacionalista. Em 1920 o movimento visando a independência consubstancia-se no partido Liberal constitucionalista tunisiano ou Destour. Em 1934 este partido é reorganizado por iniciativa de Habib Burguiba. Estamos então diante de um Neo-Destour que vai tomar a frente da luta nacionalista, inspirando-se mais na tradição revolucionária francesa que no ideal pan-islâmico: "reivindica o sufrágio universal e uma independência por etapas".[1] O Segundo Conflito Mundial possibilita uma trégua na luta pela independência. O desembarque americano em 1942 reforça os sentimentos nacionalistas. "Na Tunísia o bey Moncef, em oposição ao residente geral, forma um governo tunisiano autônomo, composto de nacionalistas pacifistas. Denunciado como colaborador, ele é deportado por ordem do general Juin. Aprisionado pelos franceses, o chefe do partido Neo-Destour, Burguiba, é liberado pelos Alemães que tentam, em vão, servir-se dele."[2] O Neo-Destour não cedia à tentação de aderir aos nazistas. Em 1949 Burguiba retorna de um exílio voluntário. Segue-se um período de luta armada. Lembremos que a derrota da França em Dien Bienphu repercutiu desfavoravelmente. Num

---

[1] Milza, obra citada, tomo 2, p. 143.
[2] Idem, ibidem, p. 136.

encontro em Cartago, Mendes France reconhece, em julho de 1954, a "autonomia interna do Estado tunisiano". Em março de 1956, graças à atuação de Burguiba e de seu partido, o Neo-Destour, a Tunísia obtém "a independência na interdependência livremente consentida". Inicia-se então uma luta entre o bey, Sidi Mohammed al-Amin e o Neo-Destour; com a vitória de Burguiba em 1957 quando a Assembleia Nacional aboliu a Monarquia e proclamou a república. Burguiba foi designado presidente e foi reeleito em 1959 e 1964. Sobre Burguiba deve-se notar: "alinhado inicialmente com os demais países árabes, sua moderação com respeito à política a seguir com o novo Estado de Israel teve como consequência um atentado que sofreu em 1958 e que o levou a separar-se da linha árabe, denunciando Nasser como aspirante a ditador e como portador do comunismo a todos os países muçulmanos".[3] Quanto às relações com a França, devem ser mencionados dois acontecimentos: o ataque pelo exército tunisiano à base de Bizerta que os franceses mantinham em seu poder e que finalmente foi evacuada em 1963; a desapropriação de terras pertencentes a agricultores estrangeiros, que provocou, por parte da França, a supressão do auxílio econômico a Tunísia. Note-se, entretanto, que os Estados Unidos substituíam imediatamente a França no "apoio financeiro, propugnando uma série de reformas que melhoraram ostensivamente a situação da Tunísia".[4] Burguiba interferiu de maneira moderada nos conflitos entre árabes e israelenses em 1965 (propondo a Israel uma cessão de território à Jordânia) e em 1967 (na guerra relâmpago árabe-israelense).[5] O homem que marcou profundamente a transformação política da Tunísia foi deposto pacificamente por seu primeiro-ministro Zine El-Abidine Ben Ali em novembro de 1987. Burguiba faleceria em abril de 2000.

---

[3] Marin, obra citada, p. 472.
[4] Idem, ibidem.
[5] Idem, ibidem.

LÍBIA

Até 1911 sob domínio turco, a Líbia foi então conquistada pela Itália (Guerra Ítalo-turca), ficando dividida em duas províncias: Cirenaica e Tripolitania. Embora, durante a Primeira Guerra Mundial, a Itália tivesse que retirar-se desses territórios, ao término da mesma tornou a ocupá-los, dominando distúrbios suscitados por turcos em 1930 e 1938.[1] É interessante notar o crescimento da população italiana na Líbia que, em 1938, contava com quase noventa mil italianos. "Sob o domínio italiano, a Líbia converteu-se em um dos países mais urbanizados do norte da África, com concentrações de população em Trípoli e Bengazi. Uns trinta mil camponeses italianos localizaram-se também na planície de Gefara, na Tripolitânia. O governo fascista italiano construiu portos amplos e estradas...".[2] Durante a Segunda Guerra Mundial, a Líbia foi cenário de batalha e, em 1942, passou para a administração militar inglesa. No final do conflito a administração ficou com franceses e ingleses. Em 1951 foi declarada a independência da Líbia, e em janeiro de 1952 ascendia ao trono o emir. Mohammed Idris El-Sanussi, "chefe espiritual dos sanussi, uma seita muçulmana que havia sido o principal elemento aglutinante da oposição indígena frente ao domínio italiano".[3] Lembremos que na década de cinquenta estava-se em plena Guerra Fria. "Os Estados Unidos apoiavam a Turquia e o Irã diante de uma possível ameaça soviética, assim como Israel, Marrocos e o importante Estado petroleiro da

---

[1] Idem, ibidem, p. 471
[2] Roger Louis, "Los impérios coloniales europeos", *Historia Oxford del siglo XX* p. 163
[3] Oliver y Fage, *Breve História de África*, p. 262. No *Dictionnaire du 20e siécle*, p. 423, lemos: "Le 2 décembre 1950, le prince Idrin el-Senoussi (1890-1983) est élu par la première Assemblée Constituante libyenne roi de l' État fédéral de Libye: l' independance est proclamée le 24 décembre 1951".

Arábia Saudita. A União Soviética respondeu, com seu próprio apoio econômico e militar, primeiro ao Egito, em 1955, e logo à Síria, ao Iraque, à Líbia e ao Yemen do Sul...".[4] Na Líbia independente havia bases militares dos Estados Unidos e da Inglaterra. Na década de sessenta o petróleo contribui decisivamente para a riqueza do país. Em 1969 o rei Idris foi deposto por um movimento revolucionário presidido pelo coronel Mohammed el-Kadhafi sem que houvesse reação armada nem mesmo por parte das tribos beduinas consideradas fiéis a Idris. Estabelece-se então um estado singular baseado doutrinária e institucionalmente nas ideias de Kadhafi. A descoberta de grandes reservas de petróleo dão prestígio e poder à ditadura. Em 1971 a Líbia faz parte da União das Repúblicas Árabes. Em 1977 procede-se a um verdadeiro expurgo no exército e a Líbia torna-se uma república popular e socialista. Temos aqui um marxismo misturado com preceitos islâmicos. A riqueza obtida com a abundância de petróleo permite a Kadhafi a realização de obras faraônicas. No ocidente o ditador é acusado de financiar o terrorismo internacional, o que leva a Líbia a um isolamento diplomático por volta de 1980. Em abril de 1986, a aviação americana bombardeia as cidades de Trípoli e de Benghazi como punição por uma presumível participação em um atentado acontecido em Berlim Ocidental. Em 1988 o "socialismo líbio" recua: medidas oportunas liberais são necessárias para atrair os investidores estrangeiros. Na década de noventa, a presumida participação do governo líbio em atentados contra aviões de carreira provoca um novo isolamento de Kadhafi que, entretanto, procura normalizar suas relações com o Ocidente (1999-2000).

---

[4] Owen, "África del Norte y el Próximo Oriente", Historia *Oxford del siglo XX*, p. 401.

EGITO

No início do século XX o Egito encontra-se sob a tutela britânica, com o governo de fato de Evelyn Baring, conhecido como Barão Cromer. "Baring desembarcou em Alexandria a 11 de setembro de 1881 e, durante vinte e quatro anos, governou o Egito sem outro título a não ser o de agente britânico e cônsul-geral". [1] Compreende-se o interesse da Inglaterra pelo país do Nilo especialmente desde que os ingleses, graças a Disraeli, haviam adquirido a maioria das ações do canal de Suez. Em 1907 Cromer retira-se do Egito. Nesta época cresce o movimento nacionalista. Em 1914, a Inglaterra proclama oficialmente o protetorado britânico e, em 1915, um exército turco-alemão cruza a península do Sinai para invadir o Egito, mas é detido no canal de Suez. Um forte movimento nacionalista manifesta-se através do partido Vafd, fundado por Saad Zaghlul (1860-1927) e que luta pela independência do país. Em novembro de 1922 uma declaração de Londres anunciava o fim do protetorado, e o Egito era então reconhecido como Estado soberano e independente. Na realidade o protetorado continuava como uma situação de fato manifestado pela presença do alto-comissário do exército inglês e do controle do canal de Suez. O sultão Fuad, que detinha um poder nominal, torna-se rei do Egito, com o acordo de Londres. Uma constituição (1923) é outorgada pelo soberano, instituindo uma monarquia constitucional e o bicameralismo parlamentar. "A aplicação sem transição de instituições bastante liberais provocou conflitos agravados pela questão das

---

[1] Demérain, "História do Egito Moderno", *Delta Larousse*, p. 1309.

relações com a Grã-Bretanha".[2] Fuad revoga a constituição e estabelece um regime autoritário. A guerra entre a Itália e a Etiópia (1935) repercutiu no Egito no sentido de unir os partidos que obtiveram então a volta da constituição de 1923. Fuad morreu em 1936, deixando o trono para seu filho Faruk I (1936-1952).

Faruk I, no mesmo ano em que assumiu o poder, firmou um tratado com a Grã-Bretanha, pelo qual era reconhecida de modo definitivo a independência do Egito. As tropas britânicas permaneceriam na zona do canal, e no Sudão haveria um condomínio nominal.[3] Na política interna, Faruk I entra em conflito com o primeiro-ministro Nahas, que é demitido. A câmara é dissolvida e eleições fraudadas dão maioria ao rei. A Segunda Guerra Mundial vai repercutir no relacionamento entre Egito e Grã-Bretanha, cujas tropas tratam o Egito como país ocupado. "Quando se verificam as espetaculares vitórias de Rommel no deserto ocidental, ocorreram manifestações de estudantes: "Somos os soldados de Rommel", sendo preciso um *ultimatum* britânico e uma demonstração de força para coagir o rei a substituir o primeiro-ministro". [4] Após a guerra multiplicam-se os movimentos nacionalistas encabeçados principalmente pelos Irmãos Muçulmanos, cujos adeptos originam-se sobretudo dos meios populares rurais. Desenvolvem-se também agitações oriundas de uma nova força popular constituída pelo proletariado urbano sujeito à propaganda comunista. Em 1951 o partido Wafd, no poder, denunciara o tratado de 1936 e proclamara Faruk I rei do Egito e do Sudão. A derrota (1948) da coalizão árabe na Palestina dera origem, no Egito, ao movimento de oficiais livres que propicia o golpe de Estado (1952) promovido pelo general Neguib. Faruk I abdica em favor de seu filho Fuad II que contava apenas alguns meses de idade. Em junho de 1953 é proclamada a república com o general Mohammed Neguib como chefe de Estado. Em 1954 Neguib é afastado e substituído pelo coronel Gamal Abdel Nasser.

---

[2] Idem, ibidem, p. 1310.
[3] Marin, obra citada, p. 469.
[4] Crouzet, *História Geral das Civilizações*, vol. 17, p. 145.

NASSER

Procurou pôr em execução um programa por ele designado como socialismo árabe e que incluía uma reforma agrária, a industrialização do país, a alfabetização, o controle de nascimentos, a melhoria das condições sanitárias. Tendo em vista obter recursos para a obra colossal da represa de Assuan, Nasser declarou em 1956 a nacionalização do Canal de Suez, doze anos antes de, em virtude de tratados, o mesmo canal ser restituído ao Egito. Nasser conseguiu aprovar uma constituição que lhe conferia a presidência da república e enfrentou a oposição da Inglaterra, da França e de Israel, que em outubro de 1956 atacaram o Egito. O prestígio de Nasser cresceu com a intervenção da ONU, levando os atacantes à retirada. Tropas da organização internacional ocuparam o canal. Completando a nacionalização do canal de Suez, Nasser nacionaliza os bancos, os seguros (na sua maioria em mãos de franceses e ingleses), controla todas as empresas públicas, especialmente aquelas em que participa o governo, recebe ajuda financeira e técnica da União Soviética. Em 1958 Nasser põe em prática seu ideal de criar a República Árabe Unida (RAU) mediante a união com a Síria e com o Yemen. Foi uma união efêmera que durou apenas dois anos com a Síria e quatro anos com o Yemen. Na política externa, deve-se lembrar que Nasser procurou alinhar-se com os países do chamado Terceiro Mundo. Um grave golpe ao nasserismo foi a derrota na Guerra dos Seis Dias (1967), quando Israel ocupa Gaza e o Sinai: Nasser faleceu em 1970, vítima de uma crise cardíaca, e foi substituído por Anuar el-SadaT.

Anuar el-Sadat, companheiro de armas de Nasser e vice-presidente, segue, em matéria política e econômica, um caminho oposto ao de seu antecessor. Promulga-se uma nova constituição com o fortalecimento dos poderes do presidente da República. Na política externa, el-Sadat procura reconquistar os territórios ocupados pelos israelenses. Foi uma surpresa o ataque egípcio em outubro de 1973, e o resultado, sem dúvida, refletiu-se na assinatura dos Acordos de Paz de Camp David em 1978. O Tratado de Paz foi assinado definitivamente em Washington (março de 1979) por Anuar el-Sadat e Menahem Begin. O Egito é o primeiro país árabe a procurar a normalização de relações com Israel, o que provoca sua exclusão da Liga Árabe. Anuar el-Sadat reaproxima-se dos Estados Unidos e favorece os investimentos estrangeiros. Em outubro de 1981 o presidente do Egito foi assassinado por muçulmanos fanáticos pertencentes à organização radical Al-Jihad. O vice-presidente Hosni Mubarak assume o poder e reafirma a adesão aos acordos de Camp David. Em 1982 a posse do Sinai retorna ao Egito. O país é reintegrado no seio da comunidade árabe, o que não impede de alinhar-se com os Estados Unidos durante a Guerra do Golfo de 1991. Na política interna Mubarak efetua uma democratização controlada, enfrentando, contudo, o ativismo de grupos islâmicos radicais.[1]

---

[1] Sobre El-Saldat e Mubarak, consultamos principalmente *Le Dictionnaire du 20 siècle*.

ÁFRICA NEGRA

Iniciaremos este estudo da África Negra com a breve história de dois países que, como já vimos anteriormente, desfrutavam de independência no início do século XX: Abissínia e Libéria. Focalizaremos, a seguir, os principais fatores que levaram à independência dos demais povos da África Negra, especialmente no período subsequente à Segunda Guerra Mundial. Nesta exposição, forçosamente resumida e incompleta em virtude da enorme quantidade de Estados que emergem das antigas colônias, levaremos muitas vezes em consideração a notável e documentada História de África Negra de Joseph Ki-Zerbo. O leitor pode avaliar melhor a dificuldade desta exposição através das seguintes ponderações, já citadas na introdução deste capítulo, expendidas por Terence Ranger em seu estudo sobre a África Negra no século XX: "Seria impossível relatar de modo completo e acertado a história da África Negra no século XX. A África é muito mais extensa que a Europa; muito mais variados seus ecossistemas (compreende desde o deserto ao bosque tropical); antes da era colonial dividia-se em dúzias de centros do poder e, depois dela, em mais de cinquenta territórios. Em si, a época colonial dava uma falsa impressão de simplicidade. Podia falar-se de África portuguesa, francesa, alemã e britânica, da 'administração indireta' britânica, diferente da 'administração direta francesa', ou do militarismo alemão e da assimilação portuguesa. Estas generalizações, contudo, apenas ocultavam uma enorme variedade. Na África britânica, o Sudão governava-se de modo muito distinto do Kenya; na África Francesa, o Senegal oferecia um contraste absoluto com o Gabão. Quando o colonialismo cedeu o passo aos Estados independentes africanos, a diversidade irrompia de modo insistente, desmentindo informações positivas como a 'personalidade africana' e negativas como o 'despotismo africano'. Dado o modo escandaloso com que os meios de comunicação europeus e norte-americanos simplificam hoje em dia a realidade africana, a primeira tarefa de um historiador consiste em estabelecer diferença e assinalar sua complexidade".[1]

ETIÓPIA

No início do século XX reina, na Etiópia, Menelik II (1889-1913) "uma das maiores personalidades do século XIX africano".[2] Um título de glória do soberano etíope foi a vitória obtida (1896) em Adua, antiga capital do Tigre, contra o exército italiano comandado pelo general Baratieri. Com Menelik II, que fundou em 1887 a capital Adis-Abeba (a nova flor), nasceu a Etiópia moderna; aboliu-se a escravidão, resolveu-se instituir o ensino obrigatório e planejou-se a elaboração de um código de direito moderno.[3] Afetado por uma paralisia em 1906, Menelik designa seu neto *Iyasu* que se revelou um incapaz. Tendo-se convertido ao islamismo, foi deposto pela nobreza que proclamou imperatriz a filha de Menelik II, tendo como regente e herdeiro o *ras* (governador independente e uma província) Tafari, o futuro Hailé Sellassié I, coroado em 1930. O novo soberano (*negus*) iria dar à Etiópia "uma política dinâmica destinada a tirar o país de sua mísera situação".[4] Assim,

---

[1] Ranger, "El Africa Negra" (*Historia Oxford del siglo XX*, p. 413).
[2] Kizerbo, *Historia del Africa Negra*, vol. 2, p. 593.
[3] Idem, ibidem, p. 595. Note-se que a Abissínia é também denominada Etiópia. "Abissínia" provém de Habashat, designação que aparece nas inscrições da dinastia de Axum, antiga capital.
[4] Kizerbo, ibidem, p. 692.

por exemplo, ele promulgou leis sobre a libertação dos escravos. Em 1931 é adotada uma constituição em que figuram duas câmeras; o Estado passa a ter um Banco, e a Igreja ortodoxa, que dependia da Igreja Copta egípcia, torna-se aos poucos independente. A modernização encaminhada por Sellassié vai ser interrompida pelo conflito com a Itália que não esquecera o desastre de Adua. "A linha fronteiriça entre a Etiópia e a Somália italiana, definida pelos tratados de 1908 e 1928, não havia ainda sido fixada na prática, o que explica as contestações surgidas, precedentes e fatores do conflito que estourou em outubro de 1935". [5] Os italianos ocuparam Ádua (outubro de 1935), Axum e Macalé (novembro de 1935). O ataque italiano foi irresistível, e em 5 de maio de 1936 o Marechal Badoglio, comandante dos exércitos italianos, entrou em Adis-Abeba. "Mussolini proclamou, nesse dia, a Etiópia italiana, e a 9 o rei da Itália tornou-se imperador da Abissínia. Badoglio foi o primeiro vice-rei, substituído logo depois pelo marechal Graziani e, em 1937. pelo duque de Aosta. A Etiópia constituiu de 1937, a 1941, juntamente com a Eritreia e a Somália italiana, a África Oriental Italiana".[6] A Sociedade das Nações aplicou, sem êxito, sanções econômicas à Itália. O *negus* refugiou-se na Grã-Bretanha "e, desde este momento, ocupou-se com dignidade da ação diplomática para recuperar o trono". [7] Em 1941, em plena Segunda Guerra Mundial, Etiópia era libertada pelos britânicos e o *negus* voltaria ao poder. Hailé Sellassié interessa-se então pelo setor social e, de modo especial, pela educação. Em 1955 é outorgada uma constituição segundo a qual a Câmara dos Deputados seria eleita, mas o Senado teria seus integrantes designados pelo imperador. Embora Hailé Sellassié gozasse de imensa veneração por parte de seu povo, houve uma revolta, em 1960, quando o soberano se encontrava em visita oficial no Brasil. O patriarca e o exército fiaram leais ao imperador e foi desencadeada séria repressão contra os rebeldes. Em 1962 Adis-Abeba sediou o Movimento Panafricano para a liberdade da África Central e Oriental. Nada impediria, entretanto, a decadência da monarquia. Segundo Kizerbo, "o regime do imperador Hailé Selassié constituía algo as-

---

[5] Runcière, "História da Etiópia", *Delta Larousse*, p. 1383.
[6] Idem, ibidem.
[7] Kizerbo, obra citada, p. 693.

sim como uma peça arqueológica, testemunha de "outras épocas".[8] Tímidas reformas, greves, desordens, motins, fome, seca e carestia em algumas regiões com milhares de mortos prepararam o ambiente para uma revolta. Em 1975 a monarquia foi abolida, a constituição revogada e o Parlamento dissolvido. Hailé Selassié fora deposto já em setembro de 1974 e foi assassinado alguns meses depois.

O governo militar provisório e o comitê militar (Dergue) entregam o poder ao tenente-general Aman Andom que goza de popularidade, mas é assassinado. Assume o poder então um triunvirato militar de oficiais superiores em que se destaca Mengistu Hailé Mariám. Este, eliminados os demais membros do triunvirato, aproxima-se da URSS. O socialismo fora proclamado como ideologia oficial.[9] Em plena e sangrenta ditadura, Mengistu deve enfrentar o controle dos camponeses e problemas econômico-sociais (há carestia em 1984-1985). Busca então o apoio soviético que se faz sentir em 1977, mas vai cessar em 1988. Em 1987 uma constituição faz da Etiópia uma república popular, mas Mengistu acaba por abandonar o socialismo e liberalizar o regime. Em maio de 1991 uma Frente popular de liberação do Tigre (FPLT) e aliados entram em Adis-Abeba.[10]

---

[8] Idem, ibidem, p. 882.
[9] Idem, ibidem, p. 883.
[10] Em 13 de dezembro de 2006 a imprensa noticia a condenação à morte de Mengistu Haile Mariam, de 69 anos, que vive exilado no Zimbábue. O ex-ditador etíope Mengistu Haile Mariam, julgado à revelia por um tribunal de Adis-Abeba, foi declarado culpado de genocídio, homicídio, encarceramento ilegal e confisco ilegal de propriedade privada. Os crimes foram cometidos durante o regime militar (1977-1991) que ficou conhecido como Terror Vermelho. Mengistu era processado junto a 71 acusados, todos membros do conselho administrativo provisório militar ou Dergue, organismo executivo da ditadura etíope. (Consultar Jornal do Brasil 13/12/2006.)

LIBÉRIA

No governo do presidente americano James Monroe (1817-1825), constituiu-se nos Estados Unidos uma Sociedade Americana de Colonização com a finalidade de possibilitar a volta à África dos negros libertados que desejassem regressar à terra de seus antepassados. Governadores brancos dirigiram o país situado na costa ocidental da África até que se proclamou a independência em 1847 sob o governo de Joseph J. Roberts, um negro procedente da Virgínia. Os Estados Unidos não reconheceram a independência até 1862. Deve-se notar o antagonismo existente entre os negros provenientes da América e os nativos. Na primeira Guerra Mundial a Libéria seguiu os Estados Unidos, tendo sido prejudicada com a perda das relações comerciais com a Alemanha. Em 1930 o *Trust* norte-americano Firestone obteve uma concessão, tendo-se convertido "em um Estado dentro do Estado liberiano, explorando a mão de obra africana de maneira abusiva...".[1] A delicada situação financeira levou a Sociedade das Nações a intervir, criando um Comitê de Recuperação. A Câmara dos Representantes porém não aceitou a interferência, anulou a dívida externa e prometeu pagar os juros da dívida tão logo melhorasse a situação.[2] Durante a Segunda Guerra, a Libéria concedeu bases navais aos Estados Unidos. Após o conflito, descobriram-se e exploraram-se (1945) minas de ferro em Bomi Hills, o que contribuiu para o desenvolvimento econômico. Deve-se registrar que a pequena república tornou-se importante sob o ponto de vista de tonelagem mercante, o que se explica pela matrícula de suas embarcações efetuadas por empresas de navegação que se aproveitavam da isenção de impostos. Dentre os mais importantes homens

---

[1] Kizerbo, obra citada, p. 694.
[2] Idem, ibidem.

públicos da Libéria devem ser lembrados os presidentes William V. S. Tubman (1899-1971) e William Tolbert (1917-1980). O primeiro foi reeleito de modo regular (períodos de oito anos), até sua morte em 1971; Tubman manteve relacionamento com as populações do interior, preocupando-se com sua integração, "associando-as às responsabilidades políticas e procurando que as transformações econômicas em curso beneficiassem também o interior".[3] Tolbert, sucessor de Tubman, continuou a política deste, mas "com abertura maior para com os países vizinhos e os do leste europeu".[4] Em 1980 há um golpe de Estado, promovido por Samuel K. Doe (1950-1990), com execuções públicas. A partir de 1989 Libéria sofre sete anos de guerra civil com milhares de mortos. Em julho de 1997 assume a presidência Charles Taylor.

---

[3] Idem, ibidem.
[4] Idem, ibidem.

ÁFRICA NEGRA
INDEPENDÊNCIA

Depois de breves considerações em face do magno acontecimento (na realidade, diversos acontecimentos) da independência das nações africanas, faremos ligeiras observações sobre os novos estados, seguindo principalmente a já citada obra de Kizerbo.[1] O despertar dos nacionalismos africanos intensificou-se com o envolvimento de milhares de negros nos campos de batalha da Segunda Guerra Mundial: "muito mais que durante a Primeira Guerra Mundial, a África Negra punha-se em contato pela primeira vez com o resto do mundo, embora fosse num contexto de determinação geral".[2] Ainda a influência do Segundo Conflito na mentalidade africana:[3] "Os africanos, como os europeus, aprenderam que o império europeu não era um monólito imutável dentro do panorama da história mundial". Este fato foi demonstrado ainda mais drasticamente na Ásia, primeiro pela ocupação japonesa de muitos territórios coloniais importantes e logo pelos próprios ingleses, alemães e franceses, que reconheceram ser impossível, mesmo após a vitória sobre os japoneses, começar de novo em suas colônias asiáticas, na mesma situação em que as haviam abandonado em 1941. Um grupo de povos da Ásia meridional e sudeste asiático-índios – paquistaneses, birmaneses, indonésios e indo-chineses – havia conseguido sua independência ou estava a ponto

---
[1] Idem, ibidem, a partir do cap. 11, vol. II, p. 704, "El surgimiento del nacionalismo: causas, grupos motores y sus actividades".
[2] Idem, ibidem, p. 705.
[3] As seguintes considerações são inspiradas na obra de Roland Oliver e J. D. Fage, *Breve história de África*, p. 278.

de obtê-la. "Os africanos começaram a perguntar-se por que eles não podiam também participar da democracia mundial das Nações Unidas, em que os novos Estados asiáticos formaram rapidamente um importante grupo anticolonialista, causa já apoiada, em suas distintas formas, pelas repúblicas americanas e pelos Estados comunistas".[4] Depois dessas considerações preliminares, vamos examinar sucintamente alguns fatores que devem ser apontadas como poderosamente influentes na independência dos povos da África Negra.

Alterações e consequência provenientes da Segunda Guerra Mundial

Já mencionamos acima as influências do Segundo Conflito na independência africana. Vale acrescentar aqui as seguintes observações: "Quais foram as causas deste fabuloso aparecimento de Estado livre? Em primeiro lugar, Europa – e europeus eram os países colonizadores da África – foi na realidade a grande vencida nas duas contendas mundiais. Contudo, depois da primeira, pôde conservar intacto seu domínio, porque, embora iniciado seu declínio, continuava ostentando a primazia mundial. Na segunda, porém, perdeu-a totalmente em face da ascensão ao primeiro lugar das duas grandes potências atuais: Estados Unidos e União Soviética. Este fato não deixou de ser observado pelos povos coloniais, especialmente pela minoria que se havia educado na Europa ou em centros de ensino coloniais fundados por europeus. Estas 'elites' tomaram consciência de sua situação no concerto de nações mundiais...".[5] As nações europeias, já vimos, haviam revelado suas debilidades. Ao lado dos colonizadores enfraquecidos, contingentes africanos tinham lutado e adquiriram consciência de seu poder. Acrescente-se que a África fora importante fornecedora de matérias-primas indispensáveis aos países europeus em guerra.

---

[4] Ver nota anterior.
[5] Marin, obra citada, p. 467.

Influência dos Estados Unidos

O interesse dos norte-americanos pela independência das nações africanas inspira-se em vários fatores: havia "uma atitude liberal ante os problemas africanos devida, em primeiro lugar, a sua própria tradição anticolonial e democrática, derivada de sua origem política como nação".[1] A essa corrente idealista juntava-se uma razão de ordem pragmática: impunha-se ocupar o vazio que as potências colonizadoras deixaria em grande parte do continente africano e que, sob o ponto de vista econômico, devia ser ocupado pelo capitalismo americano. "Os homens de negócio estadunidenses constataram, com efeito, que entre 25 e 75% das matérias-primas essenciais para sua indústria encontravam-se nos territórios coloniais das outras grandes potências".[2] Kizerbo anota: "A política estadunidense na África oscilará sempre entre as mencionadas aspirações liberais e atitudes inspiradas por interesses econômicos concretos".[3]

A política da URSS

A URSS, observa Marin, "desde o primeiro momento converteu-se no paladino dos povos colonizados".[4] Na realidade a União Soviética pretendia incorporar no mundo comunista as nações africanas que sacudiam o jogo colonialista e cuja debilidade político-econômica parecia torná-las presas fácil. "A influência comunista na África exerce-se fundamentalmente, no início, por meio dos partidos comunistas dos países colonizadores e através dos sindicatos e associações de obediência marxista".[5]

---

[1] Kizerbo, obra citada, p. 706.
[2] Idem, ibidem, p. 708.
[3] Idem, ibidem.
[4] Marin, obra citada, p. 468.
[5] Kizerbo, obra citada, p. 704.

Atuação da ONU

A carta das Nações Unidas enumerava, entre outros objetivos, o ideal de desenvolver relações amistosas, entre as diferentes nações, fundadas no respeito do princípio de igualdade de direitos entre os povos e do direito de dispor de si mesmo. Compreende-se assim a importância da ONU no surgimento e no desenvolvimento do nacionalismo africano, tornando-se "uma tribuna mundial utilizada pelos porta-vozes dos povos colonizados...".[6]

Influência da Ásia

Já mencionamos brevemente os reflexos dos acontecimentos políticos da Ásia na descolonização africana. Lembremos aqui, apenas para exemplificar, a observação de Kizerbo sobre a influência da independência da Índia no nacionalismo negro-africano: "A independência da Índia (1947), em que pesem as terríveis circunstâncias em que se realizou, e as matanças durante a partição em dois países (Paquistão e Índia), terá uma influência decisiva na África, sobretudo nos países colonizados pela Grã-Bretanha. A personalidade do Mahatma Gandhi, cuja fortaleza moral acabou com o leão britânico, popularizou sob os trópicos as técnicas de luta política não violenta".[7]

A independência dos países do Maghreb

Já estudada acima, repercutiu evidentemente no despertar e na intensificação dos movimentos nacionalistas da África Negra.

---

[6] Idem, ibidem, p. 710.
[7] Idem, ibidem, p. 711.

Outros "grupos motores, na expressão de Kizerbo".

Devem ser lembrados nas lutas pela independência da imensidão territorial e populacional do continente africano:[8] atuação dos sindicatos africanos, intelectuais africanos, movimentos estudantis, religiões (cristianismo e islamismo), partidos políticos etc.

Visão geral da independência da África Negra

"A marcha para a independência dos Estados africanos negros foi um dos fenômenos políticos mais espetaculares da segunda metade do século XX. O movimento começou na África Ocidental Britânica e estendeu-se posteriormente às colônias francesas, à África belga e aos territórios britânicos da África oriental e central. O movimento libertador chocou-se, contudo, contra os bastiões da resistência colonialista nos territórios portugueses – logo tornados independentes – e racista no sul da África".[9] Nas seguintes linhas, de acordo com os limites impostos pela síntese sobre o século XX, faremos uma breve apresentação sobre a independência de alguns dos principais países da África Negra.

---

[8] Idem, ibidem, p. 713 ss.
[9] Idem, ibidem, p. 736.

ÁFRICA OCIDENTAL BRITÂNICA

GHANA

Conhecida como Costa de Oro, caracteriza-se por suas riquezas naturais que estimulam a exploração industrial do território: O término da Segunda Guerra e a volta de ex-combatentes das frentes Asiáticas (Índia, Birmânia) intensificam o nacionalismo e a aspiração à independência. A constituição de 1946 que o governador Alan Burns devia aplicar encontrou forte oposição. Em 1948 U.G.C.C. (sigla inglesa de Agrupamento da Costa de Ouro Unida) promove o Boicote de produtos europeus. Realizam-se marchas pacíficas ao palácio do governador e distúrbios em Accra e nas cidades litorâneas. Entre os detidos pela política figuravam J. B. Danquah, conhecido advogado reformista, e F. Kwame Nkrumah, que estudara em Londres e nos Estados Unidos. Este último rompeu com a U.G.C.C. e criou um partido de massas, o CPP (Congresso do Partido do Povo), que tinha como ideal a autonomia imediata (*self government now*). Nkrumah tem em vista um programa de reformas radicais. Em janeiro de 1950 manifestantes entram em conflito contra o governo, cujos soldados africanos se negam a atirar contra seus irmãos de raça. Os membros do comitê executivo do CPP são aprisionados. Nas eleições de 1951 o CPP obtém apreciável votação, e Nkrumah, que mesmo encarcerado influíra na eleição, é libertado e reconhecido como líder parlamentar. Em 1954 uma nova constituição instituía uma assembleia integrada somente por membros eleitos; os europeus eram excluídos dos cargos ministeriais. Em julho de 1956 Nkrumah organiza a celebração de eleições gerais que dão ampla maioria ao partido (CPP). Reúne-se uma nova assembleia para discutir e elaborar a reforma constitucional visando a independência. "O governo britânico adotou a ata de independência e a petição conjunta dos dois líderes principais, Nkrumah e Danquah, o país tomou o nome de Ghana...".[10] Nkrumah proclamou a independência, com grandes festejos aos 6 de março de 1957, e tornou-se primeiro-ministro. Posteriormente, em julho de 1960, é presidente da República. Nkrumah defende a unidade africana, panafricanismo, através de suas obras. Em 1966, quando em viagem oficial pela China, Nkrumah foi deposto por um golpe militar. O panafricanista morreria em 1972, tendo sido sepultado na Guinea, país que lhe concedera asilo. Segue-se um longo período de instabilidade política e crise econômico-financeira. De 1983 a 1990, Ghana conhece um período de prosperidade.

---

[10] Idem, ibidem, p. 741-742.

NIGÉRIA

Estamos aqui diante do país mais populoso da África, mas constituído por uma população heterogênea que se distribui desde a savana sul-sahariana até a selva tropical situada na zona litoral. Encontramos aí "o enquadramento de tribos heterogêneas dentro de um sistema complexo de colônias e protetorados".[1] Antes da Primeira Guerra Mundial, a Nigéria aparecia como resultado da divisão e da montagem efetuada por Lord Lugard, "e pouca coisa unia suas três partes entre si".[2] Essas partes (Northern Region, Eastern Region e Western Region) constituíam, na realidade, diferentes entidades autônomas. Assim, por exemplo, o Norte, com população haussa e peule, era muçulmano e governado por emires que mantinham um governo feudal. Estes emires, no fundo, davam-se muito bem com a tutela britânica que lhes parecia mais segura do que a independência total com a democratização das massas e uma ampla difusão da atividade política. No Leste, ainda para exemplificar, habitavam os ibos, população ativa e com espírito de iniciativa. Dos ibos sairia o grande líder político Azikiwé, nascido, aliás, na Nigéria do Norte. Benjamin Nnamdi Azikiwé, familiarmente chamado Zik, estudara na Universidade Lincoln, na Pensilvânia, e presenciara, nos Estados Unidos, a luta dos negros americanos contra a discriminação racial. De volta a Lagos em 1934, "lança uma cadeia de periódicos que preparará uma campanha nacionalista de extraordinária veemência"[3] Azikiwé defende um ponto de vista panafricanista, supraétnico, e funda o Movimento da Juventude Nigeriana (NYM). Em 1941 o advoga-

---

[1] Bertaux, *Africa*, p. 272.
[2] Idem, ibidem.
[3] Kizerbo, obra citada, p. 744.

do e empresário Obafemi Awolowo, ioruba, retira de Azikiwé o controle do movimento da juventude. Em 1944 Azikiwé volta para a Nigéria oriental, região dos ibos, e cria o Conselho Nacional de Nigéria e Camerun, mantendo conexões interétnicas e conservando as perspectivas firmemente panafricanas e anticolonialistas. Finda a Segunda Guerra Mundial, o governador Sir Arthur Richards promulgou uma nova constituição que, embora consagrasse o regionalismo, associava pela primeira vez todos os povos da Nigéria "a uma tarefa coletiva comum".[4] Em 1948 o governador Richards foi substituído por John Macpherson que, influenciado pelo trabalhismo inglês, "prometeu uma nova constituição, a africanização dos postos diretivos, a promoção da democracia e a criação de uma universidade nacional – que será inaugurada um ano mais tarde em Ibadán e que constituirá um notável foco de formação de quadros".[5] Como preparo para a nova constituição, levou-se a cabo uma gigantesca campanha de educação política popular. "Graças a ela, os ativistas dos partidos políticos do sul, mais dinâmicos, chegarão até os centros hausa do Norte, com grande descontentamento dos emires...".[6] Vejamos, a seguir, alguns acontecimentos que culminam com a independência e a República. De 1948 a 1949, há em todo o país uma intensa atividade e estruturação política com programas definidos. É interessante notar que os partidos políticos do sul exigiam a independência para 1956, enquanto que os do norte não confiavam no que podia ser uma atitude precipitada dos sulistas. Em 1954 temos um estatuto de autonomia outorgado pelos ingleses sobre uma base federal. Lagos é escolhida como capital, e em 1956 a visita oficial da rainha inglesa reforça o ideal de integração no Commonwealth. Em 1957, na última conferência em Londres, decide-se que seria eleito um primeiro-ministro federal que escolheria os membros de seu gabinete. A 1º de outubro de 1960 proclamava-se a independência. "A totalidade dos partidos estava de acordo em reforçar sua fidelidade ao Commonwealth, como fator de integração, tanto mais útil quanto o direito constitucional de secessão era uma ameaça interna, latente, de desagregação".[7] A 1º de outubro de 1963, a Nigéria transforma-se em república, com Azikiwe

---

[4] Idem, ibidem, p. 745.
[5] Idem, ibidem, p. 747.
[6] Idem, ibidem.
[7] Idem, ibidem, p. 748.

como presidente. Por ocasião das eleições gerais em 1965, agrava-se uma crise política seguida de assassinatos e distúrbios. Em janeiro de 1966 ocorre um golpe de estado sangrento enquanto o presidente Azikiwe se encontrava na Grã-Bretanha. O general Johnson Aguyi Ironsi, novo chefe de Estado, dissolve os partidos políticos, mas é deposto por um novo golpe de Estado promovido por oficiais do Norte. Yakub Gowon, "chefe de estado de 1966 a 1975, inverte a política unitarista, dividindo a federação em doze estados. Não consegue, entretanto, dissuadir os dirigentes ibo de proclamarem, a Leste, "a república do Biafra" (o que deu lugar a uma guerra civil de 1967 a 1970)".[1] Segundo Kizerbo, a guerra secessionista da região oriental, de população ibo, que se havia autodenominado Biafra, revigorou a consciência nacional dos nigerianos: foi um fenômeno de rejeição às forças centrífugas.[2] O regime do general Yakub Gowon sofria intensas críticas que diziam respeito à corrupção, à inflação, à falência de empresas, à deterioração da vida e à protelação da volta do regime civil. Assim é que, em julho de 1975, Gowon foi destituído e substituído pelo brigadeiro Murtala R. Mohammed. Várias medidas foram tomadas para a renovação do país, como, por exemplo, o aumento do número de estados, projeto para uma nova capital, fixação da data para a volta do poder civil etc. Em fevereiro de 1976, entretanto, Murtala Mohammed foi assassinado. O sucessor foi o tenente-general Olusegun Obasanjo. Em 1979 as eleições dão o poder ao partido nacional da Nigéria (NPN) que contava principalmente com nigerianos do Norte. O descontentamento político associa-se a acusações de fraude e corrupção. Há uma nova intervenção de militares: o general Muhammadu Buhari toma medidas contra a corrupção e a indisciplina, mas seu autoritarismo acelera uma "revolução de palácio" em 1985. Segue-se no poder Ibrahim Babangida, que promete um retorno à lei civil, transfere o poder a um conselho temporâneo constituído de civis, e, finalmente, Sami Abacha, que estabelece uma ditadura até 1998 quando morre.[3]

---

[1] Reproduzimos aqui a informação contida no *Dictionnaire du 20 siècle*, p. 492. A síntese sobre a Nigéria é assinada por D. J. (ver as iniciais dos diversos autores a partir da p. 8 à p. 10).
[2] Kizerbo, obra citada, p. 749.
[3] Ver nota 77.

SERRA LEOA

Serra Leoa era um pequeno território integrado por uma região litorânea, considerada colônia, e uma região interior, considerada "o protetorado". A população litorânea era bem menos numerosa que a do interior, mas era mais ou menos europeizada e controlava o comércio sob a supervisão de negociantes britânicos ou libaneses. Registre-se que os habitantes litorâneos (*criollos*) descendiam em grande parte de escravos devolvidos à África, os interioranos eram autóctones e, na maioria, analfabetos. Kizerbo sintetiza a situação da Serra Leoa em virtude da Segunda Guerra Mundial: "As necessidades da Segunda Guerra Mundial haviam promovido o desenvolvimento do magnífico porto natural de Freetown e a aglomeração de abundante mão de obra recrutada no protetorado. Este pode, assim, entrar em contato direto e estreito com as coisas e a gente da costa, originando-se um recrudescimento do antagonismo entre ambas porções do país. Cada vez que a Grã-Bretanha pretendia servir-se de novos africanos para africanizar os postos diretores, ou quando aumentava o número de serra-leoneses no Conselho Executivo, como em 1943, eram os criollos que se beneficiavam".[4] A rivalidade entre habitantes da colônia e habitantes do protetorado confirma-se na criação respectivamente do Partido dos Colonos, Conselho Nacional de Serra Leoa dirigido por Bancole Bright, e do Partido do Povo de Serra Leoa (SLPP) sob a égide de Milton Margai. Lembremos a existência de um Conselho Legislativo e de um Conselho Executivo. Nas eleições de 1951 os homens do protetorado obtiveram esmagadora vitória, e somente os membros do SLPP passaram a

---

[4] Kizerbo, obra citada, p. 751.

ser escolhidos pelo governador para integrarem o Conselho Executivo. Em 1954, Margai convertia-se em Ministro em chefe e, em 1956, o Conselho Legislativo transformava-se em Câmara de Representantes: o protetorado seria abolido. Margai constitui o elemento chave para promoção da independência de Serra Leoa. Em 1958 Margai torna-se primeiro-ministro; em 1959 recebe da rainha da Inglaterra o título de cavaleiro. "Em 1960 o governador cedia--lhe os poderes reservados que ainda detinha e, neste mesmo ano, os partidos da oposição uniam-se a seu partido formando uma frente nacional unificada, cujos representantes foram a Londres para fixarem amigavelmente o calendário da independência que chegou a 27 de abril de 1961".[5]

Em 1964 Margai morre, seguindo-se uma época de instabilidade política com golpes de Estado. Em 1970 Serra Leoa se converte em República. Deve-se lembrar aqui a figura de Siaka Stevens, ex-secretário geral do Sindicato dos Mineiros, que tem um papel atuante na política entre 1967 e 1973. Nas últimas décadas do século XX aparece uma frente de rebelião, a Frente revolucionária Unida (RUF), sob a liderança de Foday Sankoh. O RUF se distingue por seus métodos cruéis, levando o terror até a capital (1997-1998).

---

[5] Kizerbo, obra citada, p. 752.

GAMBIA

Como em Serra Leoa, encontramos em Gambia, um pequeno território que, na expressão de Kizerbo (obra citada p. 752), "parece um plátano entre as mandíbulas do Senegal", e a divisão em protetorado e colônia. Esta é bem mais evoluída e está centrada na capital BathursT.

David Jawara (Dyawara), fundador do PPP (Partido dos Povos do Protetorado), desempenha papel importante na evolução política do país rumo à independência. Vejamos sucintamente algumas datas.[1]

Em 1960 Dyawara é nomeado ministro em chefe. Em 1961, em uma conferência realizada em Londres, trata-se da data da independência. De território autônomo em 1963, Gambia passa a Estado livre em fevereiro de 1965. Em abril de 1970 é proclamada a República, e Dyawara é o chefe de Estado. De 1982 a 1989, Gambia se une ao Senegal, formando a confederação de Senegambia. Em 1994 Dyawara (Danda Jawara) é deposto por um golpe liderado por Yaya Jammeh, em 1994.

---

[1] Idem, ibidem, p. 753

TERRITÓRIOS FRANCESES

Estudando a emancipação dos territórios franceses na África após a Segunda Guerra Mundial, Bertaux tece as seguintes considerações: "A emancipação dos territórios da África, que eram colônias francesas, e territórios sob mandato francês foi levada a cabo segundo uma linha e um processo diferentes dos seguidos nos territórios britânicos. Em conjunto, teve lugar sem violência, diferente da emancipação da Indo-China e da Argélia, cujas independências custaram longas e sangrentas guerras".[1] Antes de focalizarmos brevemente a independência de cada região da África Negra francesa, convém fazer as seguintes observações:

1. René Pleven, comissário de colônias, propõe e organiza a Conferência de Brazzaville, em 1944, sob a inspiração de Felix Eboué, "um homem notável", "um negro de Cayena".[2] Estiveram presentes todos os governadores das colônias africanas e numerosos alto-funcionários. De Gaulle pronuncia o discurso de abertura e sublinha a necessidade de estabelecer sobre novas bases as condições da organização do território africano, do progresso de seus habitantes e do exercício da soberania francesa.[3] Na realidade, a Conferência de Brazzaville deixava de lado o aspecto político que ganharia intensidade com a vitória sobre a Alemanha em 1945: a ideia de autonomia dos territórios que continuariam a integrar o "império francês". Kizerbo observa, a propósito da

---

[1] Bertaux, obra citada, p. 288.
[2] Idem, ibidem, p. 289.
[3] Idem, ibidem, p. 291.

conferência de Brazzaville: "a dupla exigência do momento, quer dizer, manter o poder colonial e ao mesmo tempo abrir possibilidades ao progresso das colônias, vai proporcionar aos trabalhos da conferência a ambiguidade de aspirações que se refletirá posteriormente em toda política colonial francesa, até o momento das independências".[4]

2. Em outubro de 1946 era aprovado o segundo projeto de constituição que fundava a IV República Francesa. "É no quadro desta Constituição que, até 1958, vão evoluir as relações entre a França e suas antigas colônias africanas".[5] O título VIII da constituição, que trata da "União Francesa", precisa: "A União Francesa está formada de uma parte pela República Francesa, que compreende a França metropolitana e os departamentos e os territórios de Ultramar e, de outra parte, pelos territórios e Estados associados". Kizerbo comenta, a propósito da constituição de 1946: "volta a tomar em consideração a ambígua via da conferência de Brazzaville".[6]

3. Em cada território da África havia uma assembleia eleita: "Uma assembleia da União francesa, que não tem nenhuma função legislativa, porém pode emitir opiniões e formular proposições, está composta em sua metade por membros representantes da França metropolitana e, em sua outra metade, por representantes de Ultramar.[7] É interessante notar que entre 1945 e 1948 a África negra de fala francesa quase não deixou de votar: duas constituintes, uma assembleia nacional, assembleias territoriais, eleições de segundo grau para o Conselho da República, para o Conselho da União francesa...".[8]

4. Em 1956, foi votada a *Loi-cadre* (Lei-marco) que introduziu o sufrágio universal, promoveu a população camponesa e precipitou o movimento de africanização dos partidos políticos.

5. Em Março de 1957, realizam-se na África Negra francesa eleições territoriais, e o partido africano RDA (Reunião Democrática Africana) obtém estrondosa vitória. Note-se que RDA organizou-se segundo o esquema comunista, mas D'Arboussier, um dos fundadores e suspeito de ser cripto-

---

[4] Kizerbo, obra citada, p. 754.
[5] Bestaux, obra citada, p. 293.
[6] Kizerbo, obra citada, p. 756.
[7] Bertaux, obra citada, p. 294.
[8] Idem, ibidem, p. 295.

comunista (estivera em Moscou), declara ser o RDA um movimento puramente africano, contra o imperialismo e a favor da democracia.

Em março de 1958 De Gaulle é chamado ao poder. Estamos diante da elaboração de uma nova constituição: é a quinta República. Antes de ser conhecido o novo texto constitucional, De Gaulle percorre Madagascar e a África Negra. Fala-se agora numa comunidade (communauté). "Esta *commonwealth* à francesa, como diz Senghor, não era exatamente nem uma Federação nem uma Confederação; não se trata nem de autonomia nem de uma cooperação entre Estados que aceitam coordenar o fundamental de sua política. Isto quer dizer que a França continuará seu esforço financeiro para com os outros países no quadro da comunidade, porém também reconhece a existência destes como Estados".[1]

Depois dessas breves e certamente incompletas observações sobre a posição da França do após-guerra frente a suas possessões na África Negra, vamos registrar a efetivação da independência dessas possessões.

---

[1] Idem, ibidem, p. 301.

SENEGAL

Proposto um *referendum* sobre a aceitação ou não da Constituição da V República e sobre as relações desta com o conjunto dos territórios de Ultramar dentro da já citada Commumauté com repúblicas autônomas na África, os eleitores da Guiné francesa, quase unanimemente, votaram negativamente e proclamaram a independência a 12 de outubro de 1958.

A Federação de Mali, que fora criada em janeiro de 1959, entre o Senegal e o Sudão francês, inclinava-se para a obtenção rápida da independência de acordo com a orientação de Modibo Keita. A Federação, entretanto, não prospera: os estados federados separam-se e o Sudão, com o nome de Mali, proclama sua independência em setembro de 1960.[2]

Modibo Keita, o primeiro presidente, imprime caráter socialista em seu governo e participa da Organização da Unidade Africana (OUA) em 1963. Rebeliões internas e problemas econômicos propiciam um golpe de Estado em novembro de 1968. Keita é, então, substituído pelo coronel Moussa Traoré que vai ser deposto em 1991 por um militar, Amadu Tumani Turé, que entrega o poder aos civis.

Leopoldo Senghor, "humanista e intelectual de renome universal"[3], é eleito presidente da República do Senegal, onde há uma população evoluída política e culturalmente. Entre outros acontecimentos sob a presidência de Senghor, lembremos: agitação estudantil e sindical (1968), Universidade de-

---

[2] Note-se: a independência é outorgada à Federação Mali em junho de 1960. Modibo Keita, em agosto, tenta um golpe para afastar Senghor e sua equipe. Modibo é expulso e a Federação do Mali sobrevive. Keita retorna e proclama a República do Mali, que corresponde ao antigo Sudão francês (Ver texto em Bertaux, obra citada, p. 305, e Kizerbo, obra citada, p. 777).

[3] Kizerbo, obra citada, p. 776.

pendente financeira e tecnicamente da França, Constituição de 1970. Esta constituição restabelece o cargo de primeiro-ministro. Em 1973 intelectuais marxistas instigam novas agitações estudantis e sindicais. Em 1981 Abdu Diuf, que, quando jovem técnico, fora primeiro-ministro, ascende à suprema magistratura. O novo governo caracteriza-se pela atuação dos tecnocratas. Em 1989 há um sério conflito entre agricultores senegaleses e criadores mauritânios na região do rio Senegal. De 1982 a 1989 Senegal e Gâmbia estão ligados pela confederação de Senegâmbia.

Costa do Marfim encontra-se (1949 e 1950) em grande crise com manifestações violentas por influência do RDA, acima mencionado. Papel relevante desempenha Felix Houphouët, formado em medicina, importante plantador de café e considerado "o ponto de encontro entre a jovem e a velha Costa do Marfim".[4] "Houphouët decide dar ao RDA uma nova orientação e romper com os comunistas. O ministro francês de Ultramar, François Mitterrand, busca uma ocasião para entrevistar-se com Houphouet Boigny e propõe-lhe um pacto de colaboração leal em interesse da África Francesa, pacto que as duas partes respeitarão fielmente doravante. Mitterrand e Houphoüet inauguram juntos, em fevereiro de 1951, o novo porto de Abidjan e o canal que o une ao mar".[5]

Em 1957 o PDCI (Partido democrático da Costa do Marfim), fundado por Houphouët, obtém apreciável votação, e em 1959 o fundador é designado primeiro-ministro. Em agosto de 1960 a República da Costa do Marfim torna-se um estado soberano. "No momento da proclamação da independência, Houphouët-Boigny declarava: não dizemos adeus à França, mas até logo".[6] O velho político atua, com métodos autoritários, em todos os setores que incluem partido único, sindicato único e afastamento de rivais . É interessante lembrar que em 1975 Houphoüet tenta um diálogo com a República Sul-africana. Em 1980, após vivos protestos estudantis, há uma abertura na política interna, permitindo-se candidaturas múltiplas. Em. 1990, sob a pressão de manifestações populares, parte-se para uma democratização efe-

---

[4] Kizerbo, obra citada, p. 762.
[5] Bertaux, obra citada, p. 298.
[6] Idem, ibidem, p. 305.

tiva. Em 1991 Houphouët, em duvidosa eleição, vence esmagadoramente o líder socialista da oposição Laurent Gbagbo. Em 1993 falece Houphouët--Boign (1905-1993), que marcou profundamente a vida política de seu país entre 1960 e 1993. Um dos traços característicos de seu posicionamento político foi a cooperação com a França. Henri Konan Bédié autoproclamou-se presidente com o apoio da França.

ALTO VOLTA

O Alto Volta, território colonial, fora repartido, em 1932, entre o Sudão francês, Niger e Costa do Marfim e fornecia abundante e quase gratuita mão de obra aos plantadores de Costa do Marfim. Em 1945 a União Voltaica, sob a liderança de Mogho-Naba, aparece na cena política lutando pela reconstituição do Alto Volta. Note-se que o cenário político voltaico apresenta então grande mobilidade. Em dezembro de 1958 reúnem-se em Bamako os representantes do Senegal, Sudão, Alto Volta e Dahomey, com o fim de tratarem da melhor maneira de federalização. Em janeiro é proclamada em Dakar a Federação de Mali que, como já vimos, não prosperou. Dahomey e Alto Volta retiram-se. Note-se que Alto Volta se dera conta de que sua economia estava voltada muito mais para Abidjan do que para Dakar.[1]

Com a interferência de Houphouët, hostil por princípio a uma Federação, constitui-se o Conselho da Entente entre Costa do Marfim, Alto Volta, Niger e Dahomey. Tratava-se, observa Kizerbo, de "uma união de caráter flexível".[2] Os quatro Estados da Entente, após negociações amistosas e acordo total com a França, proclamaram sua independência em agosto de 1960 e, pouco depois, foram admitidos nas Nações Unidas.[3]

---

[1] Bertaux, obra citada, p. 304.
[2] Kizerbo, obra citada, p. 778.
[3] Bertaux, obra citada, p. 305.

GUINÉ FRANCESA

Já mencionamos acima a independência da Guiné Francesa a 12 de outubro de 1958. Nesta independência, desempenhou papel importante o líder sindical carismático Seku Ture, campeão do anticolonialismo e do pan-africanismo. Registre-se que o tom do discurso do líder irritara o general De Gaulle. A viagem do general De Gaulle, depois das etapas triunfais ou acolhedoras de Tananarive, Brazzaville e Abidyan, levava-o agora a Conakry e enfrentava um povo disposto a ser amistoso, porém com condições proclamadas em um tom altivo e insólito para o ilustre hóspede, Seku Ture, que se dirige claramente para o auditório para exclamar: "Preferimos a pobreza em liberdade à riqueza em escravidão".[1] O discurso, contudo, terminava com um viva à Guiné e um viva à França. Segundo Bertaux, "nada ou quase nada havia que justificasse a viva resposta de De Gaulle".[2] Embora Seku Tire tivesse telegrafado a De Gaulle, afirmando a intenção de "colaboração fraterna, o governo francês retira os administradores e funcionários franceses, e os bancos suspendem seus créditos. "A França se faz esperar para dar seu reconhecimento oficial; mantém Seku Ture e a Guiné em quarentena. Somente três meses mais tarde relatar-se-ão as relações sob a forma de acordos técnicos e culturais. Entretanto sessenta Estados reconheceram já a Guiné, e esta entrou nas Nações Unidas".[3] Sem deixar de apelar para a França, Seku Tire recebeu ofertas de apoio tanto de países do bloco soviético como dos Estados Unidos, da Grã-Bretanha, da República Federal Alemã e da China popular.

---

[1] Kizerbo, obra citada, p. 774.
[2] Bertaux, obra citada, p. 302.
[3] Idem, ibidem.

Na política interna deve-se lembrar que o Partido Democrático da Guiné (PDG), criado por Ture, converte-se em Partido único, tendo como modelo o partido único das Repúblicas populares. "O aparato do Partido e do Estado é praticamente uma única e mesma coisa".[4] Estamos aqui diante de uma ditadura civil que, em face de possíveis ameaças externas de desestabilização (em 1971 há um ataque em Conakry promovido por mercenários portugueses), descamba para uma verdadeira tirania, com grande número de mortos e de exilados.[5]

Em 1984 S. Ture falece, e um golpe de Estado leva à proclamação da Segunda República dirigida por um comitê militar, à frente do qual se encontra o coronel Lansana Conté. Uma tentativa de golpe contra esta ditadura leva à sangrenta repressão.

---

[4] Idem, ibidem, p. 303.
[5] Ver uma síntese sobre a Guiné Francesa no já citado *Le dictiomaire du 20 siècle*, p. 323.

TOGO

Antiga colônia alemã (1885-1914), o Togo foi colocado sob mandato francês e britânico pela Sociedade das Nações e, posteriormente, sob a tutela da ONU. Figura principal na evolução política da parte do Togo administrada pela França é Sylvanus Olympio que havia estudado na Escola Londrina de Estudos Econômicos (London School of Economics) e, caso excepcional para um africano na época, fora designado em Togo diretor de importante sociedade comercial. Em 1948 encontrâmo-lo como presidente da Câmara de comércio de Togo. Envolvido na política, lutou pela unidade togolense, mas não pôde impedir que um plebiscito de 1956 anexasse o Togoland britânico a Ghana. A assembleia territorial amplia seus poderes em 1955 e é criado um Conselho de governo. Em 1958 Olympio torna-se primeiro-ministro. Neste mesmo ano o governo togolense e o governo francês propõe o fim do mandato e a proclamação da independência em abril de 1960 "Olimpio governará o país com minúcias e rigor de contador e com mão de ferro". [1] Após as eleições legislativas de 1961 Olympio é nomeado presidente da República e havia conseguido grande reputação, mas em janeiro de 1963 foi assassinado durante um golpe de Estado. O sucessor é Nicolau Grunitzky. Em 1967 é instaurada uma ditadura militar pelo general Estevão Gnassingbé Éyadema.

---

[1] Kizerbo, obra citada, p. 785.

CAMERUN

Antiga Colônia Alemã, foi colocado sob o mandato da Sociedade das Nações após o primeiro conflito mundial e, posteriormente, ficou sob a tutela da ONU, mas administrado pela França e pela Grã-Bretanha. Em 1959 a França notificava a ONU sobre a renúncia a seu mandato.[1] Em 1º de janeiro de 1960, o Camerun é independente e o presidente é Ahmadú Ahidyo. "A porção meridional do ex-Camerun britânico optou pela integração no Camerun ex-francês, formando-se a República Federal do Camerun, que por meio de uma reforma constitucional (1972) se converteu em República Unida, sendo seu presidente El-Hadch Amadu Ahidyo".[2] Ahidyo é reeleito presidente em 1975. O primeiro-ministro é, então, Paulo Biya que, em 1982, substitui Ahidyo e luta contra a crise econômica e o Trabalhismo. Biya é reeleito em 1997.

---

[1] Bertaux, obra citada, p. 306.
[2] Kizerbo, obra citada, p. 788.

REPÚBLICA CENTRO-AFRICANA

Este território, ocupado pelos franceses desde o século XIX e conhecido sob a designação colonial de Ubanguai-Chari, destaca-se no cenário internacional depois da guerra, principalmente graças à atuação de Barthélémy Boganda (1910-1959) que organiza a luta pela emancipação africana e funda (1946) o Mouvement d'Évolution Sociale de l'Afrique noire (MESAN). Boganda "chegou a lançar a ideia da criação de uns Estados Unidos da África latina, englobando a África Equatorial Francesa, o Congo Belga e Angola. Em março de 1959, entretanto, o líder africano pereceu num acidente de avião. [1] Boganda é substituído por David Dacko, que tinha conservado os pontos de vista federalistas de seu primo. Registre-se que o território já era, então, membro da comunidade, com o nome de República Centro-Africana. Em agosto de 1960 era proclamada a independência, com Dacko presidente. Em 1965 Dacko é deposto por um golpe militar comandado por seu primo, o coronel Jean-Bedel-Bokasa (1921-1996), que fizera carreira no exército francês. Bokasa tem mania de grandeza: em 1972 é presidente vitalício, em 1974 é marechal; em 1976 é elevado à dignidade imperial e em 1977 é coroado. O governo arbitrário prepara a deterioração e o fim do regime. Em janeiro de 1979 Bokasa promove uma sangrenta repressão contra revoltosos; em abril do mesmo ano são mortos estudantes adolescentes que se negavam a vestir o uniforme obrigatório. Em outubro de 1979, Bokasa, em visita à Líbia, foi deposto com auxílio da França. Voltou ao poder Dako. Após sete anos de exílio Bokasa retorna a Bangui (capital), onde é preso, submetido a julgamento, condenado à morte, mas agraciado e libertado em 1993. O antigo "imperador" morre pobre e abandonado em 1996.

---

[1] Idem, ibidem, p. 789.

CONGO-BRAZZAVILLE

Em 1956, Fulbert Yulu, fundador da "União Democrática de Defesa dos interesses africanos", desempenha um papel importante na vida política; em 1958 encontramos Yulu como primeiro-ministro. Em 22 de novembro desse ano, Yulu proclamava em Pointe Noire a República do Congo membro da comunidade e a capital era fixada em Brazzaville.[1]

Em 1959 há choques violentos entre os *lari* (etnia a que pertencia Yulu) e adversários. Pouco antes da independência chegou-se, contudo, a um compromisso entre duas organizações políticas e seus respectivos líderes, Fulberto Yulu e Jacques OpangaulT. O primeiro conseguiu a suprema magistratura, enquanto o segundo converteu-se em ministro de Estado.[2] Yulu estabeleceu um regime fortemente autoritário, mas em agosto de 1963 foi deposto, detido e encarcerado, conseguindo porém evadir-se em 1965. O novo regime do "Congo-Brazzaville", atualmente chamado simplesmente Congo (o antigo Congo-Leopoldville ou ex-belga transformou-se em Zaire), mantém relações com os países do Leste europeu em plena Guerra Fria. O presidente Alphonse Massemba-Débat é substituído num golpe militar por grupos de esquerda. O capitão Marien Ngouabi, com o partido congolês do trabalho, leva o Congo a partir de 1969 pela via da "Grande Revolução Proletária Mundial".[3] Em 1973 adapta-se uma nova constituição por *referendum*, elegendo-se uma Assembleia Nacional Popular. Em 1974 Ngouabi é reeleito presidente da República.

---

[1] Bertaux, obra citada, p. 305.
[2] Kizerbo, obra citada, p. 791.
[3] Idem, ibidem, p. 792.

Em 1977 Ngouabi é assassinado e substituído por Jacques Joachim Yhombi Opango, que por sua vez é deposto (1979) pelo coronel Denis Sassu Nguesso. O regime passa a ser fortemente contestado a partir de 1989, e em 1990 Sassu se vê obrigado a admitir o multipartidarismo.

GABÃO

Membro da *communauté* franco-africaine em 1958, o Gabão assume a independência em 1960. Leon Mba (1902-1967) é o primeiro presidente e detém poderes autocráticos. Em 1964 enfrenta sérios distúrbios na capital, Libreville, resistindo apenas graças à intervenção de paraquedistas franceses.

Mba faleceu em 1967 e tem como sucessor OmarBongo, que instaura um partido único (*Parti Démocratique Gabonais*), controlando todos os aspectos da vida social.[1] Em 1972 põe-se em prática a política de "gabonização" contra o domínio do "capitalismo incontrolado" das grandes empresas. Em 1985 há uma tentativa de golpe de Estado, e em 1990 há revoltas controladas pelo exército francês. Nesse mesmo ano instaura-se o multipartidarismo.

---

[1] Idem, ibidem, p. 793.

CHAD

Como outros territórios da AEF (África Equatorial Francesa), o Chad (Tchad) optou pela Comunidade Franco-Africana. Papel importante político desempenha o antilhano Gabriel Lisette que atua no sentido da fundação, em 1947, do Partido Progressista Tchadiano (PPT). Após as eleições de 1957, Lisette ocupa o cargo de vice-presidente do Conselho de governo. Em 1960 grupos muçulmanos, que não confiavam em Lisette, unem-se num só partido, o Partido Nacional Africano (PNA), "que se convertia automaticamente num perigo potencial para o governo".[1]

Lisette foi deposto de todas as suas funções por um colaborador, François Tombalbaye, a quem cedera o cargo de primeiro-ministro. Em dezembro de 1960, o PPT ainda consegue a maioria na Assembleia e, em 1961, funde-se com o PNA, formando a União para o Progresso do Tchad (UPT). Note-se a existência de tensão interna entre muçulmanos do norte e não mulçumanos do sul, o que mantém o país "em perpétuo sobressalto".[2] A partir de 1966 surge a Frente de Libertação Nacional do Tchad (Fro.Li.Na.T), que vai influir de diferentes formas na evolução política do Chad. Assim, por exemplo, em 1971 a Frente começa a receber apoio da Líbia. Em 1975 o presidente Ngarta Tombalbaye morre durante o assalto a seu palácio comandado pelo general M. Odingar. Surge, então, o General Mallum, libertado da prisão, que se converte em chefe do Conselho Militar Supremo e, logo após, chefe do governo Provisório e, finalmente, chefe do Estado. Mallum, como antes Tombalbaye, teve o apoio da França até fins de 1978. Em 1979 há guerrilha dividida em numerosos grupos.

---

[1] Idem, ibidem, p. 794.
[2] Idem, ibidem.

DJIBUTI

O porto de Djibuti permitia aos franceses o acesso à Etiópia. Menelik, em virtude de um tratado firmado em 1897, declarara que o porto era considerado "a saída oficial do comércio etíope". Note-se que a região encontrava-se repartida entre os *afars* e as outras etnias do grupo somali (*issas*). Mahamúd Harbi era partidário da integração do país com a Somália e, tendo rejeitado a comunidade Francesa no *referendum* de 1958, foi derrotado e refugiou-se no Cairo. A partir de 1967 a França apoia-se no grupo dos *afars* que se mostram favoráveis à colaboração com a potência colonial. Em 1968 o líder Ali Aref, com uma vitória na câmara de Deputados, reforça a posição de seu partido "União e Progresso no conjunto francês". Surgem, entretanto, outros agremiações políticas que visam a independência. Em 1975 Ali Aret obtém da França a promessa de um estatuto de autonomia, com a condição de que a França possa conservar sua base militar e seus interesses econômicos em Djibuti, revalorizados pela reabertura do canal de Suez em 1973. Um *referendum* abriu o caminho para a soberania, em 1977. Em 1978 temos o regime de partido único presidido por Hassan Guled Aptidon, que, entretanto, não resolve o problema da partilha do poder entre as comunidades. Entre 1991 e 1994 há um conflito de pequena proporção, mas que revela a necessidade de certas reformas radicais. Em 1999 assume a presidência Ismael Omar Guelle, sobrinho de Guled.

COMORES

Arquipélago de quatro ilhas, dependia administrativamente da colônia francesa de Madagascar até a Segunda Guerra Mundial. A partir de 1946 Comores passa a ser um Território Francês de Ultramar (TOM), com certa autonomia política. Ao Partido da Entente Comorense (PEC), aliam-se em 1972 outros dois partidos que, em princípio, eram a favor dos franceses, mas que, agora, manifestavam-se, com o PEC, pela independência. Em 1974 a França organiza em todo arquipélago um *referendum* que resulta na grande maioria de votos a favor da Independência. Note-se, contudo, que na ilha de Mayotte tinham sido vencedores os partidários da união com a França.

Em 1976 o Parlamento Comorense declara a independência. Nos anos 1976-1978 há violência política e social. O presidente Ahamed Abdallah (que autoproclamara a independência em 1975) é deposto e se exila na França. Ali Sailih, ministro que contribuíra para a deposição de Abdallah, promove uma revolução econômico-social de inspiração socialista, mas é eliminado fisicamente em 1978. Abdallah retorna com apoio de mercenários franceses, adota uma nova constituição (1978), criando a República Federal Islâmica de Comores. Em 1989 Abdallah é assassinado.

COLÔNIAS BELGAS

O Congo, propriedade inicialmente do rei belga Leopoldo II (1865-1908), é cedido por este soberano à Bélgica. Em outubro de 1908 o parlamento votava a anexação da colônia. No termo de sua vida, "Leopoldo podia convencer-se de que sua obra cimentava a grandeza e a potência de seu povo e de que o futuro render-lhe-ia justiça pela própria boca de seus detratores".[1]

A história do Congo belga depois da Segunda Guerra Mundial é, segundo Kizerbo, "a de uma descolonização durante longo tempo frustrada".[2] Ainda o mesmo autor, assim, caracteriza o sistema belga de colonização: "O sistema belga, qualificado como paternalista, merece seu nome, pois significa a tutela indefinida do congolês cuja educação devia prosseguir no invernadouro caloroso do Congo, ao abrigo de toda contaminação exterior e sem que tivesse sido fixada de antemão a maioridade".[3] Ainda Kizerbo observa que o sistema belga se debatia entre numerosas contradições e se situava "em meio caminho entre o sistema francês e o britânico", e dos mesmos conservava todos os defeitos.[4] Bertaux menciona os três poderes do Congo: a administração belga, os cinco *TRUSTS* e a Igreja Católica.[5] Note-se que a Igreja criara, em 1955, a Universidade de Lovanium em Leopoldville. Neste mesmo ano, o rei Balduíno visita o Congo e reforça a ideia da criação de

---

[1] Imann-Gigandet, "Leopold II donne le Congo à la Belgique", *Historia*, n. 143, p. 405.
[2] Kizerbo, obra citada, p. 798.
[3] Idem, ibidem, p. 799-800.
[4] Idem, ibidem.
[5] Bertaux, obra citada, p. 307.

uma comunidade belga-congolesa. Ainda em 1955 o Professor Anton Jef Van Bilsen, de Amberes, propõe um plano para a emancipação política da África belga: a descolonização efetuar-se-ia em trinta anos. "A simples perspectiva aberta por um intelectual belga, politicamente não responsável, porém de grande reputação internacional, ia desencadear a agitação nos meios evoluídos."[6]

Em 1956 o grupo *Consciência Africana* dirigido por Joseph Ileo publica um manifesto com reivindicações como o reconhecimento da personalidade africana e a livre expressão cultural e política; outro grupo, a Associação do Baixo Congo (ABAKO), presidida por Joseph Kasavubu, critica o caráter idealista do manifesto e reivindica a emancipação política e a criação de partidos políticos congoleses. Em 1958 acontecimentos como a exposição universal em Bruxelas (que permitiu um conhecimento recíproco de líderes congoleses e um contato destes com os representantes de outras regiões, especialmente africanas) e o discurso de De Gaulle, em Brazzaville, aceleram os movimentos emancipacionistas. Ainda era 1958, na Conferência Panafricana dos Povos celebrada em Accra (Ghana), distingue-se o líder congolês Patrício Lumumba, que, em contato com as mais radicais correntes do nacionalismo africano, exclamou da tribuna: Abaixo o imperialismo! Abaixo o colonialismo! Abaixo o racismo. Viva a nação congolesa! Viva a África independente! Lumunba passou a exigir a independência imediata.[7] Em janeiro de 1959 o rei Balduíno declara que a independência era o término normal do processo político em curso. Em 1960 delegados belgas e congoleses reúnem-se em Bruxelas e a data da independência é fixada em 30 de junho. Em maio de 1960 organizam-se eleições legislativas para a constituição do Parlamento congolês. A república do Congo foi efetivamente proclamada aos 30 de junho e o governo incluía Kasavubu, presidente da República, e Lumumba, chefe do governo. A cerimônia de proclamação da independência e da República foi assinalada por três alocuções respectivamente do rei Balduíno, do novo presidente e de Lumumba. Deve-se registrar que o discurso deste não

---

[6] Kizerbo, obra citada, p. 802. Evoluídos eram aqueles que viviam mais ou menos como os europeus, porém sem possuir seus direitos (Kizerbo, p. 800-801).
[7] Idem, ibidem, p. 80.

estava previsto. Lumumba foi deselegante em relação ao soberano belga, mas perante muitos fez papel de herói nacional.

Pouco depois da proclamação da independência, os soldados africanos da Força Pública rebelam-se contra seus oficiais. Desencadeiam-se a violência e a anarquia. Paraquedistas belgas vêm proteger os europeus. Lumumba acusa a intervenção belga de agressão colonialista. A secessão e independência de Katanga é proclamada por Moisés Tshombe. Lumumba busca apoio das Nações Unidas, cujas forças só visavam a manutenção da ordem e não, como queria o líder congolês, a dominação da secessão Katanguense. "Lumumba, buscando apoio por toda a parte, aceitou a ajuda soviética: os ocidentais temeram por um momento que os russos se instalassem no Congo ex-belga, da mesma maneira como se temia, na mesma época, que se instalassem em Cuba".[8] Kasavubu, como presidente da República demite Lumumba; este, por sua vez, demite Kasavubu. Um grupo de oficiais dá o poder ao coronel Joseph Mobutu, que aprisiona os líderes políticos e forma um governo de técnicos. Lumumba acaba nas mãos das autoridades de Katanga e, pouco depois, é assassinado (janeiro de 1961), fato este de repercussão internacional.

Negociações efetuadas entre Leopoldville (atual Kinshasa) e a ONU, de um lado, e Katanga, de outro lado, não produziram resultados e o secretário Geral da ONU, Dag Hammarskjöld, perdeu a vida num acidente de avião (1961) quando ia encontrar-se com Tshombe para tratar da volta de Katanga a um Congo federado. Em 1962 as Forças da ONU põem fim à separação de Katanga. Kasavubu designa Moisés Tshombe primeiro-ministro.[9] Entre os dois líderes, entretanto, surgiram desavenças. Em 1965 Tshombe é deposto, "as eleições presidenciais estavam a ponto de celebrar-se, mas o exército, para arbitrar o antagonismo entre ambas as personalidades, interveio e instalou Joseph Mobutu na cabeça da nação como Presidente da República".[10] Estamos aqui diante de uma longa gestão (1965 e 1997) presidencial despótica com um único partido. Kizebo anota: "depois da morte de Tshombe e de Kasavubu, muitos dos antigos adversários do presidente Mobutu se dedi-

---

[8] Bestaux, obra citada, p. 309.
[9] Kizerbo, obra citada, dá a data de 1964. No texto registramos a data citada no *Dictionnaire du 20 siècle*.
[10] Kizerbo, obra citada, p. 806.

cam, hoje, a negócios ou se encontram na prisão. A maior parte dos políticos e dos técnicos pertence à nova geração, que não se viu comprometida com a tormenta dos primeiros anos de independência".[11] Entre 1966 e 1977 a posição de Mobutu foi-se consolidando de maneira progressiva. Vale notar que em 1971 o Congo-Kinshasa passa a denominar-se, Zaire e o chefe de Estado passa a ser designado "Mobutu Sese Seko". Em 1972 há uma concentração maior do poder, e em 1974 uma revisão constitucional acumula na chefia de Estado a chefia do Conselho Executivo Nacional, a presidência do Conselho Legislativo Nacional e as chefias do poder judiciário e das Forças Armadas. O posto de primeiro-ministro, extinto em 1967, é restabelecido, o que, entretanto, não implica em renúncia ao partido único nem em partilha do poder. O multipartidarismo político só voltou em 1990. Estamos diante do período de transição democrática, mais aparência que realidade. Em maio de 1997 uma rebelião leva ao poder L.D.Kabila, que instaura um regime presidencial e um poder pessoal. Mobutu ausenta-se e morre logo depois. O Zaire é rebatizado com o nome de República Democrática do Congo. Kabila é assassinado em janeiro de 2001.

---

[11] Idem, ibidem.

RUANDA E BURUNDI

Ruanda e Burundi haviam integrado a África Oriental Alemã e, em maio de 1919, foram confiados sob mandato à Bélgica. Os belgas incluíram os novos territórios coloniais na administração do Congo. No final da Segunda Guerra Mundial, as Nações Unidas confiaram os mesmos territórios à Bélgica, "com a advertência de que em 1962 chegariam à independência".[1]

A sociedade africana aqui apresentava-se fundamentalmente dividida em *tutsi* (*batutsi*) e *hutu* (*bahutu*). Os primeiros constituíam a aristocracia dominante, os segundos eram simples camponeses e formavam a maior parte da população.

A ascensão ao poder, em Ruanda, de Kigeri V provocou revolta por parte dos *hutu* com o morticínio de *tutsi*, muitos dos quais se refugiaram em Uganda. "A intervenção de tropas belgas não acabou com a violência nem com as reivindicações hutu. Em 1960 uma missão da ONU recomendou eleições gerais, como passo prévio para a independência que chegou a 1º de julho de 1962, porém ambos os territórios não permaneceram unidos, apesar dos conselhos da ONU que desejava a unificação".[2]

O *mwami* (rei) Kigeri teve que fugir às vésperas da independência e foi substituído por um soberano mais liberal. Posteriormente instaurou-se a República, tornando-se chefe do governo o líder do Partido do Movimento de Emancipação *hutu*: Gregório Kayibanda (1924-1976).

Em julho de 1973 um golpe de Estado leva ao poder o major Juvenal Habyarimana (1937-1994). Consequências da militarização do regime foram: a dissolução do partido de Kayibanda, centralização da administração e

---

[1] Marin, obra citada, p. 493.
[2] Kizerbo, obra citada, p. 80.

abertura do país em relação a seus vizinhos.

Encontramos em Burundi (Urundi) um regime monárquico constitucional: o monarca (Mwami) se apoiava no partido Uprona (Unidade para o progresso nacional), nacionalista e progressista, dirigido por seu próprio filho, o príncipe Louis Rwagasore, que será assassinado em 1961. [3] Acontecimentos sangrentos precedem o golpe militar de novembro de 1966. "O capitão M. Micombero, nomeado primeiro-ministro por Ch. Ndizaye, príncipe herdeiro que havia destituído o próprio pai, afasta do poder o príncipe e proclama a república, convertendo-se em seu primeiro presidente".[4] Em 1972 o país é abalado por graves distúrbios. Causam indignação mundial os expurgos realizados sob Micombero, visando extermínio da população hutu. O genocídio fez mais de cem mil vítimas. Em junho de 1974 uma nova constituição condena formalmente a discriminação racial e étnica. Micombero foi novamente designado presidente da República, mas em 1976 destituiram-no e ascendeu ao poder o *tutsi* coronel João Batista Bagaza, cujo governo começou com medidas de pacificação política e desenvolvimento econômico. Em 1992 foi adotada uma nova constituição.

---

[3] Idem, ibidem, p. 809.
[4] Idem, ibidem. Ver também Marin, obra citada, p. 493, e *Dictionnaire du 20 siécle*, p. 106.

ÁFRICA ORIENTAL BRITÂNICA

Sobre a política colonial britânica com relação a essa região, Kizerbo observa que "era muito menos liberal que nas colônias da África Ocidental".[1] Vejamos brevemente, a seguir, os países integrantes desse grupo.

TANGANYIKA

Tanganyika era uma antiga colônia alemã colocada sob mandato britânico após primeiro conflito mundial. Em 1948 o Departamento de Colônias estava interessado em pôr em execução um projeto de formação de uma federação que reunisse Tanganyika, Uganda e Kenya... O projeto não pôde ser executado em virtude de fortes opositores, entre os quais se encontravam os plantadores britânicos das terras altas da Uganda e do Kenya. Em 1954 encontramos um verdadeiro partido político, a Tanganyika African National Union (TANU), em que se destaca a liderança de Julius K. Nyerere. Estamos aqui diante de um intelectual interessado nos problemas de sua pátria: havia estudado na Universidade Makerere em Uganda e, em seguida, em 1949, na

---

[1] Kizerbo, obra citada, p. 81.

de Edimburgo (Escócia), onde estudou História e Economia. Nuerere foi professor de História nas escolas católicas de Tanganyika e "logo se apaixonou pela promoção política, social e intelectual de seus compatriotas". [2]

Em dezembro de 1961 Tanganyika conquistava a independência, e no cimo do monte Kilimanjaro, o teto nevado da África, era içada a bandeira verde, amarela e negra, "sublime símbolo do renascimento africano". [3] Nyerere, em 1962, tornou-se, graças a um plebiscito, o primeiro presidente do país que adotou o regime republicano. Em 1963 Zanzibar obtinha sua independência com um regime monárquico constitucional, governado por um sultão que foi deposto em 1964 por um golpe militar. Foi então proclamada a República e, no mesmo ano, Zanzibar unia-se à Tanganyika, formando ambos os países a Tanzânia. Julius Nyerere foi o presidetne até 1985 quando se afastou do poder voluntariamente, tendo sido substituído por Ali Hassan Mwinyi (1985-1995)

---

[2] Idem, ibidem, p. 811.
[3] Idem, ibidem.

KENYA

É interessante notar que o Kenya "era um dos raros pontos do continente africano onde parecia poder estabelecer-se de forma duradoura, senão definitiva, uma população branca". Os plantadores brancos se contavam aos milhares, "trazendo capitais consideráveis, criando vastas plantações de café, tabaco, cereais, açúcar e algodão; criando pastos para as ovelhas e criadouros de avestruzes nas terras menos ricas. Realizou-se um enorme trabalho, a lavra e o melhoramento do solo, a luta contra as epidemias dos animais e plantas; criação de cereais híbridos adaptados ao país, etc. Instituíram-se indústrias anexas: serrarias, moinhos, leiterias. Os brancos sentiam-se na própria casa em um país cuja fisionomia haviam transformado".[1] Na década de vinte, após, portanto, a Primeira Guerra Mundial, forma-se um movimento (Kenya Central Association) que reclama para os africanos não só direitos políticos como restituição de terras que, de acordo com os africanos, haviam sido roubadas pelos brancos.[2] Depois da Segunda Guerra Mundial, o Conselho Legislativo, que havia sido criado em 1907, introduziu um sistema eleitoral que atribuiria 11 vagas aos europeus, três aos indostânicos não muçulmanos, dois aos indostânicos muçulmanos; um aos árabes, nenhum aos africanos. Em 1950 o povo *kikuyu*, que se notabilizava por ser politicamente mais evoluído, encontra-se em plena agitação. Note-se que terras dos *kikuyus* figuravam entre as que mais haviam sido objeto da invasão de

---

[1] Bertaux, obra citada, p. 277.
[2] Idem, ibidem, p. 279.

colonos estrangeiros. Aparece então um movimento que se desenvolvera na clandestinidade e que ficou conhecido no exterior como Mau-Mau. Registre-se que esse movimento inicialmente não era violento, mas exigia de seus membros um juramento imitado mas diferente do juramento prestado pelos *kikuyu*. O membro do Mau-Mau que prestasse juramento comprometia-se, sob pena de morte, a não revelar o segredo da organização. A violência inspira então africanos contra europeus e contra africanos que colaboravam com os brancos. A xenofobia domina e sucedem-se os atos terroristas. A direção do terrorismo foi atribuída ao líder Jomo Kenyatta (J. Kamai), ex-aluno da London School of Economies e autor de um célebre ensaio, *Frente ao Monte Kenya*, sobre seu próprio povo, o *kikuyu* (gikuyu). Em plena agitação chega ao Kenya (1952) um novo governador, que é recebido com um atentado. Proclama-se estado de emergência e Kenyatta é detido. "Paraquedistas das tropas britânicas do Médio Oriente lançam-se sobre o Kenya e começa uma verdadeira guerra de repressão, caracterizada por atrocidades praticadas por ambos os lados".[3] Kenyatta fica cerca de sete anos na prisão e é deportado para a região desértica do nordeste do Kenya. Jamais foi possível estabelecer o grau exato de sua participação no movimento sedicioso. Na ausência de Kenyatta, assume a liderança da oposição ao colonialismo o jovem sindicalista Tom Mboya. Em 1960 uma conferência celebrada em Londres "deu como resultado um novo sistema e novas eleições que deram desta vez trinta e três representantes aos africanos, dez aos europeus, oito aos asiáticos e dois aos árabes. Pela primeira vez em cinquenta anos, os europeus viam escapar o controle da colônia".[4] Em 1961 o partido KANU (Kenya African National Union) vence as eleições, e seu líder, Tom Mboya, nega-se a formar governo sem Kenyatta. Este é libertado alguns meses depois e passa a integrar o governo. Em 1963 é primeiro-ministro e Mboya ministro da justiça. Em dezembro de 1963 era proclamada a independência do Kenya. Jomo Kenyatta é presidente de 1964 a 1978. Mboya foi assassinado em julho de 1969, seguindo-se, então,

---

[3] Kizerbo, obra citada, p. 818.
[4] Bertaux, obra citada, p. 281.

graves distúrbios entre os grupos étnicos *iwo* e *kikuyu*. Kenyatta falece em 1978. Note-se que em 1974 fora reeleito para um terceiro mandato de cinco anos. Segue-se o governo de Daniel Arap Moi, que procura consolidar seu poder inclusive aproveitando-se de uma tentativa de golpe de Estado em 1982. No final do século desenvolve-se uma política de espoliação e de massacres étnicos com centenas de mortos e milhares de deslocados no Vale do Rift.

UGANDA

A designação de Uganda é uma deformação de "Buganda", nome do reino mais poderoso (século XIX) da região dos Grandes Lagos, na África Oriental, e que despertou muito interesse por parte dos britânicos. Kizerbo chama atenção para a importância de Uganda no século XIX devido a sua posição central: "havia sido objeto de diversas ambições imperialistas que convergiam nas fontes do Nilo e no lago Vitória".[1] Pode-se avaliar o interesse britânico por Uganda pela escola técnica fundada (1922) em Makerere, transformada (1938) em colégio superior (Higher College for East África) destinado a preparar os estudantes para que pudessem seguir os cursos da Universidade de Londres. "Em 1950 o colégio de Makerere, convertido no centro universitário da África Oriental Britânica, obteve o privilégio de conferir graus (*degree-granting powers*)".[2] Os britânicos preparavam assim numerosos nativos para o exercício de cargos técnicos na administração e em diversos setores especializados. Sublinhe-se a existência de diversas cortes régias com as respectivas hierarquias, destacando-se, como já se observou, o reino de Buganda com seu *kabaka* (rei), seu primeiro-ministro (*katikiro*) e seu Conselho (*Lukiko*). Em 1953 o *kabaka* Frederick Mutesa II (rei de Buganda), que estudara em Cambridge, fizera o serviço militar na Inglaterra como granadeiro da Guarda Real, reclamou a independência completa de Buganda, "o que teria significado a ruína de outros territórios de Uganda, Bunyoro, Ankolé e Toro, menos ricos".[3] O governador britânico, Andrew Cohen, cometeu um erro político: enviou o *Kabaka* para o exílio em Lon-

---

[1] Kizerbo, obra citada, p. 823.
[2] Bertaux, obra citada, p. 275.
[3] Idem, ibidem, p. 276.

dres. Mutesa II foi considerado pela população uma vítima do colonialismo. Em 1955, depois de aceitar uma vaga fórmula constitucional, o Kabaka voltou em triunfo a seu país, mais poderoso "e decidido a não ceder nunca mais".[4] Bertaux sintetiza: "O *Kabaka* se convertia em soberano constitucional de Buganda, monarquia integrada em um Estudo de Uganda unitário e democrático, cuja chefe era a rainha da Inglaterra representada por um governador. Uganda teria uma Assembleia Nacional de 91 membros, os de Ankolé, Bunyoro e Toro designados por sufrágio direto, e os 21 membros de Buganda designados pelo Lukiko".[5]

Em 1962 proclama-se a independência sob a soberania de Mutesa II. Apollo Milton Obote é o primeiro-ministro. Tudo no âmbito do Commonwealth. Em breve o reino transforma-se em república e Mutesa II passa a ser príncipe-presidente e Obote primeiro-ministro. Estamos aqui em face da aliança, que não duraria muito, entre o partido Ky (Kabaka Yekka) de Mutesa e o U.P.C. (Uganda People's Congress) de Obote. "A UPC era democrática e pan-africanista. O Ky, isolacionista, monárquico e reacionário. O conflito não podia tardar em surgir. Quando ocorreu, o kabaka viu-se obrigado a fugir precipitadamente ao ser tomado de assalto seu palácio pelas forças federais chamadas pelo primeiro-ministro".[6] Mutesa II refugiou-se na Tanzânia e Obote acumulou os cargos de chefe de Estado e chefe do governo e estabeleceu um regime presidencial forte, de tendência socializante.

Em janeiro de 1971 o chefe do Estado Maior do exército, o muçulmano Idi Amin Dada, depõe Obote e proclama uma carta de oito pontos, prevendo-se a volta do governo civil para 1976. Na realidade segue-se um tremendo regime de arbitrariedade, com excecuções sumárias e confisco de bens. "O ataque israelense sobre Entebbe (julho de 1976), com o fim de libertar os reféns israelitas detidos em um *airbus* francês por um grupo de terroristas, mostrou a todo o mundo a miséria africana, em matéria de técnicas militares e de informação, e a divisão do continente, pois os aviões israelenses haviam feito escala em Nairobi".[7] Em abril de 1979 Idi Amin é deposto apesar do

---

[4] Kizerbo, obra citada, p. 825.
[5] Bertaux, obra citada, p. 276.
[6] Kizerbo, obra citada, p. 82.
[7] Idem, ibidem, p. 828.

apoio militar, mais ou menos simbólico, da Líbia. Forma-se um governo provisório em Kampala e é eleito presidente Yusufu Lule, substituído posteriormente por Binaisa. Em 1980 Obote retorna ao poder através de fraudes eleitorais e estabelece um regime sanguinário. Em 1986 Yoweri Museveni ocupa a capital e domina rapidamente o restante do país. Registre-se que Museveni pertece a uma nova geração de dirigentes africanos, apreciada nos Estados Unidos.

ÁFRICA CENTRAL BRITÂNICA

MALAWI

Planícies em torno do lago Malawi (ex-Nyassa) e terras elevadas formam Malawi, habitada essencialmente por uma população de origem bantu. Em 1904 os britânicos terminam a conquista do território. Antes da Segunda Guerra Mundial, em 1938, havia sido examinada a ideia de uma integração constituída pela Rodésia do Norte (com suas minas), Nyassalândia (Malawi, com a mão de obra) e Rodésia do Sul (como o carvão e estrutura comercial e financeira). Depois da Guerra, em 1953, o governo britânico executa o projeto com a aprovação do parlamento. Há, entretanto, forte oposição dos africanos que se organizam principalmente em Nyassalandia. Em 1950 criara-se o Malawi Congress Party, e os nacionalistas, "vendo que eram demasiado jovens para imporem-se no interior como no exterior, chamaram o doutor Hastings Kamuzu Banda". Estamos aqui diante de um natural de Nyassalandia que estudou nas escolas das missões, estudou medicina nos Estados Unidos e exerceu a profissão de médico nos subúrbios do norte de Londres. Pronunciara-se contra a Federação e foi chamado pelos jovens de Nayassa "que o haviam apresentado à massa como um messias e salvador providencial".[1] É interessante lembrar que Banda havia esquecido sua língua

---

[1] Idem, ibidem, p. 833.

materna, "porém o ambiente era tal que seus discursos em inglês eletrizavam as massas".[2]

Alguns meses depois de seu regresso, explodiam as primeiras revoltas, provocando uma enérgica repressão. Banda foi aprisionado, bem como centenas de seus partidários. Quando readquiriu a liberdade, o médico, agora líder nacional, era apontado como mártir da emancipação. Em 1961 os africanos têm o direito de votar e o partido do Congresso de Malawi dirigido por Banda prevalece. O médico é ministro em 1961 e, em 1963, primeiro-ministro do estado autônomo de Malawi (ex-Nyassalândia). Note-se que a rainha Isabel II continuou chefe de Estado até a proclamação da independência e o definitivo fracasso da Federação Centro-Africana.[3] Em 1963 Nyassalândia deixa a Federação e, em julho de 1964, torna-se independente, tomando o nome de Malawi. Banda passa a exercer uma longa e despótica presidência com apoio de sua etnia (*chewa*). Em 1971 Banda proclama-se presidente vitalício. Nesta época Malawi passa por série crise econômica, agravada pela imigração de milhares de moçambicanos que fogem da guerra civil. Um *referendum*, sob a pressão da política internacional, abre as portas para o multipartidarismo (1993) e, em 1994, realizam-se eleições livres que dão a vitória à Frente Democrática Unida. Bakili Muluzi, eleito, assume a chefia do Estado e é reeleito em 1999. Os prisioneiros por motivo político são, então, liberados.

---

[2] Idem, ibidem.
[3] Bertaux, obra citada, p. 286.

ZÂMBIA

O nome de Zâmbia (Zambeze é o principal rio do país) substituiu o de Bhodesia do norte, território colonizado por Cecil Rhodes, o que explica essa designação. Nas primeiras décadas do século XX, já encontramos na Rhodésia do Norte grupos que expressam sentimentos e aspirações africanas. Na década de trinta esses grupos se revelam tão ativistas que passam a ser contidos pelo governo. Depois da Segunda Guerra Mundial efetua-se (1953) a já mencionada Federação que encontra decidida oposição da parte de líderes políticos africanos, como Harry Nkumbula e Kenneth Kaunda. A violência praticada por Roy Walensky, um branco presidente da Federação, exarcebou ainda mais os ânimos. Nkumbula, que havia estudado economia política em Londres, chegara a queimar em público a constituição de 1958. Kenneth Kaunda formara o Congresso Nacional de Zâmbia (Z.N.C.) e agrupou em torno de si os africanos mais radicais. Note-se que os britânicos praticavam então uma política de associação progressiva dos líderes africanos aos problemas governamentais, o que explica a designação, em 1962, de Nkumbula a ministro da educação e de Kaunda a ministro de assuntos administratisvos e sociais.[1]

Em 1963 Zâmbia abandonava a Federação Centro-africana, em janeiro de 1964 organizam-se eleições com sufrágio universal e, em outubro, é proclamada independência. "A evolução de Zâmbia após a independência (1964) e a proclamação da república pode reunir-se assim: esforço para

---

[1] Idem, ibidem.

reduzir sua dependência com respeito à África Austral branca".[2] Kenneth Kaunda é eleito presidente da República e passa a governar autoritariamente, concentrando em suas mãos plenos poderes. Estamos diante de um regime de partido único, instituído em 1973. Uma crise econômica força Kaunda a curvar-se diante da pressão internacional e restaurar o pluralismo político. Em 1991 Kaunda é derrotado, em eleições livres, por seu adversário Frederick Chiluha

---

[2] Kizerbo, obra citada, p. 838.

RHODÉSIA DO SUL (ZIMBABWE)

Em 1923 o território da Rhodésia do Sul, habitado por uma minoria branca, uma notável maioria negra e alguns representantes de países asiáticos, obteve da Grã-Bretanha um estatuto de colônia autônoma. Nos anos anteriores à Segunda Guerra Mundial foi proposta aos colonos europeus uma política governamental nitidamente racista, em que o país era dividido em terras "branca" e reservas africanas. De 1953 a 1963, Rhodésia do Sul faz parte da federação já mencionada acima. "A Rhodésia do Sul aproveita-se desta união, pois ela drena as riquezas mineiras de Zâmbia e agrícolas de Malawi para financiar seu próprio desenvolvimento".[1] Reproduziremos, a seguir, brevemente, em ordem cronológica, alguns dos principais acontecimentos que culminaram com a independência da Rhodésia do Sul. Antes, porém, convém repetir a seguinte síntese de Bertaux: "Rhodésia do Sul, autônoma havia já quarenta anos, vê como o governo britânico recusa-lhe a independência ao não querer consagrar a autoridade de um governo de brancos sobre a população africana. A vida política estava ali inteiramente em mãos dos colonos, uma vez que o governo britânico não dispunha, para proteger os indígenas, mais que do pouco eficaz direito de veto e de meios de pressão econômicos. A situação terminou, sendo ali quase tão explosiva como na África do sul, e o governo britânico quase tão impotente para intervir".[2]

---

[1] *Le dictionnaire du 20 siècle*, p. 734. Texto sobre Zimbabwe está assinado por P. G. L. Ver sentido das siglas dos autores à p. 9 e ss. P. G. L. Gervais Lambony Philippe (p. 10).
[2] Bertaux, obra citada, p. 286.

Edgard Whitehead lançara a ideia de "construir uma nação" com brancos e negros no mesmo barco, mas os brancos conservariam o posto de piloto. Whitehead combateu ferozmente qualquer tentativa nacionalista africana, visando "apresentar a seus irmãos de raça um projeto de desenvolvimento separado".[3] Prisão, castigos e metralhada eram comuns contra os manifestantes africanos.

Em 1959 decreta-se um estado de sítio e líderes africanos são detidos. Entre os líderes figurava Joshua Nkomo, que escapou da prisão por estar ausente. Nas eleições de 1962 Whitehead, odiado pelos negros e pouco simpático aos brancos, foi afastado em benefício do Partido da Frente Rhodesiana (R.F.P.), mais confiável à população branca que não aceitava a pressão dos habitantes negros. Em 1961, na Conferência de Salisbury, a Grã-Bretanha conseguiu que um segundo colégio eleitoral possibilitasse aos negros ter diretamente seus representantes. Deve-se registrar que as eleições deram vantagens à Frente Rhodesiana. O movimento negro apresentava divisões. O próprio Joshua Nkomo era acusado de negligência: "passava demasiado tempo na O.N.U. e em outros lugares, porém pouco tempo em seu país".[4] Quanto aos brancos da Frente Rhodesiansa, aproveitando-se das divergências existentes entre os movimentos negros, e "amargurados pela negativa britânica em conceder-lhes a independência, voltaram-se para a África do Sul, sua aliada natural".[5] Surge então Ian Smitt, que nutre opiniões extremadas sobre a independência e que consegue até a aprovação de chefes africanos "mais dóceis que tradicionais".[6] Contra a advertência solene do primeiro-ministro britânico Harold Wilson, contra a posição hostil de Washington e da ONU, Smith, "cruzou o Rubicão e, numa alocução, que se parecia curiosamente com a declaração da independência dos Estados Unidos da América, proclamava, em novembro de 1965, a independência da Rhodésia. Assim, pois, duzentos e cinquenta mil brancos outorgavam-se a si mesmos o direito de dirigir indefinidamente quatro milhões de negros. O novo regime não foi

---

[3] Kizerbo, obra citada, p. 840.
[4] Idem, ibidem, p. 841.
[5] Idem, ibidem.
[6] Idem, ibidem.

reconhecido pela Reino Unido, nem por nenhum outro país".[1] Smith contava com a cumplicidade da África do Sul. Em 1969 promulgava-se uma constituição, e em 1970 proclamava-se a República. A partir de 1970 desenvolvem-se dois movimentos de guerrilha: o ZAPU (União do povo africano do Zimbabwe), apoiado pela União Soviética e liderado por Nkomo; o ZANU (União Nacional Africana do Zimbabwe), apoiado pela China popular e dirigido por Robert Mugabe.[2] Desde 1977 o regime "branquista" de Smith fez desesperadas tentativas para dar de si mesmo uma imagem internacional democrática. Depois dos acordos de Lancaster em 1979, processam-se eleições gerais organizadas sob a égide do Reino Unido. Em 1980 Zimbabwe alcança a independência. No ano 2000, Mugabe ainda se encontra na presidência do país.

---

[1] Idem, ibidem.
[2] *Dictionnaire du 20º siècle* p. 734. Note-se, contudo, a observação ao pé da página 843, Kizerbo, vol. II, p. 843: "Desde 1977 el régimen blanquista de Smith ha hecho desesperados intentos para dar de si mismo una imagen internacional democrática, mientras el Frente Patriótico, que reúne le ZANU de Nkomo y al ZAPU de Mugabe, intensificaba com gran êxito la guerra de guerrillas".

POSSESSÕES PORTUGUESAS

Após a Segunda Guerra Mundial, da qual Portugal não tomou parte, em pleno início da descolonização, o império colonial lusitano ainda conserva íntegros seus domínios africanos considerados administrativamente como províncias de ultramar. Integram, então, o domínio lusitano ultramarino africano: a ilha da Madeira, considerada como metropolitana, a Guiné Portuguesa, as ilhas de Cabo Verde, as de São Tomé e Príncipe no Golfo da Guiné, e os grandes territórios de Angola e Moçambique.[3] Antes de examinarmos brevemente alguns dos principais personagens e acontecimentos que levaram esses territórios à independência, convém, dentro do limitadíssimo espaço de que dispomos, chamar atenção para alguns aspectos do sistema colonial português. É interessante sublinhar que o sistema administrativo lusitano e seus objetivos políticos, no que tange às possessões africanas, "não eram muito diferente dos da França, ambas as nações acreditavam na integração".[4] "Também o governo colonial foi muito parecido com o das colônias francesas. Os territórios menores dispunham de governadores; Angola e Moçambique tiveram governadores gerais, chamados altos-comissários, nos anos vinte, o que revela uma efêmera intenção de dar a independência às colônias".[5] Sublinhe-se que, estabelecido o Estado Novo em Portugal, os problemas coloniais estavam submetidos à rigorosa supervisão do presidente do Conselho, Salazar.

---

[3] Kizerbo, obra citada, p. 843.
[4] Fieldhouse, *Los impérios coloniales*, p. 288.
[5] Idem, ibidem.

As leis em matéria de cidadania também lembravam as leis francesas, "com idêntica distinção entre cidadãos e súditos e um acento análogo na assimilação final de todos na plena cidadania".[6] Fieldhouse tece as seguintes interessantes considerações sobre a política colonial portuguesa: "Baseava-se verdadeiramente na convicção de que as colônias formavam parte integrante da metrópole e tinham de evoluir, como o Brasil, até converterem-se em sociedades portuguesas estreitamente unidas à mãe-pátria. Além disso Portugal rechaçava as premissas racistas sobre as quais se baseava o nacionalismo africano e asiático. A nacionalidade portuguesa não era mais alheia aos cidadãos africanos, quanto puderam sê-lo as artificiosas nacionalidades construídas pelo novos estados da África e não implicava inferioridade alguma em relação aos europeus. Angola e Moçambique não eram "países de brancos" como Rhodésia do Sul e África do Sul, mas sociedades multirraciais".[7]

Vejamos, a seguir, alguns dos principais episódios da independência das possessões portuguesas na África.

---

[6] Idem, ibidem, p. 291.
[7] Idem, ibidem, p. 293.

GUINÉ-BISSAU

No estudo da independência da Guiné-Bissau devem ser lembrados o Partido Africano pela Independência da Guiné e do Cabo Verde (PAIGC) e a figura do revolucionário anticolonialista Amilcar Cabral. Em 1972 o PAIGC organizava eleições populares visando a constituição de uma Assembleia Nacional, que proclamaria a independência.[1] Em 1973 os guerrilheiros usam mísseis de terra e ar contra as forças portuguesas que, na ocasião, estão repartidas em várias frentes do continente africano. Almilcar Cabral é assassinado em Conakry e tem como sucessor seu meio-irmão Luis Cabral. Em Madina do Boé os guerrilheiros proclamam a independência que Lisboa vai reconhecer em setembro de 1974, graças aos acordos de Argel.[2] Luís Cabral, Presidente da República, acusado de preferência por Cabo Verde, é deposto em 1980 por um golpe militar dirigido pelo comandante Bernardo João Vieira. Estamos aqui em face de uma ditadura militar que vai apoiar-se, até 1991, no PAIGC Em 1994 ocorrem as primeiras eleições pluralistas. Bernardo Vieira seria deposto já no final do século por uma junta militar.

---

[1] Kizerbo, obra citada, p. 852
[2] Idem, ibidem, p. 853

CABO VERDE

Em vista de sua situação estratégica, o arquipélago tendia a dissociar-se da Guiné-Bissau. Com realismo, os líderes da Guiné-Bissau aceitaram a situação. Note-se que a maioria dos "líderes históricos" do PAIGC, eram de origem caboverdense.[1] Em junho de 1974 as eleições deram esmagadora vitória ao PAIGC, cujo secretário-geral, Aristides Pereira, tornou-se chefe de Estado. O comandante P. Pires, representante local do PAIGC, foi nomeado primeiro-ministro.

---

[1] Idem, ibidem, p. 854.

SÃO TOMÉ E PRÍNCIPE

Tornou-se independente em julho de 1975, tendo-se convertido em presidente da República o secretário-geral do MLSTP (Movimento para a Libertação de São Tomé e Príncipe), Manuel Pinto da Costa. Note-se que a independência provocou o êxodo maciço de técnicos europeus e de trabalhadores africanos.

MOÇAMBIQUE

Um estudo ainda que superficial da História de Moçambique no século XX deve levar em consideração a transferência em 1907 da capital para Lourenço Marques (atual Maputo), no extremo sul do país, o que facilitava as relações de caráter econômico com a próspera União Sul-Africana. Em 1930, com o Ato Colonial, Moçambique torna-se uma colônia com legislação distinta. Convém recordar aqui que África portuguesa, como a Metrópole, não participa do Segundo Conflito Mundial. Na década de 60 Moçambique vai ser palco da luta armada dirigida pelo Frelimo (Frente de Libertação de Moçambique) que une, salvo pequenas frações dissidentes, as forças nacionalistas. O líder do Frelimo, Eduardo Mondlane (1920-1969), é assassinado em fevereiro de 1969. Note-se a *marxização* progressiva do nacionalismo promovida por líderes político-militares treinados na Argélia, na União soviética e na China. Samora Machel (1933-1986), presidente nomeado em maio de 1970, professa um marxismo stalinizado. Após a "Revolução dos cravos" em Portugal (abril de 1974), chegou-se a um acordo sobre a independência (junho de 1975). A prolongada e sangrenta guerra civil levou ao êxodo imensa maioria da população branca. O Frelimo proclama-se um partido marxista-leninista em 1977, pretendendo edificar um Estado proletário e socialista. Note-se que não se realizou a expectativa de uma intervenção militar da África do Sul, o que pode ser explicado pelos interesses econômicos de Pretoria em Moçambique como, por exemplo, a demanda de energia elétrica proveniente da represa de Cábora Bassa, construída sobre o Zambese e a necessidade de mão de obra africana. "Reciprocamente, as autoridades de Maputo (ex-Lourenço Marques) têm consciência de sua dependência econômica, visto que a maior parte (80%) do tráfico de seus portos e das vias férreas está orientado para a África do Sul via Rhodésia".[1]

De 1977 a 1981, Moçambique é abalado pela rebelião da Renamo (Resistência Nacional do Moçambique) sustentada pela Rhodésia e, posteriormente, pela África do Sul. Vemos aí as comunidades camponesas servindo-se de bandos armados contra a ameaça do Estado marxista-leninista. Quando morre Samora Machel num suspeito acidente de aviação em 1986, o país encontra-se numa verdadeira guerra civil com milhares de vítimas. A partir de 1986 o presidente é Joaquim Chisano, e o Frelimo abandona o marxismo-leninismo em 1989. No ano seguinte cai o princípio de que impera só o Partido Único. Em 1992 há um cessar-fogo entre o Renamo e o Frelimo.[2]

---

[1] Idem, ibidem, p. 855
[2] Comentamos aqui *Le dictionnaire du 20 siècle*, p. 467)

ANGOLA

A luta pela independência de Angola, onde a permanência portuguesa era antiga e densa, revestiu aspectos sangrentos não só em virtude da atuação das forças portuguesas, mas, sobretudo, em razão das terríveis rivalidades internas em que as forças armadas desempenharam papel preponderante. Na segunda metade do século XX, três movimentos estão comprometidos com a luta pela independência: o MPLA, o FLNA e a UNITA. O primeiro (Movimento Popular para a Libertação de Angola) foi fundado por Agostinho Neto (1922-1979), filho de um pastor metodista e médico de formação. Entre outros dirigentes figuraram Mário de Andrade e Viriato da Cruz.[1] O FLNA (Frente para a Libertação Nacional de Angola), assim denominado desde 1962, resultou do partido de Holden Roberto, UPA (União das Populações Angolanas). A UNITA (União Nacional para a Independência Total de Angola) era dirigida por Jonas Savimbi (1934-2002). Não cabe, no limitado espaço de que dispomos aqui, descrever todo o desempenho desses grupos que atuaram por própria conta diante da metrópole, ao mesmo tempo que lutavam entre si pelo poder, dando lugar a sangrentos e intermináveis conflitos. Em abril de 1974 a Revolução dos Cravos facilitou o encaminhamento da independência. Note-se que, logo após a Revolução Portuguesa, a posição dos movimentos angolanos permanecia sem alteração. "O FLNA e a UNITA ocupavam grandes bolsas no norte e no centro do país, enquanto o MPLA havia-se imposto no centro-norte, no sul e no leste."[2] Em janeiro de 1975 foram assi-

---

[1] Kizerbo, obra citada, p. 850. Ver também *Le dictionnaire dua 20 siècle*, p. 35.
[2] Kizerbo, ibidem, p. 856.

nados os acordos de Alvor. Kizerbo assim comenta esses acordos: "O Acordo, firmado por Portugal e pelos três movimentos nacionalistas africanos, não resolvia, salvo no que se refere à fixação da data da independência em um marco "único e indivisível", nenhum dos problemas fundamentais. Muito prolixo em respeito à proteção dos interesses de Portugal e dos portugueses, o Acordo estabeleceu um governo de transição...".[3] Kizerbo observa que "a criação deste governo imaginário abriu as portas ao caos".[4] Os movimentos de libertação combatem entre si: o FNLA marcha sobre Luanda, bastião do MPLA; a UNITA apodera-se da via férrea de Benguela e do porto de Lobito com o auxílio do exército sul-africano. No enclave de Cabinda, rico em petróleo, protetorado português desde 1885 e unido à Angola, as tendências secessionistas recebem apoio dos países vizinhos. Em 11 de novembro de 1975 é proclamada a independência. O alto-comissário português, obedecendo aos Acordos de Alvor, na véspera da proclamação anuncia o fim da permanência portuguesa e retira as tropas da metrópole. No mesmo momento em que Agostinho Neto proclamava em Luanda a fundação da República Popular de Angola, Savimbi e Holden Roberto faziam outro tanto em Huambo (ex-Nova Lisboa) e em Humbriz. O MPLA de Agostinho tem o apoio de Cuba e da U.R.SS. Em Angola "a intervenção direta dos soldados cubanos, eles mesmos apoiados pela URSS que forneceu, por ponte aérea, um material considerável, permitiu ao MPLA de Agostinho Neto triunfar contra seus adversários mais conservadores do FNLA e da UNITA, no momento em que, no fim de 1975, estes pareciam estar a ponto de vencer com o apoio de certos países como a África do Sul, os Estados Unidos e até a China.[5] Em novembro de 1976 a República popular de Angola é admitida na ONU e assina um tratado de amizade com Moscou por vinte anos. Em 1977 o MPLA torna-se Partido do Trabalho e, no mesmo ano, uma tentativa de golpe de Estado é reprimida com milhares de civis e mili-

---

[3] Idem, ibidem.
[4] Idem, ibidem, p. 857.
[5] Milza, *Histoire du XX siècle*, vol. 3, p. 87.

tares mortos ou torturados na prisão. Em setembro de 1979 Agostinho Neto morre de câncer num hospital de Moscou, sendo substituído por José Eduardo dos Santos. Em 1990 fracassam duas tentativas de paz da ONU, no sentido de pôr fim à interminável guerra civil. A UNITA mantém militarmente uma posição de força, mas em 1993 é abandonada pelos Estados Unidos e no final do século sofre sanções da ONU.

UNIÃO SUL-AFRICANA

No início do século XX, a história sul-africana está marcada pela Guerra Anglo-Boer. O estudo da formação dos Estados Boers pertence à história do século XIX. Em 1899 a Inglaterra, após a reconquista do Sudão egípcio e a conclusão de um acordo colonial com a França, decide intervir na África do Sul, iniciando a campanha contra os dois Estados Boers: o Orange e o Transvaal. O conflito estendeu-se de 1899 a 1902 e os boers, apesar de resistirem bravamente, tiveram de ceder ante a superioridade britânica. Lord Kitchener saqueou o país quando julgou necessário, destruiu propriedades, encerrou a população não combatente em campos de concentração. Sem conseguir auxílio de potências europeias, os boers aceitaram a paz de Pretoria (maio de 1902). "A Inglaterra mostrou-se generosa: não tomou medida alguma de represália, proporcionou socorro aos boers para reconstituírem suas quintas e seus rebanhos prometendo-lhes autonomia se fossem súditos leais".[1] Em 1910 foi constituída a União Sul-Africana e seu primeiro-ministro foi um boer, o general Botha que lutara contra os ingleses. Predominaria, portanto, o elemento boer. A União Sul-Africana reunia quatro entidades coloniais: (colônias do Cabo e do Natal, Estado livre de Orange e Transvaal), e dispunha de autonomia interna, mas sob a monarquia britânica. O que chama a atenção do historiador na evolução histórica da África do Sul é o sistema político, o *apartheid*, que se desenvolve a partir de 1948 e vai desaparecer por etapas entre 1990 e 1994.[2] Estamos aqui diante de um

---

[1] Malet, *Histoire contemporaine depuis le milieu du XIX siècle*, p. 496.
[2] Seguiremos aqui o estudo de François-Xavier Fauvelle-Aymar publicado na revista L'Histoire, n. 306, p. 34 e ss.

sistema "político totalitário" que assegurava a hegemonia de uma pequena minoria branca sobre o resto da população.³ Foi em 1948, quando subiu ao poder o Partido Nacional de Daniel Malan, que o termo *apartheid* entra no vocabulário político dos sul-africanos para exprimir a separação radical entre brancos e não brancos.⁴ Note-se: "O termo é, em 1948, uma palavra de ordem, servindo mais para reunir o eleitorado branco extremista que um programa político. Só no decurso dos anos cinquenta é que, por uma sucessão de ajustamentos jurídicos, aparece um sistema político coerente de controle e repressão".⁵ Um dispositivo legal estabelecia a separação racial em repartições e locais públicos. O *Population Registration Act* (1950) define os diferentes grupos raciais e indica os critérios biológicos que estabeleciam a pertença de cada um a um grupo racial. ⁶ Além do *apartheid* individual, havia também um *apartheid* urbano: Desde o início do século XX, toda uma série de medidas obrigou os negros a viverem à margem das cidades em aglomerações de pequenas habitações. Após 1948, esta política de separação torna-se sistemática. Em 1960, sob o governo de Hendrik Verwoerd (1958-1966), a repressão racista se intensifica. Há então o massacre de Shaperville e processos contra os líderes da oposição negra. Dissolvem-se as organizações africanas entre as quais figura o ANC (African National Congress). Em 1962 Nelson Mandela é aprisionado e, em 1964, condenado à prisão perpétua. Nos anos oitenta, entretanto, a situação político-social da África do Sul sofreria profundas mudanças para as quais concorreriam, entre outras causas, o fim da Guerra Fria (os comunistas estimulavam a luta racial, visando os interesses da União Soviética), o impasse econômico (havia greves organizadas pelo poderoso Sindicato de Trabalhadores Negros), a péssima imagem internacional da África do Sul racista, o humilhante embargo produzido nos meios esportivos. Foi um *africaner*, Frederik de Klerk, sucessor, em 1989, de Pieter Botha, que inicia o processo de transição democrática, estabelecendo negociações com a oposição negro. "Desde a chegada de

---

³ Idem, ibidem.
⁴ Idem, ibidem.
⁵ Idem, ibidem.
⁶ Idem, ibidem, p. 36.

De Klerk ao poder, a ANC faz saber, pela Declaração de Harare, que está pronta a negociar e quais são suas condições (fim do estado de urgência, libertação de todos os prisioneiros políticos, legalização das organizações dissolvidas, suspensão da aplicação da pena de morte). Aos 2 de fevereiro de 1990, De Klerk pronuncia, por ocasião da sessão de abertura do parlamento, um discurso que satisfazia a todas essas exigências preliminares; Nelson Mandela, o mais velho prisioneiro político do mundo, o homem que jamais tinha visto uma câmera de televisão, foi libertado aos 11 do mês, após vinte e seis anos de encarceramento..."[7] Em 1993 Mandela e De Klerk são agraciados com o prêmio Nobel da Paz e, em 1994, Mandela é eleito presidente da República.

---

[7] Idem, ibidem, p. 43.

SOMÁLIA

Eis uma síntese da situação da Somália em face das potências colonizadoras: "A colonização desmembrou as terras habitadas por somalis, repartindo-as entre Etiópia, Itália, Grã-Bretanha e França. O movimento pansomalista, surgido nos inícios deste século, aspira reagrupar este territórios "irredentos", as "Cinco Somálias" (a ex-italiana e a ex-britânica formaram em 1960 a atual República de Somália, independente; a ex-francesa é hoje a República de Djibuti, independente; a "quarta Somália" é a província norte da atual Kenya; independente, a última é o Ogadén, província etíope").[1]

Kizerbo, em seu breve estudo sobre a Somália, sublinha a atuação benéfica dos italianos na fase de descolonização: "Reconhecemos aos italianos pós-fascistas o mérito de haver preparado sistematicamente sua porção somali para a independência, segundo um esquema descolonizador concreto. Já em 1950 criam em Mogadishu uma Escola de Administração e de Política para preparar quadros e líderes. Em 1957 a Escola se converte em Instituto Técnico e Comercial, para formar promoções de técnicos médios enquanto que uma Escola Superior de Direito e de Economia (em Roma) permitia preparar-se para obter títulos universitários".[2] Em 26 de junho de 1960, a Somália britânica alcançava a independência; quatro dias depois, o mesmo acontecia com a Somália italiana. A 1º de julho de 1960, entretanto, as Assembleias Nacionais de

---

[1] Estas observações encontram-se na obra citada de Kizerbo, ao pé da página 885 (N.T.). O autor da tradução para o espanhol é Carlo Caranci.
[2] Kizerbo, obra citada, p. 884.

ambas as Somálias reuniam-se em Mogadishu e constituíam a Assembleia Nacional da República Independente da Somália. As demais Somalias representavam territórios irredentos pertencentes ao Kenya, a Etiópia e a França. O nacionalismo somali mergulha suas raízes muito profundamente no passado multissecular.[3]

---

[3] Idem, ibidem, p. 885.

SUDÃO

Entre 1899 e 1945, o Sudão se encontra sob um duplo regime colonial: o condomínio anglo-egípcio. "Pelo acordo de janeiro de 1899, ambos os países fixaram unilateralmente suas fronteiras e decidiram criar o Sudão, tal como o conhecemos hoje; o governador geral devia ser um britânico, nomeado pelo Egito sob proposta da Grã-Bretanha; o primeiro de todos foi Kitchener, que governou por meio de leis e ordenanças, com a única condição de informar ambos países administradores."[1] Duas correntes políticas desenvolvem-se através da primeira metade do século XX: a unionista organiza-se em torno de uma confraria religiosa e mantém relações privilegiadas com o Egito; a outra estrutura-se na metade do século XX em torno de descendentes do Mahdi e de seus adeptos, contando com discreto apoio britânico. Nos anos vinte acentuam-se tendências nacionalistas e revoltas anticoloniais. Nos meios intelectuais desenvolvia-se o sentimento nacional, especialmente no seio de sociedades secretas: pretendia-se pôr fim ao condomínio anglo-egípcio, preferindo alguns a independência, optando outros pela união com o Egito. "A mais estável de tais associações foi a sociedade da Bandeira Branca, fundada em 1924 pelo oficial Ali Abd el-Latif, que afirmou seu desejo de ver livre o Sudão e unida a bacia do Nilo. Todos esses movimentos foram controlados e reprimidos por meio da detenção ou da morte de seus líderes".[2]

Em 1936 Faruk é proclamado rei do Egito e do Sudão, o que impediu os britânicos de proclamarem um regime de autonomia para o Sudão.[3] Um

---

[1] Idem, ibidem, p. 887.
[2] Idem, ibidem, p. 888.
[3] Idem, ibidem, p. 890.

golpe militar derrubou o regime monárquico egípcio em 1952 e, no ano seguinte, o novo regime fazia um acordo anglo-egípcio que confirmava, com emendas, projetos anteriores referentes à autonomia sudanesa. Em 1955 as tropas anglo-egípcias retiram-se e, a 1º de janeiro de 1956, o Sudão conquista a independência, o que não impede a existência de graves problemas de caráter político, religioso e étnico. Em 1958 o general Ibrahim Abbud assume o poder através de um golpe militar. Em 1964 Abbud é deposto pela Frente Nacional Unida, integrada por vários partidos políticos, entre os quais se destacava o crescente Partido Comunista. Em 1969 um novo golpe militar leva ao poder o coronel, depois general, Dchàafar Mohammed an-Nimeiri, que se compromete a instaurar um "socialismo sudanês", promovendo confiscos e nacionalizações. Fracassa uma tentativa (1970) de deposição de an--Nimeiri, que, entretanto, retoma o poder. Segue-se uma repressão feroz em que perece o secretário geral do Partido Comunista. Em 1971 an-Nimeiri é reeleito. Um acontecimento importante é a emergência de correntes como a Frente Nacional Islâmica (FNI), fundada em 1985. Em 1989 há um golpe de Estado e os islamitas chegam ao poder.

MADAGASCAR

No final do século XIX, Madagascar é sucessivamente protetorado Francês (outubro de 1895) e colônia francesa (lei de agosto de 1896). O governo civil e militar da ilha fica a cargo do general Galien, que em 1897 aboliu a monarquia, exilou a rainha e é nomeado governador geral. Gallieni enfrenta e domina uma insurreição, e todo o antigo reino é ocupado, pacificado e administrado.[1] Em 1904 há uma grande revolta submetida em setembro do ano seguinte. Gallieni neste ano deixa a ilha que ele passara a apreciar e cuja economia agrícola e mineira desenvolvera. "Obstina-se em reconciliar as raças, em realizar a união dos diversos interesses, em restaurar uma nova unidade, que todavia não ousa denominar: a nação Malgache".[2] Durante a Primeira Guerra Mundial os franceses tiveram a seu lado 40.000 combatentes malgaches. Observe-se, contudo, que se desenvolvera na ilha uma sociedade secreta, prelúdio de uma luta pela emancipação. É interessante notar que os Malgaches permaneceram unidos à França durante o Segundo Conflito Mundial. Pela constituição francesa de 1946, Madagascar se convertia em um território da República Francesa e seus habitantes eram proclamados cidadãos franceses. Essas concessões, contudo, não impediram uma insurreição em 1947 que, entretanto, foi severamente dominaada. Em 14 de outubro de 1958 o Congresso de todas as Assembleias Provinciais proclamava a República Malgache, logo em seguida reconhecida pelo alto comissário. Segue-se

---
[1] Bertaux, obra citada, p. 329.
[2] Idem, ibidem, p. 331.

uma Assembleia Constituinte e a constituição de 1959. "O presidente da República Malgache, Tsiranana, estabelecia negociações com a França, que terminaram em junho de 1960 com a proclamação em Tananarive da República Malgache, Estado independente e soberano. Este era admitido nas Nações Unidas em setembro de 1960, apresentado pela França."[3] Estamos aqui em face da Primeira República. Segue-se um período de transição com o governo militar do general Ramanantsoa. Em dezembro de 1975 D. Ratsiraka é feito presidente de uma República regida por uma Constituição que estava adaptada à carta da Revolução Socialista elaborada pelo próprio Ratsiraka. Estamos aqui diante da Segunda República que se volta para o mundo socialista. No ano da queda do Muro de Berlim, Ratsíraka ainda é presidente (foi reeleito mais de uma vez), mas os tempos mudaram e emerge a III República. Em 1992 é aprovada uma nova constituição que instaura o parlamentarismo.

---

[3] Idem, ibidem, p. 331.

Parte II

OS GRANDES CONFLITOS MUNDIAIS

INTRODUÇÃO

Dois grandes conflitos iniciados na Europa, mas com profunda repercussão mundial, marcam sangrentamente a evolução histórica do século XX, refletindo-se, através de suas múltiplas consequências, nos mais diferentes aspectos da maneira de viver da população não só do continente europeu, como também de outras regiões do globo. As causas e consequências desses conflitos, bem como os principais episódios que os caracterizam, serão, a seguir, brevemente focalizados. Inútil lembrar ao leitor que não deve estranhar se voltarmos aqui a acontecimentos já mencionados e até comentados em páginas anteriores dentro da exposição histórica específica de cada país. Tais acontecimentos serão aqui considerados de modo mais sistemático dentro da perspectiva histórica dos conflitos em tela.

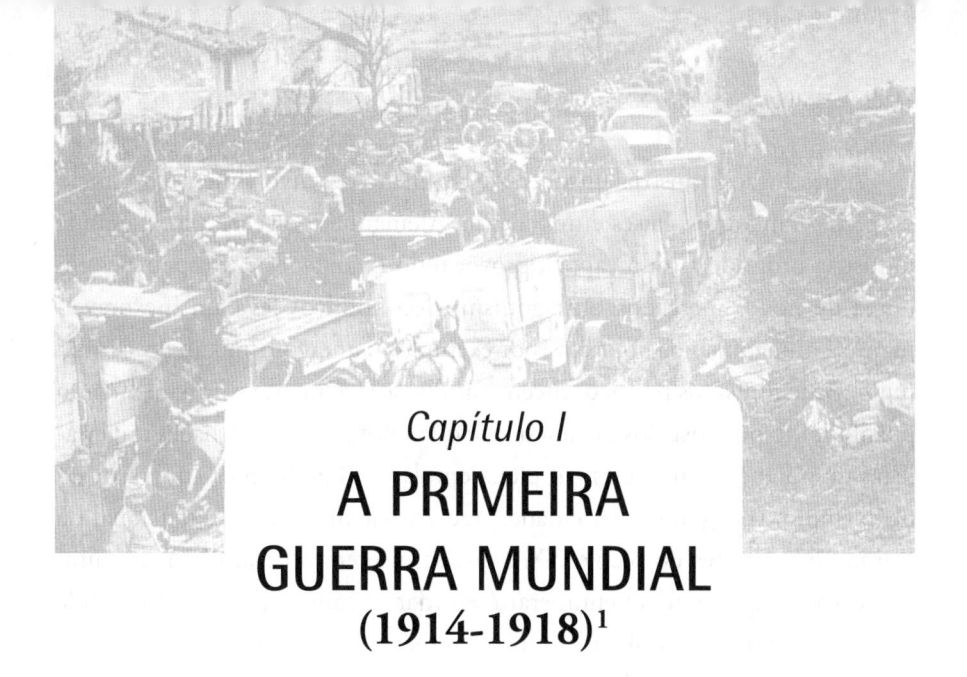

Capítulo I
A PRIMEIRA GUERRA MUNDIAL
(1914-1918)[1]

Situação internacional na Europa durante os primeiros anos do século XX

Não cabe, nos estreitos limites de nossa exposição, um estudo minucioso (e discutível) sobre as causas da Grande Guerra. Nas seguintes linhas, limitar-nos-emos à lembrança de alguns acontecimentos que devem ser levados em consideração como integrantes da gênese do conflito.

A década que precede o início da Grande Guerra caracteriza-se, na Europa, por uma crescente crise que reveste aspectos nacionalistas, econômicos, imperialistas e armamentistas. O nacionalismo, por exemplo, ainda é vivo na Alsácia-Lorena e constitui um obstáculo intransponível para a aproximação franco-alemã. Ameaçadora da paz é especialmente a agitação nacionalista na província austríaca da Bósnia-Herzegovina, estimulada pelos nacionalistas da Sérvia e que repercute entre as populações eslavas (croatas, tchecos, eslovacos) do Império Austríaco.

---

[1] Este primeiro conflito mundial passa a ser conhecido como a "Grande Guerra", "parce que, la première, elle s'est étendue au entier" (ver revista *Historia*, n. 145, p. 600 "La Grande Guerre" par Pierre Gaxotte).

A produção industrial encontra-se em pleno desenvolvimento no início do século em vários países europeus (na Alemanha, por exemplo, a grande indústria progride a todo vapor), provocando rivalidades e competições em busca de novos mercados. Antagonismos econômicos levaram inexoravelmente a antagonismos políticos (por exemplo, o antagonismo anglo-germânico). Antagonismos políticos incentivam invariavelmente o armamentismo possibilitado por custosos orçamentos e que reforçam as pretensões imperialistas de potências europeias em plena emulação. Lembremos aqui, a título de exemplo, três grandes rivalidades que assinalam a vida internacional da Europa nos albores do século XX e que se inserem obrigatoriamente num contexto em que se tenta enumerar e estudar as causas do primeiro grande conflito mundial: a rivalidade entre o império austro-húngaro e a Rússia (explosiva na região balcânica, onde envolve o antagonismo austro-sérvio), a rivalidade franco-alemã (cujas raízes mergulham fundo no passado) e a rivalidade anglo-alemã que reveste aspectos econômicos e estratégicos (expansão industrial e comercial da Alemanha e ampliação da Marinha de Guerra alemã). O antagonismo anglo-alemão "devia ser, de 1904 a 1914, o eixo da política europeia".[2]

Em face dessas rivalidades, é compreensível que se realizassem alianças entre potências que detinham interesses ou também adversários comuns. Assim é que encontramos a Tríplice Aliança que agrupa a Alemanha, a Áustria-Hungria e a Itália. Esta última, entretanto, comprometer-se-ia (1902) com a França a manter-se neutra em caso de conflito franco-alemão. Como réplica à Tríplice Aliança, surgiu primeiramente uma aliança franco-russa (1893) completada em 1904 pela Entente Cordial Franco-Britânica.

Entre 1905 e 1913, há uma série de crises internacionais já mencionadas no capítulo sobre a Europa: as crises marroquinas, as crises balcânicas e a guerra ítalo-turca. Essas crises não levaram diretamente ao primeiro Grande Conflito Mundial, mas despertaram rancores, deixaram ressentimentos, aprofundaram desconfianças.

---

[2] Malet-Isaac, *Histoire contemporaine depúis le milieu du XIX siècle*, p. 644.

O atentado de Sarajevo

O atentado de Sarajevo é o acontecimento culminante entre todos os demais mencionados como crises que levaram à explosão do barril de pólvora em que se vinha transformando o continente europeu. O arquiduque Francisco Fernando, sobrinho e herdeiro do octogenário imperador Francisco José, encontrava-se com sua esposa, a duquesa de Hohenberg, na capital da Bósnia quando (a 28 de junho de 1914) o casal foi alvo de um atentado: ambos faleceram, vítimas dos disparos da pistola do jovem terrorista Gavrilo Prinzip.[3] "O assassínio, embora ocorrido em Serajevo, capital da Bósnia, resultou de uma conspiração urdida em Belgrado. Os conspiradores eram membros de uma sociedade secreta conhecida como "União ou Morte", mas comumente chamada "Mão Negra". Documentos importantes vieram à luz ultimamente, mostrando que o governo sérvio tinha conhecimento da conspiração".[4]

Apoiada pela Alemanha, a Áustria enviou à Servia um *ultimatum* (23 de julho de 1914) com uma série de exigências em grande parte aceitas pela Sérvia, com exceção das que ameaçavam certamente a própria independência nacional, como a de permitir a interferência de funcionários do governo imperial austríaco na própria administração interna da Sérvia no tocante ao julgamento dos que haviam contribuído para a realização do atentado. Embora rechaçasse a intervenção em sua soberania, o governo sérvio admitia o recurso à arbitragem do Tribunal Internacional de La Haya. Conhecido em toda sua extensão o *ultimatum*, a Europa "percebeu desde logo todo o significado: a guerra, e não somente a guerra austro-sérvia, a guerra europeia".[5] A 25 de julho dá-se a ruptura diplomática da Áustria com a Sérvia, seguindo-se, a 28 do mesmo mês, uma declaração de guerra. Note-se que o conflito parecia circunscrever-se a esses dois países, o que, entretanto, não se efetivou em virtude da atitude da Rússia que, a

---

[3] O leitor encontrará um minucioso relato sobre o atentado de Sarajevo e os personagens envolvidos na revista francesa *Historia*, n. 91, jun 1954, p. 684 e ss.: "L'attentat de Serajevo", de autoria de Zinovy Livovsky.
[4] Malet-Isaac, obra citada, p. 670.
[5] Malet-Isaac, obra citada, p. 670.

30 de julho, promovia uma mobilização geral contra a Áustria e contra a Alemanha. A 1º de agosto há mobilização geral na França e na Alemanha. Esta declara guerra à Rússia (1º de agosto) e à França (3 de agosto). A 3 de agosto a Itália proclamava sua neutralidade, atitude também tomada pela Romênia. A 4 de agosto as tropas alemãs cruzavam a fronteira belga, o que levou a Inglaterra a declarar o estado de guerra. A 5 de agosto a Áustria declarou guerra à Rússia.

Antes de prosseguirmos esta breve exposição sobre a Grande Guerra lembrando algumas das principais operações militares e as mais importantes batalhas, vamos dedicar algumas linhas a três problemas que, em geral, suscitam debates ou despertam curiosidade por parte dos estudiosos do grande primeiro conflito mundial: a que país coube a culpa pela deflagração desse conflito? Que julgamento se faz sobre os mais importantes homens públicos envolvidos no desencadeamento da horrível carnificina? O que era o plano Schliefen? Tentemos uma breve resposta a essas indagações. Quanto à atribuição específica de culpa a algum país, limitamo-nos à seguinte transcrição: "Os historiadores que examinaram os fatos declaram com unanimidade que não se pode considerar como culpada nenhuma nação em particular. A culpa deve ser dividida entre a Sérvia, a Áustria, a Rússia, a Alemanha, a França e, talvez, a Inglaterra e a Itália também. É impossível também determinar qual a parte que cabe a cada um desses países. Parece justo afirmar que nenhuma das grandes potências desejava realmente uma guerra geral, mas a política adotada por algumas delas tornava a guerra inevitável".[6]

Dentre os mais importantes personagens que detiveram notável soma de poderes na época da deflagração do conflito, vamos lembrar os seguintes:

Amargurado "por desgraças familiares, consumido pelas exigências de uma política contraditória, o soberano de monarquia Dual (Francisco José (1830-1916) precipitava-se em uma guerra sem nenhuma perspectiva promissora: uma guerra em que, apesar do otimismo de uma minoria, expunha-se a tudo perder – como aconteceu – sem esperanças de ganhar algo".[7]

---

[6] Burns, *História da Civilização Ocidental*, p. 851.
[7] Marin, *Siglo XX*, p. 78-79.

Lembremos o principal ministro do imperador, o conde Berchtold, "grande senhor indolente e corrupto".[8]

Quanto a Guilherme II (1859-1941), sua escassa flexibilidade política e diplomática e suas vacilações tiveram grande parte no desenvolvimento da guerra.[9] Guilherme II e seu chanceler Bethmann-Hollweg "declararam-se conformes, sem reserva alguma, com os objetivos da Áustria, crendo na possibilidade de uma localização do conflito. O propósito declarado da Áustria era eliminar a Sérvia dos Balkans enquanto fator de poder político. O governo do Império aprovava tal propósito e aconselhou ademais encarecidamente a Áustria que procedesse contra a Sérvia sem vacilações e com inflexível resolução".[10] "Na Rússia o fraco Nicolau II e o ministro Sazonof doente e versátil. Entre todos, nenhum homem de cabeça fria e de caráter. Os liberais ingleses no poder, Asquith, Grey, possuíam mais sabedoria, senão mais lucidez. Quanto ao chefe de Estado francês e ao chefe do governo, Poincaré e Viviani, estavam no mar, de retorno da Rússia; desembarcaram na França a 29, bem tarde para poderem intervir ativamente".[11]

Desde o início do século, o Estado Maior alemão havia elaborado um plano de guerra. Coube ao general conde Alfredo Von Schlieffen, que ocupava, desde 1891, o posto de Chefe do Estado Maior, a efetiva elaboração do plano de operações para o caso de uma guerra em duas frentes, contra Rússia e contra França. A princípio os exércitos alemães se manteriam na defensiva em relação à Rússia e "destruiriam o exército francês, mediante um amplo movimento envolvente através da neutra Bélgica".[12] Foi o general Helmuth Von Moltke (1848-1916), discípulo e sucessor de Schliefen, que aplicou o plano com atenuações que lhe foram vivamente censuradas: Schliefen sacrificava tudo em auxílio da ala direita envolvente e mantinha sua esquerda – muito fraca – em uma estrita defensiva. Moltke reforçou a esquerda para permitir-lhe passar à contraofensiva, mas isto foi em detrimento da ala direi-

---

[8] Malet-Isaac, obra citada, p. 670.
[9] Marin, obra citada, p. 78. Ver também Tenbrock, *Historia de Alemania*, p. 237.
[10] Tenbrock, *Historia de Alemania*, p. 242-247.
[11] Malet-Isaac, obra citada, p. 670.
[12] Howard, "Europa en la era de las dos guerras mundiales", p. 175 (*Historia Oxford del siglo XX*).

ta.¹³ O plano Schliefen, modificado por Moltke, parecia dar resultado, mas fracassou diante da resistência francesa no Marne. Moltke foi substituído no comando do Estado Maior pelo general Erich von Falkenhayn.

Antes de passarmos a uma breve exposição aos principais episódios da Grande Guerra em sua sucessão cronológica, convém acentuar alguns traços característicos desse conflito:

1. Prolongada luta de trincheiras.
2. Enorme quantidade de soldados, de ambos os lados, empenhados na luta.
3. Quantidade espantosa de militares mortos ou feridos em combate.
4. Emprego de novas armas (gazes venenosos, metralhadores, lança-chamas, carros de assalto, aviões) que tornaram este conflito o mais sangrento da história.
5. Um traço característico e impressionante é a extensão geográfica alcançada pela situação bélica. Além dos numerosos países europeus envolvidos, devemos lembrar a entrada do Império Otomano (o que leva a guerra para o Oriente Próximo), as colônias africanas, a declaração de guerra do Japão à Alemanha em agosto de 1914, o ingresso da China em 1917, a declaração de guerra dos Estados Unidos em 1917 e a participação, pelo menos simbólica, de outros países americanos (o Canadá integrava o Império Britânico).

1914 – A guerra tem início na frente ocidental, com a invasão da Bélgica. Os alemães cruzam a fronteira, conquistam Liège e tornam-se senhores das passagens do Mosa. Note-se que os franceses haviam atacado e recuado na Lorena (Morhange) e nas Ardenas (Neufchâteau). A 23 de agosto o V exército francês era derrotado entre Mons e Charleroi. "Ameaçado de cerco, teve de bater em retirada, provocando recuo geral, a que tinha Verdun como centro".¹⁴ A 2 de setembro os alemães estão próximos de Paris e o governo francês desloca-se para Bordéus, confiando-se a defesa da capital ao general Gallieni. O general Von Kluck, comandante do I Exército, animado com o avanço alemão, deixa de lado Paris e, negligenciando as instruções recebidas, transpõe o Marne e dirige-se para sudeste em perseguição ao V Exército.

---

¹³ Malet-Isaac, obra citada, p. 687.
¹⁴ Girardet, *Primeira Guerra Mundial*, p. 1763.

Uma contraofensiva vai deter o avanço alemão: "o general Gallieni lança as tropas de Paris sobre as flancos das colunas alemãs em marcha para o sul. É a batalha do Marne, que dura de 6 a 13 de setembro, ao fim da qual os alemães são obrigados a recuar até o Aisne".[15] Sublinhe-se que Gallieni era adjunto do generalíssimo Joffre, que constituíra um novo exército, o VI, que ficou no campo entricheirado de Paris, à disposição de Gallieni.[16] "Por sua vez, Von Kluck, audaciosamente, havia deixado uma fraca linha de tropas diante dos ingleses e fez com que o grosso de suas forças passasse sobre a margem direita do Marne a fim de ultrapassar o VI exército francês. Graças à brecha assim formada entre o I e II exército Alemão, os ingleses e o V exército francês conseguem chegar até o Marne que ameaçam atravessar (9 de setembro)".[17] Como já vimos, os exércitos alemães tiveram de recuar. A vitória francesa na primeira batalha do Marne teve consequências morais e políticas, pois deu novo ânimo à população e repercutiu internacionalmente. Quanto aos alemães, registre-se que a batalha do Marne resultou na substituição de Von Moltke por Von Falkenhayn no comando do exército. Tenbrock assim comenta o resultado da batalha do Marne: "Em uma batalha de três dias (de 6 a 9 de setembro), ficou detida a ofensiva alemã. Obrigou-se assim o soldado alemão a enterrar-se em uma linha de trincheiras que se estendia desde Flandres até a fronteira suíça. Começa assim a guerra de posições no oeste. O plano de campanha havia fracassado e o resultado da guerra era, em princípio, totalmente indeciso. De agora em diante, os fatores econômicos iriam adquirir um peso constantemente crescente".[18] Note-se que, embora importante, a vitória francesa no Marne não foi decisiva e não impediu a extensão da guerra, ao oeste, até o mar do Norte. Estamos aqui diante da chamada "corrida para o mar". "Esta terminou com a batalha de Ypres e do Yser, onde os restos do exército belga, tendo à frente o rei Alberto I, os britânicos e os franceses, conseguiram deter, após um mês de combate, a ofensiva alemã que

---

[15] Milza, *Histoire du XX siècle*, Tome I, p. 75. Em Malet-Isaac, obra citada, p. 693, lemos: "Sur um front de 300 Kilomètres de Paris à Verdun la bataille de la Marne mit aux prises pendat six jours (6-12 septembre) environ deux millions d'hommes".
[16] Girardet, obra citada, p. 1764.
[17] Malet-Isaac, obra citada, p. 694.
[18] Tenbrock, obra citada, p. 250.

visava Calais (outubro – novembro de 1914). A frente de batalha estendeu--se, desde então, em linha contínua que ia do mar até a Suíça.[19]

Vejamos, agora, como se desenrolaram as atividades bélicas em outras frentes de batalha. Pressionados pelos franceses, os russos atacaram (agosto de 1914) a Prússia Oriental com a grande superioridade de dois exércitos. A batalha de Gumbinnen representou uma moderada vitória eslava. Moltke, entretanto, substituiu o comando alemão designando dois novos comandantes: Von Hindenburg, de sessenta e sete anos, e von Ludendorff, de quarenta e nove anos. Moltke buscou reforços na ala direita da frente ocidental, o que contrariava o plano Schlieffen e contribuiria para a derrota na primeira batalha do Marne.[20] Hindenburg obteve uma grande vitória sobre o II exército russo em Tannenberg (23 a 30 de agosto) e, com reforços recebidos do Ocidente, sobre o I exército russo (8 a 10 de setembro) nos Lagos Mazurianos. Note-se, contudo, que os russos derrotaram os austríacos em Lemberg (3-11 de setembro). A Áustria foi socorrida pelos alemães. "Hindenburg leva-lhes socorro, empreendendo audaciosa ofensiva na Polônia. Combates confusos travaram-se nas vizinhanças de Varsóvia e sem resultados positivos. Esgotados, os adversários fixaram-se, como no oeste, em suas posições".[21]

Com relação aos sérvios, deve-se registrar a decidida resistência eslava. A ameaça russa debilitara as forças austríacas. Assim é que em dezembro os sérvios conseguiram retomar Belgrado, que havia sido ocupada pelos austríacos.

A Turquia entrou na guerra ao lado dos Impérios Centrais, o que permitia a presença de belonaves alemãs em águas dos Dardanelos. Os ingleses "viram imediatamente o perigo implicado na perda de liberdade de passagem pelo canal de Suez e na supressão do combustível líquido do Próximo Oriente, assim é que puseram o Egito sob protetorado e desembarcaram na Mesopotâmia para terem a seu alcance os campos petrolíferos daquele país". [22]

Numa rápida visão de outros teatros de guerra através do Mundo durante o ano de 1914, podemos observar a título de exemplo: as colônias alemãs foram atacadas na África (Togo e Camerun tombam em mãos dos franceses) e na

---

[19] Girardet, obra citada, p. 1765.
[20] Marin, obra citada, p. 82.
[21] Girardet, obra citada p. 1765.
[22] Marin, obra citada, p. 83-84.

Ásia (o Japão, unido aos aliados em 23 de agosto, ocupa, na China, a concessão de Tsing Tao; os australianos tomam a capital da Nova Guiné alemã).

No mar a superioridade da frota britânica dava grande vantagem aos aliados. Note-se, contudo, que os cruzadores rápidos alemães conseguiram desenvolver uma guerra de corso com certo êxito inicial, mas três desses modernos navios foram destruídos na batalha naval ocorrida a 8 de dezembro de 1914 nas proximidades das ilhas Malvinas (*Falkland*).

No inverno de 1914-1915, fracassada a ofensiva alemã na França, tem início a *guerra das trincheiras*. Nenhum dos beligerantes havia conseguido uma posição estratégica favorável, decisiva para a obtenção certa da vitória. Nenhum beligerante dispunha-se a tratar da paz e os Estados-Maiores procuravam, a todo custo, preservar as posições que seus exércitos haviam ocupado. "O conflito estabilizou-se e mudou de caráter: a guerra de usura sucedeu à guerra de movimento. Os adversários entricheiravam-se por trás de defesas cada vez mais poderosamente organizadas (trincheiras, abrigos subterrâneos, arame farpado). Para poderem abrir brecha nas linhas inimigas, necessitavam de material cada vez mais possante (artilharia pesada, morteiros, gazes asfixiantes, líquidos inflamáveis, carros de assalto). Absorvendo sem cessar mais armas e mais munições, a guerra impôs a cada beligerante esforços de produção industrial dia a dia mais intensos".[23] As populações civis passaram a ser alvo de bombardeios aéreos (zepelins e aviões) e vítimas da carência motivada pelo bloqueio marítimo. Deve-se mencionar aqui a atuação dos submarinos alemães. Em fevereiro de 1915 a Alemanha declarou zona de guerra todas as águas circundantes às ilhas Britânicas e anunciou que se esforçaria em destruir nesta zona todo navio inimigo e que não garantia a segurança dos neutros.[24] Teve repercussão mundial o torpedeamento do transatlântico inglês Lusitânia, em maio de 1915, com 1198 vítimas. Entre as 125 crianças a bordo, apenas 35 foram salvas. Entre os mortos havia 124 americanos. "Mais do que qualquer outro, este episódio contribuiu para lançar os Estados Unidos na guerra."[25]

---

[23] Girardet, obra citada, p. 1765.
[24] Malet-Isaac, obra citada, p. 704.
[25] O leitor encontrará na Revista *Historia*, n. 141, p. 182, um minucioso estudo sobre a tragédia do Lusitânia: Hanson W. Baldwin, "Le torpillage du Lusitania."

Vejamos, a seguir, as principais atividades bélgicas em sua sucessão cronológica:

1915 – Neste ano entram na guerra a Itália e a Bulgária. Aquela, não tendo conseguido o que reclamava da Áustria, conclui com os aliados o tratado secreto de Londres. A Bulgária se posiciona ao lado dos Impérios Centrais. Falkenhayn que, como já vimos, substituiu Moltke no Comando do Estado Maior alemão, continuou na defensiva da Frente Ocidental, mas movimentou-se com êxito à Frente Oriental. Os austro-alemães romperam a frente russa da Galícia sobre o rio Dunajec (2 de maio) e conquistaram toda a Polônia e a Lituânia. Vitoriosos na Frente Oriental, os Impérios Centrais dirigem sob o comando do general alemão Von Mackensen uma ofensiva que resulta na entrada em Belgrado e na derrota da Sérvia. Por iniciativa da França, um corpo expedicionário tentou auxiliar a Sérvia, mas não contou com o apoio da Grécia, cujo rei, Constantino, era cunhado do Kaiser. Os expedicionários, instalados em Salônica, barravam ao inimigo a rota do Mediterrâneo.

A Itália, que em maio declarava guerra à Áustria-Hungria (a guerra oficial com a Alemanha só processou-se no ano seguinte), tentou quatro ofensivos com graves perdas: milhares de mortos, feridos e prisioneiros.

Na Frente Ocidental fracassam as tentativas anglo-francesas no sentido de romperem as linhas defensivas alemãs. Assim, por exemplo, a ofensiva francesa na Champagne (setembro-outubro) resultou em milhares de mortos e prisioneiros. Os aliados fracassaram também na tentativa (março) efetuada por uma expedição naval franco-britânica visando atravessar os Dardanellos.

1916 – Na Frente Ocidental o ano de 1916 é marcado por duas grandes batalhas: *Verdun* e *Somme*. A praça de *Verdun*, às margens do *Mosa*, constituía importante ponto de apoio defensivo da frente francesa. O já cítado general alemão, Von *Falkenhayn* (1861-1922), chefe do Estado-Maior, decide o ataque a *Verdun*, considerada "a mais formidável praça de armas da Frente Ocidental".[26] Por sua duração (21 de fevereiro a 1º de novembro) e pelo número de baixas (um milhão, somadas as baixas dos

---

[26] Malet-Isaac, obra citada, p. 710.

lados), constitui uma das maiores batalhas da História.[27] O comando da luta tornou célebre o general francês *Philippe Pétain*: A resistência francesa sob a direção do general *Pétain* foi tal que frustrou o plano alemão. Ataques e contra-ataques sucederam-se durante meses. "O duelo de artilharia tomou proporções até então desconhecidas: os bosques, os campos e as aldeias da região do *Mosa* atingidos por milhões de granadas desapareceram para dar lugar a uma paisagem terrosa, pedregosa, caótica, de onde se via jorrar sem trégua os enormes penachos de vapores das explosões. A batalha de *Verdun*, escrevia um alemão, não é uma batalha humana: é o inferno".[28] Para aliviar a situação, o comando aliado projetou várias ofensivas. A batalha do *Somme*, assim chamada pela proximidade do rio, iniciou-se em 1º de julho por forças anglo-francesas. "A batalha durou até 18 de novembro e supôs um êxito relativo aos aliados. As perdas para os dois lados foram porém custosíssimas: mais de um milhão de baixas".[29] A título de curiosidade vale lembrar que nessa batalha usaram-se *tanks* primitivos que dariam, mais tarde, origem aos *tanks* modernos.

Ainda no decurso de 1916 lembremos:

1. Os italianos conquistam *Gorizia*, no *Isonzo* (agosto).

2. Os russos desencadeiam uma ofensiva para aliviar a situação em Verolun: rompem a frente austríaca em *Tarnopol* (junho). A Romênia entra na guerra, ao lado dos aliados. "Seriamente ameaçados, os Impérios Centrais entregaram o comando supremo a *Hindenburg*, assistido por *Ludendorff*. Estes conseguiram restabelecer a situação".[30] A Romênia foi dominada e ocupada (setembro-dezembro).

3. Em março, Portugal entra na guerra contra a Alemanha (ver capítulo sobre a Europa, item referente a Portugal).

---

[27] Note-se que as datas referentes à duração das batalhas variam conforme o ponto de vista de cada autor. Na *Historia Oxford do século XX*, lemos: "21 de febrero-agosto: batalha de Verdun, com um total de setecientas mil bajas; 1º de julio-noviembre: batalha de Somme, com um total de 1,2 millones de bajas". No *Lê dictionnaire du 20 siècle*, p. 713, lemos: "La bataille va durer jusqu'en decembre...".
[28] Malet-Isaac, obra citada, p. 710.
[29] Marin, obra citada, p. 92.
[30] Girardet, obra citada, p. 1766.

4. Sobre a situação da Grécia em face do conflito, ver capítulo sobre a Europa. Em dezembro de 1916 as tropas aliadas desembarcam no Pireu.

5. A Marinha de Guerra alemã era inferior ao poder naval britânico, o que explica a já mencionada intensa atividade dos submarinos. Havia, entretanto, certo temor quanto ao enfrentamento, na superfície, da esquadra inglesa. Em 1916 o almirante Reinhard Scheer, no comando da Armada alemã, decidiu enfrentar a esquadra inglesa em alto-mar. O encontro das duas frotas deu-se na batalha da Jutlândia (de 31 de maio a 1º de junho), quando 93 unidades alemãs travaram um combate com 142 unidades inglesas. Ambos os lados consideraram-se vencedores. Na realidade as perdas britânicas em homens e toneladas superaram as perdas alemãs. "A consequência mais importante da batalha da Jutlândia foi que, convencida a Alemanha da impossibilidade de uma vitória naval de superfície, endureceu a guerra submarina, que se intensificou a partir de 1º de fevereiro de 1917...".[31]

1917 – Um rápido olhar sobre os acontecimentos que, em 1917, vão influir na evolução do conflito revela-nos:

1 – Entre os beligerantes encontramos inicialmente um equilíbrio de forças e de posições que torna duvidoso qualquer prognóstico sobre vitória e derrota.

2 – A longa e incômoda permanência nas trincheiras, com todas as terríveis sequelas de intermináveis e sangrentas refregas proporcionando, para ambas as partes, recuos e avanços, havia produzido insubordinações, deserções e revoltas entre os combatentes. Exteriormente a guerra das trincheiras já havia sido sintetizada na expressão: *Sem novidade no Front* (em francês: *Rien à signaler sur l'ensemble du front*; em alemão: *Am Western nicht neues*). Internamente os países beligerantes enfrentaram também graves problemas: atraso no pagamento de salários, inflação, greves. Partidos socialistas começam a fazer oposição à guerra. O próprio *Reichstag* (Parlamento alemão) votou uma moção de paz. Carlos I, último imperador da Áustria, fez secretamente uma tentativa de paz.

---

[31] Marin, obra citada, p. 94.

3 – Dois acontecimentos vão ser decisivos na evolução das atividades bélicas e na orientação da vida política do século em curso: a entrada dos Estados Unidos na guerra e a Revolução Russa. Note-se que a atitude norte--americana foi seguida por outros estados americanos. Embora estas adesões tivessem um caráter simbólico, não deixaram, contudo, de produzir um impacto psicológico.[32]

Os Estados Unidos, ao iniciar-se a guerra em 1914, estavam impregnados de ideias isolacionistas face aos conflitos europeus. A própria heterogeneidade de parte da população (imigrantes provenientes de diversos países europeus) dificultava a tomada de posição em favor de um determinado beligerante. Com o decurso do tempo foi prevalecendo a simpatia pela causa dos aliados. Lembremos que a maioria dos cidadãos mais influentes era de origem britânica: "Isto sucedia, em geral, com os reitores de universidades, os principais ministros protestantes, os magnatas da imprensa e os altos funcionários públicos. As tradições culturais do país, sua teoria jurídica e política e as bases de sua literatura vinham sobretudo da Inglaterra".[33] Na realidade havia outras causas importantes que levaram a nação norte-americana a romper com o isolacionismo, e aqui deve-se lembrar que poderosas forças econômicas pesaram decisivamente. A implacável e irrestrita guerra submarina alemã foi a causa direta determinante. Em 6 de abril de 1917 o presidente Wilson declara guerra à Alemanha. O impressionante potencial econômico e financeiro dos Estados Unidos vai assegurar a vitória da Entente. Os contingentes militares americanos, cada vez mais numerosos, foram chegando ao continente Europeu e passaram a participar da luta contra as grandes ofensivas alemães da primavera e do verão de 1918. O comandante do exército americano foi o general Pershing.[34]

---

[32] Idem, ibidem, p. 99.
[33] Burns, obra citada, p. 855.
[34] Os autores discordam quanto ao número de soldados americanos enviados à Europa. Na batalha destinada a libertar o Mosa e a Argonne, havia um milhão e duzentos mil americanos (ver André Maurois, *História dos Estados Unidos*, p. 477). A famosa frase atribuída ao general Pershing em homenagem ao marquês de La Fayette que, em 1777, atravessara o Oceano para solidarizar-se com os que lutaram pela independência, foi, na realidade, pronunciada pelo coronel Stanton (La Fayette, we are here) a 4 de julho de 1917, no cemitério de Picpus, diante do túmulo de Lafayette. (Ver

Na Rússia (ver respectivo item no capítulo sobre a Europa), os bolchevistas concluem um armitício separado (dezembro de 1917), seguido do Tratado de Paz Brest-Litowsk (3 de março de 1918). É interessante notar que a população dos países beligerantes, no decurso de 1917, começa a preocupar-se com os acontecimentos que culminam na revolução bolchevista da Rússia. A Romênia (que se aliara à Entente em 1916), isolada, rendeu-se, assinando o Tratado de Bucarest (março de 1918). "Desde então, liberado da Frente Oriental, todo o exercito alemão vai refluir para a Frente Francesa, onde sua superioridade será tal que poderá obter logo a decisão".[35]

Depois dessas considerações, vamos enumerar em sequência cronológica os principais episódios da grande Guerra através do ano de 1917. Na Frente Ocidental encontramos os exércitos alemães ocupando posições fortificadas na chamada "linha Hindenburg". O exército francês, sob o comando do general Nivelle, sucessor de Joffre, fracassa numa tentativa de transpassar a frente do Aisne (abril de 1917) e Nivelle é substituido por Petain (maio de 1917): "a grande obra de Pétain é haver restaurado o exército em vias de dissolução. Sem ele, Foch não teria tido em 1918 o instrumento da vitória.[36] O exército inglês fez sangrentos ataques (julho-novembro) em Flandres, sem maiores resultados. Na Frente Italiana tropas austro-alemãs atacaram as forças italianas em Caporetto (24 de outubro). Os italianos retiraram-se, deixando ao inimigo mais de 300.000 prisioneiros. O general Cadorna foi substituído por Armando Diaz. Na Itália forma-se então um gabinete de emergência dirigido por Orlando. Onze divisões franco-inglesas que contavam com material importado dos Estados Unidos foram enviadas para, com os italianos, reforçarem a nova linha defensiva. A Grécia, após a abdicação (junho) de Constantino e a volta ao poder de Venizelos, alinha-se com os aliados.

No Próximo Oriente os ingleses apoderam-se de Bagdad, Gaza, Jerusalém e Damasco. Encerremos esta breve exposição sobre a guerra durante

---

estudo minucioso de Henri Gaubert: Qui a dit: "La Fayette, nous voici". Na Revista *Historia* n. 130, p. 267.)
[35] Langlois, *Histoire du XX siècle*, p. 51. Note-se, contudo, a observação de Marin (obra citada, p. 102): "El hundimiento del frente ruso no habia liberado muchas divisiones alemanas en el frente oriental. Temia Alemania, em efecto, el contagio del comunismo, y habia ocupado Ucrania, lo que distraía gran parte de sus fuerzas".
[36] Gaxotte, Pierre, "La grande guerre 14-18", Revista francesa *Historia* n. 146, p. 90.

o ano de 1917, lembrando a já mencionada implacável atuação dos submarinos alemães cujos torpedos causaram a perda de incontáveis toneladas de navios dos países beligerantes e neutros. Quanto à aviação, deve-se observar que, embora mais evoluída, não teve papel decisivo nas batalhas, tendo sido usada para atacar os carros de combate que apareciam em maior número, especialmente entre as tropas inglesas.

1918 – Entramos, em 1918, no ano decisivo da Grande Guerra. Para uma melhor compreensão dos acontecimentos, convém chamar atenção para algumas modificações que se operam a partir do final de 1917. Na França, nesse final, o comando do exército foi entregue ao general Pétain, e à frente do governo francês encontramos Clemenceau decidido a lutar pela vitória final. Na Inglaterra Lloyd George assume a presidência de um governo também alinhado aos que desejavam combater até o triunfo total. Na Itália temos a reorganização do gabinete sob a direção de Orlando. Em março de 1918 o general Foch recebeu o comando supremo das forças da Entente. Deve-se observar que essa unidade de comando já existia no exército alemão e encontrava-se nas mãos de Hindenburg e de seu chefe de Estado-Maior, Ludendorff. "Estes dois chefes tinham em seu ativo as vitórias retumbantes de Tannenberg em 1914, da Polônia em 1915, da Romênia em 1916, de Caporetto em 1917. A Alemanha depositava neles uma confiança sem limites".[37] Dois importantes acontecimentos se fazem sentir no início de 1918: a Revolução Russa e a participação americana. Quanto à maneira de travar batalhas, é relevante chamar atenção para as profundas alterações ocorridas durante a evolução do conflito e postas em prática no decurso das operações bélicas de 1918. O armamento aperfeiçoou-se; metralhadoras ligeiras e fuzis-metralhadoras revolucionaram os combates de infantaria. Na artilharia surgem os abuses tóxicos e fumígenos que poluíam a atmosfera, tornando-a irrespirável durante a batalha. Carros de assalto são aperfeiçoados e aviões tornam-se poderosos elementos auxiliares da infantaria.

A 21 de março de 1918 Ludendorff lança uma violenta ofensiva alemã, tornando a situação extremamente crítica para os aliados. Depois de uma aterrorizante preparação com a artilharia, que durou cinco horas, a infantaria

---

[37] Malet-Isaac, obra citada, p. 718.

passou ao ataque. "Ao norte foi energicamente contida, mas, ao sul, diante de Saint-Quentin, rompeu a frente inglesa. Abriu-se uma brecha nas linhas aliadas entre a direita britânica e a esquerda francesa. A rota de Amiens e, até pelo vale do Oise, a rota de Paris encontravam-se descobertas".[38] Os franceses procuram restabelecer a junção com os ingleses que recuavam em direção ao noroeste para suas bases marítimas. A dualidade de comando revelou-se então perniciosa, e a 26 de março "o general Foch recebeu a missão de coordenar a ação dos exércitos aliados na Frente Ocidental".[39] Entretanto "Afluíam, de modo regular, à França divisões norte-americanas dotadas do mais moderno material de guerra, bem alimentadas e possuídas de uma moral de vitória".[40] Em julho já estavam na França 24 divisões americanas, equivalendo a 650.000 homens.

Em dez dias os alemães haviam avançado sessenta quilômetros e feito cerca de 90.000 prisioneiros. "Primeiro sucesso que Ludendorff fez seguir, desde logo, por outros golpes brutais: na Flandres os alemães apoderaram-se do monte Kemmel; às margens do Aisne a frente francesa foi rompida no Chemin des Dames e Château-Thierry atingida a 27 de maio; Compiègne foi ameaçada (9 de junho)".[41] A situação dos aliados era crítica e Ludendorff contava com a vitória alemã. Esta, entretanto, não chegou, e entre as causas da reviravolta podem-se lembrar a posição decidida de Clemenceau (combateria diante de Paris, em Paris, atrás de Paris), o comando sob Foch, a atuação de Pétain, a presença dos americanos etc. "Como Von Kluck em 1914, Ludendorff cometeu a falta de subestimar o adversário".[42] Em julho inicia-se a segunda batalha do Marne. "A 15 de julho nova ofensiva alemã, de um lado e outro de Reims, foi detida pela resistência francesa. Imediatamente Foch contra-atacou. Os exércitos de Mangin e Degoutte, dispostos ao abrigo da floresta de Villers-Cotterêts e tendo na vanguarda quase quinhentos carros de assalto, atacaram o flanco do adversário. O exército alemão teve que recu-

---

[38] Idem, ibidem, p. 720.
[39] Idem, ibidem.
[40] Marin, obra citada, p. 105.
[41] Girardet, obra citada, p. 1768.
[42] Malet-Isaac, obra citada, p. 724.

ar para o outro lado do Marne, retirar-se até o Vesle, e depois até o Aisne".[43] A iniciativa estratégica passara de Ludendorff a Foch e os alemães perdiam a segunda batalha do Marne. A 8 de agosto a Frente da Picardia era rompida pelos anglo-franceses. Os alemães refugiam-se na linha Hindenburg (agosto-setembro), barreira defensiva com uma profundidade de 7 a 12 quilômetros poderosamente fortificada. "A duras penas puderam refugiar-se na linha Hindenburg, atacados constantemente pelas tropas aliadas em que começavam a distinguir-se os efetivos norte-americanos".[44] A 12 de setembro, sob o comando do general Pershing, haviam conquistado Saint-Mihiel, ao sul de Verdun. "Em seguida o general Foch confiou a um milhão e duzentos mil americanos a batalha destinada a libertar o Mosa e a Argonne, o que fazia parte de sua ofensiva de conjunto. Muitas dessas divisões americanas não haviam ainda entrado em combate; combateram muito bem, mas sofreram grandes perdas".[45] A 26 de setembro os aliados iniciaram um ataque geral contra a linha Hindenburg. "Os alemães resistiram nas alas, mas o centro foi rompido e os franceses apoderaram-se do maciço de Saint-Gobain. As tropas alemãs receberam ordem de recuo até o Mosa, enquanto Foch preparava a última ofensiva que seria desencadeada em meados de novembro."[46]

Antes de focalizarmos brevemente o final da Grande Guerra na Frente Ocidental com a capitulação alemã, é conveniente fazer uma sucinta exposição sobre os acontecimentos nas demais frentes de batalha. Note-se que a capitulação alemã foi precedida pela capitulação de seus aliados.

Frente Macedoniana

O exército da Macedônia, sob o comando de Franchet d'Esperey, obrigou a Bulgária a depor as armas (29 de setembro) e reconquistou a Sérvia.

---

[43] Girardet, obra citada, p. 1768.
[44] Marin, obra citada, p. 105.
[45] Maurois, *História dos Estados Unidos*, p. 477.
[46] Girardet, obra citada, p. 1768.

Frente Italiana

O exército italiano comandado pelo general Diaz contivera o ataque austríaco e (23-24 de outubro) obteve a vitória de Vittorio Veneto, aniquilando o exército adversário e levando o imperador Carlos a aceitar o armistício de Villa Giusti em 3 de novembro.

Frente do Oriente Próximo

O exército inglês comandado pelo general Allenby obtém uma vitória decisiva sobre a Turquia, que aceita (30 de outubro) o armistício de Mudros.

O armistício

A derrota nos Balkans levou Hindenburg e Ludendorff a solicitarem de Guilherme II providências para um armistício. Note-se que na Frente Ocidental a guerra continuava, mas as tropas alemãs retiravam-se progressivamente. O recém-nomeado chanceler, príncipe Max de Baden, enviou uma nota ao Presidente Wilson, propondo um armistício com base nos Quatorze pontos. Wilson, em sua resposta, exigiu a abdicação do imperador e a capitulação das forças armadas alemãs.[47] Já mencionamos a precipitada abdicação de Guilherme II e sua fuga para a Holanda. A 11 de novembro foi assinado o armistício ditado pelos aliados no bosque de Compiègne. "O dirigente da delegação alemã não era um militar, mas um político do Partido do Centro, Erzberger".[48] Um rápido olhar num mapa histórico sobre a situação dos exércitos alemães no final da guerra pode iludir, à primeira vista, sugerindo uma aparente supremacia militar que levaria a um final vitorioso. Na realidade a situação interna da Alemanha fora fatalmente afetada pela duração da guerra, pela fraqueza de seus aliados, pelo bloqueio naval, pelo fracasso da campanha submarina que não impediu o abastecimento dos aliados, es-

---

[47] Tenbrock, obra citada, p. 255.
[48] Idem, ibidem, p. 256.

pecificamente pela entrada dos Estados Unidos no conflito, o que significou ampliação de recursos em homens, em material bélico renovado e atualizado, e em reforço econômico.

Segundo os termos do armístico, "os alemães tiveram de entregar todo seu material bélico, devolver sem reciprocidade os prisioneiros aliados, evacuar, no espaço de trinta dias, todos os territórios da margem esquerda do Reno, abandonar aos Aliados as cabeças de ponte de Colônia, Coblença e Mogúncia".[49] Antes de focalizarmos os tratados de Paz, convém lembrar ao leitor algumas das terríveis consequências do Primeiro Conflito Mundial, o mais sangrento da História, mais que a Segunda Guerra Mundial.[50] Somente a título de exemplo vamos citar as perdas humanas e materiais da França. De todos os beligerantes foi ela que sofreu as mais pesadas perdas em homens e em capitais. Seus exércitos contavam 1.393.000 mortos – 60.000 eram integrantes das tropas indígenas –, cerca de três milhões de feridos, entre os quais 740.000 mutilados. A proporção das perdas era de um por 29 habitantes.[51] Os danos materiais causados pelas invasões e pelos bombardeios foram incalculáveis e, muitas vezes, irreparáveis. "Na zona de combate, aldeias inteiras tinham desaparecido sem deixar traços; grandes cidades como Reims, Arras, Verdun não eram mais que montões de ruínas. Uma parte das regiões ocupadas fora submetida, antes da evacuação, a uma devastação metódica...[52] No campo internacional a Grande Guerra abalou o imperialismo europeu especialmente na Ásia. É interessante notar que, enquanto os europeus concentravam seus recursos nas atividades bélicas, Japão e China ampliavam sua indústria e seu comércio, aproveitando-se da ausência da concorrência europeia. Na conferência da Paz realizada em Paris em 1919, Japão e China encontram-se na mesa dos vencedores. O domínio do Mundo vai agora ser partilhado com a potência do além-atlântico: os Estados Unidos. A China, em plena modernização, voltava-se para os Estados Unidos em busca de inspiração e apoio. Voltemos às consequências do Primeiro Conflito Mundial e, no item referente, às causas da Segunda Guerra Mundial.

---

[49] Girardet, obra citada, p. 1768.
[50] Laglois, obra citada, p. 46. Leva-se em consideração a área dos combates e os efetivos empregos (Verdun, Somme, Nivelle).
[51] Malet-Isaac, obra citada, p. 732.
[52] Idem, ibidem.

Finda a Grande Guerra, ocorre uma série de Tratados de Paz. Antes de enumerá-los e estudá-los brevemente, convém lembrar que durante o conflito houve diversas tentativas de paz. Entre essas tentativas figuram as do Presidente Wilson e as do papa Bento XV. Em dezembro de 1916 Wilson enviava aos países beligerantes uma mensagem baseada numa declaração de princípios de caráter idealista, através da qual solicitava a indicação das condições em que se poderia entabular negociação que conduzisse ao término do conflito. "Enquanto a entente recebeu tal oferta com reservas, as potências centrais rechaçaram toda "intromissão americana", porque a Alemanha não estava disposta a renunciar à Alsácia-Lorena".[53] Em janeiro de 1917 o presidente americano renovou a oferta, mas a Alemanha impôs condições inaceitáveis e ameaçou com o recrudecimento da guerra submarina. Em junho de 1916 e em agosto de 1917, o papa Bento XV tentou em vão obter o término do conflito mediante concessões mútuas dos beligerantes. Em janeiro de 1918 Wilson incorporou na mensagem enviada ao Congresso a mais famosa proposta de paz, que, sintetizada em Quatorze Pontos, expressava mais idealismo do que a dura realidade do momento histórico em que, na Europa, estavam vivas as rivalidades entre vencidos e vencedores e entre estes últimos.[54] "Wilson desejava excluir todos os entendimentos de diplomacia secreta, reduzir os armamentos nacionais, obedecer, nas delimitações de fronteiras, às linhas de nacionalidades reconhecíveis e fazia questão da criação de uma Liga das Nações".[55]

Tratados de Paz

Uma conferência foi convocada para Paris a fim de determinar as condições de paz com a Alemanha. "A maioria dos delegados poderia muito bem ter ficado em casa. Todos os assuntos importantes da conferência foram

---

[53] Tenbrock, obra citada, p. 252.
[54] O leitor encontrará o conteúdo dos 14 pontos em Malet-Isaac, obra citada, p. 36, e em Burns, obra citada, p. 859.
[55] Delgado de Caralho, *Súmulas*, p. 139.

CAPÍTULO I – A PRIMEIRA GUERRA MUNDIAL   727

tratados por pequenas comissões.⁵⁶ Um Conselho de quatro membros (Wilson, presidente dos Estados Unidos; Lloyd George; Clemenceau e Orlando, primeiros ministros respectivamente da Grã-Bretanha, da França e da Itália) assumiu a direção da Conferência. Em breve o Conselho dos Quatro foi reduzido, em virtude da retirada de Orlando (Wilson recusara aceitar as exigências italianas), a Conselho dos Três, que determinou quase inteiramente o conteúdo do Tratado de Versalhes. Esta designação deve-se ao fato de, por imposição da França, haver sido assinado na galeria dos Espelhos do Palácio de Versalhes em 28 de junho de 1919. Lembremos que em 18 de janeiro de 1871 aí fora proclamado o Império Alemão. À Alemanha fora recusado o acesso à Conferência da Paz, impedindo-a, portanto, de interferir ou criticar as decisões. "Uma parte da classe política e a opinião pública alemã não deviam jamais aceitar essa humilhação, esse *DiktaT*. 'Cedendo à força', o governo alemão assina em Versalhes aos 28 de junho de 1919, sem ter podido impor a retirada da cláusula sobre as responsabilidades da Alemanha".⁵⁷ Note-se em junho de 1919 o afundamento da frota de guerra alemã na baía de Scapa Flow nas Orcades, ao norte da Escócia, por ordem do almirante Von Reuter.⁵⁸ Quanto aos Quatorze Pontos que haviam influído na rendição alemã de 11 de novembro, o presidente Wilson "só pôde salvar, e assim mesmo sob uma forma modificada, três artigos de seu famoso programa: o sétimo, que prescrevia a restauração da Bélgica; o oitavo, que exigia a restituição da Alsácia Lorena à França; e o último, que instituía a Liga das Nações. Os outros foram desdenhados ou modificados a tal ponto que perderam a sua significação original.⁵⁹

Não cabe, nos estreitos limites desta obra, uma análise completa do Tratado de Versalhes. Lembremos, apenas para exemplificar, o conteúdo de algumas cláusulas. Entre as cláusulas territoriais figuram a volta da Alsácia-Lorena à França e a perda das colônias alemãs; entre as cláusulas políticas

---

⁵⁶ Burns, obra citada, p. 862. Note-se que o Brasil estava representado por Epitácio Pessoa, Raul Fernandes e Calógeras. Interessantíssimo artigo de autoria do Gal Weygand em *Historia*, n. 151, p. 617, sobre o tratado de Versailles.
⁵⁷ Milza, *Histoire du XX siècle*, Tome 1, p. 101.
⁵⁸ Ver o emocionante relato do afundamento da frota alemã em *Historia,* n. 151, p. 601.
⁵⁹ Burns, obra citada, p. 863.

destaquem-se a separação da Prússia Oriental por um corredor e a cidade de Dantzig declarada livre sob controle político da Liga das Nações. O Tratado de Brest-Litovsk era anulado; entre as cláusulas econômicas sublinhe-se o pagamento de indenizações por parte da Alemanha; nas cláusulas militares reduzia-se a cem mil o número de soldados e aboliu-se o serviço militar obrigatório. Compreende-se que entre as causas da Segunda Guerra Mundial figurassem os dispositivos do Tratado de Versalhes. O Tratado de Versalhes tinha em vista, de um modo geral a situação da Alemanha como derrotada. A situação dos aliados da Alemanha foi regulada por outros tratados que lembraremos brevemente, a seguir. O tratado de Saint-Germain (setembro de 1919), imposto à Áustria, reduzia este país a seus elementos germânicos e impunha o reconhecimento da independência da Hungria, da Tchecoslováquia, da Iugoslávia e da Polônia. Com relação à Itália, a Áustria cedeu Trieste, Tirol meridional e a península da Istria. Cabia ainda à Áustria o pagamento de reparações.

O Tratado de Neuilly (novembro de 1919), com a Bulgária, determinou a entrega de quase todos os territórios adquiridos a partir da primeira guerra balcânica.

O Tratado de Trianon (junho de 1920) reduziu territorialmente a Hungria em favor da Tchecoslováquia, da Romênia e da Yugoslávia. O Tratado de Sèvres (agosto de 1920) estabeleceu que a Armênia seria uma república cristã. Grande parte da Turquia europeia seria entregue à Grécia. Palestina e Mesopotâmia ficariam sob mandatos britânicos, e a Síria sob mandato francês. A Anatólia meridional ficaria sob a influência da Itália. "Intimidado pelas forças aliadas, o decrépito governo do sultão concordou em assinar esse tratado. Mas um governo revolucionário, constituído de nacionalistas turcos e organizado em Angorá sob a chefia de Mustafá Kemal, resolveu impedir que fosse posto em execução o Tratado de Sèvres. As forças de Kemal riscaram do mapa a república da Armênia, enxotaram os italianos da Anatólia e reconquistaram a maior parte do território turco europeu que fora dado à Grécia".[60] Em 1923 seria elaborado o tratado de Lausanne com a Turquia.

---

[60] Idem, ibidem, p. 867. Ver capítulo sobre a Ásia, item Turquia.

A Liga das Nações

Estudaremos mais adiante a Liga das Nações. Lembremos, por ora, que seu idealizador, o presidente Wilson, não conseguiu que o projeto fosse aprovado pelo Senado dos Estados Unidos. "A Sociedade das Nações, criada em 1920 com sede em Genebra, não satisfez as esperanças que nela haviam depositado; em parte porque, embora tendo conseguido a adesão de uns sessenta membros, várias potências mantiveram-se à margem e outras a destruíam lentamente por dentro. Os Estados Unidos, que haviam feito mais que qualquer outra nação para que a Sociedade se convertesse em realidade, negaram-se a participar dela, pois ao Congresso preocupava a possibilidade do país comprometer-se em conflitos distantes e não via com bons olhos a transferência da capacidade decisória a um organismo internacional, entendendo que isso debilitaria seus próprios poderes constitucionais e a soberania nacional".[61]

Vencedores e Vencidos

Encerremos esta tentativa de síntese sobre a Primeira Guerra Mundial lançando um rápido olhar sobre os principais vencedores e a Alemanha.[62]

A França, que surge nas páginas da História como a grande vencedora da Guerra, é o país que mais sofreu como o conflito. Na realidade as grandes batalhas do *Front* Ocidental ocorreram em solo francês, numa região relativamente pouco extensa, mas bastante rica. Note-se que proporcionalmente a sua população, a França perdeu maior número de homens que a Alemanha. A Grã-Bretanha perdeu, relativamente, um número limitado de soldados e sofreu poucas destruições, mas sua situação financeira foi profundamente afetada, bem como seu prestígio internacional. Os Estados Unidos foram o grande vencedor. Apesar das perdas humanas, a produ-

---

[61] Roberts, "Hacia una comunidad mundial? Las naciones Unidas y el derecho internacional" (*Historia Oxford del siglo XX*, p. 476).
[62] Langlois, obra citada, p. 52 e ss.

ção americana livre dos bombardeios devastadores fez do país o credor da Europa. A Itália, vencedora, esperava receber os "territórios irredentos" (Trentino e Trieste) e outros (como a Istria e a Dalmácia). Como já vimos, Wilson opôs-se às exigências italianas, provocando a partida e a ausência prolongada da delegação italiana. A atitude do presidente americano provocou na Itália um sentimento de frustração, criando um ambiente favorável ao desenvolvimento do nacionalismo (D'Annunzio) e do fascismo (Mussolini).

Quatro impérios foram derrotados: o otomano, o austro-húngaro, o alemão e o russo. A situação da Alemanha merece, entretanto, algumas considerações. Note-se, desde logo, que seu solo não foi violado por nenhum soldado inimigo. As destruições foram poucas e a perda de homens foi inferior à da França, levando-se em consideração as respectivas populações. O exército alemão, livre da guerra externa, vai ser um fator preponderante na manutenção da ordem interna, perturbada por agitações que ameaçavam levar o país a uma verdadeira guerra civil. O império dos czares foi substituído pela ditadura marxista leninista, com profunda repercussão político-social na Europa surgida após os Tratados da Paz.

Capítulo II
PERÍODO ENTREGUERRAS

A partir de 1919 a política internacional movimenta-se no sentido de administrar os efeitos da guerra e pôr em execução os tratados de paz. As potências envolvidas nessa dupla missão encontram empecilhos muitas vezes irremovíveis. A Alemanha, por exemplo, recusava-se a aceitar o *Diktat* de Versalhes. Lembremos aqui a presença da Liga das Nações (ver, mais adiante, capítulo sobre as instituições políticas), que, entretanto, "jamais conseguiu êxitos brilhantes na consecução dos objetivos de seu fundador. Somente em poucos casos logrou afastar o espectro da guerra, e em todos eles as partes litigantes eram nações pequenas".[1]

Somente a título de exemplo, vamos citar as principais crises internacionais que ocorreram no período que se situa entre os dois conflitos mundiais. Inútil lembrar que estes acontecimentos aqui mencionados já foram objeto de rápido estudo nos capítulos referentes à história de cada continente em separado. Ei-los:

1. A Guerra da Etiópia (1935)
2. A Revolução Espanhola (1936-1939)
3. A anexação (Anschluss) da Áustria (1938)

Essas crises se processam envolvendo dois blocos de países que se caracterizam respectivamente como Potências liberais e Potências totalitárias e que vão entrar em conflito. Estamos no limiar da Segunda Guerra Mundial.

---

[1] Burns, obra citada, p. 868.

Capítulo III
A SEGUNDA GUERRA MUNDIAL
(1939-1945)

A Segunda Guerra Mundial constitui o ponto culminante da História do Século XX. Estamos aqui em face de um catastrófico acontecimento que tem suas raízes em múltiplas situações de ordem política, econômica, social, cultural, científica que caracterizam a evolução dos povos europeus através dos tempos e mui especialmente a partir das consequências do Primeiro Conflito Mundial. Por sua vez, as consequências da Segunda Conflagração Mundial, cujo ponto final teria a marca da explosão atômica, refletir-se-iam até quase o término do século XX, através dos quarenta anos da chamada Guerra Fria. Esta se dilui com a desintegração da União Soviética e a preponderância internacional dos Estados Unidos. Nesses quarenta anos em que a paz mundial se conserva num precário equilíbrio mantido pelo mútuo temor das armas nucleares, há um espetacular aparecimento e desenvolvimento de aspirações políticas de povos das mais distintas regiões do globo, como aliás já foi exposto nos capítulos precedentes, especialmente nos referentes à África e a Ásia.

Causas

Pretendemos, a seguir, sintetizar observações sobre algumas das causas da Segunda Guerra Mundial, passando, depois, a uma breve exposição das diferentes fases do conflito e de suas consequências. Ocioso lembrar ao leitor: eventos que, com maior ou menor precisão, podem ser apontados como causas ou consequências já foram mencionados, ainda que brevemente, nos capítulos anteriores, dentro da exposição particular da história política dos principais países envolvidos no conflito, especialmente França, Grã-Bretanha e Alemanha. Assim, por exemplo, a Grande Depressão figura entre as causas econômicas da guerra e já foi mencionada na história política e será lembrada no capítulo sobre a economia. As repetições encontradas facilitam ao leitor uma visão mais clara dos acontecimentos.

A invasão da Polônia pelas tropas alemãs em 1º de setembro de 1939 foi o estopim da Segunda Guerra Mundial, proclamada inicialmente pela Grã-Bretanha e pela França a 3 de setembro do mesmo ano. Anterior à invasão da Polônia, como já vimos, situa-se uma série de acontecimentos que integram a gênese da Segunda Guerra Mundial. Vejamos alguns, a título de exemplo.

O armistício fora assinado tendo-se em vista por parte dos alemães os termos dos Quatorze Pontos do presidente Wilson. Entretanto, com relação à elaboração do Tratado de Versalhes, nenhum dos dignitários da conferência, "nem um só homem, com exceção do próprio Wilson, levava a sério os Quatorze Pontos".[1] Na realidade o tratado de Versalhes não correspondia, nem pelo espírito nem pela letra, aos Quatorze Pontos de Wilson que haviam constituído a base para a decisão alemã de pôr fim à guerra.[2] Estamos aqui diante de uma paz determinada pelos vencedores, revestindo o caráter de uma sentença imposta por um tribunal. O artigo 231 rezava: "Os governos aliados e associados declaram e a Alemanha reconhece que a Alemanha e seus aliados são responsáveis por tê-los causado, por todas as perdas e danos sofridos pelos governos aliados e associados e seus nacionais em consequências da guerra que lhes foi imposta pela agressão da Alemanha e de seus aliados." Impunha-se reparação dos danos causados à população civil... Note-se aqui que o cálculo de reparações violava o acordo pré-armistício feito em 5 de novembro de 1918. Compreendem-se facilmente as consequências psicológicas dessas decisões na sofrida e humilhada população da Alemanha.

A política internacional seguida por países vencedores preparava direta

---

[1] Idem, ibidem, p. 863.
[2] Tenbrock, obra citada, p. 261.

ou indiretamente o terreno para um futuro conflito. Assim, por exemplo, "a política da Inglaterra com respeito à manutenção da paz nesses anos fatídicos foi quase que o oposto da política francesa: Separados do resto da Europa pelo canal da Mancha, os ingleses não se sentiam levados a preocupar-se tanto com a segurança nacional".[3] À Inglaterra interessava de modo especial a recuperação econômica do continente e deve-se lembrar que a Alemanha, antes da guerra, fora um excelente cliente. Já à França interessava preferencialmente sua segurança em face da recuperação alemã. Assim é que o governo estimulava o armamento de outros países que poderiam, futuramente, ser vítimas de uma Alemanha recuperada.

Além do Tratado de Versalhes, os demais tratados merecem também uma observação: "Os Tratados de 1914-1920 tinham-se tornado obsoletos a muitos respeitos, mesmo antes de secar a tinta das assinaturas. Em essência, eram tratados que tentavam oferecer uma solução à moda do século XIX para um problema do século XX".[4] A Europa, com efeito, fora fracionada em diversas unidades políticas, produzindo rivalidades e competições não só no campo comercial como no campo armamentista.

A adoção da política isolacionista pelos Estados Unidos, que rejeitaram o tratado negociado pelo presidente Wilson e recusavam o ingresso na Liga das Nações, favoreceu, sem dúvidas, o fortalecimento da política de poder na Europa. Note-se que em 1921 os Estados Unidos concluiriam seu próprio Tratado de Paz com a Alemanha. As tentativas de apaziguamento (acordos de Locarno, Pacto de Paris, conferências de desarmamento), a atuação, em diversas circunstâncias, da Liga das Nações (em 1926 dá-se o ingresso da Alemanha), o fracasso dos planos de desarmamento (iniciativa do governo dos Estados Unidos, em 1921, e Conferência de Genebra sob os auspícios da Liga das Nações em 1932) não conseguiram superar as dificuldades e rivalidades existentes e evitar assim a segunda grande catástrofe mundial. Lembremos, ainda, o já mencionado pacto germano-soviético de 23 de agosto de

---

[3] Burns, obra citada, p. 913.
[4] Idem, ibidem, p. 912.

1939.⁵ Tenbrock tece as seguintes considerações a propósito das crises subsequentes ao Primeiro Conflito e que levariam ao Segundo: " A tragédia dos estadistas aliados de 1920 a 1933 consistiu em que os alemães consideraram sempre como demasiado tardias as atenuações do Tratado que realizaram. A tragédia do povo alemão consistiu em não haver apreendido que as decisões políticas só amadurecem com lentidão e que com frequência é melhor esperar que atuar prematuramente".⁶

Antes de iniciarmos uma síntese dos principais episódios do Segundo Conflito Mundial, convém chamar atenção para a potência militar dos países que se envolvem inicialmente na luta.⁷ Sublinhe-se desde logo a supremacia militar alemã, traduzida especialmente no equipamento bélico moderno: divisões couraçadas (*Panzer*), quantidade enorme de aviões de caça e bombardeiros... A França não dispunha de divisões couraçadas e sua defesa aérea era insuficiente. O exército inglês estava em gestação e o da Polônia possuía um material bélico vetusto. Os poloneses enfrentaram os tanques alemães com a cavalaria.⁸ Note-se que, quanto à aviação, os britânicos iriam dispor dos bombardeiros e de caças (Spitfire e Hurricanes). Registre-se que nas forças navais França e Inglaterra gozavam de nítida superioridade sobre a Alemanha. É que Hitler dera preferência ao desenvolvimento da Luftwaffe em relação à Kriegsmarine.

Ataque à Polônia

Assinado o pacto nazi-soviético, cujas cláusulas-secretas permitiam a expansão russa inclusive a custa da Polônia, as relações entre a Alemanha e a Polônia tornam-se críticas e as ameaças de hostilidade eram manifestadas através da imprensa e da radiodifusão. Hitler apresentava

---

⁵ Ver interessante estudo sobre as circunstâncias em que foi concluído o pacto germano-soviético na Revista *Historia* n. 155, p. 340: Pierre et Renée Gosset: Soixante Dix Jours qui changèrent le monde.
⁶ Tenbrock, obra citada, p. 262.
⁷ Milza, obra citada, p. 390.
⁸ Idem, ibidem, p. 391.

exigências relativas à cidade de Dantzig e ao Corredor. A 1º de setembro, sem prévia declaração de guerra e sob o pretexto de que poloneses haviam praticado agressões contra alemães, o exército alemão (*Wehrmacht*: exército terrestre do *Reich*) invadiu a Polônia. Estamos aqui em face de uma verdadeira guerra-relâmpago (*Blitzkrieg*): em sete dias os invasores chegavam diante de Varsóvia já semidestruída pelos bombardeios. A capital, entretanto, resistia até o dia 27 de setembro. No dia seguinte a Polônia é submetida a uma partilha entre a U.R.S.S. e a Alemanha. "A primeira anexa os territórios povoados de bielo-russos e de ucranianos, enquanto que a Lituânia entra na zona de sua influência. A segunda anexa Danzig, a Posnania, a Alta-Silésia e deixa subsistir, em torno de Cracóvia e de Varsóvia, um "governo geral", de que ela pode servir-se em eventuais relacionamentos com os aliados e onde começa uma terrível perseguição contra os judeus.[9]

Guerra de mentira

Ao golpe de força na Polônia segue-se uma interrupção da luta no Ocidente. As condições meteorológicas teriam levado Hitler a adiar a ofensiva, iniciando-se então "uma espécie de sítio, uma "guerra de mentira" como foi chamada por muita gente nas democracias.[10] Alemães e franceses permaneciam então abrigados respectivamente na linha Siegfried e na linha MaginoT. Esta situação duraria até a primavera de 1940 quando a guerra paralisada da Frente Ocidental transformar-se-ia em feroz ofensiva. Note-se, entretanto, que nesse intervalo não cessara a luta no mar: atuação de submarinos, reides aéreos contra bases navais e choques ocasionais entre cruzadores. Lembremos a operação desenvolvida pelo encouraçado de bolso Graf von Spee no Atlântico Meridional e que, depois de enfrentar três cruzadores ingleses, foi afundado por seus tripulantes nas águas do Rio da Prata, no Uruguai, em dezembro de 1939.

---

[9] Idem, ibidem, p. 394.
[10] Burns, obra citada, p. 943. Os autores usam a expressão *drôle de guerre*.

Finlândia

Enquanto no Ocidente predominava o entricheiramento de franceses e alemães perturbado apenas por choques ou avanços de caráter local; no Leste, a Rússia, não podendo obter da Filândia as concessões territoriais reclamadas onde seriam instaladas bases militares e navais, promove a invasão a 30 de novembro de 1939. "Mas os rigores do inverno aliados a uma severa resistência interior, prolongam as hostilidades por três meses. A Filândia só capitula em 12 de março de 1940".[11]

Dinamarca e Noruega

Em fevereiro de 1940 os aliados haviam planejado enviar reforços à Filândia através do porto norueguês de Narvik, mas tergiversações norueguesas e suecas, bem como a própria capitulação finlandesa impediram a execução do plano. Em 9 de abril, entretanto, os alemães invadiram a Dinamarca e a Noruega. A ocupação da Dinamarca processou-se sem maiores dificuldades, mas na Noruega houve reação e o rei Haakon VII conclamou o povo à resistência. Apesar da intervenção de forças britânicas logo seguidas por tropas franco-polonesas, os alemães lograram apoderar-se da maior parte do país. O rei Haakon e seu governo refugiaram-se na Grã-Bretanha. O fracasso escandinavo levou à substituição de Chamberlain por Churchill.

Derrota francesa

A 10 de maio de 1940 explodia no Ocidente a guerra-relâmpago alemã: tremendo bombardeio aéreo sobre Rotterdam e La Haya e maciça invasão de tropas alemãs fazem com que a Holanda seja ocupada em cinco dias e leva a rainha Guilhermina a refugiar-se na Inglaterra. O rei

---

[11] Milza, obra citada, p. 396.

belga Leopoldo III, contra a opinião de seu governo, rendeu-se a 28 de maio, pondo em perigo as tropas francesas e inglesas que, com um remanescente do exército belga, ficaram separadas das demais tropas aliadas e buscaram refúgio na pequena cidade litorânia francesa de Dunquerque, onde estavam expostas ao ataque dos aviões alemães. Note-se que os tanques alemães haviam suspendido seu avanço a 24 de maio por ordem expressa de Hitler, o que proporcionou aos aliados promoverem uma retirada pelo mar. "Quando Dunquerque finalmente foi capturada pelos alemães, a 4 de junho, mais de 338.000 soldados britânicos, franceses e belgas haviam sido transportados através do canal da Mancha em embarcações disponíveis de todos os tipos".[12]

Por meio da região das Ardennes (floresta considerada intransponível), o grosso das forças alemãs dirige-se para Sedan. A 15 de maio dá-se a ruptura da Frente Francesa em Sedan. "Porém a situação apresentou características catastróficas para a França a partir de 5 de junho, quando os franceses contavam somente com 60 divisões frente às 300 alemãs em plena euforia da vitória. Milhões de civis franceses obstruíam as estradas em sua retirada em face do avanço alemão. No dia 10 de junho o governo francês abandonava Paris e, no mesmo dia, a Itália declarava guerra à França e invadia este país pela fronteira de Saboya".[13] O Governo Reynaud (que sucedera ao gabinete Daladier) retira-se para Tours e, depois, para Bordeaux. A 14 de junho os alemães entram numa Paris deserta. Reynaud demite-se em 16 de junho e é constituído um novo governo pelo Marechal Pétain. A 22 de junho, no mesmo vagão ferroviário em Rethondes, no bosque de Compiègne, no qual fora assinado o armistício da Primeira Guerra Mundial, foi assinado o novo armistício. Dois dias depois assinava-se o armistício com a Itália.

---

[12] O leitor encontrará na revista *Historia*, n. 199, p. 797 e ss. uma minuciosa exposição sobre a batalha de Dunquerque: Richard Collier, "à Dunkerque lês Stukas piquent sur les navires". A imobilização temporária dos tanques alemães, segundo alguns, teria sido uma oportunidade oferecida para negociações de paz. Segundo outros, o avanço rápido dos tanques teve que ser interrompido para evitar uma dilatação demorada das linhas alemãs de suprimento. (Ver Stackelberg, a Alemanha de Hitler, p. 256-257.)
[13] Marin, obra citada, p. 295.

Batalha da Inglaterra (julho-outubro de 1990)

A invasão da Inglaterra não se efetuou: "a armada britânica continuava a ser a mais poderosa do mundo. O canal da Mancha era uma barreira eficaz contra o emprego daqueles métodos de guerra mecanizados a que se devera a derrota da França".[14] A tentativa de paz proposta por Hitler foi rejeitada. Churchill no poder como primeiro-ministro "marcou o fim de todas as ilusões remanescentes de que ainda seria possível evitar uma guerra total. Num discurso memorável Churchill ofereceu a seus compatriotas apenas sangue, suor e lágrimas, exortando-os a resistirem com firmeza e determinação à maré alemã. A batalha da Inglaterra começara".[15] Esta batalha caracterizou-se inicialmente por maciços ataques aéreos contra bases navais aéreas e outros alvos estratégicos, desencadeados pela Luftwaffe e que encontraram a resistência da RAF com a ajuda do sistema de radar recém-inventado.[16] Depois de um inesperado ataque da RAf a Berlim em 25 de agosto, processou-se um bombardeio contra áreas residenciais de Londres e de outras cidades britânicas. A cidade de Coventry foi arrasada. Esse desvio dos ataques da Luftwaffe, de alvos militares para civis, justificaria mais tarde o bombardeio de cidades alemãs, "ao mesmo tempo em que mobilizou a opinião pública mundial para o lado britânico"[17] Diante das dificuldades que enfrentaria uma invasão da Inglaterra, Hitler procura organizar contra os ingleses uma coalisão mediterrânea. "Mas o marechal Pétain recusa-lhe bases na África do Norte francesa, enquanto a Espanha exige um preço por demais elevado para sua entrada na guerra. A Alemanha empreende então o bloqueio das ilhas britânicas por intermédio de sua frota submarina."[18] A comunicação da Inglaterra com o Commonwealth e a possibilidade de receber auxílio dos Estados Unidos estavam ameaçadas.

---

[14] Burns, obra citada p. 944.
[15] Stackelherg, obra citada, p. 259.
[16] Idem, ibidem.
[17] Idem, ibidem.
[18] Milza, obra citada, p. 400.

Balcãs e Mediterrâneo

Em abril de 1939 os italianos haviam ocupado a Albânia que, sob pressão italiana, entraria na Segunda Guerra Mundial. A 28 de outubro de 1940 divisões italianas estacionadas na Albânia são lançadas num ataque-surpresa contra o território grego. Com apoio da população as tropas gregas reagem contra os invasores e obrigam-nos a recuar para a Albânia. Em fevereiro de 1941 os gregos apelam para o auxílio da Inglaterra e milhares de soldados britânicos penetram na Grécia depois de terem ocupado Creta. A presença inglesa na Grécia e em Creta representava uma ameaça à posição alemã nos Balcãs. Note-se que em julho de 1940 Hitler advertia Ciano, ministro italiano das relações exteriores, sobre o perigo de abrir-se na Europa Central Meridional uma nova frente de batalha. Atendendo ao apelo de Mussolini, Hitler desencadeia uma ofensiva de ampla envergadura contra a Grécia. A Romênia fora ocupada em janeiro de 1941 e a Bulgária em março do mesmo ano. Em abril iniciam-se as hostilidades contra a Iugoslávia e a Grécia. A 18 de abril Belgrado capitulava. "Na Grécia, apesar do auxílio britânico, a situação não era menos desastrosa. Salônica foi ocupada a 8 de abril e os gregos capitularam no Epiro e na Macedônia a 22. Os alemães entraram em Atenas a 27 e conquistaram definitivamente o Pelopaneso a 2 de maio."[19] A 20 de maio paraquedistas em massa foram usados no ataque a Creta. Soldados britânicos e milícias gregas tentaram resistir até o final do mês com apoio da marinha e da Força aérea inglesas, mas foi inevitável o abandono da ilha a 31 de maio.

Guerra no Deserto

O domínio do Mediterrâneo interessava às potências do eixo no sentido de cortar aos ingleses o aceso aos poços petrolíferos do Oriente Próximo e interceptar a rota via Suez. Assim é que em setembro de 1940 uma ofensiva italiana obrigou as tropas britânicas a um recuo por dezenas de quilômetros.

---

[19] Bailly, *Segunda Guerra Mundial*, p. 1778.

Seguiu-se, entretanto, uma forte reação inglesa: sob comando do marechal Wavell, os britânicos desencadearam uma ofensiva, penetrando profundamente na Líbia. Em fevereiro de 1941 os ingleses ocupavam a metade do território líbio e mantinham milhares de prisioneiros. Os italianos sofreram revezes também no mar: a base naval de Tarento foi atacada por aviões ingleses (novembro de 1940) e a esquadra italiana sofreu graves perdas na batalha do cabo Matapan (março de 1941). As derrotas italianas clamam pelo socorro alemão: Hitler envia à Líbia uma tropa de elite sob o comando de Rommel que, em fulminante campanha, expulsa os ingleses até a fronteira egípcia (abril de 1941), constituindo uma ameaça ao canal de Suez. Em novembro os ingleses desfecharam uma contraofensiva visando as tropas de Rommel, obrigadas então a um recuo. Em janeiro de 1942 o "*África Korps*" de Rommel, reforçado com tropas especializadas, iniciou uma nova ofensiva. Em junho ocupou Tobruk e, aos 30 do mesmo mês, já se encontrava em El Alamein, em território egípcio, a cerca de cem quilômetros do Alexandria. A 23 de outubro de 1942 o novo comandante das tropas britânicas começou a contraofensiva rompendo as linhas alemãs. Depois de doze dias de duro combate em El Alamein, Montgomery obriga os alemães à retirada para o oeste. A batalha de Alamein foi decisiva no sentido da retomada do controle da frente de guerra africana pelos aliados. Note-se que em novembro forças anglo-norte-americanas desembarcam em Marrocos e na Argélia. No mesmo mês eram enviadas tropas alemãs blindadas para a Tunísia, sob o comando de Von Arnim. De janeiro a março de 1943 ocorrem ofensivas alemãs, visando a junção das forças de Von Arnim com as de Rommel, acuadas na fronteira tunisiana. Os ataques aliados procuram evitar essa junção e facilitar a chegada do VIII Exército de Montgomery. "A 7 de abril o VIII exército britânico e a 9ª Divisão americana se uniram. O general Montgomery lançou-se em perseguição a Rommel e ocupou Gabes, Sfax e Susse, enquanto as comunicações do inimigo eram cortadas por mar como pelos ares".[20] A 7 de maio os ingleses ocuparam Tunis, enquanto os americanos e franceses entraram em Bizerta. Cercados na península do Cabo Bon, sem meios de embarque, alemães e italianos renderam-se (maio de 1943).

---

[20] Idem, ibidem, p. 1782.

A guerra contra a Rússia

A 22 de junho de 1941, sem prévia declaração de guerra, Hitler desencadeia a invasão da Rússia. Estamos aqui diante da chamada operação Barbarossa. Os *Historia*dores divergem quanto ao que teria levado Hitler a essa decisão que demonstra não ter o ditador considerado o Pacto Nazi-Soviético mais que uma simples manobra temporária. Um estudo aprofundado das causas da invasão da Rússia levaria em consideração, entre outras, as seguintes:

1. "Para Hitler, o ataque à União Soviética era a missão de sua vida. Desde o final da Primeira Guerra Mundial ele expressara com frequência sua convicção na inevitabilidade de uma violenta confrontação com o bolchevismo...".[21]

2. A operação Barbarossa seria a realização dos velhos ideais germânicos de expansão para o leste. *O Drang Nach Osten* (impulso para leste) expressaria um élan demográfico, econômico e militar que resultaria num império germânico na Europa Oriental.

3. O *Lebensraum* (Espaço Vital), expressão usada por Hitler no *Mein Kampf*, sintetiza o sentimento germânico de extensão territorial, pela força, da Europa Central e Oriental. Acrescente-se que, destruindo a União Soviética, Hitler disporia dos recursos industriais da bacia do Donetz, do petróleo do Cáucaso e das vastas regiões produtoras de cereais situadas na Ucrânia e na Rússia Ocidental.

4. A suposta fraqueza soviética era um elemento de peso na decisão alemã de promover a operação Barbarossa. "O expurgo maciço da liderança do Exército Vermelho, em 1938, e seu lamentável desempenho na guerra do inverno contra a Finlândia pareciam confirmar essa convicção. Documentos de arquivos revelam que o serviço secreto alemão considerava o Exército Vermelho incapaz de uma guerra ofensiva".[22]

5. Cruzada contra o balchevismo e antissemitismo eram bandeiras que se confundiam e justificavam o ataque à União Soviética. O "bolchevismo

---

[21] Stackelberg, obra citada, p. 264.
[22] Idem, ibidem, p. 266.

judeu" era apresentado como ameaça à civilização europeia e, à medida que as tropas alemãs conquistavam e ocupavam novos territórios, procedia-se à impiedosa exterminação dos judeus.

6. Quanto à posição da U.R.S.S em face de um possível ataque alemão, deve-se notar que "Stalin não acreditava que os alemães se arriscassem a abrir uma segunda frente antes do final da guerra a oeste".[23] Em 1939 o ditador recusara associar-se à Grã-Bretanha e à França e aceitara, com o proveito de incorporações territoriais, o já mencionado Pacto Nazi-Soviético. Note-se que britânicos e americanos já haviam, inutilmente, advertido sobre uma possível invasão alemã.

7. Quanto à posição do Japão em face do ataque à Rússia, note-se: "Quando diminuiu o ímpeto da invasão da União Soviética, no outono de 1941, os alemães tardiamente tentaram mobilizar o apoio japonês para a guerra russa. É bem provável que um ataque japonês pelo leste teria representado a derrota da União Soviética. Impediria o lançamento de tropas soviéticas do Extremo Oriente na vitoriosa defesa de Moscou, em dezembro de 1941. Mas um ataque à União Soviética, nessa ocasião, não tinha muita atração para os líderes japoneses, que haviam seguido o exemplo alemão, assinando seu próprio pacto de não agressão com a União Soviética, em abril de 1941. Eram os Estados Unidos, não a União Soviética, que ajudavam a China, bloqueando o acesso japonês às matérias-primas do Sudeste-asiático".[24]

Vitória e derrotas

Vamos lembrar, nas seguintes linhas e de modo sucinto, como convém à presente obra, alguns dos principais episódios que caracterizam a feroz luta em que, sem precisão matemática, podemos distinguir uma fase com predominância da Guerra-Relâmpago (*Blitzkrieg*) seguida de outra em que se acentua a defensiva russa. Uma irresistível e vitoriosa ofensiva termina o conflito.

---

[23] Idem, ibidem, p. 267.
[24] Idem, ibidem, p. 273.

A invasão alemã processa-se fulminantemente. "Os sucessos das *Panzers*, nas primeiras semanas de guerra, lembram as vitórias fulminantes obtidas na Polônia, na França, nos Balkans".[25] Estamos aqui diante de uma guerra brutal em que não se levavam em conta as regras de combate aceitas no mundo inteiro. "Os nazistas lutavam não para libertar as pessoas do jugo stalinista, mas para adquirir territórios e destruir a possibilidade de criar uma sociedade comunista bem-sucedida."[26] Centenas de milhares de soldados soviéticos são aprisionados ou mortos e uma enorme quantidade de material bélico é apreendida.

Os êxitos obtidos nos primeiros meses de campanha (Minsk ocupada em 1º de julho, Smolensk a 19 do mesmo mês, Kiev a 26 de setembro com a rendição de 600.000 soldados soviéticos) pareciam justificar a euforia dos militares alemães e do próprio Hitler, que contavam com uma rápida vitória. É interessante observar que não fora previsto, para os soldados, nenhuma agasalho especial para o inverno caso os combates se prolongassem por esta estação. Em outubro de 1941 as unidades avançadas da *Wehrmacht* chegavam aos arredores de Moscou. Começa então a batalha de Moscou (2 de outubro de 1941 a 20 de janeiro de 1942).[27] O intenso frio, a chuva, a lama, o congelamento e as ulcerações nos soldados sem roupas apropriadas, os reforços russos provenientes do longínquo oriente (liberados pela certeza de que o Japão não atacaria) levariam os alemães a uma derrota que assinalava o fracasso da *Blitzkrieg* e uma virada decisiva da guerra no Leste europeu. "Com grande parte de seu equipamento imobilizado pelo frio intenso, os alemães foram obrigados a recuar de suas posições avançadas nos arredores de Moscou, antes de conseguirem se estabilizar, cerca de 150 quilômetros a oeste da cidade em janeiro de 1942. Era agora patente que a guerra na Rússia seria muito mais prolongada do que os planejadores alemães haviam previsto. Hitler atribuiu o recuo em Moscou a uma falta de determinação de seus principais generais."[28] O cerco de Leningrado merece ser lembrado. Note-se

---

[25] Guillaume, *La guerre Germano-soviétique*, p. 214.
[26] Stackelberg, obra citada, p. 264.
[27] Guillaume, obra citada, p. 12 e ss., descreve minuciosamente a batalha de Moscou que "inaugura, no plano mundial, a guerra de usura" (p. 27).
[28] Stackelberg, obra citada, p. 277.

que a decisão da batalha de Moscou certamente foi auxiliada pela determinação da população da antiga capital da Rússia em defender-se, a qualquer preço, da ameaça alemã. Com efeito, os alemães foram então obrigados a engajar tropas consideráveis na Frente Norte e mantê-las por longo tempo, com prejuízo da luta em Moscou.[29] A batalha de Leningrado começou em julho de 1941 quando, tendo atravessado os países bálticos, o grupo de Exércitos do Norte saindo do Narva ataca a linha do Luga. Note-se que a população civil erguera uma linha de defesa acompanhando o leito deste rio. Na própria cidade a população mobilizada atirou-se à preparação da defesa. No começo de setembro os alemães capturam Schlusselburg no lago Ladoga, cortando as comunicações de Leningrado com o resto da Rússia por terra. Só havia acesso pelo Ladoga. "No dia 11 de setembro os alemães conseguiram um ponto de apoio, nas colinas de Dudernof, que lhes dava uma vista dominante das "cúpulas e torres douradas" daquele ponto, situado apenas a 12 km do centro da cidade".[30] A 14 de setembro os tanques alemães penetraram o último anel de fortificações nas colinas de Pulkovo e preparavam-se para chegar no coração da cidade.[31] Note-se, entretanto, que Hitler desinteressara-se pela conquista de Leningrado por meio de um assalto, a cidade render-se-ia pela fome! Explica-se assim por que o grupo de Exércitos Norte sob o comando do general Ritter von Leeb foi privado do Panzergruppe enviado ao encontro de Bock, comandante do grupo do centro. "Os russos podiam, assim, agradecer a si mesmos e a Hitler esse golpe de sorte. Eles haviam lutado com extraordinária tenacidade e com o que parecia ser uma total despreocupação quanto à perda de homens e equipamentos."[32] A população de Leningrado não se rendeu. Durante o inverno de 1941 a 1942 os meios de subsistência foram introduzidos por cima do gelo do lago Ladoga. Milhares de habitantes conseguiram ser evacuados mas 800.000 haviam perecido de inanição. Em janeiro de 1944 Leningrado foi libertada.

A rendição alemã na batalha de Stalingrado, em fevereiro de 1943, "deixou claro para todos – e provavelmente também para o próprio Hitler – que

---

[29] Keegan, Barbarossa, *A invasão da Rússia*, p. 137.
[30] Idem, ibidem, p. 133.
[31] Idem, ibidem, p. 135.
[32] Idem, ibidem, p. 133.

a Alemanha havia perdido definitivamente a guerra".[33] Vejamos brevemente alguns aspectos da fatal batalha de Stalingrado. Esta cidade ocupava um lugar especial na mística soviética: a própria denominação significava "cidade de Stalin". Este desempenhara um papel importante, no local da cidade, quando da derrota dos exércitos brancos em 1920. Stalingrado tornara-se, ao longo da margem ocidental do Volga, um importante centro industrial. A captura de Stalingrado era uma obsessão de Hitler. Em face da ameaça alemã, os russos prepararam a defesa da cidade, evacuando idosos, mulheres e crianças e fortificando as vias de acesso. A ofensiva alemã efetua-se por meio do VI exército e do IV exército blindado. Bombardeios da artilharia e de centenas de aviões causaram destruição e mortes. O comando soviético cria a Frente de Stalingrado com a missão de evitar a penetração do inimigo na cidade. Os alemães enfrentam então os 62º e 64º exércitos.[34] Em 10 de setembro, os tanques alemães avançaram através da margem sul do Volga e cercam a cidade. Em seguida tropas de assalto chegam à colina Mamai, no centro de Stalingrado, e aproximam-se do posto de comando soviético. Em novembro o general Paulus lança seu último esforço para capturar a cidade, mas o apoio aéreo não fora suficiente, pois a Luftwaffe diminuíra o número de suas incursões. Em breve o inverno, que se aproximava e para o qual a Wehrmacht não estava preparada, a fome, a falta de combustível e de munição, apontavam para os alemães o caminho da rendição. O 62º exército havia teimado em permanecer em Stalingrado, resistindo a tremendas pressões. Os papéis, entretanto, estavam invertendo-se: os sitiantes transformaram-se em sitiados. "A princípio as reações alemãs ao cerco foram muito confusas. Alguns comandantes subordinados achavam que Stalingrado devia ser evacuada imediatamente, enquanto ainda possível abrir caminho para oeste. Outros relutavam em ceder as posições conquistadas em Stalingrado, não só por causa do esforço dispendido como também porque os porões e ruínas pelo menos ofereciam abrigo contra o rigoroso inverno russo."[35] O general Paulus insistiu mais de uma vez no sentido de uma possível retirada, salvan-

---

[33] Howard, *Europa em la era de las dos guerras mundiales*, p. 194.
[34] Guillaume, obra citada, p. 34.
[35] Lukes, *Stalingrado, o princípio do fim*, p. 130.

do-se boa parte de material bélico e da maioria dos homens. A permissão para a retirada foi taxativamente recusada por Hitler e o abastecimento aéreo prometido era simplesmente inviável. Note-se que Hitler promovera Paulus ao posto de Marechal de Campo a 31 de janeiro de 1943. "Nenhum marechal de campo alemão jamais se rendera em batalha. Dois dias depois Paulus tornou-se o primeiro na história a fazer isso. O VI exército ficara totalmente sem munições e mantimentos. Dois terços do VI exército morreram em batalha, muitos de inanição ou congelando até a morte. Menos de 100.000 sobreviventes marcharam para o cativeiro soviético. Apenas uma pequena fração tornaria a ver sua terra."[36] Deve-se notar, contudo, que a resistência da Paulus em Stalingrado permitira aos grupos de exércitos alemães uma retirada ordenada. O Marechal Erich von Manstein passara a comandar o então chamado Grupo de Exército Sul.[37] Os alemães conseguiram estabilizar a frente de combate e retomaram Kharkov e Belgorod. Uma ofensiva alemã de verão em torno de Kursk em 1943, designada em código como operação cidadela (*Fall Zitadelle*), foi tentada: "planejou-se iniciar a ação logo que o terreno ficasse suficientemente seco, em maio, mas, contra os conselhos de ambos os comandantes de grupos de exército, Hitler resolveu adiá-la até junho, a fim de reforçar as divisões Panzer com mais tanques novos dos tipos Tigre e Pantera. Manstein advertiu que a demora poderia implicar uma coincidência com um desembarque anglo-americano no continente, tendo a campanha no norte da África justamente terminado com a queda de Tunis.[38] No início de julho travou-se a maior batalha de tanques da história, com pesadas perdas de ambos os lados. "Alertados pelos decifradores de códigos britânicos sobre os planos alemães para atacar a vanguarda de suas forças em Kursk, 720 quilômetros ao sul de Moscou, os soviéticos estavam bem preparados quando os alemães avançaram. A derrota alemã na Batalha de Kursk, a

---

[36] Stackelberg, obra citada, p. 280. Paulus foi libertado em novembro de 1953, tendo falecido em 1957 na cidade de Dresden aos 67 anos de idade.
[37] Sobre a personalidade do Marechal de Campo Erich von Manstein, ver estudo do Marechal de campo Lord Caver em "generais de Hitler", p. 241 e ss. Uma nota curiosa (p. 264): depois de cumprir quatro anos de prisão (fora condenado a 18 anos), Manstein foi libertado em 1953 e, em 1956, convocado pelo governo de Adenauer para assessorar a formação de um renascido Exército alemão.
[38] Carver, Manstein (em Genarais de Hitler, p. 259).

maior batalha de tanques da história, representou o fim da capacidade ofensiva da WehrmachT. Dali por diante, o exército alemão foi obrigado a assumir uma postura cada vez mais defensiva".[39] Note-se que no início de julho começara a invasão da Sicília pelos aliados e Hitler viu-se na contingência de transferir tropas e armamentos para o ocidente. Os russos, entretanto, prosseguiram a ofensiva através de uma terra arrasada pelas destruições efetuadas pelas tropas alemãs em retirada. Somente a título de exemplo, assinalemos algumas etapas do avanço vitorioso soviético: no final de julho os exércitos russos estavam além de Kursk e de Belgorod. Kharkov foi reconquistada em 23 de agosto, Smolemk a 25 de setembro, Kiev a 6 de novembro, Leningrado começava a ser libertada em janeiro de 1944 e, em março do mesmo ano, as tropas alemãs eram forçadas a abandonarem a Ucrânia. Em maio a Crimeia era desocupada a preço, contudo, de graves perdas soviéticas. Entre junho e setembro o exército vermelho reocupa a Bielorussa e, no final do ano, a Hungria e a Iugoslávia estão liberadas do domínio nazista e as tropas soviéticas encontram-se às portas de Varsóvia e na fronteira da Prússia Oriental. Em meados de abril de 1945 os russos desfecham o ataque final contra Berlim, onde Hitler se encontra abrigado no Bunker fortificado sob o prédio da chancelaria. Após duas semanas de ferozes combates de casa em casa, unidades do exército vermelho atingem o centro de Berlim. Hitler, que tivera um momento de animação com a notícia da morte do presidente Roosevelt a 12 de abril, comete suicídio a 30 de abril em companhia de Eva Braurn com quem se casara. O almirante Karl Dönitz fora designado por Hitler como seu sucessor. A 7 de maio os documentos da rendição foram assinados no quartel-general aliado em Rheims. Por insistência de Stalin a rendição foi ratificada em Berlim a 8 de maio. Passaremos, agora, a uma breve exposição dos principais acontecimentos do Segundo Grande Conflito Mundial, tendo em vista a atuação dos Estados Unidos e de seus aliados. Antes, porém, é conveniente chamar atenção para algumas, entre outras, das causas da vitória russa em face do ataque alemão.

1. O governo comunista procurou, desde logo, amenizar determinadas atitudes impopulares próprias do regime (como, por exemplo, a

---

[39] Stackelberg, obra citada, p. 284.

perseguição à Igreja ortodoxa) e ressaltar antigos valores patrióticos da História russa.

2. A capacidade revelada pelo governo soviético, na época da invasão alemã, de transferir numerosas e importantes empresas industriais para locais seguros no vasto leste russo, possibilitando assim a fabricação de material bélico em grande quantidade.

3. Papel importante na defesa de Moscou foi a transferência de grandes reforços bem treinados e bem agasalhados provenientes da Sibéria. Essa transferência tornou-se possível devido à certeza de que o Japão não atacaria o território soviético. Deve-se mencionar aqui a atuação do espião Richard Sorge, alemão, mas comunista convicto, que trabalhou em Tóquio como agente do Serviço de Inteligência Russo.[40]

4. O ataque japonês a Pearl Harbor (7 de dezembro de 1941) representa maior vantagem para a Rússia do que para a Alemanha: afastou definitivamente qualquer possibilidade de ataque japonês e intensificou o apoio militar dos Estados Unidos, novo aliado declarado contra o nazismo. Note-se, quanto ao Japão, que os líderes japoneses haviam assinado com a União Soviética, em abril de 1941, um pacto de não agressão.[41]

5. Decisiva para a vitória soviética foi a ajuda norte-americana estimulada pelo presidente RoosevelT. Armas, alimentos, locomotivas, veículos de combate e de transporte, peças de reposição, roupas, calçados e remédios foram enviados em enorme quantidade.

Os Estados Unidos na guerra

O envolvimento dos Estados Unidos na guerra a favor da Grã-Bretanha já se processava bem antes da entrada oficial no conflito. Assim é que, em junho de 1940, os norte-americanos "estavam enviando seus excedentes de armamentos para os britânicos".[42] A 10 de abril de 1941 os Estados Unidos

---

[40] Keegan, *Barbarossa*, p. 155.
[41] Stackelberg, obra citada, p. 273.
[42] Idem, ibidem, p. 272

assumiram o controle da Groenlândia, e a 29 de maio Roosevelt declarava uma emergência nacional em face da ameaça dos submarinos alemães. Em 14 de agosto, a bordo de um cruzador americano, no litoral da Terra Nova, Roosevelt e Churchil assinaram a Carta do Atlântico. Com o ataque aéreo a Pearl Harbor a 7 de dezembro de 1941, os japoneses transformavam a guerra num conflito mundial. A 8 de dezembro os Estados Unidos e a Grã--Bretanha declaram guerra ao Japão, a 11 de dezembro Itália e Alemanha faziam o mesmo em relação aos Estados Unidos. Nas linhas seguintes, para maior clareza da exposição, dividiremos a matéria em duas sínteses distintas. Em primeiro lugar focalizaremos o desenrolar da Guerra no Ocidente com a presença decisiva dos Estados Unidos; em segundo lugar voltaremos nossa atenção para um breve estudo do conflito com o Japão.

Em 8 de novembro de 1942 forças americanas e britânicas, sob o comando do general Dwight Eisenhower (1890-1969), desembarcaram na costa norte-africana, em Casablanca, Oran e Argel. Uma fraca resistência oposta pelos franceses foi contida pelo almirante Darlan que se encontrava, então, na Argélia e que foi reconhecido pelos anglo-americanos como detentor do poder na região. [43] Darlan foi assassinado em dezembro, tendo sido substituído pelo general Giraud. Em maio de 1943 De Gaulle torna-se copresidente, ao lado de Giraud, do Comitê francês de Libertação Nacional. Giraud consegue então reunir homens suficientes para, com auxílio americano, formar duas divisões blindadas e cinco de infantaria. Essa tropa, sob o comando do general Juin participaria da campanha na Itália e, posteriormente, sob os generais Leclerc e de Lattre de Tassigny, da libertação do território francês. Já mencionamos a derrota alemã na África frente às tropas aliadas. Estas, em julho de 1943, desembarcam na Sicília. A invasão da Itália leva Hitler a retirar unidades combatentes da Frente Russa. Mussolini é deposto e substituído pelo Marechal Pietro Badoglio. A 13 de outubro de 1943 a Itália declara guerra à Alemanha. "O avanço militar aliado foi custoso e lento, enquanto tropas e reforços eram desviados para a Inglaterra em preparativos para a

---

[43] Ce fut Darlan qui se trouva em Algérie au moment crucial; excipant d' une sorte de blanc-seing secret du marechal Pétain, c'est lui qui mit fin a la resistance... (Sauvigny, *Histoire de France*, p. 439).

invasão da Normandia".⁴⁴ No dia 4 de junho os aliados entram em Roma, declarada cidade aberta. A 28 de setembro foi rompida a linha Gótica que se estendia de Pisa, no Mar Tirreno, até Rimini, no Adriático, e "constituía a última posição alemã com o norte da cadeia dos Apeninos, antes do Vale do Pó".⁴⁵ Deve-se registrar que na campanha da Itália tropas brasileiras sob o comando do General João Batista Mascarenhas de Moraes juntaram-se às tropas do V Exército Americano, a princípio sob o comando do General Clark, e, posteriormente, do Gal TruscotT. A campanha aliada na Itália, embora custosa e lenta, teve o mérito de imobilizar várias divisões alemãs, auxiliando assim o êxito na luta pela reconquista do continente a partir do dia D.

O dia D

O dia da invasão dos aliados ao noroeste da Europa, no amanhecer de 6 de junho de 1944, assinala "a maior operação anfíbia da História".⁴⁶ Estamos aqui diante da operação *Overlord*, preparada meticulosamente e possibilitada "graças à superioridade naval e aérea que proporcionou os recursos dos Estados Unidos".⁴⁷ Para os alemães a *Overlord* seria uma surpresa: "No dia 5 de junho de 1944... o supremo quartel-general alemão não tinha a menor ideia de que o acontecimento decisivo da guerra ia desabar em cima deles".⁴⁸ Eisenhower fora designado pelo presidente Roosevelt em setembro de 1943 para comandar a *Overlord*, quando o presidente passava por Tunis, de volta para os Estados Unidos. Einsehower tinha o título de Comandante Supremo da Força Expedicionária Aliada.⁴⁹ Antes de apresentarmos uma brevíssima síntese da invasão da Europa a partir do dia D e das sucessivas batalhas até a rendição final da Alemanha, convém fazer duas importantes observações. A primeira diz respeito ao local escolhido para a invasão.Os alemães esperavam

---

[44] Stackelberg, obra citada, p. 285.
[45] Bailly, obra citada, p. 1783.
[46] Stackelberg, obra citada, p. 285.
[47] Howard, *Europa em la era de las dos guerras mundiales*, p. 194.
[48] Ambrose, *O dia D*, p. 228. O autor reproduz um texto da obra do Gal. Warlimont, subchefe do Estado-Maior do gal. Jodl.
[49] Idem, ibidem, p. 76.

que a invasão ocorresse em Calais, o ponto em que era mais curta a distância entre a Inglaterra e o continente... e menor o caminho para o centro industrial alemão. Em vez disso, o desembarque foi na costa da Normandia onde as defesas alemãs eram mais fracas.[50] A segunda observação refere-se a três fatores que prepararam e facilitaram não só o desenvolvimento propriamente dito na manhã do dia 6 de junho, mas também influíram poderosamente no prosseguimento da luta através da Europa: as tropas paraquedistas, o bombardeio da aviação aliada e a intensa atividade da Resistência já anterior ao dia D. Esses fatores explicam por que "enquanto Eisenhower nunca teve de se preocupar com a retaguarda, Rommel sempre teve".[51]

Milhares de barcos de transporte protegidos por enorme quantidade de navios de guerra e por uma esmagadora força aérea levaram um exército inteiro a desembarcar no litoral da Normandia. "Mais de 150.000 soldados aliados desembarcaram no primeiro dia do ataque. Depararam com um fogo cerrado em "Omaha Beach", mas relativamente pouca resistência em outros pontos. Os alemães hesitaram em enviar reforços de outros pontos ao longo da costa, com receio de que a invasão na Normandia fosse apenas uma manobra diversionária".[52] Vejamos, somente a título de exemplo, o avanço aliado através do continente: Cherburgo, importante cidade portuária, caiu em poder dos aliados aos 27 de junho, após encarniçada resistência; Caen, que retivera tropas inglesas e canadenses, tomba em 9 de julho; com a queda de Avranches, a península de Contentin fica isolada, "proporcionando assim uma ampla base de operação às forças anglo-norte-americanas, eficazmente auxiliadas pela Resistência do interior".[53] No final de julho os aliado controlam a Bretanha e a Normandia. Deve-se lembrar aqui que a 20 de julho houve o atentado frustrado contra Hitler.[54]

---

[50] Stackelberg, obra citada, p. 285.
[51] Ambrose, obra citada, p. 124. Sobre a resistência, ver uma boa síntese em de Sauvigny, *Histoire de France*, p. 440.
[52] Stackelberg, obra citada, p. 285-286.
[53] Marin, obra citada, p. 324.
[54] Sobre o fracassado atentado a Hitler, ver interessante estudo de Klaus-Jürgen Muller, em *Generais de Hitler*, p. 57 e ss.; ver também em *Historia*, juillet 1954, n. 92, Le complot du 20 juillet 1944, de autoria de Máxime Mourin. Sobre o mesmo tema, consultar Stackelberg, obra citada, p. 288 e ss.

A 15 de agosto há um desembarque aliado na Provença. Anglo-saxões e franceses tomam Marselha e Toulon, passam pelo vale do Ródano, fazendo junção com as forças provenientes da Normandia. Em Paris os comunistas, que visavam tomar o poder, instigaram o comitê parisense de Libertação à revolta em 16 de agosto; "decisão prematura, pois os exércitos aliados estavam ainda longe e o comandante militar alemão, o general Von Choltitz, dispunha ainda de forças suficientes para esmagar os F.F.I.. Felizmente ele se deu conta da inutilidade dos combates e teve a coragem de desobedecer a Hitler, que lhe havia ordenado destruir a capital por meio de dinamite e de fogo. Advertidos pela situação crítica, os americanos autorizaram a segunda divisão blindada francesa, comandada pelo general Leclerc de Hauteclocque, a arremeter diretamente sobre Paris".[55] As forças francesas entram em Paris aos 25 de agosto sob uma delirante acolhida e, no dia seguinte, o general De Gaulle, cercado por membros do C.N.R. (Conselho Nacional da Resistência), desfila sob aplausos pelos campos Elísios.[56]

Hitler concentrara suas esperanças de uma reviravolta no desenvolvimento e emprego de armas novas. Assim é que em junho foi lançada a primeira das bombas-foguetes V-1 contra a cidade de Londres a partir da costa francesa. Em setembro estas bases de lançamento ou tinham sido ocupadas ou haviam sido destruídas. Ainda em setembro, a partir de bases na Bélgica, foi lançado o míssil V2 de alcance maior.

No final de 1944 os aliados atingem o Reno e libertam a Lorena; Strasburg é tomada pelos franceses de Leclerc. Os alemães tentam, entretanto, uma última ofensiva, sob o comando de Von Rundstedt, nas Ardenas em dezembro de 1944. Um êxito inicial levou os alemães até a linha do Mosa mas uma contraofensiva aliada consegue rechaçar os atacantes. A 7 de março de 1945 o Reno é atravessado na ponte de Remagen. "Os aliados podem lançar seu ataque ao centro do Reich. A leste, os russos obrigam a Hungria a fazer o armistício e marcham sobre Viena. A junção com os americanos é feita no Elba. Apesar das inquietações de Churchill, Eisenhower deixa-os entrar,

---

[55] Sauvigny, *Histoire de France*, p. 441, "F.F.I. Forces Françaises de l'Interieur".
[56] Sobre a libertação de Paris e a posição do general Von Choltitz, que se recusou a destruir Paris, ver *Historia*, n. 69, août 1953, p. 93, Adrien Dansette, "La libération de Paris".

em primeiro lugar, em Praga e em Berlim".[57] Aos 7 e 8 de maio os alemães assinam a capitulação sem condições, em Reims diante dos americanos e em Berlim diante dos Russos. Note-se que a atuação de tropas francesas, sob os generais Leclerc, de Lattre, Béthouart, penetrando fundo na Alemanha do sul, "permitiu a De Gaulle obter a presença de um representante francês por ocasião da assinatura da capitulação alemã (7 de maio de 1945) e mais tarde a constituição de uma zona de ocupação francesa na Alemanha e na Áustria".[58]

A guerra aeronaval merece algumas linhas. De 1939 a 1942 os submarinos do Reich causam monstruosas perdas de embarcações, especialmente integrantes de comboios que abasteçam a Grã-Bretanha. O emprego do radar e a contribuição americana aos aliados vão equilibrar a luta nos mares e até mesmo sobrepujar os adversários. Em outubro de 1942 os alemães já estão em dificuldade para reporem as perdas de submarinos. Na mesma época os americanos estão em condições de construírem um destróier por dia.[59] Em 1943 a marinha de guerra alemã perde importantes unidades de superfície: Bismarck, Scharnhorst e Gneisenau. "Em maio o almirante Doenitz abandona o Atlântico e repatria seus submarinos no Ártico."[60] Observe-se que a supremacia no mar possibilitou aos aliados o desembarque de tropas primeiramente na África, em seguida na Itália e posteriormente na Normandia. Quanto ao domínio do ar, depois do fracasso dos já mencionados bombardeios na Inglaterra, houve forte reação aliada especialmente com a contribuição americana. "Em 1943, quando os alemães precisavam de suas esquadrilhas de caça cada vez menores para apoiar as tropas na Rússia, os aliados puderam aumentar à vontade, à luz do dia, seus reides contra a Alemanha. Um ataque a Berlim, durante o dia 30 de janeiro de 1943, interrom-

---

[57] Milza, obra citada, p. 429.
[58] Sauvigny, obra citada, p. 442. Sobre as datas da capitulação alemã, ver Marin, obra citada, p. 328. "A 2 de maio rendia-se Berlim; a 4 capitulavam as forças alemãs da frente ocidental; a 7 rendia-se incondicionalmente todo o Exército no quartel general de Eisenhower em Reims; a 8, uma nova rendição ante os russos; e a 9 punha-se em vigor a capitulação geral. Dias antes, a 29 de abril, havia capitulado também as tropas alemãs na Itália."
[59] Milza, obra citada, p. 418.
[60] Idem, ibidem.

peu as comemorações do décimo aniversário do regime de Hitler. "Os reides noturnos da RAF eram coordenados com os reides à luz do dia da força aérea americana, com resultados cada vez mais devastadores. A guerra aérea alcançou um clímax preliminar com um maciço ataque incendiário contra Hamburgo no final de julho de 1943. Mais de 42.000 civis morreram nos incêndios subsequentes, o maior número de baixas para uma única série de bombardeios até a destruição de Dresden, em fevereiro de 1945. Mais de meio milhão de civis morreram na campanha aliada de bombardeio da Alemanha durante a guerra".[61]

A Guerra com o Japão

As consequências da crise econômica mundial de 1929 e a ascensão ao poder dos militares em 1931 estimulam o espírito imperialista e expansionista japonês. Compreende-se assim a já mencionada ocupação (1931) da Mandchúria e o conflito sino-japonês (1937) que possibilita a ocupação nipônica das regiões mais ricas do país. A expansão japonesa orienta-se então para o sudeste asiático, o que tem como consequência tranquilizar os russos quanto a um possível ataque, mas prepara um confronto com os Estados Unidos. Note-se que em 1940 firma-se o tratado tripartido entre Japão, Alemanha e Itália. No ano seguinte (abril de 1941) efetua-se o tratado de neutralidade entre Rússia e Japão. Roosevelt, preocupado com a possível entrada na guerra contra a Alemanha, procura controlar as ambições japonesas através de medidas de retorsão econômica e de apoio à China.

A partir de junho de 1941 japoneses e norte-americanos encontram-se em negociações quando ocorre a invasão da Indo-china por parte dos primeiros. Roosevelt reage imediatamente, impondo sanções econômicas e pondo embargo à exportação de petróleo. O general Mac-Arthur foi então nomeado comandante do teatro de operações no Extremo Oriente. Em outubro de 1941 o primeiro-ministro japonês Fumimaro Konoye, que tentava negociar e evitar o conflito com os Estados Unidos, demitiu-se e foi substi-

---

[61] Stackelberg, obra citada, p. 281-282.

tuído pelo general Hideki Tojo, favorável à guerra. Embora as negociações com os Estados Unidos continuassem, o Estado Maior nipônico prosseguia com o plano de expansão através do Pacífico ocidental. Coube ao almirante Yamamoto a missão de planejar e executar o ataque a Pearl Harbor em 7 de dezembro de 1949. Observe-se que o almirante japonês era, em princípio, contrário ao confronto com os Estados Unidos, onde fora adido naval e cuja potencialidade ele conhecia bem. O inesperado ataque aéreo sobre a Base de Pearl Harbor destruiu grande parte da frota americana. [62] A 8 de dezembro, com pleno apoio da opinião pública, o presidente Rossevelt assina a declaração de guerra ao Japão. Note-se que o bombardeio japonês pôs termo, nos Estados Unidos, ao debate existente entre isolacionistas e internacionalistas acerca da posição a ser tomada diante da guerra. Vários locais do sudeste asiático foram alvo dos ataques japoneses. Assim foi bombardeado o aeródromo Clark nas Filipinas e um ataque marítimo atingiu o sul da Tailândia. Segue-se a invasão de Malaca, Singapura, Índias Orientais Holandesas e Birmânia às portas da Índia. "Presentes nos atóis do centro-pacífico, podem isolar os Estados Unidos da Austrália, nó defensivo dos aliados. A China, isolada, não pode mais ser reabastecida senão pelos ares". [63] Em abril de 1942 bombardeiros americanos, tendo decolado de um porta-aviões a mais de mil quilômetros da costa japonesa, atacaram Tóquio e outras cidades, causando poucos danos materiais, mas com grande efeito moral. A tentativa de bloquear a Austrália fracassou diante do contra-ataque americano em águas do mar de Coral (maio de 1942). No mês seguinte (4 a 7 de junho de 1942) travou-se a batalha naval de Midway, com decisiva vitória da frota norte-americana cujo comandante e chefe era o almirante Nimitz. Esta batalha assinala a virada da guerra no Pacífico e lembra a virada ocasionada pelas batalhas de El Alamein e Stalingrado.

Cabem aqui breves observações sobre a ocupação japonesa no sudeste asiático. Em primeiro lugar registre-se que, embora dotado de considerável potencial militar e de apreciáveis reservas humanas, o Japão, como também

---

[62] Sobre a espionagem nipônica em Hawai, ver Revista *Historia*, n. 173, p. 498 e ss., interessante estudo de Marcel Giuglaris.
[63] Milza, obra citada, p. 415.

a Alemanha, estava forçado a fazer uma guerra rápida em virtude da carência de matérias-primas e de sua absoluta dependência da via marítima para indispensáveis suprimentos. Em segundo lugar, na imensidão das terras ocupadas, o Japão pretende aparecer como libertador de povos submetidos ao domínio ocidental. Entre esses povos, entretanto, já existiam movimentos nacionais visando a independência em relação ao Ocidente e que também acabariam reagindo contra a invasão nipônica, pois esta procurava, acima de tudo, matéria-prima, alimentos e mão de obra. Os japoneses "substituíram os dirigentes europeus e norte-americanos, porém agiram do mesmo modo que eles. De fato, para as populações locais, o domínio japonês resultou mais odioso, pois estava envolto numa retórica de liberação asiática de escasso conteúdo".[64] Na realidade fracassou o ideal de construir o império da "Grande Ásia Japonesa", que se estendia da Mandchúria à Birmânia e que abrangia todos os arquipélagos do Pacífico Ocidental até as ilhas Aleútes e a Nova Guiné.

Até maio e junho de 1942 a expansão japonesa parecia irresistível, mas os americanos, com recursos muito superiores aos dos japoneses, preparavam a contraofensiva. Desenvolveu-se, então, uma luta pela reconquista, mediante o emprego de poderosas forças aeronavais comandadas respectivamente pelo almirante Nimitz, no Pacífico Central, e pelo general Mac Arthur, no sudoeste. A partir de agosto de 1942 inicia-se a contraofensiva norte-americana. A ilha de Guanacanal, arquipélago de Salomão, é teatro de ferozes combates terrestres e marítimos, que findam com a conquista definitiva da ilha em fevereiro de 1943. "Nos fins de 1943 as defesas exteriores estavam praticamente desmanteladas".[65] De janeiro a setembro de 1944 são retomadas as ilhas Marshall, Marianas e Carolinas. Em outubro a batalha do Golfo de Leyte elimina a potência naval nipônica. A 9 de janeiro de 1945 os americanos chegam à ilha principal das Filipinas, Luçon. A capital, Manilha, tomba a 1º de fevereiro. Na Birmânia os japoneses viram-se forçados a recuar ante o ataque de forças inglesas, americanas e chinesas, deixando livre a rota Birmânia-China em começos de 1945. Em abril de 1945 os fuzileiros navais completam a conquista de Ivojima e em junho cai Okinava, no sul do

---

[64] Iriye, *Ásia Oriental y la presencia creciente de Japón*, 1900-1945, p. 243.
[65] Burns, *História da civilização Ocidental*, p. 954.

arquipélago japonês. Os norte-americanos dispunham então de bases para o bombardeio aéreo do território japonês. O Japão perde o essencial de sua frota, mas continua resistindo e conta com a intervenção dos Kamikazes, voluntários da morte que em aviões-suicidas se lançam sobre os navios inimigos.[66] Deve-se registrar que, contrariando os chefes militares, o imperador Hirohito tentara tratar da rendição, tendo porém de recorrer à intermediação de Moscou em virtude da impossibilidade de contato direto com os americanos. Aos russos, entretanto, não interessava o término do conflito antes da entrada deles próprios na guerra contra o Japão.[67] Aos americanos interessava a capitulação japonesa antes da entrada dos soviéticos no conflito. O lançamento das bombas atômicas, respectivamente em Hiroshima (6 de agosto de 1945) e em Nagasaki (9 de agosto de 1945), com suas terríveis, catastróficas e desumanas consequências, levou o Japão à rendição.[68] Hirohito permaneceria no trono e o regime governamental seria o de uma monarquia constitucional. O ato de rendição foi assinado a 2 de setembro a bordo do encouraçado Missouri em Tóquio.

A 8 de agosto a União Soviética entrou na guerra contra o Japão e suas tropas e penetrou na Manchúria. Truman repelia a pretensão russa, no sentido de que o Marechal Vasiliewski fosse aceito, ao lado de Mac-Arthur, como uma espécie de vice-rei do Japão.[69]

---

[66] O leitor encontrará um minucioso estudo sobre os Kamikazes na Revista *Historia*, n. 117, p. 135 e ss, "Pierre Clostermann, Sous le signe du vent divin".

[67] Sobre o lançamento da bomba atômica no Japão e as possibilidades de uma rendição antes desse lançamento, consultar: Robert Junck, "La bombe atomique va être lancée", *Historia* n. 141, p. 127 e ss. Pierre et Renée Gosset, "On aurait pu ne pas jeter La Bombe" D'Hiroshima, *Historia* n. 103, p. 618 ss. Paul Nagai, "Il y a dix ans Les bombesm atomiques tombaient sur le Japon", Historia n. 105, p. 135 ss.

[68] Entre os motivos aduzidos para o lançamento das bombas atômicas, alegou-se a mortandade e destruições que uma invasão do território japonês produziria. Vale reproduzir aqui a observação de Robert Jungk: revista *Historia* n. 141, p. 137: "Le president Truman écrit dans ses Mémoires que son 'oui' a décidé du lancement de la bombe". Mais, selon le general Groves: "Em réalité, il s'est contenté de ne pars dire 'non'. Il aurait fallu avoir des nerfs solides, pous prononcer ce 'non'".

[69] Marin, obra citada, p. 336. Quanto à entrada da Rússia na Guerra contra o Japão, note-se que de nada valeu o pacto de não agressão celebrado entre Japão e Rússia e que fora escrupulosamente observado pelos japoneses (Ver Revista *Historia* n. 103, p. 622).

Conferências de Cúpula

Enquanto os generais, na linha de fogo, decidiam pelas armas a derrota da Alemanha hitlerista, políticos do mais alto nível reuniam-se para deliberações importantes, das quais decorreriam diretrizes sobre o destino de milhões de pessoas. Lembremos brevemente as Conferências do Cairo, de Teheran, de Yalta e de Potsdam. Convém lembrar aqui, a propósito dessas conferências, especialmente as de Tcheran, de Yalta e de Potsdam, a significativa observação de Deighton: "Nas Conferências de Cúpula de Teheran, Yalta e Potsdam, havia-se discutido interminavelmente o destino da Europa quando voltasse a paz, porém, na realidade, apenas se tinha ideia da enormidade dos problemas com que se enfrentaria o mundo de pós-guerra". [70]

Cairo

Em novembro de 1943 realizou-se a conferência do Cairo, com a presença do presidente Roosevelt, do primeiro-ministro Churchill e do generalíssimo Chiang-Kai-chek. A principal matéria em foco foi a organização da Ásia após a derrota japonesa. A China deveria recuperar seus territórios tomados pelo Japão. A Coreia seria independente. Com relação à Indochina, Roosevelt propunha entregá-la à China com prejuízo da França.[71] Roosevelt e Churchill estavam de acordo em atribuir a ilha de Formosa ao governo nacionalista (Kuomintang) de Chiang-Kai-chek.

Teheran

Do Cairo, Churchil e Roosevelt partiram para Teheran onde se encontraram com Stalin (28 de novembro a 1º de dezembro). Foi a primeira reunião dos três grandes. "Roosevelt apoiou as pretensões de Stalin nos

---

[70] Deighton, *La reconstrución de Europa*, p. 306.
[71] Marin, obra citada, p. 319.

Bálcãs e prometeu iniciar a invasão da França no verão de 1944".[72] Stalin tinha em mente o domínio soviético de um amplo espaço na Europa Central e nos Balkans e pretendia também estabelecer os futuros limites da Polônia.

Yalta

A conferência de Yalta realizou-se de 4 a 11 de fevereiro de 1945 no luxuoso palácio do último czar, nas proximidades dessa cidade balneária da Crimeia. Estavam presentes Roosevelt – eleito pela quarta vez presidente dos Estados Unidos, mas abatido pela doença –, Churchill e Stalin. Entre os assuntos debatidos em Yalta podemos lembrar:

1. O projeto da Organização das Nações Unidas (ONU), sobre o qual Roosevelt mostrava grande interesse.
2. O projeto de reorganização da Europa, tendo como base os princípios da democracia. Observe-se, contudo, que o termo democracia possuía sentidos bem diferentes respectivamente para Roosevelt e para Stalin.
3. No que diz respeito à Alemanha, sabe-se que "Churchill entendia integrar a França no regulamento final, a fim de limitar a influência da URSS na Europa. De fato a França obterá uma zona de ocupação e uma cadeira no Conselho de Controle Interaliado".[73]
4. "As fronteiras orientais e ocidentais da Polônia foram fixadas segundo os desejos de Stalin."[74]
5. O Japão foi alvo de decisões: Roosevelt preocupava-se com a ajuda da União Soviética na luta contra os japoneses.

A conferência de Yalta tem dado margem a divergência entre os historiadores no que tange à interpretação. Para uns Yalta teria sido uma partilha do mundo em que Stalin levava vantagem sobre as ideias de

---

[72] Tenbrock, obra citada, p. 314. O leitor encontrará um breve, mas interessante relato de Churchill sobre a Conferência de Teheran em *Historia*, n. 66, p. 359 e ss.
[73] Milza, obra citada, p. 468.
[74] Tenbrock, obra citada, p. 314.

Churchill e de Roosevelt; para outros teria sido um acordo prático para estabelecer um *modus vivendi* com relação à situação que resultaria do próximo e inevitável término do conflito. A realidade do após-guerra ultrapassa as previsões dos integrantes da conferência de Yalta.

Potsdam[75]

De 17 de julho a 2 de agosto de 1945 ocorreu o último importate encontro entre as três grandes em Potsdam, nos subúrbios de Berlim. Estavam presentes Truman (substituindo Roosevelt falecido em abril), Churchill (substituído por Clement Attlee) e Stalin. Todos os receios surgidos na Conferência de Yalta renovaram-se, agravados, na de Potsdam, na qual se resolveu enviar os problemas pendentes a reuniões dos ministros de Assuntos Exteriores dos três países.[76] Os ministros da França e da China seriam ouvidos em assuntos que lhes dissessem respeito ou tivessem alcance internacional.[77] Foi decidido o desarmamento completo e a desnazificação da Alemanha, que seria descentralizada, democratizada e privada de extensas porções de seu território. É interessante chamar atenção do leitor para um acontecimento decisivo na História do século XX: em 16 de julho havia explodido a primeira bomba atômica no Novo México, o que explica a postura americana no sentido de desinteressar-se completamente pela entrada da Rússia na guerra contra o Japão. A nova arma tornava completamente desnecessária a intervenção soviética.[78]

---

[75] Marin, obra citada, p. 332, e Revista *Historia* n. 103, p. 622 (ver nota 136).
[76] Marin, ibidem.
[77] Idem, ibibem, ver também Milza, obra citada, p. 469.
[78] Sobre a conferência de Potsdam, a bomba atômica e a posição do imperador japonês em face da rendição japonesa, ver interessante estudo de Pierre et Renée Gosset citado na nota 125.

Consequências da Segunda Guerra Mundial

A história política dos países focalizados nos capítulos anteriores tem a marca do após-guerra, o que é compreensível, pois a Segunda Guerra Mundial, segundo Howard e Louis, é "acontecimento essencial do século" e com ela "desmoronou finalmente o domínio europeu e foi posto fim, quase da noite para o dia, à velha ordem mundial".[79] Nas seguintes linhas vamos limitar-nos a lembrar e comentar brevemente algumas das principais consequências do conflito, voltando a mencionar, às vezes, situações e episódios já destacados.

A Segunda Guerra Mundial figura como o mais sangrento acontecimento da História da Humanidade. Em extensas, áreas do globo deixou "um mundo de fome e de medo; de cinzas e escombros; de desespero, sofrimento e violência".[80] O custo humano do conflito é calculado em cerca de cinquenta milhões de mortos e, "contrariamente à Grande Guerra, uma grande parte das vítimas são civis".[81] "Cerca de trinta milhões de pessoas foram deslocadas durante a guerra, por razões políticas ou raciais. O choque psicológico e moral é muito grave: o extermínio de judeus, em particular, e os bombardeios atômicos sobre o Japão manifestam um sentimento de fim da civilização".[82] Ao lado dos terríveis danos pessoais devem ser lembradas as imensas perdas materiais: cidades arrasadas, campos produtivos destruídos, meios de transporte e de comunicação interrompidos, equipamentos científicos, industriais e artísticos irremediavelmente danificados. Compreende-se que num mundo assim tumultuado a situação econômica e financeira de alguns países sofresse abalos profundos. Remetemos o leitor para o capítulo sobre Finanças e Economia, no qual estudaremos brevemente o papel do Plano Marshall. Lembremos que, não só sob o ponto de vista econômico, como sob o ponto de vista político, os Estados Unidos eram a maior potência do mundo de após-guerra. Politicamente os mapas respectivamente da Europa, da Ásia e da África vão sofrer modificações. A Europa Central e Oriental, sob

---

[79] Michael Howard e William Roger Louis figuram entre os autores da *Historia Oxford del siglo XX*, tendo redigido também o Prólogo (p. 17-22).
[80] Burns, obra citada, p. 963.
[81] Milza, obra citada, vol. I, p. 475.
[82] Idem, ibidem.

a influência da URSS, está mais sujeita a transposições de fronteiras do que a Europa ocidental. A África vai assistir à explosão nacionalista, atrás da qual é possível perceber, não raro, a influência do internacionalismo comunista. A Ásia sofreu profundas transformações após o término do conflito: "causou entre quinze e trinta milhões de vítimas e provocou incríveis sofrimentos na China, no sudeste asiático e no próprio Japão".[83] Enquanto o prestígio europeu sofria um acentuado declínio (a rendição japonesa proporcionou ocasião para luta das populações locais contra o domínio das potências europeias), a influência norte-americana cresceu não só no Pacífico Ocidental, como no próprio continente asiático.[84] O poder norte-americano e a autoafirmação dos povos asiáticos, consequências do Segundo Conflito Mundial, vão dar o tom na evolução histórica da Ásia Oriental do pós-guerra.

A guerra fria foi uma consequência inevitável do Segundo Conflito. A bipolaridade em que se enfrentam profundas concepções sobre a vida política, social e moral dos cidadãos predomina especialmente na Europa desde 1945, quando a União Soviética aparece como o país mais poderoso do continente. Em 1990, entretanto, o império soviético se dissolve, revelando ao mundo o fracasso da tentativa de traduzir para a prática os ideais marxistas, mesmo reinterpretados de acordo com as circunstâncias nacionais e internacionais. Vale reproduzir aqui uma notável observação de um historiador da Guerra Fria: "historiadores da diplomacia sustentavam que a Guerra Fria evoluíra para uma "paz duradoura", uma era de estabilidade comparável à que Metternich e Bismarck tinham dirigido no século XIX. Foi preciso visionários – os "sabotadores" do *status quo* – ampliarem o âmbito da possibilidade histórica. João Paulo II deu o tom ao sacudir as autoridades da Polônia, no restante da Europa Oriental e na própria União Soviética. Outros logo seguiram seus passos".[85]

---

[83] Iriye, obra citada, p. 244.
[84] Idem, ibidem.
[85] Lewis Gaddis, *História da Guerra Fria*, p. 188.

PARTE III

ASPECTOS DA CIVILIZAÇÃO

INTRODUÇÃO

Depois da tentativa de síntese dos acontecimentos políticos que entretecem a história dos países de cada continente, sublinhando sempre a atuação maior ou menor de certos vultos, alguns dos quais, graças ao senso prático, à capacidade intelectual e à forte personalidade, imprimiram rumo decisivo no destino de seu povo, vamos passar para uma breve exposição de alguns dos mais importantes eventos, situações e instituições que no século XX marcaram indelevelmente em diversos aspectos da civilização a fascinante evolução por que passou o ser humano, sujeito central do curso da História. Inútil lembrar ao leitor que a abrangência de nossa exposição estará limitada pelo reduzido espaço disponível para um assunto tão interessante quão vasto. Resta ao leitor sequioso de um aprofundamento em algum dos temas abordados recorrer à relação bibliográfica que acompanha cada capítulo.

Capítulo I

ACONTECIMENTOS QUE ABALARAM A VIDA COTIDIANA

Neste capítulo, e somente a título de exemplo, com inevitáveis omissões, vamos lembrar alguns personagens, episódios ou situações que, de certa forma, profunda ou superficialmente, influenciaram, marcaram ou simplesmente despertaram a atenção através do século XX, com maior ou menor intensidade, dependendo do lugar e da época em que se realizaram os eventos.[1] O leitor compreenderá esta observação se estiver presente, por exemplo, o vertiginoso progresso dos meios de comunicação. No final do século XX boa parte da população mundial podia, via de regra, tomar conhecimento de qualquer ocorrência com muita rapidez ou até mesmo com uma espantosa simultaneidade, o que possibilitava consequências e relações imediatas. Isso, porém, evidentemente não acontecia em outras épocas do século, em virtude da ausência ou da raridade ou da precariedade dos meios de comunicação. Essas observações são indispensáveis para uma melhor compreensão da relação de exemplos de acontecimentos que faremos a seguir. Não pretendemos atribuir a todos uma repercussão decisiva na evolução histórica do século XX. Alguns desses eventos, contudo, repercutiram e marcaram a época em determinados limites do tempo e do espaço. O que se vai expor, a seguir, será mais bem compreendido e completado se for levado em consideração o

---

[1] Para essa exposição usamos, entre outras, as seguintes fontes de consulta: 1) Uma série de publicações *O Globo*, "2000"; 2) Os grandes acontecimentos do século XX, edição das *Seleções do Reader's Digest*"; 3) Diversos números da Revista Francesa *Historia*.

conteúdo de outros capítulos desta segunda parte, especialmente o que trata da ciência e tecnologia.

Na Europa o último ano do século XIX é assinalado pela Exposição Universal organizada em Paris. "Desde 1855 estabelecera-se a praxe de organizar em Paris, de onze em onze anos, uma Exposição Universal. Era, cada vez, uma grande confusão, mas também um motivo de orgulho para o país que se tornava, durante seis meses, o centro do mundo".[2] Diversos países estavam representados nos pavilhões estrangeiros que se distribuíam ao longo do Sena. Entre esses países figuravam os Estados Unidos, "que não se consideravam ainda uma potência mundial e contentavam-se com um pavilhão bem modesto".[3] Paris recebia personagens de sangue real como o rei da Bélgica, o príncipe real da Grécia, o rei da Suécia, o rei da Etiópia, o arquiduque Frederico. "A aversão pelo estrangeiro amenizara-se pelos contatos amigáveis com tantos visitantes, pelo orgulho diante da admiração deles por Paris, pelos prósperos negócios que os comerciantes nacionais haviam feito, pela abundância de cruzes e recompensas distribuídas."[4]

Estamos aqui: "numa época ingênua e corrupta, feliz e perigosa, fim de um longo período de prosperidade, alvorecer de um tempo de guerras e de ruínas! Fim de um grande século e começo de um século trágico, tempo em que os cavalos eram reis: os automóveis ridículos e raros".[5]

Os anos da *Belle Époque* antecedem a hecatombe mundial, refletem a euforia pelas conquistas na área tecnológica, científica, política e social que caracterizam o século que finda: "Um mundo maravilhoso. Neste fim de século podiam-se medir os progressos feitos no decurso de cem anos. O século XIX havia sido um grande século. Os progressos da técnica, prodigiosos, não haviam ainda alcançado esse ritmo acelerado que, de 1914 ao dia de hoje, iria agitar as sociedades humanas. As instituições tinham podido, bem ou mal, acompanhar as invenções. Quase em toda parte no mundo, havia um pouco mais de liberdade e um pouco mais de justiça em 1900 que em 1800. A revolução industrial havia, pela metade do século, ocasionado uma

---

[2] Maurois, "Paris 1900", Revista *Historia*, n. 145, p. 584.
[3] Idem, Ibidem.
[4] Idem, Ibidem.
[5] Idem, Ibidem.

miséria cuja dolorosa pintura Dickens, depois, Zola, haviam feito, mas no final do século o mal se atenuava. Os sindicatos se formavam, os salários melhoravam, as horas de trabalho começavam a diminuir".[6] A *Belle Époque* (época de prosperidade econômica, de muita vaidade, de otimismo exagerado), que se desenvolve nos anos "quase paradisíacos" que precedem, como já observamos, a Primeira Guerra Mundial, assiste à emergência das classes médias.[7] Vejamos como se caracteriza socialmente, na França, esta época: "A *Belle Époque*, idade de ouro da burguesia, vê a emergência das classes médias. A prosperidade francesa favorece, em primeiro lugar, uma burguesia de banqueiros, de industriais, de negociantes, mas também de advogados, de notários, de médicos, e até de proprietários rurais. Mas o fato mais importante constituiu o nascimento de uma classe média (pequenos proprietários, pequenos negociantes, artesões, empregados etc.) que sonha com um modo de vida burguês e se mostra apegada à propriedade e aos meios de promoção social (escola, trabalho, poupança)".[8]

Passemos, agora, ao registro de alguns acontecimentos, personagens ou situações que marcam o século XX a partir dos primeiros anos acima caracterizados como *Belle Époque*.

Entre os acontecimentos que marcaram profundamente esses primeiros anos lembremos, em Paris, os voos espetaculares de Alberto Santos Dumont, o brasileiro que recebeu o título de Pai da Aviação. Depois de entusiasmar as multidões parisienses com dirigíveis, como, por exemplo, no dia 19 de outubro de 1901, quando subiu do campo de Saint-Cloud e contornou a torre Eiffel, passou a preocupar-se com voo do mais pesado que o ar. Em 12 de novembro de 1906, para o delírio dos espectadores, o genial brasileiro voa 220 metros em 21 segundos 1/5, a 38 km por hora.[9] Ao contrário da atuação de Santos Dumont, os voos praticados em 1903 pelos irmãos americanos Wright não foram documentados como os do brasileiro, o que explica as dúvidas levantadas sobre sua primazia.

---

[6] Idem, Ibidem, p. 590.
[7] A expressão "anos paradisíacos" encontra-se em Marin, *Siglo XX*, p. 59.
[8] *Histoire première sous la direction de Serge Berstein et Pierre Milza*, p. 150.
[9] Ver estudo "Le Brèsilien Santos-Dumont vole" de autoria de Marcel Berger na Revista *Historia*, n. 120, p. 451 e ss.

O casal Curie (a polonesa Marya Sklodowska e seu marido Pierre Curie, detentores do prêmio Nobel) marcou sua presença na história da física nuclear e na história da medicina. Pierre faleceu vítima de um atropelamento em 1906 e sua esposa (detentora de dois prêmios Nobel) em 1934.

Em 1904 realizaram-se pela terceira vez os jogos olímpicos. Convém lembrar que o restabelecimento desses jogos deve-se ao francês Barão Pierre de Coubertin (1863-1937), que via nas competições atléticas funções educativas e uma oportunidade de unir os povos. As primeiras olimpíadas modernas efetivaram-se em Atenas, no ano de 1896, sob o patrocínio do rei da Grécia; as segundas tiveram Paris como cenário, no último ano do século XIX. Desde então os jogos olímpicos foram realizados recessivamente em diversos países do mundo, tendo seu ritmo interrompido durante as guerras mundiais. Em algumas ocasiões, as competições olímpicas sofreram as consequências de nacionalismos exacerbados. O progresso dos meios de comunicação possibilitou a um incontável número de espectadores a assistência direta (e não através de filmes) à atuação dos atletas.

Em maio de 1904 foi fundada em Paris a Fédération International de Football Amateur (F.I.F.A.). Estamos aqui em face de um desporto já praticado havia muito. As primeiras regras oficiais (*Code of rules*) teriam sido instituídas em Cambridge. Fundada, a Associação de Futebol da Inglaterra elaborou seu próprio regulamento. As regras então aprovadas passaram a ser seguidas por outras instituições. A difusão do futebol e sua influência na vida cotidiana das nações são espantosas. Copa do Mundo (realizada pela Fifa de quatro em quatro anos), campeonatos entre seleções de um continente, campeonato entre clubes regionais etc., movimentam multidões de torcedores que aplaudem entusiástica e fanaticamente seus times e endeusam jogadores preferidos. Alguns destes tornam-se celebridades e, como profissionais, passaram a receber quantias consideráveis. Uma das razões da difusão e popularidade do futebol é a simplicidade de suas regras e a transparência de suas apresentações. Sublinhe-se: a violência e a deslealdade podem ocorrer, mas não fazem parte do jogo e são punidas pelo árbitro, cuja atuação é acompanhada pela assistência atenta de entusiasmados torcedores.

O Futebol é técnica, é arte, é ciência, é disciplina, é também ensejo de vultosos negócios, mas constitui, acima de tudo, um espetáculo extraordinário em que as multidões embevecidas extravasam seus sentimentos e suas paixões. Com a facilidade proporcionada pelos meios de comunicação, uma Copa do Mundo constitui um fator importante da globalização.

Em 1895 os irmãos franceses Louis e Auguste Lumière inventaram uma máquina que projetava bobinas de Kinetoscópio num amplo *ècran*. O primeiro espetáculo para uma assistência pagante realizou-se em dezembro do ano acima citado, numa cave do Boulevard des Capucines em Paris. Estamos aqui, segundo alguns, diante do nascimento do cinema. Os filmes pioneiros dos Lumiére chegam aos Estados Unidos e levam o grande Edson a revelar seu próprio projetor ao público: o vitascópio. Não cabe aqui contar a história da evolução do cinema, um dos grandes acontecimentos do século XX no campo do divertimento. Ao cinema mudo, compensado com acompanhamento musical produzido geralmente por um pianista, iria suceder, mais tarde, o cinema sonoro, cujo primeiro filme produzido pela Warner Brothers em 1927 foi *O Cantor de Jazz*, em que aparece o cantor Al Jolson.

Em 1908 os empresários do *Moving pictures* descobrem a Califórnia e ali começam a instalar-se: nascia Hollywood.[10] As multidões que passaram a lotar os, cada vez mais amplos, salões de projeção cinematográfica ficavam fascinadas por determinados personagens. Lembremos, entre muitos outros, somente a título de exemplo, dois atores, bem diferentes entre si, mas que despertaram o entusiasmo e a admiração no coração de inumeráveis frequentadores de cinemas: Rudolph Valentino e Charles Chaplin. O primeiro, pobre imigrante italiano, após mil peripécias, consegue um lugar de ator e faz, em seguida, uma carreira fulminante. Seu primeiro grande papel foi desempenhado em *Os quatro cavaleiros do apocalipse*. "Após seis meses seu nome está em todos os lábios. As mulheres desmaiam ao vê-lo dançar um tango em "Os quatro cavaleiros do apocalipse". Após o *Sheik*, é um delírio."[11] Valentino morreu jovem, em plena glória, em agosto de 1926. A rica e bela atriz polonesa, Pola Negri (por quem Charles Chaplin se interessara), que cativara Valentino, ao saber de sua morte declara: Não poderei jamais olhar

---

[10] Sobre as origens do cinema, ver Revista Francesa *Historia* n. 13 "Ler debuts du cinéma". Na mesma revista, porém n. 136, o leitor encontrará uma exposição sobre Hollywood (autor: René Jeanne).
[11] Ver "Um delire nommé Rudoph Valentino" par Anne Manson na Revista Francesa *Historia,* n. 180, p. 608 e ss.

um homem em minha vida! Alguns meses mais tarde tornava a casar-se.[12] Os funerais de Valentino foram assistidos por milhares de admiradores que, de joelho, cantavam um adeus à nova estrela que brilhava no alto do firmamento.[13] O corpo de Valentino, embalsamado, foi levado para Hollywood. Note-se então o aumento do preço das sepulturas. "Do mundo inteiro mulheres suplicantes pedem que lhes reserve um lugar junto a ele. Assim poderão reunir-se ao menos na morte".[14] Em 1951 setenta clubes femininos nos Estados Unidos ainda levavam o nome de Valentino.

Charles Chaplin tem uma vida e um sucesso numa linha diversa da seguida por Valentino. Entre os mais notáveis atores do cinema mudo, Chaplin conseguiu mais tarde firmar-se de modo decisivo no cinema sonoro. Quer representando um vagabundo sentimental, quer satirizando um ditador (em 1940: O Grande Ditador), Charles fascinava as multidões de espectadores. Chaplin figura entre os maiores (senão o maior) comediantes de todos os tempos. Sublinhe-se que seu prestígio transcendeu o âmbito cinematográfico, e passou a ser uma figura marcante da evolução histórica do século XX.

Ainda em anos anteriores ao Primeiro Conflito Mundial, acontecimentos catastróficos abalam o mundo. No ano de 1906 uma erupção do Vesúvio desperta a lembrança do cataclismo que devastou Pompeia; no mesmo ano um tremor de terra destrói e incendeia a cidade de São Francisco, provocando centenas de mortos. Curioso é notar que americanos de outras regiões julgaram a tragédia de São Francisco, cidade considerada pecaminosa com seus bares, bordéis e teatros de revista, uma advertência da justiça divina. A população da cidade, entretanto, reagiu em face da desgraça: as casas foram reconstruídas, reformadas, e em 1915 a cidade californiana podia sediar a notável Exposição Internacional Panamá-Pacífico. Dois anos depois do terremoto de São Francisco, um violento tremor em Messina, na Sicília, causava a morte de milhares de pessoas.

Um dos naufrágios mais famosos da História ocorreu na noite de 13 para 14 de abril de 1912. O navio *Titanic* da companhia inglesa *White Star Line*

---

[12] Vide nota anterior.
[13] Idem.
[14] Idem.

possuía medidas descomunais: 271 metros de comprimento, 28 metros de largura, 46.382 toneladas de deslocamento.[15] Considerado uma obra-prima da ciência, da técnica, da arte, o Titanic era também tido como inafundável. Ao chocar-se com um iceberg no Atlântico Norte durante sua viagem inaugural para a América, o gigantesco navio afundou totalmente em 2h40min sem que houvesse botes salva-vidas suficiente (a hipótese de afundamento era inadmissível). Sobreviveram 705 pessoas, pereceram 1.523 e somente 306 corpos foram recuperados.[16] Não há fotografias da catástrofe.

Em 1915 ocorreria o naufrágio já mencionado do Lusitânia, atingido por um torpedo alemão. Eis uma interessante comparação entre os naufrágios do Titanic e do Lusitânia: "Não se pode deixar de ficar emocionado pelas numerosas semelhanças que apresentam o naufrágio do *Lusitânia* e o do *Titanic*. Mas houve também diferenças: o primeiro afundou rapidamente, o segundo lentamente; sobre o primeiro houve mais coragem e confusão que pânico e deficiências, enquanto que no segundo o heroísmo, a pusilanimidade e a mais grosseira negligência se associaram estranhamente...

Entretanto, em cada caso, um dos maiores paquetes de sua época desapareceu com personagens eminentes a bordo. Se foi manifestada maior bravura no Lusitânia, foi sem dúvida porque afundou rapidamente, a expectativa da morte afeta, na maioria das vezes, os nervos humanos.

Houve também uma curiosa coincidência. Os sobreviventes dos dois navios falaram em termos quase idênticos do terrível estrondo que se elevou por cima do mar quando as embarcações desapareceram. A uns e outros pareceu um longo gemido"[17]. A catástrofe do Titanic inspirou a deslumbrante ficção concretizada num belo e impressionante filme.

As Conferências de Haia, no final da *Belle Époque*, e nas primórdias da grande guerra, merecem ser lembradas aqui. A primeira fora convocada por

---

[15] Dados colhidos em Robert de La Croix, "Y a-t-il um mystère du naufrage du Titanic", Revista Francesa *Historia*, n. 94, p. 285 ss. Há divergência de números em outras publicações.

[16] Como já observamos, há divergências quanto aos números. A tragédia do Titanic está reproduzida num emocionante filme que constitui uma bela ficção resultante de numerosas pesquisas.

[17] Ver minuciosa descrição da tragédia do Lusitânia em "Le Torpillage du Lusitania par Hanson W. Baldwin", Revista Francesa *Historia*, n. 141, p. 182 e ss.

iniciativa do Czar Nicolau II em 1899 e criou a corte permanente de arbitragem, que ficou conhecida como Tribunal de Haia. No final do século XX este tribunal conta com a participação de 71 países. Note-se que da segunda conferência, também convocada pelos russos, participaram representantes de maior número de países, destacando-se a figura de Rui Barbosa festejado na imprensa brasileira como a "Águia de Haia". A terceira conferência, marcada para 1915, foi cancelada em virtude do primeiro conflito mundial. Registre-se que as conferências de Haia encontram-se numa orientação histórica da política internacional que vai gerar a Liga das Nações, precursora da Organização das Nações Unidas.

Do primeiro conflito mundial, já brevemente estudado em capítulo especial, vamos lembrar aqui apenas um aspecto que teve repercussão não só entre os beligerantes, mas nos demais países o aguardavam o desfecho do conflito: a guerra das trincheiras. Estamos aqui diante de um combate permanente que substitui as grandes batalhas decididas em poucos dias. É um impasse caracterizado por cruel e contínua carnificina e que, sem o resultado esperado pelas partes combatentes, estende-se da Suíça ao Canal da Mancha. Compreende-se assim que se arrefecesse o entusiasmo patriótico dos soldados, transformado então num cinismo realista que visava sobretudo preservar a vida.

Um filme concluído pela Universal em 1930, filme de guerra contra as guerras, com o título "*Sem novidade no front*", mostra a decepção sofrida pelo patriotismo idealista dos soldados. Esse filme teve sucesso junto a um grande público que sentira as agruras do Primeiro Conflito.

O Primeiro Conflito assinala o fim da *Belle Époque*. Quando esse conflito cessa definitivamente, uma nova calamidade se abate sobre a sofrida humanidade: a terrível "gripe espanhola", assim chamada porque atacou a população espanhola com virulência, mas na realidade foi tremendamente mortífera em todos os continentes. A epidemia, que acabou de modo súbito como havia começado, estimulou a pesquisa científica em torno das causas e da prevenção da fatal infecção.

Em 1919 o economista John Maynard Keynes lançava "As consequências econômicas da paz", produto de sua atuação com conselheiro do primeiro-ministro britânico Lloyd George em Versalhes. Keynes tornar-se-ia um dos economistas mais importantes do século XX (ver capítulo sobre Economia).

Lembremos, brevemente, alguns acontecimentos do período entre os dois conflitos mundiais e que, cedo ou tarde, tiveram influência na evolução do modo de viver do século XX. Um fato interessante e de profundas consequências na vida cotidiana foi o desenvolvimento espetacular da indústria automobilística. Convém recordar que em 1908, antes portanto da Grande Guerra, Henry Ford lançava o modelo T, adaptado às rudimentares estradas mais apropriadas às carretas tiradas a boi. Em breve, graças ao espírito criativo de Ford, os automóveis seriam produzidos em massa. Alguns anos mais tarde, já durante a Primeira Guerra Mundial, uma gigantesca rede de cabos sustentados por milhares de postes, possibilitava a primeira conversação telefônica transcontinental entre Nova York e São Francisco. Telefones celulares e computadores, anos mais tarde, revolucionariam o sistema de comunicação.

No decurso da década de vinte alguns episódios chamam atenção porque prenunciam um progresso científico-tecnológico que vai influir profundamente na vida cotidiana das pessoas. Em 1921 o médico Albert Calmette e o veterinário Camille Guérin, ambos franceses, aplicavam a primeira vacina (B.C.G.) contra a tuberculose. Essa vacina constituía a principal defesa contra a doença que ceifava numerosas vidas em todo o mundo, até que em 1943 o americano Selman Waksman descobriu a estreptomicina. Note-se que também em 1921 o médico canadense Frederick Grant Banting conseguira isolar a insulina.

Um acontecimento notável foi a descoberta em 1928 de um mofo, identificado como *Penicillium Notatum*, que impedia o crescimento das bactérias. Estamos aqui diante da atuação de notável e modesto cientista, o médico escocês Alexandre Fleming. A descoberta de Fleming foi levada adiante muitos anos mais tarde e a penicilina se tornaria o antibiótico milagroso da Segunda Guerra Mundial.

A década de vinte assiste ao desenvolvimento espantoso das invenções de Santos Dumont e dos irmãos Wright. Estamos aqui na era de ouro dos dirigíveis. A fábrica do Conde Ferdimand Von Zeppelin (Graf) produzira dezenas de dirigíveis, alguns dos quais haviam bombardeado a Inglaterra durante a Primeira Guerra Mundial. Em agosto de 1929 o gigantesco dirigível Graf Zeppelin completou a volta ao mundo em 21 dias, 7 horas e 26 minutos. Em 1937 a fase áurea do transporte aéreo de passageiro encerrava-se com o inesperado desastre do luxuoso dirigível Hindenburg, em maio de 1937.

Ao lado dos dirigíveis desenvolvia-se o emprego dos aviões. Em 1927 Charles Lindberg (1902-1974) atravessou sozinho o atlântico, em uma jornada ininterrupta de 33 horas, em seu avião *Spirit of ST. Louis*", tendo sido recebido por imensa multidão no aeroporto Le Bourget, em Paris (21 de maio de 1927).

Em 1923 os conhecimentos dos estudiosos do céu adquiriam dimensões indefinidas com a descoberta, por parte do advogado americano Edwin Powell Hubble, que se tornara astrônomo, de outras galáxias além da Via Láctea. Hubble constatou também a "fuga" das galáxias. A constatação do afastamento das estrelas levou o astrônomo americano de origem russa George Gamow (1904-1968) à conclusão de que em certo momento esses astros teriam estado todos juntos num ponto determinado formando uma inimaginável concentração de matéria que teria explodido deixando uma radiação residual possível de ser detectada. Estamos aqui diante da grande explosão conhecida como Big Bang, que teria acontecido há bilhões de anos. Surge uma pergunta que os astrônomos não conseguem responder: o que havia antes do Big Bang? Para muitos filósofos e teólogos a respostas é uma só: havia Deus, criador do Universo.

Em 24 de junho de 1935 uma notícia percorre o mundo provocando profunda emoção em milhares de pessoas: Carlos Gardel, o criador do tango-canção, sucumbia num desastre de aviação em Medellín. O avião que transportava o cantor, ao decolar, chocara-se violentamente com outra aeronave. O mausoléu de Gardel foi inaugurado em 1937 no cemitério de La Chacarita e as pessoas não cessam de visitá-lo. Milhões de fãs suspiram diante do rádio, da vitrola e do cinema. Estamos aqui em face de um mito que se desdobra em inúmeras imagens e idealizações: "Não era só o cantor, ator e compositor. Era o Gardel elegante, de *smoking*, sobretudo ou cachecol; ou tipicamente *gaúcho*, com manta ou bombachas".[18]

Da época do Segundo Grande Conflito Mundial vamos lembrar brevemente dois acontecimentos que abalariam profundamente a opinião pública: a perseguição impiedosa contra os judeus e o lançamento das bombas atômicas no Japão. O extermínio sistemático, metódico, consciente dos ju-

---

[18] Grünewald, *Carlos Gradel*, p. 37.

deus europeus residentes na Alemanha e demais países ocupados pelos nazistas foi decidido em janeiro de 1942 na conferência de Wannsee, subúrbio de Berlim. Note-se que essa conferência já fora precedida por uma onda de antissemitismo pregado por Hitler em sua conhecida obra *Mein Kampf* (Minha Luta), ditada (1924) na prisão a Rudolf Hess. Já em 1940 os judeus do leste europeu, especialmente da Polônia, foram reunidos em imensos *ghettos* onde se tornaram vítimas da promiscuidade, da desnutrição, da superpopulação, de doenças e de cruel repressão. Foi especialmente a partir de 1942 que a perseguição antijudaica adquire a característica de solução final. O genocídio assume proporções inimagináveis, ceifando a vida de milhões de judeus concentrados em massa em campos de concentração como Auschwitz, Treblinka, Belzek, Sobibor, Dachau e outros. Estamos aqui diante do Holocausto (*Shoa*, em hebraico), um dos maiores crimes da história. [19]

A responsabilidade pela decisão de lançar a bomba atômica é objeto de controvérsia entre os histórradores. Na realidade, como presidente, só Truman podia autorizar o lançamento. Em suas Memórias, Truman escreve que seu sim decidiu o lançamento. "Mas, segundo o general Groves, na realidade ele se contentou em não dizer *não*. Teria sido necessário possuir nervos sólidos para pronunciar esse *não*." [20] Deve-se aqui acrescentar um fator importante que teria influído no uso da bomba atômica: impor maior respeito à União Soviética, que já controlava o leste europeu e ensaiava desempenhar papel importante na situação do Japão vencido. As bombas atômicas no Japão foram, na realidade, um aviso à União Soviética a propósito da Guerra Fria que se iniciara com a derrocada da Alemanha.

Na manhã do dia 6 de agosto de 1945 foi lançada a bomba de urânio sobre Hiroshima; três dias depois, uma segunda bomba, de plutônio, foi jogada em Nagasaki. Ambos os bombardeios produziram imediatamente milhares de mortes e impressionante destruição. As consequências do bombardeio fizeram-se sentir posteriormente em milhares de sobreviventes.

---

[19] Sobre Auschwitz, ver relato do próprio comandante, Rudolf Hoess na Revista Francesa *Historia* n. 158, p. 21 e ss.
[20] O Gal. Graves foi o diretor do laboratório atômico de Los Alamos. Sobre o problema do lançamento da bomba atômica, ver "La bombe atomique va être lancée", de Robert Jungk, na Revista Francesa *Historia*, n. 141, p. 127 e ss.

No final da segunda guerra já estão bem evidentes os sinais da Guerra Fria quando vai acentuar-se decisiva e claramente a nítida oposição entre as potências ocidentais e o leste europeu, subjugado e liderado pela União Soviética. Nas conferências de cúpula, brevemente mencionadas no capítulo sobre os Conflitos Mundiais (Cairo, Teheran, Yalta, Potsdam), encontram-se as raízes da Guerra Fria. Estamos aqui diante daquilo que Churchill, numa conferência efetuada em março de 1945 na universidade de Westminster (Fulton, Missouri, Estado Unidos), chamou de cortina de ferro e que separou do Ocidente a esfera soviética. A Guerra Fria, durante a qual a humanidade tornou-se refém da tecnologia nuclear, durou quase meio século. Começa com o final da guerra, em 1945, e acentua-se com o aprofundamento da confrontação entre a Organização do Tratado do Atlântico Norte (OTAN) e o Pacto de Varsóvia. A construção do muro de Berlin, em agosto de 1961, constitui um dos aspectos mais marcantes dessa perigosa tensão cujo centro situava-se no palco europeu, mas cuja influência se difundia numa periferia global. A derrubada do muro de Berlim em 1989, seguida pela libertação dos satélites soviéticos (1990) e pela desintegração da própria União Soviética (1991), assinala o final da Guerra Fria.

Nas linhas seguintes não se pretende voltar aos acontecimentos políticos que caracterizam esses quase cinquenta anos posteriores à Segunda Guerra. Continuaremos, dentro do que propomos no início deste capítulo, lembrando, a título de exemplo, episódios e personalidades que, de certa forma, ocuparam a atenção da população (ou de parte da população) do mundo, através desses anos em que a humanidade procura refazer-se das devastações do Segundo Conflito e de suas perversas consequências.

No mesmo ano do término da Segunda Guerra, delegados de 50 países preparavam a carta da Organização das Nações Unidas (ONU) que entrou em vigor em outubro. No ano seguinte, a 10 de janeiro de 1946, reunia-se a primeira Assembleia Geral em Nova York. Focalizamos a ONU no capítulo sobre a estrutura política. Em sessão presidida pelo insigne brasileiro Oswaldo Aranha, foi aprovada em 1947 a criação do Estado de Israel. Recorde-se aqui que dezenas de milhares de judeus europeus afluíram ao Oriente Próximo, depois da Segunda Guerra, em busca de uma nova (e antiga) pátria em terras da Palestina. Registre-se que já antes do conflito havia intensa migração de judeus para a Palestina. Após a guerra a migração intensificou-se, encontrando a oposição do governo inglês. Situa-se aqui o já mencionado episódio do *Exodus* (maio de 1947), com seus migrantes clandestinos obrigados a regressarem.[21]

Em 23 de setembro de 1949 o Mundo Ocidental recebeu a notícia de que os russos haviam explodido sua primeira bomba atômica. A revelação fora feito por Truman. A primeira bomba soviética fora testada em 29 de agosto de 1949 no deserto do Casaquistão. "Para os americanos, as implicações foram assustadoras. Sem o monopólio atômico, o governo Truman teria de pensar na expansão de suas forças convencionais, talvez desdobrando parte delas em caráter permanente na Europa, contingência não prevista no Tratado do Atlântico Norte."[22] Em março de 1953 o mundo tomava conhecimento da morte de Stalin. Acabava então o equivocado culto à personalidade do sucessor de Lenin, um dos mais perversos e frios tiranos, responsável pelas execução de milhões de pessoas.[23]

Um rápido olhar para a década de cinquenta, que inicia a segunda metade do século vinte, possibilita-nos lembrar alguns personagens e acontecimentos que despertaram atenção ou até influíram decisivamente na vida cotidiana de alguns povos.

Assim, por exemplo, na década de cinquenta ainda brilha Frank Sinatra, e o ano de 1956 é o ano de Elvis Presley que, com sua voz e seu cabelo pintado, eletrizava o público jovem. Os últimos anos da década de cinquenta estão marcados por três acontecimentos de repercussão mundial: em outubro de 1957 a União Soviética colocava em órbita o primeiro satélite artificial, o *Sputnik*, que abalou o orgulho dos americanos, estimulando-os a empenhar-se na conquista espacial. Ainda em 1957 o mundo recebeu com impaciência e grande satisfação a notícia de que o microbiologista Albert Bruce Sabin desenvolvera uma nova e eficaz vacina contra a poliomielite. Em 1959 triunfava a revolução cubana, tendo a frente Fidel Castro, acontecimento este com graves consequências na política internacional.

---

[21] O leitor encontrará um minucioso relato sobre o episódio do *Exodus* na Revista Francesa *Historia*, n. 184: "La véritable odyssée de l'Exodus", por George Imann-GigandeT.
[22] Gaddis, *História da Guerra Fria*, p. 34.
[23] Sobre os crimes de Stalin, ver *Le livre noir du communisme*, de autoria de Stéphane Courtois e outros. Ver especialmente o capítulo "Les crimes du communisme".

A década de cinquenta vai terminar com um acontecimento auspicioso para a humanidade: doze países foram signatários do Tratado de Antártida (dezembro de 1959), que seria doravante usada exclusivamente para propósitos pacíficos.

A década de sessenta é rica em acontecimentos de profundas e duradouras consequência políticas, raciais, culturais, religiosas e tecnológicas. Lembremos inicialmente que nos anos 60 os famosos Beatles foram ídolos indiscutíveis. Em 1961, um episódio assinala a divisão político-social do mundo: a Alemanha Oriental comunista constrói uma barreira de cerca de 166 quilômetros com o fim de evitar a evasão da população para o Ocidente democrático, especialmente a debandada de técnicos em busca de melhores salários. A repressão comunista era implacável nas tentativas de fuga.

Em 1961 a União Soviética apresenta uma vantagem na corrida espacial: em 12 de abril Yuri Gagarin (1934-1968) está em órbita. Em 1962 John Glenn tornou-se o primeiro astronauta americano a entrar em órbita.

Em outubro de 1962, o Papa João XXIII dava início aos trabalhos do Concílio Vaticano II. No ano seguinte, aos 22 de novembro, o mundo era surpreendido com a notícia do assassinato do presidente John Kennedy. Em 1966 a China é flagelada pela terrível revolução cultural proletária sob o lema de Mao, segundo o qual "a grande desordem na terra levará à grande ordem". Enquanto a China mergulha no caos, um cirurgião sul-africano, Chistian Barnard, realiza, em 3 de dezembro de 1967, o primeiro transplante de coração, abrindo perspectiva de cura para milhares de pessoas. Barnard projetou-se então como personalidade internacional.

Entre outros, vamos citar dois acontecimentos que marcaram o final da década em foco: a rebelião estudantil de maio de 1968 em Paris e a chegada do homem à lua. A já mencionada revolução cultural Chinesa, desencadeada por Mao Tse-Tung em 1966, figura como modelo que teria inspirado a insurreição estudantil de maio de 1968, em Paris, na qual se destaca o estudante de sociologia franco-germânico Daniel Cohn-BendiT. Na realidade não se pode apontar uma única causa para um complexo e variado movimento que mistura ideologias esquerdistas e anarquistas. Anote-se de passagem: os anos sessenta conhecem diversos movimentos protestatórios estudantis que acontecem, por exemplo, nos Estados Unidos, no México e na Europa. Na Praça das Três Culturas no México houve um saldo oficial de 28 mortos e 200 feridos. Na Europa os movimentos assumem uma dialética marxista ou maoísta e, como é o caso da França em 1968, tentam uma aproximação com o mundo sindical na esperança de suscitar uma revolução com objetivos às vezes nebulosos.[24]

Não é fácil caracterizar o movimento estudantil de maio em Paris. Pregações como "É proibido proibir", "Sejamos realistas,exijamos o impossível", revelam ideias utópicas e anarquistas impregnando boa parte dos revoltados que não sabiam bem o que pretendiam. De Gaulle enfrentou a crise com uma frase que ficou na história: "La reforme, oui; La chienlit, non" (A reforma, sim; a baderna, não).

Na manhã de 16 de julho de 1969, cerca de 1 um milhão de pessoas em torno de Cabo Kennedy assistia ao lançamento do foguete Saturno V, o mais potente veículo de lançamento até então construído, que propelia a nave espacial Apolo 11 rumo à lua. A 20 de julho o módulo lunar Eagle, tripulado por Armstrong e Aldrin (enquanto Collins permanecia no módulo de comando), alunava suavemente na Base da Tranquilidade. Neil Armstrong foi o primeiro homem a pisar à lua. A pegada impressa por ele na poeira do Mar da Tranquilidade assinalava um pequeno passo de um ser humano, mas representava um grande salto para a Humanidade. Cinco módulos levariam, posteriormente, astronautas à lua, antes do término do programa em 1972. Em julho de 1971 a Apólo XV pousava na lua, levando um jipe lunar para facilitar uma melhor exploração do satélite. No mesmo ano a sonda espacial americana Marines IX entrava na órbita de Marte.

Na década de setenta lembremos, entre outros, os seguintes acontecimentos que tiveram profunda ressonância mundial. Em 1972 um ato de terrorismo praticado contra atletas israelenses empanou o brilho dos jogos olímpicos sediados em Munique. Os terroristas declararam-se membros da organização Setembro Negro; em 1978, fato raro na multissecular história da Igreja Católica, três papas ocupam respectivamente o trono de Pedro: Paulo VI, falecido a 6 de agosto; João Paulo I, que faleceu após 33 dias da eleição; João Paulo II, o primeiro polonês eleito papa. No ano de 1979 o Aiatolá Khomeini lidera a queda da dinastia dos Pahlevi no Iran, estabelecendo-se então a República Islâmica com profundas repercussões político-econômicas no Oriente Próximo e reflexos internacionais afetando principalmente as relações com os Estados Unidos.

Na década de 80 devem-se registrar dois acontecimentos relacionados respectivamente com o bem-estar físico das pessoas: um positivo e

---

[24] Ver Langlois, *Histoire du XX Siècle*, p. 356.

outro negativo, o culto ao corpo e a infecção aidética. O primeiro visava não só a boa forma como o estado de saúde. Dois nomes podem ser lembrados aqui: a atriz Jane Fonda e Kenneth Cooper, médico e coronel da Força Aérea Americana. Aquela lançou um programa de boa forma adaptado da dança e que se tornou conhecido como ginástica aeróbica; este estimulou os exercícios moderados, visando melhorar a oxigenização e fortificar o coração. Os estudos e pesquisa de Cooper tiveram influência mundial na nova maneira de atividades físicas.

Em julho de 1981 o Centro de Controle de Doenças dos Estados Unidos anunciou a existência de uma infecção que afetava certos homossexuais. O que, a princípio, parecia ser uma infecção rara acometendo homossexuais (chegou a ser chamada pejorativamente de câncer gay) passou a ser considerada uma verdadeira praga do século, pois o desastre imunológico produzido pelos vírus HIV (descoberto em 1983) facilita o desenvolvimento de outras infecções.

Em 1984 cientistas lançam um alerta ao mundo: o alto nível de emissão de dióxido de carbono na atmosfera acabaria por afetar o clima da terra, produzindo o efeito estufa com catastróficas consequências. Dois anos depois, a explosão de um reator na central nuclear de Tchernóbil, na URSS, causou a morte e danos físicos em milhares de pessoas. Estamos aqui em face de uma catástrofe que nos alerta para uma triste e perigosa herança que o progresso científico e industrial do século XX legou à humanidade: o lixo atômico gerado pelas centrais nucleares.

Ainda na década de 80, no ano de 1984, foi desenvolvido o método de isolar e reproduzir imagens de sequências do DNA, isto é, do ácido desoxirribonucleico. Constatou-se que cada organismo possui um padrão único de certas sequências de DNA. Esta verdadeira impressão digital de DNA serviu doravante não só para a determinação da paternidade, como também para conseguir provas nas perícias criminais.

No campo científico-tecnológico vamos lembrar, na década de 80, o aperfeiçoamento e a ampla difusão do emprego de computadores como instrumentos de trabalho em colégios, empresas, escritórios de advocacia e consultórios médicos.

No campo da política internacional merece destaque a notável presença de Mikhail Gorbachov. Remetemos o leitor para o que, a respeito da *perestroika* e da *glasnot,* já escrevemos no capítulo sobre história política da Europa.

Aqui vamos lembrar apenas um acontecimento que realmente surpreendeu e abalou positivamente o mundo: a derrubada do Muro de Berlim. A Cortina de Ferro estava caindo e pondo fim ao tenso período da história contemporânea conhecida como Guerra Fria. Vale reproduzir uma síntese de Gaddis sobre a derrubada do muro e o papel que a 9 de novembro teve Egon Krenz, sucessor de Honecker. Ao voltar de Moscou resolveu aliviar a tensão crescente da Alemanha Oriental, "relaxando, mas não abolindo as regras que limitavam viagens para o Ocidente. O decreto redigido às pressas foi entregue a Günter Shabowski, um membro do Politburo que não estivera presente à reunião, mas pouco depois iria anunciar à imprensa. Schabowski passou os olhos pelo decreto, também às pressas, e anunciou que os cidadãos da RDA estavam livres para sair "por qualquer dos postos da fronteira". Os jornalistas surpresos perguntaram quando a nova regra entraria em vigor. Mexendo nos documentos que tinha em mãos, Schabowski respondeu: "pelo que sei, imediatamente". A nova regra valia para ir a Berlin Ocidental? Schabowski franziu o cenho, deu de ombros, mexeu em alguns papéis e então respondeu: "A saída em caráter permanente da RDA para a Alemanha Ocidental e Berlin Ocidental pode ser feita por qualquer ponto de travessia da fronteira". A pergunta seguinte foi "Que vai acontecer com o muro de Berlin agora?" Schabowski murmurou uma resposta incompreensível e encerrou a entrevista. Em questão de minutos correu a notícia de que o Muro estava aberto. Na verdade, não estava, mas multidões começaram a chegar aos postos de controle e os guardas não tinham instruções. Krenz, retido em uma reunião de comitê central, não fazia ideia de que estava ocorrendo e, quando descobriu, a quantidade de gente era grande demais para ser controlada. Finalmente os guardas de fronteira da Bornholmer Strasse abriram os portões por conta própria e os extasiados berlinenses do leste invadiram Berlin Ocidental. Logo alemães de ambos os lados estavam sentados, em pé e até dançando sobre o Muro. Muitos trouxeram marretas e talhadeiras, e começaram a derrubá-lo. Gorbachov, em Moscou, dormia durante todo o tempo em que tudo isso acontecia e só de manhã veio a saber. Tudo o que pôde fazer foi passar a mensagem às autoridades da Alemanha Oriental: "Vocês tomaram a decisão correta".[25]

---

[25] Gaddis, *História da Guerra Fria*, p. 237.

Capítulo II
ESTRUTURAS POLÍTICAS E ESTRUTURAS SOCIAIS

No presente capítulo, vamos expor muito resumidamente as estruturas políticas e as estruturas sociais de alguns países de cada continente somente a título de exemplo, pois não caberia, dentro do limitado espaço de exposição disponível, focalizar aqui todos os países já estudados na primeira parte desta História do século XX. Para melhor e mais aprofundada compreensão do que se vai apresentar a seguir, convém lembrar ao leitor as observações já feitas com relação à influência importante e decisiva do legado do século XIX, especialmente no que tange aos ideais políticos e sociais que se manifestam sob as bandeiras do liberalismo, da democracia, do nacionalismo, do socialismo e que refletem profundas e relativamente rápidas transformações pelas quais passa boa parte da população mundial. Assim, por exemplo, deve-se ter presente a continuidade da Revolução Industrial, com suas profundas consequências na maneira de viver dos povos. O leitor deverá ter presente também o que já se registrou sobre a vida e estrutura política nos capítulos da primeira parte desta obra. Cabe aqui uma observação interessante: a democracia, no século XX, desenvolve-se, sobretudo, nos países industrializados. O século em foco assistiu ao envolvimento atuante das massas trabalhadoras na evolução política de seus países. Note-se que no início do século o sufrágio universal era privilégio dos homens.

ESTRUTURAS POLÍTICAS

EUROPA

França

A França entra no século XX sob o regime da III República, que se vincula à herança revolucionária de 1789 através da adoção (1879) de La Marseillaise, como hino nacional, e da instituição (1880) do dia 14 de julho como festa nacional. Não cabe aqui estudar a evolução política da III República durante as últimas décadas do século XIX. Lembremos apenas a importância das três leis constitucionais votadas sucessivamente pela Assembleia Nacional em 1875 e que diziam respeito relativamente à organização do Senado (24 de fevereiro), à organização dos poderes públicos (25 de fevereiro) e ainda aos poderes públicos (16 de julho). Essas leis (que alguns designam como constituição de 1875 e consideram como fundadoras da Terceira República) estabeleceram uma democracia liberal do tipo parlamentar e foram o resultado de uma série de compromissos "entre os realistas liberais de direita e os republicanos".[1] A Terceira República enfrentará uma série de crises entre 1887 e 1894, sobreviverá à Primeira Grande Guerra, mas sucumbirá logo após o armístico de 22 de junho de 1940. Vejamos em síntese alguns dos mais importantes dispositivos constitucionais. O poder legislativo cabia a um parlamento integrado por duas câmaras: o Senado e a Câmara dos Deputados. Essas duas câmaras reunidas em Assembleia Nacional elegiam o presidente da República, chefe do Poder Executivo e cujo mandato duraria sete anos. Cabia ao presidente nomear ministros, funcioná-

---

[1] Malet-Isaac, *Histoire Contemporaine*, p. 339. Ver também Sauvigny, *Histoire de France*, p. 383.

rios, dispor das Forças Armadas, negociar e ratificar tratados, partilhar com os membros do Parlamento a iniciativa das leis. O presidente possuía o direito de graça e podia dissolver a câmara dos deputados com o consentimento do senado. O presidente era irresponsável, "salvo o caso de alta traição, enquanto que os ministros escolhidos por ele eram declarados solidariamente responsáveis perante as câmaras...".[2] O Senado, composto de trezentos membros, fora concebido no sentido de perpetuar na República Francesa o espírito conservador da Assembleia Nacional.[3] Assim é que 75 senadores eram inamovíveis, eleitos com vitalicidade pela Assembleia Nacional e, posteriormente, pelo próprio Senado. Os demais senadores eleitos por nove anos deviam ter quarenta anos e seriam escolhidos por um colégio eleitoral composto, em cada departamento, pelos deputados, pelos conselheiros gerais, pelos conselheiros de circunscrições administrativas e um delegado por municipalidade. O Senado seria assim o órgão da França rural e dos notáveis. De três em três anos haveria eleição senatorial com renovação de um terço dos senadores. Deve-se sublinhar que o Senado dispunha de poderes judiciários: julga o presidente da República, os ministros e outras pessoas acusadas de atentarem contra segurança do Estado.

A composição da Câmara dos deputados obedeceria ao sufrágio universal e seria disciplinada por uma lei orgânica. [4]

Como já vimos, as duas Câmaras, reunidas em Assembleia Nacional, procedem a uma revisão constitucional em 10 de julho de 1940 e dão todo o poder ao governo da República, sob a autoridade e a assinatura do Marechal Pétain, a fim de promulgar uma nova constituição. Estamos aqui diante do fim da III República.

Sobre a estrutura política do regime de Vichy anotemos:

1. Plenos poderes foram atribuídos ao *Marechal de France*, chefe do Estado francês. Este, "fonte única de toda autoridade, fazia figura de monarca absoluto...".[5]
2. A nova ordem que se pretendia estabelecer "inspirou-se, em primeiro lugar, menos no nacional-socialismo que no corporativismo cristão de

---

[2] Malet-Isaac, obra citada, p. 339.
[3] Sauvigny, obra citada, p. 384.
[4] Idem, ibidem.
[5] Idem, ibidem, p. 432.

ordem moral do regime português de Salazar. Assim as centrais sindicais eram suprimidas e substituídas por organizações corporativas, abrangendo representantes operários e patronais designados pelo poder. Uma corporação camponesa supervisionava a agricultura e os outros setores da economia dependiam de comitês de organização".[6]

Em outubro de 1946 os partidos políticos impõem a adoção de uma nova constituição. Estamos aqui na IV República, em que predomina a Assembleia Nacional integrada por deputados eleitos por sufrágio universal, com mandato de cinco anos. Cabe à Assembleia votar as leis, o orçamento e investir o Presidente do Conselho sujeito a uma moção de censura. A Segunda Câmara, o Conselho da República (em vez de Senado), tem poderes limitados. Seus membros são escolhidos por sufrágio indireto. O presidente da República, eleito pelas duas Câmaras por sete anos, tem como atribuição essencial designar o presidente do Conselho.

Atendendo ao apelo do Presidente René Coty, a Assembleia Nacional investe De Gaulle na presidência do Conselho a 1º de junho de 1958, atribuindo-lhe plenos poderes e o direito de redigir uma nova constituição. Estamos aqui em face da V República e sua constituição de 1958. Esta institui um duplo poder executivo, representado respectivamente pelo presidente da República e pelo primeiro-ministro. O presidente, eleito por sete anos por um colégio de notáveis (membros das duas câmaras e dos conselhos gerais, representantes das municipalidades), possui as seguintes atribuições:

1. Escolhe o Primeiro-ministro e, ouvindo este, nomeia os demais membros do governo.
2. Pode dissolver a Assembleia Nacional.
3. Pode apelar diretamente à nação por um *referendum*.
4. Em caso de ameaça às instituições ou à segurança nacional, pode assumir plenos poderes.
5. Exerce todas as funções próprias de chefe de Estado já constantes na Constituição anterior.

---

[6] Idem, ibidem, p. 433.

Ao primeiro-ministro compete conduzir a política, mas é responsável perante o Parlamento, que se compõe de duas câmaras: Assembleia Nacional, eleita por sufrágio universal, e Senado com poderes limitados. Note-se que as atribuições do Parlamento sofrem limitações: em alguns casos o governo pode emitir decretos com força de lei.

Em outubro de 1962 os franceses aceitam a eleição do chefe de Estado por sufrágio universal. Os partidos que apoiam De Gaulle obtêm maioria absoluta na Assembleia Nacional, e a V República, segundo alguns, passava a ser uma "monarquia republicana".

Inglaterra

Um rápido olhar sobre a história da estrutura política inglesa dá-nos a impressão de uma admirável estabilidade política que se traduz pela presença de uma monarquia hereditária, de dois atuantes partidos políticos e de duas câmaras (Câmara dos Lordes e Câmara dos Comuns). Um traço característico da evolução da estrutura política inglesa encontra-se nas reformas eleitorais que constituem uma evolução no sentido de ampliação do número de eleitores ainda através do século XIX. Note-se que a Câmara dos Lordes dificultava essas reformas. No início do século XX uma grande parte da população ainda continuava privada do direito de voto. O ano de 1918 assinala um marco importante na democratização do sistema eleitoral britânico. "Pela lei chamada 'de Representação Popular' aboliram-se virtualmente todos os antigos requisitos de propriedade para votar. Daí por diante os cidadãos britânicos depositariam o seu sufrágio nas urnas, não como proprietários ou ocupantes de prédios de tal ou tal valor, mas simplesmente como cidadãos. A única exceção a essa regra era o privilégio de um segundo voto concedido aos graduados universitários e a qualquer pessoa que ocupasse um prédio, para fins de negócio, em outro distrito que não o de sua residência. Deve-se salientar, finalmente, que a lei de 1918 concedia o direito de voto a todas as mulheres de mais de trinta anos que possuíssem propriedades ou fossem esposas de proprietários".[7] O direito de

---

[7] Burns, *História da Civilização Ocidental*, p. 715.

voto foi mais tarde ampliado no sentido de fortalecer o sistema democrático. Antes de estudarmos, em breve síntese, a estrutura do sistema político britânico, convém lembrar uma peculiaridade que o diferencia dos demais sistemas de democracia liberal: a inexistência de uma constituição escrita. Conforme se pode apreciar através da evolução histórica, essa ausência de uma constituição formal foi compensada pelo equilíbrio no relacionamento entre as instituições marcantes que integram a estrutura política britânica: a coroa, as câmaras e os partidos políticos. Examinemo-las sucintamente.

A Coroa

A monarquia parlamentar inglesa é hereditária. Em 1953 o *Regency Act* fixa a ordem de sucessão. O século XX termina sob o longo reinado de Elisabeth II. O soberano britânico, cuja atuação não deve ser subestimada, é símbolo da unidade do Reino Unido e do Commonwealth. Note-se que o monarca é mencionado a propósito das grandes atividades da nação. Assim, diz-se que a correspondência oficial se faz *On Her Majesty's Service* e os navios da esquadra são *Her majesty's Ships*. "Em virtude do princípio "*The Queen can do no wrong*", a responsabilidade pertence unicamente aos ministros. O soberano ratifica as decisões do gabinete e do Parlamento".[8] A atuação do monarca pode ser intensa, mas dentro dos limites constitucionais tradicionais. Assim, por exemplo, a rainha Vitória exerceu muito escrupulosamente seu direito de controle monárquico: "desempenhou até sua morte em 1901 um papel considerável, embora reservado".[9]

Duas importantes instituições devem ser mencionadas: a Câmara dos Lords, composta de nobres e príncipes da Igreja, e a Câmara dos Comuns. As reformas eleitorais foram progressivamente diferenciando a composição dessas duas casas, num sentido de fortalecer o papel desempenhado pelos comuns que se tornariam o ramo mais poderoso do Parlamento. Assim é que em 1911 foi aprovado o *Parliament Bill* que limitava os poderes dos Pares. "A

---

[8] Escarpit, *Guide Anglais*, p. 92.
[9] Malet-Isaac, *Histoire Contemporaine*, p. 462.

datar de 1911, qualquer providência financeira aprovada pelos comuns é lei um mês depois, ainda que os Lords se recusem a aceitá-la. Quanto às demais leis, os Lords conservam um veto suspensivo, mas, depois de três votações favoráveis em três sessões consecutivas da Câmara dos Comuns, a Câmara dos Pares é obrigada a ceder. Estas disposições, todavia, não têm privado a Câmara dos Lordes de todo prestígio. Ela continua a desempenhar um papel moderador e seus debates têm muitas vezes maior valor intelectual e oratório que os dos comuns."[10] Os partidos políticos desempenham papel decisivo na orientação do governo britânico e no desenvolvimento dos ideais democráticos. Temos, no início do século XX, um bipartidarismo com a alternância no poder, respectivamente, de liberais e conservadores que promovem uma série de reformas e de ideais. Findo o Segundo Conflito Mundial, as eleições de julho de 1945 dão uma inesperada maioria ao Partido Trabalhista e C. Attlee torna-se primeiro-ministro. Nos decênios seguintes, conservadores e trabalhistas alternam-se no poder.

O chefe do governo britânico é o Primeiro-ministro (*Prime Minister*) escolhido pelo soberano. Cabe ao Primeiro-ministro escolher entre os demais ministros, cuja designação ele recomendou ao soberano, os membros integrantes do gabinete. (*Cabinet Members*) que orientam a política geral do governo.[11] Há diferentes espécies de ministros e ministérios, mas os que formam o gabinete é que constituem o órgão soberano do governo. Burns assim caracteriza o gabinete e seu importante papel no governo britânico: "É uma comissão do Parlamento, responsável perante a Câmara dos Comuns, que exerce a suprema autoridade legislativa e executiva em nome do rei. Não só resolve todas as questões de política geral, mas é dele que se origina quase toda a legislação, e, enquanto permanece no poder, determina quais os projetos de lei que devem ser aprovados. Se for derrotado na Câmara dos Comuns em alguma questão fundamental, terá de renunciar imediatamente ou de 'apelar para o povo', isto é, dissolver o Parlamento e convocar uma nova eleição para consultar a opinião dos eleitores".[12] Duverger sintetiza

---

[10] Maurois, *História da Inglaterra*, p. 430.
[11] Escarpit, obra citada, p. 87. Ver também Duverger, *Os regimes políticos*, p. 73.
[12] Burns, obra citada, p. 716.

sobre o gabinete: "O organismo fundamental do sistema inglês é o Gabinete, 'viga mestra do edifício britânico', disse Lawrence Lowwel. Cumpre não confundir com ele o ministério, infinitamente mais numeroso; fazem parte do gabinete apenas os titulares das pastas mais importantes, os dignitários de certos cargos tradicionais sem responsabilidade especial (Lorde presidente do Conselho, Lorde do selo privado, Lorde chanceler etc.), bem como outros membros do ministério chamados pelo primeiro-ministro: ao todo, uns vinte membros, ao passo que o ministério compreende uns sessenta ou mais".[13]

Alemanha

Estamos aqui diante do Império alemão (Reich) proclamado pelos príncipes reunidos na Galeria dos Espelhos no Palácio de Versalhes a 18 de janeiro de 1871, em benefício da monarquia prussiana. A criação do Império representava "o resultado das laboriosas negociações de Bismarck com os príncipes da Alemanha do Sul. Württemberg e especialmente Baden mostraram-se mais acessíveis que a Baviera. Custou grandes dificuldades convencer Luís II da Baviera, o amigo de Ricardo Wagner, a renunciar parte de seus direitos soberanos".[14] Até a conflagração de 1914-1918 o Reich alemão abrange as instituições que remontam a sua fundação. Deve-se notar que a maioria da população do Império era de língua alemã, mas havia uma minoria formada por dinamarqueses, polacos e franceses. O Reich era um estado federal governado por um imperador (Kaiser). O centro de gravidade da constituição continuava sendo o Conselho (Bundesrat), quer dizer, os príncipes. O imperador partilha o poder executivo com um chanceler responsável somente perante o soberano. Ao chanceler estavam submetidas as demais autoridades do Império (os chamados cargos do Reich). Deve-se registrar a distinção entre a competência do Império e a dos diversos estados que o integravam. No âmbito do Império situavam-se as relações exteriores, o comando do exército e da marinha, a legislação em matéria de Direito Civil e de Direito Penal, o

---

[13] Duverger, obra citada, p. 73.
[14] Tenbrock, *Historia de Alemania*, p. 213.

controle das alfândegas, do comércio, e o controle de pesos, medidas e moedas. "Os demais assuntos eram regulados pelos diversos Estados".[15] O poder legislativo era partilhado entre duas assembleias: o *Bundesrat* e o *Reichstag*. O primeiro, já mencionado, era a Câmara Alta do Parlamento Imperial e concentrava os representantes dos Estados; o segundo era a Câmara dos Deputados eleitos pelo voto popular. Burns tece as seguintes considerações em torno do império alemão: "não obstante, o império alemão não era uma autocracia completa. Embora o Kaiser pudesse influenciar a promulgação das leis, não tinha direito de veto. Todos os tratados que negociasse tinham de ser aprovados pelo *Bundesrat* e não podia obter dinheiro sem o consentimento do *Reichstag*. Na verdade, este último órgão estava longe de ser uma simples sociedade de debates, como alegaram muitas vezes os inimigos da Alemanha durante a Primeira Guerra Mundial. Pelo contrário, tinha poderes legislativos virtualmente equivalentes aos do *Bundesrat* e foi bastante forte para arrancar concessões de diversos chanceleres".[16]

Já mencionamos que coube ao Professor Hugo Preuss redigir o anteprojeto da Constituição da República de Weimar. A nova constituição entrou em vigor em agosto de 1919 e "com seu espírio liberal e social podia colocar-se dignamente junto às constituições das grandes democracias ocidentais".[17] Com efeito, a constituição de Weimar era notável por "seus numerosos caracteres progressistas": "Estabelecia o sufrágio universal, a representação proporcional, o sistema de gabinete e uma carta de direitos, garantindo não só as liberdades civis tradicionais, mas também o direito do cidadão ao emprego, à educação e à proteção contra os riscos de uma sociedade industrial".[18] As liberdades democráticas asseguradas pela constituição facilitavam a criação de novos partidos, cujos interesses se sobrepunham ao próprio bem comum. Havia em parte da população um permanente rancor contra a República que nascera vinculada à derrota no conflito. "Weimar se associava, na mente do povo, à Versalhes, a democracia era vinculada à derrota. Para muitos alemães, a democracia liberal parecia um sistema estranho, imposto pelos conquista-

---

[15] Idem, ibidem, p. 214.
[16] Burns, obra citada, p. 733.
[17] Tenbrock, obra citada, p. 258.
[18] Burns, obra citada, p. 886.

dores Aliados para manter a Alemanha fraca e desunida".[19] Tenbrock observa que o povo alemão, na época, não soube fazer uso da liberdade: "A liberdade converteu-se essencialmente em um meio, recebido com alegria pelos alemães ocupados com a política ou a formação da opinião pública, para injuriar e atacar impunemente a ordem estatal democrática".[20] "A república de Weimar sobreviveu, pelo menos em termos formais, até 1933, embora o processo parlamentar normal tenha virtualmente cessado em 1930. O colapso da democracia de Weimar abriu o caminho para a tomada do poder pelos nazistas em janeiro de 1933.[21]

Convém iniciar estas breves linhas sobre a metamorfose da República de Weimar em uma ditadura nacional socialista com as seguintes observações de Touchard.[22] "Na linguagem corrente, o fascismo designa não apenas a doutrina da Itália fascista, mas também a da Alemanha hitleriana e de todos os regimes com inspiração mais ou menos semelhante. Não está em causa quebrar um costume tão profundamente arraigado, mas devemos, no entanto, observar que a legitimidade deste hábito é muitíssimo discutível: assimila dois sistemas um ao outro, nacional-socialismo e fascismo, sem dúvida análogos a muitos respeitos, mas que desabrocharam em circunstâncias diferentes e que se manifestaram com uma amplitude variável. Literalmente falando, é preferível reservar o termo "fascismo" para designar a Itália de Mussolini e empregar "nacional-socialismo" quando se trata da Alemanha hitleriana."

O que se vai registrar, a seguir, completa ou repete o que já foi mencionado no capítulo sobre a História da Europa. Dois ideais, entre outros, norteiam a marcha do nacional-socialismo para o poder, o racismo e o espaço vital (*Lebensraum*). O primeiro, que exalta a pureza do sangue dos povos, traduz-se na pregação do antissemitismo e consequentes crimes abomináveis contra os judeus; o segundo expressa a pretensão do povo alemão à posse de um amplo espaço necessário para viver. Estamos aqui em face de um pangermanismo, que, segundo Touchard, "é mais político do que econômico...". "Política, militarista, mística, a doutrina do espaço vi-

---

[19] Stackelberg, *A Alemanha de Hitler*, p. 95.
[20] Tenbrock, obra citada, p. 258.
[21] Stackelberg, *A Alemana de Hitler*, p. 93.
[22] Touchard, *História das Ideias Políticas*, vol. 7, p. 108.

tal é antieconômica: trata-se de fazer entrar no Grande Reich todos aqueles que devem fazer parte dele, embora sejam pobres, embora o nível de vida de cada um possa sofrer com isso".[23] Deve-se sublinhar que a guerra viria propiciar a busca do espaço vital e facilitar a execução dos ideais racistas: "Foi a guerra que libertou os nazistas de todas as restrições à violência e proporcionou a cobertura necessária para implementar, primeiro, o programa de matar os deficientes e, depois, a 'solução final', a destruição física dos judeus".[24] É importante sublinhar que a ascensão nazista ao poder se inicia e evolui dentro da estrutura política da República de Weimar. Aos poucos e por etapas vai-se formando uma "ditadura legal". Vejamos, em breve síntese, alguns fatos marcantes dessa tomada do poder:

1.Logo após a guerra, Hitler ingressa (1919) no Partido Alemão dos Trabalhadores, fundado por Anton Drexler. O partido passa posteriormente a chamar-se partido Nacional Socialista Alemão dos Trabalhadores (NSDAP) e Hitler está a sua frente.

2.A partir de 1930 amplia-se o número de membros do partido. A conquista do poder vai efetuando-se sob o amparo legal, mas note-se que desde 1925 Hitler criara sua própria milícia, os SS (*Schutzstaffeln* = brigadas de proteção).

3.Em janeiro de 1933 Hitler é designado chanceler do Reich, e em março "realizaram-se as últimas eleições até um certo ponto livres. O NSDAP e seus dirigentes levaram a cabo uma campanha eleitoral como a Alemanha não havia conhecido até então. O rádio e a imprensa estavam quase exclusivamente a seu serviço. Apesar de tudo, o povo alemão não se decidiu em maioria por Hitler e seu partido".[25]

4.O episódio do incêndio do Reichstag (fevereiro de 1933) enseja o já mencionado Decreto para a proteção do povo e do Estado, "que se torna a primeira base legal da ditadura".[26] Note-se que a 1º de fevereiro o Reichstag fora dissolvido, e a eleição marcada para 5 de março desenrola-se num clima de terror. A 23 de março Hitler obtém a Lei de plenos poderes por quatro anos. "A "revolução

---

[23] Idem, ibidem, p. 120.
[24] Stackelberg, *A Alemanha de Hitler*, p. 302.
[25] Tenbrock, obra citada, p. 286.
[26] Milza, *Histoire Du XX siècle*, tome 1, p. 315.

nacional-socialista (*Gleichschaltung*) opera-se em alguns meses".²⁷ Em julho o NSDAP é proclamado partido único, o Partido do Estado". Os sindicatos são dissolvidos e substituídos pela Frente Nacional Socialista do Trabalho. A administração dos Estados (*Länder*) fica subordinada ao Reich, e seus governos são colocados sob a autoridade dos lugares-tenentes (*Statthalter*) designados pelo Führer.

O massacre ocorrido na já citada Noite das Facas Longas (30 de junho de 1934), que eliminou os vários dirigentes da SA (*Sturmabteilungen*), não só teve uma reação pública favorável (a maioria dos alemães de classe média desaprovava a agressividade dos arruaceiros da SA), mas contribuiu para tornar a SS (*Shutzstaffeln*) de Himmler a mais poderosa instituição da Alemanha nazista.²⁸

Ao lado de todas essas alterações de caráter político, persistia ainda a aparência da República de Weimar. "Tecnicamente a nação era ainda uma república".²⁹ Quando Hindenburg morreu em agosto de 1934, Hitler assumiu a autoridade de presidente, acrescentando-a a que já possuía como chanceler. Um plebiscito propiciou a Hitler a adoção do título de líder e chanceler do Reich: Führer und Reichs Kanzler.³⁰ Quanto ao Parlamento, registre-se que o Reichsrat foi abolido em 1934, e o Reichstag, praticamente sem poderes, tornou-se "pouco mais que uma plateia para os discursos de Hitler".³¹

O Império Austro-Húngaro

Um estudo da estrutura política do Império Austro-Húngaro nos albores do século XX, portanto na época imediatamente anterior à Primeira Guerra, deve levar em consideração os acontecimentos anteriores que, em pleno século XIX, ostentam as bandeiras do liberalismo e do nacionalismo. O imperador Francisco José, cujo longo reinado (1848-1916) já foi mencionado, estava imbuído de ideias absolutistas e era assessorado por ministros de mesma tendên-

---

[27] Idem, ibidem, p. 317. *Gleich schaltung* significa literalmente "mudar na mesma direção, linha ou corrente" (Stackel Berg, obra citada, p. 149).
[28] Stackelbg, obra citada, p. 162, 163 e 164.
[29] Burns, obra citada, p. 886.
[30] Idem, ibidem, p. 887.
[31] Idem, ibidem.

cia. Acima das correntes partidárias ideológicas, para o monarca Habsburgo predominavam os interesses da dinastia com respaldo no exército. É importante lembrar aqui o já citado compromisso de 1867 que separou o Império dos Habsburgs em duas entidades: a Cisleithania e a Transleithania. A primeira abrangia a Áustria, a Boêmia e a Galícia; a segunda compreendia a Hungria, a Eslováquia, a Transilvânia e a Croácia. No mesmo ano do compromisso, Francisco José promulga uma constituição liberal para a Áustria, garantindo-se então as liberdades fundamentais aos cidadãos. Quanto ao poder legislativo (o Parlamento), havia uma Câmara Alta, cujos membros eram nomeados pelo imperador, e uma Câmara Baixa eleita por sufrágio censitário. Note-se a respeito do direito de voto uma evolução progressiva que em 1907 instituiu o sufrágio universal.[32] O ministério, segundo a Constituição, era responsável perante o *Reichsrat* (o Parlamento), o que sugeria a existência de um regime de governo liberal e parlamentar. O imperador, entretanto, possuía poderes reservados no campo da diplomacia, do exército e do próprio poder legislativo, conforme o arT. 14 da constituição. "O Reichsrath encontrando-se frequentemente reduzido à impotência pelo antagonismo irredutível dos partidos nacionais e políticos, o imperador usava o artigo 14 para governar por ordenanças com ministérios de funcionários. Sob a aparência de parlamentarismo e de democracia, o antigo regime sobrevivia na Áustria."[33]

A Dieta ou Parlamento húngaro abrange a Câmara dos Magnatas, composta pelos grandes senhores que ocupam os cargos a título hereditário ou por pessoas nomeadas pelo rei, e a câmara dos deputados, integrada por meio de eleição em que se leva em conta o censo ou a capacidade. Observe-se que na Hungria encontramos um regime constitucional e parlamentar mais sólido que o da Áustria, o que pode ser explicado por duas razões: a residência do monarca estava distante, em Viena, e a aristocracia magiar estava habituada a governar.[34]

---

[32] A data de 1907 encontra-se em Malet-Isaac, obra citada, p. 286.
[33] Malet-Isaac, obra citada, p. 286.
[34] Idem, ibidem, p. 287.

Itália

Um estudo, ainda que breve e incompleto, da estrutura política do reino da Itália no final do século XX deve levar em conta a seguinte observação: "O estilo autoritário de Bismarck, a ausência da tradição de uma democracia parlamentar seduzem os homens da esquerda. A concepção de um Estado autoritário e hierarquizado é partilhada pelo rei Humberto I e sua esposa, a rainha Margarida".[35] Estamos assim em face de uma monarquia parlamentar que enfrenta, nos últimos anos do século XIX, agitações partidárias. Em 1899 o general Pelloux, que passava por liberal, é convocado pelo rei e apresenta projetos restritivos das liberdades fundamentais, visando também limitar as prerrogativas parlamentares. A reação, entretanto, faz-se sentir por parte de uma coligação de liberais e esquerdistas que triunfam nas eleições de 1900. Vitor Manuel III mostra-se respeitoso ao regime constitucional e sob seu reinado ocorre a era Giolitti, de 1901 a 1913, caracterizada por uma consolidação e normalização da vida política apesar das multiplicidade de partidos e de tendências. Note-se a participação de católicos na vida política a partir de 1906. "Nas eleições de 1913 certo número de deputados desta tendência entram na Câmara, opondo à fórmula do socialismo revolucionário o catolicismo democrático e social. É neste ambiente que se formam D. Sturzo e um jovem sacerdote, o padre Roncalli que se tornará João XXIII."[36] Giolitti favoreceu a extensão do voto e firmou um pacto com dom Sturzo, líder da União Popular Católica, contra os socialistas.

A paz que segue à Primeira Guerra Mundial acarreta profundas desilusões para a Itália e leva os nacionalistas a denunciarem a "vitória mutilada". Desenvolve-se, então, um cenário de crise política, econômica e social (ver capítulo referente à Europa). Note-se aqui o crescimento do Partido Socialista que acaba de filiar-se (março de 1919) à Internacional Comunista. "Uma agitação pré-revolucionária explora a inércia dos Poderes públicos."[37] A situação favorece a ascensão do movimento fascista de Mussolini fundado

---
[35] Guichonnet, *Histoire de l'Italie*, p. 101.
[36] Idem, ibidem, p. 106.
[37] Idem, ibidem, p. 109.

em março de 1919. Já estudamos (capítulo sobre a Europa, item referente à Itália) brevemente as etapas desta ascensão. Vamos, a seguir, apontar alguns traços característicos da estrutura política do partido:

1. A integração das instituições processa-se gradualmente. O Estatuto de 1848 permanece uma fachada.[38] O poder concentra-se nas mãos do Duce e do partido.

2. O poder legislativo é limitado: em maio de 1928 uma lei institui um sistema representativo, segundo o qual a designação dos deputados é atribuição do Grande Conselho.

3. As assembleias locais eleitas desaparecem. Prefeitos e poderes comunais subordinam-se a um rigoroso centralismo.

4. A magistratura sofre uma depuração, o júri é suprimido e novos códigos são redigidos.

5. Em 1926 elimina-se a liberdade de imprensa e de associação.

6. Paralelamente ao funcionalismo tradicional atua uma hierarquia bem organizada do Partido, subordinada ao Duce e a instituições partidárias.

7. Uma rede de associações enquadra jovens de ambos os sexos. Funcionários e trabalhadores integram sindicatos fascistas únicos.

8. Um traço característico do estado fascista é o corporativismo: Ministério das Corporações, Conselho Nacional das Corporações, Câmara dos Fascios e das Corporações. "A palavra 'corporação', para Mussolini, deve ser tomada em seu sentido etimológico de 'constituição em corpo', essa constituição em corpo que é função essencial do Estado e que assegura sua unidade e sua vida."[39]

Encerremos essa brevíssima explanação sobre a estrutura política do Fascismo com algumas observações. Nem o arregimentamento dos jovens, nem a manipulação das massas tiveram na Itália o caráter de fanatismo e de desumanidade do totalitarismo nazista, embora, no decurso dos anos

---

[38] Idem, ibidem, p. 117. Em março de 1848 o rei do Piemonte, Carlos Alberto, outorga um Estatuto constitucional que se tornará, após 1860, a Constituição da Itália.
[39] Touchard, obra citada, vol. 7, p. 118.

trinta, a figura do Duce tenha sido objeto de um verdadeiro culto. Quanto ao antissemitismo, deve-se notar que a partir de 1938 há uma orientação no sentido de imitar-se o nazismo, o que explica uma legislação racial voltada contra os judeus "e que será, aliás, aplicada de maneira laxista".[40] Sobre a violência própria de um regime autoritário como o fascista, é interessante transcrever a observação de Courtois: "Dos anos vinte a quarenta, o comunismo estigmatizou violentamente o terror praticado pelos regimes fascistas. Um rápido exame das cifras mostra, aí também, que as coisas não são assim tão simples. O fascismo italiano, o primeiro em ação e que abertamente se assumiu como "totalitário", certamente aprisionou e muitas vezes maltratou seus adversários políticos. Raramente, contudo, chegou ao assassinato e, na metade dos anos trinta, a Itália contava algumas centenas de prisioneiros políticos e muitas centenas de *confinati*, colocados em residência vigiada nas ilhas, mas, é verdade, de dezenas de milhares de exilados políticos".[41]

Espanha

A estrutura política da Espanha sob Franco lembra à primeira vista o fascismo "mas o franquismo é profundamente diverso do fascismo italiano" e "não reivindica uma missão imperial à maneira da Itália fascista".[42] Na realidade há uma evolução significativa do regime franquista a partir do término da guerra civil: "encaminhou-se no sentido duma democratização parcial e da restauração da monarquia".[43] Entre outras, podemos, a título de exemplo apontar as seguintes características:

1. Apoio da Igreja. Note-se que os comunistas haviam perseguido impiedosamente o clero e as instituições eclesiásticas.

2. Apoio do exército ao franquismo hierárquico e autoritário.

---

[40] Verificar síntese sobre o fascismo em *Histoire Ire*, p. 252, sous La direction de Pierre Milza et Serge Berstein.
[41] Courtois, *Le livre noir du communisme*, p. 24.
[42] Touchard, obra citada, p. 120.
[43] Idem, ibidem.

3. Defesa da propriedade e "com uma hierarquia social mais rígida do que em qualquer outra parte".[44]

Na política externa acentua-se o espírito de "*hispanidad*" (solidariedade com os países da América Latina) e a procura de um bom relacionamento com o mundo árabe.

Antes de passarmos a um, como sempre, breve estudo da estrutura política da Rússia, lembremos que na época entre as duas guerras mundiais florescem na Europa regimes nacionalistas e autoritários, mas não seria exato classificá-los simplesmente como fascistas. Assim, por exemplo, encontramos o poder de Horthy na Hungria; apoiado em um partido que, entretanto, não é único; na Polônia, já vimos, Pilsudski institui um regime militar clássico; na Espanha, antes do Franquismo, encontramos a ditadura de Primo de Rivera; e, em Portugal, o Dr. Salazar, que tem em vista o gênio da civilização cristã, estabelece o Estado Novo.

Rússia

O estudo, ainda que breve, da estrutura política da Rússia sob a égide do Partido Comunista, reveste capital importância em virtude da profunda influência dos partidos comunistas disseminados em toda a parte, que constituíram pretexto ou causa muito eficaz do surgimento de regimes autoritários não só na Europa, como nos demais continentes. Antes de focalizarmos a estrutura política comunista, convém lembrar sucintamente alguns traços políticos característicos do reinado do último Czar. Estamos aqui em face de um governo autocrata que tem sob sua autoridade um Estado imenso, cujo território se estende do Báltico ao Pacífico e cuja população é a mais diversificada quanto à raça, à língua, aos costumes e à religião. A russificação imperiosa não consegue evitar o aparecimento de correntes separatistas. Um rápido olhar sobre a hierarquia governamental mostra-nos o czar de quem emanava todo o poder exercido, por sua vez, por ministros e governadores em geral escolhidos dentre a aristocracia russa ortodoxa. Militares e polícia desempenhavam papel importante na administração. "Uma extensa buro-

---

[44] Idem, ibidem, p. 121.

cracia central, com largos tentáculos, encarregava-se de coisas que no resto da Europa estavam em mãos privadas e fazia-as com um estilo arrogante e às vezes brutalmente indiferente às necessidades populares."[45] Correntes oposicionistas moderadas propugnavam por uma evolução do regime, no sentido do parlamentarismo e do liberalismo. Dois movimentos de caráter revolucionário procuravam minar o regime: Partido Socialista-Revolucionário e o Partido Social-Democrata, de inspiração marxista e dirigido por Lenine.

Após os acontecimentos de 1905 o czar se vê forçado a aceitar reformas, mas aplica-as com reticências, quer modificando o sistema eleitoral, quer dissolvendo a Duma.

Sob Lênin, a Rússia era governada por um único partido. Não se tolerava oposição organizada ao governo ou à política do Partido Comunista. Lênin não hesitava em usar os tribunais e os pelotões de execução contra os que eram considerados inimigos do Estado. Deve-se sublinhar, instigadas por Lênin, as tentativas comunistas de tomarem o poder em países como a Finlândia, a Alemanha e a Bulgária nos anos de 1918-1923. "Estes intentos fracassados enfureceram as classes governantes e ajudaram a que se desenvolvessem os movimentos fascistas, consagrados em todas as partes a varrer os comunistas".[46] Para a revolução, Lênin decidiu fundar em 1919 o *Komintern* (Internacional Comunista), com sede em Moscou. Esta entidade "parecia uma ameaça constante à ordem mundial".[47]

Já mencionamos (capítulo sobre a Europa) a Constituição aprovada em janeiro de 1924. Em 1936 é redigida uma nova constituição que leva em consideração a evolução das estruturas políticas e sociais ocorridas a partir da morte de Lênin. É interessante notar que se sublinham as características democráticas do regime, como, por exemplo, as liberdades fundamentais (expressão, imprensa, reunião), mas nenhum texto indica as garantias que afiançam o exercício dessas liberdades, o que implica uma severa restrição à aplicação das mesmas. Na realidade estamos em plena ditadura, não do proletariado, mas do partido cuja frente se encontra com plenos poderes a figura

---

[45] Stites, "El império russo y La Unión Soviética", p. 195.
[46] Idem, ibidem, p. 203.
[47] Idem, ibidem, p. 204.

de Stalin. "De 1936 a 1953 foi o governante supremo de todo o império soviético e chegou a ser o líder mais homicida e poderoso de todo o século XX".[48] O poder absoluto de Stalin se fazia sentir não só na União Soviética, mas em todos os partidos comunistas difundidos pelo mundo inteiro. Dirigentes comunistas designados por Moscou fixavam a linha política a ser seguida. O culto à personalidade de Stalin, enquanto viveu, foi espantoso. Poetas e jornalistas elogiavam-no vivamente e sua imagem era reproduzida nas praças e nos edifícios públicos. Em linhas gerais e incompletamente, podemos resumir a estrutura política da URSS sob Stalin: "Os órgãos do governo são: o Congresso dos Sovietes da União, reunidos ao menos uma vez de dois em dois anos; o Comitê Central Executivo da União (Tsik), transformado em Soviete Supremo, eleito pelo Congresso, reunido duas vezes por ano e composto de duas Câmaras iguais em direitos: Soviete da União (eleito proporcionalmente à população de cada república ou território) e Soviete das Nacionalidades, representando – com deputação igual – as Repúblicas Federadas (5 deputados, e mais tarde 25 cada uma), as Repúblicas Autônomas (5, depois 11), as Regiões Autônomas (uma, depois 5 por região), uma por Distrito Regional, de tal forma que o elemento eslavo não é majoritário. Os dois Conselhos elegem o *Presidium*, formado por 27 membros (os secretários dos dois Conselhos e mais nove membros eleitos em comum), espécie de chefe de Estado colegial que exerce efetivamente as funções governamentais, por delegação permanente dos poderes dos Sovietes Supremo, nos intervalos das sessões e cujas prerrogativas se comparam às do presidente dos Estados Unidos. Quanto ao Conselho dos Comissários do povo, ou *Sovnarkon*, subordina-se ao *Presidium* e ao Soviete Supremo.

O Regime Federal Soviético, como se vê, 'concerne mais aos órgãos do que às competências', pois os poderes do governo federal são consideráveis e às atribuições dos poderes locais são limitadas. A U.R.S.S., na realidade, é um Estado fortemente centralizado, embora cada república possua a sua Constituição e seus órgãos próprios".[49]

---

[48] Stites, obra citada, p. 206.
[49] Crouzet, obra citada, vol. 15, p. 392.

AMÉRICA

AMÉRICA DO NORTE

Canadá

O Canadá foi instituído como Domínio através do British North America Act de 28 de março de 1867. Estamos aqui em face do nascimento do Domínio do Canadá, já com característica de autonomia e de soberania. A 1º de julho de 1868 passou a ser aplicada a nova constituição. Duas câmaras (os Comuns e o Senado) reuniam-se em Otawa. A Câmara dos comuns era constituída por deputados eleitos por voto secreto. O Senado era integrado por membros vitalícios nomeados pela coroa. O primeiro-ministro com outros ministros nomeados pelo governador em nome da coroa formavam o Conselho Privado do Canadá. Londres era representada pelo governador geral(que nomeava os governadores locais e os juízes) e pelo comandante da milícia. Em 1904 não há mais o general-chefe inglês, permanecendo apenas o governador geral.[1] Posteriormente aumentou-se o número de senadores e de deputados. Em maio de 1909 o Parlamento canadense permite a instituição de um órgão para tratar dos Negócios Estrangeiros. Esse órgão, em 1912, permanece sob a autoridade do primeiro-ministro e não do governador geral. Em 1926 celebra-se em Londres a Conferência Imperial e a Delegação Canadense apresenta a chamada "Carta Magna da União imperial Britânica", que estabelecia as

---

[1] Villat, Canadá, p. 1275 (ver *Enciclopédia Delta-Larousse*, T. III).

relações constitucionais que deviam existir entre a Inglaterra e os Estados autônomos do império. Eis uma síntese das propostas:

1. Igualdade entre os Estados autônomos, tendo cada um seu governo próprio.
2. Liberdade nas relações exteriores (acordos internacionais e representações diplomáticas).
3. O governador geral de um domínio representa o rei e não o governo britânico.

Em 11 de dezembro de 1931 uma votação do Parlamento Britânico resulta no chamado Estatuto de Westminster. Cabe reproduzir aqui as observações de Crokaerta a propósito do Estatuto: "Procede de uma longa evolução histórica no decurso da qual as antigas colônias de povoamento foram dotadas progressivamente de todos os atributos da soberania e foram erigidas finalmente em Domínios independentes. Por longo tempo pôde-se duvidar se esta independência foi total. Foi com pesar que se admitiu notadamente que cada um dos Domínios pudesse ter sua própria política exterior e seu corpo diplomático próprio".[2] O Estatuto de Westminster colocou em pé de igualdade os domínios e a Grã-Bretanha, e "pôs automaticamente fim à superioridade do Parlamento de Westminster sobre os Parlamentos dos Domínios e, portanto, representou uma importante transição de império a Commonwealth".[3] A partir do Estatuto de Westminster processa-se, aos poucos, uma emancipação do Canadá em relação ao domínio britânico. No decênio de 1950 a 1960 ocorreram emendas à constituição, sem que houvesse intervenção do Parlamento britânico. Atualmente o Canadá "está governado por um sistema parlamentar democrático, cujo chefe de Estado é o rei ou a rainha da Inglaterra. Seu representante no Canadá é o governador geral. As províncias canadenses encontram-se unidas pelo governo federal que ad-

---

[2] Crokaert, *Histoire Du Commonwealth*, p. 92.
[3] Lyon, *La Vieja Commonwealth: Los quatro primeros dominios*, p. 464. Notar a observação do autor: O que na primeira década do século XX e depois significava exatamente ser um domínio, estava algo menos claro e era menos rígido do que costuma supor-se.

ministra os problemas gerais, enquanto as províncias decidem os assuntos locais. O Canadá dita suas próprias leis, dirige sua própria política externa, dispondo de corpo diplomático autônomo.[4]

Estados Unidos

Os Estados Unidos ingressam no século XX com uma estrutura política já mais que centenária e que repousa sobre uma constituição que compõe o baluarte da democracia americana. "A constituição americana é o fruto de um compromisso entre grandes e pequenos estados, entre defensores de um poder forte e partidários das liberdades locais, entre aqueles que pretendem a industrialização e os que se apoiam na agricultura. Deste modo se defrontam duas concepções da democracia: a democracia autoritária dos 'federalistas' e a democracia liberal de Jefferson. Nenhuma dessas concepções é de origem popular, mas suas bases filosóficas e sociológicas são diferentes".[5] Sublinhe-se a influência das obras respectivamente do inglês Locke e do francês Montesquieu na ideia de dividir o poder governamental em três dimensões: legislativo, executivo e judiciário. Registre-se também a influência da Declaração da Independência na mente dos constituintes. No decurso do tempo foram adotadas emendas à constituição. Lembremos aqui, apenas para exemplificar, as dez primeiras, denominadas Declaração dos Direitos e que garantiam especificamente certas liberdades individuais não abrangidas suficientemente pelos artigos da própria constituição. Entre essas garantias figuravam: liberdade de crença religiosa, de palavra e de imprensa; direito de posse de armas; proibição de busca ou apreensão sem interferência judiciária. As atividades políticas americanas funcionam via de regra com base num sistema bipartidário: dois partidos, o Democrático e o Republicano, elegem uma percentagem esmagadora dos que vão assumir a responsabilidade de administrar os destinos dos Estados Unidos. Excepcionalmente surgiram

---

[4] Morales Padrón, *Manual de História Universal*, tomo VII, p. 515 e 516.
[5] Touchard, obra citada, vol. 5, p. 14.

terceiros partidos que conseguiram exercer certa influência principalmente nas esferas estaduais e municipais. O poder legislativo é integrado pelo Senado e pela Câmara dos Deputados. Cada Estado é representado na Câmara Alta do Congresso por dois senadores. O número de deputados é determinado pelo Congresso e dividido entre os estados proporcionalmente a sua população. A realização de recenseamento periódico da população determina o número de representantes de cada estado. A duração do mandato dos senadores é de 6 anos e os membros da câmara dos deputados são eleitos bienalmente. Note-se que os senadores são eleitos em novembro dos anos de número par, mas em cada eleição apenas um terço deles é eleito, o que evita ficar o Senado integrado apenas por senadores novos: há sempre pelo menos a maioria de dois terços de senadores experientes.[6] O poder executivo é atribuído ao presidente; ao vice-presidente não é conferido poder executivo, mas cabe-lhe a atribuição de presidir o senado, só podendo votar em caso de empate. "Em caso de destituição, morte, renúncia ou incapacidade do Presidente, o vice-presidente sucede. Caso ambos morram ou renunciem, cabe ao Congresso designar o membro que deverá exercer o cargo de presidente. O presidente dos Estados Unidos, eleito por quatro anos, detém amplos poderes, devendo acima de tudo zelar pelo cumprimento fiel das leis. Internamente, a título de exemplo, lembremos que cabe ao presidente: nomear os novos juízes federais, inclusive os membros do Supremo Tribunal; conceder indulto ou livramento em certos casos, comandar as Forças Armadas etc. Externamente o presidente é responsável pelas relações dos Estados Unidos com potências estrangeiras. O presidente é auxiliado, em sua missão, pelas secretarias do Executivo, entre as quais se destaca a Secretaria de Estado, cujo titular é a autoridade do Executivo que segue em ordem o Presidente e o Vice-Presidente. Além das secretarias do Executivo, existem diversas unidades do governo que participam da responsabilidade de pôr em vigor as leis federais. No Poder Judiciário

---

[6] Nossa fonte mais importante no estudo da constituição americana é "Um governo pelo povo" publicado pela Secretaria de Estado. Esse panfleto baseia-se na obra de Cathryn Seckler Hudson.

Federal, o Supremo Tribunal Federal é a mais alta corte e suas decisões são inapeláveis. A constituição deixa ao Congresso ampla autoridade sobre o estabelecimento de outros tribunais federais e juízes. Os juízes federais são nomeados pelo presidente com a aprovação do Senado e seu período de exercício é mantido enquanto desempenhar suas funções a contento. Quanto aos governos estaduais, vamos limitar-nos a breves, mas importantes observações. Enfatize-se que, ao elaborar a constituição, os delegados tiveram a precaução de respeitar as prerrogativas dos governos estaduais. Assim é que, apesar da expansão contínua do poder do governo federal, os Estados conseguiram preservar grande parte de sua soberania. A constituição ressalta que os governos estaduais devam revestir a forma republicana e que não adotem leis divergentes ou violadoras da constituição, das leis e dos tratados do governo federal. Os governos municipais gozam de ampla autonomia em vários campos de atividade. Pode-se afirmar que sob distintos aspectos as relações entre a administração estadual e as unidades governamentais situadas dentro de seus limites, são semelhantes às que existem entre os governos da União e os dos Estados.

AMÉRICA LATINA

Nos seguintes linhas vamos lembrar brevemente três exemplos de estrutura política (México, Argentina, Brasil), chamando atenção do leitor para o que já foi exposto no capítulo sobre a História da América. Cremos ser interessante, a título de introdução, a reprodução de algumas observações relacionadas com a estrutura política da América Latina: "Nada seria mais ilusório que estudar as inúmeras Constituições que se sucederam nos diferentes Estados da América Latina; nada de mais enganoso, pois ler-se-iam as mesmas declarações de direitos mais ou menos copiadas do modelo jeffersoniano ou do modelo francês, as mesmas descrições de sistemas políticos, com os atributos tradicionais, separação de poderes, poder legislativo confiado a uma ou duas câmaras, poder executivo forte, seguindo o exemplo americano, garantia de independência judiciária, corpo eleitoral bem amplo, sufrágio universal quase em toda parte, todo esse aparelhamento mascara a verdade, pois no país da *virtú*, noção latina, os homens contam mais que as instituições".[7] "Burguesia e classe média são aí pouco numerosas. A sociedade é dominada por uma aristocracia latifundiária que reina sobre uma massa de camponeses iletrados. Contudo, mesmo nessas sociedades pouco adaptadas à democracia liberal, existem elites evoluídas que lutam contra o autoritarismo e sonham transformar seus países em democracia".[8] "Quanto à estrutura política, o tipo de República presidencialista predominante em toda esta imensa região favorece a formação de oligarquias estreitamente vinculadas a interesses econômicos e que têm como consequência a reiteração de golpes de Estado e, em geral, a instabilidade política. Como contrapartida tende-se à formação de partidos de massa de tendências radicais, sobretudo depois do triunfo da revolução cubana, cujo exemplo é seguido com admiração pelas gerações jovens de quase todos os países".[9] No Cone Sul uma "prosperidade motivada pelo aumento de exportações tende a consolidar o governo liberal, civil e oligárquico, mas ao norte o resultado foi diferente. Nas Repúblicas Andinas e na América Central, os minerais eram mais importantes que o cultivo de produtos agrícolas básicos; havia menos demanda de mão de obra e a oferta desta, frequentemente indígena, era abundante. A economia política da mineração não gerava nem uma migração maciça, nem uma rápida urbanização, nem um mercado interior incipiente. Não obstante, ajudou a consolidar regimes mais duradores e solventes, se bem menos liberais que os do Cone Sul e com frequências abertamente ditatoriais.[10]

Duverger, ao estudar os regimes políticos da América, nota: "Salvo o Canadá, que permanece fiel ao regime parlamentar inglês, o conjunto do continente americano adotou instituições políticas originais, inspiradas, em seu conjunto, no modelo inventado pelos Estados Unidos em 1787. Seu traço fundamental reside numa combinação da democracia com o poder

---

[7] Chaunu, *Histoire de l'Amérique Latine*, p. 87.
[8] Ver Serge Berstein e Pierre Milza, *Hístóire du XXe Siècle*, tome 1, p. 31. Este texto refere-se a várias regiões do mundo, inclusive a América Latina.
[9] Ver Marin, *História Universal, Sigh XX*, p. 512.
[10] Ver Alan Knight "America Latina", p. 437 e 438 da *Historia Oxford del Siglo XX*.

pessoal".[11] Ainda Duverger sobre a estrutura política dos Estados da América Latina: "na maioria, encontra-se um presidente eleito pelo povo em face de um Congresso constituído de um Senado e de uma Câmara dos Deputados, e encimado por um Supremo Tribunal encarregado de regularizar o Conjunto do sistema".[12]

México

Remetemos o leitor para o breve estudo já feito (capítulo sobre a América) concernente à Revolução Mexicana. Em novembro de 1916 instalou-se uma Assembleia constituinte em Querétaro, tendo sido aprovada a nova constituição (1917). Vejamos, a título de exemplo, alguns aspectos da mesma:

1. É interessante notar a presença de princípios de doutrina social contidos na encíclica *Rerum Novarum* do Papa Leão XIII. Registre-se, contudo, que a Igreja, "que havia gozado de determinadas liberdades com Diaz, foi transformada em escrava do Estado com os sucessores pela constituição de 1917".[13] A educação religiosa foi proscrita, o culto religioso foi regulamentado, e aos padres proibiu-se criticar a constituição ou o governo.

2. À nação mexicana concedia-se a propriedade dos recursos naturais do país.

3. Ordenou-se a desapropriação das grandes propriedades: seriam divididas em pequenas fazendas e posses comunais.

4. A jornada de trabalho foi limitada em oito horas e garantiu-se o direito à sindicalização e à greve. Knight comenta: "As metas reformistas, nacionalistas e a favor do proletariado e do campesinato incorporaram-se à constituição de 1917, que conferiu ao recém-nascido Estado revolucionário um papel-chave de mediador, no que, de toda maneira, seguiu sendo uma sociedade capitalista".[14]

---

[11] Duverger, *Os regimes políticos*, p. 87.
[12] Idem, ibidem, p. 98.
[13] Morales Padron, *Manual de História Universal*, tomo VII, p. 577.
[14] Knight, obra citada, p. 440.

A constituição, para evitar o "caudilhismo", havia previsto a proibição da reeleição presidencial, mas não havia contado com o governo de pessoas interpostas. O que possibilitou a Calles fazer seus três sucessores.[15]

Argentina

A Argentina entra no século XX sob a vigência da constituição de 1853 que já sofrera algumas reformas, mas conservava o regime federal e presidencialista. Vale recordar aqui que, reunidos em Santa Fé, os delegados das províncias (ausente Buenos Aires) haviam sancionado essa constituição. Estamos aqui em face de uma entidade, formada por treze províncias, que pretendia ser a Nação em seu conjunto. A situação de Buenos Aires era ambígua: não dizia ser um Estado livre, não proclamava nem sua soberania, nem sua independência. É interessante registrar que a Constituição de 1853, "em sua primeira redação, dizia que a capital da Nação argentina seria a cidade de Buenos Aires, coisa que os portenhos não podiam tolerar, porque significava entregar sua cidade a autoridades nacionais que possivelmente eles não pudessem controlar".[16] O problema foi resolvido em 1880 quando o general Roca forçou a sanção de uma lei que declarava a cidade de Buenos Aires capital da República. Formou-se na época o Partido Autonomista Nacional (Pan), a primeira organização política argentina de âmbito nacional. Quanto à constituição, anote-se: "A constituição tornara mais fácil a supremacia do presidente por meio de mecanismos como a intervenção federal. Mas colocou também alguns obstáculos nesse caminho: principalmente o princípio que proibiu a reeleição presidencial (uma importante diferença, por exemplo, do México de Porfírio Diaz) e o controle exercido pelo Judiciário e pelo Legislativo sobre o Executivo".[17] Em 1912, como já anotamos, temos a lei do sufrágio universal, secreto, obrigatório, que contribui para o triunfo da União Cívica Radical nas eleições de 1916. Entre 1912 e 1930 "a

---

[15] Marin, obra citada, p. 512.
[16] Luna, *Breve História de los argentinos*, p. 107.
[17] Bethell, *História da América Latina*, p. 528.

continuidade constitucional foi perfeita e o jogo dos partidos chegou a um razoável nível de pluralismo, de convivência, de formação e substituição de elencos. Além de ter sido o período mais brilhante do Parlamento Argentino em toda sua história, caracterizou-se pelo predomínio ou, se quisermos, pela hegemonia da União Cívica Radical".[18] Em 1930, pela primeira vez na história constitucional argentina, é deposto um governo constitucional por um golpe militar. Sobre o Peronismo remetemos o leitor para o que já foi registrado no capítulo referente a América. Recordemos aqui a elaboração da constituição de 1949. Já vimos que a reeleição estava proibida pela constituição de 1853. Peron, no discurso de instalação da Assembleia Legislativa de 1948, apresentou argumentos contra a reeleição presidencial. Poucos meses depois, aceitou a ideia de reforma da constituição. Realizada a Convenção Constituinte, "não se tocou na própria base do texto da Constituição de 1853. O que se agregou, porque em última instância era o propósito da reforma, foi a possibilidade de reeleger indefinidamente o presidente".[19] Assim é que a Constituição de 1949 permitiu que a hegemonia de Peron durasse pelo menos doze anos, "com a possibilidade de fazê-lo indefinidamente".[20]

Brasil

O Brasil ingressa no século XX como República Federativa sob o signo da Constituição de 1891. "A filosofia do movimento republicano era a de Augusto. Comte (governo de mão forte) e a do federalismo norte-americano (Estados Unidos do Brasil, cada qual com um governo responsável; em lugar dos presidentes, meros funcionários do centro...), o liberalismo de 1789 (todo o poder vem do povo, portanto a monarquia devia ser suplantada pela República) e a separação de poderes à maneira de Monstesquieu (o parlamento não poderia mais demitir ministros...).[21] Sublinhe-se na elaboração da Constituição a decisiva atuação de Rui Barbosa. Em 1926, a constituição foi reformada com

---

[18] Luna, obra citada, p. 155.
[19] Idem, ibidem, p. 232.
[20] Idem, ibidem.
[21] Calmon, *Curso de Teoria Geral do Estado*, p. 403.

respeito à intervenção federal nos Estados, às atribuições do Poder Legislativo, à feitura das leis, à competência da Justiça Federal, aos direitos e garantias individuais. Um mês depois de iniciada a vitoriosa revolução de 3 de outubro de 1930, o poder discricionário resultante baixou um decreto (na verdade uma lei constitucional provisória oriunda de um poder de fato) estabelecendo uma situação jurídica que "perdurou enquanto existiu o próprio governo provisório, o qual só se extinguiu juridicamente com a promulgação da Constituição Federal de 16 de julho de 1934".[22] Note-se que em 1932 rompera a revolução em prol da reconstitucionalização do Estado de São Paulo.

"A extensa Constituição de 16 de julho de 1934 foi substituída, sem ofensa a suas ideias basilares, pela pequena Carta do Estado Novo, ou Estado Nacional, criado a 10 de novembro de 1937."[23] Com o golpe de Estado "cessou então o funcionamento dos órgãos constitucionais do regime, assim abolido; foram supressos os partidos: o presidente da República, 'com o apoio das forças armadas' (preâmbulo da constituição), assumiu os poderes descritos na carta, que o ministro Francisco Campos definiu como de uma 'democracia autoritária'".[24] Afonso Arinos assim se expressa sobre o período de vigência da constituição de 1937: "Durante anos, desde 1937 até 1945, o país ficou entregue, assim, a um regime constitucional indefinido, que, exatamente por não possuir uma estrutura legal fixa, pôde ir se adaptando às novas condições criadas pela política internacional, embora com resguardo ciumento de seu único elemento fixo que era a permanência de Getúlio Vargas na chefia, às vezes mais nominal que real, do governo".[25]

Em 18 de setembro de 1946 foi aprovada solenemente a nova constituição, assim caracterizada por Calmon: "social-democrática, ou seja, obediente à ideia geral de conciliação da liberdade com a intervenção corretiva do Estado na vida civil, federativa, presidencialista (embora o presidencialismo mitigado pelo comparecimento dos ministros ao Congresso); e, nos capítulos

---

[22] Melo Franco, *Curso de Direito Constitucional Brasileiro*, vol. II, p. 172.
[23] Basílio de Magalhães, *Manual de História do Brasil*, note-se que este insigne historiador participou, como deputado, na discussão sobre a reforma constitucional de 1926.
[24] Calmon, obra citada, p. 408.
[25] Melo Franco, obra citada, p. 210.

relativos à ordem econômica e aos direitos individuais, entre conservadora e socialista, num equilíbrio engenhoso".[26] Note-se: a constituição de 1946 incluía os juízes e tribunais do trabalho no Poder Judiciário. Na década de 60 a Emenda n.4 da Constituição instituiria um efêmero parlamentarismo.

Em pleno decurso do movimento revolucionário de 1964, temos as seguintes alterações na estrutura política: Ato institucional de 9 de abril de 1964 (que deveria vigorar até 31 de janeiro de 1966); ato institucional n.2, com vigência prevista até 15 de março de 1967. Seguem-se o terceiro (fevereiro de 1966) e o quarto ato institucional (dezembro de 1966). Este último convocava o Congresso Nacional para discutir, votar e promulgar uma nova Constituição que institucionaria os ideais e princípios da Revolução.[27] Temos aqui a mais efêmera de nossas constituições, promulgada em janeiro de 1967: seu semiautoritarismo era abrandado apenas, em parte, "pelo teor liberal de sua declaração de direitos".[28] Em dezembro de 1968 baixa-se o ato Institucional n.5 (A.I.5), seguido da edição de mais 12 atos. Em agosto de 1969 um triunvirato militar assume o poder e em outubro outorga-se uma emenda constitucional. A redemocratização do país está consubstanciada na Constituição Federal de 1988, promulgada sob a proteção de Deus. Note-se que, de todas as Constituições brasileiras, a de 1988 foi "aquela que mais procurou inovar tecnicamente em matéria da proteção aos direitos fundamentais".[29] O artigo 1º reza: "A República Federativa do Brasil, formada pela união indissolúvel dos Estados e municípios e do Distrito Federal, constitui-se em Estado democrático de direito e tem como fundamentos:

I – soberania;
II – a cidadania;
III – a dignidade da pessoa humana;
IV – os valores sociais do trabalho e da livre iniciativa;
V – o pluralismo político.

---

[26] Calmon, obra citada, p. 412.
[27] Bonavides, *Curso de Direito Constitucional*, p. 162.
[28] Idem, ibidem.
[29] Idem, ibidem, p. 547.

É interessante registrar que nas disposições constitucionais transitórias admitiu-se que o eleitorado, através de plebiscito, definisse a forma (república ou monarquia constitucional) e o sistema de governo (parlamentarismo ou presidencialismo) que deveriam vigorar no país.[30]

---

[30] Idem, ibidem, p. 548.

ÁSIA

Ao estudarmos as estruturas políticas dos países do vastíssimo continente asiático, chamam atenção, desde logo, as profundas alterações que se produziram no decurso do século XX. "Ao chegar a seu fim, o século XX resulta evidentemente que os países asiáticos desempenham, individual e coletivamente, um papel importante na história contemporânea. Quer mediante o imperialismo ou a guerra, quer mediante a revolução ou as reformas, quer mediante a democratização e o desenvolvimento econômico, descartaram a classe da Ásia que existia em 1900; um século mais tarde, a região que criaram é completamente distinta, é uma região que o mundo inteiro leva, cada vez mais, a sério".[1] Nas seguintes linhas vamos citar rapidamente e a título de exemplo algumas das principais estruturas políticas dos países asiáticos.

China

Na Ásia Oriental lembremos a China e o Japão. Na agonia da dinastia *Mandchu*, o governo imperial tenta reformas da função pública, dos exames, dos tribunais, do exército. "Proíbe as casas de ópio e promete uma constituição. Mas sua impotência continua manifesta: não pode apoiar-se no estrangeiro, nem combatê-lo: aos olhos dos inovadores, avilta o país, sem regenerá-lo verdadeiramente."[2] Surgem então, fora da China, intelectuais

---
[1] Iriye, *Ásia Oriental*, p. 340.
[2] Crouzet, *História das civilizações*, vol. 14, p. 325.

e comerciantes que pretendem a queda da dinastia *Mandchu*. Entre esses intelectuais encontra-se o doutor Sun Iat-Sen (ver capítulo sobre a Ásia). No programa dos revoltados há inspiração dos ideais anglo-saxônicos: "liberdade, democracia, substituição das velhas formas de produção pela economia capitalista".[3] Sun procura inutilmente criar um Partido do Povo ou *Kuo Min Tang*, "que se propõe a estabelecer uma República democrática: não pode contar com as massas analfabetas e miseráveis". [4] Segue-se o governo autoritário de Tchang Kai-chek, cuja estrutura política inspira-se nas velhas tradições confucionistas e nos ideais fascistas. Procura-se então ordenar o país mediante um programa que inclui: respeito à autoridade, sentimento cívico, incentivo ao trabalho, tudo marcado pela disciplina e pela presença militar (ver capítulo sobre a Ásia). Em 1949 nasce a República Popular da China, proclamada por Mao Zedong, em Pequim, a 1º de outubro, após o já estudado choque entre nacionalistas e comunistas. A China alinha-se então politicamente ao modelo soviético, tendo o Partido Comunista Chinês assumido o controle total do aparelho estatal. Note-se, entretanto, que não se procura pôr em prática imediatamente uma economia socialista. Recorre-se, então, aos "capitalistas nacionais" e aos camponeses abastados, cuja atuação produtiva era indispensável, no momento, para a manutenção da ordem política, social e econômica. Note-se que Mao Zedong considerava "capitalistas nacionais" os burgueses que se alinhavam aos trabalhadores contra o imperialismo estrangeiro. Mais tarde seria adotado um plano quinquenal, tendo em vista o modelo soviético. Indústria e comércio são progressivamente nacionalizados. Segue-se a coletivização da atividade rural: milhões de camponeses são integrados em cooperativas.

A morte de Zhu Enlai (janeiro de 1976) e de Mao Zedong (setembro de 1976) abalam a estrutura política. Em 1978 inicia-se a era Deng Xiaoping, (1978-1997) que, no plano cultural e político, caracteriza-se por limitadíssimas reformas: certas vítimas do maoísmo são reabilitadas. No plano econômico, entretanto, há profundas reformas.

---

[3] Idem, ibidem.
[4] Idem, ibidem.

Japão

Em 1882 o imperador Mutsu-Hito dá ao conde Ita, que seria mais tarde primeiro-ministro, a missão de elaborar um projeto de constituição. Depois de uma prolongada excursão pela Europa, onde examina os diversos regimes constitucionais, o nobre japonês voltou ao Japão com uma comitiva de políticos intelectuais alemães que lhe serviram de conselheiros. A constituição, promulgada em 1889, constitui "uma notável combinação de técnica política ocidental e de ideias políticas japonesas tradicionais".[5] O imperador era considerado um monarca absoluto e sagrado, e posicionado, assim, acima do governo. Figurava, portanto, como verdadeira personificação do Estado. "O pequeno acesso de participação popular, facilitado pela constituição, encontrava-se na Dieta e nas assembleias locais, em geral carentes de todo poder. A Dieta estava composta por uma Câmara dos Pares e por uma Câmara Baixa, formadas mediante um processo eleitoral cuidadosamente limitado."[6] A constituição japonesa de 1889 tem sido criticada por alguns estudiosos: "Na prática esta constituição a ocidental não é senão uma fachada: a oligarquia das grandes famílias continua a governar o Japão, é ela que constitui os estados-maiores dos 'partidos' que compõem a Dieta".[7] Vejamos, entretanto, outra apreciação da constituição de 1889: "Definir a Constituição Meiji como um documento cegamente reacionário, como alguns fizeram, não é totalmente justo. Embora salvaguardasse os privilégios da classe dirigente e reforçasse os valores políticos e sociais conservadores, não deixava, contudo, de ser um documento moderno, especialmente se levarmos em conta a época em que foi redigida".[8] Na realidade a constituição representava uma inovação e "constituía a base de um moderno estado de direito e estabelecia umas instituições através das quais levar-se ia a cabo o ulterior desenvolvimento político do povo japonês".[9] Após a rendição do Japão em 1945, seguiu-se a ocupação que se traduziu em três importantes medidas: desmilitarização,

---

[5] Hall, *El império japonês*, p. 273.
[6] Idem, ibidem.
[7] Milza, obra citada, tome 1, p. 34.
[8] Hall, obra citada, p. 273 e 274.
[9] Idem, ibidem, p. 274.

democratização e reabilitação. Lembremos, aqui, apenas a reforma política consubstanciada na nova constituição. Mac Arthur fez redigir um projeto de Constituição que foi adotado em novembro de 1946 com alguns retoques por uma assembleia eleita em abril do mesmo ano. "Substituindo a Constituição de Meiji, promulgada em 1889, a nova constituição japonesa (que passa a vigorar a 3 de maio de 1947) inspira-se, em grande parte, no modelo britânico, fazendo, contudo, alguns empréstimos às instituições americanas notadamente no domínio judiciário e na administração local".[10] O parlamento japonês (Dieta) é bicameral: compõe-se de uma Câmara dos Representantes (eleitos por quatro anos) e de uma Câmara dos Conselheiros, eleitos por seis anos. O governo (Gabinete) compõe-se pelo primeiro-ministro (escolhido pela Dieta, mas pode ser demitido pelo voto dos Representantes), que designa os demais ministros. Uma Corte Suprema controla a constitucionalidade das leis.[11]

Sudeste Asiático

Sobre os países do sudeste asiático já focalizados no capítulo referente à Ásia, vamos resumir algumas observações, lembrando preliminarmente que, ao começar o século XX, o termo *sudeste asiático* não era usual e seus diferentes territórios eram "objetos de império, com a única exceção da Tailândia, designada Sião até 1919".[12] Sob a designação de sudeste asiático (expressão que se tornou habitual durante a Guerra do Pacífico), compreendem-se os seguintes Estados: Myanmar (antiga Birmânia), Tailândia, Vietnam, Laos, Cambodja, Malaysia, Singapura, Brunei, Indonésia e Filipinas.[13] Note-se que o sudeste asiático não começou a adquirir uma coerência política até o último quartel do século XX, coerência esta que se manifestou através da ANSEA (Associação de Nações do Sudeste Asiático), formada em agosto de 1967 por alguns Estados e posteriormente ampliada

---

[10] Milza, obra citada, tomo 2, p. 128.
[11] Idem, ibidem, p. 129.
[12] Leifer, *El surest asiático*, p. 358.
[13] Idem, ibidem.

pela adesão de outros. No início do século XX o colonialismo está consolidado, mas já se encontram os primeiros indícios de nacionalismo. "A hegemonia colonial desbaratou e modificou a sociedade tradicional: destronou reis, como ocorreu na Birmânia e no Vietnã, ou utilizou-os para dar legitimidade à maquinaria do governo colonial, como sucedeu em Malaca, no Cambodja e nas zonas das Índias Orientais holandesas".[14] Sublinhe-se, entretanto, que as potências coloniais propiciaram, muitas vezes por necessidade e conveniência, uma educação especial às elites indígenas, o que, mais tarde, refletir-se-ia na independência e estrutura política. Enfatize-se também a influência dos partidos comunistas, que incentivaram o sentimento nacionalista contra o colonialismo, visando a tomada do poder e a instalação da ditadura. Somente a título de exemplo, vamos citar alguns regimes políticos que através do século XX surgiram ou foram extintos em países do sudeste asiático.[15] O leitor deve ter presente o que foi exposto no já citado capítulo sobre a Ásia. Nas Filipinas, em 1901, acordos políticos entre americanos e a oligarquia proprietária de terras levaram à instituição de um governo civil baseado no modelo democrático dos Estados Unidos. No Vietnã o imperialismo francês encontra uma forte resistência elitista inspirada na modernização do Japão e na revolução republicana da China. Em 1930 Ho chi Minh, exilado em Hong-Kong, fundava o Partido Comunista da Indochina. Na Birmânia a reação nacionalista contra o ocidente colonizador inspirou-se no Budismo. Mais tarde o Movimento Estudantil Radical sofre a influência marxista. Na Cambodja, o Budismo é fator importante na procura da independência. Na Indonésia, no final dos anos vinte, cristalizou-se uma identidade política indonésia de base leiga, encabeçada por um jovem arquiteto chamado Sukarno. Na Malaca houve um nacionalismo religioso inspirado no Islã, mas rejeitado pelos sultões e governantes dos estados malaios, "que gozavam de um papel privilegiado sob o domínio britânico".[16] Na Tailândia a monarquia absoluta foi destituída por um regime militar em 1932.

---

[14] Idem, ibidem, p. 359.
[15] Idem, ibidem.
[16] Idem, ibidem, p. 361.

Concluamos esta breve e incompleta relação com as seguintes observações:

1. Na existência independente dos Estados pós-coloniais do sudeste asiático, em vista do domínio global dos Estados Unidos, a democracia parlamentar era "considerada como um símbolo imprescindível para a legitimação internacional".[17]

2. Após a guerra do Pacífico as insurreições comunistas constituem uma característica endêmica do sudeste asiático.

3. Os sistemas parlamentares inspirados no legado político do Ocidente sofreram altos e baixos. "Assim, nos anos cinquenta, na Birmânia e na Indonésia os problemas econômicos agravaram as tensões entre o governo e a sociedade civil. Ambos os Estados optaram por uma solução autoritária, da mesma forma a Tailândia. As Filipinas conservaram a forma até princípios dos anos setenta, quando o presidente Fernando Marcos arrogou-se poderes ditatoriais durante mais de um decênio. Após a independência Malaca, Malaysia e, logo, Singapura, conservaram a prática democrática, embora, com o passar do tempo, seus parlamentos acabassem por aprovar maquinalmente todas as decisões dos governos unipartidários".[18]

Ásia Meridional

Lembremos, aqui, brevemente a estrutura política do Paquistão e da Índia. Convém recordar (ver capítulo sobre a Ásia) que ambos os países obtiveram a independência em 1947. Ceilão tornou-se independente em 1948 (a partir de 1972 trocou de nome para Siri Lanka). Em 1971 temos a separação da parte leste do Paquistão, a qual se converteu no Bangladesh. Sobre a estrutura política dos Estados da Ásia Meridional após a independência cabem as seguintes considerações: "O aspecto abertamente político da reconstrução interna foi o estabelecimento de uma democracia de massas. Este ideal era um legado do governo britânico, pois foi 'em nome do povo', como os na-

---

[17] Idem, ibidem, p. 365 e ss.
[18] Idem, ibidem, p. 366.

cionalistas puseram em interdição, a legitimidade do colonialismo. Todos os Estados sucessores do Império Britânico na Ásia Meridional iniciaram a nova era com constituições e instituições democráticas, já estabelecidas ou em desenvolvimento. Apesar do comum legado britânico de um ideal democrático, um funcionalismo independente e um exército apolítico, um estamento judicial e uma imprensa independente, a experiência e a capacidade de sustentar-se do governo, e a política democrática variavam muito de um país para outro. Assim, em um extremo do espectro, encontram-se Paquistão e Bangladesh, cujas políticas e cujos governos estiveram dominados por amplos períodos de regimes militares e, no caso pasquitanês, por experiência com formas controladas de "democracia básica". No meio encontra-se Siri Lanka, onde um estilo mais bem francês de governo substituiu nos anos setenta as normas britânicas. No outro extremo está a Índia, onde as instituições democráticas, com frequência descendentes diretas das que se criaram em 1935, floresceram; os militares não intervieram jamais para substituir o governo civil e onde existe um sistema de partidos, aberto e com frequência caótico, e eleições regulares. Até o governo de "estado de excepção", que Indira Ghandi (1975-1977) impôs, foi autocrata e repressivo, porém dentro de um marco civil e democrático".[19]

Paquistão

Estamos aqui diante da República Islâmica do Paquistão. "As associações de *ulemás*, tirando proveito da emoção causada pelos conflitos religiosos quando da *partition*, obtiveram a criação de um estado confessional fundado em princípios "tais como foram enunciados pelo Islã"; o Alcorão e a Suna devem servir de base à leis do país; os não muçulmanos ficam afastados dos postos de comando, e as mulheres excluídas da vida pública".[20] Assim é que a Constituição adotada em 1956 criou um Estado muçulmano com

---

[19] Brown, *Ásia meridional*, p. 383 e 384.
[20] Crouzet, obra citada vol 17, p. 84. Em Marin, *Siglo XX*, p. 436, lê-se "Em 1953 se dictó uma constitución de tipo democrático que quedó en pura teoria..."

todas as suas consequências. Note-se, entretanto, que os modernistas "conseguiram que as instituições políticas fossem calcadas nas da Grã-Bretanha (Parlamento eleito segundo o sufrágio universal, governo responsável), mas este quadro moderno dissimula mal a dominação quase absoluta dos grandes proprietários".[21] Em 1962 outorga-se uma nova constituição. "Segundo esta, as eleições presidenciais – e constituíam estas o principal acontecimento político do país pelo caráter presidencialista dado à República pela nova constituição – seriam realizadas sobre a base dos dois grandes partidos políticos subsistentes: o que ostentava o poder e o da oposição".[22]

Índia

Eis uma apreciação da estrutura política na Índia nos anos subsequentes à independência: "O governo, efetivamente, está em mãos do Partido do Congresso, representante da alta burguesia hindu. Formado por hindus europeizados, conservou a antiga máquina administrativa, a mesma burocracia, os tribunais, a polícia do regime britânico, diferindo pouco a sua política econômica e social do que os ingleses desenvolviam".[23] Os príncipes foram substancialmente indenizados e puderam ocupar postos importantes na administração e na diplomacia. Deve-se registrar também a elaboração de uma legislação cuja aplicação contraria, na prática, as tradições e a inércia, criando um estado laico, "que declara a intocabilidade punível e emancipa a mulher pela instituição do divórcio e pela interdição da poligamia, que reconhece o direito da sucessão das filhas e admite o *family planning*, isto é, o controle da natalidade".[24] Acrescente-se a tudo isso o caráter extremamente repressivo do governo hindu contra manifestações de descontentamento e determinadas correntes ideológicas (comunistas, socialistas, sindicalistas). Predominou a espírito da Lei de Segurança Pública herdada dos ingleses.

Já vimos que Mountbatten exerceu o cargo de governador geral até 1948.

---

[21] Crouzet, ibidem.
[22] Marin, obra citada, p. 436.
[23] Crouzet, obra citada, vol. 17, p. 88.
[24] Idem, ibidem.

Foi então substituído por Chakravarti Rajagopalachari. A Índia, entretanto, tendia a tornar-se uma República. A constituição de janeiro de 1950 define a República indiana como uma federação. "A União Índia compor-se-ia de 27 Estados (14 desde 1956), cada um do quais teria seu Parlamento e governo próprio, e em Delhi estabeler-se-ia um governo central, em cujas mãos ficavam a Defesa, os Assuntos Externos, parte da Fazenda e todas as comunicações. A constituição declarava a liberdade confessional e o direito de voto a todos os maiores de 21 anos, homens e mulheres".[25] Já vimos que Rajendra Prasad foi eleito presidente. Nehru foi designado primeiro-ministro.

Oriente Próximo

Um rápido olhar sobre os países asiáticos do Oriente Próximo e os situados ao Norte da África revela-nos estruturas políticas sujeitas às consequências dos dois grandes conflitos mundiais e, de modo especial, à importância decisiva do petróleo na economia global. No início do século XX predominavam as estruturas políticas de três impérios muçulmanos: o otomano, o iraniano e o marroquino. Após a Primeira Guerra Mundial as províncias árabes do império otomano tombam sob o mandato da França (Síria e Líbano) e da Grã-Bretanha (Irak, Palestina e Transjordânia, posteriormente "Jordânia). A estrutura política do império otomano cede às reformas radicais de Mustafá Kemal. No Iran domina Reza Khan (posteriormente Reza Shah). Dois Estados Árabes emergem sob a proteção britânica: o Egito (1922) e a Arábia Saudita (1926). O final da Segunda Guerra Mundial e a riqueza gerada pela abundante produção de petróleo contribuem para a independência de países do Oriente Próximo e da África do Norte. A criação do Estado de Israel constitui um acontecimento de profundas repercussões entre os povos muçulmanos, especialmente do Oriente Próximo. Não dispondo de espaço suficiente para um estudo da estrutura política de cada um desses Estados, vamos limitar-nos à enumeração de alguns, acompanhada de brevíssima observação. Na estruturação política da Turquia de Ataturk sublinhe-se a preocupação de criar uma nação turca homogênea,

---

[25] Marin, obra citada, p. 433.

considerando gregos, armênios e judeus cidadãos de segunda classe. No Iran, Reza Khan desenvolveu uma ativa política de reformas. Note-se que desde o início do século o Iran (então denominado Pérsia) conta com um parlamento e uma constituição adotada em 1906, mas, na realidade, só aplicada entre 1911 e 1920 e ainda entre 1941-1953. A constituição deixa de existir com a revolução islâmica de Khomeyni. O Líbano, país relativamente ocidentalizado, conta com uma população em parte muçulmana, em parte cristã. Segundo a constituição, ao presidente da República cristão, corresponde o presidente do conselho de Ministros muçulmano.

Israel

Possui um governo democrático parlamentar com base numa câmara (*Knesset*) cujos membros são eleitos por sufrágio universal. A Assembleia elege o presidente da República. Quando das primeiras eleições legislativas em 1949, a esquerda obtém a maioria de votos, mas não redige uma constituição em virtude da oposição das facções religiosas.

Concluamos estas brevíssimas considerações em torno das estruturas políticas dos Estados do Oriente Próximo com as seguintes observações relativas a países árabes no final do século XX. "O espetáculo dos Estados Árabes muçulmanos lutando entre si, e o de uma intervenção armada de tanto alcance, provocou uma importante resposta emocional em toda a região e alimentou o ressentimento contra seus governos e sua aliança com Ocidente. Em um esforço para desviar as críticas, em seu regresso do exílio, a família AL Sabah de Kuwayt voltou a instaurar o sistema parlamentar e até o rei da Arábia Saudi se viu obrigado a nomear, com contrariedade, um Conselho Assessor. No Egito e em Túnis, a intensificação da luta islâmica armada eliminou a divisão que os regimes haviam tentado estabelecer entre religiosos moderados e extremistas, e colocou os governos na difícil posição da impressão de fazer guerra à religião em si". [26] Para terminar lembremos ainda a situação de dois povos sem Estado no Oriente Próximo: palestinos e kurdos.

---

[26] Owen, *Africa del Norte y el Próximo Oriente*, p. 409

ÁFRICA

Do que se escreveu no capítulo sobre a África, com base na obra História Del África Negra do históriador Ki-Zerbo, o leitor já terá feito uma ideia da dificuldade encontrada no estudo das estruturas políticas, especialmente durante e logo após o processo de independência. "Os impérios francês e inglês da África Negra desaparecem sem choques. A reconstrução pós-colonial é difícil: os jovens Estados devem fazer face aos conflitos interétnicos e religiosos, procurando sua via entre os modelos capitalista e comunista sem verdadeiramente chegar a sair da economia de plantação e da desigualdade cidades-campanhas".[1] Economia estagnada e endividamentos minam as possibilidades de crescimento e refletem-se no ordenamento político. Guerras civis e conflitos étnicos originados em antigas estruturas de parentesco explodem acompanhados pela corrupção avassaladora dos sistemas políticos. Compreende-se, assim, a ascensão e a queda de verdadeiros tiranos como, por exemplo, Idi Amin em Uganda e João Bedel Bokassa na República Centro-Africana. Os golpes de Estado são frequentes e tornam a existência de estruturas políticas permanentes um ideal difícil de ser atingido. Somente a título de exemplo lembremos os movimentos revolucionários em Dahomey (1963, 1965, 1967, 1969), na Serra Leoa (1967 e 1968), na Nigéria (1966), no Togo (1963 e 1966) etc.[2] Limitar-no-emos, a seguir, a título de exemplo, a uma breve enumeração de fatores que devem ser levados em consideração para um estudo minucioso e aprofundado das estruturas políticas dos países descolonizados, especialmente dos integrantes da África Negra.

---

[1] Milza, obra citada, vol. 2, p. 417.
[2] Marin, obra citada, p. 496.

Consequências da participação na Segunda Guerra Mundial

"Os negros não são nem melhores, nem piores que os homens de outras regiões do globo, escrevia David Livingstone, serenamente. E esta simples frase revolucionária do século XIX adquiria, em 1942, para milhões de africanos, um sentido claro e cru. Confundidos entre a dominação e a superioridade colonial, os brancos da África mostravam-se agora, também, como lobos para os demais brancos".[3]

Intervenção das grandes potências nos problemas internos dos países do terceiro mundo

Lembremos, apenas para exemplificar, o papel dos Estados e da União Soviética. Os Estados Unidos mostraram "uma atitude liberal ante os problemas africanos, devida, em primeiro lugar, a sua própria tradição anticolonial e democrática, derivada de sua origem política como nação".[4] Ao lado dessa postura idealista, havia ainda duas razões inspiradoras da intervenção americana na África descolonizada: interesses econômicos em numerosos países africanos e interesses políticos visando sobretudo contrabalançar a influência soviética. Esta se fez sentir inicialmente "por meio dos partidos comunistas dos países colonizadores e através dos sindicatos e associações de obediência marxista".[5] Os comunistas visavam integrar os novos estados no mundo dominado pela União Soviética, onde predomina o partido único e ditatorial obediente ao Kremlin. Outros fatores que tiveram relevante influência na elaboração das estruturas políticas africanas e que mereceriam um estudo mais aprofundado: atuação da ONU, atividade dos sindicatos africanos, papel dos estudantes e dos intelectuais, organização de partidos políticos.

---

[3] Kizerbo, *História del África Negra*, vol. II, p. 705 e 706.
[4] Idem, ibidem, p. 706.
[5] Idem, ibidem, p. 709.

Liga das Nações e ONU

Depois do breve exame das estruturas políticas de alguns países, convém focalizar, também de modo sucinto, duas importantes entidades que tiveram projeção na vida internacional dos povos, a partir do término do Primeiro Grande Conflito Mundial: a Liga das Nações e a ONU. O projeto de criação da Liga das Nações recebeu um impulso decisivo do presidente Wilson. "Aconteceu porém que Wilson, incontestavelmente a alma da Liga das Nações, teve de sofrer a oposição que, em sua Pátria, movia contra o projeto do Pacto, o Partido Republicano. Sustentavam seus opositores que o referido projeto implicava a revogação da Doutrina Monroe e levaria, em consequência, os Estados Unidos a participarem de todos os conflitos estranhos ao continente americano. Rebatendo essas críticas Wilson apresentou algumas alterações do projeto primitivo, entre as quais a exigência de unanimidade de votos para que o Conselho e a Assembleia adotassem decisões; a autorização para que o Estado pudesse abandonar a Liga, mediante pré-aviso e reconhecendo o Pacto; sua compatibilidade com todo acordo regional que assegurasse a manutenção da Paz, inclusive a Doutrina Monroe. Apesar disso, a oposição republicana foi vitoriosa e os Estados Unidos jamais fizeram parte da Liga".[6] Deve-se sublinhar que as emendas apresentadas por Wilson foram aprovadas pela Conferência da Paz e o Pacto passou a ser parte integrante de importantes tratados, tendo entrado em vigor em 10/01/1920.[7] Figuravam entre os objetivos principais da Liga: garantir a paz e a segurança internacionais; a cooperação entre as nações; a Integridade territorial e a independência política de seus membros por meio de compromissos de jamais recorrerem à guerra; observância do Direito Internacional como norma de conduta dos governos; e respeito às obrigações pactuadas.[8] A 18 de abril de 1941 realizou-se, em Genebra, a última sessão da Liga, quando se decidiu então que ela deixaria de existir à meia-noite do dia 19 de abril do mesmo ano. Seus bens seriam cedidos à ONU. "Se a Liga não logrou prevenir ou

---

[6] Araújo, *Curso de direito internacional público*, p. 276.
[7] Idem, ibidem.
[8] Idem, ibidem.

evitar as divergências entre os Estados, talvez em virtude do abandono de diversos deles, realizou trabalhos importantes na esfera da política social humanitária, econômica e laboral".[9]

No encontro entre Roosevelt e Churchill, em águas do Atlântico (agosto de 1941), ficou resolvido afirmar certos princípios comuns que serviriam como base para a obtenção de um melhor futuro para a Humanidade. Estamos aqui diante de uma Declaração que ficou conhecida como Carta do Atlântico. Em janeiro de 1942, quando os Estados Unidos já se tornaram um beligerante, "foi firmado um documento que recebeu o nome de Declaração das Nações Unidas, consoante proposta apresentada por Roosevelt e que recebeu a assinatura de vários Estados da comunidade internacional (inclusive a do Brasil, em 08/02/1943). Então, ficou decidido que os aliados se comprometiam a juntar seus esforços, quer militares quer econômicos, para levar de vencida os participantes do Eixo".[10] Em 26 de Junho de 1945, na cidade de São Francisco, foi assinada a Carta da ONU e o Estatuto da Corte Internacional de Justiça. Registre-se que a locução *Nações Unidas*, com que se designara a nova instituição, foi uma homenagem à memória do presidente RooseveIT. Entre as finalidades da ONU podemos lembrar: "manter a paz e a segurança internacional; fomentar as relações amistosas entre as nações baseadas no respeito e na igualdade de direitos e de autodeterminação dos povos; cooperar na resolução dos problemas internacionais de caráter econômico, cultural ou humanitário; e estimular o respeito aos direitos humanos e às liberdades fundamentais". [11] A ONU atua através de diferentes órgãos, como Assembleia Geral (composta de representantes dos Estados-membros); Conselho de Segurança (composto de 15 membros, dos quais cinco são permanentes: Rússia, Estados Unidos, França, Grã-Bretanha e China); Conselho Econômico e Social (visa criar as condições de estabilidade e bem-estar necessárias às relações pacíficas entre as nações); Secretaria (é o órgão administrativo da ONU e o Secretário-Geral, com mandato de cinco anos, é nomeado pela Assembleia-Geral mediante recomendação do

---

[9] Idem, ibidem, p. 277.
[10] Idem, ibidem, p. 280.
[11] Idem, ibidem, p. 282.

Conselho de Segurança); a Corte Internacional de Justiça, sediada em Haia, compõe-se de 15 juízes eleitos pela Assembleia Geral em conjunto com o Conselho de Segurança.

Para exercer suas atividades, a ONU se vale de diversas organizações a ela vinculadas como, por exemplo, a OIT (Organização Internacional do Trabalho) e a UNESCO (Organização das Nações Unidas para a Educação, a Ciência e a Cultura). Encerremos estas breves notas sobre a ONU lembrando a Declaração Universal dos Direitos do Homem, adotada pela Assembleia Geral em 10 de dezembro de 1948, e a determinação da mesma Assembleia, em 16 de dezembro de 1966, no sentido de que "todos os povos têm o direito de dispor de si mesmos".

ESTRUTURAS SOCIAIS

Depois de rápidas observações em torno de algumas estruturas políticas, tentemos uma breve e certamente incompleta exposição de aspectos de algumas estruturas sociais. A evolução dessas estruturas através do século XX foi diversificada de acordo com a sucessão dos acontecimentos já estudados em outros capítulos. O limite imposto pela própria natureza da presente obra força-nos a fazer aqui apenas uma escolha de alguns exemplos que serão mais bem compreendidos se levado em consideração o contexto de outros capítulos.

Europa

No amanhecer do século XX a Europa, gozando de paz, havia já um bom espaço de tempo, celebrava festivamente um futuro promissor: dançava-se, cantava-se e aplaudia-se a chegada esperançosa do novo século. A Europa ocupava um lugar de destaque entre os continentes e tudo indicava que "o futuro do mundo era evidentemente europeu e a velha civilização ocidental não podia ter competidores".[12] Sob o ponto de vista da estrutura social, contudo, a Europa apresentava acentuada diversidade, o que pode ser verificado com um rápido exame. Assim, por exemplo, na Europa Mediterrânea (Espanha, Itália, Grécia) e na Europa oriental (Hungria, Polônia, Rússia) encontram-se camadas sociais que quase apresentam ainda resquícios de feudalismos, em que predomina a atividade agrícola e a riqueza fundiária,

---

[12] Marin, obra citada, p. 2.

às vezes ainda de tipo senhoril constituía a base do poder social.[13] Na Europa do Noroeste (Alemanha, França, Grã-Bretanha), o setor agrícola perde em toda parte sua importância relativa na economia. Percebe-se então um fluxo da mão de obra campestre para as zonas urbanas em busca de trabalho, de divertimentos e de ascensão social. A população das cidades apresenta grande diversidade. Os bairros populares acolhem trabalhadores de diversos setores profissionais. A condição material dos operários melhora com o aumento do poder de compra dos salários.[14] "Isto se deve, entre outras causas, à presença cada vez mais marcante dos sindicatos e dos partidos socialistas, cuja atuação contribuiu para a adoção, particularmente na Alemanha e nos países escandinavos, de legislações sociais visando proteger os trabalhadores dos abusos mais revoltantes (trabalho de crianças, acidentes de trabalho)".[15] Ao lado da classe operária encontramos uma classe média composta heterogeneamente de diversas categorias de trabalhadores autônomos, pequenos proprietários, funcionários públicos, professores etc. O que os separa do "povo" não é tanto seu nível de vida, mas certo nível mínimo de educação, uma certa segurança no emprego e, sobretudo, suas aspirações a uma inserção na burguesia. A classe média representava um fator importante de estabilidade social. Burguesia e aristocracia constituíam, em proporções variáveis de acordo com o país, as classes dirigentes.[16] A burguesia floresce principalmente nos países industrializados, onde comanda as fábricas, o comércio e as finanças, e onde exerce rendosas profissões liberais. Acrescentem-se como integrantes dessa classe os grandes proprietários que vivem das rendas de seu patrimônio. "Mais que a riqueza, é o estilo de vida que define o burguês, e, nesse domínio, ele não cessa de imitar a velha aristocracia".[17] Esta velha aristocracia "domina ainda largamente nas sociedades menos industrializadas da Europa mediterrânea e oriental. Nas sociedades mais 'avançadas' da Europa Ocidental, a aristocracia, embora esteja em vias de extinção, conserva privilégios e um papel bem

---

[13] Langlois, *Históire du XX e siècle*, p. 7.
[14] Idem, ibidem.
[15] Idem, ibidem.
[16] Idem, ibidem, p. 8.
[17] Idem, ibidem.

importantes".[18] Deve-se registrar aqui um acontecimento importante que vai repercutir em todas as camadas sociais: favorecido pelas transformações políticas e pela industrialização, intensifica-se um movimento feminista no sentido de reivindicar inicialmente o direito de voto.

A Primeira Guerra Mundial tem profunda repercussão na estrutura social. "A sociedade, submetida ao rude choque da guerra, dela sai, em toda parte, transformada, marcada pela oposição entre 'novos ricos' e 'novos pobres'...".[19] É que determinados grupos sociais (banqueiros, comerciantes, industriais) haviam tirado proveito da crise econômico-social provocada pelo conflito. "A inflação aproveita aos especuladores. Os "novos ricos" ostentam seu luxo, despertando rancores entre os antigos combatentes e aqueles que a guerra empobreceu".[20] Compreende-se assim o clima de revolta e de agitação. A pequena burguesia e a classe média, por exemplo, lamenta no Estado liberal a ausência de proteção. Na Alemanha, sublinhe-se, a classe média das cidades, proletarizada, fornece uma parte da clientela e integra o partido nazista.[21] Toda esta situação, é interessante sublinhar, dá à mulher uma projeção especial na sociedade. Há um acesso feminino a profissões anteriormente reservadas aos homens. Em certos países as mulheres conquistam a direito de voto. É a emancipação feminina triunfante.

Ao término da Segunda Guerra, a Europa encontra-se em caótica situação política, econômica e social. A Alemanha derrotada e dividida encontra-se no ano zero (título de um filme de Rosselini em 1947).[22] Perdas demográficas, transferência em massa de populações, manutenção, utilização e libertação de prisioneiros de guerra constituem problemas que pedem soluções urgentes para que se possa iniciar a reconstrução da Europa. Papel relevante nessa reconstrução será desempenhado pelo plano Marshall (ver capítulo sobre Economia e Finanças). A propósito da reconstituição política da Alemanha (Ocidental e Oriental) remetemos o leitor para a primeira parte da presente obra. No campo social vamos recordar o sério problema

---

[18] Idem, ibidem.
[19] Milza, obra citada, tomo 1, p. 117.
[20] Idem, ibidem.
[21] Idem, ibidem.
[22] Idem, ibidem, tomo 2, p. 49.

da imigração de "trabalhadores hóspedes", para a República Federal alemã, motivada pela interrupção do fluxo de alemães da Alemanha Oriental para a Alemanha Ocidental em virtude do muro de Berlim. Os alemães do Leste haviam contribuído para manter o desenvolvimento econômico da República Federal. "A República Federal alemã decidiu, pois, convidar 'trabalhadores hóspedes' dos Balkans e da Europa Meridional para preencher este vazio. Com o fim de evitar a exploração, sem rebaixar, portanto, o nível de salários dos alemães, negociaram-se as escalas de salários e as condições de trabalho com os governos dos países de onde procediam estes emigrantes. Como consequência disso, centenas de milhares de trabalhadores 'hospedes' firmaram avidamente contratos de trabalho para a Alemanha com salários que superavam em muito os de seus países de origem. No início todos supuseram que os imigrantes regressariam a seus países tão logo expirassem seus contratos de trabalho. Alguns o fizeram, porém muitos prefeririam permanecer, pois suas rendas ultrapassavam o que poderiam ganhar em seu próprio país. Isto criou para o governo alemão o difícil problema de como tratar os imigrantes, dos quais esperava-se que conservarssem sua identidade nacional e que, portanto, não podiam ser cidadãos alemães".[23] Note-se que o problema agravou-se com a situação dos filhos dos imigrantes: constituíam uma parte da população em pleno crescimento, mas que não pertenciam nem à sociedade alemã, nem à de seu país de origem. O problema da imigração não afetou somente a Alemanha: norte-africanos na França e integrantes das regiões do antigo Império Britânico provocaram reações alarmistas. Registre-se que entre 1950 e 1980 a Europa recebeu cerca de oito milhões de imigrantes.

Tentemos, a seguir, algumas observações sobre a estrutura social da Rússia em duas épocas distintas, respectivamente o império do czar e o império do comunismo. Repetimos aqui a advertência: o leitor deve ter presente o que já se redigiu no capítulo sobre a história política da Europa. Sob a autocracia do czar encontramos no vasto império russo uma velha aristocracia cujo poder emanava do czar. Encontramos aí os grandes proprietários de terra que, apesar da libertação dos servos, detinham grande poder econômico. A Rússia era um país marcantemente agrícola: a maioria da população era

---

[23] Mc Neill, *La demografia y la urbanizacion*, p. 51 e 52.

rural e a maioria das exportações constituía-se de cereais. Os métodos usados na agricultura eram arcaicos. Encarando a sociedade à luz da hierarquia do poder, encontramos, além da já mencionada velha aristocracia, o quadro clerical da poderosa Igreja ortodoxa, os militares, a polícia e o extenso quadro burocrático dos servidores. O desenvolvimento industrial cria novos grupos sociais: operários, de um lado; burgueses, de outro lado. A nova burguesia capitalista vai entrar em choque com a velha aristocracia latifundiária. Note-se que a elite urbana incluía, além de fiéis à monarquia (aristocratas e industriais conservadores), profissionais liberais que defendiam uma ampla abertura política.

Para a Rússia soviética oficialmente "existem duas classes amigas: a classe operária e o campesinato kolkhoziano; e uma categoria social, a *intelligentsia* (os trabalhadores intelectuais)".[24] A classe operária constitui a maior parte da população ativa, mas está longe de assumir a direção do páis na qualidade de ditadura do proletariado. Na realidade, na Rússia, "nem a Revolução, nem o Estado que lhe sucedeu, jamais foram dirigidos por operários de fábrica. Os únicos dirigentes foram os revolucionários profissionais".[25] O campesinato kolkhoziano (Kolkhoze é teoricamente uma cooperativa agrícola de camponeses, com o fim de fazer uma exploração e uma gestão em comum, havendo propriedade coletiva dos meios de produção) constitui uma "campesinato" residual que tende a desaparecer em virtude da conversão dos Kolkhozes em sovkhozes (a exploração é do Estado), o que assinala a passagem da propriedade cooperativa para a propriedade estatal. A *intelligentsia* representa a categoria superior da sociedade, os privilegiados que usufruem de uma série de vantagens. Lenin instituíra "o ideal da ditadura de uma elite, de uma minoria selecionada, a exercer supremacia não apenas sobre a burguesia, mas também sobre a massa dos próprios proletários. Na Rússia essa elite é o partido comunista...".[26]

---

[24] Milza, obra citada, yome 3, p. 247.
[25] Voslensky, a nomenclatura, p. 62.
[26] Burns, obra citada, p. 895.

América

As estruturas sociais que encontramos no limiar do século XX no vasto continente americano apresentam uma evolução relacionada com diversos fatores atuantes, em maior ou menor intensidade, através de todo o século. Estruturas políticas instituídas após a independência; população indígena sobrevivente; população descendente de escravos; migração procedente principalmente da Europa, mas com traços culturais (língua, costumes, religião) às vezes profundamente diferentes; recursos naturais (abundantes ou escassos); atuação imperialista de países mais poderosos (política de Teodoro Roosevelt); presença de fortes personalidades (Porfiriato, no México), eis aqui, entre outros, fatores que deveriam ser levados em consideração num aprofundado estudo do dinamismo das estruturas sociais dos países americanos através do século XX. Como já observamos acima, os limites disponíveis forçam-nos, aqui, apenas a sucintas exposições e considerações.

Um estudo da estrutura social do Canadá encontra, no início do século, uma escassa população: indígenas, descendentes de franceses e descendentes de ingleses. A população indígena levava uma vida nômade ou seminômade vinculada à caça propiciada pelas vastas extensões de terra disponíveis. O desaparecimento das tropas de bisões e a expansão da colonização facilitada e estimulada pela construção da via férrea, fatos ocorridos nas últimas décadas do século XIX, afetariam decisivamente o nomadismo. Quanto aos dois grupos étnicos que haviam colonizado o Canadá (franceses e, posteriormente, ingleses), observe-se a inevitável divergência que se projetou especialmente no campo linguístico e no campo religioso. Acrescente-se a chegada de novas correntes migratórias que contribuiriam para uma pluralização étnica da estrutura social: rutenos, ucranianos, poloneses, judeus etc. "O Canadá representa uma experiência muito original: unindo dois povos em uma nação, associado a seu possante vizinho por elos estreitos, econômicos, monetários, militares, permanece no Commonwealth e encontra assim o segredo de cumprir uma vocação própria que dele faz, ao mesmo tempo, uma grande potência mundial e um sucesso sem igual".[27]

---

[27] Rémond, *Amerique anglo-saxonne*, p. 1070.

As transformações na estrutura social dos Estados Unidos, através do século XX, são múltiplas, intensas e profundas, a ponto de darem a impressão de, em dadas épocas, estarmos diante de um novo e surpreendente país. Deve-se porém observar que as mudanças operadas constituíram, acima de tudo, o resultado de uma série de eventos em que o ser humano em contínua e prolongada atuação contribuiu de várias maneiras para a fisionomia apresentada pelos Estados Unidos no final do século XX. Nas seguintes linhas tentaremos chamar atenção, a título de exemplo, para alguns aspectos dessas transformações.

No final do século XIX ocorre uma profunda mudança na estrutura social americana: a conquista do oeste e o fim era dos pioneiros *cowboys* ou *farmers*.[28] O problema dos indígenas (chamados de peles-vermelhas, ou de índios pelos brancos invasores) vai-se resolver, em parte, pelas reservas: "a última revolta é de 1890 e o último 'território índio' desaparece em 1905. Os sobreviventes – menos de meio milhão – curvam-se à lei comum ou confinam-se em 'reservas'".[29] Nessa época dois traços característicos da população americana chamam atenção do estudioso: a rápida urbanização e a acentuada distância entre ricos e pobres.[30] Quanto à urbanização observe-se a chegada de novos imigrantes: alemães, escandinavos, eslavos, judeus, latinos. Muitos desses imigrantes são "pobres e sem instrução, que se fixam nas cidades e cuja assimilação no *melting pot* será mais lenta".[31] Cabe aqui uma observação: "a sociedade americana, tornada urbana, entrou na era da consumação em massa e de uma vida cotidiana marcada por um conformismo que os intelectuais criticam. Contudo ela permanece desigual, pondo de lado agricultores, negros, novos imigrantes. Face a essas transformações da América urbana, a América rural e puritana reage pela obstrução à imigração, pela exaltação da tradição bíblica e dos valores morais".[32]

A evolução da situação dos negros na sociedade americana, ainda que brevemente, deve ser lembrada aqui. "Em 1900, não havia nem 9 milhões

---

[28] Langlois, obra citada, p. 15.
[29] Crouzet, obra citada, vol. 14, p. 31.
[30] Ver Langlois, obra citada, p. 15; e Allen, *A grande transformação*, p. 29.
[31] Langlois, ibidem
[32] Milza, obra citada, Tome 1, p. 133.

de negros nos Estados Unidos (em comparação com cerca de 15 milhões em 1950), e os mesmos estavam concentrados, em sua imensa maioria, nos estados do sul. E não apenas nove décimos viviam ali, mas aproximadamente três quartas partes dos mesmos podiam ser encontradas no sul rural. Nada menos de 44,5% dos mesmos eram analfabetos. Durante muito tempo haviam ocupado os trabalhos mais servis, mais pesados, mais sujos e mal pagos. Sua ocupação mais característica era a de apanhador de algodão, vítimas de um sistema antieconômico e desmoralizante de exploração agrícola. Muitos dos mesmos viviam em escravidão, praticamente, devido a suas dívidas".[33] Deve-se registrar aqui a tendência de muitos negros para migrarem em busca de melhores condições de vida no Norte. "Mas, à medida que a população negra no Norte cresceu especialmente nas grandes cidades que absorviam a maioria esmagadora dos imigrantes, a mesma espécie de medo, que havia sido aguda anteriormente apenas entre os brancos do sul, começou a invadir os residentes do norte".[34] Note-se a atuação racista no sul e no norte, da antiga Ku Klux Kan. A grande crise teve forte impacto na população negra. "Naqueles dias em que a apreensão pela perda de um emprego se tornou obsessão para milhões de norte-americanos, inevitavelmente quem mais sofreu foram aqueles que, tradicionalmente, eram os últimos a serem empregados, os primeiros a serem demitidos, os primeiros a serem rebaixados nos salários...".[35] A proximidade da Segunda Guerra Mundial possibilitou uma melhoria na situação dos negros. Observe-se que havia nos Estados Unidos uma reação crescente contra a marginalização da população negra. "Inúmeros cidadãos brancos tornavam-se incomodamente conscientes da existência de uma casta desprotegida nos Estados Unidos, que era uma mancha na vida da nação empenhada em luta pela democracia".[36] Nos anos seguintes, ao término do Segundo Conflito Mundial, intensifica-se o movimento contra a discriminação racial. "Uma série de decisões do Supremo Tribunal pôs de lado muitas das leis e práticas que haviam mantido os negros distantes das urnas e das oportunidades educacionais. Uma decisão enfraqueceu as leis e regulamen-

---

[33] Allen, *A grande transformação*, p. 145
[34] Idem, ibidem, p. 144.
[35] Idem, ibidem.
[36] Idem, ibidem, p. 146.

tos imobiliários que faziam restrições de raça. Uma série de estados sulinos revogou as leis que determinavam a cobrança de taxa para o exercício do direito de voto, o que mantinha grande número de pessoas pobres, negros e brancos, longe de poder influir nas eleições com seus votos; nas eleições de 1948, mais de um milhão de negros sulinos compareceram às urnas. A Força Aérea e a Marinha suspenderam oficialmente a separação racial e o Exército modificou suas práticas anteriores de separação".[37] Somente a título de exemplo lembremos o percurso contra a discriminação racial:[38] Em 1954 uma decisão de Supremo Tribunal condenou a segregação racial nas escolas públicas. Em 1955 a costureira negra Rosa Parks negou-se a ceder seu lugar a um viajante branco num ônibus da cidade de Montgomery no estado de Alabama. Na luta contra a segregação racial destacou-se o pastor Martin Luther King Jr., Nobel da Paz em 1964. Em agosto de 1965 temos a Lei do Direito ao voto.

Depois destas resumidas observações sobre a evolução da situação do negro na sociedade americana, vamos acrescentar ainda alguns breves comentários a respeito de outros aspectos dessa estrutura social. Já mencionamos a urbanização. Em 1920 a população urbana ultrapassa a da zona rural. Surgem as metrópoles com seus arranha-céus e sua vida agitada. Impossível não mencionar aqui a técnica da produção em massa. "Quarenta anos antes da Europa, os Estados Unidos entram na era da consumação em massa".[39] Estamos aqui em face de "um dos grandes princípios do industrialismo moderno, ou seja, a lógica dinâmica da produção em massa".[40] Observe-se que a sociedade de consumação não é vivida de maneira idêntica por todos os habitantes dos Estados Unidos. Longe de atenuar as desigualdades sociais, ela as acentua. Podemos então, simplificando, esquematizar a sociedade americana em evolução: no cimo da hierarquia social situam-se os homens de grandes negócios, entre os quais figuram os miliardários. Empregados e operários são os beneficiários das realizações desses empresários. No último degrau da escala social estão os negros e os novos imigrantes. Observe-se: à

---

[37] Idem, ibidem, p. 147.
[38] Patterson, *Estados Unidos desde 1945*, p. 275.
[39] Milza, obra citada Tome 1, p. 142
[40] Allen, obra citada, p. 89

margem da sociedade urbana encontra-se a sociedade rural constituída por guardiões dos tradicionais valores puritanos dos primeiros colonos. Estamos aqui diante do *WASP (White, Anglo-Saxon, Protestant)*.

Sublinhe-se que a sociedade americana é dinâmica e seu estudo vai muito além do esquema acima apresentado. Um traço característico que aparece no decurso do século XX é o otimismo que reveste a apreciação dessa sociedade: "Até os anos sessenta, o otimismo prevalece nos Estados Unidos: a sociedade de consumação, que atinge o nível mais elevado do mundo, é proposta como modelo".[41] A sociedade americana é uma sociedade de abundância criada pelo *American Way Life*. A partir dos anos 60 a dúvida sucede ao otimismo. A excessiva concentração urbana compromete a qualidade de vida, e o "economista americano Galbraith encontra na crise urbana a manifestação mais incontestável do desequilíbrio social entre ricos e pobres". [42] Note-se que as crises representam para o povo norte-americano, através de sua história, um constante desafio à luta e à vitória. Esta mentalidade, por exemplo, transparece na exortação de Ronald Reagan por ocasião de sua eleição, transmitindo "confiança ao povo americano nos valores fundamentais de sua civilização, abalados pela sucessão de crises que o país sofreu a partir de 1973".[43]

Sob o ponto de vista de estrutura social, a América Latina oferece um panorama bem diverso do que encontramos no Canadá e nos Estados Unidos. Braudel assim a caracteriza: "A América Latina é um espaço imenso. A sua humanidade, ainda dispersa, voga em roupagens demasiado folgadas. O espaço sobeja, e essa abundância embriaga os homens".[44] Um estudo aprofundado da estrutura social deveria, desde logo, levar em consideração, conforme a região: a população (diversificada) indígena, os *criollos* (nascidos na América de ascendentes espanhóis) os escravos, os mestiços e os imigrantes europeus (sobretudo italianos e alemães). "A onda de imigração branca submergia à zona temperada da América do Sul; a Argentina, o Uruguai e o Brasil receberam em massa imigrantes que modificaram a natureza de sua

---

[41] Milza, obra citada, vol. 2, p. 274.
[42] Milza, obra citada, tomo 2, p. 275.
[43] Idem, ibidem, tomo 3, p. 137.
[44] Braudel, *Gramática das civilizações*, p. 392.

população".⁴⁵ Estamos aqui diante de um fato novo. "Mas o fato novo consiste na chegada maciça de alemães e, sobretudo, italianos. A antiga América Latina, de fato etnicamente índia, mestiça e negra, cinde-se definitivamente em duas zonas bem distintas: de um lado, a intertropical, onde continua a preponderância dos sangues mistos e índios; de outro, uma segunda América branca, simétrica à primeira, menor e menos povoada...".⁴⁶

Nas páginas seguintes, somente a título de exemplo, limitar-nos-emos a mencionar alguns aspectos da estrutura social em países e épocas diferentes do século XX. Um estudo aprofundado da gênese dessas estruturas teria de retroagir ao século anterior e até mesmo à época anterior à independência. Sobre a estrutura social do Brasil vamos limitar-nos à seguinte (incompleta e discutível) exposição referente aos primeiro anos da República: "São difíceis os primeiros passos da República dos Estados Unidos de Brasil. Doravante, cada estado deve viver um pouco por si mesmo. S. Paulo aparelha-se, vende bem seu café, prospera, mas a Bahia e Pernambuco vegetam; o Sul tira proveito do segundo povoamento europeu, entrega-se à criação e aos cereais; contudo, os planaltos adaptam-se dificilmente à economia pastoril. O desaparecimento da mão de obra servil dá origem a graves problemas: trata-se de uma delicada adaptação a uma economia fundada no salário. Todavia, o acréscimo da procura europeia e norte-americana ajuda decididamente o aparecimento do Brasil novo. Uma febre de especulação apodera-se da sociedade de fazendeiros, comerciantes de carnes e peles; logo estende-se pela Amazônia dos seringais. Melhora o equipamento, as cidades aumentam, mas o luxo das categorias favorecidas opõe-se vivamente à miséria das massas. De um lado, uma elite de eminentes juristas, fecundos escritores; de outro, o reinado do analfabetismo. Os contrastes sociais e regionais caracterizam mais do que nunca a imensa República, dotada do sufrágio universal e da eleição direta.⁴⁷

A estrutura social do Chile sofre a influência mais pela qualidade do que pela quantidade da onda imigratória que se faz sentir de 1880-1916.

---

⁴⁵ Chaunu, *Histoire de l'Amérique Latine*, p. 102.
⁴⁶ Crouzet, obra citada, vol. XIV, p. 63. Note-se que o autor focaliza a América Latina depois das guerras de independência.
⁴⁷ Idem, ibidem, p. 81. O leitor encontra aí uma apreciação de uma época da história da República brasileira vista por um historiador francês.

Trata-se principalmente de imigrantes de origem latina, mas também de alemães.[48]

No início do século aparece progressivamente na Argentina uma classe média que dá ao país uma característica própria, distinta "de outros países da América Latina onde existia uma classe oligárquica muito rica, geralmente assentada sobre a propriedade da terra, e um enorme magma de povo que não vivia de forma demasiadamente diferente da época colonial. Na Argentina, ao contrário, havia um população formada sobretudo por imigração branca, cujos filhos recebiam os benefícios de uma educação obrigatória, que se estruturou quase paralelamente à política de imigração e à de pacificação".[49]

No Uruguai a colonização europeia "reproduz, em escala reduzida, a da Argentina".[50] Note-se que a estrutura social reflete-se nos dois tradicionais partidos políticos, *blancos* e *colorados*. "O primeiro era representante dos latifundiários que constituíam a aristocracia do país, do clero e das classes ilustradas. Representava, em resumo, o campo, base da economia nacional. Os colorados eram liberais, anticlericais, 'civilistas'. Representavam a pequena burguesia e os intelectuais das cidades, em especial de Montevideu, a capital".[51]

Quanto à estrutura social do Paraguai, lembremos que estamos aqui em face de uma república hispano-guarani. Sobre a América Andina anote-se: "Pobreza e violência estão ligadas aqui num extraordinário tecido de inter-reações. A oposição entre liberais e conservadores parece, em geral, assaz superficial. Adivinha-se muitas vezes nessas cascatas de revolução o jogo de rivalidades que opõem algumas grandes famílias, sem que sejam excluídos os conflitos que podem opor grupos rivais de capitalistas estrangeiros para a exploração de riquezas minerais reais ou presumidas. As massas indianas permaneceram, na maioria das vezes, alheias a esses jogos sutis, cujos custos limitaram-se a pagar".[52]

Na América Central encontramos na estrutura social a influência da composição étnica e as rivalidades de poderosos grupos financeiros. Note-se

---

[48] Chaunu, obra citada, p. 106.
[49] Luna, obra citada, p. 144.
[50] Chaunu, obra citada, p. 105.
[51] Marin, obra citada, p. 530.
[52] Chaunu, *Amérique Latine*. p. 1136.

a "exceção da maravilhosa ilhota de prosperidade e de cultura constituída pela Costa Rica de povoamento paradoxalmente branco".[53] Convém aqui chamar atenção para a seguinte observação concernente às estruturas sociais na América Central: "Para estudar a extensão com que as mudanças econômicas e políticas no período em exame afetaram as estruturas sociais da América Central, deve-se notar, primeiramente, que a expansão do café e as reformas liberais não mudaram de forma significativa a composição dos grupos dominantes na sociedade. Depois das revoluções liberais, muitos conservadores perderam sua posição e sua fortuna pessoal por confisco, ou foram obrigados a exilar-se, enquanto os liberais usaram o poder político adquirido para obter vantagens econômicas (por exemplo, concessões de terras públicas e de antigas terras comunais). No entanto não há dúvida de que a ordem liberal, ao incluir muitos membros das velhas oligarquias nos novos grupos dominantes, permitiu a criação de uma base mais ampla de poder. Mesmo assim, isso não evitou lutas ferozes no seio da classe dominante. O grau de absorção das antigas oligarquias variou de país para país. Foi mínimo talvez na Guatemala e na Nicarágua, ao passo que na Costa Rica é possível demonstrar uma notável continuidade desde os tempos coloniais".[54] Em Cuba a estrutura social subordina-se à inspiração comunista. Logo após a revolução (ver capítulo sobre a América), decretou-se uma radical reforma agrária, com a expropriação dos latifúndios e a repartição das terras entre núcleos familiares, cooperativas e fazendas nacionalizadas.[55]

Já mencionamos a posição do regime de Porfírio Diaz frente à classe alta, à classe média e à classe baixa (ver capítulo sobre a América). Vamos chamar atenção aqui (sempre a título de exemplo) para as consequências da crise que explodiu nos Estados Unidos, em 1907/1908, para a classe operária mexicana. "O desemprego interno aumentou ainda mais com o retorno dos milhares de trabalhadores que haviam migrado para os Estados Unidos e foram os primeiros a ser dispensados quando a recessão afetou a economia do

---

[53] Idem, ibidem, p. 1137.
[54] Bethell, *História da América Latina*, p. 256. Note-se que esta obra focaliza o período de 1870 a 1930.
[55] Marin, obra citada, p. 517.

vizinho do norte. À recessão econômica veio somar-se ao mesmo tempo uma crise agrícola. Colheitas ruins, em parte por causa da seca e em parte devido a inundações, dizimaram a produção alimentícia do México e provocaram fortes aumentos dos preços numa época em que não só os salários reais, mas até mesmo os salários nominais estavam sendo reduzidos na indústria. Nesse momento, todas as consequências das tentativas porfirianas de modernização se fizeram sentir. O regime de Diaz não estava disposto nem se mostrava capaz de amparar importantes segmentos da classe alta, da maior parte da classe média e das camadas mais pobres da sociedade". [56]

Ásia

Antes de citar exemplos de estruturas sociais em países da Ásia, convém lembrar que o vasto continente encontra-se em plena transformação. "A Ásia se transforma por dentro. Através de processos de interação, que trataremos de definir, o contato com o Ocidente mais adiantado apresentou para a Ásia, de maneira aguda, senão brutal, o problema de sua modernização, o problema do progresso. Progresso técnico, pelas estradas de ferro, por exemplo, ou pela difusão da medicina moderna. Progresso econômico, pela explosão do antigo quadro da pequena produção e pela extensão da produção industrial e da economia de mercado. Pregresso social e político, em relação ao qual será necessário decidir se não passa de uma 'ocidentalização' pura e simples, se deve ser definido em referência aos ideais do socialismo universal, ou se é possível atribuir-lhe um conteúdo 'asiático particular'".[57] Um rápido olhar nos países do Oriente Próximo dá-nos uma ideia das transformações sociais influenciadas pela economia. Note-se, entretanto, o choque produzido pelas novidades com as tradições religiosas islâmicas. "Sem dúvida, existem apenas no Oriente pequenas zonas industrializadas: alguns pontos na Turquia, o delta do Nilo, os campos petrolíferos do Irã Meridional, do Iraque, da Arábia, e o proletariado é ainda pouco numeroso. De outro lado subsistem

---

[56] Bethell, *História da América Latina*, p. 87.
[57] Chesneaux, *A Ásia Oriental nos séculos XIX e XX*, p. 3 e 4.

sempre vivas em todo Afeganistão, em grande parte do Irã, da Arábia interior, no Iêmen e no Iraque, tribos nas quais os homens se vinculam por uma estreita solidariedade e uma relativa igualdade. Entretanto a antiga sociedade desagrega-se, a economia moderna acelera a sedentarização dos nômades beduínos (na Síria do Norte, no Irã, no Iraque e na Turquia Oriental) e favorece, com a apropriação individual do solo, uma rápida diferenciação entre os ricos, pouco numerosos, e uma massa miserável, e, ao mesmo tempo, uma profunda transformação nos costumes e nas instituições, mormente na da família".[58] Note-se na Turquia a laicização sob Ataturk. Os adeptos de religiões minoritárias (armênios, gregos ortodoxas, judeus) são, contudo, considerados cidadãos de segunda categoria.

Passemos, agora, a uma sumária focalização da Ásia meridional, impressionante pelo espetacular aumento de sua população.

O que chama, logo, atenção de quem pretende, ainda que superficialmente, estudar a estrutura social da Índia é a heterogeneidade que caracteriza este vasto país. A heterogeneidade se manifesta num amplo leque de situações que compõe um panorama multirracial, multirreligioso, multissocial, multilinguístico, multipolítico.. "Esmagadora maioria de um campesinato pobre, carência de uma indústria de base, analfabetismo numerosíssimo, dúzias de línguas faladas, diferentes religiões, tal era o panorama que o animoso Nehru teve de enfrentar, quando governou até sua morte em 1964".[59] Registre-se que o governo da Índia, a partir da independência, adotou uma política de rigorosa neutralidade em relação a hindus, muçulmanos e outros grupos de culturas diversas. No final do século, entretanto, ressurge o fundamentalismo hindu, constituindo uma ameaça ao Estado leigo instituído com a independência. Sublinhe-se a profunda divisão existente entre hindus e muçulmanos, acentuada por uma barreira intransponível: o sistema hindu de castas. Para os hindus, os mulçumanos descendiam, em sua maioria, dos intocáveis que haviam procurado no Islamismo uma reabilitação de sua condição. Focalizando a marginalização de grande parte da sociedade na Índia, Judith Brown lembra a figura notável de Madre Teresa de Calcutá: "Na Índia cresce o úmero de

---

[58] Crouzet, obra citada, vol. 17, p. 142.
[59] Marin, obra citada, p. 433.

peões sem terra e de camponeses marginalizados, e quase a metade da população vive na mais absoluta pobreza, sofre desnutrição e má saúde. A grande fome e a gripe já não matam milhões de pessoas, porém a gente morre na miséria, como descobrem cada noite nas ruas de Calcutá as irmãzinhas da defunta Madre Teresa". [60] Vamos encerrar estas incompletas considerações sobre a estrutura social da Índia, lembrando o desenvolvimento de uma nova classe média formada por pessoas, homens e mulheres, que gozam de uma educação universitária, de oportunidades profissionais, de cargos públicos, de empregos em empresas modernas. "Esta ampla gama de homens e mulheres urbanos está convertendo-se em uma nova classe média, um processo de formação social que se acelerou nos ano noventa, particularmente na Índia, como resultado da liberalização econômica e das empresas privadas".[61]

Quanto à estrutura social do Paquistão, vamos lembrar apenas a importância dos latifundiários, que constituem uma das principais forças na vida rural, com influência na atuação política e governamental.[62]

Ainda sob o Império e como consequência de rebelião dos boxers, dois acontecimentos vão influir na estrutura social da China no início do século XX: a imperatriz viúva toma conhecimento da situação de miséria reinante em várias regiões do país; o fim do milenar sistema confuciano de exames fez com que os estudantes, homens e mulheres, se sentissem mais livres para frequentar as escolas dos missionários, onde encontravam um programa de estudo até um certo ponto ocidentalizado, entrando em contato com novas ideias acerca da sociedade, da geografia, da ciência, da ética.[63] É interessante notar que um bom número de jovens chineses decidiu procurar o Japão (apesar da derrota infligida aos chineses pelos japoneses na guerra de 1894-1895) para atualizar-se com os progressos do país sob os imperadores Meiji. Vale registrar aqui a influência que empresas estrangeiras exerceram na China ao introduzirem novos produtos e novas técnicas de venda. Estamos aqui diante de uma verdadeira revolução na maneira de viver em que se encontraram geradores de energia elétrica, máquinas de costura, armas de fogo, barcos a vapor etc. "Um aconte-

---

[60] Brown, *Ásia meridional*, p. 390.
[61] Idem, ibidem, p. 392.
[62] Idem, ibidem, p. 391.
[63] Spence, *China*, p. 342.

cimento sintomático dessas mudanças foi o crescimento de várias universidade, deliberadamente desenvolvidas, com pautas ocidentais, cujo professorado se constituía tanto de estrangeiros como de chineses possuidores de doutorados obtidos no exterior. A 4 de maio de 1919 os estudantes universitários de Pequim realizaram importantes manifestações contra a inaptidão de seus próprios políticos e contra as potências estrangeiras que os exploravam. Assim nasceu o nacionalismo chinês moderno".[64] Os dirigentes intelectuais dessas universidades foram procurados por agentes do Kominterm, enviados por Lenin em 1920. No ano seguinte, em Shangai, era fundado o Partido Comunista da China.[65] Em 1930 já havia cerca de uma dúzia de sovietes rurais na China, e camponeses foram instigados contra os latifundiários. Procedeu-se então uma reforma agrária, com distribuição e confisco de terras. A China marcha para a ditadura comunista, sob a chefia de Mao Zedong. Desenvolvem-se então as comunas populares que integram todas as atividades econômicas e administrativas. Nos anos 70 o radicalismo de Mao Zedong é substituído pela era Deng-Xiaoping (1978-1997), que se caracteriza por profundas reformas econômicas com reflexos na estrutura social. Note-se, contudo, que a abertura e modernização que se efetuam não significam atenuação no campo político, onde impera impiedosamente a nomenclatura, isto é, a burocracia dos quadros dirigentes comunistas.

A evolução social do Japão sofre a influência dos acontecimentos que, a partir da Revolução Meiji (1868), contribuem para a ocidentalização e modernização do país. A sociedade japonesa sofre o impacto da política imperialista e das crises econômicas através de várias décadas. Vamos limitar-nos aqui a duas breves exposições do quadro social, respectivamente da época que sucedeu ao Primeiro Conflito Mundial e da época seguinte ao término da Segunda Guerra. Nos inícios dos anos vinte já havia desaparecido a maior parte dos oligarcas da era Meiji, e o governo encontrava-se então nas mãos de políticos e burocratas mais jovens, que revelavam maior sensibilidade pela opinião pública.[66] Cabe aqui uma interessante observação: a presença da influência norte-americana se

---

[64] Idem, ibidem, p. 345.
[65] Idem, ibidem.
[66] Iriye, *Ásia oriental y la presencia creciente de Japón*, 1900-1945, p. 236.

faz sentir nessa época através de vários acontecimentos, como, por exemplo: importante auxílio às vítimas do terremoto de 1923; a prática da indústria da produção em massa; a apresentação das películas produzidas em Hollywood; a difusão do rádio; e até a construção de arranha-céus. Na época a cultura popular e material norte-americana parecia estender-se a todo o mundo. "Japão não era uma exceção, pois enquanto sua população, cada vez mais urbana e educada, absorvia a cultura norte-americana, seus intelectuais faziam-se eco da afirmação de um de seus colegas americanos, segundo a qual estava surgindo uma "comunidade mundial única".[67] Note-se que nessa época o Japão estava transformando-se em uma "sociedade de massas", "na qual começavam a diferenciar-se grandes e novos interesses de classe e de grupo, que, por sua vez, encontravam novos modos de expressar-se através dos grandes meios de comunicação de massa e das organizações formadas por numerosos associados, ou através de novos tipos de dirigentes que podiam utilizar os meios de comunicação de massa ou dominar as técnicas da organização política e da ação política direta". [68] Nos anos vinte encontramos os seguintes elementos dominantes da política japonesa: a aristocracia, a burocracia superior (*mombatsu*), dirigentes do partido político conservador; os interesses dos capitalistas (*Zaibatsu*), os interesses dos latifundiários; a burocracia militar (*gumbatsu*). "Durante este período, a nobreza e outros que se encontravam próximos ao trono ou que dependiam das fontes hereditárias do prestigio político iam perdendo terreno evidentemente".[69] Note-se que, frente ao *establishment* formado por uma elite de interesses, figuravam as massas dissidentes já mencionadas e nas quais encontramos especialmente a crescente população urbana integrada, entre outros, por diferentes tipos de intelectuais como, por exemplo, professores, jornalistas etc. Para concluir essas incompletas anotações sobre a estrutura social japonesa nos anos vinte, vamos lembrar que nessa época, mais precisamente a partir de 1920 até 1931, aumentava a agitação entre os trabalhadores, surgiam novos partidos de massa e questionava-se a eficácia do processo parlamentar.

Passemos agora para um rápido olhar sobre a estrutura social japonesa após

---

[67] Idem, ibidem, p. 237.
[68] Hall, *El Império japonês*, p. 285.
[69] Idem, ibidem.

o término da guerra em 1945 e a ocupação americana. "A ocupação aliada do Japão é um dos mais notáveis capítulos da história mundial. Certamente nenhuma ocupação se dedicou com tal intensidade à reforma política e social de um país, salvo nos casos de abertas e declaradas conquistas. Poucas sociedades têm sido tão inteiramente 'refeitas' em tão pouco tempo. A reação do Japão ante a ocupação aliada foi tanto mais notável quanto o Japão não contava em sua história com nenhuma derrota militar, nem havia sofrido alguma ocupação".[70] Iriye assim resume a atuação americana na sociedade japonesa: "Alentaram as atividades dos sindicatos, emanciparam as mulheres e impuseram uma constituição muito distinta à Carta Magna Meiji. Ao mesmo tempo repartiram entre os milhões de famintos japoneses alimentos procedentes de suas provisões e enviados pelos Estados Unidos. Levaram a cabo reformas agrárias, graças às quais os camponeses japoneses foram proprietários de terras pela primeira vez na história moderna desse país. Proibiram a concentração e combinação empresarial, com o fim de fomentar o capital compartilhado e proteger os empresários individuais. Fizeram reescrever os livros de texto, corrigindo as interpretações 'nipo-cêntricas' da história, da geografia, da filosofia e da literatura".[71]

África

Vamos encerrar este capítulo com algumas observações gerais sobre a estrutura social da África Negra, reservando algumas linhas ao problema racial na África do Sul. O leitor deve ter presente o que já se redigiu no capítulo referente à história política da África. Lembremos, de passagem, que na África do Norte, em virtude da ocupação europeia de países islamizados, encontramos uma estrutura social com duas sociedades justapostas: uma sociedade europeia (que controla a vida econômica e monopoliza os postos da vida pública) e uma sociedade indígena (que mantém os modos de produção e trocas tradicionais com um baixo padrão de vida). A exposição da estrutura social na vastíssima e heterogênea África Negra exigiria pesquisas e obras especiais. Limitar-nos-emos, aqui, a brevíssimas ponderações.

---

[70] Idem, ibidem, p. 322.
[71] Iriye, *Ásia ocidental*, p. 326.

1. A colonização da África Negra propiciou o confronto brutal entre civilizações radicalmente heterogêneas.

2. Um fator importante a ser sublinhado neste encontro e confronto é a ampliação dos meios de transporte (vias férreas, rodovias) e comunicação (telégrafo), que propiciam uma série de transformações das economias e das formas tradicionais de viver. Evidentemente transporte e comunicação evoluíram com os impressionantes progressos tecnológicos.

3. A religião deve ser levada em consideração. Estamos aqui em face do paganismo negro (um notável pluralismo religioso), do islamismo e do cristianismo.[72]

4. A incrementação das produções agrícolas, visando a exportação, causou em várias regiões um rápido esgotamento das terras e levou ao abandono dos processos indígenas de culturas itinerantes.

5. Novas maneiras de vida, impostas pelas condições de trabalho decorrentes da colonização, provocam uma subversão na distribuição demográfica, gerando nomadismos e sedentarismos forçados.

6. Um fenômeno importante é o despovoamento de certas regiões rurais, com a busca de melhor vida nos centros urbanos. Assistimos aqui à desorganização da vida rural, com a consequente regressão da economia indígena. O êxodo rural e o surto urbano repercutem profundamente na estrutura social.

7. "A urbanização, os movimentos de população, o desenvolvimento da instrução e, de maneira geral, o contato 12/10 com os brancos engendraram dois novos elementos sociais: uma 'burguesia' designada pelo nome de 'evoluídos', e um proletariado".[73]

8. "Evoluídos" são os numerosos negros que se estabeleceram nas cidades e que se distinguiram por uma instrução mais elevada, chegando, conforme o território, a conhecimento suficiente de francês ou inglês, o que lhes permitiu um nível de vida semelhante ao dos europeus.

9. Ao lado dos "evoluídos", temos o proletariado industrial. "A condição deste trabalhadores difere conforme se encontra nas cidades, onde não há qualquer organização de assistência ou nas regiões onde existem grandes empresas

---

[72] Remetemos, aqui, o leitor para nossa *História da África*, capítulo VIII, sobre as Religiões Africanas.
[73] Crouzet, obra citada, vol. 17, p. 198.

que criaram para seu uso centros de alojamento, que providenciam a sua alimentação e que instituíram serviços mais ou menos completos de higiene e instrução".[74]

Na União Sul-Africana encontramos, no decurso do século XX (ver capítulo sobre a África), uma forma brutal de segregação racial em favor dos brancos. Em dado momento a escala social distribui-se em 21% de europeus, 69% de indígenas, 8% de mestiços e 2% de asiáticos (principalmente indianos).[75] A minoria da população branca, especialmente nas cidades, gera a impressão "de estar afogando-se numa irresistível maré montante. Ao medo acrescentam-se o preconceito racial, particularmente vivo entre os bôeres, e o cuidado de preservar a situação privilegiada do branco, o que é sensível sobretudo entre os mais pobres. A imigração, único meio de melhorar a percentagem europeia, tornou-se impossível pela dupla oposição dos 'pequenos brancos', temerosos do desemprego, e da aristocracia territorial que domina o país, pelo racismo cego dos bôeres, hostis a tudo que seja estrangeiro e temerosos de que a entrada de numerosos emigrantes de língua inglesa anule a fraca maioria *Afrikaaner* existente".[76] Sobre desmantelamento do *apartheid*, ver o que já registramos no capítulo sobre a África.

---

[74] Idem, ibidem, p. 180.
[75] Idem, ibidem, p. 198.
[76] Idem, ibidem, p. 17

Capítulo III
CIÊNCIA E TECNOLOGIA

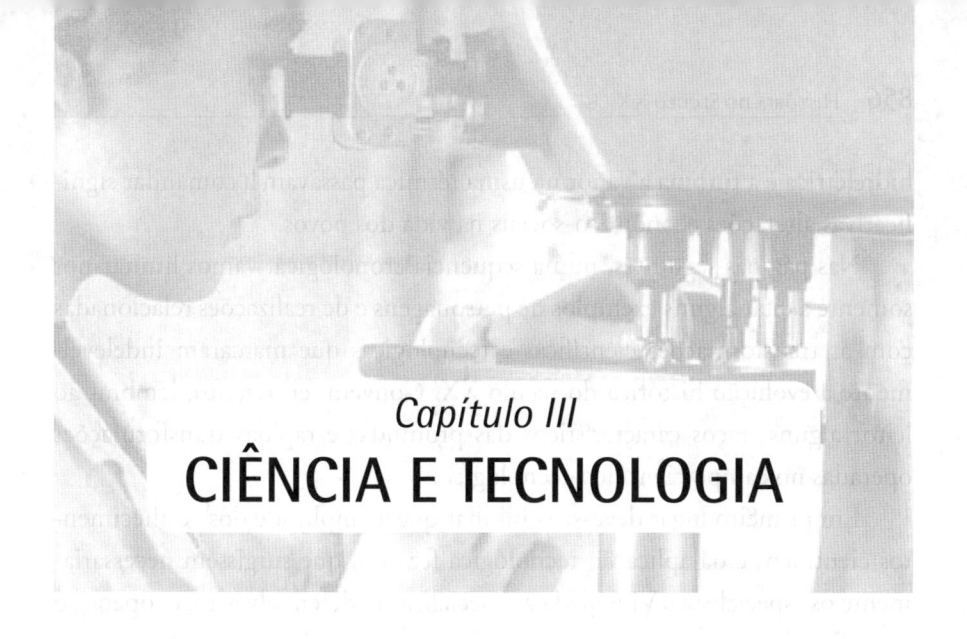

O alvorecer do século XX encontra-se em plena Segunda Revolução Industrial, que tem início no século anterior. O espantoso progresso industrial recebe um impulso decisivo com a descoberta e utilização de novas formas de energia, o petróleo e a eletricidade, "que completam e começam a substituir a dupla 'carvão-vapor', a qual permanece, contudo, ainda por longo tempo, como base da industrialização".[1] O petróleo, usado, havia muito, para a iluminação, vai possibilitar a troca da máquina a vapor pelos motores de explosão e de combustão interna, que revolucionarão os meios de transporte. Acrescente-se que a qualidade lubrificante do petróleo vai incentivar o desenvolvimento das indústrias mecânicas, possibilitando o complexo entrosamento de peças móveis.

A eletricidade, produzida a partir das quedas-d'água ou das centrais térmicas alimentadas pelo carvão, proporciona profundas transformações, quer na vida privada cotidiana (luz elétrica), quer num vasto campo de atividades. Na paisagem industrial, por exemplo, a hulha branca contrasta com a fumaça do carvão lançada pelas altas chaminés. A turbina hidráulica na usina

---
[1] Milza, *Histoire du XXe siècle*, tome 1, p. 11.

hidrelétrica e a turbina a vapor na usina térmica passavam a comandar significativas alterações econômico-sociais na vida dos povos.

Nas páginas seguintes, numa sequência cronológica, vamos limitar-nos somente a citar alguns exemplos de personagens e de realizações relacionadas com as transformações científicas e tecnológicas que marcaram indelevelmente a evolução histórica do século XX. Convém, entretanto, lembrar ao leitor alguns traços característicos das profundas e rápidas transformações operadas no campo científico-tecnológico.

Em primeiro lugar deve-se sublinhar que a amplitude dos conhecimentos científicos e da aplicação tecnológica fez com que surgissem necessariamente os especialistas. Vinculada à especialização desenvolve-se a cooperação científica entre os estudiosos nacionais e internacionais, cooperação essa que se fez através de conferências e de publicações que expõem o resultado das pesquisas. Estas pesquisas exigem naturalmente a existência de laboratórios em que se aplica o método experimental em contínuo e constante aperfeiçoamento. "Experiência, cálculo, hipótese, tais são os três procedimentos fundamentais cuja combinação assegura a marcha do progresso científico. Indução e dedução, experiências e teorias prestam-se sem cessar num mútuo apoio. As experiências e os cálculos fazem com que nasçam novas teorias e reciprocamente, desde que uma teoria é formulada, procede-se imediatamente, sob todos os pontos de vista, a verificações experimentais e matemáticas que, a seu turno, desenvolvem a ciência".[2] Dividiremos, a seguir, nossa exposição em duas partes, a saber, antes e depois da Segunda Guerra Mundial. Repetimos: não se trata aqui de exaurir o assunto (o que seria impossível dentro do espaço disponível), mas somente de expor, a título de exemplo, algumas das mais relevantes realizações do ser humano no campo científico.

---

[2] Malet-Isaac, *Histoire Contemporaine depuis le milieu du XIX e siècle*, p. 5.

CIÊNCIA E TECNOLOGIA NA PRIMEIRA METADE DO SÉCULO XX

"A virada do século XX vê tal acúmulo de descobertas científicas que se pode falar de uma segunda revolução nesse domínio, depois daquela dos séculos XVII e XVIII ilustrada por Newton e que, desde então, havia constituído a base da evolução das ciências."[1] Só para exemplificar: Röntgen descobre os raios-X em 1895; seguem-se: a *radioatividade* (Becquerel 1896), o *electron* (Thomson 1897). "Em 1900 Max Planck estende o princípio de descontinuidade à própria energia por sua teoria dos *quanta*. Em 1905 "Einstein chega à descontinuidade da luz pela descoberta dos *photons*. Em 1911 Rutherford descreve a estrutura do átomo, semelhante a um microssistema solar com seu núcleo, em torno do qual gravitam os eléctrons".[2]

"No início do século XX, a influência e a preponderância da Europa explicam-se por seu avanço técnico e científico e por seu domínio comercial e financeiro. A hegemonia europeia é evidente em matéria científica. Favorecida pelos Estados, a pesquisa se desenvolve no quadro das universidades e, sobretudo, das sociedades científicas que se multiplicam e se especializam, dando origem a numerosas revistas científicas; os pesquisadores se encontram cada vez mais nos congressos internacionais."[3]

Uma jovem polonesa (mencionada no capítulo sobre Acontecimentos que abalaram a vida cotidiana), Marie Sklodowska, escolheu, em Paris, o

---

[1] Langlois, *Histoire du XXe Siècle*, p. 22.
[2] Idem, ibidem.
[3] Milza, obra citada, p. 50.

estudo dos raios de Becquerel como objetivo de pesquisa, tendo em vista sua tese de doutoramento. Marie Sklodowska Curie (1867-1934) e seu marido Pierre Curie (1859-1906) isolaram o rádium e estabeleceram números definitivos para seus pontos de fusão e de ebulição, peso atômico e outras propriedades físicas e químicas. Durante o Primeiro Conflito Mundial o rádium e os raios X tiveram grande aplicação, tanto no diagnóstico como no tratamento dos feridos. Frederico e Irene Joliot-Curie (filha de Pierre e de Marie Curie) descobrem a radioatividade artificial. Irene recebe o prêmio Nobel de química em 1935 com seu marido. "Caso único: três prêmios Nobel entre uma mãe e sua filha."[4]

As ciências biológicas encontram-se em pleno desenvolvimento, especialmente no campo da pesquisa médica: com Calmette et Guerin temos (1921) a BCG, primeira arma eficaz contra a tuberculose; Banting e Best isolam (1922) a insulina; Alexander Fleming descobre a penicilina, abrindo o caminho para a terapêutica com os antibióticos. Fleming recebe o prêmio Nobel em 1945.

Deve ser lembrado aqui o aperfeiçoamento de um importante instrumento de trabalho: o microscópio. Pela década de trinta os microscópios convencionais haviam atingido um grau de perfeição que lhes permitia uma ampliação máxima de aproximadamente 2.000 vezes. O microscópio eletrônico revolucionaria o mundo da pesquisa, proporcionando ampliações outrora inimagináveis.

Os telescópios tiveram um relevante desempenho no progresso da ciência dos astros. A construção de telescópios gigantescos (Monte Wilson e Monte Palomar) revelou a imensidão do Universo. No final da década de vinte "o sacerdote belga Jorge Lemaître havia exposto a tese do Universo em expansão constante, que pareceu confirmada pelo movimento das nebulosas situadas mais além da Via Láctea".[5] Deve-se registrar que Lemaître "foi o primeiro a sugerir, em 1927, que o Universo se originou de um átomo primordial, mas só em 1948 Jorge Gamow e alguns colegas elaboraram os detalhes

---

[4] Langlois, obra citada, p. 157. Note-se que Marie Curie recebera o prêmio Nobel de física em 1903 e o prêmio Nobel de química em 1911.
[5] Marin, *História Universal*, volume 6, p. 208.

da origem explosiva do Universo. A expressão 'big bang' foi cunhada por um dos mais ferrenhos opositores da teoria, Fred Hoyle, que acreditava que o Universo estava num 'estado estacionário' de contínua expansão e criação da matéria".[6] Merece ser lembrado ainda o notável astrônomo Edwin Hubble, (1889-1953) que em 1919 ingressou no *Staff* do observatório de Monte Wilson, onde se especializou no estudo das galáxias.[7] Em 1931 o radiotelescópio possibilita detectar e localizar emissões no espaço fora do alcance dos telescópios óticos.

A primeira metade do século XX assiste a um rápido desenvolvimento dos meios de transporte, com profundas consequências políticas, econômicas e sociais. As modestas velocidades dos mais antigos automóveis (por exemplo, 24 km por hora) causavam estupefações em pessoas que nem sequer imaginavam os extraordinários progressos mecânicos que ensejariam estonteantes velocidades para veículos terrestres. Lembremos, sempre a título de exemplo, que a aplicação do motor de explosão na navegação representou, ainda em época anterior ao Segundo Conflito, uma verdadeira revolução técnica com intensa repercussão na economia mundial.

O avanço na conquista dos ares é um traço característico notável do progresso técnico-científico da primeira metade do século XX. Lembremos, em primeiro lugar, as aeronaves rígidas com estrutura metálica construídas pelo conde alemão Ferdinand Von Zeppelin (1838-1917). Em julho de 1900 uma dessas aeronaves subia aos ares nas margens do lago Constança. Já vimos que Alberto Santos Dumont, que construiria aeronaves de menor dimensão e propulsionadas por motores leves a gasolina, contornou a Torre Eiffel em outubro de 1901 num percurso circular de 10 km. Seguem-se os voos dos mais pesados que o ar, já mencionados, graças à atuação dos irmãos Wright e de Santos DumonT.

No período entre os dois conflitos mundiais o desenvolvimento da aviação foi espetacular. Lembremos, apenas para exemplificar, alguns episódios que assinalam esse desenvolvimento. Em 1919 Read atravessa, pela primeira vez, o Atlântico. Em 1922 Gago Coutinho e Sacadura Cabral realizaram o

---

[6] Ridpath, *Astronomia*, p. 24.
[7] Idem, ibidem, p. 25.

primeiro voo partindo de Lisboa e chegando ao Rio de Janeiro; em 1926 teve lugar o célebre voo espanhol à America do Sul (Palos de Moguer Buenos Aires) no avião Plus Ultra pilotado por Ramón Franco, a quem acompanhavam Ruiz de Alda, Duràn y Rada.

"No mesmo ano a esquadrilha Elcano, ao mando do capitão Lóriga, cobriu a rota Madrid-Manila. No ano seguinte produziu-se a retumbante façanha de Charles Lindberg, atravessando, sozinho, o Atlântico, de Nova York a Paris, a bordo do *Spirit of Saint Louis*. O triunfo e a consolidação da aviação comercial e militar era um fato, e em 1935 numerosas linhas aéreas uniam as principais capitais do mundo."[8]

O desenvolvimento de novos meios de comunicação (o telégrafo sem fio e o rádio) repercutiria profundamente na vida privada e na vida pública das nações. Coube ao jovem engenheiro Guglielmo Marconi, que estudara as ondas eletromagnéticas, inaugurar o telégrafo sem fio, quando conseguiu transmitir de seu laboratório um sinal em *Morse*. Em 1887, na Inglaterra, Marconi faz demonstrações do novo e sensacional meio de comunicação. Em 1899 trocam-se mensagens telegráficas através do canal da Mancha. Em 1901 consegue-se efetuar uma transmissão através do oceano, da Inglaterra à Terra Nova, numa distância de 3.400 km. Algumas embarcações começaram (1904) a adotar o novo sistema de comunicação. Em 1906 o telégrafo sem fio constitui a base de uma rede global de comunicações.

É aqui o momento de lembrar a difusão da radiofonia. Pioneiro nesse campo foi o inventor e físico Reginald Fesseden, mas deve-se notar que o rádio teve uma infância prolongada, o que se explica por duas razões: falta de equipamento indispensável para transmissões radiofônicas em massa e a demora do público em focalizar o rádio não só como passatempo divertido, mas também como algo de grande importância e utilidade. Acrescente-se que os primeiros aparelhos de rádio eram volumosos e rudimentares. Esses obstáculos seriam em base separados, e no final de 1924 já se contavam cerca de 600 estações radiofônicas comerciais nos Estados Unidos. O rádio tornar-se-ia popular em vários países e transformou-se também em poderoso instrumento de propaganda governamental. Assim, por exemplo, os progra-

---

[8] Marin, obra citada, p. 211.

mas soviéticos, em 1930, eram transmitidos em inúmeras línguas. Joseph Goebbels usou a rádio alemã para intensa propaganda nazista. Durante a Segunda Guerra, a BBC e a Voz da América difundiam informações e mensagens relativas à guerra.

Encerremos estas brevíssimas e incompletas anotações sobre o progresso científico-tecnológico na primeira metade do século XX, lembrando o aparecimento de uma diversão marcante através de dezenas de anos: o cinema. Remetemos o leitor para o que já foi redigido em capítulo sobre os grandes acontecimentos que abalaram o mundo.

A SEGUNDA GUERRA MUNDIAL E O PROGRESSO CIENTÍFICO-TECNOLÓGICO

A atividade bélica, durante o Segundo Conflito Mundial, está intimamente relacionada com um intenso impulso proporcionado às pesquisas e realizações no campo científico-tecnológico. Do êxito imediato dessa atuação dependia a vitória no teatro sangrento das batalhas. Terminado o conflito acentua-se o impulso científico-tecnológico e, a partir de 1945, estamos em face não mais de uma simples Segunda Revolução Industrial, mas diante de uma profunda transformação envolvendo a física nuclear, a conquista espacial, a informática e uma série de outras inovações com repercussões consideráveis no campo social, político e econômico. Apontaremos a seguir, sempre a título de exemplo, algumas conquistas de caráter técnico-científica efetuadas durante o conflito. No item subsequente tentaremos traçar um quadro do progresso científico-tecnológico posterior a 1945.

Em 1940 o presidente Roosevelt fundou a *National Defense Research Committee,* que visa a criação de novos armamentos. Logo em seguida surge o *Office of Scientific Research And Development* (OSRD), cuja ampla atuação envolvia cientistas da Grã-Betanha e do Canadá.

Registre-se a importante contribuição dos Estados Unidos na produção de penicilina em larga escala. O mundo não conhecera até então um medicamento tão eficaz na cura de grande variedade de doenças e com diminutos efeitos nocivos. Na esteira da descoberta da penicilina seguiu-se o aparecimento de outros antibióticos que revolucionaram a arte médica. Papel importante teve também um novo pesticida, o DDT.

Ainda durante a guerra convém recordar o uso do radar pelos ingleses, para abater os aviões alemães e pôr fim assim à Batalha da Inglaterra. O radar servia também para localizar submarinos.

A explosão das bombas atômicas no Japão em 1945 foi o resultado de longas pesquisas sobre o átomo. Cabe aqui repetir as considerações de Weinberg: "O fato de que a bomba atômica havia posto fim à guerra provocou em muitos físicos um sentimento muito natural de orgulho, com frequência moderado pelo sentimento da responsabilidade pelos danos causados em Hiroshima e Nagasaki e pelo perigo que as armas atômicas significavam para a humanidade. Alguns físicos dedicaram-se, desde então, a trabalhar em favor do controle de armamentos e do desarmamento nuclear. Os políticos e os não cientistas tenderam a considerar a física como uma fonte de poder militar e econômico, e durante decênios deram um apoio sem precedentes à investigação em física teórica como na física aplicada. Ao mesmo tempo a imagem das nuvens em forma de cogumelo de Hiroshima teve um poderoso efeito na atitude de muitos líderes culturais e de cidadãos, em geral respeito à ciência. Em muitos casos a anterior indiferença converteu-se em uma hostilidade declarada. O tempo moderou todos esses efeitos, embora não se tenham desvanecido completamente ao terminar o século." [1]

---

[1] Weinberg, "La gran reducción: la física en el siglo XX" (*Historia Oxford del siglo XX*, p. 68).

O PROGRESSO CIENTÍFICO-TECNOLÓGICO APÓS A SEGUNDA GUERRA

Na segunda metade do século XX a humanidade presencia com admiração e regozijo os resultados das pesquisas no campo técnico-científico, com relevantes consequências para a vida privada e pública dos povos. Tentemos, a seguir, lembrar alguns exemplos desses progressos que constituem a marca indelével da História do século XX, especialmente no período que sucede ao término da Segunda Guerra, quando se acentua cada vez mais a simbiose entre ciência e técnica, entre a pesquisa básica e suas aplicações.

Começando com a biologia, lembremos a identificação, em 1944, do AND (ácido desoxirribonucléico) como suporte bioquímico da hereditariedade para o conjunto dos organismos vivos. Note-se a seguinte observação sobre a Biologia: "O maior avanço desta ciência natural consistiu em romper a fronteira que a separava da química para dar nascimento à Bioquímica, isto é, a ciência que estuda a composição e os processos químicos dos organismos vivos".[1]

Na medicina encontramos progressos espetaculares como, por exemplo, as novas técnicas usadas para diagnósticos mais precisos: o cateterismo do coração, a broncoscopia, a encefalografia. A terapêutica sofre uma revolução radical com a surpreendente eficácia dos antibióticos em grande quantidade de infecções. A imunologia tem um poderoso reforço na prevenção de en-

---

[1] Marin, obra citada, p. 558.

fermidades através de novas eficazes vacinas e soros. Um dos aspectos mais importantes do progresso da cirurgia foram os transplantes de órgãos. Impossível omitir aqui a figura do médico sul-africano Christian Barnard, que em dezembro de 1967 realizou o primeiro transplante de coração. A partir desta intervenção cirúrgica, que teve repercussão mundial, efetuaram-se numerosas operações semelhantes.

O pós-guerra assiste ao desenvolvimento da ciência do átomo. A energia nuclear passa a ser focalizada como substituta importante para outras fontes energéticas. Assim é que nascem as usinas nucleares. Registre-se que a energia atômica passa a ser utilizada em veículo de transporte, como aconteceu com o *Nautilus*, primeiro submarino com motor de propulsão nuclear, cuja passagem sob o Pólo Norte ultrapassou a ficção profética de Julio Verne.[2]

A *eletrônica* e a *informática* "constituem sem dúvida os domínios mais novos e dinâmicos do pós-guerra".[3] Cabe aqui, entre outros exemplos, lembrar a importância da eletrônica no microscópio, nos telescópios, na célula fotoelétrica, nas máquinas de calcular etc. Na realidade o campo de utilizações da eletrônica cresce cada vez mais. Os raios *Lazer* (*Light Amplifier by stimulated Emision Of Radiation*, isto é, a luz amplificadora por emissão de radiação estimulada), "mostraram-se extraordinariamente eficazes para, combinados com o radar, medir com precisão o tamanho de objetos muito pequenos e distantes, para fotografar regiões da lua, para conhecer irregularidades do campo de gravitação da Terra. E, finalmente, mostrou-se extraordinariamente útil no campo da medicina...".[4]

Já mencionamos os estonteantes progressos do estudo da Astronomia. "As medições de distância de Hubble confirmaram a enormidade do Universo e levaram a uma descoberta ainda mais importante: quanto mais distante está uma galáxia, mais rapidamente ela retrocede. Hubble conclui que o Universo inteiro está se expandindo numa taxa uniforme."[5] Já aludimos às explicações da origem explosiva (*big ban*) do Universo a partir de um átomo

---

[2] Sobre a viagem do *Nautilus*, ver Revista Francesa *Historia*, n. 153, p. 111. "Le sous-Marin atomique *Nautilus* passe sous le pôle Nord" par le commandant W. Anderson.
[3] Langlois, obra citada, p. 370.
[4] Marin, obra citada, p. 562.
[5] Ridpath, obra Marin, obra citada, p. 562, citada, p. 25.

primordial. Os astrônomos, entretanto, não têm explicação para a origem desse átomo. Aqueles que têm fé já encontraram, há muito, a solução contida na Bíblia: "No princípio Deus criou o céu e a terra".

Relacionada com o progresso da astronomia encontra-se a corrida espacial. "Após a derrota da Alemanha, os EUA e a URSS empenharam-se ao máximo para se apossar da tecnologia de foguetes alemã. Para ambos, os mísseis balísticos propelidos por foguetes pareciam o método ideal para lançar armas nucleares. Mas cientistas especializados em foguetes, como Von Braun, que trabalha para os EUA, e Serguei Korolev, da URSS, ambos genuinamente motivados pelo desejo de conquistar o espaço, conseguiram desviar os programas de mísseis de seus países para metas mais ambiciosas." [6] Não cabe aqui reunir a fascinante história da corrida espacial. Remetemos o leitor para o que já foi exposto no capítulo sobre os acontecimentos que abalaram a vida cotidiana. Convém, apenas a título de exemplo, lembrar as viagens dos ônibus espaciais, a construção de uma estação espacial e a exploração do sistema solar. Quanto a esta última, note-se: "A potência crescente dos foguetes permitiu que as nações empenhadas na corrida espacial pudessem enviar sondas aos outros mundos no Sistema Solar".[7] Assim é que a série de sondas *Mariner* fez os primeiros sobrevoos em Vênus (1962), Marte (1965) e Mercúrio (1974). Os primeiros sobrevoos bem-sucedidos de Júpiter e de Saturno foram realizados pelas sondas Pioneers 10 e 11 em 1973 e 1979. As sondas gêmeas Voyager sobrevoaram Júpiter em 1979 e Saturno em 1980-1981.

Comunicação e transportes sofrem mudanças radicais através do século XX. Já no início do século cabos de energia elétrica, linhas telegráficas e linhas telefônicas estavam chegando a inúmeras, e até remotas, regiões de todos os continentes. Depois das experiências de Guilherme Marconi os meios de comunicação tinham diante de si um futuro promissor. No final dos anos vinte, estações de radiotelefonia já são encontradas espalhadas através dos continentes. Nos anos 40 o radar faz sua aparição. Nos anos seguintes à Segunda Guerra surge a revolução nos meios de comunicação através do computador. Este instrumento percorria uma surpreendente escala de aper-

---

[6] Idem, ibidem, p. 27.
[7] Idem, ibidem, p. 34.

feiçoamento técnico, facilitando e apressando, de maneira impressionante, a comunicação e o conhecimento científico e atingindo assim praticamente a maneira de viver privada e publicamente da segunda metade do século XX. Acrescente-se aqui a difusão e aperfeiçoamento do rádio e da televisão, que penetram no recôndito dos lares. Lembremos a influência decisiva do transistor. "A informação circula cada vez mais rápida de um ponto a outro da Terra, pois graças ao relé assegurado pelos satélites, as telecomunicações quase aboliram a demora de transmissão entre os continentes. Além disso, a informática que aplica a eletrônica no tratamento da informação permite uma exploração ultrarrápida de numerosíssimos dados".[8]

O progresso, especialmente a velocidade, dos transportes teve uma profunda consequência na evolução da economia. Enfatize-se que todos os meios de transporte usados nas primeiras décadas do século (rodoviário, ferroviário, aeroviário, fluvial, marítimo) estiveram sujeitos ao desenvolvimento técnico-científico. "Outro dos mais característicos traços da técnica moderna é o constante aumento da velocidade dos transportes. Resultados adquiridos, também aqui, pela estreita colaboração entre a ciência e a técnica industrial e que subverteram profundamente a vida cotidiana. Uma ciência nova, a aerodinâmica, pesquisa, em todas as categorias de veículo, as disposições (eliminação das asperezas) e as formas (por afilamento das linhas, recolhimento dos trens de aterrissagem etc.) mais indicadas para reduzir a resistência do ar ao movimento; conjugada com os progressos da força e do rendimento dos motores, permitiu alcançar velocidade que pareceriam inimagináveis há meio-século".[9] Assinale-se que o aspecto mais assombroso do progresso do transporte é encontrado na aviação. Aviões a jato (alguns superam a velocidade do som) cruzam o ar, percorrendo com segurança e conforto distâncias continentais em tempo considerado diminuto em face das prolongadíssimas viagens de outrora e facilitando, assim, ao lado dos meios de informação, um intercâmbio rápido entre as nações e constituindo, sem dúvida, um processo importante na pretendida globalização.

---

[8] Milza, obra citada, vol. 2, p. 195.
[9] Crouzet, *História geral das civilizações*, vol. 17, p. 273.

Capítulo IV
LITERATURA, FILOSOFIA E DIREITO

Literatura

Considerações gerais

No final do século XIX, obedecendo a múltiplas influências, os intelectuais buscam orientações seguindo novas direções "tão divergentes que esse último período é caracterizado por uma espécie de *anarquia intelectual* aliás fecunda. É quase impossível definir com precisão todas as correntes que se entrecuzam, então, todas as influências que se exercem".[1] É interessante sublinhar que o traço talvez mais surpreendente de literatura às vésperas da guerra é a importância crescente das preocupações sociais, morais, religiosas. "Havia escritores socializantes, outros se faziam teóricos do nacionalismo, outros pendiam para o misticismo cristão. A literatura tornara-se militante."[2]

---

[1] Malet, *Isaac Histoire Contemporaine depuis le milieu du XIX siècle*, p. 431-432.
[2] Idem, ibidem, p. 432.

Um acontecimento marcante é o desenvolvimento de um gênero literário que cativava grande número de leitores: o romance policial. "Na sequência de Conan Doyle, 'inventor' de Sherlock Holmes em 1887, o romance policial conhece uma grande voga na primeira metade do século XX. Literatura de evasão muito popular, não hesitando contestar um pouco a ordem estabelecida (Fantômas, Arsène Lupin), o romance policial conhece a partir de 1925 certo 'emburguesamento democrático'; ele tem, doravante, sua moral, seus 'clássicos'; é o tempo dos Maigret (Simenon) e dos Hercules Poirot (Agatha Christie). A crise de 1929 faz nascer nos Estados Unidos o romance negro "romance da violência e da angústia contemporânea que alcançará a Europa após a Segunda Guerra Mundial".[1]

A literatura que se desenvolve no período entre os dois grandes conflitos mundiais está marcada, "ao menos na Europa, pela crise de consciência que a grande guerra desencadeou e pelas interrogações profundas que ela suscitou sobre a civilização ocidental, os valores que a fundamentam, os princípios que elas pretendem serem os seus".[2] Encontramos, assim, escritores como o alemão Oswald Spengler, autor de "O Declínio do Ocidente", e o francês Paul Valery, autor de "Olhares sobre o mundo atual". Numerosos escritores lançam um olhar crítico sobre a sociedade contemporânea. Neste sentido o romance norte-americano atinge então uma verdadeira idade áurea com Scott Fitzgerald, John dos Passos, John Steinbeck etc. "Certos romancistas procuram na aventura mais ou menos distante uma fuga fora deste Ocidente em crise, em particular André Malraux, cujas obras maiores, amplamente autobiógrafas, situam-se em plena guerra civil, na China (A condição humana, 1933) ou na Espanha (A Esperança 1939). Essas obras 'engajadas' vão se multiplicar com a crise, a ascensão do fascismo, a marcha para a guerra dos anos trinta, entre outras, em Georges Bernanos (Os Grandes Cemitérios sob a lua, 1938), Ernest Hemingway (Por quem os sinos dobram, 1940) ou, no plano de uma antecipação satírica, Aldous Huxley (O melhor dos mundos,

---

[1] Milza, *Históire du XX ͤ siècle*, tome 1, p. 383.
[2] Langlois, *Histoire du XX e siècle*, p. 159.

1932)"[3]. Entre outros nomes a serem lembrados desses períodos figuram Franz Kafka, Proust e James Joyce. O primeiro denuncia o absurdo da sociedade burocratizada (O Processo), o segundo é autor de uma série de livros sob a forma de uma autobiografia imaginária (À procura do tempo perdido) e o terceiro "quebra todos os códigos estéticos e narrativos com seu enorme Ulisses".[4] Note-se que estamos aqui em face de uma repulsa ao mundo presente, atitude esta que provoca uma reação da parte de numerosos intelectuais que não hesitam então em comprometer suas obras com os temas cruciantes da realidade atual. Isso acontece, por exemplo, na Alemanha nazista, na Itália fascista e na União Soviética. Na França "o movimento surrealista tem elos políticos muito estreitos com o partido comunista entre 1925 e 1934".[5]

A partir da segunda metade do século XX, nos anos que sucedem ao término do Segundo Conflito Mundial, uma série de inovações tecnológicas vai repercutir profundamente na formação cultural da população e refletir-se na atividade literária. Lembremos apenas em sua sequência cronológica: o transistor (facilita o uso de receptores radiofônicos de pequeno porte e transforma o rádio num elemento essencial da vida cotidiana), a televisão, a transmissão a longas distâncias de imagens através dos satélites, contribuem para uma ampla difusão de conhecimentos que não estavam ao alcance de gerações anteriores à Segunda Guerra nem mesmo das que viveram no auge da Guerra Fria. Compreende-se que as consequências dessas inovações sobre a psicologia coletiva e a identidade cultural dos povos tinham sido profundas e tinham afetado diretamente o campo da produção literária. Vale recordar aqui o aparecimento do livro de bolso que permitiu ao grande público o acesso às obras de qualidade, clássicas ou recentes.

Depois de todas essas considerações de ordem geral sobre a atividade literária – considerações, sem dúvidas, incompletas em virtude do limite de espaço disponível –, vamos apresentar, a título de exemplo, breves observações concernentes somente a alguns aspectos da literatura de alguns países

---

[3] Idem, ibidem, p. 160.
[4] Idem, ibidem.
[5] Milza, obra citada, p. 380.

europeus e americanos através do século XX. Reduzimos, quase sempre, a enumeração nominal de autores, enumeração essa dificultada pela amplitude do assunto.

Literatura Francesa

A Literatura Francesa do século XX apresenta-se tão rica que "dificulta qualquer tentativa de classificação; os esforços dos escritores no sentido de enriquecer o teatro, a poesia e o romance dispersam-se em múltiplas direções; mas às obras de 'vanguarda' misturam-se as que, em maior ou menor grau, nutrem-se das tradições herdadas dos séculos passados. As circunstâncias históricas favorecem ainda mais esse florescimento: as subversões políticas, sociais e morais oriundas das guerras de 1914-1918 e 1939-1945, embora não provocassem nunca uma ruptura completa com a época precedente, precipitaram a eclosão de novos movimentos do pensamento; o surrealismo depois de 1919 e o êxito do existencialismo, depois de 1945, são nesse particular característicos".[6]

Somente a título de exemplo, lembremos alguns (entre muitos) autores que, de certa forma, se projetaram no campo das letras: *André Gide* (1869-1951) deixou uma quantidade considerável de obras através das quais revela um individualismo. *Charles Peguy* (1873-1914) foi essencialmente um poeta. Em sua *Le mystère de la charité de Jeanne D'Arc* une a inspiração nacional e religiosa. *Paul Claudel* (1868-1955), poeta, inspira-se na Bíblia, em Ésquilo e Shakespeare, a partir de 1906 sua obra torna-se integralmente uma afirmação imperiosa da fé católica. *Marcel Proust* (1871-1922) deixou uma série de obras sob o título geral *A la recherche du Temps Perdu*. Não é fácil caracterizar o conteúdo desse imenso trabalho em que o autor penetra nos abismos do inconsciente. *George Bernanos* (1888-1948) é o autor do *Diário de um pároco da Aldeia*. *André Malraux* (1901), um romancista com um ideal filosófico e tendência políticas. *André Maurois* (1885), **História**dor, deixou entre outras obras uma História da Inglaterra

---

[6] Coquelin, *Literatura Francesa*, p. 3610.

e uma História dos Estados Unidos. *Jean Paul Sartre* (1905), existencialista, ateu (ver item sobre a filosofia), difunde seu pensamento filosófico em romances, novelas e peças teatrais.

Literatura Italiana

Na história da Literatura Italiana no século XX convém pôr em destaque o movimento Toscano de *La Voce*: "De 1909 a 1913 em torno da revista La Voce reuniram-se vários escritores animados por ideias novas, reivindicando, contra o abuso da retórica, a sinceridade na arte".[7] Entre os colaboradores de *La Voce*, encontramos Benedetto Croce, 1866, e Giovanne Papini. Este abandona *La Voce*, adere ao futurismo (revista *Lacerba*), tornando-se depois tradicionalista e fascista.

A revista *La Ronda* (1919-1922) representa uma reação: em torno dela forma-se um movimento fragmentista e vagamente neoclássico.[8] Lembremos ainda a revista "900" com seu grupo europeísta que se opõe ao autoctonismo estreito preconizado pelo fascismo.[9] O último movimento literário anterior à Segunda Guerra Mundial é a aliança florentina que se efetua através das revistas *Solaria* e *Letteratura*. O advento do fascismo teve repercussões sobre a atividade literária: o filósofo Giovanni Gentile foi chamado por Mussolini ao Ministério da Educação Nacional para a reforma do ensino italiano. Enquanto Gentile "definia seu atualismo, que se tornou a doutrina oficial do regime, a literatura foi orientada no sentido de uma autarquia intelectual fechada a qualquer influência exterior; foi contra essa tendência que procurou lutar uma revista de Florença, *Solaria* (1927-1935), tornando a um universalismo aberto às literaturas estrangeiras".[10]

Com a queda do fascismo vai surgir uma literatura jovem, robusta e ousada em que se percebem influências procedentes dos Estados Unidos e da França. Note-se, após a derrota alemã, a influência das doutrinas esquerdistas e a atenção dada aos problemas sociais. Registre-se também o florescimento de uma literatura referente à tragédia sofrida pela península durante os anos

---

[7] Coquelin, *Literatura Italiana*, p. 3.665.
[8] Arnaud, *Litterature Italienne*, p. 886.
[9] Idem, ibidem, p. 887.
[10] Coquelin, obra citada, p. 3.665.

da guerra e o drama da resistência. Para terminar esta sucinta e incompleta exposição sobre a Literatura Italiana, lembremos a figura de Giovanni Guareschi com seus romances regionais sobre Dom Camilo, que retratam as lutas políticas do pós-guerra, e merecem a atenção dos leitores de diversos países.[11]

Literatura Alemã

No início do século na Alemanha kaiseriana ressoa o apelo vibrante da voz de além-túmulo de Nietzsche, cuja obra erige o ideal messiânico do super-homem e ataca impiedosamente o cristianismo de sua época, bem como o germanismo bismarquiano. Nietzsche, no fundo, prega o retorno ao naturismo místico germânico. Segundo alguns, sua obra faz eco às revoltas e às aspirações secretas da alma germânica. "De sua doutrina, necessariamente incoerente, seus continuadores sublinharam até agora, de um lado, a apologia da força e, de outro, a radiosa magia de uma poesia anteriormente desconhecida."[12] Nietzsche "teve discípulos numerosos como a areia do mar, alguns dos quais não retiveram senão o que havia de pior nele."[13]

No primeiro pós-guerra a derrota alemã provoca uma agitação que se reflete na produção literária. Temos então um neorrealismo e o nacional-socialismo. Encontramos autores de romance pacifista e autores de narrativas belicosas. "Mas a verdadeira repercussão da guerra não está nisso: ela se manifesta pela literatura chamada *expressionista,* se bem que os primórdios desta remontem a 1910 e mesmo além (grupo Charon 1904; grupo Tempestade 1910). Pode-se, antes de tudo, encarar esse movimento – a ser situado entre 1910 e 1924 – como uma negação do naturalismo, muitos especialmente sob sua forma impressionista."[14]

Por volta de 1924 nota-se o surgimento de um realismo positivo, lúcido e energético, que corresponde, no setor literário, à racionalização em curso na economia alemã. Chegamos agora no que se considera a literatura do terceiro Reich, caracterizada por um "retorno delirante ao germanismo".[15] Inspirada por Tröltsch e Spengler, ela recomenda unanimemente a disciplina

---

[11] Idem, ibidem, p. 3.667.
[12] Pitrou, *Literatua alemã*, p. 3.733.
[13] Alexandre, *Litterature Allemande*, p. 1.158.
[14] Pitrou, obra citada, p. 3.734.
[15] Idem, ibidem, p. 3.735.

consentida, coletiva e o trabalho libertador: retoma aos gregos a ideia de *polis* e *paideia* e a Fichte a noção de nação-povo, e reata com a antiga tradição de Lutero, do pré-romantismo de Wagner e Nietzsche: o culto da raça forte, o antiliberalismo".[16]

Sobre a literatura alemã após a Segunda Guerra vamos limitar-nos a observar a existência de uma geração nova de escritores e também o reaparecimento de autores anteriores ao conflito, mas que se haviam recolhido ao silêncio durante a ditadura nazista e que agora retornavam à atividade literária, usufruindo da liberdade de expressão nas regiões não ocupadas pela União Soviética.

Literatura Inglesa

A Literatura Inglesa no século XX se insere no trágico contexto dos dois grandes conflitos mundiais e de profundas transformações que externa e internamente modificam estruturas políticas, sociais e econômicas. Sirvam como exemplo os chamados poetas da guerra que formam uma geração à parte. "Figuras patéticas, muitos são mortos, deixando as provas de talentos precoces e de uma maturidade dolorosa. Sua piedade social e humana completa-se em uma revolta, em um grande amor e uma grande esperança incerta. Raros são os acentos em que os sentimentos imediatos de heroísmo e de energia se exprimem sem reserva. Mais raras são as palavras de ódio. Os temas essenciais são a resignação, o sofrimento, a amargura ou o *élan* apaixonado da alma para com as queridas lembranças."[17]

Convém chamar atenção para a mudança na mentalidade dos meios intelectuais em fins do século XIX, mudança esta que vai refletir-se na produção literária, especialmente no romance inglês: "Desde o fim do século XIX produziu-se uma modificação profunda na inspiração e na técnica do gênero, que assim se renovou inteiramente. Ao conformismo da época vitoriana sucedeu um individualismo muito nítido, favorecido pela voga das teorias freudianas

---

[16] Idem, ibidem.
[17] Legouis e Cazamian, *Histoire de la Litterature anglaise*, p. 1.274

e pela influência dos ficcionistas russos, de um lado, e de outro pelo impacto das novas ideias econômicas, sociais e filosóficas. O romance emancipava-se".[18]

O Segundo Conflito Mundial criou um breve período de confusão: "O problema que se impunha a todos, poetas, romancistas ou filósofos era tornar a encontrar um equilíbrio na tempestade. Não puderam sob a violência do primeiro golpe, que subvertia quase todas as normas da vida social. Mesmo a organização material da existência estava destruída, paralisando por um tempo a técnica da criação literária".[19] Os noviços, bem como os veteranos das letras, estavam reduzidos ao silêncio, mas a reação se produziria por degraus: "Inicialmente os romancistas já conhecidos recomeçaram a escrever, descobrindo não sem surpresas que um público ainda ampliado acolhia com fervor as obras construídas sobre um plano tradicional".[20]

É interessante notar que o período entre 1919 e 1930 constitui um dos mais ricos da história da Literatura Inglesa. "Desde 1922 Joyce, no Ulisses, e T. S. Eliot, na *Terra vã*, subvertem as técnicas do romance e da poesia."[21] Em 1930 a crise econômica desperta o senso das injustiças sociais. Marxismo, religiosidade e política refletem-se na literatura. Com a Segunda Guerra Mundial aviva-se a nostalgia do passado. Percebe-se também uma abertura "a correntes que não estão mais na escala da velha Europa".[22] Registre-se que na metade do século XX há uma grande difusão de livros, para a qual contribui a *Penguin Books,* que põe a literatura contemporânea ao alcance do grande público.

Somente a título de exemplo vamos citar alguns nomes relevantes da Literatura Inglesa que se notabilizaram principalmente na primeira metade do século XX.[23] Thomas Hardy (1840-1928), amargo, pessimista, focaliza a natureza e os costumes rurais. Henry-James (1843-1916), americano naturalizado inglês, "psicólogo sutil e requintado do mundo elegante". O escocês R. L. Stevenson (1850-1894) tornou-se famoso com seus notáveis roman-

---

[18] Coquelin, *Literatura Inglesa*, p. 3.709.
[19] Idem, ibidem, p. 1.296
[20] Idem, ibidem
[21] Maisonneuve, *Litterature Anglaise*, p. 502.
[22] Idem, ibidem.
[23] Seguimos Coquelin, obra citada, p. 3.709 e ss.

ces de aventura. Os romancistas policiais cativam o público: Conan Doyle (1859-1930) e Agatha Christie. Rudyard Kipling (1865-1936), arauto do imperialismo inglês, é o romancista da Índia. Herbert G. Wells (1866-1946) escreve impressionantes romances científicos. D. H. Lawrence (1885-1930) encarna a rebelião contra a honestidade respeitável da sociedade. G. K. Chesterton (1874-1936), Hilaire Belloc (1870-1935), ardentes defensores do catolicismo. São também católicos os escritores Maurice Baring (1874-1945) e Graham Green. Para terminar esta incompleta relação lembremos ainda: George Bernard Shaw (1856-1950), socialista convicto, que fez do teatro um instrumento de polêmica; Aldous Huxley e Virginia Woolf, que "impressionam o público tanto por seus artigos como por seus romances".

Literatura Russa

Quando a revolução Russa destruiu o regime czarista, a Literatura Russa sofreu uma transformação radical. A queda do antigo regime acarretou o desaparecimento quase imediato de muitas escolas poéticas e seus representantes dispersaram-se, emigraram, desapareceram, abandonaram toda atividade literária ou ainda ligaram-se à Revolução, como Alexandre Blok e André Bielyi. A poesia russa tomaria agora novos rumos. Enfatize-se que ao silêncio da prosa corresponde uma intensa atividade poética. Os mais belos versos que a Revolução Social inspira são de autoria de Alexandre Blok em *Os Doze* e *Os Scytas*.

No início da Revolução a escola poética mais influente foi o futurismo, aliás nascido ainda em pleno regime czarista. Os futuristas acolheram com entusiasmo o poder bolchevista, constituindo uma vanguarda literária cujos membros adquiriram a simpatia de Lênin: "uma vez integrados na Revolução, não somente enriqueceram a poesia russa de obras válidas, mas ainda contribuíram para a consolidação do novo regime através de manifestações poéticas em que, diante de um auditório virgem, exaltaram o bolchevismo e a ditadura do proletariado".[24]

---

[24] Goriély, *Litterature Russe*, p. 1.657.

Entre os líricos destacamos (somente a título de exemplo) a figura de Vladimir Maiakovski (1892-1930), que, entretanto, não hesita em abandonar seu lirismo para cantar os acontecimentos que vão mudar a face da terra. Faz um virulento ataque à sociedade capitalista e interpreta a dor do povo pela morte de Lênin. Maiakovski, que se suicidou, expressou o que seria a nova Rússia, a URSS em seus sobressaltos, suas lutas e seus esforços cotidianos. Boris Pasternak (1890-1960), poeta de velha geração, é considerado, no estrangeiro, como maior poeta soviético. É interessante sublinhar que todos os seus poemas, em verso e em prosa, são líricos e, de certo modo, fora das preocupações sociais. "Pasternak continua a tradição da poesia ocidental sem estar em contato com a mesma havia trinta anos. É uma parcela da poesia europeia perdida com uma ilhota no meio das estepes".[25] Ainda no campo da poesia, vamos lembrar uma corrente conhecida como Proletkult (abreviação de "cultura proletária"), que constituiu a primeira tentativa de criar uma arte especificamente proletária. Formou-se uma vasta organização com milhares de aderentes e cuja atividade durou de 1918 a 1923.

Terminada a guerra civil, surge uma nova geração de escritores. A prosa vem disputar seu lugar. "Lênin instaurou a Nova Economia Política (N.E.P.) e, por analogia, chamou-se de "N.E.P. Literária" a liberdade dada ao setor privado da literatura. Pela primeira vez, depois da Revolução, o conto, o romance começaram a aparecer.[26]

Um grupo literário chama atenção: "Os Irmãos Serapião", protegidos junto ao Kremlim por Gorki. Três temas dominam, então, a Literatura Russa: guerra civil, a cristalização dos novos costumes e, a partir de 1925, a reconstrução do país. Deve-se observar aqui que em 1921, quando havia uma relativa liberdade na criação artística, o partido comunista passa a vigiar a atividade literária. Assim é que três congressos do Partido Comunista, respectivamente em 1922, em 1923 e 1925, pronunciam-se a favor da luta contra as tendências reacionárias da pequena burguesia na literatura. Exige-se uma produção literária autenticamente socialista considerada necessária para a formação popular e especialmente da juventude estudantil.

---

[25] Idem, ibidem, p. 1.662.
[26] Idem, ibidem, p. 1.666.

De 1929 a 1932 as letras soviéticas encontram-se sob a ditadura da R.A.P.P. (Associação Pan-russa dos Escritores Proletários). De 1933 a 1934 as publicações soviéticas abordam o tema do *homem novo*. Stalin falou do homem, o capital mais precioso. Gorki tornou-se o diretor de consciência da época em que a vida se dizia mais alegre e mais fácil.

Não cabe aqui prosseguir com estas breves e incompletas observações sobre a atividade literária no mundo do U.R.S.S.. Vamos encerrar nossas considerações lembrando ainda uma vez a figura notável de Boris Parternak, agora como prosador e autor do Doutor Jivago. Esta obra-prima proporcionou a seu autor a concessão do Prêmio Nobel em 1958, que ele foi obrigado a recusar. "O Doutor Jivago representa a revanche do ocidentalismo sobre as tendências eslavófilas, do espiritualismo sobre a filosofia materialista, do individualismo sobre o coletivismo, da liberdade de criação sobre o dirigismo literário e artístico...".[27] Encerremos sobre Pasternak: ele declarou em seu Ensaio de Autobiografia, aparecido na mesma ocasião do Doutor Jivago, que a partir de 1932, data em que o realismo socialista tornou-se corrente oficial e única, a literatura russa cessa de existir e os livros publicados devem ser considerados como nulos.[28]

Literatura Norte-Americana

A Literatura Norte-Americana, no século XX, merece algumas linhas. Convém, desde logo, observar que através da história dos Estados Unidos encontramos, desde os primórdios, uma produção literária abundante, mas com características bem diferenciadas das realizações literárias europeias. "Os escritores americanos e o público dos séculos XVII, XVIII e XIX tiveram consciência de fazer parte de um conjunto civilizado do qual constituíam apenas um elemento. Entre eles a criação literária foi sempre uma aventura, um empreendimento privado, e não uma espécie de função pública...".[29]

---

[27] Idem, ibidem, p. 1.701.
[28] Idem, ibidem.
[29] Fay, *Literatura americana*, p. 3.802.

Cabe, aqui, chamar atenção do leitor para algumas características da evolução literária norte-americana: 1) Conservação do idioma inglês com a preservação de certo vocabulário que se tornou arcaico, pois em desuso na Inglaterra, mas continuou usado pelos americanos; 2) A literatura profana (especialmente século XVII) era constituída de almanaques e alguns ensaios históricos, paralelamente desenvolveu-se uma literatura religiosa que, no campo da moral (especialmente puritana), constituía um denominador comum à diversidade doutrinária própria das inúmeras seitas nascidas do livre exame da Bíblia; 3) Os grandes escritores americanos foram personalidades isoladas. Cabe aqui uma observação interessante: a influência da exuberância da natureza americana. Ocupa aqui um lugar eminente o grande rio que cruza o continente de norte a sul, o Pai dos Rios. "Uma literatura em que brilham os nomes de Mark Twain e de Faulkner foi fecundada pelo limo do Mississipi."[30] "É a submissão do homem à natureza que doa ao homem sua dignidade, escreve T. S. Eliot"[31]; 4) Deve-se lembrar, entre outros aspectos da evolução da literatura norte-americana, o aparecimento do negro. "Os negros fazem seu aparecimento; mas é necessário distinguir entre uma literatura de escritores brancos explorando assuntos negros, como a de Joel Chandler Harris, autor do célebre *Uncle Remus*, e uma literatura feitas por negros...".[32]

Depois dessas rápidas e incompletas considerações em torno da Literatura Norte-Americana, passemos a brevíssimas observações referentes a essa Literatura no século XX.[33] Comecemos lembrando que nos albores do século a Literatura perde dois personagens notáveis: Mark Twain (1835-1910), e William James (1842-1910). Mark Twain, pseudônimo de Samuel Langhorne Clemens, "soube rir da Europa e dos europeus, da América e dos americanos, sem perder o gosto pelas coisas, pelos seres, pela vida (*Ingênuos no Estrangeiro*, 1869; *Tom Sawyers*, 1876; *Huckleberry Finn*, 1884 etc.)". A América de Mark Twain "é a América de sua infância, variegada e aventurosa, que ele via subir e descer o grande rio sobre barcos de roda. Ele a descreve

---

[30] Mohrt, *Littérature anglaise des U.S.A.*, p. 559.
[31] Idem, ibidem. Note-se: Elliot (T. S.) foi um poeta e autor dramático inglês de origem americana. Viveu de 1888 a 1965.
[32] Mohrt, obra citada, p. 588.
[33] Fay, *Literatura americana*, p. 3.806.

com amor em suas obras-primas: *The Adventures of Tom Sawyer, The Adventures of Huckleberry Finn*. Os personagens, os cenários foram fornecidos ao escritor pelo ambiente de sua infância".[34] William James tornou-se famoso no campo da psicologia com sua obra *Principles of Psychologie*, mas sua principal doutrina está concentrada em suas duas obras: *Pragmatism*, a *New Name for Some Old Ways of Thinking* (1907) e *The Varieties of Religious Experience* (1902). Estamos aqui em face do vitalismo pragmatista: "Para James a verdade não é verdade absoluta e geral (*Truth in general*), mas verdade aqui e agora, cujo valor consiste em sua aptidão para resolver uma situação ou um problema determinado".[35]

O seguinte texto dá-nos uma ideia da mentalidade americana e seus reflexos nas atividades culturais: "Antes da Primeira Guerra Mundial, o futurismo e outras correntes não objetivas; na pintura, a dissonância; e o *jazz* na música; o freudismo, na psicologia; a "interpretação econômica", na história; tudo chocava os devotos da tradição aristocrática nos Estados Unidos. Após a guerra, o mordaz pessimismo prenunciado na poesia dos primeiros americanos expatriados, como Ezra Pound (que saiu de Crawfordsville, na Indiana, para viver na Itália, em 1908) e T. S. Eliot (que deixou Boston, radicando-se em Londres, em 1914), tornou-se característico da expressão americana. Eugene O'Neil terá sido talvez o mais importante escritor americano na década de 1920. O seu ambiente característico era o *Golden Swann* – conhecido pelos seus *habitués* como o "Buraco do Inferno...".[36] Na época que precede o Primeiro Conflito Mundial há uma intensa produção literária e pode discernir-se então a manifestação de diferentes tendências. Assim, por exemplo, a tendência tradicional que visava continuar na América a Literatura Inglesa, com suas narrativas, suas histórias e seu sentimentalismo pós-romântico. Entre os romancistas desenvolve-se um movimento radical e realista. Deve-se mencionar, agora, a atuação de Theodore Dreiser (1871-1943) e de um grupo de jovens de Chicago. Desenvolve-se então uma atividade veemente de protesto social. Dreiser, filho de imigrantes alemães, temperamento vigoro-

---

[34] Mohrt, obra citada, p. 590.
[35] Klimke, *Colomer, História de la Filosofia*, p. 756.
[36] Miller, *Nova História dos Estados Unidos*, p. 314.

so, domina a situação. Se quisermos caracterizar a obra romanesca de Dreiser, "são as palavras poder, honestidade e força que vêm sob a pena. Sabe-se, há poucos romancistas nos quais essas qualidades acompanham-se de estilo, ou simplesmente de um estilo. O de Dreiser é indigesto e pesado".[37] Deve-se ser lembrada aqui Gertrude Stein (1874-1946): "com grande originalidade e autoridade imensa, ela buscou e conseguiu renovar a linguagem e a própria literatura".[38] É interessante recordar que Gertrude Stein, emigrada para a Europa, recebe aí os expatriados. Estamos aqui em face de jovens americanos idealistas que haviam lutado na Europa e ao regressarem sentem-se estrangeiros. Hemingway estivera na Itália; Dos Passos, E.E. Cummings, Malcolm Cowley na França; Faulkner na R.A.F. canadense. Esses jovens, em grande parte, procuram fugir: sentem-se integrados numa geração de exílio (geração perdida). "Em Paris, em Montparnasse, na Côte d'Azur, em Roma, em Berlim, os novos expatriados vêm plantar sua tenda. Sua primeira visita é para Gertrude Stein, ela também uma emigrada de longa data, que com Ezra Pound vai servir-lhes de confessor e de mentor. Amiga de Picasso, de Joice e dos surrealistas, Gertrude Stein estava na dianteira de todas as pesquisas artísticas. Ela mesma experimentava uma nova maneira de escrever, desembaraçada da retórica...".[39] Somente a título de exemplo chamamos atenção para três integrantes da geração perdida.

John dos Passos (1896) tomou parte na Primeira Guerra Mundial do serviço de ambulância, "é um dos escritores mais sérios da escola pessimista e revoltada dessa 'geração perdida', vítima da crise econômica, moral e social do pós-guerra, e um dos mais interessados na técnica do romance, à qual muitos de seus contemporâneos (sobretudo Hemingway e Faulkner) trariam tantas inovações".[40]

Ernest Hemingway (1898-1961), "talvez o criador da prosa americana contemporânea, repórter personalíssimo das duas guerras mundiais, foi de saída niilista, mas com um dom de compaixão oculta; seu mundo parecia

---

[37] Mohrt, obra citada, p. 593
[38] Fay, *Literatura americana*, p. 3.808
[39] Mohrt, obra citada p. 606
[40] Fay, obra citada, p. 3.808.

dominado por uma fatalidade sombria e dissolvente...".[41] Entre suas obras, lembremos: *Adeus às Armas* (1929) e *Por quem os sinos dobram* (1940).

William Faulkner (1897-1962) escapa a toda classificação: "Sua obra é uma grande obra realista do mesmo modo que alegórica". [42] Encontramos aí um quadro do mundo social em decadência, com sua aristocracia moribunda, seu proletariado negro e branco. A obra de Faulkner (Prêmio Nobre de Literatura) testemunha a decadência do homem. Nele se encontram e se fundem Hemingway e Dos Passos, o herói solitário e em desespero, e o satírico acerbo e revoltado.[43]

Após a vitória de 1945 encontramos uma geração nova de romancistas, de poetas e de dramaturgos – mas os romancistas dominam – que "dá a mão à geração perdida".[44] Após a Guerra da Coreia surge no país um sentimento de revés e de culpabilidade, despertando um nacionalismo agressivo que se traduz pelo Maccarthysmo e pela caça às bruxas. Na época da Guerra da Coreia aparece na literatura romancista um herói diferente daquele da geração perdida.

Literatura Espanhola

Desde o final do século XIX, a literatura espanhola, segundo Verdevoye e Urrutia, "define-se como uma reação contra o realismo e o naturalismo em arte, o positivismo em filosofia e o conformismo da vida burguesa". Em compensação vê-se afirmar aí um neoespiritualismo, a liberdade criadora, um retorno à intimidade. Note-se que, apesar de outras influências na literatura, a Espanha permanece sendo a principal fonte de inspiração, "é profundamente original e, graças à qualidade de seus representantes, retoma um prestígio que ela havia pouco a pouco perdido desde o Século de Ouro".[45] Dois acontecimentos marcam, de certa forma, os novos rumos da Literatura

---

[41] Idem, ibidem, p. 3.809.
[42] Mohrt, obra citada, p. 612.
[43] Fay, obra citada, p. 3.809.
[44] Mohrt, obra citada, p. 616.
[45] Verdevoye e Urrutia, *Litterature Espagnole*, p. 684.

Espanhola na mudança de século: a Geração de 1898 e o Modernismo. O ano de 1898 assinala para a Espanha a perda de suas últimas colônias e o aniquilamento de sua Marinha; no campo literário, entretanto, há um despertar da consciência nacional. Um grupo de escritores e de artistas, que Azorin batizará com nome de Geração de 1898, inquietava-se, já havia algum tempo, com a decadência da Espanha e procurava suas causas. Esses homens não possuíam os mesmos sentimentos de seus antecessores. A corrente que eles representam tem um significado histórico e espiritual. Em 1905 quase todos os escritores (que têm entre si divergências) reúnem-se para celebrar, sob diversos títulos, "o tricentenário de Don Quichotte, mito referencial em que eles querem encontrar a explicação do destino nacional e do comportamento individual, uma fonte de prestígio e de confiança, uma consolação e um exemplo a seguir".[46] Camp observa que, "graças à Geração de 1898, a Espanha realiza um esforço supremo para salvar sua história, romper com seu passado mais próximo e reincorporar-se à cultura mundial".[47]

O Modernismo é uma corrente literária, sobretudo poética, originária da América Latina sob a influência dos poetas franceses. Há rejeição, interpretação e fusão entre as duas correntes literárias. Unamuno e Baroja recusarão o Modernismo, mas, quando o poeta nicaraguense Ruben Dario vem pela segunda vez à Espanha, há uma fusão.[48] Na realidade cada escritor tem seu próprio rumo. Vejamos, a seguir, somente a título de exemplo, e longe de exaurir o assunto, alguns nomes de maior evidência na atividade literária desenvolvida na Espanha através do século XX. Não se trata aqui, é prudente sublinhar, de apresentar uma síntese completa da Literatura Espanhola na época em tela.

Ramon Maria del Valle Inclan (1869-1936) deixou uma obra considerável. Lembremos apenas as sonatas em prosa e suas belas narrativas. "Em sua geração, Valle-Inclan representa, antes de tudo, a arte pela arte. Deu à prosa de seu tempo uma flexibilidade e uma musicalidade inigualáveis."[49]

Pio Baroja (1872-1956) é um basco cético que estudou medicina, mas acabou dedicando-se somente ao romance. É o narrador por excelência de sua geração. Seus romances pintam costumes e paisagens da terra basca.

---

[46] Aubrun, *La littératur Espagnole*, p. 97.
[47] Camp, *La Littérature Espagnole*, p. 104.
[48] Verdevoye e Urrutia, obra citada, p. 685.
[49] Camp, obra citada, p. 108.

Miguel de Unamuno (1864-1936) é o mestre da nova geração, mais basco ainda que Borja, mas nada tem em comum com este. Foi professor de grego e reitor da Universidade de Salamanca. Em todos os seus livros nota-se a preocupação com o valor trágico da vida. Em seus escritos (ensaio e artigo de jornal) revela sua tríplice preocupação: o problema da personalidade, o problema do destino do homem e o da imortalidade da alma.

Azorin, pseudônimo de José Martinez Ruiz (1873-1967), é um ensaísta por essência. "Azorin tem o sentido agudo do efêmero da vida humana e da iminência da morte e seu desejo é reter esta vida fugaz, descrevendo-a minuciosamente com uma intensa pureza de linguagem".[50]

Gabriel Miró (1879-1930) escreveu romances "em estilo muito trabalhado, rico em sugestões e de profunda melancolia". [51]

José Ortega y Gasset (1883-1956) "é, com Unamuno, o maior pensador da época".[52] Opondo-se a Unamuno, Ortega y Gasset estima que "as ideias são mais interessantes que os homens".[53] Através de seus escritos, de sua *La Revista de Occidente* (1923-1936), Ortega torna-se "mentor da jovem elite intelectual". [54]

Salvador de Madariaga (1886) "vê os espanhóis com os olhos de um europeu, os europeus com os olhos de um espanhol: ingleses, franceses *y españoles* (1928)". Defende com fervor o prestígio de seu país, "lá onde foi caluniado: por exemplo, a aculturação da América Espanhola...".[55]

Ramon Menendez Pidal (1869-1968) "pôs em valor, com uma erudição excepcional, as correntes patrióticas e morais da história da cultura e das letras espanholas.[56]

Depois desta incompleta exposição de alguns notáveis nomes da Literatura Espanhola, vamos encerrá-la com as seguintes prudentes considerações: a proximidade no tempo, que nos vincula aos escritores espanhóis da atualidade, torna

---

[50] Idem, ibidem, p. 106.
[51] Toro, *Literatura Espanhola*, p. 3.682.
[52] Camp, obra citada, p. 117. Notar: em Aubrun, obra citada, p. 107, data da morte é 1955.
[53] Verdevoye e Urrutia, obra citada, p. 698.
[54] Aubrum, obra citada, p. 107.
[55] Idem, ibidem, p. 108.
[56] Idem, ibidem, p. 109.

difícil realizar uma seleção... Podemos imaginar que no Século de Ouro espanhol houve centenas de escritores – poetas, novelistas, dramaturgos – dois quais só um escasso número ficou na lembrança dos homens. "Do mesmo modo, dos centenares de literatos atuais, só alguns alcançarão a imortalidade."[57]

Literatura Hispano-Americana

A Literatura Hispano-Americana toma novos rumos por volta de 1880, quando os escritores da América Espanhola sentem a necessidade de uma renovação radical, que é estimulada por uma reação contra o imperialismo norte-americano. A nova geração de escritores insere-se no movimento conhecido como Modernismo, que não constitui propriamente uma escola literária, mas é, antes, uma atitude individual e intelectual manifestada tanto nas letras como na política. No campo literário encontramos, então, uma minoria de escritores que vai além do legado da civilização hispânica e aceita prazerosamente outras influências, adotando uma cultura cosmopolita com a marca da presença francesa.

Não cabe espaço aqui para um estudo aprofundado da Literatura Hispano-Americana no século XX. Limitar-nos-emos, como já o fizemos acima no tocante às literaturas de outros países, a uma breve e incompleta enumeração de alguns nomes que se destacaram na atividade literária. Acentua-se que, com o Modernismo, a Literatura Hispano-Americana não só adquire um lugar na Literatura Universal, mas chega também a influir nas letras peninsulares. Note-se: "O Modernismo condenava o Prosaísmo contido no Realismo e em seu extremo o Naturalismo para intentar uma evasão da realidade mediante as inovações rítmicas, o emprego de temas esquisitos e exóticos, e o uso de palavras novas que sugeriam ideias de cor ou promoviam verdadeiras sensações no leitor."[58] Entre os iniciadores do Movimento Modernista (talvez sem plena consciência de que o faziam), podemos lembrar:

José Martí (1853-1895), que lutou pela independência de Cuba, proclamava sua desconfiança em relação à civilização norte-americana. Seus versos no Ismaelillo figuram entre os primeiros do Modernismo.

---

[57] Marin, *Siglo XX*, capítulo *sobre* "Cultura y Arte", p. 579.
[58] Marin, *Siglo XX*, p. 50.

Manuel Gutierrez Najera criou a novela modernista com seus *Cuentos frágiles,* de 1882, e fundou a Revista Azul (1894), que congregou os modernistas.

Julian de Casal, cubano, passou do Romantismo para o Modernismo.

Salvador Diaz Mirón, mexicano, caracteriza-se por uma preocupação estética.

José Asunción Silva (Bogotá) produz uma poesia de grande riqueza rítmica, mas impregnada de nostalgia. Encerremos estas brevíssimas notas sobre o Modernismo, lembrando a notável figura do nicaraguense Felix Ruben Garcia Sarmiento (1867-1916), universalmente conhecido como Ruben Dario. Não é possível retratar aqui a agitada vida deste nicaraguense na América Central, na Espanha e em Buenos Aires (onde reúne em torno de si a juventude literária em busca de transformações) e na França. Na Europa Dario produz a obra-prima de sua maturidade *Cantos de vida y esperanza* (1905). Com a saúde física e mental debilitada, Ruben Dario falece na Nicarágua em 1916. "A projeção de Ruben Dario na América Espanhola foi extensíssima, sobressaindo entre outros os nomes dos argentinos Leopoldo Lugones (1874-1938), que oscilou entre um violento socialismo em sua juventude até um exaltado nacionalismo em sua maturidade; o boliviano Ricardo James Freire (1868-1933), que levou ao campo social e político as ideias da nova tendência literária; o uruguaio Julio Herrera y Reising (1875-1910), excessivamente afrancesado; a fabulosa personalidade do peruano José Santos Chocano (1875-1934), grandiloquente e retórico, que costumava afirmar que os versos homéricos eram, na realidade, chocanianos; o colombiano Guillermo Valencia (1873-1943), indigenista e introdutor do Modernismo em seu país...".[59]

A influência do Modernismo foi tão grande que as gerações literárias seguintes viram-se no dilema de respeitá-lo e prolongá-lo ou fazer-lhe oposição. Um fato é inquestionável: cultores das letras não podiam, entretanto, ignorar a revolução linguística que fora desencadeada. A seguir, após breve observação sobre a Literatura Hispano-Americana contemporânea, vamos limitar-nos a citar alguns dentre os muitos autores que merecem um estudo aprofundado numa obra dedicada especialmente à Literatura. As consequências das guerras de 1914-1918 e de 1939-1945 refletiram-se evidentemente

---

[59] Idem, ibidem, p. 51.

na inspiração de prosadores e de poetas. A Literatura Hispano-Americana apresenta-se então rica em ensaios de interpretação da realidade latino-americana. Problemas sociais, problemas raciais (índios, negros), são temas de debates e controvérsias. A literatura hispano-americana contemporânea apresenta, no fundo, uma unidade cultural marcada indelevelmente pelo emprego da língua espanhola.

Para terminar, lembremos somente a título de exemplo, alguns nomes de personalidades marcantes no campo das letras:

Argentina

Jorge Luis Borges (1899) que domina a poesia hispano-americano a partir de 1920 e perpetua a grande tradição cosmopolita dos modernistas.

Gustavo Martinez Zubiría (1883-1962) usou o pseudônimo de Hugo Wast e foi um narrador realista.

Chile

Pablo Neruda, pseudônimo de Ricardo Elieser Neftali Reyes (1904-1973), comunista, autor do Canto General, em que canta a vida do continente.

Gabriela Mistral, pseudônimo de Lucila Godoy Alcayaga (1889-1957), poetisa, produz uma obra de profundo sentimento cristão, em que revela uma compaixão e um imenso amor pelos seres e pelas coisas. Prêmio Nobel de Literatura em 1945.

México

Afonso Reyes (1898-1959), um dos grandes reformadores do Ensino Superior, foi filólogo, pedagogo e cultivou diversos gêneros literários. Embora essencialmente poeta, deixou uma imensa obra em prosa com mais de cem títulos.

José Vasconcelos (1882-1959) cultivou a Filosofia, o teatro e "o ensaio penetrante nos cinco volumes de suas Memórias". [60] Foi chamado "Mestre da Juventude da América".

Brasil

Sobre o Modernismo na Literatura Brasileira vale repetir essa síntese de Manoel Bandeira:[61] "Os modernistas introduziram em nossa poesia o verso livre, procuraram exprimir numa linguagem despojada da eloquência parnasiana e do vago simbolista, menos adstrita ao vocabulário e à sintaxe clássica portuguesa. Ousaram alargar o campo poético, estendendo-o aos aspectos mais prosaicos da vida, como já o tinha feito, ao tempo do romantismo, Álvares de Azevedo. Movimento, a princípio, mais destrutivo e bem caracterizado pelas novidades de forma, assumiu mais tarde cor acentuadamente nacional, buscando interpretar artisticamente o presente e o passado brasileiro sem esquecer o elemento negro entrado em nossa formação. Foram seus pioneiros e principais porta-vozes: Mario de Andrade, Oswaldo de Andrade, Menotti Del Picchia, Guilherme de Almeida, Sergio Milliet, em São Paulo; Ronald de Carvalho, Ribeiro Couto, Renato de Almeida, no Rio".[62]

---

[60] Idem, ibidem, p. 583
[61] "Literatura Brasileira", p. 3.478, tome VII da *Enciclopédia Delta Larousse*.
[62] "Literatura Brasileira", p. 3.479. *Enciclopédia Delta Larousse*, tomo VII.

FILOSOFIA

Estudados de maneira sucinta alguns aspectos da evolução da Literatura, com ênfase especial dado ao Modernismo, vamos tentar um resumo das principais correntes filosóficas que se projetaram a partir do início do século XX. Convém, desde logo, chamar atenção do leitor para alguns traços característicos do pensamento filosóficos do primeiro quartel do novo século.[1] Como já observamos, em outros capítulos, não se pode simplesmente descartar a permanência da influência do século XIX. Bochenski anota: "O final do século XIX e o início do século XX encontram-se sob o signo de profunda crise filosófica, cujos sintomas são a aparição de movimentos contrários às duas posições mais potentes do pensamento moderno, que são o mecanicismo materialista e o subjetivismo". Ainda o mesmo autor: "Os epígonos do século XIX ainda não são tidos nessa conta; pelo contrário, mostram-se muito ativos e influentes, e, em vários países, como na Inglaterra e Itália, dominam a situação até a guerra de 1914".[2] Novas ideias, entretanto, são divulgadas e algumas chegam a encontrar amplo acolhimento entre os intelectuais preocupados com os rumos do pensamento filosófico. Entre as principais escolas podemos lembrar: "os empiristas e os idealistas, que todavia se alimentam com as ideias do século XIX; os filósofos da vida, os fenomenólogos e os neorrealistas, que são os partidários das ideias novas".[3] Cabe aqui uma advertência importante: nas linhas seguintes vamos registrar

---

[1] Seguiremos aqui Bochenski, *A Filosofia Contemporânea Ocidental*, p. 43 e ss.
[2] Idem, ibidem, p. 32 e p. 43.
[3] Idem, ibidem, p. 43.

as correntes principais da filosofia nas primeiras décadas do século XX, bem como focalizar brevemente alguns dos integrantes dessas mesmas correntes, mas, note-se, impõe-se a observação de que profundas discrepâncias separam filósofos agrupados sob o mesmo rótulo. [4] Entre outras, podemos lembrar algumas características encontradas, com exceções, nas principais correntes filosóficas da época em tela:[5] atitude antipositivista (traço fundamental presente em toda parte; note-se que o positivismo limita o conhecimento filosófico apenas ao domínio dos fatos observáveis por meio da experiência); realismo (realismo imediato, isto é, o poder de captar o ser diretamente); pluralismo (oposição ao monismo idealista e materialista do século XIX), atualismo (o interesse concentra-se no devir), personalismo (insistência na dignidade peculiar da pessoa humana), especialização (aparato conceitual especializado, dotado de rico vocabulário abstrato), produtividade (fecunda produção filosófica com multiplicidade de problemas versados), interdependência (intensidade de contato entre filósofos de diversas tendências). Tentemos, agora, uma brevíssima exposição dos sistemas filosóficos mais importantes da época em foco, lembrando, a título de exemplo, um e outro pensador que se enquadre de certa forma em um desses sistemas. Julgamos oportuno repetir a advertência de Bochenski: "É possível distinguir os sistemas mais importante de nossa época sob dois pontos de vista: segundo o conteúdo doutrinal e segundo o método. Do ponto de vista do conteúdo, podemos dividi-los em seis grupos. Temos, em primeiro lugar, as duas direções que prolongam a atitude mental do século XIX: o empirismo ou a filosofia da matéria, como continuação do positivismo, e o idealismo em suas duas formas, a hegeliana e a kantiana. Temos, em seguida, duas doutrinas às quais se deve a ruptura com esse século: a filosofia da vida e a filosofia da essência, ou seja, a fenomenologia. Finalmente surgem dois grupos que exprimem a tentativa mais original e significativa de nosso tempo: a filosofia da existência e a nova metafísica do ser".[6]

---

[4] Idem, ibidem.
[5] Idem, ibidem, p. 54 e ss.
[6] Idem, ibidem, p. 49.

Filosofia da Matéria

Estamos aqui em face de pensadores que se revelam, em maior ou menor escala, propensos ao materialismo. No homem veem uma parte integrante da natureza não diferindo essencialmente dos demais seres naturais. As Ciências da Natureza constituem a autoridade suprema em matéria de conhecimento. Bochenski engloba sob a denominação de Filosofia da Matéria vários sistemas de diferente orientação: a filosofia de Bertrand Russel, o neopositivismo e o materialismo dialético. "Tanto Russell quanto os materialistas dialéticos assumem uma posição francamente antirreligiosa". [7] Bertrand Russell deixou uma multidão de escritos referentes à multiplicidade de problemas que despertaram sua atenção. Podem-se distinguir duas faces na evolução do pensamento de Russell: "a princípio, ele trabalhou sob o signo da matemática, que se lhe afigurava ser o ideal da filosofia. Fala dela com o entusiasmo de um discípulo de Platão. De modo geral, ele era então um Platômico convicto. Para ele era evidente, para além da realidade empírica, a existência de universais que apreendemos diretamente e que possuem existência própria, independente das coisas e do espírito".[8] Posteriormente e aos poucos Russell altera seu pensamento: nem sequer na matemática encontra beleza platônica: "pois ela nada mais é do que simples instrumento prático da ciência. Hoje Russell é francamente um cientista clássico: defende que só os métodos científico-naturais podem proporcionar conhecimentos; acredita no aperfeiçoamento do homem pela técnica e fala do progresso com entusiasmo".[9] Na realidade estamos aqui diante de uma atitude intelectual instável, em perpétua evolução e sujeita a contradições. Alan Ryan sintetiza sobre Russell: Bertrand Russel destacou-se por abandonar quase todas as posições que adotou, porém nunca abandonou a convicção de que a tarefa da filosofia consiste em explicar como podemos conhecer o que conhecemos do mundo".[10] Na realidade sobre a marcha do pensamento de Russell "pesa um ceticismo quase total".[11]

---

[7] Idem, ibidem, p. 59.
[8] Idem, ibidem, p. 63.
[9] Idem, ibidem.
[10] Alan Ryan, "El desarrollo de uma cultura global", p. 125 (*Historia Oxford del siglo XX*).
[11] Bochenski, obra citada, p. 63.

Filosofia da Ideia (Idealismo)

O idealismo prolonga no século XX o pensamento característico do século XIX.

"Embora tenha desfrutado de grande importância durante o primeiro quartel de nosso século, sua influência diminuiu a tal ponto hoje em dia que ele é mais fraco que o empirismo, de sorte que podemos considerá-lo o movimento menos representativo do pensamento contemporâneo."[12] Entre os representantes do idealismo podemos lembrar Benedeto Croce (1866-1952), que se deixou influenciar pelo positivismo e até pelo pragmatismo. Bochemkí observa que "talvez até se possa asseverar, e não sem razão, que Croce é antes um historiador da arte e um crítico literário do que um filósofo".[13] Em sua obra *Filosofia dello Spirito* encontramos uma estética, uma lógica, uma filosofia da prática e uma filosofia da história. Croce preocupa-se muito com a expressão literária, o que dá a impressão de que o rigor científico exigido numa obra genuinamente filosófica fica sacrificado.

Filosofia da Vida

Entre outros podemos acentuar dois traços característicos dos filósofos que procuram explicar a realidade global pela vida: o atualismo e o empirismo.

O ser, a matéria etc. – são considerados como resíduos do movimento. O que existe é movimento, devir, vida – Bergson resume esse atualismo: "o devir encerra mais que o ser".[14] Os filósofos da vida valorizam o empirismo: "Os conceitos, as leis *a priori*, as deduções lógicas são para eles objeto de horror. Como verdadeiro método filosófico nunca admitem o método racional, mas tão somente a intuição, a prática, a compreensão viva da história".[15] Henri Bergson (1859-1941), representante mais conceituado e original da filosofia da vida, considera a intuição, por excelência, o método da filosofia.

---

[12] Idem, ibidem, p. 85.
[13] Idem, ibidem, p. 87.
[14] Idem, ibidem, p. 107.
[15] Idem, ibidem.

"Esforço de simpatia para transportar no interior do real e 'coincidir' com o que ele tem de único e inefável, a intuição é um modo de conhecimento superintelectual, que nos manifesta a realidade por dentro de modo *absoluto e simples*".[16] Note-se aqui a observação de Sciacca: Bergson "é a desforra da consciência contra a *raison*. Intuicionismo o seu, mas não irracionalismo: a intuição não exclui uma racionalidade concreta. É preciso distinguir entre Bergson e o 'bergsonismo' de alguns seus seguidores, inclinados a um anti--intelectualismo de diletantes".[17] Entre as obras de Bergson lembremos *Les deux sources de la morale et de la religion* (1932), em que define sua atitude em face do problema *moral* e do problema *religioso*.[18] "Bergson é um grande nome, que da filosofia contemporânea passará à história, na galeria dos grandes pensadores da humanidade."[19]

Filosofia da Essência

"A fenomenologia constitui a segunda grande corrente filosófica que, em união com a filosofia da vida, mas sob auspício totalmente diferente, provocou a ruptura com o século XIX."[20] O objeto da fenomenologia é a *essência*, isto é, o conteúdo inteligível ideal dos fenômenos, captado em visão imediata: a intuição da essência (*Wesensschau*). Hirschberger anota: "A fenomenologia, em si mesmo considerada, designa apenas um método, cuja norma é deixar manifestarem-se as coisas mesmas em seu conteúdo essencial, mediante uma visão intuitiva e reveladora, com um fiel e sintonizante contato com a objetividade real, em qualquer dos terrenos filosóficos. Eis por isso o lema da escola: volta para a coisa em si mesma (*Zurück zu den Sachen selbst!*)".[21] O *mundo dado* é, pois, o ponto de partida da análise fenomenológica; o método é a descrição do fenômeno, isto é, do que é dado imediatamente. Note-se a

---

[16] Franca, *Noções de História da Filosofia*, p. 231.
[17] Sciacca, *História da Filosofia*, vol. 3, p. 203.
[18] Franca, obra citada, p. 230.
[19] Idem, ibidem, p. 234.
[20] Bochenski, obra citada, p. 131.
[21] Hirschberger, *História da Filosofia Contemporânea*, p. 163.

diferença entre a psicologia e a fenomenologia: aquela é a ciência dos fatos (são particulares e contingentes); esta é a ciência eidética, isto é, das essências (são universais e necessárias). "Existem, pois, duas ciências: dos fatos (ciências fáticas) que se fundam sobre a experiência sensível; e das essências (ciências eidéticas) cujo objeto é a intuição ou a contemplação do eidos."[22] Edmundo Husserl (1859-1938), que é o verdadeiro fundador da escola, através de sua obra *Logische Untersuchungen* (Investigações Lógicas, 1900), completada e revista pelo trabalho mais recente *Formale und Transzendentale Logik*, toma posição contrária ao psicologismo e ao kantismo.[23]

Filosofia da Existência

"A filosofia da existência passou a ser moda em vários países depois da Segunda Guerra Mundial", mas, adverte Bochenski, "esta popularidade acarretou consigo certos equívocos a propósito do existencialismo filosófico, equívocos que importa começar por dissipar".[24] Na realidade estamos aqui em face de uma tendência filosófica "que só tomou forma pela primeira vez em nossa época e, ao sumo, remonta a Kierkegaard, tendência que se desenvolveu em direções entre si divergentes e das quais só o denominador comum pode ser denominado como Filosofia da Existência"[25] Não se pode, portanto, identificar esta Filosofia como uma única doutrina existencialista, por exemplo a de Sartre, dado que encontramos diferenças essenciais entre os diversos pensadores. Compreende-se assim a observação de *Bozzetti*: "Hoje, por exemplo, está na moda o Existencialismo. É difícil dizer o que isto é, se uma verdadeira teoria filosófica, ou antes, um estado de ânimo, uma crise psicológica".[26] A própria designação da corrente filosófica (Existencialismo, Filosofia da Existência, Filosofia Existencial), o subjetivismo (acentuada dis-

---

[22] Sciacca, obra citada, p. 286.
[23] Franca, obra citada, p. 249.
[24] Bochenski, obra citada, p. 151. Sobre o Existencialismo ver "O Existencialismo à luz da Filosofia Cristã".
[25] Bochenski, obra citada, p. 152.
[26] Bozzetti Que es la filosofia, p. 133.

crepância entre as ideias dos diferentes pensadores) e a linguagem empregada (terminologia diversificada) figuram entre as dificuldades encontradas por quem pretendesse elaborar uma síntese da corrente em tela. Assim, por exemplo, "o objeto principal da investigação é, para os existencialistas, daquilo que se chama 'existência'. Mas é difícil determinar o sentido que eles atribuem a este vocábulo".[27]

Somente a título de exemplo, lembremos dois famosos pensadores que se enquadram na corrente existencialista: Martin Heidegger e Jean-Paul Sartse. A obra mais importante do primeiro é Ser e Tempo (*Sein und Zeit*): "poucos pensadores há que sejam tão difíceis de compreender como Heidegger. Esta dificuldade de compreensão não provém de insuficiência da linguagem ou de uma falta de construção lógica. Em todos seus escritos Heidegger procede sempre de maneira rigorosamente sistemática. Mas seu hermetismo provém da terminologia estranha e não habitual que ele criou a fim de poder exprimir suas concepções. Esta é uma das fontes principais de frequentes interpretações falsas..."[28] Sartre "depende manifestamente de Heidegger. Mas não é um mero heideggeriano, e o próprio Heidegger declinou, com razão, toda responsabilidade pelo 'sartrismo'".[29] A fama de Sartre, nos anos posteriores ao Segundo Conflito Mundial, deve-se principalmente a seus romances e peças de teatro. Entre os escritos estritamente filosóficos destaca-se sua obra capital: O Ser e o Nada. Ensaio de ontologia fenomenológica (L'Être et le Néant, Essaí d'ontologie phénoménologique, 1943), "livro volumoso, difícil e muito técnico".[30] Para Sartre, Deus é impossível: a ideia de Deus é contraditória.

Filosofia do Ser

Estamos aqui diante de uma corrente filosófica cuja maioria de integrantes são metafísicos, isto é, defendem à doutrina de ente *enquanto* ente (isto

---

[27] Bochenski, obra citada, p. 155.
[28] Idem, ibidem, p. 157.
[29] Idem, ibidem, p. 166.
[30] Idem, ibidem, p. 165.

é a doutrina do Ser) e procuram desenvolvê-la com meios racionais. [31] " É costume hoje em dia ver a distinção entre a *metafísica* e a *ontologia* no fato de a ontologia se circunscrever à análise da estrutura, portanto da essência do ente, ao passo que a metafísica estabelece proposições existenciais, isto é, juízos sobre a existência dos entes. Segundo esta distinção, o problema do conhecimento, por exemplo, é essencialmente um problema metafísico porque nele se investiga a *existência* do ser em si. Outra diferença entre ontologia e metafísica provém de que esta não examina só problemas particulares, mas, ao menos em princípio, pretende chegar a uma visão global da realidade".[32] Enfatize-se que os filósofos do ser não se limitaram à analise do ser, mas ampliaram as investigações, elaborando, por exemplo, uma filosofia da natureza, uma antropologia etc.

Entre as principais características dos sistemas metafísicos contemporâneos podemos lembrar:[33] *empirismo* (a experiência é a única base de sustentação filosófica, rejeitando-se os conhecimentos a priori no sentido kantiano); *intelectualismo* (além das experiências sensíveis, há uma experiência intelectual); *método racional* (a maioria dos metafísicos rejeita o método intuitivo de Bergson e procura estabelecer suas teses com a ajuda de processos racionais); *tendência ontológica* (o objetivo da filosofia é o ente concreto em sua totalidade, essencialidade e existência, em todos os seus modos de ser); universalismo (considera-se o todo da realidade a partir de ponto de vista do ser); *humanismo* (reflexão orientada para o concreto e para o ser humano). Bochenski sublinha que "todos os representantes da nova metafísica são dominados por dois filósofos, Alfredo Noth Whitehead [1861-1947] e Nicolai Hartmann [1842-1950], e por uma escola, o Tomismo. Whitehead é mais um discípulo de Platão que de Aristóteles, ao passo que os Tomistas e Hartmann são de orientação aristotélica, mas em quase todos se trai a influência de Aristóteles. [34]

Para Nicolai Hartmann "o problema do conhecimento supõe e implica um problema do ser. Ao estudo deste problema consagra Hartmann sua obra

---

[31] Sobre a origem da expressão metafísica e seus diferentes sentidos, ver Bochenski, obra citada, p. 189.
[32] Bochenski, obra citada, p. 190.
[33] Idem, ibidem, p. 199.
[34] Idem, ibidem, p. 192.

sobre os fundamentos da ontologia (*Zur Grundlegung der Ontologie 1935*). É este talvez o trabalho mais importante e original que nestes últimos tempos se consagrou às mais altas questões da metafísica. Solidamente arquitetado, rigoroso e claro, depois de acentuar na introdução a persistência dos problemas ontológicos em todos os sistemas idealistas, relativistas ou céticos, estuda, em quatro partes bem equilibradas, o ser como ser, as relações entre a essência e a existência, o ser real e o ser ideal. N. Hartmann é uma das figuras mais elevadas do pensamento contemporâneo.[35]

Alfred North Whitehead "passa, em geral, a ser o filósofo anglo-saxônico mais eminente de nosso tempo, e parece merecer de verdade esta consideração".[36] Impõe-se aqui uma observação: "mesmo quando faz filosofia, Whitehead permanece um cientista e precisamente um dos maiores teóricos da lógica matemática moderna...".[37] Sublinhe-se que ensinou durante trinta anos geometria e mecânica. Ensinou filosofia em Harvard de 1924 a 1937. Para Whitehead "a ciência é saber formal; a filosofia, ao contrário, dá razão ao concreto e explica algumas experiências (estéticas, éticas, religiosas) que ficam fora da ciência; em suma, integra os resultados da própria ciência, que porém aceita".[38] A obra principal de Whitehead é *Process and Reality*. Para Sciacca "não pouco se exagerou a importância especulativa de sua chamada "filosofia do organismo".[39]

Tomismo

"A escola Tomista (também denominada 'neotomista'), que continua desenvolvendo as teses fundamentais de Tomás de Aquino (1225-1274), é um dos movimentos filosóficos mais importantes da atualidade".[40] Registre-se a importância da encíclica *Aeterni Patris*, do Papa Leão XIII, no

---

[35] França, obra citada, p. 251.
[36] Bochenski, obra citada, p. 209.
[37] Sciacca, *História da Filosofia*, vol. III, p. 281.
[38] Idem, ibidem.
[39] Idem, ibidem.
[40] Bochenski, obra citada, p. 218.

sentido de incentivar a renovação dos estudos do Tomismo. Entre os principais temas abordados pelos tomistas, lembremos a título de exemplo: O ser; Ato e Potência; Substância e acidente; Matéria e Forma (hilemorfismo); O espírito, grau mais elevado do ser; O conhecimento intelectual e a universalidade mediante a abstração; Deus, a plenitude do ser; A ética e a lei moral, a doutrina da sociedade. "O tomismo moderno é uma escola no sentido rigoroso da palavra. Possui seus problemas próprios, seus métodos peculiares e um acervo de doutrinas comuns professadas por todos os representantes"[41] Note-se, entretanto, que ao lado dos princípios fundamentais aceitos por todos, há temas suscetíveis de divergências. Entre os mais destacados tomistas, lembremos, sempre a título de exemplo, Jacques Maritain, Etienne Gilson e Martin Grabmann.

---

[41] Idem, ibidem, p. 219.

DIREITO

Pretendemos agora apresentar, num brevíssimo estudo, uma síntese de algumas famílias jurídicas encontradas através do século XX.[1]

Família Romano-Germânica

Esta família tem sua origem na Europa e formou-se "graças ao esforço de umas universidades que elaboraram e desenvolveram, a partir do século XII, sobre as bases das compilações justinaneias, uma ciência jurídica comum e adaptada às necessidades do mundo moderno. O adjetivo *romano-germânico* foi escolhido para render homenagem ao esforço comum posto em prática pelas universidades latinas e germânicas".[2]

O sistema de direito romano-germânico "estará dominado pela doutrina sob cuja influência evolucionará a prática jurídica nos diferentes Estados. A

---

[1] Nossa fonte aqui são respectivamente as obras de Rene David *(Los grandes sistemas jurídicos contemporaneos)* e de Franz Wieacker *(História do Direito Privado Moderno)*. Fique o leitor advertido de que pisamos aqui num terreno de controvérsias. Assim, por exemplo, a designação de Família Romana Germânica é contestável. Quanto ao emprego da expressão *famílias jurídicas,* ver exposição em David, *Los grandes sistemas jurídicos contemporâneos,* p. 10 e ss.

[2] David, obra citada, p. 15. Vale reproduzir a interessante observação do autor: La designación "Derechos romanistas", que utilizaremos ocasionalmente *brevitatis causa,* es cómoda pero no pone suficientemente de relieve la aportación de la ciência, que há sido fundamental em la formación del sistema; tanbién implica el riesgo de hacer perder de vista el hecho de que las normas de los Derechos que pertencem actualmente a la família son totalmente diferente de las normas del "Derecho romano".

doutrina preparará, com a Escola de Direito Natural, o advento do período seguinte em que atualmente nos encontramos e cuja característica principal será o predomínio da legislação".[3] A Escola do Direito Natural defendia a ideia de um Direito Natural imutável, comum a todos os tempos e a todos os países. Compreende-se que essa concepção do direito tenha reforçado a tendência para amalgamar os costumes locais e regionais; "como consequência deste amálgama e devido à revisão do Direito que tolera, fortalecer-se-á a comunidade jurídica europeia em sua adesão a uns mesmos princípios filosóficos e morais". [4] Um resultado importante obtido pela atuação da Escola de Direito Natural foi a codificação. "Esta, por revolucionária que seja, não é outra coisa senão a consumação lógica da concepção e da obra levada a cabo durante séculos pelas universidades".[5] Estamos aqui diante da fusão do Direito Teórico e do Direito Prático, do reforço da universidade do Direito europeu e da constituição "de um instrumento admirável, tanto na Europa como fora dela, para a expansão do Direito romano-germânico".[6] Cabe aqui sublinhar a importância da codificação levada a cabo na França. David registra que, "salvo raras exceções, todos os Direitos adotaram, em definitivo, a fórmula francesa da codificação".[7] O mesmo autor compara a codificação alemã com a codificação francesa: "Durante toda a época em que os juristas franceses se dedicaram a exegese de seus códigos, os juristas alemães continuaram o trabalho que as universidades haviam realizado sobre os textos do Direito Romano. Na Alemanha triunfou uma nova escola, a dos pandectistas, que elevou o princípios romanistas a um grau de sistematização nunca conseguido até então".[8] Os pandectistas proporcionam as bases para o código civil alemão. Wieacker sublinha a expansão mundial da família românica, "francesa em sentido lato":[9] "A sua atual zona de influência engloba quase todos os países românicos da Europa (com exceção da Suíça românica) e da América Latina (com certas reservas, sobretudo no Brasil e no Peru),

---

[3] Idem, ibidem, p. 23.
[4] Idem ibidem, p. 32.
[5] Idem ibidem, p. 47.
[6] Idem ibidem, p. 49.
[7] Idem ibidem, p. 53.
[8] Idem ibidem.
[9] Wieacker, *História do Direito Privado Moderno*, p. 575.

bem como quase todos os Territórios do antigo império colonial francês em África e no Leste asiático. A sua influência estende-se, para além disto, na Europa, aos atuais estados do Benelux (Bélgica, Países Baixos, Luxemburgo) e a parte da Europa Balcânica (Romênia); na América do Norte, a parte das antigas zonas de ocupação francesa até o início do século XIX (Louisiana, as províncias canadenses de Quebec e Montreal); e, no próximo Oriente, aos países de forte influência cultural francesa (Egito, Síria e Líbano)".

Círculo Jurídico Anglo-Saxônico

Wieacker, depois de observar que os direitos continentais encontram-se "estreitamente aparentados quanto às bases históricas e metodológicas da doutrina, da legislação e da jurisprudência, quanto à organização judiciária e quanto às instituições dos direitos privado, penal e processual, lembra o Círculo Jurídico Anglo-Saxônico, cujo núcleo é constituído pela Inglaterra, pela maior parte dos Estados Unidos e pelo Canadá, bem como pela Austrália. Num sentido amplo, pertencem ainda a este círculo, apesar de uma diferente organização judicial e, em parte, de uma maior influência do direito romano ou pátrio, a Escócia e a Irlanda (Eire), bem como, hoje, a maior parte dos membros não europeus da comunidade britânica. Próximos encontram-se ainda a União da África do Sul e, atualmente ainda, Israel".[10] Cabem aqui algumas observações:[11]

1. O Direito Americano e o Direito Inglês apresentam respectivamente algumas diferenças. Assim, por exemplo, no primeiro sublinha-se o controle da constituição e a possibilidade de desenvolvimento mais intenso por parte dos juízes. Na Inglaterra percebe-se, na evolução jurídica, a presença dos grupos políticos de uma sociedade tradicional em que atua a influência mediadora da coroa.

2. A peculiaridade da organização jurídica escocesa resulta da autonomia conquistada pelo país e pelas ligações entre a Igreja Presbiterial Escocesa e o Calvinismo da Europa Ocidental.

---

[10] Idem, ibidem, p. 570.
[11] Idem, ibidem, p. 572 ss.

3. Na África do Sul, por influência da jurisprudência holandesa, O Direito Romano conservou uma marcante presença.

4. No Estado de Israel devem-se registrar os traços essenciais da organização judiciária inglesa. "O mesmo acontece essencialmente para o *Common Law*. Entretanto iniciou-se uma recente atividade codificatória de caráter europeu continental".

5. Nas últimas décadas estão em curso modificações no estilo jurídico da Inglaterra; o direito anglo-saxônico mostra uma tendência para as codificações parciais (*consolidations*). Note-se uma observação interessante sobre a mentalidade do jurista inglês: "O jurista inglês, herdeiro dos práticos, desconfia daquilo que tende a considerar como fórmulas vazias: de que serve afirmar um direito ou um princípio, se não existe na prática o meio de sua realização? Durante séculos, toda a atenção dos juristas ingleses concentrou-se no processo; só muito lentamente vai-se deslocando para as normas de Direito substantivo".[12] Concluamos sobre o *Common Law* com duas constatações.[13] A primeira diz respeito à crise motivada pelos "procedimentos de elaboração casuística e jurisprudencial que o caracterizam desde suas origens e que se adaptam mal à vontade de efetuar na sociedade transformações profundas e rápidas. A nova aliança entre poder legislativo (parlamento) e poder executivo (governo e administração), e a existência de uma massa de regulamentos e outros atos administrativos, inspirados em um espírito muito diferente do tradicional do *Common Law*, invertem os dados tradicionais e apresentam multidão de problemas novos para cuja solução parecem estar melhor preparados os Direitos romanistas do continente, familiarizados com uma elaboração legislativa e doutrinal do direito". A segunda constatação refere-se a certo movimento de aproximação entre o Direito Inglês e os Direitos Continentais: "este movimento se vê estimulado pela necessidade do comércio internacional e se vê favorecido por uma consciência mais clara das afinidades existentes entre os países europeus, vinculados todos a determinados valores da civilização ocidental".

---

[12] David, obra citada, p. 278.
[13] Reproduzimos aqui as considerações expressas por David, obra citada, p. 259.

Rússia

Na Rússia elaborou-se uma codificação revolucionária, o Código Civil da União Soviética de 1922, que, entretanto, "liga o exercício dos direitos à condição prévia de que ele não esteja em contradição com sua função social e econômica".[14] Wieacker enfatiza que "a constante relativização dos direitos privados, através da proposição de finalidades econômicas sempre mutáveis, não constitui um fator favorável ao direito privado; e, de fato, tal direito também não existe no conceito de direito do socialismo marxista"[15] Cabem aqui breves considerações em torno da Família dos *direitos socialistas*. Trata-se dos países que passaram ao domínio soviético, através do partido Comunista após o término da Segunda Guerra Mundial. David chama atenção para o fato de que os países socialistas anteriormente possuíam Direitos integrados na família romano-germânica. Assim é que conservaram certo número das características dos direitos romano-germânicos. As divisões jurídicas e o vocabulário dos juristas continuam sendo, em grande parte, aqueles próprios da ciência jurídica edificada sobre a base do Direito romano por obra das universidades europeias. Deve-se acentuar que a fonte exclusiva das normas de Direito Socialista é a obra do legislador obediente aos princípios do partido comunista. A queda da União Soviética repercutiria nas concepções jurídicas impostas até então pela ditadura comunista. É interessante reproduzir aqui o seguinte texto, redigido por David ainda antes da queda do muro de Berlim: "Convém distinguir entre o Direito Soviético e os Direitos das Repúblicas Populares da Europa, de uma parte; e os das Repúblicas Populares da Ásia, de outra. Todos eles pertencem à família soviética, porém nos primeiros percebe-se uma persistência mais definida dos traços que caracterizam os Direitos Romano-Germânicos, enquanto que nos segundos é lícito indagar-se até que ponto conciliam-se na prática as novas concepções com os princípios de civilização oriental que regiam a sociedade anterior à era do socialismo".[16]

---

[14] Wieacker, obra citada, p. 583.
[15] Idem, ibidem, p. 583.
[16] David, obra citada, p. 18.

O Direito Japonês

Vamos encerrar este brevíssimo estudo sobre o Direito, lembrando o Código Civil japonês promulgado e posto em vigência no ano de 1898. Estamos aqui diante de uma codificação que se inspira no Código Civil alemão, mas que também leva em consideração outros aspectos jurídicos vigentes no continente europeu. "O atual Direito Japonês está integrado absolutamente no Direito Ocidental; ao romanista japonês Harada foi possível referir aos Direitos Ocidentais ou ao Direito Romano a totalidade dos artigos do Código Civil Japonês".[17] Registre-se que a partir de 1945 efetuam-se reformas na legislação japonesa. "Porém não se trata de voltar a umas normas que estejam mais em harmonia com o espírito e a civilização do Japão. As reformas introduzidas a fim de democratizar o país são de inspiração americana e não especificamente japonesa".[18]

---

[17] Idem, ibidem, p. 419.
[18] Idem, ibidem, p. 420.

Capítulo V
AS ARTES

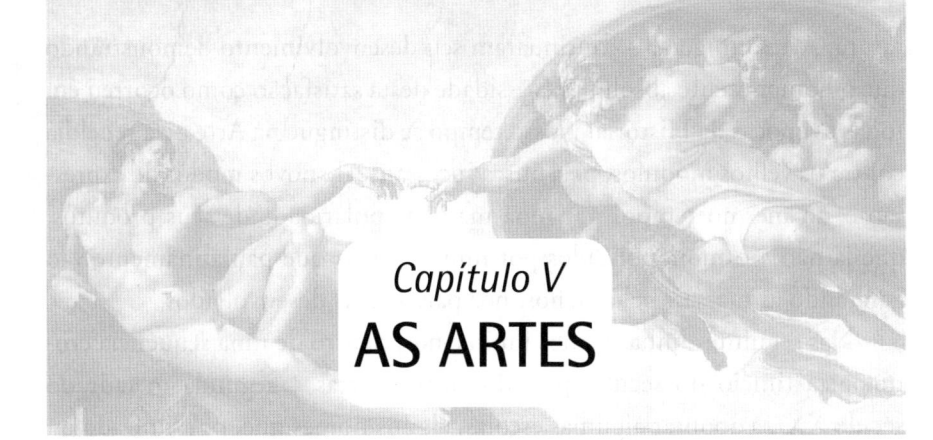

A humanidade tem na arte um meio de expressão que está sujeita às transformações culturais processadas através do tempo. No alvorecer do século XX, o prestígio político-cultural da Europa encontra-se no apogeu, mas em breve será fundamentalmente golpeado pela catástrofe do Primeiro Conflito Mundial com suas consequências devastadoras ao equilíbrio econômico, político e social. O período entre guerras está caracterizado por essas consequências e pelo prenúncio de um inevitável Segundo Conflito. "Trava-se uma nova guerra mundial (1939-1945). A condição do homem sairá dela completamente transformada pela ciência (relatividade, bomba atômica, descoberta dos antibióticos, velocidade supersônica, conquista do espaço). Todos os valores, todas as estruturas estão por rever. As técnicas de difusão coletiva (imprensa, rádio, televisão) propagam por todo o mundo os acontecimentos e os pensamentos no próprio instante em que ocorrem. A arte, enriquecida com a fotografia e o cinema, é mais do que nunca uma necessidade do homem moderno".[1] Compreende-se que essas transformações repercutissem na inspiração e nas atividades artísticas: arquitetura, pintura, escultura, música, teatro, dança refletem, de modo diverso, as novas maneiras que a sociedade humana assume. "Apesar da instabilidade política, da paixão por temas científicos ou técnicos, da angústia que domina em grande parte do mundo, as manifestações mais puras do espírito – Lite-

---
[1] Upjohn, *História Mundial da Arte*, vol. 6, p. 150.

ratura, Artes em geral – continuaram seu desenvolvimento demonstrando que o homem sente absoluta necessidade desta satisfação como ocorreu em todas as épocas da História. Nosso tempo se distingue na Arte pela rebeldia contra os velhos módulos, pela busca incessante de novos modos de expressão e, ao mesmo tempo, por uma maior popularidade de seus produtos, que já não são monopolizados por minoria, mas que paulatinamente vão ganhando as massas, pelo menos, nos países mais desenvolvidos."[2]

Nas seguintes linhas vamos limitar-nos, dentro de uma sequência cronológica (início do século, período entre guerras – segunda metade do século XX), a apontar algumas escolas, alguns nomes que, por limitado ou mais demorado período, despertaram a atenção e a admiração ou a repulsa de bom número de apreciadores da atividade artística. Convém lembrar que a revolução artística se caracteriza pela independência que cada artista assume: "cada artista, pintor, poeta, escultor, músico, escritor, toma consciência de que deve criar seu próprio modo de expressão, sua própria linguagem para comunicar sua visão do mundo".[3]

"Um dos traços comuns mais marcantes do início do século, na arte ocidental, é a influência das 'formas exóticas', com as quais os europeus entram em contato pelo imperialismo. Formas mais refinadas, como a pintura chinesa, ou mais 'primitivas', como a escultura e a música africanas, são integradas, em graus diversos, à estética ocidental".[4] Vejamos brevemente, e a título de exemplo, algumas correntes (escolas, tendências) que se destacam no campo artístico nas primeiras décadas do século XX.

Fauvismo

Em 1905 no Salão de Outono, em Paris, vários pintores fazem uma exposição em conjunto. "O crítico Louis Vauxcelles chama-os ironicamente de *Fauves* (feras), devido a sua interpretação muito livre da natureza, ao

---

[2] Marin, *Siglo XX*, p. 577.
[3] Crouzet, *História Geral das Civilizações*, vol. 15, p. 158.
[4] Langlois, *Histoire du XX siècle*, p. 23.

gosto pelo apontamento espontâneo em vez da perspectiva para criar a profundidade e principalmente devido a suas cores violentas. Vauxcelles não percebeu que o estilo vigoroso e quase frenético dos *Fauves* se devia principalmente ao exagero concentrado de um certo número de concepções estéticas dos vinte anos precedentes, levadas às consequências extremas".[5] Note-se que os *Fauves* foram principalmente paisagistas. "Embora o *Fauvismo*, como movimento organizado, tenha durado alguns anos, marcou, mais nitidamente que o impressionismo, uma ruptura de pintura com a imitação pura e simples da natureza; recorria à linha e à cor como meios de expressão válidos em si, e não como meios de reprodução do real.[6] Eis outra breve apreciação sobre o *Fauvismo*: "O *fauvismo*, que dura apenas mais que o tempo de uma exposição (1905), recorre à utilização de tons puros, em coloridos às vezes totalmente irrealistas".[7]

Expressionismo

Paralelamente ao *Fauvismo* surgiu, na Alemanha, o Expressionismo, "vocábulo criado pelo crítico H. Walden em oposição ao termo impressionismo".[8] Em 1905, na cidade de Dresde, alguns artistas formaram o grupo *Die Brücke* (A Ponte), que exprimia "com cores patéticas e composições solidamente construídas, as emoções humanas fundamentais, tais como o ciúme, o medo, a solidão etc.".[9] Os expressionistas, que foram tão violentamente criticados como os *Fauves*, "estabeleceram uma íntima ligação afetiva entre as formas humanas e as da natureza ou do cenário urbano".[10]

---

[5] Upjohn, obra citada, p. 155.
[6] Idem, ibidem, p. 158.
[7] Langlois, obra citada, p. 24.
[8] Upjohn, obra citada, p. 150.
[9] Idem, ibidem, p. 159.
[10] Idem, ibidem.

Futurismo

Na Itália, um grupo de artistas estudou, durante alguns anos, o problema da expressão do dinamismo e do movimento no espaço. Estamos aqui diante dos *futuristas*. Estudava-se, portanto, o problema da expressão do movimento numa obra em si mesma estática. "O futurismo apresenta-se como uma reunião de todas as artes em torno de um modernismo exacerbado e um pouco inquietante".[11]

Cubismo

O Cubismo representa "a ruptura radical com toda a tradição ocidental".[12] Estamos aqui em face de uma apresentação dos volumes no espaço, "sendo todavia a composição em duas dimensões, uma vez que é plana".[13] Como movimento coerente o cubismo durará até 1914, mas sua influência "ainda hoje se faz sentir".[14] Lembremos aqui, somente a título de exemplo, três nomes relacionados com a história do cubismo: *Paul Cézanne* (1839-1906), solitário pintor francês, para quem pintar deveria ser uma construção baseada na natureza, mas não uma servil imitação desta: os objetos do mundo real poderiam, portanto, ser reduzidos a cilindros, cones e esferas. O exemplo de Cézanne "será meditado por alguns; a análise das formas conduzirá a uma organização de acordo com leis exatas, que dará origem ao Cubismo".[15] George Braque (1882-1963) e seu amigo Pablo Picasso (1881-1973), com uma série de experiências, chegaram a uma nova concepção de pintura que originará o Cubismo.

---

[11] Langlois, obra citada, p. 24. O autor cita Boccioni.
[12] Idem, ibidem: A designação de Cubismo teria sido inventada pelo crítico Louis Vauxcelles (Upjohn, obra citada, p. 168).
[13] Upjohn, obra citada, p. 168.
[14] Idem, ibidem.
[15] Idem, ibidem, p. 152.

Dadaísmo

Em 1916 fundou-se em Zurique um movimento internacional niilista. "Nascido do encontro em 1915, em Nova York, do pintor francês Marcel Duchamp e do espanhol Francisco Picabia, o movimento recebeu seu nome em 1916, em Zurique, de Tristan Tzara, no ambiente dos exilados políticos de diversos países; depois, a partir de 1919, concentra-se em Paris, de onde irradia o manifesto Dada".[16] Note-se que "o nome do grupo foi escolhido abrindo o Larousse ao acaso e apontando a primeira palavra que encontraram: Dada".[17] Estamos aqui diante de jovens artistas e poetas que sentiram na guerra o desmoronamento de todos os valores, "a falência das "elites" que realizaram a união para o morticínio, da ciência que aperfeiçoa os engenhos de destruição, dos filósofos que procuram justificativas para a carnificina...".[18] Não se trata aqui apenas de uma revolta estética: envolve preocupações sociais e desânimo, em vista dos objetivos da guerra. "O ano de 1920 exaspera seu niilismo e assiste à formação de um "ambiente dada" no curso de representações, exposições, manifestações destinadas a provocar escândalo, a destruir sistematicamente todos os valores, em particular os valores estéticos".[19]

Surrealismo

O Surrealismo decorre da agitação anárquica que envolve o dadaísmo. Como este, o surrealismo apresenta-se irracional e anti-humanista. "O movimento surrealista foi baseado na teoria da psicanálise de Sigmund Freud e no consequente estudo científico do subconsciente. A análise deste submundo estava destinada a solucionar a angústia que deu lugar a escola negativista do *dadaísmo*".[20] Em 1924 André Breton publica o primeiro *Manifesto do Surre-*

---

[16] Crouzet, *História Geral das Civilizações*, vol. 15, p. 164.
[17] Upjohn, obra citada, p. 196.
[18] Crouzet, obra citada, p. 164.
[19] Idem, ibidem.
[20] Bassegoda, *Atlas de História da Arte G4*, verso.

alismo. "Em breve o movimento divide-se entre os que procuram apenas a revolução "nas ideias" e os que – dia do espetáculo do retesamento da burguesia por volta de 1925 – acercam-se por algum tempo dos comunistas".[21] Dentre os pintores surrealistas figura o famoso espanhol Salvador Dali (1904-1989). Depois dessa rápida visão das várias tendências que inspiram a vida artística através das primeiras décadas do século XX, passemos a um brevíssimo estudo, sempre a título de exemplo, de algumas obras e de alguns nomes que se destacam no campo artístico através do século em tela.

Pintura

Nas primeiras décadas do século lembremos ainda dois já citados notáveis artistas: Braque e Picasso. Eis uma caracterização da pintura: "Abandono completo da perspectiva; visão racional e analítica de objetos, sem referência ao espaço ou à luz; multiplicação de ângulos de visão diferentes de um mesmo objeto; influência da arte negra; mascam a renovação total da linguagem pictórica".[22] Paralelamente a esta nova concepção de pintura nasce, com o pintor russo Wassily Kandinsky (1866-1944), que então habita na Alemanha, e com outros artistas, a *arte abstrata*. "Estes artistas afirmavam que queriam criar um Expressionismo abstrato, pelo qual a primeira essência espiritual da expressão seria dada espontânea e intuitivamente por meio de cores e de composições de elevado poder emotivo".[23]

Escultura

No campo da escultura note-se uma renovação sob a influência de formas primitivas descobertas em virtude do contato com povos africanos, com o cubismo e com o abstracionismo. "Mas a escultura 'naturalista' guarda seus

---

[21] Crouzet, obra citada, p. 165.
[22] Langlois, obra citada, p. 24.
[23] Upjohn, obra citada, p. 185.

direitos, atrás do gênio de um Rodin (1840-1917) e de uma Camila Claudel (1864-1943), aos quais sucede Aristides Maillot (1861-1944), que modela corpos femininos com formas generosas cheias de sensualidade".[24] Quando à escultura cubista deve-se registrar que contrariamente às formas de Maillot, "os volumes cubistas assemelham-se cada vez menos às formas naturais, embora muitas vezes se inspirem nelas".[25] Registre-se: Picasso pintor também foi escultor cubista. Na realidade Picasso produziu, em sua longa carreira, um conjunto de pinturas, desenhos e esculturas de acordo com sua desconcertante e variada inspiração.

Arquitetura

A arquitetura, no início do século XX, está sujeita a profundas inovações técnicas. Materiais novos (ligas de metais leves, alumínio, materiais compensados etc.) e novos métodos (casas pré-fabricadas) revolucionam a construção de imóveis que se processa agora em circunstâncias especiais. "Os problemas diferentes dos do passado que se apresentam nas grandes cidades, alto preço dos terrenos, exiguidade dos espaços livres, problemas de organização dos transportes, novos tipos de edifícios – fábricas, escolas, hospitais – necessidades modernas a satisfazer (aquecimento central, ar condicionado, refrigeração, iluminação elétrica, elevadores) fogem das possibilidades das antigas práticas".[26]

Os primeiros ensaios da moderna arquitetura remontam ao alemão Adolf Luus, que "com seus edifícios de rotundas formas cúbicas (casa Steiner, de Viena) e suas janelas alongadas é quem melhor encarna o nascente racionalismo".[27] Lembremos, só para exemplificar, os nomes de Peter Behrens, Walter Gropius, Le Corbusier (1887-1965) e Frank Lloyd Wright; Behrens (1868-1940) participou na criação do *Werkbund* (1908), "centro de propaganda que deveria abalar os fundamentos da arquitetura tradicional.

---

[24] Langlois, obra citada, p. 24.
[25] Upjohn, obra citada, p. 210.
[26] Crouzet, obra citada, p. 169.
[27] Bassegoda, obra citada G3, verso.

Com efeito, esta associação organizou em Colônia, em 1914, uma exposição que demonstrava a íntima dependência da arquitetura com a indústria".[28] Gropius fudou em Weimar a *Bauhaus*, escola de artesãos e arquitetos, que ele dirigiu a partir de 1919 e que foi transferida para Dessau em 1925. Ensinou-se aí "a unidade de uma arte racional que coordena harmoniosamente a arquitetura, a pintura e a escultura, e suprime a antiga demarcação entre elementos monumentais e elementos decorativos, insistindo também na adaptação precisa às necessidades da civilização industrial que introduziu a arte nos objetos mais humildes e mais comuns da vida cotidiana".[29] Segundo Colombier não é a arquitetura, mas os livros de Le Corbusier que fizeram sensação.[30] Ele exerce uma influência considerável por meio de seus escritos teóricos e de suas construções leves, com formas geométricas sugeridas diretamente pelo cubismo e que parecem dissociadas do solo.[31] A influência de Le Corbusier, segundo Crouzet, exerceu-se "mais talvez no estrangeiro, onde foram numerosos os discípulos, do que na França, onde permanece algo isolado".[32] Na realidade Le Corbusier, nascido na Suíça, "iria afirmar-se como um arquiteto de gênio, um doutrinário e um polemista. Lançou as bases de "cidade radiosa", argumentando a favor das funções necessárias e suficientes para a vida, dentro de um espírito plástico. Estudou uma gama de medidas à escala humana, a que chamou Modulor".[33] *Frank Lloyd Wright* (1869-1959), arquiteto americano que exerceu profunda influência na arquitetura europeia, decidira criar um estilo de construção especificamente americana, mas na realidade conseguiu revolucionar a arquitetura em todo o mundo. Entre 1900 e 1909 construiu várias casas de campo procurando relacionar a concepção, a função e os materiais, visando a obtenção de um conjunto orgânico. A partir de 1914, Wright dedicou-se principalmente a projetar edifícios públicos monumentais.

---

[28] Upjohn, obra citada, p. 233.
[29] Crouzet, obra citada, p. 170.
[30] Colombier, *Histoire de l'art*, p. 508.
[31] Crouzet, obra citada, p. 170.
[32] Idem, ibidem.
[33] Upjohn, obra citada, p. 247.

Pintura Mural

No período entre duas guerras mundiais situa-se uma interessante manifestação da arte pictórica: a pintura mural mexicana. O próprio Estado mexicano estimula pintores a cobrir as paredes de edifícios públicos com afrescos que representam episódios notáveis da história pátria e impressionantes aspectos das civilizações pré-colombianas. Três grandes nomes desse muralismo devem ser lembrados: José Clemente Orozco (1883-1949), David Alfaros Siqueiros (1896-1974) e, sobretudo, Diego Rivera (1886-1957).

Música

Como as demais artes, a música vai também sofrer uma revolução nas primeiras décadas do novo século. "A música, enfim, vai conhecer também sua revolução pós-romântica. Influenciada pelos timbres e pelos ritmos vindos de culturas distantes, esta revolução arrebenta – literalmente – a 29 de maio de 1913 quando da apresentação, em uma atmosfera quase de revolta, do *ballet Le Sacre du Printemps* coreografado por Diaghilev sobre uma música de Stravinsky".[34] Na realidade, já no último ano do século XIX, Puccini (1858-1924), com sua ópera *Tosca*, assinalava uma mudança quando se desviava da corrente romântica até então dominante. Pouco depois, em 1902, a ópera *Pelléas et Mélisande*, de Debussy (1862-1918), é mais um marco da revolução musical. "Os longos recitativos de *Pelléas* repudiavam todas as convenções da retórica. Debussy inventava perpetuamente as formas de um estilo modelado sobre o pensamento que ele expressava. Ele demolia as estruturas tradicionais da linguagem, mas seu gênio sabia recriar um mundo sobre suas próprias ruínas".[35]

Uma renovação decisiva na música foi realizada pelo austríaco Arnold Schönberg (1874-1951), que rompe com cinco séculos de herança ocidental

---

[34] Langlois, obra citada, p. 25.
[35] Champigneulle, *Histoire de la Musique*, p. 123.

inspirando o atonalismo e ensinando o dodecafonismo.[36] Uma modalidade artística mundial que se desenvolveu extraordinariamente nos primeiros anos do século XX foi o *Ballet,* que culmina com o famoso Lago dos Cisnes de Tchaikowsky. Encerremos estas breves anotações sobre a evolução da arte musical, lembrando a chegada do jazz. "Mas a grande novidade é a difusão do Jazz na Europa, que seduz um amplíssimo púbico sem, aliás, influenciar de maneira séria a música ocidental, pois é demasiado heterogêneo e inassimilável. Proveniente do folclore dos negros da Nova Orleans, difundindo-se em 1917 através da União, o *jazz* afirma-se, sem perder seu caráter de música popular ao mesmo tempo nostálgica e exuberante, conquista os auditórios europeus com King Oliver e, sobretudo, com Louis Armstrong e seus *Hot Five* (ele renova o estilo de Nova Orleans com a introdução da monodia por meio do solo de clarinete), e Gershwin (*Rhapsody in blue*)".[37]

Cinema

Cabe, aqui, lembrar o aparecimento do cinema, a chamada sétima arte, com referência às seis artes tradicionais: pintura, escultura, arquitetura (artes plásticas ou belas artes), poesia, música e dança (artes rítmicas) "O cinema pretende-se arte total, ao mesmo tempo plástica e rítmica, e sua estética original afirma-se já de forma brilhante em algumas obras-primas".[38] Entre os mais populares e mundialmente celebrados artistas figura o já mencionado (capítulo sobre acontecimentos que abalaram a vida cotidiana) Charles Chaplin, que em 1940 interpretaria o Grande Ditador satirizando Hitler.

No final da década de trinta vamos lembrar duas obras marcantes da atividade artística: Guernica e o projeto da Nova Berlim, capital do Reich. – *Guernica* é a localidade basca bombardeada pelos alemães da Legião Condor durante a Guerra Civil Espanhola. Criação de Picasso, o gigantesco afresco representa a brutalidade e o sofrimento da população atingida. As cabeças

---

[36] Langlois, obra citada, p. 26, e Carpeaux, *O livro de ouro da História da música*, p. 459.
[37] Crouzet, obra citada, p. 168.
[38] Langlois, obra citada, p. 167.

humanas com a boca aberta emitem um grito de desespero que domina toda a obra, exemplo impressionante de uma manifestação artística de protesto contra a guerra e a violência.

No projeto do futuro centro da capital do Reich, um dos sonhos megalômanos de Hitler, o ditador teve a colaboração do jovem arquiteto Albert Speer. Na academia da Arte de Berlim uma maqueta representava o que seria a parte central de Berlim: uma suntuosa avenida terminava num gigantesco arco do triunfo... Um grande pavilhão construído no centro nevrálgico da capital constituiria o maior recinto do mundo para monumentais comícios.

Terminado o Segundo Conflito Mundial, a humanidade se encontra em face de um espantoso progresso científico-tecnológico que vai alterar profundamente a maneira de viver das populações do mundo inteiro. Note-se, entretanto, que o final do conflito, com a derrota do Nazismo, não assegura, desde logo, a permanência da paz, conforme o leitor já percebeu através da leitura dos capítulos da primeira parte desta obra. Ameaça atômica, Guerra Fria, desintegração da União Soviética são acontecimentos de dimensão universal que marcam indelevelmente a segunda metade de nosso século XX.

Nas linhas seguintes vamos tentar, sempre a título de exemplo, focalizar alguns aspectos da evolução da atividade artística nessa época. Dois traços característicos parece-nos que podem ser apontados nessa evolução a partir de 1945: o aprofundamento das experiências iniciadas durante a primeira metade do século e a crescente proliferação de correntes de vanguarda e de experiências inéditas.[39] A inquietude domina a busca de novas formas de expressão artísticas. "A mesma inquietude que determinou o nascimento de tantos "ismos" depois do Romantismo no século passado produziu no atual a busca de novas formas de expressão artística quase sempre subjetivas, desgarradas e desejosas de produzir nas massas o que se conhece atualmente com o nome de "impacto", quer dizer, um objetivo que, embora tenha sido geral nos artistas, nunca foi perseguido com o ardor com que se faz em nossos dias".[40]

---

[39] Idem, ibidem, p. 378.
[40] Marin, obra citada, p. 589. Note o leitor que o autor, ao mencionar século passado, refere-se ao século XIX.

Pintura

Encontramos aqui o abstrato na pintura. "Trata-se, nele, de chegar a um subjetivismo tal que apenas pode ser captado mais que pelo autor ou por um reduzido grupo de pintores ou aficionados, como manifestação pura de uma forma que pretende fugir de tudo aquilo que possa soar como "imitação"[41] Lynton, depois de anotar que o expressionismo abstrato domina mais ou menos a partir de 1945, sublinha que este movimento converteu-se em movimento norte-americano e europeu e encontrou seguidores em todo o mundo. Estes compartilham certas qualidades de estilo, mas seus propósitos eram demasiadamente díspares para que o movimento pioneiro se convertesse em uma moda internacional.[42] Ainda o mesmo autor enfatiza que "a ampla gama do expressionismo abstrato mostra uma preferência geral pelo conteúdo emotivo acima do intelectual, e os críticos contemporâneos justificaram-no como uma maneira de "aventurar-se para o desconhecido".[43] Jackson Pollock (1912-1956) figura entre os maiores expoentes do expressionismo abstrato. É curioso observar que dava mais ênfase ao ato de pintar (daí a designação de pintura de ação) que ao tema da pintura. A pintura deveria ser executada rapidamente e aparecer antes como um gesto súbito, um jorro espontâneo, que propriamente como fruto de uma premeditação. Estamos aqui perante uma forma agressiva e violenta de tratar a tela. Em torno de Pollock encontramos Robert Motherwell, Adolf Gootlieb e Willem de Kooning.

Duas notáveis figuras de pintores, já citados anteriormente, estão também presentes na segunda metade do século XX: Picasso (1881-1973) e Salvador Dali (1904-1989). Sobre o primeiro anote-se: "permanecendo excepcionalmente pessoal, nunca esteve preso a fórmulas; frequentemente combinou-as todas e, além disso, inventou outras. Assim, várias vezes durante sua carreira, abandona uma pintura puramente experimental, para renovar, de acordo com seu temperamento, estilos mais tradicionais e voltar a uma representação relativamente próxima da natureza".[44] Quanto a Dali,

---

[41] Idem, ibidem.
[42] Lynton, "Las artes visuales", p. 140 (*Historia Oxford del siglo XX*).
[43] Idem, ibidem, p. 147.
[44] Upjohn, obra citada, p. 180.

registre-se: "um pintor surrealista muito característico é o espanhol Salvador Dali (nascido em 1904). Entre outros, apercebeu-se de que, para que as visões oníricas possam ser comunicáveis ao espectador e tornarem-se legíveis, convém representá-las o mais explicitamente possível, com um máximo de meios pictóricos".[45]

Escultura

Sobre a escultura moderna convém lembrar a expressão com que Rodin (1849-1917), o maior escultor do século XIX, caracterizou essa atividade artística: "arte do vazio e da massa".[46] Com efeito, "o escultor encontra-se perante o problema da organização das formas no espaço, com a diferença de que o pintor deve criar as formas num espaço a duas dimensões, ao passo que o escultor deve criá-las no espaço real, um espaço de três dimensões".[47] É impressionante sublinhar que "foi a ideia do 'vazio e da massa' que dominou a escultura modernista, com frequência em combinação com outra divisa, a da 'fidelidade à matéria'. A escultura, como a pintura, tratou de alcançar a perfeição técnica: a pedra (como a pintura) pode parecer que se converte em carne, ou a pintura em céu, ar, luz".[48] Vamos lembrar aqui, a título de exemplo, o artista Alberto Giacometti (1901-1966), suíço, filho e um pintor de paisagens pós-impressionistas. Estamos aqui diante de um pintor, poeta e escultor que "inventa criaturas sem volume e sem peso, como que corroídas pelo espaço em que se erguem".[49] As primeiras obras de Giacometti têm raízes no realismo, mas o artista não se satisfaz e experimenta o cubismo e o surrealismo. Volta, entretanto, à cópia da natureza. O isolamento do homem é seu tema constante, o que se explica talvez por sua concepção da vida como algo brutal.

Entre 1955 e 1965 há nos Estados Unidos uma reação contra a evolução anterior da arte contemporânea. A *pop art* domina a cena. Os prin-

---

[45] Idem, ibidem, p. 199.
[46] Lynton, obra citada, p. 143.
[47] Upjohn, obra citada, p. 207.
[48] Lynton, obra citada, p. 143.
[49] Upjohn, obra citada, p. 224.

cipais animadores dessa corrente "propõem uma arte realista e figurativa de inspiração resolutamente urbana, que toma por empréstimo sua temática senão seus materiais às imagens da cultura popular e da sociedade de consumo...".[50] O hiper-realismo que se propaga durante os anos setenta a partir de Nova York e da Califórnia "é um movimento pictórico que efetua um retorno à tradição do realismo figurativo se baseando sobre o modelo mesmo da fotografia".[51]

Arquitetura

Ao focalizarmos a arquitetura a partir do final da Segunda Guerra Mundial devemos levar em conta que o conflito não pôs fim à evolução arquitetônica: "A Segunda Guerra Mundial não constitui senão um intermédio na evolução da linguagem arquitetural, nenhuma descontinuidade veio romper a preponderância do estilo modernista com suas formas retangulares e abstratas, seus tetos planos e suas largas superfícies envidraçadas. Com efeito a cena da arquitetura ocidental é dominada até durante os anos sessenta por esta segunda geração de teóricos e de criadores do modernismo já ativos antes da guerra..."[52] Figuram nessa geração os já citados Wright, Le Corbusier e Gropius.

Os estilos arquitetônicos estão sujeitos especialmente a vários fatores: o progresso que se reflete nos meios de transporte e na indústria e que acarreta na construção, por exemplo, de aeroportos, de estações ferroviárias e de edifícios complexos de fábricas etc.; o aparecimento de novos materiais de construção (chapas de metal, grandes superfícies de vidro etc.) e novos métodos de construção (utilização de maquinismos possantes). "A partir de 1945, quando a extensão das cidades tinha já provocado em toda parte o aparecimento de grandes bairros novos, a reconstrução total ou parcial das cidades destruídas durante a Segunda Guerra Mundial suscitou um grande progresso

---

[50] Langlois, obra citada, p. 380.
[51] Idem, ibidem, p. 381.
[52] Idem, ibidem, p. 383.

arquitetônico. Os resultados, muitas vezes precipitados e comandados por preocupações econômicas, nem sempre foram muito felizes do ponto de vista artístico, mas, de qualquer modo, algumas vezes bastante surpreendentes".[53] Somente a título de exemplo vamos enumerar algumas notáveis realizações da arquitetura após 1945: Brasília (nova capital do Brasil), edifício das Nações Unidas em Nova York, Valle de los Caídos na Espanha.

Música

As grandes invenções do século XX, como, por exemplo, o rádio e a televisão, produziram uma verdadeira revolução na arte musical, propiciando uma extraordinária divulgação de melodias cuja audição era outrora privilégio de minorias. Deve-se, contudo, enfatizar um aspecto da extraordinária difusão musical que se processa através das décadas do século XX posteriores à Segunda Guerra. "Contando com a utilização de novos instrumentos eletroacústicos e de novas técnicas de produção e difusão, as músicas populares – rock, jazz, blues – assumem um formidável desenvolvimento e tornam-se o principal vetor da mundialização da cultura adolescente, enquanto a música dita 'séria' conhece uma desafeição, cada vez mais acentuada, do grande público."[54]

Cinema

Já mencionamos anteriormente o cinema como a sétima arte. Não cabe, nos limites de nossa exposição, um estudo aprofundado da evolução da arte cinematográfica, evolução esta estreitamente vinculada à personalidade dos artistas de ambos os sexos, alguns dos quais adquiriram fama mundial, arrebataram plateias e despertaram paixões. As seguintes linhas resumem, com muito bom-senso, uma apreciação sobre a natureza das projeções cinema-

---

[53] Upjohn, obra citada p. 248
[54] Langlois, obra citada p. 382

tográficas: "A mais moderna das artes alcançou um relevo insuspeitado nos tempos em que vivemos. O grande poder de captação que proporciona a obscuridade das salas de projeção, unido ao fato de que podem dar-se espetáculos da mesma a preço acessíveis a todas as fortunas, fez desta nova arte a mais popular evidentemente. É claro que isso deve comportar forçosamente um critério para os produtores e artistas, critério que deveria tender à elevação do nível artístico da massa. Desgraçadamente preferiu-se, na maior parte dos casos, buscar o caminho de uma fácil comercialização...".[55]

---

[55] Marin, obra citada p. 592

Capítulo VI
ECONOMIA E FINANÇAS

Eis uma síntese sobre a situação econômica no início do século XX: "A ordem econômica mundial estava todavia moldada pelos princípios do liberalismo clássico: os gastos governamentais e os impostos eram baixos, e os pressupostos equilibrados, o estado de bem-estar estava em sua infância, os preços e os tipos de câmbio eram estáveis, o capital e o trabalho eram geograficamente móveis, e a classe governante, mescla de aristocracia e burguesia, dirigia os principais Estados".[1] O século XX nasce sob os auspícios da Segunda Revolução Industrial, iniciada já nas últimas décadas do século anterior quando a ciência proporcionara à indústria uma série de descobertas, cuja aplicação prática resultaria em profundas mudanças na ordem econômico-social então vigente. Compreende-se, pois, a expansão cada vez maior da economia ocidental. O aço, a eletricidade, o petróleo, estes dois como fontes de energia, estimulavam o progresso ao lado do velho sistema protagonista da Primeira Fase da Revolução Industrial em que figuravam, por exemplo, o ferro, o carvão, o vapor. Deve-se registrar a importância fundamental da siderurgia nos primeiros anos do novo século, graças sobretudo ao desenvolvimento e à aplicação das novidades tecnológicas já postas em prática e aperfeiçoadas nas últimas décadas do século XIX. Enfatize-se que, paralelo ao surto inovador da indústria, processar-se-ia a modernização do transporte ferroviário e marítimo com benéficas consequências para econo-

---

[1] Skidelsky, *El crecimiento de una economia mundial*, p. 98.

mia. O petróleo (que focalizaremos mais adiante em item especial), já usado havia muito na iluminação, passa a ser aplicado nos motores de combustão interna que revolucionariam, então, os transportes do século XX. As perdas materiais causadas pelo conflito de 1914-1918 são consideráveis para os países europeus que se veem atingidos em sua preponderância econômica, especialmente no campo da produção e do comércio. O velho continente torna-se devedor dos Estados Unidos. Acrescente-se a expansão econômica japonesa (apesar da carência de matérias e de energia) e a modificação imperiosa das relações dos integrantes dos impérios coloniais com suas metrópoles. Observe-se que, na vida econômica, a principal característica do período entre guerras foi o aumento do controle governamental, postura esta que entrava em choque com a tentativa, dos anos vinte, de restaurar a tradicional disciplina do mercado. O choque entre os dois sistemas de economia política relaciona-se com a crise de 1929-1932 e com o ambiente propício ao Segundo Conflito Mundial. A crise iniciada em 1929 nos Estados Unidos (ver item especial) afeta a economia mundial nos anos seguintes. Estamos aqui perante uma crise das economias capitalistas de gestão liberal. A Segunda Guerra Mundial surpreendentemente vai provocar um notável desenvolvimento da economia mundial, relacionado sem dúvida com o espantoso progresso técnico-científico no campo da biomedicina, da aeronáutica, da eletrônica, das telecomunicações, da informática. A Segunda Guerra chegou a ser vista como "a mãe de todas as tecnologias".[2] "Diferentemente da Primeira, a Segunda Guerra Mundial conduziu a uma 'idade dourada'. A expansão econômica mundial iniciada com a reconstrução das indústrias europeias e japonesas prosseguiu sem interrupção durante mais de vinte anos, todo um recorde. Entre 1950 e 1973 o PIB mundial por pessoa cresceu em um 3% anual, três vezes mais rapidamente que na fase anterior. No mundo desenvolvido o desempenho médio foi de 2,6% entre 1950 e 1973, comparado com os 7,5% entre 1920 e 1938".[3]

Deve-se registrar que logo após o Segundo Conflito Mundial impunha-se pôr ordem no caos que ameaçava a ordem econômica mundial. Papel

---

[2] Fuentes, *Historia universal del siglo XX*, p. 223.
[3] Skidelsky, obra citada, p. 107.

importante desempenhou a Conferência de Bretton Woods, realizada em julho de 1944. Definiu-se então o sistema monetário internacional. Para Washington a prioridade era restabelecer o comércio mundial, assegurando-se a estabilidade desse sistema. Duas instituições surgem então: o Fundo Monetário Internacional (FMI) e o Banco Internacional para Reconstrução e Desenvolvimento (BIRD), chamado mais tarde de "Banco Mundial". Ao FMI caberia gerir o novo sistema e zelar pelo respeito às normas aprovadas em Bretton Woods. Cada país membro versa uma cota proporcional a sua importância econômica e, em troco, pode obter um auxílio em divisas para equilibrar sua balança de pagamentos. "A importância das cotas versadas determina a influência de cada um dos membros nos votos do FMI, o que favorece então os mais poderosos deles".[4] O Banco Mundial não dispunha de recursos suficientes para atender às necessidades econômico-financeiras da Europa arrasada pelo conflito. Os Estados Unidos intervêm então com o plano Marshall que será estudado mais adiante. A organização europeia de Cooperação Econômica foi fundada por iniciativa dos Estados Unidos em 1948 (OECE) para a coordenação da atuação coletiva e para a adequada distribuição dos recursos disponíveis. A OECE providenciaria uma mais rápida e eficaz execução do plano Marshall. Uma importante organização internacional europeia foi fundada em março de 1957 com a integração da França, Itália, Alemanha Ocidental, Bélgica, Holanda e Luxemburgo. Estamos aqui diante do mercado comum europeu, que receberia mais tarde a adesão de outros países.

Em 1973 uma dupla crise abala a economia mundial: a desvalorização do dólar acarreta o fim do mito do dólar estável e dominador; no mesmo ano ocorre embargo árabe sobre o petróleo. Inflação, greves, estagnação da produção industrial, déficit comercial colocam, no decurso dos primeiros anos da década de 70, o governo americano diante de uma crise monetária e econômica. Note-se que na década de 80 Reagan aplicaria a economia neoliberal proclamada por Milton Friedman.

A estreita relação que se estabelece entre a pesquisa científica e suas aplicações práticas permite-nos ver neste processo uma Terceira Revolução In-

---

[4] Milza, *Histoire du XX siècle*, tome 2, p. 15.

dustrial que tem a marca profunda da informática. São traços característicos desta Terceira Revolução Industrial: "aumento das disponibilidades energéticas, aperfeiçoamento do transporte e da comunicação, promoção de atividades de ponta e de novos produtos no mercado, reforma da organização do trabalho e do próprio funcionamento da empresa. Como os progressos mais revolucionários afetam a maneira de transmitir a informação, deve-se doravante considerar que esta Terceira Revolução Industrial está acompanhada de uma revolução informaticista, de um alcance ainda bem mais considerável".[5]

Após esta tentativa de exposição de alguns dos acontecimentos econômico-financeiros mais marcantes do século XX, vamos dar um breve destaque aos seguintes eventos: Keynesianismo, Petróleo, a crise de 1929 e suas consequências, Plano Marshall e Mercado Comum Europeu.

Keynesianismo

John Maynard Keynes (1883-1946), economista inglês, professor de Economia Política da Univercidade de Cambridge, escreveu artigos e vários livros, entre os quais *The General Theory of Employment, Interest and Money*, que lhe deu notável prestígio em matéria econômica. Temos aqui uma nova síntese teórica "permitindo ajustar o capitalismo liberal às novas necessidades". [6] Toda teoria Keynesiana estrutura-se em seis variáveis:[7] a) renda nacional; b) emprego; c) consumo; d) investimento; e) taxa de juros; f) quantidade de moeda.

O equilíbrio econômico constitui a grande preocupação de Keynes e aparece como elemento central da *General Theory*. A poupança desempenha papel importante no equilíbrio econômico. "A poupança seria, então, a parte da renda que sobra depois dos gastos feitos com referência ao consumo. Ocorre, porém, que para haver consumo é fundamental haver renda, e, para que esta exista, é necessário que o consumidor esteja empregado. Por isso, Keynes

---

[5] Idem, ibidem, p. 194.
[6] Langlois, *Histoire du XXe siècle*, p. 108.
[7] Porto Carreiro, *Introdução à Economia*, p. 323.

voltou-se contra a política liberalista (que ele combateu em uma obra escrita em 1925-1926: "O fim do liberalismo", completada em 1931 pelos Ensaios de persuasão") entendendo que o Estado tinha obrigação de tornar-se empregador, com o fim específico de proporcionar renda aos desempregados".[8] Consumir, poupar e investir são tendências que conduziriam o Estado a um equilíbrio econômico. Em certo sentido Keynes "humaniza" a economia, fazendo-a dependente essencialmente das decisões dos homens, quer sejam produtores ou consumidores.[9] Para restaurar a demanda efetiva global Keynes propõem "meios que estão antípodas daqueles dos economistas clássicos".[10] Assim é que cabe aqui ao Estado um papel decisivo: em vez de licenciar o pessoal e diminuir o salário, deve, ao contrário, manter o poder aquisitivo dos salários, socorrer os inativos, reduzir a taxa de juros para estimular o investimento, baixar os impostos, elevar as despesas do Estado para estimular o consumo, mesmo que ocorra déficit orçamental. Note-se que, embora preconizando uma ampla intervenção do Estado no ajustamento dos mecanismos econômicos, "Keynes não põe em questão as bases fundamentais do capitalismo fundado sobre a empresa privada e a livre concorrência. Sua teoria visa, ao contrário, fornecer à empresa privada os meios de realizar-se mais eficazmente, mas não a permitir ao Estado substituí-la".[11] A partir de 1945 os Estados capitalistas adotam a teoria de Keynes, que pode, então, ser qualificada como liberalismo renovado ou neoliberalismo. "Em toda a Europa Ocidental havia uma aceitação geral dos princípios Keynesianos de intervenção, embora os instrumentos empregados variassem de um país a outro".[12] Nos Estados Unidos e na Grã-Bretanha pratica-se uma política de pleno emprego com base nas teorias de Keynes.[13] Deve-se também lembrar que em Bretton Woods a influência de Keynes foi importante na criação do já mencionado BIRD. Na década de 80, entretanto, o Keynesianismo é questionado. Importa fazer aqui uma observação: "O que hoje se chama "neoliberalismo" nada tem de

---

[8] Idem, ibidem.
[9] Langlois, obra citada, p. 28.
[10] Idem, ibidem, p. 108.
[11] Idem, ibidem, p. 109.
[12] Deighton, *La reconstrucción de Europa*, p. 310.
[13] Skidelsky, obra citada, p. 110.

novo: nada mais é que o retorno ao liberalismo clássico, puro e duro, anterior a Keynes, com a desobriga do Estado, "a obsessão do déficit zero, a redução das proteções sociais e *tutti quanti*".[14]

Petróleo

A economia do século XIX desenvolve-se com base na exploração do carvão, que fornece à indústria nascente a energia indispensável e o transporte por terra e por água. Já vimos que no século XX duas novas fontes de energia revolucionam a economia: o petróleo e a eletricidade. Descoberto e explorado já no século XIX, o petróleo, em suas primeiras décadas constituía, para o mundo que se industrializava, "um produto ao qual se deu o nome inventado de "querosene", conhecido como a "nova luz" que fazia recuar a noite, estendendo assim o dia de trabalho. No final do século XIX, John D. Rockeffeler tornou-se o homem mais rico dos Estados Unidos, graças sobretudo à venda de querosene".[15] A invenção da lâmpada incandescente não afetou a indústria do petróleo que, com o desenvolvimento do motor de combustão interna, passava a representar um fator preponderante na economia mundial. "A indústria do petróleo tinha um novo mercado, uma nova civilização nascia".[16] O Século XXI assiste à busca de novas fontes de energia. "Com o crescimento do movimento ecológico, os princípios básicos da sociedade industrial estão sendo desafiados; e a indústria do petróleo, em todas as suas dimensões está no alto da lista das que devem ser investigadas, criticadas e contestadas".[17] Yergin adverte: "Quando olhamos para o século XXI fica claro que certamente um chip de computador propiciará a hegemonia tanto quanto o petróleo. Mesmo assim a indústria do petróleo continua a ter um impacto enorme".[18] Quanto ao século XX podemos tranquilamente afirmar que sofreu a mais completa e profunda transformação com o advento do petróleo e bem merece o título de

---

[14] Langlois, obra citada, p. 109.
[15] Yergin, *O Petróleo*, p. XIV.
[16] Idem, ibidem.
[17] Idem, ibidem, p. XV.
[18] Idem, ibidem, p. XIII.

século do petróleo. Antes de uma breve exposição de exemplos da influência do petróleo em acontecimentos decisivos da História do Século XX, parece-nos conveniente sublinhar três aspectos dessa influência. Em primeiro lugar convém ter presente que a expansão do petróleo através do século XX representa "o maior negócio e o mais difundido, a maior entre as maiores indústrias que se desenvolveram nas últimas décadas do século XIX".[19] Ainda Yergin: "A expansão dos negócios no século XX – abrangendo tudo, desde perfuração de poços petrolíferos em áreas pouco exploradas até vendedores com boa lábia e diretores tirânicos da burocracia da grande empresa e das companhias estatais – encarna o modo como nesse século eles evoluíram, a estratégia conjunta, a mudança tecnológica, o desenvolvimento do mercado e, é claro, a economia nacional e internacional".[20] Um segundo aspecto da influência petrolífera diz respeito à importância decisiva que o produto teve nos campos de batalha da Primeira e da Segunda Guerra Mundial. O poder político nacional e internacional esteve fundamentalmente vinculado à produção e ao armazenamento do petróleo. Um terceiro aspecto a ser considerado é a presença do petróleo nas mais importantes atividades da vida cotidiana, pública ou privada, do mundo moderno. "O Petróleo constituiu a base do grande movimento de suburbanização do pós-guerra, que transformou a paisagem contemporânea e o modo de vida moderno. Hoje somos tão dependentes desse mineral e ele está tão embutido em nossas atividades diárias que dificilmente paramos para nos dar conta de seu penetrante significado. É ele que torna possível nosso local de moradia, nosso modo de vida, o meio de transporte que adotamos nos deslocamentos diários de casa para o trabalho, a maneira como viajamos...".[21] Vejamos, agora e a título de exemplos, somente alguns acontecimentos importantes da História do Século XX, relacionados intimamente com a indústria petrolífera.

Desde o início do século XX o petróleo do Oriente Próximo atrai a atenção dos ingleses. Em maio de 1901 o shah Muzaffar-ud-Din transfere

---

[19] Idem, ibidem.
[20] Idem, ibidem.
[21] Idem, ibidem, p. XV.

uma antiga concessão feita ao barão inglês Julius de Reuter para o também inglês William Knox d'Arcy, que em 1909, com um grupo de amigos, funda a Anglo-Persian Oil.[22] Em 1912 nascia a Turkish Petroleum com a presença do grupo de d'Arcy. Winston Churchill, nomeado Primeiro Lord do Almirantado pouco antes do Primeiro Conflito Mundial, preocupou-se logo com a modernização da Marinha Real. "Sua incumbência era garantir que a Marinha Real, símbolo e própria encarnação do poderio imperial britânico, estivesse pronta para enfrentar o desafio alemão em alto-mar. Uma das questões mais importantes e controversas enfrentadas por ele era de natureza aparentemente técnica, mas na realidade teria amplas implicações para o século XX. Debatia-se a conveniência de adaptar a Marinha Britânica para o uso do petróleo como fonte de energia no lugar do carvão, o combustível tradicional. Muitos pensavam que tal conversão era pura loucura, pois significaria que a Marinha não mais poderia confiar no carvão galês e, em vez disso, teria de depender da oferta distante e instável do petróleo da Pérsia, como então se chamava o Irã".[23] Churchill atingiu seu objetivo, pois dele dependia a própria hegemonia. "Com isso, Churchill, às vésperas da Primeira Guerra Mundial, captou uma verdade fundamental, aplicável não somente à conflagração que se seguiria como também às muitas décadas subsequentes", pois por todo o século XX o petróleo significou hegemonia.[24] O governo inglês adquiriu secretamente então 51% das partes da Anglo-Persian. Graças ao Grupo d'Arcy processou-se também a introdução clandestina no mesmo governo, no seio da Turkish Petroleum. "Assim, desde sua origem, a indústria petrolífera era atraída para a órbita da política internacional."[25] Através de toda História do século XX, vamos encontrar a presença do petróleo como fator preponderante em acordos e conflitos internacionais. "No fim do século XX, o petróleo ainda era fundamental para a segurança, a prosperidade e a própria natureza da civilização".[26]

Durante a Primeira Guerra Mundial "o óleo e o motor de combustão in-

---

[22] Benoist-Méchin, "Histoire de l'Empire du Pétrole", p. 46 (Revista *Historia* n. 158).
[23] Yergin, obra citada, p. XII.
[24] Idem, ibidem.
[25] Benoist-Méchin, obra citada, p. 48.
[26] Yergin, obra citada, p. XIII.

terna mudaram todas as dimensões do conflito armado, até mesmo o próprio significado da mobilidade na terra, no mar e no ar".[27]

Na Segunda Guerra Mundial lembremos, só para exemplificar, a busca de petróleo pelos japoneses nas Índias Orientais e a preocupação de Hitler com a tomada dos campos petrolíferos do Cáucaso. "Mas o predomínio do petróleo americano se revelou decisivo, e no final da guerra os reservatórios de combustível alemães e japoneses estavam vazios".[28]

A União Soviética, o segundo maior exportador do mundo, "esbanjou as enormes somas que ganhou com o petróleo nos anos 70 numa escalada militar e numa série de aventuras internacionais inúteis, e em alguns casos desastrosas".[29]

Os Estados Unidos, "outrora o maior produtor mundial e até hoje o maior consumidor, tem de importar metade do suprimento do petróleo de que necessitam, enfraquecendo sua posição estratégica global e aumentando bastante um déficit de comércio que já é incômodo – uma situação precária para um grande poder".[30]

"Durante a Guerra Fria, a batalha pelo controle do petróleo travada entre as companhias internacionais e os países desenvolvidos constituiu uma peça importante do drama da descolonização e do nacionalismo emergente."[31]

Em outubro de 1973 estados árabes usam o embargo do petróleo como arma política, apanhando de surpresa os países industrializados e atingindo de modo especial aqueles considerados inimigos da causa árabe em face do Estado de Israel. Nessa ocasião, a OPEP (Organização dos Países Exportadores de Petróleo) quadruplicou o preço do petróleo bruto, agravando a crise internacional.

Em agosto de 1990 Saddam Hussein, ditador do Iraque, invadiu o Kuait visando a produção petrolífera do país vizinho, mas provocando uma enérgica reação de países ocidentais e árabes amparados por uma decisão das Nações Unidas.

---

[27] Idem, ibidem, p. 161.
[28] Idem, ibidem, p. XIII-XIV.
[29] Idem, ibidem, p. XIV.
[30] Idem, ibidem.
[31] Yergim, obra citada, p. XIV.

A crise de 1929 e suas consequências

Já estudamos brevemente a grande crise econômico-finaceira que explodiu em 1929 e suas consequências mundiais na síntese sobre os Estados Unidos, especialmente nos itens referentes aos governos de Hoover e de Franklin D' RooselvelT. Voltaremos agora ao mesmo tema com mais minúcias e com inevitáveis repetições, lembrando determinados eventos e a atuação de determinados personagens. Focalizações sob diferentes prismas e inspiradas na diversidade de fontes contribuem, não raro, para uma melhor e mais aprofundada compreensão dos eventos e de seus autores.

A experiência da Primeira Guerra Mundial tivera, como consequência para os americanos, de um lado a consciência da pobreza do mundo exterior; de outro lado, a plena percepção da prosperidade de seus país durante a década de 20. A manutenção e o aperfeiçoamento do padrão de vida é o ideal constante da população dos Estados Unidos. "Durante a prosperidade da década de 1920 o lema 'viver igual ao vizinho', mola de assinalado consumo de bens, outrora somente junto à classe ociosa, tornou-se a grande aspiração americana".[32] O desenvolvimento da indústria cinematográfica, a difusão do radio e, acima de tudo, a expansão da indústria "automobilística acabaram com o localismo americano e revolucionou, sob muitos outros aspectos, a vida nacional".[33] A aplicação da química e da eletricidade à indústria contribui consideravelmente para ampliar a produtividade, acarretando assim, de maneira acentuada, o aumento dos salários daqueles trabalhadores de indústrias modernizadas. Eis um panorama da prosperidade, americana na época em foco: "De 1922 a 1929 os Estados Unidos gozaram sete anos dos mais fartos que já se registraram na história de qualquer nação. O padrão de vida de seu povo era o mais alto do mundo. Em 1930, de cada cinco habitantes, um possuía automóvel. Havia mais de 13.000.000 de rádios nos lares americanos e mais telefones do que em todo o resto do mundo tomado em conjunto. Felizmente nem toda a nova riqueza era gasta em comodidades e luxo. Em 1929 a venda de livros elevara-se ao dobro do que fora em 1919, embora

---

[32] Miller, *Nova História dos Estados Unidos*, p. 328.
[33] Idem, ibidem.

a população tivesse aumentado apenas em 16%".[34] Ao lado dessa fantástica prosperidade havia, entretanto, aspectos negativos. Tentemos examiná-los. Nas indústrias mais antigas, como a do carvão e a dos tecidos, havia uma crise em desenvolvimento durante quase toda a década. Uma crise acentuada atingia o setor agrário. Pode-se afirmar que "a renda agrária jamais se aproximou das alturas históricas do período da guerra, nem mesmo dos níveis médios atingidos durante o decênio anterior ao conflito".[35] Registre-se que os fazendeiros do centro-oeste "atolaram-se em dívidas comprando terras nas regiões áridas do Nebraska e Oklahoma ocidentais e do Colorado oriental, na crença de que o trigo continuaria para sempre a ser vendido a mais de dois dólares o alqueire. Quando o preço, em 1923, caiu a 93 centavos, viram-se agrilhoados em suas hipotecas. Não foram os lavradores, naturalmente, os únicos tentados à superexpansão pelos preços fantásticos; abriram-se muito mais minas de carvão e fábricas do que era necessário para atender à procura normal".[36] Vejamos, a seguir, outros aspectos da economia americana que, atrás de uma aparente prosperidade, resultariam na catastrófica explosão da crise em 1929. Muitos cidadãos americanos detinham invejável situação econômica, com excesso de capital para empregar, voltando-se para negócios no exterior. Embora tivessem aplicado a maior parte do capital na expansão da indústria nacional, uma proporção considerável foi dirigida para aplicação no exterior. "Em 1929 os empréstimos particulares norte-americanos nos países estrangeiros remontavam a cerca de 16 bilhões de dólares. Uma boa parte desse dinheiro não era invertida na produção, mas utilizado na compra de mercadorias norte-americanas. Quando, em virtude das condições incertas da política europeia, se exigiu o pagamento dos empréstimos, esse mercado estancou-se".[37]

O mercado de títulos e o mercado de transações imobiliárias devem ser lembrados. Quanto ao primeiro, note-se: "as empresas passaram a empregar seus fundos acumulados na especulação no mercado de títulos, bem como a reunir as economias populares depositadas nos bancos e companhia de segu-

---

[34] Burns, *História da Civilização Ocidental*, p. 905.
[35] Miller, obra citada, p. 329.
[36] Burns, obra citada, p. 905.
[37] Idem, ibidem, p. 906.

ros, aplicando-as em títulos emitidos por firmas que se fundiam ou se reorganizavam. Jamais as estruturas das sociedades anônimas haviam-se elevado a tais altitudes. Negociadores hábeis, como os irmãos Van Sweringen e Sidney Z. Mitchell, valeram-se de todos os recursos conhecidos em Wall Street, a fim de oferecer títulos aos sequiosos especuladores e, ainda assim, conservar o domínio dos impérios que haviam criado. A chave de seus edifícios de papel foi a empresa *holding*, sociedade que geralmente nada possuía a não ser os títulos de outras, algumas das quais também eram empresas *holding*".[38] Vejamos, agora, o mercado imobiliário: "Acompanhando e, muitas vezes, intensificando o surto dos negócios de mercado de títulos, desenvolveu-se o mercado de transações imobiliárias. No passado, a especulação sobre terras havia sido um traço característico dos períodos de bons negócios nos Estados Unidos. Na década de 1920, a especulação imobiliária concentrou-se principalmente nas cidades. Muitos grandes bancos nelas ergueram arranha-céus, cujos terrenos e construções se elevaram a um custo fabuloso. Esperavam povoar esses arranha-céus com escritórios de corretores que manteriam em febril atividade o surto do mercado de títulos. Os lucros sobre papéis, obtidos no mercado de títulos em alta vertiginosa, eram empregados em novas e imprudentes especulações imobiliárias. Quando o mercado de títulos desmoronou em outubro de 1929, toda a estrutura de papel caiu por terra".[39]

No verão de 1929 a *Reserva Federal* (organismo que exerce papel de Banco Central nos Estados Unidos) decide limitar o crédito através de várias medidas que teriam criado um clima psicológico favorável ao Craque de *Wall Street*. "Em 1929 rebentou a grande bolha de sabão. Pelos meados de setembro os especuladores da Bolsa de Nova York começaram a vender seus títulos. O mercado parou de subir, por algum tempo flutuou inquieto e por fim, a 24 de outubro, esboroou-se num desenfreado tumulto de vendas. Alguns líderes das finanças e da política tentaram infundir confiança no público, mas todos aqueles que conheciam um pouco a história financeira do país compreenderam que o fim tinha chegado".[40] Os especuladores arruinados

---

[38] Miller, obra citada, p. 330.
[39] Idem, ibidem, p. 331.
[40] Burns, obra citada, p. 906.

não podem reembolsar sua clientela, em que figuram sociedades industriais e bancos. Os depositantes correm aos bancos para retirar seu dinheiro. Os estabelecimentos bancários menores, incapazes de satisfazer à demanda, vão à falência e levam consigo as quantias confiadas pelos clientes. Os bancos mais seguros suspendem as operações de crédito. Sem crédito e sem consumo os produtos fabricados encalham nas lojas, as empresas industriais e comerciais cessam de produzir e negociar, e demitem os empregados, criando grave problema social. Em 1933 um quarto da população ativa dos Estados Unidos encontra-se sem trabalho, e os que conseguiram manter o emprego sujeitam-se à diminuição das horas de trabalho, e consequente perda salarial. O Craque de Wall Street levou os financistas americanos não só a interromper a remessa de capitais para o exterior, mas a recuperarem o que haviam investido. A retirada maciça causa dificuldades aos banqueiros europeus, acarretando a propagação da crise americana para o exterior. A crise atinge inicialmente os países que haviam tomado empréstimo dos Estados Unidos. Entre esses países figurava a Áustria, cujo sistema bancário sofreu profundo abalo com a falência do *Kredit Anstalt* de Viena em 1931. Essa falência afetou o sistema bancário alemão. Após a falência de um dos maiores bancos do país, o *Danat Bank*, o Estado alemão intervém no sistema bancário e anuncia que não pode mais honrar suas obrigações a título de reparação de guerra (junho de 1931). Esta posição alemã agrava a situação, desarticulando o sistema de fluxo dos capitais entre a Europa e os Estados Unidos. O plano Dawes (ver itens sobre a Alemanha no capítulo referente à Europa) facilitava à Alemanha o pagamento das reparações de guerra devidas aos vencedores de 1918. Note-se que a França e Grã-Bretanha empregavam parte desse pagamento na quitação das dívidas contraídas em face dos Estados Unidos e motivadas pela Guerra. Com a recusa da Alemanha, França e Grã-Bretanha suspendem o pagamento aos norte-americanos, agravando a situação. O abalo sofrido pela City de Londres (praça financeira de Londres) generaliza a crise. "A crise internacional se desenvolve inicialmente no plano financeiro, depois nos planos monetário e comercial".[41] "Quando o mercado de títulos desmoronou, em outubro de 1929, toda a estrutura de papel caiu por terra. O

---

[41] Langlois, obra citada, p. 101.

presidente Hoover advertiu o país a que não se deixasse tomar de pânico. Os negócios, informou ele, achavam-se "fundamentalmente em sólidas condições" e a prosperidade encontrava-se "a pouca distância". A incapacidade dos Estados Unidos para vender seus artigos no exterior foi agarrada por Hoover como bode expiatório "estrangeiro", capaz de explicar a catástrofe americana. Mas as deficiências fundamentais da economia interna em breve tornaram-se flagrantes. Em 1933, as perspectivas econômicas dos Estados Unidos eram mais sombrias do que em qualquer outra ocasião de sua história. Nesse ano, Franklin D. Roosevelt assumiu a presidência, após haver derrotado Hoover nas eleições de 1932". [42] Já mencionamos, embora resumidamente, as providências tomadas pelo novo presidente que propôs e executou o New Deal. "Apoiado a fundo por uma opinião pública que ele soube galvanizar com seu carisma pessoal e com suas promessas de renovação, Roosevelt lança assim, desde o início de seu mandato, uma série ininterrupta de iniciativas em todos os domínios, destinadas tanto a impressionar os espíritos como a recuperar a economia; reforço do sistema bancário e proteção dos depositantes, engajamento maciço dos desempregados pela administração federal (até quatro milhões em seis meses) para imensos trabalhos de equipamento como a Tennessee Valley Authority, déficit orçamental enorme para época, desvalorização do dólar, criação da *Securities and Exchange Commission* para fiscalizar a Bolsa".[43] Temos aqui a franca intervenção do Estado na economia, o que acarretaria reações até da Corte Suprema contra o dirigismo econômico.

Plano Marshall

Em junho de 1947 o general George C. Marshall, secretário de Estado de Truman, em face do caos econômico em que se encontrava o continente

---

[42] Miller, obra citada, p. 331.
[43] Langlois, obra citada, p. 105. Cabe aqui reproduzir a observação de Miller (obra citada, p. 335) sobre a influência de Keynes no New Deal: "Foi somente em 1936 que John Maynard Keynes publicou sua memorável General Theory of Employement, Interest, and Money, que se afirma, por vezes, ter sido a bíblia do New Deal. Note-se que em dezembro de 1933 Keynes escreveu uma carta aberta a RoosevelT.

europeu e da ameaça da expansão comunista, declarara: "Nossa política é orientada no sentido do renascimento de uma economia de trabalho no mundo, de modo a permitir a emergência de condições políticas e sociais nas quais possam existir instituições livres".[44] Estamos aqui diante do chamado "Plano Marshall", já brevemente mencionado no item referente ao governo de Truman. "Verbas destinadas à execução do 'Plano Marshall' foram obstruídas por isolacionistas que ressurgiram no Congresso, até que o látego de um golpe soviético sobre a Tcheco-Eslováquia, onde foi instalado pela força um governo comunista em fevereiro de 1948, condenou-os ao silêncio. A partir de abril seguinte, o Congresso votou durante três anos, 12 milhões de dólares para a reconstrução da Europa. Os países comunistas foram declarados aptos para receber auxílios nos termos do plano Marshall; mas a União Soviética proibiu-lhes a participação bem como estabeleceu o Cominform, visando a ampliar a propaganda e a subversão comunista no ocidente".[45] Entre outros foram especialmente beneficiadas com o Plano, a Grã-Bretanha, a França, a Itália e a Alemanha. Esta última mereceu uma atenção especial. Os administradores do Plano Marshall reconheceram na Alemanha o eixo da economia da Europa Ocidental e, desde princípios de 1948, promoveram a plena reabilitação da zona livre desse país. Note-se que a Espanha fora excluída dos benefícios do Plano Marshall. A Guerra Fria com a ameaça Soviética favoreceria a integração da Espanha na economia ocidental.

Mercado Comum Europeu

A União Europeia era um ideal antigo, defendido por alguns intelectuais como o espanhol José Ortega y Gasset, o francês Julian Benda e o britânico John M. Keynes. As consequências do Segundo Conflito incentivaram os projetos de União, pois a nova ordem política favorecia a criação de organismos supranacionais. Em abril de 1951 foi assinado o Tratado que

---

[44] Miller, obra citada, p. 386.
[45] Idem, ibidem.

instituía a CECA (Comunidade Europeia do Carvão e do Aço), integrada pela Bélgica, pela Holanda, pela França, pela Itália, pelo Luxemburgo e pela República Federal da Alemanha (RFA). Em 1957 foi firmado o Tratado de Roma pelos seis países membros da CECA, criando a CEE (Comunidade Econômica Europeia) ou MCE (Mercado Comum Europeu), que passou a funcionar a partir de 1º de janeiro de 1958. Um dos traços mais característicos da CEE foi sua supranacionalidade "expressa em um executivo não eleito, a Comissão, e a disposição dos Estados membros em aceitar que algumas decisões se adotassem pelo voto da maioria. Além de eliminar as tarifas e as práticas restritivas entre seus membros, adotou-se uma tarifa comum exterior contra outros países e protegeu-se a agricultura mediante uma política agrária comum".[46] A Comunidade Europeia (CE, como se denominou a partir de 1967) desempenhou papel relevante no desenvolvimento econômico europeu. "Em 1987 revisou-se o tratado original de Roma com o Tratado do Mercado Único para conseguir-se que a Europa fosse, no final de 1992, um mercado único, tal como o havia desejado os que tinham firmado o Tratado de Roma. A revisão de Maastrich de 1993, que voltou a mudar o nome da comunidade, agora pelo de União Europeia (UE), foi mais longe ao criar novas zonas de atividades e um sistema mais eficaz de adoção de decisões".[47]

---

[46] Deighton, "La recontrucción de Europa", p. 312. O autor deste capítulo da *Historia Oxford del siglo XX* critica a não entrada da Grã-Bretanha como membro fundador da Comunidade: "Grã-Bretaña rechazó imprudentemente la oportunidad de ser un miembro fundador, en tanto que Estados Unidos respaldó constantemente el desco de integración de Europa Occidental".
[47] Idem, ibidem, p. 313.

Capítulo VII
RELIGIÃO

A História do século XX estaria incompleta sem um capítulo especial sobre a religiosidade que, visível ou invisivelmente, impregna a marcha da humanidade através das vicissitudes do século em tela. Com efeito, embora possa parecer, em uma visão rápida e superficial, que a religião seja a grande ausência nos eventos mais importantes – objetos de nossa exposição –, o sentimento religioso encontra-se muito vivo, apesar de não aparecer sempre como tal. Na realidade "o homem é animal religioso".[1] Samuel anota: "O exame das grandes religiões contemporâneas já mostra ao menos a permanência do fenômeno religioso, malgrado os progressos do conhecimento científico e da modernidade. De um lado, essa permanência não cessa de indagar sobre as aspirações e as necessidades imperecíveis do homem; do outro, mostra que toda crença, hoje como ontem, põe as mesmas interrogações: as da alma, do espírito, da mortalidade, do além".[2] Langlois sublinha a importância do sentimento religioso: "intensamente posta em questão, ao mesmo tempo que a maioria dos valores tradicionais, a religião, a partir do início dos anos oitenta, parece efetuar um retorno. Decepcionado pelos sonhos insatisfeitos dos anos sessenta, inquieto em face do problema ambiental, desiludido diante de uma conjuntura econômica muito incerta e amedrontado pelo perigo nuclear, o Ocidente parecer buscar na espiritualidade um conforto que não mais

---
[1] Samuel, *As religiões hoje*, p. 5.
[2] Idem, ibidem

encontra em qualquer outra parte".³ O retorno a valores tradicionais é, pois, um indício certo do renascer da religiosidade: Em Berstein e Milza lemos: "A angustia dos homens de nosso tempo, diante das incertezas que pesam sobre seu futuro e a crise das ideologias, acompanha-se de um retorno aos valores tradicionais. Este fenômeno exprime-se inicialmente por uma renovação do sentimento religioso no seio das Igrejas constituídas. Com certeza assiste-se, particularmente nas sociedades ricas do Mundo Ocidental, a uma diminuição na audiência delas. Cada vez mais numerosos são os fiéis que se afastam das regras editadas pela hierarquia, notadamente em matéria de comportamento moral, de sexualidade, de contracepção, enquanto que as vocações sacerdotais conhecem uma crise profunda. Mas esta tendência acompanha-se em troca de um aprofundamento e de um enriquecimento do sentimento religioso, voltado cada vez mais para a ação e a espiritualidade, adentrando muitas vezes no engajamento social e político. Assiste-se, entretanto, no contexto da crise, a um retorno por força das crenças e das práticas tradicionais. Em numerosos países, as influências do clero e o apego às formas clássicas da vida religiosa permanecem muito vivos. Testemunham nesse sentido a vitalidade do catolicismo polonês, verdadeiro catalisador da vontade de resistência de um povo em luta pela manutenção de sua identidade, assim como o acolhimento entusiástico das multidões africanas e latino-americanas, quando das viagens do Papa João Paulo II nessas partes do mundo".⁴

Dos textos supracitados impõe-se a conclusão de Samuel: "Hoje as grandes religiões estão muito vivas". Entre outros exemplos, o autor lembra na Índia a "exacerbação dos confrontos religiosos entre hinduístas, muçulmanos e sikhs, culminando no assassínio de Rajiv Gandhi. No Paquistão: a adoção, por aclamação, da *charia*, a lei islâmica...".⁵ Nas linhas seguintes vamos focalizar aspectos das principais religiões da humanidade, dando ênfase especial ao monoteísmo professado, como é sabido, pelo Judaísmo, pelo Cristianismo e pelo Islamismo. Hinduísmo, Budismo e Animismo, embora resumidamente, prenderão também nossa atenção. Convém advertir o leitor

---

³ Langlois, *Histoire du XXe Siècle*, p. 359
⁴ Milza, *Histoire du XXe siècle*, tome 3, p. 369.
⁵ Samuel, obra citada, p. 329.

de que não se pretende aqui investigar a origem e a evolução das religiões em questão. Estes aspectos, na realidade, já foram estudados respectivamente em minhas obras: História da Antiguidade Oriental (Judaísmo, Budismo, Hinduísmo), História da Ásia (Hinduísmo, Budismo etc.), História da África (Animismo) e História de Roma (Cristianismo), História do Mundo Árabe Medieval (Islamismo).

Animismo

Estamos aqui em face de uma religião que ainda se encontra bem viva, principalmente em grande parte da África, onde somaria muitos milhões de adeptos: "E, importante, não se pode avaliar o número de africanos 'evoluídos', isto é, que se tornaram cristãos, muçulmanos, ou indiferentes, mas conservam mentalidade 'fetichista'. De quando em quando, fatos diferentes revelam que 'convertidos' modernos continuam a praticar o culto animista. Sucede-se, inclusive, que a ocidentalização e seu racionalismo produzem reação de retorno aos ritos antepassados, às vezes com o surgimento de seitas ou procedimentos mágicos".[6] Esse retorno ao animismo revela uma manifestação e um impulso da africanização.[7] Surge uma indagação: como caracterizar essa manifestação religiosa? Pisamos aqui num terreno movediço em que o pluralismo de crenças abre um amplo leque para divagações. De um modo bem geral podemos apontar como essencial no animismo "a crença em espíritos, em "almas" que vivem e animam tudo o que existe".[8] O animista, portanto, crê na realidade de um mundo invisível: existe a presença permanente e universal de uma força vital em tudo o que existe. Espíritos animam a natureza. O espírito está em toda parte e pode, assim, associar-se a diversos elementos como, por exemplo, uma pedra, uma fonte, uma árvore. Registre-se que os espíritos principais são os dos defuntos. "Diferentes, conforme tenham tido morte violenta ou decorrente de doenças, conforme

---

[6] Idem, ibidem, p. 31.
[7] Idem, ibidem, p. 32.
[8] Idem, ibidem, p. 26.

tenham adormecido tranquilamente e que tenham sido respeitados ou não os ritos funerários. Rondando suas antigas residências, eles são, então, almas desencarnadas à espera de reencarnar-se".[9] Deve-se observar que os animistas encontram dificuldade para representar mentalmente a alma, "ao mesmo tempo espiritual e invisível, no entanto carnal".[10] A alma é considerada a parte do sagrado, presente em cada um e em todos. Vive em um corpo do qual é prisioneira, como o pássaro na gaiola. "Às vezes escapa momentaneamente dele. Sai dele definitivamente na morte, indo juntar-se aos antepassados ou a Deus, ou reencarnar-se no mesmo corpo – é a loucura – ou no corpo do recém-nascido".[11] O animismo, convém acentuar, não é uma religião sem Deus. Entretanto, não é fácil precisar a divindade ou as divindades. "É verdade, porém, que o que impressiona no animismo é menos a existência de um deus supremo do que a presença permanente e universal de uma força vital em tudo o que existe".[12] Foi essa crença em espíritos animando a natureza que deu seu nome ao animismo.

Os animistas aceitam um deus supremo, misterioso e incognoscível, que teria saído vencedor do combate entre os deuses. O deus supremo encontra-se isolado à distância (no alto, no céu, além da lua, além das estrelas) e, por isso, "as pessoas se dirigem de preferência aos deuses intermediários, delegados seus e mais acessíveis".[13] É interessante notar que as narrativas referentes à criação divergem conforme as etnias. O deus supremo preexiste à criação: fez o céu e a terra. É senhor do futuro, é justiceiro, recompensa e pune. Tudo vem dele e tudo a ele retorna.

Na vida cotidiana do animismo encontramos o culto dos antepassados. Deles esperam-se proteção, boas colheitas, êxito nas caçadas, saúde. "Essa vida com os antepassados, com os defuntos, é reveladora de uma concepção global da vida, da morte e do tempo".[14] Os grandes momentos da vida humana são assinalados pelos animistas com festas de caráter coletivo e religio-

---

[9] Idem, ibidem, p. 39.
[10] Idem, ibidem, p. 40.
[11] Idem, ibidem.
[12] Idem, ibidem, p. 38.
[13] Idem, ibidem, p. 37.
[14] Idem, ibidem, p. 43.

so. Entre os ritos particulares próprios de cada etnia, a dança desempenha papel preponderante, integrado por máscaras, tatuagens, passos, gestos, música etc. Note-se a importância do ritmo considerado a essência da vida: "o ideal animista é viver em harmonia com o ritmo vital do cosmo".[15]

Hinduísmo

A pluralidade religiosa constitui um aspecto marcante da diversidade cultural que caracteriza a enorme população da Índia: encontramos aí hindus, muçulmanos, cristãos de várias correntes, siks, parsis e jainanos. A rivalidade entre os dois primeiros grupos levaria ao fortalecimento do separatismo muçulmano, que resultaria no Paquistão independente separado do resto da Índia. Tentemos, aqui, focalizar brevemente o hinduísmo contemporâneo. "O hinduísmo atual foi influenciado pela história de suas seitas e por seus contatos com o islã, com o Ocidente e com as diversas formas de cristianismo. Nessa evolução, como todas as religiões, o hinduísmo tem seus místicos, seus integristas e seus reformadores".[16] O hinduísmo é uma religião sem fundador e sem dogmas. "O que caracteriza o hinduísmo é a tolerância. Uma tolerância profunda com os seres e com seus caminhos variados e mais ou menos avançados. Sua ausência de dogmatismo o abre a reformas possíveis, como a abolição das castas, sem obrigá-lo a perder suas aspirações multisseculares. Ela lhe confere também certa atração para os espíritos modernos ocidentais, obsessionados pela procura de uma verdade religiosa, mas rejeitados pelas igrejas".[17] Os hindus creem num ser divino cuja energia unifica o universo. Deus não é um personagem com uma existência separada. Ele encontra-se em toda a parte, sob os aspectos mais variados: "Deus é as plantas, os animais, o fogo, a chuva, a fala, os insetos, as estrelas, os planetas. Deus é o homem em sua loucura e sabedoria. Só existe para os hindus uma única culpa, a *avidya* – a ignorância: não 'ver' a evidência da presença de

---

[15] Idem, ibidem, p. 47.
[16] Idem, ibidem, p. 103.
[17] Idem, ibidem, p. 106.

Deus em todas as coisas".[18] Para o hindu há a escolha de seu deus pessoal, que é emanação do Deus único "num panteão espantoso de três milhões de divindades".[19] Compreende-se assim que um templo hindu acolha uma imensidão de divindades: "um refúgio de deuses com o pescoço enfeitado de serpentes, deuses de seis braços ou com cabeça de elefante, macacos adoráveis, virgens e até representações eróticas".[20] Um aspecto do hinduísmo que chama atenção do ocidente são as vacas sagradas, objeto de especial respeito. Os sábios da antiga Índia haviam sagrado a vaca, visando evitar o abatimento dos rebanhos indispensáveis para a sobrevivência do povo. "A Índia possuía em 1947 o rebanho mais importante do mundo: duzentos milhões de cabeças, cinco vezes mais do que a França tinha de franceses, ou seja, um bovino por cada dois indianos. Quarenta milhões desses animais não chegavam a dar um litro de leite por dia. Outros quarenta ou cinquenta milhões deles, atrelados a carros e charruas eram usados como animais de tração. Os restantes, cerca de cem milhões de cabeças, estéreis e inúteis, erravam a sua vontade pelos campos e cidades, roubando todos os dias de dez milhões de indianos seu magro sustento. O instinto de sobrevivência mais elementar teria mandado extinguir esses animais, mas a superstição era tão forte que a destruição de uma única vaca constituía para os hindus um crime sem perdão. Até o próprio Gandhi proclamava que, protegendo a vaca, era a obra inteira de Deus que o homem protegia."[21] Na evolução do hinduísmo encontramos os integristas, que no século XIX reagem contra a presença britânica e exigem respeito a todas as manifestações de sua religião. Entre os integristas destacou-se Bal Gangdhar, que, no final do século XIX, era partidário da violência e tentou legalizar o sistema de castas, influenciando sociedades secretas, donde sairia mais tarde o assassino de Ghandi. Ainda no século XIX encontramos os modernistas ou reformadores que admitiam a possibilidade do hinduísmo "acomodar-se com alguma adaptação ao movimento da história e ao conhecimento das outras religiões".[22] Entre os reformadores mere-

---

[18] Lapierre e Collins, *Esta Noite a liberdade*, p. 45.
[19] Idem, ibidem, p. 45.
[20] Idem, ibidem.
[21] Idem, ibidem, p. 49.
[22] Samuel, obra citada, p. 104.

cem ser lembrados Ramakrishma Paramahansa (1834-1886) e seu discípulo Narendranath Datta Vivekananda (1863-1902). O primeiro, apesar de ser destituído de instrução formal, atraiu multidões de fiéis impressionados por sua piedade. Seu ensinamento pregava a vivência da tolerância e do amor universal. Encontramos aí uma espécie de síntese, mais espiritual que intelectual, entre a crença hinduísta e uma fé depurada num deus único.[23] Para Ramakrishna, "Deus é a Mãe sem nome de toda humanidade".[24] Vivekananda é um aristocrata erudito que se entusiasma pelo misticismo do mestre e que, depois de longo retiro no Himalaia, tornou-se ardente propagandista de sua mensagem. "Mas ele propõe a todos vida nova, a do serviço, a *seya*. A "missão Ramakrishna", fundada por Vivekananda, mantém numerosas obras filantrópicas na Índia.[25] No século XX dois nomes devem ser lembrados como expoentes do hinduísmo: Ghandi e o poeta Rabindranath Tagore; ambos, cada um a seu modo, expressam seu hinduísmo no contexto de um mundo moderno. Ghandi, que se inspira também no Novo Testamento, acentua o aspecto moral do hinduísmo.

Budismo

Não é fácil apresentar uma síntese sobre o budismo atual em virtude da própria natureza dessa religião: "De um lado não está estruturado em uma instituição, em uma Igreja com suas fronteiras dogmáticas, seus chefes, sua hierarquia, seu credo e sua capital. Há comunidades budistas com ritos próprios. Há correntes e seitas budistas. Há budistas de práticas e até de crenças diferentes. Não há Igreja budista".[26] Para Buda não há verdade revelada; nenhuma divindade se manifesta através de sua pregação que se inspira principalmente na ideia de que tudo passa. O sofrimento universal marca a vida humana: "O nascimento é dor, a velhice é dor, a doença é dor, a morte é dor, a união com o que não se ama é dor, a separação do que se ama

---

[23] Idem, ibidem.
[24] Idem, ibidem, p. 104.
[25] Idem, ibidem, p. 105.
[26] Idem, ibidem, p. 110.

é dor, não obter o que se deseja é dor". Recordemos as quatro verdades que decorrem dessas afirmações:

1) "Eu" não existe (o ser não passa de agregado momentâneo e fugaz de elementos efêmeros).

2) Todo apego é sofrimento (queremos viver eternamente, mas morreremos).

3) O desapego universal é o remédio para esse sofrimento (deve-se aniquilar em nós a sede de viver); o desapego absoluto é a virtude suprema.

4) A meditação pura (*dhyana*) é a culminância da purificação que deve atingir o homem em todas as suas dimensões.

Estamos assim diante de um desapego constante. Cabe aqui mencionar o Nirvana, noção difícil de expressar-se, pois o próprio Buda "quase não o explicou, a não ser em parábolas sibilinas".[27] O nirvana é a abolição de toda vontade, de todo desejo, de toda sensação, de toda mudança, de todo devir. Não é felicidade eterna, nem nada absoluto".[28]

Depois desta breve e elementar tentativa de caracterizar o Budismo, vamos examinar a expansão atual dessa religião. É interessante sublinhar que ela constitui uma minoria na Índia. "A maior parte dos budistas vive atualmente perto do Tibete, em Assã e em Bengala do Norte."[29] Sobre o budismo na China, convém notar:

1) "A religião chinesa é um amálgama de confucionismo, taoísmo e budismo, predominando, segundo os tempos e os lugares, a doutrina de Confúcio ou a influência de Lao-Tse. O budismo levou a uma e outra certa espiritualidade e a uma metafísica. Mas com o budismo ocorreu o mesmo que com quase todas as doutrinas, também com o comunismo: achinesaram-se. E, através das seitas e das diferentes práticas, o budismo impregna, na China, uma religião difusa, regras de conduta, uma mentalidade e comportamentos".[30]

2) O budismo chinês é mais próximo do Confucionismo que do Taoísmo. Princípios como respeito aos pais, amizade, disciplina, arrependimen-

---

[27] Idem, ibidem, p. 118.
[28] Idem, ibidem, p. 119.
[29] Idem, ibidem, p. 128.
[30] Idem, ibidem, p. 130.

to e ausência de egoísmo são compartilhados pelas duas tradições. Sobre o budismo em face do Taoísmo, ver minhas obras: História da Antiguidade Oriental e História da Ásia. Sublinhe-se a adaptação do budismo à cultura local. Esta adaptação caracteriza o budismo em cada país. Na China o budismo é chinês, no Brasil é brasileiro.[31]

No Japão, misturado com o xintoísmo antepassado, o budismo possui milhões de adeptos. "Tolerante com todos das doutrinas e adaptando-as tanto à ciência como às diversas filosofias, o budismo japonês passou para todos os países do Pacífico e até para os Estados Unidos."[32] No Ceilão e na Birmânia (Mianmar) o budismo ainda está bem vivo. No Tibet e na Mongólia "o budismo se estabeleceu mais solidamente".[33] O budismo tibetano merece algumas linhas. Estamos aqui diante da forma tântrica "à qual os tibetanos ainda acrescentaram os ritos mágicos e suas antigas crenças: inscrições e recitações de fórmulas, moinhos de oração, cânticos, danças e campainhas..."[34] No Trantrismo (tranta em sânscrito significa livro, exposição) encontramos analogias "que ligam os diversos fenômenos do mundo com o todo único".[35] Segundo Samuel "o budismo tântrico, na verdade, pouco tem a ver com a doutrina de Buda..."[36] Um aspecto interessante do budismo tibetano é o desenvolvimento do caráter monástico. Existe aí um sistema religioso e político estruturado na hierarquia dos monges no cimo da qual se encontra o Dalai-Lama, que é a representação viva de Buda e a perpetuação do Dharma (os ensinamentos de Buda).[37] O atual Dalai-Lama é o décimo quarto de uma série. Com a morte do décimo terceiro, o grupo formado para localizar a nova encarnação de Dalai-Lama encontrou o menino encarnado, que, submetido a um teste, foi considerado o novo Dalai-Lama do Tibete: Trata-se de Lhamo Thonduh,

---

[31] Consultar aqui exemplar da Biblioteca entre Livros, edição especial nº 5 "China", p. 35, capítulo "Entre a filosofia e a religião, a sabedoria" por Sylvia Leite.
[32] Samuel, obra citada, p. 131.
[33] Idem, ibidem, p. 129.
[34] Idem, ibidem.
[35] Idem, ibidem, p. 127.
[36] Idem, ibidem.
[37] Dalai-Lama = dalai, em mongol, oceano; lama, em tibetano: sacerdote (ver Anwander, Lês Religions de l'Hurmanité, p. 268).

nascido em 6 de julho de 1935 em uma família de pequenos agricultores. A criança foi levada imediatamente para um monastério de Kumbum, onde iniciou sua preparação. No verão de 1939 o garoto foi conduzido à capital Tibetana. A viagem durou três meses. No começo do inverno de 1940, Lhano Thondup foi conduzido ao palácio de Potala, "onde tomou oficialmente posse como líder espiritual do Tibete"[38] De acordo com um velho costume, o Dalai-Lama assumiu um novo nome: Jamphel Ngawang Lobsang Yeshe Tenzin Gyatso. A grande ameaça à missão de Tenzin Gyatso foi a China comunista. Entre 1954 a 1957 o Dalai-Lama tentou um acordo com líderes comunistas chineses, entre os quais Mao Tse-Tung e Chu En-lai. Jawaharlal Nehru, primeiro-ministro da Índia, foi também procurado. Em 1959, entretanto, os chineses massacraram milhares de tibetanos. O jovem Tenzin Gyatso viu-se forçado a abandonar o Tibete. "Começava assim, para o Dalai-Lama, uma difícil e perigosa jornada através das montanhas que emolduram o Tibete. Seu destino: a Índia, onde pediria asilo político".[39] A partir de 1960, estabelecido em De Dharamsala, um vilarejo situado no colo do Himalaia, o 14º Dalai--Lama rege a devoção de seu povo a Buda e a política de não violência do Tibete em relação aos agressores.[40] Sublinhe-se: para os budistas do Tibete, Tenzin Gyatso é a reencarnação de cada um dos treze dalai-lamas precedentes. O Dalai-Lama é figura bem conhecida no Ocidente. Visitou vários países, personagens importantes (como, por exemplo, o Papa João Paulo II) e pregou sempre a paz e a tolerância. Admite a possibilidade de ser revisto o princípio da reencarnação e, apesar de haver frequentado vários lugares sagrados (Jerusalém, Lourdes, Fátima, Sinagogas, Mesquitas, Templos Hindus e jainistas), não acredita em Deus.[41]

---

[38] Cohen, *Dalai Lama*, p. 18.
[39] Idem, ibidem, p. 24.
[40] Idem, ibidem, p. 33.
[41] Sobre as convicções do Dalai-lama, ver Cohen, obra citada p. 69 e ss. Ver também interessante reportagem na Revista Seleções (*Reader's Digest*), Setembro de 2004, p. 48 e ss.

Judaísmo

Em meu livro História da Antiguidade Oriental, dedico um capítulo ao povo hebreu e sublinho, de modo especial, seu importante legado de conteúdo essencialmente religioso à formação da Civilização Ocidental. O Antigo Testamento, no que possui de essencial e de universal, é tão vivo e atual como nos tempos antigos. Lembremos que o decálogo constitui a base da Moral Cristã e que, na palavra de Pio XI, somos todos "semitas espirituais". Nas seguintes linhas vamos lembrar alguns traços que caracterizam o judaísmo como religião monoteísta.[42] O judaísmo é a religião da aliança entre uma terra (santa), um Deus e um povo, isto é, o povo hebreu. Para os judeus a Bíblia, é o livro por excelência, o texto sagrado pelo qual Deus descobre sua existência e sua lei. Note-se que "para os judeus vale só a Escritura em hebraico, a qual eles não cessam de meditar e de comentar".[43] Maimônides, o Cordovês, no final do século XII, resumiu os princípios e fundamentos concernentes a Deus, à revelação, ao messianismo e aos fins últimos.[44] É importante mencionar aqui a reforma de Esdras! "O retorno de Jerusalém em 536 a.C., graças a Ciro e à reforma de Esdras, "sacerdote e escriba, versando na lei de Moisés", marca uma mudança no culto judaico. Esdras convocou uma reunião do povo na grande praça de Jerusalém e, durante dois dias, leu perante a assembleia o *Livro da Lei* de *Moisés*. Então o povo, em lágrimas, jejuou, confessou seus pecados e jurou seguir a lei de Yahweh, seu Deus. Esse acontecimento, designado como a "promulgação da Torá por Esdras", introduz três modificações capitais: fixa o judaísmo fora do templo; desloca o papel da sacerdote para o do oficiante, que recita as orações; lê o texto sagrado e o comenta; e põe a Torá no centro do culto. Foi essa reforma que permitiu ao judaísmo sobreviver à destruição do templo; em 70. Reorganizado em Jabné por Iohanan, ele conservou o essencial: a Bíblia e as orações cujos textos e fórmulas foram então fixados. O judaísmo se

---

[42] Seguiremos aqui, principalmente, a obra tantas vezes citada de Albert Samuel: *As religiões hoje,* a partir da p. 138.
[43] Idem, ibidem, p. 151.
[44] Idem, ibidem.

tornou aquilo que ele é: a religião da Torá. Bastava um lugar para que ela fosse guardada e lida em comum - esse lugar foi a sinagoga".[45] O centro do culto na sinagoga, lugar onde as pessoas agem juntas, são a leitura da Torá e as orações, conservando-se aí a tradição e a participação da oração comunitária. Registre-se que a Torá deve ser entendida em dois sentidos: no sentido próprio é um conjunto de prescrições sociais, morais e religiosas; no sentido religioso, "essa lei diz Deus. É a sua palavra um apelo à santidade".[46] Papel importante é desempenhado pelo rabino: "tem, de um lado, a função do ensino religioso tanto dos adultos como das crianças e, de outro, representa a comunidade junto às autoridades civis de um país..."[47] Dentre as festas mais celebradas pela comunidade figuram o *Yom Kippur*, o dia do perdão; o sábado dos sábados, dia de jejum e de longo ofício religioso. Depois dessas brevíssimas anotações sobre o judaísmo, como religião, vamos registrar algumas observações concernentes à população judaica no mundo. "Hoje os grandes pólos do judaísmo são os Estados Unidos da América, o Estado de Israel e a Europa (singularmente a França).[48] Os Estados Unidos abrigam cerca de 40% da população judaica no mundo. Nove grandes cidades americanas têm mais judeus que o Estado de Israel. Depois dos Estados Unidos, o país em que a comunidade judaica é mais importante, é a ex-União Soviética.[49] Na Europa, sem a ex-URSS, os judeus são mais numerosos na França. "Terra de passagem, mas também de acolhida e de asilo, a França abriga hoje a comunidade judaica mais numerosa e mais dinâmica da Europa. Além disso, é aqui que se opera uma lenta, mas segura, fusão entre sefardim e asquenazim, como foi o caso dos Estados Unidos antes da Segunda Guerra entre judeus americanos de origem alemã e os emigrantes poloneses".[50]

---

[45] Idem, ibidem, p. 160.
[46] Idem, ibidem, p. 161.
[47] Idem, ibidem, p. 164.
[48] Hayoun, *Le judaïsme Moderne*, p. 121.
[49] Samuel, obra citada p. 170.
[50] Hayoum, obra citada, p. 121. O autor omite a ex-URSS, citada na nota anterior por Samuel. A obra de Hayoun aqui citada tem a data de 1989, a obra de Samuel é bem mais recente.

Islamismo

O Islamismo, em suas origens, sua doutrina e sua expansão foi estudado em meu livro História no Mundo Árabe Medieval. No presente item vamos focalizar, em breve síntese, alguns aspectos dessa religião no decurso do século XX. Originada em terra árabe, mas com vocação universalista, a propagação islâmica atingiu a Ásia, a África e a Europa; contando atualmente com uma impressionante multidão de seguidores.[51] Note-se que os cinco Estados de maior população muçulmana atualmente são: Indonésia, Paquistão, Bangladesh, Índia e ex-URSS.[52] É interessante sublinhar que no início do século XX a imensidão dos países de religião muçulmana encontrava-se, em grande parte, sob a autoridade ou a influência das potências ocidentais em que predominava o Cristianismo. No decurso do século XX processa-se de modo diferente e em diversas situações uma expansão islâmica que reveste um caráter social e político e que tem como denominador comum a oposição à ocidentalização dos costumes e de outros aspectos culturais. Nas seguintes linhas e longe de pretender exaurir o assunto, vamos apontar alguns aspectos dessa expansão islâmica. O que, desde logo, chama atenção no mundo muçulmano é o aumento da construção de novas mesquitas correspondente a um acréscimo da frequência de fiéis frequentadores. Há uma crescente onda de conversões, especialmente na África, inclusive nos povos que, até agora, resistiam à penetração da Islã. "Em muitos países, como o Egito, ou em países laicizados, como a Tunísia, os novos convertidos são recrutados em grande parte nos meios intelectuais e entre os estudantes. Essa vaga de conversões atinge o Ocidente".[53] Exemplo de penetração islâmica no Ocidente é a comunidade muçulmana da França, grupo confessional constituído em grande parte por trabalhadores magrebinos e africanos. Em Paris a grande mesquita foi ampliada graças até a fundos provenientes de países muçulmanos, como a Arábia Saudita, a Líbia, os Emirados, o Egito.[54]

---

[51] Segundo a Revista *Time* (13 setembro de 2004), o Islam conta com mais de um bilhão de adeptos.
[52] Samuel, obra citada, p. 237.
[53] Idem, ibidem, p. 277.
[54] Idem, ibidem, p. 278.

Um fator que sem dúvida deve ser considerado quando se estuda a difusão islâmica é a extrema simplicidade de seus princípios doutrinários e morais básicos: profissão de fé (há um só Deus, Alá, e Maomé é o profeta de Alá), oração (o fiel olha na direção de Meca), o jejum (no mês de ramadã, da aurora ao pôr do sol), a esmola (imposto sobre a renda e esmola voluntária) e a peregrinação a Meca (se houver condições de realizá-la). A simplicidade do conteúdo da pregação islâmica confere-lhe certa plasticidade favorável às adaptações. Isso ocorre, por exemplo, na África: "O negro pode ser muçulmano sem abandonar o fundo primitivo de suas crenças".[55] Converter-se ao Islã não implica necessariamente renúncia cultural. Em muitos lugares, na África, o islã tem os mesmos costumes que as culturas locais: circuncisão, poligamia... "Como as tradições negro-africanas, ele tem conteúdo e práticas sociais fundadas mais na comunidade que no indivíduo".[56] Com relação à África, deve-se observar que o recuo do animismo, em face da urbanização, favorece a propaganda muçulmana. A expansão do Islã cria o problema da adaptação ao mundo moderno. "Como conservar a identidade cultural e religiosa de Islã em uma sociedade tão diferente da que o profeta conheceu? Como viver a suna e a charia no universo das megalópoles, dos jatos e dos computadores, em um mundo em perpétua e rápida transformação? Como adaptar o Islã aos sistemas econômicos dominantes, à lei do mercado, ou à planificação centralizada? E, principalmente, deve ele realizar essas adaptações?".[57] Os muçulmanos estão divididos na resposta a essas indagações. "Há "modernistas" que pensam que o Islã é assunto privado. A vida social e política deve ser laicizada e abrir-se aos comportamentos, às doutrinas e às técnicas contemporâneas".[58] Tentativas ou realizações nesse sentido ocorreram em países como a Argélia, a Tunísia, o Marrocos, o Egito e o Iraque, mas foram alvo de críticas, de protestos e até de revoltas dos radicais.[59] A modernização da Turquia por Mustafá Kemal (Ataturk), já estudada

---

[55] Idem, ibidem, p. 280.
[56] Idem, ibidem.
[57] Idem, ibidem, p. 282. Notar: Suna (atitude, comportamento) é o conjunto das palavras e dos episódios concernentes a Maomé e das regras que ele prescreveu. Charia é a lei islâmica (charia = caminho).
[58] Idem, ibidem.
[59] Idem, ibidem.

no capítulo concernente a Ásia, deve ser lembrada. A vida política e social foi atingida. A secularização fez da religião um assunto privado. "Transformações semelhantes chegaram sucessivamente às ex-Repúblicas muçulmanas Soviéticas e, em outra forma, ao Irã do xá, ao Egito, à Síria, à Argélia e à Tunísia". Essas transformações, sublinhe-se, provocaram reação que "foi tanto mais viva quanto mais longe foram alguns modernistas em sua vontade de adaptação ao Ocidente".[60] Estamos aqui em face do integrismo muçulmano, que se caracteriza por vários radicalismos visando reencontrar as raízes do Islã com o retorno ao Alcorão e a sua encarnação na sociedade. *Conservadores* são os muçulmanos que tornaram a charia o pilar da legislação, "o que não impede o modernismo levado pelos petrodólares". Esses conservadores encarnam-se "em monarquias mais ou menos teocráticas: Jordânia, Arábia Saudita", e "temem a pressão dos fundamentalistas sustentados por Teerã"[61] Vamos lembrar, aqui, dois tipos de radicalização islâmica: o *Khomeinysmo* e o *Kadhafismo*. O primeiro caracteriza-se, sob o ponto de vista religioso, por um rigoroso moralismo: o álcool, a prostituição, o homossexualismo são severamente condenados e punidos. Sob o ponto de vista político, há um governo islâmico fundado na charia. O poder pertence aos aiatolás. "Esse radicalismo puritano, clerical e totalitário tende a espalhar-se por vários países muçulmanos, especialmente não árabes: Paquistão, Afeganistão...".[62] O radicalismo de Kadhafi difere do radicalismo xiita, embora com ele coincida na oposição sistemática ao Ocidente, o que não impede de procurar adaptar seu país às inovações ocidentais. Além de criar um título de sociedade e de governo original (considerando, contudo, o Alcorão prioritário, texto divino), Kadhafi cultiva a ideia da unidade do Islã "e, mais ainda, do mundo árabe por meio do Alcorão". Tentou muitas vezes realizá-la, criando uniões efêmeras com seus vizinhos: República Árabe Unida (com a Síria e o Iêmen em 1958), União das Repúblicas Árabes (com o Egito e a Síria, em 1972), República Árabe Islâmica (com a Tunísia em 1974) e finalmente o Marrocos... [63]

---

[60] Idem, ibidem, p. 270.
[61] Idem, ibidem, p. 282.
[62] Idem, ibidem, p. 272.
[63] Idem, ibidem.

Cristianismo

O Cristianismo, fator decisivo na multissecular formação do que é considerado Civilização Ocidental, encontra-se difundido em todos os continentes, com predomínio especial na Europa e nas Américas. Para o estudo das origens cristãs remetemos o leitor a meu livro História de Roma. Através da História ocorreram cisões importantes no campo da hierarquia e da doutrina da Igreja, cisões essas que se refletem na diversidade de concepções da religião cristã vigentes através de século XX. No presente item vamos limitar nossa exposição primeiramente a breves considerações em torno de duas importantes cisões que abalaram a História da Cristandade: o cisma oriental, isto é, a separação da Igreja Ortodoxa (data de referência: 1054), e a dissidência ocorrida no início o século XVI (luteranismo, calvinismo, anglicanismo). Encerraremos o presente item referente ao Cristianismo com breve síntese sobre a Igreja Católica e a Igreja Ortodoxa.

Igreja Ortodoxa

Com relação à Igreja Ortodoxa, remetemos o leitor para o que já foi exposto em meu livro História do Império Bizantismo. Sublinhe-se que a principal divergência entre a Ortodoxia e a Igreja Católica reside na recusa em reconhecer no papa, sucessor de Pedro, o primado universal de jurisdição e o privilégio especial de infalibilidade em matéria de fé e de moral quando se manifesta *ex cathedra*. Cabe transcrever aqui as considerações contidas no "Dossier de la Quinzaine", da revista *L'Actualité Religieuse Dans Le Monde* sobre as Igrejas Ortodoxas: "qualquer que seja a gravidade das questões controvertidas, em particular a da autoridade do bispo de Roma, jamais a Igreja Católica contestou o fato de que se mantiveram nas Igrejas Ortodoxas, graças a uma sucessão apostólica ininterrupta, a realidade e a autenticidade de todos os sacramentos. Bispos e sacerdotes ortodoxos são, a nosso ver, autenticamente sacerdotes e bispos; os sacramentos que eles administram têm a mesma autenticidade; sua missa é uma verdadeira eucaristia, assegurando a presença real do Senhor...".⁶⁴ A Igreja Ortodoxa não representa um conjunto coerente e centralizado de fiéis e de hierarquia: na realidade estamos diante de Igrejas locais que resultaram das diversas situações políticas em que se encontraram as populações através da evolução histórica. Assim, por exemplo, os limites do Patriarcado de Constantinopla vão confundir-se, no século XVII, com fronteiras do Império Otomano.

Note-se que o bispo de Bizâncio, por ocasião da fundação de Constantinopla, era apenas um sufragâneo da metrópole de Heracléa. Foi por iniciativa da autoridade imperial, após a fundação da nova capital do Império, que a Sé episcopal iria adquirir prestígio. Constantinopla era a nova Roma. Em 381, por ocasião do Segundo Concílio Ecumênico, fora proclamado que o bispo de Constantinopla receberia as honras logo após o bispo de Roma. O Cânon 28 do Concílio de Calcedônia (451 P.C.) é considerado como a carta constitutiva do patriarcado de Constantinopla. Da Igreja de Constantinopla, entretanto, separou-se a Rússia: Moscou, a Terceira Roma, foi erigida como patriarcado independente. Eis uma relação das Igrejas Ortodoxas em plena metade do século XX:⁶⁵

– Patriarcado de Constantinopla.
– Igreja Grega.
– Igreja Cipriota.
– Igreja Grega na América.
– Patriarcado de Antioquia.
– Patriarcado de Jerusalém.
– Patriarcado de Alexandria.
– Arcebispado Autocéfalo (mosteiro) do Sinai.
– Patriarcado de Moscou.
– Igrejas Russas da Emigração.
– Patriarcado da Sérvia.
– Patriarcado da Bulgária.

---

⁶⁴ O leitor encontra em *L'actualité religieuse dans le monde*, n 33-34, Aout 1954, p. 13 e ss., um minucioso estudo sobre as Igrejas ortodoxas, elaborado a propósito do nono centenário do cisma do oriente (1054-1954).
⁶⁵ Ver nota anterior.

– Igreja da Polônia.
– Igreja da Tchecoslováquia.
– Patriarcado da Romênia.
– Igreja da Albânia.
– Arcebispado da Finlândia.

Igrejas dos países bálticos incorporadas à Igreja Russa: Estônia e Letônia. Note-se que, segundo a tradição ortodoxa, as Igrejas nacionais tornam-se autônomas e independentes de acordo com o desejo da comunidade ou do poder público. A Igreja-Mãe de Constantinopla cabe, segundo a tradição, conceder a independência. Compreende-se que nem sempre ocorra pacificamente a concessão de autonomia. Assim, por exemplo, quando, depois da dissolução da URSS, o governo estoniano e uma parte dos fiéis locais obtiveram do patriarca ecumênico Bartolomeu I de Constantinopla a autorização e o reconhecimento da reconstituição da Igreja Ortodoxa Autônoma da Estônia, o patriarca de Moscou, Alexis II, reagiu com uma ameaça de cisma à antiga Igreja-Mãe.[66]

Samuel registra os seguintes acontecimentos que denotam, pelo menos, uma aproximação entre a Igreja Ortodoxa e a Igreja Católica.[67] Em 5 de janeiro de 1963, em Jerusalém, o abraço entre Paulo VI e o patriarca de Constantinopla, Atenágaras Primeiro. Em dezembro de 1965, no encerramento do Vaticano II, a suspensão recíproca das excomunhões de 1054. Em setembro de 1978, a morte súbita do metropolita de São Petersburgo nos braços de João Paulo I, no Vaticano. Em 30 de novembro de 1979, em Istambul, a missa do patriarca Dimitrios I, à qual João Paulo II assistiu. Em 30 de maio de 1986, a publicação da encíclica de João Paulo II sobre o Espírito Santo, *Dominum et vivificantem*.[68]

---

[66] Ver reportagem sobre a assunto em "Alexis contra Bartolomeu", revista *30 dias*, março de 1996, p. 8 e ss.
[67] Reproduzimos Samuel, obra citada, p. 214.
[68] Sobre a expressão Filioque e sua inserção no credo niceno-constantinopolitano, ver meu livro *História do Império Bizantino*, p. 372- 373. Sobre o mesmo assunto, ver estudo "Roma chama Constantinopla", na revista *30 dias*, n. 4 de 1996.

Protestantismo

A designação *Protestantismo* surgiu do protesto efetuado, por príncipes luteranos e quatorze cidades livres, contra a decisão da Dieta de Spira em 1529, passando a ser aplicada a dissidência religiosa em curso. Na realidade o termo encobre divergências que caracterizam as correntes religiosas então surgidas e que não só adquiriram entre si marcantes diferenças, mas que, em seu próprio seio, admitiram desacordos doutrinários. Não encontramos então uma Igreja Protestante (ou uma Igreja Evangélica) constituída da mesma forma que a Igreja Católica. Não cabe aqui estudar as múltiplas dissensões doutrinárias e práticas que caracterizam a evolução histórica das denominações desenvolvidas a partir do século XVI. Samuel sublinha os dois grandes eixos em torno dos quais se ordenam, através da diversidade das Igrejas da Reforma, a teologia e a espiritualidade protestantes: a afirmação da justificação pela fé (ser protestantes é crer que a fé em Cristo morto e ressuscitado basta para assegurar a salvação eterna) e a importância dada à Escritura (o primado da Bíblia é acompanhado da liberdade de interpretação denominada *livre exame*: cada um é apto para lê-la, compreendê-la e vivê-la).[69] Não é fácil traçar um quadro da religiosidade de cunho protestante através do século XX. A multiplicidade de denominações dificulta evidentemente a pesquisa. Às vezes a ausência do sentimento religioso é apenas aparente, e a religiosidade se manifesta exuberantemente em determinadas circunstâncias. Vejamos, a título de exemplo, a situação religiosa nos Estados Unidos entre 1940 e 1960:[70] "Em 1940, menos da metade dos americanos pertencia a uma denominação. Em 1958, perto de dois terços. Durante os anos 50 o prestígio e os progressos de todas as Igrejas atingiram um apogeu. Houve renascença teológica e litúrgica, quando exatamente ressurgia o reavivamento evangélico de que Billy Graham foi o mais célebre aproveitador". Especialmente sobre o Protestantismo nos Estados Unidos, Bertrand anota: [71] "Não somente ele é polimorfo, mas as dessemelhanças aparecem quase tanto no interior de cada família religiosa quanto entre uma e outra família. Atualmente, as Igrejas Protestantes tradicionais

---

[69] Samuel, obra citada, p. 222 e ss.
[70] Bertrand, *Lês Églises aux États – Unis*, p. 46.
[71] Idem, ibidem, p. 51-52.

(chamadas *Mainlines Churches*) estão de acordo sobre um núcleo teológico: autoridade suprema da Bíblia, Trindade (de Deus), salvação pela fé, dois sacramentos (batismo e comunhão) – e é ponto central sobre o qual o ambiente americano teve uma forte influência apesar do reduzido interesse das Igrejas pela teologia. Entre as outras denominações (muitas vezes chamadas *Cultos*) distinguem-se, de uma parte, os protestantes marginais (Pentecostais, Adventistas) que participam um pouco das doutrinas dos *mainline*, mas privilegiam certos aspectos muito particulares de Cristianismo. E, de outra parte, as Testemunhas de Jeová, Cientistas e Mórmons, que ordinariamente não são reconhecidos como cristãos pelos outros, pois acrescentam às Escrituras textos ou comentários que modificam profundamente a interpretação comum. Quakerismo e Unitarismo são *cultos* por sua teologia, mas são muitas vezes reunidos com os *mainline* em razão de sua antiguidade e de sua discrição". Um rápido olhar sobre a situação do Protestantismo nos Estados Unidos (que inclui todos ramos europeus e os novos ramos) revela-nos o seguinte quadro:[72]

– *Igrejas Protestantes Tradicionais:* luteranismo, episcopalismo, metodistas, presbiterianos, congregacionistas, batistas, quakers.

– *Protestantes Marginais:* "Não se diferenciam dos milhões de outros evangélicos (pertencentes às grandes comunhões) senão por uma insistência particular sobre o Perfeccionismo, o Pentecostismo, o Adventismo, ou uma mistura variável dessas três doutrinas. Sua expansão no século XX, como a dos "cultos" para-cristãos, corresponde a uma grave necessidade social e revela as omissões das grandes Igrejas".

– *"Cultos" Para-Cristãos:* Trata-se aqui de americanos que "praticam no seio de quatro agrupamentos religiosos que se pretendem Cristãos, mas negam a sua maneira a divindade de Cristo. Eles são todos profundamente americanos, mas diferentemente. Dois, testemunhas de Jeová e Mórmons, dirigem-se às classes humildes. São célebres no mundo inteiro por seu proselitismo agressivo. Ao contrário, o Cientificismo e o Utilitarismo são extremamente discretos e não podem interessar senão cidadãos bem situados e cultos".

---

[72] Seguimos a classificação de Bertrand, obra citada, p. 68 e ss.

Do que se expôs brevemente sobre o Protestantismo, não é difícil apontar-lhe a falta de unidade doutrinária (em que o livre exame figura como a principal causa) como um dos traços mais característicos de suas diferentes correntes. Observe-se, entretanto, que movimentos ecumênicos tem buscado agrupar as diversas orientações protestantes, mas encontram dificuldades de difícil superação especialmente no campo doutrinário. "O movimento ecumênico congregou, além da maioria das Igrejas Protestantes, boa parte das Igrejas Ortodoxas do Oriente (às quais veio se juntar em 1961 a Igreja Ortodoxa de Moscou). Certos movimentos protestantes e alguns grupos de Igreja, de tendência geralmente muito ortodoxa, criticam abertamente o ecumenismo, censurando-lhe a falta de rigidez em questão de doutrina; os liberais, no polo oposto, sentem-se constrangidos diante da afirmação básica de que "Cristo é Deus e Salvador" e se mantém numa posição de expectativa".[73]

Igreja Católica

Em face da Igreja Católica o leitor encontra uma instituição com determinadas características que a distinguem, através dos séculos, de outras entidades incluídas sob a designação de Cristianismo. Com efeito, no dealbar do século XX a Igreja Católica pode, repetindo o *Symbolum Constantinopolitanum* (Ano 381), proclamar-se *unam, sanctam Catholicam et Apostolicam Ecclesiam*. Morçay assim conclui sua breve *Nouvelle Histoire de l'Église*: "Ela é a mesma em toda parte. Em toda parte crê-se nos mesmos dogmas, em toda parte pratica-se a mesma moral, em toda parte recitam-se as mesmas preces, em toda parte assiste-se ao mesmo sacrifício, em toda parte obedece-se ao mesmo pontífice que preside esta vida intensa".[74] Sublinhe-se aqui a importância do pontificado romano como garantia multissecular da unidade da Igreja, bem visível através da Constituição dogmática *Pastor Aeternus* do Concílio Vaticano I: "Num contraste peculiar com a impotência exterior do

---

[73] Boisset, *História do Protestantismo*, p. 127-128.
[74] Morçay, *Nouvelle Histoire de L'Église*, p. 345.

papado, depois da queda do Estado Pontifício, surgiu seu crescente prestígio moral dentro e fora da Igreja. A definição dos dogmas do primado e da infalibilidade em questões de fé e de costumes não se revelou prejudicial, mas teve antes repercussões positivas na relação da Igreja com os povos. Só na Alemanha surgiram animosidades. Na França não se ergueu qualquer oposição; a Igreja Francesa conheceu uma existência pacífica sob a presidência do Mac Mahon (1873-1879). Em Inglaterra, na Irlanda, Bélgica e na América os bispos que regressavam do Concílio foram recebidos com todas as honras".[75]

Não cabe aqui sintetizar a História da Igreja através do século XX. Limitar-nos-emos a um estudo sumário de cada pontificado numa sucessão cronológica a partir de Leão XIII, o primeiro papa reinante do século em tela e o primeiro papa eleito após a tomada de Roma pelos piemonteses aos 20 de setembro de 1870. Convém repetir: a perda do poder temporal surpreendentemente reforçou o poder espiritual e moral do pontífice romano sucessor de Pedro. Sublinhe-se a importância da constituição *Pastor aeternus*, que não criou, mas confirmou solene e inapelavelmente o que já existia desde a fundação da Igreja: o primado e a infalibilidade. Esta última só se configura quando o pontífice fala *ex cathedra*, isto é, quando, como pastor e doutor de todos os cristãos, em virtude e sua autoridade apostólica (*id est, cum omnium christianorum pastoris et doctoris munere fungens pro suprema sua apostolica auctoritate*), define uma doutrina relativa à fé e aos costumes que devem ser aceitos por toda a Igreja (*doctrinam de fide vel moribus ab universa Ecclesia tenendam*). Registre-se que, na multissecular história da Igreja, raríssimas vezes os pontífices romanos fizeram uso de seu magistério infalível nos termos da constituição *Pastor aeternus*.

Antes de iniciarmos uma breve exposição sobre somente alguns acontecimentos de cada pontificado, vamos chamar atenção para um importante aspecto da História da Igreja nas primeiras décadas do século XX: a influência do Laicismo. "Na França, sobretudo, mas também em outros países, um novo termo substituiu o termo liberalismo, que tinha feito vibrarem as gerações precedentes: é o termo *Laicismo*. Inspirou as leis escolares na França

---

[75] Frazen, *Breve História da Igreja*, p. 383.

e em outros países; mas alastrou-se muito além da escola: seu alvo é separar a sociedade de toda a vida religiosa".[76] O Laicismo nasce dentro do espírito que caracteriza o Estado liberal: a expressão teria sido usada pela primeira vez em 1840 por Edgard Quinet, professor de História do Collége de France. "Poder-se-ia procurar nos erros do século XVIII a fonte distante do laicismo. Mas, em sua forma moderna, ele remonta a Edgard QuineT...".[77] Grande adversário do catolicismo, Quinet pretendia destruir a Igreja, criar um ensino nacional e assim chegar à elaboração de uma sociedade completamente secularizada: a sociedade leiga. Morçay adverte que laicismo não é neutralidade: "A neutralidade consistiria em não se pronunciar sobre a questão religiosa. Se o laicismo dissimulou-se um pouco no início sob o véu da neutralidade, a fim de amedrontar menos a massa, não tardou a mostrar sua verdadeira face. É, indiretamente, o ateísmo".[78] Esse ateísmo é uma das características dos ataques à Igreja no século passado e no início do século XX. "Assim, diante da religião, o Estado Liberal constrói para si uma ideologia que podemos chamar de 'laicismo'. É contra essa especial configuração que a Igreja do século passado se posiciona, afirmando o próprio direito de existir como realidade pública e também para defender os valores individuais e sociais que eram ignorados ou violados".[79]

Leão XIII (1878-1903)

O sucessor de Pio IX fôra núncio em Bruxelas e visitara Colônia, Paris e Londres, tendo contato direto com situações políticas e sociais resultantes das correntes nacionalistas e liberais, bem como da Revolução Industrial. Em fevereiro de 1878 o cardeal Vincenzo-Gioacchino Pecci, Camerlengo da Igreja Romana e organizador do conclave para escolher o sucessor de Pio IX, foi eleito papa. Leão XIII encontrou então a Santa Sé em difícil si-

---

[76] Morçay, obra citada, p. 319.
[77] Idem, ibidem, p. 320.
[78] Idem, ibidem, p. 321.
[79] Zagheni, *A Idade Contemporânea*, p. 88. Note-se que "século passado" é, aqui, o século XIX.

tuação quanto ao relacionamento com diversos governos e procurou iniciar uma política de aproximação, salvaguardando, contudo, direitos e reivindicações da Igreja. No que tange à Itália, o pontífice encontrou forte oposição de elementos anticlericais. Nos últimos anos dos séculos XIX os governos peninsulares assumiram atitudes hostis à Igreja, suprimindo associações e interferindo no ensino religioso das escolas primárias. Na França Leão XIII vai enfrentar um Governo hostil e uma divisão entre os católicos. Gambetta proclamara; "O clericalismo, eis o inimigo!" Leão XIII procura liquidar conflitos "com toda uma série de países, como a Suíça, a Noruega, países sul-americanos, Alemanha".

Com relação à Alemanha, o papa desenvolve uma ação diplomática: "expressa simpatia a Guilherme I, após os atentados de que o imperador conseguiu safar-se, e seu desejo de paz religiosa. A partir de 1882 as relações diplomáticas são restabelecidas após uma interrupção de dez anos."[80] Por volta de 1887 a Kulturkampf está praticamente finda. Em 1885 Bismarck recorrera ao papa no sentido de que servisse de mediador no conflito com a Espanha a propósito das ilhas Carolinas. Leão XIII conseguiu um acordo entre as duas partes: soberania espanhola e concessões econômicas à Alemanha.[81] Em 1890 o imperador Guilherme II visitou pessoalmente o Vaticano.

Em 1879, com a encíclica Aterni Patris, os estudos teológicos eram restaurados na linha tomista de harmonia entre a fé e a razão.

A nunciatura na Bélgica (1843-1846), uma rápida passagem por Londres e o contato com intelectuais de diversos países durante o longo episcopado em Perugia (1846-1878) forneceram ao futuro papa elementos para a elaboração da encíclica social *Rerum Novarum* (1891). "O projeto social de Leão XIII não se identifica simplesmente com a *Rerum Novarum*, é muito mais amplo e esta se enquadra numa trajetória já largamente traçada. A *Rerum Novarum* constitui o coroamento dessa trajetória e coloca-se como base para as futuras intervenções da Igreja no campo social".[82]

Dois fatos atestam o valor dado por Leão XIII à pesquisa histó-

---

[80] Marc-Bonnet, *La Papauté contemporaine*, p. 76.
[81] Idem, ibidem, p. 81.
[82] Zagheni, obra citada p. 178

ca: a nomeação do historiador, designado então cardeal, Hergenröther chefe do arquivo e a atuação, a partir de 1886, de Ludwig Von Pastor na redação de sua monumental História dos papas desde o fim da Idade Média.

Com Leão XIII começa a História do século XX para a Igreja: marcou profundamente a caminhada da Igreja e pôs as premissas para um novo tipo de relacionamento com o mundo. Isso emerge com clareza do seu ensinamento social, primeiramente com a doutrina sobre o Estado e, depois, com a doutrina sobre a questão social. Esse ensinamento posiciona-se como a resposta da Igreja aos problemas do homem do século XIX".[83]

Pio X (1903-1914)

José Sarto, patriarca de Veneza, foi eleito num conclave em que o veto interposto pelo imperador da Áustria impediu a escolha do cardeal Rampolla, que fora secretário de Estado de Leão XIII. Sublinhe-se que Pio X "não era o simples pároco de aldeia que a hagiografia por muito tempo apresentou".[84] Na realidade adquirira ampla experiência pastoral e administrativa como pároco, como chanceler episcopal em Treviso, como bispo de Màntua e, finalmente, como patriarca de Veneza e Cardeal. Franzen assim caracteriza a personalidade de Pio X: "era totalmente diferente de Leão, um homem apolítico, interiormente devoto e religioso. Foi por isso que deixou, por toda a parte, a impressão de ser um santo. Era, com efeito, um santo, sendo beatificado em 1954. A sua divisa era *Instaurare ommia in Christo* (Encíclica 1903). Concentrou-se totalmente nos problemas internos e religiosos, e realizou, como orientador espiritual, uma das maiores obras reformadoras da história da Igreja".[85] No plano religioso lembremos, a título de exemplo, as seguintes atuações do papa Sarto:

---

[83] Idem, ibidem, p. 205
[84] Martina, *História da Igreja vol IV*, p. 108
[85] Franzen, obra citada, p. 386.

– *Reforma Litúrgica*: efetuou-se em relação à música sacra (em 1904 confiou-se aos beneditinos a restauração do autêntico canto gregoriano), ao breviário (em 1911 e 1913), à eucaristia (incentivo á comunhão frequente e à Primeira Comunhão das crianças).

– *Reforma Catequética*: em 1912, após ser submetido à avaliação dos bispos italianos, ficou pronto o Catecismo da doutrina cristã, com perguntas e respostas simples. "De qualquer forma o catecismo de Pio X formou todas as gerações desde o início do século até o Vaticano II."[86]

– *Direito Canônico*: Pio X sentiu a imperiosa necessidade da elaboração de uma coleção sistemática das leis da Igreja. Coube ao futuro cardeal Pedro Gasparri (1852-1934), docente de Direito Canônico em Roma e em Paris, e a seus colaboradores (entre os quais se encontrava o jovem Eugênio Paceeli) realizar a codificação. "Se, por ocasião da morte de Pio X, 11 anos depois, o essencial estava já realizado, o mérito é da capacidade organizadora dele e dos juristas a seu redor". [87] Em 1912 Gasparri enviou o projeto a todo episcopado e o código só foi promulgado por Bento XV em maio de 1917, entrando em vigor no ano seguinte. No campo da doutrina social, deve-se lembrar a posição de Pio X a favor do sindicalismo cristão.

Acontecimento com graves consequências foi a condenação do Modernismo através do decreto *Lamentabili* (julho de 1907) e da encíclica *Pascendi Dominici Gregis* (setembro de 1907). Em 1910 foi prescrito o juramento antimodernista que todos os sacerdotes incumbidos de orientações espiritual ou de qualquer atividade docente tinham de pronunciar. Mais tarde também imposto a professores de teologia investidos de cargo docente, a párocos, a prelados e a superiores antes de serem investidos em seus cargos canônicos. "Só viria a ser abolido em 1967".[88]

Sobre o relacionamento de Pio X com diferentes governos, Franzen tece as seguintes considerações: "Em seu conjunto realizou uma ação incalculável para a organização interna da Igreja. Mas os santos também são homens e tem seus limites. A sua defesa inabalável da pureza da fé e

---

[86] Zagheni, obra citada, p. 247.
[87] Martina, obra citada, p. 113.
[88] Franzen, obra citada p. 388

dos direitos da Igreja teve como contrapartida certa estreiteza e rigidez, que se revelaram fatais no domínio da política eclesiástica".[89] Na França ocorre a quebra das relações diplomáticas (1904) e a separação total entre Igreja e Estado (1906). "A descristianização da França assumiu, em breve, proporções assustadoras".[90] Note-se, entretanto, que a Igreja adquiriu então uma benéfica liberdade. "Essa liberdade da Igreja traduziu-se logo num extraordinário fermento de renovação: os leigos sentiram-se mais estimulados a assumir responsabilidades dentro da Igreja; foram criadas inúmeras associações católicas diocesanas e paroquiais; entre 1906 e 1914 construíram-se mais igrejas do que durante todo o período da Concordata, apesar do confisco da maior parte dos bens eclesiásticos".[91] Em maio de 1909 Pio X beatificava a heroína francesa Joana D'Arc. Na Itália foi permitido aos católicos participar mais ativamente da vida pública: "é assim que se viu ir ao Parlamento senão *deputados católicos* pelo menos *católicos deputados*".[92] Em outros países surgiram problemas com a Igreja: "Novas tensões surgiram igualmente na Rússia, na Alemanha e nos Estados Unidos. Em 1910 foram interrompidas as relações diplomáticas com a Espanha, surgindo um conflito aberto com Portugal em 1911".[93]

Prevendo o desenvolvimento do Primeiro Conflito Mundial, Pio X publicou (2 de agosto de 1914) uma carta apostólica pedindo orações a Cristo, o príncipe da paz. Zagheni assim concluiu o estudo sobre o pontificado de Pio X: "De qualquer forma abriu um caminho: a proeminência dos aspectos espirituais na vida e na ação da Igreja. Nesse sentido deve ser interpretado o conjunto de seus atos: a reforma do código, a catequética, a litúrgica, as intervenções no campo social e na defesa da integridade da fé. Essa linha foi seguida por seus sucessores".[94]

---

[89] Idem, ibidem, p. 387
[90] Franzen, obra citada, p. 387.
[91] Zagheni, obra citada p. 240
[92] Hayward, *Histoire des papes*, p. 405.
[93] Franzen, obra citada, p. 387.
[94] Zagheni, obra citada, p. 260.

Bento XV (1914-1922)

O cardeal Giacomo della Chiesa, arcebispo de Bolonha, foi eleito sucessor de Pio X. A grande preocupação do pontífice foi promover a paz, e com esse fim fez chegar, a 1º de agosto de 1917, aos governos beligerantes uma proposta que incluía:[95]

– Desarmamento simultâneo e recíproco.
– Arbitragem internacional.
– Liberdades dos mares.
– Renúncia recíproca a indenizações de guerra.
– Reexame conciliador das reivindicações territoriais.

A proposta pontifícia não foi aceita: "Woodrow Wiilson, como porta-voz dos aliados, declarou que seriam impossíveis as negociações de paz em quaisquer condições enquanto a Alemanha permanecer sob o governo do Kaiser. As Potências Centrais diziam encarar com bons olhos as sugestões do Sumo Pontífice, mas recusaram comprometer-se no tocante a indenizações e restituições, especialmente a restauração da Bélgica".[96] Bento XV durante seu pontificado enfrentou qualquer impopularidade para realizar sua missão de paz. Em maio de 1920, através da encíclica *De pacis reconciliatione christiana*, "o papa desejava uma verdadeira paz, com a qual todos esquecessem as ofensas e superassem os rancores, e prometia o pleno apoio da Igreja à recém-nascida Sociedade das Nações".[97] É interessante notar que depois da guerra o número de representações diplomáticas no Vaticano subiu para 25, "contando-se entre estas a Holanda protestante, a Inglaterra e mesmo o Japão".[98] No campo religioso deve-se lembrar o incentivo religioso dado pelo papa à devoção ao Coração de Jesus, consagrando-lhe as nações em guerra, a Espanha, a basílica de Montmartre. Canonizou Margarida Maria e Joana D'Arc. Esta última solenidade contou com a presença do representante oficial da França.

---

[95] Clemente, *Os papas do século XX*, p. 26.
[96] Burns, *História da Civilização Ocidental*, p. 859.
[97] Martina, obra citada, p. 141.
[98] Franzen, obra citada, p. 389.

Pio XI (1922-1939)

Para suceder a Bento XV foi eleito o cardeal Achille Ratti, arcebispo de Milão. Estamos aqui diante de um alpinista que galgara o Monte Rosa, diante de um intelectual que dirigira as bibliotecas Ambrosiana, em Milão, e Vaticana, diante de um núncio em Varsóvia que, face ao avanço Russo, permanece em seu posto enquanto os representantes das grandes potências buscavam prudentemente um refúgio. "Nesse pequeno Monsenhor de Lunetas observa-se a união, assaz rara, de um intelectual puro e de um homem para quem o mundo exterior existia, com suas realidades, suas exigências, seus problemas. O êxito de seu pontificado vincular-se-á ao integral caráter de sua personalidade".[99] Eleito papa, Pio XI deu sua primeira bênção *urbi et orbi* do balcão da loggia exterior da Basílica de São Pedro, o que não acontecia desde 1870. Esta iniciativa "significava que rompia com as atitudes de seus três predecessores. Era também o anúncio de uma intenção pacificadora, a vontade de restabelecer um contato, de manifestar uma presença".[100] O pontificado de Leão XIII deixara sua marca profunda no campo social (*Rerum Novarum*) e no campo intelectual (*Tomismo*), a atuação de Pio XI segue e amplia essa orientação. A *Quadragésimo Anno*, em 1931, comemora o aniversário da primeira encíclica social, com posições "ainda mais claras e mais audaciosas".[101] A Ação Católica assinala a importância especial dos leigos orientados pela hierarquia. Fomentava-se o apostolado de meio: cada situação teria seu apostolado correspondente. Pio XI contou com dois notáveis secretários de Estado: o cardeal Gasparri e, posteriormente, o cardeal Pacelli.

Vamos enumerar, a seguir, em sequência cronológica, alguns dos mais marcantes eventos do pontificado do Papa Ratti. Convêm preliminarmente lembrar alguns aspectos do contexto histórico em que se situou a atuação de Pio XI: fascismo, nazismo, totalitarismo stalinista, depressão econômico-financeira, Guerra Civil Espanhola. "Nesse contexto, Pio XI orientou seu pontificado segundo algumas linhas bem precisas: realizou a conciliação com

---

[99] Daniel-Rops, "Pie XI, l'intrépide". Revista *Historia* n. 207, p. 228.
[100] Idem, ibidem, p. 230.
[101] Idem, ibidem.

o Estado Italiano, superando a Questão Romana; dedicou-se com empenho à promoção da atividade missionária, lutou contra os regimes totalitários dominantes, procurou continuamente afirmar a autoridade moral e religiosa da Igreja, sobretudo através de grandes encíclicas".[102]

1. Em 1926 Pio XI condena veementemente o movimento *Action Française* orientado principalmente por Charles Maurras (1868-1952). A Action Française tinha um caráter monarquista e nacionalista extremado. Apesar do ateísmo e positivismo de seus corifeus, o movimento "tinha angariado um grande número de adeptos entre as direitas católicas, persuadidas de encontrar nele a força necessária para combater o anticlericalismo, o modernismo, as tendências republicanas...".[103]

2. A Questão Romana constituía um sério obstáculo no relacionamento da Igreja com o Estado Italiano. Note-se, contudo, que nos primeiros vinte anos do século XX esse relacionamento foi marcado por uma silenciosa aproximação. A ameaça socialista deve ter contribuído nesse sentido. "O fascismo nasce anticlerical e antirreligioso, e se tornará, em relação à Igreja Católica, um regime concordatário. Precisava de um inimigo, e este – segundo captava a consciência do povo, das elites e da Igreja – era o socialismo que avançava. O fascismo tinha necessidade, pois, de um aliado, e este só podia ser a base católica"[104]. Em 4 de outubro de 1926, festa de São Francisco de Assis, Mussolini designou o Conselheiro de Estado Domenico Barone para iniciar conversações com a Santa Sé, representada pelo advogado Francisco Pacelli, irmão mais velho do futuro Papa Pio XII. Tendo falecido o conselheiro, Mussolini participou diretamente dos entendimentos com Pacelli. Duas exigências fundamentais da Santa Sé consistiam no reconhecimento oficial de uma soberania territorial e numa concordata sobre a situação ocupada pela Igreja na Itália. Os Pactos Lateranenses, assinados em 11 de fevereiro de 1929 no palácio de Latrão respectivamente pelo cardeal Pietro Gasparri e pelo Senhor Cavalheiro Benito Musollini, compreendiam três partes: o tratado, a concordata e a convenção financeira. O tratado criava o Estado da ci-

---

[102] Zagheni, obra citada, p. 262.
[103] Martina, obra citada, p. 143.
[104] Zagheni, obra citada, 274.

dade do Vaticano, definindo seu território; a concordata estabelecia a mútua relação entre Igreja e Estado em matéria religiosa; a Convenção Financeira estabelecia a soma a ser recebida pela Santa Sé a título de indenização.[105] Martina assim opina sobre os Tratados Lateranenses: "Em síntese, 1929 não merece nem a exaltação triunfal que a opinião pública em sua maioria então lhe atribuía, nem o ataque impiedoso que desde então se desenvolveu cada vez mais. Constitui, sim, uma etapa de uma evolução, não desprovida de vantagens nem isenta de perigos, e, naquele momento, foi no conjunto substancialmente positivo, ainda que alguns de seus elementos tenham logo se revelado caducos".[106] Segundo Franzen o maior mérito de Pio XI "reside no apaziguamento da antiga polêmica com o Governo Italiano; a 11 de fevereiro de 1929, concluiu os acordos de Latrão, que libertaram o papa de sua prisão voluntária e restauraram sua plena soberania sobre o pequeno Estado do Vaticano".[107]

3. A concordata com o Reich em 1933. Sob o pontificado de Pio XI iniciou-se uma nova era de concordatas com diversos países. Franzen assim focaliza a concordata com o Reich. "Os acordos celebrados com a Baviera, a Prússia e o Badem haviam sido abolidos através da tomada de poder de Hitler e da dissolução da autonomia regional num Reich único. Este fato colocara a Cúria perante a questão de saber se devia abdicar-se das concordatas existentes ou de contrair, seguindo a proposta de Hitler, uma Concordata com o III Reich. A última hipótese era a mais viável. Pio XII viria a designar mais tarde (19 de julho de 1947) a concordata com o III Reich como a tentativa de salvar as concordatas com as regiões, introduzindo-lhes adendas de aplicação no espaço e de conteúdo, na perspectiva de um futuro particularmente incerto".[108]

Pio XI abordou problemas candentes através de numerosas encíclicas, como, por exemplo, a *Divini Illius Magistri* sobre a educação cristã, a "Casti connubii" sobre o casamento cristão, a já citada *Quadragesimo Anno* sobre a ordem social cristã. Três encíclicas merecem um comentário, ainda que bre-

---

[105] Idem, ibidem, p. 279.
[106] Martina, obra citada, p. 164.
[107] Franzen, obra citada, p. 400.
[108] Idem, ibidem.

víssimo: *Non abbiamo bisogno* (1931); *Mit Brennender Sorge* (1937); *Divini Redemptoris* (1937). A primeira foi redigida após uma sucessão de notas entre o Vaticano e o Estado Italiano – Pio XI criticava a concepção totalitária do Estado e reafirmava os direitos naturais da família e os sobrenaturais da Igreja na educação. Alguns pontos basilares do regime fascista eram considerados incompatíveis com a doutrina cristã. A segunda foi assinada em março de 1937, "num momento em que toda Europa dobrava-se diante de Hitler".[109] Redigida sob a influência do cardeal Faulhaber, arcebispo de Munique, e do cardeal Pacelli, Secretário de Estado, a encíclica condenava as tendências panteístas; a divinização da raça, do povo, do chefe do Estado; a hostilidade em relação ao Antigo Testamento; a rejeição de uma moral objetiva universal e de um direito natural. O texto da encíclica teve grande repercussão na Alemanha e no exterior. O governo nazista reagiu imediatamente com uma dura nota diplomática. A terceira encíclica, também de março de 1937, condenava o comunismo, sublinhando sua inconciliabilidade com o cristianismo.

Em maio de 1938 Hitler fez uma visita oficial a Roma. Pio XI retirou-se do Vaticano para Castel Gandofo, alegando o ar malsão da capital e lamentando que em Roma se erguesse "uma outra cruz que não a de Cristo".[110] Mais tarde, no dia 6 de setembro, ainda em Castel Gandolfo, o pontífice pronunciou a famosa frase: "Em Cristo somos todos descendentes de Abraão. O antissemitismo para o cristão é inadmissível; espiritualmente somos todos semitas". Pio XI faleceu a 10 de fevereiro de 1939. O Tratado de Latrão completaria dez anos no dia seguinte.

Pio XII (1939-1958)

O Cardeal Eugênio Parcelli completara sessenta e três anos quando foi eleito sucessor de Pio XI, a 2 de março de 1939, num conclave que durara menos de vinte de quatro horas. Em magnífico estudo sobre o pontificado

---

[109] Zagheni, obra citada, p. 284.
[110] Zagheni, obra citada, p. 180; Daniel-Rops, obra citada, p. 482, e Marc-Bonnet, obra citada, p. 108.

de Pio XII, Daniel Rops comenta: "A Igreja vinha sendo governada por um combatente cujas santas cóleras eram notórias e cuja prudência não era talvez a virtude preferida. Doravante, teria por chefe um diplomata, moderado em sua linguagem e em suas atitudes, que os longos anos de trabalho nas nunciaturas e na secretaria do Estado haviam ainda acostumado à reserva".[111] Note-se, contudo, que uma sólida confiança e um mútuo entendimento uniam Pio XI e o cardeal designado Secretário de Estado desde 1930. Vejamos brevemente algumas datas marcantes da intensa atividade de Eugênio Pacelli a serviço da Igreja. Em 1899 era ordenado sacerdote e, dois anos mais tarde, ingressou como estagiário na secretaria de Estado, onde teve contatos com o futuro papa Bento XV e com o Secretário dos Negócios Extraordinários, Gasparri. Vai a Londres por ocasião da morte da rainha Vitória (1901) e volta à Inglaterra quando da coroação de Jorge V (1911). Em 1912 Pacelli é Secretário dos Negócios Extraordinários e como tal assiste à atuação de Bento XV e de Gasparri, Secretário de Estado, durante o Conflito Mundial. Ordenado Bispo em 1917, designado núncio em Munique (Baviera) e, em 1920, em Berlim (1920-1930), consegue fazer concordatas respectivamente com a Baviera (1924) e com a Prússia (1929). Em novembro de 1929 Pacelli era chamado à Roma e, em dezembro, é criado cardeal; no início de 1930 sucede a Gasparri na secretaria de Estado. Em 1934 Pacelli vai ao Congresso Eucarístico de Buenos Aires como legado do papa e, na volta, visita o Rio de Janeiro; em 1935 encontramo-lo em Lourdes, em 1936 é recebido pelo Presidente Roosevelt na Casa Branca. Em 1937 o cardeal Pacelli ia à França, consagrava a nova basílica de Lisieux, dedicada à Santa Teresa do Menino Jesus e, "por ocasião dessa viagem, pronunciava, em Paris, no púlpito de Notre Dame, num francês digno de Bossuet, um discurso inesquecível sobre a vocação cristã da França".[112] Em maio de 1938 encontramos o cardeal Pacelli no Congresso Eucarístico de Budapeste como legado do papa. Compreende-se assim a satisfação com que foi acolhida a eleição do sucessor de Pio XI. "Seu aspecto físico também contribuía nesse sentido, bem como sua extrema amabilidade, a facilidade com que se tornava acessível, a liberdade com que

---

[111] Daniel-Rops, Pie XII, Revista *Historia*, n. 108, p. 388.
[112] Hayward, obra citada p. 418

se dirigia a diferentes pessoas no respectivo idioma, passando com surpreendente facilidade do italiano para o francês, para o alemão, para o inglês, para o espanhol, para o português, sem falar do latim".[113] Nas próximas linhas tentaremos sintetizar alguns dos principais aspectos do pontificado de Pio XII em três diferentes itens: o governo interno da Igreja; o papa em face da guerra; o papa e os judeus.

O governo interno da Igreja: sublinhe-se, desde logo, que o novo papa herdou do anterior "uma Igreja fortemente centralizada e compactamente unida.[114] Pio XII "foi, sobretudo, grande no domínio interno da Igreja".[115]

Em outubro de 1939, em sua encíclica *Summi Pontificatus*, encíclica programática, Pio XII denuncia "os nefastos esforços de tanta gente para destronar o Cristo, o afastamento da lei da verdade que ele anunciou, da lei do amor, que é o sopro vital de seu reino". Na encíclica *Mystici Corporis*, em 1943, o papa apresenta a concepção de igreja, sociedade ao mesmo tempo transcedente e institucionalizada. No mesmo ano a encíclica *Divino afflante spiritu* trata da promoção dos estudos bíblicos. Em 1947 a *Mediator Dei* estimula a maior participação dos fiéis nos ritos e no processo de renovação. Em 1950 a encíclica *Humani generis* rejeitava doutrinas contrárias e suas infiltrações na teologia católica. Neste mesmo ano Pio XII celebra o Ano Santo, com presença de milhões de peregrinos em Roma. "O ponto culminante do seu pontificado surgia no dia 1º de novembro de 1950, com a dogmatização da *Assumptio Mariae*...".[116] Pio XII preocupou-se com as condições e o incremento das missões católicas. Através de duas encíclicas (*Evangelii praecones* de 1951 e *Fidei donum* de 1957) facilitava a transformação dos territórios missionários em dioceses e mostrava a preocupação com a formação do clero local...".[117] Pio XII incentivou a obra missionária dos leigos e dos sacerdotes diocesanos dos países cristãos: "Essas aberturas eram significativas, porque iniciadas na época da descolonização".[118] Concluamos: "Não houve prati-

---

[113] Idem, ibidem, p. 419
[114] Zagheni, obra citada p. 307
[115] Franzen, obra citada, p. 404.
[116] Franzen, obra citada, p. 405. Sobre a importância da encíclica *Humani Generis*, ver "Os teólogos do papa Pacelli" em *30 Dias*, janeiro de 1992, p. 52 e 53.
[117] Zagheni, obra citada, p. 312.
[118] Idem, ibidem.

camente uma questão fundamental religiosa e eclesiástica que Pio XII não tenha abordado numa perspectiva profundamente cristã. A sua inesgotável capacidade de trabalho fez-se sentir por toda a parte, sobretudo na reorganização da administração da Cúria". [119] Deve-se registrar a importância da atuação teológica de Pio XII na influência que a mesma teve posteriormente no Concílio Vaticano II, o que fica claro quando se estuda *Lumen Gentium*, documento relevantíssimo do Vaticano II.[120]

Pio XII e a Guerra

Pio XII foi eleito numa época em que, na Europa, tudo indicava a proximidade de um grande conflito. Lembremos que Pacelli fora um dos colaborados mais diretos de Bento XV e conhecera de perto as terríveis consequências do Primeiro Conflito Mundial. Compreende-se, assim, a preocupação expressa em sua primeira declaração como papa: "E nestas horas angustiantes e difíceis, num momento em que tantas dificuldades se interpõem no caminho da verdadeira paz, que é a aspiração mais profunda dos corações, nós elevamos ao Senhor uma especial prece pelos soberanos, pelos governantes".[121] Nos primeiros meses de seu pontificado, Pio XII desenvolveu uma série de tentativas, inclusive contatando Mussolini, no sentido de evitar o conflito através de uma mediação. "Com a explosão da guerra, moveu-se com prudência, evitando condenações explícitas dos agressores, principalmente para não comprometer a posição dos católicos na Alemanha e a futura possibilidade de uma mediação pela Santa Sé".[122] Quando da invasão do Benelux, o papa enviou três telegramas respectivamente ao rei da Bélgica, à rainha da Holanda e à grã-duquesa de Luxemburgo. "Desde então o papa se fechou no silêncio, limitando-se a reafirmar nas solenes alocuções natalícias os princípios fundamentais de uma futura paz, já apontados, aliás, na encíclica pro-

---

[119] Franzen, obra citada, p. 405.
[120] Ver revista *30 dias*, janeiro de 1992, p. 50.
[121] Zagheni, obra citada, p. 313.
[122] Idem, ibidem, p. 315.

gramática *Summi Pontificatus*, de 20 de outubro de 1939".[123]

Eis uma síntese sobre a atuação de Pio XII em face das diferentes situações criadas pelo conflito:[124] "No conjunto, durante a guerra, Pio XII orientou sua ação em quatro direções: Tentou delimitar o conflito, começando pelas potências ainda não envolvidas.

Não perdeu nenhuma oportunidade de evidenciar as condições e os princípios que poderiam inspirar uma volta à paz.

Ativou todos os instrumentos possíveis, da parte da Igreja, para aliviar as consequências de uma guerra ilimitada.

Chegou a formular gradualmente uma doutrina bem articulada e capaz de oferecer pontos seguros aos povos e aos indivíduos, tendo em vista a futura reorganização do mundo no pós-guerra.

Cabe aqui lembrar a atuação de Pio XII em face dos bombardeios de Roma pelos aliados: "depois dos bombardeios de 19 de julho e de 13 de agosto de 1943 sobre a cidade, apressou-se em dirigir-se diretamente para os lugares atingidos, levando à multidão desesperada sua palavra de conforto e alguma ajuda imediata. Depois de armistício ítalo-americano de 8 de setembro de 1943 e da fuga de Roma por parte do governo, dos comandos militares e da casa real, Pio XII se tornou a mais alta autoridade da capital, a única pessoa que podia aproximar-se dos alemães com alguma esperança de sucesso. Nos meses da ocupação nazista, setembro de 1943 a maio de 1944, em meio à angústia geral em Roma, os olhos de todos se voltavam para a Basílica de São Pedro".[125] Finda a guerra, Pio XII continuava sentindo o desafio da ameaça comunista. Um ato importante e corajoso de Pio XII, quando se intensificava a Guerra Fria e a Europa Oriental estava sujeita à ditadura comunista, foi a condenação desta ideologia através de um decreto do Santo Ofício de 1949. "Por que esse anticomunismo tão acentuado e forte? Era a época de Stalin; a época da Guerra Fria; a época da conquista violenta do poder por parte dos comunistas. Mas, sobretudo, era a época da perseguição da

---

[123] Martina, obra citada, p. 209. Sobre Pio XII e a paz, consultar o depoimento de François Charles-Roux na revista *Historia*, n. 112, p. 285 e ss. "Pie XII essaie de sauver la paix" – O autor era embaixador da França.
[124] Zagheni, obra citada, p. 319.
[125] Martina, obra citada, p. 209.

Igreja nos países do leste; o governo soviético implantara a descristianização do Estado e dera início a uma campanha ateísta, com prisões, assassinatos, deportações de bispos e sacerdotes, católicos e ortodoxos. O papa conhecia bem essa situação e não deixou de intervir".[126]

Pio XII e os judeus

Muitos anos após o término da Segunda Guerra Mundial e vários anos depois da morte de Pio XII, aparece uma obra teatral de autoria de Rolf Hochhuth, intitulada *Der Stellvertreter* (o representante, o vigário), exibindo o papa como cúmplice do nazismo e como tendo silenciado-se em relação ao holocausto. A obra de Hochhuth foi acolhida e difundida por adversários da Igreja Católica, estimulados assim a atacarem a nobre figura do papa Pacelli.[127] Sobre a atitude de Pio XII em face à perseguição dos judeus pelo governo nazista parece-nos oportuno repetir as palavras do Padre Pierre Blet,

---

[126] Zagheni, obra citada, p. 313.
[127] Sobre a obra de Hochhuth e seu autor, note-se: "Era um romance grotesco, que dizia que o papa teria se calado por razões econômicas e por sua fraqueza. Que esta ridícula afirmação tenha se difundido tanto assim é surpreendente. Hochhuth escreveu também um outro drama, desta vez sobre Churchill. Conta que Churchill tinha mandado matar, sabotando seu avião com a cumplicidade do piloto, o comandante polonês das tropas de voluntários aliados aos ingleses. O piloto foi mais tarde liquidado pelos serviços secretos ingleses. Um jornalista, entusiasmado por este drama, fez um inquérito. E, com surpresa, descobriu que tudo era falso. Chegou até a contatar o piloto, que vivia tranquilamente em sua casa, na Califórnia. Tanto o governo inglês como o piloto fizeram uma causa a Hochhuth, que foi condenado a pagar uma grande quantia de dinheiro. Nunca mais botou os pés na Inglaterra para evitar a prisão. Talvez, para entender isso, a origem de tudo isso, seja preciso recorrer à velha pergunta: *Cui prodest*? Hochhuth nunca fez um drama sobre Stálin. Chega-se a pensar que a 'lenda negra' tenha sido orquestrada pelo leste. Por muitos anos a insistência sobre os campos de concentração de Hitler cobriu a existência dos Gulag do Leste". (Revista *30 dias*, n. 4, 1998, p. 42, entrevista com o Padre Pierre Blet, que trabalhou durante 16 anos nos Arquivos secretos vaticanos para a publicação de documentos da Santa Sé relativos à Segunda Guerra Mundial). Também contra Pio XII foi a obra 'O papa de Hitler' de autoria (1949) de John Cornwell. Note-se, entretanto, que este autor retratou-se das acusações feitas a Pio XII. Ver sobre Cornwell a revista *Pergunte e Responderemos*, números 454 (março de 2000), 498 (dezembro de 2003), 539 (maio e 2007) e 543 (setembro de 2007). Neste último número atribuem-se as acusações a Pio XII à atuação da KGB.

que, depois de trabalhar durante dezesseis anos nos arquivos secretos vaticanos, "publicou uma fascinante e documentadíssima síntese daquele gigantesco trabalho": *Pie XII et la Seconde guerre mondiale d'après les archives du Vatican*. A indagação sobre a razão pela qual Pio XII não teria condenado publicamente as perseguições, o padre Blet responde:[128] "Ele fez isso. Basta pensar na mensagem natalícia de 1942, na qual denuncia as centenas de milhares de pessoas que, sem qualquer culpa pessoal, algumas vezes apenas por sua nacionalidade e raça, são mandadas à morte ou à progressiva extinção; ou na mensagem diante dos cardeais no dia 2 de junho de 1943 quando volta a falar daqueles que, por causa de sua raça, 'são destinados a violências exterminadoras'. Mas é verdade, jamais fez um veemente discurso de condenação. Os motivos são os mesmos que o detiveram diante das perseguições dos católicos na Polônia e em outros lugares. No discurso aos cardeais em junho de 43, explicou que toda declaração pública sua "deveria ser considerada e pesada com uma seriedade profunda no próprio interesse daqueles que sofrem". Ainda Blet, mais adiante: "Quem confirmou a irrepreensibilidade da escolha de Pio XII foi o próprio delegado dos Estados Unidos no processo de Norimberg, Robert Kempner. "Qualquer tentativa de propaganda da Igreja Católica contra o Reich de Hitler", disse, "não teria sido apenas um suicídio provocado, como agora declarou Rosemberg, mas teria provocado a execução de um número maior de judeus e de sacerdotes". Cabe aqui uma observação curiosa: os acusadores de Pio XII, ao que parece, pensavam que, em pleno século XX, uma excomunhão papal pudesse levar um chefe de governo à Canossa, como havia acontecido com a decisão de Gregório VII em relação ao imperador Henrique IV. Na realidade, quanto mais o papa protestasse, tanto maior seria a retaliação nazista. Vale continuar aqui o depoimento de Blet: "Enquanto o Papa em público aparecia silencioso, sua Secretaria de Estado mobilizava núncios e delegados apostólicos na Eslováquia, na Croácia, na Romênia, na Hungria, indicando intervenções junto aos governos e aos episcopados para desenvolver ação de socorro. A eficácia desta ação é bem conhecida pelos historiadores e obteve muitas vezes o agradecimento das organizações judaicas:

---

[128] Ver revista *30 dias* citada na nota anterior. A longa e rica entrevista do Padre Blet é feita a Stefano M. Paci.

um ilustre historiador judeu, Pinchas Lapide, estimou em 860 mil os judeus que foram salvos graças às iniciativas feitas por Pio XII". [129] Deve-se registrar aqui a atuação do delegado apostólico na Turquia e na Grécia, Ângelo Roncalli (depois, Papa João XXIII): obtém do Papa plenos poderes para agir em favor dos judeus. "Em 1942-1943, com vistos da delegação apostólica e insistências na embaixada alemã, consegue pôr a salvo muitos judeus".[130] Vale a pena registrar, a título de exemplo, a assistência prestada aos judeus em Roma: "O Vaticano fingia ignorar o que as instituições religiosas faziam, mas sabia de tudo. Cento e cinquenta conventos e mosteiros haviam-se tornado o refúgio dos hebreus perseguidos: quatrocentos pelos franciscanos de S. Bartolomeu all'Isola, uma centena pelos Irmãos das escolas cristãs, outro tanto pelos padres Stimmatini e pelos Salesianos de S. João Bosco, quase duzentos pelas irmãs de Nossa Senhora de Sion e cento e quatorze pelas Mestras Pias Filippini. Quarenta hebreus, 15 dos quais batizados, tinham hospedagem no Vaticano. Outros hebreus haviam sido acolhidos no Seminário Latrão...".[131]

Segundo o rabino e historiador americano David Dalin, autor do livro *The Myth of Hitler's Pope* (O mito do papa de Hitler), quando as tropas alemãs chegaram a Roma, 155 conventos e mosteiros abrigaram cerca de 5 mil judeus durante a ocupação alemã. E outros 3 mil se refugiaram em Castel Gandolfo, a residência de verão do Papa. [132]

São inúmeras as manifestações dos judeus eminentes em agradecimento pela benéfica atuação de Pio XII em defesa dos judeus vítimas das perseguições nazistas. Só a título de exemplo lembremos as palavras de Isaac Herzog, rabino chefe de Jerusalém: "O povo de Israel jamais esquecerá o que Sua Santidade e seus ilustres representantes, inspirados pelos eternos princípios da religião que formam os genuínos fundamentos da verdadeira civilização, fizeram por nossos desafortunados irmãos e irmãs na mais trágica hora de nossa história, o que é uma prova viva da Providência Divina no mundo".[133]

---

[129] Idem, ibidem, p. 43. Ver também Zagheni, obra citada, p. 323, nota 57 sobre Lapide, escritor e diplomata israelense.
[130] Clemente, obra citada, p. 50.
[131] Montanelli Cervi, *Storia d'Italia*, vol. XLVII, p. 190.
[132] *Aventuras na História*, fevereiro 2009, Szklarz, E. "Igreja e nazismo", p. 35.
[133] Ver "O holocausto, Pio XII e os aliados", por Joaquim Blessmann em *Pergunte e Responderemos*, n. 497, novembro de 2003. Sobre Pio XII e os judeus, o leitor encon-

Vamos encerrar esta breve exposição sobre alguns dos principais aspectos do pontificado de Pio XII, sem dúvida um dos mais eminentes sucessores de S. Pedro, com a interessantíssima apreciação que dele fez Sir D'Arcy Godolphin Osborne, ministro plenipotenciário do Reino Unido da Grã-Betanha, junto à Santa Sé a partir de fevereiro de 1936. Por ocasião da eleição de Pio XII, Osborne era um dos diplomatas mais estimados no Vaticano e permaneceu ali durante toda a guerra, e pôde acompanhar as providências tomadas por Pio XII em favor dos judeus quando os alemães ocuparam a Itália. Com a idade de 77 anos, já aposentado, tomando conhecimento da obra de Rolf Hochhutt, escreveu uma longa carta ao *Time* de Londres, através da qual focaliza a personalidade do pontífice caluniado:[134] "Longe de ser um gélido diplomata – o que requer, suponho, sangue frio e uma índole desnaturada –, Pio XII foi a personalidade mais calorosamente humana, gentil, generosa, compreensiva (e, acidentalmente, santa) que tive a honra de conhecer no curso de minha longa existência. Sei que sua natureza sensível era sempre pungentemente afetada pelos imensos sofrimentos causados pela guerra, e não tenho a mínima dúvida de que ele estava pronto a dar com alegria sua vida para salvar a humanidade das consequências do conflito, sem discriminar nem as nacionalidades, nem as crenças religiosas dos beneficiados. Mas, na prática, que podia ele fazer além do que fez?".

João XXIII (1958-1963)

Angelo Giuseppe Roncali nasceu em Sotto-il-Monte, província de Bergamo, em uma família de pobres camponeses. Secretário particular do bispo de Bergamo durante dez anos, o jovem sacerdote teve aí suas primeiras experiências pastorais e sociais. Durante o Primeiro Conflito Mundial prestou serviço como sargento enfermeiro e, mais tarde, como capelão nos hospitais

---

trará substanciosas informações na revista *Pergunte e Responderemos*, n. 305, 389, 429, 434, 438, 454, 456, 459, 468, 493, 497, 498, 539, 543. Ver também "Pio XII e o massacre dos judeus" de autoria do acadêmico Osvaldo Orico.
[134] Nossa fonte sobre Osborne é o texto "Pio XII, os Nazistas e os Judeus" publicado na Revista *Pergunte e Responderemos,* n. 305 de outubro de 1987.

militares de Bergamo. O acontecimento marcante na vida de Roncalli foi a ordenação episcopal e sua nomeação de visitador apostólico na Bulgária (1925), passando mais tarde (1931) a delegado apostólico. Nos nove anos de permanência na Bulgária (1925-1934) familiarizou-se com a situação dos católicos no Oriente e travou relações com os ortodoxos. Em novembro de 1934 Roncalli era designado delegado apostólico na Turquia e na Grécia e aí exerceu suas novas funções por dez anos. Acrescente-se que fora também nomeado vigário apostólico de Constantinopla, isto é, bispo dos católicos latinos de Stambul. Em novembro de 1934 Roncalli era nomeado núncio em Paris, tendo a difícil missão de resolver problemas da Igreja na França resultantes da ocupação alemã, do governo de Vichy e finalmente do governo provisório do general de Gaulle. Em janeiro de 1953 Roncalli era elevado à dignidade cardinalícia e, logo a seguir, nomeado patriarca de Veneza. Morto Pio XII, o cardeal patriarca de Veneza era eleito papa pelo conclave em outubro de 1958 e escolhia o nome de João XXIII. O mundo recebeu com surpresa e, logo a seguir, com simpatia o novo sucessor de Pedro: uma figura simpática, corpulenta, acolhedora, um olhar vivo, um passo firme, uma atitude que unia humildade, bondade, tranquilidade, firmeza e decisão. Três meses depois de sua eleição, João XXIII, a 25 de janeiro de 1959, na basílica de S. Paulo Extramuros, anunciava a um grupo de cardeais admirados a proposta de um Concílio geral para a Igreja Universal. Era o *aggiornamento* da Igreja. Falta espaço aqui para um estudo pormenorizado do pontificado de João XXIII, que esteve longe de ser um pontificado de transição. Limitar-nos-emos apenas a lembrar três encíclicas (a*d Petri Cathedram, Mater et Magistra e Pacem in Terris*) e a primeira sessão do Concílio. O ecumenismo é um ideal predominante em João XXIII. Em mensagem radiofônica de outubro de 1958 manifesta seu apreço para com os demais cristãos. Em sua primeira encíclica *Ad Petri Cathedram,* dirige-se expressamente aos critãos separados. A encíclica *Mater et Magistra* (maio de 1961) figura como prolongamento e adaptação às necessidades do mundo contemporâneo, das encíclicas *Rerum Novarum* e *Quadragésimo Anno* e da radiomensagem de Pio XII na festa de Pentecostes de 1941.[135] A encíclica encerra uma grande lição de solidarie-

---

[135] Chelini, *Lês nouveaux Papes*, p. 57.

dade: todos os homens tem o direito de participar dos bens deste mundo, que receberam de Dem em herança comum: o papel do Estado deve ser de reduzir os desigualdades gritantes e as injustiças.[136]

A *Pacem in terris* (abril de 1963) trata da paz no mundo. A ordem e a paz não resultam somente de uma equitativa distribuição dos bens materiais; elas procedem também das sadias instituições políticas, de uma organização razoável dos poderes públicos, das relações cordiais das comunidades nacionais entre si no quadro de uma organização mundial dos povos e dos Estados.[137]

Acontecimentos de suma relevância no pontificado de João XIII foi a sessão pública de abertura do Concílio Vaticano II, ocorrida a 11 de outubro de 1962 com a presença de 2.540 padres conciliares. A alocução do Papa marcou o momento culminante da cerimônia. O primeiro período durou de 11 de outubro a 8 de dezembro de 1962. "Encerrava-se assim no dia 8 de dezembro o primeiro período do Concílio, sem que nenhum dos esquemas apresentados tivesse sido aprovado. Fora uma fase de "amaciamento", na qual se tinham confrontado opiniões diferentes, ficara demonstrada plenamente a autêntica liberdade do Concílio, e se tinham rejeitado os esquemas preparatórios do modo como tinham sido concebidos, ou pela recusa de sua inspiração de fundo ou pela imposição de uma revisão de numerosos pontos em particular. O conjunto fora, portanto, positivo: o episcopado sentiu-se atuante no Concílio, realmente responsável por suas decisões, embora sempre submetidas à aprovação do papa".[138] Durante o intervalo 1962-1963 foram reelaborados os esquemas já discutidos. A saúde do Papa, entretanto, suscitava preocupações. A 3 de junho de 1963 morria João XXIII. "Seu desaparecimento, porém, tinha comovido todo o mundo, homens de todas as ideias e de todas as religiões, ateus, budistas, muçulmanos, judeus, ortodoxos, protestantes das diversas confissões".[139]

---

[136] Idem, ibidem, p. 59.
[137] Idem, ibidem.
[138] Martina, obra citada, p. 297.
[139] Idem, ibidem, p. 298. Note-se que alguns autores usam o vocábulo "sessão", outros preferem o termo "período".

Paulo VI (1963-1978)

Giovanni Battista Montini fora (1925) nomeado assistente da Federação Universitária Católica Italiana, tendo procurado formar uma elite católica para a cristianização da sociedade. Entre 1937 e 1952 foi substituto da Secretaria de Estado, tendo assim trabalhado muito próximo a Pio XII antes, durante e depois da Segunda Guerra Mundial.[140] Em 1952 recusou o cardinalato. Em 1954 foi nomeado arcebispo de Milão e, em dezembro de 1958, era criado cardeal por João XXIII. Montini foi eleito papa, a 21 de junho de 1963, "como a melhor garantia da continuação do Concílio, sem desesperar os conservadores nem decepcionar os progressistas".[141] Nas próximas linhas vamos focalizar, somente a título de exemplo, apenas alguns aspectos importantes do pontificado de Paulo VI: a continuação e o término do Concílio Vaticano II; as encíclicas de Paulo VI, as viagens do papa, Paulo e a Corte Pontifícia.

Tão logo foi eleito, Paulo VI manifestou sua intenção de dar prosseguimento ao Concílio. Assim é que se processou o segundo período, a partir de 29 de setembro de 1963 a 4 de dezembro do mesmo ano. Com esta segunda sessão "energicamente preparada e estimulada por Paulo VI, o Vaticano II assume seu ritmo definitivo de trabalho..."[142] Convém aqui chamar atenção para a posição do papa em face da assembleia: "Os fatos nos mostram um papa que estava preocupado não em vencer pela força dos números, mas em convencer... não sufocou a liberdade da assembleia, não passou por cima da presidência, mas nas reiteradas respostas à oposição dissipou dúvidas, venceu as hesitações..."[143] O segundo período foi caracterizado pela aprovação da constituição sobre a liturgia, *Sacrosanctum Concilium*, e do decreto sobre os meios de comunicação social, *Inter Mirifica*, e pela demorada discussão sobre outros esquemas".[144] O terceiro período estendeu-se de 14 de setembro a 21 de novembro de 1964. Promulgam-se então a constituição *Lumen Gentium*

---

[140] Clemente, obra citada, p. 30 e 31.
[141] Idem, ibidem, p. 63.
[142] Chelini, obra citada, p. 130.
[143] Martini, obra citada, p. 319.
[144] Idem, ibidem, p. 302.

(com um capítulo dedicado à Virgem Maria), o decreto sobre o ecumenismo e o decreto sobre as Igrejas Orientais Católicas. Do quarto e último período (de 14 de setembro a 8 de dezembro de 1965) lembremos então, entre outras disposições, as declarações respectivamente sobre as relações com as religiões não cristãs *(Nostra aetate)* e sobre a liberdade religiosa *(Dignitatis Humanae)*. "*Nostra aetate* refere-se à religião judaica, lembrando que do "povo judeu nasceram os apóstolos, fundamentos e colunas as Igreja, como igualmente muitos daqueles primeiros discípulos que anunciaram ao mundo o Evangelho de Cristo".

A 8 de dezembro o Concílio encerrava sua atividade com uma impressionante comemoração na Praça da São Pedro, iniciando-se uma outra etapa na História da Igreja. Registre-se que o início do pós-Concílio não foi fácil. Paulo VI advertiu: "*aggiornamento* quer dizer, de agora em diante, para nós, compreensão sábia do espírito do celebrado Concílio e aplicação fiel de suas normas, feliz e santamente promulgadas".[145]

Em agosto de 1964 é promulgada a encíclica *Ecclesiam suam*, apresentação e chave do pontificado de Paulo VI. A *Populorum Progressio*, em 1967, "fez incidir a Doutrina Social da Igreja no desenvolvimento global do Mundo".[146] A *Humanae Vital*, em 1968, resume a moral matrimonial católica e, no mesmo ano, através do Credo do povo de Deus, o papa "pronunciava uma palavra esclarecedora que largos círculos de fiéis há muito aguardavam".[147]

As viagens de Paulo VI devem ser lembradas: "rompendo com uma tradição bem enraizada, franqueia as fronteiras da Itália, mesmo da Europa. Bombaim, Fátima, Ancara, Colômbia, Uganda, Sardenha, Sudeste da Ásia e a Oceania recebem sucessivamente a sua visita. E ninguém esqueceu a frágil silhueta do papa suplicando aos representantes da humanidade que renunciassem à guerra (ONU, em 1965)".[148] Em janeiro de 1964 Paulo VI encontra-se na Terra Santa com o patriarca Atenágoras de Constantinopla, que vai a Roma em outubro de 1967, retribuindo a visita que Paulo VI fizera em Constantinopla (julho de 1967).

---

[145] Zagheni, obra citada, p. 377.
[146] Clemente, obra citada, p. 64.
[147] Franzen, obra citada, p. 431.
[148] Chelini, obra citada, p. 172.

Um acontecimento revelador de novos tempos foi a supressão da Corte Pontifícia e a simplificação da etiqueta, das disposições da vida e das cerimônias no Vaticano. A 14 de janeiro de 1964, Paulo VI, em alocução à nobreza romana, que fornecia tradicionalmente o essencial dos dignitários da Corte Pontifícia, declarou que a evolução do papado não permitia mais a manutenção de suas funções e que não dispunha mais dos meios para conservar seus serviços.[149] Foram extintas as entidades militares que remontavam ao antigo poder temporal dos papas, tendo sido conservada apenas a guarda suíça para manter a ordem e a vigilância em determinados recintos do Vaticano. "Os dignitários de caráter puramente decorativo desapareceram com seus uniformes pitorescos e os privilégios herdados dos séculos em que o papa era também um soberano temporal cercado de uma solenidade".[150]

Em abril de 1978 Paulo VI fez um dramático apelo, às Brigadas Vermelhas, pela libertação de Aldo Moro, seu velho amigo. Aos 6 de agosto de 1978, Paulo VI faleceu, tendo sido homenageado como o Papa da Paz que dirigiu a Igreja "com grande ponderação numa época de viragem".[151] Sob seu pontificado o número de representações diplomáticas do Vaticano duplicara.

João Paulo I (1978)

Albino Luciani, designado patriarca de Veneza em 1969 por Paulo VI e em 1973 criado cardeal, foi surpreendentemente eleito papa a 26 de agosto de 1978. "O sentido desta eleição é claro: os cardeais quiseram dar à Igreja um pastor de almas cuja vida toda havia sido consagrada a este cuidado. Pastoral e catequese tinham sido a constante preocupação de Albino Luciani".[152] O novo papa escolheu, pela primeira vez na História da Igreja, um nome composto: João Paulo. Esta escolha indiciava um rumo a seguir: assumia a herança de João XXIII e de Paulo VI. O cardeal Péricles Felici, que anunciara

---

[149] Idem, ibidem.
[150] Poupard, "Le Vatican", Revista *Historia*, n. 302. Neste mesmo número ver depoimento de Jean Guitton sobre Paulo VI.
[151] Franzen, obra citada, p. 432.
[152] Chelini, obra citada, p. 240.

a eleição do novo papa à multidão, traçou o perfil de João Paulo I: "Não será um papa político nem um papa diplomático, mas só um papa, ou seja, o chefe visível da comunidade de fiéis e orantes querida e fundada por Cristo. A coisa que mais aparecio nele é a enorme carga de modéstia, de piedade, de caridade e de afabilidade temperada com uma veia de humorismo, de zelo apostólico e de amor sem ostentação pelos pobres e oprimidos".[153] A 27 de agosto João Paulo I apresentou seu programa aos cardeais:[154] 1) prosseguir a herança do Concílio sem imprudência nem atrasos; 2) conservar a grande disciplina da Igreja, revendo o Direito Canônico; 3) evangelização; 4) ecumenismo; 5) diálogo na linha da *Ecclesiam Suam*; 6) paz mundial.

A morte repentina e inesperada de João Paulo I, a 28 de setembro em seu quarto, consternou milhões de pessoas em todo o mundo.

João Paulo II (1978-2005)

A eleição de Karol Wojtyla como papa constituiu uma surpresa para milhões de pessoas, católicos e também não católicos, e, de modo muito especial, para a população da Polônia, então sob o jugo comunista. Note-se também uma singularidade dessa eleição: depois da eleição de Adriano VI (Adriano Florensz, papa de 1522 a 1523), a escolha do papa havia sempre recaído sobre um italiano. Duas situações críticas caracterizavam a época em que João Paulo II ascendia ao sumo pontificado: na ordem internacional imperava a Guerra Fria; na Igreja processava-se a aplicação das normas conciliares acompanhada de dúvidas, de hesitações e de abusos que afloravam respectivamente na doutrina, na moral, na liturgia e na disciplina. João Paulo II é o último papa do século XX e o primeiro do século XXI. Estamos aqui diante de um longo pontificado rico em acontecimentos marcados profundamente pela simples presença ou pela atuação enérgica da impressionante figura do papa polonês. A quantidade de eventos e a proximidade no tempo dificultam uma exposição do que constitui um dos mais significativos e relevantes pon-

---

[153] Ricci, "O Fascínio daqueles 33 dias" –, revista *30 dias*, março de 1992, p. 43.
[154] Clemente, obra citada, p. 72.

tificados da História da Igreja. Assim é que, depois de assinalarmos alguns traços biográficos de Karol Wojtyla, apresentaremos apenas uma síntese dos mais característicos acontecimentos do pontificado em tela, seguida de um breve comentário.

Karol nasceu em Wadowice, numa família modesta: o pai fora oficial do exercito austro-húngaro e reformara-se como capitão do exército polaco. "Depois da pátria e da família, a terra natal, o ecumenismo nato entre as religiões aí presentes, a paróquia e as peregrinações marcaram Wojtyla. Wadowice estava tradicionalmente ligada a Cracóvia, capital cultural polaca, e cultivava a literatura e o teatro. Tinha uma classe média de negociantes, advogados, agricultores e funcionários, várias fábricas, um quartel".[155] O domínio nazista e posteriormente a ditadura marxista marcariam a vida de Wojtyla a partir do início da Segunda Guerra em 1939. Em 1942 vai à residência episcopal de Cracóvia e pede admissão como candidato ao sacerdócio. Em1946 é ordenado sacerdote. Parte para Roma e estuda várias línguas. Em 1956 assume a cadeira de Ética em Lublin. Em 1958 é nomeado bispo auxiliar e, em dezembro de 1963, é arcebispo de Cracóvia. Escolhera como lema a expressão *Totus Tuus,* extraída de uma oração de São Luiz Maria Grignon de Monfort a Nossa Senhora. Karol Wojtyla foi um atuante partícipe do Concílio Vaticano II. Em junho de 1967 Paulo VI fê-lo cardeal. "A partir daí foi mais vezes a Roma, ao trabalho das Congregações. No final do Sínodo dos bispos de 1971 foi eleito para o conselho do Sínodo; reeleito em 1974 e em 1977, já era um dos bispos mais reputados entre seus pares. Em 1969 visitou as comunidades polacas do Canadá e dos Estados Unidos. Em 1973 foi ao Congresso Eucarístico de Melbourne (Austrália), passando por Manila (Filipinas) e pela Nova Guiné"[156] Em 16 de outubro de 1978 o cardeal Wojtyla era eleito sucessor de São Pedro.

Um rápido olhar sobre o pontificado de João Paulo II permite-nos apontar-lhes, entre outras e a título de exemplo, as seguintes características:[157] 1) renovação do papado; 2) implementação das decisões do Concílio; 3) en-

---

[155] Idem, ibidem, p. 87.
[156] Idem, ibidem, p. 103.
[157] Consultar Clemente, ibidem, p. 150. O autor repete as características apontadas por George Weigel em seu volumoso estudo sobre João Paulo II.

frentamento da ditadura comunista; 4) combate aos desvios da moral Cristã; 5) interesse pelo ecumenismo; 6) novo diálogo com o judaísmo.

– *Renovação do Papado*: Através da encíclica *Redemptor Hominis* (março de 1979), João Paulo II expõe o "programa para o pontificado". Um dos aspectos mais impressionantes do pontificado do papa polonês foram as inúmeras viagens realizadas através dos continentes, proporcionando ao pontífice auditórios que somavam milhões de participantes, e milhões de radiouvintes e telespectadores. Embora algumas viagens tivessem inevitáveis consequências políticas (como, por exemplo, as viagens à Polônia), seu caráter era essencialmente religioso e pastoral: "formalidades oficiais simplificadas, deslocações com os bispos e não com figuras políticas; principal relevo para os eventos litúrgicos e não políticos".[158] Essas viagens relevaram a forte personalidade de João Paulo II: "Para ele são viagens de peregrinação com objetivos pastorais. Nos anos de 1979, 1983 e 1987 o papa visitou a Polônia. Suas visitas constituíram uma forma de revelar uma impressionante adesão do país à Igreja e ao papado".[159]

– *Implementação do Vaticano II:* Lembremos aqui acontecimentos inteiramente relacionados com a execução das decisões conciliares: Em janeiro de 1979 João Paulo enfrenta a pressão exercida pela teologia da libertação na América e comparece à Assembleia Geral do CELAM (Episcopado Latino Americano), no México. "Na capital e no santuário da Guadalupe foi um sucesso de multidões. Em Puebla lembrou que a verdade confiada aos bispos era a de Jesus Cristo, não redutível a qualquer ideologia, nem a pobres contra ricos". [160]

Após o término do Concílio empreendeu-se a revisão do *Codex Iuris Canonici* a cargo de uma comissão. Desse trabalho resultou um novo código que entrou em vigor a partir do primeiro dia do Advento de 1983. Em 1972 uma comissão iniciava a revisão do direito canônico oriental, tendo em vista as decisões do Vaticano II e a tradição da Igreja do Oriente. Em 1992 João Paulo apresentou publicamente o catecismo da Igreja Católica redigido por

---

[158] Clemente, ibidem, p. 111.
[159] Franzen, obra citada, p. 433.
[160] Clemente, obra citada, p. 109.

uma comissão. Sublinhe-se aqui a atuação do então cardeal Ratzinger, que fora nomeado prefeito da Congregação da Doutrina da Fé em novembro de 1981.

– *Colapso do Comunismo:* Lewis Gaddis, professor de História em Yale, focaliza em sua obra *História da Guerra Fria*, o papel de João Paulo II no colapso do comunismo. Vale repetir aqui alguns textos significativos:[161] "Quando João Paulo II beijou o solo no aeroporto de Varsóvia, em 2 de junho de 1979, deflagrou o processo pelo qual o comunismo na Polônia, e depois em toda parte na Europa, teria fim".[162] "Dizem que Stalin gostava de perguntar – Quantas divisões tem o papa? João Paulo II, durante os nove dias que passou na Polônia em 1979, deu a resposta. Também foi um desdobramento, como Dobrynin podia ter dito, 'totalmente além da imaginação da liderança soviética".[163] "Na última década da Guerra Fria, o verdadeiro poder descansava em líderes como João Paulo II, cujo domínio dos intangíveis – qualidades tais como coragem, eloquência, imaginação, determinação e fé – permitia-lhes expor as disparidades entre aquilo em que o povo acreditava e os sistemas sob os quais a Guerra Fria os obrigara a viver".[164] "João Paulo II deu o tom ao sacudir as autoridades na Polônia, no restante da Europa Oriental e na própria União Soviética".[165] Compreende-se, em face da posição de João Paulo II frente à ditadura comunista, o atentado praticado em maio de 1981 pelo turco Mehemed Ali Agca na praça de São Pedro. O papa recuperou-se "surpreendentemente depressa, atribuindo a sua salvação à intercessão da Mãe de Deus, a quem agradeceu, passado um ano, em Fátima".[166]

– *Desvios da Moral Cristã:* Em março de 1995 a encíclica *Evangelium Vitae* sublinha que os direitos humanos básicos "deviam ser reforçados contra ameaças como o aborto, a eutanásia ou a manipulação genética".[167] O papa enviou à Conferência Mundial sobre a mulher em Pequim uma delegação

---

[161] Lewis Gaddis, *História da Guerra Fria*, p. 185 e ss. Note-se: Alexandre Dobrynin foi embaixador soviético nos Estados Unidos.
[162] Idem, ibidem, p. 185.
[163] Idem, ibidem, p. 186.
[164] Idem, ibidem, p. 188.
[165] Idem, ibidem.
[166] Franzen, obra citada, p. 433.
[167] Clemente, obra citada, p. 136.

que se posicionou contra as propostas dos direitos sexuais e aborto lançadas por delegações da União Europeia e de outros países. "A delegação da Santa Sé alertou a comunicação social e esta despertou os governos da União Europeia para as posições que as respectivas "delegações" estavam a tomar em Pequim, contrárias aos direitos da família".[168] Ecumenismo – lembremos, apenas para exemplificar, a aproximação com os anglicanos: "mesmo se se furta à ordenação das mulheres, aceite por uma parte dos anglicanos, mas rejeitada por Roma...".[169]

– *João Paulo e os Judeus:* Wojtyla desde a adolescência tinha estreito relacionamento com amigos judeus. "Wadowice estava tradicionalmente ligada à Cracóvia, capital cultural polaca, e cultivava a literatura e o teatro. Tinha uma classe média de negociantes, advogados, agricultores e funcionários, várias fábricas, um quartel. Cerca de dez mil habitantes, entre os quais uns dois mil judeus. Wojtyla recordará: "os judeus que se reuniam todos os sábados na sinagoga, mesmo atrás da escola. Os dois grupos religiosos, católicos e judeus estavam Unidos... pela certeza que tinham de rezarem ao mesmo Deus".[170]

Quando o papa Wojtyla, em abril de 1986, cruzou o Tibre para entrar na sinagoga de Roma e contatar aqueles que ele chamou de "irmãos mais velhos".[171]

Vamos encerrar estas incompletas informações sobre João Paulo II e seu pontificado durante o século XX, lembrando algumas encíclicas que muito contribuem para um estudo aprofundado da orientação doutrinária e pastoral do papa polonês.

1981 – *Laborem exercens* – encíclica sobre o trabalho e os trabalhadores.

1987 – *Redemptoris Mater* – sobre a devoção à Virgem Maria.

1990 – *Redemptoris Missio* – "A igreja propõe, não impõe nada; respeita as pessoas e as culturas detendo – e diante do sacrário da consciência".[172]

1991 – *Centesimus Annus* – encíclica social a propósito do centenário da *Rerum Novarum*.

---

[168] Idem, ibidem, p. 138.
[169] Pierrard, *História da Igreja Católica*, p. 334.
[170] Clemente, obra citada, p. 79.
[171] Berstein, *Sua Santidade João Paulo II*, p. 449.
[172] Clemente, obra citada, p. 133.

1995 – Evangelium Vitae – direitos humanos básicos devem ser reforçados.

1995 – *Ut unum sit* – sobre a unidade entre Cristãos.

1998 – *Fides et Ratio* – a fé e a razão elevam o espírito humano até a verdade.

BIBLIOGRAFIA

Alem, Jean-Pierre. Le Moyen-OrienT. Presses Universitaires de France.

Alexandre, Maxime. Litterature Allemande (Histoire des Litteratures, II Litteratures occidentates). Encyclopédie de la Pléiade Éditions Gallimard.

Allen, Frederick Lewis. A Grande Transformação. Tradução de Luiz Laerte Lessa. Livraria Clássica Brasileira.

Ambrose, Stephen. O dia D 6 de junho de 1944. Tradução: Múcio Bezerra. Civilização Brasileira.

Ameal, João. História de Portugal. Livraria Tavares Martins Porto.

Anwander, A. Les Religions de l'Humanité. Traduit d'aprés la 2e édition par Pierre JundT. Payot: Paris 1955,

Araújo, Ivani de Amorim. Curso de Direito Internacional Público. Editora Forense.

Arnaud, Michel. Litterature Italienne (Histoire des Litteratures 2 Litteratures occidentales, Encyclopédie de la Pléiade). Éditions Gallimard.

Aron, Raymond. O espectador engajado. Tradução de Clóvis Marques. Editora Nova Fronteira.

Aubrun, Charles V. La Litterature espagnole. Presses Universitaires de France.

Bailly, René. A Segunda Guerra Mundial. Enciclopédia Delta-Larousse T-IV. Tradução: Vicente Tapajós. Editora Delta S.A.

Bandeira, Manuel. Literatura Brasileira. Enciclopédia Delta-Larousse. T.VII. Editora Delta S.A.

BARNET, Correlli. Os Generais de Hitler. Jorge Zahar editor.

BASSEDOGA, J. Nonell. Atlas da História da Arte. Tradução: Maria Travassos Romano. Ediciones Jover S.A.

BEARD, Charles e Mary Beard. Histoire des États-Unis. Hachette.

BEIRÃO, Caetano. História breve de Portugal. Edição Logos.

BELLO, José Maria. História da República 1889-1930. Edição da "Organização Simões".

BELT, Don. Lawrence da Arábia. National Geographic Brasil, setembro 2004.

BELT, Don. O Mundo do Islã. (Série de estudos sobre o Islã por diversos autores, organizada por Don Belt). National Geographic Brasil.

BENOIST-MÉCHIN, J. Histoire de l'Empire du Petrole. Estudo publicado na Revista Francesa Historia, n. 158, janeiro, 1960.

BERNSTEIN, Carl e POLITI, Marco. Sua Santidade João Paulo II e a História Oculta de nosso Tempo. Tradução: M. H. C. Côrtes Objetiva.

BERSTEIN, Serge e MILZA, Pierre. Histoire de l'Europe Contemporaine. Hatier: Paris, 2002.

BERTAUX, Pierre. Africa. Desde la prehistória hasta los Estados actuales. Tradução: Manuel Ramón Alarcón. Siglo Veintiuno Editores.

BERTRAND, Claude-Jean. Les Églises aux États-Unis. Presses Universitaires de France.

BETHELL, Leslie. História da América Latina de 1870 a 1930. Tradução: Geraldo Gerson de Souza. Betthell é o organizador da obra que possui vários colaboradores.

BETTENCOURT, D. Esêvão. Pio XII e os Judeus. Revista Pergunte e Responderemos, n. 389, p. 434.

BETTENCOURT, Estêvão. Pio XII, os Nazistas e os Judeus. Revista Pergunte e Responderemos, n. 305, p. 435. O leitor encontrará aí um depoimento do diplomata britânico Sir D'Arcy Godolphin Osborne sobre o papa Pio XII.

BLESSMANN, J. O Holocausto, Pio XII e os aliados. Revista Pergunte e Responderemos, n. 497, p. 482.

BOCHENSKI, I. M. A Filosofia Contemporânea Ocidental. Tradução de Antônio Pinto de Carvalho. Editora Herder.

BOISSET, Jean. História do Protestantismo Tradução de Heloysa de Lima Dantas. Coleção Saber atual. Difusão Europeia do Livro: S. Paulo.

BONAVIDES, Paulo. Curso de Direito Constitucional. Malheiros Editores.

BOUJU, Paul M. et Henri Dubois La Troisième Republique. Presses Universitaires de France.

BOZZETTI, José. Qué ES la Filosofia. Traduzida por José Garo. Editorial Difusion.

BRAUDEL, Fernando. Gramática das Civilizações. Tradução de Telma Costa. Editorial Teorema LDA.

BRIÈRE, Pierre. História da Birmânia. Tradução de Alfredo D'Escragnolle Taunay. Enciclopédia Delta-Larousse T.III. Editora Delta S.A.

BROGAN, Hugh. Estados Unidos 1945. In: Historia Oxford del Siglo XX. (Tradução de Cristina Pagés y Victor Alba). Planeta.

BROWN, Archie. La union soviética y después. In: Historia Oxford del Siglo XX. Tradução de Cristina Pagés y Victor Alba. Planeta.

BROWN, Judith M. Ásia Meridional. In: Historia Oxford del Siglo XX. Tradução: Cristina Pagés y Victor Alba. Planeta.

BURNS, Edward Mc Nall. História da Civilização Ocidental. Tradução de Lourival Gomes Machado, Lourdes Santos Machado e Leonel Vallandro. Editora Globo: Porto Alegre, 1974.

CALMON, Pedro. Curso de Teoria Geral do Estado. Livraria Freitas Bastos.

CALÓGERAS, J. Pandiá. Formação histórica do Brasil. Companhia editora nacional.

CAMP, Jean. La Littérature espagnole. Presses Universitaire de France.

CARVER, Lord. Marechal de Campo em "Manstein". In: Generais de Hitler.

CHAMPIGNEULLE, B. Histoire de la musique. Presses Universitaires de France.

CHARLES-ROUX, F. Souvenirs sur Pie XI. Revista Historia, n. 126, p. 475.

CHAUNU, Pierre. Histoire de l'Amerique latine. Presses Universitaire de France.

CHÉLINI, Jean. Les nouvaux Popes de Jean XXIII à Jean Paulo II 1958-1978. Éditions Jean Goujon.

CHESNEAUX, Jean. A Ásia oriental nos séculos XIX e XX. Tradução de Antônio Rangel Bandeiras. Livraria Pioneira Editora.

CLEMENTE, D. Manuel. Os papas do século XX. Paulus.

CLOSTERMANN, Pierre. Tempête sur Varsovie. Revista Historia, n. 111, p. 149.

COHEN, Marleine. Dalai Lama. Biblioteca Época. Editora Globo.

COLOMBIER, Pierre du. Histoire de l'arT. Librairie Arthéme Fayard.

COQUELIN, Louis e D. Marchesseau. Literatura Inglesa. Tradução: Heitor Froes. Enciclopédia Delta-Larousse T.VII. Editora Delta S.A.

CORDELLIER, Serge. Le dictionnaire historique et géopolitique du 20e siècle sous la direction de Serge Cordellier. Éditions La Decouverte, Paris.

CORRIGAN, Raymond. A Igreja e o século XIX. Tradução: M. A. Nabuco. Agir: 1946.

COURTOIS, Stéphane. Le livre noir du communisme. Outros autores: Nicolas Werth, Jean Louis Panné, Andrzej Paczkowski, Karel Bartosek, Jean Louis Margolin. Edições Robert LaffonT.

CROKAERT, Jacques. Histoire du Commonwealth Britannique. Presses Universitaires de France.

CROUZET, Maurice. História geral das civilizações. Vol. XVII. A época contemporânea. O desmoronamento dos Impérios coloniais. O surto das Técnicas. Tradução: Pedro Moacyr Campos. Editora BCD União de editores S.A.

_____. História geral das civilizações. Vol. XV. Época Contemporânea. O Declínio da Europa. O Mundo Soviético. Tradução: J. Guinsburg e Victor Ramos. Editora BCD União de editores S.A.

CROUZET, Maurice. História geral das civilizações. Vol. XVI. A época contemporânea. O mundo dividido. Tradução: J. Guinsburg e Paulo Zingg. BCD União de Editoras S.A.

_____. História geral das civilizações. Vol. XIV. As Civilizações não europeias. O limiar do século XX. Tradução: Pedro Moacyr Campos. Editora Bertrand Brasil S.A.

DANIEL-ROPS. Pie XII, pape selon l'EspriT. Revista Historia, n. 208, p. 307.

DAVID, Pierre e MESLIN, Michael. História da Polônia. Tradução de Alfredo D'Escragnolle Taunay. Enciclopédia Delta-Larousse Tomo IV. Editora Delta S.A.

DAVID, René. Los grandes sistemas jurídicos contemporaneos. Traduccion: Pedro Bravo Gala. Biblioteca Jurídica Aguilar.

DEIGHTON, Anne. La reconstruccion de Europa. In: Historia Oxford del Siglo XX. Tradução de Cristina Pagés y Victor Alba. Planeta.

DELGADO de Carvalho. Súmulas de História Colegial (excelente síntese de caráter didático). Companhia Editora Nacional.

DEMÉRAIN, Henri. História do Egito Moderno. Tradução de Maria da Glória Maia e Almeida. Enciclopedia Delta-Larousse T. III. Editora Delta S.A.

DENY, Jean. História da Turquia. Tradução de Alfredo D'Escragnolle Taunay. Enciclopédia Delta-Larousse T. IV. Editora Delta S.A.

DESCHAMPS, HuberT. História da França. Tomo III. Enciclopédia Delta-Larousse. Editora Delta S.A.

DOBBS, Michael. A queda do Império Soviético. Tradução: Álvaro Cabral. Editora Campus.

DUVERGER, Maurice. Os regimes políticos. Tradução de Geraldo Gerson de Souza. Difusão Europeia do Livro.

ELIAS, NorberT. Os alemães. Tradução: Álvaro Cabral y Jorge Zahar Editores.

EMBREE, Ainslie T. e WILHELM, Friedrich. India. In: Historia Universal Siglo XXI .Traductores: Anton Dieterich e Maria Isabel Carrillo. Ediciones Castilla S.A.

ESCARPIT, Robert e DULCK, Jean. Guide Anglais. Classiques Hachette.

ESQUER, Gabriel. Historie de L'Algérie. Presses Universitaires de France.

FAY, Bernard. Literatura dos Estudados Unidos. Tradução de Heitor Froes. Enciclopédia Delta-Larousse T.VII. Editora Delta S.A.

FIELDHOUSE, David K. Los impérios coloniales desde el Siglo XVIII. Traductor: Agustin Gil Lasierra. Siglo Veintiuno editores.

FONTETTE, François de. História de l'antisémitisme. Presses Universitaires de France.

FRANCA, Leonel. Noções de História da Filosofia. Livraria Agir Editora.

FRANCO, Afonso Arinos de Melo. Curso de Direito Constitucional. Vol. II. Forense: Rio de Janeiro.

FRANKE, Herbert, TRAUZETTEL, Rolf. El império chino. In: Historia Universal Siglo XXI. Vol. 19. Tradução: Maria Nova.

FRANZEN, AugusT. Breve História da Igreja. Edição organizada por Remigius Baümer. Tradução: Maniela Ribeiro Sanches. Editora Presença.

FREEDMAN, Lawrence. El enfrentamiento de las superpotências 1945-1990. Capítulo 13 da História Oxford del siglo XX. Tradução de Cristina Pagés y Victor Alba. Planeta.

FUENTES, Juan Francisco e LÓPEZ, Emilio La Parra. História Universal del Siglo XX. De la Primeira Guerra Mundial al ataque de las Torres Gêmeas. Editorial Sintesis.

GADDIS, John Lewis. História da Guerra Fria. Tradução: Gleuber Vieira. Editora Nova Fronteira.

GERNET, Jacques. Mundo Chinês. Volume 2. Tradução de José Manuel da Silveira Lopes. Edição Cosmos: 1975.

GILLIARD, Charles. Histoire de la Suisse. Presses Universitaires de France.

GIRARDET, Raoul. Primeira Guerra Mundial. Enciclopédia Delta-Larousse. Tradução de Vicente Tapajós T IV. Editora Delta S.A.

GORIÉLY, Benjamin. Litterature Russe. In: Histoire des Litteratures II Literatures Occidentales. Encyclopédie de la Pleiade. Editions Gallimard.

GORKA, Olgierd. O País de glória e sangue. Passado e presente da Polônia. Tradução de Carmen de Faro Lacerda. Editora Pan-americana.

GOSSES, I. H. e CORTES, Sadi de. História dos Países Baixos. Tradução de Alfredo d'Escragnolle Taunay. Enciclopédia Delta-Larousse. Tomo IV. Editora Delta.

GROUSSET, René e BRIÈRE, Pierre. História do Iran e do Afeganistão. Tradução de Alfredo D'Escragnolle Taunay. Enciclopédia Delta-Larousse T. III. Editora Delta S.A.

GRÜNEWALD, Jose Lino e GARDEL, Carlos. Lunfardo e Tango. Editora Nova Fronteira S.A.

GUICHONNET, Paul. Histoire de l'Italie. Presses Universitaires de France.

GUILLAUME, General A. La guerre Germano-Soviétique 1941-1945. Payot: Paris.

GUITTON, Jean. Um homme nommé Paul VI. Revista História, n. 302, p. 54.

HALL, John Whitney. El Imperio Japonés. Traductor: Marcial Suarez. In: Historia Universal Siglo XXI. Siglo XXI de Espanã. Editores S.A.

HAYOUN, Maurice-Ruben. Le Judaisme Moderne. Presses Universitoires de France.

HAYWARD. Fernand. Histoire de Papes. Troisième édition revue et augmenté. Payot: Paris, 1953.

HIRSCHBERGER, Johannes. História da Filosofia Contemporânea. Tradução de Alexandre Correia. Editora Herder.

HONTI, Fronçois, História da Hungria. Enciclopédia Delta Larrouse. Tradução de Alfredo D'Escragnolle Taunay.

HOWARD, Michael e LOUIS, William Roger. Prólogo da História Oxford del Siglo XX.

HOWARD, Michael. Europa en la era de las dos guerras mundiales. In: Historia Oxford del Siglo XX. Tradução de Cristina Pagés y Victor Alba. Planeta.

Iriye, Akira. Ásia oriental. In: História Oxford del siglo XX. Tradução de Cristina Pagés y Victor Alba. Planeta.

Iriye, Akira. Ásia Oriental y la presencia creciente de japon 1900-1945. Capítulo 12 da História Oxford del siglo XX. Tradução de Cristina Pagés y Victor Alba. Planeta.

Jeannin, Pierre. Histoire des Pays Scandinaves. Presses Universitaires de France.

Jukes, Geoffrey. Stalingrado, o princípio do fim. Tradutor: Edmond Jorge. Editora Renes LTDA.

Keegan, John. Barbarossa, a invasão da Rússia. Tradução: Edmond Jorge. Editora Renes LTDA.

Kirk, George E. História do Oriente Médio. Tradução de Álvaro Cabral. Zahar Editores.

Ki-Zerbo, Joseph. História del África Negra. Del Siglo XIX a la época actual. Version espanõla de Carlo Caranci. Vol. 2. Alianza Editorial.

Klimke-Colomer. História de la Filosofia. Editorial Labor S.A.

Knight, Alan. América Latina. In: Historia Oxford del Siglo XX. Tradução: Cristina Pagés y Victor Alba. Planeta.

Kurzman, Dan. Conspiração contra o Vaticano. Tradução: Vivian Mannheimer. Zahar: Rio de Janeiro.

L'Huillier, Fernand. Frondements Historiques des Problémes du Moyen-OrienT. Sirey.

Lamare, Tite de. Caminhos da Eterna Rússia. Editora Expressão e Cultura.

Langlois, Georges. Histoire du XXe siècle avec la collaboration de Jean Baismenu, Luc Lefebbvre et Patrice Régimbald, 2e edition. Groupe Beauchemin, éditeur.

Lapierre, Dominique e Collins, Larry. Esta noite a liberdade. Tradução de Ricardo Alberty e Maria A. Farias. Círculo do Livro.

Lawrence, T. E. Os sete pilares da sabedoria. Tradução de A. B. Pinheiro de Lemos. Editora Record.

LEGOUIS, E. e CAZAMIAN, L. Histoire de la Litterature Anglaise.

LEIFER, Michael. El sureste asiático. Capítulo 19 da História Oxford del siglo XX. Tradução: Cristina Pagés y Victor Alba. Planeta.

LHÉRITIER, Michael e BRIÉRE, Pierre. História da Grécia. Tradução de Alfredo D'Escreagnolle Taunay. Enciclopédia Delta-Larousse, tomo III. Editora Delta S.A.

LORENZ, Richard. Rússia. In: Historia Universal siglo XXI. Tradução: Maria Nolla. Siglo Veintiuno editores.

LOUIS, W. M. Roger. Como acaba El siglo XX. In: Historia Oxford del siglo XX. Tradução de Cristina Pagés y Victor Alba. Planeta.

_____. Lo imperios colonials europeos. In: Historia Oxford del siglo XX. Tradução de Cristina Pagés y Victor Alba. Planeta.

LUNA, Felix. Breve História de los argentinos. Planeta/ Espejo de la Argentina.

LYNTON, Norbert. Las artes visuales. In: Historia Oxford del siglo XX. Tradução: Cristina Pages y Victor Alba. Planeta.

LYON, Peter. La Vieja Commonwealth: los quatro primeros domínios. In: Historia Oxford del Siglo XX. Tradução de Cristina Pagés y Victor Alba. Planeta.

MAGALHÃES, Basilio de. Manual de História do Brasil. Livraria Francisco Alves.

MAISONNEUVE, André. Litterature Anglaise. In: Histoire de Litteratures, II Litteratures Occidentales. Encyclopédie de la Pléiade. Editions Gallimard.

MALET, A. e ISAAC, J. Histoire comtemporaine depuis le milieu du XIXe siecle. Librairie Hachette.

MANTRAN, RoberT. Histoire de la Turquie. Presses Universitaires de France.

MARC-BONNET, Henry. La Papauté Contemporaine. Presses Universitaires de France: Paris, 1971.

MARIN CORREA, Manuel. História Universal. Vol. 6. Siglo XX. Editorial Marin S.A.

MARTINA, Giacomo. História da Igreja de Lutero a nossos dias IV – a era contemporânea. Tradução: Orlando Soares Moreira. Edição Loyola.

MATOSO, Antonio G. História de Portugal. Volume II. Livraria Sá da Costa Editora.

MAUROIS, André. História da Inglaterra. Tradução de Carlos Domingues. Irmãos Pongetti Editores.

_____. História dos Estados Unidos. Tradução: de Godofredo Rangel. Companhia Editora Nacional São Paulo.

MAURY, Lucien. História dos Países Escandinavos. Tradução de Alfredo D'Escragnolle Taunay. Enciclopédia Delta-Larousse, tomo IV. Editora Delta S.A.

MCNEILL, William H. La demografia y la urbanizaçion. In: Historia Oxford del siglo XX. Tradução de Cristina Pages y Victor Alba. Planeta.

MEE, Charles L. Jr. Paz em Berlim. Tradução: Joubert de Oliveira Brizida. Editora Nova Fronteira.

MESLIN, Michael. Arábia Saudita. Tradução de Alfredo D'Escragnolle Taunay. Enciclopédia Delta-Larousse, tomo III. Editora Delta S.A.

METZ, René. Histoire des Conciles. Presses Universitaires de France: Paris, 1968.

MILGRAM, Avraham. Os judeus do Vaticano. Imago.

MILLER, William. Nova história dos Estados Unidos. Tradução de Thomaz. Editora Itatiaia Limitada.

MILZA, Pierre e BERSTEIN, Serge. Histoire du XXe Siécle. Hatier: Paris.

MOHRT, Michael. Litterature anglaise des U.S.A. In: Histoire des Litteratures 2 – Litteratures occidentales. Éditions Gallimard. Encyclopédie de la Pléiade.

MOLLAT, G. La Question Romain Deuxième edition. I. Gabalda et cie éditeurs: Paris, 1932.

MONTAIGNE, Fen. O Irã após a revolução. National Geographic – Brasil (O Mundo do Islã).

MONTANELLI, Indro e CERVI, Mario. Storia d'Italia. Volume XLVII. Biblioteca Universale Rizzoli.

Morales Padrón, Francisco. Manual de Historia Universal. Tomo VII. Historia Geral de América. Segunda edicion revisada y ampliada. Espasacalpe S. A.: Madrid, 1975.

Morçay, Abbé R. Nouvelle Histoire de L'Église. F. Lanore, Éditeurs: Paris.

Morini, Enrico. Os ortodoxos. Paulinas.

Morison-Commager. História dos Estados Unidos da América. Tomo III. Tradução de Constantino Paleólogo. Edição Melhoramentos.

Mousset, AlberT. Albânia. Tradução de Alfredo D'Escragnolle Taunay. Enciclopédia Delta-Larousse. Tomo III. Editora Delta S.A.

_____. Estônia. Tradução de Alfredo D'Escragnolle Taunay. Enciclopédia Delta-Larousse. Tomo III. Editora Delta S.A.

_____. História da Iugoslávia. Tradução de Alfredo D'Escragnolle Taunay. Enciclopédia Delta-Larousse. Tomo IV. Editora Delta S.A.

_____. Lituânia. Tradução de Alfredo D'Escragnolle Taunay. Enciclopédia Delta-Larousse. Tomo III. Editora Delta S.A.

_____. Romênia. Tradução de Alfredo D'Escragnolle Taunay. Enciclopédia Delta-Larousse. Tomo IV. Editora Delta S.A.

_____. Bulgária. Tradução de Maria da Glória Maia e Almeida. Enciclopédia Delta-Larousse. Tomo III. Editora Delta S.A.

_____. Finlândia. Tradução de Alfredo D'Escragnolle Taunay. Enciclopédia Delta-Larousse. Tomo III. Editora Delta S.A.

Noel, Léon. Pilsudski. Revista Historia, n. 162, p. 592.

Oliver, Roland e Fage, Y. J. D. Breve História de África. Tradução: Cristina Rodrigues Salmones. Alianza Editorial.

Orgill, Douglas. Lawrence da Arábia. Tradução: Edmond Jorge e Etthel Leon. Editora Renes Ltda.

Orico, Osvaldo. Pio XII e o massacre dos judeus. Reper.

Owen, Roger. África del Norte y el próximo Oriente. In: Historia Oxford del siglo XX. Tradução: Cristina Pagés y Victor Alba. Planeta.

PACI, Stefano M. "Leiam o livro de padre Blet sobre Pio XII". Revista 30 dias, n. 4, 1998, p. 38. [Apresenta-nos uma entrevista importantíssima com o Padre Blet, que trabalhou durante 16 anos nos arquivos secretos vaticanos para publicar os doze volumes de *Actes et Documents du Saint Siege relatifs à la seconde Guerre Mondiale.*]

PASCAL, Pierre. Histoire de la Russie. Des origines a 1917. Presses Universitaires de France: 1967.

PATTERSON, James. Estados Unidos desde 1945. In: Historia Oxford del siglo XX. Tradução de Cristina Pagés y Victor Alba. Planeta.

PEREYRA, Carlos. Breve História da América. Aguilar: 1949.

PERNAU, José. História Mundial desde 1939. Texto: José Pernau. Realização de entrevista: Pierre Kister. Salvat Editora do Brasil S.A.

PIERRARD, Pierre. História da Igreja Católica. Tradução: Serafim Ferreira. Planeta Editora.

PIMENTA, Alfredo. Elementos de História de Portugal. Empresa Nacional de Publicidade: 1935.

PIPES, Richard. História Concisa da Revolução Russa. Tradução de T-Reis. Editora Record.

PITROU, Robert, Literatura alemã. Tradução: Heitor Froes. Enciclopédia Delta-Larousse. Tomo VII. Editora Delta S.A.

PORTO CARREIRO, Carlos Haroldo. Introdução à Economia. Editora Rio.

POUPARD, MGR. Paul. Le Vatican. Revista Historia, n. 302, p. 40.

PRÉCLIN, Edmund. Histoire des États Unis. Libraire Armand Colin.

QUAMNEN, David. O início de um novo Tempo. National Geographic Brasil. África. Edição especial.

RANGER, Terence. El África Negra. In: Historia Oxford del Siglo XX. Tradução de Cristina Pagés y Victor Alba. Planeta.

REBILLON, A. e MESLIN, M. História da Grã-Betanha. Tradução de Alfredo D'Escragnolle Taunay. Enciclopédia Delta-Larousse. Editora Delta S.A.

RÉMOND, René. Amerique Anglo-Saxonne. Encyclopédie de La Pléiade.

REYMOND, Maxime e JUNOD, Louis. História da Suíça. Tradução de Alfredo D'Escragnolle Taunay. Enciclopédia Delta-Larousse. Editora Delta S.A.

RICCI, Tommaso. A verdadeira guerra de Pio XII (Os teólogos do Papa Pacelli). Revista 30 dias, jan. /1992, p. 46.

_____. O fascínio daqueles 33 dias. Interessante estudo sobre a personalidade de João Paulo I e seu breve pontificado. Revista 30 dias – mar. /1992.

RIDPATH, Ian. Astronomia. Tradução: Maria Luiza X. de A. Borges. Zahar. Jorge Zahar Editor.

ROBERTS, Adam. Hacia una comunidad mundial? Las naciones y el derecho internacional. In: Historia Oxford del siglo XX. Tradução de Cristina Pagés y Victor Alba. Planeta.

ROCHE, MGR. Georges et Philippe Saint Germain. Pie XII devant L'Histoire. Éditions Robert LaffonT.

ROMERO, Luis Alberto. Breve História contemporânea de la Argentina. Fondo de Cultura econômica.

RUNCIÈRE, Ch. de la e BRIÈRE, Pierre. História da Etiópia. Tradução de Alfredo D'Escragnolle Taunay. Enciclopédia Delta-Larousse, tomo III. Editora Delta S.A.

RYAN, Alan. El desarrollo de una cultura global. In: Historia Oxford del siglo XX. Tradução de Cristina Pagés y Victor Alba. Planeta.

SAMUEL, AlberT. As religiões hoje. Tradução de Benôni Lemos. Paulus.

SAUVIGNY, G. de Bertier de. Histoire de France. Flammarion.

SCHEIBERT, Peter. Rússia. Tradução: Maria Nolla. Siglo Veintiuno editores.

SCHNERB, RoberT. O Século XIX. Volume 14. Tradução de Pedro Moacyr Campos. Editora Bertrand Brasil S.A.

SCIACCA, Michele Federico. História de Filosofia III. Tradução de Luís Washington Vita. Editora Mestre Jou.

SILVA, Hélio L. História da República. Vol. 13. Editora Três.

SKIDELSKY, RoberT. El crecimiento de una economia mundial. In: Historia Oxford del siglo XX. Tradução de Cristina Pagés y Victor Alba. Planeta.

SPENCE, Jonathan. China. In: Historia Oxford del siglo XX. Tradução: Cristina Pagés y Victor Alba. Planeta.

STACKELBERG, Roderick. A Alemanha de Hitler. Origens, interpretação, legados. Tradução: A. B. Pinheiro de Lemos. Imago.

STITES, Richard. El império ruso y la Union Soviética 1900-1945. In: Historia Oxford del siglo XX. Tradução de Cristina Pagés y Victor Alba. Planeta.

SZKLARZ, Eduardo. Igreja e Nazismo. Aventuras na História. fev. /2009, p. 30.

SZULC, Tad. Quem são os palestinos? O mundo do Islã. National Geographic – Brasil.

TAPAJÓS, Vicente. História da América. Companhia Editora Nacional.

TENBROCK, Robert-Hermann. História de Alemania. Tradução de Francisco Eguiagaray Bohigas. Max Hueber. München. Ferdinand Sehöningh – Paderborn.

THOMSON, David. Pequena História do Mundo Contemporâneo 1914-1961. 2ª edição. Tradução de J. C. Teixeira Rocha. Zahar Editores, Rio de Janeiro.

TORO, Michael de. Literatura espanhola. Tradução de Heitor Froes. Enciclopédia Delta-Larousse. Tomo VII. Editora Delta S.A.

TOUCHARD, Jean. História das ideias políticas. Vol. 7. Publicações Europa – América.

_____. História das ideias políticas. Vol. 5. Publicações Europa – América.

TROTSKY, Leon. A História da Revolução Russa. Vol. I. Tradução de E. Huggins. Paz e terra.

ULAM, Adam B. Os bolcheviques. Tradução de Francisco da Rocha Filho e Archibaldo Figueira. Editora Nova Fronteira.

UPJOHN, Everard M. e WINGERT, Paulo S. e MAHLER, Jane Gastón. História Mundial da Arte. Vol. 6. Tradução de Maria Teresa Tendeiro. Rui Mário Gonçalves. Livraria Bertrand, S.A.R.L.

VALENTE, Gianni. Alexis contra Bartolomeu: Um estudo atual sobre problemas das igrejas ortodoxas. Revista 30 dias, março de 1996, p. 8. Ver também sobre o mesmo tema, L'Actualité religieuse dans le monde, n. 33-34. Aout. 1954.

_____. Odiemo-nos como bons irmãos. Interessante estudo sobre o relacionamento entre católicos e ortodoxos. Revista 30 dias, março de 1992.

VAN DER ESSEN, Léon. Bélgica e Congo Belga. Tradução de Alfredo D'Escragnolle Taunay. Enciclopédia Delta-Larousse, tomo III, p. 1252. Editora Delta S.A.

VERDEVOYE, Paul et Louis Urrutia. Litterature espagnolle (II Litteratures occidentales). Encyclopédie de la Plêiade. Éditions Gallimard.

VIANNA, Helio. História do Brasil (4ª serie). Livraria José Olimpo Editora.

VIDALENC, Jean. La crise de l'Europe. In: Histoire Universelle III. De la reforme à nos jours. Encyclopédie de la Pléiade.

VILAR, Pierre. Histoire de l'Espagne. Presses Universitaires de France.

VILLALOBOS, Sergio. A Short History of Chile. Editorial Universitaria Imagen de Chile.

VILLAT, Louis. História da Austrália. Tradução de Alfredo D'Escragnolle Taunay. Enciclopédia Delta-Larousse. Editora Delta S.A.

_____. História da Itália. Tradução de Alfredo D'Escragnolle Taunay. Enciclopédia Delta-Larousse. Tomo III. Editora Delta S.A.

_____. História da Nova Zelândia. Tradução de Alfredo D'Escragnolle Taunay. Enciclopédia Delta-Larousse. Tomos III e IV. Editora Delta S.A.

_____. História do Canadá. Tradução de Maria da Glória Maia e Almeida. Enciclopédia Delta-Larousse. Tomo III. Editora Delta S.A.

VILLIERS, John. Ásia sudoriental antes de la epoca colonial. História Universal siglo XXI. Volumen 18. Traductor: Fernando Santos Fontenla. Editora Castilla S.A.

Voslensky, Michael S. A Nomenklatura. Tradução de Edgard de Brito Chaves Junior. Editora Record.

Walters, Vermon A. Poderosos e Humildes. Tradução de Luiz Paulo Macedo Carvalho. Biblioteca do Exército Editora.

Weinberg, Steven. La gran reducción: la física em el siglo XX. In: Historia Oxford del siglo XX. Tradução de Cristina Pagés y Victor Alba. Planeta.

Wieacker, Franz. História do Direito Privado Moderno. Tradução de A. M. Botelho Hespanha. Fundação Calouste Gulbenkian: Lisboa.

Wiet, Gastón. Les puissances musulmanes. Histoire Universell III. Encyclopédie de la Pléiade.

Yergin, Daniel. O Petróleo. Tradução: Leila Marina U. Dinatale, Maria Cristina Guimarães, Maria Cristina L. de Goes.

Zagheni, Guido. A Idade Contemporânea. In: Curso de História da Igreja IV. Tradução: José Maria de Almeida. Paulus.

Impressão e acabamento
GRÁFICA E EDITORA SANTUÁRIO
Em Sistema CTcP
Rua Pe. Claro Monteiro, 342
Fone 012 3104-2000 / Fax 012 3104-2036
12570-000 Aparecida-SP